Besonderes Verwaltungsrecht I

W0047264

Besonderes Verwaltungsrecht I

Öffentliches Baurecht
Subventionsrecht einschließlich EU-Beihilfenrecht
Beamtenrecht
Öffentliches Sachenrecht

von

Prof. Dr. jur. Rolf Schmidt

Hochschule der Polizei Hamburg

13. Auflage 2010

Schmidt, Rolf: Besonderes Verwaltungsrecht Band I

Am Aufbau von Klausuren orientierte Studienliteratur im Öffentlichen Recht

13. völlig neu bearbeitete und aktualisierte Auflage – Grasberg bei Bremen 2010

ISBN 978-3-86651-073-9; Preis 21,50 EUR

© Copyright 2010:   Dieses Buch ist urheberrechtlich geschützt. Die dadurch begründeten Rechte, insbesondere die des Nachdrucks, der Entnahme von Abbildungen und Prüfungsschemata, der Wiedergabe auf photomechanischem oder ähnlichem Wege und der Speicherung in Datenverarbeitungsanlagen bleiben, auch bei nur partieller Verwertung, dem Verlag Dr. Rolf Schmidt GmbH vorbehalten. Zuwiderhandlungen sind strafbar.

Autor: Prof. Dr. Rolf Schmidt c/o Verlag Dr. Rolf Schmidt GmbH

Druck: Pinkvoss GmbH, 30519 Hannover

Verlag: Dr. Rolf Schmidt GmbH, Wörpedorfer Ring 40, 28879 Grasberg bei Bremen

                Tel. (04208) 895 299; Fax (04208) 895 308; www.verlag-rolf-schmidt.de

                E-Mail: info@verlag-rolf-schmidt.de

Für Verbraucher erfolgt der deutschlandweite Bezug über den Verlag versandkostenfrei.

Vorwort

Der Einfluss des Europäischen Gemeinschaftsrechts auf das nationale Recht und auch die übrige Rechtsentwicklung im Bereich des Verwaltungsrechts schreiten rasch voran. Die vorliegende 13. Auflage trägt der genannten Rechtsentwicklung Rechnung; sie befindet sich auf dem Stand von April 2010.

Zunächst werden Grundzüge des **öffentlichen Baurechts** dargestellt. Dieses Rechtsgebiet gehört zum Pflichtfachbereich aller Studien- und Prüfungsordnungen. Eine Beschäftigung mit dieser Materie ist daher unerlässlich. Einen Schwerpunkt dieser Darstellung bildet dabei zunächst die Prüfung der Rechtmäßigkeit eines Bebauungsplans (§§ 1 ff. BauGB) einschließlich der prozessualen Seite, der verwaltungsgerichtlichen Normenkontrolle gem. § 47 VwGO. Einen weiteren Schwerpunkt bildet die Frage nach der Zulässigkeit eines konkreten Bauvorhabens (§§ 29 ff. BauGB). Denn häufig geht es in Klausuren um die Frage, ob ein Vorhaben mit öffentlich-rechtlichen Vorschriften vereinbar ist bzw. wie das Vorhaben durch den Erlass öffentlich-rechtlicher Verfügungen oder Maßnahmen ermöglicht oder verhindert werden kann. In diesem Zusammenhang sind neben den Grundbegriffen der bauordnungsrechtlichen und bauplanungsrechtlichen Zulässigkeit von Vorhaben fundierte Kenntnisse der Genehmigungspflicht und des Genehmigungsverfahrens unentbehrlich, welche ebenfalls umfassend vermittelt werden. Dagegen wird man im Rahmen der Prüfungsvorbereitung Bezüge zum Besonderen Städtebaurecht (§§ 136-191 BauGB) eher vernachlässigen können, weil es sich kaum als prüfungsfähig erweist. Auch ist es eher unwahrscheinlich, dass in einer Klausur Fälle über Umlegung und Grenzregelung, Städtebauliche Vorkaufsrechte oder die Erschließungsbeiträge geprüft werden. Diese Materien werden daher ausgespart. Hingegen sind in Klausuren häufig Fragen nach der Rechtmäßigkeit bauaufsichtlicher Maßnahmen (Baueinstellungsverfügung, Bauabrissverfügung oder Nutzungsuntersagung) anzutreffen. Diese Materien sind daher auch in der vorliegenden Darstellung umfassend behandelt. Nicht selten sind in Prüfungsarbeiten schließlich Fragen in Bezug auf das öffentliche Baunachbarrecht anzutreffen, weil sich hierbei hervorragend Fragen des subjektiven Rechts bzw. der Schutznormtheorie integrieren lassen. Fragen des Baunachbarrechts sind daher ebenfalls umfassend behandelt.

Das zweite Kapitel behandelt das **Subventionsrecht** in einer Tiefe und Breite, wie es Gegenstand von Prüfungs- bzw. Examensklausuren sein kann. Den Schwerpunkt machen dabei der Vorbehalt des Gesetzes, das Subventionsverhältnis (insbesondere die sog. „Zwei-Stufen-Theorie"), die Rückabwicklung von zu Unrecht geleisteter Subventionen sowie Konkurrenzstreitigkeiten aus. Besonderer Wert wird schließlich auf die Darstellung der Einbettung verwaltungsprozessualer Bezüge gelegt.

Das dritte Kapitel beschäftigt sich mit dem **Beamtenrecht**. Auch wenn dieses Rechtsgebiet nicht mehr zum engeren Pflichtfachbereich der Ausbildungs- und Prüfungsordnungen gehört, wird es doch nach wie vor häufig zum Gegenstand von Übungs- und Examensklausuren gemacht. Denn in ihm lassen sich hervorragend allgemeine verwaltungsrechtliche Strukturen (subjektive Rechte, Ermessen, unbestimmte Rechtsbegriffe, Beurteilungsspielräume, Amtshaftung etc.) und auch verwaltungsprozessuale Probleme (Verwaltungsrechtsweg, Durchführung eines Vorverfahrens, Konkurrentenklage etc.) einbetten, was die Prüfungs- und Examensrelevanz dieses Rechtsgebiets unterstreicht.

Schließlich werden im vierten Kapitel prüfungs- und examensrelevante Fragen des **öffentlichen Sachenrechts** behandelt. Hierbei geht es vor allem um die Zulassung zur Benutzung öffentlicher Sachen bzw. Einrichtungen und den damit verbundenen verwaltungsprozessualen Problemen.

Zur Konkretisierung und Veranschaulichung der Inhalte aller Kapitel wurden zahlreiche Beispielsfälle mit Lösungsvorschlägen aufgenommen. Zudem werden durch Zusammenfassungen, Prüfungsschemata, hervorgehobene Lerndefinitionen und Klausurhinweise das Lernen und die Examensvorbereitung deutlich erleichtert.

Kritik und Verbesserungsvorschläge sind weiterhin willkommen und werden unter *rs@jura-institut.de* erbeten.

Bremen, im April 2010   *Prof. Dr. Rolf Schmidt*

Inhaltsverzeichnis

Abkürzungsverzeichnis

a.A.	anderer Ansicht
a.a.O	am angegebenen Ort
a.F.	alte(r) Fassung
abl.	ablehnend (-e, -er)
Abl.	Amtsblatt
Abs.	Absatz
AcP	Archiv für die civilistische Praxis (Zeitschrift)
AEG	Allgemeines Eisenbahngesetz v. 23.12.1993
AFG	Arbeitsförderungsgesetz
AfP	Archiv für Presserecht
AfK	Archiv für Kommunalwissenschaften
AG	Aktiengesellschaft; Ausführungsgesetz
AGLMBG	Ausführungsgesetz zum Lebensmittel- und Bedarfsgegenständegesetz
AgrarR	Agrarrecht
AGVwGO	Ausführungsgesetz zur Verwaltungsgerichtsordnung
AktG	Aktiengesetz
allg.	allgemein (-e, -er)
Alt.	Alternative
Anm.	Anmerkung
AöR	Archiv des öffentlichen Rechts (zitiert nach Bänden und Jahrgang)
ArbGG	Arbeitsgerichtsgesetz
Art.	Artikel
AsylVfG	Asylverfahrensgesetz
AtomG	Atomgesetz
AtVfV	Atomrechtliche Verfahrensordnung
AufenthG	Aufenthaltsgesetz
Aufl.	Auflage
AuslG	Ausländergesetz
Bad.-Württ.	Baden-Württemberg, baden-württembergisch
BAföG	Bundesausbildungsförderungsgesetz
BAG	Bundesarbeitsgericht
BÄO	Bundesärzteordnung
BAnz.	Bundesanzeiger
BauGB	Baugesetzbuch
BauGBMaßnG	Maßnahmengesetz zum Baugesetzbuch
BauNVO	Baunutzungsverordnung
BauO	Bauordnung (eines Bundeslandes)
BauR	Baurecht, Zeitschrift für das gesamte öffentliche und private Baurecht
Bay	Bayern
BayBauO	Bayerische Bauordnung
BayGemO	Gemeindeordnung für den Freistaat Bayern
BayObLG	Bayerisches Oberstes Landesgericht
BayStrG	Bayerisches Straßen- und Wegegesetz
BayVerf	Verfassung des Freistaat Bayern
BayVBl.	Bayerische Verwaltungsblätter
BayVerfGH	Bayerischer Verfassungsgerichtshof
BayVGH	Bayerischer Verwaltungsgerichtshof
BayVGHE	Entscheidungssammlung des Bayerischen Verwaltungsgerichtshofes
BB	Der Betriebs-Berater (Zeitschrift)
BBauG	Bundesbaugesetz, aufgehoben und ersetzt durch das BauGB
BBergG	Bundesberggesetz
BBG	Bundesbeamtengesetz
Bbg.	Brandenburg, brandenburgisch
Bbg.GemO	Gemeindeordnung des Landes Brandenburg
Bbg.Verf.	Verfassung des Landes Brandenburg
Bd.	Band
BDG	Bundesdisziplinargesetz
BDSG	Bundesdatenschutzgesetz

XVIII

BeamtStG	Beamtenstatusgesetz
Berl.	Berlin
BerlASOG	Allgemeines Gesetz zum Schutze der öffentlichen Sicherheit und Ordnung in Berlin
BFH	Bundesfinanzhof
BFHE	Sammlung der Entscheidungen des Bundesfinanzhofes
BGB	Bürgerliches Gesetzbuch
BGBl.	Bundesgesetzblatt Teil I-III
BGH	Bundesgerichtshof
BGH LM	Nachschlagewerk des Bundesgerichtshofes, herausgegeben von Lindemaier-Möhring
BGHZ	Entscheidungen des Bundesgerichtshofes in Zivilsachen
BGSG	Bundesgrenzschutzgesetz
BHO	Bundeshaushaltsordnung
BImSchG	Bundesimmissionsschutzgesetz
BKA	Bundeskriminalamt
BLV	Beamtenlaufbahnverordnung
BNotO	Bundesnotarordnung
BPersVG	Bundespersonalvertretungsgesetz
BR	Bundesrat
BR-Dr.	Bundesratsdrucksache (Nummer und Jahrgang)
BRAGO	Bundesrechtsanwaltsgebührenordnung
Bran.	Brandenburg, brandenburgisch
BRAO	Bundesrechtsanwaltsordnung
Brem	Bremen, bremisch
BremLBO	Bremische Landesbauordnung
BremBG	Bremisches Beamtengesetz
BremEBG	Bremisches Eigenbetriebsgesetz
BremPolG	Bremisches Polizeigesetz
BRRG	Beamtenrechtsrahmengesetz
BRS	Baurechtssammlung (zitiert nach Bänden und Nummern)
BSE	Bovine Spongiforme Enzephalopathie („Rinderwahnsinn")
BSG	Bundessozialgericht
BSHG	Bundessozialhilfegesetz
BSozGE	Entscheidungen des Bundessozialgerichts
bspw.	beispielsweise
BT-Dr.	Drucksache des Deutschen Bundestages (Wahlperiode und Nummer)
Buchholz	Sammel- und Nachschlagewerk der Rechtsprechung des BVerwG (zitiert mit Gliederungsziffer, §, Entsch-Nr.)
BVerfG	Bundesverfassungsgericht
BVerfGE	Entscheidungssammlung des Bundesverfassungsgerichts
BVerfGG	Gesetz über das Bundesverfassungsgericht
BVerwG	Bundesverwaltungsgericht
BVerwGE	Entscheidungssammlung des Bundesverwaltungsgerichts
BVFG	Bundesvertriebenengesetz
BW	Baden-Württemberg, baden-württembergisch
BWV	Bundeswehrverwaltung (Zeitschrift)
CR	Computer und Recht (Zeitschrift)
DAR	Deutsches Autorecht (Zeitschrift)
DB	Der Betrieb (Zeitschrift)
ders.	derselbe
DJT	Deutscher Juristentag
DÖD	Der Öffentliche Dienst (Zeitschrift)
DÖV	Die Öffentliche Verwaltung (Zeitschrift)
DRiG	Deutsches Richtergesetz
DRiZ	Deutsche Richterzeitung
Drs.	Drucksache
DStR	Deutsches Steuerrecht (Zeitschrift)
DtZ	Deutsch-Deutsche Rechts-Zeitschrift
DV	Die Verwaltung (Zeitschrift)

DVP	Deutsche Verwaltungspraxis (Zeitschrift)
DVBl.	Deutsches Verwaltungsblatt (Zeitschrift)
EA	Vertrag zur Gründung der Europäischen Atomgemeinschaft in der seit dem 1.5.1999 vom EuGH benutzten Zitierweise (davor: EAG-Vertrag)
EAGV	siehe EA
EDV	Elektronische Datenverarbeitung
EG	Europäische Gemeinschaft(en)
EG	Vertrag zur Gründung der Europäischen Gemeinschaft in der seit dem 1.5.1999 vom EuGH benutzten Zitierweise (davor: EGV); nunmehr: AEUV (Vertrag über die Arbeitsweise der Europäischen Union)
EGGVG	Einführungsgesetz zum Gerichtsverfassungsgesetz
EGMR	Europäischer Gerichtshof für Menschenrechte
EGKSV	siehe KS
EGV	siehe EG
EinlALR	Einleitung des Preußischen Allgemeinen Landrechts
EMRK	Europäische Menschenrechtskonvention
Erl.	Erläuterungen
EStHG	Regierungsentwurf eines Staatshaftungsgesetzes
ET	Energiewirtschaftliche Tagesfragen (Zeitschrift)
EU	Europäische Union; Vertrag über die Europäische Union
EuGH	Gerichtshof der Europäischen Gemeinschaften
EuGRZ	Europäische Grundrechtszeitung
EUV	Vertrag über die Europäische Union
EuZW	Europäische Zeitschrift für Wirtschaftsrecht
EV	Vertrag zwischen der Bundesrepublik Deutschland und der Deutschen Demokratischen Republik über die Herstellung der Einheit Deutschlands – Einigungsvertrag -
EWG	Europäische Wirtschaftsgemeinschaft
EWGV	EWG-Vertrag
f.	folgende(r/s)
ff.	fortfolgende
FeV	Fahrerlaubnis-Verordnung (BGBl I, 1998, S. 2214 ff.)
FGG	Gesetz über die freiwillige Gerichtsbarkeit
FGO	Finanzgerichtsordnung
FlurbG	Flurbereinigungsgesetz
Fn.	Fußnote
Fs/Fs.	Festschrift
FStrG	Bundesfernstraßengesetz
GBO	Grundbuchordnung
GemO	Gemeindeordnung
GemSOGB	Gemeinsamer Senat der Obersten Gerichtshöfe des Bundes
GewArch	Gewerbearchiv
GewO	Gewerbeordnung
GG	Grundgesetz
GjS	Gesetz über die Verbreitung jugendgefährdender Schriften
GKG	Gerichtskostengesetz
GmbH	Gesellschaft mit beschränkter Haftung
GmbHG	Gesetz betreffend die Gesellschaft mit beschränkter Haftung
GMBl	Gemeinsames Ministerialblatt
GO	Gemeindeordnung
GPSG	Geräte- und Produktsicherheitsgesetz
GVBl	Gesetz- und Verordnungsblatt
GSOBG	Gemeinsamer Senat der Obersten Gerichtshöfe des Bundes
GVG	Gerichtsverfassungsgesetz
GWB	Gesetz gegen Wettbewerbsbeschränkung
h.L.	herrschende Lehre
h.M.	herrschende Meinung
Hamb.	Freie und Hansestadt Hamburg, hamburgisch

HandwO	Handwerksordnung
Hess.	Hessen, hessisch
Hess. BauO	Hessische Bauordnung
Hess. GemO	Hessische Gemeindeordnung
Hess. StGH	Hessischer Staatsgerichtshof
Hess. Verf	Verfassung des Landes Hessen
Hess. VGH	Hessischer Verwaltungsgerichtshof
Hrsg.	Herausgeber
HGB	Handelsgesetzbuch
HGrG	Haushaltsgrundsätzegesetz
HKWP	Handbuch der kommunalen Wissenschaft und Praxis, herausgegeben von Püttner, 2. Aufl. 1981 ff.
HRG	Hochschulrahmengesetz
Hs.	Halbsatz
HdbStR	Handbuch des Staatsrechts, herausgegeben von Isensee/Kirchhof, 1987 ff.
BImSchZuVO	Immisionsschutz-Zuständigkeitsverordnung
InSchG	Infektionsschutzgesetz
i.d.F.	in der Fassung
i.S.e.	im Sinne eine (r) oder (s)
i.V.m.	in Verbindung mit
JA	Juristische Arbeitsblätter (Zeitschrift)
JöR	Jahrbuch des Öffentlichen Rechts der Gegenwart
JR	Juristische Rundschau (Zeitschrift)
Jura	Juristische Ausbildung (Zeitschrift)
JuS	Juristische Schulung (Zeitschrift)
JZ	Juristenzeitung (Zeitschrift)
KDVG	Kriegsdienstverweigerungsgesetz
KDVNG	Kriegsdienstverweigerungs-Neuordnungsgesetz
KrW-/AbfG	Kreislaufwirtschafts- und Abfallgesetz
KStZ	Kommunale Steuerzeitschrift
LadenschlussG	Gesetz über den Ladenschluss
LAG	Lastenausgleichgesetz
LBG	Landesbeamtengesetz
LBO	Landesbauordnung
lit.	Buchstabe
Lit.	Literatur
LKV	Landes- und Kommunalverwaltung (Zeitschrift)
LMBG	Lebensmittel- und Bedarfsgegenständegesetz
LS	Leitsatz
Ls.	Leitsatz
LuftVG	Luftverkehrsgesetz
m.w.N.	mit weiteren Nachweisen
MDR	Monatsschrift des Deutschen Rechts (Zeitschrift)
MEPolG	Musterentwurf eines einheitlichen Polizeigesetzes des Bundes und der Länder
MRK	(Europäische) Konvention zum Schutze der Menschenrechte und Grundfreiheiten
MeckVor	Mecklenburg-Vorpommern, mecklenburg-vorpommerisch
n.F.	neue Fassung
n.F.	neue Folge
Nds.	Niedersachsen, niedersächsisch
NdsGefAG	Niedersächsisches Gefahrenabwehrgesetz
NdsGemO	Niedersächsische Gemeindeordnung
NdsLKO	Niedersächsische Landkreisordnung
NdsStrG	Niedersächsisches Straßengesetz
Nds Verf.	Vorläufige Niedersächsische Verfassung
NJ	Neue Justiz (Zeitschrift)

NJW	Neue Juristische Wochenschrift (Zeitschrift)
NKVwGO	Nomos-Kommentar zur VwGO (herausgegeben von Sodan/Ziekow), Losebl.
NRW	Nordrhein-Westfalen, nordrhein-westfälisch
NRWGemO	Gemeindeordnung für das Land Nordrhein-Westfalen
NuR	Natur und Recht (Zeitschrift)
NVwZ	Neue Zeitschrift für Verwaltungsrecht
NVwZ-RR	Neue Zeitschrift für Verwaltungsrecht-Rechtsprechungsreport
NWVBl	Nordrhein-Westfälische Verwaltungsblätter (Zeitschrift)
NZV	Neue Zeitschrift für Verkehrsrecht
OBG	Ordnungsbehördengesetz
OLG	Oberlandesgericht
ÖPNV	Öffentlicher Personennahverkehr
OVG	Oberverwaltungsgericht
OWiG	Gesetz über Ordnungswidrigkeiten
PBefG	Personenbeförderungsgesetz
Preuß.	Preußen, preußisch
Preuß. ALR	Allgemeines Landrecht für die preußischen Staaten vom 5.2.1794
RBHG	Gesetz über die Haftung des Reichs für seine Beamten
RGBl.	Reichsgesetzblatt
Rhl.Pfl.	Rheinland-Pfalz, rheinland-pfälzisch
Rhl.Pfl GemO	Gemeindeordnung für Rheinland-Pfalz
Rdnr.	Randnummer
RIW	Recht der Internationalen Wirtschaft (Zeitschrift)
Rspr.	Rechtsprechung
RsprEinhG	Gesetz zur Wahrung der Einheitlichkeit der Rechtsprechung der obersten Gerichtshöfe des Bundes
RuStAG	Reichs- und Staatsangehörigkeitsgesetz
RVO	Reichsversicherungsordnung
Saarl.	Saarland, saarländisch
Sachs.	Freistaat Sachsen
Sächs	sächsisch
SachsAnhGemO	Gemeindeordnung für das Land Sachsen-Anhalt
S.	Satz oder Seite
s.	siehe
s.o./u.	siehe oben/unten
Schl-Holst. GemO	Gemeindeordnung für Schleswig-Holstein
Schl.-Holst.	Schleswig-Holstein, schleswig-holsteinisch
Schl.-Holst. LVG	Allgemeines Verwaltungsgesetz für das Land Schleswig-Holstein
Schl.-Host. Verf.	Verfassung des Landes Schleswig-Holstein
SG	Sozialgericht
SGB	Sozialgesetzbuch (die römischen Ziffern bezeichnen das jeweilige Buch)
SGG	Sozialgerichtsgesetz
Sp.	Spalte
st. Rspr.	ständige Rechtsprechung
StabG	Stabilitätsgesetz
StBauFG	Städtebauförderungsgesetz, inzwischen ersetzt durch das BauGB
StGB	Strafgesetzbuch
StGH	Staatsgerichtshof
StHG	Staatshaftungsgesetz, für nichtig erklärt durch Urteil des BVerfG vom 19.10.1982
StKV	Staats- und Kommunal-Verwaltung (ab 1978 Verwaltungsrundschau)
StPO	Strafprozessordnung
StVG	Straßenverkehrsgesetz
StVO	Straßenverkehrsordnung
StVollzG	Strafvollzugsgesetz
StVZO	Straßenverkehrs-Zulassungsordnung
TA	Technische Anleitung (Luft, Lärm)
Thür.	Thüringen

Thür.KomO	Thüringer Kommunalordnung
Thür.Verf.	Verfassung des Freistaates Thüringen
ThürVBl	Thüringische Verwaltungsblätter
TierSG	Tierseuchengesetz
TÜV	Technischer Überwachungsverein
TVG	Tarifgesetz
UPR	Umwelt- und Planungsrecht (Zeitschrift)
UZwG	Gesetz über den unmittelbaren Zwang bei Ausübung öffentlicher Gewalt durch Vollzugsbeamte des Bundes
VBlBW	Verwaltungsblätter für Baden-Württemberg
VereinsG	Gesetz zur Regelung des öffentlichen Vereinsrechts
VerfGH	Entscheidungssammlung des Bayerischen Verfassungsgerichtshofes
VerkPBG	Verkehrswegeplanungs-Beschleunigungsgesetz
VerfGH	Verfassungsgerichtshof
VerfR	Verfassungsrecht
Verh	Verhandlungen
VersG	Versammlungsgesetz
VersR	Versicherungsrecht (Zeitschrift)
VerwArch	Verwaltungsarchiv (zitiert nach Bänden und Jahrgang)
VerwR	Verwaltungsrecht
VerwRspr	Verwaltungsrechtsprechung in Deutschland (zitiert nach Bänden)
VG	Verwaltungsgericht
VGH	Verwaltungsgerichtshof
vgl.	vergleiche
VR	Verwaltungsrundschau (Zeitschrift)
VVDStRL	Veröffentlichungen der Vereinigung der Deutschen Staatsrechtslehrer
VwGO	Verwaltungsgerichtsordnung
VwGO-ÄndG	Änderungsgesetz zur Verwaltungsgerichtsordnung
VwVfG	Verwaltungsverfahrensgesetz
VwVG	Verwaltungsvollstreckungsgesetz
VwZG	Verwaltungszustellungsgesetz
WaffG	Waffengesetz
WaStrG	Bundeswasserstraßengesetz
WBO	Wehrbeschwerdeordnung
WDO	Wehrdisziplinarordnung
WHG	Wasserhaushaltsgesetz
WirtschR	Wirtschaftsrecht (Zeitschrift)
WissR	Wissenschaftsrecht Wissenschaftsverwaltung Wissenschaftsförderung (Zeitschrift)
WiVerw	Wirtschaft und Verwaltung, Vierteljahresbeilage zum Gewerbearchiv
WPflG	Wehrpflichtgesetz
WRV	Weimarer Reichsverfassung
z.B.	zum Beispiel
ZBR	Zeitschrift für Beamtenrecht
ZDG	Zivildienstgesetz
ZfBR	Zeitschrift für deutsches und internationales Baurecht
ZPO	Zivilprozessordnung
ZRP	Zeitschrift für Rechtspolitik
zust.	zustimmend (-e, -er)

Lehrbücher, Grundrisse und Kommentare

Battis, Ulrich/Krautzberger, Michael/Löhr, Rolf-Peter: Baugesetzbuch. Kommentar, 11. Aufl. 2009

Brohm, Winfried: Öffentliches Baurecht, 3. Auflage 2002

Erbguth, Wilfried/Wagner, Jörg: Grundzüge des öffentlichen Baurechts, 4. Auflage 2005

Finkelnburg, Klaus/Ortloff, Karsten-Michael: Öffentliches Baurecht, Band II: Bauordnungsrecht, Nachbarschutz, Rechtsschutz, 5. Auflage 2004

Hoppe, Werner/Bönker, Christian/Grotefels, Susan: Öffentliches Baurecht, 4. Auflage 2010

Jarass, Hans D./Pieroth, Bodo: Grundgesetz für die Bundesrepublik Deutschland. Kommentar, 10. Auflage 2009

Kopp, Ferdinand O./Schenke, Wolf-Rüdiger: Verwaltungsgerichtsordnung. Kommentar, 16. Auflage 2009

Maurer, Hartmut: Allgemeines Verwaltungsrecht, 17. Auflage 2008

Muckel, Stefan: Öffentliches Baurecht, 3. Auflage 2002

Oldiges, Martin: Baurecht, in: Steiner (Hrsg.), Besonderes Verwaltungsrecht, 8. Auflage 2006

Peine, Franz-Joseph: Öffentliches Baurecht, 4. Aufl. 2003

Sachs, Michael: Grundgesetz. Kommentar, 5. Auflage 2008

Schenke, Wolf-Rüdiger: Verwaltungsprozessrecht, 12. Auflage 2009

Schmidt, Rolf: Allgemeines Verwaltungsrecht, 13. Auflage 2009

Schmidt, Rolf: Besonderes Verwaltungsrecht II (Polizei- und Ordnungsrecht, Gewerberecht), 12. Auflage 2008

Schmidt, Rolf: Grundrechte, 12. Auflage 2010

Schmidt, Rolf: Staatsorganisationsrecht, 9. Auflage 2009

Schmidt, Rolf: Verwaltungsprozessrecht, 13. Auflage 2010

Stollmann, Frank: Öffentliches Baurecht, 6. Auflage 2009

Tettinger, Peter J./Erbguth, Wilfried/Mann, Thomas: Besonderes Verwaltungsrecht, 10. Auflage 2009

Weitere Literatur, insbesondere Aufsatzliteratur, ist in den Fußnoten angegeben

1. Kapitel

Öffentliches Baurecht

A. Gegenstand der Bearbeitung

Grundzüge des öffentlichen Baurechts gehören zum Pflichtfachbereich aller Studien- und Prüfungsordnungen. Eine Beschäftigung mit dieser Materie ist daher unerlässlich. Gemäß der Zielsetzung dieses Buches wird das öffentliche Baurecht aber nicht in allen Facetten dargestellt, sondern es werden ausschließlich die studien- und examensrelevanten Inhalte behandelt.

Einen Schwerpunkt bildet daher zunächst die Prüfung der Rechtmäßigkeit eines **Bebauungsplans** (§§ 1 ff. BauGB) einschließlich der prozessualen Seite, der verwaltungsgerichtlichen **Normenkontrolle** gem. § 47 VwGO. Dieser Komplex wird bei Rn 24 ff. behandelt.

Einen weiteren Schwerpunkt bildet die Frage nach der Zulässigkeit eines konkreten **Bauvorhabens** (§§ 29 ff. BauGB). Denn häufig geht es in Klausuren um die Frage, ob ein Vorhaben mit öffentlich-rechtlichen Vorschriften vereinbar ist bzw. wie das Vorhaben durch den Erlass öffentlich-rechtlicher Verfügungen oder Maßnahmen ermöglicht oder verhindert werden kann. Dabei sind neben den Grundbegriffen der bauordnungsrechtlichen und bauplanungsrechtlichen Zulässigkeit von Vorhaben fundierte Kenntnisse der Genehmigungspflicht und des Genehmigungsverfahrens unentbehrlich. Dagegen wird man im Rahmen der Prüfungsvorbereitung Bezüge zum Besonderen Städtebaurecht (§§ 136-191 BauGB) eher vernachlässigen können, weil es sich kaum als prüfungsfähig erweist. Auch ist es eher unwahrscheinlich, dass in einer Klausur Fälle über Umlegung und Grenzregelung, Städtebauliche Vorkaufsrechte oder die Erschließungsbeiträge geprüft werden. Die Zulässigkeit von Bauvorhaben ist bei Rn 117 ff. behandelt.

Drittens sind häufig Fragen nach der Rechtmäßigkeit bauaufsichtlicher Maßnahmen (**Baueinstellung**, **Bauabriss** oder **Nutzungsuntersagung**) anzutreffen. Diese sind bei Rn 393 ff. dargestellt.

Nicht selten sind schließlich Fragen in Bezug auf das öffentliche **Baunachbarrecht** anzutreffen, weil sich hierbei hervorragend Fragen des subjektiven Rechts bzw. der Schutznormtheorie integrieren lassen. Fragen des Baunachbarrechts sind bei Rn 413 ff. behandelt.

Insgesamt ist auch zu beachten, dass sich ein baurechtlicher Fall kaum ausschließlich auf baurechtliche Strukturen beschränkt. Vielmehr verhält es sich so, dass neben den baurechtsspezifischen Problemen eine Vielzahl von Problemen aus anderen Rechtsmaterien tritt. Dies sind vor allem solche aus dem **allgemeinen Verwaltungsverfahrensrecht**, dem **Verwaltungsvollstreckungsrecht**, dem **Kommunalrecht** sowie aus dem **Verwaltungsprozessrecht**. Allein diesem Umstand wird deutlich, dass sich mit einer baurechtlich orientierten Klausur hervorragend allgemeine verwaltungsrechtliche und verwaltungsprozessuale Strukturen verbinden lassen. Gerade dieser Umstand macht die Prüfungsrelevanz der Rechtsmaterie *öffentliches Baurecht* für Studium und Examen aus. In der vorliegenden Darstellung wird daher sehr großer Wert darauf gelegt, die genannte Verbindung zu den allgemeinen verwaltungsrechtlichen Strukturen herzustellen und zu verdeutlichen.

B. Die verfassungsrechtliche Ordnung des öffentlichen Baurechts

I. Bauplanungsrecht und Bauordnungsrecht

1   Das öffentliche Baurecht gliedert sich in Bauplanungsrecht und Bauordnungsrecht. Das **Bauplanungsrecht** (oft auch als Städtebaurecht oder Stadtplanungsrecht bezeichnet), das insbesondere mit dem bundesrechtlichen **Baugesetzbuch**[1] und der bundesrechtlichen **Baunutzungsverordnung**[2] seinen positivrechtlichen Niederschlag gefunden hat, gibt *flächenbezogen* Auskunft auf die Frage, ob eine entsprechende Nutzung von Grund und Boden gestattet ist, ob z.B. das konkrete Grundstück mit dem gewünschten Bauvorhaben bebaut werden darf.

> **Beispiel:** Bauherr B möchte im Geltungsbereich eines Bebauungsplans auf dem Flurstück X der Gemarkung Y ein Einfamilienhaus errichten. Ob das konkrete Grundstück mit dem geplanten Bauvorhaben bebaut werden darf, richtet sich nach den Vorschriften des Bebauungsplans, der sich wiederum insbesondere an den Vorgaben des BauGB und der BauNVO zu orientieren hat.

2   Das **Bauordnungsrecht** ist in Ermangelung einer Bundeskompetenz (vgl. Art. 70 GG) Landesrecht. Es regelt *objektbezogen* die Voraussetzungen, unter denen ein bauliches Vorhaben in seiner konkreten Ausführung zulässig ist. Der Sache nach geht es um (sonderordnungsbehördliche) Gefahrenabwehr[3] und der Erhaltung sozialer Standards.

> **Beispiel:** Die **Bauordnung**[4] des Bundeslandes X (⇨ formelles Landesgesetz) schreibt vor, dass vor Außenwänden von Gebäuden bestimmte Abstandsflächen zu den Grundstücksgrenzen bzw. zu den Nachbargebäuden einzuhalten sind. Die Abstandsflächen dienen zum einen dazu, dass bestimmte Gefahren (z.B. Feuer) nicht ohne weiteres auf die Nachbargebäude übergreifen können (Aspekt der Gefahrenabwehr), und zum anderen, dass die Nachbargrundstücke nicht von Luft, Licht und Sonne abgeschnitten werden oder dass den Nachbarn nicht „auf den Teller" geschaut werden kann (Aspekt der Gewährleistung sozialer Standards).

3   Damit also ein (genehmigungspflichtiges[5]) Vorhaben durch die Baubehörde genehmigt werden kann, muss es sowohl nach den bauplanungsrechtlichen als auch nach den bauordnungsrechtlichen Vorschriften zulässig sein (vgl. § 29 II BauGB). Insoweit werden durch das Instrument der **Baugenehmigung**[6] die beiden Gebiete **Bauplanungsrecht** und **Bauordnungsrecht** miteinander **verzahnt**.

4   **Hinweis für die Fallbearbeitung:** Durch diese Verzahnung wird deutlich, dass die Frage nach der Baugenehmigung (bzw. Bauordnungsverfügung) sowohl nach Bauordnungsrecht als auch nach Bauplanungsrecht beantwortet werden muss. Das folgt auch aus der Formulierung der **Baugenehmigungsnorm** der Landesbauordnung, wonach die Baugenehmigung für ein genehmigungspflichtiges Vorhaben zu erteilen ist, wenn dem Vorhaben **keine öffentlich-rechtlichen Vorschriften**

---

[1] Im Folgenden: **BauGB**. Bei diesem Gesetz handelt es sich um ein formelles Bundesgesetz, gestützt auf die konkurrierende Gesetzgebungskompetenz des Bundes gem. Art. 74 I Nr. 18 GG (vgl. Rn 5).
[2] Im Folgenden: **BauNVO**. Diese Rechtsverordnung beruht auf der Ermächtigung in § 9a Nr. 1-3 BauGB und ergänzt bzw. konkretisiert die §§ 1-13 BauGB (Bauleitplanung) und die §§ 29-38 BauGB (Zulässigkeit von Vorhaben), vgl. dazu (sowie zu weiteren Bundesrechtsverordnungen) näher Rn 12.
[3] Daher auch die frühere Bezeichnung als Baupolizeirecht. Das Bauordnungsrecht ist als **Sonderordnungsrecht** gegenüber dem allgemeinen Polizei- und Ordnungsrecht (POR) lex specialis und geht diesem vor. Zur bauordnungsrechtlichen Generalklausel vgl. im Übrigen Rn 293 und 297.
[4] Eine **Synopse von Vorschriften der Landesbauordnungen** findet sich im Anschluss an Rn 516.
[5] Zu den genehmigungsfreien bzw. lediglich anzeigepflichtigen Vorhaben vgl. Rn 120 und 345 ff.
[6] Entsprechendes gilt für den Bauvorbescheid (Rn 382b f.) und die Bauordnungsverfügungen (Stilllegungs-, Nutzungsuntersagungs- und Abrissverfügung, Rn 393 ff.).

entgegenstehen.[7] Solche öffentlich-rechtlichen Vorschriften sind Vorschriften, die von der Baugenehmigungsbehörde bei der Erteilung der Baugenehmigung zu beachten sind. Das sind Vorschriften der Bauordnung selbst, Vorschriften anderer baurechtlicher Gesetze, insbesondere die des **BauGB** oder der **BauNVO**, sowie außerbaurechtliche Vorschriften, insbesondere solche des **BImSchG** (vgl. dort etwa § 22[8]), der **Naturschutzgesetze**[9], der **Denkmalschutzgesetze**, des **FStrG** (§ 9 I und III) und des **UVPG** (die aber zumeist in den Vorschriften des BauGB über die Aufstellung des Bebauungsplans und über das Genehmigungsverfahren eingearbeitet worden sind)[10].

In der Fallbearbeitung ist folgendermaßen vorzugehen: Zunächst ist nach der **Genehmigungspflichtigkeit** (Genehmigungsbedürftigkeit) des Vorhabens zu fragen. Ist die Frage zu bejahen, muss die **Genehmigungsfähigkeit** geprüft werden. Hierzu ist es erforderlich, das Vorhaben auf seine Vereinbarkeit mit sämtlichen einschlägigen öffentlich-rechtlichen Normen zu prüfen. Dabei ist es zweckmäßig, die bauplanungsrechtlichen Voraussetzungen für die Zulässigkeit des Vorhabens <u>vor</u> den bauordnungsrechtlichen zu prüfen. Denn lassen die bauplanungsrechtlichen Vorschriften eine Bebauung des Grundstücks gar nicht erst zu, können statische, hygienische, gestalterische oder sozialpolitische (z.B. Nachbarschutz durch Abstandsflächen) Fragen dahin stehen.

Aber auch wenn das Vorhaben **genehmigungsfrei** ist[11], ist die Vereinbarkeit des Vorhabens mit öffentlich-rechtlichen Vorschriften zu prüfen. Denn in diesem Fall verzichtet der Gesetzgeber lediglich auf das Baugenehmigungsverfahren und damit auf die präventive Kontrolle des materiellen Baurechts, nicht jedoch auf die Einhaltung des materiellen Baurechts. Die Genehmigungsfreistellung kann nicht bedeuten, dass das Bauvorhaben ohne Beachtung der materiellen Bauvorschriften errichtet werden darf. In der Fallbearbeitung mag die Einhaltung der materiellen Bauvorschriften im Rahmen einer bauaufsichtlichen Maßnahme (Baueinstellungsverfügung, Bauabrissverfügung, Nutzungsuntersagungsverfügung) zu prüfen sein oder wenn allgemein danach gefragt wird, ob ein Vorhaben „rechtlich zulässig" ist.

Zu beachten ist schließlich, dass die Baugenehmigungsnorm der Landesbauordnung, wonach die Baugenehmigung für ein genehmigungspflichtiges Vorhaben zu erteilen ist, wenn dem Vorhaben keine öffentlich-rechtlichen Vorschriften entgegenstehen, nicht als Anspruchsgrundlage des Bauherrn auf Erlass der begehrten Baugenehmigung in Betracht kommt, wenn die **Zulassung** des genehmigungspflichtigen Vorhabens nach **Spezialvorschriften** zu erfolgen hat.

Beispiel: B, ein Windenergieunternehmen, beantragt die Genehmigung für die Errichtung eines „Windparks" mit 4 Windkraftanlagen, die jeweils eine Gesamthöhe von 60 m haben sollen.

---

[7] Vgl. **MBO**: § 72 (zur Musterbauordnung vgl. Rn 15); **BaWü**: §§ 58, 59 LBO; **Bay**: Art. 68 LBO; **Berl**: § 71 LBO; **Brand**: §§ 67, 68 LBO; **Brem**: § 74 LBO; **Hamb**: §§ 72, 72a LBO; **Hess**: §§ 64, 65 LBO; **MV**: § 72 LBO; **Nds**: §§ 75, 78 LBO; **NRW**: § 75 LBO; **RhlPfl**: §§ 70, 77 LBO; **Saar**: § 73 LBO; **Sachs**: § 72 LBO; **Sachs-Anh**: § 71 LBO; **SchlHolst**: § 73 LBO; **Thür**: § 70 LBO. Zu beachten ist jedoch, dass in BaWü und Bay eine Besonderheit gilt, vgl. dazu Rn 365.

[8] Ggf. i.V.m. der 26. BImSchVO (⇨ Verordnung über elektromagnetische Felder); vgl. dazu *Köhler-Rott*, JA **2001**, 802 ff. Zu beachten ist der mögliche Vorrang der Genehmigungsnormen, die eine Konzentrationswirkung entfalten, vor der bauordnungsrechtlichen Genehmigungsnorm (dazu sogleich).

[9] Vgl. dazu BVerwG DVBl **2001**, 646; *Aulehner*, JA **2001**, 754 ff. Zu beachten ist auch die Kollisionsnorm des § 21 BNatSchG.

[10] Ausgeschieden werden können demgegenüber jene Rechtsmaterien, für die gesetzlich ein eigenes Verwaltungsverfahren vorgesehen ist. Dies gilt etwa für das Gewerberecht, für welches die GewO eigene formelle Vorschriften vorsieht, sowie für die Zweckentfremdung von Wohnraum, vgl. *Seiler*, JuS **2001**, 263, 264.

[11] Vgl. **MBO**: §§ 61, 62; **BaWü**: §§ 50, 51 LBO; **Bay**: Art. 57, 58 LBO; **Berl**: §§ 61-63 LBO; **Brand**: §§ 55, 58 LBO; **Brem**: §§ 65, 66 LBO; **Hamb**: § 60 LBO; **Hess**: §§ 55, 56 LBO; **MV**: §§ 61, 62 LBO; **Nds**: §§ 69-70 LBO; **NRW**: §§ 65-67 LBO; **RhlPfl**: §§ 62, 67 LBO; **Saar**: §§ 61, 63 LBO; **Sachs**: §§ 61, 62 LBO; **SachsAnh**: §§ 60, 61 LBO; **SchlHolst**: §§ 63, 68 LBO; **Thür**: §§ 63, 63a LBO.

⇨ Da bei Windkraftanlagen, die eine Gesamthöhe von mehr als 50 m aufweisen, das Genehmigungsverfahren nach §§ 4 ff. BImSchG gilt (vgl. § 4 I S. 3 BImSchG i.V.m. der 4. BImSchVO), richtet sich die Zulässigkeit des Vorhabens der B nicht nach der Genehmigungsnorm der Landesbauordnung, sondern nach **§ 6 I BImSchG** i.V.m. Nr. 1.6 der Spalte 2 der Anlage zur 4. BImSchVO i.V.m. Nr. 1.6.1. Sp. 1 Anlage 1 zum UVPG. Denn das BImSchG regelt speziell und abschließend immissionsschutzrechtliche Genehmigungen für Anlagen, die in besonderem Maße geeignet sind, schädliche Umwelteinwirkungen hervorzurufen (§ 4 I S. 1 und 3 BImSchG).[12]

Ist für ein Genehmigungsverfahren also das BImSchG anwendbar, richtet sich die Zulässigkeit des Vorhabens nach dem BImSchG i.V.m mit dessen Verordnungen. In diesem Fall wird das Baurecht in das immissionsschutzrechtliche Genehmigungsverfahren **integriert** und in die (Bau-)Genehmigung **konzentriert**. Das bedeutet, dass die Genehmigungsbehörde die Zulässigkeit des Vorhabens nicht nur nach immissionsschutzrechtlichen, sondern auch nach baurechtlichen Gesichtspunkten prüft (vgl. § 6 I Nr. 2 BImSchG). Ergeht demzufolge die Errichtungsgenehmigung, ersetzt diese die Bauerlaubnis nach Baurecht (**§ 13 BImSchG**). Die Genehmigungsnorm der Landesbauordnung ist in diesem Fall unanwendbar. Der Bauherr braucht also keine separate Baugenehmigung zu beantragen. Allerdings bedeutet das nicht, dass die Vorschriften des öffentlichen Baurechts überhaupt nicht zu prüfen wären. Die für die Erteilung der immissionsrechtlichen Genehmigung zuständige Behörde[13] prüft gerade aufgrund der Konzentrationswirkung auch alle öffentlich-rechtlichen Vorschriften, die dem Vorhaben entgegenstehen könnten, und damit auch die des öffentlichen Baurechts. Zur Konzentrationswirkung vgl. auch das Beispiel bei Rn 266a, b sowie Rn 367.

II. Gesetzgebungskompetenzen im Baurecht

5 Nach dem grundgesetzlichen Verteilungsmodus über die Gesetzgebungskompetenzen haben die Länder gem. Art. 30, 70 I GG das Recht zur Gesetzgebung, soweit nicht das Grundgesetz dem Bund Gesetzgebungsbefugnisse eingeräumt hat. Im Bereich des Baurechts ist das hauptsächlich durch Art. 74 I Nr. 30 und 31 GG (vor dem 1.9.2006: Art. 75 I S. 1 Nr. 4 GG) u.a. für die Bodenverteilung und die Raumordnung sowie durch Art. 74 I Nr. 18 GG u.a. für das Bodenrecht geschehen. Daneben verbleibt das gesamte Bauordnungsrecht als besonderes Gefahrenabwehrrecht von vornherein im Zuständigkeitsbereich der Länder (Art. 70 GG). Somit erklärt sich die heutige Struktur des Baurechts:

- Das Recht der **Bodenverteilung** sowie das **Raumordnungs- und Bauplanungsrecht** unterfallen der Gesetzgebungskompetenz des **Bundes** (Art. 74 I Nr. 18, 30 und 31 GG).

- Das gesamte **Bauordnungsrecht** sowie die Raumordnung im Übrigen (Landesplanung) verbleiben im Zuständigkeitsbereich der **Länder**.

---

[12] Zu beachten ist, dass auch in den Fällen der Nr. 1.6 der Anlage 1 zum UVPG (Sartorius Nr. 295) das Genehmigungsverfahren nach dem BImSchG (und nicht nach der Landesbauordnung) durchzuführen sein kann, d.h., bei einer Gesamthöhe von mehr als 50 m oder ab 20 Anlagen richtet sich das Genehmigungsverfahren nach dem BImSchG (vgl. dazu auch BVerwG NVwZ **2009**, 338 ff.; NVwZ **2008**, 76 ff.; *Murswiek*, JuS **2008**, 1022 ff.; *Erbguth/Goldbecher*, JuS **2008**, 992, 993). Freilich ist auch stets die Möglichkeit des vereinfachten Verfahrens nach § 19 BImSchG in Betracht zu ziehen. Vgl. auch OVG Lüneburg NVwZ **2007**, 356 f. und 357 f.
[13] Welche Behörde dies ist, beantwortet das Landesrecht. In den Flächenstaaten ist dies meist das Landratsamt (vgl. die BImSchZuVO des Landes).

III. Rechtsquellen des Baurechts

1. Das Raumordnungsgesetz (ROG)

Mit dem **ROG** hat der Bund bundesweit geltende Leitvorstellungen und Grundsätze **6**
der Raumordnung normiert, die Rechtswirkungen bestimmter planerischer Aussagen
mit unmittelbarer Geltung festlegt und Bestimmungen zur Raumordnung im Bund
trifft.[14] Diese Vorgaben spiegeln sich in den Landesplanungsgesetzen sowie in den
Raumordnungsplänen und Regionalplänen wider.

2. Das Baugesetzbuch (BauGB)

Auch von seiner *städtebaurechtlichen* Gesetzgebungskompetenz (vgl. Art. 74 I Nr. 18 **7**
GG) hat der Bund mit dem Erlass des **BauGB** Gebrauch gemacht. Aufgrund europarechtlicher Vorgaben ist das BauGB in den letzten Jahren aber mehrfach geändert
worden.

- Die einschneidenste Änderung erfolgte im Zuge des Gesetzes zur Anpassung des
  Baugesetzbuchs an EU-Richtlinien (Europarechtsanpassungsgesetz Bau - EAG Bau)
  vom 24.6.2004 (BGBl I S. 1359)[15], welches zu einer grundlegenden Überarbeitung des
  BauGB führte.

- Am 1.1.2007 ist überdies das „Gesetz zur Erleichterung von Planungsvorhaben für die
  Innenentwicklung der Städte" vom 21.12.2006 in Kraft getreten, das weitere
  Änderungen des BauGB mit sich gebracht hat (BGBl I S. 3316).[16] Ziel der BauGB-
  Novelle 2007 ist es, das Bauplanungsrecht für Vorhaben zur Stärkung der Innen-
  entwicklung zu vereinfachen, um die erstmalige Inanspruchnahme von Flächen für
  Siedlungszwecke zu verringern und wichtige Planungsvorhaben zu beschleunigen. Zu
  den entscheidenden Neuerungen im BauGB 2007 gehören:

    ⇨ Sicherung zentraler Versorgungsbereiche und der verbrauchernahen Versorgung
      (Einfügung des § 9 IIa BauGB),
    ⇨ Schaffung neuer Festsetzungsmöglichkeiten beim Vorhaben- und Erschließungs-
      plan (Einfügung des § 12 IIIa BauGB),
    ⇨ Einführung eines beschleunigten Verfahrens für Bebauungspläne der Innen-
      entwicklung (Einfügung des § 13 a BauGB),
    ⇨ Erleichterung der Erweiterung, Änderung oder Erneuerung von Wohnbauvorhaben
      im nicht beplanten Innenbereich (Ergänzung des § 34 IIIa BauGB),
    ⇨ Änderungen beim Rechtsschutz gegen Bauleitpläne (Änderungen der §§ 214, 215
      BauGB und § 47 VwGO).

Zwar ist es richtig, dass die Europäische Union in den Bereichen des Bauplanungsrechts **8**
zwar keine Kompetenzen hat.[17] Gleichwohl wird das im BauGB geregelte deutsche
Städtebaurecht in Begriffen, Verfahren und Inhalten immer stärker von Vorgaben und
Anregungen der Europäischen Union beeinflusst. So greift etwa die Umweltkompetenz der
EU unmittelbar in die nationalen Regelungen ein; Regelungen aus anderen Kompetenz-
bereichen strahlen auf die Entwicklung des BauGB aus.[18] In besonderer Weise wurde dies
am EAG Bau 2004 deutlich (vgl. dazu Rn 27, 55 ff., 107j).

---

[14] Zum **ROG 1997** vgl. *Dolderer*, NVwZ **1998**, 345 ff.; *Battis/Krauzberger/Löhr*, NVwZ **2001**, 961 ff.; *Ortloff*, NVwZ **2001**, 997 ff.; zum **ROG 2004** vgl. *Ley*, DVP **2005**, 45 ff.; *Battis/Krautzberger/Löhr*, NJW **2004**, 2553 ff.; *Finkelnburg*, NVwZ **2004**, 897 ff.; *Krautzberger/Stüer*, DVBl **2004**, 914 ff.; zum ROG **2009** vgl. *Scheidler*, NVwZ **2010**, 19 ff.

[15] Vgl. dazu *Battis/Krautzberger/Löhr*, NJW **2004**, 2553 ff.; *Finkelnburg*, NVwZ **2004**, 897 ff.; *Krautzberger/Stüer*, DVBl **2004**, 781 ff.

[16] Vgl. dazu ausführlich *Battis/Krautzberger/Löhr*, NVwZ **2007**, 121 f.

[17] Zur enumerativen Handlungsermächtigung vgl. *R. Schmidt*, Staatsorganisationsrecht, Rn 327 ff.

[18] Vgl. *Krautzberger*, DVBl **2005**, 197 ff., *Erbguth/Wagner*, BauR, § 3 Rn 28 ff.; *Stollmann*, BauR, § 3 Rn 2.

9   In dem heute gültigen BauGB sind das Allgemeine und das Besondere Städtebaurecht normiert. Beide Teile verfolgen städtebauliche Ziele, allerdings mit unterschiedlichen Mitteln.[19]

10   Das zentrale Instrument des **Allgemeinen Städtebaurechts** (§§ 1-135 c BauGB) stellt die **Bauleitplanung** dar, deren Aufgabe gem. § 1 I BauGB darin besteht, die bauliche und sonstige Nutzung der Grundstücke in der Gemeinde nach Maßgabe des BauGB vorzubereiten und zu leiten. Die Bauleitplanung ist nach dem BauGB zweistufig konzipiert: Die Festlegung eines das gesamte Gemeindegebiet umfassenden Bodennutzungskonzepts erfolgt im Wege der **Flächennutzungsplanung** (= vorbereitende Bauleitplanung), während die daraus zu entwickelnde Feinsteuerung der **Bebauungsplanung** (= verbindliche Bauleitplanung) vorbehalten bleibt (vgl. § 8 II S. 1 BauGB). Für diese sieht das BauGB eine spezifische Methode zur Rechtsfindung vor, nämlich die in **§ 1 VII BauGB** angeordnete **Abwägung** sämtlicher von der Bauleitplanung berührter – und einander regelmäßig widerstreitender – öffentlicher und privater Interessen mit dem Ziel, einen gerechten Ausgleich dieser Belange herbeizuführen.[20]

Zum Allgemeinen Städtebaurecht zählen weiterhin die überaus bedeutsamen Vorschriften, welche die **bauplanungsrechtliche Zulässigkeit von Vorhaben** – innerhalb wie außerhalb des Geltungsbereichs städtebaulicher Planung – zum Gegenstand haben (§§ 29 ff. BauGB)[21], ferner die Regelungen zur Bodenordnung (§§ 45 ff. BauGB), zur städtebaulichen Enteignung (§§ 85 ff. BauGB) sowie zur Erschließung der Grundstücke (§§ 123 ff. BauGB).

11   Das (kaum studien- und examensrelevante) **Besondere Städtebaurecht** (§§ 136-191 BauGB) verdrängt nach dem Grundsatz der Spezialität die Regelungen des Allgemeinen Städtebaurechts im Rahmen seines Anwendungsbereichs. Es dient im Wesentlichen der Bewältigung besonderer städtebaulicher Problemlagen und umfasst insbesondere die städtebauliche Sanierung und Entwicklung, den Stadtumbau, Maßnahmen der Sozialen Stadt sowie die Städtebauförderung und -erhaltung.

3. Die Baunutzungsverordnung (BauNVO)

12   Aufgabe der **BauNVO**, die als Rechtsverordnung des Bundes auf § 9a Nr. 1-3 BauGB n.F. basiert, ist es, die §§ 1-13 BauGB (Bauleitplanung) und die §§ 29-38 BauGB (Zulässigkeit von Vorhaben) zu ergänzen bzw. zu konkretisieren. Sie zählt daher zum materiellen Bauplanungsrecht und enthält dementsprechende materielle Vorgaben, die für die kommunale Bauleitplanung beachtlich sind. So regelt sie zur Ausführung des BauGB

- die **Art** der baulichen Nutzung wie z.B. die Gliederung in *Bauflächen* (Wohnbau-, gemischte und gewerbliche sowie Sonderbauflächen, § 1 I BauNVO) und *Baugebiete* (Kleinsiedlungs-, reine, allgemeine und besondere Wohngebiete, Dorf-, Misch-, Kern-, Gewerbe- Industriegebiete usw., §§ 1 II, 2-14 BauNVO),

- das **Maß** der baulichen Nutzung (Geschossflächen-, Grundflächenzahl, §§ 16-21a BauNVO)

- sowie die **Bauweise** und die überbaubaren Grundstücksflächen, § 22, 23 BauNVO. Die entsprechenden Festsetzungen sind im Flächennutzungsplan und im qualifizierten Bebauungsplan zu treffen.

13   Wie diesen Ausführungen entnommen werden kann, geht es der BauNVO also um eine verbesserte städtebauliche Gestaltung und Ordnung vorhandener Ortslagen

---

[19] Vgl. *Oldiges*, BauR, Rn 5; *Erbguth/Wagner*, BauR, § 1 Rn 4 f.; *Bönker*, in: Hoppe/Bönker/Grotefels, BauR, § 3 Rn 1 ff.
[20] Zur zentralen Rechtsfindungsmethode *Abwägung* vgl. ausführlich Rn 102 ff.
[21] Ausführlich Rn 117 ff.

zugunsten gesunder Wohn- und Arbeitsbedingungen und zur Abwehr von Umweltge-
fährdungen, insbesondere aus Gründen des Immissionsschutzes. Zu beachten ist aber
stets, dass die in der BauNVO getroffenen Regelungen **verbindliche** Vorgaben für
die Bauleitpläne (Flächennutzungsplan und Bebauungsplan) darstellen.[22] Für ältere
Pläne ist die BauNVO in der bei Erlass des jeweiligen Plans geltenden Fassung (1962,
1968, 1977, 1986, 1990, 1993) zugrunde zu legen.[23]

Weitere (Bau-)Rechtsverordnungen des Bundes sind die **Wertermittlungsverordnung**   **14**
BGBl. I, 1988, S. 2209) und die **Planzeichenverordnung** (BGBl. I, 1991, S. 58), denen
jedoch keinerlei Studien- und Examensrelevanz zukommen, sodass sie im Weiteren auch
nicht behandelt werden.

4. Das Bauordnungsrecht der Länder

Wie bereits gesagt, unterfällt das Bauordnungsrecht der Gesetzgebungszuständigkeit   **15**
der Länder und ist – ähnlich wie z.B. das Kommunalrecht – prinzipiell unterschiedlichen landesrechtlichen Regelungen zugänglich. Um dennoch eine gewisse Einheitlichkeit im gesamten Bundesgebiet zu wahren, haben die Länder schon vor geraumer
Zeit eine **Musterbauordnung** (MBO) erarbeitet und letztmalig am 8.11.2002 überarbeitet.[24] Diese MBO, die als rechtlich unverbindliche Leitlinie bezeichnet werden
kann, soll dem Landesgesetzgeber beim Erlass der Landesbauordnung eine Orientierungshilfe an die Hand geben und zugleich zu einer Rechtseinheit im Bauordnungsrecht beitragen.[25] Daher gilt: Obwohl die Landesbauordnungen in den Bereichen der
Vereinfachung, Beschleunigung und Abschaffung des Baugenehmigungsverfahrens im
Detail voneinander abweichen, stimmen sie im Groben überein. Damit eignet sich das
vorliegende Buch bundesweit. Behandelt werden aber auch hier nur die examensrelevanten Vorschriften sowie Rechtsschutzgesichtspunkte.

IV. Das Selbstverwaltungsrecht der Gemeinden

Art. 28 II S. 1 GG (einfachgesetzlich konkretisiert in § 2 I S. 1 BauGB) gibt den Ge-   **16**
meinden das Recht, im Rahmen der Gesetze alle Angelegenheiten der örtlichen Gemeinschaft in eigener Verantwortung zu regeln. Man spricht von **kommunaler
Selbstverwaltung**. Unter diese Angelegenheit fällt insbesondere die kommunale
Planungshoheit, deren Bestandteil die Bauleitplanung bildet. Planungshoheit ist die
Befugnis, voraussehbare Entwicklungen längerfristig zu steuern, insbesondere für das
eigene Gebiet die Bodennutzung festzulegen.[26] Gehört also die Bodennutzung zur
Angelegenheit der örtlichen Gemeinschaft, leuchtet es ein, dass die Gemeinde über
die Zulässigkeit von Bauvorhaben entscheiden kann. Allerdings ist die Gemeinde bei
dieser Entscheidung nicht völlig frei von staatlicher Einflussnahme, denn Art. 28 II S.
1 GG räumt ihr das Recht auf kommunale Selbstverwaltung nur „**im Rahmen der
Gesetze**" ein (s.o.). Diese Formel ist ein Gesetzesvorbehalt.[27] Gesetze i.S. dieses

---

[22] Diese Aussage ist nicht nur akademischer Natur, sondern hat ganz konkrete Relevanz für die (äußerst
studien- und examensrelevante) **Abwägung** im Rahmen der Aufstellung eines Bebauungsplans: Berücksichtigt eine Gemeinde bei der Erarbeitung eines Bebauungsplans und der dabei vorzunehmenden Abwägung
nach § 1 VII BauGB nicht die Vorgaben der BauNVO, ist die Abwägung wegen Verletzung der äußeren Ermes-
sensgrenzen fehlerhaft und führt zur **Unwirksamkeit des Bebauungsplans**. Darauf wird im Rahmen der
Darstellung zum Abwägungsgebot zurückzukommen sein (Rn 102 ff.).
[23] *Erbguth/Wagner*, BauR, § 1 Rn 6. Zur **BauNVO** vgl. ausführlich Rn 152 ff.
[24] Zur MBO 2002 vgl. *Jäde*, NVwZ **2003**, 668 ff.; *ders.* ZfBR **2003**, 221 ff.; *Schulte*, DVBl **2004**, 925 ff.
[25] Eine flächendeckende Angleichung der Landesbauordnungen an die MBO 2002 ist in den Jahren 2003 und
2004 erfolgt, vgl. dazu Rn 292 ff.
[26] BVerfGE **56**, 298, 310, 317 f.; BVerwGE **81**, 95, 106; **84**, 209, 214 f. Vgl. auch BVerwG NVwZ **2007**, 584
f.; NVwZ **2006**, 458 f.; ZfBR **2001**, 1043; NWVerfGH NVwZ **2009**, 1287 ff.; *Kaltenborn/Würtenberger*, NVwZ
2010, 236 ff.; *Magen*, JuS **2006**, 404 f.; *Selmer*, JuS **2006**, 762 f.
[27] BVerfGE **56**, 298, 309 f.

Vorbehalts sind z.B. neben den Gemeindeordnungen (⇨ formelle Landesgesetze) die bauplanungsrechtlichen Regelwerke BauGB und BauNVO. Sowohl bei der Aufstellung der Bauleitpläne (Flächennutzungsplan und Bebauungsplan) als auch bei der Entscheidung über die Bauerlaubnis hat die Gemeinde also die Vorgaben dieser Gesetze zu beachten. So sind bei Aufstellung der Bauleitpläne die §§ 1 ff. BauGB und bei der Erteilung der Baugenehmigung die §§ 29 ff. BauGB zu beachten. Im Folgenden werden diese Vorgaben näher untersucht.

C. Der Bebauungsplan als Instrument der Bauplanung

Erfahrungsgemäß bereiten Klausuren und Hausarbeiten zum Thema *Baurecht* große **17** Schwierigkeiten. Entsprechend schlecht sind die Bewertungen. Das mag daran liegen, dass keine hinreichenden (Grund-)Kenntnisse vorhanden sind und/oder Defizite in der systematischen Erfassung dieses doch sehr komplexen und unübersichtlichen Rechtsgebiets bestehen. Baurecht ist kein Rechtsgebiet, das sich einem rasch erschließt. Erst recht werden die in Skripten oftmals dargestellten, simplifizierenden Strukturen den Anforderungen, die an eine Baurechtsklausur oder -hausarbeit gestellt werden, nicht gerecht. Die nachfolgende Darstellung versucht daher, anschaulich und verständlich zu sein, ohne jedoch die Komplexität der Materie unzulässig zu vereinfachen, nur um eine bequeme Lesbarkeit zu erreichen. Dazu gehört zunächst die Darstellung der **Prüfung eines Bebauungsplans**. Dem eiligen Leser, der sich gezielt mit der Zulässigkeit eines Vorhabens auseinander setzen möchte, sei daher empfohlen, die Ausführungen zum Bebauungsplan zu überspringen und mit der Lektüre der **bauplanungs- oder bauordnungsrechtlichen Zulässigkeit** (Rn 117 ff.) fortzufahren. Da aber auch im Rahmen der Prüfung der Zulässigkeit eines Vorhabens im Geltungsbereich eines Bebauungsplans durchaus die Rechtmäßigkeit des Bebauungsplans zu prüfen sein kann (ein Vorhaben im Geltungsbereich eines Bebauungsplans ist u.a. nur dann zulässig, wenn es den Festsetzungen des Bebauungsplans nicht widerspricht; dies allerdings setzt die Rechtmäßigkeit des Bebauungsplans voraus, was wiederum inzident zu prüfen wäre), wird der Leser spätestens dann auf die Darstellung zum Bebauungsplan zurückgreifen müssen. Sollten Schwierigkeiten hinsichtlich der Einordnung in den Fallaufbau auftreten, empfiehlt sich die Lektüre des **Abschlussfalls** bei Rn 116, der die Prüfung der **Rechtmäßigkeit eines Bebauungsplans** zum Gegenstand hat.

I. Definition und Rechtsnatur des Bebauungsplans

Der Bebauungsplan ist Teil der verwaltungsrechtlichen Handlungsform „**Planung**". **18** Die Planung ist ein modernes Instrumentarium, um komplexe Sachverhalte, bei denen sich die Rechtsbeziehungen nicht zwischen der Verwaltung und einem Bürger beschränken, sondern sich auf eine Vielzahl von Personen erstrecken (sog. **polygonale Rechtsverhältnisse**), in einem streng formalisierten Verfahren zu regeln. Dieses Verfahren kennzeichnet sich dadurch, dass alle beteiligten Kreise angehört werden müssen und Stellungnahmen abgeben können.

> **Beispiele:** Bauleitplanung mit den Unterformen Flächennutzungsplan und Bebauungsplan (§§ 1 ff. BauGB); Landschaftsplanung (§§ 12 ff. BNatSchG i.V.m. den Landesnaturschutzgesetzen); Regionalplanung (§ 8 ROG i.V.m. den Landesplanungsgesetzen); Ausweisung von Schutzgebieten nach der FFH-Richtlinie (§ 33 BNatSchG); Luftreinhalteplan (§ 47 BImSchG); Lärmminderungsplanung (§§ 47a ff. BImSchG); Festsetzung von Wasserschutzgebieten (§ 19 WHG); wasserwirtschaftliche Planung (§§ 36, 36b WHG); Abfallwirtschaftsplanung (§ 29 KrW-/AbfG); diverse Fachplanungen in den Bereichen Eisenbahn-, Fernstraßen-, Luftverkehrs- und Wasserstraßenrecht; planungsähnliche Abwägungskriterien enthält § 21 TKG[28]

Der in diesem Rahmen näher zu untersuchende Bebauungsplan[29] enthält die rechts- **19** verbindlichen Festsetzungen für die städtebauliche Ordnung (§ 8 I S. 1 BauGB). Er

---

[28] Vgl. dazu *Mayen*, NVwZ **2008**, 835 ff.
[29] Zur Begründetheit einer Normenkontrolle in Bezug auf Bebauungspläne vgl. den Abschlussfall bei Rn 116; zum (wenig klausurrelevanten) Flächennutzungsplan vgl. *Erbguth/Wagner*, BauR, § 5 Rn 92 ff. und *Schenke*, NVwZ **2007**, 134 ff.; zur Veränderungssperre vgl. BVerwG DVBl **2004**, 950 ff., OVG Lüneburg NVwZ-RR **2004**, 173 f. und **2004**, 352 f.

bildet die Grundlage für weitere zum Vollzug des BauGB erforderliche Maßnahmen. Die Inhalte des Bebauungsplans regelt § 9 BauGB. Danach kann der Bebauungsplan **„Festsetzungen"** (Abs. 1), „Kennzeichnungen" (Abs. 5) und „nachrichtliche Über- nahmen" (Abs. 6) enthalten. Ihm ist eine Begründung (mit den Angaben des § 2a BauGB) beizufügen (Abs. 8). Der Bebauungsplan kann für das Bauland die Art und das Maß der baulichen Nutzung, die Bauweise, die überbaubaren und die nicht über- baubaren Grundstücksflächen, die Mindestgröße der Baugrundstücke, die Höhenlage der baulichen Anlagen, die Flächen für Stellplätze und Garagen, die Baugrundstücke für den Gemeinbedarf festsetzen. Ferner kann der Bebauungsplan die Grundstücke, die von der Bebauung freizuhalten sind, die Verkehrs- und Versorgungsflächen, die Grünflächen, die Gemeinschaftsanlagen usw. bestimmen. Enthält ein Bebauungsplan mindestens Festsetzungen über die Art und das Maß der baulichen Nutzung, die überbaubaren Grundstücksflächen und die örtlichen Verkehrsflächen (vgl. § 30 I BauGB), spricht man von einem **qualifizierten Bebauungsplan**.[30] Der qualifizierte Bebauungsplan stellt die Regel dar. Enthält ein Bebauungsplan die o.g. Festsetzungen nicht, spricht man von einem **einfachen Bebauungsplan** (§ 30 III BauGB i.V.m. §§ 34 und 35 BauGB).[31] Dem qualifizierten Bebauungsplan i.S.d. § 30 I BauGB ist der **vorhabenbezogene Bebauungsplan** i.S.d. § 12 BauGB gleichgestellt (vgl. § 30 II BauGB). Ein vorhabenbezogener Bebauungsplan ist – wie schon die Bezeichnung erkennen lässt – ein Bebauungsplan, der sich auf ein bestimmtes Vorhaben bezieht und den Vorhaben- und Erschließungsplan eines Investors zum Gegenstand hat. Folgerichtig beinhaltet er auch nicht alle Festsetzungen, die ein qualifizierter Be- bauungsplan enthält. Es ist nach der am 1.1.2007 in Kraft getretenen Neufassung des § 12 BauGB sogar möglich, dass in ihm eine bauliche oder sonstige Nutzung auch allgemein festgesetzt wird, namentlich durch Festsetzung eines Baugebiets nach der BauNVO.

20

> **Zusammenfassung und Hinweis für die Fallbearbeitung:**
>
> - **Qualifizierter Bebauungsplan** (§ 30 I BauGB) ⇨ Bebauungsplan, der min- destens Festsetzungen über die Art und das Maß der baulichen Nutzung, die überbaubaren Grundstücksflächen und die örtlichen Verkehrsflächen i.S.d. BauNVO enthält.
>
> - **Einfacher Bebauungsplan** (§ 30 III BauGB) ⇨ Bebauungsplan, der mindes- tens eine der Voraussetzungen des § 30 I BauGB nicht enthält.
>
> - **Vorhabenbezogener Bebauungsplan** (§§ 30 II, 12 BauGB) ⇨ Bebauungs- plan, der in Bezug auf ein bestimmtes Vorhaben erlassen wird.
>
> Die Unterscheidung zwischen den drei Plankategorien Bebauungsplan gewinnt vor allem für die **Zulässigkeit von Bauvorhaben** an Bedeutung:
>
> - So richtet sich die Zulässigkeit von Bauvorhaben, die im Geltungsbereich eines **qualifizierten Bebauungsplans** errichtet werden sollen, nach dem Be- bauungsplan, der wiederum insbesondere die Vorgaben des BauGB (§ 30 I BauGB) und der BauNVO zu beachten hat. Bauvorhaben im Geltungsbereich ei- nes qualifizierten Bebauungsplans sind also nur dann zulässig, wenn sie den **Festsetzungen** nicht widersprechen. Für Vorhaben, die den Festsetzungen nicht entsprechen, können aber Ausnahmen und Befreiungen erteilt werden (vgl. § 31 I und II BauGB), vgl. Rn 134 ff. und 167 ff.
>
> - Demgegenüber richtet sich die Zulässigkeit von Bauvorhaben im Geltungsbe- reich eines **einfachen Bebauungsplans** gem. § 30 III BauGB nach § 34 oder

---

[30] Vgl. dazu Rn 149 ff.
[31] Vgl. dazu Rn 187 ff.

> § 35 BauGB. Die BauNVO ist auch im Bereich des § 34 BauGB anwendbar (vgl.
> § 34 II BauGB). Zu den Einzelheiten vgl. Rn 217 ff.
>
> - Da der **vorhabenbezogene Bebauungsplan** dem qualifizierten Bebauungs-
>   plan gleichgestellt ist, muss er bauleitplanerische Festsetzungen für ein oder
>   mehrere Vorhaben enthalten. Vgl. dazu Rn 127 und 166.

Im Zuge der Baurechtsnovelle 2007 (vgl. dazu bereits Rn 7) wurde in das BauGB der **21**
sog. „**Bebauungsplan der Innenentwicklung**" aufgenommen (vgl. § 13a Bau-
GB)[32]. Dieser Plan stellt keine eigenständige Plankategorie dar, sondern ist den o.g.
Plankategorien zuzuordnen. Von der Vorschrift umfasst werden Bebauungspläne, die
konkret „der Wiedernutzbarmachung von Flächen, der Nachverdichtung oder anderen
Maßnahmen der Innenentwicklung" dienen (vgl. § 13a I S. 1 BauGB). Damit soll ein
Beitrag zur Reduzierung des Flächenverbrauchs geleistet werden, indem bereits
vorhandene Flächen für eine Neubebauung aufbereitet und nutzbar gemacht werden.
Um dieses Ziel zu erreichen, ist die Geltung eines beschleunigten Planaufstellungsverfahrens vorgesehen (vgl. § 13a I S. 1 BauGB). Bebauungspläne der Innenentwicklung sind z.B. Bebauungspläne, die

- der Erhaltung, Erneuerung, Fortentwicklung, Anpassung und dem Umbau vorhandener
  Ortsteile dienen (vgl. § 1 VI Nr. 4 BauGB),
- der Umnutzung von Flächen dienen (Verdichtung von städtischen Gebieten, stärkere
  Einbeziehung von brachliegenden Flächen sowie der Anpassung von Wohnquartieren
  an die Bedürfnisse des alten- und familiengerechten Wohnens),
- oder sich auf Gebiete beziehen, die im Zusammenhang bebaute Ortsteile (§ 34 BauGB)
  darstellen.

Da die Überprüfung eines Bebauungsplans der Innenentwicklung umfangreiche Sach- **22**
verhaltsangaben erfordert und damit kaum klausurtauglich scheint, wird im Folgenden
nicht mehr auf ihn eingegangen. Unter dem Aspekt der Prüfungs- und Examensrelevanz gilt das Augenmerk vielmehr dem qualifizierten Bebauungsplan gem. § 30 I
BauGB, dem einfachen Bebauungsplan gem. § 30 III BauGB sowie dem vorhabenbezogenen Bebauungsplan gem. § 30 II BauGB, die sich wegen ihres jeweiligen
Inhalts voneinander abgrenzen.

Gerade zum vorhabenbezogenen Bebauungsplan ist die im Zuge der Baurechtsnovelle **23**
2007 eingefügte Vorschrift des § 12 III a BauGB zu beachten. Diese Neuregelung hat
die Möglichkeiten flexiblen Handelns beim vorhabenbezogenen Bebauungsplan noch
verstärkt.[33] Zweck der Neuregelung ist es, im vorhabenbezogenen Bebauungsplan für
den Bereich des Vorhaben- und Erschließungsplans eine bauliche oder sonstige
Nutzung auch allgemein festzusetzen, namentlich durch Festsetzung eines Baugebiets
nach der BauNVO. Verpflichten sich der Vorhabenträger oder ein Dritter durch
Änderung des Durchführungsvertrags oder durch Abschluss eines neuen Durchführungsvertrags gegenüber der Gemeinde zur Durchführung einer anderen Nutzung,
die von der festgesetzten allgemeinen Nutzung umfasst wird, soll diese Nutzung i.S.d.
§ 30 II BauGB zulässig sein. Der vorhabenbezogene Bebauungsplan muss dann trotz
Änderung des Durchführungsvertrags (bspw. im Zuge eines Trägerwechsels) nicht
noch einmal geändert werden.

---

[32] Vgl. dazu ausführlich *Battis/Krautzberger/Löhr*, NVwZ **2007**, 121, 123 f.; *Reidt*, NVwZ **2007**, 1029 ff.
[33] Vgl. dazu *Battis/Krautzberger/Löhr*, NVwZ **2007**, 121, 125 f.

II. Rechtmäßigkeit/Rechtswidrigkeit eines Bebauungsplans

24 Der Bebauungsplan wird von der Gemeinde als **Satzung** beschlossen (§ 10 I BauGB). Er ist also Gesetz im materiellen Sinne und kann von den Verwaltungsgerichten (OVG/VGH) im Wege der Normenkontrolle (§ 47 I Nr. 1 VwGO) überprüft und ggf. für unwirksam erklärt werden (§ 47 V VwGO).

25 Wie sämtliche Formen staatlichen Handelns muss auch der Bebauungsplan sowohl in formell- als auch in materiell-rechtlicher Hinsicht mit höherrangigem Recht vereinbar sein.

26 Zu den **formell-rechtlichen** Anforderungen gehört die Einhaltung von Zuständigkeits-, Verfahrens- und Formvorschriften. Insbesondere die Einhaltung von Verfahrensvorschriften kann zu problematisieren sein. Den hinsichtlich der bei der formellen Rechtmäßigkeit zu beachtenden Vorschriften der §§ 2, 2a, 3, 4, 4a, 4b, 6 und 10 BauGB (die weitgehend auch für Flächennutzungspläne gelten) kann insgesamt ein mehrstufiges (auch die **materiell-rechtlichen** Anforderungen der §§ 1 V-VII, § 1a und 2 II BauGB berücksichtigendes) Verfahren entnommen werden, wobei die Reihenfolge einzelner Schritte auch variieren kann (vgl. im Einzelnen Rn 34 ff.):

- An erster Stelle steht die **Beschlussfassung** über die **Planaufstellung**: Der Gemeinderat (oder ein beschlussfähiger Ausschuss i.S. der Gemeindeordnung) beschließt, dass ein Bebauungsplan aufgestellt werden soll (§ 2 I S. 1 BauGB); die Beschlussfassung ist ortsüblich bekannt zu geben (§ 2 I S. 2 BauGB).

- Danach hat die Gemeinde die **Belange**, die für die Abwägung nach § 1 VII BauGB von Bedeutung sind (sozusagen das Abwägungsmaterial), zu **ermitteln** und zu **bewerten** (vgl. § 2 III BauGB). Zu den zu ermittelnden und bewertenden Belangen gehören insbesondere die in § 1 VI Nr. 7 sowie in § 1a BauGB genannten Belange des Umweltschutzes. Für sie verlangt § 2 IV BauGB die Durchführung einer **Umweltprüfung**. In dieser werden die Belange des Umweltschutzes dokumentiert, konkretisiert und bewertet und in einem **Umweltbericht** zusammengefasst. Die Anlage zu § 2 IV und 2a BauGB (im Gesetzestext hinter § 247 BauGB abgedruckt) beschreibt im Einzelnen, was im Umweltbericht aufzunehmen ist, d.h. was er zu enthalten hat. Den Umfang und den Detaillierungsgrad der Ermittlung der Belange des Umweltschutzes legt die Gemeinde für jeden Bauleitplan fest (vgl. § 2 IV S. 2 BauGB).[34]

- Sodann ist ein **Planentwurf** zu erarbeiten und zu **begründen** (§ 2a BauGB). Ihm ist auch der **Umweltbericht** beizufügen.

- Im Rahmen der Ermittlung und Bewertung der Belange, die für die Abwägung nach § 1 VII BauGB von Bedeutung sind, findet auch die **Verfahrensbeteiligung** statt: **Benachbarte Gemeinden** (§ 2 II BauGB) sowie die **Behörden** und **sonstige Träger öffentlicher Belange** sind zu beteiligen, und zwar in der Form der frühzeitigen Beteiligung (§ 4 I BauGB) einerseits und der Beteiligung am Planentwurf (§ 4 II BauGB) andererseits. Ist zudem eine grenzüberschreitende erhebliche Auswirkung auf **Nachbargemeinden** möglich, sind auch diese (zusätzlich zu § 2 II BauGB) gem. § 4a V BauGB zu beteiligen.

- Zu **beteiligen** ist auch die **Öffentlichkeit**, und zwar in Form der frühzeitigen Beteiligung (§ 3 I BauGB) einerseits und des Auslegungs- und Erörterungsverfahrens (§ 3 II BauGB) andererseits.

---

[34] Zur Umweltprüfung nach der Baurechtsnovelle 2004 vgl. auch Rn 51, 98b ff., 105a, b, 107c.

- Sind die Berechtigten beteiligt worden und die Ergebnisse der Ermittlung und Bewertung aller abwägungserheblicher Belange in der Abwägung nach § 1 VII BauGB (rechtsfehlerfrei) berücksichtigt[35], **beschließt** die Gemeinde den Plan (§ 10 I BauGB).

- Soweit erforderlich, ist die **Genehmigung** des Plans bei der höheren Verwaltungsbehörde (je nach Bundesland der Landkreis oder die Bezirksregierung) einzuholen (§§ 6 I, 10 II, 246 I a BauGB).

- Dem Bebauungsplan ist eine **zusammenfassende Erklärung** beizufügen über die Art und Weise, wie die Umweltbelange und Ergebnisse über die Öffentlichkeits- und Behördenbeteiligung in dem Bebauungsplan berücksichtigt wurden und aus welchen Gründen der Plan unter anderen Planungsmöglichkeiten gewählt wurde (§ 10 IV BauGB).

- Schließlich ist die Genehmigung bzw., wenn diese nicht erforderlich ist, der Beschluss des Bebauungsplans **öffentlich bekannt** zu machen (§§ 6 V, 10 III BauGB).

> **Hinweis für die Fallbearbeitung:** Sollte in einer Klausur die formelle Rechtmäßigkeit eines Bebauungsplans zu prüfen sein, ist zu beachten, dass nicht unreflektiert alle zuvor genannten Verfahrensschritte durchgeprüft werden; vielmehr sind nur solche Schritte anzusprechen, bei denen ein Fehler vorliegen könnte. Im Übrigen ist zu beachten, dass bei Änderungen oder Ergänzungen eines Bebauungsplans, die die Grundzüge der Planung nicht berühren, das vereinfachte Verfahren gem. § 13 BauGB zur Anwendung kommen kann. In diesem Fall sind von vornherein nicht alle Verfahrensschritte zu beachten.

In **materiell-rechtlicher** Hinsicht ist wesentliches Merkmal der Bauplanung und damit des Bebauungsplans die **planerische Abwägung**. Alle öffentlichen und privaten Belange müssen gerecht gegeneinander und untereinander abgewogen werden (§ 1 VII BauGB). Der Betroffene hat ein **subjektives öffentliches Recht auf gerechte Abwägung der eigenen Belange**, die im Rahmen der Abwägung bedeutsam sind.[36] Die Ebene der gerichtlichen Überprüfbarkeit von planerischen Abwägungsentscheidungen bestimmt sich nach der Rechtsnatur dieser Normstruktur. Da es weniger um Ermessensgesichtspunkte als um eine Optimierung und Konfliktbewältigung zwischen privaten und öffentlichen Belangen geht, handelt es sich bei den gesetzlichen Bestimmungen, die die Durchführung einer planerischen Abwägung anordnen, rechtsdogmatisch um unbestimmte Rechtsbegriffe. Daher bleibt es bei der grundsätzlich vollen Überprüfbarkeit durch die Verwaltungsgerichte. Zu beachten ist jedoch, dass das überprüfende Gericht nicht einzelne Belange herausheben und isoliert überprüfen darf. Dürfte es dies, wäre das gesamte auf einander abgestimmte System ausformulierter Ziele und Belange im Nachhinein in Frage gestellt. Aus diesem Grund konzentriert sich die gerichtliche Kontrolle der Abwägung auf bestimmte **Abwägungsfehler**: Zunächst ist zu prüfen, ob der Bebauungsplan überhaupt erforderlich ist (§ 1 III S. 1 BauGB). Der Sache nach geht es um eine **Planrechtfertigung** (insoweit besteht eine volle gerichtliche Überprüfbarkeit). Sodann sind Planungsentscheidungen auf mögliche **Abwägungsfehler** hin zu untersuchen (insoweit besteht nur die genannte eingeschränkte gerichtliche Überprüfbarkeit). Hierzu ist vom

27

---

[35] Etwas durcheinander ist der von *Ley*, DVP **2005**, 45, 49 dargestellte Verfahrensablauf. Denn die Beteiligung von Behörden und der Öffentlichkeit muss *vor* der Bewertung der abwägungserheblichen Belange stattfinden. Denn anderenfalls können deren Stellungnahmen bei der Abwägung nicht berücksichtigt werden.

[36] BVerwG NVwZ **2002**, 1509; BVerwGE **107**, 215, 220; VGH Mannheim NVwZ **2000**, 1187. Vgl. dazu auch OVG Lüneburg NVwZ-RR **2001**, 11; OVG Münster NVwZ-RR **2001**, 14; VGH Mannheim NVwZ-RR **2001**, 13 und *Gaentzsch*, NVwZ **2001**, 990, 991; *Dagefördе*, NVwZ-Beilage II/**2001**, 19, 20; *Muckel*, NVwZ **1999**, 963; *Schmidt-Preuß*, DVBl **1999**, 193; *Schütz*, NVwZ **1999**, 929.

BVerwG eine bestimmte **Fehlertypik** entwickelt worden[37], die durch das EAG Bau 2004 jedoch systemwidrig in erster Linie dem Verfahren und damit der formellen Rechtmäßigkeit des Bebauungsplans zugeordnet wird (vgl. dazu Rn 54 ff.):

- **Abwägungsausfall** (liegt vor, wenn überhaupt keine oder keine sachgerechte Abwägung stattfindet)

- **Abwägungsdefizit** (liegt vor, wenn ein Belang nicht in die Abwägung eingeflossen ist, der nach Lage der Dinge zu berücksichtigen war = Unvollständigkeit der Erwägungen)

- **Abwägungsfehleinschätzung** (liegt vor, wenn die Belange zwar ordnungsgemäß ermittelt und in die Abwägung eingeflossen sind, jedoch die *Bedeutung* eines öffentlichen oder privaten Belangs verkannt wird – etwa wenn die Bedeutung des Umweltschutzes oder der Umweltverträglichkeit verkannt wurde, vgl. § 1 VI Nr. 7, § 1 a BauGB)

- **Abwägungsdisproportionalität** (liegt vor bei Verkennen des relativen *Gewichts* von Belangen beim Ausgleich zwischen öffentlichen und privaten Belangen = sachfremde Erwägungen)

28   Darüber hinaus darf sich ein Abwägungsfehler auch nicht auf das **Abwägungsergebnis** ausgewirkt haben. Das wäre aber z.B. der Fall, wenn Zielvorgaben des Planungsträgers verfehlt würden. Auch ist die sog. **Fehlerkausalität** zu beachten: Abwägungsfehler sind nur dann beachtlich (und gerichtlich zu beanstanden), wenn sie sich auf das Ergebnis ausgewirkt haben, wobei die h.M. bereits die reale Möglichkeit, dass der Fehler das Abwägungsergebnis beeinflusst hat, genügen lässt.[38] Beachtliche Fehler können nach § 214 IV BauGB durch ein ergänzendes Verfahren rückwirkend geheilt werden.

III. Fehlerfolgen eines rechtswidrigen Bebauungsplans

29   Rechtswidrige Staatsakte sind grundsätzlich nichtig und damit unwirksam. Das folgt aus dem in Art. 20 III GG zum Ausdruck kommenden Rechtsstaats- und Demokratieprinzip. Es wäre mit dem Rechtsstaats- und dem Demokratieprinzip unvereinbar, wenn rechtswidrige Staatsakte (belastende) Rechtswirkungen entfalten würden. Allerdings ist zu beachten, dass bestimmten rechtswidrigen Staatsakten dennoch eine Verbindlichkeit zukommen kann, wenn dadurch das Rechtsstaats- und Demokratieprinzip gewahrt bleibt. So hat der formelle Gesetzgeber bestimmt, dass rechtswidrige Verwaltungsakte grundsätzlich wirksam sind, vgl. § 43 II VwVfG. Nur ein nichtiger Verwaltungsakt ist unwirksam, § 43 III VwVfG. Die Unwirksamkeit bestimmt sich nach § 44 VwVfG. Auch für Satzungen gilt der Grundsatz der Nichtigkeit nur eingeschränkt. Nach §§ 214, 215 BauGB sind bestimmte – in erster Linie formelle – Fehler von Bebauungsplänen (§ 10 BauGB) und sonstigen baurechtlichen Satzungen (Veränderungssperren gem. §§ 14 ff. BauGB) entweder von vornherein unbeachtlich (absolute Unbeachtlichkeit) oder dann unbeachtlich, wenn sie nicht innerhalb einer bestimmten Frist nach Erlass der Satzung gegenüber der Gemeinde gerügt werden (relative Unbeachtlichkeit). Die mit einem unbeachtlichen Fehler oder mit nicht innerhalb der Frist gerügten Fehlern behaftete Satzung ist demnach rechtswirksam.[39] Vgl. dazu ausführlich Rn 107j ff. Außerhalb dieser Unbeachtlichkeitsregelungen verbleibt es jedoch bei dem Grundsatz der Unwirksamkeit des Bebauungsplans.

---

[37] Vgl. dazu ausführlich Rn 107a ff.
[38] *Ronellenfitsch*, NVwZ **1999**, 583, 589. Vgl. auch *Dolde*, NVwZ **2001**, 976 f.
[39] Vgl. dazu aus jüngerer Zeit BVerwG KommJur **2004**, 27 ff.

IV. Grundsatz der Planerhaltung

Durch den Vorrang der Unbeachtlichkeits-, Heilungs- bzw. Ergänzungsnormen vor **30**
den Aufhebungsnormen (vgl. nur §§ 214, 215 BauGB) sollen Abwägungsmängel nur
dann zur Aufhebung des Planfeststellungsbeschlusses oder der planungsrechtlichen
Satzung führen, wenn sie nicht unbeachtlich sind (vgl. § 214 I S. 1 Nr. 1 BauGB) oder
nicht durch eine Planungsergänzung oder durch ein ergänzendes Verfahren behoben
werden können (vgl. § 214 IV BauGB). Problematisch wird die zuletzt genannte Hei-
lungs- oder Ergänzungsmöglichkeit aber dann, wenn (ähnlich wie bei Beurteilungsspielräumen) eine fehlende Reproduzierbarkeit der Entscheidungssituation vorliegt,
wenn also der ursprünglich gebotenen Abwägung Umstände zugrunde gelegen haben, die aufgrund der besonderen Abwägungssituation im Nachhinein nicht mehr
angemessen in die Abwägung einbezogen werden können. So besteht die Gefahr,
dass die nachträglich eingebrachten Abwägungsgesichtspunkte zu einer Änderung
des Gesamtkonzepts führen. In diesem Fall würde eine Berücksichtigung zu einer
Planänderung führen.[40] Von einer Heilung kann dann nicht mehr gesprochen werden.
Vgl. dazu sogleich (Prüfung baurechtlicher Satzungen).

> **Hinweis für die Fallbearbeitung:** Ein Plan, der als Satzung ergeht (vgl. nur den
> Bebauungsplan gem. § 10 BauGB), kann entweder inzident überprüft werden,
> wenn z.B. ein Bauherr gegen die Versagung einer Baugenehmigung klagt, oder
> prinzipal, wenn der Bauherr von vornherein die Überprüfung des Bebauungsplans
> anstrebt. Im ersten Fall ist eine Individualklage (**Anfechtungsklage, Verpflich-
> tungsklage**) statthaft, im zweiten Fall ein **Normenkontrollverfahren** gem. § 47
> VwGO.[41] Die folgenden Ausführungen geben einen Überblick über eine prinzipale
> Normenkontrolle.

V. Prüfung baurechtlicher Satzungen

31

Rechtmäßigkeit/Rechtswidrigkeit eines Bebauungsplans

1. Rechtsgrundlage
Rechtsgrundlage für den Erlass eines Bebauungsplans ist Art. 28 II S. 1 GG i.V.m. §§ 1 III,
2 I, 10 BauGB (für den Erlass einer Veränderungssperre vgl. §§ 14 I, 16 I BauGB).

2. Formelle Rechtmäßigkeit
a. Zuständigkeit
Die Zuständigkeit der Gemeinde ergibt sich aus der Rechtsgrundlage, die des Gemeinderats
aus der Gemeindeordnung.

b. Verfahren/Form
Im Rahmen der formellen Rechtmäßigkeit können insbesondere die Verfahrensvorschriften der §§ 2, 2 a, 3, 4, 4 a, 4 b, 10 und 13 BauGB zu problematisieren sein. Da zudem
gem. **§ 2 III BauGB** in der Fassung der Baurechtsnovelle 2004 die Gemeinde bei der
Aufstellung des Bebauungsplans die Belange, die für die (materiell-rechtliche) Abwägung
nach § 1 VII BauGB von Bedeutung sind (sozusagen das Abwägungsmaterial), zu ermitteln und zu bewerten hat, und diesbezügliche Fehler nur als Verfahrensfehler geltend
gemacht werden können (vgl. § 214 I S. 1 BauGB; „nur beachtlich, wenn…" und § 214
III S. 2 Halbs. 1 BauGB: „Mängel, die Gegenstand der Regelung in § 214 I S. 1 Nr. 1
BauGB sind, können nicht als Mängel der Abwägung geltend gemacht werden"), muss
aus dieser Neuregelung geschlossen werden, dass der Gesetzgeber **Abwägungsfehler,**

---

[40] Vgl. dazu BVerwG NVwZ **2000**, 1053; BVerwG NVwZ **1999**, 420; *Dolde/Menke*, NJW **1999**, 1070, 1081;
Gaentzsch, NVwZ **2000**, 993, 997; *Schmidt*, NVwZ **2000**, 977 ff.; *Kintz*, JuS **2000**, 1099, 1104.
[41] Das Normenkontrollverfahren ist auch dann anwendbar, wenn der Bebauungsplan gem. § 246 II BauGB in
einer anderen Rechtsform ergangen ist (vgl. § 47 I Nr. 1 Var. 2 VwGO).

die rechtsdogmatisch an sich dem materiellen Recht zuzuordnen sind, als **Verfahrensfehler** verstanden haben möchte, die er zudem für grundsätzlich unbeachtlich hält. Da aber ein „Bewerten" von abwägungserheblichen Belangen vernünftigerweise nicht von Berücksichtigung anderer materiell-rechtlicher Erwägungen vorgenommen werden kann, ist die Abwägung insgesamt im Rahmen der materiellen Rechtmäßigkeit des Bebauungsplans zu prüfen (vgl. dazu ausführlich nebst detaillierter Begründung Rn 54 ff.). Dem gesetzgeberischen Willen kann dennoch hinreichend Rechnung getragen werden, indem Abwägungsfehler im Anschluss an die materiell-rechtliche Prüfung der Fehlerfolgenregelung der §§ 214 I S. 1 Nr. 1, 214 III S. 2 BauGB unterworfen werden.

c. Ordnungsgemäße Ausfertigung des Bebauungsplans

d. Bekanntmachung des Bebauungsplans

e. (Un-)Beachtlichkeit nach §§ 214, 215 BauGB

Nach §§ 214, 215 BauGB sind bestimmte Mängel (primär **Verfahrens- und Formfehler**) für die Wirksamkeit des Flächennutzungsplans und der Satzungen nach BauGB unbeachtlich. In der Fallbearbeitung empfiehlt sich folgende Vorgehensweise:

⇨ Zunächst ist zu prüfen, ob der ermittelte Fehler in § 214 I BauGB überhaupt genannt ist. Nur dann ist er (in Abweichung zum allgemeinen Verwaltungsrecht) grundsätzlich beachtlich!

⇨ Von vornherein unbeachtlich ist ein Fehler, der in § 214 II BauGB genannt ist.

⇨ Unabhängig von der Unbeachtlichkeitsregelung des § 215 I BauGB besteht die Möglichkeit der Heilung gem. § 214 IV BauGB durch ein ergänzendes Verfahren, das auch auf Verfahrens- und Formfehler außerhalb des BauGB greift (dazu sogleich).

Aus dieser Vorgehensweise folgt, dass nur diejenigen Mängel zur endgültigen Unwirksamkeit des Bebauungsplans führen können, die von dieser Prüfung nicht umfasst werden.

f. Ergänzendes Verfahren nach § 214 IV BauGB

Nach § 214 IV BauGB führen Mängel der Satzung, die nicht nach § 214 I-III BauGB unbeachtlich sind, jedoch durch ein ergänzendes Verfahren behoben werden können, nicht zur Unwirksamkeit, wenn das ergänzende Verfahren durchgeführt wird.

3. Materielle Rechtmäßigkeit

Bei der materiell-rechtlichen Überprüfung eines Bebauungsplans geht es häufig um die Frage nach der Vereinbarkeit mit zwingenden Planungsvorgaben einerseits und dem Gebot der gerechten Abwägung andererseits.

a. Erfordernis eines Flächennutzungsplans, § 8 II S. 1 BauGB

Nach § 8 II S. 1 BauGB sind Bebauungspläne aus dem Flächennutzungsplan zu entwickeln. Verstößt die Gemeinde gegen dieses Gebot, ist der Bebauungsplan gleichwohl nicht notwendigerweise nichtig. Denn wird eine städtebauliche Entwicklung nicht beeinträchtigt, greift die Unbeachtlichkeitsregelung des § 214 II Nr. 2 BauGB. Zu beachten ist aber die Regelung des § 8 II S. 2 BauGB, wonach ein Flächennutzungsplan nicht erforderlich ist, wenn der Bebauungsplan ausreicht, um die städtebauliche Entwicklung zu ordnen. Dies kommt insbesondere für kleine Gemeinden in Betracht. Weiterhin ist die Ausnahme gem. § 8 IV BauGB zu beachten, die es den Gemeinden erlaubt, einen Bebauungsplan aufzustellen, zu ändern, zu ergänzen oder aufzuheben, bevor der Flächennutzungsplan aufgestellt ist, sofern dringende Gründe es erfordern und wenn der Bebauungsplan der beabsichtigten städtebaulichen Entwicklung des Gemeindegebiets nicht entgegensteht (vorzeitiger Bebauungsplan). Schließlich ist die Ausnahmebestimmung des § 13a II Nr. 2 BauGB zu beachten.

b. Erforderlichkeit des Bebauungsplans (Planrechtfertigung), § 1 III BauGB

Der Satzungsgeber eines Bebauungsplans hat bei dessen Aufstellung kein Entschließungsermessen. So *haben* die Gemeinden die Bauleitpläne aufzustellen, wenn die Erforderlichkeit für die städtebauliche Ordnung vorliegt, § 1 III BauGB. Ist ein Bebauungsplan nicht erforderlich, ist er **nichtig**. Ein ergänzendes Verfahren nach § 214 IV BauGB kommt nur dann in Betracht, wenn die fehlende Erforderlichkeit behoben werden kann. Doch das wird kaum anzunehmen sein.

c. Beachtung des Bestimmtheitsgebots

Da es sich bei dem Bebauungsplan um eine Rechtsnorm handelt, deren Festsetzungen den Inhalt des Grundeigentums sowohl für die unmittelbar von der Festsetzung betroffenen Grundstücksflächen als auch für die ihnen benachbarten Grundflächen bestimmen, muss er dem rechtsstaatlichen Bestimmtheitsgebot genügen. Dieses verlangt eine inhaltliche Normenklarheit und eine hinreichende Regelungsdichte.

d. Anpassungspflicht, § 1 IV BauGB

§ 1 IV BauGB bestimmt, dass die Bauleitpläne (und damit auch der Bebauungsplan) den **Zielen der Raumordnung** und der Landesplanung anzupassen sind. Da der Bebauungsplan in der Regel aber aus dem Flächennutzungsplan zu entwickeln ist (vgl. Rn 78), wirkt sich die Anpassungspflicht in erster Linie bei der Flächennutzungsplanung aus. Lediglich in Fällen, in denen ein Flächennutzungsplan nicht besteht, kommt bei Bebauungsplänen der Anpassungspflicht eine eigenständige Bedeutung zu.

e. Beachtung des Planungsrahmens (Vorgaben der BauNVO)

Der Bebauungsplan ist fehlerhaft, wenn die in § 9 BauGB i.V.m. der BauNVO formulierten zulässigen Möglichkeiten überschritten wurden. Dies ist insbesondere der Fall,

⇨ wenn die *Art* der Nutzung (§ 1 III S. 2, §§ 2-14 BauNVO) nicht eingehalten wird (beachte aber die Ausnahmen in § 1 IV-IX BauNVO),

⇨ das *Maß* der Nutzung (§§ 16-21a BauNVO) nicht eingehalten wird

⇨ und die Bau*weise* und die überbaubaren Grundstücksflächen (§§ 22-23 BauNVO) nicht eingehalten werden.

f. Beteiligung benachbarter Gemeinden, § 2 II BauGB

Nach § 2 II BauGB sind die Bauleitpläne benachbarter Gemeinden aufeinander abzustimmen. Dadurch soll sichergestellt werden, dass die Kommunen ihre Bauleitpläne nicht zulasten der Interessen der Nachbargemeinden erlassen (sog. **interkommunales Abstimmungs- oder Rücksichtnahmegebot**). Sieht man das interkommunale Abstimmungsgebot des § 2 II BauGB als einen **Unterfall des § 1 VII BauGB**, richten sich die Fehlerfolgen nach den Grundsätzen der Abwägungslehre (dazu sogleich). Unterscheidet man das interkommunale Abstimmungsgebot jedoch von der Abwägung nach § 1 VII BauGB, finden die §§ 214 III S. 2 Halbs. 2, 215 I Nr. 3 BauGB keine Anwendung. Ein Verstoß gegen § 2 II BauGB führt dann stets zur Unwirksamkeit des Plans, soweit der Fehler nicht durch ein ergänzendes Verfahren nach § 214 IV BauGB behoben werden kann. Die übergangene Gemeinde kann im Wege der Gemeindenachbarklage gem. § 47 II S. 1 VwGO wegen Verletzung des **interkommunalen Abstimmungs- oder Rücksichtnahmegebots** klagen.

g. Fehlerfreie Ausübung des Planungsermessens (Gestaltungsermessen)

Zwar möchte der Gesetzgeber seit dem EAG Bau 2004 die Abwägung als Verfahrensschritt bei der Aufstellung eines Bebauungsplans verstanden wissen, allerdings wurde auch aufgezeigt, dass diese Betrachtungsweise zweifelhaft ist. Daher werden in der vorliegenden Darstellung alle abwägungserheblichen Aspekte, die bisher dem materiellen Recht zugeordnet waren, auch weiterhin bei der Prüfung der materiellen Rechtmäßigkeit behandelt.

In erster Linie geht es um die Prüfung der Einhaltung der **Planungsziele und -leitlinien** des § 1 V, VI und des § 1 a BauGB sowie des **interkommunalen Abstimmungs- oder Rücksichtnahmegebots** des § 2 II BauGB. Dort ist von **Zielen** und **Leitsätzen** für die Bauleitpläne die Rede, die das Planungsermessen der Gemeinde, das ihnen gem. § 1 VII BauGB zusteht, binden. So sind insbesondere die **öffentlichen** und **privaten Belange** unter Berücksichtigung der **Umweltbelange** gegeneinander und untereinander gerecht **abzuwägen**.

Als **Abwägungsfehler** kommen in Betracht:

⇨ **Abwägungsausfall** (liegt vor, wenn überhaupt keine oder keine sachgerechte Abwägung stattfindet)

⇨ **Abwägungsdefizit** (liegt vor, wenn ein Belang nicht in die Abwägung eingeflossen ist, der nach Lage der Dinge zu berücksichtigen war = Unvollständigkeit der Erwägungen)

⇨ **Abwägungsfehleinschätzung** (liegt vor, wenn die Belange zwar ordnungsgemäß ermittelt und in die Abwägung eingeflossen sind, jedoch die *Bedeutung* eines öffentlichen oder privaten Belangs verkannt wird)

⇨ **Abwägungsdisproportionalität** (liegt vor bei Verkennen des relativen *Gewichts* von Belangen beim Ausgleich zwischen öffentlichen und privaten Belangen = sachfremde Erwägungen)

Obwohl der Gesetzgeber Abwägungsfehler als Verfahrensfehler verstanden haben möchte, handelt es sich bei der Abwägung um materielles Recht. Das ändert jedoch nichts daran, dass die vom Gesetzgeber vorgesehen **(Un-)Beachtlichkeitsregelung des § 214 I S. 1 Nr. 1 BauGB** Anwendung findet. Diese Vorschrift erklärt einen Verstoß gegen das Abwägungsgebot nur für beachtlich, wenn ein abwägungserheblicher Belang

⇨ in wesentlichen Punkten nicht zutreffend ermittelt oder bewertet worden ist,
⇨ der Mangel offensichtlich ist
⇨ und das Ergebnis des Verfahrens beeinflusst hat.

Sollte ein Fehler demnach beachtlich sein, ist zudem die in § 215 I Nr. 1 BauGB genannte Rügefrist zu beachten. Danach müssen Abwägungsfehler innerhalb einer Frist von 1 Jahr seit Bekanntmachung des Plans gerügt werden.

h. (Un-)Beachtlichkeitsregelung des § 214 III BauGB

§ 214 III S. 2 Halbs. 1 BauGB bestimmt, dass Mängel, die Gegenstand der Regelung in § 214 I S. 1 Nr. 1 BauGB sind, nicht als Mängel der Abwägung geltend gemacht werden. Liegt also ein Fehler in der Abwägung vor (meist wird dies ein Abwägungsdefizit sein, das in der unzureichenden Berücksichtigung der Belange eines Beteiligten bzw. Betroffenen liegt), ist dies nicht nur ein Fehler im Abwägungsvorgang, sondern auch ein Verfahrensfehler nach § 2 III BauGB, der bereits im Rahmen der Fehlerprüfung nach § 214 I S. 1 Nr. 1 BauGB festgestellt wurde. Wurde dieser Fehler gem. § 214 I S. 1 Nr. 1 BauGB für unbeachtlich erklärt und damit „Gegenstand der Regelung in Absatz 1 Satz 1 Nr. 1" i.S.d. § 214 III S. 2 Halbs. 1 BauGB, folgt daraus, dass dieses Abwägungsdefizit gem. § 214 III S. 2 Halbs. 2 BauGB nicht mehr als Mangel der Abwägung geltend gemacht werden kann. Die Verletzung des Abwägungsgebots bspw. durch ein Abwägungsdefizit ist in diesem Fall gem. § 214 III S. 2 Halbs. 2 BauGB unbeachtlich.

i. Ergänzendes Verfahren nach § 214 IV BauGB

In materieller Hinsicht ist insbesondere die grundsätzliche Anwendbarkeit des § 214 IV BauGB auf beachtliche **Abwägungsmängel** von Bedeutung. Die Möglichkeit des ergänzenden Verfahrens nach § 214 IV BauGB scheidet aber aus, wenn der Abwägungsmangel von solcher Art und Schwere ist, dass er die Grundzüge der Planung berührt bzw. den Kern der Abwägungsentscheidung betrifft. Ist der Mangel behoben, tritt der nunmehr rechtmäßig gewordene Plan rückwirkend in Kraft.

1. Rechtsgrundlage

32　Rechtsgrundlage für den Erlass eines Bebauungsplans ist Art. 28 II S. 1 GG i.V.m. §§ 1 III, 2 I, 10 BauGB (für den Erlass einer Veränderungssperre vgl. Art. 28 II S. 1 GG i.V.m. §§ 14 I, 16 I BauGB).[42]

2. Formelle Rechtmäßigkeit

a. Zuständigkeit

33　Die Zuständigkeit der **Gemeinde** für den Erlass eines Bebauungsplans ergibt sich aus der Rechtsgrundlage. Hinsichtlich der Verbandskompetenz vgl. § 2 I S. 1 BauGB,

---

[42] Vgl. dazu auch BVerwG NVwZ **2004**, 220, 221, wonach sich aus § 1 III BauGB sogar die **Pflicht** der Gemeinde zur Aufstellung eines Bebauungsplans ergibt, wenn **qualifizierte** städtebauliche Gründe von besonderem Gewicht vorliegen. Einen solchen qualifizierten städtebaulichen Grund könne das interkommunale Abstimmungsgebot darstellen. Zu beachten ist jedoch, dass auf keinen Fall ein Anspruch auf Erlass eines Bebauungsplans besteht (§ 1 III S. 2 BauGB), und zwar auch dann nicht, wenn die Gemeinde bereits einen Planaufstellungsbeschluss gefasst hat.

hinsichtlich der Organkompetenz die Bestimmung der Landesbauordnung bzw. der Gemeindeordnung. Ein Verstoß gegen die Zuständigkeitsvorschriften führt zur **Nichtigkeit** des Plans.

b. Verfahren/Form

Im Rahmen der formellen Rechtmäßigkeit können insbesondere die Verfahrensvorschriften der §§ 2, 2a, 3, 4, 4a, 4b, 10 und 13 BauGB zu problematisieren sein.

34

> **Hinweis für die Fallbearbeitung:** Das Rechtsstaats- und Demokratieprinzip fordern grundsätzlich die Nichtigkeit eines rechtswidrigen belastenden Staatsakts. Anderenfalls wäre der Grundrechtseingriff nicht zu rechtfertigen. Folgerichtig führt daher auch ein Verfahrensfehler grundsätzlich zur Rechtswidrigkeit und damit zur Unwirksamkeit eines Staatsakts und damit auch einer baurechtlichen Satzung. Gerade aber für den Bebauungsplan ist dieser Grundsatz aufgrund der Regelung in den §§ 214, 215 BauGB (dazu Rn 107j ff.) zur Ausnahme geworden (**Grundsatz der Planerhaltung**). Diese Ausnahme vom sog. Nichtigkeitsdogma ist deswegen zulässig, weil der parlamentarische Gesetzgeber selbst das so angeordnet hat. Gleichwohl sollte in der Fallbearbeitung zunächst der Bebauungsplan auf Verfahrensfehler untersucht, auf die Fehlerfolge „Rechtswidrigkeit" hingewiesen und erst in einem zweiten Schritt auf die Heilungs- und (Un-)Beachtlichkeitsregelungen der §§ 214, 215 BauGB und die Möglichkeit des ergänzenden Verfahrens nach § 214 IV BauGB eingegangen werden. Schließlich ist zu beachten, dass die Vorschriften der §§ 214 I und 215 I Nr. 1 BauGB nur auf Verstöße gegen Verfahrensvorschriften des BauGB, nicht auf Verstöße gegen Verfahrensvorschriften der Gemeindeordnung anwendbar sind.[43] Dagegen ist die Möglichkeit des ergänzenden Verfahrens (§ 214 IV BauGB) auch bei Verstößen gegen sonstiges Landesrecht und damit gegen Vorschriften der Gemeindeordnung anwendbar.[44]

aa. Planaufstellungsbeschluss (§ 2 I BauGB)

Wie bereits bei Rn 26 beschrieben, beginnt das Verfahren der Aufstellung eines Bebauungsplans i.d.R. mit einem entsprechenden Beschluss der Gemeinde. Soll ein Bebauungsplan aufgestellt werden, muss der Gemeinderat (oder ein beschlussfähiger Ausschuss i.S. der Gemeindeordnung) zunächst einen förmlichen Planaufstellungsbeschluss (= Verwaltungsakt) nach § 2 I S. 1 BauGB fassen. Mit ihm wird das Planerarbeitungsverfahren in Gang gesetzt. Der Planaufstellungsbeschluss ist nach § 2 I S. 2 BauGB ortsüblich bekannt zu machen. Was unter „Ortsüblichkeit" zu verstehen ist, richtet sich nach den kommunalrechtlichen Vorschriften der Gemeindeordnung und den ortsrechtlichen Bestimmungen der Hauptsatzung. I.d.R. erfolgt die Veröffentlichung im Amtsblatt, in einer Tageszeitung oder durch Anschlag an der Gemeindetafel. Schließlich ist zu beachten, dass (auch) aus dem Vorliegen eines Aufstellungsbeschlusses ein **Rechtsanspruch** auf Bauleitplanung gegen die Gemeinde **nicht** abgeleitet werden kann.

35

Rechtsfolge eines Verstoßes: Der Planaufstellungsbeschluss ist zwar materielle Voraussetzung für die Veränderungssperre (§ 14 I BauGB)[45], für die Zurückstellung von Baugesuchen (§ 15 BauGB)[46] und für die Zulässigkeit von Bauvorhaben während der Planaufstellung (§ 33 BauGB), nicht jedoch für die **Wirksamkeit** des Bebauungs-

36

---

[43] Liegt also ein Verstoß gegen eine Verfahrensvorschrift der Gemeindeordnung vor, müssen deren Heilungs- bzw. Unbeachtlichkeitsregelungen – soweit vorhanden – herangezogen werden.

[44] BVerwG NVwZ **2000**, 676, 677 (zu § 215 a I BauGB a.F.). Vgl. auch BVerwG DVBl **2004**, 251, 254.

[45] Zur Veränderungssperre vgl. BVerwGE **120**, 138 ff.; BVerwG NVwZ **2010**, 42 ff.

[46] Vgl. dazu *Hager/Kirchberg*, NVwZ **2002**, 400 ff.

plans. Ein Beschluss vor der Auslegung nach § 3 BauGB wird vom BauGB nicht gefordert. Mängel im Vorfeld des Bebauungsplans führen nur zur Unwirksamkeit des Plans, wenn sie sich auf die Abwägung beim Satzungsbeschluss ausgewirkt haben[47]. Im Übrigen ist ein Verstoß unbeachtlich. Das folgt aus § 214 I S. 1 Nr. 3 BauGB, weil dort der Planaufstellungsbeschluss nicht genannt ist.

bb. Ermittlung und Bewertung der abwägungserheblichen Belange (§ 2 III BauGB)

37 Ist die Aufstellung des Plans beschlossen worden, hat die Gemeinde die Belange, die für die Abwägung von Bedeutung sind (das Abwägungsmaterial) zu ermitteln und zu bewerten (§ 2 III BauGB – vgl. Rn 26). Dieser Verfahrensschritt ist als Vorarbeit zur eigentlichen planerischen Abwägung anzusehen und als allgemeine Verfahrensgrundnorm zur Ermittlung und Bewertung der Belange konzipiert, die für die (materiell-rechtliche) Abwägung nach § 1 VII BauGB von Bedeutung sind.[48] Zu den Fehlerfolgen bei Verstößen gegen § 2 III BauGB vgl. Rn 54 ff.

cc. Beteiligung der Behörden und der sonstigen Träger öffentlicher Belange (§ 4 BauGB)

38 Liegt ein Planaufstellungsbeschluss vor, sind sodann bestimmte Beteiligungsrechte zu beachten. So sind gem. § 4 BauGB bei der Planaufstellung frühzeitig die **Behörden** und die **sonstigen Träger öffentlicher Belange** zu **beteiligen** (= Einholung von Stellungnahmen, kein Zustimmungserfordernis!). Zweck dieser Vorschrift ist die Koordination der gemeindlichen mit der sonstigen öffentlichen Planung. Darüber hinaus will die Vorschrift gewährleisten, dass alle öffentlichen Belange in der Abwägung (§ 1 VII BauGB) berücksichtigt werden. Denn wie bei Rn 26 und 37 beschrieben, hat die Gemeinde die Belange, die für die Abwägung nach § 1 VII BauGB von Bedeutung sind (sozusagen das Abwägungsmaterial), zu ermitteln und zu bewerten (vgl. § 2 III BauGB). Und das wiederum setzt eine Beteiligung von Behörden und sonstiger Träger öffentlicher Belange voraus. Dies zu gewährleisten ist Aufgabe des § 4 BauGB. Man kann also sagen, dass die Stellungnahmen die Wirkung von der Abwägung unterliegenden Fachbeiträgen haben. Daraus folgt, dass sich die Gemeinde aus sachlichen Gründen über die Auffassung der beteiligten Stellen hinwegsetzen kann. In jedem Fall aber sind die Stellungnahmen der Träger öffentlicher Belange in der Abwägung nach § 1 VII BauGB zu berücksichtigen.

39 Das Beteiligungsverfahren des § 4 BauGB ist zweistufig ausgestaltet: § 4 I BauGB regelt die „frühzeitige" Beteiligung und § 4 II und III BauGB regeln das „normale" Beteiligungsverfahren, wobei § 4 II BauGB die Abgabe und den Inhalt der Stellungnahmen zum Planentwurf durch die Träger öffentlicher Belange regelt und § 4 III BauGB die Pflicht der Behörden zur Unterrichtung der Gemeinden nach Abschluss der Planung im Hinblick auf Umweltauswirkungen, die infolge der Planrealisierung auftreten, statuiert.

40 ▪ Nach **§ 4 I S. 1** i.V.m. § 3 I S. 1 Halbs. 1 BauGB sind die Behörden und sonstigen Träger öffentlicher Belange, deren Aufgabenbereich durch die Planung berührt werden kann, möglichst **frühzeitig zu unterrichten**. Gegenstand der Unterrichtung sind die allgemeinen Ziele und Zwecke der Planung, sich wesentlich unterscheidende Lösungen, die für die Neugestaltung oder Entwicklung eines Gebiets in Betracht kommen, sowie die voraussichtlichen Auswirkungen der Planung. Des Weiteren sind die genannten

---

[47] BVerwG NVwZ **1988**, 916.
[48] Vgl. dazu *Battis/Krautzberger/Löhr*, NJW **2004**, 2553, 2554; *Hoppe*, in: Hoppe/Bönker/Grotefels, BauR, § 5 Rn 2 f.; *Hoppe*, NVwZ **2004**, 903, 910; *Erbguth*, DVBl **2004**, 802, 807 f.; *Stelkens*, UPR **2005**, 81, 88.

Stellen **aufzufordern**, sich im Hinblick auf den erforderlichen Umfang und Detaillierungsgrad der Umweltprüfung nach § 2 IV BauGB **zu äußern**.

Der Zweck der frühzeitigen Beteiligung der Träger öffentlicher Belange besteht in der Entlastung der Gemeinde bei der Zusammenstellung der für die Abwägung erheblichen Belange[49]; je mehr Material die beteiligten Träger öffentlicher Belange beizusteuern in der Lage sind, umso geringer gestaltet sich der Aufwand der Gemeinde, eigene Ermittlungsanstrengungen zu unternehmen. Zugleich beugt die frühzeitige Beteiligung der Gefahr vor, durch erst zu einem späteren Zeitpunkt eingehende behördliche Stellungnahmen den Planentwurf ergänzen und erneut auslegen zu müssen.

- An die frühzeitige Beteiligung schließt sich die **Einholung der Stellungnahmen** der Behörden und sonstigen Träger öffentlicher Belange zum Planentwurf und zur Begründung nach **§ 4 II** BauGB an. Stellungnahmen können grds. nur innerhalb eines Monats abgegeben werden (§ 4 II S. 2 BauGB). Im Übrigen wird die konkrete Ausgestaltung dieses Verfahrens vom Gesetz nicht geregelt, sie obliegt damit dem Ermessen der Gemeinde.   **41**

Zu den **Behörden**, deren Stellungnahmen einzuholen sind, gehören z.B. das Gewerbeaufsichtsamt, das Umweltamt und die Denkmalschutz- und Naturschutzbehörde. Unklar ist indes, welche Stellen mit „**sonstige Träger öffentlicher Belange**" gemeint sind. Jedenfalls setzt die Vorschrift nicht voraus, dass es sich bei den Trägern öffentlicher Belange um hoheitlich tätige Behörden im verwaltungsorganisatorischen Sinne handelt. Anderenfalls machte die separate Nennung im Gesetz keinen Sinn. Entscheidend ist vielmehr, dass es sich um Stellen handelt, die – unabhängig von ihrer Zugehörigkeit zur unmittelbaren Staatsverwaltung – vom Gesetzgeber beauftragt wurden, öffentliche Belange zu verfolgen. Zu den sonstigen Trägern öffentlicher Belange zählen daher insbesondere die Träger der funktionalen Selbstverwaltung (z.B. Industrie- und Handelskammer, Ärztekammer, Handwerkskammer[50]) und die Energieversorgungsunternehmen (Stadtwerke GmbH). Demgegenüber können die Naturschutzverbände aufgrund fehlender gesetzlicher Regelung ebenso wenig wie die Sportverbände oder andere private Interessenvertretungen als Träger öffentlicher Belange bezeichnet werden.[51] Diesbezüglich kommt aber eine Beteiligung im Rahmen der Öffentlichkeitsbeteiligung nach § 3 BauGB in Betracht. Allerdings ist die Gemeinde nicht gehindert, diese Verbände aufgrund der ihr zustehenden Verfahrenshoheit quasi wie Träger öffentlicher Belange zu behandeln und in die Beteiligung nach § 4 BauGB mit aufzunehmen.   **42**

Ob auch die **benachbarten Gemeinden** unter den Begriff „Träger öffentlicher Belange" fallen, ist angesichts des 2001 neu gefassten und 2004 abermals erheblich modifizierten § 4a BauGB fraglich. Denn dort wird ausdrücklich zwischen Gemeinden und Behörden unterschieden. Damit jedoch die von § 2 II BauGB geforderte **interkommunale Abstimmung** (dazu Rn 107f ff.) erfolgen kann, sind die benachbarten Gemeinden auch im Rahmen des § 4 BauGB (analog) zu beteiligen.[52] Schwerpunktmäßig hat das interkommunale Abstimmungsgebot aber eine materielle Ausprägung; es soll unverträgliche Planungen zweier benachbarter Gemeinden vermeiden helfen und bewirken, dass Einrichtungen mit Bedeutung über das Gemeindegebiet hinaus (bspw. Einzelhandelsgroßbetriebe, Factory-Outlet-Center oder Freizeitparks) aufeinander abgestimmt werden. Mithin sollen die Gemeinden zu einer überörtlichen Zusammenarbeit veranlasst werden.[53]

Stellungnahmen, die im Verfahren der Öffentlichkeits- und Behördenbeteiligung nicht rechtzeitig abgegeben worden sind, können bei der Beschlussfassung über den   **43**

[49] *Erbguth/Wagner*, BauR, § 5 Rn 15; *Peine*, BauR, Rn 403.
[50] *Muckel*, BauR, S. 28.
[51] BVerwG NVwZ **1998**, 279, 280.
[52] *Muckel*, BauR, S. 28; *Rabe*, ZfBR **2001**, 229, 233; *Brohm*, BauR, § 12 Rn 19.
[53] Zur materiell-rechtlichen Seite des interkommunalen Abstimmungsgebots vgl. Rn 107f ff. sowie Rn 116.

Bebauungsplan von der Gemeinde **unberücksichtigt** bleiben, sofern die Gemeinde deren Inhalt nicht kannte und nicht hätte kennen müssen[54] und deren Inhalt für die Rechtmäßigkeit des Bauleitplans nicht von Bedeutung ist (vgl. § 4a VI BauGB). Ist das der Fall, tritt eine **Präklusion** ein. Die Präklusionsregelung entfaltet damit eine formelle und (wegen der Formulierung: „und deren Inhalt für die Rechtmäßigkeit des Bauleitplans nicht von Bedeutung ist") eine eingeschränkt materielle Ausschlusswirkung. Die formelle Wirkung liegt im Ausschluss verspätet vorgebrachter Belange im laufenden Planungsverfahren und zielt auf eine Verfahrensbeschleunigung. Die materielle Wirkung führt darüber hinaus zu einem Ausschluss der Berücksichtigung dieser Belange in einem nachfolgenden Normenkontrollverfahren; sie führt daher zugleich zu mehr Rechtssicherheit hinsichtlich der durch die Gemeinde beschlossenen Planung.[55] Andererseits führt die nur eingeschränkte materielle Präklusionswirkung des § 4a VI BauGB dazu, dass das Abwägungsgebot jedenfalls dann Vorrang behält, wenn ansonsten das Grundgerüst der Planung in Frage gestellt würde.[56]

44   *Rechtsfolge eines Verstoßes:* Eine fehlerhafte Beteiligung der Behörden oder anderer Träger öffentlicher Belange bei der Bauleitplanung führt nur dann zur **Unwirksamkeit** des Bebauungsplans, wenn ein Verstoß gegen eine der in § 214 I S. 1 Nr. 2 BauGB genannten Vorschriften vorliegt. Verstöße gegen § 4 I und III BauGB führen also nicht zur Rechtswidrigkeit. Allerdings ist zu beachten, dass der nach § 214 I S. 1 Nr. 2 BauGB fehlerhafte Bebauungsplan durch ein ergänzendes Verfahren gem. § 214 IV BauGB („Fehlerbehebungsverfahren") geheilt werden kann. Im Falle der Behebung der Fehler liegt keine Unwirksamkeit des Plans (mehr) vor. Aber auch bei nicht erfolgter Behebung wird der Fehler unbeachtlich, wenn er nicht innerhalb von 1 Jahr seit Bekanntmachung des Bebauungsplans schriftlich gegenüber der Gemeinde unter Darlegung des die Unwirksamkeit begründenden Sachverhalts geltend gemacht wird (§ 215 I Nr. 1 BauGB).

dd. Beteiligung der Öffentlichkeit (§ 3 BauGB)

45   Des Weiteren ist gem. § 3 I S. 1 BauGB auch die Öffentlichkeit (möglichst frühzeitig) über die allgemeinen Ziele und Zwecke der Planung und deren voraussichtliche Auswirkungen zu **unterrichten**. Ihr ist Gelegenheit zur Äußerung und Erörterung zu geben. Von dieser sog. **vorgezogenen Öffentlichkeitsbeteiligung** kann in den Fällen des § 3 I S. 2 BauGB abgesehen werden.

46   Die Pflicht der planaufstellenden Gemeinde zur (möglichst frühzeitigen) Beteiligung der Öffentlichkeit im Aufstellungsverfahren der Bauleitplanung dient insbesondere einer (besseren) Information der Öffentlichkeit, d.h. der Bürger, aber auch einem frühzeitigen, nämlich im Planaufstellungsverfahren einsetzenden Rechtsschutz der Bürger. Im Einzelnen gestaltet sich die Beteiligung der Öffentlichkeit nach § 3 BauGB ebenfalls in zwei Stufen:

47   ▪ § 3 I BauGB spricht von einer **frühzeitigen Öffentlichkeitsbeteiligung**. Die Vorschrift dient primär der Informationsbeschaffung zugunsten der Kommune; kontrollierende Einflussnahmen der Öffentlichkeit auf den Gemeinderat treten in diesem Stadium der Planung eher zurück. Zur Öffentlichkeit i.S.d. Vorschrift gehört jedermann, der ein Interesse an der Bauleitplanung hat; allerdings kann die Gemeinde im Rahmen ihrer planerischen Verantwortung den Kreis der Beteiligungsberechtigten einengen. Frühzeitigkeit der Öffentlichkeitsbeteiligung bedeutet, dass die Planinhalte noch nicht verfestigt sein dürfen; nur so ist die Möglichkeit einer Einflussnahme der Öffentlichkeit auf die

---

[54] In diesem Zusammenhang reicht es aus, wenn sich der Kommune die fraglichen Umstände im Verfahren hätten aufdrängen müssen (BVerwGE **59**, 87, 103).
[55] *Erbguth*, in: Tettinger/Erbguth, BesVerwR, Rn 913; *Stollmann*, BauR, § 6 Rn 18.
[56] *Peine*, JZ **1998**, 23, 27; *Stollmann*, BauR, § 6 Rn 18.

Planung gewährleistet. Die Beteiligung der Öffentlichkeit kann deshalb bereits vor dem Planaufstellungsbeschluss nach § 2 I S. 1 BauGB einsetzen, sofern beschreibbare und erörterungsfähige Planungsvorstellungen vorhanden sind. Bei der frühzeitigen Beteiligung ist die Öffentlichkeit gem. § 3 I BauGB über die allgemeinen Ziele und Zwecke der Planung, deren voraussichtliche Auswirkungen sowie über die sich wesentlich unterscheidenden planerischen Lösungen (Planungsalternativen) öffentlich zu unterrichten und hierzu anzuhören. Die Art und Weise der Unterrichtung ist der Gemeinde überlassen. Sie kann bspw. durch Aushang von Texten und Zeichnungen oder Wurfsendungen an alle Haushalte geschehen, darf sich aber nicht auf den öffentlichen Aushang eines Planentwurfs beschränken. Möglich ist ferner eine mündliche Darlegung in öffentlicher Versammlung. Wichtig ist nur, dass über den Inhalt des Planentwurfs in geeigneter Weise so informiert wird, dass eine kritische Auseinandersetzung mit der beabsichtigten Planung möglich ist.

- Die zweite Stufe der Öffentlichkeitsbeteiligung hat nach § 3 II BauGB im **Auslegungs-** **48** **verfahren** (Auslegung des Planentwurfs) zu erfolgen, dann nämlich, wenn im Planaufstellungsverfahren das Stadium beschlussfähiger Planentwürfe erreicht ist. Zugleich muss auch der zum Planentwurf gehörende Begründungsentwurf einschließlich des Umweltberichts nach § 2 a i.V.m. der Anlage zum BauGB ausgelegt werden. Gleiches gilt seit der BauGB-Novelle 2004 auch für die nach der Einschätzung der Gemeinde wesentlichen, bereits vorliegenden umweltbezogenen Stellungnahmen, etwa solche der betroffenen Behörden oder anerkannter Naturschutzverbände. Durch diese Verpflichtung sollen die Informationsmöglichkeiten und die Transparenz der Planung verbessert werden.

Das genannte Auslegungsverfahren ist ein rechtsförmlich verfasstes Verfahren. Unter anderem sind Ort und Dauer der - öffentlichen - Auslegung sowie Angaben dazu, welche Arten umweltbezogener Informationen verfügbar sind, mindestens eine Woche vorher ortsüblich, d.h. nach Landes- und Ortsrecht (s.o.), bekannt zu machen, und zwar unter Hinweis darauf, dass

⇨ Stellungnahmen innerhalb der Auslegungsfrist (von einem Monat[57]) abgegeben werden können;

⇨ nicht fristgerecht abgegebene Stellungnahmen bei der Beschlussfassung über den Bauleitplan unberücksichtigt bleiben können.

Soweit es um die Aufstellung von Bebauungsplänen (also nicht von Flächennutzungsplänen) geht, hat die Gemeinde überdies darauf hinzuweisen, dass ein Antrag nach § 47 VwGO unzulässig ist, soweit mit ihm Einwendungen geltend gemacht werden, die vom jeweiligen Antragsteller im Rahmen der Auslegung nicht oder verspätet geltend gemacht wurden, aber hätten geltend gemacht werden können (§ 3 II 2 Halbs. 2 BauGB).

Mit der Bekanntmachung der Auslegung soll die Öffentlichkeit aufgefordert werden, einen Beitrag zur Planung zu leisten (auch wenn in der Praxis die Stellungnahmen der Bürger von der Gemeinde kaum Beachtung finden). Die Behörden und sonstigen Träger öffentlicher Belange sind gesondert zu benachrichtigen (§ 3 II S. 3 BauGB), damit sie überprüfen können, ob ihre Belange im Entwurf berücksichtigt sind.

An die Bekanntmachung der Auslegung schließt sich diese selbst an (Offenlegung), § 3 II S. 1 BauGB. Hierdurch sollen der planenden Gemeinde die privaten Interessen (Betroffenheiten) sichtbar gemacht werden. Die Auslegungsfrist dauert einen Monat (s.o.). Werden innerhalb dieser Frist Belange vorgetragen und Stellungnahmen abgegeben, sind diese von der Gemeinde zu prüfen; das Ergebnis der Überprüfung ist den jeweiligen Einwendern mitzuteilen. Die Mitteilung stellt mangels Regelungsgehalts i.S.d.

---

[57] Für die Auslegungsfrist gilt § 187 II BGB. Der erste Tag der Auslegung wird also mitgerechnet. Die Träger öffentlicher Belange sind gesondert zu benachrichtigen (§ 3 II S. 3 BauGB), damit sie überprüfen können, ob ihre Belange im Entwurf berücksichtigt sind.

§ 35 S. 1 VwVfG jedoch keinen Verwaltungsakt dar, sondern eine schlicht-hoheitliche Maßnahme, d.h. eine nicht selbstständig anfechtbare Verfahrenshandlung (wichtig für die Statthaftigkeit eines Rechtsbehelfs). Bei Massenverfahren, d.h. wenn mehr als 50 Personen Bedenken und Anregungen weitgehend gleichen Inhalts vorgetragen haben, kann sogar von der individuellen Bekanntgabe zugunsten der Eröffnung von Einsichtsmöglichkeiten in das Ergebnis der Prüfung abgesehen werden (vgl. § 3 II S. 5 BauGB). Soweit Stellungnahmen vom Gemeinderat nicht berücksichtigt worden sind, müssen sie mit einer Stellungnahme der Gemeinde versehen und gemeinsam mit dem beschlossenen Bauleitplan (§§ 6, 10 II BauGB) der höheren Verwaltungsbehörde vorgelegt werden (§ 3 II S. 6 BauGB).[58] Zur Übertragung von Verfahrensschritten bei der Öffentlichkeitsbeteiligung auf **private Dritte** vgl. Rn 50.

49 *Rechtsfolge eines Verstoßes:* Der Zweck des § 3 I S. 1 BauGB dient nicht der Erfüllung einer grundrechtlichen Schutzpflicht. Das Unterlassen einer objektiv-rechtlich gebotenen Bauleitplanung verletzt nach Auffassung des BVerwG deshalb kein subjektives öffentliches Recht Drittbetroffener.[59] Dennoch führt eine fehlerhafte Beteiligung bei der Bauleitplanung zur formellen Rechtswidrigkeit. Hinsichtlich der Folgen der Rechtswidrigkeit ist zu unterscheiden: Ein **Verstoß** gegen die vorgezogene Bürgerbeteiligung gem. **§ 3 I S. 1 BauGB** ist **unbeachtlich**. Das folgt aus § 214 I S. 1 Nr. 2 BauGB, wo zwar § 3 II BauGB aufgeführt ist, nicht jedoch § 3 I BauGB. **Beachtlich** sind gem. § 214 I S. 1 Nr. 1 BauGB daher insbesondere Verstöße gegen **§ 3 II BauGB**; diese können aber durch ein ergänzendes Verfahren gem. § 214 IV BauGB behoben werden. Im Falle der Behebung der Fehler liegt keine Unwirksamkeit des Plans (mehr) vor. Aber auch bei nicht erfolgter Behebung wird der Fehler unbeachtlich, wenn er nicht innerhalb von 1 Jahr seit Bekanntmachung des Bebauungsplans schriftlich gegenüber der Gemeinde unter Darlegung des die Unwirksamkeit begründenden Sachverhalts geltend gemacht wird (§ 215 I Nr. 1 BauGB).

Im Übrigen hat der Bürger keinen Rechtsbehelf gegen die Nichtberücksichtigung seiner Anregungen. Er muss den Abschluss des Planaufstellungsverfahrens abwarten und dann notfalls mit Hilfe der Normenkontrolle gem. § 47 I Nr. 1 VwGO gegen den Bebauungsplan vorgehen.

ee. Gemeinsame Vorschriften zur Beteiligung (§ 4a BauGB)

50 § 4a BauGB stellt mit seinen 6 Absätzen eine Zusammenfassung von Vorschriften dar, die gleichermaßen für die Beteiligung der Öffentlichkeit, der Behörden und sonstiger Träger öffentlicher Belange gelten, und zwar sowohl hinsichtlich des Bebauungsplans als auch des Flächennutzungsplans.

- § 4a I BauGB will die wesentliche Funktion der Vorschriften über die Öffentlichkeits- und Behördenbeteiligung verdeutlichen, die in der vollständigen Ermittlung und zutreffenden Bewertung der von der Planung berührten Belange und somit in der sachgerechten Zusammenstellung des Abwägungsmaterials besteht.

- § 4a II BauGB dient der Verfahrensökonomie. Der Gemeinde wird gestattet, die frühzeitige Beteiligung der Öffentlichkeit und der Träger öffentlicher Belange *gleichzeitig* durchzuführen; das gilt entsprechend für die Auslegung nach § 3 II BauGB und die Einholung der Stellungnahmen nach § 4 II BauGB.

- § 4a III BauGB betrifft den Fall, dass der Planentwurf infolge einer nachträglichen, im Anschluss an die Beteiligung beabsichtigten Änderung oder Ergänzung des Planentwurfs erneut ausgelegt werden muss. Hierzu ordnet § 4a III S. 1 BauGB eine erneute

---

[58] Vgl. dazu insgesamt *Erbguth/Wagner*, BauR, § 5 Rn 21 f.
[59] BVerwG NVwZ-RR **1997**, 682; *Dolde/Menke*, NJW **1996**, 2616, 2624 L.

Auslegung bzw. Einholung der Stellungnahmen an; dabei kann von der Gemeinde bestimmt werden, dass Stellungnahmen nur zu den geänderten oder ergänzten Teilen abgegeben werden dürfen. Auf diese Beschränkung ist in der erneuten Bekanntmachung nach § 3 II S. 2 BauGB hinzuweisen (§ 4a III S. 2 BauGB). Die Dauer der Auslegung und die Frist zur Stellungnahme können angemessen verkürzt werden (§ 4a III S. 3 BauGB). Berühren die Änderung oder Ergänzung des Planentwurfs die Grundzüge der Planung nicht, besteht für die Gemeinde schließlich die Möglichkeit, die Einholung der Stellungnahmen auf die von der Änderung oder Ergänzung betroffene Öffentlichkeit sowie die berührten Träger öffentlicher Belange zu beschränken (§ 4a III S. 4 BauGB).

- § 4a IV BauGB sieht für die Gemeinde die ergänzende Nutzung elektronischer Informationstechnologien bei der Beteiligung vor. Der Gemeinde ist es insbesondere gestattet, den Entwurf des Bauleitplans und die Begründung in das Internet einzustellen und die Stellungnahmen der Behörden per E-Mail einzuholen.

- § 4a V BauGB sieht bei Plänen, die erhebliche Auswirkungen auf Nachbarstaaten haben, eine Unterrichtungs- bzw. Beteiligungspflicht zugunsten der Gemeinden und Behörden des betreffenden Nachbarstaates vor, vgl. dazu sogleich Rn 51.

- Auf die in § 4a VI BauGB enthaltene Präklusionsregelung wurde bereits bei Rn 43 eingegangen.

ff. Grenzüberschreitende Beteiligung (§ 4 a V BauGB)

Dass die Auswirkungen der Realisierung eines Bauleitplans nicht an Staatsgrenzen (d.h. Gemeindegrenzen) halt machen, leuchtet ein. Daher sieht § 4 a V BauGB eine grenzüberschreitende Beteiligung sowohl nachbarstaatlicher Gemeinden als auch der Öffentlichkeit vor.

51

- § 4a V S. 1 BauGB bestimmt, dass benachbarte Gemeinden und Behörden zu unterrichten sind, wenn Bauleitpläne erhebliche Auswirkungen auf Nachbarstaaten haben können. Der Begriff der Unterrichtung entspricht dabei dem in § 3 I BauGB (siehe dort); die Gemeinden und Träger öffentlicher Belange des Nachbarstaates sind also über den Inhalt des Planentwurfs in geeigneter Weise so zu informieren, dass eine kritische Auseinandersetzung mit der beabsichtigten Planung möglich ist. Zweck der Unterrichtungspflicht ist, dass eine Abstimmung der Bauleitpläne durch die Gemeinden mit den betroffenen Stellen in den Nachbarstaaten stattfindet. Die Verpflichtung zur Abstimmung gilt allerdings nur nach Maßgabe der Grundsätze (formeller) Gegenseitigkeit und (materieller) Gleichwertigkeit, um den Gemeinden keine einseitige Abstimmungsverpflichtung ihrer Bauleitpläne ohne Recht auf Beteiligung im umgekehrten Fall aufzuerlegen.[60]

- Besteht sogar die Möglichkeit, dass der Plan erhebliche Umweltauswirkungen hat, sind die genannten Stellen nicht nur zu unterrichten, sondern gem. § 4a V S. 2 BauGB sogar zu **beteiligen**, und zwar nach den Vorschriften des Umweltverträglichkeitsprüfungsgesetzes (UVPG – dazu Rn 98b ff.). Für die Stellungnahmen der benachbarten Gemeinden und deren Behörden sind jedoch die Vorschriften des BauGB anzuwenden. Man kann also sagen, dass die Anforderungen hinsichtlich der grenzüberschreitenden Beteiligung zwischen BauGB und UVPG dergestalt verteilt, dass sich nach Letzterem die Frage nach dem „Ob" von bilateralen Konsultationen beantwortet, während sich das „Wie" aus dem BauGB ergibt.[61]

---

[60] *Ley*, DVP **2005**, 45, 50; *Battis/Krautzberger/Löhr*, NJW **2004**, 2553, 2556; *Finkelnburg*, NVwZ **2004**, 897, 899 f.; *Erbguth/Wagner*, BauR, § 5 Rn 32.
[61] *Ley*, DVP **2005**, 45, 50; *Battis/Krautzberger/Löhr*, NJW **2004**, 2553, 2556; *Finkelnburg*, NVwZ **2004**, 897, 899 f.; *Erbguth/Wagner*, BauR, § 5 Rn 33.

- Ist bei der Aufstellung eines Bebauungsplans eine grenzüberschreitende Beteiligung nach § 3 II S. 2 BauGB erforderlich, ist hierauf bei der Bekanntmachung nach § 3 II S. 2 BauGB hinzuweisen (§ 4a V S. 3 BauGB).

52 Zudem besteht die Möglichkeit, dass sich benachbarte Gemeinen zu einem sog. **Planungsverband** zusammenschließen, um durch gemeinsame Bauleitplanung einen Ausgleich der verschiedenen Belange zu erreichen, vgl. § 205 BauGB.[62]

Dagegen betrifft das in § 2 II S. 1 BauGB statuierte sog. **interkommunale Abstimmungsgebot** primär die planerische Abwägung und stellt damit eine materiell-rechtliche Frage dar (dazu Rn 107f ff.).

gg. Einschaltung von privaten Dritten (§ 4 b BauGB)

53 Zur Beschleunigung des Bauleitplanverfahrens ist gem. § 4 b BauGB die Übertragung der Vorbereitung und Durchführung von Verfahrensschritten nach §§ 2a bis 4a BauGB an private Dritte möglich. Das betrifft namentlich die Öffentlichkeitsbeteiligung nach § 3 BauGB und die Behördenbeteiligung nach § 4 BauGB. Die Regelung zielt allerdings nicht auf eine Beleihung eines Privaten ab, sondern hat vielmehr eine funktionale Privatisierung i.S. der Heranziehung von Verwaltungshelfern vor Augen. Der Private wird also nicht hoheitlich tätig; vielmehr bleibt die Letztentscheidungsbefugnis bei der Gemeinde, die auch nach außen verantwortlich ist. Daher sind auch nur solche Verfahrensschritte übertragbar, die die eigentliche Abwägungsentscheidung nicht betreffen.[63]

hh. Kein Verfahrensfehler wegen Verstoßes gegen § 2 III BauGB

54 Aus der gemeindlichen Planungshoheit, die ihren Ursprung in Art. 28 II S. 1 GG hat, folgt für die Festlegung des Inhalts der Bebauungspläne, dass die Gemeinde eine planerische Gestaltungsfreiheit hat, die es ihr gestattet, sich eine städtebauliche Individualität zu geben (insoweit wird Art. 28 II S. 1 GG lediglich durch § 2 I S. 1 BauGB konkretisiert). Dass eine Gemeinde dabei allerdings nicht frei von jeglichen rechtlichen Bindungen sein kann, ist selbstverständlich. Sie hat die von der Verfassung und den Gesetzen gegebenen Schranken zu beachten. Die Frage, um die es dabei insbesondere geht, ist, ob eine vollständige oder (mit Blick auf die Gestaltungsfreiheit) eine nur eingeschränkte gerichtliche Kontrolle der Einhaltung dieser Grenzen möglich ist. Im Grundsatz wird man sagen können, dass eine vollständige gerichtliche Nachprüfbarkeit jedenfalls in Bezug auf die Einhaltung solcher Vorschriften besteht, die sich nur auf den Planinhalt beziehen (dazu zählen v.a. §§ 1 V, 1 VI, 5, 8 II S. 1, 9 BauGB). Dagegen ist bei der Überprüfung des Erforderlichkeitsgebots (§ 1 III BauGB) und der planerischen Abwägung (§ 1 VII BauGB) Zurückhaltung geboten, weil es dabei um die der Gemeinde zustehende planerische Gestaltungsfreiheit geht. Vgl. dazu Rn 102 ff.

55 Rechtsdogmatisch sind planerische Abwägungsentscheidungen dem materiellen Recht zugehörig (vgl. bereits Rn 27). Vor Inkrafttreten des EAG Bau 2004 war es daher auch unstreitig, Abwägungsfehler (Abwägungsausfall, Abwägungsdefizit, Abwägungsfehleinschätzung, Abwägungsdisproportionalität – dazu Rn 107a ff.) immer als beachtlich anzusehen mit der Folge, dass sie zur **materiellen Rechtswidrigkeit** des Bebauungsplans führten. Da jedoch gem. § 2 III BauGB in der Fassung der Baurechtsnovelle 2004 die Gemeinde bei der Aufstellung des Bebauungsplans die Belange, die

---

[62] Zu den „informellen Möglichkeiten" einer Zusammenarbeit vgl. OLG München NVwZ-RR **2003**, 340 ff.
[63] *Schmidt-Eichstadt*, BauR **1998**, 899; *Reidt*, NVwZ **1998**, 592; *Stollmann*, BauR, § 6 Rn 28.

für die (materiell-rechtliche) Abwägung nach § 1 VII BauGB von Bedeutung sind (sozusagen das Abwägungsmaterial), zu ermitteln und zu bewerten hat und zudem § 214 I S. 1 BauGB von „Verletzung von Verfahrens- und Formschriften" spricht, muss aus dieser Neuregelung geschlossen werden, dass der Gesetzgeber **Abwägungsfehler**, obwohl sie rechtsdogmatisch an sich dem materiellen Recht zuzuordnen sind, nunmehr als **Verfahrensfehler** verstanden haben möchte, die er zudem für grundsätzlich unbeachtlich hält (vgl. § 214 I S. 1 BauGB: „nur beachtlich, wenn…"). Folgerichtig müsste man daher annehmen, dass Abwägungsfehler auch bei der formellen Rechtmäßigkeit des Bebauungsplans zu prüfen seien. Gestützt wird dieser Befund durch die Regelung des 214 III S. 2 Halbs. 1 BauGB, dessen Aufgabe es ist, zu verhindern, dass die an sich nach 214 I Nr. 1 BauGB unbeachtlichen Fehler dennoch als materielle Abwägungsfehler geprüft und ggf. als beachtlich festgestellt werden.

Freilich ist diese Betrachtungsweise mit erheblichen rechtstechnischen Schwierigkeiten im Klausuraufbau verbunden, denn streng genommen müsste man die gesamten materiell-rechtlichen Aspekte, die in die Abwägung Eingang finden, ebenfalls im Rahmen der Prüfung des § 2 III BauGB prüfen. Denn wie wollte man die von der Gemeinde vorgenommene Abwägung (als Verfahrensfehler) überprüfen, wenn man nicht gleichzeitig auch die Einhaltung der generellen Planungsleitlinien des § 1 V BauGB, der sie konkretisierenden Planungsleitlinien des § 1 VI BauGB, der ergänzenden Vorschriften des Umweltschutzes gem. § 1a BauGB, des interkommunalen Rücksichtnahmegebots gem. § 2 II S. 1 BauGB etc. berücksichtigte?   **56**

Dieser Systembruch lässt sich (auch in der Fallbearbeitung) vermeiden, wenn man nicht darauf abstellt, dass der Gesetzgeber mit dem EAG Bau 2004 aufgrund der Neuregelung in § 214 I S. 1 Nr. 1 BauGB einen Verstoß gegen § 2 III BauGB offenbar als Verfahrensfehler verstanden haben möchte, sondern darauf, dass er in § 2 III BauGB auch von „bewerten" spricht. Denn „Bewerten" von Belangen kann immer nur eine Frage des materiellen Rechts sein. Das hat auch der Gesetzgeber eingestanden, indem er in § 214 III S. 2 Halbs. 1 BauGB festgelegt hat, dass „Mängel, die Gegenstand der Regelung des § 214 I S. 1 Nr. 1 BauGB sind, nicht als Mängel der Abwägung geltend gemacht werden können". Eine solche „Klarstellung" wäre überflüssig, wenn eine Abwägung als Verfahrensfehler einzustufen wäre. Daher scheint es sehr gut vertretbar, sämtliche Aspekte der Abwägung nach wie vor bei der materiellen Rechtmäßigkeit des Bebauungsplans zu erörtern.[64]   **57**

Fazit und Hinweis für die Fallbearbeitung: Mithin lässt sich sagen, dass die im Rahmen des EAG Bau 2004 erfolgten Neuregelungen des § 2 III BauGB und des § 214 I und III BauGB die Handhabung des Abwägungsgebots erheblich erschwert haben, weil die aus rechtsdogmatischer Sicht dem materiellen Recht zuzuordnende Abwägung vom Gesetzgeber nunmehr als Verfahrensschritt dem formellen Recht zugeordnet wurde und die Abwägung im Übrigen nach wie vor Bestandteil der materiellen Rechtmäßigkeit ist. Diese Vorgehensweise ist unsystematisch, inkonsistent   **58**

---

[64] Wie hier auch *Happ*, NVwZ **2007**, 304 ff. sowie (jedoch ohne jegliche Diskussion in Bezug auf die Gesetzeslage nach dem EAG Bau 2004) *Stollmann*, BauR, § 7 Rn 1 ff. Dagegen sieht *Ibler* (BauR, Fall 8 Rn 84 f.) die Ausgestaltung des § 2 III BauGB als Verfahrensvorschrift und begründet sein Ergebnis mit der Formulierung in § 2 III BauGB „Bei der Aufstellung der Bauleitpläne sind …". Diese Begründung ist jedoch nicht überzeugend, denn eben diese Formulierung findet sich auch in § 1 VII BauGB, der ohne Zweifel (und auch nach Auffassung *Iblers* a.a.O.) das materiell-rechtliche Abwägungsgebot betrifft). Wenn man schon § 2 III BauGB als Verfahrensvorschrift einstuft, müsste man dies aufgrund der Formulierung: „… zu ermitteln und zu bewerten" tun. Zumindest für die Praxis verbindlich hat das BVerwG (NVwZ **2008**, 899 – mit Bespr. v. *Mager*, JA **2009**, 398) entschieden, dass Fehler bei der Ermittlung und Bewertung abwägungserheblicher Belange, dem Gesetzgeber folgend, der verfahrensbezogenen Fehlerfolgenregelung des § 214 I Nr. 1 BauGB zuzuordnen seien.

und rechtsdogmatisch nicht haltbar. Daher wird für die Klausurprüfung folgende Vorgehensweise vorgeschlagen:

- Bei der Prüfung der **formellen Rechtmäßigkeit** des Bebauungsplans ist § 2 III BauGB anzusprechen, der die Gemeinde verpflichtet, bei der Aufstellung des Bebauungsplans die Belange, die für die (materiell-rechtliche) Abwägung nach § 1 VII BauGB von Bedeutung sind, zu ermitteln und zu bewerten. Sodann ist darzulegen, dass der Gesetzgeber trotz des Begriffs „Bewerten" Fehler bei der **Abwägung** offenbar als **Verfahrensfehler** verstanden haben möchte. Da aber eine Bewertung der abwägungserheblichen Belange (und damit eine Abwägung i.w.S.) nicht sinnvollerweise vorgenommen werden kann, wenn man nicht auch die Einhaltung der generellen Planungsleitlinien des § 1 V BauGB, der sie konkretisierenden Planungsleitlinien des § 1 VI BauGB, der ergänzenden Vorschriften des Umweltschutzes gem. § 1 a BauGB, des interkommunalen Rücksichtnahmegebots gem. § 2 II S. 1 BauGB etc. berücksichtigt, ist die Qualifikation der Abwägung als Verfahrensschritt nur dann widerspruchsfrei und konsistent, wenn man die genannten Aspekte – obwohl es sich bei diesen unstreitig um materiell-rechtliche Aspekte handelt – ebenfalls in die formelle Rechtmäßigkeit verortet. Das aber ist rechtsdogmatisch sehr zweifelhaft, weshalb zu empfehlen ist, bei der Prüfung des § 2 III BauGB die genannte Problematik lediglich anzusprechen und insgesamt auf die Prüfung der materiellen Rechtmäßigkeit zu verweisen.[65]

- Bei der **materiellen Rechtmäßigkeit** des Bebauungsplans sind dann sämtliche materiell-rechtlichen Aspekte einschließlich des Abwägungsgebots zu behandeln.

ii. Ordnungsgemäßer Satzungsbeschluss (§ 10 BauGB)

59　Nach Abschluss des Auslegungsverfahrens und nach Prüfung der Anregungen und Stellungnahmen ist der Bebauungsplan vom Gemeinderat als Satzung (vgl. aber § 246 II BauGB) zu beschließen. Die Anforderungen an die ordnungsgemäße Beschlussfassung ergeben sich aus dem konkreten Gemeinderecht (insbesondere aus der Gemeindeordnung).

60　*Rechtsfolge eines Verstoßes:* Fehler bei der Beschlussfassung wie Ladungsmängel, Ausschluss von Gemeinderatsmitgliedern oder Nichterreichen der **erforderlichen Mehrheit** führen zur formellen Rechtswidrigkeit des Plans. Klausurrelevant ist die (angebliche) **Befangenheit** eines Ratsmitglieds.[66] Befangen ist ein Ratsmitglied, wenn es individuell und unmittelbar durch den Bebauungsplan bevorzugt oder benachteiligt ist.[67] Eine Rechtswidrigkeit des Bebauungsplans wegen Befangenheit eines Ratsmitglieds kommt aber nur dann in Betracht, wenn das fragliche Mitglied auch an der Abstimmung teilgenommen hat. Hat das befangene Mitglied an der Abstimmung teilgenommen, ist der Bebauungsplan gleichwohl nicht unwirksam, wenn die Mitwirkung des betreffenden Ratsmitglieds auf das Abstimmungsergebnis keinen Einfluss gehabt hat (vgl. etwa §§ 43, 31 VI NRWGO – die Regelungen des § 214 I-III BauGB greifen insoweit nicht, weil § 214 I S. 1 BauGB von Fehlern „dieses" Gesetzbuchs spricht). Aber auch wenn das Abstimmungsergebnis durch die Befangenheit eines Ratsmitglieds beeinflusst worden ist, greift § 214 IV BauGB. Nach dieser Norm können *alle* Fehler (also auch solche, die sich aus der Anwendung von Landesrecht ergeben) durch ein ergänzendes Verfahren geheilt werden; die Satzung wird dann rück-

---

[65] Diese Aspekte übersieht *Mager* (JA **2009**, 398, 399), indem sie meint, Fehleinschätzungen ließen sich insgesamt dem Verfahren zuordnen.

[66] Vgl. z.B. Art. 49 GO **Bay**; § 18 GO **BW**; § 28 GO **Brand**; Art. 84, 85 Verf **Brem**; § 25 GO **Hess**; § 24 KV **MeckVor**; § 26 GO **Nds**; § 43 III, 31 **NRW**; § 22 GO **RhlPfl**; § 27 KSVG **Saarl**; § 20 GO **Sachs**; § 31 GO **SachsAnh**; § 22 GO **SchlHolst**; § 38 KO **Thür** – jeweils ggf. mit Unbeachtlichkeitsregelung.

[67] Vgl. dazu auch den Abschlussfall bei Rn 116.

wirkend in Kraft gesetzt, und zwar auf den Zeitpunkt ihrer ursprünglichen ortsüblichen Bekanntmachung. Dagegen greift die Unbeachtlichkeitsregelung des § 215 BauGB nicht, da sich diese Vorschrift (wie § 214 I-III BauGB) nur auf Fehler nach dem BauGB bezieht.

jj. Begründungserfordernis des Bebauungsplans (§ 9 VIII BauGB)

Dem Bebauungsplan muss eine Begründung beigefügt werden, die die Angaben des § 2a BauGB enthält.[68]

61

Rechtsfolge eines Verstoßes: Das (völlige) Fehlen einer Begründung führt nicht nur zur formellen Rechtswidrigkeit des Plans, sondern wegen § 214 I S. 1 Nr. 3 BauGB auch zur **Unwirksamkeit**. Soweit die Begründung in wesentlichen Punkten lediglich unvollständig ist, hat die Gemeinde auf Verlangen Auskunft zu erteilen, wenn ein berechtigtes Interesse dargelegt wird (§ 214 I S. 2 BauGB). In jedem Fall ist aber eine Heilung gem. § 214 IV BauGB möglich, die zur rückwirkenden Rechtmäßigkeit führt. Ohne ein solches ergänzendes Verfahren wird der Fehler zwar nicht behoben, jedoch unbeachtlich, wenn er nicht innerhalb der Jahresfrist des § 215 I Nr. 1 BauGB **gerügt** wird.[69]

62

kk. Genehmigung durch höhere Verwaltungsbehörde (§ 10 BauGB)

Da bereits der Flächennutzungsplan der Genehmigung der höheren Verwaltungsbehörde bedarf (§ 6 I BauGB) und der Bebauungsplan im Regelfall aus dem Flächenplan zu entwickeln ist (§ 8 II S. 1 BauGB), bedarf dieser in diesem Fall folgerichtig keiner (separaten) Genehmigung. Etwas anderes gilt nur dann, wenn der Bebauungsplan ohne zugrunde liegenden Flächennutzungsplan (vgl. § 8 II S. 2, III S. 2 oder IV BauGB) erlassen wurde. Für diesen Fall stellt § 10 II BauGB klar, dass der Bebauungsplan dann der Genehmigung der höheren Verwaltungsbehörde bedarf.

63

Da sich die Staatsaufsicht der höheren Verwaltungsbehörde in diesem Fall auf eine Rechtsaufsicht beschränkt (vgl. §§ 10 II, 6 I BauGB), stellen sowohl die Genehmigung als auch deren Verweigerung gegenüber der Gemeinde Verwaltungsakte dar. Die Gemeinde kann also Verpflichtungsklage erheben, sollte die Aufsichtsbehörde sich weigern, den Bebauungsplan zu genehmigen. In Betracht kommt auch eine Anfechtungsklage, etwa für den Fall, dass die Genehmigung mit Nebenbestimmungen nach Maßgabe des allgemeinen Verwaltungsverfahrensrechts (§ 36 VwVfG) versehen wurde. Klagegegenstand sind dann die Nebenbestimmungen (sog. isolierte Anfechtung).[70]

Rechtsfolge eines Verstoßes: Ein Verstoß gegen das Genehmigungserfordernis ist beachtlich i.S.d. § 214 I Nr. 4 BauGB. Eine Rügefrist nach § 215 I BauGB besteht nicht, da ein Fehler im Genehmigungsverfahren nicht durch Zeitablauf unbeachtlich werden kann (in § 215 BauGB ist die Genehmigung nicht aufgelistet). Allerdings ist auch hier ein ergänzendes Verfahren gem. § 214 IV BauGB möglich mit der Folge der rückwirkenden Heilung des Fehlers.

64

Zu beachten ist in diesem Zusammenhang schließlich, dass nach § 246 Ia BauGB die Länder hinsichtlich genehmigungsfreier Bebauungspläne und Satzungen nach § 34 IV S. 1 BauGB bestimmen können, dass solche Pläne vor ihrem Inkrafttreten zumindest angezeigt werden müssen (sog. Anzeigenvorbehalt).

65

---

[68] Vgl. näher *Stüer*, Jura **2002**, 54, 56; *Battis/Krautzberger/Löhr*, NVwZ **2001**, 961, 962.
[69] Vgl. dazu OVG Münster NVwZ-RR **2001**, 14.
[70] Vgl. dazu ausführlich *R. Schmidt*, AllgVerwR, Rn 735 ff.

c. Ordnungsgemäße Ausfertigung des Bebauungsplans

66 Vor der Bekanntgabe ist der Bebauungsplan auszufertigen.[71] Ausfertigung ist die unter Angabe des Datums handschriftlich verfasste Unterschrift des zuständigen Organs, mit der die Originalurkunde geschaffen und damit der Wille des Normgebers wahrnehmbar gemacht wird. Sie bezeugt, dass ihr Inhalt mit dem Willen des zuständigen Organs übereinstimmt („Authentizität"). Schließlich erklärt sie, dass die für die Rechtswirksamkeit maßgeblichen Verfahrensvorschriften beachtet worden sind.[72]

67 *Rechtsfolge eines Verstoßes*: Das Fehlen einer ordnungsgemäßen Ausfertigung führt zur **Nichtigkeit** des Plans. Die Unbeachtlichkeitsregelung des § 215 BauGB greift nicht. Möglich ist aber ein ergänzendes Verfahren nach § 214 IV BauGB.

d. Bekanntmachung des Bebauungsplans

68 Gem. § 10 III S. 1 BauGB ist die **Erteilung der Genehmigung** oder, soweit eine Genehmigung nicht erforderlich ist, der **Beschluss** des Bebauungsplans durch die Gemeinde ortsüblich **bekannt zu machen**.[73] Diese Bekanntmachung muss mit einer schlagwortartigen Kennzeichnung des Plangebers einen Hinweis auf den räumlichen Geltungsbereich geben, durch den der Plan identifiziert wird. Die bloße Angabe der Nummer des Bebauungsplans genügt nicht. Das gilt auch für kleinere Gemeinden mit nur einem Bebauungsplan.[74]

69 § 10 III S. 2 BauGB bestimmt, dass der Bebauungsplan nicht nur zu jedermanns Einsicht **bereitzuhalten**, sondern auch mit einer **Begründung** und einer **zusammenfassenden Erklärung** zu versehen ist, und zwar über die Art und Weise, wie die Umweltbelange und die Ergebnisse der Öffentlichkeits- und Behördenbeteiligung in dem Bebauungsplan berücksichtigt wurden und aus welchen Gründen der Plan nach Abwägung mit den geprüften, in Betracht kommenden anderweitigen Planungsmöglichkeiten gewählt wurde (§ 10 III S. 2 i.V.m. IV BauGB).

70 In der Bekanntmachung muss auch mitgeteilt werden, **wo** der Bebauungsplan - auf Dauer - **einzusehen** ist (§ 10 III S. 3 BauGB). Diese besondere Form der Ersatzverkündung tritt an die Stelle der normalerweise für Satzungen vorgeschriebenen Veröffentlichung (§ 10 III S. 5 BauGB). Eine solche Abweichung von dem sonst rechtsstaatlich Gebotenen rechtfertigt sich aus dem Umstand, dass ein vollständiger Abdruck der vielfältigen zeichnerischen und z.T. farbigen Planinhalte praktisch kaum möglich ist, zumindest aber unangemessen aufwändig wäre.

71 *Rechtsfolge eines Verstoßes*: Ein Verstoß gegen § 10 III BauGB ist gem. § 214 I S. 1 Nr. 4 BauGB beachtlich, wenn der damit verfolgte Hinweiszweck nicht erreicht werden kann. Eine Unbeachtlichkeit des Fehlers kommt nicht in Betracht, da § 214 I Nr. 4 BauGB nicht in § 215 BauGB genannt wird. Möglich ist aber eine Heilung gem. § 214 IV BauGB durch ein ergänzendes Verfahren.

e. (Un-)Beachtlichkeit nach §§ 214, 215 BauGB

72 Wie die vorstehenden Erläuterungen gezeigt haben, sind nach §§ 214, 215 BauGB bestimmte Mängel (**Verfahrens- und Formfehler**) für die Wirksamkeit des Flächennutzungsplans und der Satzungen nach dem BauGB unbeachtlich bzw. einer Heilung zugänglich.

---

[71] Vgl. BVerwGE **88**, 204 ff.
[72] *Decker*, JA **2001**, 247, 249 f.; *Kintz*, JuS **2000**, 1099, 1103.
[73] Zur Bekanntmachung einer kommunalen Satzung vgl. BVerwGE **120**, 82 ff. und BVerwG NVwZ **2007**, 334.
[74] BVerwG NVwZ **2001**, 203.

In der **Fallbearbeitung** empfiehlt sich folgende Vorgehensweise:

- Zunächst ist zu prüfen, ob der ermittelte Verfahrens- oder Formfehler seinen Ursprung überhaupt im BauGB hat. Denn aufgrund der Formulierung in § 214 I BauGB, wonach von Fehlern „dieses Gesetzbuchs" gesprochen wird, wird deutlich, dass die Unbeachtlichkeitsregelung in § 214 I-III BauGB nur auf Mängel anwendbar ist, die auf **Verstößen gegen Vorschriften des BauGB** basieren. Landesrechtliche Verfahrens- oder Formvorschriften werden daher nicht erfasst[75]; aus ihnen, etwa den kommunalrechtlichen **Befangenheitsregelungen**, können sich aber **gesonderte Gründe** für die Unbeachtlichkeit von Verfahrens- oder Formverstößen ergeben[76] (vgl. dazu den Abschlussfall bei Rn 116). Daraus folgt: Der festgestellte Mangel muss in § 214 **I** BauGB genannt sein. Nur dann ist er (in Abweichung zum allgemeinen Verwaltungsrecht) grundsätzlich beachtlich!
- Von **vornherein unbeachtlich** ist aber ein Fehler, der in § 214 **II** BauGB genannt ist.
- Ist der ermittelte Verfahrens- oder Formfehler in § 214 I BauGB genannt und somit (grundsätzlich) beachtlich, ist die Unbeachtlichkeitsregelung des **§ 215 I BauGB** zu beachten. Danach wird ein nach § 214 BauGB beachtlicher Fehler unbeachtlich, wenn er nicht innerhalb **eines Jahres** seit Bekanntmachung des Bebauungsplans gerügt wird.[77]
- Unabhängig von den Unbeachtlichkeitsregelungen der §§ 214 I-III, 215 I BauGB besteht die Möglichkeit der Heilung gem. **§ 214 IV BauGB** durch ein **ergänzendes Verfahren** (dazu Rn 75 ff. sowie Rn 109a und Rn 116).

73

Aus dieser Vorgehensweise folgt, dass nur diejenigen Mängel zur endgültigen Nichtigkeit des Bebauungsplans führen können, die von dieser Prüfung nicht umfasst werden.[78]

74

f. Ergänzendes Verfahren nach § 214 IV BauGB

Gemäß § 214 IV BauGB können der Flächennutzungsplan und der Bebauungsplan sowie die sonstigen städtebaulichen Satzungen jederzeit durch ein ergänzendes Verfahren zur Behebung von (sowohl formellen als auch materiellen) Fehlern auch rückwirkend in Kraft gesetzt werden. Das gilt auch für den Fall, dass der Fehler in der Missachtung von Vorschriften außerhalb des BauGB besteht (s.o.). Verwaltungsprozessual führt § 47 V S. 1 Halbs. 1 VwGO diese Wertung fort, indem er bestimmt, dass das OVG einen rechtswidrigen Bebauungsplan nur noch für unwirksam, nicht aber mehr für nichtig erklären kann. Dies hat zur Folge, dass auch ein vom OVG für unwirksam (aber nicht für nichtig) erklärter Bebauungsplan durch ein ergänzendes Verfahren geheilt und rückwirkend in Kraft gesetzt werden kann (§ 214 IV BauGB).[79]

75

---

[75] Zu den nicht nach § 214 I-III BauGB unbeachtlichen landesrechtlichen Verfahrensverstößen vgl. BVerwG SächsVBl **2002**, 4.

[76] Sofern die kommunalrechtlichen Vorschriften nicht selbst Unbeachtlichkeitsregelungen enthalten, etwa für den Fall mangelnder Kausalität für das Abstimmungsergebnis, bleibt immer noch die Möglichkeit des ergänzenden Verfahrens nach § 214 IV BauGB. Das ist kein Widerspruch zu dem zu § 214 I BauGB Gesagten, wonach die Unbeachtlichkeitsregelung des § 214 I BauGB nur für Fehler in Bezug auf Verfahrens- und Formschriften des BauGB anwendbar sei. Denn § 214 IV BauGB ist ein allgemeiner Rechtsgedanke zu entnehmen, dass das ergänzende Verfahren bei <u>allen</u> baurechtlichen Flächennutzungsplänen und Satzungen möglich ist, auch wenn der Verfahrens- oder Formfehler seinen Ursprung bspw. in der Gemeindeordnung hat, vgl. BVerwG NVwZ **2000**, 676, 677 (zu § 215 a I BauGB a.F.); BVerwG DVBl **2004**, 251, 254.

[77] § 215 I *Nr. 3* BauGB muss in der materiellen Rechtmäßigkeit geprüft werden, und zwar dahingehend, ob nicht ein Fehler im Abwägungsgebot des § 1 VI i.V.m. VII i.V.m. § 1 a BauGB vorliegt, und dieser dann durch Zeitablauf unbeachtlich geworden ist.

[78] Vgl. dazu *Gaentzsch*, NVwZ **2000**, 993, 996 f. und *Dolde*, NVwZ **2001**, 976 ff.

[79] Vgl. auch *Kniep*, GewArch **2005**, 12, 14.

76   In materieller Hinsicht ist insbesondere die grundsätzliche Anwendbarkeit des § 214 IV BauGB auf beachtliche **Abwägungsmängel** von Bedeutung.[80] Durch die Neuregelung in § 2 III BauGB erhält auch das ergänzende Verfahren nach § 214 IV BauGB einen zusätzlichen Anwendungsbereich, nämlich bei der Behandlung von Fehlerfolgen bei Verstößen gegen § 2 III BauGB i.V.m. § 214 I S. 1 Nr. 1 BauGB. Die Möglichkeit des ergänzenden Verfahrens nach § 214 IV BauGB scheidet aber aus, wenn der Abwägungsmangel von solcher Art und Schwere ist, dass er die Grundzüge der Planung berührt bzw. den Kern der Abwägungsentscheidung betrifft.[81] Vgl. dazu sowie zu der Frage, wann in der Praxis das ergänzende Verfahren i.d.R. durchgeführt wird, die zusammenhängende Darstellung bei Rn 109a ff.

g. Vereinbarkeit der §§ 214, 215 BauGB mit EU-Recht?

76a   Da das EU-Recht dem Verfahrensrecht eine große Bedeutung beimisst (man denke nur an das Verfahren bei der Umweltverträglichkeitsprüfung von Bauvorhaben) fehlt es dem Planerhaltungsrecht der §§ 214, 215 BauGB an Gemeinschaftskonformität. Daher wird der deutsche Gesetzgeber nicht umhinkommen, auf kurz oder lang die §§ 214, 215 BauGB neu zu gestalten.[82]

3. Materielle Rechtmäßigkeit

77   Bei der materiell-rechtlichen Überprüfung eines Bebauungsplans geht es häufig um die Frage nach der Vereinbarkeit mit zwingenden Planungsvorgaben einerseits und dem Gebot der gerechten Abwägung andererseits.

Inhaltskontrolle in Bezug auf einen Bebauungsplan

zwingende Planungsvorgaben:

- Entwicklungsgebot (§ 8 II S. 1 BauGB)
- Prinzip der Erforderlichkeit (§ 1 III BauGB)
- Bestimmtheitsgebot
- Anpassungspflicht (§ 1 IV BauGB)
- Beachtung des Planungsrahmens (d.h. kein Verstoß gegen Vorschriften der BauNVO und gegen § 9 BauGB)

Gebot der gerechten Abwägung:

- Beachtung der generellen Planungsleitlinien (§ 1 V BauGB)
- Beachtung der konkretisierenden Planungsleitlinien (§ 1 VI BauGB)
- fehlerfreie Abwägung (§ 1 VII BauGB)

Hinweis für die Fallbearbeitung: Für die Fallbearbeitung bedeutet dies, dass der Sachverhalt nach solchen Strukturen, Normen und Problemen abzusuchen ist, auf welche die Vorschriften des Baurechts oder sonstiges höherrangiges Recht anwendbar sind. Im Umkehrschluss bedeutet das, dass niemals alle Strukturen des BauGB aktiviert werden können (das ließe auch schon die begrenzte Bearbeitungszeit nicht zu). Aus diesem Grund sind die auf der linken Seite der Übersicht genannten und im Folgenden beschriebenen Prüfungsschritte nur ggf. zu prüfen. Das auf der rechten

---

[80] Vgl. BVerwG NVwZ **2000**, 1053 f.; *Schmidt*, NVwZ **2000**, 977, 981; *Dolde*, NVwZ **2001**, 976, 978.
[81] BVerwG NVwZ **2000**, 1053; BVerwG NVwZ **1999**, 414 u. 420; *Dolde/Menke*, NJW **1999**, 1070, 1081; *Gaentzsch*, NVwZ **2000**, 993, 997; *Dolde*, NVwZ **2001**, 976, 979 f.; *Kintz*, JuS **2000**, 1099, 1104.
[82] Vgl. dazu näher *Grünewald*, NVwZ **2009**, 1520 ff.

> Seite der Übersicht genannte Gebot der gerechten Abwägung wird aber stets zu prüfen sein (zur problematischen Betrachtungsweise des Reformgesetzgebers vgl. bereits Rn 54 ff.).

a. Entwicklungsgebot, § 8 II S. 1 BauGB

Nach § 8 II S. 1 BauGB sind Bebauungspläne, sofern nicht eine der vom Gesetz vorgesehenen Ausnahmen vorliegt (vgl. § 8 II S. 2 und IV BauGB), aus dem Flächennutzungsplan zu entwickeln (Prinzip der Zweistufigkeit der Bauleitplanung). Entwickeln bedeutet dabei nicht, dass der Bebauungsplan als bloßer Vollzug, als Konkretisierung oder als Ergänzung des Flächennutzungsplans zu werten wäre. Vielmehr verhält es sich so, dass nach der zweistufigen Systematik des Bauleitplanungsrechts das Entwickeln eines Bebauungsplans aus einem Flächennutzungsplan den Übergang von der grobmaschigeren, nicht parzellenscharfen Darstellung des Flächennutzungsplans zur engmaschigeren, normativ präzisierenden Festsetzung des Bebauungsplans verlangt. Zwar darf vom Grobraster, d.h. der Grundentscheidung des Flächennutzungsplans, nicht abgewichen werden, allerdings darf die planende Gemeinde dieses Grobraster mit gegenständlich und räumlich genaueren Festsetzungen ausfüllen und innerhalb dieses Rahmens eigenständig planen.[83] Man kann insoweit von „entwickelnder Konkretisierung" sprechen, die so lange mit § 8 II S. 1 BauGB vereinbar ist, wie sie die Grundkonzeption des Flächennutzungsplans unberührt lässt.

78

Beispiele/Gegenbeispiele:

(1) Möchte eine Gemeinde in einem zu erlassenen Bebauungsplan ein Kerngebiet (§ 7 BauNVO) ausweisen und dabei auch eine im Flächennutzungsplan als Mischgebiet (§ 6 BauNVO) dargestellte Fläche einbeziehen, kann eine solche Festsetzung auch ohne Änderung des Flächennutzungsplans dem Entwicklungsgebot entsprechen, wenn die Abweichung die Grundzüge der Planung nicht beeinträchtigt, zumal es sich um artverwandte Nutzungen handelt.[84]

(2) Auch sind die Grenzen des Entwicklungsgebots gewahrt, wenn in einem Bebauungsplan „Flächen zum Schutz, zur Pflege und zur Entwicklung von Boden, Natur und Landschaft" i.S.d. § 9 I Nr. 20 BauGB festgesetzt werden, die im Flächennutzungsplan als „Wald" i.S.d. § 5 II Nr. 9b BauGB dargestellt sind.[85]

(3) Sind die unterschiedlichen Nutzungsbestimmungen aber nicht miteinander vereinbar, kann man von „entwickelnder Konkretisierung" nicht mehr sprechen. Dann liegt ein Verstoß gegen das Entwicklungsgebot vor. Das ist etwa der Fall, wenn ein im Flächennutzungsplan als Forstgelände dargestelltes Gebiet im Bebauungsplan als Baugebiet ausgewiesen wird. Gleiches gilt, wenn eine gemischte Baufläche als Industriegebiet ausgewiesen wird.

Verstößt die Gemeinde gegen das Entwicklungsgebot, ist der Bebauungsplan nicht notwendigerweise unwirksam. So ist der Fehler unbeachtlich, wenn die sich aus dem Flächennutzungsplan ergebende städtebauliche Entwicklung nicht beeinträchtigt wird, § 214 II Nr. 2 BauGB. Zu beachten ist aber die Regelung des § 8 II S. 2 BauGB, wonach ein Flächennutzungsplan nicht erforderlich ist, wenn der Bebauungsplan ausreicht, um die städtebauliche Entwicklung zu ordnen. Dies kommt insbesondere für kleinere Gemeinden in Betracht. Weiterhin ist die Ausnahme gem. § 8 IV BauGB zu beachten, die es den Gemeinden erlaubt, einen Bebauungsplan aufzustellen, zu ändern, zu ergänzen oder aufzuheben, bevor der Flächennutzungsplan aufgestellt ist, sofern dringende Gründe es erfordern und wenn der Bebauungsplan der beabsichtig-

79

---

[83] Vgl. BVerwGE **48**, 70, 71 ff.; BVerwG BauR **2004**, 1264 sowie *Stollmann*, BauR, § 7 Rn 14.
[84] Gemischte Baufläche, vgl. VGH Mannheim, ZfBR **2000**, 55.
[85] BVerwG NVwZ-RR **2003**, 406; vgl. dazu *Stüer*, DVBl **2005**, 461, 462.

ten städtebaulichen Entwicklung des Gemeindegebiets nicht entgegensteht (vorzeitiger Bebauungsplan).

80 Einen gewissen Systembruch stellt die Neuregelung des § 13a II Nr. 2 BauGB dar, wonach im beschleunigten Verfahren ein Bebauungsplan, der von Darstellungen eines Flächennutzungsplans abweicht, unter bestimmten Voraussetzungen auch vor der Änderung oder Ergänzung des Flächennutzungsplans aufgestellt werden kann.[86]

b. Erforderlichkeit des Bebauungsplans (Planrechtfertigung)

aa. Grundsätzliche Pflicht zur Aufstellung erforderlicher Bebauungspläne, § 1 III S. 1 BauGB

81 Wie bereits ausgeführt, hat die Gemeinde bei der Aufstellung eines Bebauungsplans kein Entschließungsermessen. Denn die Gemeinden *haben* die Bauleitpläne aufzustellen, soweit dies für **die städtebauliche Entwicklung und Ordnung erforderlich ist** (§ 1 III S. 1 BauGB).

82 Dementsprechend besteht eine **Planaufstellungspflicht**, wenn das Kriterium der Erforderlichkeit vorliegt. Der Begriff der **Erforderlichkeit** ist zwar ein unbestimmter Rechtsbegriff, beinhaltet aufgrund der grundgesetzlich garantierten Planungshoheit der Gemeinde (vgl. Art. 28 II S. 1 GG) jedoch einen **Beurteilungsspielraum**. Das bedingt eine nur **eingeschränkte Überprüfbarkeit** durch die Kommunalaufsichtsbehörden und durch die überprüfenden Gerichte. Es darf nur geprüft werden, ob die Gemeinden die Grenzen des ihnen zustehenden Beurteilungsspielraums überschritten haben. Zu diesen Grenzen gehören Ziel, Anlass und Zeitpunkt der Planung genauso wie Umfang und Inhalt der baulichen Nutzung. Ein Bebauungsplan ist daher nicht erforderlich, wenn **ihm überhaupt keine planerische Konzeption zugrunde liegt**[87], er **überflüssig** ist, weil die für das Gebiet vorgesehene Nutzung auch ohne Bebauungsplan zulässig wäre, er **ausschließlich Privatinteressen** zugute kommt, er nur dazu dient, Zwecke, die § 1 I BauGB fremd sind, zu erreichen[88], aus **tatsächlichen oder rechtlichen Gründen vollzugsunfähig** ist oder auf absehbare Zeit **keine Aussicht auf Verwirklichung** verspricht.[89]

> **Beispiele/Gegenbeispiel:**
> **(1)** Ein Bebauungsplan, dessen Verwirklichung am entgegenstehenden zwingenden Recht (z.B. an den immissionsrechtlichen Anforderungen der Sportanlagenlärmschutzverordnung - 18. BImSchVO) scheitern würde, ist nichtig und damit nicht erforderlich.[90]
>
> **(2)** Gleiches gilt für einen Bebauungsplan hinsichtlich einer Straße, die der zuständige Baulastträger zu bauen nicht bereit ist und diese Weigerung rechtlich nicht zu beanstanden ist.[91]
>
> **(3)** Umgekehrt ist nach Auffassung des BVerwG[92] der Beurteilungsspielraum unterschritten und die Aufstellung eines (unterlassenen) Bebauungsplans somit erforderlich, wenn **qualifizierte** städtebauliche Gründe von **besonderem Gewicht** vorliegen. Einen solchen qualifizierten städtebaulichen Grund könne das **interkommunale Abstimmungsgebot** darstellen (vgl. Rn 107f ff.).

---

[86] *Stollmann*, BauR, § 7 Rn 14.
[87] BVerwG NVwZ **2002**, 1509 f.
[88] Kein Bebauungsplan, um verdeckt Denkmalschutz durchzusetzen (BVerwG NVwZ **2001**, 1043, 1044).
[89] BVerwGE **108**, 248, 249; *Gaentzsch*, NVwZ **2000**, 993, 994; *Muckel*, BauR, S. 34. Zum Erforderlichkeitsmaßstab vgl. auch BVerwG NVwZ **2000**, 813; BVerwG NVwZ **2001**, 1043 f.
[90] BVerwGE **109**, 246, 249 ff. Zur Sportanlagenlärmschutzverordnung vgl. ausführlich *Ketteler*, NVwZ **2002**, 1070 ff.
[91] BVerwGE **108**, 248, 249 ff.
[92] BVerwG NVwZ **2004**, 220, 221. Vgl. auch *Stüer*, DVBl **2005**, 461, 462.

Hinweis für die Fallbearbeitung: Wie die vorstehenden Ausführungen gezeigt haben, kann die Frage, ob ein Bebauungsplan erforderlich ist, letztlich nur nach vollendeter Prüfung des materiellen Rechts beantwortet werden. Die (inzidente) Prüfung der materiellen Rechtslage an dieser Stelle des Gutachtens würde aber zu einer extremen „Kopflastigkeit" des Gutachtens führen. Daher sollte in der Fallbearbeitung lediglich angemerkt werden, dass ein Bebauungsplan zwar nur dann erforderlich ist, wenn ihm kein zwingendes Recht entgegensteht, diese Frage aber erst nach entsprechender materiell-rechtlicher Prüfung der Begründetheit des Normenkontrollantrags beantwortet werden kann. Nach erfolgter Prüfung der Begründetheit ist dann auf diesen Punkt wieder zurückzukommen und festzustellen, dass der Bebauungsplan erforderlich bzw. nicht erforderlich ist.

83

Rechtsfolge eines nicht erforderlichen Bebauungsplans: Ist ein Bebauungsplan nicht erforderlich, ist er **nichtig**. Ein ergänzendes Verfahren nach § 214 IV BauGB kommt nur dann in Betracht, wenn die fehlende Erforderlichkeit behoben werden kann. Doch das wird kaum anzunehmen sein.

84

bb. Kein subjektives Recht auf Aufstellung eines erforderlichen Bebauungsplans, § 1 III S. 2 BauGB

Zwar ist dem Rechtsschutz im Baurecht ein eigener Abschnitt gewidmet (Rn 413 ff.), allerdings soll bereits an dieser Stelle angemerkt werden, dass ein subjektives Recht auf Aufstellung eines Bebauungsplans nicht existiert. Denn die Ausübung der Planungshoheit besteht ausschließlich im öffentlichen Interesse; die Vorschrift des § 1 III S. 1 BauGB will ausschließlich städtebauliche Interessen der Allgemeinheit schützen. Die Pflicht zur Aufstellung eines erforderlichen Bebauungsplans ist also subjektivrechtlich (etwa von einem Bauherrn, der die Voraussetzungen für die Verwirklichung seines Bauvorhabens schaffen möchte) nicht erzwingbar. Der **Bürger** hat also selbst bei einem rechtswidrigen Unterlassen der Gemeinde **keinen Planungsanspruch**.[93] Erzwingbar ist die Pflicht zur Aufstellung eines erforderlichen Bebauungsplans nur im Wege der Kommunalaufsicht und zwar dergestalt, dass die Aufsichtsbehörde in dem Nichterlass eines erforderlichen Bebauungsplans einen Rechtsverstoß sieht und über das Instrument der Rechtsaufsicht einschreitet.[94] Aber auch hier ist zu beachten, dass die Ausübung der Rechtskontrolle ausschließlich im öffentlichen Interesse liegt; der Bürger (oder eine Nachbargemeinde) können also auch nicht die Kommunalaufsichtsbehörde verpflichten, im Rahmen der Rechtsaufsicht gegen die Kommune einzuschreiten und den Erlass des gewünschten Bebauungsplans anzuordnen.[95]

85

Im Übrigen sei angemerkt, dass § 1 III S. 2 BauGB es der Gemeinde sogar verbietet, sich gegenüber Dritten, aber auch gegenüber anderen Gebietskörperschaften (etwa Nachbargemeinden), zur Aufstellung oder Nichtaufstellung eines Bebauungsplans zu verpflichten.[96] Das **interkommunale Abstimmungsgebot** des § 2 II BauGB (dazu Rn 107f ff.) steht dem nicht entgegen. Bei diesem handelt es sich um eine besondere Ausprägung des Abwägungsgebots gem. § 1 VII BauGB.[97] Zwar kann das interkommunale Abstimmungsgebot im Einzelfall die Pflicht der Gemeinde begründen, gem. § 1 III S. 1 BauGB einen bestimmten Bebauungsplan zu erlassen, doch die Beachtung dieser Pflicht kann – wie gesehen – vom Bürger *gerade nicht* eingeklagt werden.

86

---

[93] BVerwG NVwZ **2006**, 458 f.; OLG Rostock NVwZ **2001**, 1075, 1076.
[94] Vgl. BVerwG NVwZ **2004**, 220, 221. Zur Kommunalaufsicht vgl. *R. Schmidt*, AllgVerwR, Rn 439 ff.
[95] Vgl. auch hierzu ausführlich *R. Schmidt*, AllgVerwR, Rn 453.
[96] Insoweit lediglich klarstellend BVerwG NVwZ **2006**, 458 f.
[97] So ausdrücklich BVerwG NVwZ **2006**, 458 f. unter Verweis auf BVerwGE **117**, 25, 32.

87 *Rechtsfolge eines unterlassenen, aber erforderlichen Bebauungsplans:* Da die Pflicht aus § 1 III S. 1 BauGB ausschließlich im **öffentlichen Interesse** steht (vgl. § 1 III S. 2 BauGB), hat der **Bürger** selbst bei einem rechtswidrigen Unterlassen der Gemeinde **keinen Planungsanspruch.** Jedoch kann die **Kommunalaufsichtsbehörde** im Rahmen ihrer Rechtsaufsicht die Gemeinde zum Satzungserlass zwingen, wobei allerdings auch hier kein Anspruch seitens eines Bürgers (oder einer Nachbargemeinde) auf Einschreiten besteht.

c. Beachtung des Bestimmtheitsgebots

88 Da es sich bei dem Bebauungsplan um eine Rechtsnorm handelt, deren Festsetzungen den Inhalt des Grundeigentums sowohl für die unmittelbar von der Festsetzung betroffenen Grundstücksflächen als auch für die ihnen benachbarten Grundflächen bestimmen, muss er dem rechtsstaatlichen Bestimmtheitsgebot genügen. Dieses verlangt eine inhaltliche Normenklarheit und eine hinreichende Regelungsdichte.

- Das Gebot **inhaltlicher Normklarheit** soll gewährleisten, dass der Inhalt einer planerischen Festsetzung so eindeutig ist, dass der Bürger erkennen kann, was er zu erwarten hat, was von ihm verlangt wird und inwieweit die öffentliche Gewalt in seinen Rechtskreis eingreifen darf. Dabei ist die Verwendung unbestimmter Rechtsbegriffe unschädlich, solange nur durch Auslegung (anhand der allgemein anerkannten Auslegungsmethoden) ermittelt werden kann, welche konkreten Pflichten dem Bürger abverlangt werden bzw. was dieser zu erwarten hat.[98]

- Das Gebot **hinreichender Regelungsdichte** verbietet die offene oder verdeckte Delegation von ausschließlichen Entscheidungsbefugnissen des Satzungsgebers auf die normvollziehende Verwaltung oder auf Personen, die den Bebauungsplan anzuwenden haben. So ist eine Regelung im Bebauungsplan, wonach die zur Herstellung des Straßenkörpers erforderlichen Stützmauern dort herzustellen sind, wo sie sich als notwendig erweisen sollten, unzulässig.[99]

d. Anpassungspflicht, § 1 IV BauGB

89 § 1 IV BauGB bestimmt, dass die Bauleitpläne (und damit auch der Bebauungsplan) den **Zielen der Raumordnung** und der Landesplanung anzupassen sind. Da der Bebauungsplan in der Regel aber aus dem Flächennutzungsplan zu entwickeln ist (vgl. Rn 78), wirkt sich die Anpassungspflicht in erster Linie bei der Flächennutzungsplanung aus. Lediglich in Fällen, in denen ein Flächennutzungsplan nicht besteht, kommt bei Bebauungsplänen der Anpassungspflicht eine eigenständige Bedeutung zu. Sie setzt im Grundsatz insbesondere voraus, dass:

- es sich begrifflich um Ziele der Raumordnung[100] handelt[101],
- diese rechtmäßig bzw. nicht unwirksam sind und
- keine Zielabweichung (vgl. § 11 ROG) möglich ist bzw. in Anspruch genommen wird.[102]

---

[98] BVerwG NVwZ-RR **1995**, 311.
[99] VGH Mannheim BRS 26 Nr. 10; *Stollmann*, BauR, § 7 Rn 9.
[100] Nach § 3 Nr. 2 ROG handelt es sich bei den Zielen der Raumordnung um verbindliche Vorgaben in Form von räumlich und sachlich bestimmten oder bestimmbaren, vom Träger der Landes- oder Regionalplanung abschließend abgewogenen textlichen oder zeichnerischen Festlegungen in Raumordnungsplänen zur Entwicklung, Ordnung und Sicherung des Raums. Sie sind nicht Maßstab, sondern Ergebnis der Abwägung und damit - ähnlich wie Festsetzungen eines Bebauungsplans - schlechthin zu beachten. Sie entfalten sozusagen eine Bindung, die „keinen Raum für Elemente des Abwägens lässt" (so BVerwGE **90**, 329 ff.); soweit Ziele bestehen, ist für Abwägungen also kein Raum mehr (*Stollmann*, BauR, § 1 Rn 22).
[101] BVerwG ZfBR **2004**, 272, 273; NVwZ **2003**, 742, 745.
[102] *Stollmann*, BauR, § 7 Rn 11.

Da die Bauleitpläne nur dann an die Ziele der Raumordnung und der Landesplanung **90** angepasst werden können, wenn diese Ziele auch hinreichend konkretisiert sind, begründen folglich erst die von der Landesplanung in Programmen und Plänen niedergelegten Ziele der Raumordnung und Landesplanung die Anpassungspflicht, wenn sie sachlich und räumlich hinreichend konkretisiert sind.

Der Begriff des „Anpassens" meint nach ganz einhelliger Meinung, dass im Auf- **91** stellungsverfahren der Bauleitpläne die Ziele der Raumordnung zu beachten sind. Wie groß der Abweichungsspielraum der Gemeinde sein darf, hängt von dem Konkreti- sierungsgrad der Ziele, von ihrer inhaltlichen Dichte ab.[103] Innerhalb dieses Rahmens ist die Gemeinde freilich strikt an die landesplanerischen Ziele gebunden; sie kann sie nicht im Wege der Abwägung nach § 1 VII BauGB überwinden.[104] Dies hat seinen Grund darin, dass den Zielen der Raumordnung ein Abwägungsvorgang zugrunde- liegt, an welchem u.a. die Gemeinden zu beteiligen sind, um ihre örtlichen Belange in die überörtlichen Ordnungsvorstellungen der Landesplanung einbringen zu können. Darin aber erschöpft sich die gemeindliche Einwirkungsmöglichkeit auf die über- örtliche Landesplanung.[105]

e. Beachtung des Planungsrahmens (Vorgaben der BauNVO)

Wie bereits bei Rn 12 beschrieben, regelt die BauNVO zur Ausführung des BauGB die **92** **Art** der baulichen Nutzung wie die Gliederung in *Bauflächen* (Wohnbau-, gemischte und gewerbliche sowie Sonderbauflächen, § 1 I BauNVO) und *Baugebiete* (Kleinsied- lungs-, reine, allgemeine und besondere Wohngebiete, Dorf-, Misch-, Kern-, Gewerbe- , Industriegebiete usw., §§ 1 II, 2-14 BauNVO), das **Maß** der baulichen Nutzung (Geschoßflächen-, Grundflächenzahl, §§ 16-21 a BauNVO) sowie die **Bauweise** und die überbaubaren Grundstücksflächen, § 22, 23 BauNVO. Die entsprechenden Fest- setzungen können im Flächennutzungsplan (§ 5 II Nr. 1 BauGB) und müssen im qualifizierten Bebauungsplan (§ 30 I BauGB) getroffen werden. Daher ist der qualifi- zierte Bebauungsplan fehlerhaft, wenn die in **§§ 9, 9 a Nr. 1-3 BauGB** i.V.m. der BauNVO formulierten zulässigen Möglichkeiten überschritten wurden.[106] Dies ist ins- besondere der Fall,

- wenn die *Art* der Nutzung (§ 1 III S. 2, §§ 2-14 BauNVO - beachte aber die Ausnah- men in § 1 IV-IX BauNVO),
- das *Maß* der Nutzung (§§ 16-21a BauNVO) oder
- die *Bauweise* und die überbaubaren Grundstücksflächen (§§ 22-23 BauNVO)

nicht eingehalten werden. Zur BauNVO vgl. ausführlich Rn 152 ff. Von besonderer Relevanz ist auch die Bestimmung des § 9 **IV** BauGB, wonach die Länder durch Rechtsvorschriften bestimmen können, dass auf Landesrecht beruhende Regelungen in den Bebauungsplan als Festsetzungen aufgenommen werden können und inwie- weit auf diese Festsetzungen die Vorschriften des BauGB Anwendung finden.[107]

> **Hinweis für die Fallbearbeitung:** Die Vorschrift des § 9 IV BauGB regelt also, dass sich der Inhalt des Bebauungsplans auch aus dem Landesrecht ergeben kann! Die Länder haben von dieser Möglichkeit durchweg Gebrauch gemacht und zumeist in den Bauordnungen festgelegt, dass örtliche Bauvorschriften auch als Festsetzun-

---

[103] VGH Mannheim NVwZ-RR **1998**, 325; OVG Lüneburg NVwZ-RR **1997**, 690; *Dolde/Menke*, NJW **1999**, 1070, 1076; *Stollmann*, BauR, § 7 Rn 12.
[104] BVerwG, NVwZ **1993**, 167.
[105] *Stollmann*, BauR, § 7 Rn 12.
[106] *Gaentzsch*, NVwZ **2000**, 993, 995.
[107] Vgl. dazu OVG Münster NVwZ-RR **2001**, 14.

gen in den Bebauungsplan übernommen werden. Solche örtlichen Bauvorschriften betreffen etwa die äußere Gestaltung von baulichen Anlagen und von Werbeanlagen, die Lage, Größe und Beschaffenheit von Abstellplätzen für Fahrräder etc.[108]

f. Gebot der gerechten Abwägung (Planungsermessen)

93 Wie bereits erläutert, möchte der Gesetzgeber seit dem EAG Bau 2004 die Abwägung zwar als Verfahrensschritt bei der Aufstellung eines Bebauungsplans verstanden wissen, allerdings wurde bei Rn 54 ff. auch aufgezeigt, dass diese Betrachtungsweise zweifelhaft ist. Daher werden in der vorliegenden Darstellung alle abwägungserheblichen Aspekte, die bisher dem materiellen Recht zugeordnet waren, auch weiterhin bei der Prüfung der materiellen Rechtmäßigkeit behandelt.

94 Ausgangspunkt der Überlegung zum Planungsermessen ist, dass die Gemeinde aufgrund ihres verfassungsrechtlich garantierten Rechts auf Selbstverwaltung (Art. 28 II S. 1 GG) grundsätzlich auch das Recht hat, darüber zu entscheiden, ob und mit welchem Inhalt sie einen Bebauungsplan aufstellt (sog. Planungshoheit). Einfachgesetzlich ist dies in § 2 I S. 1 BauGB verankert. Planungshoheit bedeutet vor allem Gestaltungsfreiheit mit der Folge, dass planerische Festsetzungen im Bebauungsplan nur eingeschränkt überprüft werden können. Die **gerichtliche Kontrolle** beschränkt sich darauf, ob die gesetzlichen **Grenzen** des bestehenden **Gestaltungsspielraums** eingehalten worden sind oder ob von der Gestaltungsfreiheit in einer Weise Gebrauch gemacht worden ist, die der gesetzlichen Ermächtigung nicht mehr entspricht. Die genannten gesetzlichen Grenzen ergeben sich insbesondere aus den Regelungen der **§ 1 V-VII sowie des § 1 a BauGB**. Dort ist von **Zielen** und **Leitsätzen** für die Bauleitpläne die Rede, die das Planungsermessen der Gemeinde, das ihnen gem. § 1 VII BauGB zusteht, binden. So sind insbesondere die **öffentlichen** und **privaten Belange** unter Berücksichtigung der **Umweltbelange** gegeneinander und untereinander gerecht **abzuwägen.**[109]

> **Hinweis für die Fallbearbeitung:** Wegen der (Klausur-)Relevanz muss noch einmal darauf hingewiesen werden, dass sich die eingeschränkte gerichtliche Kontrolle nur auf das Erforderlichkeitskriterium in § 1 III BauGB und die planerische Abwägung gem. § 1 VII BauGB bezieht. Einer uneingeschränkten Nachprüfung unterliegt die Einhaltung der auf den Planinhalt bezogenen Vorschriften, v.a. der §§ 1 V, 1 VI, 5, 8 II S. 1 und 9 BauGB.

aa. Die generellen Planungsleitlinien des § 1 V BauGB

95 § 1 V und VI BauGB beschreiben Planungsziele und -leitlinien, d.h. Gesichtspunkte, Interessen und Belange, die im Rahmen des konkreten Planungsvorgangs und der Abwägung nach § 1 VII BauGB beachtlich sind bzw. sein können. Zu unterscheiden sind generelle Planungsleitlinien als allgemeine Vorgaben und die sie konkretisierenden Planungsleitlinien. § 1 V BauGB zählt fünf Planungsziele genereller Art auf:

- Gewährleistung einer **nachhaltigen städtebaulichen Entwicklung**, die die sozialen, wirtschaftlichen und umweltschützenden Anforderungen auch in Verantwortung gegenüber künftigen Generationen miteinander in Einklang bringt,

---

[108] Vgl. *Muckel*, BauR, S. 37 f.
[109] Vgl. dazu BVerwG NVwZ **2002**, 1509 f.; OVG Lüneburg BauR **2004**, 716 ff.; OVG Lüneburg NVwZ-RR **2001**, 11; OVG Münster NVwZ-RR **2001**, 14; VGH Mannheim NVwZ-RR **2001**, 13; *Battis/Krautzberger/Löhr*, NVwZ **2001**, 961 ff.; *Erbguth/Wagner*, BauR, § 5 Rn 122 ff.; *Ley*, DVP **2005**, 45, 50; *Battis/Krautzberger/Löhr*, NJW **2004**, 2553, 2554; *Finkelnburg*, NVwZ **2004**, 897, 898 f.; *Hoppe*, NVwZ **2004**, 903 ff.

- Gewährleistung einer dem Wohl der Allgemeinheit dienenden **sozialgerechten Bodennutzung**,
- Sicherung einer **menschenwürdigen Umwelt**,
- Schutz und Entwicklung der **natürlichen Lebensgrundlagen**, auch in Verantwortung für den allgemeinen **Klimaschutz**,
- sowie **baukulturelle** Erhaltung und Entwicklung der städtebaulichen Gestalt und des Orts- und Landschaftsbildes.

Dabei bildet das Gebot der nachhaltigen städtebaulichen Entwicklung, das die sozialen, wirtschaftlichen und umweltschützenden Anforderungen auch in Verantwortung gegenüber künftigen Generationen miteinander in Einklang bringen soll, den Grundsatz bauleitplanerischer Aufgabenwahrnehmung, in dessen Licht die nachfolgenden Planungsziele und -leitlinien zu verstehen sind. Hieraus folgt, dass das Staatsziel Umweltschutz (Art. 20 a GG) generationenübergreifend ausgerichtet ist und ein integrales Element der Bauleitplanung darstellt. Dies schließt sowohl eine sparsame und schonende Inanspruchnahme neuer Flächen für bauliche und infrastrukturelle Maßnahmen, die Aufbereitung und Wiedernutzung brachgefallener Flächen oder ungenutzter Bau- und Infrastrukturflächen als auch die Offenhaltung geeigneter Entwicklungsflächen für nachfolgende Generationen ein.[110]   **96**

bb. Die konkretisierenden Planungsleitlinien des § 1 VI BauGB

Die in § 1 V BauGB genannten allgemeinen Planungsleitlinien (besser: Planungsziele) werden in § 1 VI BauGB konkretisiert. Die dort beispielhaft[111] aufgezählten Planungsleitlinien sind im Zuge der Baurechtsnovelle 2004 neu gestaltet worden. Vorzufinden ist nunmehr ein differenzierter Katalog von wesentlichen, unter Nachhaltigkeitsaspekten zu berücksichtigenden, sozialen, wirtschaftlichen und umweltschützenden Belangen.   **97**

Dem Planungsziel **„sozial gerechte Bodennutzung"** lassen sich folgende Belange zuordnen: **97a**

- gesunde Wohn- und Arbeitsverhältnisse und Sicherheit der Wohn- und Arbeitsbevölkerung (§ 1 VI Nr. 1 BauGB),
- Wohnbedürfnisse/sozial stabile Bewohnerstrukturen/Eigentumsbildung/Anforderungen Kosten sparenden Bauens/Bevölkerungsentwicklung (§ 1 VI Nr. 2 BauGB),
- soziale und kulturelle Bedürfnisse der Bevölkerung etc. (§ 1 VI Nr. 3 BauGB),
- Erhaltung, Erneuerung, Fortentwicklung, Anpassung und Umbau vorhandener Ortsteile (§ 1 VI Nr. 4 BauGB),
- Belange der Baukultur, Denkmalschutz, Orts- und Landschaftsbild (§ 1 VI Nr. 5 BauGB)
- sowie Erfordernisse für Gottesdienst und Seelsorge (§ 1 VI Nr. 6 BauGB).

Das Planungsziel **„wirtschaftliche Erfordernisse"** konkretisieren die Belange   **97b**

- Wirtschaft, Arbeitsplätze, Infrastruktur, Rohstoffvorkommen (§ 1 VI Nr. 8 BauGB)
- sowie Verkehrsbedürfnisse, zugleich auf Vermeidung und Verringerung von Verkehr ausgerichtete städtebauliche Entwicklung (§ 1 VI Nr. 9 BauGB).

---

[110] *Erbguth/Wagner*, BauR, § 5 Rn 121.
[111] Aus der Formulierung: „...insbesondere" in § 1 VI BauGB folgt, dass der Katalog nicht abschließend ist, er also durch gleichwertige bzw. vergleichbare Planungsleitlinien erweitert werden kann.

97c Auf die Planungsziele „**menschenwürdige Umwelt/Schutz der natürlichen Lebensgrundlagen**" beziehen sich

- die Planungsleitlinien des § 1 VI Nr. 7 lit. a bis i BauGB (mit Wechselwirkungen), die zugleich die Schutzgüter der **Umweltprüfung** enthalten.

  Besondere Bedeutung haben die in § 1 VI Nr. 7 lit. b BauGB genannten Umweltschutzbelange; diese dienen der Erhaltung der Gebiete von gemeinschaftlicher Bedeutung und der Europäischen Vogelschutzgebiete i.S.d. BNatSchG. Soweit ein solches Gebiet in einen für die Erhaltungsziele oder den Schutzzweck maßgeblichen Bestandteilen erheblich beeinträchtigt werden kann, sind nach § 1 a IV BauGB (dazu Rn 98 ff.) die Vorschriften des BNatSchG über die Zulässigkeit oder Durchführung von derartigen Eingriffen einschließlich der Einholung der Stellungnahme der Kommission anzuwenden. Der Verweis zielt auf §§ 34, 35 BNatSchG, welche im Rahmen der bauleitplanerischen Abwägung (§ 1 VII BauGB) eine Prüfung der Verträglichkeit eines Projekts bzw. Plans mit den Erhaltungszielen eines Schutzgebiets i.S.v. § 1 VI Nr. 7 lit. b BauGB anordnen.

  Die genannten Regelungen gehen – gleich denen zur Umweltprüfung – auf Vorgaben des europäischen Rechts zurück[112]:

  ⇨ Die **Vogelschutzrichtlinie** (**VRL**)[113] dient der Sicherung der Bestände sämtlicher im europäischen Gebiet der Mitgliedstaaten beheimateten Vogelarten auf einem angemessenen Niveau (vgl. Art. 1 I VRL). Die Mitgliedstaaten werden insbesondere verpflichtet, die für die Erhaltung der in Anhang 1 aufgeführten Arten zahlen- und flächenmäßig geeignetsten Gebiete zu Schutzgebieten zu erklären (Art. 4 I VRL). Nach der Unterschutzstellung dieser Gebiete haben die Mitgliedstaaten gem. Art. 4 IV VRL geeignete Maßnahmen zu treffen, um die Verschmutzung oder Beeinträchtigung der Lebensräume sowie die Belästigung der Vögel, sofern sich diese Aktivitäten auf die Zielsetzungen des Art. 4 VRL erheblich auswirken, in den ausgewiesenen Schutzgebieten zu vermeiden.

  ⇨ Die **Fauna-Flora-Habitat-Richtlinie** (**FFH-RL**)[114] verfolgt das Ziel, die Erhaltung der biologischen Vielfalt unter Berücksichtigung der wirtschaftlichen, sozialen, kulturellen und regionalen Anforderungen zu fördern und dient damit der Ergänzung bzw. Vervollständigung des durch die VRL angelegten Habitat- und Artenschutzes. Gem. Art. 3 I FFH-RL wird ein kohärentes europäisches ökologisches Netz besonderer Schutzgebiete mit der Bezeichnung „**Natura 2000**" errichtet. Das Netz setzt sich aus Schutzgebieten zusammen, welche die natürlichen Lebensraumtypen des Anhangs 1 der FFH-RL sowie die Habitate der Arten des Anhangs II der FFH-RL umfassen (sog. FFH-Gebiete) sowie aus den gem. Art. 4 I und II VRL ausgewiesenen besonderen Vogelschutzgebieten. Die FFH-RL sieht zur Festlegung eines Schutzgebiets ein mehrstufiges Verfahren vor (Art. 4 FFH-RL). Die ausgewählten Gebiete sind sodann durch den betreffenden Mitgliedstaat als besondere Schutzgebiete auszuweisen. Der Sicherung der Schutzgebiete dient die Verpflichtung, eine Prüfung auf Verträglichkeit mit den für das einzelne Gebiet festgelegten Erhaltungszielen durchzuführen, sofern ein Plan oder Projekt ein solches Gebiet einzeln oder in Zusammenwirkung mit anderen Plänen und Projekten erheblich beeinträchtigen könnte (Art. 6 III S. 1 FFH-RL). Ergibt die Verträglichkeitsprüfung, dass das Gebiet als solches beeinträchtigt werden kann, ist der Plan bzw. das Projekt grundsätzlich unzulässig (Art. 6 III S. 2 FFH-RL). Eine ausnahmsweise Zulässigkeit sieht Art. 6 IV FFH-RL vor.

---

[112] Vgl. *Erbguth/Wagner*, BauR, § 3 Rn 78.
[113] Richtlinie 79/409/EWG, zuletzt geändert durch Richtlinie 97/49/EG. Vgl. dazu *Füßer*, NVwZ **2005**, 144 ff.
[114] Richtlinie 92/43/EWG, zuletzt geändert durch Richtlinie 97/62/EG. Vgl. dazu ebenfalls *Füßer*, NVwZ **2005**, 144 ff. sowie *Reidt*, NVwZ **2010**, 8 ff.

Fazit: Gem. § 1 VI Nr. 7 lit. b BauGB sind die Erhaltungsziele und der Schutzzweck der Gebiete von gemeinschaftlicher Bedeutung und der Europäischen Vogelschutzgebiete i.S.d. BNatSchG in der Abwägung nach § 1 VII BauGB zu berücksichtigen.

Ergänzend zu den genannten Regelungen des § 1 VI BauGB zählt § 1 VI Nr. 10 BauGB (Verteidigung und Zivilschutz, zivile Anschlussnutzung von Militärliegenschaften); § 1 VI Nr. 11 BauGB verdeutlicht, dass auch die Ergebnisse eines von der Gemeinde beschlossenen städtebaulichen Entwicklungskonzepts oder einer von ihr beschlossenen sonstigen städtebaulichen Planung (etwa Stadtteilentwicklungs-, Gemeindeverkehrs- oder auch Kindergartenplanungen) im Rahmen der förmlichen Bauleitplanung Berücksichtigung finden sollen.

97d

cc. Ergänzende Vorschriften zum Umweltschutz, § 1a BauGB

Ergänzende Vorschriften zum Umweltschutz enthält der im Zuge der Baurechtsnovelle 2004 neu gefasste § 1a BauGB. Dessen Leitlinien konkretisieren Belange des Umweltschutzes: voraussichtlich erhebliche Beeinträchtigungen des Landschaftsbildes sowie der Leistungs- und Funktionstüchtigkeit des Naturhaushalts sind in der planerischen Abwägung nach § 1 VII BauGB zu bewältigen.

98

Da bereits § 1 VI Nr. 7 BauGB Umweltbelange formuliert, die ebenfalls bei der Abwägung nach § 1 VII BauGB zu berücksichtigen sind, stellt sich die Frage, warum der Gesetzgeber solche nochmals separat in § 1a BauGB formuliert hat. In der Tat wäre es systemgerecht gewesen, den in § 1a BauGB normierten Inhalt als berücksichtigungsfähigen Belang in den Katalog des § 1 VI Nr. 7 BauGB aufzunehmen. Das aber hätte zu einer noch größeren Unübersichtlichkeit des § 1 VI Nr. 7 BauGB geführt. Daher hat sich der Gesetzgeber entschieden, die bisherige Bodenschutzklausel des § 1a BauGB schlicht neu zu gestalten und als ergänzende Umweltschutzklausel fortzuführen. Gleichzeitig hat er die (bisherige) Umweltprüfung nach dem UVPG in die bestehenden Verfahrensschritte der Bauleitplanung nach dem BauGB integriert und als Regelverfahren für grundsätzlich alle Bauleitpläne ausgestaltet. Die entsprechende **Verpflichtung zur Durchführung einer Umweltprüfung** ist daher nunmehr **dem BauGB selbst** zu entnehmen, vgl. § 2 IV S. 1 BauGB. Eine Befreiung von der Umweltprüfungspflicht im Wege des vereinfachten Verfahrens gestattet § 13 BauGB nur in eng begrenzten Ausnahmefällen.

98a

Vor diesem Hintergrund greift § 17 I **UVPG** n.F. das Verhältnis der (projektbezogenen) **Umweltverträglichkeitsprüfung** (UVP) zur bauplanungsrechtlichen Umweltprüfung auf und bestimmt in S. 1, dass die UVP einschließlich der Vorprüfung des Einzelfalls nach § 2 I S. 1-3 sowie §§ 3 bis 3 f UVPG im Aufstellungsverfahren als Umweltprüfung nach den Vorschriften des **BauGB** durchzuführen ist, wenn Bebauungspläne i.S.d. § 2 III Nr. 3 UVPG, insbesondere bei Vorhaben nach den Nr. 18.1 bis 18.9 der Anlage 1 zum UVPG (dazu Rn 105a ff.), aufgestellt, geändert oder ergänzt werden.

98b

dd. Das Verhältnis der Planungsziele und Planungsleitlinien zueinander

Die generellen Planungsziele des § 1 V BauGB und die Planungsleitlinien der §§ 1 VI, 1a BauGB stehen mit Ausnahme des (nachhaltigen) städtebaulichen Entwicklungsgebots von Gesetzes wegen gleichberechtigt und gleichgewichtig nebeneinander; daran hat auch die im Zuge der Novellierung des Baurechts 2004 vorgenommene Aufwertung des Umweltschutzes nichts geändert.[115] Ob sämtliche der genannten Gesichtspunkte oder nur bestimmte bzw. einzelne von ihnen in der Bauleitplanung berücksichtigt werden müssen, hängt von den konkreten Gegebenheiten des jeweiligen Planungsfalls ab. Nach dessen Maßgabe beurteilt sich auch die **Gewichtung** der in

99

---

[115] *Erbguth/Wagner*, BauR, § 5 Rn 124.

§ 1 V und VI sowie in § 1 a BauGB aufgelisteten Belange in der Abwägung nach § 1 VII BauGB.

ee. Optimierungsgebote

100 Dem Gesetzgeber ist es nicht verwehrt, einzelnen Planungsleitlinien von vornherein einen gewissen Vorrang vor den anderen einzuräumen, indem er etwa vorgibt, dass ihnen bei der Abwägung ein besonderes Gewicht zukommen soll oder dass bestimmte Belange nur in besonderen Ausnahmefällen gegenüber anderen zurückgestellt werden dürfen. Für derartige Belange hat die Rechtsprechung den Begriff „Optimierungs-gebot" gewählt.[116] Demnach verlangt ein Optimierungsgebot eine möglichst weit-gehende Beachtung des betreffenden Belangs. Der darin enthaltenen Zielvorgabe ist ein besonderes Gewicht beizumessen. Man kann sagen, es bestehe eine Antizipation der Gewichtung von Belangen durch den Gesetzgeber. Soll ein Belang, dem der Gesetzgeber ein besonderes Gewicht beigemessen hat, in der konkreten Planungs-situation dennoch gegenüber einfachen Abwägungsbelangen zurücktreten, bedarf es eines ganz besonderen und auch besonders zu begründenden Gewichts der anderen Belange, die ihm vorgehen sollen.[117]

> **Beispiele:** Ist einzelnen Gesetzesformulierungen wie etwa § 50 BImSchG oder § 1 BNatSchG zu entnehmen, dass der betreffende Belang „soweit wie möglich" oder „möglichst weitgehend" zu berücksichtigen sei, liegt ein Optimierungsgebot vor. Die Gemeinde, die einen Bebauungsplan erlässt, muss diese gesetzgeberische Antizipation der Gewichtung bei der Abwägung der unterschiedlichen Belange besonders berück-sichtigen und bedarf besonderer Gründe, wenn sie davon abweichen möchte.

Fazit: Zwar entfaltet das Optimierungsgebot präjudizierende Wirkung, als Planungs-leitlinie steht es aber auch unter dem Abwägungsvorbehalt, kann also aufgrund besonderer Vordringlichkeit in der konkreten Planungssituation durch einfache Planungsleitlinien zurückgedrängt oder ganz überwunden werden.[118]

ff. Planungsleitsätze

101 Von den soeben behandelten generellen und besonderen Planungsleitlinien sowie vom Optimierungsgebot, die jeweils durch Abwägung ausformbar und überwindbar sind, unterscheidet die Rechtsprechung die Planungsleitsätze (Beachtensregelungen), die bei der Planung strikte Beachtung verlangen und nicht durch planerische Abwä-gung überwunden werden können.[119]

> **Beispiel:** Als Vorschrift, die eine derart bindende Vorgabe enthält, nennt das BVerwG § 1 III S. 1 FStrG, der zwingend vorschreibt, dass Bundesautobahnen keine höhen-gleichen Kreuzungen haben dürfen.

Betrachtet man das Beispiel, wird deutlich, dass das vom BVerwG entwickelte Institut der Beachtensregelung streng genommen überflüssig ist. Denn würde eine Gemeinde eine zu einer Autobahn höhengleiche Kreuzung planen, wäre dies ein so drastischer Planungsfehler, der wegen Abwägungsfehleinschätzung bzw. Abwägungsdisproportio-nalität ohnehin die Rechtswidrigkeit des Plans zur Folge hätte. Die Rechtsprechung des BVerwG kann nur so verstanden werden, dass das Gericht offenbar bemüht ist, drastischen Fehleinschätzungen der Gemeinde nicht erst im Rahmen der (wegen des

---

[116] BVerwGE **71**, 163, 165; **90**, 329, 331.
[117] *Hoppe*, in: Hoppe/Bönker/Grotefels, BauR, § 5 Rn 32 f.; *Stollmann*, BauR, § 7 Rn 26.
[118] BVerwGE **71**, 163, 165; **90**, 329, 331 f.
[119] BVerwGE **71**, 163, 165; BVerwG DVBl **1993**, 1100.

Beurteilungsspielraums nur eingeschränkt möglichen) Überprüfung des Planungs-
ermessens zu begegnen, sondern bereits im Rahmen der (gerichtlich uneingeschränkt
möglichen) Überprüfung der Planungsleitlinien.

Fazit: Während **Planungsleitlinien** Berücksichtigungsgebote enthalten, die durch
Abwägung überwindbar sind, sind **Planungsleitsätze** strikt zu beachten und nicht
durch Abwägung überwindbar. **Optimierungsgebote**, die eine herausgehobene
Berücksichtigung von Belangen fordern, befinden sich zwischen diesen beiden
Polen.[120]

gg. Kein Abwägungsfehler bei der Planaufstellung, § 1 VII BauGB

a.) Überblick

Bei den **Planungszielen und -leitlinien** des § 1 V und VI sowie des § 1 a BauGB   102
handelt es sich um **unbestimmte Rechtsbegriffe**, die in Auslegung und Anwendung **uneingeschränkter verwaltungsgerichtlicher Überprüfung** unterliegen.
Es besteht danach kein (kommunaler) Beurteilungsspielraum (etwa) hinsichtlich der
Frage, was zu den Belangen der Wirtschaft gehört, oder dahingehend, ob eine bestimmte Planung diesen Bedürfnissen dient. Demgegenüber unterfällt ihre Gewichtung im Rahmen der **Abwägung** nach **§ 1 VII BauGB** einer nur **beschränkten
gerichtlichen Kontrollierbarkeit**. Denn dort ist die Rede von einer gerechten
Abwägung von öffentlichen und privaten Belangen.[121]

Nach der ständigen Rechtsprechung des BVerwG ist das in § 1 VII BauGB enthaltene   103
Abwägungsgebot das zentrale Gebot rechtsstaatlicher Planung und gleichermaßen
bestimmend sowohl für den planerischen Entscheidungsvorgang (den **Abwägungsvorgang**) als auch für die Beurteilung des Ergebnisses der Planung (das **Abwägungsergebnis**).[122] § 1 VII BauGB verlangt dabei eine Abwägung in dreifacher
Weise. Abzuwägen sind

- die öffentlichen Belange untereinander,
- die privaten Belange untereinander und
- die öffentlichen und privaten Belange gegeneinander.

Ein grundsätzlicher Vorrang der öffentlichen vor den privaten Belangen besteht nicht.   104
Das widerspräche auch dem Gebot einer gerechten Abwägung. Im Falle des Wider-
streits der Belange ist daher zu prüfen, ob sachgerechte, d.h. an den Planungsleit-
sätzen orientierte und hinreichend gewichtige Gründe, es rechtfertigen, den einen
Belang hinter den anderen zurücktreten zu lassen. Ein hiernach ausgerichteter Abwägungsvorgang vollzieht sich nach h.M. in drei Phasen:

- Zunächst müsse das vollständige Abwägungsmaterial ermittelt, d.h. es müssten alle im
  gegebenen Zusammenhang beachtlichen Belange **zusammengestellt** werden. Die
  Zusammenstellung des Abwägungsmaterials wiederum vollziehe sich in zwei Schritten:
  - ⇨ die abwägungserheblichen Gesichtspunkte (insbesondere die des § 1 V, VI BauGB)
    seien abstrakt-begrifflich abzugrenzen,
  - ⇨ darüber hinaus sei zu entscheiden, welche konkret vorliegenden Umstände unter
    diese Begriffe subsumiert werden könnten.

---

[120] Vgl. *Stollmann*, BauR, § 7 Rn 27.
[121] Zur Abwägung gem. § 1 VII BauGB nach dem EAG Bau 2004 vgl. auch *Hoppe*, NVwZ **2004**, 903 ff.
[122] BVerwGE **34**, 301, 309; **45**, 309, 312 ff.; VGH München BayVBl **2003**, 722; **2004**, 110, 111; **2004**, 180.

- Sei das Abwägungsmaterial zusammengestellt (ermittelt), müsse eine **Gewichtung** des zusammengetragenen Abwägungsmaterials vorgenommen werden.

- Schließlich sei die eigentliche **Abwägung** (der Abwägungsvorgang) durchzuführen.

Wenn sich der kritische Leser die Frage gestellt haben sollte, worin denn nun der Unterschied zwischen der zweiten und der dritten Phase bestehe, ist diese Frage berechtigt. In der Tat scheint eine trennscharfe Abgrenzung nicht möglich, zumal eine Abwägung eine Gewichtung der Belange impliziert. In der Literatur wird versucht, eine Abgrenzung vorzunehmen, indem man meint, dass es in der Phase der Abwägung um das Vorziehen oder Zurücksetzen bestimmter Belange unter Bezugnahme auf die vorab erfolgte Gewichtung gehe. In diesem Schritt liege eine elementare planerische Entscheidung, die zum Ausdruck bringe, wie sich eine Gemeinde städtebaulich geordnet fortentwickeln wolle.[123] M.E. überzeugt dieser Abgrenzungsversuch nicht. Vielmehr verhält es sich, dass die beiden letztgenannten Phasen Aufgaben der Gemeinde im Rahmen ihrer planerischen Gestaltungsfreiheit sind und in gemeinsamer Weise – anders als die Zusammenstellung der Belange – nur einer beschränkten aufsichtsbehördlichen oder gerichtlichen Kontrolle unterliegen. Eine Abgrenzung kann auch schon deshalb dahinstehen, weil auch die von der Rechtsprechung in Bezug auf die (eingeschränkt mögliche) gerichtliche Kontrolle der Ausübung des Abwägungsgebots entwickelte Fehlertypik nicht zwischen der zweiten und dritten Phase unterscheidet, sondern allgemein von Abwägungsausfall, Abwägungsdefizit, Abwägungsfehleinschätzung und Abwägungsdisproportionalität spricht (vgl. dazu Rn 107a ff.).

Schließlich ist zu beachten, dass ausschließlich städtebauliche Belange abwägungserheblich sind, d.h. moralische Erwägungen einiger Gemeinderatsmitglieder (z.B. das Ziel einer Verhinderung von Vergnügungsstätten) haben außer Betracht zu bleiben, es sei denn, dass in diesem Zusammenhang gleichwohl eine städtebauliche Relevanz besteht.

Sind also öffentliche und private Belange gegeneinander und untereinander gerecht abzuwägen, gilt es nunmehr, die öffentlichen und privaten Belange zu konkretisieren.

b.) Öffentliche Belange

105   Zu den **öffentlichen** Belangen gehören gerade die in § 1 V und VI, § 1 a BauGB genannten sowie wegen § 2 II BauGB diejenigen betroffener Nachbargemeinden.

105a   Da § 1 VI Nr. 7 und § 1 a BauGB Umweltbelange formulieren, gehören zu den öffentlichen Belangen auch solche des **Umweltschutzes**. Maßgeblich ist die Regelung in Bezug auf die Umweltverträglichkeitsprüfung bei Bebauungsplänen i.S.d. § 2 III Nr. 3 UVPG, insbesondere bei Vorhaben nach den Nr. 18.1 bis 18.9 der Anlage 1 zum UVPG.

105b   UVP-pflichtig sind demnach Bebauungspläne für die in der Anlage 1 Nr. 18 zum UVPG aufgeführten Vorhaben. Dazu gehören

- nach Nr. 18.1 der Anlage 1 der Bau eines **Feriendorfes**, eines **Hotelkomplexes** oder einer sonstigen großen Einrichtung für die **Ferien- und Fremdenbeherbergung**, für die im bisherigen Außenbereich i.S.d. § 35 BauGB ein Bebauungsplan aufgestellt wird. Hier ist eine Umweltverträglichkeitsprüfung durchzuführen, wenn eine Bettenzahl von jeweils insgesamt 300 erreicht oder eine Gästezimmerzahl von 200 erreicht wird.

---

[123] So *Stollmann*, BauR, § 7 Rn 34.

- nach Nr. 18.2 der Anlage 1 der Bau eines ganzjährig betriebenen **Campingplatzes**, für den im bisherigen Außenbereich i.S.d. § 35 BauGB ein Bebauungsplan aufgestellt wird. Hier ist eine Umweltverträglichkeitsprüfung durchzuführen, wenn eine Stellplatzzahl von 200 erreicht oder überschritten wird.

- nach Nr. 18.3 der Anlage 1 der Bau eines **Freizeitparks**, für den im bisherigen Außenbereich i.S.d. § 35 BauGB ein Bebauungsplan aufgestellt wird. Hier ist eine Umweltverträglichkeitsprüfung durchzuführen, wenn die Größe des Plangebiets 10 ha erreicht oder überschreitet.

- nach Nr. 18.4 der Anlage 1 der Bau eines **Parkplatzes**, für den im bisherigen Außenbereich i.S.d. § 35 BauGB ein Bebauungsplan aufgestellt wird. Hier ist eine Umweltverträglichkeitsprüfung durchzuführen, wenn die Größe des Parkplatzes eine Fläche von 1 ha erreicht oder überschreitet.

- nach Nr. 18.5 der Anlage 1 der Bau einer **Industriezone für Industrieanlagen**, für die im bisherigen Außenbereich i.S.d. § 35 BauGB ein Bebauungsplan aufgestellt wird. Hier ist eine Umweltverträglichkeitsprüfung durchzuführen, wenn die zulässige Grundfläche i.S.d. § 19 II BauNVO oder einer festgesetzten Größe der Grundfläche von insgesamt 100.000 qm erreicht oder überschritten wird.

- nach Nr. 18.6 der Anlage 1 der Bau eines **Einkaufszentrums**, eines großflächigen Einzelhandelsbetriebs oder eines sonstigen großflächigen Handelsbetriebs i.S.d. § 11 III S. 1 BauNVO, für den im bisherigen Außenbereich i.S.d. § 35 BauGB ein Bebauungsplan aufgestellt wird. Hier ist eine Umweltverträglichkeitsprüfung durchzuführen, wenn die zulässige Geschoßfläche von 500 qm erreicht oder überschritten wird.

- nach Nr. 18.7 der Anlage 1 ein **Städtebauprojekt** für sonstige bauliche Anlagen, für die im bisherigen Außenbereich i.S.d. § 35 BauGB ein Bebauungsplan aufgestellt wird. Hier ist eine Umweltverträglichkeitsprüfung durchzuführen, wenn die zulässige Grundfläche i.S.d. § 19 II BauNVO oder einer festgesetzten Größe der Grundfläche von insgesamt 100.000 qm erreicht oder überschritten wird.

- nach Nr. 18.8 der Anlage 1 für **Vorhaben der in den Nr. 1-7 genannten Art**, soweit sie außerhalb des Außenbereichs (also innerhalb der Planbereiche der §§ 30 oder 34 BauGB) liegen, und für die ein Bebauungsplan aufgestellt, geändert oder ergänzt wird.

c.) Private Belange

Zu den **privaten** Belangen zählen zunächst alle Interessen, die dem Schutz des **Art. 14 I GG** unterfallen. So stellt das **Grundeigentum** eine **unüberwindbare Abwägungsgrenze** dar, solange es den Schutz des Art. 14 I S. 1 GG genießt.[124] Auch alle sonstigen verfassungsrechtlich geschützten Interessen (etwa die **Berufsfreiheit** aus Art. 12 I GG) sind bei der Abwägung zu berücksichtigen, solange sie abwägungserheblich sind.

106

d.) Abwägung der öffentlichen und privaten Belange

Schließlich sind gem. § 1 VII BauGB die öffentlichen und privaten Belange **gegeneinander und untereinander gerecht abzuwägen** (vgl. dazu bereits Rn 102). Unter **Abwägung** ist eine allgemeine Denk- und Entscheidungsweise zu verstehen; derjenige, der aufgrund einer gesetzlichen Anordnung (etwa gem. § 1 VII BauGB) abwägen muss, kommt dieser Verpflichtung nach, indem er Gründe und Gegengründe, Vorteile und Nachteile gegeneinander und untereinander abwägt. Dabei muss die Abwägung möglichst präzise strukturiert sein, weil das Rechtsstaatsprinzip die

107

---

[124] BVerwG NVwZ **2002**, 1509 f.

Vorhersehbarkeit und Nachvollziehbarkeit jedes hoheitlichen Akts verlangt.[125] Im Bereich verwaltungsrechtlicher Abwägungen hat das BVerwG dem Abwägungsgebot Konturen verliehen. Es fordert in ständiger Rechtsprechung, dass überhaupt eine Abwägung stattfinden müsse und alle hinreichend wahrscheinlich von der Planung betroffenen Belange sorgfältig ermittelt, in die Abwägung eingestellt, zutreffend gewichtet und zu einem vertretbaren Ausgleich geführt werden müssten. Dabei stehe der Gemeinde eine planerische Gestaltungsfreiheit zu, weil eine Planung ohne planerische Gestaltungsfreiheit ein Widerspruch in sich wäre. Das Gebot gerechter Abwägung sei danach nur verletzt, wenn eine (sachgerechte) Abwägung überhaupt nicht stattfinde. Es sei verletzt, wenn in die Abwägung Belange nicht eingestellt worden seien, die nach Lage der Dinge hätten eingestellt werden müssen. Es sei ferner verletzt, wenn die Bedeutung der betroffenen privaten Belange verkannt oder wenn der Ausgleich zwischen den von der Planung berührten öffentlichen Belangen in einer Weise vorgenommen werde, die zur objektiven Gewichtigkeit einzelner Belange außer Verhältnis stehe. Innerhalb des so gezogenen Rahmens werde das Abwägungsgebot jedoch nicht verletzt, wenn sich die zur Planung berufene Gemeinde in der Kollision zwischen verschiedenen Belangen für die Bevorzugung des einen und damit notwendig für die Zurückstellung eines anderen entscheidet.[126] Das bedeutet, dass die Verwaltungsgerichte die den Bebauungsplänen zugrunde liegende Abwägung (lediglich) auf sog. **Abwägungsfehler** hin kontrollieren.

107a   Gemäß den vom BVerwG aufgestellten Leitlinien lassen sich die genannten Abwägungsfehler systematisiert ausgedrückt als Abwägungsausfall, Abwägungsdefizit, Abwägungsfehleinschätzung und Abwägungsdisproportionalität bezeichnen.[127]

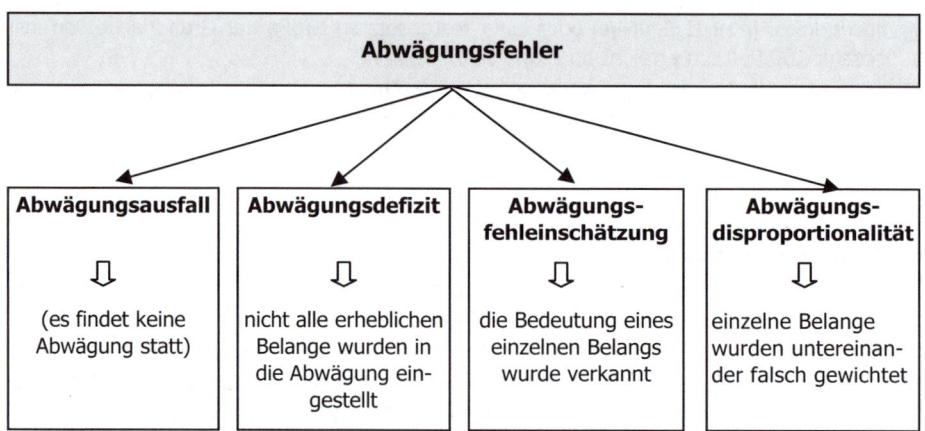

Im Einzelnen gilt:

107b   ▪ **Abwägungsausfall** (es findet überhaupt keine Abwägung statt).

Von einem Abwägungsausfall ist regelmäßig auszugehen, wenn die Gemeinde sich bereits *vor* Durchführung des Planungsverfahrens auf ein bestimmtes Planungsergebnis festgelegt hat, sog. **Vorabbindung**. Denn die eigene Verantwortlichkeit der Gemeinde für die Bauleitplanung (§ 2 I S. 1 BauGB als baurechtliche Konkretisierung der

---

[125] *Ibler*, DVBl **1988**, 469; *ders*, BauR, Fall 8 Rn 12.

[126] BVerwGE **34**, 301, 309; **45**, 309, 314 f.; VGH München BayVBl **2003**, 722; **2004**, 110, 111; **2004**, 180; vgl. auch *Rossen-Stadtfeldt/Ulleweil*, Jura **2004**, 635, 638 f.

[127] Vgl. dazu anhand des EAG Bau 2004 *Ley*, DVP **2005**, 45 ff.; *Battis/Krautzberger/Löhr*, NJW **2004**, 2553 ff.; *Finkelnburg*, NVwZ **2004**, 897 ff.; *Krautzberger/Stüer*, DVBl **2004**, 914 ff.

Planungshoheit gem. Art. 28 II GG) fordert, dass die Gemeinde die nach § 2 III BauGB erforderliche Ermittlung und Bewertung der abwägungserheblichen Belange selbst und im Zeitpunkt der Planaufstellung vornimmt. Davon kann aber nicht mehr gesprochen werden, wenn z.B. für alle Beteiligten schon vorher feststand, dass eine bestimmte Industriezone an einem bestimmten Platz errichtet werden soll. Denn dann wurden das Für und Wider der Abwägungsvorschriften (siehe nur §§ 1 VII, 1 a BauGB, 50 BImSchG, Nr. 18.5 der Anlage 1 zum UVPG) offenbar nicht (zumindest nicht im Zeitpunkt der Planaufstellung) gegeneinander abgewogen. Deshalb spricht man von einer „Vorabbindung" (= Abwägungsausfall) der Gemeinde.

Allerdings verstößt nicht jede Vorabbindung der Gemeinde gegen § 2 III BauGB. Denn häufig sind dem Planverfahren Besprechungen, Abstimmungen, Zusagen etc. zwischen der Gemeinde und Privaten vorgeschaltet. Das gilt insbesondere für sog. **vorhabenbezogene Bebauungspläne** (vgl. dazu Rn 127, 166). Solche „informalen" Absprachen können sogar unerlässlich sein, damit die Gemeinde überhaupt sachgerecht planen kann. Deshalb kann nicht jede Vorabbindung indifferent als rechtswidrig angesehen werden. Daher sind Vorabbindungen zulässig, wenn sie die planungsrechtliche Zuständigkeitsordnung wahren und inhaltlich nicht zu beanstanden sind, d.h. dem Abwägungsgebot genügen.[128] Ob im Einzelfall eine zulässige oder unzulässige Vorabbindung vorliegt, ist durch **Auslegung** des § 2 III BauGB zu ermitteln. Es ist danach zu fragen, ob und in welchem Umfang § 2 III BauGB eine Vorabbindung und damit die Ermittlung und Bewertung der abwägungserheblichen Belange im Vorfeld des Planaufstellungsbeschlusses zulässt.

Beispiel: Im Rahmen eines vorhabenbezogenen Bebauungsplans verlangt § 12 I S. 1 BauGB ausdrücklich eine Abstimmung zwischen dem Vorhabenträger und der Gemeinde vor Durchführung des Planverfahrens: Der Vorhabenträger tritt mit einem Plan zur Durchführung der Vorhaben und der Erschließungsmaßnahmen (Vorhaben- und Erschließungsplan) an die Gemeinde heran und stimmt diesen Plan mit ihr ab. In diesem Zusammenhang verpflichtet er sich zur Durchführung des Vorhabens und der Erschließungsmaßnahmen (Durchführungsvertrag). Von einer unzulässigen Vorabbindung kann erst dann gesprochen werden, wenn die Gemeinde den Plan des Vorhabenträgers abwägungslos übernimmt. Denn dann wäre der Plan gerade nicht „von der Gemeinde in eigener Verantwortung" aufgestellt i.S.v. § 2 I S. 1 BauGB und die Belange wären von ihr nicht ausreichend ermittelt und bewertet i.S.v. § 2 III BauGB.

Berücksichtigt man also die Zusammenschau von § 2 III BauGB und § 12 I S. 1 BauGB, liegt jedenfalls dann keine rechtswidrige Vorabbindung vor, wenn im Bereich eines vorhabenbezogenen Bebauungsplans die Voraussetzungen des § 12 I S. 1 BauGB eingehalten wurden. Ein Abwägungsausfall liegt in diesem Fall nicht vor.

- **Abwägungsdefizit** (eine Abwägung findet zwar statt, aber nicht alle Belange werden einbezogen, die nach Lage der Dinge hätten einbezogen werden müssen). **107c**

  Wenn eine Gemeinde beispielsweise auf dem Gebiet eines ehemaligen Kokswerkes ein Wohngebiet ausweist und dabei die mögliche Kontaminierung des Bodens nicht berücksichtigt, hat sie einen entscheidenden Punkt (§ 1 VI Nr. 7, § 1 a BauGB) in ihre Abwägung nicht einbezogen, der nach Lage der Dinge hätte einbezogen werden müssen. Im Übrigen ist auch hier die Umweltverträglichkeit maßgeblich.

- **Abwägungsfehleinschätzung** (die Belange werden zwar ordnungsgemäß ermittelt und in die Abwägung eingebracht. Jedoch wird die *Bedeutung* eines öffentlichen oder privaten Belangs verkannt). **107d**

  Wenn die Gemeinde beispielsweise im Gebiet eines ehemaligen Kokswerkes ein Wohngebiet ausweist und dabei zwar die mögliche Kontamination des Bodens berücksichtigt,

---

[128] Vgl. BVerwGE **34**, 309, 321.

jedoch die Bedeutung dieser Kontamination für die Gesundheit der Siedler verkennt, liegt eine Abwägungsfehleinschätzung vor. Das Gleiche gilt, wenn die Gemeinde die Bedeutung der Umweltverträglichkeit verkennt.

107e ■ **Abwägungsdisproportionalität** (falsche *Gewichtung* der Belange; Disproportionalität in der Abwägung).[129]

Die gerichtliche Überprüfung dieses Gesichtspunkts bereitet außerordentlich große Schwierigkeiten. Die juristischen Möglichkeiten, Fehleinschätzungen und falsche Gewichtungen bei der planerischen Abwägung zu erfassen, setzen ein geschultes Judiz voraus. An Anlehnung an das zu den Beurteilungsspielräumen Gesagte (vgl. ausführlich *R. Schmidt*, AllgVerwR, Rn 599 ff.), ist bei der gerichtlichen Überprüfung des Abwägungsergebnisses die Einschätzungsprärogative des Planaufstellers zu beachten. Denn Sinn und Zweck der gesetzlichen Bestimmungen, die eine Abwägung zulassen bzw. anordnen, ist gerade, dass einzelne Belange auf Kosten anderer zurückgestellt werden können. Lediglich wenn der Ausgleich zwischen den von der Planung betroffenen Belangen in einer Weise vorgenommen wurde, die zur objektiven Gewichtung einzelner Belange außer Verhältnis steht, ist der eingeräumte Abwägungsspielraum überschritten.

Sofern es um die Umweltverträglichkeit von Bauvorhaben geht, ist bereits aufgrund der von § 1 VI Nr. 7 und § 1 a BauGB ausgehenden präjudizierenden Wirkung (im Sinne des Optimierungsgebots) von einem eingeschränkten Gestaltungsspielraum und von einer erhöhten richterlichen Kontrolldichte auszugehen. Zur **Rechtsfolge** fehlerhafter Abwägung vgl. Rn 105 und 106.

> **Hinweis für die Fallbearbeitung:** In einer Fallbearbeitung werden die einzelnen Abwägungsfehler nicht etwa lehrbuchhaft beschrieben, sondern es werden nur diejenigen näher erörtert, für deren Vorliegen Anhaltspunkte im Sachverhalt erkennbar sind.

e.) Einbettung des § 2 II BauGB in die Abwägung nach § 1 VII BauGB

107f Nach § 2 II S. 1 BauGB sind die Bauleitpläne benachbarter Gemeinden aufeinander abzustimmen. Dadurch soll sichergestellt werden, dass die Kommunen ihre Bauleitpläne nicht zulasten der Interessen der Nachbargemeinden erlassen (sog. **interkommunales Abstimmungs- oder Rücksichtnahmegebot**).

107g Unter „benachbarten Gemeinden" sind dabei nicht nur die unmittelbaren Grenzgemeinden gemeint, sondern alle Gemeinden, die von den Auswirkungen einer Planung betroffen sind.[130] Eine Abstimmung ist immer dann erforderlich, wenn eine grenzüberschreitende Auswirkung gewichtiger Art in Betracht kommt.[131] Das betrifft v.a. die vor einiger Zeit aus den USA „herübergeschwappten" „**Factory-Outlet-Center**" (FOC). Darunter sind vom eigentlichen Wortsinn her (zumeist im unbeplanten Innenbereich oder gar im Außenbereich errichtete, verkehrsgünstig gelegene) Einkaufszentren zu verstehen, in denen nicht Einzelhandelsunternehmen ihre Waren und Dienstleistungen anbieten, sondern Hersteller selbst als Endverkäufer auftreten und zum Teil ältere bzw. fehlerhafte Ware anbieten. Dadurch entfällt ein Zwischenglied in der Vertriebskette, was zur Folge hat, dass die Waren und Dienstleistungen günstiger angeboten werden können. Zumeist werden unter FOC aber

---

[129] Aufgrund der fehlenden Trennschärfe der Abgrenzung ist es auch vertretbar, die Abwägungsfehleinschätzung und die Abwägungsdisproportionalität in einem Prüfungspunkt zusammenzufassen.
[130] BVerwG NVwZ **1995**, 694, 695; BVerwGE **117**, 25, 29 ff.; *Uechtritz*, NVwZ **2003**, 176; *Kintz*, JuS **2000**, 1099, 1102. Vgl. auch *Konrad*, JA **2001**, 975, 976.
[131] VGH München UPR **1998**, 467; OVG Weimar UPR **1997**, 376; *Kintz*, JuS **2000**, 1099, 1102. Vgl. insgesamt zum interkommunalen Abstimmungsgebot VGH München NVwZ **2000**, 822 ff. ; OVG Greifswald NVwZ **2000**, 826 ff.

auch bauliche Zusammenfassungen einer Vielzahl von Einzelhandelsunternehmen in einem einheitlichen Gebäudekomplex verstanden, vergleichbar mit der amerikanischen Shopping-mall. Nicht selten werden die FOC sogar mit einem **Multimediakomplex** und mit **Erlebniseinrichtungen** kombiniert. Das wiederum führt dazu, dass Kunden und Freizeitverbringende den Innenstädten fernbleiben und stattdessen die genannten Komplexe aufsuchen. Dieser Effekt betrifft also nicht nur die Gemeinde (bzw. Stadt), die das FOC bzw. den Komplex genehmigt, sondern auch Nachbargemeinden und -städte. Es ist daher nachvollziehbar, dass diese bei der Bauleitplanung – sofern das FOC im Geltungsbereich eines Bebauungsplans errichtet werden soll – ihre Interessen gewahrt sehen möchten. Dies sicherzustellen ist Aufgabe des § 2 II BauGB.[132]

Problematisch ist die Errichtung eines FOC aber auch dann, wenn dieses bzw. der gesamte Komplex im Außenbereich errichtet werden soll, bei dem sich die Zulässigkeit von Vorhaben gerade nicht nach einem Bebauungsplan (in dem eine Abwägung der widerstreitenden Interessen stattfinden könnte), sondern allein nach § 35 BauGB richtet. Gem. § 35 I BauGB sind Vorhaben immer dann zulässig, wenn keine öffentlichen Belange entgegenstehen und eine der zusätzlich genannten Voraussetzungen erfüllt ist. Gem. § 35 II BauGB können sonstige Vorhaben nur dann zugelassen werden, wenn öffentliche Belange nicht beeinträchtigt werden und die Erschließung gesichert ist. Eine Beeinträchtigung öffentlicher Belange liegt insbesondere unter den Voraussetzungen des § 35 III BauGB vor. Von einem „interkommunalen Abstimmungsgebot" i.S.d. § 2 II BauGB ist dort nicht die Rede. Gleichwohl kann das im Außenbereich zu verwirklichende Vorhaben eine Konfliktlage von so hoher Intensität für die berührten Kreise mit sich bringen, dass die in § 35 BauGB vorausgesetzte Entscheidungsfähigkeit der Zulassungsbehörde nicht ausreicht. In diesem Fall betont das BVerwG den nicht abschließenden Charakter des § 35 III BauGB (vgl. „insbesondere") und statuiert als ungeschriebenen Belang das **Erfordernis einer förmlichen Planung**. Übersteigt also ein Komplex der genannten Art (der nicht unter § 35 I BauGB fällt) das Konditionalprogramm des § 35 II BauGB, kann ein Koordinierungsbedarf entstehen, dem nur durch eine innerhalb einer förmlichen Planung stattfindenden Abwägung Rechnung getragen werden kann.[133] Eine Baugenehmigung, die allein auf § 35 II BauGB gestützt wird, kann also im Einzelfall rechtswidrig sein (vgl. dazu ausführlich Rn 266 ff. zu § 35 BauGB).

Zur Möglichkeit der benachbarten Gemeinden, sich zu einem **Planungsverband** (§ 205 BauGB) zusammenzuschließen, vgl. bereits Rn 52; zur Rechtmäßigkeit eines Bebauungsplans, der vorhabenbezogen für die Errichtung eines FOC erlassen wurde, vgl. den Abschlussfall bei Rn 116.

Rechtsfolge eines Verstoßes: Sieht man mit der Rspr. des BVerwG[134] das interkommunale Abstimmungsgebot des § 2 II BauGB als einen **Unterfall des § 1 VII BauGB**, richten sich die Fehlerfolgen nach den Grundsätzen der Abwägungslehre.[135] Unterscheidet man das interkommunale Abstimmungsgebot jedoch von der Abwägung nach § 1 VII BauGB (etwa mit dem Argument, dass es bei § 2 II BauGB nicht um die Abwägung verschiedener materiell-rechtlicher Interessen gehe, sondern um einen Ausgleich kollidierender Planungskompetenzen)[136], finden die §§ 214 III S. 2 Hs. 2, 215 I Nr. 3 BauGB keine Anwendung. Ein Verstoß gegen § 2 II BauGB führt dann stets zur Nichtigkeit des Plans, soweit der Fehler nicht durch ein ergänzendes

107h

---

[132] Vgl. hierzu BVerwGE **117**, 25, 29 ff.; OVG Münster NVwZ **2000**, 1066; OVG Münster NVwZ-RR **2000**, 559-567; OVG Koblenz GewArch **1999**, 213 (das VG Neustadt NVwZ **1999**, 101 bestätigend); OVG Greifswald NordÖR **1999**, 522; VGH München UPR **1999**, 432; OVG Frankfurt/O NVwZ **1999**, 434; VG Potsdam LKV **1999**, 377; *Uechtritz*, NVwZ **2003**, 176; *Battis*, LKV **1999**, 347; *Bönker*, BauR **1999**, 328; *Moench/Sander*, NVwZ **1999**, 337; *Otting*, DVBl **1999**, 595; *Reidt*, NVwZ **1999**, 45; *Schmitz*, BauR **1999**, 1100; *Uechtritz*, BauR **1999**, 572; *Erbguth*, NVwZ **2000**, 969; *Wagner*, ZfBR **2000**, 21.
[133] BVerwGE **117**, 25, 29 ff.
[134] BVerwG NVwZ **2006**, 458 f. unter Bezugnahme auf BVerwGE **117**, 25, 32.
[135] So etwa VGH München NVwZ **2000**, 822, 825; OVG Lüneburg NVwZ **2001**, 452, 453.
[136] So etwa *Muckel*, BauR, S. 41; *Brohm*, BauR, § 12 Rn 21.

Verfahren nach § 214 IV BauGB behoben werden kann. Die übergangene Gemeinde kann im Wege der Gemeindenachbarklage gem. § 47 II S. 1 VwGO wegen Verletzung des **interkommunalen Abstimmungs- oder Rücksichtnahmegebots** klagen.[137] Vgl. dazu den Abschlussfall bei Rn 116.

107i Schließlich kann das interkommunale Abstimmungsgebot die Pflicht der Gemeinde begründen, gem. § 1 III S. 1 BauGB einen Bebauungsplan zu erlassen. Hierbei ist jedoch zu beachten, dass diese Pflicht von den Bürgern nicht gerichtlich eingeklagt werden kann, da § 1 III S. 1 BauGB ausschließlich im **öffentlichen Interesse** steht (vgl. § 1 III S. 2 BauGB).[138] Jedoch kann die **Kommunalaufsichtsbehörde** im Rahmen ihrer Rechtsaufsicht die Gemeinde zum Satzungserlass zwingen, wobei allerdings auch hier kein Anspruch seitens eines Bürgers (oder einer Nachbargemeinde) auf Einschreiten besteht.[139]

g. (Un-)Beachtlichkeit nach § 214 I S. 1 Nr. 1 BauGB

107j Nach dieser Vorschrift liegt ein grundsätzlich beachtlicher Fehler (nur) vor, wenn entgegen § 2 III BauGB

- von der Planung berührte Belange in wesentlichen Punkten nicht zutreffend ermittelt oder bewertet worden sind,
- die betreffenden Belange der Gemeinde bekannt waren oder bekannt sein mussten,
- und sich der Fehler im Ergebnis ausgewirkt hat.

Derartige Fehler liegen vor, wenn die von der Planung berührten Belange entweder überhaupt nicht oder unzutreffend ermittelt oder bewertet worden sind, obwohl sie nach Lage der Dinge hätten ermittelt und bewertet werden müssen.

Hinweis: Wie bereits gesagt, fordern das Rechtsstaats- und Demokratieprinzip, dass fehlerhafte (also rechtswidrige) Rechtsnormen grundsätzlich nichtig sind. Anderenfalls wäre der Grundrechtseingriff zulasten der betroffenen Bürger nicht zu rechtfertigen. Von diesem sog. Nichtigkeitsdogma kann jedoch dann eine Ausnahme gemacht werden, wenn der parlamentarische Gesetzgeber selbst derartige Ausnahmen festlegt. Für den Bereich rechtswidriger Bebauungspläne hat er dies mit den §§ 214, 215 BauGB getan. Hierbei ist zu beachten, dass der Gesetzgeber seit dem EAG Bau 2004 aufgrund der Neuregelung in § 214 I S. 1 Nr. 1 BauGB einen Verstoß gegen § 2 III BauGB offenbar als Verfahrensfehler verstanden haben. Allerdings spricht er gleichzeitig in § 2 III BauGB von „bewerten". Ein „Bewerten" von Belangen ist aber eine Frage des materiellen Rechts. Das hat auch der Gesetzgeber eingestanden, indem er in § 214 III S. 2 Halbs. 1 BauGB festgelegt hat, dass „Mängel, die Gegenstand der Regelung des § 214 I S. 1 Nr. 1 BauGB sind, nicht als Mängel der Abwägung geltend gemacht werden können". Mit dieser Regelung möchte er verhindern, dass Fehler in der Abwägung, die gem. § 214 I S. 1 Nr. 1 BauGB unbeachtlich sind, sozusagen „durch die Hintertür" doch noch als beachtlich angesehen werden. Diese Überlegung setzt aber voraus, dass es sich bei dem „Bewerten" in § 2 III BauGB um eine materiell-rechtliche Frage handelt.[140]

---

[137] *Muckel*, BauR, S. 41; *Konrad*, JA **2001**, 975, 976. Vgl. auch OVG Lüneburg (NVwZ **2001**, 452) zum interkommunalen Abstimmungsgebot bei der Errichtung von Windenergieanlagen.
[138] Vgl. dazu BVerwG NVwZ **2006**, 458 f.; OLG Rostock NVwZ **2001**, 1075, 1076.
[139] Vgl. BVerwG NVwZ **2004**, 220, 221.
[140] Nicht überzeugend daher BVerwG NVwZ **2008**, 899 ff. und *Mager*, JA **2009**, 398 f.

Hinsichtlich der Unbeachtlichkeitsregelung gilt demnach: Zwar handelt es sich bei dem Bewerten von Belangen gem. § 2 III BauGB rechtsdogmatisch um materielles Recht, jedoch möchte der Gesetzgeber die Fehlerfolgen nach den Grundsätzen des formellen Rechts geregelt haben. Daher greift bei Fehlern bei der Bewertung von Belangen (und damit bei Fehlern bei der Abwägung gem. § 1 VII BauGB ingesamt) die Fehlerfolge des § 214 I Nr. 1 BauGB. Für eine Prüfung der Fehlerfolge gem. § 214 III S. 2 BauGB ist insoweit kein Raum.

aa. In wesentlichen Punkten nicht zutreffend ermittelt oder bewertet

Wann ein abwägungserheblicher Belang in wesentlichen Punkten nicht zutreffend **107k** ermittelt oder bewertet worden ist, präzisiert das Gesetz nicht. Die Antwort ist daher durch Auslegung zu ermitteln. Der Zweck der Vorschrift besteht darin, zum Schutz der Funktionsfähigkeit der Gemeindeverwaltungen Bebauungspläne möglichst fehlerunempfindlich zu machen. Dieser Planerhaltungszweck spricht dafür, an die Wesentlichkeit hohe Anforderungen zu stellen, damit der Bebauungsplan auch bei Fehlern in der Abwägung möglichst erhalten bleibt. Auf der anderen Seite darf nicht verkannt werden, dass Ausnahmen vom o.g. Nichtigkeitsdogma eng zuzulassen sind. Anderenfalls wären das Rechtsstaats- und Demokratieprinzip nicht gewahrt; die Rechtsschutzgarantie der Bürger (Art. 19 IV GG) und deren Eigentumsgrundrecht (Art. 14 I S. 1 GG) wären durch die Unbeachtlichkeitserklärung von Fehlern verletzt. „In wesentlichen Punkten" nicht zutreffend ermittelt oder bewertet ist ein abwägungserheblicher Belang somit bereits dann, wenn durch ein Abwägungsdefizit eine möglicherweise unerträgliche Beeinträchtigung eines Eigentümers außer Acht gelassen wurde.[141] Um wesentliche Punkte wird es sich regelmäßig jedenfalls dann handeln, wenn die Grundzüge der Planung berührt sind.

> **Beispiel:** B möchte in einem allgemeinen Wohngebiet ein Wohn- und Geschäftshaus, mehrere Wohnreihenhäuser sowie eine Schankwirtschaft errichten. Hierzu reicht er der Gemeinde einen detaillierten Plan ein und vereinbart mit ihr, dass diese einen vorhabenbezogenen Bebauungsplan aufstellt. So geschieht es. E, der in der unmittelbaren Nachbarschaft des geplanten Vorhabens wohnt, erhält Einsicht in die Planungsunterlagen und erkennt, dass die mögliche Lärmbeeinträchtigung der Nachbarn, die von der Schankwirtschaft ausgehen könnte, in keiner Weise Eingang in die Abwägung gefunden hat. Er ist der Meinung, durch die Nichtberücksichtigung seiner Belange in seinen Rechten verletzt zu sein.
>
> Geht man davon aus, dass es sich bei dem vorhabenbezogenen Bebauungsplan nicht um eine unzulässige Vorabbindung handelt (vgl. dazu Rn 107b), ist zumindest fraglich, ob die Gemeinde die öffentlichen und privaten Belange aller Beteiligten rechtsfehlerfrei abgewogen hat. Vorliegend ist eine Beeinträchtigung des objektiv nicht geringfügigen Ruheinteresses des E durch Zulassung einer Schankwirtschaft nicht auszuschließen. Darin liegt zugleich eine schwere Nutzungseinschränkung seines Grundeigentums. Dieser Belang ist abwägungserheblich, hätte daher also in die Abwägung einfließen müssen. Es liegt mithin nicht nur ein Abwägungsdefizit vor, sondern es handelt sich auch um einen abwägungserheblichen Belang i.S.d. § 214 I S. 1 Nr. 1 BauGB, der „in wesentlichen Punkten nicht zutreffend ermittelt oder bewertet" wurde.

bb. Offensichtlichkeit des Mangels

Der Mangel, der dadurch entsteht, dass ein abwägungserheblicher Belang i.S.d. § 214 **107l** I S. 1 Nr. 1 BauGB, „in wesentlichen Punkten nicht zutreffend ermittelt oder bewertet"

---

[141] *Ibler*, BauR, Fall 8 Rn 64.

wurde, muss „offensichtlich" sein. „Offensichtlich" ist der Fehler, wenn er auf objektiv erfassbaren Sachumständen beruht und klar erkennbar ist, sozusagen „ins Auge springt".[142] Dies ist der Fall, wenn er sich aus Akten, Protokollen, aus der Entwurfs- oder Planbegründung oder aus sonstigen Unterlagen, mithin aus äußeren Umständen ergibt.[143] Nicht offensichtlich sind folgerichtig Motive und irrige Vorstellungen der an der Abstimmung beteiligten Mitglieder des Planungsträgers.[144]

cc. Beeinflussung des Abwägungsergebnisses

107m Schließlich muss der offensichtliche Mangel in der Abwägung das Ergebnis des Verfahrens beeinflusst haben (vgl. § 214 I S. 1 Nr. 1 BauGB, aber auch § 214 III S. 2 Halbs. 2 BauGB). Da ein positiver Nachweis einer Auswirkung fast nie zu erbringen wäre, lässt es das BVerwG genügen, wenn nach Umständen des jeweiligen Falls die konkrete Möglichkeit besteht, dass ohne den Mangel im Planungsvorgang die Planung anders ausgefallen wäre.[145]

107o _Rechtsfolge eines Verstoßes_: Abwägungsfehler führen grundsätzlich zur Unwirksamkeit des Bebauungsplans, sofern sie _offensichtlich_ sind und sich _auf das Abwägungsergebnis ausgewirkt_ haben. Daraus folgt umgekehrt: Mängel im Abwägungsergebnis sind stets beachtlich, ohne dass es auf die Offensichtlichkeit des Mangels ankäme. Zu beachten ist aber die in § 215 I Nr. 1 BauGB genannte Rügefrist. Danach müssen Abwägungsfehler gem. § 214 I S. 1 Nr. 1 BauGB, die beachtlich sind, innerhalb einer Frist von einem Jahr seit Bekanntgabe des Plans schriftlich gerügt werden.

h. Beachtlichkeit nach § 214 I S. 1 Nr. 2 BauGB

107p Nach dieser (ebenfalls zum 1.1.2007 geänderten[146]) Vorschrift ist es grds. beachtlich, wenn die Vorschriften über die Öffentlichkeits- und Behördenbeteiligung nach §§ 3 II, 4 II, 4a III, 5 S. 2, 13 II Nrn. 2, 3 (auch i.V.m. § 13a II Nr. 1) und 22 IX S. 2, 34 VI S. 1, 35 VI S. 5 BauGB verletzt worden sind und dies fristgerecht gem. § 215 I Nr. 1 BauGB gerügt worden ist. Zu beachten ist jedoch die interne Unbeachtlichkeitsregelung des § 214 I S. 1 Nr. 2 Halbs. 2 BauGB, wonach ein Fehler nicht beachtlich ist, wenn der betreffende Belang unerheblich ist oder (trotz Nichtbeteiligung) in der planerischen Entscheidung berücksichtigt wurde.

i. Beachtlichkeit nach § 214 I S. 1 Nr. 3 BauGB

107q Nach § 214 I S. 1 Nr. 3 BauGB ist es grds. beachtlich, wenn die Vorschriften über die Begründung des Flächennutzungsplans oder die Begründung der Satzungen sowie ihrer Entwürfe verletzt worden sind und dies fristgerecht gem. § 215 I Nr. 1 BauGB gerügt worden ist.

> **Beispiel:** Dem Flächennutzungsplan oder dem Bebauungsplan ist keine Begründung beigefügt oder diese ist nicht mit ausgelegt worden.

Auch hier ist die interne Unbeachtlichkeitsregelung nach Halbs. 2 zu beachten, wonach eine unvollständige Begründung die Rechtmäßigkeit des Plans nicht berührt. Jedoch greift diese Regelung wiederum nicht, wenn die den Bauleitplänen rein äußer-

---

[142] Vgl. _Ronellenfitsch_, NVwZ **1999**, 583, 589.
[143] BVerwGE **64**, 33, 38.
[144] BVerwGE **64**, 33, 38.
[145] BVerwGE **64**, 33, 38 f.; BVerwG ZfBR **2004**, 160, 161 f.
[146] Vgl. dazu _Battis/Krautzberger/Löhr_, NVwZ **2007**, 121, 127.

j. Beachtlichkeit nach § 214 I S. 1 Nr. 4 BauGB

Ferner ist es gem. § 214 I S. 1 Nr. 4 BauGB beachtlich, wenn ein Beschluss der Gemeinde über den Flächennutzungsplan oder die Satzung nicht gefasst, eine Genehmigung nicht erteilt oder der mit der Bekanntmachung des Flächennutzungsplans oder der Satzung verfolgte Hinweiszweck nicht erreicht worden ist. Diese Mängel sind vom Gesetzgeber offenbar als so gravierend angesehen worden, dass sie keiner Rüge bedürfen, folglich unbefristet jederzeit beachtlich sind (arg. § 215 I BauGB), sofern sie nicht nach § 214 IV BauGB von der Gemeinde behoben werden.[148] Eine interne Unbeachtlichkeitsregelung, wie dies bei den Nrn. 1-3 der Fall ist, hat der Gesetzgeber nicht vorgesehen.

k. Rügeobliegenheit nach § 215 I Nr. 1 BauGB

Eine Verletzung der in § 214 I S. 1 Nr. 1 bis 3 BauGB bezeichneten Vorschriften allein genügt i.d.R. noch nicht. Vielmehr ist es in den dort genannten Fällen erforderlich, dass der Verstoß innerhalb **eines Jahres** seit Bekanntmachung des Bebauungsplans schriftlich gegenüber der Gemeinde geltend gemacht, d.h. gerügt wird. Die Rüge erfordert eine ausdrückliche, hinreichend deutliche Erklärung; verwaltungsprozessual steht dem Rechtsschutzsuchenden das Normenkontrollverfahren gem. § 47 VwGO zur Verfügung.

Wird ein nach § 214 BauGB beachtlicher Fehler nicht innerhalb eines Jahres seit Bekanntmachung des Bebauungsplans gerügt, wird er unbeachtlich. Voraussetzung ist aber, dass die Gemeinde bei Inkraftsetzung des Bauleitplans auf die Voraussetzungen für die Geltendmachung der Verletzung von Verfahrens- und Formvorschriften sowie die Rechtsfolgen des § 215 I BauGB hingewiesen hat, § 215 II BauGB. Hat die Gemeinde diese sog. Hinweisbekanntmachung unterlassen oder fehlerhaft vorgenommen und nicht ordnungsgemäß nachgeholt, ist die Unbeachtlichkeitsfolge ausgeschlossen.

l. (Un-)Beachtlichkeit nach § 214 III S. 2 BauGB

§ 214 III S. 2 Halbs. 1 BauGB bestimmt, dass Mängel, die Gegenstand der Regelung in § 214 I S. 1 Nr. 1 BauGB sind, nicht als Mängel der Abwägung geltend gemacht werden. Liegt also ein Fehler in der Abwägung vor (meist wird dies ein Abwägungsdefizit sein, das in der unzureichenden Berücksichtigung der Belange eines Beteiligten bzw. Betroffenen liegt), ist dies nicht nur ein Fehler im Abwägungsvorgang, sondern auch ein „Verfahrensfehler" nach § 2 III BauGB, der bereits im Rahmen der Prüfung der (Un-)Beachtlichkeitsregelung des § 214 I S. 1 Nr. 1 BauGB festgestellt wurde. Wurde dieser Fehler gem. § 214 I S. 1 Nr. 1 BauGB für unbeachtlich erklärt und damit „Gegenstand der Regelung in Absatz 1 Satz 1 Nr. 1" i.S.d. § 214 III S. 2 Halbs. 1 BauGB, folgt daraus, dass dieses Abwägungsdefizit gemäß § 214 III S. 2 Halbs. 1 BauGB nicht mehr als Mangel der Abwägung geltend gemacht werden kann. § 214 III S. 2 BauGB wird somit lediglich eine Klarstellungsfunktion beizumessen sein.

---

[147] BVerwGE **74**, 47, 51.
[148] Vgl. *Stollmann*, BauR, § 8 Rn 18.

m. Ergänzendes Verfahren nach § 214 IV BauGB

109a Zum ergänzenden Verfahren (§ 214 IV BauGB) gilt das zu den Form- und Verfahrensfehlern Gesagte entsprechend (vgl. Rn 75 ff.). In materieller Hinsicht ist insbesondere die grundsätzliche Anwendbarkeit des § 214 IV BauGB auf beachtliche **Abwägungsmängel** von Bedeutung.[149] Die Möglichkeit des ergänzenden Verfahrens nach § 214 IV BauGB scheidet aber aus, wenn der Abwägungsmangel von solcher Art und Schwere ist, dass er die Grundzüge der Planung berührt bzw. den Kern der Abwägungsentscheidung betrifft.[150]

109b Die Unzulässigkeit des ergänzenden Verfahrens in Bezug auf besonders schwere Abwägungsmängel hat zum Hintergrund, dass die Abwägung nicht nur einen nicht nachvollziehbaren Prozess der vergleichenden Bewertung gegenläufiger Belange mit dem Ziel einer zweckgerichteten, auf Erzielung eines Kompromisses gerichteten Entscheidung, sondern auch einen einheitlichen und unteilbaren Prozess darstellt. Eine nachträgliche Korrektur einzelner Belange würde das Abwägungsergebnis in Frage stellen. Daher scheidet die Möglichkeit des ergänzenden Verfahrens nach § 214 IV BauGB aus, wenn „der Abwägungsmangel von solcher Art und Schwere ist, dass er die Grundzüge der Planung berührt" bzw. „den Kern der Abwägungsentscheidung betrifft". Das ergänzende Verfahren kann somit nur zulässig sein, wenn es um punktuelle Nachbesserung bei ansonsten intakter Gesamtplanung geht.[151]

> **Beispiele[152]:** Nach der Rechtsprechung kommt eine Planerhaltung nicht in Betracht
>
> ⇨ bei der Inanspruchnahme privater Grundstücke für öffentliche Zwecke, ohne dass rechtfertigende gewichtige öffentliche Belange vorliegen,[153]
> ⇨ bei Nichtberücksichtigung von Betriebserweiterungsabsichten eines Landwirts bei der Ausweisung nicht überbaubarer Grundstücksflächen[154]
> ⇨ oder bei fehlender Realisierungsmöglichkeit einer Planung.[155]

109c Nach der Neuregelung des § 1 VI Nr. 7 und des § 1a BauGB ist auch der naturschutzrechtliche Aspekt ein gewichtiger Gegenstand der Abwägung und nicht mehr – wie seinerzeit vom BVerwG angenommen[156] – lediglich eine gewichtige Randfrage, deren Änderung und Ergänzung die planerische Konzeption der Gemeinde nicht in Frage stellen.

109d Wird die Möglichkeit des ergänzenden Verfahrens bejaht, bleibt die Satzung gleichwohl (dauerhaft) unwirksam, wenn die Gemeinde von der Möglichkeit der Fehlerbehebung keinen Gebrauch macht.

109e Zum Problem der (nicht gegebenen) Gemeinschaftskonformität der §§ 214, 215 BauGB vgl. Rn 76a.

4. Gerichtliche Überprüfung von Bebauungsplänen

110 Die Verwaltungsgerichtsbarkeit ist ständig damit befasst, Bebauungspläne auf ihre Vereinbarkeit mit höherrangigem Recht zu prüfen. Das kann zunächst dadurch geschehen, dass die Gültigkeit einer Norm als Vorfrage der eigentlichen Entscheidung zu klären ist. Man spricht insoweit von einer **Inzidentkontrolle**.

---

[149] Vgl. BVerwG NVwZ **2000**, 1053 f.; *Schmidt*, NVwZ **2000**, 977, 981; *Dolde*, NVwZ **2001**, 976, 978.
[150] BVerwG NVwZ **2000**, 1053; BVerwG NVwZ **1999**, 414 u. 420; *Dolde/Menke*, NJW **1999**, 1070, 1081; *Gaentzsch*, NVwZ **2000**, 993, 997; *Dolde*, NVwZ **2001**, 976, 979 f.; *Kintz*, JuS **2000**, 1099, 1104.
[151] Vgl. *Schmidt*, NVwZ **2000**, 977, 981; *Dolde*, NVwZ **2001**, 976, 980 f.
[152] Vgl. *J. Schmidt*, NVwZ **2000**, 977, 981; *Dolde*, NVwZ **2001**, 976, 979 f.
[153] VGH Mannheim PBauE § 8 BauGB Nr. 9.
[154] VGH Mannheim PBauE § 1 III BauGB Nr. 23.
[155] VGH Mannheim PBauE § 1 VI BauGB Nr. 47.
[156] BVerwG NVwZ **2000**, 1053; vgl. auch *J. Schmidt*, NVwZ **2000**, 977, 981.

Ein Bürger kann eine Inzidentkontrolle herbeiführen, indem er den ihn belastenden Exekutivakt mit verwaltungsrechtlichen Rechtsbehelfen (Widerspruch und **Anfechtungsklage** gegen eine belastende Bauordnungsverfügung; Leistungsklage auf Aufhebung/Unterlassung eines Realakts; Widerspruch und **Verpflichtungsklage** auf Vornahme eines grundrechtswidrig abgelehnten Baugesuchs; Feststellungsklage, dass sich aus dem fraglichen Bebauungsplan für ihn keine Rechtsfolgen ergeben) angreift und auf diese Weise eine inzidente Überprüfung des als Rechtsgrundlage fungierenden Bebauungsplans veranlasst. Insbesondere wird eine inzidente Normenkontrolle nicht durch die Regelung des § 47 VwGO ausgeschlossen.[157]

111

> **Beispiel:** Der von der Gemeinde G erlassene Bebauungsplan enthält Festsetzungen über die Art und das Maß der baulichen Nutzung (vgl. § 30 I i.V.m. § 9 I Nr. 1 BauGB). Gemäß diesen Festsetzungen wird dem Bauherrn B die Baugenehmigung zum Bau eines 5-stöckigen Wohnhauses erteilt. Nachbar N fühlt sich dadurch in seinen Eigentümerrechten verletzt und ficht die gegenüber B erteilte Baugenehmigung an. Hier muss das Verwaltungsgericht bei der Überprüfung der Baugenehmigung inzident die Wirksamkeit des Bebauungsplans prüfen. Denn ist der Bebauungsplan unwirksam, kann er nicht als Rechtsgrundlage für Einzelmaßnahmen fungieren.

Demgegenüber ist bei der dem **§ 47 VwGO** unterfallenden **prinzipalen Normenkontrolle** (vgl. bereits Rn 76) die Norm selbst Gegenstand des verwaltungsgerichtlichen Verfahrens.

112

Ein Bürger kann eine Normenkontrolle nach § 47 VwGO etwa dadurch herbeiführen, dass er einen ihn belastenden Bebauungsplan für nichtig hält und beim OVG/VGH den Antrag stellt, den Bebauungsplan zu überprüfen.

> **Beispiel:** E ist Eigentümer eines Hausgrundstücks im Geltungsbereich des Braunkohleplans Garzweiler II. Als nun der weitere Braunkohleabbau beschlossen wird, erlässt die Gemeinde einen zusätzlichen Bebauungsplan, welcher die Umsiedlung auch des E vorsieht. E möchte sein Hausgrundstück aber nicht räumen und geht gegen den als Satzung beschlossenen Bebauungsplan vor.[158]

Kommt das OVG zu der Überzeugung, dass der Bebauungsplan ungültig ist, erklärt es ihn für **unwirksam** (nicht aber für nichtig!) und zwar mit allgemeinverbindlicher Wirkung (§ 47 V S. 2 Hs. 2 VwGO). Daraus folgt, dass der Bebauungsplan, der nach § 214 IV BauGB **heilbar** ist, zunächst **schwebend unwirksam** ist. Die **endgültige** Unwirksamkeit tritt erst dann ein, wenn das ergänzende Verfahren nicht oder nicht rechtzeitig durchgeführt wird.

113

Da das Normenkontrollverfahren ausführlich bei *R. Schmidt*, VerwProzR, Rn 498 ff. dargestellt ist, soll an dieser Stelle das Prüfungsschema genügen. Vgl. aber auch den Abschlussfall bei Rn 116.

114

---

[157] Vgl. dazu VG Düsseldorf NVwZ **2002**, 1260 (Dosenpfand-Verordnung der Bundesregierung); BVerfG NVwZ **1998**, 169, 170; *Peters*, NVwZ **1999**, 506.
[158] Vgl. OVG Münster NVwZ **2000**, 1307.

115

Normenkontrollverfahren gem. § 47 VwGO

Möglicher Obersatz:

„Der Antrag auf Durchführung eines verwaltungsgerichtlichen Normenkontrollverfahrens ist erfolgreich, wenn die Voraussetzungen der §§ 40 und 47 VwGO gegeben sind."

I. Sachentscheidungsvoraussetzungen[159]

(1) **Eröffnung des Verwaltungsrechtswegs**, § 47 I i.V.m. § 40 I S. 1 VwGO
  (a) Öffentlich-rechtliche Streitigkeit
  (b) Keine verfassungsrechtliche Streitigkeit

(2) **Zuständigkeit des OVG/VGH**, § 47 I VwGO

(3) **Vorbehalt zugunsten der Landesverfassungsgerichtsbarkeit**, § 47 III VwGO

(4) **Statthaftigkeit des Normenkontrollantrags** (zulässige Verfahrensart)

(5) *Besondere* **Sachentscheidungsvoraussetzungen**
  (a) **Antragsbefugnis**, § 47 II S. 1, IIa VwGO
    (aa) Geltendmachung einer subjektiven Rechtsposition (nicht für Behörden)
    (bb) Befristung des Normenkontrollantrags
    (cc) Keine Präklusion nach § 47 IIa VwGO
  (b) **Antragsgegner** (Rechtsträgerprinzip aus § 78 VwGO)

(6) *Allgemeine* **Sachentscheidungsvoraussetzungen**:
  (a) **Beteiligungs- und Prozessfähigkeit**, § 47 II VwGO
  (b) **Ordnungsgemäße Antragstellung**, §§ 81, 82 VwGO (analog)
  (c) **Allgemeines Rechtsschutzbedürfnis**
    (aa) Natürliche und juristische Personen;
    (bb) Behörden

II. Begründetheit

Der Normenkontrollantrag ist **begründet**, wenn der Kontrollgegenstand gegen höherrangiges Recht verstößt und somit unwirksam ist. Das diesbezügliche Prüfungsschema findet sich bei Rn 31.[160]

---

5. Abschlussfall

116 Der Veranschaulichung der Erarbeitung eines Bebauungsplans sowie des Rechtsschutzes gegen einen Bebauungsplan mittels verwaltungsgerichtlicher Normenkontrolle soll folgender Abschlussfall dienen, der den Schwierigkeitsgrad einer Examensklausur aufweist:

Sachverhalt:
Vertreter des Rates der im nördlichen Niedersachsen gelegenen Gemeinde G monieren die rückläufigen Gewerbesteuereinnahmen und den den Gemeinden zukommenden Einkommensteueranteil. Sie können bewirken, dass der Rat den Beschluss fasst, zur Förderung der lokalen Wirtschaftsstruktur die bauplanungsrechtlichen Voraussetzungen für ein sog. **Factory-Outlet-Center** (FOC, dazu bereits Rn 42, 107g, vgl. aber auch Rn 219, 222, 247 und 266) zu schaffen. Es soll ein bisher zum Torfabbau genutztes Gebiet im Südwesten der Gemeinde, für das bislang kein Bebauungsplan existiert, als Sondergebiet für großflächigen

---

[159] Die Durchführung eines Vorverfahrens ist im Rahmen der Normenkontrolle nicht vorgesehen.
[160] Vgl. dazu auch *Püttner/Guckelberger*, JuS **2001**, 218, 221; *Jahn*, JuS **2001**, 485, 489.

Einzelhandel erschlossen werden. Die Erarbeitung eines entsprechenden Bebauungsplans mit der Bezeichnung *Teufelsmoor* wird vom Gemeinderat beschlossen.

Einziger wirklicher Gegner des Vorhabens ist das Ratsmitglied B, der als Vorsitzender des örtlichen Torfstecherverbands e.V. aggressiv-kämpferisch für die Erhaltung der Moorlandschaft eintritt. Hierin sehen die übrigen Ratsmitglieder eine Interessenkollision. Sie schließen B daher wegen Befangenheit von den weiteren Beratungen und Abstimmungen über die Beplanung des betroffenen Gemeindegebiets aus.

Innerhalb der nächsten Wochen fasst der Gemeinderat einen entsprechenden Planaufstellungsbeschluss. Parallel dazu wird formell ordnungsgemäß nach § 8 III BauGB der Flächennutzungsplan angepasst.

Sodann werden die Belange, die für die Abwägung nach § 1 VII BauGB von Bedeutung sind, gem. § 4 I BauGB festgelegt, ermittelt und bewertet (vgl. § 2 III BauGB). Dabei ist sich der Gemeinderat durchaus bewusst, dass Nachbargemeinden durch das Vorhaben beeinträchtigt werden würden. Daher unterlässt er die Einbeziehung diesbezüglicher Fragen in die Abwägung und begründet dies damit, dass Konkurrenzschutz zugunsten privater Anbieter in der Umgebung kein planungserheblicher Belang sei, der in der bauplanungsrechtlichen Abwägung Berücksichtigung finden müsse.

Dagegen wird die nach § 2 IV BauGB erforderliche Umweltprüfung vorgenommen, deren Ergebnis (der sog. Umweltbericht) wegen § 1 VI Nr. 7 BauGB sowie wegen § 1a BauGB i.V.m. Nr. 18.6 der Anlage 1 zum UVPG in die Abwägung nach § 1 VII BauGB einfließt.

Sodann wird ein Planentwurf erarbeitet. In diesem Rahmen werden zwar die Behörden und sonstigen Träger öffentlicher Belange gem. § 4 I und II BauGB ebenso beteiligt wie die Öffentlichkeit gem. § 3 I und II BauGB, nicht aber die benachbarten Gemeinden (§ 2 II BauGB), weil man wegen der für sicher gehaltenen grenzüberschreitenden erheblichen Auswirkung des FOC auf Nachbargemeinden befürchtet, diese würden das Projekt vehement bekämpfen.

Nach Abschluss dieser Verfahrensschritte wird der Planentwurf fertig gestellt und begründet (§ 2a BauGB). Ihm wird auch der Umweltbericht beigefügt. Der Gemeinderat beschließt daraufhin den Plan (§ 10 I BauGB), der auch ohne Beanstandung von der Kommunalaufsichtsbehörde genehmigt wird (§§ 6 I, 10 II BauGB).

Dem Bebauungsplan wird eine zusammenfassende Erklärung beigefügt über die Art und Weise, wie die Umweltbelange und Ergebnisse über die Öffentlichkeits- und Behördenbeteiligung in dem Bebauungsplan berücksichtigt wurden und aus welchen Gründen der Plan unter anderen Planungsmöglichkeiten gewählt wurde (§ 10 IV BauGB).

Schließlich wird der Bebauungsplan öffentlich bekannt gemacht.

Die Nachbargemeinde N ist der Auffassung, dass der Bebauungsplan *Teufelsmoor* insbesondere wegen Verletzung des interkommunalen Abstimmungs- und Rücksichtnahmegebots rechtswidrig sei. Drei Monate, nachdem der Bebauungsplan in Kraft getreten ist, möchte sie die Angelegenheit gerichtlich klären lassen und erhebt „Klage" vor dem OVG Lüneburg.

Beurteilen Sie die Erfolgsaussichten!

Lösungsgesichtspunkte:

In Betracht kommt ein verwaltungsgerichtliches Normenkontrollverfahren. Dieses ist für N erfolgreich, wenn die Voraussetzungen der §§ 40 und 47 VwGO gegeben sind.[161]

I. Sachentscheidungsvoraussetzungen

1. Eröffnung des Verwaltungsrechtswegs, § 47 I i.V.m. § 40 VwGO

Da nach § 47 I VwGO das OVG[162] im Rahmen seiner Gerichtsbarkeit entscheidet, muss zunächst der Verwaltungsrechtsweg eröffnet sein. Das ist vorliegend der Fall, da es sich um eine öffentlich-rechtliche Streitigkeit nichtverfassungsrechtlicher Art handelt und diese Streitigkeit nicht einem anderen Gericht gesetzlich ausdrücklich zugewiesen ist (§ 40 I S. 1 VwGO).

2. Zuständigkeit des OVG, § 47 I VwGO

Das OVG Lüneburg ist zuständig, da die verwaltungsgerichtliche Normenkontrolle erstinstanzlich vom OVG des betreffenden Bundeslandes nach § 47 I VwGO durchgeführt wird.

3. Statthaftigkeit des Antrags

Die Statthaftigkeit des Normenkontrollantrags richtet sich ebenfalls nach § 47 I VwGO. Nach dessen Nr. 1 kann Gegenstand einer verwaltungsgerichtlichen Normenkontrolle die Klärung der Gültigkeit von Satzungen sein, die nach den Vorschriften des BauGB erlassen worden sind, sowie von Rechtsverordnungen aufgrund des § 246 II BauGB.

Der *Bebauungsplan Teufelsmoor* ist eine Satzung, die nach den §§ 1-10 BauGB erlassen wurde.

4. Antragsbefugnis

Gemäß § 47 II S. 1 Var. 1 VwGO muss jeder Antragsteller, der nicht Behörde ist, geltend machen, durch die Rechtsvorschrift oder deren Anwendung in seinen Rechten *verletzt zu sein* oder in *absehbarer Zeit verletzt zu werden*. Durch dieses dem Wortlaut zufolge an die subjektive Rechtsverletzung der Individualklagearten angelehnte Erfordernis (vgl. § 42 II VwGO) darf zumindest nicht ausgeschlossen werden, dass eine Verletzung eines subjektiven Rechts des Klägers bzw. Antragstellers vorliegt.

Zunächst ist zu beachten, dass Gemeinden (und andere Körperschaften des öffentlichen Rechts) sowohl als Träger eigener Rechte i.S.v. § 47 II S. 1 Var. 1 VwGO („juristische Person") als auch als antragsberechtigte Behörden i.S.v. § 47 II S. 1 Var. 2 VwGO in Betracht kommen. Soll sich die Antragsbefugnis aus § 47 II S. 1 Var. 1 VwGO ergeben, muss die Gemeinde als Träger eigener Rechte auftreten. Eine Geltendmachung der Rechte von Gemeindebürgern kommt nicht in Betracht. Tritt sie als Träger eigener Rechte auf, sind wiederum nur solche Aspekte zu berücksichtigen, die sich gerade den Gemeinden zurechnen lassen.

Im vorliegenden Fall kommt eine Verletzung des sog. interkommunalen Abstimmungs- oder Rücksichtnahmegebots (§ 2 II S. 1 BauGB) in Betracht. Dieses stellt auch – unabhängig von der Frage, ob es einen Unterfall des Abwägungsgebots in § 1 VII BauGB oder einen eigenständigen Aspekt der Bauleitplanung darstellt – ein subjektives Recht der betroffenen Gemeinde dar. Es schützt die gemeindliche Planungshoheit der von Maßnahmen der Bauleitplanung betroffenen Nachbargemeinde als Ausfluss des verfassungsrechtlich nach Art. 28 II S. 1 GG geschützten Selbstverwaltungsrechts.[163] N ist daher gem. § 47 II VwGO antragsbefugt.

---

[161] Die nachfolgend dargestellte Lösung übersteigt das Maß dessen, was selbst von einer Examensklausur realistischerweise verlangt werden kann. Der Leser sollte sich daher nicht abschrecken lassen. Lediglich zu Schulungszwecken wurde die Lösung derart ausführlich formuliert.

[162] In den Bundesländern Bayern, Baden-Württemberg und Hessen lautet die Bezeichnung „Verwaltungsgerichtshof" (VGH), vgl. § 184 VwGO. Im Folgenden wird aber einheitlich die Bezeichnung OVG benutzt.

[163] Vgl. VGH München NVwZ **2000**, 822 ff.; OVG Greifswald NVwZ **2000**, 826 ff.

5. Antragsfrist

Gemäß § 47 II S. 1 VwGO ist der Normenkontrollantrag innerhalb einer Frist von 2 Jahren nach Bekanntmachung der Rechtsvorschrift zu stellen. Diese Frist ist vorliegend beachtet worden.

6. Antragsgegner

Die Normenkontrolle ist gem. § 47 II S. 2 VwGO gegen den Rechtsträger des Organs zu richten, das die strittige Norm erlassen hat. § 78 VwGO wird insoweit verdrängt. Soweit N also den Antrag gegen G gerichtet hat, hat sie dieses Erfordernis beachtet, denn der Gemeinderat ist (Haupt-)Organ einer Gemeinde.

> **Hinweis für die Fallbearbeitung:** Die Frage, wer im Normenkontrollverfahren richtiger Antragsgegner ist, muss bereits im Rahmen der Zulässigkeitsprüfung erörtert werden.[164] Abzulehnen ist die Auffassung, die den Antragsgegner erst bei der Begründetheit, und zwar als Passivlegitimierten prüft.[165] Die Prüfung der Passivlegitimation ist nur dann erforderlich, wenn es um eine reine subjektive Rechtsverletzung geht. Das Normenkontrollverfahren weist aber auch nach der Änderung der Antragsbefugnis durch das 6. VwGOÄndG 1998 eine stark objektiv-rechtliche Prägung auf; eine subjektive Rechtsverletzung beim Antragsteller ist bei der Begründetheit nicht zu prüfen. Maßgeblich für die Begründetheit ist ausschließlich, ob die angegriffene Norm mit höherrangigem, dem OVG als Prüfungsmaßstab zur Verfügung stehenden Recht (s. § 47 III, V VwGO), übereinstimmt. Daraus folgt, dass sich die Frage nach der Prüfung einer Passivlegitimation erst gar nicht stellt.

7. Beteiligten- und Prozessfähigkeit

Gem. § 47 II S. 1 VwGO sind im Normenkontrollverfahren jede natürliche und juristische Person sowie jede Behörde beteiligungsfähig. Die Regelung des § 61 VwGO wird somit als *lex generalis* verdrängt.[166] Gemeinden sind juristische Personen des öffentlichen Rechts; als solche treten auch N und G auf, auch wenn sie um subjektive Rechte streiten. Beide sind somit beteiligungsfähig.

Die Prozessfähigkeit richtet sich grundsätzlich nach der allgemeinen Vorschrift des § 62 VwGO. Vorliegend ergibt sich die Prozessfähigkeit von G und N, die sich durch ihre Gemeindevorstände (i.d.R. der Bürgermeister) vertreten lassen müssen, aus § 62 III VwGO.

8. Ordnungsgemäße Form der Antragstellung

Analog den Formvorschriften für die Klageerhebung (§ 81 I S. 1 VwGO) ist der Antrag auf Durchführung eines Normenkontrollverfahrens schriftlich durch einen i.S.d. § 67 I VwGO postulationsfähigen Prozessvertreter unter Nennung der angegriffenen Norm (§ 82 I S. 1 VwGO) zu stellen. Dass N diese Voraussetzung erfüllt hat, kann unterstellt werden.

9. Ergebnis

Die Sachentscheidungsvoraussetzungen der Normenkontrolle sind gegeben.

II. Begründetheit

Der Normenkontrollantrag der N ist begründet, wenn der gerügte Bebauungsplan gegen höherrangiges Recht verstößt und somit unwirksam ist.

> **Hinweis für die Fallbearbeitung:** Im Gegensatz zu § 113 I S. 1 VwGO bedarf es - wie bereits im Rahmen der Sachentscheidungsvoraussetzungen gesagt - einer tatsächlichen subjektiven Rechtsverletzung des Antragstellers nicht. Das OVG (und somit der Klausurbearbeiter) prüft die fragliche Norm daher ausschließlich in formeller und materieller Hinsicht, und zwar unter jedem rechtlichen Gesichtspunkt, den der Antrag-

---

[164] So auch *Schenke*, VerwProzR, Rn 899; *Tettinger/Wahrendorf*, VerwProzR, § 21 Rn 20.
[165] So *Hufen*, VerwProzR, § 30 Rn 2; *Kintz*, JuS **2000**, 1099, 1103.
[166] *Hufen*, VerwProzR, § 19 Rn 8; *Jahn*, JuS **2001**, 485, 487.

steller rügt oder der sich ansonsten aufdrängt.[167] Denn das Normenkontrollverfahren ist trotz des 6. VwGOÄndG von 1996 ein **objektives Rechtsbeanstandungsverfahren**. Ist daher der Normenkontrollantrag zulässigerweise gestellt, wird die gerügte Norm vom OVG auch hinsichtlich solcher Rechtsfehler untersucht, die eine Antragsbefugnis nicht zu begründen vermögen.[168]

Prüfungsmaßstab ist dabei das gesamte höherrangige Recht, also sowohl das einfache formelle Bundes- und Landesrecht als auch das Bundes- und Landesverfassungsrecht. Auch Europäisches Gemeinschaftsrecht ist nach h.M. tauglicher Prüfungsmaßstab.[169] Der Umstand, dass ein Verstoß gegen (höherrangiges) Gemeinschaftsrecht lediglich zur Unanwendbarkeit, nicht zur Nichtigkeit der gemeinschaftsrechtswidrigen Norm führt, ist kein Argument für den Ausschluss der verwaltungsgerichtlichen Normenkontrolle am Maßstab des Gemeinschaftsrechts. Stellt das OVG die Unvereinbarkeit der strittigen Norm mit Gemeinschaftsrecht fest, beschränkt sich das Urteil auf die Unanwendbarkeit der gemeinschaftsrechtswidrigen Norm.[170] Dies ist auch sonst einer Normenkontrolle nicht fremd.

Vorliegend ist der Bebauungsplan als Satzung (§ 10 I BauGB) rechtswidrig und daher unwirksam, wenn er an einem (beliebigen, aber erheblichen) formellen oder materiellen Fehler leidet. Denn wegen der Rechtsnatur des Normenkontrollverfahrens als objektives Rechtsbeanstandungsverfahren beschränkt sich die Begründetheitsprüfung nicht auf die die Antragsbefugnis begründende Möglichkeit der Rechtsverletzung (vorliegend die Verletzung des interkommunalen Abstimmungsgebots aus § 2 II BauGB); vielmehr ist eine umfassende Rechtmäßigkeitsprüfung vorzunehmen, und zwar sowohl in formeller als auch in materieller Hinsicht.

1. Rechtsgrundlage für den Erlass des Bebauungsplans

Rechtsgrundlage für den Erlass des *Bebauungsplans Teufelsmoor* ist Art. 28 II S. 1 GG i.V.m. §§ 1 III, 2 I, 10 BauGB.

2. Formelle Rechtmäßigkeit des Bebauungsplans

a. Zuständigkeit

Die Zuständigkeit der Gemeinde G ergibt sich aus der Rechtsgrundlage.

b. Verfahren/Form

Der Bebauungsplan *Teufelsmoor* könnte in verfahrensrechtlicher Sicht fehlerhaft sein.

aa. Verfahrensfehler wegen Verstoßes gegen § 2 III BauGB

Zunächst kommt ein Verstoß gegen § 2 III BauGB in Betracht. Nach dieser Vorschrift haben die Gemeinden bei der Aufstellung von Bauleitplänen (also auch von Bebauungsplänen, vgl. § 1 II BauGB) die Belange, die für die Abwägung von Bedeutung sind (Abwägungsmaterial), zu ermitteln und zu bewerten. Gerade die Formulierung „bewerten" lässt jedoch auf eine Bezugnahme auf das materiell-rechtliche Abwägungsgebot nach § 1 VII BauGB schließen.

Rechtsdogmatisch sind planerische Abwägungsentscheidungen dem materiellen Recht zugehörig (vgl. bereits Rn 54 ff.). Vor Inkrafttreten des EAG Bau 2004 war es daher auch unstreitig, Abwägungsfehler (Abwägungsausfall, Abwägungsdefizit, Abwägungsfehleinschätzung, Abwägungsdisproportionalität – dazu Rn 107a ff.) immer als beachtlich anzusehen mit der Folge, dass sie zur **materiellen Rechtswidrigkeit** des Bebauungsplans führten. Allerdings möchte der Gesetzgeber Verstöße gegen § 2 III BauGB in der Fassung der Baurechtsnovelle 2004 offenbar als **Verfahrensfehler** verstanden haben. Da aber eine Bewertung der abwägungserheblichen Belange (und damit eine Abwägung i.w.S.)

---

[167] Vgl. *Kintz*, JuS **2000**, 1099, 1103; *Kuhla/Hüttenbrink*, DVBl **1999**, 898, 900; *Konrad*, JA **1999**, 331, 334.
[168] Vgl. dazu BVerwG NVwZ **2002**, 83; **2001**, 431.
[169] BVerwG NVwZ-RR **1995**, 358, 359; VGH Kassel GewArch **1996**, 233, 237 f.; *Pielow*, DV **1999**, 445, 474 ff.; *Schenke*, VerwProzR, Rn 917; **a.A.** VGH München BayVBl. **1996**, 240, 243; *Rinze*, NVwZ **1996**, 458, 459.
[170] *Schenke*, VerwProzR, Rn 917.

nicht sinnvollerweise vorgenommen werden kann, wenn man nicht auch die Einhaltung der generellen Planungsleitlinien des § 1 V BauGB, der sie konkretisierenden Planungsleitlinien des § 1 VI BauGB, der ergänzenden Vorschriften des Umweltschutzes gem. § 1 a BauGB, des interkommunalen Rücksichtnahmegebots gem. § 2 II S. 1 BauGB etc. berücksichtigt, ist die Qualifikation der Abwägung als Verfahrensschritt nur dann widerspruchsfrei und konsistent, wenn man die genannten Aspekte – obwohl es sich bei diesen unstreitig um materiell-rechtliche Aspekte handelt – ebenfalls in die formelle Rechtmäßigkeit verortet. Das aber ist rechtsdogmatisch sehr zweifelhaft, weil man dann nahezu das gesamte materielle Recht bei der formellen Rechtmäßigkeit verorten müsste. Deshalb wird ein möglicher Verstoß der Gemeinde G gegen § 2 III BauGB im Rahmen der materiellen Rechtmäßigkeit des Bebauungsplans geprüft.[171]

bb. Verfahrensfehler wegen Verstoßes gegen die Gemeindeordnung

Verfahrensfehler können sich aber nicht nur bei Missachtung von Vorschriften des BauGB ergeben, sondern auch – insbesondere bei Gemeinderatsbeschlüssen – bei Missachtung von Verfahrensvorschriften der Gemeindeordnung. In Betracht kommen insbesondere Fehler bei der Ladung, dem Verfahren bei der Abstimmung und dem Verfahren bei der Befangenheit eines mitwirkenden Gemeinderatsmitglieds.[172] Doch vorliegend ist der als befangen betrachtete B ja gerade von den weiteren Beratungen und Abstimmungen ausgeschlossen worden. Wäre B aber zu Unrecht von den weiteren Beratungen und Abstimmungen ausgeschlossen worden, würde dies ebenso einen formellen (Abstimmungs-) Fehler darstellen und gegen die entsprechende Vorschrift der Gemeindeordnung verstoßen. Damit wäre zugleich die Ungültigkeit des Gemeinderatsbeschlusses besiegelt.

Der Ausschluss eines Mitglieds von weiteren Beratungen oder Abstimmungen ist immer dann rechtmäßig, wenn der Gemeinderatsbeschluss dem ausgeschlossenen Mitglied oder einer ihm nahe stehenden Person einen *unmittelbaren Vorteil oder Nachteil* wirtschaftlicher oder ideeller Art bringen kann.

Ob das für B allein deswegen angenommen werden kann, weil er Vorsitzender des örtlichen Torfstecherverbands e.V. ist und (für diesen) aggressiv-kämpferisch für die Erhaltung der Moorlandschaft eintritt, mag bezweifelt werden. Denn ein *unmittelbarer* Vor- oder Nachteil ist nach den Bestimmungen der Gemeindeordnungen nur dann anzunehmen, wenn er sich aus dem Beschluss selbst, also nicht erst über die Begünstigung oder Belastung Dritter bzw. als weitere Folge ergibt. Letzteres ist jedoch gerade für den vorliegenden Fall anzunehmen. Denn dass B sich (wenn auch aggressiv-kämpferisch) für die Erhaltung der Moorlandschaft und die Interessen der Moorstecher einsetzt, bekundet seine politischen Interessen. Es handelt sich bei der Frage der Ausweisung eines Sondergebiets auf Kosten bisher zum Moorabbau genutzter Flächen allenfalls um ein beeinträchtigtes Gruppeninteresse, das sowohl für B als auch für den e.V., für den er eintritt, einen Nachteil von allenfalls mittelbarer Natur darstellt.

B durfte daher nicht als befangen angesehen und nicht von den weiteren Beratungen und Abstimmungen im Gemeinderat ausgeschlossen werden. Da der Beschluss über den Bebauungsplan daher fehlerhaft war, ist damit zugleich grundsätzlich die formelle Rechtswidrigkeit des Plans gegeben.

Eine Heilung bzw. Unbeachtlichkeit nach §§ 214, 215 BauGB kommt nicht in Betracht, da diese Bestimmungen nur für Verstöße gegen Vorschriften des BauGB (vgl. § 214 I BauGB: „dieses Gesetzbuchs") gelten.[173] Die Befangenheit ist aber in der Gemeindeordnung gere-

---

[171] Zwar wird der Aufbau einer Falllösung normalerweise nicht begründet, im vorliegenden Fall ist jedoch eine Ausnahme zu machen, um Einwänden des Korrektors zu begegnen. Im Übrigen hat sich der Auffassung des Bearbeiters nun auch *Happ* (NVwZ **2007**, 304 ff.) angeschlossen.

[172] Vgl. dazu ausführlich *Becker/Sichert*, JuS **2000**, 144 ff.; *Jahn*, JuS **2001**, 485, 489.

[173] Freilich darf dies nicht verwechselt werden mit dem ergänzenden Verfahren nach § 214 IV BauGB, mit dem auch Fehler außerhalb des Baurechts behoben werden können. Ob vorliegend ein ergänzendes Verfahren in

gelt.[174] Der Rechtsverstoß kann daher nicht nach den §§ 214, 215 BauGB unbeachtlich sein. Damit steht jedoch noch nicht die definitive Unwirksamkeit des Bebauungsplans fest. Denn auch die Gemeindeordnungen enthalten Unbeachtlichkeitsregelungen bei Fehlern im Abstimmungsverfahren. Hätte demnach der Fehler das Abstimmungsergebnis ohnehin nicht beeinflusst, wäre er unbeachtlich. Für den vorliegenden Fall kann davon ausgegangen werden, dass B ohnehin überstimmt worden wäre. Analysiert man jedoch den Wortlaut der entsprechenden Bestimmungen in den Gemeindeordnungen, stellt man fest, dass stets der umgekehrte Fall gemeint ist, nämlich derjenige, dass ein Ratsbeschluss unter Mitwirkung eines befangenen Mitglieds ergangen ist. Der vorliegende Fall – Ausschluss eines nicht befangenen Ratsmitglieds – ist gerade nicht erfasst. Das legt den Gedanken nahe, die Bestimmungen der Gemeindeordnungen analog anzuwenden. Doch eine Analogie setzt eine planwidrige Regelungslücke voraus. Gegen die Planwidrigkeit der Regelungslücke spricht, dass die Gemeindeordnungen eindeutig nur den Fall der Mitwirkung eines an sich auszuschließenden Ratsmitglieds regeln. Daher kann man sich auf den Standpunkt stellen, dass wenn diese Regelung auch für den Fall der Beschlussfassung ohne Mitwirkung eines zu Unrecht ausgeschlossenen Gemeinderats hätte gelten sollen, dies die Gesetzgeber hätten ausdrücklich aussprechen müssen. Die Gesetzgeber haben aber gerade von der Regelung dieser Konstellation abgesehen.

Teilt man diesen Standpunkt, ist für eine Analogie der Unbeachtlichkeitsregelung der Gemeindeordnung hinsichtlich des Nichtausschlusses von befangenen Ratsmitgliedern kein Raum.

c. Ergebnis
Der Bebauungsplan *Teufelsmoor* leidet damit an einem nicht unbeachtlichen formellen Mangel und ist (zunächst) unwirksam. Ein ergänzendes Verfahren nach § 214 IV BauGB, das auch auf Mängel außerhalb des BauGB anwendbar ist (siehe Rn 75/109a), wurde von G (noch) nicht anvisiert.

3. Materielle Rechtmäßigkeit
In materiell-rechtlicher Hinsicht wurde von N zwar (nur) eine Verletzung des interkommunalen Abstimmungs- und Rücksichtnahmegebots gerügt, zu prüfen ist der Bebauungsplan gemäß der Natur der verwaltungsgerichtlichen Normenkontrolle als objektives Rechtsbeanstandungsverfahren aber unter allen rechtlichen Gesichtspunkten. Verstöße gegen höherrangige Vorschriften des Baurechts kommen insbesondere in Bezug auf § 8 II BauGB, § 1 III BauGB, §§ 2 III, 1 V-VII, 1a, 2 II, 4a, b BauGB und auf Vorschriften der BauNVO in Betracht.

a. Erfordernis eines Flächennutzungsplans, § 8 II S. 1 BauGB
Nach § 8 II S. 1 BauGB sind Bebauungspläne aus dem Flächennutzungsplan zu entwickeln. Parallel zur Erarbeitung des Bebauungsplans wurde im vorliegenden Fall formell ordnungsgemäß nach § 8 III BauGB der Flächennutzungsplan angepasst.

b. Erforderlichkeit des Bebauungsplans (Planrechtfertigung), § 1 III BauGB
Gem. § 1 III BauGB darf (und muss) ein Bebauungsplan nur dann aufgestellt werden, wenn er für die städtebauliche Ordnung erforderlich ist. Das wiederum ist der Fall, wenn der Bebauungsplan ein Mittel zur Ordnung der städtebaulichen Entwicklung darstellt. Davon kann vorliegend ausgegangen werden, denn der Bebauungsplan Teufelsmoor soll gerade die städtebauliche Ordnung in einem bestimmten Moorgebiet herstellen.

Betracht kommt, ist nicht Gegenstand der Prüfung. Vielmehr ist danach gefragt, ob der Bebauungsplan (zunächst) rechtswidrig ist.

[174] Vgl. z.B. Art. 49 GO **Bay**; § 18 GO **BW**; § 28 GO **Brand**; Art. 84, 85 Verf **Brem**; § 25 GO **Hess**; § 24 KV **MeckVor**; § 26 GO **Nds**; § 43 III, 31 GO **NRW**; § 22 GO **RhlPfl**; § 27 KSVG **Saarl**; § 20 GO **Sachs**; § 31 GO **SachsAnh**; § 22 GO **SchlHolst**; § 38 KO **Thür**.

c. Verstoß gegen Vorschriften der Baunutzungsverordnung

Ein Bebauungsplan ist zwar auch dann fehlerhaft, wenn die in §§ 9, 9 a BauGB i.V.m. der BauNVO formulierten zulässigen Möglichkeiten überschritten wurden, solches für den vorliegenden Fall anzunehmen, wäre aber abwegig. Denn die Ausweisung der Moorlandschaft als „Sondergebiet für großflächigen Einzelhandel" entspricht gerade den Vorgaben des § 9 I Nr. 1 BauGB i.V.m. § 9 a Nr. 1 BauGB i.V.m. § 11 BauNVO.

d. Fehlerfreie Ausübung des Planungsermessens (Gestaltungsermessen)

Fraglich ist, ob die Gemeinde G die Bedeutung der abwägungserheblichen Belange (insbesondere solche der §§ 1 VI und 1 a BauGB) erkannt bzw. den Ausgleich zwischen ihnen in einer Weise vorgenommen hat, die zur objektiven Gewichtigkeit nicht außer Verhältnis steht (§ 1 VII BauGB). Zu einer fehlerfreien Abwägung ist es zunächst erforderlich, dass eine sachgerechte Abwägung überhaupt stattfindet. Darüber hinaus ist es notwendig, dass in die Abwägung alle Aspekte einfließen, die nach Lage der Dinge berücksichtigt werden müssen. Dazu zählt nicht nur die Umweltverträglichkeit nach § 1 VI Nr. 7 und nach § 1 a BauGB (vorliegend i.V.m. Nr. 18.6 der Anlage 1 zum UVPG), sondern auch die Pflicht nach § 2 II S. 1 BauGB, dass die Bauleitpläne benachbarter Gemeinden aufeinander abzustimmen sind. Dadurch soll sichergestellt werden, dass die Kommunen ihre Bauleitpläne nicht zulasten der Interessen der Nachbargemeinden erlassen (sog. **interkommunales Abstimmungs- oder Rücksichtnahmegebot**). Sieht man das interkommunale Abstimmungsgebot des § 2 II BauGB als einen **Unterfall des § 1 VII BauGB**, richten sich die Fehlerfolgen nach den Grundsätzen der Abwägungslehre.[175] Als **Abwägungsfehler** (Fehler im Abwägungsvorgang nach § 1 VII BauGB) kommen in Betracht:

⇨ **Abwägungsausfall** (liegt vor, wenn überhaupt keine oder keine sachgerechte Abwägung stattfindet)

⇨ **Abwägungsdefizit** (liegt vor, wenn ein Belang nicht in die Abwägung eingeflossen ist, der nach Lage der Dinge zu berücksichtigen war = Unvollständigkeit der Erwägungen)

⇨ **Abwägungsfehleinschätzung** (liegt vor, wenn die Belange zwar ordnungsgemäß ermittelt und in die Abwägung eingeflossen sind, jedoch die *Bedeutung* eines öffentlichen oder privaten Belangs verkannt wird)

⇨ **Abwägungsdisproportionalität** (liegt vor bei Verkennen des relativen *Gewichts* von Belangen beim Ausgleich zwischen öffentlichen und privaten Belangen = sachfremde Erwägungen)

Da sich G nicht mit N abgestimmt hat, könnte sie einen abwägungspflichtigen Belang nicht berücksichtigt haben mit der Folge, dass der Bebauungsplan *Teufelsmoor* an einen Abwägungsdefizit leidet und rechtswidrig ist.

Bei der Beantwortung der Frage, ob G bei der Aufstellung des Bebauungsplans *Teufelsmoor* abwägungsfehlerhaft gehandelt hat, ist zunächst zu untersuchen, ob es sich bei den wirtschaftlichen Folgewirkungen, die mit der Errichtung eines Sondergebiets für großflächigen Einzelhandel verbunden sind, um planungsrechtlich erhebliche Belange der Nachbargemeinde N handelt, die die planende Gemeinde G bei der Abwägung im Rahmen der §§ 1 VII, 2 II S. 1 BauGB überhaupt berücksichtigen muss. Denn Aufgabe des öffentlichen Rechts ist es nicht, vor wirtschaftlicher Konkurrenz zu schützen. Im Gegenteil verlangt Art. 12 I GG gerade den freien Wettbewerb. Lediglich wenn es um übergeordnete Belange geht wie das grundsätzliche Funktionieren der Wirtschaftsordnung, kann der Staat mit Hilfe von wirtschaftsüberwachenden und -lenkenden Vorschriften eingreifen.

Wenn man berücksichtigt, dass mit der Errichtung eines FOC Kunden und Freizeitverbringende nicht nur den Innenstädten entzogen werden, die sich auf dem eigenen

---

[175] Unterscheidet man das interkommunale Abstimmungsgebot jedoch von der Abwägung nach § 1 VII BauGB, finden die §§ 214 III S. 2 Hs. 2, 215 I Nr. 3 BauGB keine Anwendung. Ein Verstoß gegen § 2 II BauGB führt dann stets zur Unwirksamkeit des Plans, soweit der Fehler nicht durch ein ergänzendes Verfahren nach § 214 IV BauGB behoben werden kann.

Gemeindegebiet befinden, sondern auch denen von Nachbargemeinden, wird die grenz-überschreitende Bedeutung eines FOC offensichtlich. Die damit verbundene Sogwirkung des in G umzusetzenden Einkaufszentrenkomplexes und der Entzug der Kaufkraft in N sind damit gerade Effekte, die durch das Abstimmungs- und Rücksichtnahmegebot in § 2 II S. 1 BauGB vermieden werden sollen.

Die in § 2 II S. 1 BauGB angeordnete Abstimmungspflicht kann sich aber nur auf bauplanungsrechtliche Belange beziehen. Für die Verpflichtung zur Abstimmung genügt es daher nicht, wenn die berechtigte Gemeinde lediglich (wirtschaftlichen) Fernwirkungen eines Projekts ausgesetzt wird. Vielmehr muss es sich um Belange der Nachbargemeinde handeln, die in spezifischer Weise für ihre *eigene* (ebenfalls durch Art. 28 II S. 1 GG gewährleistete) Planungshoheit eine gewisse Relevanz aufweisen. Es ist also eine praktische Konkordanz zwischen den Belangen der Nachbargemeinden herzustellen.

Danach findet die eigene planerische Freiheit einer Gemeinde ihre Grenzen dann, wenn die Nachbargemeinde zu planerischen Gegensteuerungsmaßnahmen herausgefordert wird.[176] Verstärkt werden die „Abwehrrechte" der Nachbargemeinde durch die im Zuge der Baurechtsnovelle 2004 geschaffene Regelung des § 2 II S. 2 BauG, wonach sich die Nachbargemeinde auch gegen Auswirkungen wehren kann, die ihre **zentralen Versorgungsbereiche beeinträchtigen**. Das wiederum ist der Fall, wenn der geschäftliche Innenbereich der betroffenen Nachbargemeinde durch das geplante Projekt zu veröden droht bzw. wenn die Nahversorgung der Bevölkerung in der betroffenen Nachbargemeinde (vgl. § 1 VI Nr. 8 a BauGB) mit Waren des täglichen Gebrauchs gefährdet ist. Von der Rechtsprechung wurde dies bejaht in dem Fall, dass eine Gesamtgeschossfläche von 1200 m^2 errichtet werden sollte.[177]

Geht man bei N von einer solchen Intensität der Beeinträchtigung aus, wäre ein für G abstimmungspflichtiger Belang gegeben. Da G sich bei der Bauleitplanung nicht mit N abgestimmt hat, liegen ein Abwägungsdefizit und damit ein Verstoß gegen § 2 III BauGB vor.

Ob dieser Rechtsverstoß zur Unwirksamkeit des Plans führt, ist fraglich. Zwar sind wegen Art. 20 III GG rechtswidrige Staatsakte grundsätzlich nichtig und damit unwirksam. Allerdings ist zu beachten, dass bestimmten rechtswidrigen Staatsakten dennoch eine Verbindlichkeit zukommen kann, wenn dadurch das Rechtsstaats- und Demokratieprinzip gewahrt bleibt. So hat der formelle Gesetzgeber bestimmt, dass rechtswidrige Verwaltungsakte grundsätzlich wirksam sind, vgl. § 43 II VwVfG. Nur ein nichtiger Verwaltungsakt ist unwirksam, § 43 III VwVfG. Die Unwirksamkeit bestimmt sich nach § 44 VwVfG. Auch für Satzungen gilt der Grundsatz der Nichtigkeit nur eingeschränkt. Nach §§ 214, 215 BauGB sind bestimmte – in erster Linie formelle – Fehler von Bebauungsplänen (§ 10 BauGB) und sonstigen baurechtlichen Satzungen (Veränderungssperren gem. §§ 14 ff. BauGB) entweder von vornherein unbeachtlich (absolute Unbeachtlichkeit) oder dann unbeachtlich, wenn sie nicht innerhalb einer bestimmten Frist nach Erlass der Satzung gegenüber der Gemeinde gerügt werden (relative Unbeachtlichkeit). Die mit einem unbeachtlichen Fehler oder mit nicht innerhalb der Frist gerügten Fehlern behaftete Satzung ist demnach rechtswirksam.[178]

Vorliegend greift die **(Un-)Beachtlichkeitsregelung des § 214 I S. 1 Nr. 1 BauGB**. Nach dieser Vorschrift ist eine Verletzung des § 2 III BauGB nur beachtlich, wenn ein abwägungserheblicher Belang in wesentlichen Punkten nicht zutreffend ermittelt oder bewertet worden ist und wenn der Mangel *offensichtlich* ist und sich auf das Ergebnis des Verfahrens *ausgewirkt* hat.

Der Gemeinderat von G hat die Belange, die für die Abwägung nach § 1 VII BauGB von

---

[176] Vgl. OVG Greifswald NVwZ **2000**, 826, 827; VGH München BayVBl **2000**, 273, 274; VG Potsdam BauR **1999**, 1146, 11148. VG Neustadt NVwZ **1999**, 101, 103.
[177] VGH München BayVBl **2000**, 273, 275.
[178] Vgl. dazu aus jüngerer Zeit BVerwG KommJur **2004**, 27 ff.

Bedeutung sind, gem. § 4 I BauGB zwar festgelegt, ermittelt und bewertet (vgl. § 2 III BauGB), allerdings war er sich auch bewusst, dass Nachbargemeinden durch das Vorhaben wesentlich beeinträchtigt werden würden. Gerade aus diesem Grund hatte er ja auch die Einbeziehung diesbezüglicher Fragen in die Abwägung unterlassen und dies damit begründet, dass Konkurrenzschutz zugunsten privater Anbieter in der Umgebung kein planungserheblicher Belang sei, der in der bauplanungsrechtlichen Abwägung Berücksichtigung finden müsse. Damit ist ein abwägungserheblicher Belang in einem wesentlichen Punkt nicht *zutreffend* bewertet worden. Dieser Abwägungsmangel war auch nicht nur leicht erkennbar und damit offensichtlich, sondern hat sich auch auf das Abwägungsergebnis ausgewirkt, denn anderenfalls wäre der Bebauungsplan wohl kaum verabschiedet worden.

e. Ergebnis
Der im Abwägungsdefizit bestehende Verfahrensfehler führt wegen § 214 I S. 1 Nr. 1 BauGB zur Ungültigkeit des Bebauungsplans *Teufelsmoor*.

f. Gesamtergebnis
Der Bebauungsplan *Teufelsmoor* ist damit fehlerhaft.

III. Endergebnis/Entscheidung des Gerichts
Der von N beim OVG Lüneburg eingereichte Normenkontrollantrag ist erfolgreich. Das Gericht wird den Bebauungsplan deshalb gem. § 47 V S. 2 VwGO für unwirksam erklären, und zwar allgemeinverbindlich.

IV. Ergänzendes Verfahren nach § 214 IV BauGB
Wegen der grundsätzlichen Anwendbarkeit des § 214 IV BauGB auf Abwägungsmängel besteht für G die Möglichkeit des ergänzenden Verfahrens mit der Folge der Heilung des Bebauungsplans. Ein solches Verfahren scheidet aber aus, wenn der Abwägungsmangel von solcher Art und Schwere ist, dass er die Grundzüge der Planung berührt bzw. den Kern der Abwägungsentscheidung betrifft. Dies muss für den vorliegenden Fall angenommen werden, sodass im Ergebnis auch kein ergänzendes Verfahren die Rechtmäßigkeit des Bebauungsplans *Teufelsmoor* herstellen kann.

D. Die Zulässigkeit von Vorhaben

I. Das Erfordernis bauplanungs- und bauordnungsrechtlicher Zulässigkeit („präventives Verbot mit Erlaubnisvorbehalt")

117 Bauliche Anlagen bedürfen, zumindest ab einer bestimmten Größe, zu ihrer Errichtung, ihrer Änderung und ihrem Abbruch grundsätzlich einer **Baugenehmigung**. Diese dient der präventiven Rechtskontrolle von Bauvorhaben: Die grundrechtlich gewährte Baufreiheit (Art. 14 I GG) wird zur **vorbeugenden Rechtskontrolle**, d.h. präventiv zur Gefahrenabwehr eingeschränkt, damit die Behörde vorab prüfen kann, ob sich das Bauvorhaben innerhalb der Gesetze bewegt (diese darf der Gesetzgeber gem. Art. 14 I S. 2 GG bestimmen).[179] Ist dies der Fall, hat der Antragsteller folgerichtig einen Anspruch auf Erteilung der Genehmigung (vgl. die einschlägigen Vorschriften der Bauordnungen[180]: „... *ist* zu erteilen, wenn keine öffentlich-rechtlichen Vorschriften entgegenstehen"). Solche öffentlich-rechtlichen Vorschriften sind Vorschriften, die von der Baurechtsbehörde bei der Erteilung der Baugenehmigung zu beachten sind. Das sind Vorschriften der **Bauordnung** selbst, Vorschriften anderer baurechtlicher Gesetze, insbesondere die des **BauGB** oder der **BauNVO**, sowie außerbaurechtliche Vorschriften, insbesondere solche des **BImSchG** (vgl. dort etwa § 22[181]), der **Naturschutzgesetze**[182], der **Denkmalschutzgesetze**, des **FStrG** (vgl. etwa § 9 I) und des **UVPG** (die aber zumeist schon bei der bauplanerischen Abwägung nach §§ 1 VII, 1a BauGB berücksichtigt worden sind)[183]. Widerspricht das (genehmigungspflichtige) Vorhaben mindestens einer dieser Vorschriften, ist es grds. nicht genehmigungsfähig.[184] Die hier relevanten Vorschriften sind die §§ 30-36 BauGB. Darüber hinaus muss das Vorhaben, soweit es im Geltungsbereich des § 34 BauGB liegt, den Anforderungen der **Fauna-Flora-Habitat**-Richtlinie entsprechen.[185]

118 Wie bereits bei Rn 1 ff. erläutert wurde und noch bei Rn 290 ff. zu sehen sein wird, regelt das Bauordnungsrecht als Besonderes Gefahrenabwehrrecht *objektbezogen* die Voraussetzungen, unter denen ein bauliches oder anderes Vorhaben in seiner konkreten Ausführung zulässig ist. Das Bauplanungsrecht gibt demgegenüber *flächenbezogen* Auskunft auf die Frage, ob eine entsprechende Nutzung von Grund und Boden gestattet ist, ob also ein bestimmtes Grundstück mit dem geplanten Vorhaben bebaut werden darf. Soll also ein bestimmtes Vorhaben durch die Baugenehmigungsbehörde zugelassen werden, muss dieses Vorhaben sowohl nach den bauordnungsrechtlichen als auch nach den bauplanungsrechtlichen Vorschriften zulässig sein. Das Institut der Baugenehmigung stellt also die Verknüpfung von Bauordnungsrecht und Bauplanungsrecht her.

119

> **Hinweis für den Prüfungsaufbau:** Liegt dem Streit die Genehmigung eines Vorhabens zugrunde, ist in der Fallbearbeitung folgendermaßen vorzugehen: Zunächst ist der Obersatz zu bilden. Es ist danach zu fragen, ob dem Bauherrn die beantrag-

---

[179] Zu den Figuren *präventives Verbot mit Erlaubnisvorbehalt* („Kontrollerlaubnis") und *repressives Verbot mit Befreiungsvorbehalt* vgl. *R. Schmidt*, AllgVerwR, Rn 221, 330 und 332.

[180] Vgl. **MBO**: § 72; **BaWü**: §§ 58 f. LBO; **Bay**: Art. 68 LBO; **Berl**: § 71 LBO; **Brand**: §§ 67 f. LBO; **Brem**: § 74 LBO; **Hamb**: §§ 72 f. LBO; **Hess**: §§ 64 f. LBO; **MV**: § 72 LBO; **Nds**: §§ 75, 78 LBO; **NRW**: § 75 LBO; **RhlPfl**: §§ 70, 77 LBO; **Saar**: § 73 LBO; **Sachs**: § 72 LBO; **SachsAnh**: § 71 LBO; **SchlHolst**: § 73 LBO; **Thür**: § 70 LBO.

[181] Ggf. i.V.m. der 26. BImSchVO (⇨ Verordnung über elektromagnetische Felder) – vgl. dazu *Köhler-Rott*, JA **2001**, 802 ff.

[182] Vgl. dazu BVerwG DVBl **2001**, 646; *Aulehner*, JA **2001**, 754 ff.

[183] Ausgeschieden werden können demgegenüber jene Rechtsmaterien, für die gesetzlich ein eigenes Verwaltungsverfahren vorgesehen ist. Dies gilt etwa für das Gewerberecht, für welches die GewO eigene formelle Vorschriften vorsieht, sowie für die Zweckentfremdung von Wohnraum (Mietrechtsverbesserungsgesetz), vgl. *Seiler*, JuS **2001**, 263, 264.

[184] Zu den **Ausnahmen** und **Befreiungen** vgl. Rn 134, 168 f., 342 f. und 374.

[185] Vgl. dazu *Reidt*, NVwZ **2010**, 8 ff.; *Gaentzsch*, NVwZ **2001**, 990, 995; *Halama*, NVwZ **2001**, 506 ff.

te Baugenehmigung zusteht bzw. ob die Versagung der beantragten Baugenehmigung den Bauherrn in seinen Rechten verletzt. Sodann ist nach der **Genehmigungspflichtigkeit** (Genehmigungsbedürftigkeit) des Vorhabens zu fragen, denn nur wenn das Vorhaben genehmigungspflichtig ist, stellt sich die Frage nach der Baugenehmigung. Sodann muss die **Genehmigungsfähigkeit** (also die Vereinbarkeit des Vorhabens mit den materiell-rechtlichen Vorschriften) geprüft werden. Hierbei ist stets von der bauordnungsrechtlichen Genehmigungsnorm auszugehen. Danach *ist* die Baugenehmigung zu erteilen, wenn dem Vorhaben keine öffentlich-rechtlichen Vorschriften entgegenstehen. In einem zweiten Schritt sind dann alle in Betracht kommenden öffentlich-rechtlichen Vorschriften, die von der Baugenehmigungsbehörde zu beachten sind und die dem Vorhaben entgegenstehen könnten, zu prüfen. Das sind die o.g. Vorschriften. Da die bauplanungsrechtlichen Vorschriften die Boden- und Grundstücksnutzung regeln, während die bauordnungsrechtlichen Vorschriften das einzelne Bauwerk in seiner konkreten Ausführung betreffen, bietet es sich an, die bauplanungsrechtlichen Voraussetzungen <u>vor</u> den bauordnungsrechtlichen zu prüfen. Denn lassen Erstere die Bebauung des konkreten Grundstücks erst gar nicht zu, erübrigt sich die Frage, ob das konkrete Vorhaben den statischen, hygienischen, gestalterischen oder sozialpolitischen Anforderungen entspricht.

Aber auch wenn das Vorhaben **genehmigungsfrei** ist[186] (dazu sogleich), ist die Vereinbarkeit des Vorhabens mit öffentlich-rechtlichen Vorschriften zu prüfen. Denn in diesem Fall verzichtet der Gesetzgeber lediglich auf das Baugenehmigungsverfahren und damit auf die präventive Kontrolle des materiellen Baurechts, nicht jedoch auf die Einhaltung des materiellen Baurechts. Die Genehmigungsfreistellung kann nicht bedeuten, dass das Bauvorhaben ohne Beachtung der materiellen Bauvorschriften errichtet werden darf. In der Fallbearbeitung mag die Einhaltung der materiellen Bauvorschriften im Rahmen einer bauaufsichtlichen Maßnahme (Baueinstellungsverfügung, Bauabrissverfügung, Nutzungsuntersagungsverfügung) zu prüfen sein oder wenn allgemein danach gefragt wird, ob ein Vorhaben „rechtlich zulässig" ist.

Zu möglichen **Amtshaftungsansprüchen** wegen rechtswidriger Baugenehmigung vgl. *R. Schmidt*, AllgVerwR, Rn 1061 ff.

II. Freistellungsverfahren und Anzeigeverfahren

Die reformierten Bauordnungen der Länder sehen fast durchweg vor, dass – aus Gründen der Verfahrensbeschleunigung – Bauvorhaben (auch Wohnhäuser!) bis zu einer bestimmten Größe von der Genehmigungspflicht ausgenommen sind. Man spricht diesbezüglich von **Baufreistellung** oder einem **Anzeige-** bzw. **Kenntnisgabeverfahren**.[187] Es besteht lediglich eine **Anzeigepflicht**, damit die Baubehörde in Kenntnis gesetzt wird und ggf. einschreiten kann, wenn sie der Auffassung ist, das Bauvorhaben widerspreche den öffentlich-rechtlichen Vorschriften. Die bauordnungsrechtliche Genehmigungsfreiheit bedeutet aber nicht, dass das Bauvorhaben auch von den Vorgaben des materiellen Bau*planungs*rechts entbunden ist. Für Vorgaben im Bereich eines qualifizierten Bebauungsplans gem. § 30 I BauGB, also eines Bebauungsplans, der bestimmte, in § 9 BauGB genannte Festsetzungen über die Art und das Maß der baulichen Nutzung enthält, oder im Bereich eines vorhabenbezogenen

120

---

[186] Vgl. **MBO**: §§ 61 f.; **BaWü**: §§ 50 f. LBO; **Bay**: Art. 57 f. LBO; **Berl**: §§ 61-63 LBO; **Brand**: §§ 55, 58 LBO; **Brem**: §§ 65 f. LBO; **Hamb**: § 60 LBO; **Hess**: §§ 55 f. LBO; **MV**: §§ 61 f. LBO; **Nds**: §§ 69 f. LBO; **NRW**: §§ 65-67 LBO; **RhlPfl**: §§ 62, 67 LBO; **Saar**: §§ 61, 63 LBO; **Sachs**: §§ 61 f. LBO; **SachsAnh**: §§ 60 f. LBO; **SchlHolst**: §§ 63, 68 LBO; **Thür**: §§ 63 f. LBO.
[187] Vgl. dazu ausführlich *Löffelbein*, Genehmigungsfreies Bauen und Nachbarschutzrecht, **2000**, S. 58 f.; *Bamberger*, NVwZ **2000**, 983 ff., *Stollmann*, NordÖR **2000**, 400 ff. und *Jäde*, NVwZ **2001**, 982 ff.

Bebauungsplans gem. § 30 II BauGB folgt dies bereits aus der unmittelbaren Geltung des Bebauungsplans als Satzung i.S.v. § 10 I BauGB. Aber auch bei Vorhaben im Geltungsbereich der §§ 34, 35 BauGB bleiben deren Vorgaben gem. § 29 I BauGB bestehen. Soweit es sich allerdings um kleinere Vorhaben handelt, die nach den Landesbauordnungen von der Genehmigungspflicht freigestellt sind, ist dies i.d.R. unproblematisch, da sie sich ohne weiteres in die nähere Umgebung „einfügen" und auch sonst öffentlichen Belangen „nicht entgegenstehen" bzw. diese „nicht beeinträchtigen", also zumeist erst gar nicht die bodenrechtliche bzw. städtebauliche Relevanz erreichen. Sie sind daher materiell zulässig. Bei etwas größeren Vorhaben, die zwar ebenfalls noch der bauordnungsrechtlichen Freistellung unterliegen, im Übrigen aber den Vorgaben der §§ 30 ff. BauGB widersprechen, könnte die Freistellungspolitik der Länder zur Errichtung bauplanungsrechtswidriger Bauten führen.

Um dieses zu kontrollieren und ggf. eine Baubeseitigungsverfügung zu erlassen, sehen die Landesbauordnungen vor, dass auch genehmigungsfreie Vorhaben zumindest angezeigt werden müssen.

Der Bauherr darf also bei bloßer Anzeige bzw. Kenntnisgabe seinen genehmigungsfreien Bau errichten. Das kann ein erhebliches Risiko für ihn bedeuten, wenn sich nachträglich heraus stellt, dass der Bau dem materiellen Baurecht widerspricht und schlimmstenfalls sogar beseitigt werden muss. Daher hat der Bauherr eines auch nur kenntnisgabepflichtigen Baus in verfassungskonformer Auslegung der Bestimmung der Landesbauordnung über die Erteilung der Baugenehmigung einen Anspruch auf Durchführung eines förmlichen Baugenehmigungsverfahrens, an dessen Ende die Baugenehmigung steht. Die Baugenehmigung als verbindlicher Verwaltungsakt gibt ihm die Rechtssicherheit, dass sein (vermeintlich oder tatsächlich nicht genehmigungspflichtiger) Bau dem materiellen Recht entspricht. Sollte sich nachträglich ausnahmsweise das Gegenteil herausstellen (etwa wenn ein Nachbar erfolgreich die Baugenehmigung angefochten hat), hat der Bauherr wenigstens einen Amtshaftungsanspruch gegen den Rechtsträger der Genehmigungsbehörde. Sollte die Baugenehmigung sogar bestandskräftig geworden sein, ist die Rechtsstellung des Bauherrn noch sicherer.

Zur (freilich weniger rechtlichen als faktischen) Problematik des Freistellungsverfahrens vgl. ausführlich Rn 345 und 351.

III. Die bauplanungsrechtliche Zulässigkeit von Vorhaben

1. Einführung

a. Lassen die bauplanungsrechtlichen Voraussetzungen eine Bebauung des konkreten Grundstücks erst gar nicht zu, erübrigt sich die Frage, ob das konkrete Vorhaben den bauordnungsrechtlichen, d.h. den statischen, hygienischen, gestalterischen oder sozialpolitischen Anforderungen entspricht. Daher bietet es sich an, die bauplanungsrechtlichen Voraussetzungen <u>vor</u> den bauordnungsrechtlichen zu prüfen.

121

b. Aus bauplanungsrechtlicher Sicht ist das Vorhaben insbesondere dann zulässig, wenn die Voraussetzungen der §§ 29-35 BauGB vorliegen. Im Einzelnen gilt[188]:

122

aa. Bebauungspläne können gem. § 9 I Nr. 2 BauGB **Festsetzungen** über die Art und das Maß der baulichen Nutzung oder die überbaubaren Grundstücksflächen enthalten. Die Art und das Maß der baulichen Nutzung werden wiederum durch die BauNVO (= Rechtsverordnung des Bundes), die aufgrund der Ermächtigung in § 9a Nr. 1-3 BauGB erlassen wurde, bestimmt.[189] Bebauungspläne können aber auch äußerst **lückenhaft** sein. Schließlich kann es vorkommen, dass **überhaupt kein** Bebauungsplan existiert. Dementsprechend wird zwischen **drei Planbereichskategorien**[190] unterschieden, bei denen verschiedene bauplanungsrechtliche Anforderungen an die Bebaubarkeit eines Grundstücks bestehen, namentlich zwischen dem

123

- **qualifiziert beplanten Innenbereich** (§ 30 I BauGB),
- dem **unbeplanten Innenbereich** (§ 34 BauGB) und
- dem **Außenbereich** (§ 35 BauGB).

Hinweis für die Fallbearbeitung: Im Vorgriff auf die folgenden Ausführungen sei darauf hingewiesen, dass bevor der Anwendungsbereich der einzelnen Planbereichsnormen und die Zulässigkeit von Bauvorhaben näher untersucht werden kann, zunächst der Begriff der baulichen Anlage geklärt werden muss. Denn nur wenn überhaupt eine bauliche Anlage i.S.d. Bauplanungsrechts vorliegt, können Fragen zu den drei Planbereichen und zur Zulässigkeit von Bauvorhaben beantwortet werden. Zentrale Bestimmung dafür ist **§ 29 BauGB**. Ist danach der Anwendungsbereich der §§ 30-35 BauGB eröffnet, ist sodann schrittweise folgendermaßen vorzugehen:

124

⇨ Befindet sich das Vorhaben im Geltungsbereich eines qualifizierten Bebauungsplans (§ 30 I BauGB), also eines solchen, der mindestens Festsetzungen über die Art und das Maß der baulichen Nutzung, die überbaubaren Grundstücksflächen und die örtlichen Verkehrsflächen enthält (dazu sogleich), bestimmt sich die Zulässigkeit des Vorhabens allein nach den Vorgaben des Bebauungsplans.

⇨ Befindet sich das Vorhaben außerhalb eines solchen qualifizierten Bebauungsplans oder ist der Bebauungsplan unwirksam, ist danach zu fragen, ob das Vor-

---

[188] Wem die nachfolgenden Ausführungen zu abstrakt erscheinen, möge zur Orientierung den Abschlussfall bei Rn 289 heranziehen.

[189] Die Vorschriften der **§§ 2-14 BauNVO** werden gem. § 1 III S. 2 BauNVO **Bestandteil des Bebauungsplans**, wenn die Gemeinde die in § 1 II BauNVO genannten Gebiete (z.B. reines Wohngebiet, Mischgebiet, Gewerbegebiet, Industriegebiet) festsetzt und soweit nicht in §§ 1 IV bis X BauNVO etwas anderes bestimmt ist. Zur BauNVO vgl. ausführlich Rn 152 ff.

[190] Der Begriff ist streng genommen inkorrekt, da die räumlichen Anwendungsbereiche der Planersatzvorschriften der §§ 34 und 35 BauGB eben keine „Planbereiche" sind, sondern – wenn man so will – „Außerplanbereiche".

> haben nach den §§ 34 und 35 BauGB (ggf. i.V.m. den Vorgaben eines einfachen Bebauungsplans nach § 30 III BauGB) zulässig ist.[191]
>
> ⇨ Sollte dies zu verneinen sein, ist danach zu fragen, ob für das maßgebliche Gebiet ein Bebauungsplan in Aufstellung ist und ob das Vorhaben nach Maßgabe des § 33 BauGB bereits während der Planaufstellung zulässig ist.[192]
>
> ⇨ Sollte auch dies zu verneinen sein, kann das Vorhaben allenfalls im Rahmen eines Vorhaben- oder Erschließungsplans (§ 12 BauGB) zulässig sein.

125　　**a.)** Liegt für ein Gebiet des Innenbereichs ein **Bebauungsplan** vor, der „allein oder gemeinsam mit sonstigen baurechtlichen Vorschriften mindestens **Festsetzungen** über die Art und das Maß der baulichen Nutzung[193], die überbaubaren Grundstücksflächen und die örtlichen Verkehrsflächen enthält" (= qualifizierter Bebauungsplan), spricht man von einem **qualifiziert beplanten Innenbereich (§ 30 I BauGB)**. Welche Festsetzungen im Bebauungsplan vorhanden sein können, ist **§ 9 BauGB** zu entnehmen.[194] Erfüllt der Bebauungsplan diese Mindestanforderungen, richtet sich die Zulässigkeit eines Vorhabens im Bereich des konkreten Bebauungsplans ausschließlich nach diesen Festsetzungen. Soweit das geplante Vorhaben diesen Festsetzungen nicht widerspricht, darf eine erforderliche Baugenehmigung zumindest aus bau<u>planungs</u>rechtlichen Gesichtspunkten nicht versagt werden (§ 30 I BauGB). Ob dann bau<u>ordnungs</u>rechtliche Gründe oder gar baurechtsfremde öffentlich-rechtliche Vorschriften gegen eine Baugenehmigung sprechen, muss durch eine separate Prüfung festgestellt werden (vgl. § 29 II BauGB). Fehlt ein qualifizierter Bebauungsplan für das betreffende Baugrundstück oder ist dieser nichtig, richtet sich die Zulässigkeit des Vorhabens nach den §§ 34, 35 BauGB (s.o.).

126

> **Hinweis für die Fallbearbeitung:** Der zuletzt genannte Umstand wird häufig übersehen. In einer Klausur, bei der die Zulässigkeit eines Vorhabens zu prüfen ist und bei der die Vereinbarkeit des Vorhabens mit § 30 I BauGB verneint werden muss (etwa dergestalt, dass bei einer inzidenten Prüfung die Nichtigkeit des Bebauungsplans festgestellt wird), ist somit zu beachten, dass nicht vorschnell die Unzulässigkeit des Vorhabens angenommen werden darf. Denn fehlt es an einem gültigen Bebauungsplan, richtet sich die Zulässigkeit des Vorhabens nach den §§ 34, 35 BauGB. Entspricht das Vorhaben den dort normierten Voraussetzungen, ist es rechtmäßig (siehe sogleich Rn 129 ff.).

127　　Dem qualifizierten Bebauungsplan i.S.d. § 30 I BauGB ist der **vorhabenbezogene Bebauungsplan** gleichgestellt (vgl. § 30 II BauGB). Ein vorhabenbezogener Bebauungsplan ist – wie schon die Bezeichnung erkennen lässt – ein Bebauungsplan, der sich auf ein bestimmtes Vorhaben bezieht und den Vorhaben- und Erschließungsplan eines Investors zum Gegenstand hat. Folgerichtig beinhaltet er auch nicht alle Festsetzungen, die ein qualifizierter Bebauungsplan enthält. Es ist nach der am 1.1.2007 in Kraft getretenen Neufassung des § 12 BauGB sogar möglich, dass in ihm eine bauliche oder sonstige Nutzung auch allgemein festgesetzt wird, namentlich durch Festsetzung eines Baugebiets nach der BauNVO. Ein vorhabenbezogener Bebauungsplan kommt insbesondere in Betracht, wenn der Investor bereit und in der Lage ist und sich zur Durchführung und zur Tragung der Erschließungskosten ganz oder teilweise verpflichtet, und zwar zeitlich <u>vor</u> dem Beschluss der Gemeinde, den Bebauungsplan zu erlassen (§ 10 I BauGB), vgl. § 30 II i.V.m. § 12 BauGB. Allerdings hat die im Zuge der Baurechtsnovelle 2007 eingefügte Vorschrift des

---

[191] Zur Zulässigkeit nach § 34 BauGB vgl. Rn 187 ff.; zur Zulässigkeit nach § 35 BauGB vgl. Rn 237 ff.

[192] Zur Zulässigkeit nach § 33 BauGB vgl. Rn 135.

[193] Zu Art und Maß der baulichen Nutzung vgl. §§ 1 ff. und §§ 16 ff. BauNVO.

[194] Auf eine Wiedergabe des gesetzlichen Katalogs der Festsetzungsmöglichkeiten soll an dieser Stelle verzichtet werden. Daher sei die Lektüre des § 9 BauGB dringend empfohlen.

§ 12 IIIa BauGB die Möglichkeiten flexiblen Handelns beim vorhabenbezogenen Bebauungsplan verstärkt.[195] Zweck der Neuregelung ist es, im vorhabenbezogenen Bebauungsplan für den Bereich des Vorhaben- und Erschließungsplans eine bauliche oder sonstige Nutzung auch allgemein festzusetzen, namentlich durch Festsetzung eines Baugebiets nach der BauNVO. Verpflichten sich der Vorhabenträger oder ein Dritter durch Änderung des Durchführungsvertrags oder durch Abschluss eines neuen Durchführungsvertrags gegenüber der Gemeinde zur Durchführung einer anderen Nutzung, die von der festgesetzten allgemeinen Nutzung umfasst wird, soll diese Nutzung i.S.d. § 30 II BauGB zulässig sein. Der vorhabenbezogene Bebauungsplan muss dann trotz Änderung des Durchführungsvertrags (bspw. im Zuge eines Trägerwechsels) nicht noch einmal geändert werden.

b.) Liegt zwar ein Bebauungsplan vor, erfüllt dieser aber nicht die Voraussetzungen des § 30 I BauGB (enthält also keine Festsetzungen i.S.d. § 9 BauGB), spricht das Gesetz von einem **einfachen Bebauungsplan (§ 30 III BauGB)**. Die Zulässigkeit von Vorhaben richtet sich in diesem Fall nach dem einfachen Bebauungsplan und – soweit dieser keine Regelungen trifft – nach anderen gesetzlichen Regelungen, insbesondere nach den §§ 34 und 35 BauGB (vgl. § 30 III BauGB a.E.: („Im Übrigen...").   **128**

c.) Gleiches gilt, wenn überhaupt **kein Bebauungsplan** vorliegt, sei es, dass zur Zeit der Bebauung ein Bebauungsplan gesetzlich (noch) nicht vorgesehen war, oder sei es, dass ein Bebauungsplan zwar besteht, dieser aber nichtig ist. Auch in diesen Fällen richtet sich die Zulässigkeit des Vorhabens nach den §§ 34, 35 BauGB (s.o.). Da sich das Vorhaben möglicherweise aber im **Innenbereich** befindet, ist zunächst **§ 34 BauGB** heranzuziehen, da dieser von einem Innenbereich ausgeht. Nach dieser Vorschrift gilt (neben den evtl. vorhandenen Festsetzungen des einfachen Bebauungsplans) die tatsächlich vorhandene Bebauung als Maßstab für die weitere Bebauung (vgl. § 34 I BauGB: „... in die Eigenart der näheren Umgebung *einfügt* ...").[196] Man spricht insoweit von einer „planersetzenden Zulässigkeitsregelung" oder einem „Planersatz".   **129**

Vom „Innenbereich" spricht man in den Fällen der §§ 30 I, II und 34 BauGB. In den Fällen des § 30 I und II BauGB wird der Innenbereich normativ, d.h. durch den qualifizierten bzw. vorhabenbezogenen Bebauungsplan bestimmt. Im Fall des § 34 BauGB erfolgt die Beantwortung der Zulässigkeitsfrage nach tatsächlichen Gesichtspunkten („einfügen"). Darüber hinaus kann die Gemeinde nur Teile ihres Gebiets, ohne einen Bebauungsplan zu erlassen, zu Innenbereichen erklären und so § 34 BauGB zur Anwendung bringen (sog. **Innenbereichssatzungen**, § 34 IV u. V BauGB).   **130**

d.) Ein Grundstück, das sich außerhalb der bisher genannten Gebiete, also außerhalb eines qualifizierten oder vorhabenbezogenen Bebauungsplans, außerhalb eines einfachen Bebauungsplans, außerhalb eines Geltungsbereichs einer Innenbereichssatzung und schließlich außerhalb eines Bereichs eines (tatsächlich) im Zusammenhang bebauten Ortsteils befindet, gehört zum **Außenbereich** (§ 35 BauGB). Vereinfacht lässt sich sagen, dass alle Grundstücke, die sich nicht dem Innenbereich zuordnen lassen, im Außenbereich liegen.   **131**

Im Außenbereich sind Vorhaben nur sehr eingeschränkt zulässig. Das hat mehrere Gründe: Zum einen soll der Außenbereich wegen seiner **besonderen Bedeutung für die naturgegebene Bodennutzung** (Land- und Forstwirtschaft) und als **Erholungslandschaft für die Allgemeinheit** möglichst **vor Bebauung geschützt** werden. Zum anderen soll eine **Zersiedlung vermieden** werden, weil mit der Zulassung von Bauten im Außenbereich eine Erschließung (Strom, Wasser, Gas etc.) über große Distanzen verbunden wäre.   **132**

---

[195] Vgl. dazu *Battis/Krautzberger/Löhr*, NVwZ **2007**, 121, 125 f.
[196] Vgl. dazu BVerwG NVwZ **1999**, 879, 880.

Gleichwohl werden bestimmte Ausnahmen zugelassen. So dürfen und sollen land- und forstwirtschaftliche Betriebe, bestimmte ortsgebundene Anlagen (z.B. Steinbrüche) oder stark emittierende Anlagen (z.B. Schweinezuchtbetriebe, aber auch Biogasanlagen) im Außenbereich liegen, um keine Nachbarschaft zu stören. Derartige Vorhaben sind in § 35 I BauGB beschrieben (sog. „**privilegierte Vorhaben**"). Die Zulässigkeit von privilegierten Vorhaben ist gegenüber den nicht-privilegierten (siehe § 35 II BauGB) vereinfacht. Die privilegierten Vorhaben sind demnach zulässig, wenn keine öffentlichen Belange entgegenstehen, die Erschließung gesichert ist und mindestens eine der in § 35 I BauGB enumerativ genannten Voraussetzungen erfüllt wird. Aufgrund dieser enumerativ genannten Zulässigkeitsvoraussetzungen kann man sagen, dass der Gesetzgeber „generalisierend geplant" hat[197], sodass diese Regelung auch als „**Ersatzplan**" oder als „**planähnliche Zuweisung**" bezeichnet wird.[198] Nichtprivilegierte Vorhaben im Außenbereich sind demgegenüber nur unter sehr engen Voraussetzungen zulässig, nämlich nur dann, wenn sie öffentliche Belange nicht beeinträchtigen und ihre Erschließung gesichert ist. Insoweit kann man sagen, dass sie faktisch einem Bauverbot mit engen Ausnahmevorbehalten unterliegen.

> **Merke:** Während es sich bei der Genehmigungspflicht im Bereich der §§ 30 und 34 BauGB um ein **präventives Verbot mit Erlaubnisvorbehalt** handelt (Bauen ist grundsätzlich möglich), ist § 35 BauGB der Funktion nach ein **repressives Verbot mit Befreiungsvorbehalt** (Bauen ist grundsätzlich nicht möglich).

133   **bb.** Die zentralen Vorschriften der §§ 30, 34 und 35 werden durch die §§ 31-33 und die §§ 36-38 BauGB ergänzt.

134   **a.)** Zunächst sind die in den §§ 31-33 BauGB normierten Modifikationen genannt. Nach **§ 31 BauGB** können unter bestimmten Voraussetzungen von den Festsetzungen des Bebauungsplans **Ausnahmen** und **Befreiungen** erteilt werden.

> **Beispiel:** Wegen Art. 14 I GG (hier: Baufreiheit) hat der Antragsteller einen Anspruch darauf, sein Grundstück im Rahmen der Inhalts- und Schrankenbestimmung des Art. 14 I S. 2 GG zu nutzen. Daraus resultiert der Anspruch auf Erteilung der Baugenehmigung, beispielsweise nach § 74 I BremLBO[199] („Die Baugenehmigung *ist* zu erteilen, wenn das Vorhaben den öffentlich-rechtlichen Vorschriften entspricht", insbesondere den §§ 29 ff. BauGB). Dies ist die Kernaussage des präventiven Verbots mit Erlaubnisvorbehalt.[200] Darüber hinausgehende Begehren *können* nur durch eine Ausnahmegenehmigung (z.B. § 31 II BauGB) verwirklicht werden, deren Verbescheidung im Ermessen der Bauaufsichtsbehörde liegt. Der Antragsteller hat also im Bereich der Ausnahmebewilligung nur einen Anspruch auf ermessensfehlerfreie Entscheidung.[201] Wenn also der Bebauungsplan nur den Bau von maximal 5-stöckigen Wohnhäusern zulässt, eine wirtschaftliche Nutzung des Grundstücks des Antragstellers aber nur bei dem Bau eines 6-stöckigen Hauses sinnvoll ist, kann die Behörde gem. § 31 II Nr. 3 BauGB einen Dispens erteilen.

135   **b.)** **§ 33 BauGB** regelt den Fall, dass für ein Gebiet mit der Aufstellung eines Bebauungsplans begonnen und eine bestimmte Verfahrens- und inhaltliche Konkretisierungsstufe („formelle und materielle Planreife") erreicht wurde. Verkürzt gesagt geht

---

[197] BVerwGE **28**, 148, 150.
[198] *Brohm*, BauR, § 18 Rn 6; *Erbguth/Wagner*, BauR, § 8 Rn 58.
[199] Vgl. **MBO**: § 72; **BaWü**: §§ 58, 59 LBO; **Bay**: Art. 68 LBO; **Berl**: § 71 LBO; **Brand**: §§ 67, 68 LBO; **Brem**: § 74 LBO; **Hamb**: §§ 72, 72a LBO; **Hess**: §§ 64, 65 LBO; **MV**: § 72 LBO; **Nds**: §§ 75, 78 LBO; **NRW**: § 75 LBO; **RhlPfl**: §§ 70, 77 LBO; **Saar**: § 73 LBO; **Sachs**: § 72 LBO; **Sachs-Anh**: § 71 LBO; **SchlHolst**: § 73 LBO; **Thür**: § 70 LBO.
[200] Zum präventiven Verbot mit Erlaubnisvorbehalt (Kontrollerlaubnis) vgl. *R. Schmidt*, AllgVerwR, Rn 246 und 358.

es um die **Zulässigkeit von Bauvorhaben während der Planaufstellung**. Liegen die Voraussetzungen des § 33 I BauGB vor, so *muss*, liegen hingegen die Voraussetzungen des § 33 II oder des § 33 III BauGB vor, so *kann* ein Vorhaben zugelassen werden.

- So ist gem. **§ 33 I BauGB** während der Planaufstellung ein Vorhaben zulässig, wenn

  ⇨ die Öffentlichkeits- und Behördenbeteiligung nach § 3 II, § 4 II und § 4 a II-V BauGB bereits durchgeführt worden ist (§ 33 I Nr. 1 BauGB),

  ⇨ anzunehmen ist, dass das Vorhaben den künftigen Festsetzungen des Bebauungsplans nicht entgegensteht (§ 33 I Nr. 2 BauGB),

  ⇨ der Bauherr diese Voraussetzungen für sich und seine Rechtsnachfolger schriftlich anerkennt (§ 33 I Nr. 3 BauGB, sog. „Unterwerfungsklausel") und

  ⇨ die Erschließung gesichert ist (§ 33 I Nr. 4 BauGB).

- Gem. **§ 33 II BauGB** kann in den Fällen des § 4 a III S. 1 BauGB vor der erneuten Öffentlichkeits- und Behördenbeteiligung ein Vorhaben zugelassen werden, wenn sich die vorgenommene Änderung oder Ergänzung des Bebauungsplans nicht auf das Vorhaben auswirkt und die in § 33 I Nr. 2-4 BauGB bezeichneten Voraussetzungen erfüllt sind.

- **§ 33 III BauGB** betrifft die Zulässigkeit von Vorhaben während des vereinfachten Planaufstellungsverfahrens nach § 13 BauGB.

c.) Gem. **§ 36 BauGB** entscheidet über einen gem. § 31 und §§ 33-35 BauGB zu beurteilenden Bauantrag die Baubehörde im **Einvernehmen** mit der Gemeinde. Das Einvernehmen mit der Gemeinde dient dem Schutz und der Sicherung der gemeindlichen Planungshoheit. Das ist unbestrittene Auffassung.[202] Wer Baubehörde ist, richtet sich nach der Gemeinde-, Kreis- bzw. Bauordnung des jeweiligen Landes. Dies können entweder eine Behörde des Landes (Staatsbehörde) oder eine Behörde der Gemeinde (Gemeindebehörde) sein. Insbesondere in kleineren Gemeinden, die die gesetzlichen und organisatorischen Voraussetzungen, die an eine Baubehörde gestellt sind, nicht erfüllen, ist die Baubehörde eine Landesbehörde (i.d.R. die Kreisverwaltungsbehörde, in einigen Ländern auch als „Landkreis" bezeichnet). Das Erfordernis des Einvernehmens wird also dann relevant, wenn die Baugenehmigungsbehörde nicht die Gemeinde, sondern eine Landesbehörde ist. In den Stadtstaaten besteht von vornherein kein Einvernehmenserfordernis, da hier die Baugenehmigung *stets* von der Gemeinde erteilt bzw. versagt wird.

Weiterhin wird bei dem Begriff des „Einvernehmens" in § 36 I S. 1 BauGB klar, dass zwischen Bauvorhaben im Geltungsbereich eines qualifizierten Bebauungsplans (§ 30 I BauGB) und sonstigen Bauvorhaben (§§ 30 III, 31, 34, 35 BauGB) unterschieden werden muss. Während beim einfachen Bebauungsplan nach § 30 III BauGB angesichts der Geltung der §§ 34 bzw. § 35 BauGB die Zustimmung der Gemeinde erforderlich ist (siehe sogleich), genügt beim qualifizierten Bebauungsplan nach § 30 I BauGB eine Information der Gemeinde über das beabsichtigte Vorhaben. Die unterschiedliche Behandlung erklärt sich daraus, dass die Gemeinde ja selbst den (qualifizierten) Bebauungsplan beschließt und damit „antizipiert" über die Zulässigkeit von Vorhaben entscheidet. Ihre Planungshoheit bleibt also unberührt; daher genügt die schlichte Information. Entsprechendes gilt für die Ausnahmeerteilung nach § 31 I BauGB, weil dort die möglichen Ausnahmegründe im Bebauungsplan selbst enthalten sein müssen (vgl. näher Rn 234, 378 und 497). Möchte die (staatliche) Baugenehmi-

136

---

201 Zum Verwaltungsermessen vgl. *R. Schmidt*, AllgVerwR, Rn 295 und 601.
202 Vgl. nur BVerwG NVwZ **2005**, 213 f.; NVwZ **2005**, 83 f.; BVerwG BauR **1999**, 1281; *Horn*, NVwZ **2002**, 406, 407; *Konrad*, JA **2001**, 588; *Gaentzsch*, NVwZ **2000**, 993, 995; *Dippel*, NVwZ **1999**, 921.

gungsbehörde hingegen von den Festsetzungen des Bebauungsplans abweichen (vgl. § 31 II BauGB) oder eine Baugenehmigung im Bereich eines einfachen Bebauungsplans bzw. im unbeplanten Innenbereich oder gar im Außenbereich der jeweiligen Gemeinde (vgl. §§ 30 III, 34 und 35 BauGB) erteilen, greift sie in die Planungshoheit dieser Gemeinde ein. Dieser Eingriff wird dadurch kompensiert, dass die Entscheidung im Einvernehmen mit der Gemeinde zu erfolgen hat, d.h. dass diese zur **Zustimmung** berechtigt ist. Zu beachten ist aber, dass die Gemeinde ihre Zustimmung grundsätzlich **nur** aus den sich aus §§ 31, 33-35 BauGB ergebenden Gründen **versagen** kann, nicht etwa, weil das Vorhaben ihren planerischen Vorstellungen widerspricht (vgl. § 36 II S. 1 BauGB).[203] Versagt die Gemeinde ihre Zustimmung aus anderen Gründen (somit in rechtswidriger Weise), kann das rechtswidrig versagte Einvernehmen nach § 36 II S. 3 BauGB ersetzt werden.[204]

137   Verstößt die von der Staatsbehörde erteilte Baugenehmigung gegen das Einvernehmenserfordernis, kann die Gemeinde **Anfechtungswiderspruch** und **Anfechtungsklage** gegen die Baugenehmigung erheben.[205] Die erforderliche Widerspruchs- bzw. Klagebefugnis ergibt sich aus der möglichen Verletzung der Planungshoheit aus Art. 28 II GG. Für den Fall, dass diese Rechtsbehelfe keine aufschiebende Wirkung entfalten (was insbesondere auf die Fälle des § 212 a I BauGB zutrifft), liegt ein Verfahren nach §§ 80 a, 80 V VwGO näher. Dies gilt jedoch nicht für die Ersetzung des Einvernehmens, weil dieses gerade nicht von § 212 a I BauGB erfasst wird. Hier entfalten Anfechtungswiderspruch und Anfechtungsklage aufschiebende Wirkung.

Demgegenüber kann die Gemeinde den Suspensiveffekt ihrer Klage gegen den Widerspruchsbescheid, der auf den Widerspruch des Bauherrn hin die Genehmigungsversagung aufhebt und zur Erteilung der Baugenehmigung verpflichtet, nur mit dem Antrag nach § 80 V VwGO durchsetzen.[206]

> **Beispiel:** Bauherr B beantragt beim für die Erteilung von Baugenehmigungen zuständigen Landkreis eine Baugenehmigung. Sein Antrag wird abschlägig beschieden. Gegen diesen Versagungsbescheid legt B Widerspruch ein. Die Widerspruchsbehörde gibt dem Widerspruch durch Widerspruchsbescheid statt und verpflichtet die Ausgangsbehörde (d.h. den Landkreis) zur Erteilung der Baugenehmigung.
>
> In diesem Fall kann die Gemeinde zwar gegen den Widerspruchsbescheid klagen, eine Klage würde aber aufgrund der Regelung des § 212 a I BauGB keine aufschiebende Wirkung entfalten. B könnte also jedenfalls bis zur Gerichtsentscheidung den Bau ausführen. Um dies zu verhindern, bleibt der Gemeinde nur der Antrag nach § 80 V S. 1 Var. 1 VwGO auf Anordnung der aufschiebenden Wirkung gegen den Widerspruchsbescheid.
>
> Geht es um den Anspruch der Gemeinde auf baubehördliches Einschreiten gegen ein Vorhaben, ist in der Hauptsache eine Verpflichtungsklage statthaft und im einstweiligen Rechtsschutz der Antrag gem. § 123 VwGO.[207]
>
> Zum Anspruch der Gemeinde gegen die Bauaufsichtsbehörde auf **Einschreiten gegen einen Schwarzbau** vgl. den Abschlussfall bei *R. Schmidt*, AllgVerwR, Rn 992.

---

[203] Vgl. BVerwG NVwZ **2005**, 213 f.

[204] OVG Lüneburg NVwZ **2000**, 1061 f.; OVG Koblenz NVwZ-RR **2000**, 85; *Horn*, NVwZ **2002**, 406, 407; *Konrad*, JA **2001**, 588, 590; *Ortloff*, NVwZ **2000**, 750, 753; anders *Ibler*, BauR, Fall 2 Rn 48, allerdings mit Verweis auf die ältere Rspr. des BVerwG (E **22**, 342, 346; **45**, 207, 213), die wegen § 36 II S. 3 BauGB, der 1998 in das BauGB eingefügt wurde, keine Gültigkeit mehr beanspruchen kann.

[205] BVerwG NVwZ **2005**, 213 f. Gibt das Verwaltungsgericht einer Anfechtungsklage des Bauherrn gegen eine Beseitigungsanordnung der Bauaufsichtsbehörde mit der Begründung statt, das Vorhaben verstoße nicht gegen das Bauplanungsrecht, kann die beigeladene Gemeinde unter Hinweis auf ihre Planungshoheit gegen dieses Urteil Rechtsmittel einlegen (BVerwG NVwZ **2000**, 1048 ff.). Vgl. auch *Konrad*, JA **2001**, 588, 591; VGH München NVwZ-RR **2005**, 56 f.

[206] OVG Lüneburg NVwZ-RR **1999**, 367; *Ortloff*, NVwZ **2000**, 750, 753.

[207] Vgl. OVG Weimar NVwZ-RR **1999**, 279. Vgl. auch VGH München NVwZ-RR **2005**, 56 f.

d.) Das Einvernehmen der Gemeinde ist für die Erteilung einer Baugenehmigung bzw. einer Ausnahme oder Befreiung in den zuletzt genannten Bereichen konstitutiv. Das bedeutet, dass die Baubehörde den Bauantrag auch dann ablehnen muss, wenn die Verweigerung der Gemeinde rechtswidrig ist.[208] Etwas anderes gilt nur dann, wenn die staatliche Rechtsaufsichtsbehörde (Kommunalaufsicht) die Zustimmung im Wege der Ersatzvornahme erteilt hat. Daneben kann die rechtswidrig versagte Zustimmung der Gemeinde durch die nach Landesrecht zuständige Behörde gem. § 36 II S. 3 BauGB ersetzt werden. Fehlt eine nach Landesrecht zuständige Behörde, ist die Kommunalaufsichtsbehörde zuständig.[209] In derartigen Fällen ist die rechtswidrige Verweigerung des Einvernehmens seitens der Gemeinde bedeutungslos. Vgl. dazu auch Rn 379. Schließlich ist zu beachten, dass aus Gründen der Verfahrensbeschleunigung § 36 II S. 2 BauGB nach Ablauf einer Frist von **zwei Monaten** eine Fiktion des Einvernehmens der Gemeinde bzw. Zustimmung der höheren Verwaltungsbehörde enthält.[210]

138

Welches Organ der Gemeinde für die Erteilung des Einvernehmens zuständig ist, ergibt sich aus dem Kommunalrecht. Im Zweifel sind es die maßgeblichen Organe, also der Gemeinderat. Teilweise wird der Einvernehmensakt aber auch als Geschäft der laufenden Verwaltung gesehen, sodass der Bürgermeister bzw. der Gemeindevorsteher zuständig wäre. Das ist unproblematisch, da die Gemeinde mit dem Einvernehmenserfordernis nicht in ihrem Planungsermessen berührt, sondern im Wesentlichen rechtlich gebunden ist (vgl. § 36 II S. 1 BauGB).

139

Zum Rechtsschutz des Bürgers: Stellt der Einvernehmensakt einen Verwaltungsakt dar, kann der Bauherr Verpflichtungsklage gegen die sich weigernde Gemeinde erheben, die darauf gerichtet ist, die Gemeinde zu verurteilen, das gewünschte Einvernehmen zu erteilen. Handelt es sich bei dem Einvernehmensakt jedoch nur um einen verwaltungsinternen Entscheidungsakt ohne Außenwirkung für den Bürger, kommt gegenüber der Gemeinde allenfalls die allgemeine Leistungsklage in Betracht, die jedoch mangels Klagebefugnis unzulässig sein dürfte. Von einer außenwirksamen Regelung und damit von einem Verwaltungsakt ist nur dann auszugehen, wenn der Einvernehmensakt gegenüber dem Bürger einen eigenständigen Regelungsgehalt besitzt. Davon ist immer dann auszugehen, wenn der Gemeinde die *alleinige oder überwiegende Entscheidungsbefugnis* über den Einvernehmensgegenstand zugewiesen ist.[211] Hat die Gemeinde hingegen lediglich *dieselben* Gesichtspunkte zu prüfen wie die Entscheidungsbehörde, kann bei dem Mitwirkungsakt nicht von einem Verwaltungsakt ausgegangen werden. Nach der Rechtsprechung des BVerwG[212] hat die Gemeinde aber nur dieselben Gesichtspunkte zu prüfen wie die Entscheidungsbehörde. Das überzeugt, denn dadurch, dass die Gemeinde ihre Zustimmung grundsätzlich nur aus den sich aus §§ 31, 33-35 BauGB ergebenden Gründen versagen kann und nicht etwa, weil das Vorhaben ihren planerischen Vorstellungen widerspricht (vgl. § 36 II S. 1 BauGB), sind keine Gesichtspunkte ersichtlich, die nicht auch schon von der Genehmigungsbehörde zu prüfen wären.[213] Der Einvernehmensakt stellt also keinen Verwaltungsakt, sondern lediglich einen verwaltungsinternen Vorgang dar. Im Außenverhältnis zum Bürger ist daher allein die Entscheidung der Baugenehmigungsbehörde maßgeblich. Deren Entscheidung über die Genehmigung/Nichtgenehmigung des Bauvorhabens ist jedenfalls ein Verwaltungsakt. Der Bürger kann also Verpflichtungsklage gegen die Baugenehmigungsbehörde erheben mit dem Ziel, dass diese ihm die beantragte Baugenehmi-

140

---

[208] BVerwG NVwZ **1986**, 556.
[209] *Dolde/Menke*, NJW **1999**, 2150, 2157. Vgl. dazu auch *Horn*, NVwZ **2002**, 406 ff.
[210] Vgl. dazu BVerwG NVwZ **2005**, 213 f.
[211] BVerwGE **26**, 31, 39; *Peine*, AllgVerwR, § 9 Rn 127.
[212] Vgl. BVerwGE **28**, 145 ff.; BVerwG NVwZ **1986**, 556; BVerfG NVwZ **2005**, 83 f.; zu § 36 BauGB.
[213] Vgl. dazu BVerwG NVwZ **2000**, 1169, 1170; *Konrad*, JA **2001**, 588, 591; *Ortloff*, NVwZ **2000**, 750, 753; *Gaentzsch*, NVwZ **2000**, 993, 1000.

gung erteilt. Das Gericht prüft dann inzident, ob die Versagung des Einvernehmens durch die Gemeinde rechtswidrig war. War sie rechtswidrig, wird das Einvernehmen durch das Gericht ersetzt (§§ 65 II, 121 Nr. 1 VwGO, § 173 VwGO i.V.m. § 894 ZPO). Die Gemeinde ist in diesem Verpflichtungsstreit notwendig beizuladen.

141   Auch für den Fall, dass die Genehmigungsbehörde und die Behörde, die das Einvernehmen erklären muss (also die mitwirkungsberechtigte Behörde), **identisch** sind, darf die Genehmigungsbehörde den begehrten begünstigenden Verwaltungsakt nicht mit der Begründung versagen, das Einvernehmen sei (von einem mitwirkungsberechtigten Organ der Gemeinde) verweigert worden. Auch in diesem Fall muss die Entscheidungsbehörde so entscheiden, als habe das Einvernehmen vorgelegen.[214]

> **Beispiel:** B beantragt bei der für die Erteilung von Baugenehmigungen zuständigen Gemeinde die Genehmigung für den Bau eines Reetdachhauses. Der Bürgermeister lehnt den Antrag ab mit der Begründung, der Gemeinderat habe sein Einvernehmen verweigert.
>
> In diesem Fall sind Baugenehmigungsbehörde und Einvernehmensbehörde identisch. Die Genehmigungsbehörde darf daher die begehrte Baugenehmigung nicht mit der Begründung versagen, das Einvernehmen sei (von dem mitwirkungsberechtigten Gemeinderat) verweigert worden. Der Bürgermeister hat also so zu entscheiden, als habe das Einvernehmen des Gemeinderates vorgelegen.

2. Begriff der baulichen Anlage, § 29 BauGB

142   **a.** Bevor der Anwendungsbereich einzelner Planbereichsnormen und die Zulässigkeit von Bauvorhaben näher untersucht werden können, muss zunächst der Begriff der baulichen Anlage geklärt sein. Denn nur wenn überhaupt eine bauliche Anlage i.S.d. Bauplanungsrechts vorliegt, können Fragen zu den drei Planbereichen und zur Zulässigkeit von Bauvorhaben beantwortet werden. Zentrale Bestimmung dafür ist § 29 BauGB.[215] Diese Vorschrift bestimmt den Anwendungsbereich der ihr folgenden §§ 30-37 BauGB für Vorhaben, die die Errichtung, die Änderung oder die Nutzungsänderung von baulichen Anlagen zum Inhalt haben. Daneben gilt sie für Aufschüttungen, Abgrabungen größeren Umfangs sowie für Ausschachtungen und Ablagerungen.

> **Hinweis für die Fallbearbeitung:** Bevor also in einer Klausur die Zulässigkeit eines Bauvorhabens nach Maßgabe des § 30, § 34 oder § 35 BauGB geprüft wird, muss zunächst geklärt sein, ob die jeweilige Vorschrift auch zur Anwendung gelangt. Dies ist nur dann der Fall, wenn das zu beurteilende Objekt bzw. Vorhaben dem Rechtsbegriff des Vorhabens i.S.d. § 29 BauGB unterfällt. Was nicht bauliche Anlage i.S.d. § 29 BauGB ist, unterliegt nicht den §§ 30 ff. BauGB.

143   **b.** Der Begriff der **baulichen Anlage** wird im BauGB nicht definiert. Die in den meisten Landesbauordnungen verwendete Definition, wonach bauliche Anlagen solche sind, die in einer auf Dauer gedachten Weise künstlich mit dem Erdboden verbunden und mit Baustoffen und Bauteilen errichtet sind[216], lässt sich nur eingeschränkt auf das Bauplanungsrecht übertragen. Denn Bauordnungsrecht und Bauplanungsrecht verfolgen, wie bereits dargestellt, verschiedene Ziele. Während das Bauordnungsrecht primär der Gefahrenabwehr und der Verwirklichung sozialer Standards dient, beantwortet das Bauplanungsrecht die Frage, ob ein Vorhaben auf einem

---

[214] BVerwG NVwZ **2005**, 83 f.

[215] Vgl. dazu BVerwG NVwZ **2001**, 1046 f.; OVG Münster DVBl **2008**, 791; OVG Münster ZfBR **2008**, 499, 500 f.; *Gaentzsch*, NVwZ **2000**, 993, 997 ff.

[216] Vgl. § 2 der entsprechenden Landesbauordnungen sowie *Ortloff*, NVwZ **2002**, 416, 417; **2003**, 660, 661. Die notwendige Verbindung mit dem Erdboden kann auch mittelbar, etwa durch Anbringung einer Werbeanlage an einer Gebäudewand, hergestellt werden (vgl. OVG Hamburg NVwZ-RR **2002**, 562).

bestimmten Grundstück errichtet werden darf. Damit stellt das Bauplanungsrecht auf die bodenrechtliche bzw. städtebauliche Relevanz ab. Daher ist ein Bauwerk immer dann vom Begriff der baulichen Anlage i.S.d. Bauplanungsrechts umfasst, wenn es eine **bodenrechtliche** bzw. **städtebauliche Relevanz** hat.[217]

> **Beispiele:** Eine bodenrechtliche bzw. städtebauliche Relevanz haben i.d.R. gemauerte Grillstellen, großflächige Werbetafeln[218], Sportanlagen[219], Windkraftanlagen[220], Campingplätze, Kfz-Abstellplätze (sobald sie eine Einfriedung aus Baustoffen wie z.B. Holz, Metall oder Steine erfahren haben), feste Bauwerke (Toiletten, Kioske, befestigte Spielgeräte wie Fußballtore, Basketballkörbe etc.), Anlagen mit einem festen Bodenbelag (Beton, Kunststoff, Asphalt etc.) und Erweiterungsvorhaben mit Flächenzuwachs und Auswirkungen auf das Maß der Nutzung[221].

143a Dagegen fehlt die für das Bauplanungsrecht erforderliche boden- und städtebauliche Relevanz, wenn durch das Objekt bzw. Vorhaben nicht die in §§ 1 V, VI, 1a BauGB genannten Belange in einer Weise berührt werden, die geeignet sind, das Bedürfnis nach einer verbindlichen Bauleitplanung hervorzurufen.[222]

> **Beispiel[223]:** Ein am Ufer einer Bundeswasserstraße fest verankertes Schiff mag zwar tatbestandlich eine bauliche Anlage i.S.d. § 29 BauGB sein, es fehlt aber das Bedürfnis nach einer verbindlichen Bauleitplanung, da die Nutzung der Bundeswasserstraßen im Wasserstraßengesetz des Bundes abschließend geregelt ist, sodass für eine Bauleitplanung weder Raum noch Bedürfnis besteht.

144 Die für das Bauplanungsrecht erforderliche boden- und städtebauliche Relevanz fehlt auch bei Kleinbauten oder Kleinvorhaben (sog. **Bagatellanlagen** oder Primitivbauten). Diese können aber als bauliche Anlagen i.S.d. Bauordnungsrechts gelten.

> **Beispiel[224]:** Ein kleines Werbeschild kann, soweit es eine fest mit dem Boden verbundene und dauerhaft errichtete Anlage darstellt, durchaus eine bauliche Anlage i.S.d. Bauordnungsrechts darstellen. Dagegen ist es nur dann eine bauliche Anlage i.S.d. Bauplanungsrechts, wenn es auch eine bodenrechtliche bzw. städtebauliche Relevanz hat. Sollte es sich bei dem Werbeschild um eine sog. Bagatellanlage handeln, ist ihr die bodenrechtliche bzw. städtebauliche Relevanz abzusprechen. Die Zulässigkeit richtet sich daher nur nach der Landesbauordnung und anderen Gesetzen, nicht aber nach dem BauGB. Entsprechendes gilt für kleine Litfasssäulen oder Warenautomaten.

> **Hinweis für die Fallbearbeitung:** Obwohl es durchaus vorkommen kann, dass ein Bagatellbau zwar dem Bauordnungsrecht, nicht aber dem Bauplanungsrecht unterfällt, lässt sich oft eine gewisse Übereinstimmung feststellen. Als Faustformel kann man daher sagen: Ist ein Vorhaben nach der Landesbauordnung genehmigungsfrei (vgl. dazu Rn 345 ff.), fehlt ihm i.d.R. auch die boden- bzw. städtebauliche Relevanz nach dem Bauplanungsrecht. Hält umgekehrt der Landesgesetzgeber

---

[217] Vgl. BVerwG NVwZ **2001**, 1046, 1047 (zurückgehend auf BVerwGE **44**, 59, 61 und **91**, 234, 236); BVerwG NVwZ **2000**, 1047; OVG Münster DVBl **2008**, 791; OVG Münster ZfBR **2008**, 499, 500 f.

[218] OVG Münster DVBl **2008**, 791; OVG Münster ZfBR **2008**, 499, 500 f.

[219] Dazu ausführlich *Ketteler*, NVwZ **2002**, 1070 ff.

[220] Vgl. BVerwG BVerwG NVwZ **2009**, 338 ff.; NVwZ **2008**, 76 ff.; NVwZ **2007**, 336; NVwZ **2005**, 208, 209 f.; NVwZ **2003**, 733; OVG Lüneburg NVwZ **2007**, 356 f. und 357 f.; OVG Münster NVwZ **2007**, 967 ff.; OVG Koblenz NVwZ **2005**, 1208 ff.; *Dazert/Mahlberg*, NVwZ **2004**, 158 ff. Zu beachten ist aber die Besonderheit, dass sich die Genehmigung von Windkraftanlagen häufig nach dem BImSchG richtet (vgl. dazu BVerwG NVwZ **2008**, 76 ff.; OVG Münster NVwZ **2007**, 967 ff. sowie Rn 4, 266a und 426a).

[221] Vgl. BVerwG NJW **1999**, 523 und *Dolde/Menke*, NJW **1999**, 2150, 2151.

[222] BVerwGE **44**, 59, 61; **91**, 234, 236.

[223] Vgl. BVerwGE **44**, 59, 61 ff.; VGH Mannheim URP **1996**, 192; *Stollmann*, BauR, § 13 Rn 9.

[224] Vgl. *Brohm*, BauR, § 18 Rn 22; *Ortloff*, NVwZ **2002**, 416, 417.

> ein Vorhaben für genehmigungspflichtig, liegt erst recht eine boden- bzw. städte-
> bauliche Relevanz nach dem Bauplanungsrecht vor.

145   **c.** Bei der Frage nach dem Begriff der baulichen Anlage muss auch der bauplanungsrechtliche Begriff der **Nutzungsänderung** geklärt werden. Denn führt eine
Nutzungsänderung eines bereits bauplanungsrechtlich genehmigten Baus dazu, dass
die Frage nach der bodenrechtlichen Relevanz erneut aufgeworfen werden muss, ist
auch über die Frage der Legalität des Baus erneut zu entscheiden. Das gilt selbst
dann, wenn dieselben Planbereichsnormen einschlägig sind. Eine Nutzungsänderung
liegt vor, wenn die bauliche Anlage zu einem anderen als dem ursprünglich genehmigten Zweck genutzt werden soll und die neue Nutzung die in §§ 1 V, VI BauGB
genannten Belange berühren und damit planungsrechtlich relevant sein kann.[225]

146   Eine bauplanungsrechtliche Genehmigungspflicht liegt daher stets vor, wenn mit der Nutzungsänderung **bauliche Veränderungen einher gehen**. So ist etwa die Umwandlung
einer Gaststätte in eine Diskothek zwar nicht notwendigerweise, aber regelmäßig mit
einem Umbau der Anlage verbunden. Entsprechendes gilt für die Umwandlung einer Pri-
vatwohnung in Büros oder eines Kinos in ein Tanzlokal. Bauplanungsrechtlich relevante
und somit genehmigungspflichtige Nutzungsänderungen können aber auch ohne bauliche
Veränderungen vorliegen.

> **Beispiele:**
>
> **(1)** Die Umstellung eines – bisher auf die Winterzeit beschränkten – Betriebs einer Alm-
> Gaststätte für Skiläufer und Wanderer in einem Ski- und Wandergebiet auf einen –
> ganzjährigen – Betrieb, der zusätzliche Gäste (Auto- und Bustouristik) anziehen
> wird, ist eine (genehmigungspflichtige) Nutzungsänderung.[226]
>
> **(2)** Die beabsichtigte „Umwandlung" eines Lagerplatzes eines Bauunternehmers in ei-
> nen Sammel- und Lagerplatz mit Verkaufsstätte für gebrauchte Maschinen, Kraft-
> fahrzeuge und Fahrzeugteile stellt eine genehmigungspflichtige Nutzungsänderung
> dar, weil planungsrechtlich relevante Belange des Umweltschutzes und des Ver-
> kehrs durch die ursprüngliche und die neue Nutzung in unterschiedlicher Weise be-
> troffen sein können.[227]
>
> **(3)** Sollen bei einem im Außenbereich angesiedelten landwirtschaftlichen Betrieb, bei
> dem u.a. Rinder, Kühe, Schafe, Schweine und Hühner teilweise ab Hof verkauft
> werden, ca. 50 ha Grünland als Futterbasis und 20 ha Anbaufläche bewirtschaftet
> und eine genehmigte Straußwirtschaft[228] mit 100 Sitzplätzen für die Dauer von 120
> Tagen pro Jahr betrieben werden, die für die Straußwirtschaft genutzten Räumlich-
> keiten für eine Gaststätte mit 100 Sitzplätzen und ganzjährigen Öffnungszeiten be-
> nutzt werden, liegt eine Nutzungsänderung vor.[229]

Eine bauplanungsrechtlich irrelevante und somit (nach dem BauGB) genehmigungsfreie
Nutzungsänderung liegt demgegenüber vor, wenn z.B. ein Spielwarengeschäft in eine
Modeboutique umgewandelt wird.

---

[225] Vgl. BVerwG NVwZ-RR **2000**, 758; VG Gießen NVwZ-RR **2005**, 232, 234; *Stüer*, DVBl **2003**, 1030;
Gaentzsch, NVwZ **2000**, 991, 997
[226] BVerwG NVwZ **2000**, 678; *Gaentzsch*, NVwZ **2000**, 993, 997 f.
[227] BVerwG NVwZ-RR **2000**, 758; *Gaentzsch*, NVwZ **2000**, 993, 997 f.
[228] Straußwirtschaft wird der erlaubnisfreie Ausschank von selbsterzeugtem Wein oder Apfelwein genannt. Sie
ist gem. § 14 GastG für die Dauer von höchstens 4 bzw. 6 Monaten im Jahr zulässig.
[229] Nach VG Karlsruhe NVwZ **2000**, 592.

3. Zulässigkeit von Vorhaben allgemein

Handelt es sich bei dem zu errichtenden Vorhaben um eine bauliche Anlage i.S.d. §29 BauGB, ist als Nächstes zu untersuchen, welchem der drei Planbereiche (§§ 30, 34 oder 35 BauGB) das geplante Vorhaben zuzuordnen ist, da an diese Planbereiche unterschiedliche Zulässigkeitsanforderungen geknüpft sind. Für die **Fallbearbeitung** bietet sich folgende Grundstruktur der bauplanungsrechtlichen Zulässigkeit von Vorhaben an:

147

148

Bauplanungsrechtliche Zulässigkeit von Vorhaben

(1) Handelt es sich um Vorhaben i.S.d. **§ 29 BauGB**, sind die **§§ 30 ff. BauGB** anwendbar. Die Zulässigkeit des Vorhabens richtet sich dann in Abhängigkeit von der **Lage** des Grundstücks nach

    (a) **§ 30 I oder II BauGB**: § 30 I BauGB beschreibt die Zulässigkeit eines Vorhabens im Geltungsbereich eines mit bestimmten Festsetzungen (vgl. § 9 BauGB) versehenen Bebauungsplans (sog. qualifizierter Bebauungsplan) oder eines ihm gleichgestellten vorhabenbezogenen Bebauungsplans, § 30 II BauGB.

    (b) **§ 34 BauGB**: Diese Vorschrift regelt die Zulässigkeit eines im Zusammenhang bebauten, nicht oder nicht qualifiziert beplanten (§ 30 III BauGB) Ortsteils.

    (c) Liegen die Voraussetzungen der §§ 30, 34 BauGB nicht vor, ist die Prüfung der Zulässigkeit des Vorhabens stets mit **§ 35 BauGB** fortzuführen. Diese Vorschrift regelt die Zulässigkeit von Vorhaben im sog. Außenbereich, also dem Bereich, der weder § 30 noch § 34 BauGB zugeordnet werden kann.

(2) Liegt das Vorhaben im **Geltungsbereich eines qualifizierten (§ 30 I BauGB) oder eines vorhabenbezogenen (§ 30 II BauGB) Bebauungsplans**, ist folgendermaßen weiter zu prüfen:

    (a) Entspricht das Vorhaben den Festsetzungen des qualifizierten Bebauungsplans oder ihm gleichgestellten vorhabenbezogenen Bebauungsplans, ist es zulässig. Etwas anderes gilt nur dann, wenn nach entsprechender (inzidenter) Prüfung des Bebauungsplans festgestellt wird, dass dieser nichtig ist (unten c).

    (b) Widerspricht das Vorhaben den Festsetzungen des Bebauungsplans, kommt gegebenenfalls eine Zulassung aufgrund der Ausnahme- oder Befreiungsvorschrift nach § 31 I und II BauGB in Betracht.

    (c) Ist der Bebauungsplan unwirksam, bemisst sich die Zulässigkeit des Vorhabens nach den §§ 34 und 35 BauGB.

(3) Liegt das Vorhaben **außerhalb des Geltungsbereichs eines qualifizierten Bebauungsplans oder eines vorhabenbezogenen Bebauungsplans**, ist folgendermaßen zu prüfen:

    (a) Liegt das Vorhaben im Geltungsbereich eines einfachen Bebauungsplans (§ 30 III BauGB), richtet sich die Zulässigkeit des Vorhabens nach §§ 34, 35 BauGB.

    (b) Liegt das Vorhaben weder im Geltungsbereich eines qualifizierten, vorhabenbezogenen oder einfachen Bebauungsplans noch im unbeplanten Innenbereich (§ 34 BauGB), richtet sich die Zulässigkeit nach § 35 BauGB (Außenbereich).

(4) Fehlt es an der Zulässigkeit des Vorhabens nach § 30, § 34 oder § 35 BauGB, ist die Vorschrift des **§ 33 BauGB** zu prüfen. Danach kann das Vorhaben zu genehmigen sein, wenn für das Gebiet ein Beschluss über die Aufstellung eines Bebauungsplans gefasst wurde.

---

4. Qualifiziert beplanter Innenbereich, § 30 I BauGB

a. Voraussetzungen der Zulässigkeit eines Vorhabens

aa. Vorliegen einer baulichen Anlage i.S.v. § 29 BauGB

149 Aus der Formulierung des § 30 I BauGB folgt zunächst, dass ein Vorhaben i.S.v. § 29 BauGB vorliegen muss. Liegt ein solches Vorhaben nicht vor, kommt § 30 BauGB nicht zur Anwendung. Das bedeutet aber nicht, dass eine außerhalb des § 29 BauGB stehende Nutzung des betreffenden Grundstücks grenzenlos zulässig wäre. Als Satzung entfaltet der Bebauungsplan gleichwohl rechtliche Verbindlichkeit. Ein Vorhaben darf also – auch wenn es kein Vorhaben i.S.d. § 29 BauGB darstellt – in keinem Fall dem Bebauungsplan widersprechen.

bb. Kein Widerspruch zu den Festsetzungen; gesicherte Erschließung

150 Hinsichtlich der **Zulässigkeit eines Vorhabens** bestimmt § 30 I BauGB, dass im Geltungsbereich eines qualifizierten Bebauungsplans ein Vorhaben (§ 29 BauGB) zulässig ist, wenn es den **Festsetzungen des Bebauungsplans** (§ 9 BauGB) **nicht widerspricht** und die **Erschließung gesichert ist**. Eine Normanalyse führt zu folgenden Erwägungen:

- Es muss ein qualifizierter Bebauungsplan bestehen,
- das Vorhaben muss den Festsetzungen des Bebauungsplans entsprechen und
- die Erschließung muss gesichert sein.

a.) Vorliegen eines qualifizierten Bebauungsplans

151 Zunächst wird klar, dass **allein der Bebauungsplan mit dessen Festsetzungen maßgeblich ist**, d.h. die rechtliche Zulässigkeit des Bauvorhabens richtet sich ausschließlich nach dem Bebauungsplan (der freilich höherrangiges Recht beachten muss) und dessen Festsetzungen.[230] § 30 I BauGB beschreibt die Festsetzungen, die mindestens vorliegen müssen, damit es sich bei dem Bebauungsplan um einen qualifizierten Bebauungsplan handelt.

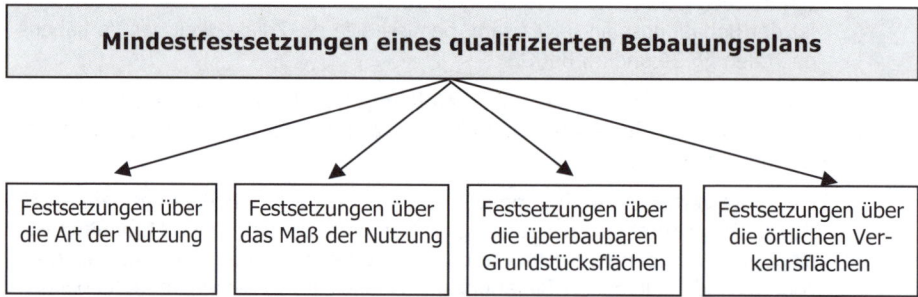

Fehlt es auch nur an einer dieser Mindestfestsetzungen, handelt es sich um einen einfachen Bebauungsplan.

---

[230] Sollte der Bebauungsplan bspw. den Vorgaben der BauNVO oder des UVPG widersprechen, ist er (teilweise) nichtig. Die Zulässigkeit des Vorhabens richtet sich dann – wie gesagt – nach dem Maßstab der §§ 34 und 35 BauGB.

b.) Ergänzung und Konkretisierung der Festsetzungen durch die BauNVO

Wie gesagt, spricht § 30 I BauGB von einem qualifizierten Bebauungsplan, wenn dieser „allein oder gemeinsam mit sonstigen baurechtlichen Vorschriften mindestens **Festsetzungen** über die Art und das Maß der baulichen Nutzung, die überbaubaren Grundstücksflächen und die örtlichen Verkehrsflächen enthält". Ergänzt und konkretisiert werden die Festsetzungen des Bebauungsplans durch die **BauNVO**. Diese ist eine Rechtsverordnung des Bundes, die aufgrund der Ermächtigung in § 9 a BauGB (§ 2 V BauGB a.F.) ergehen durfte (vgl. bereits Rn 12). Nach ihr können

152

- die *Art* der Nutzung (§ 1 III S. 2, §§ 2-14 BauNVO),
- das *Maß* der Nutzung (§§ 16-21a BauNVO) und
- die Bau*weise* und die überbaubaren Grundstücksflächen (§§ 22-23 BauNVO)

im Bebauungsplan festgesetzt werden. Die Vorschriften der **§§ 2-14 BauNVO** werden gem. § 1 III S. 2 BauNVO **Bestandteil des Bebauungsplans**, wenn die Gemeinde die in § 1 II BauNVO genannten Gebiete (z.B. reines Wohngebiet, Mischgebiet, Gewerbegebiet, Industriegebiet) festsetzt und wenn nicht in § 1 IV bis X BauNVO etwas anderes bestimmt ist. Die Planwidrigkeit und damit Unzulässigkeit eines Vorhabens müssen also, was die Art der baulichen Nutzung betrifft, in einem solchen Fall **unmittelbar nach §§ 2-14 BauNVO beurteilt werden**.

> **Beispiel:** Weist der Bebauungsplan ein reines Wohngebiet aus, sind alle Vorhaben zulässig, die den Vorgaben des § 3 BauNVO entsprechen (und im Übrigen auch mit §§ 12-14 BauNVO vereinbar sind).

Gesetzessystematisch regelt die BauNVO die einzelnen **Gebietstypen** dergestalt, dass sie für den jeweiligen Gebietstyp (reines Wohngebiet, allgemeines Wohngebiet, besonderes Wohngebiet, Dorfgebiet etc.)

153

- in Abs. 1 der betreffenden Vorschrift zunächst den **Gebietstyp** (das typisierte Baugebiet) beschreibt,
- in Abs. 2 der betreffenden Vorschrift sodann die in diesem Gebiet **regelmäßig zulässigen** Nutzungen darstellt
- um schließlich in Abs. 3 der betreffenden Vorschrift die nur **ausnahmsweise zulässigen** Nutzungen umschreibt.

Die im jeweiligen Abs. 3 enthaltene Formulierung: „ausnahmsweise können zugelassen werden" deutet zwar darauf hin, dass eine Ermessensentscheidung der Baugenehmigungsbehörde besteht, sie macht jedoch auch den Ausnahmecharakter einer Bauzulassung für die in Abs. 3 der jeweiligen Vorschrift genannten Objekte deutlich, was zu einer **engen Auslegung** zwingt. Immerhin handelt es sich um Ausnahmen von einem städtebaulichen Gesamtkonzept. Der Antragsteller muss also schon gewichtige Gründe vorbringen, die es der Behörde erlauben, eine Baugenehmigung zu erteilen. Jedenfalls wird er es nicht einfach haben, einen Ablehnungsbescheid der Behörde erfolgreich anzufechten bzw. über eine Verpflichtungsklage, die auf den Erlass der gewünschten Baugenehmigung gerichtet ist, zum Ziel zu gelangen.

154

> **Einschub: Erläuterung wichtiger Begriffe der §§ 2-14 BauNVO, deren Kenntnis für eine erfolgreiche Fallbearbeitung unverzichtbar ist.**
>
> - Der Begriff des **(Wohn-)Gebäudes** ist in § 2 aller Landesbauordnungen legaldefiniert. **Wohnen** umfasst die Gesamtheit der auf Dauer ausgerichteten Führung eines häuslichen Lebens. Dazu gehört, dass dem Menschen zumindest faktisch der Wohnraum hinreichend gesichert zugeordnet wird und dass dieser Lebensbereich gegen unmittelbare Verfügungsgewalt Dritter wirksam abgeschirmt ist.
>
> - Eine Anlage/ein Betrieb **dient der Versorgung des Gebiets**, wenn sie/er im Hinblick auf ihre/seine Größe nicht auf Besucher aus einer größeren Umgebung angewiesen ist oder wenn die Kunden üblicherweise nicht mit dem Kraftfahrzeug anreisen. Entsprechendes gilt für Anlagen/Betriebe, die zur **Deckung des täglichen Bedarfs des Bewohnens** bzw. den **Bedürfnissen der Bewohner des Gebiets** dienen („Wohnnähe").
>
> - **Ein Betrieb stört nicht** (wesentlich), wenn weder von ihm noch von seinem Kundenverkehr gebietsunverträgliche Immissionen i.S.v. § 15 I S. 2, II BauNVO („Störungen") ausgehen.
>
> - Anlagen dienen **sozialen Zwecken**, wenn sie karitativ dem Wohl der Allgemeinheit dienen. Hierzu gehören u.a. auch **Asylbewerberheime**, wobei die Zulässigkeit im reinen Wohngebiet (§ 3 III Nr. 2 BauNVO) nur ausnahmsweise gegeben ist.[231]
>
> - **Vergnügungsstätten** sind Gewerbebetriebe, bei denen die kommerzielle Unterhaltung der Besucher im Vordergrund steht.[232] Zu ihnen zählen insbesondere Spielhallen, wobei zwischen größeren kerngebietstypischen Spielhallen (MK-Spielhallen) und kleinen mischgebietsverträglichen Spielhallen i.S.v. § 4a III Nr. 2 BauNVO (MI-Spielhallen) zu unterscheiden ist.[233] Auch Kinos[234], Tanzbars, Kabaretts, Spielkasinos, Diskotheken, Striptease-Lokale, Sex-Kinos und Peep-Shows gehören hierher. Dagegen sind **Bordelle** keine Vergnügungsstätten im dargelegten Sinn, sondern (i.S.d. BauNVO) reine Gewerbebetriebe (sogleich Rn 160).[235]
>
> - Zu den **Gewerbebetrieben** gehören neben den genannten Bordellen auch **Werbeanlagen** für Eigen- und Fremdwerbung, sofern sie insbesondere wegen ihrer Größe nicht nur bauordnungsrechtliche, sondern auch städtebauliche Relevanz haben (s.o.).
>
> - Die Begriffe **Stellplätze** und **Garagen** sind zumeist in den allgemeinen Vorschriften der Landesbauordnungen legaldefiniert. Sie sind gem. § 12 I BauNVO in allen Baugebieten zulässig, soweit sich aus § 12 II-VI BauNVO nichts anderes ergibt.[236]
>
> - Zu den **untergeordneten Nebenanlagen**, die gem. § 14 I 1 S. 1 (ggf. i.V.m. § 23 V S. 1) BauNVO außer den in den §§ 2-13 BauNVO genannten Anlagen zulässig sind, gehören z.B. Müllcontainer, Antennenanlagen und Hundezwinger, sofern sie dem Nutzungszweck der in dem Baugebiet gelegenen Grundstücke oder des Baugebiets selbst dienen und seiner Eigenart nicht widersprechen.[237] Allerdings kann im Bebauungsplan die Zulässigkeit eingeschränkt oder ausgeschlossen werden (§ 14 I S. 3 BauNVO).

---

[231] Zu Einrichtungen der **Drogenhilfe** vgl. BVerwG NVwZ-RR **2001**, 217.
[232] OVG Weimar NVwZ **2004**, 249, 250.
[233] Zur Zulässigkeit von **Diskotheken** vgl. BVerwG DVBl **2000**, 1340.
[234] Das gilt nach strittiger Auffassung für Multiplex-Kinos (dazu OVG Weimar NVwZ **2004**, 249 ff.). Andere Kinos wie „Lichtspieltheater" könnten hingegen durchaus kulturelle Anlagen i.S.d. § 4 a II Nr. 5 BauNVO sein (ebenfalls strittig, vgl. OVG Weimar NVwZ **2004**, 249, 250 m.w.N.).
[235] VG Freiburg NVwZ **2001**, 1442.
[236] Vgl. dazu BVerwG NVwZ **2003**, 1516 ff.
[237] *Dolde/Menke* NJW **1999**, 2150, 2152; BVerwG NVwZ **2000**, 680 (Mobilfunksendeanlage); BVerwG NVwZ **1999**, 298 (Altglascontainer); *Eckert*, BWVBl **2001**, 173, 175 (Windenergieanlagen).

Von Studien- und Examensrelevanz können insbesondere sein:

aa.) Wohnnutzung

Hinsichtlich der Wohnnutzung gibt es vier Baugebiete, die in ihrem Kernbereich dem Wohnen dienen. Dies sind die *Kleinsiedlungsgebiete, reine Wohngebiete, allgemeine Wohngebiete* und *besondere Wohngebiete*. Eine Wohnnutzung ist ebenfalls in *Dorf-, Misch-* und *Kerngebieten* möglich, wobei diese Gebiete durch andere Nutzungen geprägt werden. Kennzeichnend für Kleinsiedlungsgebiete nach § 2 BauNVO ist das Wohnen in Verbindung mit nebenberuflicher intensiver Gartenbaunutzung und Kleintierhaltung, dessen Ausweisung in den letzten Jahrzehnten selten geworden ist.

155

(a.) Reine Wohngebiete

Gemäß § 3 I BauNVO dienen reine Wohngebiete dem Wohnen. Regelmäßig zulässig sind gem. § 3 II BauNVO Wohngebäude. Andere Vorhaben können nur nach § 3 III BauNVO ausnahmsweise zugelassen werden. Zu den ausnahmsweise zulässigen Vorhaben gem. § 3 III BauNVO gehören etwa nicht störende Handwerksbetriebe und Läden (die jeweils der Deckung des täglichen Bedarfs für die Bewohner des Gebiets dienen) sowie kleine Beherbergungsbetriebe.

156

Beispiele:

(1) Saubermann (S) möchte neben seinem Wohnhaus, das sich im Geltungsbereich eines qualifizierten Bebauungsplans befindet, einen **Reinigungsbetrieb** errichten.

Für die Zulässigkeit eines Vorhabens im Geltungsbereich eines qualifizierten Bebauungsplans kommt es gem. § 30 I BauGB auf die Festsetzungen im Bebauungsplan an. In dem für das Grundstück des S maßgeblichen Bebauungsplan ist ein reines Wohngebiet festgesetzt. Bei dieser Festsetzung handelt es sich um eines der in § 1 II BauNVO genannten Baugebiete. Daher werden gem. § 1 III S. 2 BauNVO die Vorschriften der §§ 2-14 BauNVO zum Bestandteil des Bebauungsplans. Das bedeutet, dass sich die Zulässigkeit des Vorhabens des S auch nach § 3 BauNVO bestimmt. Gem. Abs. 2 dieser Vorschrift sind grundsätzlich nur Wohngebäude (also keine Reinigungsbetriebe) zulässig. Der Reinigungsbetrieb könnte aber aufgrund der Bestimmung des § 31 I BauGB i.V.m. § 3 III BauNVO oder aufgrund einer Befreiung von den Festsetzungen des Bebauungsplans nach § 31 II BauGB genehmigt werden. Diese Entscheidung liegt jedoch im Ermessen der Behörde.[238] Sollte das Vorhaben des S unzulässig sein und dieser das Vorhaben realisieren, kann die Behörde eine Nutzungsuntersagungsverfügung gem. der Bauordnung erlassen und diese bei Missachtung vollstrecken.

(2) Hörnchen (H) möchte in einem reinen Wohngebiet ein **Cafe** betreiben. Neben der Einrichtung eines Verkaufsraums für Backwaren plant H ein Tagescafe mit 14 Sitzplätzen, das täglich von 9-21 Uhr geöffnet sein soll.

Da sich das Vorhaben im Geltungsbereich eines qualifizierten Bebauungsplans befindet, richtet sich die Zulässigkeit nach den Festsetzungen des Bebauungsplans, die wiederum durch die Vorschriften der BauNVO ergänzt und konkretisiert werden. Vorliegend richtet sich die Zulässigkeit des Vorhabens nach § 3 III BauNVO. Hiernach sind in einem ausschließlich dem Wohnen dienenden Gebiet Läden, die zur Deckung des täglichen Bedarfs für die Bewohner des Gebiets dienen, zulässig. Der Verkauf von Brot- und Backwaren dient der Deckung des täglichen Bedarfs und ist daher zulässig. Dagegen ist der Betrieb eines Tagescafes mit dem Charakter des ganz durch Wohnnutzung geprägten Gebiets unvereinbar, da sich die von ihm ausgehenden Störungen und Belästigungen über die üblichen Ladenschlusszeiten hi-

---

[238] Vgl. *Muckel*, BauR, S. 77.

naus gerade auf den Feierabend und die Freizeit zum Wochenende erstrecken, in der die Störung der Wohnruhe als besondere Beeinträchtigung empfunden wird. Sollte H dennoch sein unzulässiges Vorhaben realisieren, kann die Behörde eine Nutzungsuntersagungsverfügung gem. der Bauordnung erlassen und diese bei Missachtung vollstrecken.

Nicht – auch nicht ausnahmsweise – zulässig sind etwa Tankstellen; diese können aber in allgemeinen Wohngebieten zugelassen werden.

(b.) Allgemeine Wohngebiete

157 In allgemeinen Wohngebieten steht zwar auch der Wohncharakter im Vordergrund, § 4 BauNVO erfasst jedoch alles, was üblicherweise zum Wohnen im Sinne der Lebenshaltung und -gestaltung gehört und was das Wohnen nicht stört. So sind nicht nur gem. § 4 II Nr. 1 BauNVO Wohngebäude zulässig, sondern gem. § 4 II Nr. 2 BauNVO auch die der Versorgung des Gebiets dienenden Läden, Schank- und Speisewirtschaften sowie nicht störende Handwerksbetriebe. § 4 II Nr. 3 BauNVO ordnet die Zulässigkeit von Anlagen für kirchliche, kulturelle, soziale, gesundheitliche und sportliche Zwecke an.

> **Beispiel**[239]: Die Gemeinde stellt in einem allgemeinen Wohngebiet einen Wohncontainer als Asylbewerberunterkunft auf. Dagegen klagt ein Nachbar mit dem Argument, eine hotelähnliche Nutzung sei im allgemeinen Wohngebiet unzulässig.
>
> Asylbewerberunterkünfte sind als Einrichtungen für soziale Zwecke i.S.d. § 4 II Nr. 3 BauNVO anzusehen und deshalb im allgemeinen Wohngebiet zulässig, solange von ihnen keine unzumutbaren Beeinträchtigungen ausgehen.

§ 4 III BauNVO beschreibt mit seinen 5 Nummern Ausnahmetatbestände, wonach bestimmte, in der Vorschrift bezeichnete Vorhaben (worunter gem. Nr. 5 auch Tankstellen zählen) zugelassen werden können.

(c.) Besondere Wohngebiete

158 Das in § 4 a BauNVO geregelte **besondere Wohngebiet** ist schließlich für Gebiete geschaffen worden, die zwar eine vorwiegende Wohnnutzung aufweisen, jedoch von anderen Nutzungen durchsetzt sind und daher entsprechend ihrer Eigenart planerisch geordnet und gelenkt werden sollen. Zulässig sind gem. § 4 a II BauNVO Wohngebäude, Läden, Beherbergungsbetriebe (die anders als bei § 4 II Nr. 2 BauNVO nicht nur der Versorgung des Gebiets dienen dürfen), Schank- und Speisewirtschaften, sonstige Gewerbebetriebe, Geschäfts- und Bürogebäude sowie Anlagen für kirchliche, kulturelle, soziale, gesundheitliche und sportliche Zwecke. Ausnahmsweise können gem. § 4 a III BauNVO Anlagen für zentrale Einrichtungen der Verwaltung, Vergnügungsstätten (soweit sie nicht aufgrund ihrer Zweckbestimmung oder ihres Umfangs nur in Kerngebieten gem. § 7 BauNVO allgemein zulässig sind) und auch Tankstellen zugelassen werden.

bb.) Mischnutzung

159 Die **Mischnutzung** umfasst nach § 1 II BauGB drei Gebiete, die **Dorfgebiete** (§ 5 BauNVO), die **Mischgebiete** (§ 6 BauNVO) und die **Kerngebiete** (§ 7 BauNVO). Wie auch bei den Wohngebieten wird in der Regelung für das jeweilige Gebiet der Mischnutzung in dem jeweiligen Absatz 1 zunächst der Gebietstypus umschrieben. Der

---

[239] Nach BVerwG NVwZ **1998**, 173.

jeweilige Absatz 2 bestimmt die in diesem Gebiet regelmäßig zulässigen Nutzungen und Absatz 3 die nur ausnahmsweise zulässigen Nutzungen.

Beispiel[240]: V betreibt am Ortsrand einer Gemeinde ein Bauunternehmen. Eines Tages erwirbt er im Dorfgebiet (§ 5 BauNVO) ein unbebautes Grundstück. Dieses möchte er teilweise mit einer Lagerhalle bebauen, teilweise als Freilager zum Lagern von Steinen nutzen. Die zuständige Behörde lehnt seinen Bauantrag ab, weil das Vorhaben in dem als Dorfgebiet ausgewiesenen Bereich unzulässig sei. Von einem Handwerksbetrieb getrennte Lagergebäude und -plätze seien nämlich nur in Gewerbe- oder Industriegebieten zulässig, nicht aber in Dorfgebieten. Darf die Behörde die Baugenehmigung verweigern?

Aus der besonderen Erwähnung von Lagerhäusern und Lagerplätzen in den §§ 8 und 9 BauNVO kann nicht geschlossen werden, dass sie *nur* in Gewerbe- und Industriegebieten zulässig sind. Die planungsrechtliche Zulässigkeit hängt allein davon ab, ob sie mit der Zweckbestimmung des Baugebiets vereinbar sind. Der Lagerplatz eines kleinen Bauunternehmers kann in einem Dorfgebiet zulässig sein, auch wenn er vom Betriebssitz räumlich getrennt ist. Die Baugenehmigung ist deshalb zu erteilen.

cc.) Gewerbliche Nutzung

Die Systematik der BauNVO, dass die einzelnen Gebietstypen dergestalt geregelt sind, dass die für den jeweiligen Gebietstyp bestehende Vorschrift in deren Absatz 1 zunächst den Gebietstyp umschreibt, der Absatz 2 die in diesem Gebiet regelmäßig zulässigen Nutzungen und Absatz 3 die nur ausnahmsweise zulässigen Nutzungen umschreibt, zieht sich auch durch die Baugebiete mit **gewerblicher Nutzung**, die gem. §§ 8 und 9 BauNVO in **Gewerbe**- und **Industriegebiete** aufgeteilt werden.

160

Beispiele:

(1) K ist Inhaber eines Kunststoff verarbeitenden Betriebs innerhalb eines **Gewerbegebiets**. Zu seinem Betrieb gehören Wohnhäuser und Wohnungen für Betriebsleiter und Betriebspersonal. Da das Personal immer seltener die Wohnräume beansprucht, möchte K die Räume auch an Personen vermieten, die nicht in seinem Betrieb tätig sind.

Hier richtet sich die Zulässigkeit der Wohnnutzung nach § 8 BauNVO. Nach dessen Abs. 3 Nr. 1 können Wohnungen für Aufsichts- und Bereitschaftspersonen sowie für Betriebsinhaber und Betriebsleiter in Gewerbegebieten ausnahmsweise zugelassen werden, wenn sie dem Gewerbebetrieb zugeordnet und ihm gegenüber in Grundfläche und Baumasse untergeordnet sind.

Vorliegend müssen die Wohnungen daher für Personen aus dem genannten Personenkreis bestimmt sein und dürfen auch nur von diesen Personen genutzt werden. Denn der Gesetzgeber möchte das allgemeine Wohnen in Gewerbegebieten verhindern, um vorbeugend spätere Streitigkeiten wegen Lärm- oder Geruchsbelästigungen auszuschließen. Hinsichtlich Aufsichts- und Bereitschaftspersonen sowie hinsichtlich Betriebsinhaber und Betriebsleiter bestehen derartige Bedenken regelmäßig nicht, da dieser Personenkreis, der in unmittelbarer Nähe zum (eigenen) Betrieb wohnt, (freiwillig) ein höheres Maß an Störungen für das Wohnen hinnimmt, als dies für die allgemeine Wohnnutzung gilt. Die Grenze besteht nur dort, wo der Gewerbebetrieb lediglich als Vorwand angeführt wird, um (wegen der regelmäßig günstigeren Grundstückspreise) im Gewerbegebiet zu wohnen („keine parkähnliche Villa im Gewerbegebiet").

Auch eine allgemeine Wohnnutzung in einem Gewerbegebiet, wie sie von K beabsichtigt wird, fällt nicht unter § 8 III BauNVO und ist damit unzulässig.

---

[240] Nach BVerwG BayVBl **2002**, 637.

(2) Kampfhundehalter Zacharias beantragt die Errichtung eines Appartementhauses zur (gewerblichen) Nutzung als **Bordell** auf einem Grundstück, das im Geltungsbereich eines qualifizierten Bebauungsplans liegt und als **Industriegebiet** ausgewiesen ist. Die Behörde lehnt das Baugesuch ab mit der Begründung, das Bordell sei eine Vergnügungsstätte i.S. der BauNVO und daher nicht in einem Industriegebiet zulässig (vgl. § 9 II u. III BauNVO, in dem Vergnügungsstätten nicht als – auch nur ausnahmsweise zulässig – aufgeführt sind).

Dem ist nicht zuzustimmen. Denn die BauNVO definiert den Begriff „Vergnügungsstätte" nicht. Allgemein anerkannt fallen darunter zwar Kinos, Tanzbars, Kabaretts, Spielhallen, Spielkasinos, Diskotheken und auch Striptease-Lokale, Sex-Kinos und Peep-Shows, nicht aber Appartementhäuser zur (gewerblichen) Nutzung als Bordelle. Diese können demnach allenfalls als „atypische" Vergnügungsstätten qualifiziert werden, müssen aber nach der hier vertretenen Auffassung unter Berücksichtigung der Grundrechte aus Art. 14 I und 12 I GG und des am 1.1.2002 in Kraft getretenen, Prostitutionsgesetzes als „Gewerbebetrieb aller Art" i.S.d. § 9 II Nr. 1 BauNVO qualifiziert und damit als generell zulässig erachtet werden. Etwas anderes würde unter Beachtung des in § 15 I S. 2 BauNVO zum Ausdruck kommenden **Rücksichtnahmegebots** nur dann gelten, wenn deren Errichtung zu einer Änderung des Gebietscharakters führen würde, wenn es also von der Anzahl her weniger „industriegebietstypische Betriebe" gäbe als Betriebe/bauliche Anlagen, die auch in einem Gewerbegebiet oder in anderen Gebieten errichtet werden könnten.[241] Das Gleiche wäre anzunehmen, wenn in dem Bordellbetrieb strafbare Handlungen begangen würden (etwa nach § 180a I, II StGB).

dd.) Sondergebiete

161 Neben den bisher genannten Gebieten kennt die BauNVO noch gemäß §§ 10, 11 Sondergebiete wie Campingplatz- und Hafengebiete.

ee.) Baugebietsübergreifende Besonderheiten

161a Ein Sonderfall besteht zunächst hinsichtlich der Berufsausübung **freiberuflich Tätiger** (Ärzte, Rechtsanwälte, Architekten, Heilpraktiker, Autoren u.ä.) und solcher Gewerbetreibender, die ihren Beruf in ähnlicher Art ausüben (Versicherungsagenten, selbstständige Handelsvertreter etc.). Für solche beruflichen Tätigkeiten sind in den Baugebieten nach den §§ 2-4 BauNVO Räume, in den Baugebieten §§ 4a-9 BauNVO sogar Gebäude zulässig (vgl. § 13 BauNVO).[242] Es besteht also eine **baugebietsübergreifende Zulässigkeit**. Voraussetzung für die baurechtliche Zulässigkeit ist aber, dass die betreffende Tätigkeit auf eigene Rechnung selbstständig erfolgt und weder zur (gewerblichen bzw. landschaftlichen) Produktion zählt noch im öffentlichen Dienst erfolgt.[243]

161b Eine weitere Besonderheit enthält § 14 BauNVO. Diese Vorschrift regelt die Zulässigkeit von **Nebenanlagen** in allen Baugebieten: Außer den in den §§ 2-13 BauNVO genannten Anlagen sind nach § 14 I S. 1 BauNVO auch untergeordnete Nebenanlagen und Einrichtungen zulässig, die dem Nutzungszweck der in dem Baugebiet gelegenen Grundstücke oder des Baugebiets selbst dienen und die seiner Eigenart nicht widersprechen. Nebenanlagen sind solche baulichen Anlagen und Einrichtungen, die der bestimmungsgemäßen Nutzung des Baugrundstücks, mehrerer Baugrundstücke gemeinsam oder des Baugebiets insgesamt dienen, jedoch gegenüber dem

---

[241] Vgl. VG Freiburg NVwZ **2001**, 1442, 1443 f.
[242] Vgl. dazu auch OVG Münster BauR **2003**, 217; OVG Bremen NVwZ-RR **2006**, 162; VGH Mannheim NVwZ-RR **2006**, 164.
[243] Vgl. dazu auch VGH Mannheim NVwZ-RR **2006**, 311 (Internet-Agentur).

eigentlich verfolgten Nutzungszweck (etwa dem Wohnen) nur eine untergeordnete Funktion haben, was v.a. durch eine geringe Größe bzw. einen geringen Umfang zum Ausdruck kommen muss.[244]

Beispiele: Geräteschuppen, Gartenlauben, Müllcontainer, ggf. auch ein Mobilfunk-Sendemast

Hinweis für die Fallbearbeitung: Zu beachten ist, dass § 14 BauNVO (ebenso wie § 12 BauNVO) nur die bauplanungsrechtliche Zulässigkeit der aufgeführten Vorhaben betrifft. Unabhängig davon ist stets zu prüfen, ob auch die bauordnungsrechtlichen Voraussetzungen vorliegen.

ff.) Landesrechtliches Ergänzungsrecht

Von besonderer Relevanz ist auch die Bestimmung des **§ 9 IV BauGB**, wonach die Länder durch Rechtsvorschriften bestimmen können, dass auf Landesrecht beruhende Regelungen in den Bebauungsplan als Festsetzungen aufgenommen werden können und wieweit auf diese Festsetzungen die Vorschriften des BauGB Anwendung finden.

162

Hinweis für die Fallbearbeitung: Die Vorschrift des § 9 IV BauGB regelt also, dass sich der Inhalt des Bebauungsplans auch aus dem Landesrecht ergeben kann! Die Länder haben von dieser Möglichkeit durchweg Gebrauch gemacht und zumeist in den Bauordnungen festgelegt, dass örtliche Bauvorschriften auch als Festsetzungen in den Bebauungsplan übernommen werden. Solche örtlichen Bauvorschriften betreffen etwa die äußere Gestaltung von baulichen Anlagen und von Werbeanlagen, die Lage, Größe und Beschaffenheit von Abstellplätzen für Fahrräder etc.[245]

gg.) Ausnahmebestimmung des § 1 VI Nr. 2 BauNVO

Eine wichtige, von der Regel des § 1 III S. 2 BauNVO abweichende Bestimmung ist in **§ 1 VI Nr. 2 BauNVO** zu finden. Danach kann die Gemeinde in ihrem Bebauungsplan festlegen, dass die in den §§ 2 bis 9 BauNVO vorgesehenen Ausnahmen allgemein zulässig sind. Zu der äußerst wichtigen Vorschrift des **§ 15 BauNVO**, die als **einzelfallbezogenes Korrektiv** bezeichnet wird, vgl. Rn 175.

163

c.) Kein Widerspruch zu den Festsetzungen im Bebauungsplan

Ein Vorhaben ist nur dann zulässig, wenn es den **Festsetzungen** des Bebauungsplans **nicht widerspricht**. Mit dieser negativen Formulierung ist gemeint, dass die Festsetzungen lediglich die Grenzen bestimmen, innerhalb derer das Vorhaben errichtet werden darf. Verlässt das Vorhaben diese Grenzen nicht, entspricht es dem Bebauungsplan. Für den Bauherrn bedeutet dies nicht, dass er eine plangemäße Nutzung wählen muss, sondern – negativ formuliert –, dass er lediglich die Planwidrigkeit seines Vorhabens vermeiden muss.

164

Hinweis für die Fallbearbeitung: Sofern ein Bebauungsplan Festsetzungen über die **Art der baulichen Nutzung** enthält (z.B. reines Wohngebiet), sind neben der jeweiligen Spezialvorschrift zu diesem Gebiet (z.B. § 3 BauNVO) regelmäßig auch die **allgemeinen Vorschriften** in §§ 12-14 BauNVO anwendbar und bei Anlass im Rahmen des Prüfungspunktes „kein Widerspruch zu Festsetzungen des Bebauungsplans" zu prüfen.

---

[244] BVerwG DÖV **1986**, 77; *Stollmann*, BauR, § 14 Rn 15.
[245] Vgl. *Muckel*, BauR, S. 37.

164a Die Festsetzungen des Bebauungsplans sind für die Zulässigkeit eines Vorhabens auch dann maßgeblich, wenn die **Landesbauordnung** abweichende Anforderungen stellt. Von Bedeutung ist dieser Umstand vor allem im Verhältnis der Festsetzungen nach § 9 I Nr. 2 BauGB über die Bauweise, die überbaubaren Grundstücksflächen und die Stellung der baulichen Anlagen zu den Bestimmungen über die Abstandsflächen.[246] Nach § 9 I Nr. 2a BauGB 2007 haben die Gemeinden nunmehr die Möglichkeit, vom Bauordnungsrecht des jeweiligen Landes abweichende Maße der Abstandsflächentiefe festzusetzen. Diese Festsetzungen gehen dann dem Abstandsflächenrecht der Landesbauordnung vor.[247]

> **Beispiel[248]:** Ist im Bebauungsplan eine Grenzbebauung vorgeschrieben, treten die Abstandsflächenbestimmungen der Landesbauordnung zurück. Ist hingegen die Grenzbebauung planungsrechtlich lediglich zugelassen (also nicht vorgeschrieben), bleiben die Abstandsflächenregelungen der Landesbauordnung gültig.

d.) Gesicherte Erschließung

165 Schließlich ist Voraussetzung für die Zulässigkeit eines Vorhabens gem. § 30 I BauGB, dass die Erschließung gesichert ist. Mit „**Erschließung**" ist nicht gemeint, dass das gesamte Siedlungsgebiet im Geltungsbereich des Bebauungsplans erschlossen sein muss, sondern nur die Erschließung des konkreten Baugrundstücks. Immerhin regelt § 30 I BauGB nur *dessen* Zulässigkeit. Man spricht insoweit von einem **grundstücksbezogenen Erschließungsbegriff**. Des Weiteren ist nicht erforderlich, dass das Bauvorhaben an sämtliche infrastrukturellen Einrichtungen angeschlossen wird. Vielmehr genügt dem Begriff der Erschließung, dass der Anschluss an das öffentliche Straßennetz, die Versorgung mit Elektrizität und Wasser und die Abwasserbeseitigung gewährleistet sind.[249]

Freilich ist die grundstücksbezogene Erschließung einfacher herzustellen, wenn bereits das gesamte Baugebiet erschlossen ist. Die **gebietsbezogene Erschließung** ist in den §§ 123 ff. BauGB geregelt und geht insofern über den grundstücksbezogenen Erschließungsbegriff hinaus. Unter gebietsbezogener Erschließung versteht man die erstmalige Herstellung von Erschließungsanlagen, die dazu dienen, das Baugebiet in baurechtlich zulässiger Weise nutzen zu können.[250]

> **Beispiel[251]:** Zu diesen Erschließungsanlagen gehören etwa Anlagen zur Ableitung von Abwasser sowie zur Versorgung mit Elektrizität, Wärme, Gas und Wasser (§ 127 IV S. 2 BauGB), aber auch Sammelstraßen innerhalb der Baugebiete (§ 127 II Nr. 3 BauGB) oder Parkflächen und Grünanlagen (§ 127 II Nr. 4 BauGB).

„**Gesichert**" ist die Erschließung, sobald nach objektiven Kriterien (Ausweisung der Mittel im Gemeindehaushalt, Bereitstellung der erforderlichen Flächen, Stand und Fortgang der Erschließungsarbeiten) und nach aller Erfahrung damit gerechnet wer-

---

[246] Vgl. **MBO**: § 6; **BaWü**: §§ 5-7 LBO; **Bay**: Art. 6 LBO; **Berl**: §§ 6, 6a LBO; **Brand**: § 6 LBO; **Brem**: § 6 LBO; **Hamb**: §§ 6, 7 LBO; **Hess**: §§ 6, 7 LBO; **MV**: § 6 LBO; **Nds**: §§ 7-13 LBO; **NRW**: § 6 LBO; **RhlPfl**: §§ 8, 9 LBO; **Saar**: §§ 7, 8 LBO; **Sachs**: § 6 LBO; **SachsAnh**: § 6 LBO; **SchlHolst**: § 6 LBO; **Thür**: § 6 LBO.
[247] Vgl. *Battis/Krautzberger/Löhr*, NVwZ **2007**, 121, 123; *Stollmann*, BauR, § 14 Rn 20.
[248] *Stollmann*, BauR, § 14 Rn 20.
[249] BVerwGE **64**, 186 ff.
[250] Vgl. BGH NVwZ **2005**, 238; BVerwG NJW **2007**, 81; BVerwG NVwZ **1988**, 356; *Brohm*, BauR, § 26 Rn 4; *Stollmann*, BauR, § 20 Rn 24.
[251] Vgl. *Stollmann*, BauR, § 20 Rn 24.

den kann, dass diese Erschließungsanlagen spätestens bis zur Fertigstellung des anzuschließenden Vorhabens (bzw. des Baugebiets) benutzbar sein werden.[252]

e.) Vorhabenbezogener Bebauungsplan (§§ 30 II, 12 BauGB)

Die Punkte a.) bis d.) gelten entsprechend auch für Vorhaben im Geltungsbereich **166** eines vorhabenbezogenen Bebauungsplans nach § 12 BauGB, da dieser dem qualifizierten Bebauungsplan gleich steht (s.o.). Regelmäßig wird ein solcher Plan aber das Vorhaben entsprechend seiner Funktion als eben auf dieses Vorhaben bezogener Plan detailliert regeln, sodass bereits unmittelbar durch den Plan die Ausgestaltung des Vorhabens im Einzelnen feststeht. § 30 II BauGB verzichtet daher auf die für den qualifizierten Bebauungsplan erforderlichen Festsetzungen. Gleichwohl ist wegen der Gleichstellung mit dem qualifizierten Bebauungsplan eine ergänzende Anwendung der §§ 34, 35 BauGB ausgeschlossen. Auch sind die Vorschriften der BauNVO, wenn auf sie im vorhabenbezogenen Bebauungsplan nicht ausdrücklich Bezug genommen wird, nicht zur Konkretisierung heranzuziehen.[253]

b. Ausnahmen und Befreiungen (§§ 31 I, II BauGB)

Es gibt Fallkonstellationen, in denen den Bebauungsplänen trotz ihres vielfach kon- **167** kret-individuellen Inhalts wegen ihres Flächenbezugs ein gewisses Maß an standardisierenden Planinhalten zukommt, die den spezifischen Besonderheiten bestimmter Grundstücke und deren baulicher (Aus-)Nutzbarkeit nicht gerecht werden. Daher eröffnet das Gesetz in § 31 BauGB die Möglichkeit von Ausnahmen (Abs. 1) und Befreiungen (Abs. 2) von den in §§ 9 und 172 BauGB festgelegten Festsetzungen. Die Möglichkeit, Ausnahmen oder Befreiungen von den Festsetzungen des Bebauungsplans zu erteilen, ist Ausdruck der **Einzelfallgerechtigkeit.**

aa. Die **Ausnahme** (§ 31 I BauGB) ist als planimmanentes Institut ausdrücklich im **168** Bebauungsplan selbst vorgesehen und so vom planerischen Willen der Gemeinde umfasst. Daraus folgt, dass die Ausnahme keine Durchbrechung des planerischen Konzepts darstellt. Vielmehr handelt die Baugenehmigungsbehörde aufgrund der Ermächtigung im Bebauungsplan im Sinne des kommunalen Plangebers. Die Genehmigungsbehörde kann von allen in §§ 9 und 172 BauGB normierten Festsetzungen Ausnahmen zulassen – freilich innerhalb der Grenzen der BauNVO, insbesondere deren § 1 V und VI.

Die Berechtigung, Ausnahmen von den Festsetzungen des Bebauungsplans zuzulassen, steht im **Ermessen** der Baugenehmigungsbehörde (§ 31 I BauGB: „können"). Bei der Ausübung des Ermessens muss sie sich an den allgemeinen Grundsätzen des § 40 VwVfG orientieren, was bedeutet, dass die Entscheidung verwaltungsprozessual gem. § 114 VwGO auf Ermessensfehler hin überprüfbar ist. Die Entscheidung hat folglich – um ermessensfehlerfrei zu sein – aufgrund städtebaulicher Gründe und Erwägungen zu ergehen.[254]

Da die Erteilung einer Ausnahme von den Festsetzungen des Bebauungsplans die Planungshoheit der Gemeinde berührt, ist diese gem. § 36 I S. 1 BauGB an der Entscheidungsfindung zu beteiligen. Die Ausnahmeerteilung darf also nur im **Einvernehmen** mit der Gemeinde ergehen. Da die Ausnahme aber ausdrücklich im Bebauungsplan vorgesehen ist und so vom planerischen Willen der Gemeinde umfasst

---

[252] BVerwG DVBl **1977**, 41, 43; *Brohm*, BauR, § 19 Rn 4; *Erbguth/Wagner*, BauR, § 8 Rn 15 f.; *Stüer*, DVBl **2006**, 403, 404.
[253] *Erbguth/Wagner*, BauplanungsR, H Rn 370.
[254] BVerwG DVBl **1975**, 895; *Erbguth/Wagner*, BauplanungsR, H Rn 374; *Brohm*, BauR, § 19 Rn 6; *Stüer*, DVBl **2006**, 403, 413 f.

ist, beschränkt sich der Begriff des „Einvernehmens" in § 36 BauGB auf die bloße Information (vgl. Rn 136, 234, 378 f. und 497).

169   **bb.** Anders stellt sich die Situation bei der **Befreiung** (§ 31 II BauGB) – auch **Dispens** genannt – dar. Die Befreiung geht über den Planbezug hinaus und stellt somit eine Durchbrechung des planerischen Konzepts dar. Wie dem Wortlaut des § 31 II BauGB zu entnehmen ist, kann von den Festsetzungen des Bebauungsplans nur unter bestimmten Voraussetzungen befreit werden. Dazu zählt zunächst, dass die Grundzüge der Planung nicht berührt werden. Weiterhin muss mindestens einer der in § 31 II Nr. 1-3 BauGB genannten Befreiungsgründe vorliegen. Eine Befreiung setzt demnach voraus, dass

- Gründe des Allgemeinwohls die Befreiung erfordern (Nr. 1)

  Zur Bejahung der Gründe des Allgemeinwohls genügt es, dass „zur Wahrnehmung des jeweiligen öffentlichen Interesses (also etwa für soziale, kulturelle, sportliche, Sicherheits-, Umweltschutz-, Verkehrs- oder Versorgungseinrichtungen) die Befreiung „vernünftigerweise" geboten ist.[255]

- die Abweichung städtebaulich vertretbar ist (Nr. 2) oder

  Vertretbar ist die Abweichung, wenn sie sich als ein nach §§ 1 VI, VII; 1 a BauGB zulässiger Inhalt eines Bebauungsplans darstellt.[256] Damit wird deutlich, dass der Baugenehmigungsbehörde weitreichende Befugnisse zugestanden werden, die ihre Grenzen erst an den änderungsfesten „Grundzügen der Planung" finden.

- die Durchführung des Bebauungsplans zu einer offenbar nicht beabsichtigten Härte führen würde (Nr. 3).

  Dieser Befreiungstatbestand ermöglicht eine privatnützige Befreiung zugunsten eines einzelnen Grundstückseigentümers. Eine offensichtlich nicht beabsichtigte Härte liegt aber nur vor, wenn das Grundstück in bodenrechtlicher Beziehung Besonderheiten aufweist, die durch die bauplanerischen Festsetzungen keine Berücksichtigung finden konnten. Dies ist anhand eines strengen Maßstabs zu beurteilen. So setzt die Annahme eines Härtefalls voraus, dass das Grundstück bei Einhaltung der planerischen Festsetzungen entweder überhaupt nicht oder nur mit unzumutbaren Einschränkungen bebaubar ist.

  Beispiel: Wegen Art. 14 I GG (hier: Baufreiheit) hat der Antragsteller einen Anspruch darauf, sein Grundstück im Rahmen der Inhalts- und Schrankenbestimmung des Art. 14 I S. 2 GG zu nutzen. Daraus resultiert der Anspruch auf Erteilung der Baugenehmigung. Die Vorschriften der Bauordnungen über die Erteilung der Baugenehmigung stellen dies klar, indem sie formulieren, dass die Baugenehmigung zu erteilen *ist*, wenn das Vorhaben den öffentlich-rechtlichen Vorschriften entspricht. Dies ist die Kernaussage des präventiven Verbots mit Erlaubnisvorbehalt. Darüber hinausgehende Begehren *können* nur durch eine Ausnahmegenehmigung (z.B. § 31 II BauGB) verwirklicht werden, deren Verbescheidung im Ermessen der Bauaufsichtsbehörde liegt. Der Antragsteller hat also im Bereich der Ausnahmebewilligung nur einen Anspruch auf ermessensfehlerfreie Entscheidung (s. sogleich). Wenn also der Bebauungsplan nur den Bau von maximal 5-stöckigen Wohnhäusern zulässt, eine wirtschaftliche Nutzung des Grundstücks des Antragstellers aber nur bei dem Bau eines 6-stöckigen Hauses sinnvoll ist, kann die Behörde gem. § 31 II Nr. 3 BauGB eine Befreiung erteilen.

---

[255] BVerwGE **56**, 71.
[256] BVerwG DVBl **1990**, 572.

cc. Bei allen Befreiungstatbeständen ist maßgeblich, dass der von der Befreiung betroffene Bebauungsplan seinen **wesentlichen gestalterischen Gehalt** nicht verlieren darf, also in seiner grundsätzlichen Aussage trotz der Befreiung weiterhin Bestand hat und einer der genannten Befreiungsgründe vorliegt.[257]

170

dd. Des Weiteren sind bei jedem der drei Befreiungstatbestände zum einen die nachbarlichen Interessen zu berücksichtigen; zum anderen muss die Befreiung mit den öffentlichen Belangen vereinbar sein. Damit sind die Anforderungen des Allgemeinwohlbegriffs nach § 31 II Nr. 1 BauGB gemeint.

171

ee. Weiterhin ist zu beachten, dass allen Befreiungstatbeständen gleich ist, dass sie im **Ermessen** der Baugenehmigungsbehörde stehen. Diese muss also die Grenzen des § 40 VwVfG beachten.[258] Allerdings wird das Eigentumsrecht aus Art. 14 I GG dazu führen, dass bei Vorliegen der Tatbestandsvoraussetzungen das Ermessen auf Null reduziert ist.

172

§ 31 II BauGB ist eine typische **Koppelungsvorschrift**; er enthält sowohl auf der Tatbestandsseite unbestimmte Rechtsbegriffe als auch auf der Rechtsfolgeseite Ermessen. Grundsätzlich sind beide Institute unabhängig voneinander zu handhaben. Schwierig wird es, wenn bei der Ermessensbetätigung *dieselben* Erwägungen herangezogen werden müssen, die schon der Auslegung der unbestimmten Rechtsbegriffe zugrunde gelegen haben (Identität des Argumentationshaushalts). In einem solchen Fall soll nur noch eine einzige rechtsfehlerfreie Ermessensentscheidung möglich sein. Die Ermessensreduzierung auf Null macht im Einzelfall aus der Kann-Vorschrift *faktisch* eine Muss-Vorschrift.

173

> **Beispiel:** Nach 31 II Nr. 3 BauGB *kann* (= Ermessen) von den Festsetzungen des Bebauungsplans abgewichen werden, wenn die Durchführung des Bebauungsplans zu einer offenbar *nicht beabsichtigten Härte* führen würde (= unbestimmter Rechtsbegriff). Hier könnte nach dem Wortlaut „kann" angenommen werden, dass der Verwaltung, auch wenn ein Sachverhalt den unbestimmten Rechtsbegriff *nicht beabsichtigte Härte* ausfüllt, noch ein Ermessen bei der Festlegung der Rechtsfolge (Befreiung) eingeräumt ist. Wenn aber die nicht beabsichtigte Härte vorliegt und die Grundzüge der Planung nicht berührt werden, sind keine Ermessenserwägungen mehr denkbar, die über die bereits auf der Tatbestandsseite angestellten Erwägungen hinausgehen. Das folgt schon aus der in Art. 14 GG garantierten Baufreiheit, die lediglich zur Rechtskontrolle präventiv eingeschränkt wurde. Liegt also eine unbeabsichtigte Härte vor und werden die Grundzüge der Planung nicht berührt, so *ist* die Befreiung zu erteilen. Es tritt somit ein Ermessensschwund ein.[259]

c. Beteiligung der Gemeinde

Wie bereits erwähnt, ist die Beteiligung der Gemeinde bei Vorhaben, die im Bereich eines der o.g. Pläne zugelassen werden sollen, unterschiedlich ausgestaltet. Während beim qualifizierten Bebauungsplan eine Information der Gemeinde ausreicht, ist beim einfachen Bebauungsplan nach § 30 III BauGB angesichts der Geltung der §§ 34, 35 BauGB zur Wahrung der Planungshoheit das Einvernehmen mit der Gemeinde erforderlich.

174

Das Einvernehmenserfordernis gem. § 36 I S. 1 BauGB i.S. einer Zustimmung gilt auch für die Ausnahmetatbestände des § 31 II BauGB. Denn die Befreiung stellt eine Abweichung vom Bebauungsplan dar und tangiert die kommunale Planungshoheit.

---

[257] *Erbguth/Wagner*, BauR, § 8 Rn 19 ff.; *Gaentzsch*, NVwZ **2000**, 993, 998.
[258] Zur Ermessensfehlerlehre vgl. *R. Schmidt*, AllgVerwR, Rn 311 ff.
[259] Vgl. BVerwGE **18**, 247, 250.

d. Vorbehalt der Zulässigkeit nach § 15 BauNVO

175   **aa.** Die bisherigen Ausführungen haben gezeigt, dass ein Vorhaben nach § 30 I BauGB zulässig ist, wenn es den Festsetzungen des Bebauungsplans nicht widerspricht und die Erschließung gesichert ist. Entsprechendes gilt, wenn der Ausnahmetatbestand des § 31 I BauGB erfüllt ist. Gleichwohl können Bauvorhaben, die diese Voraussetzungen erfüllen, nach § 15 BauNVO im Einzelfall unzulässig sein. Diese Vorschrift schränkt die Zulässigkeit von Vorhaben, obwohl sie mit den Festsetzungen des Bebauungsplans übereinstimmen, im Einzelfall ein. Sie dient dem Schutz der Nachbarschaft vor Störungen durch Bauvorhaben, die zwar grundsätzlich nach den §§ 2-14 BauNVO zulässig wären, aber wegen der besonderen Verhältnisse des konkreten Vorhabens der Eigenart des Baugebiets widersprechen (§ 15 I S. 1 BauNVO), die Umgebung unzumutbar belästigen oder stören (§ 15 I S. 2 Var. 1 BauNVO) oder Belästigungen oder Störungen ausgesetzt sind (§ 15 I S. 2 Var. 2 BauNVO).

Zu beachten ist, dass die Vorschrift des § 15 BauNVO nicht nur für Bauvorhaben nach § 30 I BauGB gilt, sondern auch für solche nach § 34 I und II BauGB. Für § 34 I BauGB gilt § 15 BauNVO, sofern ein einfacher Bebauungsplan besteht, der Festsetzungen enthält. Für § 34 II BauGB gilt § 15 BauNVO, weil § 34 II BauGB die Zulässigkeit des Bauvorhabens am Maßstab der BauNVO und damit der Festsetzungen im (einfachen) Bebauungsplan anordnet.[260] Die folgenden Ausführungen zu § 15 BauNVO gelten daher gebietsübergreifend.

Die gem. § 30 I BauGB oder § 34 I, II BauGB gegebene Zulässigkeit eines Bauvorhabens steht damit stets unter dem Vorbehalt allgemeiner Zulässigkeit nach § 15 BauNVO. Die Bedeutung des § 15 BauNVO ist daher in der Praxis groß. Die Vorschrift bietet eine Sicherung gegen gebietsfremde oder gebietsschädigende Anlagen.

176   **bb.** § 15 BauNVO betrifft drei Fallgruppen:

- Baugebietswidrigkeit des Bauvorhabens (§ 15 I S. 1 BauNVO)
- von dem Bauvorhaben ausgehende Belästigungen oder Störungen (§ 15 I S. 2 Var. 1 BauNVO)
- Störanfälligkeit des Bauvorhabens (§ 15 I S. 2 Var. 2 BauNVO)

177   **a.) Baugebietswidrigkeit des Vorhabens:** Bauvorhaben, die dem Bebauungsplan nicht widersprechen, sind gleichwohl im Einzelfall unzulässig, wenn sie nach Anzahl, Lage, Umfang oder Zweckbestimmung der **Eigenart des Baugebiets widersprechen** (§ 15 I S. 1 BauNVO).

Die Eigenart des Baugebiets bestimmt sich zum einen nach den Vorschriften der §§ 2-14 BauNVO, zum anderen aber auch nach den Festsetzungen des Bebauungsplans und der tatsächlichen städtebaulichen Entwicklung. Widerspricht das Bauvorhaben den Eigenarten des Baugebiets, ist es unzulässig.

Beispiel: Sind in einem Mischgebiet (vgl. § 6 BauNVO) bereits viele Einzelhandelsgeschäfte vorhanden, kann die Zulassung weiterer Geschäfte das quantitative Mischungsverhältnis von Wohnen und nicht wesentlich störenden Gewerbebetrieben beeinträchtigen. Die weiteren Einzelhandelsgeschäfte widersprechen also der Eigenart des Baugebiets. Das Gleiche gilt hinsichtlich der Errichtung eines modernen Bürogebäudes in historischer Altstadtumgebung.

---

[260] Vgl. dazu auch BVerwG NVwZ **2007**, 587.

b.) Von dem Bauvorhaben ausgehende Störungen: Unzulässig sind auch Vorhaben, von denen **Belästigungen oder Störungen** ausgehen, die nach der Eigenart des Baugebiets im Baugebiet selbst oder in dessen Umgebung **unzumutbar** sind (§ 15 I S. 2 Var. 1 BauNVO).

178

Belästigungen oder Störungen sind bereits bei Überschreitung einer Bagatellschwelle anzunehmen. Bei der Frage, ob Belästigungen oder Störungen unzumutbar sind, muss auf die Umstände des Einzelfalls abgestellt werden. Dabei ist auf den durchschnittlich empfindenden Mitbürger abzustellen.[261] Bestehen die Belästigung oder Störung bspw. in der **Emission von Geruch**, der etwa durch Schweinemasthaltung verursacht wird, kann zur Beurteilung der Zumutbarkeit das technische Regelwerk VDI-Richtlinie 3471 „Emissionsminderung Tierhaltung – Schweine"[262] und den Geruchsimmissionsrichtlinien der Länder (GIRL) herangezogen werden. Bei **Lärmbelästigungen** kann bei der Beurteilung der Zumutbarkeit die VDI-Richtlinie 2058 über die Beurteilung von Arbeitslärm in der Nachbarschaft herangezogen werden.[263] Eine rechtsverbindliche Konkretisierung treffen die Bundesimmissionsschutzverordnungen sowie die auf § 48 BImSchG gestützte TA Lärm als normkonkretisierende Verwaltungsvorschrift mit Außenwirkung.[264]

Beispiele:
(1) Gem. §§ 4 III Nr. 4 BauNVO i.V.m. 31 I BauGB können Gartenbaubetriebe im allgemeinen Wohngebiet zugelassen werden. Sofern jedoch von einem Betrieb wegen der großen Zahl an- und abfahrender Kunden unzumutbare Lärmbelästigungen ausgehen können, kann er wegen § 15 I S. 2 Var. 1 BauNVO unzulässig sein.
(2) Nach § 12 II BauNVO sind Stellplätze – mit den dort genannten Einschränkungen – auch in reinen Wohngebieten (§ 3 BauNVO) zulässig. Allerdings sind nach § 15 I S. 2 BauNVO die in den §§ 2-14 BauNVO aufgeführten baulichen und sonstigen Anlagen unzulässig, wenn von ihnen Belästigungen oder Störungen ausgehen können, die nach der Eigenart des Baugebiets im Baugebiet selbst oder in dessen Umgebung unzumutbar sind. Stellplätze sind nach Auffassung des BVerwG unzulässig, wenn sie die Nachbarschaft unangemessen beeinträchtigen. Das wiederum könne der Fall sein, wenn die Richtwerte der TA Lärm bzw. DIN 18005 (Schallschutz im Städtebau) nicht eingehalten würden.[265]

c.) Schließlich sind Bauvorhaben **unzulässig**, wenn sie den unter b.) genannten Belästigungen oder Störungen **ausgesetzt** sind (§ 15 I S. 2 Var. 2 BauNVO).

179

Beispiel: Die Errichtung eines Studentenwohnheims neben einem größeren und stark lärmimmittierenden Schreinereibetrieb ist trotz grundsätzlicher Vereinbarkeit mit dem Bebauungsplan unzulässig, da das Studentenwohnheim Belästigungen oder Störungen ausgesetzt sein würde.

cc. Der Vorbehalt der Zulässigkeit nach § 15 BauNVO gilt nicht nur für Bauvorhaben, die sich nach den Festsetzungen des § 30 I i.V.m. § 9 BauGB richten, sondern auch für Vorhaben, die als **Ausnahme von den Festsetzungen des Bebauungsplans** genehmigt werden könnten (**§ 31 I BauGB**). Denn Ausnahmegenehmigungen gehören von ihrer Definition her zu den Vorhaben i.S.d. § 30 I BauGB. Liegen also

180

---

[261] *Brohm*, BauR, § 19 Rn 16.
[262] Zur Rechtsnatur dieses Regelwerks vgl. Rn 462 sowie *Diehr/Geßner*, NVwZ **2001**, 985, 988. Vgl. auch OVG Bautzen NVwZ-RR **2002**, 20 ff.
[263] Zu den Immissionen, die von Tieren ausgehen, vgl. *Scheidler*, DVBl **2007**, 936 ff.
[264] Vgl. BVerwG NVwZ **2008**, 76 ff. Generell zu den normkonkretisierenden Verwaltungsvorschriften vgl. *R. Schmidt*, AllgVerwR, Rn 877 ff.
[265] BVerwG NVwZ **2003**, 1516, 1516. Zur TA Lärm vgl. BVerwG NVwZ **2008**, 76 ff.; OVG Münster NVwZ **2003**, 756 ff.; *Müggenborg*, NVwZ **2003**, 1025 ff.; *Murswiek*, JuS **2008**, 1022 ff.

die Voraussetzungen des § 15 BauNVO vor, kann keine Ausnahmegenehmigung gem. § 31 I BauGB ergehen.

> **Hinweis für die Fallbearbeitung:** § 15 I BauNVO ist somit erst dann anwendbar, wenn ein Bauvorhaben nach den allgemein-typisierenden Vorschriften der §§ 2-11 BauNVO als Regel- oder zumindest als Ausnahmebebauung eigentlich zulässig wäre, im Einzelfall bauplanungsrechtlich jedoch (insbesondere wegen Verstoßes gegen das **Rücksichtnahmegebot** aus § 15 I S. 2 BauNVO) unerwünscht ist.

181 **dd.** Fraglich ist, ob von den Vorgaben des § 15 BauNVO abgewichen werden kann, wenn einer der **Befreiungstatbestände** des **§ 31 II BauGB** vorliegt. Die Rechtsprechung verneint dies.[266] § 31 II BauGB erlaube lediglich Befreiungen von den „Festsetzungen des Bebauungsplans". Nach § 1 III BauNVO würden aber nur die Vorschriften der §§ 2-14 BauNVO Bestandteil des Bebauungsplans, nicht aber § 15 BauNVO. Weiter sei eine Befreiung nach § 31 II BauGB nur zulässig, wenn sie nicht dem Rücksichtnahmegebot widerspreche, das auch § 15 BauNVO zum Ausdruck bringe.[267] Trotz Vorliegens einer der Befreiungstatbestände darf also nicht von den Vorgaben des § 15 BauNVO abgewichen werden. Vgl. dazu das Beispiel bei Rn 160 (Bordell im Industriegebiet).

e. Umweltverträglichkeit von Bauvorhaben

182 Aufgrund der Vorgaben der UVP-Richtlinie, der UVP-Änderungsrichtlinie und der IVU-Richtlinie war der Gesetzgeber gehalten, die Umweltverträglichkeit eines Bauvorhabens sicherzustellen. Dieser Verpflichtung ist er in mehreren Schritten nachgekommen: Zunächst hat er im Jahre 2001 das UVPG verabschiedet und das BauGB novelliert und im Jahre 2004 hat er erneut einige EU-Richtlinien[268] umgesetzt und die in verschiedenen Gesetzen enthaltenen Vorschriften über die Umweltprüfung neu systematisiert und zusammenhängend in das BauGB aufgenommen.

183 Nach § 1 V, VI Nr. 7 und § 1a BauGB n.F. sind in der bauplanerischen Abwägung nach § 1 VII BauGB auch und insbesondere Umweltbelange zu berücksichtigen. Soweit also im Bebauungsplanverfahren die planungsrechtliche Zulässigkeit von bestimmten Vorhaben begründet werden soll, für die eine Verpflichtung zur Durchführung einer Umweltverträglichkeitsprüfung besteht, sind Umweltbelange in besonderem Maße bei der Abwägung nach § 1 VII BauGB entsprechend dem Planungsstand zu berücksichtigen.

184 Die in der Bauleitplanung zu berücksichtigenden Umweltbelange fasst § 1 VI Nr. 7 BauGB in einem umfangreichen Katalog (lit. a - i) zusammen. Da diese Belange auch Gegenstand der neu eingeführten Umweltprüfung (§ 2 IV BauGB) sind, dient er damit auch der genannten Plan-UP-Richtlinie. Ergänzende Vorschriften zum Umweltschutz enthält der neu gefasste § 1a BauGB, der die frühere Bodenschutzklausel ersetzt hat. Zum Inhalt der planungserheblichen Umweltbelange und zu § 17 I UPVG, der für die Umweltprüfung bei der Aufstellung von Bebauungsplänen nach § 2 III Nr. 3 BauGB, insbesondere für Vorhaben nach Nr. 18.1-18.9 der Anlage 1 zum UVPG, auf die Vorschriften des BauGB verweist, vgl. Rn 105a ff.

---

[266] Vgl. nur BVerwGE **82**, 343, 345; zust. *Brohm*, BauR, § 19 Rn 16; a.A. *Schlez*, BauNVO, § 15 Rn 4.
[267] BVerwGE **82**, 343, 347. Vgl. auch BVerwG NVwZ **2001**, 813 u. VG Freiburg NVwZ **2001**, 1442, 1443 f.
[268] Vgl. die Richtlinie 2001/42/EG über die Prüfung der Umweltauswirkungen bestimmter Pläne und Programme und die Richtlinie 2003/35/EG über die Beteiligung der Bevölkerung bei der Ausarbeitung bestimmter umweltbezogener Pläne und Programme (Plan-UP-Richtlinie) sowie zur Änderung der Richtlinien 85/337/EWG und 96/61/EG in Bezug auf die Öffentlichkeitsbeteiligung und den Zugang zu Gerichten.

f. Drittschutz (insbesondere Nachbarschutz)

Die größte Bedeutung für das Examen hat der Drittschutz, insbesondere der Rechts-schutz des Nachbarn. Der baunachbarrechtliche Rechtsstreit ist geradezu paradigma-tisch für dreipolige Verwaltungsrechtsverhältnisse. Grundüberlegung dieser Konstella-tion ist, dass dem Bauherrn eine Baugenehmigung erteilt wurde, die nach Auffassung des Nachbarn nachbarschützende Normen verletzt. Im Geltungsbereich eines qualifi-zierten oder vorhabenbezogenen Bebauungsplans muss die Frage aufgeworfen wer-den, ob und inwieweit § 30 I/II BauGB drittschützende, d.h. nachbarschützende Wirkung entfaltet. Da dieser Fragenkomplex ausführlich bei Rn 427 ff. zusammenge-fasst dargestellt wird, sei insoweit auf die dortigen Ausführungen verwiesen.

185

g. Zusammenfassung zu § 30 BauGB

186

> **Zusammenfassend** lässt sich feststellen, dass sich die bauplanungsrechtliche Zulässig-keit von Vorhaben im qualifiziert beplanten Innenbereich aus einer Zusammenschau der §§ 30 I / II und 31 BauGB ergibt.
>
> - Grundsätzlich darf die bauliche Anlage den Festsetzungen des Bebauungsplans (§ 9 BauGB; §§ 2 ff. BauNVO) nicht widersprechen; des Weiteren muss die Erschließung gesichert sein (§ 30 I BauGB). Entsprechendes gilt für Vorhaben auf der Grundlage eines vorhabenbezogenen Bebauungsplans nach § 12 BauGB (§ 30 II BauGB).
>
> - Die bauplanungsrechtliche Zulässigkeit eines Vorhabens hängt primär von der Ver-einbarkeit mit den Festsetzungen des Bebauungsplans ab. Im Hinblick auf die *Art der baulichen Nutzung*, die der Bebauungsplan gem. § 9 I Nr. 1 BauGB festsetzen kann, bestimmt sich die Zulässigkeit eines Vorhabens gem. § 1 III S. 2 BauNVO nach den Vorschriften der §§ 2-14 BauNVO, wenn die Gemeinde die in § 1 II Bau-NVO genannten Gebiete (z.B. reines Wohngebiet, Mischgebiet, Gewerbegebiet) fest-setzt und soweit in § 1 IV bis 10 BauNVO nicht etwas anderes bestimmt ist. Die Planwidrigkeit eines Vorhabens muss also, was die Art der baulichen Nutzung be-trifft, in einem solchen Fall unmittelbar nach §§ 2-14 BauNVO beurteilt werden.
>
> - Darüber hinaus kann ein Vorhaben, wenn es den Planfestsetzungen widerspricht, zugelassen werden, wenn es einer im Bebauungsplan nach Art und Umfang aus-drücklich zugelassenen Ausnahme entspricht (§ 31 I BauGB) oder wenn eine Befrei-ung von den Festsetzungen des Bebauungsplans möglich ist (§ 31 II BauGB).
>
> - Trotz Zulässigkeit des Bauvorhabens nach § 30 I BauGB kann ein Projekt im Einzel-fall unzulässig sein, wenn es die Voraussetzungen des § 15 BauNVO erfüllt. Diese Vorschrift schützt trotz Vereinbarkeit des Vorhabens mit den Festsetzungen des Be-bauungsplans die Eigenart des Baugebiets und vor Belästigungen oder Störungen.
>
> Demgegenüber richtet sich die Zulässigkeit eines Vorhabens im Geltungsbereich eines einfachen Bebauungsplans (also eines Bebauungsplans, der die in § 30 I BauGB für den qualifizierten Bebauungsplan formulierten Mindestanforderungen wie Festsetzungen über die Art und das Maß der baulichen Nutzung, die überbaubaren Grundstücksflächen und die örtlichen Verkehrsflächen nicht erfüllt) gem. § 30 III BauGB nach den Vorschrif-ten der §§ 34 und 35 BauGB, sofern der einfache Bebauungsplan keine Regelungen enthält. Sofern der einfache Bebauungsplan also keine Regelungen enthält, wird ein Vorhaben innerhalb seines Geltungsbereichs also so behandelt, als bestehe gar kein Bebauungsplan.

5. Unbeplanter oder nur einfach beplanter Innenbereich, § 34 BauGB

187 Wie bereits mehrfach zum Ausdruck gebracht wurde, geht die Grundaussage der §§ 29 ff. BauGB dahin, dass sowohl der qualifiziert beplante Innenbereich (§ 30 I BauGB) als auch der nicht qualifiziert beplante bzw. der unbeplante Innenbereich (§ 34 BauGB) – im Gegensatz zum Außenbereich (§ 35 BauGB) – grundsätzlich der Bebauung offen stehen. Insbesondere in kleineren Gemeinden ergibt sich oft nicht die Notwendigkeit, einen qualifizierten Bebauungsplan aufzustellen. Entweder beschränkt man sich dort auf den Erlass eines einfachen Bebauungsplans oder man verzichtet gänzlich auf den Erlass eines Bebauungsplans. In beiden Fällen gelangt dann der in § 34 BauGB gesetzlich geregelte „Planersatz" zur Anwendung. Gerade aber in dem Fall, dass in einem Innenbereich kein Bebauungsplan aufgestellt wurde, können sich erhebliche Abgrenzungsprobleme zum Außenbereich ergeben, der ja von einer Bebauung grundsätzlich frei zu halten ist. Vor diesem Hintergrund bildet die Frage, ob ein Grundstück zum Innenbereich gehört oder als Außenbereichsgrundstück anzusehen ist, nicht nur den Gegenstand zahlreicher Verwaltungsverfahren und Gerichtsentscheidungen[269], sondern ist auch in erhöhtem Maße studien- und examensrelevant.

Die Zulassung eines Bauvorhabens nach § 34 BauGB setzt voraus, dass das Vorhaben

- im räumlichen Geltungsbereich der Norm (d.h. im Zusammenhang bebauter Ortsteile) liegt und

- die – weiteren – Zulässigkeitsvoraussetzungen nach § 34 BauGB erfüllt.

a. Geltungsbereich des § 34 BauGB

aa. Bestimmung des Geltungsbereichs nach allgemeinen Kriterien

188 **a.)** § 34 BauGB gilt für den **nicht qualifiziert beplanten Innenbereich** (vgl. § 30 III BauGB). Er findet daher weder Anwendung für den qualifiziert beplanten Innenbereich (§ 30 I BauGB) noch für den Außenbereich (§ 35 BauGB). Das bedeutet, dass der in § 34 BauGB beschriebene unbeplante Innenbereich sowohl vom qualifiziert beplanten Innenbereich als auch vom Außenbereich abgegrenzt werden muss.

189 **b.)** Die Abgrenzung zum qualifiziert beplanten Innenbereich und zum Außenbereich ist äußerst wichtig, da die Anforderungen an die Zulässigkeit eines Vorhabens in den einzelnen Planbereichen sehr unterschiedlich sind. Die Frage nach der Abgrenzung zwischen dem unbeplanten Innenbereich und dem Außenbereich stellt sich vor allem dann, wenn am Ortsrand eine nur lückenhafte oder jedenfalls nicht durchgängige (Wohn-)Bebauung vorhanden ist. Ansatzpunkt für die Beantwortung der Frage ist der Wortlaut des § 34 I BauGB. Bauvorhaben im Geltungsbereich des § 34 BauGB müssen demnach

- innerhalb eines im Zusammenhang bebauten Ortsteils und/oder im Geltungsbereich einer Satzung nach § 34 IV BauGB (Abgrenzung zum Außenbereich),

- aber außerhalb des Geltungsbereichs eines qualifizierten oder vorhabenbezogenen Bebauungsplans liegen (Abgrenzung zum beplanten Innenbereich).

---

[269] Vgl. aus jüngerer Zeit etwa BVerwG BauR **2006**, 348; NVwZ **2003**, 211; ZfBR **2002**, 808; NVwZ **2001**, 70; NVwZ-RR **2001**, 83; **2000**, 481; DVBl **1999**, 249; aus der Lit. vgl. etwa *Stüer*, DVBl **2003**, 1030, 1032; *Kuschnerus/Schöler/Stehr*, NWVBl **2004**, 220, 221.

Unter dem Tatbestandsmerkmal „**Ortsteil**" ist jeder Bebauungskomplex im Gebiet der Gemeinde zu verstehen, der nach der Zahl der vorhandenen Bauten ein gewisses – zahlenmäßiges – Gewicht besitzt und im Gegensatz zur unerwünschten „Splittersiedlung" <u>Ausdruck einer organischen Siedlungsstruktur ist</u>.[270]

190

Da es sich bei dem Begriff „Ortsteil" um einen unbestimmten Rechtsbegriff handelt, lässt sich die Zahl der vorhandenen Bauten, die erforderlich ist, um das Vorliegen eines Ortsteils bejahen zu können, nicht generell festlegen. Auch hinsichtlich des Merkmals der „organischen Siedlungsstruktur" ist nach der Rechtsprechung nicht darauf abzustellen, ob es sich hierbei um eine nach Art und Zweckbestimmung einheitliche Bebauung handelt; so können auch eine unterschiedliche oder eine in ihrer Art und Zweckbestimmung gegensätzliche Bebauung einen Ortsteil bilden.

> **Beispiel**[271]: Landwirtschaftliche Gebäude und Wohnbebauung können einen Ortsteil bilden, solange sie nur Ausdruck einer organischen Siedlungsstruktur sind.

Unter „**Bebauungszusammenhang**" ist eine tatsächlich aufeinander folgende Bebauung zu verstehen, die trotz vorhandener Baulücken den <u>Eindruck der Geschlossenheit (Zusammengehörigkeit) vermittelt</u>.[272]

191

Die Frage, wo der Bebauungszusammenhang endet und der Außenbereich beginnt, lässt sich nur nach Ermittlung aller Umstände und einer sorgfältigen Wertung und Bewertung des so ermittelten konkreten örtlichen Sachverhalts beantworten.[273] Nach der Rechtsprechung des BVerwG ist mit dem Begriff der „Bebauung" nichts anderes gemeint, als dass die betreffenden Anlagen und Flächen dem ständigen Aufenthalt von Menschen dienen sollen. Baulichkeiten, die ausschließlich **landwirtschaftlichen Zwecken** (Scheunen, Ställe) oder **kleingärtnerischer Nutzung** (Lauben) dienen, befestigte **Reit- oder Stellplätze** sind daher für sich allein genommen **keine** Bauten, die einen Bebauungszusammenhang begründen oder an seiner Entstehung mitwirken können. Das gilt unabhängig davon, ob die vorgenannten Baulichkeiten bauliche Anlagen i.S.v. § 29 I BauGB darstellen.[274]

192

> **Beispiel:** B beantragt eine Baugenehmigung für die Errichtung eines Parkplatzes für Wohnwagen auf wasserdurchlässigem Grund auf zwei Flurstücken. Im Norden und Westen der Flurstücke schließen unbebaute Flächen an. Östlich liegen, durch einen Weg getrennt, zwei Schulgrundstücke mit Parkplätzen. An die Schulgrundstücke grenzen im Norden und Osten bebaute Grundstücke an, die zur geschlossenen Ortslage gehören. Wonach richtet sich die Zulässigkeit des Vorhabens des B?
>
> Zunächst handelt es sich um ein Vorhaben i.S.v. § 29 S. 1 BauGB, da es um eine bauliche Anlage mit bodenrechtlicher Relevanz geht. Hinsichtlich seiner bauplanungsrechtlichen Zulässigkeit unterliegt das Vorhaben somit den §§ 30 ff. BauGB. Fraglich ist, ob § 34 BauGB oder § 35 BauGB einschlägig ist. § 34 I BauGB geht von einer zusammenhängenden Bebauung aus. Mit dem Begriff der Bebauung ist nichts anderes gemeint, als dass die betreffenden Anlagen und Flächen dem ständigen Aufenthalt von Menschen dienen sollen. Zudem fallen unter den Begriff der Bebauung nur bauliche Anlagen, die optisch wahrnehmbar sind und ein gewisses Gewicht haben, sodass sie geeig-

193

[270] BVerwG NVwZ **2001**, 70 (Verweis auf BVerwG NVwZ **1999**, 527, 528; BVerwGE **31**, 20, 26; **27**, 137 f.).
[271] Vgl. VGH Mannheim UPR **2004**, 239; *Stollmann*, BauR, § 16 Rn 9.
[272] BVerwG NVwZ **2003**, 211; **2001**, 70 (zurückgreifend auf BVerwGE **75**, 34, 36; **31**, 20, 26); vgl. auch *Förster/Sander*, JuS **1999**, 892, 894; *Stüer*, DVBl **2003**, 1030, 1032. Das Merkmal „tatsächlich" in der Definition soll verdeutlichen, dass es auf die Rechtmäßigkeit der Bauten nicht ankommt (vgl. BVerwGE **31**, 20, 22-26). Daraus folgt, dass auch illegale Bauten einen Bebauungszusammenhang herstellen und damit die Anwendbarkeit des § 34 BauGB begründen können.
[273] Vgl. BVerwG NVwZ **1999**, 527, 528; BVerwGE **75**, 34, 37; **31**, 20, 26.
[274] BVerwG NVwZ **2001**, 70.

net sind, ein Gebiet als einen Ortsteil mit einem bestimmten Charakter zu prägen. Hierzu gehört ein mit Schotter befestigter Stellplatz nicht. Er dient weder dem ständigen Aufenthalt von Menschen noch besitzt er maßstabbildende Kraft, da er sich dem Beobachter bei einer optischen Bewertung eher als unbebaut darstellt. Der Stellplatz ist daher ungeeignet, einen Bebauungszusammenhang zu vermitteln. Allerdings können selbst **unbebaute Flächen** i.S.v. § 29 S. 1 BauGB einen **Bebauungszusammenhang** i.S.v. § 34 BauGB herstellen, wenn sie den optischen Eindruck der Geschlossenheit nicht unterbrechen. Dies ist sogar dann nicht ausgeschlossen, wenn es sich wie hier um eine Grundstückslage am Ortsrand handelt. Für eine Bewertung nach diesem Gesichtspunkt müssten jedoch – da stets auf den Einzelfall abzustellen ist – die tatsächlichen Gegebenheiten vor Ort genauer bekannt sein. Da dies nicht der Fall ist, richtet sich die Zulässigkeit des Vorhabens somit grundsätzlich nicht nach § 34 I BauGB, sondern nach § 35 BauGB.

Im Hinblick auf den unbeplanten Innenbereich spielten in der jüngeren Vergangenheit insbesondere **Sportplätze** eine Rolle.[275] So hat das BVerwG entschieden, dass ein Sportplatz *keinen* Bebauungszusammenhang i.S.d. § 34 I BauGB herstelle, wenn auf ihm lediglich einzelne untergeordnete bauliche Nebenanlagen (hier: Kassenhäuschen, sportplatzbegleitende Geländer, niedrige Flutlichtmasten) vorhanden seien. Diese Anlagen seien von vornherein ungeeignet, einen Bebauungszusammenhang zu vermitteln, weil ihnen die in § 34 I S. 1 BauGB vorausgesetzte Maßstab bildende Kraft fehle.[276]

194   Im Übrigen wird man davon ausgehen müssen, dass der Bebauungszusammenhang grundsätzlich unmittelbar hinter dem letzten zum Bebauungszusammenhang gehörenden Grundstück endet.[277] Das ist aber stets eine Frage des Einzelfalls.[278] Jedenfalls endet der Ortsteil i.S.v. § 34 I BauGB unabhängig vom weiteren Bebauungszusammenhang an der Gemeindegrenze, da der Gemeinde der Plansatz des § 34 BauGB nur zugerechnet werden kann, soweit sie ihn durch sachgerechte Planung abwenden kann.[279]

Die Bebauung in Nachbargemeinden bleibt bei der Frage des Bebauungszusammenhangs also außer Betracht. Maßgeblich ist nur die Bebauung im jeweiligen Gemeindegebiet.

bb. Festlegung der Grenzen des Innenbereichs durch Satzung

195   **a.)** Da mit den o.g. Kriterien letztlich keine hinreichende und verlässliche Abgrenzung vorgenommen werden kann, eröffnet § 34 IV BauGB der Gemeinde die Möglichkeit, die Grenze zum Außenbereich durch Satzung (sog. **Innenbereichssatzung**) vorzunehmen. § 34 IV BauGB unterscheidet dabei drei Tatbestände:

196   ▪ Die **Klarstellungssatzung** des § 34 IV S. 1 Nr. 1 BauGB legt *deklaratorisch* die Grenzen zwischen Innenbereich und Außenbereich, wie sie sich nach den tatsächlichen Gegebenheiten darstellen, fest. Streitfälle, ob ein bestimmtes Grundstück dem Innen- oder Außenbereich zuzuordnen ist, werden so vermieden.

197   ▪ Mit der **Entwicklungssatzung** des § 34 IV S. 1 Nr. 2 BauGB werden bebaute Gebiete im Außenbereich, die etwa wie die Splittersiedlung die Definitionsmerkmale des Innenbereichs nicht erfüllen, *konstitutiv* als im Zusammenhang bebauter Ortsteile i.S.d. § 34 BauGB, also zum Innenbereich, erklärt. Der Innenbereich kann also durch eine solche Satzung in den angrenzenden Außenbereich hinein fortentwickelt werden. Zu beachten

[275] Ausführlich *Ketteler*, NVwZ **2002**, 1070.
[276] BVerwG NVwZ **2001**, 70; *Gaentzsch*, NVwZ **2000**, 993, 998.
[277] Vgl. *Muckel*, BauR, S. 65 ff.
[278] BVerwG NVwZ **1998**, 58, 59 f. und BVerwG NVwZ-RR **1998**, 156, 157.
[279] *Dolde/Menke*, NJW **1999**, 2150, 2153.

ist jedoch, dass zum Erlass einer solchen Satzung zumindest ein Ansatz zu einem im Zusammenhang bebauten Ortsteil vorhanden sein muss, da die Anwendung des § 34 BauGB, die durch die Entwicklungssatzung herbeigeführt werden soll, ein „Einfügen in die nähere Umgebung" oder eine einem Gebietstypus der BauNVO entsprechende Bebauung voraussetzt. Des Weiteren muss die Fläche im Flächennutzungsplan als Baufläche ausgewiesen sein.

- Die dritte Möglichkeit der Abgrenzung von Innen- und Außenbereich besteht in der **Ergänzungssatzung** nach § 34 IV S. 1 Nr. 3 BauGB. Durch sie können einzelne Außenbereichsgrundstücke in die im Zusammenhang bebauten Ortsteile einbezogen werden, wenn die einbezogenen Grundstücke durch die bauliche Nutzung des angrenzenden Bereichs entsprechend geprägt sind. Der Erlass einer Ergänzungssatzung kommt z.B. immer in Betracht, um nur einseitig bebaute Straßen am Ortsrand auch auf der anderen Seite bebauen zu können.

198

Fazit: Bei den sog. Innenbereichssatzungen geht es also um die rechtssatzmäßige Festlegung der Grenzen zwischen Innenbereich und Außenbereich bzw. um die Einbeziehung von Flächen des Außenbereichs in den unbeplanten Innenbereich.

199

---

b.) Zu beachten ist aber, dass infolge dieser Satzungen Baurechte entstehen, wie sie im Bereich eines Bebauungsplans bestehen. Daher stellt § 34 V S. 1 Nr. 1 BauGB an die **Zulässigkeit von Außenbereichssatzungen** nach § 34 IV S. 1 Nr. 2 und 3 bestimmte Voraussetzungen:

200

- Zunächst müssen sie mit einer geordneten städtebaulichen Entwicklung vereinbar sein (§ 34 V S. 1 Nr. 1 BauGB).

- Des Weiteren dürfen sie nicht die Zulässigkeit von Vorhaben, die einer Umweltverträglichkeitsprüfungspflicht nach der Anlage zum UVPG oder nach Landesrecht unterliegen, begründen (§ 34 V S. 1 Nr. 2 BauGB).

- Schließlich dürfen durch den Satzungserlass keine Anhaltspunkte für eine satzungsbedingte Beeinträchtigung der Erhaltungsziele oder des Schutzzwecks von Natura-2000-Gebieten nach § 1 VI Nr. 7 BauGB bestehen (§ 34 V S. 1 Nr. 3 BauGB).

c.) Angesichts dieser an die Voraussetzungen des vereinfachten Verfahrens nach § 13 I Nr. 1 und 2 BauGB angelehnten Vorgaben wird deutlich, dass eine Umweltprüfung für keine der Satzungen nach § 34 IV BauGB gefordert ist.[280]

201

d.) Hinsichtlich **Entwicklungs-** und **Ergänzungssatzungen** bestimmt § 34 V S. 2 BauGB, dass – ebenso wie bei einem einfachen Bebauungsplan – einzelne Festsetzungen nach § 9 I, III S. 1 und IV BauGB getroffen werden können; zudem ist § 9 VI BauGB entsprechend anzuwenden. Hinsichtlich der Frage, wann das zulässige Maß an Festsetzungen überschritten ist, hat die Rspr. entschieden, dass das Maß des Zulässigen nicht erst dann überschritten sei, wenn die Ergänzungssatzung zu einem qualifizierten Bebauungsplan werde. Vielmehr hätten sich ihre Festsetzungen auf die spezifische Zielsetzung, den Innenbereich um einzelne Außenbereichsflächen zu ergänzen, zu beschränken. Außerdem dürfe die Planungspflicht der Gemeinden aus § 1 III BauGB nicht leer laufen. Daher werde die Satzung umso eher unzulässig sein, je höher ihre Regelungsdichte sei und je mehr sie die Funktion eines Bebauungsplans übernehme.[281]

202

---

[280] So ausdrücklich BT-Drs. 15/2996, S. 98; nicht überzeugend *Finkelnburg*, NVwZ **2004**, 897, 902, der eine integrierte Umweltprüfung für erforderlich hält, dabei aber die genannte BT-Drs. übersieht.
[281] Vgl. BVerwG 13.3.**2003** – BN 20.03; OVG Bautzen NVwZ **2001**, 1070 f.

203 **d.)** Schließlich ordnet § 34 V S. 3 BauGB für die **Ergänzungssatzung** an, dass die Bodenschutzklausel (§ 1 a II BauGB), die Eingriffsregelung nach BNatSchG (§ 1 a III BauGB) sowie die Festsetzungsregelung des § 9 I a BauGB anzuwenden seien. Des Weiteren ist eine Begründung erforderlich, in welcher die Ziele, Zwecke und wesentlichen Auswirkungen der Satzung darzulegen sind (§ 34 V S. 3 Hs. 2 BauGB).

204 **e.)** Das Verfahren zur Aufstellung der Satzungen regelt § 34 VI BauGB. Da nur durch die Satzungen nach § 34 IV Nr. 2 und 3 BauGB neue Baurechte geschaffen werden können, ist auch nur für sie ein vereinfachtes Beteiligungsverfahren durch Verweis auf die „formlose" Öffentlichkeits- und Behördenbeteiligung nach § 13 II Nr. 2 und 3 BauGB vorgesehen (§ 34 VI S. 1 BauGB). Keine der Satzungen des § 34 IV BauGB bedarf einer Genehmigung durch die höhere Verwaltungsbehörde. Alle drei Satzungen sind entsprechend der Rechtslage beim Bebauungsplan nicht insgesamt, sondern gem. § 10 III BauGB nur mit der Möglichkeit der Einsichtnahme des Satzungsinhalts bekannt zu machen (§ 34 VI S. 2 BauGB).

b. Zulässigkeit von Bauvorhaben

205 Damit das Vorhaben zulässig ist, müssen bestimmte, in der Vorschrift genannte Voraussetzungen erfüllt sein. Dabei ist zu berücksichtigen, dass § 34 BauGB zwei unterschiedliche Genehmigungstatbestände enthält:

- Ortsteile mit diffuser Bebauung (§ 34 I BauGB)
- sowie Ortsteile mit einer BauNVO-baugebietskonformen Bebauung (§ 34 II BauGB)

aa. Grundsätzliche Zulässigkeit nach § 34 I BauGB

206 Den Grundtatbestand bildet **§ 34 I BauGB**. Danach sind grundsätzliche Zulässigkeitsvoraussetzungen, dass

- sich das geplante Vorhaben „nach Art und Maß der baulichen Nutzung, der Bauweise und der zur Bebauung vorgesehenen Grundstücksfläche **in die Eigenart der näheren Umgebung einfügt** (beachte aber die Abweichungsklausel des § 34 III a BauGB),
- die **Erschließung gesichert** ist,
- die Anforderungen an **gesunde Wohn- und Arbeitsverhältnisse** gewahrt bleiben
- und das **Ortsbild nicht beeinträchtigt** wird.[282]
- Darüber hinaus dürfen gem. § 34 III BauGB von dem Vorhaben **keine schädlichen Auswirkungen auf zentrale Versorgungsbereiche** zu erwarten sein.
- Schließlich darf das Vorhaben den **Festsetzungen eines einfachen Bebauungsplans** (soweit ein solcher besteht) nicht widersprechen.[283]

207 Alle vier Tatbestandsmerkmale sind mit unbestimmten Rechtsbegriffen versehen, die im konkreten Fall einer Auslegung bedürfen. Näherer Aufmerksamkeit bedürfen die genannten Begriffe „nähere Umgebung", „Eigenart", „Einfügen" und „Ortsbild". Die übrigen Tatbestandsmerkmale sind entweder weniger relevant oder ihre Auslegung bereitet weniger Schwierigkeiten.

---

[282] Zu den Begriffen **„Ortsteil"** und **„Bebauungszusammenhang"** vgl. bereits Rn 190 und 191.
[283] Zwar ist es richtig, dass § 34 I BauGB keinen einfachen Bebauungsplan vorschreibt, besteht jedoch ein solcher, müssen auch dessen Festsetzungen (soweit vorhanden) beachtet werden.

a.) Einfügen in die Eigenart der näheren Umgebung

Die Bestimmung der „**näheren Umgebung**" ist eine Frage des Einzelfalls. Sie reicht so weit, wie sich die Ausführung des jeweiligen Vorhabens auf sie auswirken kann und wie die Umgebung ihrerseits den bodenrechtlichen Charakter des Baugrundstücks prägt oder beeinflusst.[284] So wird die „nähere Umgebung" bei emissionsträchtigen oder besonders immissionsempfindlichen[285] Anlagen ein größeres Gebiet umfassen als bei Anlagen, die wenig emittieren bzw. immissionsempfindlich sind. Bei Letzteren kann sich die nähere Umgebung praktisch auf die unmittelbare Nachbarschaft beschränken.[286] Im Übrigen kann die „nähere Umgebung" auch durch Straßen oder Dämme eingegrenzt werden.[287]

208

Ist die „nähere Umgebung" bestimmt worden, muss deren „**Eigenart**" ermittelt werden. Sofern die Umgebung einem oder mehreren der in der BauNVO bezeichneten Baugebiete (z.B. allgemeines Wohngebiet, Dorfgebiet gem. §§ 4, 5 BauNVO[288]) entspricht, ist die Typisierung der BauNVO – ungeachtet der Vorschrift des § 34 II BauGB (siehe dazu Rn 217 ff.) – maßgeblich für die Frage, ob sich das Vorhaben in die Umgebung einfügt.[289] Im Übrigen bestimmt sich die Eigenart nach den dort tatsächlich vorhandenen baulichen und sonstigen Anlagen. Zu beachten ist aber, dass sich die Eigenart nur durch die im Gebiet befindlichen wesentlichen und üblichen Anlagen bestimmt. Vorhandene „Fremdkörper" wie z.B. Unikate oder Bauwerke, die völlig aus dem Rahmen fallen, sind grundsätzlich nicht bei der Bestimmung der Eigenart des Gebiets bzw. der näheren Umgebung heranzuziehen. Sie können aber zu berücksichtigen sein, wenn sie trotz ihrer Singularität für die Umgebung prägend sind wie z.B. ein größerer Industriebetrieb in einem im Übrigen einheitlich strukturierten Wohngebiet.[290]

209

Zentrales Tatbestandsmerkmal ist der unbestimmte Rechtsbegriff „**Einfügen**" in die Eigenart der näheren Umgebung. Dieses Kriterium ist nach der Rechtsprechung immer erfüllt, wenn sich das Vorhaben (nach Art und Maß der baulichen Nutzung, der Bauweise und der Grundstücksfläche, die überbaut werden soll) in jeglicher Hinsicht innerhalb des durch die Bebauung seiner Umgebung geprägten Rahmens hält und die erforderliche *Rücksicht auf die unmittelbare Umgebung* nimmt.[291] Unter unmittelbarer Umgebung als Maßstab für die Beurteilung des „Rahmens" wird die nähere Umgebung verstanden, also der Bereich, auf den sich die Ausführung des Vorhabens auswirken kann.[292] Zur **Abweichungsbefugnis** nach § 34 IIIa BauGB vgl. Rn 228.

210

Vorhaben im unbeplanten Innenbereich sind auch unter **natur- und landschaftsschutzrechtlichen** Aspekten zu prüfen. So sind die einschlägigen natur- und landschaftsschutzrechtlichen Vorschriften bei der Auslegung der Tatbestandsmerkmale „einfügen" und „Nichtbeeinträchtigung des Ortsbildes" in § 34 I BauGB zu berücksichtigen.[293]

211

---

[284] OVG Weimar NVwZ **2004**, 249.

[285] Der Unterschied zwischen Immissionen und Emissionen liegt darin, dass Emissionen von einem bestimmten Verursacher (einer Anlage) ausgehen, während der Begriff der Immissionen die Einwirkung von Umwelteinflüssen auf bestimmte Rechtsgüter (z.B. Pflanzen) erfasst.

[286] Vgl. BVerwG NVwZ-RR **1999**, 105; VGH München NVwZ-RR **1992**, 60; *Brohm*, BauR, § 20 Rn 15.

[287] OVG Weimar NVwZ **2004**, 249.

[288] Zur Festsetzung eines Dorfgebiets in einem Bebauungsplan vgl. BVerwG NVwZ **2001**, 1055 f.

[289] *Muckel*, BauR, S. 89.

[290] BVerwGE **84**, 322, 326 f.; *Brohm*, BauR, § 20 Rn 15.

[291] BVerwG NVwZ **1999**, 879, 880; BVerwGE **55**, 369, 370 f.; *Aulehner*, JA **2001**, 754, 755.

[292] BVerwGE **68**, 352, 358; **55**, 369, 380; *Erbguth/Wagner*, BauR, § 8 Rn 36 f.

[293] Vgl. BVerwGE **112**, 321 ff.; *Aulehner*, JA **2001**, 754, 755; *Gaentzsch*, NVwZ **2001**, 990, 992.

Beispiel[294]**:** B beantragt den Bau eines Mehrfamilienhauses im unbeplanten Innenbereich. Die Baubehörde lehnt das Baugesuch ab mit der Begründung, das Vorhaben werde die Nist-, Brut-, Wohn- und Zufluchtstätten von 23 Brutvogelarten beschädigen oder zerstören.

Nach Auffassung des BVerwG verhindert der **naturschutzrechtliche Artenschutz** (vgl. §§ 39 ff. BNatSchG) ein baurechtlich zulässiges Vorhaben im unbeplanten Innenbereich nicht. Allerdings dürften durch die Bebauung Tiere oder Pflanzen besonders geschützter Arten nicht absichtlich beeinträchtigt werden; verboten seien gezielte Beeinträchtigungen von Tieren und Pflanzen, nicht dagegen solche, die sich als unausweichliche Konsequenz rechtmäßigen Handelns ergäben. Die Baugenehmigungsbehörde habe ggf. die erforderlichen Maßnahmen zu treffen, damit die geschützten Lebensstätten durch das Bauvorhaben nicht mehr als unvermeidbar beeinträchtigt würden. Solche Maßnahmen könnten bspw. in der Reduzierung der Bebauung oder in der Erhaltung oder Neuanpflanzung von Bäumen und Sträuchern mit Nist- und Brutmöglichkeiten bestehen. Nur solche Beeinträchtigungen, die bei der – dem Grunde nach – zulässigen baulichen Nutzung einer Baulücke nicht vermieden werden könnten, seien vom artenschutzrechtlichen Bauverbot freigestellt. Eine Befreiung nach § 31 II BauGB (§ 31 II BauGB ist gem. § 34 II a.E. BauGB entsprechend abwendbar) sei nur ausnahmsweise erforderlich.

> **Hinweis für die Fallbearbeitung:** Die vier Kriterien (1) *Art und Maß der baulichen Nutzung*, (2) *der überbaubaren Grundstücksfläche*, (3) *Bauweise* und (4) *in die Eigenart der näheren Umgebung einfügen* sind jeweils unabhängig voneinander zu prüfen.[295] Dabei ist das das gesamte Baurecht durchziehende Gebot der gegenseitigen **Rücksichtnahme** innerhalb des Kriteriums des Einfügens zu prüfen. Das bedeutet, dass eine Verletzung des Rücksichtnahmegebots ausgeschlossen ist, soweit sich das Vorhaben nach seiner Art und seinem Maß der baulichen Nutzung, nach seiner Bauweise und nach seiner überbaubaren Grundstücksfläche in die Eigenart der näheren Umgebung einfügt.[296] Eine gesonderte Prüfung des Rücksichtnahmegebots ist in diesen Fällen also nicht mehr erforderlich (und auch nicht möglich).[297]

212 **Beispiel:** K ist Eigentümer eines mit einem Flachdachbungalow bebauten Grundstücks. Er wendet sich mit einer (Dritt-)Anfechtungsklage gegen die dem X erteilte Baugenehmigung für zwei von vier Sechsfamilienhäusern auf dem Nachbargrundstück. Er macht geltend, in seinen Rechten verletzt zu sein, weil die Baugenehmigung insbesondere wegen der grenznahen Anordnung der beiden Wohnhäuser, wegen ihrer Höhe und wegen des Ausmaßes der Geschossfläche mit dem in § 34 I BauGB verankerten Rücksichtnahmegebot nicht vereinbar sei.

Nach der Rechtsprechung des BVerwG kann das Rücksichtnahmegebot nur dann verletzt sein, wenn sich ein Vorhaben objektivrechtlich nach seiner Art oder seinem Maß der baulichen Nutzung, nach seiner Bauweise oder nach seiner überbauten Grundstücksfläche nicht in die Eigenart seiner näheren Umgebung einfügt.[298] Im vorliegenden Fall könnten sich die beiden Wohnhäuser nur hinsichtlich des Maßes der baulichen Nutzung oder hinsichtlich der Grundstücksfläche, die überbaut werden soll, nicht einfügen, weil lediglich ihre Höhe und das Ausmaß ihrer Geschossfläche sowie die grenznahe Anordnung problematisch sein können. Wenn man davon ausgeht, dass sich die beiden Gebäude hinsichtlich des Maßes in die Eigenart der näheren Umgebung einfügen und auch die Vorschriften über die überbaubaren Grundstücksflächen nicht verletzt

---

[294] Nach BVerwGE **112**, 321 ff.
[295] BVerwG NVwZ-RR **1998**, 539.
[296] BVerwG NVwZ **1999**, 879, 880 mit Anm. von *Selmer*, JuS **2000**, 409 f.
[297] *Muckel*, BauR, S. 79.
[298] BVerwG NVwZ **1999**, 879, 880.

sind, ist auch das in § 34 I BauGB verankerte Rücksichtnahmegebot nicht verletzt. Die Klage des K ist dann unbegründet.

Eine Konkretisierung des Rücksichtnahmegebots nehmen die **VDI-Richtlinien** vor. Zu deren Rechtsnatur und Anwendungsbereich vgl. Rn 282. Zur Auslegung von unbestimmten Rechtsbegriffen vgl. *R. Schmidt*, AllgVerwR, Rn 269 ff.

213

Zu beachten ist, dass gemäß dem im Zuge der Baurechtsnovelle 2004 eingefügte und im Rahmen des BauGB 2007 geänderte **§ 34 III a S. 1 BauGB** vom Erfordernis des „Einfügens in die Eigenart der näheren Umgebung" im Einzelfall abgewichen werden kann. Das ist gem. § 34 III a S. 1 BauGB der Fall, wenn die Abweichung

214

- der Erweiterung, Änderung, Nutzungsänderung oder Erneuerung eines zulässigerweise errichteten Gewerbe- oder Handwerksbetriebs oder der Erweiterung, Änderung oder Erneuerung von zulässigerweise errichteten baulichen Anlagen zu Wohnzwecken dient,
- städtebaulich vertretbar
- und auch unter Würdigung nachbarlicher Interessen mit den öffentlichen Belangen vereinbar ist.

Die Bestimmung erleichtert die Realisierung der genannten Maßnahmen, indem die in diesen Fällen sonst notwendige Aufstellung eines (vorhabenbezogenen) Bebauungsplans entbehrlich wird. Durch sie soll vor allem kleinen Handwerks- und Gewerbebetrieben in städtebaulichen Gemengelagen ermöglicht werden, notwendige Maßnahmen der aufgeführten Art ohne ein langwieriges Bebauungsplanverfahren durchzuführen. Letztlich soll die Vorschrift damit der Sicherung und Schaffung von Arbeitsplätzen dienen.[299]
Die Novellierung durch das BauGB 2007 hat den Anwendungsbereich der Vorschrift noch um zulässigerweise errichtete bauliche Anlagen zu Wohnzwecken erweitert (vgl. § 34 III a S. 1 Nr. 1 BauGB). Auf diese Weise kann z.B. für ein Ausbauvorhaben, bei dem durch An- und Aufbauten das Maß der in der näheren Umgebung vorhandenen Bebauung an sich überschritten wird, gleichwohl im Einzelfall eine Genehmigung erteilt werden.[300]

215

Selbstverständlich sind aber auch in einem solchen Fall die Einschränkungen gem. **§ 34 III BauGB** zu beachten. Lediglich auf das Kriterium des „Einfügens" in § 34 I S. 1 BauGB wird verzichtet.[301] Damit wird zugleich deutlich, dass sich § 34 III a S. 1 BauGB eben nur als Ausnahmevorschrift in Bezug auf das „Einfügen" versteht; auf das Kriterium der „im Zusammenhang bebauter Ortsteile" in § 34 I S. 1 BauGB sowie auf § 34 II BauGB insgesamt ist § 34 III a S. 1 BauGB nicht anwendbar.

216

Weiterhin findet gem. **§ 34 III a S. 2 BauGB** die Ausnahmeregelung des § 34 III a S. 1 BauGB keine Anwendung auf Einzelhandelsbetriebe, die die verbrauchernahe Versorgung der Bevölkerung beeinträchtigen oder schädliche Auswirkungen auf zentrale Versorgungsbetriebe in der Gemeinde oder in anderen Gemeinden haben können. § 34 III a S. 2 BauGB stellt damit sozusagen die Ausnahme von der Ausnahme dar. Sind also die Voraussetzungen des § 34 III a S. 2 BauGB erfüllt, wird die Ausnahmevorschrift des § 34 III a S. 1 BauGB verdrängt mit der Folge, dass es bei dem Grundsatz nach § 34 I BauGB bleibt. Die Zulässigkeit solcher Einzelhandelsbetriebe im

217

---

[299] BT-Drs. 15/2996, S. 97. Vgl. auch *Battis/Krautzberger/Löhr*, NJW **2004**, 2553, 2557.
[300] *Battis/Krautzberger/Löhr*, NVwZ **2007**, 121, 126.
[301] Im Übrigen darf § 34 III a S. 1 BauGB nicht mit § 31 BauGB verwechselt werden. Bei Letzterem geht es um Ausnahmen und Befreiungen von den Festsetzungen im Bebauungsplan gem. § 30 I BauGB. § 34 III a BauGB regelt indes Ausnahmen von dem Kriterium des „Einfügens" gem. § 34 I BauGB.

unbeplanten Innenbereich bzw. im einfach beplanten Innenbereich sind also ausnahmslos am Maßstab des § 34 I oder II BauGB zu messen, freilich ebenfalls unter Beachtung des § 34 III BauGB, was wiederum im Ergebnis zu einer regelmäßigen Unzulässigkeit des Vorhabens führen dürfte.[302]

b.) Gesicherte Erschließung

218 Ein nach § 34 I BauGB[303] zu beurteilendes Vorhaben ist nur zulässig, wenn die Erschließung gesichert ist.[304] Da jedoch grundsätzlich die Erschließung genügt, die der jeweilige Innenbereich aufweist, müssen sich Vorhaben, die im unbeplanten Innenbereich ausgeführt werden, grundsätzlich mit dem Erschließungszustand abfinden, den der einfach beplante bzw. unbeplante Innenbereich aufweist. An einer derartigen gesicherten Erschließung kann es etwa fehlen, wenn die Straße zu einem geplanten stark frequentierten Fachmarkt nur unzureichend ausgebaut ist. Ist die Erschließung im Zeitpunkt der Erteilung der Baugenehmigung noch nicht vorhanden, reicht es aus, wenn sie spätestens im Zeitpunkt der Fertigstellung oder Ingebrauchnahme des Vorhabens vorhanden ist.[305] Zur gesicherten Erschließung vgl. im Übrigen Rn 165, 241 und 268.

c.) Wahrung gesunder Wohn- und Arbeitsverhältnisse

219 Ein Vorhaben, das sich einfügt, kann nach § 34 I S. 2 Hs. 1 BauGB gleichwohl unzulässig sein, wenn **gesunde Wohn- und Arbeitsverhältnisse nicht gewahrt sind**. Diese äußerste Grenze der Bebauung im unbeplanten Innenbereich dient der Abwendung städtebaulicher Missstände.[306]

> **Beispiele/Gegenbeispiele[307]:** So kann das Kriterium der Wahrung der gesunden Wohn- und Arbeitsverhältnisse zu verneinen sein, wenn ein Vorhaben im natürlichen Überschwemmungsgebiet eines Gewässers verwirklicht werden soll[308], wenn von einem benachbarten Industriebetrieb Gesundheitsgefahren für eine Wohnbebauung ausgehen[309] oder wenn vorhandener Verkehrslärm unter Zugrundelegung objektiver Bewertungsmaßstäbe das gebotene Mindestmaß an Erholungsbedürfnis, Wohnruhe, ungestörtem Schlaf etc. nicht zulässt[310]. Umgekehrt lässt die Gefahr, dass Bauwerke von Baumwurzeln beschädigt werden, noch nicht zu, dass das Bauvorhaben wegen Nichtwahrung der gesunden Wohn- und Arbeitsverhältnisse abgelehnt wird. Im Übrigen lassen sich Anhaltspunkte für „ungesunde" Wohn- und Arbeitsverhältnisse § 136 II und III BauGB entnehmen.

---

[302] Daher bezeichnen *Erbguth/Wagner*, BauR, § 8 Rn 45 die Vorschrift des § 34 III a S. 2 BauGB als redundant. Diese Auffassung scheint in der Sache zwar zunächst nachvollziehbar, sie verkennt aber die Aufbaugrundsätze der Fallbearbeitung. Denn dort muss § 34 III a BauGB systematisch *vor* § 34 III BauGB geprüft werden, denn § 34 III a S. 2 BauGB stellt einen Spezialfall zu § 34 III BauGB dar, wenn es um Vorhaben nach § 34 I BauGB geht. Handelt es sich bei dem zu prüfenden Vorhaben sogar um einen (großflächigen) Einzelhandelsbetrieb, greift § 34 III a S. 2 BauGB mit der Folge, dass es auf die Voraussetzungen des § 34 III BauGB nicht mehr ankommt. Im Hinblick auf (großflächige) Einzelhandelsbetriebe ist das Verhältnis der Normen also genau entgegengesetzt der Vorstellung von *Erbguth/Wagner*.

[303] Selbstverständlich ist die Sicherung der Erschließung auch in den Genehmigungsfällen des § 34 II, IV BauGB Zulässigkeitsvoraussetzung.

[304] *Dolde/Menke*, NJW **1999**, 2150, 2155.

[305] *Stollmann*, BauR, § 16 Rn 40.

[306] *Dolde/Menke*, NJW **1999**, 2150, 2155.

[307] Vgl. *Stollmann*, BauR, § 16 Rn 41.

[308] BVerwG, ZfBR **2005**, 66.

[309] OVG Münster NVwZ **1999**, 578

[310] BVerwG NVwZ **1991**, 879.

d.) Keine Beeinträchtigung des Ortsbildes

Schließlich ist zu beachten, dass ein Vorhaben im unbeplanten Innenbereich nur dann **219** zulässig ist, wenn es das **Ortsbild nicht beeinträchtigt**, § 34 I S. 2 Hs. 2 BauGB. Diese Vorschrift ergänzt § 34 I S. 1 BauGB, stellt aber auf einen größeren maßstabbildenden Bereich ab, als das bei dem „Einfügen in die nähere Umgebung" der Fall ist. Daher kann es vorkommen, dass ein Vorhaben sich zwar in die nähere Umgebung einfügt, gleichwohl aber bauplanungsrechtlich unzulässig ist, wenn es das Ortsbild (als übergeordnete Einheit) beeinträchtigt. Steht umgekehrt das Vorhaben in Einklang mit dem Ortsbild, wird es sich in aller Regel auch in die nähere Umgebung einfügen.

Bei der Frage nach der Beeinträchtigung des Ortsbildes sind zunächst nur solche Beeinträchtigungen des Ortsbildes beachtlich, die städtebauliche Relevanz besitzen. Dies ergibt sich aus der Zugehörigkeit des § 34 BauGB zum Bauplanungsrecht. Irrelevant sind also solche Beeinträchtigungen, vor denen das Bauordnungsrecht schützen will (etwa zu geringer Abstand zum Nachbargrundstück). Des Weiteren kann das Ortsbild durch § 34 BauGB nur in dem Umfang vor Beeinträchtigungen geschützt werden, wie dies im Geltungsbereich eines Bebauungsplans durch Festsetzungen nach § 9 I BauGB und den ergänzenden Vorschriften der BauNVO möglich wäre.[311] Denn wenn § 34 BauGB als eine Art „Planersatz" fungieren soll, kann sein Schutz vor einer Beeinträchtigung des Ortsbildes nur so weit reichen, wie dies im Geltungsbereich eines Bebauungsplans möglich wäre. Das bedeutet, dass ein Vorhaben im Bereich des § 34 BauGB auch nur insoweit eingeschränkt werden kann, wie dies durch einen Bebauungsplan möglich wäre.

Beispiel[312]: Bauherr B möchte im unbeplanten Innenbereich der Gemeinde G ein Ein- **220** familienhaus mit Doppelgarage bauen. Das geplante Bauvorhaben soll teilweise mit einem Satteldach, teilweise aber auch mit einem einhüftigen Pultdach, welches eine Neigung von 37° hat, versehen werden. Die Gemeinde verweigert ihre Zustimmung zu der Baugenehmigung (vgl. § 36 BauGB) mit der Begründung, das Vorhaben füge sich nicht in die Eigenart der näheren Umgebung ein und beeinträchtige darüber hinaus das Ortsbild. Denn wegen des einhüftigen Pultdachs in Verlängerung eines Satteldachs und der bis zum Dachfirst auftragenden Außenwand würde sich das Ortsbild im Bereich der betreffenden Straße nachteilig verändern, weil in der näheren Umgebung des Baugrundstücks keine vergleichbaren Gebäude, sondern nur solche mit durchgehenden Satteldächern vorhanden seien. Die optische und in Bezug auf die Dachform zurzeit homogene Situation würde sich erheblich verschlechtern. B teilt die Auffassung der Gemeinde nicht und erhebt (nach erfolglos durchgeführtem Widerspruchsverfahren) Verpflichtungsklage vor dem VG.

Die Klage ist gem. § 113 V, I S. 1 VwGO begründet, wenn die Versagung der Baugenehmigung rechtswidrig ist und B in seinen Rechten verletzt.

Die Zulässigkeit des Vorhabens richtet sich nach § 34 I BauGB. Danach ist das Einfamilienhaus des B zulässig, wenn es (1) sich nach Art und Maß der baulichen Nutzung, der Bauweise und der Grundstücksfläche, die überbaut werden soll, **in die Eigenart der näheren Umgebung einfügt** (dass die Erschließung gesichert ist, kann unterstellt werden) und (2) das **Ortsbild nicht beeinträchtigt**.

Zu (1): Ein Vorhaben fügt sich in die Eigenart der näheren Umgebung ein, wenn es sich in jeglicher Hinsicht innerhalb des durch die Bebauung seiner Umgebung geprägten Rahmens bewegt und die erforderliche Rücksicht auf die unmittelbare Umgebung nimmt (s.o.). Vorliegend ist fraglich, ob sich das Vorhaben des B in die Eigenart der näheren Umgebung einfügt. Nach Auffassung der Gemeinde sind in der näheren Umgebung des Baugrundstücks keine vergleichbaren Gebäude vorhanden, sondern nur

---

[311] BVerwG NVwZ **2000**, 1169, 1170.
[312] Nach BVerwG NVwZ **2000**, 1169 ff.

solche mit durchgehenden Satteldächern. Die Frage kann jedoch dahin stehen, wenn das Vorhaben des B das Ortsbild nicht beeinträchtigt. Denn beeinträchtigt ein Vorhaben das Ortsbild nicht, fügt es sich in aller Regel auch in die Eigenart der näheren Umgebung ein.

Zu (2): Da ein Vorhaben im Bereich des § 34 BauGB nur insoweit eingeschränkt werden kann, wie dies durch Bebauungsplan möglich wäre, ist für das vorliegende Beispiel zu klären, ob ein Bebauungsplan Festsetzungen enthalten dürfte, aus denen sich die Unzulässigkeit des Vorhabens des B ergeben würde. Vorliegend streiten die Parteien über die bauplanungsrechtliche Zulässigkeit eines Einfamilienhauses, auf dem das Dach teilweise als Satteldach, teilweise aber auch als Pultdach errichtet werden soll. Derartige Gestaltungsfragen können zwar bauordnungsrechtlich, etwa durch eine Gestaltungssatzung, die gem. § 9 IV BauGB auch in einem Bebauungsplan aufgenommen werden könnte, geregelt werden. Eine Regelung durch bauplanerische Festsetzungen auf der Grundlage des § 9 I BauGB oder der BauNVO ist jedoch ausgeschlossen. Festsetzen lassen sich zwar die Flächen für die Gebäude, auf die Dächer gesetzt werden (§ 9 I Nr. 2 BauGB), und auch die Höhe der baulichen Anlagen (§ 9 I Nr. 1 BauGB i.V.m. § 16 II Nr. 4 BauNVO). Festsetzbar sind auch die Stellung der baulichen Anlagen (§ 9 I Nr. 2 BauGB) und damit die Firstrichtung. Deshalb mag sich über § 34 I S. 2 BauGB eine Beeinträchtigung des Ortsbildes durch einen Eingriff in eine „Dachlandschaft" verhindern lassen. Nicht festsetzbar sind dagegen Dachformen oder andere Einzelheiten der Dachgestaltung. Auch wenn sich etwa der Neigungswinkel eines Daches auf das Ortsbild auswirken mag, reicht die Störung jedenfalls nicht zu einer Beeinträchtigung des Ortsbildes i.S.v. § 34 I S. 2 BauGB aus.[313] Die Klage des B ist daher begründet.

e.) Keine schädlichen Auswirkungen auf zentrale Versorgungsbereiche

221 § 34 I BauGB berücksichtigt leider nicht die Möglichkeit, dass es Vorhaben gibt, die sich zwar in die „nähere Umgebung" einfügen, dennoch **Fernwirkungen** entfalten, die mit den städtebaulichen Zielen nicht in Einklang stehen. So kann es vorkommen, dass sich ein **großflächiger Einzelhandelsbetrieb** („Einkaufspark" oder „Gewerbepark") zwar in die nähere Umgebung einfügt, allerdings eine solche Sogwirkung entfaltet und einen „Kaufkraftabfluss" aus den Innenstädten bzw. anderen Gemeinden[314] nach sich zieht, dass die Verwirklichung der Einzelhandelskonzeptionen der Nachbargemeinden in Frage gestellt wird. Der Gesetzgeber hat auf diese Möglichkeit reagiert und im Zuge der Baurechtsnovelle 2004 die Regelung des **§ 34 III BauGB** geändert. Danach dürfen von Vorhaben, die nach § 34 I oder II BauGB zulässig sind, **keine schädlichen Auswirkungen auf zentrale Versorgungsbereiche** in der Gemeinde oder in anderen Gemeinden zu erwarten sein.

222 Der Begriff **„zentrale Versorgungsbereiche"** findet sich als „infrastrukturelle Ausstattung" bereits in § 11 III S. 2 BauNVO neben weiteren Belangen, die als Schutzgüter der städtebaulichen Entwicklung und Ordnung vor Auswirkungen großflächiger (Einzel-)Handelsbetriebe geschützt werden sollen. Der Schutz vor großflächigen (Einzel-)Handelsbetrieben wird dadurch erreicht, dass die Zulässigkeit derartiger Vorhaben auf Kerngebiete sowie eigens dafür festgesetzte Sondergebiete beschränkt wird.

223 Auch der Begriff **„schädliche Auswirkungen"** findet sich bereits in § 11 III S. 2 BauNVO. Schädliche Auswirkungen sind – unter Rückgriff auf die sog. Krabbenkamp-Formel des BVerwG[315] – anzunehmen, wenn unmittelbare Auswirkungen gewichtiger Art auf die städ-

---

[313] So BVerwG NVwZ **2000**, 1169, 1171.
[314] Vgl. dazu auch den Abschlussfall zum FOC bei Rn 116.
[315] BVerwGE **40**, 323, 325 ff. Zum Krabbenkamp-Fall vgl. auch *R. Schmidt*, VerwProzR, Rn 479/1038.

tebauliche Entwicklung und Ordnung der (Nachbar-)Gemeinde zu erwarten sind, etwa im Fall eines erheblichen Kaufkraftabflusses.[316] Ob man eine schädliche Auswirkung auf die zentralen Versorgungsbereiche i.S.v. § 34 III BauGB bspw. schon dann annehmen kann, wenn das Vorhaben eine Geschossfläche von mehr als 1200 m² aufweist (vgl. § 11 III S. 3 BauNVO), ist fraglich; ansonsten unterstellte man dem Gesetzgeber, er habe generell die Zulässigkeit großflächiger Einzelhandelsbetriebe im unbeplanten Innenbereich nach § 34 BauGB ausschließen wollen, was sich angesichts des verfolgten Normzwecks, lediglich besagte Fernwirkungen berücksichtigungsfähig zu machen, kaum rechtfertigen lässt.[317]

Fazit: Werden also von einem (beantragten) großflächigen Einzelhandelsbetrieb eine Sogwirkung und ein Entzug der Kaufkraft zulasten der Innenstädte bzw. anderer Gemeinden in einem Maße erwartet, dass deren städtebauliche Entwicklung und Ordnung, konkret der Einzelhandelskonzeptionen, in Frage gestellt wird, ist er auch dann unzulässig, wenn die Voraussetzungen des § 34 I oder II BauGB vorliegen.	224

Wenn aber im zu beurteilenden Plangebiet bereits großflächige Einzelhandelsbetriebe vorhanden sind, „fügt" sich das geplante Objekt als weiterer Betrieb in die nähere Umgebung prinzipiell ein und ist i.d.R. zulässig.   225

Folglich hat der Antragsteller in diesem Fall – sofern die übrigen Voraussetzungen des § 34 I BauGB vorliegen – einen Anspruch auf Genehmigung seines in Aussicht genommenen Vorhabens. Zwar wird sich – i.S.d. Rspr. des BVerwG[318] – in einer solchen Konfliktsituation, d.h. insbesondere dann, wenn das interkommunale Abstimmungsgebot nach § 2 II S. 1 BauGB einen qualifizierten städtebaulichen Handlungsbedarf begründet, das gemeindliche Planungsermessen zu einer strikten Planungspflicht gem. § 1 III BauGB verdichten.[319] Bislang jedoch blieb, wenn die Gemeinde ihre Planungspflicht nicht erkannt hatte oder ihr wissentlich nicht nachgekommen war, die Genehmigungsfähigkeit des Vorhabens davon unberührt.[320]   226

f.) Kein Widerspruch zu den Festsetzungen eines einfachen Bebauungsplans

Zwar ist es richtig, dass § 34 I BauGB keinen einfachen Bebauungsplan vorschreibt, besteht jedoch ein solcher, müssen auch dessen Festsetzungen (soweit vorhanden) beachtet werden. Widerspricht ein Vorhaben den Festsetzungen eines einfachen Bebauungsplans, ist es daher im Innenbereich unzulässig. Dies gilt auch dann, wenn das Vorhaben im Übrigen den Voraussetzungen des § 34 I BauGB entspricht, sich also insbesondere in die Eigenart der Umgebung einfügt. Entspricht andererseits ein Vorhaben den Festsetzungen eines einfachen Bebauungsplans, ist es auch dann planungsrechtlich zulässig, wenn es im Widerspruch zur Eigenart der näheren Umgebung steht. Denn § 34 I BauGB gilt nur als „Planersatz" und ändert nichts an dem Vorrang der in einem Bebauungsplan vorhandenen Festsetzungen. Entspricht also ein Vorhaben nach Art und Maß der baulichen Nutzung den Festsetzungen eines   227

---

[316] Vgl. *Uechtritz*, NVwZ **2004**, 1025, 1032, der allerdings – in zweifelhafter Weise – eine Erheblichkeit bereits bei einem 10%igen Kaufkraftabfluss annimmt. Richtigerweise wird man eine Erheblichkeit erst bei ca. einem 30%igen Kaufkraftabfluss annehmen können. Generell gegen eine Pauschalierung *Hoppe*, NVwZ **2004**, 282, 287; *Hoppe/Otting*, DVBl **2004**, 1125, 1131; vgl. auch *Erbguth/Wagner*, BauR, § 8 Rn 44.
[317] *Uechtritz*, NVwZ **2004**, 1025, 1031; *Battis/Krautzberger/Löhr*, NJW **2004**, 2553, 2557; *Erbguth/Wagner*, BauR, § 8 Rn 44. Vgl. auch *Stüer*, DVBl **2006**, 403, 405 f.
[318] Vgl. BVerwGE **117**, 25, 29 ff.
[319] Vgl. dazu BVerwGE **119**, 25, 32 sowie Rn 265 (zu § 35 BauGB – ungeschriebener Belang des Planungserfordernisses).
[320] BVerwGE **119**, 25, 35; *Uechtritz*, NVwZ **2004**, 1025, 1026; *Paul*, NVwZ **2004**, 1033, 1035; *Erbguth/Wagner*, BauR, § 8 Rn 41. Vgl. auch *Stüer*, DVBl **2006**, 403, 405 f.

einfachen Bebauungsplans, ist es auch dann zulässig, wenn es sich insoweit in die Eigenart der näheren Umgebung nicht einfügen würde.[321]

Besteht also ein einfacher Bebauungsplans, der Festsetzungen enthält, sind diese zu beachten. Daraus folgt, dass auch die Vorschrift des § 15 BauNVO gilt (dazu Rn 175 ff.).[322]

bb. Zulässigkeit nach § 34 II BauGB i.V.m. der BauNVO

228 Eine Besonderheit gilt nach **§ 34 II BauGB** für die Art der baulichen Nutzung. Entspricht die Eigenart der näheren Umgebung einem der Baugebiete der §§ 2-11 BauNVO, beurteilt sich gem. § 34 II BauGB die Zulässigkeit des Vorhabens nach seiner Art allein anhand der Bestimmungen der BauNVO[323], sodass die Voraussetzungen des **§ 34 I BauGB nicht mehr zu prüfen sind**.

> **Hinweis für die Fallbearbeitung:** Aus diesen Ausführungen folgt, dass § 34 II BauGB für die *Art* der baulichen Nutzung als lex specialis zu § 34 I BauGB **vorrangig zu prüfen ist**. Liegen also die Voraussetzungen des § 34 II BauGB vor, bedarf es in der Fallbearbeitung **keines Eingehens auf § 34 I BauGB**.[324] Gleichzeitig folgt daraus, dass auch für § 34 II BauGB die Vorschrift des § 15 BauNVO gilt, weil § 34 II BauGB die Zulässigkeit des Bauvorhabens am Maßstab der BauNVO und damit der Festsetzungen im (einfachen) Bebauungsplan anordnet.[325]

Beispiele[326]:

229 **(1)** Im als allgemeines Wohngebiet (§ 4 BauNVO) einzustufenden unbeplanten Innenbereich der Gemeinde G befindet sich ein Sportplatz, bei dem die Lärmemissionen die in der 18. BImSchVO[327] festgelegten Richtwerte übertreffen. Bauherr B begehrt die Baugenehmigung zum Bau eines Einfamilienhauses in unmittelbarer Nachbarschaft dieses Sportplatzes.

Hier kann die Baubehörde zu Recht die Genehmigung verweigern, wenn sich das Vorhaben des B Sportlärmimmissionen aussetzt, die nach der Eigenart des Gebiets in diesem unzumutbar sind (§ 15 I S. 2 BauNVO).
Werden die in § 2 II Nr. 2 der 18. BImSchVO für Kern-, Dorf- und Mischgebiete festgelegten Richtwerte nicht überschritten, sind regelmäßig gesunde Wohnverhältnisse i.S.d. § 34 I S. 2 BauGB gewahrt. Vorliegend werden die Richtwerte aber überschritten. Das kann jedoch grundsätzlich nicht zum Nachteil des B gereicht werden, denn auch von einem Sportplatzbetreiber kann die Einhaltung dieser Richtwerte erwartet werden. Allerdings kann es bei der Beurteilung der Zulässigkeit von Bedeutung sein, dass der im Zusammenhang bebaute Ortsteil, zu dem das Baugrundstück des B gehört, (zeitlich) *nach* dem Sportplatz entstanden und an diesen herangerückt ist. In diesem Fall kann sich die Lärmvorbelastung des Wohnbaugrundstücks schutzmindernd dahin auswirken, dass nicht die Richtwerte des § 2 II Nr. 3 der 18. BImSchVO maßgeblich sind, sondern darüber liegende Werte. Daher trifft den Bauwilligen in einem vorbelasteten Wohngebiet eine Obliegenheit, durch Platzierung des Gebäudes auf dem Grundstück, Grundrissgestaltung und andere

---

[321] Vgl. *Stollmann*, BauR, § 16 Rn 44.
[322] Vgl. dazu auch BVerwG NVwZ **2007**, 587.
[323] Vgl. BVerwG NVwZ **2007**, 585 f. Lediglich § 4 a BauNVO (besondere Wohngebiete) hat das BVerwG im Rahmen des § 34 II BauGB für unanwendbar gehalten, da die Besonderheit des Gebiets i.S.v. § 4 a BauNVO in der diesem Gebiet von der Gemeinde zugewiesenen künftigen Entwicklung bestehe und diese planerische Absichten einer Wahrnehmung nicht zugänglich seien (BVerfG NVwZ **1993**, 1100; vgl. auch OVG Weimar NVwZ **2004**, 249).
[324] So auch *Seiler*, JuS **2001**, 263, 266.
[325] Vgl. dazu auch BVerwG NVwZ **2007**, 587.
[326] Bsp. (1) nach BVerwGE **109**, 314 ff.; Bsp. (2) nach OVG Weimar NVwZ **2004**, 249 ff.
[327] Zur baurechtlichen Bedeutung der 18. BImSchVO vgl. *Ketteler*, NVwZ **2002**, 1070 ff.; *Uechtritz*, NVwZ **2000**, 1006 ff.

ihm mögliche und zumutbare Maßnahmen der „architektonischen Selbsthilfe" seinerseits die gebotene Rücksicht darauf zu nehmen, dass die Wohnnutzung nicht unzumutbaren Lärmbelästigungen von Seiten der Sportplatznutzung ausgesetzt wird. Auf der anderen Seite kann der Betreiber eines Sportplatzes nicht darauf vertrauen, dass er nur deshalb von Auflagen zum Schutz heranrückender Wohnbebauung vor Lärm verschont bleibt, weil der Sportplatz zuerst entstanden ist.[328] Vorliegend könnte der Streit dahingehend entschieden werden, dass der Sportplatzbetreiber verpflichtet wird, Lärmschutzmaßnahmen (etwa Errichtung von Lärmschutzzäunen) vorzunehmen, und die an B gerichtete Baugenehmigung mit der Auflage versehen wird, dass dieser der o.g. Obliegenheit nachkommt.

(2) In der Stadt S ist in der sog. Schillerpassage, die sich im Planbereich nach § 34 BauGB befindet, ein Geschäftszentrum mit Parkhaus und Tankstelle genehmigt worden. B, Betreiber einer Multiplex-Kinokette, beantragte eine Baugenehmigung für die Errichtung eines Multiplex-Kinos mit acht Kinosälen und insgesamt 2.150 Plätzen in der oberen Etage der Passage. Nachdem die Baubehörde den Antrag abgelehnt hatte, erhebt B nunmehr Verpflichtungsklage. Ist diese begründet? **230**

Die Klage ist begründet, wenn der Ablehnungsbescheid rechtswidrig ist, d.h. wenn B die beantragte Baugenehmigung zusteht.

Anspruchsgrundlage ist die bauordnungsrechtliche Vorschrift über die Erteilung der Baugenehmigung. Danach ist die Baugenehmigung zu erteilen, wenn dem Bauvorhaben keine öffentlich-rechtlichen Vorschriften entgegenstehen. Solche Vorschriften können sich u.a. aus dem BauGB ergeben. Im vorliegenden Fall richtet sich die Zulässigkeit nach § 34 BauGB. Nach dessen Abs. 2 richtet sich die Zulässigkeit des Vorhabens nach seiner Art allein nach den Bestimmungen der §§ 2-11 BauNVO, sofern die Eigenart der näheren Umgebung einem der Baugebiete der BauNVO entspricht. Ist das der Fall, sind die Voraussetzungen des § 34 I BauGB nicht mehr zu prüfen.

Zunächst findet über § 34 II BauGB die Bestimmung des § 11 II, III BauNVO Anwendung. Die Schillerpassage stellt ein Einkaufszentrum (EKZ) i.S.d. § 11 III S. 1 Nr. 1 BauNVO dar. Dem steht auch nicht der Umstand entgegen, dass eine Tankstelle genehmigt wurde. Denn ein EKZ dient nicht nur der Unterbringung von Einzelhandelsgeschäften, sondern auch von anderen Gewerbezweigen, die das geschäftliche Angebot des EKZ abrunden. Dazu zählt neben Gastronomiebetrieben auch eine Tankstelle. Das geplante Multiplex-Kino stellt nach Auffassung des OVG Weimar hingegen eine kerngebietstypische (§ 7 BauNVO) Vergnügungsstätte dar, die in dem durch das EKZ geprägte[329] faktische Sondergebiet nach § 11 BauNVO nicht zulässig sei.[330]

Als kerngebietstypische Vergnügungsstätte wäre das geplante Multiplex-Kino bei einer Beurteilung nach § 34 II BauGB i.V.m. § 11 II, III BauNVO seiner Art nach nur zulässig, wenn man annehmen wollte, dass das vorhandene EKZ seiner Zweckbestimmung (Widmung) nach auch der Unterbringung einer derartigen Vergnügungsstätte dienen soll. Dies lässt sich nach Auffassung des OVG Weimar jedoch nicht feststellen.

Demnach ist das geplante Multiplex-Kino in der Schillerpassage unzulässig. Man könnte allenfalls an eine Befreiung nach § 34 II Hs. 2 i.V.m. 31 II BauGB denken. Doch nach Auffassung des OVG Weimar scheidet diese Möglichkeit im Hinblick auf die Gefahr einer (weiteren) Fehlentwicklung des unbeplant entstandenen Sondergebiets aus.[331]

---

[328] *Gaentzsch*, NVwZ **2000**, 993, 998 f.; *Uechtritz*, NVwZ **2000**, 1006, 1008.
[329] Zum Begriff der „Prägung" i.S.v. § 34 BauGB vgl. auch BVerwG NVwZ **2007**, 585.
[330] OVG Weimar NVwZ **2004**, 249, 250. Andere Kinos wie „Lichtspieltheater" sollen hingegen durchaus kulturelle Anlagen i.S.d. § 4 a II Nr. 5 BauNVO sein (str., vgl. OVG Weimar NVwZ **2004**, 249, 250 m.w.N.).
[331] OVG Weimar NVwZ **2004**, 249, 251.

Folgt man dieser Auffassung, ist die Klage des B unbegründet. Die Frage, ob das Vorhaben letztlich auch an **§ 34 III BauGB** gescheitert wäre, kann somit dahin stehen (zu § 34 III BauGB siehe Rn 221).

cc. Ausnahmen und Befreiungen nach § 34 II BauGB i.V.m. § 31 BauGB

231
Schließlich können von den Vorschriften der BauNVO nach den allgemeinen Grundsätzen des § 31 BauGB Ausnahmen und Befreiungen erteilt werden.

> **Beispiel:** In einem Gebiet, das nach seiner tatsächlichen Bebauung einem allgemeinen Wohngebiet i.S.d. § 4 BauNVO gleicht, kann nach § 4 III BauNVO i.V.m. § 31 I BauGB auch ausnahmsweise eine Tankstelle zugelassen werden.

232
Allerdings ist zu beachten, dass für Bauvorhaben im Geltungsbereich des § 34 II BauGB die Möglichkeiten der Abweichungen nach § 31 I oder II BauGB nur für die *Art* der baulichen Nutzung gelten. Für die anderen planungsrechtlichen möglichen Festlegungen, etwa für das *Maß* der baulichen Nutzung, kommen eine Ausnahme bzw. Befreiung nach § 31 BauGB nicht in Betracht. Hier bleibt es bei der allgemeinen Regel des § 34 I BauGB.

dd. Hinweise für die Fallbearbeitung

233

Die Prüfung des § 34 BauGB bereitet überaus große Schwierigkeiten. In Bezug auf den Klausuraufbau ist danach zu unterscheiden, ob ein „normales" Vorhaben in Frage steht oder ob es sich bei dem Prüfungsgegenstand um einen großflächigen Einzelhandelsbetrieb handelt.

I. Zulässigkeit eines „normalen" Vorhabens
Geht es um die Zulässigkeit eines (beliebigen) Vorhabens, muss zunächst der Planbereich bestimmt werden, in dem das Vorhaben realisiert werden soll. Ist dies der unbeplante Innenbereich gem. § 34 BauGB, ist des Weiteren zu prüfen, ob § 34 I BauGB oder § 34 II BauGB einschlägig ist.

- Entspricht die Eigenart der näheren Umgebung des geplanten Vorhabens einem der Baugebiete der BauNVO, gelangt **§ 34 II BauGB** zur Anwendung mit der Folge, dass es auf die Voraussetzungen des § 34 I BauGB nicht ankommt. In diesem Fall richtet sich die Zulässigkeit des Vorhabens danach, ob es nach der BauNVO zulässig wäre, wobei Ausnahmen und Befreiungen möglich sind (vgl. § 34 II Hs. 2 BauGB i.V.m. § 31 BauGB). Ist das Vorhaben danach zulässig, ist wiederum die Einschränkung des **§ 34 III BauGB** zu prüfen, wonach von dem Vorhaben keine schädlichen Auswirkungen auf zentrale Versorgungsbereiche in der Gemeinde oder in anderen Gemeinden zu erwarten sein dürfen. Wird Derartiges nach entsprechender Prüfung festgestellt, ist die zuvor nach § 34 II BauGB festgestellte grundsätzliche Zulässigkeit hinfällig; das Vorhaben ist unzulässig (§ 34 III a S. 1 BauGB ist nicht anwendbar, weil er sich nur auf § 34 I BauGB bezieht).

- Anders stellt sich die Prüfung dar, wenn die Eigenart der näheren Umgebung des geplanten Vorhabens <u>keinem</u> der Baugebiete der BauNVO entspricht. In diesem Fall gelangt bei der Frage nach der Zulässigkeit des Vorhabens als Ausgangsnorm nicht § 34 II BauGB, sondern **§ 34 I BauGB** zur Anwendung. Folge ist, dass zunächst die dort normierten Voraussetzungen, insbesondere das „Einfügen in die Eigenart der näheren Umgebung" und die nicht gegebene „Beeinträchtigung des Ortsbildes", geprüft werden müssen. Von nun ab ist zu unterscheiden: 1. Konstellation: Erfüllt das Vorhaben die Voraussetzungen des § 34 I BauGB, ist sodann die Ausnahmebestimmung des **§ 34 III BauGB** zu prüfen, wonach auch ein nach § 34 I BauGB zulässiges Vorhaben unzulässig ist, wenn von ihm schädliche Auswirkungen auf zentrale Versorgungsbereiche in der Gemeinde oder in anderen Gemeinden zu erwarten sind. Ist das bei dem zu untersuchenden Vorhaben der Fall, ist die Prüfung zu Ende; das Vorhaben ist unzulässig. 2. Konstellation: Fügt sich das Vorhaben *nicht* in die nähere Umgebung ein, ist es zwar nicht nach § 34 I BauGB zulässig. Das führt aber noch nicht zwingend zur Unzulässigkeit. Denn liegt die Voraussetzung des „Einfügens" nicht vor, ist auf den Ausnahmetatbestand des **§ 34 III a S. 1 BauGB** einzugehen und zu prüfen, ob die in der Vorschrift näher beschriebenen Voraussetzungen vorliegen. Liegen die dort genannten Voraussetzungen vor, kann das Vorhaben nur noch an **§ 34 III BauGB** scheitern, wenn zu erwarten ist, dass es schädliche Auswirkungen auf die genannten Bereiche ausüben wird. Liegen indes *nicht* die Voraussetzungen des § 34 III a S. 1 BauGB vor, ist das Vorhaben unzulässig; auf die Voraussetzungen des § 34 III BauGB kommt es dann nicht mehr an.

II. Zulässigkeit eines großflächigen Einzelhandelsbetriebs

Ist nach der Zulässigkeit eines **großflächigen Einzelhandelsbetriebs** gefragt, muss ebenfalls zunächst der Planbereich bestimmt werden, in dem das Vorhaben realisiert werden soll. Ist dies der unbeplante Innenbereich gem. § 34 BauGB, ist des Weiteren zu prüfen, ob § 34 I oder II BauGB einschlägig ist.

- Entspricht die Eigenart der näheren Umgebung des geplanten Vorhabens einem der Baugebiete der BauNVO, gelangt **§ 34 II BauGB** zur Anwendung mit der Folge, dass es auf die Voraussetzungen des § 34 I BauGB nicht ankommt. In diesem Fall richtet sich die Zulässigkeit des Vorhabens danach, ob es nach der BauNVO zulässig wäre, wobei Ausnahmen und Befreiungen möglich sind (vgl. § 34 II Hs. 2 BauGB i.V.m. § 31 BauGB). Ist das Vorhaben danach zulässig, ist wiederum die Einschränkung des **§ 34 III BauGB** zu prüfen, wonach von dem Vorhaben keine schädlichen Auswirkungen auf zentrale Versorgungsbereiche in der Gemeinde oder in anderen Gemeinden zu erwarten sein dürfen. Wird Derartiges nach entsprechender Prüfung festgestellt, ist die zuvor nach § 34 II BauGB festgestellte grundsätzliche Zulässigkeit hinfällig.

- Anders stellt sich die Prüfung dar, wenn die Eigenart der näheren Umgebung des geplanten Vorhabens keinem der Baugebiete der BauNVO entspricht. In diesem Fall gelangt bei der Frage nach der Zulässigkeit des Vorhabens nicht § 34 II BauGB, sondern **§ 34 I BauGB** zur Anwendung. Folge ist, dass zunächst die dort normierten Voraussetzungen, insbesondere das „Einfügen in die Eigenart der näheren Umgebung" und die nicht gegebene „Beeinträchtigung des Ortsbildes", geprüft werden müssen. Ist das Vorhaben danach zulässig, ist (anders als bei der Zulässigkeit nach § 34 II BauGB) sodann zunächst die Sonderregelung des **§ 34 III a S. 2 BauGB** zu prüfen, da diese Vorschrift nicht nur die Anwendbarkeit des § 34 III a S. 1 BauGB ausschließt, sondern zugleich die des § 34 III BauGB überflüssig werden lässt (§ 34 III a S. 1 BauGB ist sozusagen eine „Ausnahme von der Ausnahme"). Liegen die Voraussetzungen des § 34 III a S. 2 BauGB vor, ist also nicht nur § 34 III a S. 1 BauGB gesperrt, sondern es kommt auch nicht mehr auf die Voraussetzungen des § 34 II BauGB an. Das Vorhaben ist unzulässig.

c. Beteiligung der Gemeinde

234 Aus verfahrensrechtlicher Sicht ist zu beachten, dass Vorhaben im Geltungsbereich des § 34 BauGB nur im Einvernehmen mit der Gemeinde (§ 36 I S. 1 BauGB) genehmigt werden dürfen. Das gemeindliche Einvernehmen ist – wie bereits gesagt – für die Baugenehmigung konstitutiv. Wird das Einvernehmen – rechtmäßig oder rechtswidrig – verweigert, darf die Baugenehmigungsbehörde das Vorhaben nicht genehmigen. Zu beachten ist aber, dass im Falle der rechtswidrigen Verweigerung des Einvernehmens die Möglichkeit besteht, dass die nach Landesrecht zu bestimmende Behörde[332] das Einvernehmen ersetzt (§ 36 II S. 3 BauGB).[333] Die Ersetzung des Einvernehmens stellt einen Verwaltungsakt dar[334], der von der Gemeinde mit Widerspruch und Anfechtungsklage angegriffen werden kann. Diese Rechtsbehelfe entfalten aufschiebende Wirkung (§ 80 I VwGO). Da jedoch eine isolierte Anfechtung der Ersetzung des Einvernehmens nicht weiterhilft, wenn bereits gegenüber dem Bauherrn die Baugenehmigung erteilt ist, wird eine Anfechtung der Baugenehmigung erforderlich sein (die Gemeinde ficht die dem Bauherrn von der Baugenehmigungsbehörde erteilte Baugenehmigung an). Allerdings ist diese Anfechtung aufgrund der Regelung des § 212a BauGB mit keiner aufschiebenden Wirkung verbunden. Der Bauherr darf also trotz dieser Anfechtung einstweilen mit dem Bau beginnen. Daher wird die Gemeinde einen Antrag gem. § 80 V S. 1 Var. 1 VwGO in Erwägung ziehen.

Auf die Ersetzung des Einvernehmens hat der Bauherr einen (gebundenen) Anspruch, wenn er auch Anspruch auf Erteilung der Baugenehmigung hat.

d. Drittschutz (insbesondere Nachbarschutz)

235 Auch im Bereich des § 34 BauGB spielt der Nachbarschutz in der Praxis und im Examen eine wichtige Rolle. Da der Nachbarschutz zusammenhängend bei Rn 427 ff. dargestellt wird, sei insoweit auf die dortigen Ausführungen verwiesen.

---

[332] Dies kann die Widerspruchsbehörde, aber auch die Kommunalaufsichtsbehörde sein.
[333] Vgl. OVG Lüneburg NVwZ **2000**, 1061, 1062; *Horn*, NVwZ **2002**, 406, 407.
[334] Der Grund hierfür liegt darin, dass die Aufsichtsbehörde in das kommunale Selbstverwaltungsrecht eingreift, vgl. dazu *R. Schmidt*, AllgVerwR, Rn 84 ff.

e. Zusammenfassung zu § 34 BauGB

§ 34 BauGB gilt für den nicht qualifiziert beplanten bzw. vorhabenbezogenen Innenbereich. Bauvorhaben in diesem Bereich müssen demnach

- innerhalb eines im Zusammenhang bebauten Ortsteils und/oder im Geltungsbereich einer Satzung nach § 34 IV BauGB

- aber außerhalb des Geltungsbereichs eines qualifizierten oder vorhabenbezogenen Bebauungsplans liegen.

Damit ein Bauvorhaben im Geltungsbereich des § 34 BauGB aber letztlich zugelassen werden kann, müssen bestimmte, in der Vorschrift genannte Voraussetzungen erfüllt sein. Den Grundtatbestand bildet **§ 34 I BauGB**. Danach sind grundsätzliche Zulässigkeitsvoraussetzungen, dass

- sich das geplante Vorhaben „nach Art und Maß der baulichen Nutzung, der Bauweise" und der zur Bebauung vorgesehenen Grundstücksfläche „in die Eigenart der näheren Umgebung einfügt",

- die Erschließung gesichert ist,

- die Anforderungen an gesunde Wohn- und Arbeitsverhältnisse gewahrt bleiben

- und dass das Ortsbild nicht beeinträchtigt wird.

- Darüber hinaus dürfen gem. § 34 III BauGB von dem Vorhaben keine schädlichen Auswirkungen auf zentrale Versorgungsbereiche zu erwarten sein

- und schließlich darf das Vorhaben den Festsetzungen eines einfachen Bebauungsplans (soweit ein solcher besteht) nicht widersprechen.

Die vier Kriterien (1) *Art und Maß der baulichen Nutzung*, (2) *der überbaubaren Grundstücksfläche*, (3) *Bauweise* und (4) *in die Eigenart der näheren Umgebung einfügen* sind jeweils unabhängig voneinander zu prüfen. Dabei ist das das gesamte Baurecht durchziehende **Gebot der gegenseitigen Rücksichtnahme** innerhalb des Kriteriums des Einfügens zu prüfen. Das bedeutet, dass soweit sich das Vorhaben nach seiner Art und seinem Maß der baulichen Nutzung, nach seiner Bauweise und nach seiner überbaubaren Grundstücksfläche in die Eigenart der näheren Umgebung einfügt, eine Verletzung des Rücksichtnahmegebots ausgeschlossen ist. Eine gesonderte Prüfung des Rücksichtnahmegebots ist in diesen Fällen also nicht mehr erforderlich (und auch nicht möglich).

Eine Besonderheit gilt nach **§ 34 II BauGB** für die Art der baulichen Nutzung. Entspricht die Eigenart der näheren Umgebung einem der Baugebiete der BauNVO, beurteilt sich gem. § 34 II BauGB die Zulässigkeit des Vorhabens nach seiner Art allein nach den Bestimmungen der BauNVO, sodass die Voraussetzungen des § 34 I BauGB nicht mehr zu prüfen sind. Entgegen der vorliegenden systematischen Darstellung ist in der **Fallbearbeitung** § 34 II BauGB also **vorrangig vor § 34 I BauGB** zu prüfen. Ist das Vorhaben nach § 34 II BauGB zulässig, bedarf es keines Eingehens auf § 34 I BauGB. Allerdings dürfen auch von an sich nach § 34 II BauGB zulässigen Vorhaben keine schädlichen Auswirkungen auf zentrale Versorgungsbereiche in der Gemeinde oder in anderen Gemeinden zu erwarten sein, § 34 III BauGB.

Handelt es sich um ein Vorhaben, für das sich die Zulässigkeit nach § 34 I BauGB richtet und fehlt es am Merkmal des „Einfügens", lässt **§ 34 III a S. 1 BauGB** bestimmte Ausnahmen zu. Dies gilt gem. **§ 34 III a S. 2 BauGB** wiederum nicht, wenn es sich um einen Einzelhandelsbetrieb handelt, der die verbrauchernahe Versorgung der Bevölkerung beeinträchtigt oder schädliche Auswirkungen auf zentrale Versorgungsbereiche in der Gemeinde oder in anderen Gemeinden haben kann.

6. Außenbereich, § 35 BauGB

a. Bestimmung und Bedeutung des Außenbereichs

237 Im Gegensatz zu den Planbereichen der §§ 30 und 34 BauGB, in denen das Bauen grundsätzlich erlaubt ist, sind Vorhaben im sog. Außenbereich **grundsätzlich unzulässig**. Das hat zum einen den Hintergrund, dass die Belastung der Gemeinden mit immer neuen Erschließungs- und Infrastrukturmaßnahmen (Strom, Wasser, Abwasser, Straßen- und Verkehrswege etc.) begrenzt werden soll. Zum anderen soll der Außenbereich wegen der besonderen Bedeutung für die naturgegebene Bodennutzung und als Erholungslandschaft für die Allgemeinheit vor Bebauung geschützt werden. § 35 BauGB konkretisiert und normiert diese Regelung.[335] Der Außenbereich wird negativ definiert. Zu ihm gehören diejenigen Gebiete, die weder innerhalb der im Zusammenhang bebauten Ortsteile (also im Geltungsbereich des § 34 BauGB) noch im Geltungsbereich eines qualifizierten Bebauungsplans (§ 30 I BauGB) oder eines vorhabenbezogenen Bebauungsplans (§§ 30 II, 12 BauGB) liegen. Mit anderen Worten gehören zum Außenbereich **alle Gebiete, die nicht im Innenbereich liegen**.

238 Von der Systematik her unterscheidet § 35 BauGB zwischen privilegierten (Abs. 1) und sonstigen, d.h. nicht privilegierten Vorhaben (Abs. 2). Die **privilegierten Vorhaben** sind unter der Voraussetzung einer gesicherten „ausreichenden" Erschließung zulässig, wenn öffentliche Belange nicht „entgegenstehen" und mindestens eine der in den Nummern 1-7 aufgezählten Voraussetzungen vorliegt. Demgegenüber können die **nicht privilegierten Vorhaben** nur im „Einzelfall" und nur dann zugelassen werden, wenn ihre Ausführung öffentliche Belange nicht „beeinträchtigt" und die Erschließung gesichert ist. Nicht privilegierte Vorhaben unterliegen demnach praktisch einem Bauverbot. Die Besserstellung der baulichen Anlagen nach § 35 I BauGB wird mit ihrer Zweckbestimmung begründet. So lassen sich z.B. land- oder forstwirtschaftliche Betriebe oder umweltgefährdende Anlagen im Allgemeinen nur im Außenbereich realisieren.

239 Eine Teilprivilegierung von Vorhaben i.S.d. § 35 II BauGB normiert **§ 35 IV BauGB**. In dieser Vorschrift wird das prinzipielle Bauverbot für Nutzungsänderungen, Ersatzbauten und Erweiterungen bei nicht privilegierten Vorhaben in bestimmten Fällen aufgehoben. Hintergrund dieser Vorschrift ist der Bestandsschutz: Bereits errichtete und betriebene Bauten bzw. Anlagen sollen nicht durch das grundsätzliche Bauverbot im Bereich des § 35 II BauGB in ihrem Bestand und ihrer weiteren Nutzung gefährdet werden. Allerdings darf die Teilprivilegierung nicht dazu führen, dass der Verbotszweck des § 35 II BauGB unterlaufen wird. Daher sind die Teilprivilegierungen in ihrem Ausmaß und ihrer Zweckbestimmung eng begrenzt. Sie dürfen etwa nicht zur Errichtung von Ferienwohnungen oder Wochenendhäusern genutzt werden. Vgl. dazu im Einzelnen den Katalog des § 35 I Nr. 1-6 BauGB.

b. Die Privilegierungstatbestände des § 35 I BauGB

aa. Übersicht

240 Wie bereits dargelegt, trägt die Regelung für die privilegierten Vorhaben (§ 35 I BauGB) dem Umstand Rechnung, dass bestimmte Anlagen und Nutzungen nur im Außenbereich möglich oder sinnvoll sind. § 35 I BauGB erfasst insgesamt 7 Privilegierungstatbestände:

---

[335] Vgl. dazu BVerwGE **117**, 25, 29 ff.; BVerwG NVwZ **2000**, 552; VGH München NVwZ **2007**, 1450 f.

(1) Vorhaben, die einem **land- oder forstwirtschaftlichen Betrieb** dienen und nur einen untergeordneten Teil der Betriebsfläche einnehmen.

(2) Vorhaben, die einem Betrieb der **gartenbaulichen Erzeugung** dienen.

(3) Vorhaben, die der **öffentlichen Versorgung mit Elektrizität, Gas, Telekommunikationsdienstleistungen**[336]**, Wärme, Wasser, der Abfallwirtschaft oder einem ortsgebundenen gewerblichen Betrieb** dienen.

(4) Vorhaben, die wegen ihren **besonderen Anforderungen an die Umgebung**, wegen ihrer **nachteiligen Wirkung auf die Umgebung** oder wegen ihrer **besonderen Zweckbestimmung** nur im Außenbereich ausgeführt werden sollen.

(5) Vorhaben, die der Erforschung, Entwicklung oder Nutzung der **Wind- oder Wasserenergie** dienen.

(6) Vorhaben, die der **energetischen Nutzung von Biomasse** (sog. Biogasanlagen) im Rahmen eines Betriebs nach Nr. 1 oder 2 oder eines Betriebs nach Nr. 4, der Tierhaltung betreibt. Auch Anlagen, die dem Anschluss von Biogasanlagen an das öffentliche Versorgungsnetz dienen, unter den in lit. a) bis d) genannten (kumulativ zu erfüllenden) Voraussetzungen.[337]

(7) Vorhaben, die der Erforschung, Entwicklung oder Nutzung der **Kernenergie** zu friedlichen Zwecken oder der **Entsorgung radioaktiver Abfälle** dienen.

Allen Privilegierungstatbeständen ist gleich, dass ihnen **öffentliche Belange** gem. § 35 III BauGB nicht entgegenstehen dürfen (Rn 256 ff.), die **ausreichende Erschließung** gesichert ist (Rn 268) und sie den Festsetzungen des einfachen Bebauungsplans nicht widersprechen dürfen[338]. Besondere Probleme werfen die Tatbestände der Nummern 1, 4 und 6 auf.

241

bb. Die einzelnen Privilegierungstatbestände des § 35 I BauGB

a.) Land- oder forstwirtschaftlicher Betrieb

Gemäß § 35 I **Nr. 1** BauGB ist ein Vorhaben zulässig, wenn es einem land- oder forstwirtschaftlichen Betrieb dient und nur einen untergeordneten Teil der Betriebsfläche einnimmt. Probleme kann die Auslegung der Begriffe „Landwirtschaft", „Forstwirtschaft" und „dienen" bereiten. Der Begriff der „**Landwirtschaft**" ist in § 201 BauGB definiert. Danach umfasst Landwirtschaft nicht nur Ackerbau und Viehzucht, sondern insbesondere auch die Pensiontierhaltung auf überwiegend eigener Futtergrundlage, die gartenbauliche Erzeugung, den Erwerbsobst- und den Weinbau, die berufsmäßige Imkerei und die berufsmäßige Binnenfischerei. Allerdings ist diese Definition wegen des Begriffs „insbesondere" nicht abschließend. So kann die Pferdezucht einschließlich einer reiterlichen Erstausbildung der Jungpferde zur Landwirtschaft gehören. Notwendig ist aber immer (mit Ausnahme der Imkerei und der Binnenfischerei) eine unmittelbare Bodenertragsnutzung in dem Sinne, dass der Boden zum Zwecke der Nutzung eines Ertrags planmäßig und eigenverantwortlich bewirtschaftet wird.[339] Daran fehlt es insbesondere bei Betrieben zur Massentierhaltung

242

---

[336] Auch ein Mobilfunkmast gehört selbst dann zu den privilegierten Vorhaben gem. § 35 I Nr. 3 BauGB, wenn seine Errichtung die Versorgung mit Telekommunikationsdienstleistungen nur geringfügig verbesset (VGH München BayVBl **2006**, 605 f. mit Bespr. v. *Mager*, JA **2008**, 748).

[337] Der Inhalt der genannten Nr. 6 ist im Zuge der Baurechtsnovelle 2004 eingefügt worden. Der bis dahin in Nr. 6 a.F. geregelte Inhalt ist nunmehr in der neu geschaffenen Nr. 7 verortet.

[338] Sofern Außenbereichsgrundstücke im Geltungsbereich eines einfachen Bebauungsplans (§ 30 III BauGB) liegen, bemisst sich die Zulässigkeit in erster Linie nach dessen planerischen Festsetzungen; es gelten die Ausführungen zu § 34 BauGB entsprechend.

[339] BVerwG NVwZ **1986**, 201, 202; vgl. auch *Stollmann*, JuS **2003**, 855, 856; *Dolde/Menke*, NJW **1999**, 2150, 2155.

von Hühnern oder Schweinen ohne überwiegend selbsterzeugte Futtergrundlage.[340] Möglicherweise sind derartige Anlagen aber nach § 35 I Nr. 4 BauGB privilegiert.[341] **„Forstwirtschaft"** bedeutet in vergleichbarer Weise die planmäßige Bewirtschaftung des Waldes.

243 **„Betrieb"** i.S.d. § 35 I Nr. 1 BauGB bedeutet, dass die beabsichtigte Bodennutzung nach der Größe der bewirtschafteten Fläche, dem Umfang des Arbeitsanfalls und der Verkehrsüblichkeit sowie im Hinblick auf die persönliche Eignung des Betriebsführers und seine wirtschaftlichen Verhältnisse die Gewähr für eine *ernsthafte, nachhaltige* und *auf Dauer angelegte*, lebensfähige Bewirtschaftung bietet.[342] Im Mittelpunkt steht die Absicht der Ertragserzielung.[343]

244 Schließlich sind derartige Vorhaben nur dann privilegiert, wenn sie einem land- oder forstwirtschaftlichen Betrieb **„dienen"**. Dieses Erfordernis soll zum Schutz des Außenbereichs sicherstellen, dass das Vorhaben tatsächlich in einer funktionalen Beziehung zu dem jeweiligen Betrieb steht. Dieses Merkmal ist dementsprechend nur dann erfüllt, wenn die land- oder forstwirtschaftlich genutzte Fläche im Verhältnis zu dem für das Vorhaben benötigten Grund und Boden eindeutig den **Schwerpunkt** bildet. Anderenfalls fehlt es an der dienenden Funktion des Gebäudes.

245 **Beispiel[344]:** B ist Inhaber eines landwirtschaftlichen Betriebs im Außenbereich. Er hält u.a. Rinder, Kühe, Schafe, Schweine und Hühner, die teilweise ab Hof verkauft werden. Hinzu kommen die Bewirtschaftung von 50 ha Grünland als Futterbasis und 20 ha Anbaufläche und eine Mühle. Schließlich betreibt B eine genehmigte Straußwirtschaft[345] mit 100 Sitzplätzen für die Dauer von 120 Tagen pro Jahr. Das Verhältnis der Einnahmen beträgt 60-80% aus der Landwirtschaft zu 20-40% aus der Straußwirtschaft. Nun begehrt er die Baugenehmigung zur Nutzungsänderung der als Straußwirtschaft genutzten Räumlichkeiten für eine Gaststätte mit 100 Sitzplätzen und ganzjährigen Öffnungszeiten. Die Behörde lehnt den Antrag jedoch ab. Daraufhin erhebt B nach erfolglos durchgeführtem Widerspruchsverfahren Verpflichtungsklage auf Erteilung der gewünschten Baugenehmigung.

Die Klage ist begründet, soweit die Ablehnung der begehrten Baugenehmigung rechtswidrig, B dadurch in seinen Rechten verletzt und die Sache spruchreif ist, § 113 V S. 1 VwGO, wenn B also einen Anspruch auf Erteilung der Baugenehmigung hat.

Nach den einschlägigen bauordnungsrechtlichen Vorschriften über die Erteilung der Baugenehmigung[346] *ist* diese zu erteilen, wenn dem genehmigungspflichtigen Vorhaben keine von der Baugenehmigungsbehörde zu prüfenden öffentlich-rechtlichen Vorschriften entgegenstehen. Vorliegend beurteilt sich die bauplanungsrechtliche Zulässigkeit nach § 35 I Nr. 1 BauGB. Danach *ist* ein Vorhaben zulässig, wenn *öffentliche Belange* nicht entgegenstehen, die *ausreichende Erschließung* gesichert ist und wenn es einem land- oder forstwirtschaftlichen Betrieb *dient* und nur einen *untergeordneten Teil der Betriebsfläche* einnimmt.

---

[340] BVerwG NJW **1981**, 139. Vgl. auch *Söfker*, NVwZ **2008**, 1273 ff.

[341] Vgl. dazu die Beispielsfälle bei Rn 247.

[342] BVerwGE **26**, 121; *Brohm*, BauR, § 21 Rn 6; *Erbguth/Wagner*, BauR, § 8 Rn 66.

[343] BVerwGE **41**, 138, 143. Bloße Freizeitbeschäftigung oder Liebhaberei unterfallen somit nicht dem Begriff des „Betriebs".

[344] Nach VG Karlsruhe NVwZ **2000**, 592.

[345] „Straußwirtschaft" wird der erlaubnisfreie Ausschank von selbsterzeugtem Wein oder Apfelwein genannt. Sie ist gem. § 14 GastG für die Dauer von höchstens 4 bzw. 6 Monaten im Jahr zulässig.

[346] Vgl. **MBO**: § 72; **BaWü**: §§ 58, 59 LBO; **Bay**: Art. 68 LBO; **Berl**: § 71 LBO; **Brand**: §§ 67, 68 LBO; **Brem**: § 74 LBO; **Hamb**: §§ 72, 72a LBO; **Hess**: §§ 64, 65 LBO; **MV**: § 72 LBO; **Nds**: §§ 75, 78 LBO; **NRW**: § 75 LBO; **RhlPfl**: §§ 70, 77 LBO; **Saar**: § 73 LBO; **Sachs**: § 72 LBO; **SachsAnh**: § 71 LBO; **SchlHolst**: § 73 LBO; **Thür**: § 70 LBO.

Vorliegend ist zunächst das Merkmal „dient" fraglich. Grundgedanke des § 35 BauGB ist, dass der Außenbereich grundsätzlich von der Bebauung freizuhalten ist. Daher reicht es nicht aus, dass ein an sich privilegierungsfremdes Vorhaben dem privilegierten Vorhaben nützlich bzw. förderlich ist. Andererseits kann nicht verlangt werden, dass das Vorhaben für den Betrieb unentbehrlich ist. Die bloße Förderlichkeit und die Unentbehrlichkeit bilden somit den äußeren Rahmen für die Beurteilung des Merkmals „dient". Innerhalb dieses Rahmens muss darauf abgestellt werden, ob ein vernünftiger Landwirt – auch gerade unter Berücksichtigung des Gebots größtmöglicher Schonung des Außenbereichs – das Vorhaben mit etwa gleichem Verwendungszweck und mit etwa gleicher Gestaltung und Ausstattung für einen entsprechenden Betrieb errichten würde, wobei hinzukommen muss, dass das Vorhaben durch diese Zuordnung zu dem konkreten Betrieb auch äußerlich erkennbar geprägt wird. Um noch als landwirtschaftlich zugeordneter Teil eines landwirtschaftlichen Betriebs aufgefasst zu werden, muss daher eine Gaststätte von den Ergebnissen der eigenen Bodenertragsnutzung geprägt sein. Diese Anforderung ist gegeben, solange der Absatz der selbsterzeugten Produkte im Vordergrund des betrieblichen Geschehens steht. Bedeutsam für die Zu- und Unterordnung können die Zahl der Sitzplätze der Schank- und Speisewirtschaft und die Umsatzanteile sein. Der uneingeschränkte Betrieb einer Schank- und Speisewirtschaft übersteigt demnach regelmäßig das Maß dessen, was als „bodenrechtliche Nebensache" an der Privilegierung eines landwirtschaftlichen Betriebs teilhaben könnte. Dagegen könnte eine Schank- und Speisewirtschaft einem landwirtschaftlichen Betrieb zu- und untergeordnet sein, wenn lediglich selbsterzeugte Produkte, also Speisen, deren Bestandteile im landwirtschaftlichen Betrieb produziert werden, zum Verzehr angeboten werden. Vorliegend lassen zwar die Zahl der Sitzplätze der Straußwirtschaft und das Verhältnis der Einnahmen (60-80% aus der Landwirtschaft; 20-40% aus der Straußwirtschaft) die Annahme eines untergeordneten Betriebs zu. B müsste aber die Ausgabe von Speisen auf die mit der Bodenertragsnutzung erzeugten Güter pflanzlicher und tierischer Art beschränken. Nur dann wäre davon auszugehen, dass die beantragte Gaststätte dem landwirtschaftlichen Betrieb lediglich unter- bzw. zugeordnet wäre und dem landwirtschaftlichen Betrieb des B „dienen" würde.

Der geplanten Gaststätte dürften aber auch keine öffentlichen Belange entgegenstehen. Als öffentlicher Belang kommen die Belange des Landschaftsschutzes in Betracht (§ 35 III S. 1 Nr. 5 BauGB). Hier kann gut vertreten werden, dass eine Gaststätte mit 100 Sitzplätzen und ganzjährigen Öffnungszeiten zum einen wegen der Vorbildwirkung die Entstehung einer Splittersiedlung befürchten lassen, und zum anderen die Zulassung einer ganzjährig geöffneten Gaststätte in dieser Größenordnung die natürliche Eigenart der Landschaft beeinträchtigen und daher das Orts- und Landschaftsbild verunstalten würde.[347] Diese Annahme ist aber nicht zwingend. Denn bei den privilegierten Vorhaben ist bei der Gewichtung der privaten und öffentlichen Belange immer zu berücksichtigen, dass diese Vorhaben ja gerade im Außenbereich angesiedelt werden sollen. Je nachdem, welcher Auffassung man folgt, ist die Klage des B unbegründet oder begründet.

Anmerkung: Im Originalfall hatte der Kläger hilfsweise den Antrag gestellt, eine Nutzungsänderung der landwirtschaftlichen Straußwirtschaft in eine (nicht auf den Ausschank von selbsterzeugtem Wein oder Apfelwein beschränkte) Gaststätte mit 80 Sitzplätzen und einer Öffnungszeit von 120 Tagen im Jahr zu genehmigen. Dieses Vorhaben hatte das VG Karlsruhe für zulässig erachtet.

Dem landwirtschaftlichen Betrieb können auch ein Wohngebäude, ein Wirtschafts-   **246**
gebäude und sogar ein zusätzliches, „echtes" **Altenteilhaus** des „Altbauern" dienen, wenn das Objekt angesichts der individuellen Betriebsweise dem Betrieb tatsächlich, insbesondere äußerlich, zugeordnet und durch diese Widmung auch gekenn-

---

[347] So das VG Karlsruhe NVwZ **2000**, 592, 593.

zeichnet ist. Auch muss die landwirtschaftlich genutzte Fläche im Verhältnis zu dem für das Vorhaben benötigten Grund und Boden weiterhin eindeutig den Schwerpunkt bilden, ansonsten fehlt es an der dienenden Funktion des Gebäudes. [348] Daher ist ein Umbau bzw. Neubau nicht gem. § 35 I Nr. 1 BauGB privilegiert zulässig, wenn der landwirtschaftliche Betrieb bereits vor Jahren aufgegeben wurde und das geplante Vorgaben nur zum Wohnen dienen soll. [349] Einem privilegierten landwirtschaftlichen Vorhaben nach § 35 I Nr. 1 BauGB dienende Funktion haben indes **kleinere Wind-kraftanlagen**, wenn sie – überwiegend – auf die Eigenversorgung des Landwirts mit Strom abzielen. [350]

b.) „Erwünschte" Außenbereichsvorhaben

247 § 35 I **Nr. 4** BauGB weicht von den übrigen Privilegierungstatbeständen systematisch ab, indem er das privilegierte Vorhaben nicht benennt, sondern eine vage Zuordnung zum Außenbereich vornimmt. Danach sind solche Vorhaben prinzipiell dem Außenbereich zugeordnet, die wegen ihrer spezifischen Beziehung zur Umgebung nicht sinnvoll innerhalb der im Zusammenhang bebauten Ortsteile (§ 34 BauGB) oder innerhalb eines qualifizierten Bebauungsplans (§ 30 I BauGB) bzw. vorhabenbezogenen Bebauungsplans (§ 30 II BauGB) errichtet werden können. Mit dieser Formulierung wird klar, dass es sich bei § 35 I Nr. 4 BauGB um einen **Auffangtatbestand** handelt, der alle Vorhaben betrifft, die aus städtebaulichen Gründen in den Außenbereich verwiesen werden sollen. Er kann dem bereits beschriebenen Gebot der größtmöglichen Schonung des Außenbereichs allerdings nur dann genügen, wenn er **eng ausgelegt** wird. [351]

> **Beispiele:** Aussichtstürme, Freilichttheater, Hundeausbildungsplätze, stark emittierende bzw. gefährliche Anlagen (etwa Flugplätze[352], Geflügelmastanlagen[353], Steinbrüche, Schießanlagen, Sprengstofflager) oder Anlagen, die einer besonderen Zweckbestimmung unterliegen wie etwa Jagd- oder Fischereihütten und Schutzhütten für Wanderer können aufgrund ihrer spezifischen Beziehung zur Umwelt bzw. ihrer Zweckbestimmung sinnvollerweise nur im Außenbereich errichtet werden. Eine Zulassung gem. § 35 I Nr. 4 BauGB ist somit (nach entsprechender Prüfung) möglich.

> **Gegenbeispiel:** Hingegen steht für das BVerwG offenbar ohne jeden Zweifel fest, dass sog. **Factory-Outlet-Center** (FOC), die ggf. mit **Multimediakomplexen** und/oder **Erlebniseinrichtungen** kombiniert werden sollen, im Rahmen des § 35 I BauGB **unzulässig** sind. Denn es erwähnt noch nicht einmal die Möglichkeit, dass derartige Vorhaben dem Tatbestand des § 35 I Nr. 4 BauGB unterfallen könnten, sondern prüft die Zulässigkeit sogleich am Maßstab des § 35 II BauGB[354] (dazu sogleich bei Rn 266). Ginge man so in der Fallbearbeitung vor, läge ein schwerer methodischer Fehler vor.

248 Eine wichtige Einschränkung des weiten Tatbestands ist neben der gebotenen engen Auslegung auch das Modalverb **„soll"** (§ 35 I Nr. 4 a.E. BauGB). Nicht jedes Vorhaben, das sinnvollerweise nur im Außenbereich errichtet und betrieben werden kann,

---

[348] Ein „Altenteilhaus" wird oftmals neben dem land- oder forstwirtschaftlichen Betrieb errichtet, um dem „Altbauern" als Wohnung zu dienen, nachdem er den Betrieb auf die Kinder übertragen hat und diese den Hof fortführen. Gelegentlich wird dieser Privilegierungstatbestand aber missbraucht, indem die Zweckbestimmung nur vorgetäuscht wird, um die gewünschte Baugenehmigung eines an sich unzulässigen Vorhabens zu erhalten, in Wahrheit aber eine Veräußerungsabsicht verfolgt wird. Hier kann die freie Veräußerlichkeit bspw. durch eine Baulast ausgeschlossen werden (vgl. dazu BVerwG DÖV **1981**, 184).

[349] VGH München NVwZ **2007**, 1450 f.

[350] *Erbguth/Wagner*, BauR, § 8 Rn 66.

[351] Vgl. BVerwGE **68**, 311, 315; *Brohm*, BauR; § 21 Rn 7; *Erbguth/Wagner*, BauplanungsR, Rn 415.

[352] Vgl. dazu BVerwG NVwZ **2005**, 328 ff. sowie Rn 266a und b.

[353] Vgl. aber die Ausführungen zu § 35 I Nr. 4 a.E. BauGB („soll") sogleich bei Rn 248.

[354] BVerwGE **117**, 25, 29 ff.

soll auch dort errichtet werden. Anderenfalls würde der bereits beschriebene Schutzzweck (Erhaltung der natürlichen Umgebung) unterlaufen. Mit dem Sollbegriff ist gemeint, dass es auf der Grundlage einer wertenden Betrachtungsweise billigenswert sein muss, das Projekt gerade im Außenbereich zu errichten.[355]

> **Beispiele:** So sollen solche Vorhaben ausscheiden, die unter Verstoß gegen den Gleichheitsgrundsatz nur den Zwecken Einzelner unter Ausschluss der Allgemeinheit dienen, wie etwa Wochenendhäuser, Camping- oder Golfplätze. Voraussetzung für solche Vorhaben ist daher grundsätzlich, dass ein Bebauungsplan aufgestellt wird oder derartige Projekte doch zumindest im Flächennutzungsplan vorgesehen sind.[356] Vergleichbares gilt möglicherweise für Tierzuchtbetriebe auf Mastzuchtbasis, die ohne weiteres dank moderner Filter- und Abschottungsanlagen in Gewerbe- und Industriegebieten angesiedelt werden können.[357]

c.) Förderung der Wind- und Wasserenergiegewinnung

§ 35 I **Nr. 5** BauGB betrifft vor allem die in letzter Zeit zahlreich errichteten **Windenergieanlagen** (WEA). Nach der Intention des Gesetzgebers soll die Energiegewinnung durch Windkraft zunehmend an Bedeutung gewinnen, weshalb er die Errichtung von Windenergieanlagen privilegiert zulässt. An dieser gesetzgeberischen Wertung wird teilweise heftige Kritik geäußert. So werden insbesondere die monotonen **Drehgeräusche** sowie der **Schattenwurf** der Rotorblätter als äußerst störend empfunden. Teilweise wird sogar die schlichte „**visuelle Ausgesetztheit der stetigen Rotorbewegung**" angeführt. Schließlich wird auf die in der Winterzeit mögliche Verletzungsgefahr durch abgelöste und **weg geschleuderte Eisbrocken** hingewiesen.[358] Die Rechtsprechung ist dieser (teilweise polemischen) Kritik bisher nicht gefolgt und weist Rechtsbehelfe gegen Windenergieanlagen (zumindest hinsichtlich der genannten Gesichtspunkte) durchweg ab.[359]

249

Stellungnahme: Der Rechtsprechung ist grundsätzlich zuzustimmen. Denn die Intention des Gesetzgebers, erneuerbare Energien zu fördern, ist ein legitimes Mittel, um dem Staatsziel Umweltschutz (Art. 20 a GG) gerecht zu werden. Die Stromgewinnung aus Windkraft dient diesem Staatsziel; insbesondere vermindert sie zum einen die Schadstoffbelastung durch Kohlekraftwerke, die trotz moderner Filteranlagen erheblich ist, und zum anderen die Umweltbelastung durch Kernkraftwerke, insbesondere in Bezug auf das unzureichend gelöste Problem der (End-)Lagerung von Atommüll. In jedem Fall geht das Argument fehl, durch die vielen Windkraftanlagen werde das Landschaftsbild verunstaltet. Denn diese Sichtweise verkennt, dass Windkraftanlangen jederzeit und rückstandsfrei entfernt werden können, wohingegen Schäden durch radioaktive Abfälle oder Ozonlöcher, verursacht durch CO_2 Ausstoß, nicht oder zumindest nicht ohne weiteres beseitigt werden können. Schließlich besteht der Vorteil der Energiegewinnung durch erneuerbare Energien in der Schonung der Ressourcen.

250

Legt man diese Überlegungen zugrunde, beeinträchtigt die Zulassung von Windenergieanlagen im Außenbereich grundsätzlich keinen in § 35 III BauGB genannten öffentlichen Belang (insbesondere nicht § 35 III S. 1 Nr. 3 und 5 BauGB). Wer also im Außenbereich

---

[355] BVerwG NVwZ **1984**, 169, 170.
[356] Sie bedürfen dann einer Sondergebietsausweisung nach § 10 BauNVO.
[357] *Erbguth/Wagner*, BauplanungsR, Rn 415.
[358] Zur Kritik vgl. vor allem *Mock*, NVwZ **1999**, 937 ff.
[359] Vgl. nur Vgl. BVerwG NVwZ **2009**, 338 ff.; NVwZ **2003**, 733; OVG Münster NVwZ **2002**, 1131 ff.; OVG Münster NVwZ **2002**, 1133 ff.; OVG Hamburg NVwZ **2001**, 98; VGH Mannheim NVwZ **2000**, 1063; OVG Münster NVwZ **2000**, 1064; OVG Lüneburg NVwZ **1999**, 444; OVG Münster NVwZ **1999**, 1360. Sollte sich jedoch eine Verletzung bspw. der bauordnungsrechtlich vorgeschriebenen Abstandsflächen zu Nachbargebäuden ergeben, ist eine Nachbarklage begründet (vgl. VG Koblenz 6.2.**2003** – 7 K 3190.02.KO und 7 K 3216/02.KO). Vgl. auch *Dazert/Mahlberg*, NVwZ **2004**, 158 ff.; *Schlacke*, JA **2004**, 202 ff.

wohnt, genießt nicht den Schutz, den er genießen würde, wenn er im Innenbereich wohnte. Er muss daher eine Beeinträchtigung seiner Wohnqualität grundsätzlich hinnehmen. Etwas anderes gilt nur dann, wenn die Errichtung eines Windparks ein Ausmaß annimmt, dass von einem rücksichtslosen Vorgehen gesprochen werden muss. Das **Gebot der Rücksichtnahme** ist zwar nicht explizit in § 35 III BauGB aufgezählt, jedoch als unbenannter öffentlicher Belang zu verstehen, wenn die Nachbarn nach ihrer „handgreiflichen" Betroffenheit bzw. der tatsächlichen Umstände des Einzelfalls[360] hinreichend abgrenzbar sind[361]. So kann sich der Drittschutz im Bereich eines privilegierten Vorhabens aus denjenigen öffentlichen Belangen ergeben, die dazu führen, dass bei einer Neuzulassung eines Vorhabens die weitere (betriebswirtschaftliche) Ausnutzung der Privilegierung und insbesondere des privilegierten Baubestands in Frage stellen oder gewichtig beeinträchtigen würde (vgl. dazu Rn 266a und b). Aber auch hier ist zu berücksichtigen, dass nach der Intention des Gesetzgebers Windenergieanlagen im Außenbereich gerade zulässig sein sollen und durch Art. 20a GG einen gewissen Schutz gegenüber Wohnbebauung genießen.[362] Zum Rechtsschutz in Bezug auf Windenergieanlagen vgl. Rn 4 sowie ausführlich Rn 266a und b, Rn 426a und b sowie Rn 470.[363]

d.) Förderung der energetischen Nutzung von Biomasse

251　Im Zuge der Baurechtsnovelle 2004 ist als neuer Privilegierungstatbestand die **energetische Nutzung von Biomasse** in den Katalog des § 35 I BauGB aufgenommen worden. Der neu gefasste Tatbestand § 35 I **Nr. 6** BauGB erleichtert die Herstellung und Nutzung von aus Biomasse erzeugtem Gas (daher werden entsprechende Anlagen auch als „**Biogasanlagen**" bezeichnet). Privilegiert werden jedoch nur solche Vorhaben, die der energetischen Biomassenutzung im Rahmen eines land- oder forstwirtschaftlichen oder eines gartenbaulichen Betriebs i.S.d. § 35 I Nr. 1 bzw. Nr. 2 BauGB dienen. Überdies werden Betriebe nach Nr. 4 erfasst, die Tierhaltung betreiben. Schließlich wird gefordert, dass das Vorhaben dem Anschluss der Anlagen zur Biomassenutzung an das **öffentliche Versorgungsnetz** dient. Die so gearteten Vorhaben müssen weiteren Voraussetzungen entsprechen, um in den Genuss der Privilegierung kommen zu können: Nr. 6 fordert insoweit einen räumlich-funktionalen Zusammenhang zwischen Vorhaben und Betrieb (lit. a), eine überwiegende Herkunft der Biomasse aus dem Betrieb selbst oder aus dem Betrieb und aus nahe gelegenen Betrieben der nach Nr. 6 erfassten Art (lit. b). Weiterhin kann je Hofstelle oder Betriebsstandort nur eine Anlage betrieben werden (lit. c), die nicht mehr als 0,5 MW[364] leisten darf (lit. d).[365]

---

[360] OVG Münster NVwZ **1988**, 377, 378.

[361] BVerwGE **52**, 122, 125 f.; vgl. auch BVerwG NVwZ **2002**, 1131, 1132 f. und BVerwG NVwZ **2007**, 336.

[362] Leider relativiert das BVerwG bisweilen seine windkraftfreundliche Rspr. und bejaht einen Abwehranspruch eines Anwohners wegen Verstoßes gegen das Rücksichtnahmegebot, wenn von einer Windkraftanlage „eine optisch bedrängende" Wirkung auf die angrenzenden Wohngebäude ausgeht (vgl. BVerwG NVwZ **2007**, 336). In NVwZ **2009**, 338 ff. hat es indes erhebliche Gefahren und Belästigungen (i.S.d. § 5 I S. 1 Nr. 1 BImSchG) verneint.

[363] Zum Nachbarschutz gegen Windenergieanlagen vgl. neben BVerwG NVwZ **2007**, 336 auch BVerwG NVwZ **2002**, 1131 ff. Auch innerhalb eines Windparks ist ein Nachbarrechtsschutz denkbar, etwa wenn ein Windanlagenbetreiber gegen die Genehmigung einer anderen Anlage klagt. Die Klage wird aber regelmäßig erfolglos sein, weil Betreiber von Windenergieanlagen, die in Windparks aufgestellt werden, von vornherein damit rechnen müssen, dass ihnen durch die Aufstellung weiterer Windenergieanlagen nicht nur Wind genommen, sondern dieser auch in seiner Qualität (etwa Turbulenzen) verändert wird (Vgl. dazu OVG Hamburg NVwZ **2001**, 98; OVG Münster NVwZ **2000**, 1064, 1065). Zum Genehmigungsanspruch eines Windenergieanlagenbetreibers vgl. OVG Koblenz ZNER **2002**, Nr. 3 S. 242 ff. Zur Raumordnung OVG Koblenz BauR **2002**, 1053 ff. Zum Interessenkonflikt zwischen Klima- und Landschaftsschutz BVerwG NVwZ **2003**, 193.

[364] 0,5 MW entspricht dem durchschnittlichen Energiebedarf eines 6-Parteienwohnhauses.

[365] Vgl. zu § 35 I Nr. 6 BauGB BVerwG NVwZ **2009**, 585 ff.

e.) Kernenergieanlagen

§ 35 I **Nr. 7** BauGB (= § 35 I Nr. 5 BauGB a.F.) betrifft die Erforschung, Entwicklung und Nutzung der friedlichen Kernenergie sowie die Entsorgung radioaktiver Abfälle. Wenn man berücksichtigt, dass nach der derzeitigen Rechtslage keine Betriebsgenehmigungen erteilt werden, liegt die Relevanz dieses Privilegierungstatbestands nur bei der durch Planung zu bewältigenden Fragen der Erschließung (Zufahrt, Anschluss an das Energienetz, Sicherheitszonen). **252**

c. Die nicht-privilegierten Vorhaben des § 35 II BauGB

Gemäß § 35 II BauGB „können" alle anderen Vorhaben, d.h. Vorhaben, die nicht unter § 35 I BauGB fallen, im Einzelfall zugelassen werden, wenn durch ihre Ausführung und Benutzung öffentliche Belange nicht beeinträchtigt werden und die Erschließung gesichert ist. Mit anderen Worten bedeutet dies, dass die nicht-privilegierten Vorhaben **unzulässig** sind, wenn sie **öffentliche Belange beeinträchtigen**. Bei den Begriffen „öffentliche Belange", „nicht beeinträchtigen" und „gesicherte Erschließung" handelt es sich um unbestimmte Rechtsbegriffe, die im konkreten Fall einer Auslegung bedürfen. Die Begriffe „öffentliche Belange" und „Sicherung der Erschließung" sind wegen ihrer Parallelität zu den in § 35 I BauGB genannten sogleich bei Rn 255 und bei Rn 268 dargestellt. **253**

Der Wortlaut **„können"** lässt auf ein Ermessen der Baugenehmigungsbehörde schließen. Da aber bei der Ermessensbetätigung *dieselben* Erwägungen herangezogen werden müssen, die schon der Auslegung des unbestimmten Rechtsbegriffs „öffentliche Belange" zugrunde gelegen haben (Identität des Argumentationshaushalts), ist in einem solchen Fall nur noch eine einzige rechtsfehlerfreie Ermessensentscheidung möglich. Die Ermessensreduzierung auf Null macht im Einzelfall aus der Kann-Vorschrift *faktisch* eine Muss-Vorschrift. Das folgt schon aus der in Art. 14 GG garantierten Baufreiheit, die lediglich zur Rechtskontrolle präventiv eingeschränkt wurde. Beeinträchtigt also die Ausführung oder die Benutzung öffentliche Belange nicht und ist die Erschließung gesichert, so *sind* sonstige Vorhaben zuzulassen. Es tritt somit ein Ermessensschwund ein.[366] **254**

d. Öffentliche Belange und gesicherte Erschließung

aa. Allgemeines

Wie gesagt, sind nach § 35 I BauGB Vorhaben u.a. nur dann zulässig, wenn öffentliche Belange nicht entgegenstehen und nach § 35 II BauGB nur dann, wenn öffentliche Belange nicht beeinträchtigt werden. Der insoweit in beiden Absätzen gleichermaßen verwendete Begriff **„öffentliche Belange"** ist ein unbestimmter Rechtsbegriff, der einer Auslegung im konkreten Fall bedarf. Da aufgrund der Formulierung in § 35 I BauGB dem Vorhaben öffentliche Belange lediglich **nicht „entgegenstehen"** dürfen, ist von einer großzügigeren Auslegung des Begriffs der öffentlichen Belange und damit von einer erleichterten Zulassung für derartige Vorhaben auszugehen (daher auch die Bezeichnung „privilegierte" Vorhaben). Demgegenüber folgt aus der Formulierung in § 35 II BauGB, wonach sonstige Vorhaben im Einzelfall nur zugelassen werden können, wenn öffentliche Belange **„nicht beeinträchtigt"** werden, dass derartige Vorhaben grundsätzlich **unzulässig** sind (daher auch die Bezeichnung „nicht-privilegierte" Vorhaben). Bei der Bestimmung des „öffentlichen Belangs" ist zum einen zu beachten, dass nicht beliebige öffentliche Belange herangezogen wer- **255**

---

[366] BVerwGE **18**, 247, 250.

den können, sondern im Hinblick auf die beschränkte gesetzgeberische Kompetenz des Bundes (Art. 74 I Nr. 18 GG) lediglich bauplanungsrechtliche (also bodenrechtliche und städtebauliche) Relevanz haben dürfen. Öffentliche Belange etwa aus dem Bauordnungsrecht müssen daher unberücksichtigt bleiben.[367] Zum anderen ist zu beachten, dass bei der Auslegung eine Abwägung stattfinden muss. Das private Errichtungsinteresse des Bauherrn und das u.U. entgegenstehende öffentliche Interesse sind gegeneinander abzuwägen. Eine (freilich verbindliche) Auslegungs- bzw. Abwägungshilfe gibt **§ 35 III BauGB**.

bb. Katalog des § 35 III S. 1 BauGB

256 In dieser Vorschrift sind „öffentliche Belange" genannt, die Vorhaben nach § 35 I und II BauGB nicht „entgegenstehen" (§ 35 I BauGB) bzw. „nicht beeinträchtigen" (§ 35 II BauGB) dürfen – allerdings wegen des Begriffs „insbesondere" **nicht abschließend** (dazu Rn 267). Danach liegt eine Beeinträchtigung öffentlicher Belange insbesondere vor (mit der Folge der Unzulässigkeit des Vorhabens), wenn das Vorhaben

257 **(1)** den Darstellungen eines **Flächennutzungsplans** widerspricht,

Da § 35 I BauGB die privilegierten Vorhaben nur allgemein im Außenbereich zulässt und ansonsten keine konkreten Standortentscheidungen trifft, müssen standortbezogene Aussagen den entsprechenden Plänen entnommen werden. Besondere Bedeutung kommt dem Flächennutzungsplan zu. Trotz seiner Qualität als lediglich vorbereitender Bauleitplan[368] bringt die Gemeinde durch ihn ihren planerischen Willen zum Ausdruck. § 35 III Nr. 1 BauGB bestimmt daher, dass eine Beeinträchtigung öffentlicher Belange vorliegt, wenn das beabsichtigte Vorhaben den Darstellungen des Flächennutzungsplans entgegensteht. Zu beachten ist allerdings, dass dies nur bei hinreichend konkretisierten Darstellungen gilt, sodass z.B. eine pauschale Darstellung als landwirtschaftliche Fläche nicht ausreicht, um einem privilegierten Vorhaben entgegenzustehen.[369] Im Rahmen der Auslegung, d.h. der Abwägung zwischen dem Errichtungsinteresse des Bauherrn und dem u.U. entgegenstehenden öffentlichen Interesse kommt den privilegierten Vorhaben nach § 35 I BauGB deutlich mehr Gewichtung zu als den sonstigen Vorhaben nach § 35 II BauGB.

258 **(2)** den Darstellungen eines **Landschaftsplans** oder sonstigen umweltschützenden Plänen widerspricht,

Mit der Regelung des § 35 III S. 1 Nr. 2 BauGB soll bei der Zulassung von Vorhaben im Außenbereich die Bedeutung der umweltschützenden Pläne (Landschaftspläne) verdeutlicht werden. Soweit allerdings umweltschützende Aspekte in einem ausgewogenen Flächennutzungsplan Eingang gefunden haben, entfaltet der Flächennutzungsplan vorrangig Wirkung. Ein abweichender Landschaftsplan tritt insoweit mit seinen Wertungen hinter dem Flächennutzungsplan zurück.

259 **(3)** schädliche **Umwelteinwirkungen** hervorrufen kann oder ihnen ausgesetzt ist,

Der Begriff der schädlichen Umwelteinwirkung wurde früher ausschließlich anhand der Definition des **§ 3 BImSchG** ausgelegt[370] und bedurfte daher keiner näheren Ausführung. Nun war aber der Gesetzgeber – wie gesagt – aufgrund der europarechtlichen Vorgaben gehalten, die **Umweltverträglichkeit** eines Bauvorhabens noch stärker

---

[367] Diese können aber Eingang bei der Auslegung der landesrechtlichen Vorschriften über die Erteilung der Baugenehmigung finden („die Baugenehmigung ist zu erteilen, wenn keine öffentlich-rechtlichen Vorschriften bzw. Belange entgegenstehen).
[368] Vgl. aber Rn 426a und b zur nunmehr vorhandenen Außenwirkung.
[369] *Erbguth/Wagner*, BauR, § 8 Rn 74 ff.
[370] BVerwGE **52**, 122, 126 f.

sicherzustellen als bisher. Dieser Verpflichtung ist er in mehreren Schritten bis hin zur Verabschiedung der Baurechtsnovelle 2004 nachgekommen: Nach § 1 VI Nr. 7 und § 1 a BauGB sind in der bauplanerischen Abwägung nach § 1 VII BauGB auch und insbesondere die Belange des Umweltschutzes zu berücksichtigen.

Vor diesem Hintergrund greift § 17 I **UVPG** n.F. das Verhältnis der (projektbezogenen) **Umweltverträglichkeitsprüfung** (UVP) zur bauplanungsrechtlichen Umweltprüfung auf und bestimmt in S. 1, dass die UVP einschließlich der Vorprüfung des Einzelfalls nach § 2 I S. 1-3 sowie §§ 3 bis 3 f UVPG im Aufstellungsverfahren als Umweltprüfung nach den Vorschriften des **BauGB** durchzuführen ist, wenn Bebauungspläne i.S.d. § 2 III Nr. 3 UVPG, insbesondere bei Vorhaben nach den Nr. 18.1 bis 18.9 der Anlage 1 zum UVPG (im Bereich des § 35 BauGB vor allem die Nr. 18.1. bis 18.7., vgl. dazu Rn 462), aufgestellt, geändert oder ergänzt werden. Mit dieser Regelung hat der Gesetzgeber also festgelegt, dass bei der Aufstellung von Bebauungsplänen auch die Umweltverträglichkeitsprüfung nach den Vorschriften des BauGB durchgeführt wird.

Gehen also von dem Vorhaben Emissionen der in Nr. 18.1 bis 18.9 der Anlage 1 zum UVPG erfassten Art aus, sind sie für die hiervon Betroffenen unzumutbar.

Beispiele: Zu den unzumutbaren Immissionen gehören etwa Geruchsemissionen eines landwirtschaftlichen Betriebs in der Nähe von - bebauten – Wohngebieten oder die Errichtung von Lagerhallen für geräuschvolle Nutzungen gegenüber einer Wohnbebauung.[371]

(4) unwirtschaftliche Aufwendungen für Verkehrs- und sonstige Infrastruktureinrichtungen erfordert, **260**

Unwirtschaftlich sind die Aufwendungen für die Errichtung der Infrastruktur, wenn der Neubau von Erschließungsanlagen in öffentlicher Trägerschaft erforderlich wird, ohne dass dies in einem angemessenen Verhältnis zum erzielbaren Nutzen steht. Im Mittelpunkt der Abwägung steht der erforderliche finanzielle Aufwand des öffentlichen Erschließungsträgers unter Berücksichtigung der laufenden Unterhaltskosten.[372]

(5) Belange des Naturschutzes, Bodenschutzes, Denkmalschutzes oder des Landschaftsschutzes beeinträchtigt oder das Orts- und Landschaftsbild **verunstaltet**, **261**

Die Erwähnung dieser (öffentlichen) Belange gibt diesen einen eigenständigen, bundesrechtlichen Gehalt. Sie haben daher unbeschadet der landesrechtlichen Regelungswerke rechtliche Bedeutung und können daher auch dann „entgegenstehen" oder „beeinträchtigt" werden, wenn Gebiete nicht förmlich unter landesrechtlichem **Wasser-, Natur- oder Landschaftsschutz** gestellt sind.[373] Soll also ein Vorhaben in einem Naturschutzgebiet oder einem nach der Fauna-Flora-Habitat-Richtlinie errichteten und geschützten **Natura-2000-Gebiet**[374] errichtet werden, steht der Zulässigkeit unmittelbar die Schutzgebietsausweisung entgegen. Etwas anderes gilt nur dann, wenn das Vorhaben gerade dem Schutz des Gebiets dient (bspw. eine Vogelschutzwarte) oder nicht störend wirkt (bspw. eine Schutzhütte für Wanderer oder ein Aussichtsturm für Besucher). Bei der bauaufsichtlichen Prüfung des beantragten Vorhabens ist schließlich die naturschutzrechtliche Eingriffsregelung des § 18 BNatSchG (i.V.m. der entsprechenden landesrechtlichen Naturschutzvorschrift) zu beachten, die im Außenbereich uneingeschränkt zur Anwendung gelangt.[375] Im Baugenehmigungsverfahren sind die Belange des Naturschutzes und der Landschaftspflege in die bauaufsichtliche Prüfung zu integrieren.

---

[371] Vgl. BVerwGE **55**, 122, 127.
[372] BVerwGE **52**, 122, 127.
[373] BVerwG DÖV **1973**, 203.
[374] Vgl. dazu Rn 97c.
[375] Gem. § 21 II BNatSchG sind die Eingriffsregelungen des BNatSchG im Bereich des § 35 BauGB anwendbar.

Beispiel[376]: Die Errichtung eines **Windparks** ist als Vorhaben, das der Nutzung von Windenergie dient, gem. § 35 I Nr. 5 BauGB bevorrechtigt zulässig. Ein Windpark kann gleichwohl nicht zugelassen werden, wenn ihm bspw. die in § 35 III Nr. 5 BauGB aufgeführten öffentlichen Belange des Naturschutzes und der Landschaftspflege entgegenstehen. Das kann z.B. der Fall sein, wenn ein Windpark vier Windkraftanlagen umfasst. Denn auch privilegierte Vorhaben sind nicht an jedem beliebigen Ort im Außenbereich zulässig; vielmehr gilt auch für sie der Grundsatz der größtmöglichen Schonung des Außenbereichs.[377] Auf der anderen Seite ist jedoch zu beachten, dass der Zweck von Windenergieanlagen gerade in der Schonung der Umwelt durch Verringerung der Schadstoffbelastung und der Schonung der fossilen Brennstoffe besteht. Damit werden sie in besonderer Weise der Staatszielbestimmung *Umweltschutz* (Art. 20a GG) gerecht, was zu einer einschränkenden Auslegung des Merkmals *Verunstaltung des Landschaftsbildes* führt (vgl. auch das Beispiel bei Rn 266a).

Entsprechendes gilt für den **Denkmalschutz**. Auch hier sind zum einen bauordnungsrechtliche, d.h. landesrechtliche Schutzvorschriften (die über § 29 II BauGB auch im Bauplanungsrecht Eingang finden) und zum anderen bodenrechtliche, d.h. bauplanungsrechtliche Schutzvorschriften zu berücksichtigen.

Eine **Verunstaltung des Orts- und Landschaftsbildes** liegt vor, wenn das Vorhaben der natürlichen Eigenart des Ortes bzw. der Landschaft widerspricht. Das ist der Fall, wenn die Anlage nach Lage, Gestaltung und Benutzung der betreffenden Landschaft wesensfremd ist, sich ihr also nicht organisch einfügt.[378] Bei den nichtprivilegierten Vorhaben gilt dies uneingeschränkt. Bei den privilegierten Vorhaben ist jedoch bei der Gewichtung der privaten und öffentlichen Belange immer zu berücksichtigen, dass diese Vorhaben ja gerade im Außenbereich angesiedelt werden sollen. Nicht zu vermeidende Beeinträchtigungen des Landschaftsbildes, etwa durch Kernkraftwerke, Windparks oder durch Abgrabungen schlagen daher zugunsten des privaten Bauinteresses durch. Das gilt insbesondere dann, wenn eine Rekultivierung vorgesehen ist.[379]

262 **(6)** Maßnahmen zur Verbesserung der **Agrarstruktur** beeinträchtigt oder die **Wasserwirtschaft** gefährdet,

Maßnahmen zur Verbesserung der Agrarstruktur im Außenbereich (bspw. durch eine Flurbereinigung oder aufgrund des Gesetzes über die Gemeinschaftsaufgabe „Verbesserung der Agrarstruktur und des Küstenschutzes" dürfen durch neue Vorhaben nicht beeinträchtigt werden. Ebenso ist eine Gefährdung der Wasserwirtschaft zu vermeiden (vgl. dazu die entsprechenden Vorschriften des WHG bzw. der Wassergesetze der Länder, gegenüber denen § 35 III Nr. 6 BauGB lediglich eine Auffangfunktion ausübt[380]). Sie tritt ein, wenn durch die Anlage Stoffe freigesetzt werden, die das Grundwasser oder einen Wasserlauf verseuchen können.

263 **(7)** durch sie eine **Splittersiedlung** entsteht, verfestigt oder erweitert wird

Durch diese Vorgabe soll eine Zersiedlung verhindert werden. Eine Zersiedlung kann bereits durch das Errichten der ersten baulichen Anlage in dem betreffenden Gebiet entstehen, weil hierdurch nicht ausgeschlossen werden kann, dass ein Berufungsfall für weitere Bauwünsche geschaffen wird.[381] Das *Entstehen* einer Splittersiedlung wird

---

[376] Nach VGH Mannheim NVwZ **2000**, 1063.
[377] Zum Genehmigungsanspruch eines Windenergieanlagenbetreibers vgl. BVerwG NVwZ **2005**, 208, 209 f.; OVG Koblenz ZNER **2002**, Nr. 3 S. 242 ff. Zur Raumordnung OVG Koblenz BauR **2002**, 1053 ff.
[378] BVerwG NVwZ **1985**, 747; vgl. auch OVG Lüneburg NVwZ-RR **1998**, 301 zur Windkraftanlage; OVG Weimar NVwZ **1998**, 983 zum Konflikt zwischen Windkraftanlage und Landschaftsschutzgebiet.
[379] *Brohm*, BauR, § 21 Rn 21.
[380] Vgl. BVerwG NVwZ **2001**, 1048, 1049.
[381] BVerwG ZfBR **2000**, 278; *Gaentzsch*, NVwZ **2000**, 993, 999. Vgl. auch BVerwG BauR **2005**, 73 und ZfBR **2005**, 277.

bei privilegierten Vorhaben (§ 35 I BauGB) allerdings kaum in Betracht kommen. Umso größere Bedeutung hat die Vorschrift für die nicht-privilegierten Vorhaben des § 35 II BauGB. Vgl. dazu den Beispielsfall bei Rn 266.

Die *Verfestigung* einer Splittersiedlung tritt ein, wenn der in Anspruch genommene Bereich durch neue Vorhaben ausgefüllt wird. Das kann bereits dann der Fall sein, wenn eine Splittersiedlung um die Hälfte ihres Bestands vergrößert wird[382] oder wenn ein Gebäude, in dem ehemals ein landwirtschaftlicher Betrieb untergebracht war, der jedoch bereits vor Jahren aufgegeben wurde, zu einem Wohngebäude umgebaut werden soll[383]. Unter *Erweiterung* einer Splittersiedlung versteht man die räumliche Ausdehnung der Splittersiedlung (Beispiel: Einbeziehung eines Wochenendhauses in eine dauerhafte Wohnnutzung).

(8) oder die Funktionsfähigkeit von **Funkstellen und Radaranlagen** stört.   264

Dieser Belang ist im Zuge der Baurechtsnovelle 2004 eingefügt worden. Eine Störung der Funktionsfähigkeit von Funkstellen und Radaranlagen wird in erster Linie von **Windenergieanlagen** ausgehen. Bislang gab es keine Vorschrift, mittels derer die Zulassung einer solchermaßen störenden Anlage unterbunden werden konnte. Insbesondere handelt es sich bei der Abschattungswirkung für Rundfunkwellen nicht um eine schädliche Umweltauswirkung i.S.v. § 35 III S. 1 Nr. 3 BauGB i.V.m. § 31 und II BImSchG.[384]

cc. Ungeschriebener Belang des Planungserfordernisses

Wie gesagt, folgt aus der Formulierung „insbesondere", dass der in § 35 III BauGB   265
genannte Katalog nicht abschließend ist. Öffentliche Belange können demnach auch aufgrund anderer baulicher Umstände beeinträchtigt sein. So hat jüngst das BVerwG entschieden, dass die Zulassung eines Außenbereichsvorhabens am ungeschriebenen öffentlichen Belang des Planungserfordernisses scheitern könne. Zwar sehe der Wortlaut des § 35 BauGB kein Planungserfordernis vor, sondern lediglich eine Abwägung zwischen dem privaten Errichtungsinteresse des Bauherrn und dem öffentlichen Interesse am Erhalt eines unbebauten Außenbereichs. Allerdings könne auch im Rahmen des § 35 BauGB das Erfordernis einer Planung bestehen, wenn das Bauvorhaben einen Koordinierungsbedarf auslöse, dem nicht das Koordinierungsprogramm des § 35 BauGB, sondern nur eine Abwägung im Rahmen einer förmlichen Planung angemessen Rechnung zu tragen vermöge.[385]

Beispiel[386]**:** Der B-GmbH wurde die Erlaubnis erteilt, auf dem (im Außenbereich gele-   266
genen) Gelände eines ehemaligen Militärflugplatzes ein 21.000 qm umfassendes „**Factory-Outlet-Center**" (FOC) zu errichten, bei dem über 60 Hersteller von Designer-Ware als Endverkäufer auftreten und zum Teil ältere bzw. fehlerhafte Ware zum Ramschpreis anbieten sollen. Verbunden werden soll das FOC mit einem **Multimediakomplex** und mit **Erlebniseinrichtungen**. K, ein Einzelhändler aus der Stadt, ficht die Baugenehmigung an mit der Begründung, dass Kunden der Innenstadt fernblieben und stattdessen die genannten Komplexe aufsuchten. Dadurch werde er seiner beruflichen Existenz beraubt.

Lösungsgesichtspunkte: Statthaft ist eine Anfechtungsklage gem. § 42 I Var. 1 VwGO („Drittanfechtung"). K ist auch klagebefugt, da er geltend machen kann, in seinem Grundrecht auf Berufsfreiheit verletzt zu sein (§ 42 II VwGO). Gem. § 113 I S. 1

---

[382] Vgl. BVerwG NVwZ **2001**, 1282, 1283.
[383] VGH München NVwZ **2007**, 1450 f.
[384] Vgl. OVG Koblenz BauR **2004**, 1422; *Erbguth/Wagner*, BauR, § 8 Rn 90.
[385] BVerwGE **117**, 25, 29 ff.
[386] In Anlehnung an BVerwGE **117**, 25 ff. Vgl. auch *Uechtritz*, NVwZ **2003**, 176 ff.

VwGO ist die Klage begründet, wenn die Erteilung der Baugenehmigung zugunsten der B tatsächlich rechtswidrig ist und K in seinen Rechten verletzt.

Die Zulässigkeit des Bauvorhabens richtet sich vorliegend nach § 35 BauGB. Die in § 35 I BauGB genannten **privilegierten Vorhaben** sind unter der Voraussetzung einer gesicherten „ausreichenden" Erschließung zulässig, wenn öffentliche Belange nicht „entgegenstehen" und mindestens eine der in den Nummern 1-7 aufgezählten Voraussetzungen vorliegt. In Betracht kommt allein eine Zulässigkeit nach § 35 I Nr. 4 BauGB, wonach solche Vorhaben prinzipiell dem bebaubaren Außenbereich zugeordnet werden, die wegen ihrer spezifischen Beziehung zur Umgebung nicht sinnvoll innerhalb der im Zusammenhang bebauten Ortsteile (§ 34 BauGB) oder innerhalb eines qualifizierten Bebauungsplans (§ 30 I BauGB) bzw. vorhabenbezogenen Bebauungsplans (§ 30 II BauGB) errichtet werden können. Mit dieser Formulierung wird klar, dass es sich bei § 35 I Nr. 4 BauGB um einen **Auffangtatbestand** handelt, der alle Vorhaben betrifft, die aus städtebaulichen Gründen in den Außenbereich verwiesen werden sollen. Er kann dem bereits beschriebenen Gebot der größtmöglichen Schonung des Außenbereichs allerdings nur dann genügen, wenn er **eng ausgelegt** wird.[387] Im vorliegenden Fall hat das BVerwG noch nicht einmal die Möglichkeit erwogen, dass das angegriffene FOC nach § 35 I Nr. 4 BauGB zulässig sein könnte. Vielmehr hat es die Zulässigkeit allein am Maßstab des § 35 II BauGB gemessen. Nach dieser Vorschrift können sonstige Vorhaben (nur dann) zugelassen werden, wenn öffentliche Belange nicht beeinträchtigt werden und die Erschließung gesichert ist. Eine Beeinträchtigung öffentlicher Belange liegt insbesondere unter den Voraussetzungen des § 35 III BauGB vor. Doch vorliegend ist keiner der genannten Belange einschlägig. Gleichwohl kann das im Außenbereich zu verwirklichende Vorhaben eine Konfliktlage von so hoher Intensität für die berührten Kreise mit sich bringen, dass die in § 35 BauGB vorausgesetzte Entscheidungsfähigkeit der Zulassungsbehörde nicht ausreicht. Das ist insbesondere dann der Fall, wenn ein Koordinierungsbedarf nach § 2 II BauGB („interkommunales Abstimmungsgebot") besteht. In diesem Fall betont das BVerwG den nicht abschließenden Charakter des § 35 III BauGB (vgl. „insbesondere") und statuiert als ungeschriebenen Belang das **Erfordernis einer förmlichen Planung**. Übersteigt also ein Komplex der vorliegenden Art das Konditionalprogramm des § 35 II BauGB, kann ein Koordinierungsbedarf entstehen, dem nur durch eine innerhalb einer förmlichen Planung (Raumordnungsplan, Flächennutzungsplan bzw. Bebauungsplan) stattfindenden Abwägung Rechnung getragen werden kann.[388] Eine Baugenehmigung, die allein auf § 35 II BauGB gestützt wird, kann also im Einzelfall rechtswidrig sein. Für den vorliegenden Fall hat das BVerwG dies angenommen.

Ergebnis: Folgt man der Auffassung des BVerwG, ist die Klage des K begründet. Die Baugenehmigung ist aufzuheben.

dd. Rücksichtnahmegebot als weiterer ungeschriebener öffentlicher Belang

266a   Als weiterer ungeschriebener öffentlicher Belang, der einem privilegierten Außenbereichsvorhaben entgegenstehen könnte, kommt das Gebot der Rücksichtnahme in Betracht. Das BVerwG hat das Rücksichtnahmegebot insbesondere für Bauvorhaben im unbeplanten Innenbereich (vgl. **§ 34 I BauGB**) entwickelt, weil dort gerade kein Bebauungsplan existiert, der Festsetzungen über Art und Weise der Bebauung enthalten könnte. Kennzeichen der bauplanungsrechtlichen Zulässigkeit im unbeplanten Innenbereich ist vielmehr das „Einfügen" in die nähere Umgebung. Da dieser Begriff jedoch recht konturlos ist, hat das BVerwG das Gebot der Rücksichtnahme bemüht,

---

[387] Vgl. BVerwGE **68**, 311, 315; *Brohm*, BauR; § 21 Rn 7; *Erbguth/Wagner*, BauR, § 8 Rn 91 f.
[388] BVerwGE **117**, 25, 29 ff. Vgl. auch *Uechtritz*, NVwZ **2003**, 176 ff. Ohne jedes Problembewusstsein *Schröppel/Schübel-Pfister*, JuS **2005**, 415, 418 f.

um ein geordnetes Miteinander zu gewährleisten. Nach diesem Gebot müsse ein beantragtes Bauvorhaben auf die Eigenart der näheren Umgebung Rücksicht nehmen um genehmigungsfähig zu sein.[389] Aber auch über § 34 I BauGB hinaus hat das BVerwG das Gebot der Rücksichtnahme angewendet. So sei das Rücksichtnahmegebot etwa in § 15 I S. 2 BauNVO, der im beplanten Innenbereich gem. **§ 30 I BauGB** Anwendung finde, verankert und verhindere dort Bauvorhaben, wenn von ihnen Belästigungen oder Störungen ausgehen können, die nach der Eigenart des Baugebiets im Baugebiet selbst oder in dessen Umgebung unzumutbar seien, oder wenn sie solchen Belästigungen oder Störungen ausgesetzt würden.[390] Schließlich hat das BVerwG auch für privilegierte Bauvorhaben im Außenbereich gem. **§ 35 I BauGB** entschieden, dass diese auf bauliche Anlagen in der Umgebung Rücksicht nehmen müssten.[391] Rechtstechnisch ist dieses Rücksichtnahmegebot als ungeschriebener öffentlicher Belang i.S.d. § 35 I BauGB zu bewerten, weil ein entsprechender Belang weder dort ausdrücklich genannt noch im Katalog der (auch für § 35 I BauGB maßgeblichen) öffentlichen Belange in § 35 III S. 1 BauGB enthalten ist.

Beispiel[392]: Windanlagenbetreiber B möchte im Außenbereich 300 m östlich von einem kleinen Segelflugplatz entfernt auf einer kleinen landschaftlichen Erhebung einen Windpark mit drei Windenergieanlagen, die jeweils eine Gesamthöhe von 60 m haben sollen, errichten. Die Genehmigung wird von der zuständigen Immissionsschutzbehörde[393] mit der Begründung versagt, Windenergieanlagen müssten auf den Segelflugplatz, der seit 30 Jahren bestehe und den Schutz des § 35 I Nr. 4 BauGB sowie des LuftVG genieße, Rücksicht nehmen. Würde B die Genehmigung erteilt, müsste der Flugbetrieb eingestellt werden, um eine mögliche Kollision der Flugzeuge mit den Windenergieanlagen zu verhindern.

Bei der geplanten Windenergieanlage handelt es sich um ein privilegiertes Vorhaben i.S.d. § 35 I Nr. 5 BauGB, das zulässig ist, wenn ihm kein öffentlicher Belang i.S.d. § 35 III BauGB entgegensteht. Als solcher entgegenstehender öffentlicher Belang kommt zwar das Merkmal *Verunstaltung des Landschaftsbildes* in Betracht, jedoch ist zu beachten, dass der Zweck einer Windenergieanlage gerade in der Schonung der Umwelt durch Verringerung der Schadstoffbelastung und der Schonung der fossilen Brennstoffe besteht. Damit wird sie in besonderer Weise der Staatszielbestimmung *Umweltschutz* (Art. 20a GG) gerecht, vorliegend zu einer einschränkenden Auslegung des Merkmals *Verunstaltung des Landschaftsbildes* führt (vgl. Rn 261).

Auf der anderen Seite gilt auch der Segelflugplatz als privilegiertes Vorhaben i.S.d. § 35 I BauGB, weil er unter die Nr. 4 fällt (vgl. Rn 247).

Kollidieren zwei privilegierte Vorhaben miteinander, ist eine Abwägung zu treffen unter

---

[389] Vgl. aus jüngerer Zeit etwa BVerwG NVwZ **2005**, 328, 330 sowie oben Rn 205 ff.

[390] Vgl. nur BVerwGE **67**, 334, 338 f. und bereits oben Rn 175 ff.

[391] BVerwGE **28**, 268, 274.

[392] In Anlehnung an BVerwG NVwZ **2005**, 328 ff. Vgl. auch BVerwG NVwZ **2007**, 336; OVG Münster NVwZ **2007**, 967 ff.

[393] Da bei Windkraftanlagen, die eine Gesamthöhe von mehr als 50 m aufweisen, das Genehmigungsverfahren nach §§ 4 ff. BImSchG gilt (vgl. § 4 I S. 3 BImSchG i.V.m. der 4. BImSchVO), richtet sich die Zulässigkeit des Vorhabens nicht nach der Genehmigungsnorm der Landesbauordnung, sondern nach **§ 6 I BImSchG** i.V.m. Nr. 1.6 der Spalte 2 der Anlage zur 4. BImSchVO i.V.m. Nr. 1.6.1. Sp. 1 Anlage 1 zum UVPG. Denn das BImSchG regelt speziell und abschließend immissionsschutzrechtliche Genehmigungen für Anlagen, die in besonderem Maße geeignet sind, schädliche Umwelteinwirkungen hervorzurufen (§ 4 I S. 1 und 3 BImSchG - vgl. auch BVerwG NVwZ **2009**, 338 ff., NVwZ **2007**, 336, OVG Lüneburg NVwZ **2007**, 356 f. und 357 f., OVG Münster NVwZ **2007**, 967 ff.). Ist für ein Genehmigungsverfahren also das BImSchG anwendbar, richtet sich die Zulässigkeit des Vorhabens nach dem BImSchG i.V.m mit dessen Verordnungen. In diesem Fall wird das Baurecht in das immissionsschutzrechtliche Genehmigungsverfahren **integriert** und in die (Bau-)Genehmigung **konzentriert**. Das bedeutet, dass die Genehmigungsbehörde die Zulässigkeit des Vorhabens nicht nur nach immissionsschutzrechtlichen, sondern auch nach baurechtlichen Gesichtspunkten prüft (vgl. § 6 I Nr. 2 BImSchG). Ergeht demzufolge die Errichtungsgenehmigung, ersetzt diese die Bauerlaubnis nach Baurecht (§ 13 BImSchG). Der Bauherr braucht also keine separate Baugenehmigung bei der Baubehörde zu beantragen.

Heranziehung des Gebots der Rücksichtnahme. Zwar ist das Rücksichtnahmegebot nicht explizit als dem geplanten Bauvorhaben entgegenstehender Belang in § 35 III S. 1 BauGB aufgelistet, jedoch ist zum einen der Katalog des § 35 III S. 1 BauGB nicht abschließend, und zum anderen durchzieht das gegenseitige Rücksichtnahmegebot das gesamte Baurecht, damit ein geordnetes Zusammenleben auch dann ermöglicht wird, wenn kein gesetzlich geregelter Interessenausgleich vorgenommen werden kann. Dabei hat zum einen das neu zu errichtende Vorhaben auf bereits bestehende Anlagen in der Umgebung Rücksicht zu nehmen. Zum anderen müssen aber auch bereits vorhandene Anlagen auf das neu zu errichtende Vorhaben Rücksicht nehmen, was im Einzelfall zu einer Einschränkung der bisherigen Nutzungsmöglichkeit führen kann (vgl. dazu weiter Rn 266b).

> **Hinweis für die Fallbearbeitung:** Bei der Frage nach der bauplanungsrechtlichen Zulässigkeit eines privilegierten Vorhabens i.S.d. § 35 I BauGB ist also nicht nur auf dessen Privilegierung zu achten, sondern es muss auch auf die bauliche Nutzung der Umgebung Rücksicht nehmen, wobei diese Rücksichtnahmepflicht dem beantragten privilegierten Vorhaben trotz seiner grundsätzlichen Privilegierung entgegenstehen kann.

266b Im Einzelfall kann der Rückgriff auf das Gebot der Rücksichtnahme jedoch nicht erforderlich und damit **ausgeschlossen** sein, wenn spezialgesetzliche Bestimmungen bestehen, deren Wortlaut oder zumindest systematische Auslegung einen Vorrang bereits bestehender Anlagen oder Bauwerke begründen. Als solche, das Rücksichtnahmegebot verdrängende Spezialvorschriften kommen etwa **§§ 12 und 17 LuftVG** in Betracht, wenn sich in der Nähe des geplanten Außenbereichsvorhabens bereits ein Flugplatz, Landeplatz oder Segelflugpatz befindet.

- § 12 LuftVG legt in einem bestimmten Umkreis eines Flughafens Baubeschränkungen (Bauverbote) fest, die die Errichtung anderer Vorhaben, auch privilegierter Vorhaben i.S.d. § 35 I BauGB ausschließen, ohne dass es auf eine Rücksichtnahmepflicht ankommt. Jedoch ist darauf zu achten, dass es sich bei der bestehenden Anlage, die der Errichtung des geplanten Vorhabens im Wege stehen könnte, wirklich um einen „Flughafen" i.S.d. § 12 LuftVG handelt. Denn wie sich aus § 6 I S. 1 LuftVG ergibt, unterscheidet das LuftVG nämlich Flughäfen, Landeplätze und Segelflugplätze. Für reine Landeplätze und Segelflugplätze gilt § 12 LuftVG also nicht, sodass diese Vorschrift das Rücksichtnahmegebot für bauliche Anlagen in der Nähe von reinen Landeplätzen und Segelflugplätzen nicht ausschließt.

- Reine Landeplätze und Segelflugplätze sind allerdings von § 17 S. 1 LuftVG erfasst. Jedoch gelangt der Regelungsbereich dieser Bestimmung nur zur Anwendung, wenn eine Entscheidung der Luftfahrtbehörde über einen Bauschutz im Bereich des Lande- oder Segelflugplatzes betroffen wurde. Hat die Luftfahrtbehörde also nach § 17 S. 1 LuftVG entschieden, dass die Bebaubarkeit eines Grundstücks ausgeschlossen sei, wäre das allgemeine baurechtliche Rücksichtnahmegebot entsprechend der spezielleren Vorgaben des beschränkten Bauschutzbereichs ebenfalls unanwendbar.[394]

  Erging also im **Beispiel** von Rn 266a eine solche Entscheidung nicht, kann das Rücksichtnahmegebot auch nicht aufgrund einer spezialgesetzlichen Vorschrift ausgeschlossen sein.

Exkurs zum LuftVG: Der Zweck des LuftVG besteht darin, den Luftverkehr zu fördern. Dazu verstärkt es in den Bauschutzbereichen die Rechtsstellung der Flugplatzunternehmer und erschwert damit das Bauen. Demgegenüber genießen Flugplätze ohne beschränkenden Bauschutzbereich keinen über das allgemeine Baurecht hinausgehenden Schutz;

---

[394] Vgl. *Ibler*, BauR Fall 1 Rn 62.

andererseits sollen sie durch das LuftVG aber auch nicht schlechter stehen, als sie stünden, wenn es das LuftVG nicht gäbe. Eine solche Schlechterstellung würde die vom Gesetz bezweckte Förderung des Luftverkehrs in ihr Gegenteil verkehren.[395] Daher gelten für Bauvorhaben, die außerhalb der Bauschutzbereiche errichtet werden sollen, die allgemeinen Bestimmungen des Baurechts und damit auch das Gebot der Rücksichtnahme. So greift z.B. die Versagung einer Baugenehmigung für eine Windenergieanlage im Außenbereich nicht in eine durch Art. 14 I GG geschützte Rechtsposition des Bauherrn ein, wenn die Anlage auf den Flugplatz keine Rücksicht nehmen würde. § 35 I BauGB gewährt dem Bauherrn nicht das Recht, im Außenbereich eine Windenergieanlage zu errichten, ohne auf den luftverkehrsrechtlich genehmigten Betrieb eines in der Nähe befindlichen Flugplatzes Rücksicht zu nehmen. Windenergieanlagen sind im Außenbereich zwar gemäß § 35 I Nr. 6 BauGB privilegiert zulässig. Trotz der ihnen damit bescheinigten grundsätzlichen Außenbereichsadäquanz sind sie jedoch nicht an jedem beliebigen Standort im Außenbereich zulässig. Sie dürfen nur dort zugelassen werden, wo ihnen das Ergebnis einer Bilanzierung öffentlicher Belange nicht entgegensteht. Wird die Baugenehmigung versagt, weil das Vorhaben nicht die gebotene Rücksicht auf den Flugplatz nimmt, wird lediglich eine der Eigentumsposition des Bauherrn von vornherein innewohnende Beschränkung aktualisiert.[396]

Im **Beispiel** von Rn 266a muss also geprüft werden, ob das baurechtliche Gebot der Rücksichtnahme der Errichtung der Windenergieanlagen entgegensteht. Dabei kommt es wesentlich auf eine Abwägung zwischen dem an, was einerseits dem Rücksichtnahmebegünstigten (dem Betreiber des Segelflugplatzes) und andererseits dem Rücksichtnahmeverpflichteten (dem B) nach Lage der Dinge zuzumuten ist.[397]

Die Windenergieanlagen sollen in nur 300m Entfernung vom Segelflugplatz entfernt errichtet werden. Sie würden damit ein besonders gefährliches Hindernis für den Flugbetrieb darstellen.[398] Startende und landende Flugzeuge könnten, insbesondere bei technischen Problemen oder bei sich rasch ändernden Windverhältnissen, mit den Rotorblättern kollidieren. Die Errichtung einer neuen Start- und Landebahn mit anderer Ausrichtung (etwa Nord-Süd statt Ost-West) wäre allenfalls mit einer finanziellen Beteiligung des B zumutbar. Sollte sich B weigern, die Umbaumaßnahmen zu übernehmen oder sich zumindest in erheblichem Maße daran zu beteiligen, müsste der seit 30 Jahren durchgeführte Flugbetrieb, obwohl dieser luftverkehrsrechtlich genehmigt ist, ebenfalls ein privilegiertes Vorhaben darstellt (vgl. § 35 I Nr. 4 BauGB) und dem Schutz des Art. 14 I S. 1 GG untersteht, eingestellt werden, würde die Behörde B die Errichtungsgenehmigung erteilen.

Auf der anderen Seite darf nicht verkannt werden, dass die Förderung erneuerbarer Energien, und damit auch der Windenergie, ein besonderes Anliegen der Gesellschaft ist. Art. 20 a GG stellt dies verfassungsrechtlich klar und wird von § 35 I Nr. 5 BauGB konkretisiert. Auch wäre der Standort auf der landschaftlichen Erhöhung ideal, Windenergieanlagen zu betreiben.

Damit stehen also zwei privilegierte und zugleich verfassungsrechtlich geschützte Positionen gegenüber, die sich nicht nebeneinander verwirklichen lassen. Berücksichtigt man jedoch den Umstand, dass die Windenergieanlage erst errichtet werden soll und der Flugplatz bereits seit 30 Jahren besteht, muss bei einer Folgenabwägung das Prioritätsprinzip den Ausschlag geben, zumal durch die Versagung der Bauerlaubnis die Errichtung eines Windparks ja nicht unmöglich macht, sondern nur in der Nähe des Flugplatzes verbietet.

---

[395] BVerwG NVwZ **2005**, 328, 329.
[396] BVerwG NVwZ **2005**, 328, 329 f.
[397] BVerwG NVwZ **2005**, 328, 330.
[398] In der Praxis würde dies durch ein Sachverständigengutachten zu belegen sein.

Im Ergebnis steht der Errichtung der Windenergieanlagen somit das Gebot der Rücksichtnahme als ungeschriebener öffentlicher Belang i.S.d. § 35 I BauGB entgegen. Die Versagung der Errichtungsgenehmigung ist damit rechtmäßig.

ee. Regelung des § 35 III S. 3 BauGB

267 Mit § 35 III S. 3 BauGB wird – anknüpfend an die Rechtsprechung des BVerwG zur Ausweisung von Konzentrationszonen für bestimmte privilegierte Vorhaben im Außenbereich[399] – ein Steuerungsmechanismus für die Ansiedlung privilegierter Vorhaben im Außenbereich zur Verfügung gestellt, der vorwiegend auf die erst 1997 in den Katalog der privilegierten Vorhaben aufgenommenen **Windkraftanlagen** zielt. Danach stehen einem privilegierten Außenbereichsvorhaben öffentliche Belange in der Regel entgegen, wenn für sie durch Darstellungen im Flächennutzungsplan oder als Ziel der Raumordnung eine Ausweisung an anderer Stelle erfolgt.

> **Hinweis für die Fallbearbeitung:** Bei der Prüfung der bauplanungsrechtlichen Zulässigkeit privilegierter Außenbereichsvorhaben sind Zielsetzungen der Raumordnung oder der Flächennutzungsplanung also stets zu berücksichtigen.

ff. Ausreichende Erschließung

268 Weitere Zulässigkeitsvoraussetzung für ein Vorhaben im Außenbereich ist die gesicherte Erschließung. Bei dem Grad der Erschließung muss zwischen privilegierten und nicht-privilegierten Vorhaben unterschieden werden. Privilegierte Vorhaben (nach § 35 I BauGB) sind unter diesem Aspekt bereits dann zulässig, wenn die „ausreichende" Erschließung gesichert ist. Ausreichend ist die Erschließung, wenn bestimmte Mindestanforderungen erfüllt werden. Diese ergeben sich aus den jeweiligen Gegebenheiten und Bedürfnissen und können sich auf die Erreichbarkeit über einen (öffentlichen) Weg, die Wasserversorgung und die Abwasserbeseitigung beschränken.[400] Bei den nicht-privilegierten Vorhaben, insbesondere bei Wohnbauten, sind die Anforderungen an die Erschließung höher. Das folgt aus der Formulierung in § 35 II BauGB, der nicht von „ausreichend" spricht. Allerdings gelten auch hier naturgemäß geringere Anforderungen als für den Innenbereich, da dort zusätzliche städtebauliche und nachbarschaftliche Gesichtspunkte berücksichtigt werden müssen. So genügt es für den nicht-privilegierten Außenbereich, wenn etwa die Wasserversorgung durch Brunnen und die Abwasserversorgung durch Sickergrube erfolgen kann.

269 Fraglich ist, ob die Gemeinde verpflichtet ist, die Erschließung vorzunehmen, wenn der Bauherr die Kosten dafür übernehmen möchte. Eine Kostenübernahme wird der Bauherr immer dann in Betracht ziehen, wenn die Zulassung des Vorhabens lediglich an der Erschließung hängt. Das BVerwG nimmt eine solche Verpflichtung der Gemeinde bei privilegierten Vorhaben an, da nur so dem Gesetzeszweck – Verbannung bestimmter Anlagen aus dem Innenbereich – genügend Rechnung getragen werden kann. Werden allerdings die laufenden Unterhaltskosten unzumutbar hoch sein, ist eine Verpflichtung der Gemeinde zu verneinen.[401] Bei den nicht-privilegierten Vorhaben ist nach der Rechtsprechung des BVerwG dagegen eine entsprechende Verpflichtung der Gemeinde zu verneinen, da wegen § 123 III BauGB ein Rechtsanspruch auf Erschließung ausgeschlossen sei. Wegen dieses Ausschlusses komme eine Pflicht zur Annahme eines Erschließungsangebots nur in solchen Ausnahmefällen in Betracht, in denen sonst eine vom Gesetzgeber eingeräumte Rechtsposition vereitelt würde.

---

[399] BVerwG NVwZ **1991**, 161, 162. Vgl. nun auch BVerwG NVwZ **2003**, 1261, mit Bespr. v. *Schlacke*, JA **2004**, 202 ff.
[400] *Brohm*, BauR, § 21 Rn 26.
[401] BVerwG NVwZ **1986**, 38.

e. Begünstigte Vorhaben nach § 35 IV BauGB

aa. Zweck des § 35 IV BauGB

Das enge Netz der Ausgestaltung des „öffentlichen Interesses" als Ablehnungsgrund für nicht-privilegierte Vorhaben findet letztlich seine Grenzen in Art. 14 GG. § 35 IV BauGB ist Ausdruck dieser Grenze. Nach dieser Vorschrift sind an sich unzulässige bauliche Maßnahmen unter engen Voraussetzungen zulässig. Es sollen hierdurch insbesondere solche baulichen Änderungen erleichtert werden, die durch den Strukturwandel in der Landwirtschaft notwendig sind. Das betrifft in erster Linie bereits errichtete und betriebene Bauten, die einer Nutzungsänderung unterliegen sollen.

> **Beispiel:** Ein seit Jahrzehnten als Bauernhof betriebenes Gehöft muss aus bestimmten Gründen seinen landwirtschaftlichen Betrieb einstellen. Der Eigentümer beabsichtigt nun, den Hof unter Beibehaltung einer geringen Tierhaltung als Urlaubsziel für Stadtleute weiterzuführen („Ferien auf dem Bauernhof").

Da das Gebäude nach entsprechender **Nutzungsänderung** nicht mehr zu den privilegierten Vorhaben zählt, würde die konsequente Anwendung des „öffentlichen Interesses" dazu führen, dass der Ferienbetrieb untersagt werden müsste. Um Art. 14 GG unter dem Aspekt des **Bestandsschutzes** (dazu ausführlich Rn 283, aber auch den Abschlussfall bei Rn 289) Rechnung zu tragen, sieht § 35 IV BauGB – freilich unter engen Voraussetzungen – vor, dass bestimmte Nutzungsänderungen nicht mit dem Argument des entgegenstehenden öffentlichen Interesses untersagt werden können. Insoweit kann von einer **Teilprivilegierung** oder **Begünstigung** gesprochen werden. Grundvoraussetzung für sämtliche nach § 35 IV BauGB (teil-)privilegierten Vorhaben ist jedoch, dass die **ursprüngliche bauliche Anlage zulässigerweise errichtet wurde**. Ein Gebäude ist zulässigerweise errichtet, wenn es bauaufsichtlich genehmigt und so weit fertiggestellt ist, dass es bestimmungsgemäß genutzt werden kann.[402] Das gilt auch dann, wenn das Gebäude zwar tatsächlich genehmigt wurde, jedoch bei rückschauender Betrachtung mit dem damaligen materiellen Recht nicht vereinbar war. Aber auch wenn das Gebäude nicht genehmigt wurde, obwohl nach materiellem Recht die Voraussetzungen hierfür vorlagen, oder hätte es zu einem späteren Zeitpunkt genehmigt werden müssen, sind die Voraussetzungen erfüllt. Etwas anderes gilt jedoch, wenn ein zerstörtes Gebäude mehr als geringfügig von einer erteilten Baugenehmigung abwich und materiell baurechtswidrig war. Dann war es nicht zulässigerweise errichtet. Dies gilt auch, wenn das ursprünglich rechtmäßig errichtete Gebäude baulich so sehr verändert wird, dass der Bestandsschutz des Altbestands erlischt.[403]

Ist ein Vorhaben demnach grundsätzlich genehmigungsfähig, kann ihm nicht entgegengehalten werden, dass es den

- Darstellungen des Flächennutzungsplans
- oder den Darstellungen eines Landschaftsplans widerspricht,
- es die natürliche Eigenart der Landschaft beeinträchtigt oder
- die Entstehung, Verfestigung oder Erweiterung einer Splittersiedlung befürchten lässt.

Hinzukommen müssen aber die „Außenbereichsverträglichkeit" i.S.d. § 35 III BauGB und einer der folgenden, in § 35 IV BauGB genannten, Privilegierungstatbestände.

270

271

272

---

[402] BVerwG, NVwZ-RR **2000**, 758.
[403] BVerwG NVwZ-RR **1995**, 68; *Hüttenbrink*, DVBl **1997**, 941, 946; *Stollmann*, BauR, § 17 Rn 52. Vgl. auch *Stüer*, DVBl **2003**, 1030, 1037 f.; **2006**, 403, 410 f.

bb. Die einzelnen Privilegierungstatbestände des § 35 IV BauGB

a.) Nutzungsänderung land- oder forstwirtschaftlicher Anlagen

273 § 35 IV S. 1 **Nr. 1** BauGB erleichtert die Nutzungsänderung eines bisher nach § 35 I Nr. 1 BauGB privilegierten Gebäudes. Voraussetzung für eine Nutzungsänderung ist, dass die den in den Ziffern 1 a) bis g) detailliert aufgelisteten Voraussetzungen kumulativ erfüllt sind. Besondere Bedeutung dürfte dabei § 35 IV S. 1 Nr. 1c) BauGB zukommen: Danach setzt eine „Änderung der bisherigen Nutzung" voraus, dass die bisherige tatsächliche Nutzung als land- oder forstwirtschaftlicher Betrieb (§ 35 I Nr. 1 BauGB) durch eine neue Nutzung ersetzt werden soll. Jedoch muss die ursprüngliche Nutzung des Gebäudes als landwirtschaftlicher Betrieb tatsächlich statt-gefunden haben.[404] Eine bloß vorhandene Nutzungserlaubnis oder Bauerlaubnis zu diesem Zweck genügen nicht.[405] Auch muss die bisherige Nutzung noch vorhanden sein oder jedenfalls darf die Aufgabe der bisherigen Nutzung nicht länger als sieben Jahre zurückliegen (Wortlaut Nr. 1c).

> **Beispiel:** So kann aus einer vormals im Zusammenhang mit einem landwirtschaft-lichen Betrieb nach § 35 I Nr. 1 BauGB privilegierten Wohnnutzung bei Aufgabe der Landwirtschaft eine (reine) Wohnnutzung werden, die nach § 35 IV S. 1 Nr. 1 BauGB begünstigt ist.[406]

Da aber *alle* sieben „Bedingungen" des § 35 IV S. 1 Nr. 1 BauGB erfüllt sein müssen, muss die beabsichtigte Nutzungsänderung auch die äußere Gestalt des Gebäudes „im Wesentlichen" wahren (§ 35 IV S. 1 Nr. 1b BauGB). Dies ist durch einen Vergleich zwischen dem Gebäude in dem Zustand, in dem es vor dem Umbau privilegiert genutzt worden ist, und dem für die neue Nutzung vorgesehenen Zustand zu er-mitteln.

> **Beispiel/Gegenbeispiel:** So dürfte der Umbau einer Scheune in ein Wohnhaus zulässig sein, solange nur das Gebäude nach außen hin weithin unverändert bleibt. Dagegen darf ein zulässigerweise errichtetes Wohngebäude mit einer Wohnfläche von 90 qm nicht in ein Zweifamilienhaus mit 280 qm Wohnfläche umgebaut werden.[407]

Schließlich ist zu beachten, dass nach § 35 IV S. 1 Nr. 1 BauGB lediglich die erst-malige Nutzungsänderung privilegiert ist; die erneute Umnutzung eines ursprünglich privilegierten, aber bereits geänderten Vorhabens ist mithin nach § 35 II BauGB zu beurteilen.[408]

b.) Neuerrichtung eines gleichartigen Wohngebäudes

274 Nach § 35 IV S. 1 **Nr. 2** BauGB ist die Neuerrichtung eines gleichartigen Wohn-gebäudes an gleicher Stelle begünstigt, wenn

- das vorhandene Gebäude zulässigerweise errichtet wurde (Nr. 2a; vgl. Rn 271),
- es Missstände oder Mängel aufweist (Nr. 2b),
- es seit längerer Zeit von dem Eigentümer selbst genutzt wird und
- Tatsachen die Annahme rechtfertigen, dass das neu errichtete Wohngebäude für den Eigenbedarf des bisherigen Eigentümers oder seiner Familie genutzt wird (Nr. 2d).

---

[404] BVerwG NVwZ-RR **2000**, 758; *Gaentzsch*, NVwZ **2000**, 993, 999. Vgl. auch BVerwG NVwZ **2001**, 1282.
[405] OVG Lüneburg NVwZ-RR **1999**, 493.
[406] Vgl. BVerwG NVwZ **2004**, 982; *Stollmann*, BauR, § 17 Rn 55.
[407] OVG Lüneburg NVwZ **1999**, 1362.
[408] BVerwG ZfBR **1989**, 72; *Stüer*, DVBl **2003**, 1030, 1037; *Stollmann*, BauR, § 17 Rn 55.

Mit dieser Regelung soll statt einer inadäquaten Modernisierung die Möglichkeit des „Ersatzbaus" gegeben werden, wenn das bestandsgeschützte Gebäude mittlerweile mangelhaft ist.[409] Gleichzeitig soll durch das Erfordernis der „familiären Bindung" verhindert werden, dass alte, reparaturbedürftige Häuser im Außenbereich mit dem Ziel eines sofortigen Abrisses und Neubaus veräußert werden und dass auf diese Weise die an den Eigentumsschutz anknüpfende Begünstigung missbraucht wird.[410]

Die funktional zu verstehende „Gleichartigkeit" bezieht sich auf alle bodenrechtlich beachtlichen Beziehungen, also insbesondere die Gleichartigkeit im Standort, im Bauvolumen, in der Nutzung und in der Funktion.[411]

Schließlich ist zu beachten, dass gem. § 35 IV S. 2 BauGB – ebenso wie bei § 35 IV S. 1 Nr. 3 d BauGB – geringfügige Erweiterungen des neuen Gebäudes sowie geringere Abweichungen vom bisherigen Standort zulässig sind.

c.) Ersatzbauten

§ 35 IV S. 1 **Nr. 3** BauGB begünstigt den **Wiederaufbau** eines zulässigerweise errichteten, durch Brand, Naturereignisse oder andere außergewöhnliche Ereignisse **zerstörten Gebäudes**, sofern er „alsbald" eingeleitet wird. Eine „alsbaldige" Neuerrichtung ist so lange gegeben, wie die bodenrechtliche Situation des Grundstücks infolge nachwirkender Prägung durch das zerstörte Gebäude für den Wiederaufbau noch aufnahmefähig ist, d.h. die Neuerrichtung muss innerhalb eines Zeitraums erfolgen, in dem sich die Verkehrsauffassung noch nicht auf den durch die Zerstörung bewirkten Wandel der Grundstückssituation eingestellt hat, sondern noch mit einem Wiederaufbau rechnet. Die Rechtsprechung veranschlagt einen Maximalzeitraum von zwei Jahren nach der Zerstörung.[412]

Bei dieser Vorschrift handelt es sich also um einen gesetzlich geschaffenen besonderen **Bestandsschutz**; es soll eine einmal rechtmäßige Nutzung auch für die Zukunft ermöglicht werden. Fehlte dem bestehenden Gebäude also der Bestandsschutz, weil es nicht rechtmäßig errichtet oder nachträglich durch Veränderungen baurechtswidrig geworden war, greift § 35 IV S. 1 Nr. 3 BauGB folgerichtig nicht.[413]

Ein **außergewöhnliches Ereignis** liegt vor, wenn ein den ausdrücklich aufgeführten Fällen *Brand, Naturereignisse* vergleichbarer unvorhersehbarer Unglücksfall zu der Zerstörung des Gebäudes geführt hat. Das folgt aus der Formulierung „oder andere").

Beispiele/Gegenbeispiele: Gasexplosionen, Flugzeugabstürze, Überschwemmungen, Orkane etc. sind außergewöhnliche Ereignisse i.S.d. Nr. 3. Demgegenüber sind ein langsamer Verfall (Erosion) oder ein bei Umbauarbeiten eintretender Einsturz morschen Mauerwerks keine außergewöhnlichen Ereignisse, sondern ganz normale bzw. selbst veranlasste Erscheinungen. Erst recht stellt der Abbruch eines Gebäudes kein außergewöhnliches Ereignis i.S.d. Nr. 3 dar.[414]

Schließlich muss der Ersatzbau zu dem zerstörten Gebäude „gleichartig" sein. Das ist der Fall, wenn er in der Nutzung und in der Funktion nicht wesentlich abweicht.[415]

275

---

[409] Zu den Voraussetzungen eines Ersatzbaus vgl. OVG Lüneburg NVwZ **1999**, 1362.
[410] *Stollmann*, BauR, § 17 Rn 57.
[411] Vgl. BVerwGE **120**, 130 ff.; *Stüer*, DVBl **2006**, 403, 410.
[412] BVerwG NJW **1982**, 400 f.
[413] BVerwG NVwZ-RR **1995**, 68.
[414] BVerwG NVwZ **1997**, 521.
[415] BVerwG NVwZ **2004**, 982; NVwZ **1998**, 842, 843; *Dolde/Menke*, NJW **1999**, 2150, 2156.

d.) Änderung oder Nutzungsänderung erhaltenswerter Gebäude

276 § 35 IV S. 1 **Nr. 4** BauGB knüpft an die Änderung oder Nutzungsänderung von erhaltenswerten, das Bild der Kulturlandschaft prägenden Gebäuden wie Burgen, Türmen, Fachwerkhäusern, Wind- oder Wassermühlen an.[416] Der Privilegierungstatbestand der Nr. 4 greift selbst dann, wenn die Nutzung aufgegeben wurde. Nicht erforderlich ist es auch, dass eine förmliche Unterschutzstellung nach einschlägigen Rechtsvorschriften (Denkmalschutzrecht) erfolgt ist.

e.) Erweiterung von Wohngebäuden

277 Der Begünstigungstatbestand des § 35 IV S. 1 **Nr. 5** BauGB vereinfacht die angemessene **Erweiterung von Wohngebäuden** (auf bis zu höchstens zwei Wohnungen), etwa um das Zusammenbleiben von Familien zu unterstützen. Voraussetzungen sind:

- das Gebäude muss zulässigerweise errichtet worden sein (Nr. 5 a; vgl. Rn 271),
- die Erweiterung muss im Verhältnis zum vorhandenen Wohngebäude und unter Berücksichtigung der Wohnbedürfnisse angemessen sein (Nr. 5 b)
- und bei der Errichtung einer weiteren Wohnung rechtfertigen Tatsachen die Annahme, dass das Gebäude vom bisherigen Eigentümer oder seiner Familie selbst genutzt wird (Nr. 5 c).

Erläuterungsbedürftig ist die Angemessenheit der Erweiterung, die in zweifacher Hinsicht, d.h. im Verhältnis zum Wohnungsbestand und unter Berücksichtigung der Wohnbedürfnisse, gegeben sein muss. Da mit dem Privilegierungstatbestand der Nr. 5 eine Verbesserung der Wohnversorgung im Außenbereich, der ja eigentlich von Wohnbebauung freigehalten werden soll, herbeigeführt wird, ist grundsätzlich nur eine Erweiterung angemessen, die gerade der Wohnverbesserung des Eigentümers und seiner Familienangehörigen dient. Damit findet die Vorschrift einen Ausgleich zwischen den Belangen der Allgemeinheit an einer weitgehenden Freihaltung des Außenbereichs von einer Wohnbebauung und der verfassungsrechtlichen Forderung aus Art. 6 I GG an einem familiengerechten Zusammenleben.

Nicht vom Begriff des „Wohngebäudes" i.S.d. Nr. 5 BauGB umfasst sind folgerichtig Gebäude mit Ferienwohnungen; insoweit gilt § 35 II BauGB.[417] Auch lässt es Nr. 5 nicht zu, die Zahl der baulichen Anlagen zu erhöhen.[418]

f.) Erweiterung gewerblicher Betriebe

278 Schließlich begünstigt § 35 IV S. 1 **Nr. 6** BauGB die bauliche **Erweiterung** eines früher einmal zulässigerweise im Außenbereich errichteten **gewerblichen Betriebs**, wenn die Erweiterung im Verhältnis zum vorhandenen Gebäude und Betrieb angemessen ist und mit ihr keine Nutzungsänderung einher geht.[419] Ratio der Vorschrift ist die Standortsicherung.

Auf landwirtschaftliche Betriebe oder einen im Innenbereich belegenen Betrieb, der sich in den Außenbereich ausdehnen will, greift Nr. 6 nicht.[420]

Im Übrigen bedarf der Begriff der „**Erweiterung**" einer Auseinandersetzung. Es muss ein funktionaler Zusammenhang zwischen dem vorhandenen Gewerbebetrieb und

---

[416] Vgl. dazu BVerwG NVwZ **2000**, 678 (Nutzungsänderung einer „Alm-Gaststätte").
[417] BVerwG NVwZ **1995**, 700; *Hüttenbrink*, DVBl **1997**, 941, 946.
[418] BVerwG NVwZ **1998**, 842, 843; BVerwG NVwZ-RR **1999**, 295.
[419] BVerwG NVwZ-RR **1993**, 176; BVerwG NVwZ-RR **1991**, 231; vgl. auch OVG Schleswig NVwZ **1999**, 1363.
[420] BVerwG NVwZ **1986**, 201, 203.

dem geplanten Vorhaben bestehen. Die Erweiterung muss zudem im Verhältnis zum vorhandenen Gebäude und zum vorhandenen Betrieb **angemessen** sein.[421]

- Maßstab für die Angemessenheit im Verhältnis zum vorhandenen Gebäude ist das Verhältnis von vorhandenem und hinzutretendem Baubestand; dabei darf es nicht zu einer erheblichen, unverhältnismäßigen zusätzlichen Beeinträchtigung von Außenbereichsbelangen kommen.

- Im Verhältnis zum vorhandenen Betrieb muss die Erweiterung den betrieblichen Erfordernissen entsprechen, wobei von der bisherigen Struktur und Größenordnung des Betriebs auszugehen ist.

  Beispiele/Gegenbeispiele: Die Erweiterung, die der Ersatz vorhandener Maschinen durch neue mit anderem Raumbedarf erfordert, oder die Erweiterung des Betriebs um eine Lagerhalle, die dem Schutz von Maschinen oder Geräten vor Witterungseinflüssen dienen, sind angemessen. Dagegen ist die Strukturumwandlung eines Unternehmens nicht von Nr. 6 gedeckt. Das ist etwa der Fall, wenn ein Handwerksbetrieb zu einem Industriebetrieb oder ein kleines Ladengeschäft zu einem Verbrauchermarkt umgewandelt werden sollen.[422]

f. Ausführung der Vorhaben und Einvernehmen der Gemeinde

§ 35 V BauGB gibt der Baugenehmigungsbehörde Hinweise zur schonenden, außenbereichsverträglichen Ausgestaltung der nach einer erfolgreichen Prüfung der in § 35 I bis IV BauGB genannten Voraussetzungen zuzulassenden Vorhaben.
Schließlich ist das Erfordernis des Einvernehmens mit der Gemeinde[423] zu beachten, § 36 I S. 1 BauGB. Soweit eine landesrechtliche Rechtsverordnung besteht[424], ist bei den nicht-privilegierten Vorhaben nach § 35 II BauGB und den teil-privilegierten Vorhaben nach § 35 IV BauGB die Zustimmung der höheren Verwaltungsbehörde erforderlich, § 36 I S. 4 BauGB.

279

g. Außenbereichssatzung

§ 35 VI BauGB ermöglicht es der Gemeinde, sog. **Außenbereichssatzungen** zu erlassen. Mit einer solchen Satzung kann die Gemeinde für im Außenbereich bereits vorhandene Splittersiedlungen mit einer Wohnbebauung von einigem Gewicht vorsehen, dass dort generell die in § 35 IV BauGB genannten Teilprivilegierungen für Wohngebäude sowie kleine Handwerks- und Gewerbebetriebe gelten sollen. Dort befindlichen Umbauten oder Neubauten dürfen also nicht die in § 35 II BauGB genannten Versagungsgründe entgegen gehalten werden, oder dass sie den Darstellungen des Flächennutzungsplans widersprechen oder die Entstehung oder Verfestigung einer Splittersiedlung befürchten lassen. Für ihren Erlass gilt das Verfahren nach § 13 Nr. 2 und 3 BauGB entsprechend (vgl. § 35 VI S. 5 BauGB).[425]

280

h. Drittschutz (insbesondere Nachbarschutz)

In der Fallbearbeitung ist regelmäßig die Anfechtung einer Baugenehmigung durch den (baurechtlichen) Nachbarn Gegenstand der Prüfung. Das betrifft insbesondere Abwehr landwirtschaftlicher Betriebe gegen **herannahende Wohnbebauung**. Auf-

281

---

[421] Vgl. dazu näher BVerwG NVwZ **1994**, 371.
[422] *Stollmann*, BauR, § 17 Rn 67.
[423] Zum Einvernehmen vgl. Rn 136, 234, 378 f. und 497.
[424] Derzeit haben nur Nordrhein-Westfalen und das Saarland derartige Rechtsverordnungen erlassen.
[425] Vgl. dazu näher OVG Münster NVwZ **2001**, 1071 f.

grund der zusammengefassten Darstellung des Nachbarschutzes unter 427 ff. sei aber insoweit auf die dortigen Ausführungen verwiesen.

i. Zusammenfassung zu § 35 BauGB

282

aa. Im Gegensatz zu den Planbereichen der §§ 30 und 34 BauGB, in denen das Bauen grundsätzlich erlaubt ist, sind Vorhaben im sog. Außenbereich aus Gründen der Naturerhaltung und der Vermeidung von unzumutbaren Erschließungsarbeiten grundsätzlich unzulässig. § 35 BauGB konkretisiert und normiert diese Regelung. Der Außenbereich wird negativ definiert. Zu ihm gehören diejenigen Gebiete, die weder innerhalb der im Zusammenhang bebauten Ortsteile (also im Geltungsbereich des § 34 BauGB) noch im Geltungsbereich eines qualifizierten Bebauungsplans (§ 30 I BauGB) oder eines vorhabenbezogenen Bebauungsplans (§§ 30 II, 12 BauGB) liegen.

bb. Vom Aufbau her unterscheidet § 35 BauGB zwischen privilegierten (Abs. 1) und sonstigen, d.h. nicht privilegierten Vorhaben (Abs. 2). Die **privilegierten Vorhaben** sind unter der Voraussetzung einer gesicherten „ausreichenden" Erschließung zulässig, wenn öffentliche Belange nicht „entgegenstehen" und mindestens eine der in den Nummern 1-7 aufgezählten Voraussetzungen vorliegt. Demgegenüber können die **nicht privilegierten Vorhaben** nur im „Einzelfall" und nur dann zugelassen werden, wenn ihre Ausführung öffentliche Belange nicht „beeinträchtigt" und die Erschließung gesichert ist. Nicht privilegierte Vorhaben unterliegen demnach praktisch einem Bauverbot.

cc. Die Regelung des § 35 I BauGB erfasst insgesamt 7 Privilegierungstatbestände

(1) Vorhaben, die einem land- oder forstwirtschaftlichen Betrieb dienen und nur einen untergeordneten Teil der Betriebsfläche einnehmen
(2) Vorhaben, die einem Betrieb der gartenbaulichen Erzeugung dienen
(3) Vorhaben, die der öffentlichen Versorgung mit Elektrizität, Gas, Telekommunikationsdienstleistungen, Wärme, Wasser, der Abfallwirtschaft oder einem ortsgebundenen gewerblichen Betrieb dienen
(4) Vorhaben, die wegen ihrer besonderen Anforderungen an die Umgebung, wegen ihrer nachteiligen Wirkung auf die Umgebung oder wegen ihrer besonderen Zweckbestimmung nur im Außenbereich ausgeführt werden sollen
(5) Wind- und Wasserkraftanlagen
(6) Biogasanlagen
(7) Kernenergieanlagen

dd. Alle anderen Vorhaben, d.h. Vorhaben, die nicht unter § 35 I BauGB fallen, „können" im Einzelfall zugelassen werden, wenn durch ihre Ausführung und Benutzung öffentliche Belange nicht beeinträchtigt werden und die Erschließung gesichert ist.

ee. Des Weiteren sieht § 35 IV BauGB vor, dass bestimmte Nutzungsänderungen nicht mit dem Argument des entgegenstehenden öffentlichen Interesses untersagt werden können. Insoweit kann von einer **Teilprivilegierung** oder **Begünstigung** gesprochen werden: Den im Einzelnen aufgelisteten Vorhaben kann nicht entgegengehalten werden, dass sie

⇨ Darstellungen des Flächennutzungsplans widersprechen,
⇨ Darstellungen eines Landschaftsplans widersprechen,
⇨ die natürliche Eigenart der Landschaft beeinträchtigen oder
⇨ die Entstehung, Verfestigung oder Erweiterung einer Splittersiedlung befürchten lassen.

ff. Schließlich ermöglicht § 35 VI BauGB es der Gemeinde, sog. **Außenbereichssatzungen** zu erlassen. Mit einer solchen Satzung kann die Gemeinde für im Außenbereich bereits vorhandene Splittersiedlungen mit einer Wohnbebauung von einigem Gewicht vorsehen, dass dort generell die in § 35 IV BauGB genannten Teilprivilegierungen für Wohngebäude sowie kleine Handwerks- und Gewerbebetriebe gelten sollen. Dort befindlichen Umbauten oder Neubauten dürfen also nicht die in § 35 II BauGB genannten Versagungsgründe entgegen gehalten werden, oder dass sie den Darstellungen des Flächennutzungsplans widersprechen oder die Entstehung oder Verfestigung einer Splittersiedlung befürchten lassen. Für ihren Erlass gilt das Verfahren nach § 13 Nr. 2 und 3 BauGB entsprechend (vgl. § 35 VI S. 5 BauGB).

7. Bestandsschutz

283 Ausgangspunkt des Bestandsschutzes[426] ist Art. 14 I GG. Diese Verfassungsbestimmung gewährleistet dem Eigentümer das Recht, mit seinem Eigentum nach Belieben zu verfahren. Inbegriff dieser tatsächlichen Verfügungsgewalt ist das Recht, ein Grundstück zu bebauen, und das Recht, das errichtete Bauwerk zu erhalten. Das Recht, das Bauwerk zu erhalten, wird auch als Bestandsschutz bezeichnet. Es ist zwischen dem passiven und aktiven Bestandsschutz zu unterscheiden.

284 ■ Der **passive Bestandsschutz** gewährt ein Abwehrrecht gegen eine Baubeseitigungsverfügung, wenn das Bauwerk einmal rechtmäßig bestanden hat und die Beseitigungsverfügung auf der Grundlage einer geänderten Rechtslage (z.B. Änderung des Bebauungsplans), die zur Unzulässigkeit des Bauwerks führt, beruht.[427]

Beispiel: A hat vor einiger Zeit ein ordnungsgemäß beantragtes und rechtsfehlerfrei genehmigtes Mehrfamilienhaus im unbeplanten Innenbereich der Gemeinde G errichtet. Nun beschließt G für das Gebiet einen Bebauungsplan, mit dem das Bauwerk des A nicht vereinbar ist.

Hier machen es der **Vertrauensschutz** und der **Bestandsschutz** erforderlich, dass eine Beseitigungsverfügung nicht ergehen darf. Die Landesbauordnungen haben dies positivrechtlich geregelt, indem ihre Vorschriften über die Baubeseitigung verlangen, dass die Anlage bereits im Zeitpunkt ihrer Errichtung im Widerspruch zu öffentlich-rechtlichen Vorschriften stand. **Eine Beseitigungsverfügung ist also nur dann zulässig, wenn die materielle Illegalität bei der Errichtung des Baus vorlag, nicht jedoch, wenn sie später eintrat.**

285 ■ Der **aktive Bestandsschutz** begründet demgegenüber grundsätzlich einen Anspruch auf Erteilung einer Baugenehmigung für eine mittlerweile eigentlich unzulässige Erweiterungs- oder Erneuerungsmaßnahme (wozu auch eine Nutzungsänderung zählen kann). Das betrifft zunächst Instandsetzungs-, Instandhaltungs-, Reparatur- oder Unterhaltungsmaßnahmen – sog. *bestandserhaltende Maßnahmen* oder *einfach-aktiver Bestandsschutz*. Hier ergibt sich ein Anspruch auf Genehmigungserteilung aus den Art. 14 I GG konkretisierenden Vorschriften oder – soweit solche nicht existieren – unmittelbar aus Art. 14 I GG. Voraussetzung ist nur, dass der bisherige Bestand bestehen bleibt. Das ist der Fall, wenn Standort, Bauvolumen und Zweckrichtung nicht geändert werden. Der geschützte Bestand muss als solcher aber vorherrschend bleiben. Daher deckt der Bestandsschutz einen Bauaufwand, der einem Neubau gleichkommt oder darüber hinausgeht, nicht.[428]

Beispiel: Der Neubau einer zuvor abgerissenen, bestandsgeschützten baulichen Anlage ist nicht von dem einfach-aktiven Bestandsschutz gedeckt.

286 Dagegen können *bestandserweiternde Maßnahmen* grundsätzlich nicht auf den Bestandsschutz gestützt werden. Etwas anderes gilt nur dann, wenn entweder der Gesetzgeber dies ausdrücklich bestimmt (wie in § 35 IV BauGB für den Außenbereich)

---

[426] Vgl. dazu BVerwG NVwZ **2002**, 92; *Gohrke/Brehsan*, NVwZ **1999**, 932 ff.; *Gohrke/Brehsan*, LKV **1999**, 396 ff.; *Mampel*, NJW **1999**, 975 ff.; *Ortloff*, NVwZ **1999**, 955, 962; *Ortloff*, NVwZ **2000**, 750, 757. Der Bestandsschutz gilt grds. nicht für zu DDR-Zeiten errichtete Bauten (vgl. VG Weimar ThürVBl **1999**, 265, wonach diese Bauten aber Vertrauensschutz genießen, wenn die DDR-Behörden länger als 5 Jahre nicht eingeschritten sind. Der Vertrauensschutz sei dann im Rahmen der Ermessensausübung zu berücksichtigen).

[427] Wurde das Bauwerk bereits materiell rechtswidrig erschaffen, kommt ein Bestandsschutz von vornherein nicht in Betracht. Art. 14 GG schützt nur legal erschaffene Substanz (dazu BVerwG NVwZ **2002**, 92).

[428] *Gohrke/Brehsan*, NVwZ **1999**, 932, 935.

oder aber die Rechtsprechung hiervon Ausnahmen zulässt. Man spricht insoweit von einem *qualifiziert-aktiven Bestandsschutz*. Das BVerwG hat auf Richterrecht gestützte bestandserweiternde Maßnahmen anfangs noch zugelassen, mittlerweile aber nahezu ausgeschlossen. Es hat nun klargestellt, dass es außerhalb der gesetzlichen Regelungen keinen Anspruch auf Zulassung eines Vorhabens aus eigentumsrechtlichen Bestandsschutz gibt.[429] Das gilt planbereichsunabhängig.

Wenn also einfachgesetzliche Normen zum Zeitpunkt der Entscheidung über den Bauantrag keine Erweiterung oder Neuerrichtung zulassen, sind derartige Maßnahmen vom Eigentums- und Bestandsschutz nicht erfasst. Art. 14 I GG verbessert insoweit die Position des Bauherrn nicht.[430]

Eine unreflektierte Anwendung dieses Gedankens würde aber dazu führen, dass Außenbereichsvorhaben aufgrund der Regelung des § 35 IV BauGB in bestimmten Fällen einen Bestandsschutz genössen, während Innenbereichsvorhaben in Ermangelung einer entsprechenden gesetzlichen Regelung vom Bestandsschutz ausgenommen wären. Es ist nicht einzusehen, warum für den grundsätzlich von der Bebauung freizuhaltenden Außenbereich ein weitergehender Bestandsschutz als für den bebaubaren Innenbereich gelten soll. Hier könnte eine Übertragung des Rechtsgedankens des § 35 IV BauGB auf Innenbereichsvorhaben erwogen werden. Das BVerwG hat jedoch darauf hingewiesen, dass sich im beplanten und unbeplanten Innenbereich mit Hilfe der Ausnahme- und Befreiungstatbestände (§ 31 BauGB) ebenfalls angemessene Ergebnisse erzielen ließen. Für den unbeplanten Innenbereich kommt hinzu, dass sich jedes neue Bauvorhaben gem. § 34 I BauGB in die Eigenart der näheren Umgebung einfügen muss bzw. gem. § 34 II BauGB i.V.m. der BauNVO Ausnahmen vorgesehen sind. Diese Eigenart bzw. Ausnahmen sind nicht zuletzt durch den Altbestand, der vernichtet oder dessen Nutzung aufgegeben worden ist, geprägt. Diese Prägung dauert fort, solange mit einer Wiederbebauung oder Wiederaufnahme der Nutzung zu rechnen ist. Die zeitlichen Grenzen richten sich wiederum nach der Verkehrsauffassung.[431]

287

Beispiel: B ist vor einigen Jahren die Errichtung einer **Tankstelle** in einem Gebiet innerhalb des unbeplanten Innenbereichs (§ 34 BauGB), das im Flächennutzungsplan als allgemeines Wohngebiet ausgewiesen ist (vgl. § 1 I und II BauNVO), genehmigt worden. Die Genehmigung erfolgte rechtmäßig, da in einem Gebiet des unbeplanten Innenbereichs, das nach seiner tatsächlichen Bebauung einem allgemeinen Wohngebiet i.S.d. § 4 BauNVO gleicht, nach § 4 III Nr. 5 BauNVO i.V.m. § 31 I BauGB auch ausnahmsweise Tankstellen zugelassen werden können. Mittlerweile lässt sich die Tankstelle nicht mehr kostendeckend betreiben, sodass B gezwungen ist, entweder den Tankstellenbetrieb aufzugeben oder in einem Maße zu erweitern, dass eine Rentabilität gewährleistet ist. Er entscheidet sich für die Vergrößerung und beantragt die Neuerrichtung einer größeren Tankstelle an derselben Stelle, was den Abriss der bisherigen Tankstelle impliziert. Die entsprechende Genehmigung wird erteilt, obwohl die Behörde den Konflikt mit den Nachbarinteressen erkennt. Nachbar N fühlt sich durch die Baugenehmigung in seinen nachbarschützenden Rechten verletzt und beantragt die Anordnung der aufschiebenden Wirkung gem. § 80 V S. 1 Var. 1 VwGO i.V.m. § 80 II S. 1 Nr. 3 VwGO i.V.m. § 212 a I BauGB.

288

---

[429] Vgl. BVerwG NVwZ **2002**, 92; NVwZ **1998**, 842 ff. Das BVerfG hat diese Rechtsprechungstendenz nicht nur als verfassungsgemäß angesehen, sondern ausdrücklich bestätigt, dass sich der Bestandsschutz aus verfassungsrechtlicher Sicht nur auf den genehmigten Bestand und die genehmigte Funktion erstrecke (BVerfG NVwZ-RR **1996**, 483 ff.). Zur älteren Rechtsprechung des BVerwG vgl. E **47**, 126 ff.; BVerwG NJW **1986**, 2126, 2127; NVwZ **1991**, 673 ff.; NJW **1991**, 3293, 3296.
[430] BVerwG NVwZ **1998**, 357, 358; *Gohrke/Brehsan*, NVwZ **1999**, 932, 936.
[431] BVerwG ZfBR **1999**, 49, 50; *Gohrke/Brehsan*, NVwZ **1999**, 932, 936.

Das Verwaltungsgericht wird die aufschiebende Wirkung anordnen, wenn eine Interessenabwägung ergibt, dass das private Aussetzungsinteresse des N das behördliche Vollzugsinteresse bzw. private Vollzugsinteresse des B überwiegt, wobei die Erfolgsaussichten in der Hauptsache mit einzubeziehen sind.

In der Hauptsache wäre die Zulässigkeit des Vorhabens des B zu prüfen. Denn ist dieses zulässig, wird sich nicht nur kaum die Verletzung nachbarschützender Normen ergeben, sondern auch, dass die aufschiebende Wirkung durch das Gericht angeordnet werden muss. Vorliegend richtet sich die Zulässigkeit nach § 34 II BauGB i.V.m. den Vorschriften der BauNVO. Gem. § 4 BauNVO sind Tankstellen nur ausnahmsweise zulässig. Damit hat der einfache Gesetzgeber eine Prädetermination zugunsten der Nachbarschaft getroffen. An die Zulässigkeit einer Tankstelle im allgemeinen Wohngebiet sind also strenge Anforderungen zu stellen. Vorliegend könnte allenfalls der Bestandsschutz zu einer Zulässigkeit der neuen Tankstelle führen. In Ermangelung einer gesetzlichen Bestandsschutzregelung bedient sich die Rechtsprechung des Merkmals „einfügen in die Eigenart der näheren Umgebung" aus § 34 I BauGB. Fraglich kann daher nur sein, ob sich die neu zu errichtende Tankstelle in die Eigenart der näheren Umgebung einfügt. Diese Eigenart ist nicht zuletzt durch den Altbestand, der vernichtet oder dessen Nutzung aufgegeben worden ist, geprägt. Diese Prägung dauert fort, solange mit einer Wiederbebauung oder Wiederaufnahme der Nutzung zu rechnen ist. Vorliegend ist der Altbestand in seinem Ausmaß geringer als die neu zu errichtende Tankstelle. Während der Altbestand also die Eigenart der näheren Umgebung prägt, muss dies doch für die zu errichtende größere Tankstelle bezweifelt werden. Folgt man diesen Zweifeln, hätte die Baugenehmigung nicht erteilt werden dürfen. Der Antrag des N hätte dann Erfolg.

8. Abschlussfall zur Zulässigkeit im Außenbereich und zum Bestandsschutz

Sachverhalt

289 K ist Eigentümer eines im niedersächsischen Teufelsmoor gelegenen Grundstücks. Das Grundstück diente früher ca. 100 Jahre lang einem landwirtschaftlichen Nebenerwerbsbetrieb. Seit 10 Jahren dient das auf dem Grundstück befindliche Gebäude K – dem Sohn der bäuerlichen Familie – jedoch „nur" noch als Wohnung. Es steht – zusammen mit vier weiteren Objekten im jeweiligen Abstand von ca. 40-60 m zueinander – weit abgesetzt von der übrigen Bebauung. Ein Bebauungsplan besteht nicht; vielmehr ist das Gebiet als Natura-2000-Gebiet ausgewiesen worden. Neben dem als Wohnung genutzten Gebäude befindet sich auch ein von K als Pkw-Einstellplatz genutztes Nebengebäude, das seinerzeit als Lagerraum genehmigt, im letzten Herbststurm aber so stark beschädigt wurde, dass es nunmehr baufällig ist und abgerissen werden muss. K beantragt daher den Bau eines Ersatzgebäudes, das er als Doppelgarage nutzen möchte. Er begründet sein Vorhaben mit der Notwendigkeit eines Einstellplatzes für seine beiden Pkw; es sei unzumutbar, so weit außerhalb der Ortschaft die Pkw ungeschützt nachts abzustellen. Die zuständige Bauordnungsbehörde lehnt den Bauantrag jedoch ab mit der Begründung, dass eine Doppelgarage auf dem Grundstück des K nicht zulässig sei. Auch der von K gegen den Ablehnungsbescheid eingelegte Widerspruch wird abgewiesen, sodass er nun Klage vor dem Verwaltungsgericht erhebt.

Beurteilen Sie die Erfolgsaussichten der Klage!

Lösungsgesichtspunkte:

Streitgegenstand der Klage ist die Verpflichtung der Behörde, K die beantragte Baugenehmigung zu erteilen. Die dagegen gerichtete Klage ist erfolgreich, wenn ihre Sachentscheidungsvoraussetzungen vorliegen und sie begründet ist.

I. Sachentscheidungsvoraussetzungen

1. Verwaltungsrechtsweg, § 40 I S. 1 VwGO

In Ermangelung einer aufdrängenden Spezialzuweisung kann der Verwaltungsrechtsweg nur nach der Generalklausel des § 40 I S. 1 VwGO eröffnet sein. Dies ist der Fall, wenn eine öffentlich-rechtliche Streitigkeit nichtverfassungsrechtlicher Art vorliegt und keine anderweitige Rechtswegzuweisung besteht.

Die Parteien streiten sich um eine Baugenehmigung. Deren Erteilung richtet sich nach den Vorschriften des öffentlichen Baurechts, mithin nach Normen des öffentlichen Rechts. Da diese Streitigkeit auch nicht dem Verfassungsrecht zuzuordnen ist und keine anderweitige Rechtswegzuweisung besteht, ist der Verwaltungsrechtsweg eröffnet.

2. Statthafte Klageart

In Betracht kommt eine **Verpflichtungsklage** (§ 42 I Var. 2 VwGO). Diese Klage ist statthaft, wenn das Klagebegehren auf den **Erlass** eines (i.d.R. den Kläger) begünstigenden **Verwaltungsakts** gerichtet ist. K begehrt eine Baugenehmigung. Bei dieser handelt es sich um einen Verwaltungsakt, der für K begünstigend wirkte, wenn er erlassen würde. Mithin ist die Verpflichtungsklage statthaft.

3. Klagebefugnis, § 42 II VwGO

Nach allgemeiner Auffassung genügt für die Bejahung der Klagebefugnis, wenn sich aus dem Klägervortrag zumindest die **Möglichkeit** einer eigenen Rechtsverletzung ergibt, d.h. in der Verpflichtungssituation darf nicht offensichtlich ausgeschlossen sein, dass dem Kläger der behauptete Anspruch zusteht. Vorliegend kann nicht ausgeschlossen werden, dass die Ablehnung des Bauantrags rechtswidrig ist bzw. dass K die begehrte Baugenehmigung wegen der in der bauordnungsrechtlichen Vorschrift über die Erteilung einer Baugenehmigung angeordneten Rechtsfolge[432] i.V.m. Art. 14 GG, der die grundsätzliche Baufreiheit garantiert, zusteht.

4. Erfolglose Durchführung des Vorverfahrens, § 68 VwGO

Bei der Verpflichtungsklage in Form der Versagungsgegenklage ist die erfolglose Durchführung eines Vorverfahrens gemäß § 68 II VwGO erforderlich. Da das Widerspruchsverfahren für K erfolglos verlief, ist auch diese Voraussetzung erfüllt.

5. Klagefrist, § 74 I VwGO

Für die Versagungsgegenklage gilt die Frist des § 74 I VwGO. Danach ist die Klage innerhalb eines Monats nach ordnungsgemäßer Zustellung des Widerspruchsbescheids zu erheben.

6. Übrige Sachentscheidungsvoraussetzungen

Hinsichtlich der Beachtung der übrigen Sachentscheidungsvoraussetzungen (Beteiligungsfähigkeit, Prozessfähigkeit, Ordnungsgemäßheit der Klageerhebung, allgemeines Rechtsschutzbedürfnis) bestehen keine Bedenken.

7. Ergebnis

Die Klage des K ist zulässig.

II. Begründetheit

Die Verpflichtungsklage des K ist begründet, soweit die Ablehnung der Baugenehmigung rechtswidrig, K dadurch in seinen Rechten verletzt wird und die Sache spruchreif ist, § 113 V S. 1 VwGO, wenn K also einen Anspruch auf die Baugenehmigung hat (§ 113 V VwGO).

---

[432] Vgl. **MBO**: § 72; **BaWü**: §§ 58, 59 LBO; **Bay**: Art. 68 LBO; **Berl**: § 71 LBO; **Brand**: §§ 67, 68 LBO; **Brem**: § 74 LBO; **Hamb**: §§ 72, 72a LBO; **Hess**: §§ 64, 65 LBO; **MV**: § 72 LBO; **Nds**: §§ 75, 78 LBO; **NRW**: § 75 LBO; **RhlPfl**: §§ 70, 77 LBO; **Saar**: § 73 LBO; **Sachs**: § 72 LBO; **Sachs-Anh**: § 71 LBO; **SchlHolst**: § 73 LBO; **Thür**: § 70 LBO. Ergänzend auf Art. 14 GG abzustellen ist möglich, weil es sich bei der Baugenehmigung um ein präventives Verbot mit Erlaubnisvorbehalt handelt und durch sie lediglich das wiederhergestellt wird, was grundrechtlich ohnehin garantiert ist, jedoch zur präventiven Kontrolle (vorläufig) eingeschränkt war.

1. Bauplanungsrechtliche Zulässigkeit

Da es sich bei der Doppelgarage um ein Vorhaben i.S.v. § 29 I BauGB handelt, richtet sich die bauplanungsrechtliche Zulässigkeit nach den §§ 30 ff. BauGB.

a. Zulässigkeit nach § 30 BauGB

§ 30 BauGB ist nicht einschlägig, da sich das Vorhaben nicht im Geltungsbereich eines Bebauungsplans befindet.

b. Zulässigkeit nach § 34 BauGB

Möglicherweise richtet sich die Zulässigkeit am Maßstab des § 34 BauGB (sog. unbeplanter Innenbereich). Das ist der Fall, wenn sich das Vorhaben innerhalb eines im Zusammenhang bebauten Ortsteils befindet. Nach dem Sachverhalt ist das Grundstück des K Teil einer Ansammlung von vier Wohnhäusern, die zueinander im Abstand von ca. 40-60 m stehen und die von der übrigen Bebauung deutlich abgesetzt ist. Es handelt sich damit nicht um eine Bebauungsstruktur, die nach der Zahl der vorhandenen Bauten Ausdruck einer organischen Siedlungsstruktur wäre.

c. Zulässigkeit nach § 35 I oder II BauGB

Das Grundstück des K ist damit dem Außenbereich zuzuordnen. Folge ist, dass sich die bauplanungsrechtliche Zulässigkeit nach § 35 BauGB richtet. Diese Vorschrift unterscheidet zwischen privilegierten (Abs. 1) und sonstigen, d.h. nicht privilegierten Vorhaben (Abs. 2). Die privilegierten Vorhaben sind unter der Voraussetzung einer gesicherten „ausreichenden" Erschließung zulässig, wenn öffentliche Belange nicht „entgegenstehen" und mindestens eine der in den Nummern 1-7 aufgezählten Voraussetzungen vorliegt. Demgegenüber können die nicht privilegierten Vorhaben nur im „Einzelfall" und nur dann zugelassen werden, wenn ihre Ausführung öffentliche Belange nicht „beeinträchtigt" und die Erschließung gesichert ist. Nicht privilegierte Vorhaben unterliegen demnach praktisch einem Bauverbot. Das als Doppelgarage zu nutzende Gebäude lässt sich keinem privilegierten Tatbestand des § 35 I BauGB zuordnen. Es handelt sich folglich um ein nicht privilegiertes Vorhaben nach § 35 II BauGB. Nicht privilegierte Vorhaben sollen nur im Ausnahmefall im Außenbereich realisiert werden, nämlich nur dann, wenn durch sie keine öffentlichen Belange gem. § 35 II BauGB beeinträchtigt werden.

Bei der Bestimmung des „öffentlichen Belangs" ist zum einen zu beachten, dass nicht beliebige öffentliche Belange herangezogen werden können, sondern im Hinblick auf die beschränkte gesetzgeberische Kompetenz des Bundes (Art. 74 I Nr. 18 GG) lediglich bauplanungsrechtliche (also bodenrechtliche und städtebauliche) Relevanz haben dürfen. Öffentliche Belange etwa aus dem Bauordnungsrecht müssen daher unberücksichtigt bleiben.[433] Zum anderen ist zu beachten, dass bei der Auslegung eine Abwägung stattfinden muss. Das private Errichtungsinteresse des Bauherrn und das u.U. entgegenstehende öffentliche Interesse sind gegeneinander abzuwägen. Eine (freilich verbindliche) Auslegungs- bzw. Abwägungshilfe gibt § 35 III BauGB.

Wird die geplante Doppelgarage verwirklicht, werden natur- und landschaftliche Belange beeinträchtigt (vgl. § 35 III Nr. 5 BauGB). Soll also ein Vorhaben in einem Naturschutzgebiet oder einem nach der Fauna-Flora-Habitat-Richtlinie errichteten Natura-2000-Gebiet[434] geschützten Gebiet errichtet werden, steht der Zulässigkeit unmittelbar die Schutzgebietsausweisung entgegen. Etwas anderes gilt nur dann, wenn das Vorhaben gerade dem Schutz des Gebiets dient (bspw. eine Vogelschutzwarte) oder nicht störend wirkt (bspw. eine Schutzhütte für Wanderer oder ein Aussichtsturm für Besucher). Das jedoch ist vorliegend nicht der Fall. Damit steht § 35 III Nr. 5 BauGB der geplanten Doppelgarage entgegen.

---

[433] Diese können aber Eingang bei der Auslegung der landesrechtlichen Vorschriften über die Erteilung der Baugenehmigung finden („die Baugenehmigung ist zu erteilen, wenn keine öffentlich-rechtlichen Vorschriften bzw. Belange entgegenstehen").

[434] Vgl. dazu Rn 97c ff.

Darüber hinaus könnte dem Vorhaben § 35 III Nr. 7 BauGB entgegenstehen. Mit dieser Vorschrift will der Gesetzgeber eine Zersiedlung verhindern. Eine Zersiedlung kann nicht nur durch Verfestigung einer Splittersiedlung, sondern bereits durch das Errichten der ersten baulichen Anlage in dem betreffenden Gebiet entstehen, weil hierdurch nicht ausgeschlossen werden kann, dass ein Berufungsfall für weitere Bauwünsche geschaffen wird.[435] Eine Verfestigung einer Splittersiedlung tritt ein, wenn der in Anspruch genommene Bereich durch neue Vorhaben ausgefüllt wird.[436] Das ist vorliegend zu bejahen. Denn nach dem Abriss des Gebäudes wird der frei gewordene Bereich durch ein neues Vorhaben ausgefüllt.

Das Vorhaben des K beeinträchtigt damit auch wegen § 35 III Nr. 7 BauGB öffentliche Belange. § 35 II BauGB kann daher keine bauplanungsrechtliche Zulässigkeit begründen.

d. Zulässigkeit nach § 35 IV BauGB

Die bauplanungsrechtliche Zulässigkeit der Doppelgarage könnte sich schließlich aus § 35 IV BauGB ergeben. Diese Vorschrift sieht vor, dass bestimmte Nutzungsänderungen nicht mit dem Argument des entgegenstehenden öffentlichen Interesses untersagt werden können. Insoweit kann von einer **Teilprivilegierung** oder **Begünstigung** gesprochen werden: Den im Einzelnen in § 35 IV BauGB aufgelisteten Vorhaben kann nicht entgegengehalten werden, dass sie

⇨ Darstellungen des Flächennutzungsplans widersprechen,
⇨ Darstellungen eines Landschaftsplans widersprechen,
⇨ die natürliche Eigenart der Landschaft beeinträchtigen oder
⇨ die Entstehung, Verfestigung oder Erweiterung einer Splittersiedlung befürchten lassen,

wenn sie im Übrigen außenbereichsverträglich i.S.d. § 35 III BauGB sind. In Betracht kommt eine Teilprivilegierung allein nach § 35 IV Nr. 3 BauGB. Diese Bestimmung lässt die alsbaldige Neuerrichtung eines zulässigerweise errichteten, durch Brand, Naturereignisse oder andere außergewöhnliche Ereignisse zerstörten Gebäudes an gleicher Stelle zu.

Mit „Neuerrichtung" ist gemeint, dass die erlaubte Nutzung des Ersatzbaus mit der des zerstörten Bauwerks identisch ist. Das ist bei der Doppelgarage jedoch nicht der Fall. Die ursprüngliche Anlage war als Lagerraum für die Landwirtschaft genehmigt; sie diente gem. der Erlaubnis allenfalls nur zu einem untergeordneten Teil als Garage.

e. Zulässigkeit unter dem Gesichtspunkt des aktiven Bestandsschutzes

Wegen Art. 14 I S. 1 GG ist schließlich danach zu fragen, ob auch außerhalb der einfachgesetzlichen Regelungen eine Bebauung möglich ist.[437] Diese Verfassungsbestimmung gewährleistet dem Eigentümer das Recht, mit seinem Eigentum nach Belieben zu verfahren. Inbegriff dieser tatsächlichen Verfügungsgewalt ist das Recht, ein Grundstück zu bebauen, und das Recht, das errichtete Bauwerk zu erhalten und wieder zu errichten. Das Recht, das Bauwerk zu erhalten, wird auch als Bestandsschutz bezeichnet. Es ist zwischen dem passiven und aktiven Bestandsschutz zu unterscheiden. Der **passive Bestandsschutz** gewährt ein Abwehrrecht gegen eine Baubeseitigungsverfügung, wenn das Bauwerk einmal rechtmäßig bestanden hat und die Beseitigungsverfügung auf der Grundlage einer geänderten Rechtslage (z.B. Änderung des Bebauungsplans), die zur Unzulässigkeit des Bauwerks führt, beruht. Diese Konstellation ist vorliegend jedoch nicht gegeben. Demgegenüber begründet der **aktive Bestandsschutz** grundsätzlich einen Anspruch auf Erteilung einer Baugenehmigung für eine mittlerweile eigentlich unzulässige Erweiterungs- oder Erneuerungsmaßnahme. Das betrifft zunächst Instandsetzungs-, Instandhaltungs-,

---

[435] BVerwG ZfBR **2000**, 278; *Gaentzsch*, NVwZ **2000**, 993, 999.
[436] Vgl. BVerwG NVwZ **2001**, 1282, 1283.
[437] Vgl. dazu BVerwG NVwZ **2002**, 92; *Gohrke/Brehsan*, NVwZ **1999**, 932 ff.; *Gohrke/Brehsan*, LKV **1999**, 396 ff.; *Mampel*, NJW **1999**, 975 ff.; *Ortloff*, NVwZ **1999**, 955, 962; *Ortloff*, NVwZ **2000**, 750, 757. Der Bestandsschutz gilt grds. nicht für zu DDR-Zeiten errichtete Bauten (vgl. VG Weimar ThürVBl. **1999**, 265, wonach diese Bauten aber Vertrauensschutz genießen, wenn die DDR-Behörden länger als 5 Jahre nicht eingeschritten sind. Der Vertrauensschutz sei dann im Rahmen der Ermessensausübung zu berücksichtigen).

Reparatur- oder Unterhaltungsmaßnahmen – sog. *bestandserhaltende Maßnahmen* oder *einfach-aktiver Bestandsschutz*. Hier ergibt sich ein Anspruch auf Genehmigungserteilung aus den Art. 14 I GG konkretisierenden Vorschriften oder – soweit solche nicht existieren – unmittelbar aus Art. 14 I GG. Voraussetzung ist nur, dass der bisherige Bestand bestehen bleibt. Das ist der Fall, wenn Standort, Bauvolumen und Zweckrichtung nicht geändert werden. Der geschützte Bestand muss als solcher aber vorherrschend bleiben. Daher deckt der Bestandsschutz einen Bauaufwand, der einem – wie im vorliegenden Fall anzunehmenden – Neubau gleichkommt oder darüber hinausgeht, nicht.[438]

Demnach stellt sich die gewünschte Doppelgarage als *bestandserweiternde Maßnahme* dar, die grundsätzlich nicht auf den Bestandsschutz gestützt werden kann. Etwas anderes gilt nur dann, wenn entweder der Gesetzgeber dies ausdrücklich bestimmt (wie in § 35 IV BauGB für den Außenbereich) oder aber die Rechtsprechung hiervon Ausnahmen zulässt. Man spricht insoweit von einem *qualifiziert-aktiven Bestandsschutz*. Das BVerwG hat auf Richterrecht gestützte bestandserweiternde Maßnahmen anfangs noch zugelassen, mittlerweile aber nahezu ausgeschlossen. Es hat nun klargestellt, dass es außerhalb der gesetzlichen Regelungen keinen Anspruch auf Zulassung eines Vorhabens aus eigentumsrechtlichen Bestandsschutz gebe.[439] Die gesetzlichen Regelungen über die bauplanungsrechtliche Zulässigkeit seien abschließende und rechtmäßige Inhalts- und Schrankenbestimmungen i.S.v. Art. 14 I S. 2 GG. Wenn also – wie vorliegend – einfachgesetzliche Normen zum Zeitpunkt der Entscheidung über den Bauantrag keine Erweiterung oder Neuerrichtung zulassen, sind derartige Maßnahmen vom Eigentums- und Bestandsschutz nicht erfasst. Art. 14 I GG verbessert insoweit die Position des Bauherrn nicht.[440]

2. Ergebnis
Die von K geplante Doppelgarage ist bauplanungsrechtlich unzulässig. Damit stehen dem Vorhaben öffentlich-rechtliche Vorschriften entgegen, die diesem nach der Baugenehmigungsnorm aber nicht entgegenstehen dürfen. Die Klage des K ist daher unbegründet.

Weiterführender Hinweis:
Zum Anspruch der Gemeinde gegen die Bauaufsichtsbehörde auf **Einschreiten gegen einen Schwarzbau** vgl. VGH München NVwZ-RR 2005, 56 f., dargestellt als Abschlussfall bei *R. Schmidt*, AllgVerwR, Rn 992.

---

[438] *Gohrke/Brehsan*, NVwZ **1999**, 932, 935.
[439] Vgl. BVerwG NVwZ **2002**, 92; NVwZ **1998**, 842 ff. Das BVerfG hat diese Rechtsprechungstendenz nicht nur als verfassungsgemäß angesehen, sondern ausdrücklich bestätigt, dass sich der Bestandsschutz aus verfassungsrechtlicher Sicht nur auf den genehmigten Bestand und die genehmigte Funktion erstreckt (BVerfG NVwZ-RR **1996**, 483 ff.). Zur älteren Rechtsprechung des BVerwG vgl. BVerwGE **47**, 126 ff.; BVerwG NJW **1986**, 2126, 2127; NVwZ **1991**, 673 ff.; NJW **1991**, 3293, 3296.
[440] BVerwG NVwZ **1998**, 357, 358; *Gohrke/Brehsan*, NVwZ **1999**, 932, 936.

IV. Die bauordnungsrechtliche Zulässigkeit von Vorhaben

Um zulässig zu sein, muss das Vorhaben nicht nur den bauplanungsrechtlichen, sondern auch den bauordnungsrechtlichen Bestimmungen entsprechen.

290

1. Das Bauordnungsrecht als Landesrecht

Wie bereits bei Rn 2 ausgeführt, ist das Bauordnungsrecht in Ermangelung einer Bundeskompetenz (vgl. Art. 70 GG; Art. 74 I Nr. 18 GG umfasst u.a. das Bauplanungsrecht, nicht aber das Bauordnungsrecht) Landesrecht. Es regelt *objektbezogen* die Voraussetzungen, unter denen ein bauliches oder anderes Vorhaben in seiner konkreten Ausführung zulässig ist. Der Sache nach geht es um (sonderordnungsbehördliche) Gefahrenabwehr und die Erhaltung sozialer Standards.

291

Um dennoch eine gewisse Einheitlichkeit im gesamten Bundesgebiet zu wahren, haben die Länder schon vor geraumer Zeit eine **Musterbauordnung** (MBO) erarbeitet und letztmalig am 8.11.2002 überarbeitet.[441] Diese MBO, die als rechtlich unverbindliche Leitlinie bezeichnet werden kann, soll den Landesgesetzgebern beim Erlass von deren Landesbauordnungen eine Orientierungshilfe an die Hand geben und zugleich zu einer Rechtseinheit im Bauordnungsrecht beitragen. Eine flächendeckende Angleichung der Landesbauordnungen an die MBO 2002 ist in den Jahren 2003 und 2004 erfolgt.

292

2. Das Bauordnungsrecht als Besonderes Gefahrenabwehrrecht

a. Schutzzwecke des Bauordnungsrechts

Gemäß ihren Generalklauseln weisen die Landesbauordnungen traditionell drei Schutzzwecke des Bauordnungsrechts aus[442]: *Gefahrenabwehr, bauliche Gestaltung* und *Verwirklichung sozialer Standards*. Hinzu kommt neuerdings der *Umweltschutz*.

293

- Der **gefahrenabwehrrechtliche** Schutzzweck bestimmt, dass bauliche Anlagen so zu errichten und zu unterhalten sind, dass von ihnen keine Gefahren für die öffentliche Sicherheit ausgehen.

- Der Schutzzweck der **baulichen Gestaltung** verbietet es nicht nur, dass bauliche Anlagen verunstaltend wirken, sondern verlangt auch, dass sie die von der Gemeinde beabsichtigte Gestaltung der Umgebung nicht beeinträchtigen.

- **Soziale Standards** sind verwirklicht, wenn das Bauordnungsrecht insbesondere die Belange von Behinderten, alten Menschen und Personen mit Kleinkindern berücksichtigt.

- Der in jüngerer Zeit mit aufgenommene **Umweltschutz** hat die Erhaltung der natürlichen Ressourcen zum Zweck. So haben die meisten Landesbauordnungen Verbrennungsverbote oder Ermächtigungen zum Erlass von Baumschutzsatzungen geregelt.

Die o.g. Schutzzwecke lassen sich nicht isoliert betrachten, sondern sind einer verzahnten Betrachtungsweise unterworfen. So dienen z.B. die einzuhaltenden **Ab-**

294

---

[441] Zur MBO 2002 vgl. *Jäde*, NVwZ **2003**, 668 ff.; *ders.* ZfBR **2003**, 221 ff.; *Schulte*, DVBl **2004**, 925 ff.; *Ortloff*, NVwZ **2004**, 934, 935.
[442] Vgl. **MBO**: § 3; **BaWü**: § 3 LBO; **Bay**: Art. 3 LBO; **Berl**: § 3 LBO; **Brand**: § 3 LBO; **Brem**: § 3 LBO; **Hamb**: § 3 LBO; **Hess**: § 3 LBO; **MV**: § 3 LBO; **Nds**: § 1 LBO; **NRW**: § 3 LBO; **RhlPfl**: §§ 3, 4 LBO; **Saar**: § 3 LBO; **Sachs**: § 3 LBO; **SachsAnh**: § 3 LBO; **SchlHolst**: § 3 LBO; **Thür**: § 3 LBO.

standsflächen[443] sowohl der Gefahrenabwehr (insbesondere der Feuersicherheit) als auch sozialpolitischen Zielen, etwa der Zufuhr von Licht, Luft und Sonne. Weiterhin ist zu beachten, dass der früher im Vordergrund stehende gefahrenabwehrrechtliche Schutzzweck den heutigen Bedürfnissen nicht mehr hinreichend genügt. So sind z.B. der Schutz vor Verunstaltungen, die Belange behinderter oder alter Menschen oder die Pflicht zur Errichtung von Kinderspielplätzen kaum unter dem Aspekt der Gefahrenabwehr zu erfassen. Daher steht der Schutzzweck der Erhaltung sozialer Standards ebenbürtig neben dem der Gefahrenabwehr.

295   Nicht nur die bauordnungsrechtliche Generalklausel, sondern auch zahlreiche in den Landesbauordnungen enthaltene Spezialregelungen dienen u.a. der Gefahrenabwehr. So sind Regelungen über die Beschaffenheit der Baugrundstücke, insbesondere die Notwendigkeit einer Zufahrt, über die Gestaltung der baulichen Anlagen, über die Einrichtung der Baustellen, über die Standsicherheit der Gebäude, über den Schutz gegen Schall, Erschütterung, Feuchtigkeit, Korrosion und Brand, über die Zulassung von Bauprodukten sowie über Vorschriften, die Herstellung und Anordnung von Dächern, Treppen und Aufzügen betreffen, vorhanden. Die Normen sind in Anlehnung an die Musterbauordnung zumeist im vorderen Teil der betreffenden Landesbauordnung platziert und im Wesentlichen selbsterklärlich. Besondere Bedeutung erlangen in der Fallbearbeitung die Vorschriften über die Abstandsflächen, was eine nähere Auseinandersetzung mit ihnen erforderlich macht (vgl. Rn 479).

b. Verwendung und Definition von unbestimmten Rechtsbegriffen

296   Der Gesetzgeber kann nicht alle erdenklichen Lebenssachverhalte antizipiert in den Normen aufnehmen. Dafür bietet das Leben zu viele Besonderheiten und Verschiedenartigkeiten. Daher muss der Wortlaut einer Norm - freilich unter Beachtung des Bestimmtheitsgrundsatzes - ein bestimmtes Maß an Abstraktheit aufweisen. Außerdem muss es der Verwaltung möglich sein, auch auf atypische, unvorhersehbare Situationen zu reagieren. Daher legen die Landesbauordnungen die Anforderungen an die baulichen Anlagen, Einrichtungen und Grundstücke meist durch generalklauselartige Formulierungen, sog. **unbestimmte Rechtsbegriffe** fest. Um aber eine einigermaßen einheitliche Verwaltungspraxis (und damit eine Rechtssicherheit) in dem betreffenden Bundesland zu ermöglichen, enthalten die Landesbauordnungen **Legaldefinitionen** für die wesentlichen Begriffe des Bauordnungsrechts. Dabei folgen sie dem im BGB verwendeten Prinzip des „Vor-die-Klammer-Ziehen"[444]. Durch diese Systematik wird vermieden, dass die Begriffe im Gesetz immer neu umschrieben werden müssen. So werden nach § 2 aller Bauordnungen Begriffe wie **Gebäude**, oberirdische Geschosse und **Vollgeschosse**[445], **Geländeoberfläche**, **Wohngebäude**, **Sonderbauten**, **Aufenthaltsräume**, **Stellplätze für Kraftfahrzeuge**[446], **Abstellplätze** und **Feuerungsanlagen** legaldefiniert. Ferner ist erläutert, was unter den Begriffen **Bauprodukte**, **Bauart** und **öffentlich-rechtliche Sicherung** zu verstehen ist.

> **Beispiel:** W stellt mit Erlaubnis des Eigentümers auf dessen Grundstück im Industriegebiet jeden Morgen eine fahrbare Würstchenbude auf, verkauft dort tagsüber Speisen und Getränke und fährt abends mit dem Gefährt wieder nach Hause. Der

---

[443] Vgl. **MBO**: § 6; **BaWü**: §§ 5-7 LBO; **Bay**: Art. 6 LBO; **Berl**: §§ 6, 6a LBO; **Brand**: § 6 LBO; **Brem**: § 6 LBO; **Hamb**: §§ 6, 7 LBO; **Hess**: §§ 6, 7 LBO; **MV**: § 6 LBO; **Nds**: §§ 7-13 LBO; **NRW**: § 6 LBO; **RhlPfl**: §§ 8, 9 LBO; **Saar**: §§ 7, 8 LBO; **Sachs**: § 6 LBO; **SachsAnh**: § 6 LBO; **SchlHolst**: § 6 LBO; **Thür**: § 6 LBO.
[444] Vgl. dazu *R. Schmidt*, BGB AT, 6. Aufl. **2009**, Rn 14 ff.
[445] Zum Begriff des Geschosses vgl. OVG Hamburg NordÖR **2003**, 404; *Ortloff*, NVwZ **2004**, 934, 935.
[446] Vom Begriff des Stellplatzes wird auch ein **Carport** erfasst, der ein „überdachter Stellplatz für Autos" ist (OVG Münster BauR **2003**, 1848).

missgünstige Konkurrent K, der im selben Industriegebiet einen stationären Imbiss betreibt, ist der Meinung, W bedürfe neben der gewerbe- und gaststättenrechtlichen Erlaubnis auch einer Baugenehmigung; er meldet daher das Geschehen an die örtliche Bauaufsicht.

Ein Verkaufsstand, der dazu bestimmt ist, täglich auf demselben Platz aufgestellt zu werden, ist kein „fliegender Bau". Er bedarf deshalb der Baugenehmigung.

Eine Besonderheit gilt hinsichtlich der **bauordnungsrechtlichen Generalklausel**. 297
Dort ist davon die Rede, dass die baulichen Anlagen so zu errichten, zu unterhalten oder instand zu halten sind, dass die öffentliche Sicherheit, insbesondere Leben und Gesundheit nicht gefährdet sowie die natürlichen Lebensgrundlagen geschont und keine unzumutbaren Belästigungen verursacht werden. Zur Auslegung dieser unbestimmten Rechtsbegriffe wird dann in den unteren Absätzen der Generalklauseln auf die technischen Regelwerke verwiesen wie z.B. auf die **Technischen Baubestimmungen**. Solche technischen Bestimmungen sind z.B. in den anerkannten **Regelwerken privatrechtlich verfasster Organisationen** (e.V.) zu sehen: DIN, EN, VDI[447]. Teilweise werden die unbestimmten Rechtsbegriffe auch durch **Rechtsverordnungen** oder **Verwaltungsvorschriften** konkretisiert. Bei den normkonkretisierenden Verwaltungsvorschriften stellt sich dann das zentrale Problem der Bindungswirkung für das überprüfende Gericht, denn sie stellen keine Rechtsnormen dar und besitzen grds. keine Außenwirkung, sondern binden nur (intern) die Verwaltung beim Vollzug. Da diese Problematik ausführlich bei *R. Schmidt*, AllgVerwR, Rn 142 und 281 dargestellt ist, sei auf diese Ausführungen verwiesen.

3. Die bauordnungsrechtliche Zulässigkeit im Einzelnen

Wie gesagt, muss das Vorhaben – um zulässig zu sein – zunächst den Bestimmungen 298
der Landesbauordnung entsprechen. Es muss insbesondere den in der BauO formulierten

- „allgemeinen Anforderungen an bauliche Anlagen und Bauprodukte",
- den „Grundsätzen für die Bebauung von Grundstücken"
- dem „Verunstaltungsverbot"
- sowie den „Abstandsflächen" und den „Abständen" entsprechen.

Von zentraler Bedeutung ist der Begriff der **baulichen Anlage**. Denn nur wenn eine 299
bauliche Anlage vorliegt, stellt sich die Frage nach der Zulässigkeit. Auch umgekehrt darf die Behörde nur dann eine bauordnungsrechtliche Verfügung (Baustopp, Nutzungsuntersagung, Abriss) erlassen, wenn eine bauliche Anlage vorliegt.

Der Begriff der baulichen Anlage i.S.d. Bauordnungsrechts ist nicht identisch mit dem 300
(gleichlautenden) Begriff des Bauplanungsrechts (vgl. § 29 BauGB), auch wenn sich in der Rechtsanwendung gewisse praktische Überschneidungen ergeben.

Bauliche Anlagen sind Anlagen, die mit dem Erdboden verbunden und aus Baupro- 301
dukten hergestellt sind (vgl. § 2 der Bauordnungen).

Eine Verbindung mit dem Erdboden bildet bei Gebäuden i.d.R. das **Fundament**; eine 302
„Verbindung" im genannten Sinn besteht aber auch dann, wenn die Anlage durch **eigene Schwere** auf dem Erdboden ruht.

---

[447] Deutsche Industrienorm, Europanorm, Verband deutscher Ingenieure. Vgl. dazu ausführlich Rn 462.

Beispiele: So sind auch ein Wohnwagen und ein auf Stützen ruhendes Schutzdach oder ein Holzschuppen und ein Baucontainer mit einer Grundfläche von ca. 56 m² bauliche Anlagen.

303 Gleiches gilt nach den Bauordnungen, wenn die Anlage nach ihrem Verwendungszweck dazu bestimmt ist, überwiegend ortsfest genutzt zu werden (§ 2 der Bauordnungen).

Beispiele: Ein Bienen- oder Campingwagen, der jährlich über 7 Monate auf einem bestimmten Grundstück fest abgestellt ist, ist deshalb ebenso eine bauliche Anlage wie ein Wohnwagen, der als Ersatz für ein Gebäude dient oder eine schwimmende Fischerhütte, eine auf Stützen stehende Werbetafel oder eine privat befestigte Straße.

304 Beispielhaft gelten (zumindest nach den jüngst reformierten Bauordnungen) i.d.R. als bauliche Anlagen

- Aufschüttungen und Abgrabungen,
- Lager-, Abstell- und Ausstellungsplätze,
- Sport-, Spiel-, Camping-, Wochenend- und Zeltplätze,
- Stellplätze für Kraftfahrzeuge und Abstellplätze für Fahrräder,
- Gerüste,
- Hilfseinrichtungen zur statischen Sicherung von Bauzuständen
- und Werbeanlagen (vgl. z.B. § 2 I S. 3 HessLBO).

305 **Fazit:** Während das Bauordnungsrecht also den Kontrollgesichtspunkt in den Vordergrund stellt (bauordnungsrechtliche Relevanz), muss ein Vorhaben nach § 29 BauGB städtebaulich bzw. planungsrechtlich relevant sein.

306 Bedeutsam können auch **Werbeanlagen** sein. Da diese das Landschaftsbild beeinträchtigen können, werden sie primär unter dem Aspekt des Verunstaltungsschutzes behandelt. Vgl. daher Rn 318 ff.

a. Allgemeine Anforderungen an bauliche Anlagen und Bauprodukte

307 Die allgemeinen Anforderungen an bauliche Anlagen und Bauprodukte sind in § 3 der Bauordnungen **generalklauselartig** formuliert. Danach sind bauliche Anlagen und Bauprodukte so anzuordnen, zu errichten, zu ändern und instand zu halten, dass die **öffentliche Sicherheit und Ordnung nicht gefährdet werden**. Hier wird der Charakter des Bauordnungsrechts als Gefahrenabwehrrecht besonders deutlich. Unter einer **Gefahr** ist eine Sachlage zu verstehen, die bei ungehindertem Geschehensablauf mit hinreichender Wahrscheinlichkeit zu einer nicht bloß unerheblichen Beeinträchtigung eines geschützten Rechtsguts (z.B. Leben, Gesundheit, Eigentum) führt. Dabei gilt: Je höherwertiger das (potenziell) beeinträchtigte Rechtsgut und je schwerwiegender die drohende Beeinträchtigung sind, desto geringere Anforderungen sind an die Eintrittswahrscheinlichkeit zu stellen.

Die entsprechenden Vorschriften der Bauordnungen enthalten auch allgemeine Anforderungen, die bei der Verwendung von Bauprodukten zu beachten sind. „Verwendung" ist dabei der Einbau bei Errichtung, Änderung oder Instandhaltung.

308 Die Erstreckung der „allgemeinen Anforderungen" auch auf „Bauprodukte" macht Sinn, denn Anlagen können den materiellen Anforderungen des Bauordnungsrechts (z.B. hinsichtlich Brandschutz, Schall- oder Wärmeschutz oder Standsicherheit) nur

dann genügen, wenn die Stoffe und Materialien, aus denen sie bestehen, qualitativ denselben oder ähnlichen Anforderungen genügen. Die formellen Anforderungen an Bauprodukte (z.B. Zulassungskriterien, Bauregellisten, Kennzeichnung) ergeben sich ebenfalls aus den einschlägigen Bestimmungen der Bauordnungen.

Weiterhin müssen gem. § 3 der Bauordnungen bei allen baulichen Tätigkeiten und **309** deren Vorbereitung die von der obersten Bauaufsichtsbehörde als Technische Baubestimmungen eingeführten technischen Regeln eingehalten werden. Technische Regeln sind z.B. die bereits genannten EN- und DIN-Normen, VDI-Richtlinien und VDE-Bestimmungen. Mit dem ausdrücklichen Hinweis darauf, dass (nur) diejenigen technischen Regeln, die als Technische Baubestimmung eingeführt wurden, zu beachten sind, werden Zweifelsfragen vermieden, die sich aus der Vielzahl von technischen Normen und Regelungen ergeben. Aber auch nicht als Technische Baubestimmung eingeführte allgemein anerkannte Regeln der Technik können zur Auslegung unbestimmter Rechtsbegriffe herangezogen werden. Raum für Abweichungen von den Technischen Baubestimmungen besteht dann, wenn – in Bezug auf die Abwehr von Gefahren – technisch gleichwertige Lösungen bestehen. Die Geeignetheit muss der Bauherr nachweisen.

Die bauordnungsrechtliche Generalklausel tritt gem. dem Spezialitätsgrundsatz hinter einer **310** Vielzahl spezieller bauordnungsrechtlicher Regelungen zurück. So gehen z.B. die Vorschriften betreffend Zugänge und Zufahrten, Abstandsflächen, Treppen, Rettungswege, Aufzüge und Öffnungen der Generalklausel vor. Zu beachten ist aber, dass es sich auch bei den speziellen Regelungen weder um Aufgabenzuweisungs- noch um Befugnisnormen handelt. Vielmehr stellen sie allgemeine und besondere Vorschriften für die Bauausführung dar, die im Rahmen der Baugenehmigung, aber auch im Rahmen von Ordnungsverfügungen (Baustopp, Nutzungsuntersagung, Abriss) tatbestandlich zu berücksichtigen sind und über die Reichweite der Verfügung entscheiden.

> **Beispiel:** Bauherr B baut ein von der Genehmigungspflicht freigestelltes Haus.[448] Dabei missachtet er aber die nach der Bauordnung einzuhaltenden Grenzabstände.[449] Die Bauordnungsbehörde erlässt daraufhin (vorläufig) eine Baueinstellungsverfügung (sog. Baustopp)[450], um die weitere Bauausführung zu unterbinden und eine Lösung herbeizuführen.
>
> Hier rechtfertigt sich die Baueinstellungsverfügung dadurch, dass B gegen Abstandsvorschriften und damit gegen Vorschriften der Bauordnung verstoßen hat. Instrumentarium zur Durchsetzung des materiellen Baurechts ist die (formelle) Bauordnungsverfügung, vorliegend die Baueinstellungsverfügung.

b. Grundsätze für die Bebauung von Grundstücken

Gem. § 4 der Bauordnungen darf ein Gebäude nur errichtet werden, wenn gesichert **311** ist, dass das Grundstück ab Beginn der Gebäudenutzung (verkehrsmäßig) **erschlossen** ist. Zwei Varianten sind vorgesehen: Entweder liegt das Grundstück in ausreichender Breite (direkt) an einer befahrbaren öffentlichen Verkehrsfläche, oder eine

---

[448] Bzgl. der Genehmigungsfreiheit vgl. **MBO**: §§ 61 f.; **BaWü**: §§ 50 f. LBO; **Bay**: Art. 57 f. LBO; **Berl**: §§ 61-63 LBO; **Brand**: §§ 55, 58 LBO; **Brem**: §§ 65 f. LBO; **Hamb**: § 60 LBO; **Hess**: §§ 55 f. LBO; **MV**: §§ 61 f. LBO; **Nds**: §§ 69 f. LBO; **NRW**: §§ 65-67 LBO; **RhlPfl**: §§ 62, 67 LBO; **Saar**: §§ 61, 63 LBO; **Sachs**: §§ 61 f. LBO; **SachsAnh**: §§ 60 f. LBO; **SchlHolst**: §§ 63, 68 LBO; **Thür**: § 63 f. LBO.
[449] Vgl. **MBO**: § 6; **BaWü**: §§ 5-7 LBO; **Bay**: Art. 6 LBO; **Berl**: §§ 6, 6a LBO; **Brand**: § 6 LBO; **Brem**: § 6 LBO; **Hamb**: §§ 6, 7 LBO; **Hess**: §§ 6, 7 LBO; **MV**: § 6 LBO; **Nds**: §§ 7-13 LBO; **NRW**: §§ 6, 7 LBO; **RhlPfl**: §§ 8, 9 LBO; **Saar**: §§ 7, 8 LBO; **Sachs**: § 6 LBO; **SachsAnh**: § 6 LBO; **SchlHolst**: § 6 LBO; **Thür**: § 6 LBO.
[450] Vgl. **MBO**: § 79; **BaWü**: § 64 LBO; **Bay**: Art. 75 LBO; **Berl**: § 78 LBO; **Brand**: § 73 LBO; **Brem**: § 81 LBO; **Hamb**: § 75 LBO; **Hess**: § 71 LBO; **MV**: § 79 LBO; **Nds**: § 89 LBO; **NRW**: § 61 LBO; **RhlPfl**: § 80 LBO; **Saar**: § 81 LBO; **Sachs**: § 79 LBO; **SachsAnh**: § 78 LBO; **SchlHolst**: § 59 LBO; **Thür**: § 76 LBO.

Zufahrt zu einer solchen Verkehrsfläche ist öffentlich-rechtlich gesichert (i.d.R. durch Baulast).

312 Die **Baulast** ist ein in nahezu allen Landesbauordnungen[451] enthaltenes Rechtsinstitut, das es Grundstückseigentümern gestattet, sich im Wege einer formalisierten und in das Baulastenverzeichnis einzutragenden **öffentlich-rechtlichen Willenserklärung** gegenüber der (Baugenehmigungs-)Behörde zu einem bestimmten Tun, Dulden oder Unterlassen, das sich nicht bereits aus öffentlich-rechtlichen Vorschriften, insbesondere nicht aus der Bauordnung selbst ergibt, zu verpflichten.

Die Gestattung einer Baulast erfolgt durch die Bauordnungsbehörde mittels **Verwaltungsakts**. Der Zweck der Baulast besteht darin, öffentliche Belange im Einzelfall durch Belastung eines Grundstücks in stärkerer Weise abzusichern, als es über das Zivilrecht, namentlich durch eine Grunddienstbarkeit gem. §§ 1018 ff. BGB[452], erreichbar wäre. Denn eine bürgerlich-rechtliche (Grund-)Dienstbarkeit kann nicht von einer Behörde mit Mitteln des Zwangs durchgesetzt werden. Aus diesem Grund haben die Landesgesetzgeber die Grunddienstbarkeit bauordnungsrechtlich ausgestaltet, somit zu einem öffentlich-rechtlichen Institut erklärt mit der Konsequenz, dass die Bauaufsichtsbehörde die Einhaltung vom Eigentümer verlangen und ggf. mit hoheitlichen Mitteln durchsetzen kann.

Der Anwendungsbereich der Baulast ist vielfältig. So können nach den Bestimmungen der Bauordnungen bspw. die **Sicherung der Zufahrt** mittels Baulast übernommen werden[453], die **Errichtung von Stellplätzen** für benachbarte Grundstücke gewährleistet, die **Erschließung eines Grundstücks**[454] oder die **Errichtung eines Gebäudes auf mehreren Grundstücken** gesichert werden. Hauptanwendungsfall für die Bestellung einer Baulast ist aber die Übernahme von **Abstandsflächen** (dazu im Einzelnen Rn 479). Die Sicherung durch Baulast bezieht sich darauf, dass der Nachbar zusätzlich zu seiner eigenen Abstandsfläche die des Nachbarn mit übernimmt, um dessen wegen Nichteinhaltung der Abstandsflächen sonst unzulässiges Vorhaben zu ermöglichen. Die Einräumung einer privatrechtlichen Grunddienstbarkeit wäre insoweit unzureichend, weil sie ohne Mitwirkung der Behörde abgeändert oder durch gutgläubigen Erwerb aufgehoben werden könnte.[455]

Erlöschen kann die Baulast nur durch Verzicht der Bauaufsichtsbehörde, nicht dagegen durch Anfechtung der Erklärung wegen Willensmängeln.[456] Der Verzicht ist schriftlich zu erklären und wird - mit konstitutiver Wirkung - in das Baulastenverzeichnis eingetragen (Löschung); er ist wie die Bestellung der Baulast ein Verwaltungsakt. Die Behörde ist zur Erklärung des Verzichts verpflichtet, wenn mangels sicherungsfähiger oder sicherungsbedürftiger öffentlicher Belange das öffentliche Interesse am Fortbestand der Baulast entfällt (vgl. z.B. § 85 IV S. 1 BauO Brem, § 83 III S. 2 BauO MV, § 83 III S. 2 BauO NRW).

313 Öffentliche Verkehrsflächen sind dem öffentlichen Verkehr gewidmete Straßen, z.B. Gemeinde-, Kreis- oder Bundesstraßen.

> **Beispiel:** A beantragt eine Baugenehmigung zur Errichtung eines Zweifamilienhauses auf seinem Grundstück, das im unbeplanten Innenbereich gem. § 34 BauGB liegt. Verkehrsmäßig wird das Grundstück durch eine Straße „erschlossen", die teilweise in privatem Eigentum steht. Die Baurechtsbehörde lehnt den Antrag auf Erteilung der Baugenehmigung ab, weil es an einer gesicherten Erschließung im Sinne des Bauordnungsrechts fehle.

---

[451] Vgl. **MBO**: § 83; **BaWü**: §§ 71, 72 LBO; **Bay**: - ; **Berl**: § 82 LBO; **Brand**: -; **Brem**: § 85 LBO; **Hamb**: § 79 LBO; **Hess**: § 75 LBO; **MV**: § 83 LBO; **Nds**: §§ 92, 93 LBO; **NRW**: § 83 LBO; **RhlPfl**: § 86 LBO; **Saar**: § 83 LBO; **Sachs**: § 83 LBO; **SachsAnh**: § 82 LBO; **SchlHolst**: § 80 LBO; **Thür**: § 80 LBO.

[452] Vgl. dazu *R. Schmidt*, SachenR II, 4. Aufl. **2008**, Rn 702 ff.

[453] Zur sog. Zufahrtsbaulast vgl. *Prahl*, BauR **2003**, 1519 f.

[454] OVG Münster NVwZ **2003**, 226.

[455] Vgl. *Brohm*, BauR, § 4 Rn 16; *Erbguth/Wagner*, BauR, § 12 Rn 7.

[456] OVG Lüneburg NVwZ **1999**, 1013 und **1999**, 1364; *Erbguth/Wagner*, BauR, § 12 Rn 9.

Hier ist die Versagung der Baugenehmigung rechtmäßig, weil die an das Baugrundstück grenzende Straße keine öffentliche Verkehrsfläche und daher zur Erschließung im bauordnungsrechtlichen Sinn nicht geeignet ist.

Sinn des Erfordernisses der ausreichend bemessenen Verkehrsanbindung ist es, dass Hilfs- und Rettungskräfte jederzeit zum Grundstück gelangen können und dass Ziel- und Quellverkehr, der im Zusammenhang mit einem bebauten Grundstück steht, an den öffentlichen Verkehr Anschluss findet. Nach deren Sinn und Zweck verlangt die Vorschrift, dass tatsächliche und rechtliche Hindernisse der Nutzung der Straße, die das Grundstück erschließt, nicht entgegenstehen. **314**

Die Anforderungen an das „Erschlossensein" orientieren sich an Art, Zweck und Maß der Bebauung. So müssen Wohnwege, an denen nur Gebäude geringer Höhe und mit wenigen Nutzungseinheiten angrenzen, nur dann befahrbar sein, wenn sie eine bestimmte Mindestlänge aufweisen. Im Übrigen ist der bauordnungsrechtliche Begriff der Erschließung mit dem des Bauplanungsrechts eng verwandt, aber nicht identisch. **315**

Die Forderung nach der verkehrsmäßigen Erschließung kann für „Hinterliegergrundstücke" problematisch sein. Denn die Erschließung rückwärtiger Grundstücksteile ist nicht gesichert, wenn sie (nur) in einem qualifizierten Bebauungsplan in bestimmter Weise festgesetzt, mit ihrer Herstellung aber nicht in absehbarer Zeit zu rechnen ist. Eine Bebauung ist dann nicht zulässig. **316**

Erstreckt sich ein Gebäude über mehrere Buchgrundstücke, ist die Einhaltung der bauordnungsrechtlichen Vorschriften und der aufgrund der Bauordnung erlassenen Vorschriften in Bezug auf die Gesamtheit dieser Grundstücke (durch öffentlich-rechtliche Sicherung in Form einer Vereinigungsbaulast) zu gewährleisten (vgl. § 4 II aller Bauordnungen). Damit wird sichergestellt, dass bei der Errichtung eines Gebäudes über mehrere Grundstücke hinweg - auch später - (z.B. bei Veräußerung eines der Buchgrundstücke) kein bauordnungswidriger Zustand entsteht. Im Falle einer Veräußerung des Grundstücks wirkt eine Baulast auch gegenüber dem Rechtsnachfolger; ihr Bestand bleibt auch durch zivilrechtliche Absprachen zwischen Veräußerer und Erwerber unberührt. **317**

c. Verunstaltungsverbot

aa. Die Bauordnungen legen in ihren Vorschriften über die Gestaltung der baulichen Anlagen fest, dass diese das Straßen-, Orts- oder Landschaftsbild nicht verunstalten dürfen.[457] Der Begriff der Verunstaltung ist in höchstem Maße unbestimmt. Es ist aber klar, dass nicht das subjektive Empfinden des über die Baugenehmigung zu entscheidenden Verwaltungsbeamten oder des überprüfenden Richters maßgeblich sein kann. Daher hat die Rechtsprechung schon sehr früh klargestellt, dass der Begriff der Verunstaltung verfassungskonform sehr eng auszulegen sei. „Verunstaltung" liegt daher nur dann vor, wenn nach dem ästhetischen Empfinden eines Durchschnittsmenschen das Bauwerk oder die Anlage als belastend oder als Unlust angesehen werden.[458] **318**

> **Hinweis für die Fallbearbeitung:** Ist im konkreten Fall das Bauwerk auf seine verunstaltende Wirkung hin zu untersuchen, erfolgt die Prüfung in zwei Schritten: Zunächst muss das Bauwerk für den Durchschnittsbetrachter überhaupt **sichtbar** sein. Daran fehlt es, wenn es von der Straße aus nicht erblickt werden kann. Ist die

---

[457] Vgl. **MBO**: § 9; **BaWü**: § 11 LBO; **Bay**: Art. 8 LBO; **Berl**: § 9 LBO; **Brand**: § 8 LBO; **Brem**: § 12 LBO; **Hamb**: § 12 LBO; **Hess**: § 9 LBO; **MV**: § 9 LBO; **Nds**: § 53 LBO; **NRW**: § 12 LBO; **RhlPfl**: § 5 LBO; **Saar**: § 4 LBO; **Sachs**: § 9 LBO; **SachsAnh**: § 9 LBO; **SchlHolst**: § 10 LBO; **Thür**: § 12 LBO.
[458] BVerwGE **2**, 172, 176 f.; **17**, 322, 326; **27**, 129.

> Sichtbarkeit festgestellt worden, muss weiterhin geprüft werden, ob das ästhetische Empfinden des Durchschnittsbetrachters **verletzt** ist. Eine Beeinträchtigung des „guten Geschmacks" reicht nicht aus. Vielmehr muss das Bauwerk geradezu „hässlich" wirken.

319   **bb.** Allerdings enthalten einige Landesbauordnungen eine **positive Regelung** über die Baugestaltung. Sie sehen vor, dass die Gemeinde durch Satzung örtliche Bauvorschriften über Farbe, Größe, Werkstoff und das Verhältnis der Baumassen und Bauteile untereinander erlassen können.[459]

320   **cc.** Besondere Bedeutung erlangt das Verunstaltungsverbot hinsichtlich **Werbeanlagen**. Deren Errichtung ist in den Landesbauordnungen ausführlich geregelt.[460] Sofern sie nach den Bauordnungen oder zumindest nach der Rechtsprechung zu baulichen Anlagen erklärt worden sind, sind sie auch den allgemeinen bauordnungsrechtlichen Vorschriften (z.B. Verunstaltungsverbot, Standsicherheit) unterworfen. In einigen Bundesländern können die Gemeinden durch Satzung Gestaltungsregelungen für Werbeanlagen oder die räumliche Beschränkung der Aufstellung treffen. Darüber hinaus ist in der Rechtsprechung des BVerwG geklärt, dass auch Werbeanlagen, die nicht unmittelbar mit dem Boden verbunden sind, bauliche Anlagen im Sinne des Bauplanungsrechts darstellen, sodass darüber hinaus die §§ 29 ff. BauGB zu beachten sind. Hinsichtlich der Zulässigkeit ist zu unterscheiden:

321   Sieht die Regelung der Landesbauordnung ein ausdrückliches Verbot von Werbeanlagen vor (wobei zwischen den verschiedenen Gebietskategorien unterschieden wird), erübrigt sich die weitere Prüfung, ob das Objekt die ästhetischen Empfindungen des objektiven Betrachters verletzt. Ansonsten sind die jeweiligen Bestimmungen (auch gemeindliche Satzungen) zu beachten.

322   Fehlt eine entsprechende Regelung, hängt die Frage, ob eine Werbeanlage die ästhetischen Empfindungen eines Durchschnittsbetrachters verletzt, zum einen von der Größe und Lage der Anlage ab, zum anderen aber auch davon, ob es sich um **Fremdwerbung** oder **Eigenwerbung** handelt. Fremdwerbung liegt vor, wenn die Werbeanlage in keinem räumlichen Zusammenhang mit der Stätte der Leistungserbringung steht. Sie verletzt in aller Regel, soweit sie schon nicht gesetzlich verboten ist, das ästhetische Empfinden des objektiven Betrachters und ist unzulässig.
Eigenwerbung liegt demgegenüber vor, wenn sich die Werbeanlage an der Stätte der Leistungserbringung befindet und sie zur Information der im Baugebiet wohnenden Bevölkerung dient. Hier besteht ein Funktionszusammenhang zwischen Werbung und Gewerbebetrieb, was in aller Regel nicht als Verletzung des ästhetischen Empfindens qualifiziert werden kann. Insbesondere gebieten Art. 12 I, 14 I GG die Zulassung von Eigenwerbung. Zu beachten ist aber, dass sich die Illegalität solcher Werbeanlagen auch aus anderen öffentlich-rechtlichen Vorschriften ergeben kann.[461]

---

[459] Vgl. **MBO**: § 9; **BaWü**: § 11 LBO; **Bay**: Art. 8 LBO; **Berl**: § 9 LBO; **Brand**: § 8 LBO; **Brem**: § 12 LBO; **Hamb**: § 12 LBO; **Hess**: § 9 LBO; **MV**: § 9 LBO; **Nds**: § 53 LBO; **NRW**: § 12 LBO; **RhlPfl**: § 5 LBO; **Saar**: § 4 LBO; **Sachs**: § 9 LBO; **SachsAnh**: § 9 LBO; **SchlHolst**: § 10 LBO; **Thür**: § 12 LBO.
[460] Vgl. **MBO**: 10; **BaWü**: §§ 2 IX, 11 LBO; **Bay**: Art. 2 I, 8, 56, 57 LBO; **Berl**: § 10 LBO; **Brand**: § 9 LBO; **Brem**: § 13 LBO; **Hamb**: § 13 LBO; **Hess**: § 55 LBO i.V.m. Anlage 2 der LBO ; **MV**: § 10 LBO; **Nds**: § 49 LBO; **NRW**: § 13 LBO; **RhlPfl**: § 52 LBO; **Saar**: § 12 LBO; **Sachs**: § 10 LBO; **SachsAnh**: § 10 LBO; **SchlHolst**: § 11 LBO; **Thür**: § 13 LBO.
[461] Zur Verunstaltung durch Werbeanlagen vgl. *Gaentzsch*, NVwZ **2001**, 990, 999; *Ortloff*, NVwZ **2002**, 416, 417; *ders.*, NVwZ **2004**, 934, 935 f.; *Rebler*, BayVBl **2003**, 233; VG Stuttgart NVwZ-RR **2000**, 14; OVG Saarlouis, BauR **2003**, 349 (Plakatanschlagtafel mit Fremdwerbung); OVG Koblenz BauR **2003**, 868 (Skybeamer); OVG Münster BauR **2003**, 1358 (Dia-Projektionswerbeanlage); OVG Berlin BauR **2003**, 1356 (Wahlwerbetransparente hinter Glasfassade der CDU-Parteizentrale); VGH München BayVBl **2003**, 505 (Diaprojektion 7 x 9 m auf Giebelwand im Wohngebiet).

Beispiel: Die Mc Dowald´s AG beantragt bei der zuständigen Baubehörde die Genehmigung zur Anbringung einer 30 m hohen Leuchtreklameanlage („magisches M"), die an der Südseite der A 27 ca. 70 m vom „Bremer Autobahnkreuz" entfernt angebracht werden soll. Zweck des Unternehmens ist es, auf die dort befindliche Verkaufsstätte aufmerksam zu machen, welche die Autofahrer durch Verlassen der nächsten Autobahnabfahrt erreichen können. Die Anlage soll auf Dauer fest mit dem Boden verankert werden.

(1) Anspruchsgrundlage

Anspruchsgrundlage ist die bauordnungsrechtliche Vorschrift über die Baugenehmigung.[462] Danach *ist* die Baugenehmigung zu erteilen, wenn keine öffentlich-rechtlichen Vorschriften entgegenstehen.

(2) Bauliche Anlage

Zunächst müsste es sich bei der Leuchtreklameanlage um eine bauliche Anlage i.S.d. § 2 BremLBO handeln.[463] Bauliche Anlagen sind Anlagen, die mit dem Erdboden verbunden und aus Bauprodukten hergestellt sind. Die Leuchtreklameanlage soll eine selbsttragende, fest mit dem Boden verbundene und dauerhaft errichtete Anlage darstellen. Somit liegt eine geplante bauliche Anlage vor.

(3) Genehmigungspflichtigkeit

Des Weiteren müsste es sich bei der Leuchtreklameanlage um eine genehmigungspflichtige Anlage handeln. Denn wäre sie genehmigungsfrei, dürfte sie ohne Baugenehmigung errichtet werden. Die Genehmigungsfreistellung für bestimmte Anlagen ist in den Landesbauordnungen geregelt.[464] Bei entsprechender Lektüre der bauordnungsrechtlichen Vorschriften wird man feststellen, dass die Anlage genehmigungsbedürftig ist.

(4) Genehmigungsfähigkeit

Die Leuchtreklameanlage ist genehmigungsfähig, wenn sie öffentlich-rechtlichen Vorschriften nicht widerspricht. Zu prüfen ist zunächst die Vereinbarkeit mit den bauordnungsrechtlichen Vorschriften über Werbeanlagen.[465] Sofern danach Werbeanlagen außerhalb von im Zusammenhang bebauten Ortsteilen unzulässig sind, ist die Leuchtreklameanlage der Mc Dowald´s AG ebenfalls unzulässig, denn sie soll außerhalb eines im Zusammenhang bebauten Gebiets errichtet werden. Allerdings besteht eine Ausnahmemöglichkeit, wenn die Werbeanlage an der Stätte der Leistungserbringung angebracht ist. Dies trifft auf den vorliegenden Fall zu. Das Vorhaben verstößt damit nicht gegen die Vorschriften der Landesbauordnung. Als entgegenstehende öffentlich-rechtliche Norm kommt aber § 9 FernStrG in Betracht. Eine Unzulässigkeit gem. § 9 I Nr. 1 FernStrG liegt nicht vor, weil die dort angegebene Entfernung von 40 Meter eingehalten wird. Nach § 9 II Nr. 1 FernStrG ist aber die Zustimmung der höheren Verwaltungsbehörde erforderlich. Fraglich ist, ob diese die Zustimmung verweigern darf. Das darf sie, soweit die Verweigerung aus Gründen der Sicherheit und Leichtigkeit des Verkehrs nötig ist (§ 9 III FernStrG). Vorliegend ist eine Ablenkung der Verkehrsteilnehmer zu befürchten; vor allem ist im Bereich einer Anschlussstelle bzw. eines Autobahnkreu-

---

[462] Vgl. **MBO**: § 72; **BaWü**: §§ 58, 59 LBO; **Bay**: Art. 68 LBO; **Berl**: § 71 LBO; **Brand**: §§ 67, 68 LBO; **Brem**: § 74 LBO; **Hamb**: §§ 72, 72a LBO; **Hess**: §§ 64, 65 LBO; **MV**: § 72 LBO; **Nds**: §§ 75, 78 LBO; **NRW**: § 75 LBO; **RhlPfl**: §§ 70, 77 LBO; **Saar**: § 73 LBO; **Sachs**: § 72 LBO; **SachsAnh**: § 71 LBO; **SchlHolst**: § 73 LBO; **Thür**: § 70 LBO.

[463] Vgl. auch § 2 aller sonstigen Landesbauordnungen.

[464] Vgl. **MBO**: §§ 61 f.; **BaWü**: §§ 50 f. LBO; **Bay**: Art. 57 f. LBO; **Berl**: §§ 61-63 LBO; **Brand**: §§ 55, 58 LBO; **Brem**: §§ 65 f. LBO; **Hamb**: § 60 LBO; **Hess**: §§ 55 f. LBO; **MV**: §§ 61 f. LBO; **Nds**: §§ 69 f. LBO; **NRW**: §§ 65-67 LBO; **RhlPfl**: §§ 62, 67 LBO; **Saar**: §§ 61, 63 LBO; **Sachs**: §§ 61 f. LBO; **SachsAnh**: §§ 60 f. LBO; **SchlHolst**: §§ 63, 68 LBO; **Thür**: §§ 63 f. LBO.

[465] Vgl. **MBO**: 10; **BaWü**: §§ 2 IX, 11 LBO; **Bay**: Art. 2 I, 8, 56, 57 LBO; **Berl**: § 10 LBO; **Brand**: § 9 LBO; **Brem**: § 13 LBO; **Hamb**: § 13 LBO; **Hess**: § 55 LBO i.V.m. Anlage 2 der LBO; **MV**: § 10 LBO; **Nds**: § 49 LBO; **NRW**: § 13 LBO; **RhlPfl**: § 52 LBO; **Saar**: § 12 LBO; **Sachs**: § 10 LBO; **SachsAnh**: § 10 LBO; **SchlHolst**: § 11 LBO; **Thür**: § 13 LBO.

zes erhöhte Aufmerksamkeit erforderlich. § 9 II FernStrG steht somit der Errichtung der Leuchtreklameanlage entgegen (andere Ansicht vertretbar).

(5) Ergebnis

Die Mc Dowald´s AG hat keinen Anspruch auf Erteilung der Baugenehmigung.[466]

d. Grundfragen zu den Abstandsregelungen

324   **aa.** Im Abstandsflächenrecht[467] geht es um die Einhaltung von Abständen entweder zu der Grundstücksgrenze und/oder zum Nachbargebäude. Die Abstandsflächen sind grundsätzlich von der Bebauung freizuhalten. Das hat den bereits erwähnten Hintergrund, dass den sozialen Belangen nach bestimmten Freiräumen Rechnung getragen werden soll. Zum anderen soll der Zutritt von Luft, Licht und Sonne gewährleistet werden. Schließlich dienen Abstandsflächen dem Schutz vor dem Übergreifen eines eventuell entfachten Feuers.

325   **bb.** Abstandsflächen müssen grundsätzlich **auf dem Grundstück** selbst liegen. Abweichend hiervon dürfen sie aber bis zu deren Mitte auf öffentlichen Verkehrs-, Grün-, oder Wasserflächen liegen. Ihre Rechtfertigung findet diese Ausnahmeregelung darin, dass solche Flächen nicht mit oberirdischen baulichen Anlagen bebaut sind. Abstandsflächen dürfen weiterhin dann auf anderen Grundstücken liegen, wenn öffentlich-rechtlich gesichert ist, dass sie nicht überbaut und auf die dort erforderlichen Abstandsflächen nicht angerechnet werden (vgl. etwa § 7 I HessLBO). Eine separate Entscheidung über eine Ausnahme ist nicht (mehr) erforderlich. Daher ist die Regelung auch für Vorhaben, die grundsätzlich in den Genuss der Genehmigungsfreistellung kommen, insofern von Bedeutung, als diese (wegen des Erfordernisses einer Abweichungsentscheidung) eben kein vereinfachtes Genehmigungsverfahren durchlaufen müssen. Für die Einhaltung der sich aus der bauordnungsrechtlichen Bestimmung über die einzuhaltenden Abstände ergebenden Anforderungen tragen der Bauherr und der Entwurfsverfasser (i.d.R. der Architekt) die Verantwortung.

326   **cc.** Nach den bauordnungsrechtlichen Bestimmungen über die einzuhaltenden Abstände dürfen sich Abstandsflächen **nicht überdecken**. Dieses sog. Überdeckungsverbot gilt auch für die Abstandsflächen von verschiedenen Gebäuden auf demselben Grundstück und für die Abstandsflächen von Gebäudeteilen desselben Gebäudes. Ausnahmefälle (z.B. bei Außenwänden, die in einem Winkel von mehr als 75° zueinander stehen) sind ebenfalls in den bauordnungsrechtlichen Bestimmungen genannt.

327   **dd.** Bestimmendes **Maß für die Tiefe der Abstandsfläche** ist die Wandhöhe. Dächer, Dachteile und Dachaufbauten werden zur Wandhöhe (anteilig) hinzugerechnet. In den in der Praxis häufigen Fällen des Dachgeschossausbaus stellt sich die Abstandsflächenfrage aber nicht, weil die Wandhöhe unverändert bleibt.

328   **ee.** Im Übrigen richtet sich die **Tiefe der Abstandsfläche** nach der Art der Bebauung (Baugebiet). Sie beträgt aber immer die in der Bauordnung festgelegte Mindestgröße (sofern nicht eine Gemeindesatzung, die nach der Bauordnung ergehen darf, etwas anderes vorschreibt). Innerhalb von Gewerbe- und Industriegebieten

---

[466] Zur Verunstaltung des Landschaftsbildes und der Verdeckung des Ausblicks auf begrünte Flächen durch Werbeanlagen vgl. auch VG Magdeburg LKV **2001**, 47 (zu § 13 II SachsAnh LBO). Vgl. insgesamt dazu *Ortloff*, NVwZ **2002**, 416 ff.

[467] Vgl. **MBO**: § 6; **BaWü**: §§ 5-7 LBO; **Bay**: Art. 6 LBO; **Berl**: §§ 6, 6a LBO; **Brand**: § 6 LBO; **Brem**: § 6 LBO; **Hamb**: §§ 6, 7 LBO; **Hess**: §§ 6, 7 LBO; **MV**: § 6 LBO; **Nds**: §§ 7-13 LBO; **NRW**: § 6 LBO; **RhlPfl**: §§ 8, 9 LBO; **Saar**: §§ 7, 8 LBO; **Sachs**: § 6 LBO; **SachsAnh**: § 6 LBO; **SchlHolst**: § 6 LBO; **Thür**: § 6 LBO.

kann die Tiefe der Abstandsfläche – je nach Bestimmung der Bauordnung – nur die Hälfte der sonst, z.B. in Wohngebieten, vorgesehenen Tiefe betragen; in solchen Gebieten ist darüber hinaus vor Wänden ohne Öffnungen, die nicht gegenüber Nachbargrenzen liegen, eine weitere Verringerung der Tiefe der Abstandsflächen zulässig, sofern besondere Brandschutzvorkehrungen (z.B. feuerhemmende Wände oder bei Wänden aus nichtbrennbaren Materialien) getroffen werden. Untergeordnete Bauteile, die von der Außenwand vortreten, wie Gesimse, Dachvorsprünge, Hauseingangstreppen, Erker und Balkone bleiben – z.T. unter weiteren Voraussetzungen – bei der Bemessung der Tiefe der Abstandsflächen außer Betracht, wenn sie die in den Bauordnungen genannten Abstände zu den Nachbargrenzen einhalten.

Können die vorgeschriebenen Abstandsflächen und Abstände nicht eingehalten werden, ist ein Abweichungsverfahren erforderlich; dies gilt auch, wenn die Nichteinhaltung aus einer nachträglichen Grundstücksteilung resultiert.

ff. Das Abstandsflächengebot gilt nicht nur für die Errichtung, sondern auch für **bauseitige Änderungen** (An-/Umbauten), wenn die für die Abstandsfläche charakteristischen Merkmale verändert werden, z.B. durch die Erweiterung eines bestehenden Gebäudes bezüglich Höhe und Länge; dies gilt jedenfalls dann, wenn die Identität des bestehenden Gebäudes verloren gegangen ist. **329**

> **Beispiel[468]:** B erhält die Baugenehmigung für den Anbau eines Balkons an die Außenwand seines mittlerweile 3 Jahre alten Hauses einschließlich Zugang (Balkontür). Der Anbau stellt für sich genommen ein untergeordnetes Bauteil dar, das bei der Bemessung der Abstandsvorschriften im Grundsatz unberücksichtigt bleiben kann. Die Baurechtsbehörde hat im Verfahren Fragen des Abstandsflächenrechts daher nicht berücksichtigt. Als Nachbar N den Bau bemerkt, greift er unverzüglich die Genehmigung unter Hinweis auf die Verletzung der Abstandsvorschriften an. Ist der Einwand des Nachbarn berechtigt?
>
> Die Vorschriften über Abstände sind nachbarschützend. Da auch nicht von vornherein ausgeschlossen werden kann, dass N in seinen Rechten verletzt ist, ist er damit zumindest widerspruchs- bzw. klagebefugt.
>
> Begründet sind der Widerspruch bzw. die Anfechtungsklage, wenn die dem B erteilte Baugenehmigung rechtswidrig ist und N in seinen Nachbarrechten (tatsächlich) verletzt.
>
> Bereits die Schaffung des Wanddurchbruchs ist eine bauliche Veränderung, die die Abstandsflächenfrage neu aufwirft. Außerdem bewirkt der Balkon für die Gebäudewand auch eine Funktionsänderung, die abstandsflächenrechtlich ebenso berücksichtigt werden muss. Von dem Vorhaben gehen daher insgesamt Wirkungen aus, die den Schutz des Nachbargrundstücks (vor fremder Einsichtnahme) beeinflussen können. Da die Behörde sich überhaupt nicht mit diesen Fragen auseinander gesetzt hat, ist die Baugenehmigung schon deshalb rechtswidrig. Der Rechtsbehelf des N ist daher erfolgreich.

gg. Änderungen der Nutzung sind abstandsflächenrechtlich grundsätzlich nicht relevant; etwas anderes gilt ausnahmsweise dann, wenn die neue Nutzung im Hinblick auf den Schutzzweck der Abstandsflächenregelungen höhere Anforderungen stellt als die bisherige Nutzung (z.B. die neue Nutzung ist – im Gegensatz zur bisherigen Nutzung – nicht gem. der Abstandsregelung der Bauordnung privilegiert). Umbaumaßnahmen im Gebäudeinneren werfen die Abstandsflächenfrage ebenso wenig auf. **330**

> **Beispiel[469]:** Ein genehmigtes Gebäude beherbergt ausschließlich Nebenanlagen einer Metzgerei (Kühl-/Lagerraum, Garage). Metzgermeister M will dieses Nebengebäude

---

[468] Nach OVG Münster BauR **2001**, 767.
[469] Nach OVG Weimar LKV **2000** 119.

künftig zur Produktion nutzen und dort eine Räucherei einrichten, weil mittlerweile Kunden aus dem gesamten Landkreis nach seinem Schinkenspicker fragen. M erhält auf seinen Antrag die Genehmigung zur Nutzungsänderung. Abstandsflächen wurden von der Behörde nicht geprüft oder erörtert. Nachbar N, ein Vegetarier, legt gegen die Baugenehmigung Widerspruch ein.

Der Widerspruch ist begründet, wenn die dem M erteilte Genehmigung den N in seinen Nachbarrechten verletzt. Entsprechend der bestehenden (alten) Genehmigung wurde das Gebäude bisher (nur) für Nebenzwecke genutzt. Gerade diese Art der Nutzung (Nebenzwecke) war für die Bemessung der Abstandsflächen maßgebend. Der Bauantrag, die Nutzung des Gebäudes dahingehend zu ändern, dass dort künftig die Produktion der Metzgerei und eine Räucherei eingerichtet werden, wirft die Frage der Abstandsflächen daher neu auf. Da die Baurechtsbehörde bei der Genehmigungserteilung daher zu Unrecht davon ausgegangen ist, dass sich die Abstandsflächenfrage nicht stelle, ist der Widerspruch des N schon deshalb begründet.

Eine Nutzungsänderung kann die Frage nach den Abstandsflächen auch dann erneut aufwerfen, wenn das Gebäude unter Erteilung einer Befreiung genehmigt wurde, weil die Voraussetzungen für deren Erteilung berührt sein können.

331 **hh.** Die (nachbarschützenden) bauordnungsrechtlichen Regelungen über die Abstandsflächen gelten auch für **Windkraftanlagen**, obwohl es bei ihnen aufgrund ihrer schmalen Gestaltung nicht zu einer mit Gebäuden vergleichbaren Beeinträchtigung des Tageslichts oder zu Störungen des Brandschutzes und der ausreichenden Lüftung von Räumlichkeiten auf den Nachbargrundstücken kommen kann. Denn auch Windkraftanlagen sind bauliche Anlagen i.S.d. Bauordnungsrechts, von denen Wirkungen auf benachbarte Gebäude ausgehen können.[470]

332 **ii.** Eine **Ausnahme** von den in den Bauordnungen festgelegten Regelabstandsflächen gilt für die sog. **Grenzbebauung** mit kleineren Gebäuden. Das betrifft vor allem Nebengebäude ohne Aufenthaltsräume[471] wie z.B. **Grenzgaragen**. Die Landesbauordnungen sehen i.d.R. vor, dass diese Anlagen bis an die Grundstücksgrenze heran gebaut werden dürfen.[472] Das führt häufig zum Streit, ob der bis an die Grundstücksgrenze bauende Eigentümer z.B. eine Dachterrasse auf der Grenzgarage errichten darf und somit die Möglichkeit erhält, dem Nachbarn „auf den Teller" zu schauen. Die Landesbauordnungen beantworten diese Frage nur teilweise. Ausgangspunkt ist jedenfalls, dass Dachvorsprünge oder Vorbauten wie z.B. Erker, Balkone bei der Berechnung der Grenzabstände außer Betracht bleiben. Aber auch in diesem Fall sind bestimmte Mindestabstände zum Nachbargrundstück einzuhalten. Die Benutzung des Flachdachs einer Garage als Terrasse bzw. Balkon ist daher nur dann möglich, wenn die Garage nicht selbstständig steht, sondern an das Haus angebaut ist und die Benutzung des Garagendachs durch die Abgrenzung auf die gesetzlichen Maße eines zulässigen Balkons oder ähnlicher Vorbauten begrenzt wird.[473] Im Übrigen gestaltet sich die Berechnung der Abstände als äußerst schwierig.[474]

---

[470] Vgl. BVerwG NVwZ **2003**, 733; *Dazert/Mahlberg*, NVwZ **2004**, 158 ff.; VG Koblenz 6.2.**2003** – 7 K 3190/02.KO und 7 K 3216/02.KO. Zu den Abständen konkurrierender Windenergieanlagen vgl. OVG Münster UPR **2004**, 39.

[471] Zum bauordnungsrechtlichen Begriff des Aufenthaltsraums vgl. OVG Schleswig NordÖR **2003**, 433 f.; generell zu privilegierten Nebengebäuden vgl. OVG Lüneburg NVwZ **2003**, 484.

[472] Vgl. nur **BW**: § 6 I LBO; **Bay**: Art. 7 I LBO; **Brem**: § 6 XIII LBO; **Hess**: § 6 XI LBO.

[473] *Brohm*, BauR, § 5 Rn 5. Vgl. auch OVG Hamburg NordÖR **2003**, 406 (keine eingeschossige Garage, wenn im Satteldach ein 2,6m hoher Dachraum gebildet wird); OVG Saarlouis, BauR **2003**, 1865 (für die Wandhöhe der Grenzgarage ist das Bau-, nicht das Nachbargrundstück maßgeblich); VGH München BayVBl **2003**, 663 (Kamin an der Außenwand der Grenzgarage ist unzulässige Feuerstätte).

[474] Vgl. dazu *Ortloff*, NVwZ **2000**, 750, 751.

jj. Eine weitere Ausnahme von den grundsätzlich einzuhaltenden Abstandsflächen enthält das in den Landesbauordnungen normierte sog. **Schmalseitenprivileg**.[475] Das Schmalseitenprivileg dient u.a. der baulichen Verdichtung. Danach müssen die sonst zu beachtenden Grenzabstände nicht eingehalten werden. Einzelheiten sind i.d.R. dem Bebauungsplan zu entnehmen.[476]

333

kk. Bauordnungsrechtliche Abstandsvorschriften und bauplanungsrechtliche Regelungen können miteinander konkurrieren und sich gegenseitig ausschließen. Das wirft die Frage nach deren Verhältnis zueinander auf.

334

Beispiele:

(1) Im Bebauungsplan ist eine geschlossene Bauweise (etwa zum Bau von Reihenhäusern) vorgeschrieben (vgl. § 22 III BauNVO). Bei Beachtung dieser Vorgabe können die Abstandsflächen der Landesbauordnung nicht eingehalten werden.

(2) Der Bebauungsplan sieht abweichend von den bauordnungsrechtlichen Abstandsregelungen Baulinien vor, auf die gebaut werden muss.

In diesen Fällen, insbesondere bei der Grenzbebauung, räumen einige Landesbauordnungen dem „planungsrechtlichen Abstand" generell den Vorrang ein.[477] Die anderen Bauordnungen lösen den Konflikt, indem sie das Bauordnungsrecht bei zwingenden Festsetzungen des Bebauungsplans hinter das Bauplanungsrecht zurücktreten lassen.[478] Fehlen solche Regelungen, ist die Konfliktlösung im Baugenehmigungsverfahren zu suchen. Besteht die Möglichkeit, dass die Baugenehmigungsbehörde *speziell für diesen Fall* eine Abweichung (Ausnahmebewilligung oder Befreiung) von den Vorgaben der Landesbauordnung erteilen kann[479], hat der Bebauungsplan Bestand. Ist dies jedoch nicht der Fall, verstoßen die Bebauungspläne möglicherweise gegen geltendes höherrangiges Recht (hier: das Bauordnungsrecht). Insoweit sind sie rechtsunwirksam. In der Fallbearbeitung muss demnach die Rechtswirksamkeit des betreffenden Bebauungsplans geprüft werden. Vgl. dazu Rn 24 ff.

335

II. Erteilt die Baugenehmigungsbehörde eine Baugenehmigung unter Missachtung der Grenzabstände, stellt sich die Frage nach dem **Rechtsschutz des Nachbarn**. Da die Erteilung einer Baugenehmigung einen Verwaltungsakt darstellt, der den Nachbarn belastet (sog. begünstigender Verwaltungsakt mit belastender Drittwirkung), sind Widerspruch und Anfechtungsklage statthaft. Zu beachten ist jedoch, dass diese Rechtsbehelfe aufgrund der Regelung des **§ 212 a BauGB keine aufschiebende Wirkung** entfalten. Das bedeutet, dass der Bauherr gleichwohl weiterbauen darf, ohne Konsequenzen befürchten zu müssen. Daher besteht für den Nachbarn sinnvollerweise nur die Möglichkeit, die nicht vorhandene aufschiebende Wirkung durch das Verwaltungsgericht anordnen zu lassen. Er muss einen **Eilantrag** nach § 80 V S. 1 Var. 1 VwGO stellen. Klage- bzw. antragsbefugt ist er dann, wenn er die Verletzung eines ihn schützenden subjektiven öffentlichen Rechts geltend macht; er muss in diesem Zusammenhang also geltend machen, in seinen nachbarschützenden Rechten verletzt zu sein. Bei Abstandsvorschriften ist das erforderliche subjektive öffentliche Recht grundsätzlich gegeben; schließlich dienen sie der Feuersicherung und garantie-

336

---

[475] Vgl. nur **BW**: § 5 VII LBO; **Brem**: § 6 IX LBO; **Sachs**: § 6 VI LBO.

[476] Vgl. auch *Gaentzsch*, NVwZ **2001**, 990, 998.

[477] Vgl. nur **BW**: § 5 I S. 2 LBO; **Bay**: Art. 6 I S. 3 LBO; **Sachs**: § 6 I S. 2 LBO.

[478] Vgl. nur **Brem**: § 6 IX LBO; **NRW**: § 6 XVI LBO; **MV**: § 6 XV LBO; **Sachs**: 6 I S.3 LBO; **Thür**: § 6 I S.3 LBO.

[479] Zur generellen Möglichkeit der Abweichung vgl. **BaWü**: § 56 LBO; **Bay**: Art. 63 LBO; **Berl**: § 68 LBO; **Brand**: § 61 LBO; **Brem**: § 72 LBO; **Hamb**: § 69 LBO; **Hess**: § 63 LBO; **MV**: § 67 LBO; **Nds**: §§ 85 f. LBO; **NRW**: §§ 73, 74a LBO; **RhlPfl**: § 69 LBO; **Saar**: § 68 LBO; **Sachs**: § 67 LBO; **SachsAnh**: § 66 LBO; **SchlHolst**: § 71 LBO; **Thür**: § 63e LBO.

ren ein gewisses Maß an Licht- und Luftzufuhr. Zu beachten ist aber, dass manche Landesbauordnungen das subjektive öffentliche Recht des Nachbarn modifizieren. So wird teilweise der Schutzzweck der Abstandsflächen auf Teile derselben beschränkt. Nach Ansicht des Gesetzgebers reicht dies aber aus, um vor Brandgefahren oder vor Beschränkungen der Luft-, Licht- und Sonnenzufuhr zu schützen. Eine darüber hinausgehende Klagebefugnis hat der Nachbar dann nicht.[480]

Zum Rechtsschutz und zur Klausuraufbereitung vgl. ausführlich Rn 427 ff.

4. Verwirklichung sozialer Standards

337   Dritter Schutzzweck der bauordnungsrechtlichen Generalklausel ist die Verwirklichung sozialer Standards. Soziale Standards sind zum einen verwirklicht, wenn das Bauordnungsrecht die Belange von Behinderten, alten Menschen und Personen mit Kleinkindern berücksichtigt. Diesem Zweck dienen die bereits beschriebenen Abstandsflächen sowie die Kinderspielplätze. Zu den zu berücksichtigenden sozialen Belangen zählen weiterhin die nach den Bauordnungen zu errichtenden **Stellplätze** für Kfz und für Fahrräder.[481] Mit der Stellplatzpflicht vermeiden die Bauordnungen eine Belastung öffentlicher Straßen durch den ruhenden Verkehr. Die Anzahl der Stellplätze richtet sich nach dem Bauvorhaben (z.B. ist vor einer Diskothek eine höhere Zahl von Stellplätzen erforderlich als vor einem Café). Zu den Stellplätzen ist allerdings anzumerken, dass wenn deren Errichtung auf dem Grundstück oder auf einem Grundstück in erreichbarer Nähe aus rechtlichen oder tatsächlichen Gründen nicht oder nur in unzumutbarer Weise möglich ist, der Bauherr seiner Stellplatzverpflichtung dadurch nachkommen kann, indem er an die Gemeinde einen **Geldbetrag** zur Herstellung öffentlichen Parkraums zahlt und die Gemeinde dieser Ablösung zustimmt.[482] Die Zustimmung der Gemeinde steht in ihrem Ermessen, einen Bescheidungsanspruch hat der Bauherr also nicht.[483]

338   Die Ablösung von der Stellplatzverpflichtung wird nicht selten durch einen verwaltungsrechtlichen Vertrag (öffentlich-rechtlicher Vertrag nach den §§ 54 ff. VwVfG) vereinbart. Besteht also ein Vertrag, durch den sich der Bauherr gegen Befreiung von der Pflicht, Stellplätze oder Garagen zu schaffen (vgl. nur § 49 BremLBO) zur Zahlung eines Ablösungsbetrags verpflichtet, den die Behörde zur Herstellung öffentlichen Parkraums zu verwenden hat, handelt es sich um einen **Ablösungsvertrag**.[484] Zur Prüfung eines öffentlich-rechtlichen Vertrags vgl. *R. Schmidt*, AllgVerwR, Rn 924 ff. Die Stellplatzpflicht sowie Ausnahmen hiervon können auch durch eine bauordnungsrechtliche Stellplatzsatzung geregelt werden.[485]

5. Der umweltrechtliche Aspekt des Bauordnungsrechts

339   Die Generalklauseln der Landesbauordnungen sehen des Weiteren vor, dass durch die Errichtung von baulichen Anlagen die natürlichen Lebensgrundlagen geschont und keine unzumutbaren Belästigungen verursacht werden. In der Praxis ist man aber bestrebt, den Umweltschutz präventiv zu gestalten, also für einen „präventiven Umweltschutz" einzutreten. Dies lässt sich in erster Linie durch die Bauplanung realisie-

---

[480] *Brohm*, BauR, § 5 Rn 8. Zum Nachbarrecht vgl. Rn 427 ff.
[481] Vgl. **MBO**: § 49; **BaWü**: § 37 LBO; **Bay**: Art. 47 LBO; **Berl**: § 50 LBO; **Brand**: § 43 LBO; **Brem**: § 49 LBO; **Hamb**: §§ 48 f. LBO; **Hess**: § 44 LBO; **MV**: § 49 LBO; **Nds**: §§ 46-47b LBO; **NRW**: § 51 LBO; **RhlPfl**: § 47 LBO; **Saar**: § 47 LBO; **Sachs**: § 49 LBO; **SachsAnh**: § 48 LBO; **SchlHolst**: § 50 LBO; **Thür**: § 49 LBO.
[482] Der Ausgleichsbetrag ist nicht etwa eine unzulässige Sonderabgabe; auch im Übrigen ist er verfassungsgemäß (BVerwG NVwZ **2005**, 215 f.).
[483] Vgl. dazu *Ortloff*, NVwZ **2000**, 750, 751 und NVwZ **2002**, 416, 418.
[484] Vgl. BVerwG NJW **1980**, 1294; OVG Münster NVwZ **1992**, 988.
[485] Vgl. dazu *Bultmann*, LKV **1999**, 385 ff.

ren. Das Baugesetzbuch hat diese Aufgabe in § 1 V ausdrücklich bei den allgemeinen Zielen der Bauleitplanung aufgeführt und in § 1 VI Nr. 7 als Planungsleitlinie weiter konkretisiert. Darüber hinaus ist der sparsame Umgang mit Grund und Boden in § 1a I BauGB positivrechtlich geregelt worden. Die modernisierten Bebauungspläne, aber auch die Landesbauordnungen, sehen daher ein differenziertes System von Verkehrsberuhigungen, Schaffung von Grünanlagen, Ausbau des öffentlichen Personennahverkehrs oder gar Verbote von Garagen und Kfz-Stellplätzen vor.[486] Auch wird versucht, den die Umwelt belastenden Individualverkehr dadurch zu vermindern, dass die Städte als Wohnort wiederbelebt werden (Reurbanisierung). Die Novellierungen des BauGB in den Jahren 1998, 2001 und 2004 haben dazu beigetragen, dass wichtige umweltschützende Maßnahmen und Verfahren, vor allem aber naturschutzrechtliche Eingriffs- und Ausgleichsregelungen und andere umweltschützende Verfahren wie die Umweltverträglichkeitsprüfung in die Bauleitplanung als die rechtliche maßgebliche Planung auf der örtlichen Ebene integriert werden. Die materiellen naturschutzrechtlichen Kernregelungen verblieben zwar in den Naturschutzgesetzen, deren Regelungen sind jedoch im Rahmen der Abwägung nach § 1 VI und § 1a BauGB zu berücksichtigen. Damit wird deutlich, dass der Umweltschutz ein selbstverständlicher Bestandteil jeder städtebaulichen Planung geworden ist.

6. Abweichung (Ausnahme und Befreiung)

Der Rechtsanwender muss auf bestimmte, u.U. atypische Situationen, eingehen können. Daher bedient sich der Gesetzgeber nicht nur unbestimmter Rechtsbegriffe, die im konkreten Fall eine Auslegung zugunsten der in Rede stehenden Situation zulassen, sondern auch des Instituts der Abweichung (in den meisten Ländern zusätzlich noch Ausnahme und Befreiung).

340

a. Abweichung

Die Landesbauordnungen bestimmen, dass von den allgemeinen Regeln der Technik, öffentlich bekannt gemachten Baunormen oder technischen Baubestimmungen abgewichen werden kann, wenn eine gleichwertige technische Lösung nachgewiesen wird. Gleiches gilt für technische Bauvorschriften, gleichgültig, ob sie in Gesetzen, Rechtsvorschriften oder Verwaltungsvorschriften enthalten sind. Das Institut der Abweichung soll es ermöglichen, neuartige technische Entwicklungen auch dann zu verwenden, wenn diese von den bauordnungsrechtlichen Festlegungen oder von anerkannten privatrechtlichen Standards (DIN, EN, VDI) abweichen. Es handelt sich nicht um eine inhaltliche Abweichung von den materiell-rechtlichen Vorgaben des Bauordnungsrechts oder um eine Lockerung des repressiven Verbots, sondern um eine echte baurechtliche **Ersetzungsbefugnis**.[487]

341

b. Ausnahme

Soweit die Landesbauordnung noch keinen einheitlichen Abweichungstatbestand statuiert hat und noch zwischen Ausnahme und Befreiung differenziert, sind auch diese zu beachten. Im Gegensatz zu der Abweichung heben die Ausnahme und die Befreiung eine gesetzliche Regelung für einen bestimmten Fall auf. Sie stehen im Ermessen der Behörde. Im Unterschied zur Befreiung (s.u.) beruht die Ausnahmebewilligung auf einem Ausnahmevorbehalt, der in der jeweiligen Vorschrift selbst enthalten ist. Der Gesetzgeber rechnet hier selbst mit atypischen Fällen und regelt die Vor-

342

---

[486] Vgl. § 12 VI BauNVO sowie die Vorschriften der Landesbauordnungen über die örtlichen Bauvorschriften.
[487] Vgl. auch *Decker*, BayVBl **2003**, 5 ff.

aussetzungen für eine Ausnahmeentscheidung. Die Ausnahme bezieht sich aber nur auf *nicht zwingende* Vorschriften der Bauordnung.

c. Befreiung

343 Die Befreiung (**Dispens**) bezieht sich terminologisch auf *zwingende* Vorschriften der Bauordnung. Die Befreiungstatbestände sind den Bauordnungen zu entnehmen. So sind sie zunächst möglich, wenn **Gründe des Wohls der Allgemeinheit** die Befreiung fordern. Weiterhin kommen sie in Betracht, wenn die Einhaltung der bauordnungsrechtlichen Vorschrift zu einer offenbar **nicht beabsichtigten Härte** führen würde. Zahlreiche Landesbauordnungen schreiben zudem vor, dass die Befreiung **mit den öffentlichen Belangen auch unter Würdigung nachbarlicher Interessen vereinbar** sein muss.[488] Da die Erteilung einer Befreiung eine Ermessensentscheidung darstellt, kann die Behörde gem. § 36 II VwVfG die Baugenehmigung (= begünstigender Verwaltungsakt) mit einer (belastenden) Nebenstimmung versehen, um so die Nachteile für Dritte oder die Allgemeinheit gering zu halten. Sie kann aber auch mit dem Bauherrn einen verwaltungsrechtlichen Vertrag gem. §§ 54 ff. VwVfG (hier: Austauschvertrag) schließen.

> **Beispiel:** Die A-GmbH möchte im Zentrum der Stadt B ein Geschäftsgebäude errichten und beantragt bei der Baubehörde eine entsprechende Baugenehmigung. Da sie aber nicht in der Lage ist, die in der Landesbauordnung und im Bebauungsplan festgeschriebene erforderliche Zahl von Einstellplätzen für Kfz zu errichten, beantragt sie bei der Baubehörde ferner die Erteilung einer Ausnahmebewilligung gem. der Norm der Landesbauordnung über die Befreiung und gem. § 31 II BauGB[489] (sog. Dispens). B ist bereit, den Dispens zu erteilen, wenn A sich finanziell an dem Bau eines ganz in der Nähe geplanten Parkhauses beteiligt. Diesbezüglich schließen A und B einen Vertrag, durch den A verpflichtet wird, sich finanziell an dem Bau des Parkhauses zu beteiligen, und B, den gewünschten Dispens zu erteilen. Es handelt sich um einen sog. **Baudispensvertrag**. Dieser Vertrag ist öffentlich-rechtlicher Natur, da er das öffentliche Baurecht betrifft. Es liegt mithin ein verwaltungsrechtlicher Vertrag i.S.d. §§ 54 ff. VwVfG vor.

---

[488] Zum Dispens im Verwaltungsrecht vgl. auch *Bleckmann*, DÖV **2003**, 155 ff.
[489] Die Trennung zwischen Bauordnungsrecht als Landesrecht und Bauplanungsrecht als Bundesrecht zwingt dazu, für jeden der beiden Bereiche gesonderte Regelungen zu treffen, auch wenn sie inhaltlich weitgehend miteinander übereinstimmen.

V. Gewährleistung des materiellen Baurechts durch die Verwaltung

1. Aufbau der Bauverwaltung

Ist in der Fallbearbeitung nach der Rechtmäßigkeit einer Baugenehmigung oder einer Bauordnungsverfügung gefragt, muss im Rahmen der formellen Rechtmäßigkeitsprüfung geprüft werden, ob der Verwaltungsakt unter Beachtung von Zuständigkeits-, Verfahren- und Formvorschriften erlassen wurde.[490]

344

Die **Zuständigkeit** der Baurechtsbehörde (je nach Funktion Bauaufsichtsbehörde oder Bauordnungsbehörde genannt), entspricht dem allgemeinen Organisationsrecht der Länder. Die Baubehörden sind damit in der Regel dreistufig und nur in den Stadtstaaten sowie in Brandenburg, Mecklenburg-Vorpommern, Niedersachsen, dem Saarland und Schleswig-Holstein zweistufig aufgebaut. **Instanziell** untere Bauaufsichtsbehörde sind der (Land-)Kreis oder die kreisfreie Stadt, Mittelinstanz, soweit vorhanden, die Bezirksregierung oder der Regierungspräsident, während das zuständige Fachministerium als oberste Bauaufsichtsbehörde fungiert. Die Kenntnis über die Behördenstruktur ist deshalb wichtig, weil i.d.R. nur die Behörde der **unteren Stufe** (also der Kreis oder die kreisfreie Stadt) für den **Erlass von Baurechtsverwaltungsakten** zuständig ist, und die **mittlere Instanz** als **Widerspruchsbehörde** fungiert.

Die **sachliche** Zuständigkeit der Bauaufsichtsbehörden besteht darin, die Einhaltung der öffentlich-rechtlichen Vorschriften bei Errichtung, Änderung, Abbruch sowie Instandhaltung baulicher Anlagen zu überwachen.[491] Sachlich zuständig ist grundsätzlich die untere Bauaufsichtsbehörde. Die **örtliche** Zuständigkeit bestimmt sich mangels abweichender Vorschriften gem. § 3 I Nr. 1 LandesVwVfG nach dem Ort, an dem das Bauvorhaben durchgeführt wird.[492]

2. Baugenehmigung und Baugenehmigungsverfahren

a. Genehmigungspflicht und Freistellungen

Hinsichtlich der Bauerlaubnis differenzieren die reformierten Bauordnungen zwischen **baugenehmigungspflichtigen** Vorhaben, **baugenehmigungsfreien** Vorhaben und Vorhaben mit der Möglichkeit **des vereinfachten Genehmigungsverfahrens**.

345

- Die **baugenehmigungspflichtigen Vorhaben** haben das „normale" bauordnungsrechtliche Genehmigungsverfahren zu durchlaufen.

- Demgegenüber sind die **baugenehmigungsfreien Vorhaben** von dieser Verpflichtung befreit. Dies bedeutet allerdings nicht, dass diese Vorhaben nach Belieben errichtet werden könnten. Auch für baugenehmigungsfreie Vorhaben gelten die materiellen Anforderungen des Bauordnungs- und Bauplanungsrechts an eine Bebauung, z.B. die bereits genannten bauordnungsrechtlichen Vorschriften über das Verunstaltungsverbot und den Grenzabständen, aber auch die §§ 30 ff. BauGB und die sonstigen öffentlich-rechtlichen Bestimmungen. Die Befreiung von den formellen Anforderungen eines Genehmigungsverfahrens befreit also nicht von der Einhaltung der Vorschriften des materiellen Baurechts.

- Dies gilt gleichermaßen auch für Vorhaben, die nur einem **vereinfachten Genehmigungsverfahren** unterliegen, und zwar im Hinblick auf die im vereinfachten Verfahren

---

[490] Zum Prüfungsschema eines Verwaltungsakts vgl. *R. Schmidt*, AllgVerwR, Rn 508.
[491] **MBO**: § 57; **BaWü**: § 48 LBO; **Bay**: Art. 53 LBO; **Berl**: -; **Brand**: -; **Brem**: § 63 LBO; **Hamb**: -; **Hess**: § 52 LBO; **MV**: § 57 LBO; **Nds**: § 65 LBO; **NRW**: § 62 LBO; **RhlPfl**: § 60 LBO; **Saar**: § 59 LBO; **Sachs**: § 57 LBO; **SachsAnh**: § 56 LBO; **SchlHolst**: § 61 LBO; **Thür**: § 61 LBO.
[492] Vgl. *Erbguth/Wagner*, BauR, § 13 Rn 3; *Grotefels*, in: Hoppe/Bönker/Grotefels, BauR, § 15 Rn 3.

gerade nicht geprüften Vorschriften des materiellen Bauordnungsrechts. Damit ist gleichzeitig auch die „Vereinfachung" erklärt: Sie besteht darin, dass die Genehmigungsbehörde die Einhaltung der Vorschriften des materiellen Bauordnungsrechts nur eingeschränkt, d.h. nur in bestimmten Punkten überprüft. Soweit eine Prüfung durch die Behörden im Genehmigungsverfahren nicht erfolgt, liegt die Verantwortung für die Einhaltung der materiellen öffentlich-rechtlichen Anforderungen bei den am Bau Beteiligten Personen oder bei (privaten) Sachverständigen.

Im Einzelnen gilt:

aa. Baugenehmigungspflichtige Vorhaben

346 Bauliche Anlagen bedürfen, zumindest ab einer bestimmten Größe, zu ihrer Errichtung, ihrer Änderung und ihrem Abbruch grundsätzlich einer **Baugenehmigung**. Diese dient der präventiven Rechtskontrolle von Bauvorhaben: Die grundrechtlich gewährte Baufreiheit (Art. 14 I GG) wird präventiv eingeschränkt, damit die Behörde vorab prüfen kann, ob sich das Bauvorhaben innerhalb der Gesetze bewegt (diese darf der Gesetzgeber gem. Art. 14 I S. 2 GG bestimmen). Ist dies der Fall, hat der Antragsteller folgerichtig einen Anspruch auf Erteilung der Genehmigung (vgl. die einschlägigen Vorschriften der Bauordnungen[493]: „... ist zu erteilen, wenn keine öffentlich-rechtlichen Vorschriften entgegenstehen"). Solche öffentlich-rechtlichen Vorschriften sind Vorschriften, die von der Baurechtsbehörde bei der Erteilung der Baugenehmigung zu beachten sind. Das sind Vorschriften der **Bauordnung** selbst, Vorschriften anderer baurechtlicher Gesetze, insbesondere die des **BauGB** (hier wiederum insbesondere die §§ 30-36) oder der **BauNVO**, sowie außerbaurechtliche Vorschriften, insbesondere solche des **BImSchG** (vgl. dort etwa § 22[494]), der **Naturschutzgesetze**[495], der **Denkmalschutzgesetze**, des **FStrG** (§ 9 I und III) und des **UVPG**.[496]

Ausgeschieden werden können demgegenüber jene Rechtsmaterien, für die gesetzlich ein eigenes Verwaltungsverfahren vorgesehen ist. Dies gilt etwa für das Gewerberecht, für welches die GewO eigene formelle Vorschriften vorsieht, sowie für die Zweckentfremdung von Wohnraum (Mietrechtsverbessungsgesetz).[497]

347 Widerspricht das Vorhaben mindestens einer dieser Vorschriften, ist es nicht genehmigungsfähig. Darüber hinaus muss das Vorhaben, soweit es im Geltungsbereich des § 34 BauGB liegt, den Anforderungen der **Fauna-Flora-Habitat**-Richtlinie entsprechen.[498] Das betrifft in erster Linie **Natura-2000-Gebiete** (dazu Rn 97c und 261).

348 Die grundsätzliche Genehmigungspflicht für Bauvorhaben hat zum Hintergrund, dass es sich bei der Baugenehmigung um ein **präventives Verbot mit Erlaubnisvorbehalt** handelt: Die Grundrechte in ihrer Funktion als Freiheitsrechte gewähren dem Bürger einen Anspruch auf freie Entfaltung seiner Persönlichkeit (hier: freies Bauen). Der Gesetzgeber kann dem Bürger ein Tätigwerden nur innerhalb der von den Grundrechten

---

[493] Vgl. **MBO**: § 72; **BaWü**: §§ 58, 59 LBO; **Bay**: Art. 68 LBO; **Berl**: § 71 LBO; **Brand**: §§ 67, 68 LBO; **Brem**: § 74 LBO; **Hamb**: §§ 72, 72a LBO; **Hess**: §§ 64, 65 LBO; **MV**: § 72 LBO; **Nds**: §§ 75, 78 LBO; **NRW**: § 75 LBO; **RhlPfl**: §§ 70, 77 LBO; **Saar**: § 73 LBO; **Sachs**: § 72 LBO; **SachsAnh**: § 71 LBO; **SchlHolst**: § 73 LBO; **Thür**: § 70 LBO.

[494] Ggf. i.V.m. der 26. BImSchVO (⇨ Verordnung über elektromagnetische Felder) – vgl. dazu *Köhler-Rott*, JA **2001**, 802 ff.

[495] Vgl. dazu BVerwG DVBl **2001**, 646; *Aulehner*, JA **2001**, 754 ff. Zu beachten ist auch die Kollisionsnorm des § 21 BNatSchG.

[496] Wobei anzumerken ist, dass wegen § 17 I UVPG die meisten Vorschriften des UVPG nicht anwendbar sind, weil die Umweltverträglichkeit schon bei der bauplanerischen Abwägung nach § 1 V, VI Nr. 7, § 1 a und § 1 VII BauGB berücksichtigt worden ist.

[497] Vgl. *Seiler*, JuS **2001**, 263, 264.

[498] Vgl. dazu *Reidt*, NVwZ **2010**, 8 ff.; *Gaentzsch*, NVwZ **2001**, 990, 995; *Halama*, NVwZ **2001**, 506 ff.

vorgesehenen Möglichkeit materiell-rechtlich verbieten. Er darf allerdings ein Tätigwerden vorweg daraufhin kontrollieren, ob es dem materiellen Recht entspricht. Bei Einhaltung dieser Voraussetzung besteht ein Anspruch auf Genehmigung eines Vorhabens. Ist die Genehmigung *formell* ein begünstigender Verwaltungsakt, stellt sie *materiell* lediglich wieder her, was dem Bürger grundrechtlich erlaubt ist. Umgekehrt stellt die Versagung einen Eingriff in die subjektiven Rechte des Bürgers dar. Das präventive Verbot mit Erlaubnisvorbehalt ist also eine Kontrollerlaubnis. Dieser Erlaubnisvorbehalt ermöglicht der Behörde die rechtzeitige Nachprüfung, ob sich die beabsichtigte Tätigkeit *materiell* im Bereich des gesetzlich Erlaubten hält.

Auch eine **Nutzungsänderung** kann genehmigungspflichtig sein. Denn die geänderte Nutzung eines Gebäudes kann sich von der bisherigen so unterscheiden, dass sie anderen, weitergehenden Anforderungen bauordnungs- oder bauplanungsrechtlicher Art unterworfen ist oder zumindest in einer die Genehmigungspflicht auslösenden Art und Weise sein kann; sie ist dann genehmigungsbedürftig, wenn in Bezug auf die vorhandene Nutzung eine bestimmte Variationsbreite, die jeder Nutzung innewohnt, überschritten ist. Sie ist dagegen genehmigungsfrei, wenn für die neue Nutzung keine anderen oder weitergehenden öffentlich-rechtlichen Anforderungen als für die bisherige Nutzung in Betracht kommen. Genehmigungsbedürftig ist stets die Änderung der Art der Nutzung (z.B. von Wohnnutzung zu gewerblicher Nutzung oder umgekehrt); allein eine Intensivierung der Nutzung stellt jedoch noch keine genehmigungspflichtige Nutzungsänderung dar. Zur Nutzungsänderung vgl. auch Rn 271.

349

Die Baugenehmigung wird i.d.R. durch den **Kreis** (Kreisverwaltungsbehörde) erteilt, bedarf aber regelmäßig der **Beteiligung der Gemeinde**. Da die Länder die Gesetzgebungskompetenz für das Baupolizeirecht bzw. das Bauordnungsrecht haben, sind Baugenehmigung und Baugenehmigungsverfahren in den Landesbauordnungen geregelt. Nach den maßgeblichen Vorschriften *ist* die Baugenehmigung zu erteilen, wenn dem Vorhaben keine öffentlich-rechtlichen Vorschriften entgegenstehen.[499] Welchen öffentlich-rechtlichen Vorschriften das Bauvorhaben entgegenstehen könnte, wurde bereits erläutert. Insbesondere im BauGB ist bundesrechtlich ergänzend geregelt, dass das Vorhaben weder den Bestimmungen des Bauplanungsrechts noch sonstigen Vorschriften widersprechen darf (vgl. § 29 I und II BauGB). Anderenfalls ist es nicht genehmigungsfähig.

350

bb. Baugenehmigungsfreie Vorhaben

Die reformierten Bauordnungen der Länder sehen allerdings durchweg vor, dass – aus Gründen der Verfahrensbeschleunigung – Bauvorhaben (auch Wohngebäude!) bis zu einer bestimmten Größe von der **Genehmigungspflicht ausgenommen** sind.[500] Liegt das genehmigungsfreie Vorhaben im qualifiziert beplanten Innenbereich (§ 30 I BauGB) oder im Bereich eines vorhabenbezogenen Bebauungsplans (§§ 30 II, 12 BauGB), spricht man auch von **Genehmigungsfreistellung** oder **Anzeigeverfahren** bzw. **Kenntnisgabeverfahren**. Allen Bezeichnungen gemeinsam ist aber, dass der Bauherr ohne Baugenehmigung bauen darf. Er muss das Bauvorhaben lediglich anzeigen, damit die Baubehörde in Kenntnis gesetzt wird und ggf. einschreiten kann,

351

---

[499] Vgl. **MBO**: § 72; **BaWü**: §§ 58, 59 LBO; **Bay**: Art. 68 LBO; **Berl**: § 71 LBO; **Brand**: §§ 67, 68 LBO; **Brem**: § 74 LBO; **Hamb**: §§ 72, 72a LBO; **Hess**: §§ 64, 65 LBO; **MV**: § 72 LBO; **Nds**: §§ 75, 78 LBO; **NRW**: § 75 LBO; **RhlPfl**: §§ 70, 77 LBO; **Saar**: § 73 LBO; **Sachs**: § 72 LBO; **SachsAnh**: § 71 LBO; **SchlHolst**: § 73 LBO; **Thür**: § 70 LBO.

[500] Vgl. **MBO**: §§ 61 f.; **BaWü**: §§ 50 f. LBO; **Bay**: Art. 57 f. LBO; **Berl**: §§ 61-63 LBO; **Brand**: §§ 55, 58 LBO; **Brem**: §§ 65 f. LBO; **Hamb**: § 60 LBO; **Hess**: §§ 55 f. LBO; **MV**: §§ 61 f. LBO; **Nds**: §§ 69 f. LBO; **NRW**: §§ 65-67 LBO; **RhlPfl**: §§ 62, 67 LBO; **Saar**: §§ 61, 63 LBO; **Sachs**: §§ 61 f. LBO; **SachsAnh**: §§ 60 f. LBO; **SchlHolst**: §§ 63, 68 LBO; **Thür**: §§ 63 f. LBO.

wenn sie der Auffassung ist, das Bauvorhaben widerspreche den öffentlich-rechtlichen Vorschriften.

352 Mit der Freistellungspolitik erhoffen sich die Länder einen Abbau des Verwaltungsaufwandes und eine Beschleunigung des Verfahrens. Dadurch können sich aber ernste Probleme für die Kontrollfunktion der Baugenehmigung ergeben. Denn durch den Wegfall der präventiven Kontrolle werden Baubehörde und Allgemeinheit oft vor vollendete Tatsachen gestellt. Außerdem geht die (haftungsrechtliche) Verantwortung zunehmend auf den Bauherrn und Architekten über.[501] Schließlich kann die Abgrenzung zwischen Genehmigungspflicht und Genehmigungsfreiheit im Einzelfall schwierig sein. So kann eine an sich genehmigungsfreie Anlage als Teil einer Gesamtanlage genehmigungspflichtig sein. Die insgesamt mit der Freistellungspolitik verbundene Problematik soll im Folgenden dargestellt werden.[502]

353 Wie gesagt, bedeutet die bauordnungsrechtliche Genehmigungsfreistellung jedoch nicht, dass genehmigungsfreigestellte Bauvorhaben auch von den Vorgaben des materiellen Baurechts entbunden wären. Für Vorhaben im Bereich eines qualifizierten Bebauungsplans gem. § 30 I BauGB, also eines Bebauungsplans, der bestimmte, in § 9 BauGB genannte Festsetzungen über die Art und das Maß der baulichen Nutzung enthält, oder im Bereich eines vorhabenbezogenen Bebauungsplans gem. § 30 II BauGB folgt dies bereits aus der unmittelbaren Geltung des Bebauungsplans als Satzung i.S.v. § 10 I BauGB. Aber auch bei Vorhaben im Geltungsbereich der §§ 34, 35 BauGB bleiben die Vorgaben gem. § 29 I BauGB bestehen. Soweit es sich allerdings um kleinere Vorhaben handelt, die nach den Landesbauordnungen von der Genehmigungspflicht freigestellt sind, ist dies i.d.R. unproblematisch, da sie sich ohne weiteres in die nähere Umgebung „einfügen" und auch im Übrigen öffentlichen Belangen „nicht entgegenstehen" bzw. diese „nicht beeinträchtigen". Sie sind daher materiell zulässig. Bei etwas größeren Vorhaben, die zwar ebenfalls noch der bauordnungsrechtlichen Freistellung unterliegen, im Übrigen aber den Vorgaben der §§ 30 ff. BauGB widersprechen, könnte die Freistellungspolitik der Länder aber zur Errichtung bauplanungsrechtswidriger Bauten führen. Diesbezüglich ergeben sich insbesondere drei Problemkreise:

354 1. Zum einen besteht stets die Gefahr, dass – da gerade keine Baugenehmigung in Form eines Verwaltungsakts ergeht und deswegen die Hinzuziehung Dritter zum Verwaltungsverfahren (§ 13 II VwVfG) und die Anhörung Beteiligter (§ 28 VwVfG) prinzipiell nicht möglich ist – die Interessen Dritter (insbesondere die der Nachbarn) vernachlässigt werden. Selbst wenn man aus rechtsstaatlichen Gründen den Vorschriften der §§ 13 und 28 VwVfG einen allgemeinen Rechtsgrundsatz entnimmt, hilft das dem Dritten nicht weiter. Denn das beschränkte Programm des Anzeigeverfahrens dient der Prüfung, ob dessen Voraussetzungen vorliegen, nicht der Prüfung drittschützender Normen. Folglich wird die Behörde keine Veranlassung haben, einen Dritten hinzuzuziehen. Dieser hat auch keinen Anspruch auf Durchführung des Baugenehmigungsverfahrens – mit notwendiger Nachbarbeteiligung –, wenn die Behörde das Vorhaben zu Unrecht als genehmigungsfreigestellt behandelt.[503]

---

[501] Zwar sind diese ohnehin zivilrechtlich für entstandene Schäden an Rechtsgütern Dritter verantwortlich, wenn der Schaden aber auf eine rechtswidrige Baugenehmigung zurückgeführt werden könnte, bestünde außerdem ein Amtshaftungsanspruch.

[502] Vgl. dazu auch *Ortloff*, NVwZ **2003**, 660, 662; *Gaentzsch*, NVwZ **2001**, 990 ff.; *Bamberger*, NVwZ **2000**, 983 ff., *Stollmann*, NordÖR **2000**, 400 ff. und *Jäde*, NVwZ **2001**, 982 ff.

[503] OVG Münster NWVBl **1999**, 266; *Ortloff*, NVwZ **2003**, 1218 f.; *Schmitz*, NVwZ **2000**, 1238, 1239; *Ortloff*, NVwZ **2000**, 750, 754.

2. Zweitens ist bereits der regelmäßige Wegfall der aufschiebenden Wirkung eines Nachbarwiderspruchs/einer Nachbarklage gem. §§ 80 II S. 1 Nr. 3, 212 a I BauGB[504] dogmatisch und rechtspolitisch fragwürdig genug. Denn dadurch wird das Regel-Ausnahme-Verhältnis des § 80 VwGO umgekehrt, was wiederum zur Folge hat, dass die Baubehörde von der (lästigen) Pflicht befreit ist, die sofortige Vollziehung im Einzelfall unter den Direktiven des § 80 II S. 1 Nr. 4 VwGO (Interessenabwägung) anzuordnen und gem. § 80 III S. 1 VwGO zu begründen. Es findet also eine erhebliche Funktionsverschiebung von der Exekutive in Richtung Judikative statt; die sonst von der Baubehörde vorzunehmende Interessenabwägung muss nun das Verwaltungsgericht vornehmen. Das Genehmigungsfreistellungsverfahren greift noch tiefer in die Nachbarproblematik ein. Hier bleibt dem Nachbarn als einziges effektives Mittel (neben dem zivilrechtlichen Nachbarstreitverfahren) nur der Antrag auf **Erlass einer einstweiligen Anordnung gem. § 123 VwGO**, da diese immer dann greift, wenn für das Bauvorhaben – aus welchem Grund auch immer – keine Baugenehmigung erteilt wurde, also kein suspendierungsfähiger Verwaltungsakt in Rede steht.[505] Dieses Verfahren ist aber gegenüber der Grundregel des § 80 I VwGO und dem Eilantrag nach §§ 80 a, 80 V VwGO aus zwei Gründen unvorteilhaft: Zum einen wird dem Antragsteller nach § 123 III VwGO i.V.m. § 945 ZPO das Risiko einer ungerechtfertigten einstweiligen Verfügung auferlegt: Erweist sich der Erlass einer einstweiligen Anordnung später im Hauptsacheverfahren als von Anfang an ungerechtfertigt oder wird die Anordnung zur Erhebung der Klage in der Hauptsache nicht befolgt, hat der Antragsteller dem Antragsgegner (verschuldens*un*abhängig) den Schaden zu ersetzen, der diesem durch die einstweilige Anordnung entsteht. Dadurch besteht ein deutliches Risiko, das es bei den §§ 80, 80 a VwGO nicht gibt. Zum anderen setzt die einstweilige Anordnung nach § 123 I VwGO nicht nur einen Anordnungsanspruch (das ist der materielle Anspruch), sondern auch einen Anordnungsgrund (das ist der Grund für die Eilbedürftigkeit) voraus. Der Antragsteller (d.h. der Nachbar) muss also einen ihn als Dritten berechtigenden subjektiv-öffentlichen Anspruch gegen die Behörde auf bauaufsichtliches Einschreiten i.V.m. einer Ermessensreduzierung auf Null glaubhaft machen.[506] Das wird ihm nicht ohne weiteres gelingen. Demgegenüber hätte die Anfechtung der Baugenehmigung lediglich einen nicht offensichtlich unzulässigen oder unbegründeten Rechtsbehelf vorausgesetzt. Der Nachbarrechtsschutz über § 123 VwGO führt damit im Gegensatz zu den Anforderungen des § 80 I VwGO nicht nur zu einer engen Abhängigkeit vom vorhandenen materiellen Bauaufsichtsrechts, sondern ist auch nur eingeschränkt gewährleistet.[507]

3. Drittens handeln Bauherr und Entwurfsverfasser „grundsätzlich auf eigene Gefahr"[508]. Das im Gebiet eines Bebauungsplans liegende plankonforme Wohngebäude kann nämlich nach § 15 BauNVO unzulässig sein.[509] Ergibt eine nachträgliche Feststellung, dass der errichtete Bau genehmigungspflichtig gewesen wäre oder – noch schlimmer – nicht den öffentlich-rechtlichen Vorschriften entspricht, müsste (im Fall der nicht vorhandenen Genehmigungsfähigkeit) eigentlich eine Bauabrissverfügung ergehen. Nur wenn eine Abwägung ergibt, dass aufgrund der durch den Bau geschaffenen Wertsubstanz der Bauherr den stärkeren Schutz genießt, hat eine solche Bauabrissverfügung vor den Gerichten keinen Bestand. Entsprechendes gilt, wenn sich nachträglich die Nichtigkeit des Bebauungsplans herausstellt.[510]

Zur Möglichkeit des Bauherrn, trotz Genehmigungsfreiheit eine Baugenehmigung zu beantragen, um Rechtssicherheit zu erlangen, vgl. Rn 120.

355

356

---

[504] Zu § 212 a I BauGB im Verfahren nach § 80 V VwGO vgl. *Huber*, NVwZ **2004**, 915 ff.
[505] Vgl. OVG Münster NVwZ-RR **1999**, 427; *Ortloff*, NVwZ **2003**, 1218 f.; *Bamberger*, NVwZ **2000**, 983, 984.
[506] *Dolde/Menke*, NVwZ **1999**, 2150, 2161; *Bamberger*, NVwZ **2000**, 983, 985.
[507] *Bamberger*, NVwZ **2000**, 983, 985.
[508] OVG Bautzen SächsVBl **1999**, 131; VG Münster BauR **1999**, 626; *Ortloff*, NVwZ **2003**, 1218 f.; *Ortloff*, NVwZ **2000**, 750, 752.
[509] Vgl. dazu VGH Mannheim UPR **1999**, 115.
[510] Vgl. VG Dresden ThürVBl **1999**, 305 (zu § 63 XI SächsLBO).

357   Am Beispiel der hessischen Bauordnung greift die Genehmigungsfreistellung unter fünf Voraussetzungen, die kumulativ vorliegen müssen[511]:

358   1. Das Vorhaben liegt im Geltungsbereich eines qualifizierten Bebauungsplans oder eines vorhabenbezogenen Bebauungsplans. Außerhalb der genannten Bereiche soll die Beurteilung der Zulässigkeit nicht der Bauherrschaft bzw. den entwurfsverfassenden Personen überlassen bleiben; außerhalb des Geltungsbereichs der qualifizierten Bebauungspläne bedarf es überdies des gemeindlichen Einvernehmens nach § 36 BauGB, sodass auch aus diesem Grund eine Freistellung nicht möglich ist. Nicht ausreichend sind die Planreife (§ 33 BauGB) oder die Lage des Grundstücks innerhalb der im Zusammenhang bebauten Ortsteile.

359   2. Es bedarf keiner Ausnahme oder Befreiung nach § 31 BauGB. Das Vorhaben muss plankonform sein und den Festsetzungen der verbindlichen Bauleitplanung im Detail entsprechen.

360   3. Die Erschließung ist gesichert. Die Erschließung umfasst im Wesentlichen die dauerhaft gesicherte tatsächliche und rechtliche Zugangsmöglichkeit zum Grundstück, die Versorgung mit Wasser und Energie sowie die Entsorgung von Abfall und Abwasser.

361   4. Eine Abweichung nach § 63 HessLBO ist nicht erforderlich. Das Vorhaben muss den Vorschriften des Bauordnungsrechts genügen; wäre eine isolierte Entscheidung über eine Abweichung notwendig, käme der Gesichtspunkt der Verfahrensvereinfachung nicht mehr zur Geltung. Wird nach Baubeginn, etwa durch eine geänderte Planung, eine Abweichungsentscheidung erforderlich, ist ein Genehmigungsverfahren durchzuführen, die Genehmigungsfreistellung entfällt.

362   5. Die Gemeinde erklärt dem Bauherrn nicht innerhalb eines Monats nach Eingang der erforderlichen Bauvorlagen schriftlich, dass ein Baugenehmigungsverfahren durchgeführt werden soll, oder hat keine vorläufige Untersagung nach § 15 I S. 2 BauGB beantragt. Mit dieser Regelung wird der Planungshoheit der Gemeinde Rechnung getragen; die Gemeinde hat es in der Hand, darüber zu entscheiden, ob - bei Vorliegen der sonstigen Voraussetzungen - die Freistellung greift oder ein vereinfachtes Genehmigungsverfahren durchzuführen ist. Die Entscheidung der Gemeinde - eine entsprechende Erklärung abzugeben oder zu unterlassen - kann nicht angefochten werden. Es handelt sich hierbei um eine (negative) Tatbestandsvoraussetzung; das Vorhaben ist von der Genehmigungspflicht befreit, wenn die entsprechende Erklärung der Gemeinde ausbleibt.

363   Baugenehmigungsfrei sind nur die Errichtung, Änderung oder Nutzungsänderung der genannten Vorhaben; für den **Abbruch** und die **Beseitigung** dieser Anlagen verbleibt es bei der **Baugenehmigungspflicht**, sofern nicht nach den Vorschriften der Bauordnung (etwa Abschnitt IV der Anlage 2 zu § 55 HessLBO) Genehmigungsfreiheit gegeben ist. Von der Genehmigung freigestellt sind auch (Nutzungs-)Änderungen, wenn die geänderte Anlage freigestellt ist; abzustellen ist also auf das Ergebnis der (Nutzungs-) Änderung.

Durch den weitgehenden Wegfall der präventiven Kontrolle in Form der Baugenehmigung ist es möglich, dass verstärkt rechtswidrige Bauten entstehen. Dadurch kommt den bauordnungsrechtlichen Eingriffsbefugnissen (**Baueinstellungsverfügung**, **Bauabrissverfügung**, **Nutzungsuntersagung**) eine bisher ungeahnte Bedeutung zu. Ob diese Entwicklung von den reformfreudigen Landesgesetzgebern vorausgesehen worden ist, mag bezweifelt werden.[512]

---

[511] Vgl. auch *Eiding/Ruf/Herrlein*, BauR, Rn 179. Für die anderen Bauordnungen ergibt sich sinngemäß dasselbe.
[512] Kritisch auch *Ortloff*, NVwZ **2003**, 1218 f. Zu den Ordnungsverfügungen vgl. ausführlich Rn 501 ff.

Zum **Nachbarschutz** vgl. ausführlich Rn 427 ff.

cc. Vereinfachtes Baugenehmigungsverfahren

Sozusagen „zwischen" dem Baugenehmigungserfordernis und der Genehmigungsfrei- **364**
stellung steht das sog. **vereinfachte Genehmigungsverfahren**. In diesem Verfahren ist die Prüfung des Bauvorhabens eingeschränkt. Es werden nicht mehr sämtliche
baurechtliche und außerrechtliche Bestimmungen, die dem Vorhaben entgegenstehen
könnten, in die Prüfung des Bauvorhabens einbezogen, sondern nur noch ganz bestimmte. Damit soll eine Erleichterung des formellen Rechts erreicht werden.[513] Welche konkreten Bestimmungen geprüft werden müssen, ist der jeweiligen Bauordnung
zu entnehmen. Nach der MBO 2002 wird im vereinfachten Genehmigungsverfahren
nur noch die Vereinbarkeit des Bauvorhabens mit den §§ 29-38 BauGB (§ 64 S. 1 Nr.
1 MBO 2002) und dem Bauordnungsrecht (§ 64 S. 1 Nr. 2 MBO 2002) geprüft. Sonstige öffentlich-rechtliche Anforderungen werden nur noch in das Baugenehmigungsverfahren einbezogen, soweit wegen der Baugenehmigung eine Entscheidung nach
anderen öffentlich-rechtlichen Vorschriften entfällt oder ersetzt wird (§ 64 S. 1 Nr. 3
MBO 2002). Mit dieser Regelung übernimmt die Baugenehmigung eine Präventivkon-
trolle des Bauvorhabens in Bezug auf die Vereinbarkeit mit nicht-baurechtlichen Vorschriften nur dann und insoweit, wie dieses selbst eine solche Prüfung fordert und sie
dem baurechtlichen Genehmigungsverfahren zuweist.

b. Prüfungsumfang bei der Erteilung der Baugenehmigung

aa. Stellt der Bauherr einen Antrag auf Baugenehmigung, prüft die Baugenehmi- **365**
gungsbehörde (und somit der Klausurbearbeiter) die Vereinbarkeit des Vorhabens mit
sämtlichen, dem Projekt möglicherweise entgegenstehenden öffentlich-rechtlichen
Vorschriften. Dabei ist stets von der bauordnungsrechtlichen Genehmigungsnorm
auszugehen.[514] Danach *ist* die Baugenehmigung zu erteilen, wenn dem Vorhaben
keine (von der Baugenehmigungsbehörde zu prüfenden) öffentlich-rechtlichen Vorschriften entgegenstehen.[515] In einem zweiten Schritt sind dann alle in Betracht
kommenden öffentlich-rechtlichen Vorschriften, die dem Vorhaben entgegenstehen
könnten, durchzuprüfen. Das sind insbesondere die Vorschriften des Bauplanungs-
und Bauordnungsrechts. Da die bauplanungsrechtlichen Vorschriften die Boden- und
Grundstücksnutzung regeln, während die bauordnungsrechtlichen Vorschriften das
einzelne Bauwerk in seiner konkreten Ausführung betreffen, bietet es sich an, die
bauplanungsrechtlichen Voraussetzungen vor den bauordnungsrechtlichen zu prüfen.
Denn lassen Erstere die Bebauung des konkreten Grundstücks erst gar nicht zu, erüb-

---

[513] Vgl. BGH NJW **2002**, 129.

[514] Es sei denn, diese wird von einer Spezialnorm verdrängt, vgl. Rn 4, 266a, 426a.

[515] Der Klammerzusatz: „von der Baugenehmigungsbehörde zu prüfenden"... hat den Hintergrund, dass sich
der Prüfungsumfang der Baurechtsbehörde nach dem jeweiligen – unterschiedlichen – Landesrecht richtet. So
unterscheidet sich die Rechtslage in BaWü (§ 58 I S. LBO) und Bay (Art. 72 I S. 1 BauO) von derjenigen aller
anderen Bundesländer, wonach die Baugenehmigung erteilt werden muss, wenn dem Vorhaben keine öffentlich-rechtlichen Vorschriften entgegenstehen. Die Einschränkung: „von der Baurechtsbehörde zu prüfenden"
öffentlich-rechtlichen Vorschriften ist dort nicht enthalten. Damit haben die Landesgesetzgeber in BaWü und
Bay klargestellt, dass die Baugenehmigung in diesen Ländern auch dann schon erteilt werden muss, wenn
nicht ausgeschlossen werden kann, dass das Vorhaben gegen solche öffentlich-rechtliche Vorschriften verstößt, für deren Prüfung aufgrund spezialgesetzlicher Bestimmung eine andere Behörde in einem besonderen
Genehmigungsverfahren zuständig ist (sog. **„Separationsmodell"**). Demgegenüber gilt in allen anderen
Bundesländern, deren Baubehörden die Vereinbarkeit des Vorhabens mit allen öffentlich-rechtlichen Vorschriften prüfen müssen, die sog. **„Schlusspunkttheorie"**. Nach ihr bildet eine erforderliche Baugenehmigung den
Schlusspunkt des behördlichen Zulassungsverfahrens und darf daher erst erteilt werden, wenn alle anderen
sonst noch notwendigen behördlichen Entscheidungen vorliegen (vgl. *Brohm*, BauR, § 28 Rn 13; *Dürr*,
Baurecht Baden-Württemberg, 11. Aufl. **2004**, Rn 217; *Grotefels*, in Hoppe/Bönker/Grotefels, BauR, § 15 Rn
47; *Ibler*, BauR, Fall 2 Rn 33).

rigt sich die Frage, ob das konkrete Vorhaben den statischen, hygienischen, gestalterischen oder sozialpolitischen Anforderungen entspricht.

Neben den baurechtlichen Vorschriften, die bei der Erteilung der Baugenehmigung zu beachten sind, kommen alle weiteren öffentlich-rechtlichen Vorschriften in Betracht, sofern diese keine besonderen Genehmigungszuständigkeiten anderer Behörden enthalten.

> **Beispiele:** Bei der Erteilung der Baugenehmigung ist einer nach Immissionsschutzrecht nicht genehmigungsbedürftigen Anlage deren Vereinbarkeit nicht nur mit den bauplanungs- und bauordnungsrechtlichen Vorschriften zu prüfen, sondern auch mit den §§ 22 f. BImSchG. Ebenso ist ein möglicher Verstoß gegen Vorschriften des UVPG oder gegen strafrechtliche Normen zu prüfen. So stellen §§ 180 a und 181 a II StGB die Ausbeutung von Prostituierten unter Strafe. Die Baubehörde könnte also z.B. die Errichtung eines großvolumigen Whirlpools in einem Bordell untersagen, wenn durch das Betreiben des Whirlpools die Prostituierten in einem unter Strafe gestellten Maße ausgebeutet würden. Derartige Versagungsgründe müssen daher auch bei der Erteilung der Baugenehmigung des ganzen Bordells berücksichtigt werden.

366   **bb.** Sind neben der Baugenehmigung auch andere Genehmigungen einzuholen, stehen alle Genehmigungen **grundsätzlich selbstständig nebeneinander**. Der Bauherr muss also alle erforderlichen Genehmigungen einholen. Etwas anderes gilt nur dann, wenn das Gesetz eine **Konzentrationswirkung** anordnet:

367   **Konzentrationswirkung** bedeutet, dass eine Genehmigung alle (weiteren) zur Durchführung des Projekts erforderlichen Genehmigungen ersetzt. Die Genehmigungsbehörde führt in diesem Fall die notwendige Kooperation mit den zuständigen anderen Behörden durch.[516]

368   *Ratio* der Konzentrationswirkung sind ein einheitliches und koordiniertes Verwaltungsverfahren sowie eine Verfahrensbeschleunigung. Zu beachten ist jedoch, dass die Konzentrationswirkung stets von dem speziellen Genehmigungsverfahren ausgeht, dass also die Fachgenehmigungsbehörde die insoweit allgemeinen baurechtlichen Zulässigkeitsvoraussetzungen in die Fachprüfung integriert und in die Genehmigung konzentriert.

> **Beispiel:** Die Immissionsschutzbehörde prüft bei den gem. § 4 BImSchG genehmigungspflichtigen Anlagen (im Unterschied zu den nicht genehmigungspflichtigen Anlagen) nicht, wie grundsätzlich, nur die in ihrem Sach- und Zuständigkeitsbereich fallenden Vorschriften, sondern entscheidet wegen der in § 13 BImSchG angeordneten Konzentrationswirkung (nach vorheriger Koordination mit der Baubehörde) auch über die baurechtliche Zulässigkeit der Anlage (von der Konzentrationswirkung ausgenommen sind nur die in § 13 BImSchG besonders aufgeführten Planfeststellungen und anderen Genehmigungen).[517] Vgl. dazu bereits Rn 4, 266a, 426a.

369   Fraglich sind Inhalt und Reichweite der Konzentrationswirkung sowie die Bedeutung für die Fallbearbeitung, wenn keine ausdrückliche gesetzliche Grundlage sie vorschreibt.

---

[516] Ausführlich dazu *Odendahl*, NVwZ **2002**, 686 ff.; *dies*, VerwArch **2003**, 222; *Ortloff*, NVwZ **2003**, 1218; *ders*, NVwZ **2004**, 934, 937; *Repkewitz*, UPR **2003**, 420.
[517] Vgl. dazu bereits Rn 4, 266a, 426a; vgl. auch *Erbguth/Goldbecher*, JuS **2008**, 992, 993.

Beispiele:

(1) K wird die Genehmigung zum Bau eines Gebäudes erteilt.[518] Die Genehmigung umfasst antragsgemäß die Errichtung von Restaurationsräumen inklusive einer Küche und Toiletten in der unteren Etage. Fraglich ist, ob das Vorhaben bzw. K noch zusätzlich einer Gaststättenerlaubnis (vgl. § 2 I GastG) bedarf oder ob die Erlaubnis zum Betrieb der Gaststätte bereits von der Baugenehmigung umfasst ist. Ausgangspunkt der Überlegung ist, dass im Rahmen der Baugenehmigungserteilung die Vereinbarkeit des Baus mit sämtlichen öffentlich-rechtlichen Vorschriften bereits geprüft wurde (vgl. den Wortlaut der Baugenehmigungsnorm). Die Tatbestandswirkung der Baugenehmigung mit der Folge der Bindungswirkung gegenüber anderen Behörden könnte somit auch gegenüber der Gaststättenbehörde gelten. Eine Bindungswirkung kann aber nicht vorliegen, soweit die (personenbezogenen) gaststättenspezifischen Voraussetzungen nicht von der (sachbezogenen) Prüfungs- und Sachentscheidungskompetenz der Baubehörde umfasst sind. So prüft die Baubehörde lediglich (aber abschließend) die fachspezifischen Anforderungen des öffentlichen Baurechts.[519] Dazu gehört die Prüfung der *abstrakten* Nutzungsmöglichkeit des Baus als Gaststätte, nicht aber die Prüfung der Voraussetzungen, die in der *Person* des Gaststättenbetreibers liegen (vgl. § 4 GastG). Somit entfaltet die Baugenehmigung keine Bindungswirkung im Hinblick auf die Gaststättenerlaubnis. K bedarf daher zusätzlich einer Gaststättenerlaubnis.

370

(2) Im obigen Beispiel sieht K ein, dass er für den geplanten Betrieb einer Gaststätte neben der bereits erteilten Baugenehmigung auch noch einer Gaststättenerlaubnis bedarf. Nachdem er bei der Gewerbebehörde einen entsprechenden Antrag gestellt hat, versagt diese ihm die Gaststättenerlaubnis mit Hinweis auf die „örtliche Lage" des Gebäudes (vgl. § 4 I Nr. 3 GastG). Die entscheidende Frage lautet demnach, ob die Gewerbebehörde die Gaststättenerlaubnis mit dem Argument der örtlichen Lage versagen darf, wenn die örtliche Lage jedenfalls nicht der Erteilung der Baugenehmigung entgegenstand.

371

Bereits in Beispiel (1) wurde festgestellt, dass eine Baugenehmigung nicht die Gaststättenerlaubnis und umgekehrt die Gaststättenerlaubnis nicht die Baugenehmigung ersetzt. Beiden Genehmigungen kommt keine (formelle) Konzentrationswirkung zu. Möchte also die Gaststättenbehörde die Erlaubnis mit Blick auf die örtliche Lage (vgl. § 4 I Nr. 3 GastG) versagen, ist fraglich, ob nicht die bereits erteilte Baugenehmigung (die ja keinen Einwand bezüglich der örtlichen Lage enthielt) der Anwendung des § 4 I Nr. 3 GastG entgegensteht. Da wie bereits festgestellt die Baugenehmigungsbehörde lediglich (aber abschließend) die fachspezifischen Anforderungen des öffentlichen Baurechts prüft, im Übrigen aber nicht darüber befindet, ob der Betrieb der Gaststätte wegen atypischer Eigentümlichkeiten, die mit der Person des Betreibers und seiner besonderen, konkreten Betriebsweise zusammenhängen können, mit Blick auf die örtliche Lage erhebliche Nachteile, Gefahren oder Belästigungen für die Allgemeinheit befürchten lässt, entfaltet die Baugenehmigung hier keine Bindungswirkung. Der Versagungsgrund des § 4 I Nr. 3 GastG ist somit nicht durch die bereits erteilte Baugenehmigung ausgeschlossen. Die Gewerbebehörde darf daher prüfen, ob die örtliche Lage einer Erteilung der Gaststättenerlaubnis entgegensteht. Zu beachten ist jedoch, dass sie ihre Entscheidung (aufgrund ihrer beschränkten Sachkompetenz auf Angelegenheiten des Gaststättenrechts) wiederum nicht auf baurechtliche Erwägungen stützen darf. Die Auslegung des Begriffs „örtliche Lage" hat also gaststättenspezifisch zu erfolgen.

---

[518] Vgl. **BaWü**: §§ 58 f. LBO; **Bay**: Art. 68 LBO; **Berl**: § 71 LBO; **Brand**: § 67 LBO; **Brem**: § 74 LBO; **Hamb**: §§ 72, 72a LBO; **Hess**: § 64 LBO; **MV**: § 72 LBO; **Nds**: §§ 75, 78 LBO; **NRW**: § 75 LBO; **RhlPfl**: §§ 70, 77 LBO; **Saar**: § 73 LBO; **Sachs**: § 72 LBO; **SachsAnh**: § 71 BauO; **SchlHolst**: § 73 LBO; **Thür**: § 70 LBO.
[519] *Finkelnburg/Ortloff*, Öffentliches BauR, Band II (**1998**), S. 97 f.

372

> **Hinweis für die Fallbearbeitung:** In der Fallbearbeitung kann die Konzentrationswirkung etwa dann relevant werden, wenn dem Kläger bereits (durch die Baugenehmigungsbehörde) eine Baugenehmigung erteilt wurde und er nun auch noch eine Genehmigung zum Betrieb einer Gaststätte in dem Gebäude beantragt. Versagt die Gewerbebehörde die Gaststättenerlaubnis etwa mit Hinweis auf die örtliche Lage, ist fraglich, ob aufgrund der bereits erteilten Baugenehmigung die örtliche Lage als Versagungsgrund überhaupt in Betracht kommt. Zur Lösung dieses Problems ist dann darauf einzugehen, dass die Baugenehmigung nicht die Gaststättenerlaubnis und umgekehrt die Gaststättenerlaubnis nicht die Baugenehmigung ersetzt, dass also beiden Genehmigungen keine (formelle) Konzentrationswirkung zukommt. Die Gewerbebehörde muss demnach den Sachverhalt gaststättenrechtlich (!) dahingehend prüfen, ob kein in § 4 GastG genannter Versagungsgrund vorliegt.

c. Abweichung, Ausnahme und Befreiung

373
Nicht selten entspricht das Vorhaben nicht in jeder Hinsicht den vielgestaltigen gesetzlichen Vorgaben. Um dennoch ein Vorhaben genehmigen zu können, stehen der Baugenehmigungsbehörde die Institute der Ausnahme und der Befreiung zur Verfügung. Diese Institute sind sowohl im BauGB (§ 31) als auch in den Landesbauordnungen geregelt[520]; sie heben eine gesetzliche Regelung für einen bestimmten Fall auf und stehen im Ermessen der Behörde. Im Unterschied zur Befreiung beruht die **Ausnahmebewilligung** auf einem Ausnahmevorbehalt, der in der jeweiligen Vorschrift selbst enthalten ist. Der Gesetzgeber rechnet hier selbst mit atypischen Fällen und regelt die Voraussetzungen für eine Ausnahmeentscheidung. Die Ausnahme bezieht sich aber nur auf *nicht zwingende* Vorschriften des Baurechts.

374
Die **Befreiung** (**Dispens**) bezieht sich terminologisch auf *zwingende* Vorschriften des Baurechts. Für den Bereich des *Bauordnungsrechts* sind die Befreiungstatbestände den Bauordnungen zu entnehmen. So sind sie zunächst möglich, wenn Gründe des Wohls der Allgemeinheit die Befreiung erfordern. Weiterhin kommen sie in Betracht, wenn die Einhaltung der bauordnungsrechtlichen Vorschrift zu einer offenbar nicht beabsichtigten Härte führen würde. Zahlreiche Landesbauordnungen schreiben zudem vor, dass die Befreiung mit den öffentlichen Belangen auch unter Würdigung nachbarlicher Interessen vereinbar sein muss. Im Bereich des *Bauplanungsrechts* sind Befreiungen zulässig, wenn die Voraussetzungen des § 31 II BauGB vorliegen.

> **Beispiel:** Wenn der Bebauungsplan nur den Bau von maximal 5-stöckigen Wohnhäusern zulässt, eine wirtschaftliche Nutzung des Grundstücks des Antragstellers aber nur bei dem Bau eines 6-stöckigen Hauses sinnvoll ist, kann die Behörde gem. § 31 II Nr. 3 BauGB eine Befreiung erteilen.

375
Da die Erteilung einer Befreiung eine Ermessensentscheidung darstellt, kann die Behörde gem. § 36 II VwVfG die Baugenehmigung (= begünstigender Verwaltungsakt) mit einer (belastenden) Nebenstimmung versehen, um so die Nachteile für Dritte oder die Allgemeinheit gering zu halten.[521] Sie kann aber auch mit dem Bauherrn

---

[520] Die Trennung zwischen Bauordnungsrecht als Landesrecht und Bauplanungsrecht als Bundesrecht zwingt dazu, für jeden der beiden Bereiche gesonderte Regelungen zu treffen, auch wenn sie inhaltlich weitgehend miteinander übereinstimmen. Vgl. für das Bauordnungsrecht **MBO**: § 67; **BaWü**: § 56 LBO; **Bay**: Art. 63 LBO; **Berl**: § 68 LBO; **Brand**: § 61 LBO; **Brem**: § 72 LBO; **Hamb**: §§ 66, 67 LBO; **Hess**: § 63 LBO; **MV**: § 67 LBO; **Nds**: §§ 85, 86 LBO; **NRW**: §§ 73, 74a LBO; **RhlPfl**: § 69 LBO; **Saar**: § 68 LBO; **Sachs**: § 67 LBO; **SachsAnh**: § 75 LBO; **SchlHolst**: § 76 LBO; **Thür**: § 63e LBO.
[521] Vgl. *Gaentzsch*, NVwZ **2001**, 990, 995. Zu den Nebenbestimmungen vgl. ausführlich *R. Schmidt*, Allg-VerwR, Rn 784 ff.

einen verwaltungsrechtlichen Vertrag gem. §§ 54 ff. VwVfG (hier: Austauschvertrag) schließen.

> **Beispiel:** Die A-GmbH möchte im Zentrum der Stadt B ein Geschäftsgebäude errichten und beantragt bei der Baubehörde eine entsprechende Baugenehmigung. Da sie aber nicht in der Lage ist, die in der Landesbauordnung und im Bebauungsplan festgeschriebene erforderliche Zahl von Einstellplätzen für Kfz zu errichten, beantragt sie bei der Baubehörde ferner die Erteilung einer Ausnahmebewilligung gem. der Norm der Landesbauordnung über die Befreiung sowie gem. § 31 II BauGB (sog. Dispens). B ist bereit, den Dispens zu erteilen, wenn A sich finanziell an dem Bau eines ganz in der Nähe geplanten Parkhauses beteiligt. Diesbezüglich schließen A und B einen Vertrag, durch den A verpflichtet wird, sich finanziell an dem Bau des Parkhauses zu beteiligen, und B, den gewünschten Dispens zu erteilen. Es handelt sich um einen sog. **Baudispensvertrag**. Dieser Vertrag ist öffentlich-rechtlicher Natur, da er das öffentliche Baurecht betrifft. Es liegt ein verwaltungsrechtlicher Vertrag vor.[522]

d. Baugenehmigungsverfahren

aa. Da das Baugenehmigungsverfahren (⇨ Verwaltungsverfahren nach §§ 9 ff. VwVfG) nur zur präventiven Kontrolle des vom Bauherrn geplanten Vorhabens dient, kann die Baugenehmigung nur auf **vorherigen schriftlichen Bauantrag** erteilt werden. Erster Schritt im Baugenehmigungsverfahren ist also das Stellen eines entsprechenden Bauantrags durch den Bauherrn. Der Bauantrag ist schriftlich grundsätzlich bei der **Gemeinde einzureichen**. Ihm sind alle für die Beurteilung des Bauvorhabens erforderlichen Unterlagen beizufügen (sog. Bauvorlagen[523]). Die Landesbauordnungen bestimmen, wer die Bauvorlagen zu verfassen und zu unterschreiben hat. Nach den entsprechenden Bestimmungen sind der Bauantrag vom Bauherrn und dem Entwurfsverfasser (i.d.R. ein Architekt), die Bauvorlagen nur vom Entwurfsverfasser zu unterschreiben. Für den weiteren Fortgang des Baugenehmigungsverfahrens muss wie folgt unterschieden werden: Ist die Gemeinde selbst die Baugenehmigungsbehörde (was insbesondere bei größeren Gemeinden der Fall ist, da diese zumeist die gesetzlichen und organisatorischen Voraussetzungen, die an eine Baubehörde gestellt sind, erfüllen), kann sie den Bauantrag **selbst bearbeiten**. Sie befindet dann abschließend über das Baugesuch. Anderenfalls (was insbesondere kleinere Gemeinden betrifft) muss sie das Baugesuch – unter Zurückhaltung einer Kopie – an die Baugenehmigungsbehörde (i.d.R. der **Landkreis**) weiterleiten.[524]

Das Zurückhalten einer Kopie hat zum Hintergrund, dass die Gemeinde die von dem Bauvorhaben betroffenen Eigentümer angrenzender Grundstücke (Nachbarn) informieren muss, damit diese ggf. Einwendungen gegen das Vorhaben erheben können. Solche Einwendungen sind in einer bestimmten Frist zu erheben und der Baubehörde zuzuleiten, damit diese sie bei ihrer Entscheidung über die Baugenehmigung berücksichtigen kann. Sinn dieser Regelung ist, dass Bedenken einvernehmlich gelöst werden können (etwa durch Änderung des Bauantrags) und nachträgliche gerichtliche Verfahren vermieden werden. Zu beachten ist jedoch, dass, wenn sich der Nachbar in diesem Anhörungsverfah-

---

[522] Zur gutachtlichen Prüfung eines verwaltungsrechtlichen Vertrags vgl. ausführlich *R. Schmidt*, AllgVerwR, Rn 924 ff.

[523] Zu den Bauvorlagen gehören i.d.R. ein Lageplan, die Bauzeichnung mit Grundrissen, Schnitten und Ansichten der baulichen Anlagen im Maßstab 1:100, die detaillierte Baubeschreibung, der Standsicherheitsnachweis und (umfangreiche) bautechnische Nachweise sowie eine Darstellung der Entwässerung. Realitätsfremd *Büssemaker*, BBauBl **1999**, 64 ff. („Mit vier Seiten Papier zur Baugenehmigung").

[524] In diesem Fall kann es auch möglich sein, das Baugesuch gleich bei der Baugenehmigungsbehörde einzureichen. Ob das der Fall ist, beantwortet das Landesrecht (Gemeindeordnung, Kreisordnung, Bauordnung). Vgl. hierzu BVerwG NVwZ **2000**, 1169, 1170. Zur sachlichen Zuständigkeit (Gemeinde/untere Baurechtsbehörde) vgl. auch VGH Mannheim BauR **1999**, 1453.

ren nicht äußert, er dadurch weder sein materielles Nachbarrecht noch die Klagebefugnis für ein späteres Gerichtsverfahren verliert. Eine materielle Präklusion findet also nicht statt.[525]

377 Für den Fall, dass der Bauantrag bei der Gemeinde eingereicht wird und die **Gemeinde nicht Baugenehmigungsbehörde** ist, leitet sie den Bauantrag an die Baugenehmigungsbehörde (i.d.R. die Kreisverwaltung) weiter (s.o.) und reicht auch ihre Stellungnahme zu dem Bauvorhaben ein. Die Baugenehmigungsbehörde führt dann ggf. die Koordination mit anderen Behörden, die sachlich von dem Bauvorhaben betroffen sind, durch. Dazu setzt sie diesen eine Frist, innerhalb derer eine Stellungnahme zu erfolgen hat. Äußert sich die Fachbehörde nicht fristgemäß, kann die Baugenehmigungsbehörde davon ausgehen, dass etwaige Bedenken nicht bestehen. Bei gesetzlich vorgesehener Zustimmung gilt die Zustimmung bei fruchtlosem Ablauf dieser Frist als erteilt. Eine solche gesetzliche Zustimmungspflicht besteht beispielsweise, wenn das Bauvorhaben außerhalb des Geltungsbereichs eines qualifizierten Bebauungsplans errichtet werden soll. Um hier die Planungshoheit der Gemeinde zu wahren, ist die Gemeinde berechtigt (und verpflichtet), bei dem Baugesuch konstitutiv **mitzuwirken** (§ 36 I BauGB, vgl. dazu bereits Rn 136 ff.). Das wiederum wirft die Frage auf, ob der Bürger, dem die Baugenehmigung mit der Begründung versagt wird, die Gemeinde habe die Zustimmung (das Einvernehmen) verweigert, direkt gegen die Gemeinde klagen kann.

378   **Beispiel:** B beantragt die Genehmigung für den Bau eines Wohnhauses im unbeplanten Innenbereich (§ 34 BauGB). Die Baubehörde verweigert die Erteilung der Baugenehmigung mit der Begründung, die Gemeinde habe ihre Zustimmung verweigert. Diese habe angeführt, dass das nicht an öffentliches Straßenland grenzende Baugrundstück des Antragstellers nicht ausreichend erschlossen sei.
Da in Wirklichkeit der Eigentümer des zwischen dem fraglichen Baugrundstück und der öffentlichen Straße liegenden Grundstücks aber eine Wege- und Leitungsbaulasterklärung abgegeben hatte, fragt B, ob er direkt gegen die Gemeinde klagen könne.

In der Regel sind Baugenehmigungsbehörde und Gemeinde nicht identisch. Vielmehr geht § 36 I S. 1 BauGB davon aus, dass die Baugenehmigung von der unteren staatlichen Verwaltungsbehörde (i.d.R. der Landkreis in seiner Funktion als Staatsbehörde) erteilt wird. Diese erlässt also eine an den Bauherrn adressierte Baugenehmigung. Die Baugenehmigung stellt einen begünstigenden Verwaltungsakt dar, der gleichzeitig die Gemeinde bindet, d.h. mitverpflichtet. Diese Mitverpflichtung ist für die Gemeinde aber auch unschädlich, sofern sie zuvor einen qualifizierten Bebauungsplan (§ 30 I BauGB) erlassen hat und sich das Bauvorhaben im Geltungsbereich dieses Plans befindet. Dann nämlich sind die Interessen der Gemeinde gewahrt. Befände sich das Bauvorhaben aber außerhalb eines qualifizierten Bebauungsplans bzw. dort, wo die Gemeinde überhaupt noch nicht geplant hat (also in den Fällen der §§ 30 III, 34 und 35 BauGB), oder wiche das Bauvorhaben von der gemeindlichen Planung ab (etwa im Fall des § 31 II BauGB), wären die Interessen der Gemeinde nicht gewahrt, könnte die staatliche Baugenehmigungsbehörde ohne die Mitwirkung der Gemeinde über die Baugenehmigung entscheiden.
Damit in solchen Fällen die durch Art. 28 II S. 1 GG garantierte Planungshoheit der Gemeinde gesichert ist, sieht § 36 I S. 1 BauGB die grundsätzliche Mitwirkung der Gemeinde an der Beurteilung der bauplanungsrechtlichen Zulässigkeit von Vorhaben vor. Allerdings hat nach der Rspr. des BVerwG[526] auch in solchen Fällen die Gemeinde nur dieselben Gesichtspunkte zu prüfen wie die Entscheidungsbehörde. Das überzeugt, denn dadurch, dass die Gemeinde ihre Zustimmung grundsätzlich nur aus den sich aus

---

[525] Zum Rechtsschutz des Nachbarn, wenn dieser überhaupt nicht informiert wird, vgl. Rn 492.
[526] BVerwGE **28**, 145, 147; BVerwG NVwZ **1986**, 556, 557 zu § 36 BauGB.

§§ 31, 33-35 BauGB ergebenden Gründen versagen kann und nicht etwa, weil das Vorhaben ihren planerischen Vorstellungen widerspricht (vgl. § 36 II S. 1 BauGB), sind keine Gesichtspunkte ersichtlich, die nicht auch schon von der Genehmigungsbehörde zu prüfen wären.[527] Daraus folgt, dass es sich bei dem Mitwirkungsakt der Gemeinde **nicht um einen Verwaltungsakt** handelt. Dabei fehlt es nicht nur an der Außenwirkung, sondern wohl auch an der Regelungswirkung. Daher kann B nur eine allgemeine Feststellungs- bzw. Leistungsklage gegen die Gemeinde erheben. Diese würden aber wohl wegen fehlender Klagebefugnis bzw. fehlenden Rechtsschutzbedürfnisses abgelehnt werden, da eine Mitwirkungshandlung ohne Außenwirkung wohl kein subjektives Recht i.S.d. § 42 II VwGO begründet.

Der Bauherr, dem von der staatlichen Baugenehmigungsbehörde die beantragte Baugenehmigung mit der Begründung versagt wird, die Gemeinde habe ihr Einvernehmen verweigert, muss also **Verpflichtungsklage bzw. Verpflichtungswiderspruch gegen die Entscheidungsbehörde erheben**. Sollte diesem Begehren stattgegeben werden, wird die Entscheidungsbehörde zum Erlass der gewünschten Baugenehmigung verpflichtet. Das Urteil ersetzt den Mitwirkungsakt der Gemeinde.[528]

Ein besonderes Problem liegt dem Fall zugrunde, dass die **Gemeinde rechtswidrig ihr Einvernehmen versagt** und daraufhin die Baugenehmigungsbehörde die vom Bauherrn beantragte Baugenehmigung mit der Begründung ablehnt, die Gemeinde habe ihr (für die Genehmigungserteilung konstitutives) Einvernehmen versagt. Anders ausgedrückt: Es geht um die Frage, ob eine rechtswidrige Versagung des Einvernehmens nach § 36 I S. 1 BauGB die Baugenehmigungsbehörde bei ihrer Entscheidung über den Bauantrag bindet, sodass sie ihn ablehnen muss.

379

> **Beispiel:** B beantragt beim Landkreis eine Baugenehmigung. Die Gemeinde G versagt ihr Einverständnis, woraufhin der Landkreis den Bauantrag ablehnt. Ist die Versagung der Baugenehmigung rechtmäßig, auch wenn man unterstellt, dass die Gemeinde zu Unrecht (etwa weil das Bauvorhaben der politischen Zielvorstellung des Gemeinderats widerspricht) ihr Einverständnis versagt hat?
>
> Dadurch, dass die Gemeinde ihre Zustimmung grundsätzlich nur aus den sich aus §§ 31, 33-35 BauGB ergebenden Gründen versagen kann und nicht etwa, weil das Vorhaben ihren planerischen Vorstellungen widerspricht (vgl. § 36 II S. 1 BauGB), sind vorliegend keine Gesichtspunkte ersichtlich, die nicht auch schon von der Genehmigungsbehörde zu prüfen wären. Daher war die Verweigerung des Einvernehmens rechtswidrig.
>
> Fraglich ist jedoch, ob der Landkreis als Baugenehmigungsbehörde an die rechtswidrige Versagung des Einvernehmens gebunden ist und die Baugenehmigung versagen muss.
>
> Der Wortlaut des § 36 I S. 1 BauGB gibt keine eindeutige Antwort auf diese Frage. Denn gemäß der Vorschrift *„wird* über die Zulässigkeit von Vorhaben (...) im bauaufsichtlichen Verfahren (...) im Einvernehmen mit der Gemeinde entschieden". Nach diesem Wortlaut könnte die Baugenehmigungsbehörde an die Versagung des Einvernehmens gebunden sein, und zwar unabhängig davon, ob die Versagung rechtmäßig oder rechtswidrig ist.
>
> Bei systematischer Auslegung ergeben sich wegen § 36 II S. 1 BauGB Zweifel an einer Bindung auch an eine rechtswidrige Versagung des Einvernehmens, weil diese Bestimmung genau vorgibt, aus welchen nachprüfbaren Gründen allein das Einvernehmen versagt werden darf. Für ein Entfallen der Bindungswirkung spricht auch die Regelung des § 36 II S. 3 BauGB, die besagt, dass wenn die Gemeinde ihre Zu-

---

[527] Vgl. dazu BVerwG NVwZ **2000**, 1169, 1170; *Ortloff*, NVwZ **2000**, 750, 753; *Gaentzsch*, NVwZ **2000**, 993, 1000.
[528] Wie hier nun auch *Bickenbach*, BauR **2004**, 428, 429 ff.

stimmung aus anderen als sich aus §§ 31, 33-35 BauGB ergebenden Gründen (also in rechtswidriger Weise) versagt, das rechtswidrig versagte Einvernehmen ersetzt werden kann.[529] Ersetzungsberechtigte Behörde ist die Baugenehmigungsbehörde. Fehlt eine nach Landesrecht zuständige Behörde, ist die Kommunalaufsichtsbehörde ersetzungsbefugt.[530]

Im vorliegenden Fall hätte der Landkreis das gemeindliche Einvernehmen also ersetzen müssen. Die Ablehnung des Bauantrags war somit rechtswidrig.

Zum Anspruch der Gemeinde gegen die Bauaufsichtsbehörde auf **Einschreiten gegen einen Schwarzbau** vgl. VGH München NVwZ-RR 2005, 56 f., dargestellt als Übungsfall bei *R. Schmidt*, AllgVerwR, Rn 992.

380   Ist die **Gemeinde selbst Baugenehmigungsbehörde**, ist das Zustimmungserfordernis zu modifizieren. In diesem Fall erfolgt die Zustimmung gemeindeintern, also innerhalb der Gemeindeverwaltung. Die Zustimmung ist dann von den maßgeblichen Organen (i.d.R. der Gemeinderat) einzuholen. Ist nach der Gemeindeordnung die Zustimmung als laufendes Geschäft der Verwaltung qualifiziert, erfolgt die Zustimmung durch den Bürgermeister.

381   Auch in einem solchen Fall darf die Genehmigungsbehörde (hier: die Gemeinde) die begehrte Baugenehmigung nicht mit der Begründung versagen, das Einvernehmen sei (von einem mitwirkungsberechtigten Organ der Gemeinde) verweigert worden. Die Entscheidungsbehörde muss so entscheiden, als habe das Einvernehmen vorgelegen.[531] Vgl. dazu das Beispiel bei Rn 141.

382   **Hinweis für die Fallbearbeitung:** In einer Klausur wird nach dem Klagebegehren folgendermaßen unterschieden:

- Begehrt der Kläger die Aufhebung der Entscheidung oder die Mitwirkung *der anderen (d.h. mitwirkungsberechtigten) Behörde*, muss geprüft werden, ob bezüglich dieses Vorgangs eine Außenwirkung vorliegt. Sollte diese ausnahmsweise vorliegen, dann ist diese andere Behörde Anfechtungs- bzw. Verpflichtungsgegner. Liegt indes keine Außenwirkung vor, müssen eine allgemeine Feststellungs- bzw. Leistungsklage in Betracht gezogen, diese aber regelmäßig wegen fehlender Klagebefugnis bzw. fehlenden Rechtsschutzbedürfnisses abgelehnt werden, da eine Mitwirkungshandlung ohne Außenwirkung wohl kein subjektives Recht i.S.d. § 42 II VwGO begründet. Anschließend sind die Anfechtung des ablehnenden Bescheids bzw. die Verpflichtung auf Erlass des begehrten Bescheids der erlassenden Behörde (Entscheidungsbehörde) in Betracht zu ziehen (ggf. Klageumstellung nach § 86 I/III VwGO) und die Aufhebung eines Verwaltungsakts bzw. die Verpflichtung der Behörde zum Erlass eines solchen zu prüfen. Das Gericht (und somit der Klausurbearbeiter) prüft dann im Rahmen dieser Klage (inzident) die Rechtmäßigkeit der Zustimmungsverweigerung. Kommt das Gericht bspw. in einer Verpflichtungssituation zu dem Ergebnis, dass die Erteilung der Zustimmung zu Unrecht abgelehnt worden ist, gibt es - wenn auch die übrigen Anspruchsvoraussetzungen erfüllt sind - der Klage statt. Das stattgebende Urteil ersetzt dann die zu Unrecht verweigerte Zustimmung (§§ 65 II, 121 Nr. 1 VwGO, § 173 VwGO i.V.m. § 894 ZPO).

---

[529] OVG Lüneburg NVwZ **2000**, 1061 f.; OVG Koblenz NVwZ-RR **2000**, 85; *Horn*, NVwZ **2002**, 406, 407; *Konrad*, JA **2001**, 588, 590; *Ortloff*, NVwZ **2000**, 750, 753; anders *Ibler*, BauR, Fall 2 Rn 48, allerdings mit Verweis auf die ältere Rspr. des BVerwG (E **22**, 342, 346; **45**, 207, 213), die wegen § 36 II S. 3 BauGB, der 1998 in das BauGB eingefügt wurde, keine Gültigkeit mehr beanspruchen kann.

[530] *Dolde/Menke*, NJW **1999**, 2150, 2157. Vgl. dazu auch *Horn*, NVwZ **2002**, 406 ff.

[531] BVerwG NVwZ **2005**, 83 f.

> - Begehrt der Kläger von vornherein nur die Aufhebung des ihn unmittelbar belastenden Verwaltungsakts der Entscheidungsbehörde oder den von ihr gewünschten Verwaltungsakt, wird eine Anfechtungsklage gegen diesen Verwaltungsakt bzw. eine Verpflichtungsklage geprüft, wobei dann inzident auf die Entscheidung der anderen Behörde eingegangen werden muss: zum einen nach der Prüfung der Sachentscheidungsvoraussetzungen (bei der notwendigen Beiladung) und zum anderen innerhalb der materiellen Rechtmäßigkeit.

bb. Bevor die Baugenehmigung erteilt wird, muss die Genehmigungsbehörde die Eigentümer angrenzender Grundstücke (Angrenzer) grundsätzlich darüber unterrichten, dass ein Bauantrag oder ein Antrag auf Erlass eines Bauvorbescheids gestellt wurde (**Benachrichtigungspflicht der Angrenzer bzw. Nachbarn**).[532] Der Sinn dieser Regelung besteht darin, dass der von der Baugenehmigung bzw. von dem Bauvorbescheid negativ betroffene Angrenzer rechtzeitig informiert und damit in die Lage versetzt wird, ggf. Rechtsschutz einzulegen. **382a**

Ausnahmsweise ist eine Benachrichtigungspflicht aber **nicht erforderlich** bei Angrenzern, die eine schriftliche Zustimmungserklärung abgegeben oder die Bauvorlagen unterschrieben haben oder die durch das Vorhaben offensichtlich nicht berührt werden. Letzteres ist der Fall, wenn das Bauvorhaben die Angrenzer eindeutig und nach jeder Betrachtungsweise tatsächlich und rechtlich nicht betrifft. **382b**

> **Hinweis für die Fallbearbeitung:** Wird im Sachverhalt die fehlende Benachrichtigung eines Nachbarn thematisiert, wird der Klausurbearbeiter i.d.R. auf die Konstellation treffen, dass der Nachbar weder schriftlich zugestimmt noch die Bauvorlagen unterschrieben hat. Aufgabe des Klausurbearbeiters ist es dann, zu untersuchen, ob durch das Bauvorhaben die Rechte des Nachbarn überhaupt berührt werden. Ist das nicht der Fall, sind die Baugenehmigung bzw. der Bauvorbescheid nicht wegen eines Verfahrensfehlers formell rechtswidrig, sondern rechtmäßig und werden nicht aufgehoben. Es ist somit eine inzidente Prüfung der möglichen Verletzung drittschützender (d.h. nachbarschützender) Vorschriften erforderlich.

Sind drittschützende Rechte nicht verletzt, ist die fehlende Benachrichtigung unschädlich. Anderenfalls ist nach den **Rechtsfolgen** zu fragen, die eine erforderliche, aber unterbliebene Beteiligung mit sich bringt. **382c**

Spezielle **Unbeachtlichkeitsvorschriften** (wie z.B. in § 214 I S. 1 BauGB für die Bauleitplanung) existieren bei einem Verstoß gegen die Benachrichtigungspflicht oder für Verfahrensfehler im Bauvorbescheids- oder Baugenehmigungsverfahren nicht. Daher kommt **§ 46 VwVfG** zu Anwendung. Nach dieser Vorschrift kann die Aufhebung eines Verwaltungsakts, der nicht nach § 44 VwVfG nichtig ist, nicht allein deshalb beansprucht werden, weil er unter Verletzung von Vorschriften über (u.a.) das Verfahren zustande gekommen ist, wenn offensichtlich ist, dass die Verletzung die Entscheidung in der Sache nicht beeinflusst hat. Ob diese Voraussetzungen gegeben sind, ist stets eine Frage des konkreten Falls: Die Bestimmungen über die Benachrichtigung der Angrenzer stellen bestimmte Anforderung an die Art und Weise der Bearbeitung des Antrags des Bauherrn und sind deshalb (Verwaltungs-)Verfahrensvorschriften. Ihre Verletzung hat die Entscheidung in der Sache, d.h. die Baugenehmigung oder den Bauvorbescheid, dann „offensichtlich ... nicht beeinflusst", wenn jede Möglichkeit ausgeschlossen ist, dass die Genehmigungsbehörde diese Bauge-

---

[532] Vgl. **BaWü**: § 55 LBO; **Bay**: Art. 66 LBO; **Brand**: § 64 LBO; **Brem**: § 73 LBO; **Hamb**: § 71 LBO; **Hess**: § 62 LBO; **Nds**: § 72 LBO; **NRW**: § 74 LBO; **RhlPfl**: § 68 LBO; **Saar**: § 71 LBO; **Sachs**: § 70 LBO; **Sachs-Anh**: § 69 BauO; **SchlHolst**: § 72 LBO; **Thür**: § 68 LBO.

nehmigung bzw. diesen Bauvorbescheid bei ordnungsgemäßer Benachrichtigung des Angrenzers versagt hätte, und wenn das unschwer und zweifelsfrei erkennbar ist. Eben dies wird man jedoch annehmen müssen, weil die Baugenehmigung bzw. der Bauvorbescheid gerade nicht ergangen wäre, wenn die Behörde drittschützende Normen verletzt hätte und ihr dies bekannt gewesen wäre.

382d Daraus folgt: Verletzt die Baugenehmigungsbehörde bei der Erteilung einer Baugenehmigung bzw. eines Bauvorbescheids drittschützende Normen, hat die unterlassene, aber erforderliche Benachrichtigung der Angrenzer das Ergebnis der Verwaltungsentscheidung beeinflusst. Der Verfahrensfehler ist somit beachtlich und führt zum Aufhebungsanspruch des übergangenen Angrenzers.

382e **Heilungsvorschriften** sind von vornherein nicht einschlägig. Zwar könnte an **§ 45 I Nr. 3 VwVfG** gedacht werden, wenn man darauf abstellt, dass der übergangene Angrenzer auch nicht angehört worden sei i.S.d. § 28 I VwVfG, jedoch müsste es sich dann bei den Angrenzern um „Beteiligte" im Verwaltungsverfahren handeln, weil lediglich „Beteiligte" angehört werden müssen. Wer „Beteiligter" ist, legt § 13 I VwVfG verbindlich (und damit auch für § 28 I VwVfG[533]) fest. Angrenzer (oder generell faktisch Betroffene) sind von der Vorschrift nicht (auch nicht analog!) erfasst.[534] Daher können übergangene Angrenzer auch nicht geltend machen, sie hätten vor Erteilung der Baugenehmigung bzw. des Bauvorbescheids angehört werden müssen.

383 **cc.** Nach Abschluss des Baugenehmigungsverfahrens ergeht bei Nichtvorliegen entgegenstehender öffentlich-rechtlicher Vorschriften die **Baugenehmigung** (gebundene Entscheidung, s.o.). Diese ist schriftlich (oder elektronisch, vgl. *R. Schmidt*, AllgVerwR, Rn 574 ff.) zu erteilen, etwaige Ausnahmen und Befreiungen sind ausdrücklich auszusprechen. Sofern der Baugenehmigung Nebenbestimmungen (i.S.d. § 36 VwVfG) beigefügt sind, beurteilt sich deren Rechtmäßigkeit nach allgemeinen Vorschriften und Rechtsgrundsätzen.[535] Einer Begründung bedarf die Baugenehmigung nur insoweit, als sie hinter dem Bauantrag zurückbleibt oder wenn sie von nachbarschützenden Vorschriften abweicht und der Nachbar Einwendungen erhoben hat (vgl. z.B. § 74 III BremLBO).

384 **dd.** Die Baugenehmigung ergeht nicht gebührenfrei. Die **Höhe der Gebühr** kann nach den tatsächlichen oder landesdurchschnittlichen (also pauschalierten) Rohbaukosten bestimmt werden.[536] Sie kann mit der Bauerlaubnis verbunden, aber auch durch separaten Verwaltungsakt festgesetzt werden.[537] Auf jeden Fall ist sie gem. § 80 II S. 1 Nr. 1 VwGO sofort vollziehbar. Widerspruch und Anfechtungsklage gegen diesen Festsetzungsbescheid haben also keine aufschiebende Wirkung. Diese kann nur gem. § 80 V S. 1 Var. 1 VwGO beantragt werden. Nach dem VG Potsdam[538] ist ein solcher Antrag aber unbegründet, wenn die Gebühr weniger als 50,- € beträgt. Da i.d.R. die Gebühr aber um ein Vielfaches höher ist[539], kann diese Rspr. nicht als Indiz herangezogen werden.

---

[533] *Kopp/Ramsauer*, VwVfG, 10. Aufl. **2008**, § 28 Rn 22.
[534] *Kopp/Ramsauer*, VwVfG, 10. Aufl. **2008**, § 28 Rn 22.
[535] Vgl. dazu ausführlich *R. Schmidt*, AllgVerwR, Rn 784 ff.
[536] BVerwG LKV **2000**, 451; *Gaentzsch*, NVwZ **2001**, 990, 1000; VG Gera LKV **1999**, 199 (Gebühr auch dann, wenn die Bauanzeige von Amts wegen in einen Bauantrag umgedeutet worden ist).
[537] Vgl. dazu *Ortloff*, NVwZ **2000**, 750, 752; VG Meiningen NVwZ-RR **1999**, 220.
[538] VG Potsdam NVwZ **1999**, 101.
[539] So kann die Gebühr für die Erteilung einer Bauerlaubnis hinsichtlich einer 420 qm großen Lagerhalle mit integrierten Büroräumen rund 3.000,- € betragen.

ee. Die Baugenehmigung ist **nicht unbefristet**. In der Regel wird die Geltungs- 385
dauer von den Landesbauordnungen auf drei oder vier Jahre beschränkt.[540] Eine
Verlängerung der Geltungsdauer kann auf schriftlichen oder elektronischen Antrag
gewährt werden (vgl. z.B. § 76 II BauO Brem, § 74 II BauO MV, § 77 II BauO NRW).
Wenn innerhalb der Frist nicht mit dem Bauvorhaben begonnen oder aber die Bauausführung länger als ein Jahr unterbrochen wird, erlischt die Baugenehmigung. Eine
unbeschränkte Geltungsdauer würde das Vorhaben der behördlichen Kontrolle entziehen und eine Umgehung neu eingefügter, erhöhter Anforderungen durch verfrühte
Antragstellung geradezu herausfordern.[541]

ff. Die Baugenehmigung ist ein **dinglicher Verwaltungsakt**. Sie bezieht sich auf 386
das Vorhaben und das Grundstück, auf dem das Bauwerk errichtet werden soll; auf
die Person des Antragstellers ist sie hingegen nicht fixiert.[542] Aus diesem Grund gilt
die Baugenehmigung auch **für und gegen dessen Rechtsnachfolger** (§ 74 I
Halbs. 2 BauO Brem, § 58 II BauO BW, § 75 II BauO NRW).[543]

e. Bauausführung

Ist die Baugenehmigung (oder eine Teilbaugenehmigung) erteilt, kann mit dem Bau 387
begonnen werden. Auch für dieses Stadium treffen die Bauordnungen Regelungen,
z.B. einerseits zur **Bauleitung** auf Seiten des Bauwerbers und andererseits zur **Bauüberwachung** durch die Behörde bis zur Fertigstellung, welche der Behörde anzuzeigen ist und von ihr für eine Bauzustandsbesichtigung zum Anlass genommen werden kann.

Zur Bauleitung: Der Bauherr ist gem. den Bestimmungen der Bauordnungen ver- 388
pflichtet, bei Vorhaben, die dem „herkömmlichen" bzw. dem vereinfachten Baugenehmigungsverfahren und die dem Genehmigungsfreistellungsverfahren unterliegen, zur Planung, Überwachung und Ausführung kundige Personen hinzuzuziehen,
die sog. Bauleitung. Zu deren Aufgaben gehört die Überwachung der Ausführung des
Baus. Die Bauleitung hat dafür zu sorgen, dass bei der Ausführung einer Baumaß-
nahme die hierfür geltenden Technischen Baubestimmungen eingehalten und dass
die (genehmigten) Bauvorlagen und Unterlagen der Entwurfsverfasser beachtet
werden. Sie trägt damit die Verantwortung für die Vermeidung von Gefahren bei der
Bauausführung und solcher Gefahren, die aus einer fehlerhaften Ausführung
resultieren können.
Personen, die die Bauleitung übernehmen, müssen mindestens die „kleine Bauvorla-
genberechtigung" innehaben; erforderlichenfalls müssen für Teilgebiete Fachbaulei-
tungen eingerichtet werden. Auch in diesem Fall trägt die Bauleitung die Gesamtver-
antwortung und ist für die Koordination der (Fach-)Bauleitung(en) zuständig.

Zur Bauüberwachung: Art und Umfang der Bauüberwachung stehen im Ermessen 389
der Behörde. Die behördliche Überwachung ist nicht auf genehmigungsbedürftige
Vorhaben beschränkt, sondern erstreckt sich auch auf genehmigungsfreie Bauten und
ermöglicht daher eine umfassende Prüfung, inwieweit bei der Ausführung von baulichen oder diesen gleichgestellten Anlagen die öffentlich-rechtlichen Anforderungen
erfüllt sind. Die Überwachungstätigkeit bezieht auch die Erfüllung der Pflichten der am

---

[540] **3 Jahre**: § 76 I BauO Brem., § 73 I BauO MV, § 77 I BauO NRW, § 62 I BauO BW, § 72 I BauO Berl., § 64
VII S. 1 BauO Hess.; **4 Jahre**: Art. 69 I BauO Bay, § 74 I BauO RhlPfl.
[541] *Erbguth/Wagner*, BauR, § 13 Rn 33.
[542] *Erbguth/Wagner*, BauR, § 13 Rn 34.
[543] Zur Rechtsnachfolge in öffentlich-rechtliche Rechte und Pflichten vgl. *R. Schmidt*, BesVerwR II, Rn 875 ff.

Bau Beteiligten ein. Auch die verwendeten Bauprodukte unterliegen - etwa durch die Entnahme von Proben - der behördlichen Überwachung.

390 Häufiger Gegenstand der Überwachungstätigkeit sind der Baubeginn und die Rohbauarbeiten. Der Baubeginn ist an die vorherige Festlegung der Grundfläche und der Höhenlage eines Gebäudes geknüpft; in diesem Stadium besteht noch die Möglichkeit, bei Verstößen - insbesondere auch gegen nachbarschützende Vorschriften - mit relativ geringem Aufwand einzugreifen und frühzeitig zu verhindern, dass vollendete Tatsachen geschaffen werden, die oft kaum noch rückgängig zu machen sind.

391 Auch bei der Überwachung greift die Verlagerung der Verantwortlichkeiten: Die Sachverständigen und Nachweisberechtigten, die bereits Unterlagen bescheinigt haben, bestätigen die entsprechende Bauausführung. Die Überwachung wird also in wesentlich stärkerem Umfang als bisher von privaten Sachverständigen wahrgenommen; dies entspricht dem Grundansatz und dem wesentlichen Anliegen der reformierten Bauordnungen, die behördliche Kontrolltätigkeit auf das Notwendige zu beschränken.

Ob und mit welcher Intensität die Behörde Überprüfungen vornimmt, wird von der Komplexität des Vorhabens abhängen; auch wenn - etwa aus Erfahrungen mit den am Bau Beteiligten aus anderen Vorhaben - Anhaltspunkte dafür bestehen, dass gegen öffentlich-rechtliche Vorschriften verstoßen wird, spricht dies für die Durchführung behördlicher Überwachungsmaßnahmen.

f. Bauvorbescheid

392 Wie sich aus den Ausführungen zum Baugenehmigungsverfahren ergibt, ist die Vorbereitung des Bauantrags für den Bauherrn mitunter sehr kosten- und zeitintensiv. Denn er muss der Baugenehmigungsbehörde alle Unterlagen einreichen, die sie braucht, um entscheiden zu können, ob das Bauvorhaben mit den öffentlich-rechtlichen Vorschriften in Einklang steht. Zu diesen Unterlagen gehören i.d.R. mindestens ein Lageplan, die Bauzeichnungen, die Baubeschreibung und bautechnische Nachweise. Um sie zu erstellen, wird sich der Bauherr in den meisten Fällen der Hilfe eines Planungsbüros (d.h. eines Architekten) bedienen müssen. In bestimmten Fällen ist dies sogar vorgeschrieben.

392a Daher kann es für den Bauherrn sinnvoll sein, vorab mit Hilfe der sog. **Bauvoranfrage** durch die Genehmigungsbehörde klären zu lassen, ob sein Vorhaben überhaupt errichtet werden darf, ob es also z.B. in dem vorgesehenen Gebiet und in der vorgesehenen Ausführung bzw. zu dem vorgesehenen Zweck errichtet werden darf. Die Entscheidung der Behörde nennt man **Bauvorbescheid**.[544] Zwar ergeht diese behördliche Prüfung nicht kostenlos, die Gebühren für den Bauvorbescheid sind aber wesentlich niedriger als die für die Baugenehmigung. Hauptargument dürfte aber sein, dass neben den geringeren Kosten für die Beschaffung der für die Baugenehmigung erforderlichen Bauunterlagen auch das Baugrundstück noch nicht gekauft sein muss. Man stelle sich den Fall vor, dass der Bauherr in der Hoffnung, dass sein Vorhaben schon genehmigt werde, zuerst das Grundstück erwerben müsste, um nach Erhalt des Ablehnungsbescheids feststellen zu müssen, dass das Vorhaben gar nicht genehmigungsfähig ist.

---

[544] Wird mit einer Bauvoranfrage ein Bauvorbescheid zur Klärung bauplanungsrechtlicher (also nicht bauordnungsrechtlicher!) Fragen begehrt, bezeichnet man den Bauvorbescheid, der die bauplanungsrechtliche (nicht die bauordnungsrechtliche!) Zulässigkeit des Vorhabens feststellt, auch als **Bebauungsgenehmigung**. Da diese begrifflich allzu leicht mit der (streng zu unterscheidenden!) Baugenehmigung verwechselt werden kann, ist in der Fallbearbeitung auf die genaue Einhaltung der Terminologie zu achten!

Um derartige Folgen zu vermeiden, sehen die Bauordnungen das Institut des Bauvorbescheids vor. Freilich macht der Bauvorbescheid nur Sinn, wenn sich der Bauherr auf den Inhalt verlassen kann. Er muss sich darauf verlassen können, das später die Baugenehmigung nicht aus Gründen versagt wird, die dieser Erklärung widersprechen.

392b

Daraus folgt, dass ein Bauvorbescheid nicht bloß eine unverbindliche Information für den Bauherrn oder eine bloße Vorbereitungsmaßnahme für eine spätere Baugenehmigung sein kann. Der Bauvorbescheid ist vielmehr ein eigenständiger **Verwaltungsakt**, der die verbindliche Rechtsfolge enthält, dass das Bauvorhaben später im Baugenehmigungsverfahren nicht aus Gründen versagt werden kann, die der im Bauvorbescheid getroffenen Erklärung widersprechen. Da allerdings bei der Bauvoranfrage die behördliche Prüfung durch die vom Antragsteller gestellte Frage inhaltlich begrenzt wird, entfaltet der Bauvorbescheid, anders als die Baugenehmigung, **keine Gestattungswirkung**. Denn der Bauvorbescheid regelt nur einzelne Fragen des Vorhabens und kann deshalb das präventive Bauverbot, das den Bauordnungen zugrunde liegt, nicht aufheben. Dies kann nur die Baugenehmigung. Allein aufgrund eines Bauvorbescheids darf der Bauherr also noch nicht mit dem Bau beginnen.[545]

392c

Fazit: Der Bauvorbescheid beschränkt sich auf die Beantwortung der vom Antragsteller gestellten einzelnen Fragen des Vorhabens. Er enthält damit zwar dieselbe Feststellungswirkung wie die Baugenehmigung, die verbindlich feststellt, dass dem Vorhaben keine von der Baurechtsbehörde zu prüfenden öffentlich-rechtlichen Vorschriften entgegenstehen, gestattet aber nicht den Bau. Dies kann nur die Baugenehmigung.

392d

In Abgrenzung zum Vorbescheid, der über *einen Teil* der Genehmigungsvoraussetzungen für das *gesamte* Vorhaben entscheidet, entscheidet eine **Teilgenehmigung** abschließend über *alle* Genehmigungsvoraussetzungen *eines Teils* des gesamten Vorhabens und trifft damit ebenso eine Regelung. Auch sie ist daher ein Verwaltungsakt.[546]

392e

Beispiel: Nach § 8 BImSchG kann unter den dort näher bezeichneten Voraussetzungen eine Teilerrichtungsgenehmigung für den Bau einer Anlage erteilt werden. Eine solche Erteilung kann für den Betreiber von Interesse sein, wenn die Bauausführung eines Teils der Anlage noch einer weiteren Klärung bedarf, aber bereits jetzt schon mit der Errichtung der unstreitigen Anlagenbereiche begonnen werden soll. Die Teilgenehmigung ist ein wichtiges Instrumentarium, um Teilbereiche eines förmlichen Genehmigungsverfahrens bzw. eines Planfeststellungsverfahrens abschließend zu entscheiden.

Nicht zu verwechseln ist die Teilgenehmigung mit der im Zuge der Baurechtsnovelle 2004 weggefallenen Teilungsgenehmigung nach den §§ 20 ff. BauGB a.F.! Die baurechtliche Teilungsgenehmigung betraf die Frage, welche Voraussetzungen und Folgen an die Teilung eines Grundstücks im Baurecht zu stellen waren (nach der nunmehr geltenden Rechtslage ist die Teilung eines Grundstücks nur noch mitzuteilen, § 19 I BauGB).

392f

---

[545] Vgl. dazu aus jüngerer Zeit etwa OVG Münster NVwZ-RR **2005**, 388.
[546] *Bull/Mehde*, AllgVerwR, § 8 Rn 468; *Maurer*, AllgVerwR, § 9 Rn 63a; *Peine*, AllgVerwR, § 7 Rn 121.

3. Instrumente zur Durchsetzung des materiellen Baurechts

a. Allgemeines

393 Ähnlich wie die Polizeigesetze enthalten auch die Landesbauordnungen Aufgabenzuweisungsnormen. Diese machen es den Behörden zur Aufgabe, darauf zu achten, dass die baurechtlichen Vorschriften sowie die anderen öffentlich-rechtlichen Vorschriften über die Errichtung, die Unterhaltung und den Abbruch von Anlagen eingehalten und dass die aufgrund dieser Vorschriften ergangenen Verfügungen beachtet werden.[547] Zu beachten ist jedoch, dass diese Aufgabenzuweisungsnormen keine Rechtsgrundlagen für Eingriffe in die Baufreiheit darstellen. Dafür sind sog. Eingriffsermächtigungen erforderlich. Nur sie werden dem Grundsatz vom Vorbehalt des Gesetzes gerecht.[548] Den Baubehörden steht ein differenziertes System an speziellen Eingriffsermächtigungen zur Verfügung. So kann etwa, wenn der Bau ohne die erforderliche Baugenehmigung errichtet wird, eine Anordnung zur Einstellung der Bauarbeiten ergehen (**Stilllegungsverfügung**). Widersprechen die Anlage oder ihre Nutzung den öffentlich-rechtlichen Vorschriften, kann eine **Baubeseitigungsanordnung** (Abbruch- bzw. Abrissverfügung, aber auch Rückbauverfügung, wenn bspw. eine nicht genehmigungsfähige Trennwand herausgenommen werden soll) bzw. eine **Nutzungsuntersagungsverfügung** ergehen (dazu ausführlich Rn 395 ff.).

394 Zu beachten ist, dass die baurechtlichen Eingriffsermächtigungen Anwendungsvorrang vor denen des allgemeinen Polizei- und Ordnungsrechts haben (Spezialität). Nur wenn baurechtliche Eingriffsermächtigungen fehlen, können o.g. Verfügungen auf die polizeiliche Befugnisgeneralklausel gestützt werden. Im Übrigen ist das allgemeine Polizei- und Ordnungsrecht subsidiär anwendbar, etwa wenn die baurechtlichen Befugnisse den Sachverhalt nicht abschließend regeln. Das gilt insbesondere für die Frage, an wen Baueinstellungsverfügungen, Abbruchverfügungen und Nutzungsuntersagungen zu richten sind. Da die baurechtlichen Befugnisnormen diese Frage nicht beantworten, ist auf die entsprechenden Normen über die polizeirechtliche Verantwortlichkeit des allgemeinen Polizeirechts zurückzugreifen.[549]

b. Eingriffsbefugnisse

395 Mit der Reduzierung der Genehmigungsbedürftigkeit von Vorhaben durch die reformierten Bauordnungen gewinnen die bauordnungsrechtlichen Eingriffsbefugnisse eine Renaissance bisher unbekannten Ausmaßes. Im Folgenden sollen die jeweiligen Eingriffsgrundlagen und Eingriffsvoraussetzungen näher erläutert werden. Bei Rn 501 ff. werden ausführlich **Rechtsschutz**- und **Klausuraufbaufragen** behandelt. Doch zunächst folgender Überblick:

---

[547] Vgl. **MBO**: § 58; **BaWü**: § 47 LBO; **Bay**: Art. 54 LBO; **Berl**: §§ 58 LBO; **Brand**: §§ 52, 53 LBO; **Brem**: § 61 LBO; **Hamb**: § 58 LBO; **Hess**: § 53 LBO; **MV**: § 58 LBO; **Nds**: § 65 LBO; **NRW**: § 61 LBO; **RhlPfl**: § 59 LBO; **Saar**: § 57 LBO; **Sachs**: § 58 LBO; **SachsAnh**: § 57 LBO; **SchlHolst**: § 59 LBO; **Thür**: § 60 LBO.
[548] Zum Vorbehalt des Gesetzes vgl. *R. Schmidt*, AllgVerwR, Rn 200 ff.
[549] Vgl. **ME**: §§ 4-6; **Bay**: Art. 7-10 PAG; **Berl**: §§ 13-16 ASOG; **BW**: §§ 6-9 PolG; **Brand**: §§ 5-7 PolG; **Brem**: §§ 5-8 PolG; **Hamb**: §§ 7-10 SOG; **Hess**: §§ 6-9 SOG; **MeckVor**: §§ 68-71 SOG; **Nds**: §§ 6-9 SOG; **NRW**: §§ 4-6 PolG; **RhlPfl**: §§ 4-7 POG; **Saarl**: §§ 4-6 PolG; **Sachs**: §§ 4-7 PolG; **SachsAnh**: §§ 7-10 SOG; **SchlHolst**: §§ 217-220 LVwG; **Thür**: §§ 7-10 PAG.

Baueinstellung

Baubeseitigung

Nutzungsuntersagung

Mit diesem Instrumentarium können bauliche Tätigkeiten unterbunden werden, soweit und solange noch nicht geklärt ist, ob das Vorhaben den Vorschriften entspricht. Damit wird verhindert, dass sich ein rechtswidriger Zustand verfestigt und vollendete Tatsachen geschaffen werden. Es genügt die formelle Baurechtswidrigkeit.	Dieses Instrumentarium erlaubt der Bauaufsichtsbehörde, repressiv gegen illegal errichtete oder genutzte Vorhaben vorzugehen. Eine Beseitigungsverfügung ist grds. jedoch nur dann rechtmäßig, wenn der betreffende Bau **formell** (soweit eine Baugenehmigung überhaupt erforderlich ist) **und materiell rechtswidrig** ist.	Entspricht zwar der Bau den öffentlich-rechtlichen Vorschriften, nicht jedoch seine Nutzung, kommt eine Baubeseitigung nicht in Betracht. Die Behörde kann aber die rechtswidrige Nutzung untersagen. Strittig ist, ob eine formelle Baurechtswidrigkeit genügt oder ob auch eine materielle Baurechtswidrigkeit erforderlich ist.

aa. Baueinstellung (Stilllegungsverfügung; Baustopp)

Werden Anlagen im Widerspruch zu den öffentlich-rechtlichen Vorschriften errichtet, umgebaut oder abgerissen, muss die Behörde nicht abwarten, bis sie und die Allgemeinheit vor vollendete Tatsachen gestellt werden. Vielmehr kann sie schon während der Bauphase eingreifen und eine Baueinstellungsverfügung (Stilllegungsverfügung) erlassen – sog. Baustopp.[550] Zur Rechtmäßigkeit einer Stilllegungsverfügung **reicht es aus**, dass der Bau **formell illegal** ist, d.h. wenn er zwar durchaus mit dem materiellen Baurecht vereinbar sein könnte, aber die erforderliche Genehmigung nicht eingeholt wurde. Eine materielle Illegalität (also eine Unvereinbarkeit mit materiell-rechtlichen Vorschriften) des Baus ist (anders als bei der nachfolgend behandelten Abrissverfügung) also nicht erforderlich.[551] Typische Anwendungsfälle einer Baueinstellung sind

- der Beginn der Bauarbeiten, bevor die erforderliche (vollziehbare) Baugenehmigung vorliegt oder – im vereinfachten Genehmigungsverfahren – bevor die Frist der Genehmigungsfiktion abgelaufen ist,
- die von der Genehmigung abweichende Bauausführung
- oder (bei genehmigungsfreien Vorhaben) der Beginn ohne vorherige fristgemäße Anzeige.

Beispiele[552]:

   (1) Bei einer Baukontrolle wird festgestellt, dass Bauherr B von den genehmigten Planunterlagen abgewichen ist, indem er das Gebäude um 1 m höher gesetzt hat. Er hat dies damit begründet, dass die Ausführung der genehmigten Vorlagen wegen auftretenden Schichtwassers bzw. einer Änderung im Straßenbau nicht sachge-

396

397

---

[550] Vgl. **MBO**: § 79; **BaWü**: § 64 LBO; **Bay**: Art. 75 LBO; **Berl**: § 78 LBO; **Brand**: § 73 LBO; **Brem**: § 81 LBO; **Hamb**: § 75 LBO; **Hess**: § 71 LBO; **MV**: § 79 LBO; **Nds**: § 89 LBO; **NRW**: § 61 LBO; **RhlPfl**: § 80 LBO; **Saar**: § 81 LBO; **Sachs**: § 79 LBO; **SachsAnh**: § 78 LBO; **SchlHolst**: § 59 LBO; **Thür**: § 76 LBO. Zu deren Wesen, Nachfolgefähigkeit und Voraussetzungen vgl. auch *Volkmann*, JuS **1999**, 544 ff. Vgl. auch VG Koblenz 6.2.**2003** – 7 K 3190/02.KO und 7 K 3216/02.KO.

[551] Vgl. *Ortloff*, NVwZ **2000**, 750, 757; *Muckel*, BauR, 3. Aufl. **2002**, S. 116.

[552] Bsp. (1) nach OVG Berlin BauR **1997**, 822, Bsp. (2) nach OVG Greifswald NuR **2001**, 412 und Bsp. (3) nach OVG Münster NVwZ-RR **2002**, 564, jeweils dargestellt auch bei *Eiding/Ruf/Herrlein*, BauR, Rn 252.

recht gewesen sei. Die Bauaufsichtsbehörde verfügt daraufhin einen Baustopp, gegen den B Widerspruch einlegt.

Der Widerspruch ist begründet, wenn der Baustopp rechts- oder sachwidrig ist und B in seinen rechtlich geschützten Interessen verletzt.

B ist erheblich von den genehmigten Bauvorlagen abgewichen. Es ist Sache des Bauherrn oder der von ihm beauftragen Personen, die Bodenverhältnisse bei der Planung zu berücksichtigen und sich - falls nachträglich Modifizierungen notwendig werden - rechtzeitig um eine Nachtragsgenehmigung zu bemühen. Die wesentliche Abweichung von der Baugenehmigung rechtfertigt die Baueinstellung. Der Widerspruch ist daher zurückzuweisen. B muss ein sog. **Nachtragsbaugesuch** einreichen, über das die Behörde erneut entscheidet.

398 **(2)** Wieder erhält B für ein Bauvorhaben von der Baubehörde eine Baugenehmigung. Das Grundstück, auf dem das Vorhaben realisiert werden soll, liegt im Geltungsbereich einer Nationalparkverordnung, die die Errichtung baulicher Anlagen verbietet. Die notwendige Befreiung von den Festsetzungen der Nationalparkverordnung war weder beantragt noch erteilt. Die Naturschutzbehörde untersagte (vorläufig) die Ausführung des Vorhabens. Durfte die Baueinstellung verfügt werden?

Die Baugenehmigung enthält nicht auch zugleich die erforderliche Befreiung von einer Schutzgebietsverordnung (zu den Voraussetzungen einer Konzentrationswirkung vgl. Rn 367). Das Vorhaben ist daher rechtswidrig; die Einstellung ist daher zu Recht ergangen.

399 **(3)** Auch diesmal erhält B für die Errichtung eines Wohnhauses eine Baugenehmigung. Nach nochmaliger Prüfung aufgrund abweichender Bauausführung wurde festgestellt, dass dem Vorhaben ein Verbot der Errichtung baulicher Anlagen, das sich aus einem Landschaftsplan ergab, entgegenstand. Eine Befreiung von den Vorschriften des Landschaftsplans lag nicht vor. Darf die Behörde die Baueinstellung verfügen?

Da dem Vorhaben ein Verbot nach dem Landschaftsplan entgegensteht, ist es illegal; die angeordnete Baueinstellung ist daher rechtmäßig.

400 Auf der Rechtsfolgeseite sieht die Befugnisnorm, die zum Erlass der Baueinstellungsverfügung ermächtigt, ein **Ermessen** vor. Ermessen besteht hinsichtlich der Entscheidung, ob und ggf. wie die Behörde einschreitet; daher kommt auch eine nur teilweise Einstellung in Betracht. Eine das gesamte Vorhaben umfassende Baueinstellung kann unverhältnismäßig sein, wenn die Rechtswidrigkeit nur einen (abtrennbaren) Teilbereich/Teilabschnitt betrifft. Liegen nur geringfügige Abweichungen von genehmigten Plänen vor, ist es ermessensgerecht, von der Regelfolge der Baueinstellung abzusehen. Gleiches gilt, wenn ein Vorhaben offensichtlich genehmigungsfähig ist und der Bauherr lediglich *vor* Genehmigungserteilung mit der Bauausführung beginnt.

401 Die Stilllegungsverfügung kann auch im Zusammenhang (d.h. unmittelbar nach oder zusammen) mit der für sofort vollziehbar erklärten Rücknahme der Baugenehmigung ergehen.[553] Unabhängig davon gilt, dass wenn sich der Bauherr nicht an die Stilllegungsverfügung hält, die Behörde die Verfügung zwangsweise durchsetzen, d.h. vollstrecken kann. Die Zwangsmittel sind zumeist in den Bauordnungen festgelegt. Dazu gehören die Versiegelung der Baustelle oder die Ingewahrsamnahme der an der Baustelle befindlichen Bauprodukte, Geräte, Maschinen und Bauhilfsmittel. Zum Rechtsschutz vgl. Rn 417 ff. und 506 ff.

---

[553] OVG Berlin LKV **1999**, 372.

bb. Baubeseitigung (Abrissverfügung)

a.) Erfordernis der formellen und materiellen Illegalität

Neben dem Nutzungsverbot (Rn 408 und 504) ist die Baubeseitigungsverfügung (Abbruch- oder Abrissverfügung) die klassische Eingriffsmöglichkeit der Bauaufsichtsbehörde, um repressiv gegen illegal errichtete oder genutzte Vorhaben vorzugehen. Die Verfügung, den Bau zu beseitigen, greift besonders intensiv in die Rechtssphäre (insbesondere in die durch Art. 14 I GG geschützte Baufreiheit) des Bauherrn ein. Dies gilt umso mehr, als sie Grundlage einer anschließenden Verwaltungsvollstreckung (Abriss des Baus) ist und der Abriss nicht mehr rückgängig gemacht werden kann. Daher stellt das Rechtsstaatsprinzip besonders hohe Anforderungen an die Rechtmäßigkeit einer Baubeseitigungsverfügung. Minimalvoraussetzung ist eine gesetzliche *Rechtsgrundlage*. Diese ist den Bauordnungen zu entnehmen.[554] Weitere Rechtmäßigkeitsvoraussetzung ist in Übereinstimmung zu der Stilllegungsverfügung die **formelle Illegalität**, d.h. insbesondere das Fehlen einer erforderlichen Baugenehmigung (man spricht insoweit von einem „Schwarzbau", s.o.). Diese formelle Illegalität allein genügt grundsätzlich jedoch nicht, denn wegen der Irreversibilität des vollzogenen Abbruchs ist grundsätzlich zu fordern, dass der Bau auch dem materiellen Baurecht widerspricht (sog. **materielle Illegalität**).[555] Dies kommt auch positivrechtlich in den Vorschriften über die Baubeseitigung zum Ausdruck („ ... wenn nicht auf andere Weise rechtmäßige Zustände hergestellt werden können"). Rechtmäßige Zustände werden insbesondere durch das nachträgliche Stellen eines Bauantrags oder die Erteilung eines Dispenses hergestellt. Voraussetzung dafür ist aber, wie gesagt, dass der Bau überhaupt dem materiellen Baurecht entspricht.[556]

> **Beispiel**[557]: Dem pensionierten Kapitän K ist das Fehlen des ständigen Meeresblickes unerträglich. Er hat sich daher 50 m von der Nordseeküste entfernt in den Dünen ein Holzhaus errichtet. Als die Behörde darauf aufmerksam gemacht wird und mit Hinweis auf die fehlende Genehmigung den Abriss anordnet, beantragt K einen Aufschub des Abrisses und reicht gleichzeitig einen Bauantrag ein. Ist die Abrissverfügung trotz des nunmehr eingereichten Bauantrags rechtmäßig?
>
> Da § 35 BauGB nicht zu entnehmen ist, dass eine Holzhütte im Außenbereich genehmigt werden kann, ist der Bau des K nicht nur formell, sondern auch materiell baurechtswidrig. Eine Baugenehmigung kann nicht erteilt werden. Die Behörde kann den Abriss durchsetzen. Vgl. auch den Beispielsfall bei Rn 407.

402

---

[554] Vgl. **MBO**: § 80; **BaWü**: § 65 LBO; **Bay**: Art. 76 LBO; **Berl**: § 79 LBO; **Brand**: §§ 73, 74 LBO; **Brem**: § 82 LBO; **Hamb**: § 76 LBO; **Hess**: § 72 LBO; **MV**: § 80 LBO; **Nds**: §§ 54, 89 LBO; **NRW**: § 61 LBO; **RhlPfl**: §§ 81, 82 LBO; **Saar**: § 82, 82a LBO; **Sachs**: § 80 LBO; **SachsAnh**: § 79 LBO; **SchlHolst**: § 59 LBO; **Thür**: § 77 LBO. Davon zu unterscheiden ist das auf § 179 BauGB gestützte bauplanungsrechtliche Rückbau- und Entsiegelungsgebot. Dieses Gebot stellt eine städtebauliche Maßnahme dar, für die nicht die Bauaufsichtsbehörde, sondern die Gemeinde zuständig ist.

[555] Allein die formelle Illegalität rechtfertigt eine Beseitigungsanordnung nur im Ausnahmefall, etwa wenn Anlagen ohne nennenswerten Eingriff in die Bausubstanz beseitigt werden können (z.B. Abschrauben von Werbeanlagen, Wegfahren von Wohnwagen) oder wenn auf Aufforderung der Behörde ein Bauantrag nicht gestellt wird (vgl. *Ortloff*, NVwZ **2005**, 1381, 1387; **2004**, 934, 942; **2002**, 416, 422; **2001**, 990, 1003; **2000**, 750, 757; OVG Greifswald NordÖR **2000**, 126; OVG Münster BauR **2001**, 758). Unbegründet daher die Kritik von *Fischer*, NVwZ **2004**, 1057.

[556] Selbstverständlich genügt die materielle Illegalität bei Bauten, bei denen eine Baugenehmigung nach Landesrecht nicht erforderlich ist.

[557] In Anlehnung an OVG Bremen NVwZ **1995**, 606.

b.) Bedeutung des Vertrauensschutzes und des Bestandsschutzes

403 Das Erfordernis der formellen und materiellen Illegalität wäre an sich auch erfüllt, wenn die (frühere) Errichtung des Baus zwar rechtmäßig war, das Vorhaben aber infolge einer Änderung der materiellen Rechtslage (z.B. Änderung des Bebauungsplans) heute nicht mehr genehmigt werden dürfte. Hier machen es der **Vertrauensschutz** und der **Bestandsschutz**[558] erforderlich, dass eine Beseitigungsverfügung nicht ergehen darf. Die Landesbauordnungen haben dies positivrechtlich geregelt, indem die Vorschriften über die Baubeseitigung verlangen, dass die Anlage im Widerspruch zu öffentlich-rechtlichen Vorschriften errichtet *wurde*. **Eine Beseitigungsverfügung ist also nur dann zulässig, wenn die materielle Illegalität bei der Errichtung des Baus vorlag, nicht jedoch, wenn sie später eintrat.**

404 Examensrelevant ist auch die umgekehrte Konstellation, in der also die damalige Errichtung des Baus (bzw. der Anlage) materiell rechtswidrig war, dieser aber zwischenzeitlich durch Änderung des materiellen Baurechts (z.B. durch Änderung des Bebauungsplans) **legalisiert** wurde. Zwar sehen die Vorschriften über die Baubeseitigung den Abriss vor, wenn der Bau materiell rechtswidrig errichtet wurde. Da der Bau aber nunmehr im Einklang mit der materiellen Rechtslage steht, können rechtmäßige Zustände „auf andere Weise", nämlich durch nachträgliches Stellen eines Bauantrags, hergestellt werden. Da der Bau nunmehr genehmigungsfähig ist, verstieße eine Baubeseitigungsverfügung gegen den Grundsatz der Verhältnismäßigkeit. Man kann somit sagen, dass eine Beseitigungsverfügung nur dann rechtmäßig ergehen kann, wenn **das Gebäude sowohl im Zeitpunkt seiner Errichtung als auch im Zeitpunkt des Einschreitens gegen materielles Baurecht verstößt**. Im Übrigen kann der Vertrauensschutz auch im Rahmen der Nutzungsuntersagung von Bedeutung sein.

> **Beispiel**[559]: Die L GmbH betrieb auf einem ihr gehörenden Grundstück seit 20 Jahren eine Lackiererei. Nach der Insolvenz der GmbH steht der Betrieb zunächst 15 Monate still, danach erwirbt M das Grundstück im Wege der Zwangsversteigerung. Als M dort eine Lackiererei eröffnen möchte, wird ihm dies mit dem Hinweis untersagt, dass das Grundstück im Bebauungsplan seit 5 Jahren als Wohnfläche ausgewiesen sei. M beruft sich auf Bestandsschutz durch die 20-jährige Nutzung.
>
> Über eine Nutzungsunterbrechung hinaus wirkt der Bestandsschutz nur fort, solange mit einer Fortsetzung der Nutzung gerechnet werden konnte (etwa im Fall eines „regulären" Kaufs). Bei Insolvenz und Zwangsversteigerung ist das künftige Schicksal der Grundstücksnutzung aber ungewiss. Nach Auffassung des erkennenden Gerichts kann nicht mehr davon ausgegangen werden, dass der neue Eigentümer die ursprüngliche Nutzung fortsetzt. Es gebe deshalb keinen Bestandsschutz mehr.

c.) Das Entscheidungsermessen

405 Die bauordnungsrechtlichen Vorschriften über die Baubeseitigung räumen der Baubehörde ein **Ermessen** ein. Die Behörde kann also grundsätzlich wählen, ob sie im konkreten Fall eine Baubeseitigungsverfügung erlässt oder nicht. Allerdings ist zu beachten, dass die Behörde nicht völlig frei in ihrer Entscheidungsfindung ist. So ist

---

[558] Vgl. dazu *Ortloff*, NVwZ **2003**, 660, 666; *Gohrke/Brehsan*, NVwZ **1999**, 932 ff.; *Gohrke/Brehsan*, LKV **1999**, 396 ff.; *Mampel*, NJW **1999**, 975 ff. und *Ortloff*, NVwZ **1999**, 955, 962. Der Bestandsschutz folgt aber nicht unmittelbar aus Art. 14 I S. 1 GG, sondern aus dem im Lichte dieses Grundrechts auszulegenden einfachen Recht (*Ortloff*, NVwZ **2000**, 750, 757) und gilt grds. nicht für zu DDR-Zeiten errichtete Bauten (vgl. VG Weimar ThürVBl **1999**, 265, wonach diese Bauten aber Vertrauensschutz genießen, wenn die DDR-Behörden länger als 5 Jahre nicht eingeschritten sind. Der Vertrauensschutz sei dann im Rahmen der Ermessensausübung zu berücksichtigen).
[559] Nach BVerwG DVBl **1996**, 40 f.

sie im Hinblick auf die Eigentumsgarantie an Art. 14 I GG[560], im Übrigen an den **Verhältnismäßigkeitsgrundsatz**[561] und an den **Gleichbehandlungsgrundsatz** bzw. das Willkürverbot (Art. 3 I GG) gebunden[562].

Wenn also eine Reihe von Schwarzbauten materiell illegal errichtet wurde und die Behörde nur den Abriss *eines* Schwarzbaus anordnet, stellt sich die Frage, ob sie wegen des Grundsatzes der Gleichbehandlung bzw. des Willkürverbots entweder überhaupt keine Baubeseitigungsverfügung erlassen durfte oder gegenüber allen Eigentümern eine Baubeseitigungsverfügung hätte erlassen müssen. Hier ist der Grundsatz zu beachten, dass es **keine Gleichheit im Unrecht** gibt. Der von der Baubeseitigungsverfügung betroffene Eigentümer eines illegal errichteten Baus kann sich also nicht auf den Gleichheitssatz stützen. Allerdings enthält Art. 3 I GG auch das **Willkürverbot**. Wählt die Behörde also einen bzw. mehrere Eigentümer willkürlich oder planlos heraus und erlässt nur ihm bzw. ihnen gegenüber eine Baubeseitigungsverfügung, handelt sie rechtswidrig. Das Willkürverbot ist aber nicht verletzt, wenn sich die Behörde aus sachlichen Gründen auf Einzelfälle beschränkt.[563] So handelt die Behörde ermessensfehlerfrei, wenn sie einzelne Bauten, etwa besonders auffällige oder alte Bauten, heraussucht und nur deren Eigentümern gegenüber eine Baubeseitigungsverfügung erlässt. Entsprechendes gilt, wenn die Behörde erst einmal einen Musterprozess abwarten will. Denn dann legt die Behörde ihrer Entscheidung ein sachlich gerechtfertigtes Vorgehen zugrunde.[564]

Zu beachten ist schließlich, dass (auch) der **Verhältnismäßigkeitsgrundsatz** ein Einschreiten der Behörde verbieten kann. Das gilt zunächst für den Fall, dass an einem legal errichteten Bau illegal eine bauliche Maßnahme erfolgt (z.B. den Anbau eines nicht genehmigungsfähigen Balkons). In einem solchen Fall wäre die Verfügung, den gesamten Bau zu beseitigen, unverhältnismäßig und damit rechtswidrig. Als einzige rechtmäßige Maßnahme kommt hier eine Rückbauverfügung in Betracht, d.h. die Anordnung, nur den rechtswidrig errichteten Teil zu beseitigen.[565]

Ein Verstoß gegen den Verhältnismäßigkeitsgrundsatz kommt auch in Betracht, wenn der materiell illegal errichtete Bau nur geringfügig gegen baurechtliche oder andere öffentlich-rechtliche Vorschriften verstößt und sein Abriss für den Eigentümer einen besonders großen Schaden bedeuten würde. Allerdings kommt ein Absehen von einer Abrissverfügung hier nur in Ausnahmefällen in Betracht, da man anderenfalls zum Bau von ungenehmigten, nicht genehmigungsfähigen Bauten geradezu einladen würde.

Beispiel: E baut 2 km von der Ortsgrenze entfernt ohne vorherige Genehmigung (die aber erforderlich war) ein Wochenendhaus. In dieser Gegend sind bereits andere nicht genehmigte Wochenendhäuser errichtet worden. Die zuständige Bauordnungsbehörde fordert E schriftlich auf, das Wochenendhaus innerhalb einer bestimmten Frist zu beseitigen. Für den Fall der Nichtbefolgung droht sie die Ersatzvornahme an. Nach erfolgloser Durchführung des Widerspruchsverfahrens erhebt E Klage. Wie sind die Erfolgsaussichten?

Sachentscheidungsvoraussetzungen
Der Verwaltungsrechtsweg ist gem. § 40 I S. 1 VwGO eröffnet, da der Streitgegenstand dem öffentlichen Baurecht entstammt. Statthafte Klageart ist die Anfechtungsklage gem. § 42 I Var. 1 VwGO, da das Begehren des E auf die Aufhebung eines ihn belastenden Verwaltungsakts (Baubeseitigungsverfügung) gerichtet ist. E ist auch gem.

406

407

---

[560] Vgl. dazu OVG Koblenz NVwZ-RR **1999**, 718.
[561] Vgl. jüngst BVerfG NVwZ **2005**, 203 f.
[562] Vgl. VG Gera ThürVBl **2002**, 288 (Verstoß gegen Art. 3 I GG, wenn für ein vergleichbares Bauwerk eine Baugenehmigung erteilt wird). Vgl. auch *Ortloff*, NVwZ **2003**, 660, 667.
[563] BVerwG BauR **1999**, 734; *Ortloff*, NVwZ **2000**, 750, 757.
[564] Vgl. BVerwG NVwZ-RR **1992**, 360.
[565] BVerfG NVwZ **2005**, 203, 204.

§ 42 II VwGO klagebefugt, da bei einem Adressaten eines belastenden Verwaltungsakts eine Rechtsverletzung (hier: Art. 14 I GG) niemals ausgeschlossen werden kann. Das Vorverfahren gem. § 68 I S. 1 VwGO ist laut Sachverhalt erfolglos durchgeführt worden. Die Einhaltung der Klagefrist gem. § 74 I VwGO wird unterstellt.

Begründetheit der Anfechtungsklage

Die Anfechtungsklage des E ist begründet, wenn die Baubeseitigungsanordnung rechtswidrig ist und E in seinen Rechten verletzt, § 113 I S. 1 VwGO.

Rechtsgrundlage für den Erlass einer Baubeseitigungsanordnung ist die bauordnungsrechtliche Norm über die Beseitigung baulicher Anlagen.[566] Voraussetzung ist danach die Rechtswidrigkeit des Wochenendhauses.

Die Errichtung eines Wochenendhauses ist genehmigungspflichtig. Vorliegend hat E eine Baugenehmigung nicht eingeholt. Somit liegt ein Verstoß gegen das Genehmigungserfordernis vor. Das Wochenendhaus ist damit schon einmal formell rechtswidrig errichtet worden. Die bloße **formelle Illegalität** rechtfertigt jedoch den Abriss eines Baus nicht, da eine bauliche Anlage materiell rechtmäßig sein kann und in diesem Falle durch nachträgliche Erteilung der Baugenehmigung rechtmäßige Zustände hergestellt werden können. Hinzukommen muss also die **materielle Illegalität** (Verstoß gegen materielle Baurechtsnormen). Vorliegend ist die Vereinbarkeit des Wochenendhauses mit den §§ 30 ff. BauGB zu prüfen.

Ein Verstoß gegen § 30 BauGB kommt nicht in Betracht, da das Wochenendhaus nicht in einem beplanten Innenbereich liegt. Auch § 34 BauGB ist nicht einschlägig, da das Wochenendhaus außerhalb der im Zusammenhang bebauten Flächen errichtet wurde. Somit richtet sich die Zulässigkeit des Baus nach § 35 BauGB. Das Wochenendhaus ist kein privilegiertes Vorhaben i.S.d. § 35 I BauGB. § 35 I BauGB ist somit ebenfalls nicht einschlägig. Folglich zählt das Wochenendhaus zu den „sonstigen Vorhaben" i.S.d. § 35 II BauGB, auf deren Genehmigung ein Anspruch besteht, wenn „öffentliche Belange" nicht beeinträchtigt werden und die Erschließung gesichert ist. Unter welchen Voraussetzungen die „öffentlichen Belange" beeinträchtigt werden, ist § 35 III BauGB zu entnehmen. Als entgegenstehender öffentlicher Belang kommt zunächst § 35 III Nr. 5 Var. 4 BauGB (natürliche Eigenart der Landschaft) in Betracht. Zweck der Regelung ist die Erhaltung der Außenbereichslandschaft für die naturgegebene Bodennutzung und die Erholung der Allgemeinheit. Soweit ein (nicht privilegiertes) Bauvorhaben in keinem Zusammenhang mit der natürlichen Bodennutzung steht, beeinträchtigt es bereits die natürliche Eigenart der Landschaft. Überdies wird auch die Aufgabe der Landschaft als Erholungsgebiet beeinträchtigt, weil durch die Außenbereichsbebauung die Allgemeinheit regelmäßig partiell vom Naturgenuss ausgeschlossen wird. § 35 III Nr. 5 Var. 4 BauGB wird durch das Wochenendhaus des E somit beeinträchtigt.

Weiterhin könnte das Wochenendhaus des E „die Entstehung, Verfestigung oder Erweiterung einer Splittersiedlung" (§ 35 III Nr. 7 BauGB) befürchten lassen. Würde man das Wochenendhaus des E genehmigen, könnte nicht ausgeschlossen werden, dass andere Bauherren „nachziehen" und unter dem Aspekt des Art. 3 I GG ebenfalls in den Genuss der Baugenehmigung kommen. Die Genehmigung gegenüber E hätte somit eine präjudizierende Wirkung. Eine Splittersiedlung ist daher zu befürchten. Das gilt umso mehr, als bereits andere Wochenendhäuser errichtet wurden. Auch insofern sind die „öffentlichen Belange" beeinträchtigt.

Trotz formeller und materieller Illegalität des betreffenden Baus sind Bauabrissverfügungen nur rechtmäßig, wenn sie dem **Grundsatz der Verhältnismäßigkeit** entsprechen.

---

[566] Vgl. **MBO**: § 80; **BaWü**: § 65 LBO; **Bay**: Art. 76 LBO; **Berl**: § 79 LBO; **Brand**: §§ 73, 74 LBO; **Brem**: § 82 LBO; **Hamb**: § 76 LBO; **Hess**: § 72 LBO; **MV**: § 80 LBO; **Nds**: §§ 54, 89 LBO; **NRW**: § 61 LBO; **RhlPfl**: §§ 81, 82 LBO; **Saar**: § 82, 82a LBO; **Sachs**: § 80 LBO; **SachsAnh**: § 79 LBO; **SchlHolst**: § 59 LBO; **Thür**: § 77 LBO.

Eine Bauabrissverfügung ist offensichtlich geeignet, den erwünschten Erfolg (Baubeseitigung) zu erreichen. Sie ist auch erforderlich, um einen baurechtmäßigen Zustand herzustellen, da kein anderes Mittel zur Verfügung steht, um (materiell) rechtmäßige Zustände herbeizuführen. Möglicherweise ist sie aber unangemessen, da sie regelmäßig wirtschaftliche Folgen (Verlust des Eigentums) für den Eigentümer begründet. Da die Herstellung baurechtmäßiger Zustände aber hoch anzusetzen ist, wird eine Einzelfallabwägung zwischen Abriss und Erhalt des Baus regelmäßig zugunsten des Abrisses ausfallen. Auch vorliegend kann daher von einem unverhältnismäßigen Eingriff nicht die Rede sein.

Trotz Verhältnismäßigkeit der Bauabrissverfügung kann diese doch gegen den Gleichbehandlungsgrundsatz und das Willkürverbot verstoßen und damit rechtswidrig sein, wenn sie nur einen Schwarzbau unter vielen betrifft. Allerdings ist der Grundsatz zu beachten, dass es **keine Gleichheit im Unrecht** gibt. Der von der Baubeseitigungsverfügung betroffene Eigentümer eines illegal errichteten Baus kann sich also nicht auf den Gleichheitssatz stützen. Allerdings enthält Art. 3 I GG auch das **Willkürverbot**. Wählt die Behörde also einen bzw. mehrere Eigentümer willkürlich heraus und erlässt nur ihm bzw. ihnen gegenüber eine Baubeseitigungsverfügung, handelt sie rechtswidrig. Das Willkürverbot ist aber nicht verletzt, wenn die Behörde einzelne Bauten, etwa besonders auffällige oder alte Bauten, heraussucht und nur deren Eigentümern gegenüber eine Baubeseitigungsverfügung erlässt. Entsprechendes gilt, wenn ein Exempel statuiert werden soll. So kann die Behörde erst einmal gegen einen Bau vorgehen, und einen Musterprozess abwarten. Denn dann legt die Behörde ihrer Entscheidung ein sachlich gerechtfertigtes Vorgehen zugrunde. Auch vorliegend ist ein Verstoß gegen das Willkürverbot nicht ersichtlich.

Schließlich könnte der Grundsatz des **Bestandsschutzes** gegen die Rechtmäßigkeit der Abbruchverfügung sprechen. Allerdings ist zu beachten, dass für den Fall, in dem ein Bauwerk bereits materiell rechtswidrig erschaffen wurde, ein Bestandsschutz von vornherein nicht in Betracht kommt. Art. 14 GG schützt nur legal erschaffene Substanz.

Ergebnis: Die Anfechtungsklage des E gegen die Bauabrissverfügung ist unbegründet.

cc. Nutzungsuntersagung

Es gibt Fälle, in denen zwar der Bau den öffentlich-rechtlichen Vorschriften entspricht, seine Nutzung aber im Widerspruch zu den relevanten Normen steht. **408**

> **Beispiele: (1)** Nutzung von Bauwagen zu Wohnzwecken[567]; Nutzung eines Bürogebäudes zu Wohnzwecken oder umgekehrt[568]; **(2)** Nutzung einer landwirtschaftlichen Maschinenhalle als Tischlerei[569]; **(3)** Nutzung einer Wohnung zur Ausübung der Wohnungsprostitution[570] (zweifelhaft); Züchten von Rassegeflügel im reinen Wohngebiet[571]
>
> *Keine* Nutzungsänderung ist die bloße Umbenennung, etwa dass ein Bordell nun als Verein für zwischenmenschliche Beziehungen bezeichnet wird.[572]

Hier kommt eine Baubeseitigungsverfügung nicht in Betracht, da eine solche gegen **409** den Grundsatz der Verhältnismäßigkeit verstoßen würde. Möglicherweise kann die Behörde aber anordnen, dass der Bau nicht mehr zweckentfremdet genutzt wird, sog. **Nutzungsuntersagung**.[573] Fraglich ist, ob zur Rechtmäßigkeit der Nutzungsunter-

---

[567] Vgl. dazu OVG Münster NVwZ-RR **2002**, 11.
[568] Vgl. dazu den Fall von *Seiler*, JuS **2001**, 263 ff.
[569] OVG Lüneburg NVwZ-RR **1999**, 493.
[570] VGH Mannheim NVwZ-RR **1998**, 550. Vgl. dazu auch *Stühler*, NVwZ **2000**, 990 ff. Ob die Auffassung mit Blick auf das am 1.1.2002 in Kraft getretene Prostitutionsgesetz noch haltbar ist, mag bezweifelt werden. Hier ist die weitere Rspr. abzuwarten.
[571] Vgl. OVG Münster NVwZ-RR **2002**, 331 (nur ein Hahn erlaubt).
[572] VGH Mannheim BWVBl **1999**, 461. Vgl. dazu auch *Stockburger*, ZfBR **1999**, 9 ff.
[573] Vgl. dazu die unteren Sätze bzw. Absätze der Vorschriften über die Baubeseitigung.

sagungsverfügung die formelle Rechtswidrigkeit der Nutzung genügt oder aber ob diese auch gegen das materielle Baurecht verstoßen muss.

- Ein Teil der Rechtsprechung lässt auf der Tatbestandsseite der Norm über die Nutzungsuntersagung bereits die formelle Rechtswidrigkeit der Nutzung genügen, berücksichtigt aber im Einzelfall auch die materielle Rechtslage im Rahmen des Ermessens und der Verhältnismäßigkeit. Je offensichtlicher die Nutzung materiell rechtmäßig sei, desto weniger könne die Nutzungsuntersagung allein auf die formelle Rechtswidrigkeit gestützt werden.[574]

- Die Gegenauffassung verlangt schon auf der Tatbestandsseite der Norm über die Nutzungsuntersagung – zumindest bei endgültigen Nutzungsuntersagungen – stets auch die materielle Rechtswidrigkeit.[575]

410 Ist die Nutzung des Baus *offensichtlich* materiell rechtswidrig, führen die beiden Auffassungen zu keinen ergebnisrelevanten Unterschieden. Die Nutzung darf untersagt werden. Eine Streitentscheidung kann dahinstehen. Unterschiede bestehen aber dort, wo die *materielle* Rechtslage zweifelhaft ist. Hier muss der Streit entschieden werden. Da die Nutzungsuntersagung (auch die endgültige) jederzeit wieder rückgängig gemacht werden kann, also nicht wie die Baubeseitigungsverfügung nach deren Vollzug irreversibel ist, sollte man die formelle Illegalität genügen lassen. Denn blieben auch formelle Rechtsverstöße unsanktioniert, würde man einen Anreiz schaffen, Gebäude formell illegal zu nutzen.[576]

c. Vollstreckung bauordnungsrechtlicher Verfügungen

411 Kommt der Pflichtige den bauordnungsrechtlichen Verfügungen (Baubeseitigungsverfügung, Baueinstellungsverfügung, Nutzungsuntersagung) nicht nach, würde die reale Geltung des Rechts in Frage gestellt, wenn die Verfügung nicht durchgesetzt werden könnte. Bauordnungsrechtliche Verfügungen werden grundsätzlich im Wege der **Verwaltungsvollstreckung** durchgesetzt. Vgl. hierzu die ausführliche Darstellung zum Gefahrenabwehrrecht bei *R. Schmidt*, BesVerwR II, Rn 902 ff. An dieser Stelle sei zumindest angemerkt, dass Voraussetzung für eine Verwaltungsvollstreckung regelmäßig die Bestandskraft der zu vollstreckenden Grundverfügung ist. Ausnahmsweise kann auch eine noch nicht bestandskräftige Grundverfügung vollstreckt werden, etwa wenn sie gem. § 80 II S. 1 Nr. 4 VwGO für sofort vollziehbar erklärt wird.[577] Die Anordnung der sofortigen Vollziehung wird aber regelmäßig nicht in Betracht kommen, wenn durch die Vollziehung irreversible Zustände geschaffen werden (wie das etwa bei der Baubeseitigungsverfügung der Fall ist). Dagegen werden Baueinstellungsverfügung und Nutzungsuntersagung regelmäßig für sofort vollziehbar erklärt. Zwangsmittel werden in erster Linie Ersatzvornahme bzw. Zwangsgeld sein. Bei Beseitigungsverfügungen ist in aller Regel die Ersatzvornahme das geeignete

---

[574] OVG Greifswald NordÖR **2000**, 429; OVG Koblenz BauR **1997**, 103; VGH München BayVBl. **1988**, 436; VGH Kassel NuR **1986**, 256 VG Dresden NVwZ-RR **2003**, 848. Darüber hinaus rechtfertige ein formelle Illegalität des Baus ein sofort vollziehbares Nutzungsverbot (vgl. VGH Kassel NVwZ **2003**, 720). Allerdings komme neben der vollständigen Untersagung auch eine Beschränkung der Nutzung in Betracht (vgl. OVG Münster BauR **2003**, 66).
[575] VGH Mannheim NVwZ **1997**, 601, 602; *Seiler*, JuS **2001**, 263, 265.
[576] Anders *Seiler*, JuS **2001**, 263, 265: Wenn die Nutzungsuntersagung endgültiger Natur sei, müsse eine materiell rechtswidrige Nutzung hinzukommen.
[577] Vgl. §§ 28 ff. MEPolG; **Bund:** §§ 6 ff. VwVG, §§ 1 ff. UZwG; **BW:** §§ 1 ff. VwVG; §§ 49 ff. PolG; **Bay:** Art. 53 ff. PAG, **Berl:** §§ 1 ff. VwVG; §§ 1 ff. UZwG; **Brand:** §§ 53 ff. PolG; **Brem:** §§ 40 ff. PolG; §§ 11 ff. VwVG; **Hamb:** §§ 17 ff. SOG; §§ 18 f., 27 f. VwVG; **Hess:** §§ 47 ff. SOG; **MeckVor:** §§ 79 ff. SOG; **Nds:** §§ 64 ff. SOG; **NRW:** §§ 50 ff. PolG; **RhlPfl:** §§ 63 ff. LVwVfG; **Saarl:** §§ 44 ff. PolG; **Sachs:** §§ 30 ff. PolG; §§ 1 ff. VwVG; **SachsAnh:** §§ 53 ff., 109 SOG; **SchlHolst:** §§ 228 ff. LVwVG; **Thür:** §§ 51 ff. PAG.

Mittel.[578] Dagegen kommt bei Nutzungsuntersagungen eher das Zwangsgeld in Betracht, das allerdings nicht einheitlich für unterschiedliche Nutzungsänderungen angeordnet werden darf.[579] Bleibt das Zwangsgeld wirkungslos, kommen ein weiteres[580] oder die Ersatzvornahme[581] in Betracht. Zum Rechtsschutz des Betroffenen vgl. sogleich.

Problematisch sind die Fälle, in denen der fragliche Bau im **Eigentum mehrerer Personen** steht, die bauordnungsrechtliche Verfügung aber nur an einen Eigentümer adressiert ist. Die Verfügung könnte wegen rechtlicher Unmöglichkeit rechtswidrig sein, da der betreffende Eigentümer zivilrechtlich nicht in der Lage ist, der Verfügung Folge zu leisten. Gleichwohl geht die h.M. einen anderen Weg: Privatrechtliche Hinderungsgründe (z.B. Eigentumsübertragung, Miteigentum, Vermietung) zur Ausführung der angeordneten Maßnahme machen den Grundverwaltungsakt nicht wegen rechtlicher Unmöglichkeit rechtswidrig. Es kann aber ein **Vollstreckungshindernis** vorliegen. Daher wird eine **Duldungsverfügung** gegen den Dritten erforderlich, wenn dieser der Vollstreckung nicht zustimmt. Diese Duldungsverfügung ist auf die bauordnungsrechtliche Befugnisgeneralklausel zu stützen.[582]

412

> **Beispiel:** Mieter M bewohnt ein formell und materiell rechtswidrig errichtetes Haus, das aufgrund einer nicht beachteten Bauabrissverfügung (vgl. nur § 82 I BremLBO) nun im Wege des Verwaltungszwangs abgerissen werden soll. Dazu ergeht zunächst eine Beseitigungsanordnung gegenüber dem Eigentümer und Vermieter E verbunden mit der Androhung, dass bei deren Nichtbefolgung der Bau zwangsweise auf Kosten des E beseitigt werde (§ 13 BundesVwVG, § 17 BremVwVG).
>
> Hier ist dem E die Beseitigung des Baus so lange rechtlich unmöglich, wie M sich auf den Mietvertrag berufen kann. Eine solche vorübergehende Unmöglichkeit führt jedoch nicht zur Rechtswidrigkeit der Beseitigungsanordnung und Androhung, sondern verhindert lediglich, dass die Abrissverfügung im Wege des Verwaltungszwangs durchgesetzt werden kann, solange nicht der Mitberechtigte M einwilligt oder dessen Einwilligung durch eine separate, ihm gegenüber ergangene Duldungsverfügung ersetzt wird.[583]

---

[578] VG Weimar ThürVBl. **1999**, 194; *Ortloff*, NVwZ **2000**, 750, 757.
[579] OVG Lüneburg NVwZ-RR **1999**, 493; *Ortloff*, NVwZ **2000**, 750, 757.
[580] OVG Frankfurt/O LKV **1999**, 151 (einer vorherigen Beitreibung des ersten Zwangsgeldes bedarf es nicht).
[581] VG Berlin NVwZ-RR **1999**, 349.
[582] OVG Weimar DÖV **1997**, 967.
[583] So BVerwGE **40**, 101, 103; *Brohm*, BauR, § 29 Rn 22; **a.A.** *Maurer*, AllgVerwR, § 10 Rn 19, der von einer schwebenden Unwirksamkeit der Beseitigungsandrohung ausgeht.

4. Rechtsschutz im Bereich der Baugenehmigung

413 Der Rechtsschutz in Bezug auf **Bebauungspläne** wurde bereits bei Rn 24 ff. behandelt. Im Folgenden geht es daher ausschließlich um den Rechtsschutz in Bezug auf **Baugenehmigungen** und **Bauordnungsverfügungen**. Dabei stellen sich im Wesentlichen zwei Konstellationen: Zum einen geht es um den Rechtsschutz im bipolaren Verhältnis, also im Verhältnis des **Bauherrn** zur **Baubehörde**. Typische Klausurkonstellation ist neben der Anfechtung einer bauordnungsrechtlichen Baueinstellungsverfügung, Bauabrissverfügung oder Nutzungsuntersagung das Begehren einer Baugenehmigung trotz vorheriger behördlicher Ablehnung des Bauantrags (**Verpflichtungsklage** auf Erteilung der Baugenehmigung; **einstweilige Anordnung** auf Erteilung der Baugenehmigung).[584]

414 Zu beachten ist jedoch, dass es eines Rechtsschutzes nicht bedarf, wenn es sich bei dem Vorhaben um ein nicht genehmigungspflichtiges Vorhaben handelt. Der Bauherr darf in einem solchen Fall auch ohne Baugenehmigung bauen; er hat sein Vorhaben lediglich anzuzeigen, damit die Baubehörde Kenntnis von dem Vorhaben erlangt und ggf. Überwachungsmaßnahmen durchführt, sog. Kenntnisgabeverfahren. Die materielle Ordnungspflicht wird allerdings durch die Freistellung von der Genehmigungspflicht nicht berührt. Sofern die Baubehörde ein solches Vorhaben für unzulässig erachtet, kann sie Bauordnungsverfügungen (Baueinstellung, Rückbau, Baubeseitigung, Nutzungsuntersagung) erlassen. Der Rechtsschutz des Bauherrn folgt dann aus § 42 I Var. 1 VwGO (Anfechtungsklage) bzw. § 80 V VwGO (Eilantrag auf Wiederherstellung der aufschiebenden Wirkung).

415 Zum anderen sind häufig **Nachbarklagen** Gegenstand des Streits. Dort kann es zur Anfechtung der Baugenehmigung durch den Nachbarn kommen, etwa wenn nachbarschützende Normen missachtet wurden. Zunächst sollen aber die Rechtsschutzmöglichkeiten des Bauherrn erörtert werden.

416 Mithin geht es um folgende studien- und examensrelevanten Konstellationen:

- Klage des **Bauherrn** auf **Erteilung einer Baugenehmigung**; einstweiliger Rechtsschutz (Rn 417 ff.)
- Klage des **Nachbarn** auf **Aufhebung der Baugenehmigung**; einstweiliger Rechtsschutz (Rn 427 ff.)
- Klage der **Gemeinde** gegen die **Erteilung einer Baugenehmigung**; einstweiliger Rechtsschutz (Rn 497 ff.)
- Klage des **Bauherrn** auf **Aufhebung einer Bauordnungsverfügung**; einstweiliger Rechtsschutz (Rn 506 ff.)
- Klage des **Nachbarn** auf **Erlass einer Bauordnungsverfügung**; einstweiliger Rechtsschutz (Rn 511 ff.)

a. Baugenehmigung, (vorläufiger) Rechtsschutz des Bauherrn

417 **aa.** Wird dem Bauherrn die Baugenehmigung versagt, kann dieser gegen den Versagungsbescheid *Widerspruch* einlegen und *Klage* erheben. Kommt es zur Klage, ist aufgrund des Leistungsbegehrens aber nicht die auf die Anfechtung des Versagungsbescheids gerichtete Anfechtungsklage statthaft, sondern die **Verpflichtungsklage**[585], gerichtet auf die Verurteilung der Baugenehmigungsbehörde, die gewünschte Baugenehmigung zu erteilen.

---

[584] Vgl. dazu auch *Ortloff*, NVwZ **2003**, 660, 663; *ders.*, NVwZ **2002**, 416, 419.
[585] Regelmäßig in Form der Versagungsgegenklage; aber auch die in Betracht kommende Untätigkeitsklage setzt einen entsprechenden Bauantrag im Verwaltungsverfahren voraus. Eine Anfechtungsklage kommt aber dann in Betracht, wenn ein Nachbar sich erfolgreich gegen die Baugenehmigung gewendet hat und diese

Gleichwohl ist ausnahmsweise dann eine isolierte Anfechtung des Versagungsbescheids **418** zulässig, wenn der Bauherr zwischenzeitlich das Interesse an der Fortführung seines Bauvorhabens verloren, aber im Hinblick auf ein späteres Vorhaben verhindern will, dass die Behörde sich auf die frühere bestandskräftig gewordene Ablehnung berufen kann.

Die *Klagebefugnis* ist regelmäßig gegeben, da bei einem präventiven Verbot mit Er- **419** laubnisvorbehalt (Kontrollerlaubnis) ein grundsätzlicher und grundrechtlich garantierter Anspruch auf Erlaubnis besteht und das Verbot nur präventiv zur Überprüfung des materiellen Rechts dient. Daher kommt bei Nichterteilung der Erlaubnis sowohl eine Verletzung des einfachen Gesetzes (beispielsweise § 74 I BremLBO[586]) als auch eines Grundrechts (im Baurecht Art. 14 I GG) in Betracht. In diesen Fällen *kann* - obwohl die mögliche Rechtsverletzung bereits auf eine einfachgesetzliche Anspruchsnorm gestützt wird - das einschlägige Grundrecht *zusätzlich* zur Begründung der Klagebefugnis herangezogen werden.

> **Hinweis für die Fallbearbeitung:** Hinsichtlich des Prüfungsumfangs der Klage- **420**
> befugnis gehen die Lehrmeinungen auseinander. Es herrscht völlige Unklarheit dar-
> über, ob es in einem Gutachten ausreicht, die Klagebefugnis zu bejahen, wenn die
> Möglichkeit der Verletzung *einer* (d.h. der speziellsten) Norm gefunden wurde, oder
> ob die Möglichkeit der Verletzung auch *anderer* Normen (bis hin zum subsidiären
> Art. 2 I GG) geprüft werden muss. Nach der *ratio* der Klagebefugnis soll lediglich die
> Popularklage ausgeschlossen werden: Es soll nur derjenige klagebefugt sein, der
> (durch die Ablehnung des gewünschten Verwaltungsakts) auch in *seinen* Rechten
> verletzt sein *kann*. Da nach der ganz herrschenden Möglichkeitstheorie in einer Ver-
> pflichtungssituation der Anspruch auf die begehrte Leistung nur nach allen erdenkli-
> chen Gesichtspunkten nicht ausgeschlossen sein darf und diese Voraussetzung be-
> reits bei Vorliegen *einer* in Betracht kommenden Anspruchsgrundlage gegeben ist,
> ist die Prüfung weiterer in Betracht kommender Anspruchsgrundlagen an sich ent-
> behrlich. Dennoch kann eine umfassende Prüfung auch weiterer in Betracht kom-
> mender Anspruchsgrundlagen anzuraten sein, wenn der in der späteren Begründet-
> heitsprüfung ermittelte tatsächliche Anspruch auf einer solchen *anderen* Anspruchs-
> grundlage basiert oder zumindest dahingehend geprüft werden muss. Bei Zweifel
> über die Auffassung des Korrektors sollten in der Klagebefugnis alle erdenklichen
> Normen angeführt werden. Bei der Kontrollerlaubnis jedenfalls ist es ratsam, neben
> einfachgesetzlichen Anspruchsnormen stets Grundrechte anzuführen.

Klagegegner ist der Rechtsträger der Baugenehmigungsbehörde. Soweit die Bauge- **421** nehmigungsbehörde nicht die Gemeinde ist und die Baugenehmigung nur im Einvernehmen mit der Gemeinde erteilt werden darf (vgl. § 36 BauGB), ist die Gemeinde gem. § 65 II VwGO notwendig beizuladen.

Allerdings fehlt das *Rechtsschutzbedürfnis*, wenn der Bauherr zum Genehmigungsver- **422** fahren unvollständige Bauvorlagen vorgelegt hatte.[587]

Sollte von der Baugenehmigung ein Nachbar in seinen rechtlichen Interessen berührt **423** werden, kann dieser *beigeladen* werden (§ 65 I VwGO). Die Beiladung ist gem. § 65 II VwGO notwendig, wenn die gerichtliche Entscheidung auch diesem gegenüber nur

---

aufgehoben worden ist. Hier kann sich der Bauherr mit der **Anfechtungsklage** gegen die Aufhebung der zuvor erteilten Baugenehmigung wehren. Der Nachbar ist im Verwaltungsprozess notwendig beizuladen (vgl. *Ortloff*, NVwZ **2002**, 416, 419). Sollte die Anfechtungsklage Erfolg haben, lebt die ursprüngliche Baugenehmigung wieder auf.

[586] **MBO**: § 72; **BaWü**: §§ 58, 59 LBO; **Bay**: Art. 68 LBO; **Berl**: § 71 LBO; **Brand**: §§ 67, 68 LBO; **Hamb**: §§ 69, 70 LBO; **Hess**: §§ 64, 65 LBO; **MV**: § 72 LBO; **Nds**: §§ 75, 78 LBO; **NRW**: § 75 LBO; **RhlPfl**: §§ 70, 77 LBO; **Saar**: § 73 LBO; **Sachs**: § 72 LBO; **SachsAnh**: § 77 BauO; **SchlHolst**: § 78 LBO; **Thür**: § 70 LBO.

[587] VGH Mannheim BauR **2003**, 1345.

einheitlich ergehen kann. Notwendig ist auch die Beiladung der Gemeinde und/oder der höheren Verwaltungsbehörde in den Fällen des § 36 BauGB.[588]

424 *Begründet* ist die Klage, wenn die Versagung der Baugenehmigung rechtswidrig ist und den Bauherrn in seinen Rechten verletzt (§ 113 I S. 1 i.V.m. V VwGO). Da die Baugenehmigungsnorm eine gebundene Verwaltungsentscheidung anordnet (vgl. § 74 I BremLBO[589]: „... *ist* zu erteilen") ergeht ein Verpflichtungsurteil.[590] *Maßgeblicher Zeitpunkt* zur Beurteilung der Rechtslage ist, wie bei allen Verpflichtungsklagen, die letzte mündliche Gerichtsverhandlung.

425 **bb.** Häufig ist der o.g. Rechtsschutz des Bauherrn nicht ausreichend, weil er infolge der Ablehnung seines Bauantrags vorerst nicht mit dem Bau beginnen darf. Daher stellt sich die Frage nach dem **einstweiligen Rechtsschutz**. Statthaft ist ein Antrag auf Erlass einer einstweiligen Verfügung nach § 123 VwGO mit dem Ziel, dem Bauherrn vorläufig eine Baugenehmigung zu erteilen. Allerdings wird ein entsprechender Antrag in der Regel **erfolglos** bleiben, weil eine diesbezügliche einstweilige Anordnung zwingend zur **Vorwegnahme der Hauptsache** (Erteilung der Baugenehmigung; Ausführung des Baus) führen würde, was nur in engen Ausnahmefällen zulässig wäre.[591] Vgl. dazu ausführlich *R. Schmidt*, VerwProzR, Rn 999 ff. Einstweiliger Rechtsschutz kommt allerdings in Betracht, wenn die Baubehörde und der Bauherr nur über das Vorliegen einzelner Versagungsgründe streiten.

> **Beispiel:** Die Baubehörde verweigert die Erteilung der Baugenehmigung mit der Begründung, dass das nicht an öffentliches Straßenland grenzende Baugrundstück des Antragstellers nicht ausreichend erschlossen sei, obwohl der Eigentümer des zwischen dem fraglichen Baugrundstück und der öffentlichen Straße liegenden Grundstücks eine Wege- und Leitungsbaulasterklärung abgegeben hat.

426 In einem solchen Fall kann die Vorwegnahme der Hauptsache in Frage kommen, wenn der Antragsteller die Eilbedürftigkeit seines Vorhabens glaubhaft macht. Die Behörde wird dann verpflichtet, über den Bauantrag binnen einer bestimmten Frist unter Beachtung der Rechtsauffassung des Gerichts zu entscheiden. Zur parallelen Problematik im Gewerberecht vgl. *R. Schmidt*, BesVerwR II, Rn 1180 ff.

426a **cc.** Besondere Probleme sind nach wie vor mit der Errichtung von **Windenergieanlagen** verbunden. Gemäß Nr. 1.6.1 des Anhangs zur Verordnung über „UVP-pflichtige Vorhaben" (Anlage 1 zum UVPG – Sartorius Nr. 295) bedürfen Windfarmen mit 20 oder mehr Anlagen einer immissionsschutzrechtlichen Genehmigung.[592] Nicht

---

[588] BVerwGE **42**, 8, 11. Im Übrigen ist zu beachten, dass die Beiladung keine Zulässigkeitsvoraussetzung der Klage ist! Sinnvollerweise prüft man die Beiladung zwischen der Zulässigkeit und der Begründetheit der Klage (vgl. *R. Schmidt*, VerwProzR, Rn 613 ff. und nun auch *Dürr*, JuS **2007**, 328, 329).

[589] **MBO**: § 72; **BaWü**: §§ 58, 59 LBO; **Bay**: Art. 68 LBO; **Berl**: § 71 LBO; **Brand**: §§ 67, 68 LBO; **Hamb**: §§ 72, 72a LBO; **Hess**: §§ 64, 65 LBO; **MV**: § 72 LBO; **Nds**: §§ 75, 78 LBO; **NRW**: § 75 LBO; **RhlPfl**: §§ 70, 77 LBO; **Saar**: § 73 LBO; **Sachs**: § 72 LBO; **SachsAnh**: § 71 LBO; **SchlHolst**: § 73 LBO; **Thür**: § 70 LBO.

[590] Sollte der Bauherr Klage erhoben haben, weil die Baugenehmigungsbehörde den Bauantrag mit dem Argument abgelehnt hatte, die Gemeinde habe ihr Einvernehmen verweigert, ersetzt das Gerichtsurteil gleichzeitig das Einvernehmen der Gemeinde (wie hier nun auch *Bickenbach*, BauR **2004**, 428, 429 ff.).

[591] Vgl. dazu VGH Kassel NVwZ-RR **2003**, 814.

[592] Da ab 20 Windkraftanlagen das Genehmigungsverfahren nach §§ 4 ff. BImSchG gilt, richtet sich die Zulässigkeit des Vorhabens nicht nach der Genehmigungsnorm der Landesbauordnung, sondern nach den Bestimmungen des BImSchG. Denn das BImSchG regelt speziell und abschließend immissionsschutzrechtliche Genehmigungen für Anlagen, die in besonderem Maße geeignet sind, schädliche Umwelteinwirkungen hervorzurufen (§ 4 I S. 1 und 3 BImSchG). Ist für ein Genehmigungsverfahren also das BImSchG anwendbar, richtet sich die Zulässigkeit des Vorhabens nach dem BImSchG i.V.m mit dessen Verordnungen. In diesem Fall wird das Baurecht in das immissionsschutzrechtliche Genehmigungsverfahren **integriert** und in die (Bau-)Genehmigung **konzentriert**. Das bedeutet, dass die Genehmigungsbehörde die Zulässigkeit des Vorhabens nicht nur nach immissionsschutzrechtlichen, sondern auch nach baurechtlichen Gesichtspunkten

selten versuchen daher die Unternehmen im Wege der „Salamitaktik", die immissionsschutzrechtliche Genehmigungsbedürftigkeit dadurch zu umgehen, dass sie zeitlich gestaffelt für jeden „Teilbereich" eine gesonderte Genehmigung beantragen. Hiergegen gerichtete Nachbarklagen sind trotz dieser offensichtlichen Umgehung nicht ohne weiteres erfolgreich. Auch das OVG Münster hat entschieden, dass ein Verstoß allein gegen die Verfahrensvorschrift des § 10 BImSchG mangels ihres drittschützenden Charakters der Nachbarklage nicht zum Erfolg verhilft.[593] Erforderlich ist vielmehr, dass der Verfahrensfehler auch zu einer materiellen Rechtsverletzung des Klägers geführt hat. Ein Abwehranspruch der Nachbarn ist damit nur gegeben, wenn die Errichtung und/oder der Betrieb der Windenergieanlagen gegen das Rücksichtnahmegebot oder die Schutzvorschrift des § 5 I Nr. 1 BImSchG verstößt[594], wenn also schädliche Umwelteinwirkungen erzeugt werden, vgl. dazu Rn 448 ff.

Beantragt der Bauherr eine Genehmigung zur Errichtung eines Windparks und bedarf die Anlage aufgrund der Anzahl von Einzelanlagen der immissionsrechtlichen Genehmigung, kann der Bauherr, sofern die Genehmigungsbehörde den Antrag mit dem Argument ablehnt, der Regionalplan sehe Anlagen dieser Größe nicht vor, **Verpflichtungsklage** erheben, die darauf gerichtet ist, die begehrte Baugenehmigung zu erteilen. Der Bauherr kann aber auch versuchen, im Rahmen einer **Normenkontrolle** gem. § 47 I Nr. 2 VwGO den Regionalplan direkt anzugreifen. Insbesondere fehlt das allgemeine Rechtsschutzbedürfnis für eine Prinzipalkontrolle nicht schon dann, wenn eine Inzidentkontrolle der strittigen Rechtsnorm (etwa innerhalb einer Verpflichtungsklage) möglich ist. Die besondere Problematik einer Normenkontrolle gegen Regionalpläne besteht aber hinsichtlich der Frage, ob **Regionalpläne** (und auch **Flächennutzungspläne**) überhaupt tauglicher Prüfungsgegenstand einer prinzipalen Normenkontrolle sein können. Die Diskussion hat folgenden Hintergrund[595]: Da in der ersten Hälfte der 90er Jahre eine regelrechte Windkrafteuphorie entstand, wurden die Gemeinden als Träger der Planungshoheit sowohl durch politische Stellen als auch Interessenverbände dazu animiert, im Wege der Ortsplanung die Voraussetzungen für den Bau von Windkraftanlagen zu schaffen. Auch im Rahmen der überörtlichen Planung – etwa durch die Ausweisung von Vorrang- oder Vorbehaltsgebieten für Windenergieanlagen in Regionalplänen – wurden die Weichen entsprechend gestellt. Nachdem das BVerwG aber entschieden hatte, dass Windkraftanlagen keine privilegierten Vorhaben i.S.v. § 35 I BauGB a.F. darstellten und daher grundsätzlich nicht genehmigungsfähig seien[596], erhob sie der Gesetzgeber durch die Schaffung bzw. Änderung des § 35 I Nr. 6 BauGB n.F.[597] mit Wirkung ab dem Jahre 1997 zu privilegierten Vorhaben im Außenbereich. Windkraftanlagen sollten von nun an grundsätzlich genehmigungsfähig sein. Gerade aber in der jüngeren Vergangenheit wurde die Kritik an den Windkraftanlagen lauter. Kritisiert wurden neben weggeschleuderten Eisbrocken und psychosomatischen Schäden, die durch die monotonen Drehbewegungen verursacht würden, auch die ästhetischen Wirkungen der Windkraftanlagen (siehe dazu Rn 470). Freilich kann der mitunter als „Verspargelung" der Landschaft bezeichneten Entwicklung nun in gewissem Umfang durch die im Zuge der Baurechtsnovelle 2004 eingeführte Rückbauverpflichtung (vgl. § 35 V S. 2 BauGB

426b

---

prüft (vgl. § 6 I Nr. 2 BImSchG – dazu OVG Münster NVwZ **2007**, 967 ff.). Ergeht demzufolge die Errichtungsgenehmigung, ersetzt diese die Bauerlaubnis nach Baurecht (§ 13 BImSchG). Der Bauherr braucht also keine separate Baugenehmigung zu beantragen. Zur Konzentrationswirkung vgl. auch Rn 367.

[593] OVG Münster NVwZ-RR **2004**, 408.

[594] Vgl. dazu BVerwG NVwZ **2009**, 338 ff. und *R. Schmidt*, VerwProzR, Rn 139 ff.

[595] Vgl. auch *Schröppel/Schübel-Pfister*, JuS **2005**, 415, 417.

[596] BVerwGE **96**, 95, 109. Zur grundsätzlichen Unbebaubarkeit des bauplanungsrechtlichen Außenbereichs vgl. Rn 237 ff.

[597] Seit der Baurechtsnovelle 2004: Nr. 5

n.F.) begegnet werden. Jedenfalls sollte das Spannungsverhältnis zwischen der fortbestehenden gesetzgeberischen Privilegierung der Windkraftanlagen und ihrer zunehmend kritischen Beurteilung in der Bevölkerung deutlich geworden sein. Wenn man zudem bedenkt, dass viele Planungsträger versuchen, die Errichtung derartiger Anlagen durch entsprechende (negative) Festsetzungen in den Regionalplänen zu verhindern, und dies im Widerspruch zu den Interessen der Anlagenbetreiber steht, wird die Klausurrelevanz überaus deutlich. Die zentralen verwaltungsprozessualen Fragen lauten dabei, ob ein Regionalplan tauglicher Prüfungsgegenstand sein kann und ob aus ihm ein subjektives Recht, also eine Antragsbefugnis, hergeleitet werden kann.

Beispiel[598]: E ist Eigentümer eines für Windkraft geeigneten Grundstücks und möchte gegen die Festsetzungen des Regionalplans, der im Wege einer Zielaussage den Betrieb von Windkraftanlagen für das gesamte Plangebiet ausschließt, vorgehen.

Bislang waren in einem derartigen Verfahren die Fragen der statthaften Verfahrensart sowie der Antragsbefugnis von Privatleuten umstritten. Hinsichtlich der Rechtsnatur der Regionalpläne und damit des **Prüfungsgegenstands** hat das BVerwG nunmehr klargestellt, dass Regionalpläne, die Zielaussagen enthalten, Gegenstand eines Normenkontrollverfahrens gem. § 47 I Nr. 2 VwGO sein können. Zur Begründung zieht das Gericht die sog. Raumordnungsklausel des § 35 III S. 3 BauGB i.V.m. § 4 V ROG heran, aus der sich die gesetzgeberische Erweiterung der Bindungswirkung des Regionalplans auf Privatleute ergibt. Enthält ein Regionalplan etwa die Festsetzung, dass in einem bestimmten Gebiet keine Windkraftanlagen errichtet werden sollen, ist diese planerische Vorgabe keiner weiteren Abwägung auf einer nachgeordneten Planungsstufe zugänglich und entfaltet damit Außenwirkung gegenüber dem Bürger. Da Privatleute aus den genannten Gründen zudem als Normadressaten des Regionalplans anzusehen sind, hat das BVerwG auch ihre **Antragsbefugnis** nach § 47 II S. 1 VwGO bejaht. Damit hat es den Weg für eine materiell-rechtliche Prüfung des Regionalplans frei gemacht.

Eine solche war Gegenstand einer im Normenkontrollverfahren ergangenen Entscheidung des VGH München.[599] Der Antragsteller, der als sog. Energiewirt Anlagen zur Erzeugung alternativer Energien betreiben wollte, begehrte die Feststellung der Nichtigkeit der 7. Änderung des Regionalplans der Region Oberpfalz-Nord. Nach dieser Vorschrift waren in 99,6% des Plangebiets Windkraftanlagen ausgeschlossen und die verbleibenden 0,4% (lediglich) als Vorbehaltsfläche für die Windkraft gekennzeichnet.

Der VGH bejahte zunächst die Zulässigkeit des Normenkontrollantrags gegen den Regionalplan und stützte sich dabei offenbar auf das soeben genannte Judikat des BVerwG. Des Weiteren erachtete der VGH den Normenkontrollantrag auch für begründet. Wenn der Gesetzgeber bestimmte Vorhaben privilegiere, dürften die Kommunen bzw. Kommunalverbände diese Wertung nicht durch entgegenstehende Regionalpläne konterkarieren. Die 7. Änderung des Regionalplans der Region Oberpfalz-Nord erweise sich mit seinem 99,6%igen Ausschluss damit als nichtig.[600]

---

[598] Nach BVerwGE **119**, 217 ff. Vgl. auch *Wollenteit*, NVwZ **2008**, 1281 ff.
[599] VGH München NuR **2004**, 315.
[600] Vgl. weiterhin zu den Windenergieanlagen Rn 470.

b. Baugenehmigung, (vorläufiger) Rechtsschutz des Nachbarn

aa. Widerspruch und Anfechtungsklage

Die **größte Bedeutung für das Examen** hat der **Rechtsschutz des Nachbarn**. Der baunachbarrechtliche Rechtsstreit ist geradezu paradigmatisch für dreipolige Verwaltungsrechtsverhältnisse. Grundüberlegung dieser Konstellation ist, dass dem Bauherrn eine Baugenehmigung erteilt wurde, die nach Auffassung des Nachbarn dessen Grundstück nachteilig zu beeinflussen droht, mithin nachbarschützende Normen verletzt.

427

Rechtstechnisch handelt es sich bei der Baugenehmigung um einen für den Bauherrn **begünstigenden Verwaltungsakt** mit einer für den Nachbarn **belastenden Drittwirkung**.[601] Verwaltungsprozessual stellt sich daher für den klagenden Nachbarn im Rahmen der Klagebefugnis (§ 42 II VwGO) das Erfordernis der Geltendmachung eines **drittschützenden Rechts**. Im Einzelnen gilt:

428

Soweit für das Vorhaben eine Genehmigung erteilt worden ist, muss der Nachbar nach strittiger Auffassung zunächst (mit dem Ziel des vorläufigen Rechtsschutzes, vgl. § 80 I VwGO) Widerspruch gegen die Baugenehmigung einlegen.[602] Zu beachten ist allerdings, dass der Nachbarwiderspruch gem. § 212 a I BauGB, § 80 II S. 1 Nr. 3 VwGO keine aufschiebende Wirkung entfaltet. Der Widerspruch hat also nicht zur Folge, dass der Bauherr einem Baustopp unterliegt (der Widerspruch macht daher also wenig Sinn; er führt aber wenigstens dazu, dass die Baugenehmigung nicht bestandskräftig wird). Einstweiligen Rechtsschutz kann der Nachbar daher nur dadurch erreichen, dass er bei dem zuständigen Verwaltungsgericht einen Antrag gem. **§ 80 a III S. 2, § 80 V S. 1 Var. 1 VwGO** auf Anordnung der aufschiebenden Wirkung stellt[603]; zumindest muss er erwägen, einen Antrag gem. § 80 a I Nr. 2, § 80 IV VwGO bei der Behörde zu stellen.

429

Sofern eine Baugenehmigung (noch) nicht erteilt wurde, kann der Nachbar sein Ziel – den Nichterlass einer Baugenehmigung – vorläufig mit einem Antrag auf Erlass einer einstweiligen Anordnung nach § 123 VwGO erreichen.[604] Das gilt auch in den Fällen, in denen aus Gründen der Verfahrensbeschleunigung eine Baugenehmigung nicht erforderlich ist (sog. Anzeige- oder Genehmigungsverfahren).

430

bb. Einstweiliger Rechtsschutz nach §§ 80 a, 80 V VwGO

a.) Zulässigkeit des Antrags

Hinsichtlich der Zulässigkeit eines Antrags auf Anordnung der aufschiebenden Wirkung gelten die allgemeinen Voraussetzungen, vgl. *R. Schmidt*, VerwProzR, Rn 929 ff. An dieser Stelle soll lediglich das Prüfungsschema dargestellt werden.

---

[601] OVG Münster DVBl **2008**, 791; OVG Münster ZfBR **2008**, 499, 500 f. Zur Figur des Verwaltungsakts mit Doppelwirkung vgl. ausführlich *R. Schmidt*, AllgVerwR, Rn 360.

[602] So *J. Schmidt*, in: Eyermann, VwGO, § 80 Rn 65; *Schoch*, in: Schoch/Schmidt-Aßmann/Pietzner, VwGO, § 80 Rn 314; *Rüfner/Muckel*, BesVerwR, S. 49; *Günther*, DöD **1999**, 121 ff.; OVG Koblenz NJW **1995**, 1043; OVG Münster DVBl **1996**, 115; OVG Weimar LKV **1994**, 408. **Anders** *R. Schmidt*, VerwProzR, Rn 945 ff.; *Schmitt Glaeser/Horn*, VerwProzR, Rn 279; *Schenke*, VerwProzR, Rn 993; *Schenke*, JZ **1996**, 1155, 1160; *Kopp/Schenke*, VwGO, § 80 Rn 139; *Puttler*, in: Sodan/Ziekow, NKVwGO, § 80 Rn 129; VGH Mannheim DVBl **1995**, 302, 303; VGH München DVBl **1988**, 591.

[603] Vgl. dazu ausführlich *R. Schmidt*, VerwProzR, Rn 978 ff.

[604] *Muckel*, JuS **2000**, 132, 137.

431

Sachentscheidungsvoraussetzungen des Eilantrags nach § 80 V VwGO [605]

a. Eröffnung des Verwaltungsrechtswegs und Zuständigkeit des Gerichts

b. Statthaftigkeit des Eilantrags nach §§ 80a, 80 V VwGO

c. Besondere Sachentscheidungsvoraussetzungen entsprechend dem Hauptsacheverfahren
    aa. Antragsbefugnis, § 42 II VwGO analog, insbesondere **Drittschutz**
    bb. Antragsgegner, § 78 VwGO analog

d. Allgemeine Sachentscheidungsvoraussetzungen
    aa. Beteiligten- und Prozessfähigkeit, §§ 61, 62 VwGO
    bb. Formerfordernisse, §§ 81, 82 VwGO analog
    cc. Allgemeines Rechtsschutzbedürfnis
        a.) Die vorherige Erhebung eines **Widerspruchs** ist nach strittiger Auffassung nicht erforderlich, wenn dadurch (wie i.d.R.) keine aufschiebende Wirkung herbeigeführt werden kann.
        b.) Die vorherige Durchführung eines **behördlichen Aussetzungsverfahrens** ist nach der hier vertretenen Auffassung ebenfalls nicht erforderlich, da dieses im reinen Alternativverhältnis zum gerichtlichen Antrag steht.

aa.) Antragsbefugnis

(a.) Maßgeblichkeit der Schutznormtheorie

432
Da der Nachbar nicht Adressat eines ihn belastenden Verwaltungsakts ist, muss er geltend machen, durch die dem Bauherrn erteilte Baugenehmigung in seinen, d.h. nachbarschützenden Rechten verletzt zu sein. Nach der in diesen Konstellationen herrschenden **Möglichkeitstheorie** darf dabei die geltend gemachte Rechtsverletzung lediglich nicht ausgeschlossen sein. Dabei ist jedoch zu beachten, dass die Norm, die der Dritte als verletzt rügt, **drittschützende** Wirkung haben muss.

433
Drittschutz bedeutet, dass der in Frage stehende Rechtssatz **nicht nur die Interessen der Allgemeinheit schützen soll, sondern - zumindest auch - den Individualinteressen des Klägers zu dienen bestimmt ist** (sog. **Schutznormtheorie**).[606]

> **Beispiel:** B wird die gewünschte Baugenehmigung erteilt (z.B. nach § 74 I BremBauO[607]). Nachbar N fühlt sich dadurch in seinen Eigentümerrechten verletzt und möchte gegen die Baugenehmigung vorgehen.
>
> Hier ist N Kläger und greift einen an einen Dritten, hier an den B, gerichteten und diesen begünstigenden Verwaltungsakt an. Um klagebefugt zu sein, muss N geltend machen, in drittschützenden, d.h. in nachbarschützenden Normen verletzt zu sein.
>
> **Exkurs zur Begründetheit:** Folgerichtig sind in der Fallbearbeitung auch bei der Begründetheit des Rechtsbehelfs, der von einem Dritten eingelegt wird, ausschließlich drittschützende Normen zu prüfen. Denn die Klage des Dritten ist nur dann erfolgreich, wenn eine Verletzung drittschützender Normen vorliegt.

---

[605] Das Prüfungsschema für die Begründetheit (hinsichtlich § 80 V S. 1 Var. 1 VwGO) befindet sich bei *R. Schmidt*, VerwProzR, Rn 959.
[606] BVerwGE **132**, 64 ff.; **107**, 215, 220; VGH Kassel NVwZ **2001**, 112; OVG Münster NVwZ **2000**, 336, 337; *Schmitz*, NVwZ **2002**, 822, 823 f.; *Wallerath*, NJW **2001**, 781, 785; *R. Schmidt*, JuS **1999**, 1107, 1110. Vgl. auch *Schlacke*, JA **2002**, 48 ff.; *Konrad*, JA **2002**, 967, 968; *Rinke*, NVwZ **2002**, 1180 ff.
[607] **MBO**: § 72; **BaWü**: §§ 58, 59 LBO; **Bay**: Art. 68 LBO; **Berl**: § 71 LBO; **Brand**: §§ 67, 68 LBO; **Hamb**: §§ 72, 72a LBO; **Hess**: §§ 64, 65 LBO; **MV**: § 72 LBO; **Nds**: §§ 75, 78 LBO; **NRW**: § 75 LBO; **RhlPfl**: §§ 70, 77 LBO; **Saar**: § 73 LBO; **Sachs**: § 72 LBO; **SachsAnh**: § 71 BauO; **SchlHolst**: § 73 LBO; **Thür**: § 70 LBO.

Handelt es sich indes um eine rein **objektiv-rechtliche Norm** und ergibt sich der Schutz des Bürgers nur rein tatsächlich aus einer Nebenwirkung, handelt es sich bei den Vorteilen, die er aus der behördlichen Anwendung der Norm zieht, um bloße **Rechtsreflexe**, um rein faktische Vergünstigungen, aus der eine Klagebefugnis nicht hergeleitet werden kann.[608]

434

Hinwei für die Fallbearbeitung:

435

(1) Da der Einzelne grundsätzlich keinen Anspruch darauf hat, dass objektives Recht eingehalten wird, erfordert der Aufhebungsanspruch das Vorliegen einer subjektiven Rechtsverletzung auf Seiten des Klägers. § 113 I S. 1 VwGO stellt dies klar. Danach wird im Anfechtungsprozess ein Verwaltungsakt nur dann aufgehoben, wenn er (objektiv) rechtswidrig ist *und* den Kläger in seinen (subjektiven) Rechten verletzt. Für die Fallbearbeitung genügt es deshalb nicht, wenn nur die Verletzung objektiven Rechts oder nur die Verletzung subjektiven Rechts geprüft wird. Das gilt auch für die Drittanfechtungsklagen, bei denen die Verletzung drittschützender Normen im Mittelpunkt steht.[609]

(2) Bei der Suche nach drittschützenden Normen des materiellen Baurechts ist in einer bestimmten Reihenfolge vorzugehen: Zunächst muss das einfache Baurecht daraufhin untersucht werden, ob eine gesetzliche Bestimmung besteht, die **unmittelbar Drittschutz** entfaltet. Wenn sich der betreffenden Norm *nicht* unmittelbar ein Drittschutz entnehmen lässt, muss geprüft werden, ob einzelne Bestimmungen des einfachen Baurechts auf den Fall anwendbar sind, in denen das Gebot der gegenseitigen Rücksichtnahme zum Ausdruck kommt (sog. **mittelbarer Drittschutz**). Erst wenn auch dies nicht der Fall ist, kann geprüft werden, ob sich der Drittschutz aus dem **Verfassungsrecht** (d.h. Art. 14 GG) ergibt.

(3) Bei der Lösung eines Falls muss der Bearbeiter die die Rechtsgrundlage der Baugenehmigung bildenden Regelungen daraufhin untersuchen, welche von ihnen dem Nachbarn ein subjektives Recht vermitteln. Dabei ist zweckmäßigerweise in drei Schritten zu prüfen, ob sich subjektive Rechte aus dem **Bauplanungsrecht**, d.h. dem Städtebaurecht (dazu sogleich), dem **Bauordnungsrecht** (Rn 477 f.) und **sonstigen gesetzlichen Bestimmungen**, insbesondere dem Immissionsschutzrecht ergeben.

(b.) Nachbarschützende Normen des materiellen Baurechts

Bevor in der Fallbearbeitung die in Betracht kommenden Normen des materiellen Baurechts auf ihre nachbarschützende Wirkung hin überprüft werden, muss zunächst der Begriff des Baunachbarn untersucht werden.

436

(aa.) Begriff des Nachbarn

Als **Nachbarn** i.S. der baurechtlichen Nachbarklage kommen nicht nur die unmittelbar angrenzenden Personen in Frage, sondern alle, die sich im Einwirkungsbereich der fraglichen Anlage ständig oder längerfristig aufhalten. Da im Baurecht jedoch grundsätzlich nur boden- und grundstücks-, nicht aber personenbezogene Rechte geschützt werden, war lange Zeit herrschende Auffassung, dass nur Eigentümer und Inhaber beschränkt-dinglicher Rechte (z.B. Erbbauberechtigte, Nießbraucher und durch Auflassungsvormerkung dinglich gesicherte Käufer, sofern sie Besitz begründet

437

---

[608] St. Rspr., vgl. nur BVerfG NVwZ **2001**, 1148, 1149 f.; BVerwGE **39**, 235, 237; **52**, 122, 128; **55**, 280, 285; **65**, 167, 170; **72**, 226, 229; vgl. auch *Schmitt Glaeser/Horn*, VerwProzR, Rn 158; *Kopp/Schenke*, VwGO, § 42 Rn 87; *Muckel*, JuS **2000**, 132 f. Zur historischen Begründung vgl. *Schoch*, NVwZ **1999**, 457.
[609] Vgl. dazu *Kopp/Schenke*, VwGO, § 113 Rn 26 i.V.m. § 42 Rn 78 ff.

haben) von dem Begriff des Baunachbarn erfasst sein könnten. Lediglich obligatorisch Berechtigte, d.h. Personen, die allein durch schuldrechtlichen Vertrag eine Rechtsposition innehaben wie beispielsweise Mieter oder Pächter, sollten nicht dazu gehören.[610] Diese Ansicht wird auch heute noch vertreten.[611] Bloß obligatorisch Berechtigte müssten sich an ihren Vermieter/Verpächter halten und diesen dazu veranlassen, Klage zu erheben. Diese Auffassung ist seit dem Beschluss des BVerfG[612], wonach auch Mieter und Pächter in den Schutzbereich des Art. 14 GG fallen können (deren Rechte dadurch also weitgehend denen des Eigentümers gleichgestellt sind) fraglich. Auch nach der aktuellen Rechtsprechung des BVerwG ist dem Eigentümer gleichzustellen, wer in eigentumsähnlicher Weise an einem Grundstück dinglich berechtigt ist. Hierzu zählen der Inhaber eines Erbbaurechts ebenso wie der Nießbraucher und der im Grundbuch eingetragene Auflassungsvorgemerkte. Selbst bloße Schuldverhältnisse (Kauf, Miete, Pacht) können nach dieser aktuellen Rechtsprechung zur Klagebefugnis führen.[613] Dagegen ist der Nacherbe nicht klagebefugt.

Das BVerwG führt in einem Normenkontrollverfahren bezüglich der Überprüfung eines Bebauungsplans aus: „Ihre Antragsbefugnis scheitert allerdings nicht schon daran, dass sie nur Mieterin des Grundstücks ist. (...). Die Tatsache, dass eine bestimmte Grundstücksnutzung nur aufgrund eines Miet- oder Pachtverhältnisses geschieht, führt nicht dazu, dass sie damit unberücksichtigt zu bleiben hätte".[614]

Stellungnahme: Diese Rechtsprechung ist zwar bezüglich der Antragsbefugnis i.S.d. § 47 II S. 1 VwGO ergangen. Da aber die ganz herrschende Auffassung (inklusive der Vertreter der Ansicht, dass obligatorisch Berechtigte nicht klagebefugt seien) die Antragsbefugnis i.S.d. § 47 II S. 1 VwGO mit der Klagebefugnis i.S.d. § 42 II VwGO gleichsetzt[615], kommt man nicht umhin, auch obligatorisch Berechtigte als klagebefugt anzusehen. Hinzu kommt, dass die genannte Rechtsprechung des BVerwG zu einem Zeitpunkt ergangen ist, in dem die abweichende Ansicht schon publiziert war.

Unabhängig von der genannten Problematik können Mieter und Pächter unter bestimmten Voraussetzungen ihre Klagebefugnis auf die Verletzung ihrer körperlichen Unversehrtheit i.S.v. Art. 2 II GG stützen. Insoweit geht es dann gerade nicht um grundstücksbezogenen Nachbarschutz, sondern um personenbezogenen Drittschutz. Da sich die Rechtsbeeinträchtigung jedoch nur mittelbar ergibt, ist zu beachten, dass eine schwere und unerträgliche Betroffenheit möglich sein muss.[616]

438 In *räumlicher* Hinsicht sind Nachbarn diejenigen Eigentümer oder sonst Berechtigte, deren Grundstücke unmittelbar an das Baugrundstück angrenzen. Aber auch Berechtigte von weiter entfernten Grundstücken können klagebefugt sein, wenn sie wegen der Art des angegriffenen Vorhabens (insbesondere wegen befürchteter Immissionen) betroffen sind.

Ist der Begriff des Nachbarn geklärt, bestimmen sich die Erfolgsaussichten einer Anfechtungsklage eines Nachbarn gegen die baurechtliche Begünstigung des anderen maßgeblich danach, ob bei der Baugenehmigung Vorschriften verletzt worden sind, die auch seinen Interessen zu dienen bestimmt sind (Schutznormtheorie, s.o.). Kriterium für den Drittschutz ist der Schutzzweck des Gesetzes (Normtext, Wille des Ge-

---

[610] BVerwG NVwZ **1998**, 956.

[611] Vgl. nur *Konrad*, JA **2002**, 967; *Muckel*, JuS **2000**, 132, 137; *Ortloff*, NVwZ **1999**, 955, 959; *Kopp/Schenke*, VwGO, § 42 Rn 97.

[612] BVerfGE **89**, 1, 7; fortgeführt von BVerfG NJW **2000**, 2658, 2659.

[613] Vgl. BVerwG NVwZ **2000**, 806; OVG Lüneburg BauR **2004**, 716 ff. (jeweils für den Pächter); BVerwG NVwZ **2000**, 807; BVerwG NJW **2000**, 2658 (jeweils für den Mieter).

[614] BVerwG NVwZ **2000**, 807, 808.

[615] Vgl. nur *Kopp/Schenke*, VwGO, § 47 Rn 46.

[616] Vgl. OVG Lüneburg NVwZ **2001**, 456; *Konrad*, JA **2002**, 967.

setzgebers, abgrenzbarer begünstigter Personenkreis). In der *Klagebefugnis* ist daher zu prüfen, ob es möglich erscheint, dass der Nachbar durch die an den Bauherrn gerichtete Baugenehmigung in seinen (subjektiven) Rechten verletzt wird. Ob tatsächlich gegen die Norm verstoßen worden ist, wird erst im Rahmen der Begründetheit geprüft.

> **Beispiel:** Nachbar N wendet sich mit Widerspruch und Anfechtungsklage gegen die dem Bauherrn B erteilte Baugenehmigung. N macht geltend, das Bauvorhaben des B halte nicht die in der Landesbauordnung vorgeschriebene Abstandsfläche zu seinem Hausgrundstück ein. Schließlich sei das Bauvorhaben von solch einem Ausmaß, dass von einer erdrückenden Wirkung gesprochen werden müsse.
>
> Hier hat die Drittanfechtungsklage des N nur dann Erfolg, wenn die dem B erteilte Baugenehmigung N in seinen nachbarschützenden Rechten verletzt (vgl. § 113 I S. 1 VwGO). In der Fallbearbeitung ist also zunächst die objektive Rechtmäßigkeit der Baugenehmigung zu prüfen und dann in einem zweiten Schritt zu untersuchen, ob N dadurch in seinen nachbarschützenden Rechten verletzt ist (sog. Schutznormtheorie).

Solche subjektiven öffentlichen Rechte können sich aus dem (bundesrechtlichen) Bauplanungsrecht und dem (landesrechtlichen) Bauordnungsrecht ergeben. **439**

(bb.) Bauplanungsrecht

Im Bauplanungsrecht muss differenziert werden. Die §§ 30, 34, 35 BauGB (Planbereiche) besitzen nach der neueren Rechtsprechung des BVerwG eigenständig noch keinen unmittelbaren Drittschutz. Um dennoch einen Abwehranspruch des Nachbarn zu begründen, bedient man sich des bereits erwähnten **Gebots der Rücksichtnahme**, dem die Funktion einer Lückenfüllung zukommt. Die bauplanungsrechtlichen Vorschriften können also (mittelbar) i.V.m. dem Gebot der Rücksichtnahme Drittschutz entfalten.[617] **440**

> **Hinweis für die Fallbearbeitung:** Da das Gebot der Rücksichtnahme aufgrund seiner lückenfüllenden Funktion gegenüber unmittelbar drittschützenden Normen subsidiär ist, muss in der Fallbearbeitung zunächst die Frage aufgeworfen werden, ob eine Norm existiert, die unmittelbar Drittschutz entfaltet. Erst bei Verneinung dieser Frage darf auf das Gebot der Rücksichtnahme eingegangen werden. Denn erweist sich in der Fallbearbeitung eine unmittelbar drittschützende Norm als nicht verletzt, darf dieselbe Norm nicht nochmals unter dem Aspekt des Rücksichtnahmegebots auf mittelbaren Drittschutz untersucht werden. Das gilt insbesondere für das Bauordnungsrecht: Sind z.B. unmittelbar drittschützende Abstandsflächen nicht verletzt, sind damit deren Schutzgüter Belichtung, Belüftung, Besonnung und ggf. der Sozialabstand abgearbeitet. Die von dem geringen Grenzabstand ausgehende erdrückende Wirkung des Bauvorhabens darf dann nicht nochmals unter dem Aspekt des Grenzabstands i.V.m. dem Rücksichtnahmegebot untersucht werden. **441**

---

[617] BVerwG NVwZ **1999**, 879, 880: Rücksichtnahmegebot im unbeplanten Innenbereich; BVerwG DVBl **1981**, 928: Hochhaus neben kleinem Wohngebäude im unbeplanten Innenbereich; BVerwG NVwZ **1989**, 666: Lärmbelästigung durch Getränkemarkt im unbeplanten Innenbereich; BVerwGE **52**, 122 und BVerwG NVwZ-RR **2001**, 82: Schweinemaststall im Außenbereich; VG Freiburg NVwZ **1999**, 797, 798: Konflikt zwischen heranrückender Wohnbebauung und Glockengeläut; OVG Münster DVBl **2008**, 791 und OVG Münster ZfBR **2008**, 499, 500 f.: Konflikt zwischen Wohnungseigentümer und genehmigter Werbeanlage im benachbarten Baugebiet. Vgl. auch *Diehr/Geßner*, NVwZ **2001**, 985 ff.; *Dolderer*, JuS **2000**, 279, 284; *Muckel*, JuS **2000**, 132, 133 f.; *Dolde/Menke*, NJW **1996**, 2905, 2911 und NJW **1999**, 2150, 2159 sowie *Jäde*, JuS **1999**, 961, 962 und VG Freiburg NVwZ **2001**, 1442, 1443 f.

442   Zu beachten ist aber, dass das **Gebot der Rücksichtnahme** kein „freischwebendes" Prinzip darstellt, das alle baunachbarrechtlichen Normen überlagert und so zu potentiell nachbarschützenden werden lässt. Vielmehr muss sich das Gebot der Rücksichtnahme jeweils aus einer Vorschrift des einfachen Rechts (Gesetz oder Rechtsverordnung) im Wege der Auslegung entnehmen lassen, die dafür entsprechende Anhaltspunkte geben muss. Allerdings kommt ein Drittschutz der entsprechenden Vorschriften in Verbindung mit dem Gebot der Rücksichtnahme nur dann in Betracht, „wenn und soweit in qualifizierter und zugleich individualisierter Weise auf schutzwürdige Interessen eines erkennbar abgegrenzten Kreises Dritter Rücksicht zu nehmen ist"[618]. Drittschutz ist daher erst bei Überschreiten einer gewissen **Beeinträchtigungsschwelle** gegeben.

Die Frage, in welchen Gebietskategorien Drittschutz (ggf. in Verbindung mit dem Rücksichtnahmegebot) möglich ist, soll Gegenstand der folgenden Untersuchung sein.

(1.) § 30 I BauGB (beplanter Innenbereich, qualifizierter Bebauungsplan)

443   (α) Wie bereits gesagt, bilden im Geltungsbereich eines qualifizierten Bebauungsplans die typisierenden Festsetzungen des Plans gem. § 30 I BauGB städtebaulich die alleinige Grundlage für die Baugenehmigung. Ein qualifizierter Bebauungsplan liegt dann vor, wenn der Bebauungsplan den in § 30 I BauGB genannten Mindestanforderungen entspricht. Der Bebauungsplan muss also Festsetzungen über

- die **Art** der baulichen Nutzung,
- das **Maß** der baulichen Nutzung sowie
- die **überbaubaren Grundstücksflächen**
- und die örtlichen **Verkehrsflächen**

enthalten. Dadurch, dass die **Festsetzungen** im Bebauungsplan die alleinige Grundlage für eine Baugenehmigung bilden, können auch **nur diese**, nicht etwa § 30 I BauGB selbst, Nachbarschutz entfalten.[619] Denn ein Bebauungsplan ist eine Satzung (vgl. § 10 I BauGB) und damit eine Rechtsnorm, aus der sich (mittels Auslegung anhand der Schutznormtheorie) subjektive öffentliche Rechte ableiten lassen. Zu beachten ist aber, dass nicht sämtliche Festsetzungen nachbarschützend wirken können. Es ist folgendermaßen zu differenzieren:

444   ▪ Die Festsetzungen über die **Art der baulichen Nutzung**, d.h. eines der Baugebiete gem. §§ 2 bis 14 BauNVO mit Ausnahme der Festsetzung der Wohnungshöchstzahl nach § 9 I Nr. 6 BauGB[620], **können drittschützend sein**. Die genannten Festsetzungen weisen grundsätzlich dann **drittschützenden Charakter** auf, wenn sie nicht nur eine geordnete städtebauliche Entwicklung gewährleisten sollen, sondern auch dem **Ausgleich privater (Nachbar-)Interessen** dienen. Denn die innerhalb eines qualifizierten Bebauungsplans befindlichen Anwohner bilden eine bau- und bodenrechtliche **Schicksalsgemeinschaft**.[621] Daraus folgt zugleich, dass die unmittelbar nachbarschützende Wirkung der Festsetzungen über die Art der baulichen Nutzung grundsätzlich nur **innerhalb des jeweiligen Planbereichs** gilt. Eigentümer und andere Berechtigte von Grundstücken, die

[618] BVerwGE **52**, 122, 131; *Muckel*, BauR, S. 141 f.; *Jäde*, JuS **1999**, 961, 963; *Diehr/Geßner*, NVwZ **2001**, 985 ff.; VG Freiburg NVwZ **2001**, 1442, 1443 f.

[619] Vgl. *Muckel*, JuS **2000**, 132, 133; *Diehr/Geßner*, NVwZ **2001**, 985, 989.

[620] *Ortloff*, NVwZ **2004**, 934, 941; *ders.*, NVwZ **2002**, 416, 421; *Konrad*, JA **2002**, 967, 968; *Ortloff*, NVwZ **2000**, 750, 756; NVwZ **1999**, 955, 961; *Jäde*, JuS **1999**, 961. Vgl. auch BVerwG NVwZ **2001**, 813; VG Freiburg NVwZ **2001**, 1442, 1443 f. § 9 I Nr. 6 BauGB übersehen *Erbguth/Wagner*, BauR, § 15 Rn 46.

[621] Vgl. BVerwGE **94**, 151, 155; *Ortloff*, NVwZ **2002**, 416, 421.

außerhalb des betreffenden Baugebiets liegen, können mit Blick auf die Festsetzungen nur dann klagebefugt sein, wenn beispielsweise der Planbegründung entnommen werden kann, dass einzelne Festsetzungen auch dem außerhalb des Plangebiets wohnenden, abgrenzbaren Personenkreis zugute kommen soll (siehe Rn 471 ff. zum gebietsübergreifenden Nachbarschutz).

Beispiele von nachbarschützenden Festsetzungen:

(1) Eine Festsetzung gem. § 12 II i.V.m. § 1 III S. 2 BauNVO über die maximal zulässige Zahl von Stellplätzen ist nachbarschützend.[622]

(2) Eine Festsetzung gem. § 13 i.V.m. § 1 III S. 2 BauNVO über die eingeschränkt zulässige Nutzung von Gebäuden für freiberuflich Tätige ist nachbarschützend.

■ Festsetzungen über das *Maß* **der baulichen Nutzung** (§§ 16 ff. BauNVO) werden demgegenüber in aller Regel **nicht als nachbarschützend** angesehen.[623] Mit ihnen werden grundsätzlich nur im öffentlichen Interesse liegende städtebauliche Anliegen, etwa die Auflockerung der Bebauung oder ein besseres Stadtklima, verfolgt.[624] Nur ausnahmsweise können Maßfestsetzungen drittschützende Wirkung haben, wenn sie den Zweck verfolgen, eine für die Umgebung verträglichere Nutzung zu gewährleisten.[625]   **445**

■ Auch Festsetzungen über die **Bauweise** und die **überbaubare Grundstücksfläche** (§ 9 I Nr. 2 BauNVO i.V.m. §§ 22, 23 BauNVO) sind in aller Regel **nicht nachbarschützend**, weil sie regelmäßig der Verwirklichung städtebaulicher Ziele dienen. Lediglich für den Fall, dass die Gemeinde mit ihnen nachbarschaftliche Verhältnisse beeinflussen will oder Ziele verfolgt, die denen der bauordnungsrechtlichen Abstandsflächen gleich kommen, verleihen sie Nachbarschutz.   **446**

■ **Umweltschützende** Festsetzungen nach § 9 I Nr. 23, 24 BauGB können in Einzelfällen **drittschützend** sein. Zwar ist der Umweltschutz grundsätzlich ein Belang des öffentlichen Interesses, nicht des privaten, wegen der Bezugnahme in § 9 I Nr. 23, 24 BauGB auf den Begriff der schädlichen Umwelteinwirkungen nach Maßgabe der §§ 3, 22 BImSchG handelt es sich jedoch um eine spezielle bundesrechtliche Ausprägung des (drittschützenden) Rücksichtnahmegebots.[626]   **447**

(β) Des Weiteren wird nach der neueren Rechtsprechung des BVerwG[627] **§ 15 I BauNVO** unmittelbar nachbarschützende Wirkung beigemessen.[628] Danach dürfen selbst nach dem Bebauungsplan zulässige Vorhaben nicht ausgeführt werden, wenn   **448**

---

[622] BVerwGE **94**, 151, 155; *Dolde/Menke*, NJW **1999**, 2150, 2159; vgl. auch *Dürr*, BauR **1997**, 7 ff.

[623] BVerwG NVwZ **1996**, 170, 171; *Muckel*, JuS **2000**, 132, 133. Nur ausnahmsweise kommt den Festsetzungen des zulässigen Maßes baulicher Nutzung (§§ 16-21a BauNVO) und der Bauweise (§§ 22 f. BauNVO) eine drittschützende Wirkung zu. Es wird darauf abgestellt, ob die Überschreitung des festgesetzten Baumaßes einen dem Nachbarn garantierten Gebietscharakter in Frage stellt, vgl. *Löhr*, in: Battis/Krautzberger/Löhr, BauGB, § 31 Rn 81.

[624] *Brohm*, BauR, § 19 Rn 19.

[625] *Brohm*, BauR, § 19 Rn 19 mit dem Beispiel eines Villenviertels, in dem eine zweigeschossige Bauweise zulässig ist.

[626] BVerwG NJW **1989**, 467; *Erbguth/Wagner*, § 15 Rn 49.

[627] Im allgemeinen Wohngebiet: BVerwG NVwZ **2001**, 813 (Wohn- und Geschäftshaus mit 7 Stellplätzen); BVerwG NVwZ **1999**, 298 (Wertstoffcontainer als Nebenanlage); BVerwG BauR **1999**, 603 (Asylbewerberunterkunft); BVerwG BauR **1999**, 1279 (Lichtimmissionen durch Wintergartenverglasung); VG Freiburg NVwZ **1999**, 797 und VG Würzburg NVwZ **1999**, 799 (liturgisches Glockengeläut). Im Mischgebiet: BVerwG NVwZ-RR **1999**, 107 (SB-Autowaschanlage). Im Gewerbegebiet: VGH Kassel BRS 60 Nr. 76 (Viehhandel und Fleischverarbeitung), im Industriegebiet: VG Freiburg NVwZ **2001**, 1442, 1443 f. (Errichtung eines Bordells, vgl. dazu das Bsp. 2 bei Rn 160), Sondergebiet „Windpark": OVG Münster NVwZ **2000**, 1064 (Nachbarrechtsschutz innerhalb eines Windparks); OVG Lüneburg NVwZ **1999**, 444 (Lärm von 14 Windenergieanlagen). Vgl. dazu auch *Ortloff*, NVwZ **2002**, 416, 421.

[628] Vgl. auch *Dolderer*, JuS **2000**, 279, 283; *Diehr/Geßner*, NVwZ **2001**, 985, 989.

von ihnen Störungen ausgehen, die nach der Eigenart des Baugebiets **„unzumutbar"** sind.[629]

> **Beispiel:** A wird die Baugenehmigung erteilt, in einem Industriegebiet i.S.d. § 9 BauNVO eine Windenergieanlage zu errichten.
>
> Die dafür erteilte Baugenehmigung ist rechtswidrig, wenn der durch den Anlagenbetrieb verursachte Lärm auf den in 200 m Entfernung in einem reinen Wohngebiet i.S.v. § 3 BauNVO liegenden Grundstücken unzumutbar ist. Die Grundstückseigentümer können gestützt auf § 15 BauNVO die Aufhebung der Baugenehmigung verlangen.[630]

449 Unzumutbar sind jedenfalls solche Immissionen, die das nach § 5 I Nr. 1 BImSchG in dem jeweiligen Baugebiet zulässige Maß überschreiten.

> **Beispiel:** A betreibt in einem Gewerbebetrieb gem. § 8 BauNVO eine Anlage zur Produktion hochempfindlicher optischer Geräte. B will auf dem Nachbargrundstück eine Reinigungs- und Trocknungsanlage für Mais betreiben, die stark Staub immittierend arbeiten wird, und beantragt eine entsprechende Baugenehmigung.
>
> Bei der Frage nach der Zulässigkeit dieser Anlage ist entscheidend, ob die einschlägigen Richtwerte (TA Luft als normkonkretisierende Verwaltungsvorschrift mit rechtsverbindlicher Außenwirkung[631]) eingehalten werden. Die vorherige Ansiedlung störungsempfindlicher Anlagen hat keine Absenkung der in der TA-Luft festgesetzten Richtwerte zur Folge. Hält sich also die Anlage des B an die in der TA-Luft festgesetzten Richtwerte, ist sie zulässig.

450 Zur Konkretisierung des unbestimmten Rechtsbegriffs „unzumutbar" können nicht nur normkonkretisierende Verwaltungsvorschriften, sondern auch **VDI-Richtlinien** herangezogen werden. Vgl. dazu Rn 461 f.

451 Fraglich ist, ob die städtebaulichen Ziele des § 1 VI BauGB und das **Abwägungsgebot** des **§ 1 VII** BauGB **Drittschutz** vermitteln. Eine für die Klage- bzw. Antragsbefugnis erforderliche mögliche subjektive Rechtsverletzung könnte sich hier aus § 1 VI i.V.m. VII BauGB (planungsrechtliches Abwägungsgebot) ergeben, da die Vorschrift von „privaten Belangen" spricht und diese mit öffentlichen Belangen gerecht abzuwägen sind. Erkennt man wegen dieser Formulierung ein subjektives öffentliches Recht ohne weiteres an, wäre der Kreis der Antragsbefugten erheblich weiter zu ziehen, als wenn nur die hergebrachten subjektiven öffentlichen Rechte zur Verfügung stünden. Das BVerwG hat in einer Entscheidung aus dem Jahre 1979[632] bezüglich des damals erforderlichen Nachteils in § 47 II VwGO auf die bei der *Planung zu berücksichtigenden Belange* abgestellt. So war der Antragsteller antragsbefugt, wenn er die Verletzung eines in § 1 VI, VII BauGB (damals BBauG) genannten *abwägungserheblichen Belangs* geltend machen konnte. Ausgeschlossen werden sollte damit die Geltendmachung von bloßen wirtschaftlichen Interessen oder Annehmlichkeiten wie z.B. das Freihalten der schönen Aussicht. Danach lag ein zur Antragsbefugnis führender Nach-

---

[629] Vgl. *Ortloff*, NVwZ **2002**, 416, 421; *ders.*, NVwZ **2000**, 750, 756; BVerwG NVwZ **2001**, 813. Vgl. auch VGH München BayVBl **2003**, 599; OVG Münster DVBl **2003**, 810.

[630] OVG Münster BauR **1997**, 279. Zum Nachbarschutz gegen Windenergieanlagen vgl. auch *Lühle*, NVwZ **1998**, 897, 898, wonach den Nachbarn ein subjektives Abwehrrecht gegen Windenergieanlagen zusteht, soweit von diesen eine unzumutbare Belästigung und eine erdrückende Wirkung ausgehen. Auch innerhalb eines Windparks ist ein Nachbarrechtsschutz denkbar, etwa wenn ein Windanlagenbetreiber gegen die Genehmigung einer anderen Anlage klagt. Die Klage wird aber regelmäßig erfolglos sein, weil Betreiber von Windenergieanlagen, die in Windparks aufgestellt werden, von vornherein damit rechnen müssen, dass ihnen durch die Aufstellung weiterer Windenergieanlagen nicht nur Wind genommen, sondern dieser auch in seiner Qualität (etwa Turbulenzen) verändert wird (OVG Münster NVwZ **2000**, 1064, 1065).

[631] Zur neuen, am 1.10.2002 in Kraft getretenen, TA Luft vgl. *Hansmann*, NVwZ **2002**, 1208 f. Zur TA Lärm vgl. *Müggenborg*, NVwZ **2003**, 1025 ff.

[632] BVerwGE **59**, 87 ff.

teil vor, wenn der Antragsteller durch den Bebauungsplan oder dessen Anwendung negativ in einem Interesse, das bei der Abwägung nach § 1 VII BauGB als privater Belang Berücksichtigung finden musste, betroffen wurde oder betroffen werden konnte.[633] Geschützt wurden also abwägungserhebliche Belange, die gerade dem Antragsteller zugute kommen sollten. Auch zu der Neufassung des § 47 II S. 1 VwGO liegen seit einiger Zeit Judikate des BVerwG vor. Nach diesen Urteilen hat das in § 1 VII BauGB enthaltene Abwägungsgebot drittschützenden Charakter hinsichtlich solcher privater Belange, die für die Abwägung erheblich sind.[634] Kernaussage dieser Urteile ist also, dass bei der Herleitung der Antragsbefugnis danach zu fragen ist, hinter welchem Belang ein subjektives Recht des Antragstellers steht. Ein solches subjektives Recht kann sich aus einfachgesetzlichen Bestimmungen (z.B. aus §§ 30, 34 oder 35 BauGB i.V.m. dem Gebot der gegenseitigen Rücksichtnahme) oder aus Grundrechten (z.B. Art. 4, 5 III, 2 II oder 3 I GG) ergeben. Dieses subjektive öffentliche Recht, nicht der in § 1 VII BauGB genannte Belang, begründet dann die Antragsbefugnis.[635]

So ist die Antragsbefugnis regelmäßig zu bejahen, wenn sich ein Eigentümer eines im Plangebiet gelegenen Grundstücks gegen eine bauplanerische Festsetzung wendet, die unmittelbar sein Grundstück betrifft.[636] Ebenfalls ist die Antragsbefugnis zu bejahen, wenn das Interesse des Antragstellers an der Vermeidung der durch eine Kleingartenanlage verursachten nachteiligen Veränderungen seiner Grundstückssituation einen abwägungserheblichen Belang darstellt.[637] Erforderlich ist jedenfalls, dass der Antragsteller hinreichend substantiiert Tatsachen vorträgt, die es zumindest als möglich erscheinen lassen, dass er durch die Festsetzungen des Bebauungsplans in seinem Grundeigentum verletzt wird. **452**

(γ) Soweit es an drittschützenden Festsetzungen eines Bebauungsplans fehlt, wird Drittschutz nur im Rahmen des Gebots der **Rücksichtnahme** gewährt. Dies gilt auch für Befreiungen von nicht drittschützenden Festsetzungen. Der Nachbar kann daher nicht geltend machen, das Befreiungsermessen sei fehlerhaft ausgeübt worden.[638] **453**

(2.) § 31 I BauGB (Ausnahme von den Festsetzungen)

Wird zu Unrecht eine Ausnahme gem. § 31 I BauGB erteilt, ist der Nachbar in jedem Fall in seinen Rechten verletzt, wenn von nachbarschützenden Vorschriften des Bebauungsplans abgewichen wird; die Klage- bzw. Antragsbefugnis ist gegeben.[639] **454**
Wird demgegenüber rechtmäßig eine Ausnahme von den Festsetzungen erteilt, die nicht nachbarschützend sind, kommt für den Rechtsschutz des Nachbarn eine Verletzung des Rücksichtnahmegebots entsprechend § 15 BauNVO in Betracht.[640]

(3.) § 31 II BauGB (Befreiung von den Festsetzungen)

Demgegenüber besteht bei Befreiungen von den Festsetzungen eines Bebauungsplans nach § 31 II BauGB stets Nachbarschutz.[641] Eine rechtswidrig erteilte Befreiung **455**

---

[633] BVerwGE **59**, 87, 94.
[634] BVerwGE **107**, 215, 220; bestätigt in BVerwG NVwZ **2000**, 1187; ebenso BVerwG NVwZ **2002**, 1509 f.; OVG Lüneburg NVwZ **2002**, 109; VGH Mannheim NVwZ **2000**, 1187. Vgl. dazu auch *Konrad*, JA **2002**, 967, 968; *Muckel*, NVwZ **1999**, 963; *Schmidt-Preuß*, DVBl **1999**, 193; *Schütz*, NVwZ **1999**, 929; *Gaentzsch*, NVwZ **2000**, 993, 999; *Dageförde*, NVwZ-Beilage II/**2001**, 19, 20; *Dolde*, NVwZ **2001**, 976, 978 f.
[635] Vgl. auch OVG Lüneburg BauR **2004**, 716 ff.; *Dolde/Menke*, NJW **1999**, 1070, 1072; *Schütz*, NVwZ **1999**, 929, 930.
[636] BVerwG NVwZ-RR **1998**, 416. Zur (nicht gegebenen) Antragsbefugnis des Eigentümers eines an das Plangebiet angrenzenden Grundstücks, der durch den angrenzenden Bebauungsplan nur geringfügig in seinen Belangen beeinträchtigt wird VGH Mannheim NVwZ-RR **1998**, 420.
[637] Vgl. BVerwGE **107**, 215, 222.
[638] BVerwG NVwZ-RR **1999**, 8.
[639] *Ortloff*, NVwZ **2000**, 750, 756.
[640] *Brohm*, BauR, § 19 Rn 21.
[641] *Ortloff*, NVwZ **2000**, 750, 756; *Muckel*, BauR, S. 137.

von den drittschützenden Vorschriften des Bebauungsplans verletzt den Nachbarn daher in jedem Fall in seinen Rechten.[642]

Beispiel: Nachbar N wendet sich gegen die dem Bauherrn erteilte Baugenehmigung mit dem Argument, die dem B erteilte Befreiung von den Festsetzungen des Bebauungsplans bezüglich des einzuhaltenden Grenzabstands verletze ihn in seinen nachbarschützenden Rechten.

Hier wird man zunächst untersuchen müssen, ob die Abstandsflächen eingehalten worden sind. Ergibt sich insoweit kein Verstoß, ist als Nächstes zu prüfen, ob die Baugrenze, von deren Einhaltung in der Baugenehmigung befreit worden ist, nachbarschützende Wirkung entfaltet und ggf. die Befreiung ermessensfehlerhaft erteilt worden ist. Erst dann, wenn sich auch hier keine Verletzung nachbarschützender Rechte ergibt, sind weitere Überlegungen zu einem etwaigen „mittelbaren" Drittschutz über die Figur des Gebots der Rücksichtnahme angezeigt.

(4.) § 34 BauGB (unbeplanter Innenbereich)

456 (α) Im unbeplanten Innenbereich ist gem. § 34 I BauGB ein Vorhaben zulässig, wenn es sich nach Art und Maß der baulichen Nutzung, der Bauweise und der Grundstücksfläche, die überbaut werden soll, **in die Eigenart der näheren Umgebung „einfügt"**. Einfügen bedeutet, dass sich das Vorhaben in jeglicher Hinsicht innerhalb des durch die Bebauung seiner Umgebung geprägten Rahmens hält und die erforderliche Rücksicht auf die unmittelbare Umgebung nimmt.[643] Unter unmittelbarer Umgebung als Maßstab für die Beurteilung des „Rahmens" wird die nähere Umgebung verstanden, also der Bereich, auf den die Ausführung des Vorhabens sich auswirken kann.[644]

Der Begriff „Einfügen" wird für sich allein *nicht* als drittschützend angesehen.[645] Zur Begründung wird darauf hingewiesen, dass es insoweit an der hinreichend abgrenzbaren Umschreibung eines geschützten Personenkreises fehle. Etwas anderes gelte, wenn das Einfügungsgebot sich zu einem Gebot der Rücksichtnahme auf einen **abgrenzbaren Kreis von Nachbarn** verdichte. Die Klagebefugnis kann sich bei § 34 I BauGB daher grundsätzlich nur über das Gebot der **gegenseitigen Rücksichtnahme (i.V.m. Art. 14 GG)** ergeben, das auch bei § 34 I BauGB insoweit Teil des Tatbestands ist, als sich das Vorhaben **„einfügen"** muss und dabei auf die Belange der Nachbarn Rücksicht zu nehmen hat.[646] Erforderlich ist aber eine mögliche Rechtsbetroffenheit von **erheblichem Gewicht**.[647] Hinzukommen muss, dass objektivrechtlich das Vorhaben bewältigungsbedürftige Spannungen erzeugt, die potentiell ein Planungsbedürfnis nach sich ziehen, und subjektivrechtlich, dass es die gebotene Rück-

---

[642] Zu den Befreiungen vgl. BVerwGE **108**, 190 (Asylbewerberunterkunft im Wohngebiet; zuvor OVG Hamburg NordÖR **1999**, 354 mit Anm. von *Koch*, NordÖR **1999**, 343); BVerwGE **82**, 343, 347; BVerwG DVBl **1987**, 476, 477; OVG Bremen NordÖR **2003**, 198; VGH München BayVBl **2003**, 599; VG Berlin LKV **1999**, 412 (Residenz mit Botschaft im allg. Wohngebiet); VGH München BayVBl **1999**, 152 (Teilungsgenehmigung; rückwärtige Wohnbebauung); VGH München BauR **1999**, 1450 (Doppelgarage jenseits der Baugrenze); OVG Saarlouis BRS **60** Nr. 19 (Doppelstockgaragen mit Garagenhof auf Grünfläche).

[643] BVerwG NVwZ **1999**, 879, 880; BVerwGE **55**, 369, 370 f.

[644] BVerwGE **68**, 352, 358; **55**, 369, 380; *Erbguth/Wagner*, BauplanungsR, Rn 389.

[645] BVerwG NVwZ **1999**, 879, 880; BVerwGE **32**, 173, 175; *Muckel*, JuS **2000**, 132, 133; *Brohm*, Öffentliches BauR, § 20 Rn 18; *Oldiges*, BauR, in: Steiner (Hrsg.), BesVerwR, 6. Aufl. **1999**, Rn 215 ff.

[646] BVerwG NVwZ **1999**, 879, 880 mit Anm. v. *Selmer*, JuS **2000**, 409; BVerwG DVBl **1981**, 928; OVG Bremen UPR **1982**, 25, 26; *Muckel*, JuS **2000**, 132, 133 f.; *Ortloff*, NVwZ **2002**, 416, 421; NVwZ **1999**, 955, 961. Zu undifferenziert *Konrad*, JA **2002**, 967, 968. Zum Begriff des „Einfügens" in Bezug auf Windenergieanlagen vgl. *Lühle*, NVwZ **1998**, 897, 901. Eine Verletzung des in § 34 BauGB enthaltenen Rücksichtnahmegebots ist allerdings ausgeschlossen, wenn sich ein Vorhaben nach seiner Art und seinem Maß der baulichen Nutzung, nach seiner Bauweise und nach seiner überbauten Grundstücksfläche in die Eigenart seiner näheren Umgebung einfügt (vgl. dazu BVerwG NVwZ **1999**, 879).

[647] BVerwG NVwZ **2000**, 1169, 1170; NJW **1994**, 1546, 1547; *Brohm*, BauR, § 20 Rn 18.

sichtnahme speziell auf die in einer unmittelbaren Nähe vorhandene Bebauung vermissen lässt.[648]

Beispiele:

(1) Bauherr B erhält in Übereinstimmung mit § 34 I BauGB die Genehmigung zum Bau eines Mehrfamilienhauses. Nachbar N will dagegen gerichtlich vorgehen, weil ihm durch den Bau die Seesicht versperrt wird. Er fragt, ob die Seesicht zu seinen Rechten i.S.d. § 42 II VwGO gehört.   **457**

Eine besondere gesetzliche Vorschrift, welche die Seesicht bzw. allgemein die schöne Aussicht schützt, enthält die Rechtsordnung nicht. Nach allgemeiner Rechtsdogmatik müsste man nun danach fragen, ob N sich unmittelbar auf ein Grundrecht stützen kann. In Betracht kommt hier Art. 14 GG. Zu beachten ist jedoch, dass nach der neueren Rechtsprechung des BVerwG[649] ein Rückgriff auf Art. 14 GG nicht mehr erforderlich ist, weil beim baurechtlichen Nachbarschutz die weiterreichende Rechtsfigur des „Gebots der Rücksichtnahme" herangezogen wird.[650] Da aber auch hier eine Rechtsbeeinträchtigung von vergleichbarem Gewicht erforderlich ist, kann eine Entscheidung dahinstehen. Etwas anderes würde gelten, wenn durch den Bau des Mehrfamilienhauses die Nachbarinteressen schwer und rücksichtslos missachtet würden. Das wäre der Fall, wenn die Höhe des Mehrfamilienhauses Sonne und Licht des Nachbargrundstücks nehmen würde.[651]

(2) K ist Eigentümer eines mit einem Flachdachbungalow bebauten Grundstücks. Er wendet sich mit einer (Dritt-)Anfechtungsklage gegen die dem X erteilte Baugenehmigung für zwei von vier Sechsfamilienhäusern auf dem Nachbargrundstück. Er macht geltend, in seinen Rechten verletzt zu sein, weil die Baugenehmigung insbesondere wegen der grenznahen Anordnung der beiden Wohnhäuser, wegen ihrer Höhe und wegen des Ausmaßes der Geschossfläche mit dem in § 34 I BauGB verankerten Rücksichtnahmegebot nicht vereinbar sei.   **458**

Nach der Rechtsprechung des BVerwG kann das Rücksichtnahmegebot nur dann verletzt sein, wenn sich ein Vorhaben objektivrechtlich nach seiner Art oder seinem Maß der baulichen Nutzung, nach seiner Bauweise oder seiner überbauten Grundstücksfläche nicht in die Eigenart seiner näheren Umgebung einfügt.[652] Im vorliegenden Fall könnten sich die beiden Wohnhäuser nur hinsichtlich des Maßes der baulichen Nutzung oder hinsichtlich der Grundstücksfläche, die überbaut werden soll, nicht einfügen, weil lediglich ihre Höhe und das Ausmaß ihrer Geschoßfläche sowie die grenznahe Anordnung problematisch sein können. Wenn man davon ausgeht, dass sich die beiden Gebäude hinsichtlich des Maßes in die Eigenart der näheren Umgebung einfügen und auch die Vorschriften über die überbaubaren

---

[648] BVerwG NVwZ-RR **1998**, 540; *Dolde/Menke*, NJW **1999**, 2150, 2159. Vgl. auch *Ortloff*, NVwZ **2000**, 750, 756. Zum partiellen Drittschutz bezüglich des § 34 I BauGB vgl. überhaupt BVerwG BauR **1999**, 735 (zur Maßgeblichkeit tatsächlicher rechtswidriger Bebauung); BVerwG NVwZ **1999**, 523 (Kurhaus-Erweiterung; Verkehrslärm); OVG Berlin LKV **1999**, 367 (Besucher- und Verkehrslärm durch Multiplex-Kino mit 1800 Sitzplätzen); OVG Münster BauR **1999**, 1012 (Verkehrslärm durch Großkino mit Gastronomie und Bowlingbahn); OVG Münster NVwZ-RR **1999**, 365 (Stellplatzmangel kann rücksichtslos sein); BVerwG NVwZ **1999**, 879 (grds. aus tatsächlichen Gründen bauplanungsrechtlich keine Rücksichtslosigkeit, wenn die landesrechtlichen Abstandsvorschriften eingehalten sind; jedoch im Einzelfall Rücksichtslosigkeit möglich, auch wenn die Abstandsflächen eingehalten sind, vgl. auch *Gaentzsch*, NVwZ **2000**, 993, 999); BVerwG NVwZ-RR **1999**, 431 (Lärm bei Regen auf Folien-Gewächshaus); VGH München BayVBl **1999**, 662 (Erschließungserfordernis nicht nachbarschützend); VG Berlin, Das Grundeigentum **1999**, 1297 (päpstliche Nuntiatur).
[649] BVerwGE **101**, 364, 373; BVerwG NVwZ **1998**, 956.
[650] Wenngleich die Rechtsprechung im Ergebnis regelmäßig zu demselben Ergebnis gelangt, ist die Abweichung in der rechtlichen Konstruktion doch bedeutend. Ferner ist zu beachten, dass die schöne Aussicht in Ausnahmefällen geschützt sein kann, etwa dann, wenn in einem Bebauungsplan bei einer Hangbebauung Festsetzungen (z.B. der Bau von Flachdächern) speziell zu *dem* Zweck getroffen werden, dass von jedem Wohnhaus die Aussicht auf einen See möglich sein soll. Zum Verlust der schönen Aussicht vgl. VGH Mannheim NuR **1993**, 29, 30; VGH München BayVBl. **1991**, 369.
[651] Vgl. OVG Münster BauR **1996**, 88.
[652] BVerwG NVwZ **1999**, 879, 880.

Grundstücksflächen nicht verletzt sind, ist auch das in § 34 I BauGB verankerte Rücksichtnahmegebot nicht verletzt. Die Klage des K ist dann unbegründet.

459

(3) Y beantragt den Bau eines Einfamilienhauses innerhalb einer **dörflichen Gemengelage von Wohnbebauung und Landwirtschaft**. In der Nachbarschaft des geplanten Bauvorhabens befindet sich ein **Schweinemastbetrieb** im Flüssigkeitsmistverfahren (dieses Verfahren ist einerseits besonders wirtschaftlich, andererseits aber auch besonders geruchsintensiv). Nachdem die Behörde den Bau genehmigt hat, wendet sich der Inhaber des Schweinemastbetriebs gegen die Genehmigung mit dem Argument, dass er infolge der ständigen Geruchsemissionen später von den neuen Nachbarn Schwierigkeiten bekommen und daher zur Einschränkung seines Betriebs gezwungen werde.

Treffen im (unbeplanten) Innenbereich Nutzungsarten unterschiedlicher Schutzwürdigkeit zusammen, wie dies bei Wohnbebauung und emissionsträchtiger Landwirtschaft der Fall ist, sind die jeweiligen Nutzungen von vornherein mit besonderen Pflichten zur Rücksichtnahme belastet. Rechtlich macht es dabei keinen Unterschied, ob die Genehmigung für eine herannahende Wohnbebauung oder für einen landwirtschaftlichen Betrieb begehrt wird. Eine Wohnbebauung kann nur genehmigt werden, wenn sie sich in die vorbelastete Eigenart der Umgebung einfügt, weil sie nicht stärkeren Belastungen ausgesetzt wird als die bereits vorhandene Bebauung. So können zur Bestimmung der Zumutbarkeitsgrenze etwa die Vorgaben (d.h. Abstände) des technischen Regelwerks **VDI-Richtlinie** 3471 „Emissionsminderung Tierhaltung – Schweine" herangezogen, wegen der gesteigerten Duldungspflicht derer, die sich in der näheren Umgebung einer Störquelle niederlassen, aber auch erheblich unterschritten werden (zur Rechtnatur und zum Anwendungsbereich der VDI-Richtlinie vgl. Rn 461). Die Rspr. geht bei einer Gemengelage im Dorfgebiet aus Wohnnutzung und landwirtschaftlicher Nutzung mit Blick auf die Art und das Maß der Vorbelastung und der Abstandsflächen von einer Halbierung der in der VDI-Richtlinie 3471 genannten Abstände aus. Sollte in der VDI-Richtlinie also ein Abstand von 100 m genannt sein, wäre es für Y zumutbar, in einem Abstand von 50 m die Emissionen des Schweinemastbetriebs zu dulden. Wenn Y aber eine Duldungspflicht auferlegt wird, besteht für ihn keine Aussicht auf Erfolg, wenn er (später) gegen den Schweinemastbetrieb vorgehen sollte. Dessen Inhaber braucht sich also keine Gedanken zu machen. Eine Anfechtungsklage wäre somit unbegründet. Zu empfehlen wäre aber eine Feststellungsklage mit dem Ziel, gerichtlich feststellen zu lassen, dass Y die entsprechende Duldungspflicht obliegt.[653]

460

(β) Für die Frage nach dem Drittschutz aus **§ 34 II BauGB** ergibt sich aus der Rechtsprechung des BVerwG zum subjektiv-rechtlichen Charakter der Festsetzungen betreffend die Art der baulichen Nutzung, dass **§ 34 II BauGB unmittelbar eine drittschützende Norm ist**.[654] Denn nach dem Wortlaut des § 34 II BauGB („Entspricht die Eigenart der näheren Umgebung eines Vorhabens im unbeplanten Innenbereich einem der Baugebiete, die in der BauNVO bezeichnet werden, beurteilt sich die Zulässigkeit dieses Vorhabens nach seiner Art der baulichen Nutzung allein danach, ob es nach der BauNVO zulässig wäre") dient die **BauNVO** in diesem Fall als eine Art Planersatz. Aus der Gleichstellung geplanter und faktischer Baugebiete hinsichtlich der Art der baulichen Nutzung ergebe sich, dass in diesem Umfang auch ein

---

[653] Zur Genehmigung einer Schweinemastanlage vgl. auch OVG Bautzen NVwZ-RR **2002**, 20 ff.
[654] BVerwG NVwZ **2000**, 552, 553; vgl. auch *Ortloff*, NVwZ **2000**, 750, 756; **2002**, 416, 421; **2005**, 1381, 1386; OVG Münster NWVBl **1999**, 426 (Ballfangzaun auf Bolzplatz); VG Arnsberg NWVBl **1999**, 233 (Biogasanlage im faktischen Dorfgebiet); VG Weimar ThürVBl **1999**, 22 (Mehrzweckgebäude im faktischen Dorfgebiet); VG München NVwZ **1999**, 448 (Kindertagesstätte im faktisch reinen Wohngebiet); VG Dresden SächsVBl **1999**, 305 (an faktisches Industriegebiet heranrückende Wohnbebauung).

identischer Nachbarschutz schon vom Gesetzgeber festgelegt worden sei.[655] Auf das Rücksichtnahmegebot muss daher insoweit nicht zurückgegriffen werden.

(5.) § 35 BauGB (Außenbereich)

Der Außenbereich wird in Abgrenzung zu den anderen Planbereichen negativ be- **461** stimmt. Er ist der Bereich, der außerhalb des Geltungsbereichs eines qualifizierten (§ 30 I BauGB) oder vorhabenbezogenen (§§ 12, 30 II BauGB) Bebauungsplans und außerhalb eines im Zusammenhang bebauten Ortsteils (nicht beplanter Innenbereich) i.S.d. § 34 BauGB liegt. Somit stellt er kein Baugebiet dar, sondern soll tendenziell von Bebauung freigehalten werden. Daher besteht nach Auffassung des BVerwG auch kein genereller Abwehranspruch des Inhabers eines im Außenbereich befindlichen, gem. § 35 I BauGB privilegierten Betriebs gegen im Außenbereich unzulässige Nachbarvorhaben oder, anders formuliert, kein grundsätzlicher Anspruch auf Bewahrung des Außenbereichs zugunsten privilegierter Betriebe. Ein Abwehranspruch bestehe nur insoweit, als er durch das in dem unbestimmten Rechtsbegriff *öffentliche Belange* des § 35 BauGB enthaltene drittschützende **Rücksichtnahmegebot** gewährt werde.[656]

Vorhaben gem. § 35 I BauGB sind demnach zwar privilegiert, zulässig aber nur dann, wenn öffentliche Belange nicht entgegenstehen. Wenn also beispielsweise bereits ein privilegiertes Vorhaben im Außenbereich errichtet worden ist, kann der Eigentümer dieses Objekts sich unter bestimmten Voraussetzungen gegen die Genehmigung eines anderen, im Außenbereich unzulässigen Nachbarvorhabens, bei einer ***unzumutbaren*** Beeinträchtigung wegen Verletzung des baurechtlichen Gebots der Rücksichtnahme als nicht speziell genannter Belang i.S.v. § 35 III BauGB zur Wehr setzen.[657] **Unzumutbar** ist die Beeinträchtigung, wenn in einer qualifizierten und zugleich individualisierten Weise auf die schutzwürdigen Interessen keine Rücksicht genommen wurde, wenn also die Genehmigung von anderen Vorhaben mit seiner Privilegierung nicht zu vereinbaren ist. Als Beurteilungsmaßstab zog das BVerwG[658] bislang die Regelung des § 3 BImSchG und der §§ 4 ff. bzw. §§ 22, 23 BImSchG i.V.m. der jeweiligen BImSchVO heran, dürfte nun aber aufgrund der Baurechtsnovellen von 2001 und 2004 auch Belange der **Umweltverträglichkeit** heranziehen. Auch sog. **Technische Regelwerke** (etwa **VDI-Richtlinien** und DIN-Normen) können als Orientierungshilfe bei der Bestimmung der „(Un-)Zumutbarkeit" dienen:

> Insbesondere die VDI-Richtlinie 3471 („Emissionsminderung Tierhaltung – Schweine") **462** oder die VDI-Richtlinie 2058 über die Beurteilung von Arbeitslärm in der Nachbarschaft werden zur Beurteilung dessen, was zumutbar ist, herangezogen. Da diese Regelwerke gem. der allgemeinen Rechtsquellenlehre aber keine Rechtsverbindlichkeit erzeugen können, sondern nur als Orientierungshilfe für die tatrichterliche Einzelfallprüfung dienen (vgl. ausführlich *R. Schmidt*, AllgVerwR, Rn 265 ff.), ist der Tatrichter in jedem Einzelfall verpflichtet, eine eigene sorgfältige Zumutbarkeitsprüfung anzustellen. Aus der Praxis seien folgende Anwendungsbeispiele genannt[659]:
>
> ⇨ Bei der **Intensivschweinemasthaltung** (im Flüssigkeitsmistverfahren) ist es nachvollziehbar, dass die damit verbundenen Geruchsimmissionen als aufdringlich und belästigend eingeschätzt werden. Bei der Frage, ab welcher Intensität der Belästigung diese Immissionen als unzumutbar i.S.d. § 35 III BauGB gelten und somit zu einem Abwehranspruch führen, steht mit der VDI-Richtlinie 3471 „Emissions-

---

[655] BVerwGE **94**, 151, 153 („Garagenurteil"); *Dolderer*, JuS **2000**, 279, 282.

[656] BVerwG NVwZ **2000**, 552, 553; BVerwG NVwZ-RR **2001**, 82; *Diehr/Geßner*, NVwZ **2001**, 985 ff.

[657] BVerwG NVwZ-RR **2001**, 82; *Gaentzsch*, NVwZ **2000**, 993, 999; *Ortloff*, NVwZ **2005**, 1381, 1386.

[658] Seit BVerwGE **55**, 122, 126 f.

[659] Vgl. *Diehr/Geßner*, NVwZ **2001**, 985, 988 f.

minderung Tierhaltung – Schweine" ein technisches Regelwerk zur Verfügung, das nach den oben genannten Grundsätzen eine Orientierungshilfe für die Auslegung des unbestimmten Rechtsbegriffs *unzumutbar* darstellt.

⇨ Im Vergleich zur Schweinemasthaltung stellt die **Rinderhaltung** (zumindest im Festmistverfahren) eine emissionsarme Tierhaltung dar. Daher wurde der Entwurf der VDI-Richtlinie 3473 „Emissionsminderung Tierhaltung – Rinder" wieder zurückgezogen. Gleichwohl ermittelt die Rspr. auf der Grundlage dieses Entwurfs Geruchsabstände zu herannahenden Wohngebäuden. Danach wird die Geruchsschwelle für die Rinderhaltung bei etwa 30 m angesiedelt, was eine Wohnnutzung jenseits dieser Grenze für vertretbar erscheinen lässt.[660] Bei geringeren Abständen kommt es darauf an, mit welcher Einwirkungsdauer auf die Nachbarschaft anhand der Lage der Baulichkeit und der vorhandenen Umwelteinflüsse gerechnet werden muss.[661]

⇨ Auch im Innenbereich können derartige Regelwerke zur Auslegung von unbestimmten Rechtsbegriffen (insbesondere des Begriffs „einfügen" in § 34 BauGB) herangezogen werden. Vgl. dazu das Beispiel 3 bei Rn 459 (Gemengelage von Wohnhäusern und landwirtschaftlichen Betrieben im Dorfgebiet).

463 **Zusammenfassend** lässt sich somit sagen, dass den **Privilegierungstatbeständen des § 35 I BauGB** ein **subjektives öffentliches Recht** dahingehend entnommen wird, dass sich der Inhaber gegen Baugenehmigungen wehren kann, die gegen das in § 35 BauGB, speziell in Abs. 3 Nr. 3, enthaltene **Rücksichtnahmegebot** verstoßen.[662] So kann sich der Drittschutz im Bereich eines **privilegierten Vorhabens** (§ 35 I BauGB) aus denjenigen öffentlichen Belangen ergeben, die dazu führen, dass bei einer Neuzulassung eines Vorhabens die weitere (betriebswirtschaftliche) Ausnutzung der Privilegierung und insbesondere des privilegierten Baubestands in Frage stellen oder gewichtig beeinträchtigen würde. Das betrifft insbesondere die Konfliktkonstellation „**Heranrückende Wohnbebauung**".[663]

Beispiele:

464 **(1)** A begehrt eine Baugenehmigung für ein **Mehrfamilienhaus** im **Außenbereich**. An das Baugrundstück grenzt der **Bauernhof** des B, der dort etwa 300 Rinder auf Fremdfuttermittelbasis züchtet. B hat seine Zustimmung zum Bauantrag des A verweigert, weil er befürchtet, wegen des Baus Schwierigkeiten zu bekommen (insbesondere weil er infolge der Tierzucht als Störer in Anspruch genommen werden könnte). Gleichwohl erteilt die zuständige Baubehörde dem A die beantragte Baugenehmigung. Gegen die Baugenehmigung erhebt B Widerspruch. Gleichzeitig stellt er einen Antrag auf Anordnung der aufschiebenden Wirkung seines Widerspruchs.[664] B meint, das Vorhaben des A beeinträchtige das Ortsbild, da sonst nur Einfamilienhäuser vorhanden seien. Außerdem sei ein Wohnhaus im Außenbereich unzulässig. Schließlich müsse er das Recht haben, heranrückende Nachbarn abzuwehren, bevor diese ihn später durch Beschwerden über schädigende Geruchsimmissionen zur Aufgabe des Betriebs zwängen.

---

[660] Vgl. BVerwG NVwZ-RR **1995**, 6; VGH Kassel NVwZ-RR **1995**, 633; VGH München AgrarR **1997**, 88.

[661] *Diehr/Geßner*, NVwZ **2001**, 985, 989.

[662] Zum Schutz privilegierter Vorhaben vgl. neben BVerwG NVwZ **2000**, 552 auch BVerwG NVwZ-RR **1999**, 429 (landwirtschaftlicher Betrieb gegen Hochspannungsfreileitung); OVG Greifswald NordÖR **1999**, 360 (Milchviehanlage gegen heranrückende Wohnbebauung); VG Sigmaringen BWVBl **1999**, 396 (Schweinemasthaltung gegen Schweinemasthaltung).

[663] Vgl. dazu ausführlich *Diehr/Geßner*, NVwZ **2001**, 985 ff.

[664] Vgl. § 80 II Nr. 3 VwGO, 212a I BauGB, wonach die aufschiebende Wirkung eines Rechtsbehelfs entfällt. Möchte ein Betroffener den Bau vorläufig stoppen, muss er einen Antrag gem. §§ 80 V S. 1 Var. 1, 80a III S. 2 VwGO auf Anordnung der aufschiebenden Wirkung stellen.

Bei der Frage der **Widerspruchs- bzw. Antragsbefugnis** ist nach der möglichen Verletzung einer drittschützenden Norm zu suchen. Bevor auf Art. 14 I GG zurückgegriffen werden kann, muss zunächst eine einfachgesetzliche drittschützende Norm gesucht werden. In Betracht kommt § 35 BauGB. Diese Vorschrift beschreibt den sog. Außenbereich. Das ist der (Plan-)Bereich, der grundsätzlich kein Baugebiet darstellt, sondern der tendenziell von Bebauung freigehalten werden soll.[665] Das hat zum einen den Hintergrund, dass die Belastung der Gemeinden mit immer neuen Erschließungs- und Infrastrukturmaßnahmen (Strom, Wasser, Abwasser, Straßen- und Verkehrswege etc.) begrenzt werden soll. Zum anderen soll der Außenbereich wegen der besonderen Bedeutung für die naturgegebene Bodennutzung und als Erholungslandschaft für die Allgemeinheit vor Bebauung geschützt werden. § 35 BauGB besteht somit grundsätzlich im allgemeinen Interesse. Dennoch kann er in Ausnahmefällen Drittschutz entfalten. Unterhält der Betroffene ein privilegiertes Objekt nach § 35 I BauGB, kann er sich auf einen bestimmten, seinem Zweck nach auf die ungehinderte Ausnutzung seines privilegierten Objekts gerichteten öffentlichen Belang i.S.d. § 35 III BauGB berufen. Vorliegend kommt es folglich zunächst darauf an, ob das Objekt des B eine Privilegierung i.S.d. § 35 I BauGB darstellt. Eine Privilegierung nach § 35 I Nr. 1 BauGB liegt nicht vor, da B weder unmittelbare Bodennutzung betreibt noch eine Pensiontierhaltung auf eigener Futtergrundlage. Vielmehr arbeitet B auf Fremdfuttergrundlage und betreibt daher kein Objekt nach § 35 I Nr. 1 BauGB. Es handelt sich jedoch um einen Betrieb mit Lärm- und Geruchsimmissionen i.S.d. § 35 I Nr. 4 BauGB.

Weiterhin müsste sich B auf einen öffentlichen Belang i.S.d. § 35 III BauGB, der sich auf die ungehinderte Ausnutzung seines privilegierten Objekts richtet, berufen können. Eine Berufung auf eine Beeinträchtigung des Ortsbildes i.S.d. § 35 III S. 1 Nr. 5 BauGB kommt nicht in Betracht, da das Landschafts- und Ortsbild ausschließlich im öffentlichen Interesse steht und nicht der Ausnutzbarkeit eines privilegierten Objekts nach § 35 I BauGB dient. B kann aber geltend machen, dass das Mehrfamilienhaus möglicherweise schädlichen Geruchs- und Lärmimmissionen ausgesetzt wäre (§ 35 III S. 1 Nr. 3 Var. 2 BauGB) und dass somit mögliche Beschwerden der neuen Nachbarn ihn in seiner Privilegierung beeinträchtigten. Da die Vorschrift des § 35 III S. 1 Nr. 3 Var. 2 BauGB auf die Nachbarschaft als abgrenzbaren Personenkreis Bezug nimmt, ist der nachbarschützende Charakter des § 35 III S. 1 Nr. 3 BauGB zu bejahen. Da dem B durch die heranrückende Nachbarschaft eine Beeinträchtigung seines Betriebs droht, ist eine Beeinträchtigung seiner Privilegierung nicht auszuschließen. Das subjektive öffentliche Recht, das möglicherweise verletzt ist, ergibt sich somit aus § 35 BauGB.

Zur Begründetheit der Klage: Da auch der Privilegierte zur Rücksicht verpflichtet ist, kann sich der Inhaber eines landwirtschaftlichen Betriebs nur gegen solche heranrückende Wohnbebauung wehren, die die weitere Ausnutzung seiner genehmigten Privilegierung unzumutbar beeinträchtigen oder sogar gänzlich in Frage stellen würde. Nicht jede heranrückende Wohnbebauung vermag der Privilegierte daher zu verhindern. Je empfindlicher aber die verwirklichte Nutzung ist, desto mehr an Rücksicht kann der Privilegierte verlangen. Relevant wird dies vor allem in den Fällen, in denen Tierhaltung oder Tieraufzucht betrieben werden. Hier kann unter Berufung auf das gesteigerte seuchenhygienische Risiko unter Umständen sogar die Errichtung eines privilegierten Vorhabens auf dem Nachbargrundstück abgewehrt werden. Das Gebot der gegenseitigen Rücksichtnahme kann sogar so weit führen, dass der im Außenbereich ansässige Privilegierte sich nicht nur gegen **heranrückende Wohnbebauung** im **Außenbereich**, sondern entsprechend den rechtlichen Voraussetzungen auch gegen heranrückende Wohnbebauung im **Innenbereich** wehren kann (dazu das nächste Bsp. sowie das Bsp. bei Rn 467).

---

[665] BVerwG NVwZ **2000**, 552, 553.

Das Gebot der Rücksichtnahme führt somit insgesamt zu einem **Kompromiss: Auf der einen Seite ist der Privilegierte zur Minderung der Emissionen, auf der anderen Seite sind die Eigentümer der heranrückenden Wohnbebauung zur erhöhten Hinnahme von Immissionen entsprechend der Vorbelastung des Gebiets verpflichtet.**[666] Als Maßstab der Zumutbarkeit wendet die Rspr. die in dem Entwurf eines technischen Regelwerks **VDI-Richtlinie** 3473 „Emissionsminderung Tierhaltung – Rinder" genannten Abstände an (siehe Rn 462).

Für B bedeutet dies Folgendes: Bedingt die Genehmigung zugunsten des A eine unzumutbare Verschlechterung der Immissionssituation für den landwirtschaftlichen Betrieb, sind das Gebot der Rücksichtnahme verletzt und die Abwehrklage des B begründet. Nach der Rspr. ist die Verschlechterung der Immissionssituation unzumutbar, wenn die in dem Entwurf der VDI-Richtlinie genannten Abstände unterschritten werden.

465   **(2)** C ist Inhaber eines **Gartenbaubetriebs** im **Außenbereich** der Gemeinde G. Zur energetischen Nutzung von Bioabfällen betreibt er eine sog. **Biogasanlage**. Das ist eine Anlage, die aus Biomasse (Garten-, Gemüseabfälle etc.) Gas erzeugt, das wiederum als Brennstoff für Gasheizungsanlagen dient. Die Vorgaben des § 35 I Nr. 6 BauGB erfüllt C. Sein Betrieb ist daher gem. § 35 I Nr. 2 und 6 BauGB privilegiert. In der Übergangszeit beheizt er seine Gewächshäuser aber auch mit einer Feuerungsanlage, die mit Holz betrieben wird. Da sein Grundstück im Übrigen an den **Innenbereich** von G grenzt, in dem bereits einige Vorhaben zu Wohnzwecken genehmigt worden sind, wendet sich C nunmehr gegen eine dem – von ihm nur durch einen Wirtschaftsweg getrennten – D erteilte Baugenehmigung für ein Einfamilienhaus. Unklar ist, ob sich das Grundstück des D im Innen- oder Außenbereich befindet. C macht geltend, das Grundstück des D sei Emissionen der Feuerungsanlage ausgesetzt. Wenn das Grundstück des D mit einem Wohnhaus bebaut werde, müsse er befürchten, dass ihm das Verbrennen von Holz verboten werde.

C ist klagebefugt, wenn er geltend machen kann, durch die dem D erteilte Baugenehmigung in drittschützenden, d.h. nachbarschützenden Normen verletzt zu sein. Wie im vorherigen Beispiel kommt auch hier § 35 I BauGB in Betracht. Nach der Auffassung des BVerwG besteht für den zu entscheidenden Fall kein Bedürfnis für die Klärung der Frage, ob ein im Außenbereich gem. § 35 I BauGB privilegierter Betrieb einen Abwehranspruch gegen im Außenbereich unzulässige Nachbarvorhaben habe, ob er also einen grundsätzlichen Anspruch auf Bewahrung des Außenbereichs für privilegierte Betriebe besitze. Einen derartigen Rechtsanspruch gebe es nach allgemeiner Rechtsauffassung nicht. Ein Abwehranspruch bestehe nur insoweit, als er durch das in § 35 BauGB enthaltene drittschützende Rücksichtnahmegebot in Betracht komme. Fraglich ist, ob vorliegend die herannahende Wohnbebauung durch D das Rücksichtnahmegebot verletzt. Hier gilt im Prinzip dasselbe wie im vorherigen Beispiel (insbesondere der dort aufgestellte Kompromiss): **Auf der einen Seite ist C zur Minderung der Emissionen, auf der anderen Seite D zur erhöhten Hinnahme von Immissionen entsprechend der Vorbelastung des Gebiets verpflichtet.** Das führt vorliegend zu folgendem Ergebnis: Da C durch die heranrückende Nachbarschaft eine Beeinträchtigung seines Betriebs droht, ist eine Beeinträchtigung seiner Privilegierung nicht auszuschließen. Die Klage wird aber unbegründet sein, wenn von den Emissionen keine unzumutbaren Belastungen für die Wohnbebauung ausgehen. Denn dann ist das Gebot der Rücksichtnahme nicht verletzt und D hätte keinen Grund, gegen den Betrieb des C zu klagen. Wenn aber D nicht klagen kann, braucht sich C auch nicht um die heranrückende Wohnbebauung seitens des D zu sorgen.

---

[666] Vgl. dazu auch *Diehr/Geßner*, NVwZ **2001**, 985, 987.

Aber auch im umgekehrten Fall, also in dem Fall, dass die Emissionen des C eine unzumutbare Belastung für die Wohnbebauung bedeuten würde, wäre die Klage des C unbegründet. Denn dann würde *er* gegen das Gebot der Rücksichtnahme verstoßen und keinen Abwehranspruch haben.

Ist aber die weitere betriebswirtschaftliche Nutzung lediglich **vage beabsichtigt** oder sogar **unrealistisch**, besteht auch für privilegierte Vorhaben **kein Abwehranspruch gegen heranrückende Wohnbebauung**. Das gilt auch dann, wenn die Wohnhäuser im Außenbereich errichtet werden sollen. **466**

Beispiel[667]: A wurde eine Baugenehmigung für ein Wohnhaus im Außenbereich erteilt. Hiergegen klagt B als Inhaber einer landwirtschaftlichen Nebenerwerbsstelle in der Nachbarschaft am Ortsrand, weil er Einschränkungen für seinen landwirtschaftlichen Betrieb, insbesondere für seine betriebliche Erweiterungsmöglichkeit, befürchtet. B macht geltend, er wolle auf seinem an die Hofstelle angrenzenden Grundstück (im Außenbereich) einen Schweinestall für 300 Mastschweine errichten; ein entsprechender Bauantrag sei eingereicht. Hat B einen Abwehranspruch gegen das Bauvorhaben des A? **467**

Wie bereits in den vorherigen Ausführungen und Beispielen verdeutlicht wurde, ergibt sich bei der baurechtlichen Nachbarklage die Beeinträchtigung zumeist daraus, dass die beabsichtigte bauliche Nutzung des Nachbargrundstücks das eigene Grundstück zu beeinflussen droht. Neben dieser „Regelkonstellation" des defensiven Nachbarschutzes geht es dem Nachbarn gelegentlich aber auch darum, die Bebauung des angrenzenden Grundstücks zu verhindern, um sich selbst – etwa als emissionsträchtiges Industrieunternehmen oder landwirtschaftlicher Betrieb – die Möglichkeit des Aussendens von Lärm- oder Geruchsemissionen (weiterhin) offen zu halten und damit offensiv einer künftigen Inanspruchnahme als immissionsschutzrechtlicher Störer zuvorzukommen. Vorliegend geht es um einen solchen Fall, mithin um die Frage, ob und ggf. in welchem Umfang sich ein Landwirt mit der Nachbarklage gegen ein Wohnbauvorhaben im Außenbereich auf sein Interesse, seinen Betrieb zu erweitern, stützen kann. Wie bereits mehrfach ausgeführt, ist allgemein anerkannt, dass sich auf die Unzulässigkeit eines Vorhabens im Außenbereich, das schädlichen Umwelteinwirkungen ausgesetzt ist (§ 35 III Nr. 3 BauGB), unter Berücksichtigung des Rücksichtnahmegebots auch der Landwirt berufen kann, von dessen vorhandenen Betrieb Emissionen ausgehen. Fraglich ist jedoch, ob – wie vorliegend – auch das Erweiterungsinteresse des Landwirts durch das Rücksichtnahmegebot geschützt ist.

Während eine Auffassung annimmt, dass jedes betriebswirtschaftlich sinnvolle und auch sonst realistische Erweiterungsinteresse eines im Außenbereich privilegierten Vorhabens einen Abwehranspruch nach dem Gebot der Rücksichtnahme gegen ein rechtswidriges Wohnbauvorhaben vermittele[668], muss nach der Gegenauffassung eine heranrückende Wohnbebauung auf rein theoretische Entwicklungsmöglichkeiten eines landwirtschaftlichen Betriebs keine Rücksicht nehmen[669]. Wiederum andere meinen sogar, dass sich das aus dem Rücksichtnahmegebot ergebende Abwehrrecht auf die vorhandenen Gebäude und deren ausgeübte Nutzung beschränke; Erweiterungsabsichten würden nicht geschützt.[670] Das BVerwG hat bisher lediglich für ein dörflich geprägtes Gebiet im unbeplanten Innenbereich entschieden, dass künftige Entwicklungen nur insofern berücksichtigt werden könnten, wie sie im vorhandenen baulichen Bestand bereits ihren Niederschlag gefunden hätten. Nur in diesem Fall könne das Abwehrinteresse des Nachbarn zu einem Abwehrrecht erstarken. Ob dies auch für den Außenbereich gilt, ist unklar. Bedenken bestehen insoweit, als gem. § 34 I BauGB im Innenbereich

---

[667] Nach BVerwG NVwZ-RR **2001**, 82.
[668] So OVG Münster NVwZ **1988**, 377.
[669] So OVG Lüneburg BRS **55** Nr. 82.
[670] So *Schmaltz*, in: Schrödter, BauGB (6. Aufl. **1998**), § 35 Rn 170.

die Eigenart der näheren Umgebung und damit die tatsächlich vorhandene Bebauung und die tatsächlich ausgeübte Nutzung den Maßstab für die Zulässigkeit neuer Vorhaben bilden. Andererseits kann auch im Außenbereich nicht von den tatsächlichen Verhältnissen abgesehen werden. Nach Auffassung des BVerwG a.a.O. folgt aus dem Umstand, dass nach § 35 I BauGB privilegierte bauliche Nutzungen generell dem Außenbereich zugewiesen sind, nicht, dass ein entsprechender Nutzungswunsch eines Landwirts allein schon die Qualität eines Rechts besitze und deshalb eine mit ihm unvereinbare andere bauliche Nutzung ausschließe. Gegenteilige Schlüsse lasse auch § 5 I S. 2 BauNVO nicht zu, wonach in einem Dorfgebiet auf die Belange landwirtschaftlicher Betriebe einschließlich ihrer Entwicklungsmöglichkeiten vorrangig Rücksicht zu nehmen sei. Andererseits dürfe aber auch nicht verkannt werden, dass die Stellung, die der Normgeber landwirtschaftlichen Betrieben in § 5 I S. 2 BauNVO einräume, dem Privilegierungstatbestand des § 35 I Nr. 1 BauGB ähnele. Unter die Privilegierung des § 35 I BauGB falle indes nicht jedes beliebige Erweiterungsinteresse. Einschränkungen ergäben sich vielmehr daraus, dass das Vorhaben den Anforderungen genügen müsse, die sich aus dem Tatbestandsmerkmal des „Dienens" und aus dem Gebot ergäben, nach Möglichkeit Nutzungskonflikte zu vermeiden. Ein Vergleich mit der Bauleitplanung bestätigte diesen allgemeinen Befund. Bei der Aufstellung eines Bebauungsplans seien nicht nur subjektive Rechte, sondern auch private Interessen zu berücksichtigen. Diese müssten aber ein gewisses Gewicht haben; sie müssten insbesondere objektiv mehr als geringfügig und zudem schutzwürdig sein. Bei der Bauleitplanung abwägungsbeachtlich sei deshalb zwar das Bedürfnis nach einer künftigen Betriebsausweitung im Rahmen einer normalen Betriebsentwicklung, nicht jedoch eine unklare oder unverbindliche Absichtserklärung hinsichtlich der Entwicklung eines landwirtschaftlichen Betriebs. Erst recht brauche bei der Zulassung eines Vorhabens im Außenbereich nicht schon auf vage Erweiterungsinteressen eines Landwirts Rücksicht genommen zu werden.

Für den vorliegenden Fall bedeutet dies, dass Rechte des B durch die Genehmigung des Wohnhauses des A nicht verletzt sind. Selbst wenn auch das Interesse eines Landwirts, seinen Betrieb zu erweitern, grundsätzlich einen Abwehranspruch gegen ein Wohnbauvorhaben im Außenbereich rechtfertigen kann, muss ein solcher vorliegend doch verneint werden, wenn man mit dem BVerwG davon ausgeht, dass das vage und unbestimmte Erweiterungsinteresse des B nicht einmal die Qualität eines abwägungserheblichen privaten Belangs darstellt.

468 Zum Problem der **heranrückenden Wohnbebauung** siehe auch „Gebietsübergreifender Nachbarschutz" bei Rn 471 ff.

469 Den **nicht-privilegierten Vorhaben des § 35 II BauGB** gewährt die Rechtsprechung Drittschutz aufgrund des Rücksichtnahmegebots (als unbenannter Belang nach § 35 III BauGB), wenn die Nachbarn nach ihrer „handgreiflichen" Betroffenheit bzw. der tatsächlichen Umstände des Einzelfalls[671] hinreichend abgrenzbar sind.[672]

Richtet sich der Eigentümer eines privilegierten Vorhabens gegen die Zulassung eines nicht privilegierten Vorhabens, kann sich der Drittschutz aus einem der in § 35 III BauGB genannten öffentlichen Belange i.V.m. dem Gebot der gegenseitigen Rücksichtnahme ergeben. Umgekehrt wäre der Drittschutz aus § 35 I Nr. 1-6 BauGB i.V.m. dem gegenseitigen Rücksichtnahmegebot herzuleiten. Für den Drittschutz innerhalb der jeweiligen Absätze gilt Entsprechendes.[673]

---

[671] OVG Münster NVwZ **1988**, 377, 378.
[672] BVerwGE **52**, 122, 125 f.
[673] Zum Schutz nicht privilegierter Vorhaben vor nicht privilegierten Vorhaben vgl. VGH München BauR **1999**, 617 (Wohnbebauung gegen Kfz-Werkstatt).

Klausurrelevant ist auch die Errichtung von **Windenergieanlagen** im Außenbereich **470** (vgl. auch bereits Rn 4, 266a und 426a und b).

> **Beispiel[674]:** N ist Eigentümer eines Grundstücks mit einem darauf befindlichen und von ihm bewohnten Haus im Außenbereich. Er wendet sich mit seiner Klage gegen die dem X erteilte Baugenehmigung für eine Windenergieanlage, die mit insgesamt 10 Rotoren ca. 750 Meter in südwestlicher Richtung von seinem Wohnhaus entfernt errichtet werden soll. Die Baugenehmigung bezieht sich auf Einzelanlagen mit einer Nabenhöhe von 65 m, einem Rotordurchmesser von 40 m und einer Nennleistung von 500 KW. Sie wurde dem X mit der Auflage erteilt, die einschlägigen gesetzlichen Bestimmungen des UVPG und des Immissionsschutzrechts einzuhalten.
> N ist der Meinung, es bestehe eine nahezu überall sichtbare, unerträgliche stetige Bewegung der Rotorblätter, der man sich nicht entziehen könne („visuelle Ausgesetztheit"). Zudem seien ein Schattenwurf im Sommer und ein Wegschleudern von Eisbrocken im Winter zu befürchten. Ist die Klage begründet?

Die Anfechtungsklage des N ist begründet, wenn die dem X erteilte Baugenehmigung rechtswidrig ist und den N in seinen (nachbarschützenden) Rechten verletzt, § 113 I S. 1 VwGO.

Die erteilte Baugenehmigung verstößt nicht gegen Vorschriften des Bauordnungsrechts mit nachbarschützendem Charakter, insbesondere nicht gegen Vorschriften über die einzuhaltenden Abstandsflächen.

Bauplanungsrechtlich richtet sich die Zulässigkeit des Vorhabens des X nach dem Privilegierungstatbestand des § 35 I Nr. 5 BauGB, da es außerhalb des Geltungsbereichs eines Bebauungsplans und außerhalb eines im Zusammenhang bebauten Ortsteils verwirklicht wurde. Wird das Vorhaben des X danach im Außenbereich verwirklicht, verletzt die angegriffene Baugenehmigung Nachbarrechte des N, wenn sie trotz der Privilegierung von Windenergieanlagen im Außenbereich gegen § 35 III S. 1 Nr. 3 BauGB und das darin enthaltene Rücksichtnahmegebot verstößt. Nach dieser Vorschrift beeinträchtigt ein Vorhaben im Außenbereich öffentliche Belange, wenn das Vorhaben schädliche Umwelteinwirkungen hervorrufen kann oder ihnen ausgesetzt wird. Zu solchen schädlichen Umwelteinwirkungen können insbesondere **Lärmemissionen** gehören, die von einer Windenergieanlage auf benachbarte Wohnhäuser einwirken. Voraussetzung ist aber, dass die Lärmbelastung rücksichtslos und für den Nachbar unzumutbar ist. Die Zumutbarkeit richtet sich nach dem Baugebiet (§§ 30, 34 oder 35 BauGB) und den einschlägigen Regelwerken (UVPG, BImSchG etc.). So können Grundstückseigentümer, die im Außenbereich wohnen, nur einen abgeschwächten Schutz gegen Windenergieanlagen geltend machen. Denn diese sind nicht gebietsfremd, sondern gerade (gem. § 35 I Nr. 5 BauGB) privilegiert, sodass der Nachbar negative Wirkungen grundsätzlich dulden muss. Ein Abwehranspruch besteht nur dort, wo von der Windenergieanlage eine rücksichtslose Belästigung und eine erdrückende Wirkung ausgehen.

Vorliegend ist die Einhaltung der gesetzlichen Bestimmungen in der Baugenehmigung festgeschrieben. Die Werte können – das sei unterstellt – von X auch eingehalten werden. Darüber hinaus wird die Lärmbelästigung in einer Entfernung von 750 Meter ohnehin kaum wahrzunehmen sein. Insoweit ist die Klage des N unbegründet.

Die Wohnnutzung des Grundstücks des N könnte aber durch **Lichteffekte** nachteilig betroffen sein, welche die Windkraftanlage verursacht. Steht die Sonne hinter dem Rotor, könnten bewegte **Schatten** über das Grundstück des N laufen. Sie verursachen dort, je nach Umlaufgeschwindigkeit des Rotors, einen verschieden schnellen Wechsel von Licht und Schatten. Dadurch können sie das Wohnen erheblich stören. Durch die

---

[674] Nach OVG Münster NVwZ **2002**, 1131 ff. (Fortführung von OVG Münster NVwZ **1999**, 1360 f.). Vgl. auch BVerwG NVwZ **2007**, 336; NVwZ **2005**, 208, 209 f.; OVG Koblenz NVwZ **2005**, 1208 ff.; OVG Lüneburg NVwZ **2005**, 233 f.; OVG Münster NVwZ **2002**, 1133 ff.; OVG Münster NVwZ-RR **2003**, 480; *Ohms*, DVBl **2003**, 958.

Fenster eines Wohngebäudes wären diese Lichteffekte auch in allen Wohnräumen wahrnehmbar. Aber auch hier gilt, dass der Schutz eines im Außenbereich wohnenden Grundstückseigentümers gegenüber privilegierten Vorhaben i.S.d. § 35 I BauGB erheblich gemindert ist. Die Schwelle zur Rücksichtslosigkeit liegt deutlich höher als in den anderen Planbereichen. Im vorliegenden Fall kommt hinzu, dass bei einer Gesamthöhe der Anlage von 105 Metern (Nabenhöhe 65 Meter, Rotordurchmesser 40 Meter) und einer Entfernung von 750 Metern zum Haus des N ohnehin nur während des Sonnenuntergangs mit Schattenwurf zu rechnen wäre. Daher ist die Wohnnutzung des Grundstücks des N auch durch Lichteffekte nicht unzumutbar betroffen.[675] Die Klage des N ist auch diesbezüglich unbegründet.

Schließlich könnte die Windkraftanlage des X durch ihre Eigenart **rücksichtslos** auf die Wohnnutzung der nahe gelegenen Grundstücke einwirken. Das Gebot der Rücksichtnahme ist zwar nicht explizit in § 35 III BauGB aufgezählt, jedoch als unbenannter öffentlicher Belang zu verstehen, wenn die Nachbarn nach ihrer „handgreiflichen" Betroffenheit bzw. der tatsächlichen Umstände des Einzelfalls[676] hinreichend abgrenzbar sind[677]. Es ist nicht von der Hand zu weisen, dass die drehende Bewegung des Rotors zum **Blickfang** („visuelle Ausgesetztheit") wird und unerträglich werden kann. Zu beachten ist allerdings, dass Wohnhäuser nicht unterschiedslos geschützt sind. Der Schutz richtet sich auch diesbezüglich nach der bauplanungsrechtlichen Lage des Wohnhauses. Liegt das Wohngrundstück in einem Wohngebiet, das durch Bebauungsplan festgesetzt ist, genießt es einen erhöhten Schutz gegen gebietsfremde Anlagen, die durch ihre Eigenart als solche den Wohnfrieden stören. Anders verhält es sich hingegen bei einem Wohnhaus im Außenbereich. Im Außenbereich sind Windenergieanlagen gem. § 35 I Nr. 5 BauGB privilegiert zulässig (s.o.). Sie sind nicht gebietsfremd. Wer im Außenbereich wohnt, muss mit den auch optisch bedrängenden Wirkungen einer solchen Anlage rechnen. Erst bei Überschreiten der Zumutbarkeitsschwelle ergibt sich ein Abwehranspruch. Vorliegend sind eine nahezu überall sichtbare stete Bewegung der Rotorblätter und optisch bedrängende Wirkung, der man sich nicht entziehen könnte, nicht festzustellen. Daher ist die Klage des N auch diesbezüglich unbegründet.

Schließlich ist kaum anzunehmen, dass **Eisbrocken**, die sich während des Winters vom Rotor lösen könnten, bis auf das Grundstück des N geschleudert würden. Zudem ist davon auszugehen, dass die Rotorblätter mit einem sog. anti-icing-device ausgestattet sind, dessen Aufgabe es ist, ähnlich wie bei Propellerflugzeugen, Eisbildung auf den Rotorblättern zu verhindern.

Die Klage des N ist daher insgesamt unbegründet.

(6.) Gebietsübergreifender Nachbarschutz

471   Kann gegenüber einem demselben Planbereich angehörigen Nachbarn Drittschutz bejaht werden, ist fraglich, ob sich das Rücksichtnahmegebot auch auf Vorhaben bezieht, die verschiedenen Planbereichen angehören.

472   **Beispiel:** A ist Eigentümer eines im unbeplanten Innenbereich (§ 34 BauGB) befindlichen Baugrundstücks. Dieses Grundstück liegt an der Gebietsgrenze zum Außenbereich (§ 35 BauGB). B ist Betreiber einer gem. § 35 BauGB und § 4 I BImSchG genehmigten Schweinemastanlage, die sich im Außenbereich ca. 150 Meter von dem Grundstück des A entfernt befindet. Als A die Genehmigung zum Bau eines Einfamilienhauses erteilt wird, befürchtet B Einschränkungen für seinen Betrieb und geht gegen die Baugenehmigung mit Widerspruch und Eilantrag gem. §§ 80 V S. 1 Var. 1 VwGO, 80 II S. 1 Nr. 3

---

[675] Etwas anderes hätte möglicherweise dann gegolten, wenn das Wohngebäude mehr als 30 Stunden im Jahr und mehr als 30 Minuten am Tag beeinträchtigt worden wäre (zu dieser Faustformel vgl. OVG Lüneburg NVwZ **2005**, 233f.).
[676] OVG Münster NVwZ **1988**, 377, 378.
[677] BVerwGE **52**, 122, 125 f.

VwGO, 212 a I BauGB vor. Er macht geltend, das (im Übrigen sich in die Umgebungs-bebauung i.S.d. § 34 BauGB einfügende) Vorhaben des A verstoße ihm gegenüber gegen das Gebot der Rücksichtnahme.

Nach ganz h.M. erfordert die grundlegende Bedeutung des Rücksichtnahmegebots auch die Einbeziehung der Grundstücke benachbarter Planbereiche (sog. *gebietsübergreifender Nachbarschutz*).[678] Dabei kommt es stets auf diejenige Vorschrift an, die über die Zulässigkeit des Vorhabens entscheidet. **473**

Im obigen Beispiel müsste daher das Gebot der Rücksichtnahme § 34 I S. 1 BauGB entnommen werden. An das Einfügungsgebot des § 34 I S. 1 BauGB lässt sich das gebietsübergreifende Rücksichtnahmegebot nicht anknüpfen, weil es dabei nur um das Einfügen innerhalb des unbeplanten Innenbereichs und nicht um das Verhältnis des Bauvorhabens zu einem Vorhaben des Außenbereichs geht. Auch zum Gebot der Wahrung der gesunden Wohn- und Arbeitsverhältnisse (§ 34 I S. 2 BauGB) passt das Rücksichtnahmegebot nicht, weil dieses Erfordernis nur einen Minimalstandard garantiert[679], der hinter den Anforderungen des Rücksichtnahmegebots zurückbleibt. Zu einem aus dem Gebot der Rücksichtnahme abgeleiteten gebietsübergreifenden Nachbarschutz kommt man nur, indem man einen ungeschriebenen öffentlichen Belang annimmt, der dem Vorhaben (hier: dem des A) entgegensteht. Das BVerwG hat sich zu dieser Frage noch nicht geäußert. Unter Berücksichtigung der bereits mehrfach beschriebenen Vorgaben des BImSchG (i.V.m. der entsprechenden BImSchVO) sowie der Werte der sog. **Technischen Regelwerke** (etwa **VDI-Richtlinie** 3471 „Emissionsminderung Tierhaltung – Schweine", siehe Rn 462), die als Orientierungshilfe bei der Bestimmung der Verletzung des Rücksichtnahmegebots bzw. der **„(Un-) Zumutbarkeit der Duldung"** dienen, führt das Gebot der Rücksichtnahme somit insgesamt zu einem **Kompromiss: Auf der einen Seite ist B zur Minderung der Emissionen, auf der anderen Seite ist A als Repräsentant der heranrückenden Wohnbebauung zur erhöhten Hinnahme von Immissionen entsprechend der Vorbelastung des Gebiets verpflichtet.**[680] Als Maßstab der Zumutbarkeit wendet die Rspr. die in dem Technischen Regelwerk **VDI-Richtlinie** 3471 „Emissionsminderung Tierhaltung – Schweine" genannten Abstände an. **474**
Wenn B also die Vorgaben des BImSchG i.V.m. der entsprechenden BImSchVO einhält, und weitere Unklarheiten bei der Bestimmung der Zumutbarkeit unter Hinzuziehung der Inhalte der VDI-Richtlinie 3471 zugunsten des B ausgeräumt wurden, besteht für A kein Grund, erfolgreich den B auf Unterlassung oder Beseitigung zu verklagen. Wenn aber A nicht erfolgreich klagen kann, besteht für B wiederum kein Grund, die heranrückende Wohnbebauung abzuwehren.

Läge der Fall umgekehrt, hätte also A sein Grundstück bereits mit einem Wohnhaus bebaut und ginge gegen eine dem B für dessen Schweinemästerei erteilte (bau- und immissionsschutzrechtliche) Genehmigung vor, wäre das Gebot der Rücksichtnahme und der Zumutbarkeit § 35 III S. 1 Nr. 3 BauGB zu entnehmen. Als Orientierungshilfe wäre hier ebenfalls die VDI-Richtlinie 3471 heranzuziehen.

Weiterführender Hinweis: Weitet die Gemeinde einen bestehenden Bebauungsplan derart aus, dass dieser in die Nähe eines im Außenbereich befindlichen, gem. § 35 I BauGB privilegierten Betriebs rückt, muss der Eigentümer des betroffenen Betriebs versuchen, bereits die Ausweisung nahe gelegener Wohngrundstücke in einem Bebauungsplan zu verhindern. Aufgrund der planähnlichen Funktion des § 35 I BauGB als eine Art „Ersatzplan" besitzt der betroffene Eigentümer eine Rechtsstellung, die dem eines Eigentümers im Bereich eines Bebauungsplans nahe kommt. Beschließt also die **475**

---

[678] BVerwG NJW **1983**, 2460 f.; OVG Münster DVBl **2008**, 791; OVG Münster ZfBR **2008**, 499, 500 f.; VG Hannover RdL **2004**, 206 f.; *Konrad*, JA **2002**, 967, 968; *Jäde*, JuS **1999**, 961, 963.
[679] BVerwG NVwZ **1994**, 1004.
[680] Vgl. dazu auch *Diehr/Geßner*, NVwZ **2001**, 985, 987.

Gemeinde, ihren Bebauungsplan in den Außenbereich auszudehnen (der somit zumindest partiell zum beplanten Innenbereich wird), muss sie bei der Aufstellung des Plans die Belange des Eigentümers des im Außenbereich befindlichen, gem. § 35 I BauGB privilegierten Betriebs in die Abwägung nach § 1 VII BauGB einbeziehen. Der Betroffene hat ein Recht auf Einbeziehung solcher privater Belange, die für die Abwägung erheblich sind.[681] Die Gemeinde muss daher, soweit wie möglich, etwa durch Schaffung von Übergangszonen, dafür sorgen, dass beide Nutzungsmöglichkeiten nebeneinander bestehen können. Auch ist sie gehalten, die Festsetzungen des Bebauungsplans entsprechend auszurichten. Verletzt sie diese Pflichten, ist die Abwägung fehlerhaft mit der Folge der Rechtswidrigkeit des Bebauungsplans (zu beachten wären dann aber die §§ 214, 215 BauGB). Der Eigentümer könnte seine Rechte über eine Normenkontrolle gem. § 47 VwGO verfolgen (wobei auch das ergänzende Verfahren nach § 214 IV BauGB eine Rolle spielen dürfte). Wird die Errichtung eines Wohngebäudes aufgrund eines unwirksamen Bebauungsplans oder sonst wie rechtswidrig genehmigt, kann der betroffene Eigentümer des im Außenbereich befindlichen, gem. § 35 I BauGB privilegierten Betriebs Widerspruch und Anfechtungsklage erheben bzw. einen Eilantrag gem. §§ 80 V 1 Var. 1 VwGO, 80 II 1 Nr. 3 VwGO, 212 a I BauGB stellen.[682] Die Erfolgsaussichten bemessen sich dann im Wesentlichen nach § 15 I BauNVO.

(7.) Zusammenfassung

476

Drittschutz der Planbereiche		
§ 30 BauGB	**§ 34 BauGB**	**§ 35 BauGB**
Die **Festsetzungen** des Bebauungsplans weisen dann grundsätzlich drittschützenden Charakter auf, wenn sie nicht nur eine geordnete städtebauliche Entwicklung gewährleisten sollen, sondern auch dem Ausgleich privater (Nachbar-)Interessen dienen. Des Weiteren wird **§ 15 I BauNVO** nachbarschützende Wirkung beigemessen, soweit in qualifizierter und zugleich individualisierter Weise auf schutzwürdige Interessen eines erkennbar abgegrenzten Kreises Dritter Rücksicht zu nehmen ist. Erforderlich ist aber ein erhebliches Gewicht.	Bei **Abs. 1** grundsätzlich nur über das **Gebot der gegenseitigen Rücksichtnahme** (i.V.m. Art. 14 GG), das insoweit Teil des Tatbestands ist, als sich das Vorhaben „**einfügen**" muss und dabei auf die Belange der Nachbarn Rücksicht zu nehmen hat. Erforderlich ist aber auch ein erhebliches Gewicht der Missachtung der Nachbarinteressen. **Abs. 2 ist eine unmittelbar drittschützende Norm.**	Den Privilegierungstatbeständen des **Abs. 1** folgt nur ein partieller Drittschutz bei konkreter Rücksichtslosigkeit. So wird ein subjektives öffentliches Recht nur dann angenommen, wenn sich der Inhaber gegen Baugenehmigungen wehrt, die mit seiner Privilegierung nicht zu vereinbaren sind. Den nicht privilegierten Vorhaben des **Abs. 2** gewährt die Rechtsprechung **Drittschutz** aufgrund des Rücksichtnahmegebots (als unbenannter Belang nach Abs. 3), wenn die Nachbarn nach ihrer „handgreiflichen" Betroffenheit bzw. der tatsächlichen Umstände des Einzelfalles hinreichend abgrenzbar sind.

---

[681] Vgl. BVerwGE **107**, 215, 219; bestätigt in BVerwG NVwZ **2000**, 1187; ebenso VGH Mannheim NVwZ **2000**, 1187. Vgl. dazu auch *Muckel*, NVwZ **1999**, 963; *Schmidt-Preuß*, DVBl **1999**, 193; *Schütz*, NVwZ **1999**, 929; *Gaentzsch*, NVwZ **2000**, 993, 999.

[682] Zu den Auswirkungen des § 212a I BauGB auf den einstweiligen Rechtsschutz nach § 80 V VwGO vgl. auch *Huber*, NVwZ **2004**, 915 ff.

(cc.) Bauordnungsrecht

Im Unterschied zum Bauplanungsrecht, das die Bodennutzung betrifft, formuliert das **477** Bauordnungsrecht Anforderungen an die Bauausführung und das einzelne Bauwerk. Es stellt ein besonderes Gefahrenabwehrrecht dar und hat zum Ziel, präventiv die Einhaltung der gesetzlichen Anforderungen zu gewährleisten, und repressiv die Einstellung unzulässiger Bauarbeiten oder den Abbruch rechtswidrig errichteter baulicher Anlagen anzuordnen. Ob das Baurecht auch im Bereich des Bauordnungsrechts dem Nachbarn subjektive Rechte einräumt, ist nach den gleichen Maßstäben zu beurteilen wie bei dem Bauplanungsrecht. Da das Bauordnungsrecht als besonderes Gefahrenabwehrrecht dem Regelungsbereich der einzelnen Bundesländer unterliegt, richtet sich der Nachbarschutz nach den Vorschriften der jeweiligen Landesbauordnung. Daher können an dieser Stelle nur wenige allgemeinverbindliche Aussagen getroffen werden.

(1.) Generalklausel

Soweit die bauordnungsrechtliche Generalklausel[683] den Schutz der öffentlichen **478** Sicherheit zu ihrem Regelungsgegenstand macht, kommt ihr weitgehend anerkannt nachbarschützende Wirkung zu. Das folgt daraus, dass von dem Begriff der öffentlichen Sicherheit unter anderem die privaten Rechtsgüter des Einzelnen (Leben, Gesundheit) und damit subjektive Rechte umfasst werden.

(2.) Abstandsflächen (Grenzabstände)

Fraglich ist, ob die Regelungen über die Abstandsflächen drittschützende Wirkung **479** entfalten. Grundgedanke ist, dass zwar die meisten, nicht jedoch alle Bundesländer Probleme des Nachbarschutzes im Bereich der bauordnungsrechtlichen Abstandsflächen geregelt haben.[684] Im Übrigen ist die Frage des baurechtlichen Drittschutzes der Rechtsprechung und Literatur überlassen. Unter Anwendung der ganz herrschenden Schutznormtheorie ist Ausgangspunkt für diese Frage die sich aus den Festsetzungen im Bebauungsplan (§ 9 BauGB) ergebende grundsätzliche Verpflichtung zur Einhaltung der Abstandsflächen vor den Außenwänden von Gebäuden. Allerdings sind keine Abstandsflächen einzuhalten, wenn nach den bauplanerischen Vorschriften an die Grenze des Nachbargrundstücks gebaut werden darf oder muss (sog. geschlossene Bauweise). *Ratio* der Einhaltung von Abstandsflächen sind der Brandschutz, die Belichtung, Belüftung und Besonnung des Nachbargrundstücks, sowie der Schutz der Privatsphäre und der sozialen Distanz zum Nachbarn.[685] Aufgrund eines schuldrechtlichen Vertrags (auch dinglich: Grunddienstbarkeit) können die Abstandsflächen auch auf dem Grundstück des Nachbarn liegen. Das Maß der einzuhaltenden Abstandsflächen bestimmt sich gemäß den Landesbauordnungen meist nach der Höhe der Außenwände. Unter Umständen können davon auch Ausnahmen und Befreiungen[686], insbesondere für die Errichtung von Grenzgaragen, zulässig sein.

Aus der *ratio* der Abstandsflächen ergibt sich somit, dass diese zumindest *auch* dem **480** Interesse des Nachbarn zu dienen bestimmt sind und daher **Drittschutz entfalten**.[687]

---

[683] Vgl. **MBO**: § 3; **BaWü**: § 3 LBO; **Bay**: Art. 3 LBO; **Berl**: § 3 LBO; **Brand**: § 3 LBO; **Brem**: § 3 LBO; **Hamb**: § 3 LBO; **MV**: § 3 LBO; **Nds**: § 1 LBO; **NRW**: § 3 LBO; **RhlPfl**: §§ 3, 4 LBO; **Saar**: § 3 LBO; **Sachs**: § 3 LBO; **SachsAnh**: § 3 LBO; **SchlHolst**: § 3 LBO; **Thür**: § 3 LBO.

[684] **BW**: § 5 LBO; **Bay**: Art. 6 LBO, **Brand**: § 6 LBO; **Berl**: § 6 LBO; **Brem**: § 6 I S. 3 LBO; **Hess**: § 6 I S.3 LBO.

[685] Vgl. *Ortloff*, NVwZ **2005**, 1381, 1384 f.

[686] Für das Bauordnungsrecht vgl. nur § 72 BremLBO.

[687] Vgl. dazu *Ortloff*, NVwZ **2000**, 750, 755; **2001**, 990, 1002; **2002**, 416, 420; **2003**, 660, 662; **2005**, 1381, 1384; *Konrad*, JA **2002**, 967, 968.

481 Fraglich ist, ob sich ein Nachbar auf das in § 34 I BauGB enthaltene Rücksichtnahmegebot berufen und in seinem Klägervortrag geltend machen kann, in der Belichtung, Besonnung oder Belüftung unangemessen behindert zu sein, obwohl die landesbauordnungsrechtlichen Bestimmungen über die Einhaltung von Grenzabständen eingehalten wurden. Die frühere Rechtsprechung verwehrte dem Kläger den Rückgriff auf § 34 I BauGB. Zur Begründung führte es an, dass wenn die landesrechtlichen Abstandsflächen eingehalten seien, das Objekt nicht rücksichtslos sein könne.[688] Allerdings ließ das Gericht von diesem Grundsatz auch Ausnahmen zu. So hielt es z.B. eine Siloanlage für rücksichtslos i.S.v. § 34 I BauGB, weil sie – obwohl die bauordnungsrechtlichen Bestimmungen über die Abstandsflächen eingehalten waren – wegen ihrer Höhe und Größe ein benachbartes Wohnhaus wie eine riesige metallische Mauer geradezu erdrücke.[689] Angesichts dieser Rechtsprechung wurde in der Literatur die Frage erörtert, wie Klarheit in das Verhältnis zwischen unmittelbar nachbarschützenden bauordnungsrechtlichen Abstandsvorschriften und dem bauplanungsrechtlichen Rücksichtnahmegebot zu bringen sei.[690] Wenn man sich die unterschiedlichen Ziele von Bauplanungsrecht (Bodennutzung) und Bauordnungsrecht (Gefahrenabwehr, Sicherung sozialer Standards), die fehlende Gesetzgebungskompetenz der Länder für die Rücksichtnahme im Bauplanungsrecht und die vom Landesgesetzgeber selbst hergestellte Verbindung zum Bauplanungsrecht (vgl. etwa § 6 V Bau NRW, § 6 V Bau SchlHolst) vor Augen hält, kommt man zu dem Ergebnis, dass das Gebot der Rücksichtnahme nicht durch das Recht der Abstandsflächen verdrängt wird. Vielmehr ergibt sich ein Vorrang der Prüfung der bauplanungsrechtlichen Zulässigkeit.[691] Das bedeutet, dass die bauplanungsrechtlich zulässige Grenzbebauung bauordnungsrechtliche Abstandsflächen entfallen lässt.[692] Das BVerwG hat jüngst diesen Gedanken aufgegriffen und ihr in einem *obiter dictum* zugestimmt. Gleichwohl ergibt sich im Ergebnis kein Unterschied zur bisherigen Rechtsprechung, weil zumindest aus tatsächlichen Gründen das Rücksichtnahmegebot im Regelfall nicht verletzt sein wird, wenn die Abstandsvorschriften eingehalten sind.[693]

> **Beispiele[694]:** Zu den abstandsflächenrechtlich bedeutsamen baulichen Anlagen mit gebäudeähnlichen Wirkungen gehört etwa ein 40 Meter hoher Stahlgittermast.[695] Privilegiert zulässig sind die nach ihren Maßen genau bestimmten Grenzgaragen.[696] Eine Dachterrasse auf der Grenzgarage verletzt dann keine Rechte des Angrenzers, wenn sie den nach der Bauordnung vorgeschriebenen Mindestabstand zur Grundstücksgrenze einhält.[697]

482 Die (nachbarschützenden) bauordnungsrechtlichen Regelungen über die Abstandsflächen gelten auch für **Windkraftanlagen**, obwohl es bei diesen aufgrund ihrer schmalen Gestaltung nicht zu einer mit Gebäuden vergleichbaren Beeinträchtigung des Tageslichts oder zu Störungen des Brandschutzes und der ausreichenden Lüftung von Räumlichkeiten auf den Nachbargrundstücken kommen kann. Denn auch Windkraftanlagen sind bauliche Anlagen i.S.d. Bauordnungsrechts, von denen Wirkungen auf benachbarte Gebäude ausgehen können.[698]

---

[688] BVerwG NVwZ **1986**, 468.
[689] BVerwG ZfBR **1986**, 247.
[690] *Mampel*, ZfBR **1997**, 227 ff.
[691] *Mampel*, ZfBR **1997**, 227, 229 f.
[692] *Ortloff*, NVwZ **2000**, 750, 755.
[693] BVerwG NVwZ **1999**, 879, 880. Zum Abstandsflächenrecht vgl. auch *Ortloff*, NVwZ **2000**, 750, 755; OVG Lüneburg NVwZ-RR **1999**, 716; OVG Lüneburg NVwZ-RR **1999**, 697; OVG Weimar LKV **2000**, 119; OVG Bautzen SächsVBl **1999**, 137; OVG Greifswald LKV **1999**, 197; VGH Mannheim BauR **1999**, 1282.
[694] Vgl. *Ortloff*, NVwZ **2000**, 750, 755 f.
[695] OVG Münster NVwZ-RR **1999**, 714.
[696] VGH Kassel NVwZ-RR **1999**, 628 (Garage mit Wohnhaus durch gemeinsame Wand und abgeschlepptes Dach verbunden; Carport als Grenzgarage).
[697] VGH Mannheim NVwZ-RR **1999**, 428.
[698] VG Koblenz 6.2.**2003** – 7 K 3190/02.KO und 7 K 3216/02.KO; OVG Münster NVwZ-RR **2003**, 480; *Ohms*, DVBl **2003**, 958.

(3.) Verunstaltungsschutz

Zwar soll der Verunstaltungsschutz verhindern, dass das Bauwerk selbst verunstaltet wird oder aber verunstaltend auf die Umgebung wirkt.[699] Die Rechtsprechung erkennt dem von den Landesbauordnungen gewährleisteten Verunstaltungsschutz allerdings **keinerlei Drittschutz** zu.[700]

483

(4.) Stellplatzvorschriften

Vorschriften über die Stellplatzpflicht als solche sind nicht unmittelbar nachbarschützend, soweit sie (lediglich) der Entlastung des öffentlichen Straßenraums, also öffentlichen Interessen dienen.[701] Ein Verstoß gegen sie begründet daher insoweit kein nachbarliches Abwehrrecht. Allerdings kann sich der Mangel an Stellplätzen gegenüber den Eigentümern der vom parkenden Verkehr und Parksuchverkehr betroffenen Grundstücke im Einzelfall als rücksichtslos erweisen. Das Gebot der Rücksichtnahme knüpft aber nicht an die Stellplatzvorschriften an, sondern an die bauplanungsrechtliche Bestimmung des § 34 I BauGB.[702] Vorschriften über die Stellplatzpflicht als solche werden aus der Sicht des Bauordnungsrechts aber dann als nachbarschützend anerkannt, wenn und soweit sie vorschreiben, dass die Nutzung von Stellplätzen die Gesundheit nicht schädigen und die Umgebung durch Lärm oder Gerüche nicht stören darf (so z.B. § 51 VIII NWLBO oder § 49 V BremLBO).[703]

484

Dagegen sind die Vorschriften über die Anordnung der Stellplätze auf dem Grundstück in jedem Fall nachbarschützend.[704]

(dd.) Sonstige nachbarschützende Normen

Eine Baugenehmigung darf nur erteilt werden, wenn das Vorhaben auch sonstigen (d.h. außerbaurechtlichen) öffentlich-rechtlichen Vorschriften nicht widerspricht. Zu beachten ist allerdings, dass wenn diese „sonstigen öffentlich-rechtlichen Vorschriften" in einem gesonderten Genehmigungsverfahren zu prüfen sind, eine baurechtliche Berücksichtigung natürlich nicht stattfindet. Die relevanteste Vorschrift, die im Rahmen des Baugenehmigungsverfahrens zu berücksichtigen ist, ist § 22 BImSchG. Nach dieser Vorschrift sind vermeidbare schädliche Umwelteinwirkungen zu vermeiden und unvermeidbare auf das Mindestmaß zu reduzieren. Die rechtliche Beurteilung der Immissionsbelastung hat primär anhand der einschlägigen Rechtsverordnung zum BImSchG (insb. 16. BImSchVO - VerkehrslärmVO und 18. BImSchVO – Sportanlagenlärmschutz VO[705]) zu erfolgen. Soweit solche normkonkretisierenden Rechtsvorschriften fehlen, können Sachverständigengutachten herangezogen werden.

485

Demgegenüber sind **Brandschutzvorschriften** und Vorschriften über die **Standsicherheit von Gebäuden** ohne weiteres nachbarschützend.

486

(ee.) Baurecht und Art. 14 GG

Auch soweit ein einfachgesetzlich gewährter Nachbarschutz bejaht werden kann, bleibt (jedenfalls im Rahmen erheblicher Beeinträchtigungen) die Möglichkeit zu prüfen, ob sich der Nachbar auf Grundrechte, insbesondere auf Art. 14 I S. 1 GG, stützen

487

---

[699] *Ortloff*, NVwZ **1997**, 333, 335.
[700] Vgl. VGH Kassel ZfBR **1996**, 104 (verunstaltetes Dachgeschoß); *Muckel*, JuS **2000**, 132, 135.
[701] OVG Münster NVwZ-RR **1999**, 365, 366; *Ortloff*, NVwZ **2000**, 750, 756.
[702] OVG Münster NVwZ-RR **1999**, 365, 366.
[703] *Muckel*, JuS **2000**, 132, 134; VGH Mannheim BWVBl. **2000**, 76; VGH München BayVBl. **2000**, 115.
[704] *Ortloff*, NVwZ **2000**, 750, 756.
[705] Vgl. BVerwG BauR **1995**, 377; VGH Mannheim UPR **1996**, 318; OVG Münster BauR **1994**, 744. Zur SportanlagenlärmschutzVO vgl. ausführlich *Ketteler*, NVwZ **2002**, 1070 ff.

kann. Dieser Rückgriff hat aber sehr restriktiv zu erfolgen, da das Eigentum der Rechtsordnung nicht als „natürliches" Recht vorgegeben ist, sondern vielmehr durch den Gesetzgeber ausgestaltet wird (sog. normgeprägter Schutzbereich, vgl. Art. 14 I S. 2, II GG).[706] Im Bereich des Baurechts werden Inhalt und Schranken des Eigentums durch die jeweiligen Baugesetze bestimmt. Damit ist es allein Aufgabe des Gesetzgebers, subjektive Rechte des Einzelnen in Bezug auf sein Grundeigentum zu schaffen; **ein genereller und umfassender Rückgriff auf Art. 14 I S. 1 GG verbietet sich somit**. Ein subjektives öffentliches Abwehrrecht des Nachbarn aus Art. 14 I S. 1 GG war aber von der Rechtsprechung seit längerem anerkannt und konnte sich dann (und nur dann) ergeben, wenn - wegen der nur indirekten Betroffenheit - **„ein schwerer und unerträglicher Eingriff"** sowie eine **„nachhaltige Veränderung der Grundstückssituation"** nicht ausgeschlossen, mithin von dem Eigentümer eine nicht zumutbare Beeinträchtigung des Grundeigentums geltend gemacht werden konnten.[707] Das BVerwG hat aber den durch Art. 14 GG geschützten Abwehranspruch des Nachbarn zuletzt ausdrücklich abgelehnt.[708]

488

> **Hinweis für die Fallbearbeitung:** Aufgrund der nahezu lückenlosen und gebietsübergreifenden Verankerung des Rücksichtnahmegebots in den drei Planbereichen ist ein Rückgriff auf Art. 14 I GG i.d.R. nicht nötig. Ein auf Art. 14 I GG gestützter Anspruch des Nachbarn sollte daher bereits durch einfachgesetzliche Normen konkretisiert sein. In der Fallbearbeitung ist es demnach regelmäßig fehlerhaft, wenn zum einen das Rücksichtnahmegebot als gesonderter und eigenständiger Prüfungsmaßstab neben dem einfachen Baurecht herangezogen wird und zum anderen, wenn Rücksichtnahmegebot und Nachbarschutz aus der Eigentumsgewährleistung des Art. 14 I S. 1 GG nebeneinander geprüft werden. Als unmittelbar heranzuziehender Maßstab für den Drittschutz kommt Art. 14 GG nur noch für das sog. **Säuleneigentum** in Betracht, also z.B. dann, wenn der Bauherr gegen eine Baugenehmigung vorgeht, nach deren Unanfechtbarkeit er ein Notwegerecht (§ 917 I BGB) zu dulden hätte.
>
> Zu beachten ist zuletzt, dass die vorstehenden Ausführungen zu Art. 14 GG sich nur auf die Fälle des Drittschutzes beziehen. Ist der Kläger selbst Adressat eines ihn belastenden Verwaltungsakts oder wird ihm die gewünschte Baugenehmigung versagt, ist unter Anwendung der Möglichkeitstheorie eine Klagebefugnis direkt aus der die Erteilung der Baugenehmigung regelnden Norm (bspw. § 74 BremLBO[709]) i.V.m. Art. 14 GG herzuleiten, da es sich bei der Baugenehmigung um ein präventives Verbot mit Erlaubnisvorbehalt handelt und durch sie lediglich das wiederhergestellt wird, was grundrechtlich ohnehin garantiert ist, jedoch zur präventiven Kontrolle (vorläufig) eingeschränkt war.

(ff.) Verwirkung des Nachbarschutzes

489
Schließlich ist zu beachten, dass die Berufung auf nachbarschützende Normen wegen **unzulässiger Rechtsausübung** (Verwirkung unter dem Aspekt von Treu und Glauben) ausgeschlossen sein kann. So ist ein Nachbar unter dem Gesichtspunkt der unzulässigen Rechtsausübung gehindert, einen Verstoß gegen nachbarschützende Vorschriften geltend zu machen, wenn er in vergleichbarer Weise gegen diese Vor-

---

[706] Vgl. dazu die Ausführungen bei *R. Schmidt*, Grundrechte, Rn 878 ff.
[707] BVerwGE **50**, 282, 286; **52**, 122, 130; weitergehend teilweise die Lit., vgl. *Schmitt Glaeser/Horn*, VerwProzR, Rn 162; *Brohm*, BauR, § 18 Rn 27 ff.
[708] BVerwGE **101**, 364, 373. Vgl. auch *Ortloff*, NVwZ **2003**, 660, 664; *Gaentzsch*, NVwZ **2001**, 990, 1001.
[709] Vgl. **MBO**: § 72; **BaWü**: §§ 58, 59 LBO; **Bay**: Art. 72 LBO; **Berl**: § 71 LBO; **Brand**: §§ 67, 68 LBO; **Brem**: § 74 LBO; **Hamb**: §§ 72, 72a LBO; **Hess**: §§ 64, 65 LBO; **MV**: § 72 LBO; **Nds**: §§ 75, 78 LBO; **NRW**: § 75 LBO; **RhlPfl**: §§ 70, 77 LBO; **Saar**: § 73 LBO; **Sachs**: § 72 LBO; **SachsAnh**: § 71 LBO; **SchlHolst**: § 73 LBO; **Thür**: § 70 LBO.

schriften verstoßen hat.[710] Dasselbe gilt, wenn er auf seine Rechte verzichtet, etwa durch Unterschrift unter die Baupläne[711], durch Verzichtserklärung[712] oder im Rahmen einer zivilrechtlichen Vereinbarung (sog. Nachbarvereinbarung)[713].

Eine besondere Problematik besteht hinsichtlich des Erwerbs sog. **Sperrgrundstücke**: Dabei geht es um den Erwerb von Grundeigentum in einem bestimmten Plangebiet, um – ohne jegliche Nutzungsabsicht – allein aufgrund der Stellung als Eigentümer (Art. 14 I GG) eine gerichtliche Überprüfung des Planfeststellungsbeschlusses (oder des Bebauungsplans) in jeder Hinsicht zu erreichen. Die erlangte gerichtliche Kontrolle übersteigt sogar den (bisherigen) Kontrollumfang im Rahmen der materiellrechtlichen Verbandsklage. Hat also ein Kläger (z.B. ein Naturschutzverein) ein Grundstück in der Nähe einer geplanten Anlage nur deshalb erworben, um als Nachbar zur Wahrung nachbarschutzrechtlicher Interessen klagen zu können, wurde dies bislang allgemein für rechtsmissbräuchlich gehalten und dem Kläger im Ergebnis der Rechtsschutz versagt. Unterschiedlich gesehen wurde lediglich die Art der Versagung des Rechtsschutzes.

490

- Die **Literatur** war uneinheitlich. Teilweise wurde dem Kläger die **Klagebefugnis**, teilweise aber auch das **Rechtsschutzbedürfnis** abgesprochen.[714]

- Das **BVerwG**[715] hatte bislang stets betont, dass es für die Klagebefugnis i.S.d. § 42 II VwGO grundsätzlich unerheblich sei, aus welchen Gründen der Kläger das Eigentum an einem von der Planung betroffenen Grundstück erworben habe. Es gehöre zu den von der Rechtsordnung gebilligten Zielen, ein Grundstück für Zwecke des Naturschutzes oder der Landschaftspflege zu erhalten und gegen konkurrierende Nutzungsansprüche zu verteidigen. Allerdings hatte es dem Sperrgrundstückseigentümer bei der Begründetheitsprüfung der Klage im Rahmen der **Abwägungsentscheidung** im Vergleich zu einem „normalen" Nachbarn, der sein Grundstück ordnungsgemäß nutzt, nur eine schwache Position eingeräumt, die durch andere Belange leicht überwunden werden konnte.

- Diese Rspr. hatte das BVerwG in seinem jüngsten diesbezüglichen Judikat[716] zwar grundsätzlich bestätigt, gleichzeitig jedoch den Grundsatz, dass die Eigentümerstellung als solche für die Begründung der Klagebefugnis ausreiche, stark eingeschränkt. Eine andere rechtliche Beurteilung sei nämlich dann geboten, wenn die geltend gemachte Rechtsposition nicht schützwürdig sei. Das sei der Fall, wenn die zur Stützung der Klagebefugnis ins Feld geführte Eigentümerstellung materiell-rechtlich **missbräuchlich** erworben sei.

Das BVerwG ist somit dazu übergegangen, rechtsmissbräuchlich erworbene Eigentümerpositionen nicht mehr bei der Begründetheit der Klage im Rahmen der Abwägung zu würdigen, sondern bei der Zulässigkeit der Klage im Rahmen der **Klagebefugnis**. Das ist nicht zuletzt aus Gründen der Prozessökonomie begrüßenswert, zumal sich für den Kläger im Ergebnis ohnehin nichts geändert hatte. Ob es hierbei allerdings des Rückgriffs auf so unscharfe, wertende Kategorien wie „Rechtsmissbrauch" bzw. „unzu-

---

[710] OVG Lüneburg NVwZ-RR **1999**, 716.
[711] OVG Münster BauR **2001**, 89; OVG Saarlouis NJW **1999**, 1348; *Ortloff*, NVwZ **2000**, 750, 754; NVwZ **2002**, 416, 420. Zum Verzicht der Nachbarrechte im Industrie- und Chemiepark vgl. *Schlemminger/Fuder*, NVwZ **2004**, 129 ff.
[712] OVG Münster BauR **2000**, 866; OVG Lüneburg NdsVBl **2003**, 212; zum Verzichtscharakter einer Baulast betreffend die Duldung von Immissionen vgl. OVG Saarlouis NJW **2003**, 768.
[713] Näher dazu OVG Münster BauR **2004**, 62, 67; *Schröer/Dziallas*, NVwZ **2004**, 134.
[714] Vgl. *Kopp/Schenke*, VwGO, § 42 Rn 89; *Harings*, NVwZ **1997**, 538, 539 f.; *Dürr*, VBlBW **1992**, 327; *Fliegauf*, NVwZ **1991**, 748.
[715] BVerwGE **74**, 109, 110; **104**, 263, 265 ff.; zust. *Kopp/Schenke*, VwGO, § 42 Rn 89; *Hufen*, VerwProzR, § 14 Rn 84.
[716] BVerwGE **112**, 135, 137 ff. (mit Besprechung von *Clausing*, JuS **2001**, 1000 f.). Vgl. auch *Gaentzsch*, NVwZ **2001**, 990, 997.

lässige Rechtsausübung" bedurft hätte, mag indes bezweifelt werden. Vielmehr hätte es genügt klarzustellen, dass das Eigentum als „formale Hülle ohne materiellen Gehalt" bezogen auf den angefochtenen Planfeststellungsbeschluss keine wehrfähige Rechtsposition i.S.d. § 42 II VwGO vermittelt.

Nun ist mit dem neuen Bundesnaturschutzgesetz (BNatSchG) vom 25.3.2002[717] den Umweltverbänden/-vereinen erstmals das Klagerecht eingeräumt worden, die Verletzung **materiellen** Umweltrechts auch auf Bundesebene gerichtlich geltend zu machen (vgl. § 61 BNatSchG n.F.). Bislang war die materiell-rechtliche Verbandsklage nur auf Landesebene möglich, wohingegen auf Bundesebene ausschließlich die Durchsetzung eines formellen Beteiligungsrechts möglich war (vgl. § 29 BNatSchG a.F.).
Nach der Neuregelung kann ein anerkannter Naturschutzverein also auch ohne die Geltendmachung einer subjektiven Rechtsverletzung Rechtsbehelfe u.a. gegen Planfeststellungsbeschlüsse und Plangenehmigungen einlegen, wenn sie mit Eingriffen in Natur und Landschaft verbunden sind (§ 61 I BNatSchG – zur Klagebefugnis vgl. § 61 II BNatSchG). Gleichzeitig räumt § 58 BNatSchG (wie bisher § 29 I BNatSchG a.F.) den Vereinen subjektive Beteiligungsrechte im Verfahren ein. Ausgeschlossen werden sollen Vereinigungen, die lediglich dem Konkurrenzschutz dienen.[718] Ob dieses nun bestehende materielle Klagerecht zur „Erledigung" des Streits um die erkaufte Klagebefugnis geführt hat, ist noch nicht entschieden. Es kann aber davon ausgegangen werden, dass eine Versagung des Rechtsschutzes unter dem Aspekt des „Sperrgrundstücks" nicht in Betracht kommt, wenn ein Klagerecht nach dem Naturschutzrecht besteht. Im Bereich des UVPG (Umweltverträglichkeitsprüfungsgesetz) gewährt **§ 2 URG** (Umweltrechtsbehelfsgesetz) den in § 3 URG anerkannten Vereinigung ein Klagerecht und regelt die materiellen Voraussetzungen an die Verfahrensbefugnis.[719] Außerhalb des Naturschutzrechts gewährt **§ 13 I BGG** (Behindertengleichstellungsgesetz) den Behindertenverbänden eine Klagebefugnis in Bezug auf nicht behindertengerechte Vorhaben.[720]

bb.) Fristen

491 Die Frist für die Einlegung eines Rechtsbehelfs gegen einen Verwaltungsakt beträgt **einen Monat** nach Bekanntgabe bzw. Zustellung des Verwaltungsakts (§§ 70, 74 VwGO). Das gilt auch für einen Antrag auf Anordnung der aufschiebenden Wirkung, denn anderenfalls würde es dem Rechtsschutzsuchenden möglich sein, trotz Verstreichenlassens der Widerspruchs- bzw. Klagefrist über das Institut des einstweiligen Rechtsschutzes mehr zu bekommen, als in der Hauptsache noch möglich wäre. Im Bereich des Baurechts kommt es aber häufig vor, dass die Baugenehmigung dem Nachbarn nicht bekannt gegeben wurde. Die Widerspruchsfrist (und auch die Antragsfrist) beginnen dann nicht zu laufen. Nicht einmal die Jahresfrist des § 58 II VwGO beginnt (trotz § 70 II VwGO) zu laufen, da auch diese Vorschrift wenigstens „die Zustellung, Eröffnung oder Verkündung", also die Bekanntgabe, voraussetzt. Daraus folgt, dass die bloße Kenntnisnahme[721]

- durch private Mitteilung eines Bediensteten der Behörde (Beispiel: Gespräch auf dem Dorffest),

- durch Mitteilung einer Privatperson (Beispiele: (1) Die beiden Nachbarn A und B beantragen jeweils Sozialhilfe. A erfährt auf dem Sozialamt, dass alle Anträge abgelehnt

---

[717] Dazu *R. Schmidt*, VerwProzR, Rn 175 ff.; *Calliess*, NJW **2003**, 97; *Gellermann*, NVwZ **2002**, 1025, 1032; *Seelig/Gründling*, NVwZ **2002**, 1033, 1034.
[718] Vgl. dazu *Ewer*, NJW **2007**, 3174 ff.
[719] Zum Verhältnis zwischen § 61 BNatSchG und § 2 URG vgl. VG Bremen ZUR **2008**, 368 f.; *Schrödter*, NVwZ **2009**, 157, 160.
[720] Vgl. dazu BVerwG NVwZ **2006**, 817.
[721] Zu den folgenden Fallgruppen vgl. *Kopp/Ramsauer*, VwVfG, § 41 Rn 7; *Maurer*, AllgVerwR, § 9 Rn 68; *Peine*, AllgVerwR, § 7 Rn 177; *Hufen*, Fehler im Verwaltungsverfahren, 3. Aufl. **1998**, S. 188.

worden seien. Zuhause angekommen, berichtet er dies dem B. (2) Der Bauherr erzählt dem Nachbarn von der Baugenehmigung.),

- durch Mitteilung einer unzuständigen Behörde, wenn diese eine von der zuständigen Behörde getroffene Entscheidung ohne deren Wissen und Wollen an den Adressaten weitergibt (Beispiel: Die für Gaststättenerlaubnisse zuständige Behörde erstellt eine Gaststättenerlaubnis und übermittelt diese an die zuständige Bauordnungsbehörde zur Prüfung. Danach entdeckt sie eine Unrichtigkeit, sodass sie die Gaststättengenehmigung dem Adressaten nicht zustellt. Diesem wird die Genehmigung jedoch von der Bauordnungsbehörde zugeschickt),

- durch Übersendung durch die zwar zuständige Behörde, aber unter Verletzung der vorgeschriebenen Form (Beispiel: Zusendung eines Widerspruchsbescheids als **Einwurfeinschreiben**, obwohl dieser gemäß § 73 III VwGO i.V.m. § 4 VwZG hätte förmlich zugestellt werden müssen[722])

den Anforderungen an die Bekanntgabe grundsätzlich nicht genügt.[723] Zu beachten ist aber die Möglichkeit der Verwirkung des Widerspruchsrechts, wenn der Betroffene unnötig lange gewartet hat. Für die Sonderfälle **baurechtlicher Nachbarklagen** versagt das BVerwG[724] dem Nachbarn nach Treu und Glauben die Berufung auf die fehlende amtliche Bekanntmachung dann, wenn er auf andere Weise sichere Kenntnis von der Baugenehmigung erlangt hat oder hätte erlangen müssen. In diesem Fall soll die Widerspruchsfrist in Anlehnung an § 70 i.V.m. § 58 II VwGO so laufen, als sei ihm die Baugenehmigung in dem Zeitpunkt amtlich bekannt gegeben worden, in dem er von ihr sichere Kenntnis erlangt hat oder hätte erlangen können oder müssen. Die Gegenauffassung[725] lehnt in solchen Fällen zwar die analoge Anwendung des § 58 II VwGO ausdrücklich ab, kommt aber bei der Anwendung des Grundsatzes von Treu und Glauben zum gleichen Ergebnis.

Beispiel[726]: Dem Bauherrn C wurde die Bauerlaubnis erteilt und am 30.3.2010 bekannt gegeben. Dem Nachbarn A wurde sie am 6.4.2010 bekannt gegeben und dem Nachbarn B überhaupt nicht. Von ihrer Existenz hatte B nur dadurch erfahren, dass C sie ihm gezeigt hatte. A legt am 6.5.2010 Widerspruch ein, B am 10.6.2010. Sind die Widersprüche rechtzeitig erhoben worden?

492

Zu A: Für A beginnt die Widerspruchsfrist am 7.4.2010 um 00:00 Uhr an zu laufen und endet am 6.5.2010 um 24:00 Uhr (§§ 70, 58 I VwGO, §§ 79, 31 I VwVfG i.V.m. §§ 187 I, 188 BGB). A hat demnach rechtzeitig Widerspruch erhoben.

Zu B: Für B läuft mangels Bekanntgabe an sich überhaupt keine Ausschlussfrist, auch nicht die Jahresfrist gem. § 58 II VwGO, da diese zumindest die Bekanntgabe voraussetzt. Würde man aber annehmen, dass die Frist des § 70 I VwGO ohne Bekanntgabe an den Beschwerdeführer überhaupt nicht zu laufen beginnt, würde ein drittwirkender Verwaltungsakt praktisch nie Bestandskraft erlangen. Ein Drittbetroffener könnte daher auch nach geraumer Zeit die Regelung zu Fall bringen. Das schutzwürdige Interesse des Begünstigten würde nicht hinreichend gewahrt. Daher muss der Drittbelastete – im Baurecht aus Rücksicht auf das nachbarschaftliche Gemeinschaftsverhältnis – nach der Rechtsprechung des BVerwG in analoger Anwendung des § 58 II VwGO von dem Zeit-

---

[722] Vgl. BVerwG NJW **2001**, 458: Einwurfeinschreiben der Post erfüllt nicht die Anforderungen an die förmliche Zustellung nach dem VwZG.

[723] *Kopp/Ramsauer*, VwVfG, § 41 Rn 7.

[724] BVerwG NJW **1988**, 839; BVerwGE **44**, 294, 299 ff.; vgl. auch BVerwGE **78**, 85, 89, wonach diese spezielle Ausprägung des Grundsatzes von Treu und Glauben nicht nur für den unmittelbaren Grenznachbarn gilt, sondern auch für weiter entfernte Nachbarn gilt.

[725] *Redeker/v. Oertzen*, VwGO, § 70 Rn 2b; *Kopp/Schenke*, VwGO, § 70 Rn 8. Vgl. auch *Diehr/Geßner*, NVwZ **2001**, 985, 990.

[726] Vgl. *Maurer*, AllgVerwR, § 9 Rn 66.

punkt an, von dem er von dem Verwaltungsakt (z.B. Baugenehmigung) sichere Kenntnis erlangt hat oder hätte erlangen können, sich so behandeln lassen, als sei ihm die Regelung bekannt gegeben worden (vorliegend durch das Zeigen durch C). Dies hat zur Folge, dass er – aufgrund fehlender Rechtsbehelfsbelehrung – nach der Fristberechnung der §§ 70, 58 II VwGO innerhalb eines Jahres Widerspruch erheben muss. Die Gegenauffassung orientiert sich nicht an den §§ 70, 58 II VwGO, sondern stellt darauf ab, dass mangels einer Bekanntgabe die Rechtsbehelfsfrist überhaupt nicht zu laufen beginnt, sodass der Drittwiderspruch (bzw. die Drittanfechtungsklage) grundsätzlich fristungebunden möglich ist. Allerdings kann der Anspruch auf Aufhebung des Verwaltungsakts auch hier durch Verwirkung ausgeschlossen sein. Im Ergebnis kann eine Entscheidung aber regelmäßig dahinstehen, da die Gegenauffassung auch die vom BVerwG zugrunde gelegte Jahresfrist als Indiz für die Verwirkung wertet. Allerdings ist trotz Jahresfrist eine Verwirkung schon zeitlich früher möglich, wenn der Nachbar unnötig lange gewartet, sich also rechtsmissbräuchlich verhalten hat.[727] Bei B ist weder die Jahresfrist abgelaufen noch hat er sich rechtsmissbräuchlich verhalten. Auch er hat damit die Widerspruchsfrist eingehalten.

b.) Begründetheit des Antrags

493 Für die Begründetheit des Antrags auf Anordnung der aufschiebenden Wirkung gelten die allgemeinen Regeln (ausführlich *R. Schmidt*, VerwProzR, Rn 951 ff.). Es ist also eine Abwägung vorzunehmen zwischen dem öffentlichen (oder privaten) **Vollzugsinteresse** einerseits und dem privaten **Aussetzungsinteresse** andererseits. Entscheidenden Einfluss auf diese Abwägung üben die **Erfolgsaussichten des Rechtsbehelfs in der Hauptsache** aus.[728] Denn ist ein Rechtsbehelf in der Hauptsache **offensichtlich begründet**, wird das öffentliche Interesse an der Vollziehung der Baugenehmigung das private Aussetzungsinteresse kaum überwiegen. Offensichtlich begründet ist der Hauptsacherechtsbehelf, wenn die angegriffene Baugenehmigung offensichtlich rechtswidrig ist. Denn wegen Art. 20 III GG wird es unterstelltermaßen nicht im öffentlichen Interesse liegen, einen offensichtlich rechtswidrigen Verwaltungsakt zu vollziehen.[729] Andererseits spricht die offensichtliche Recht*mäßigkeit* der zu vollziehenden Baugenehmigung für die Unbegründetheit des Hauptsacherechtsbehelfs und somit für das Überwiegen des Vollzugsinteresses.[730]

494 Können die offensichtliche Rechtswidrigkeit oder Rechtmäßigkeit der Baugenehmigung nicht festgestellt werden (non liquet), ist dann (prüfungstechnisch) erst in einem zweiten Schritt eine Interessenabwägung vorzunehmen. Bei dieser Prüfung ist das Interesse der Allgemeinheit an der sofortigen Vollziehung (Vollzugsinteresse) mit dem Interesse des Betroffenen an der Aussetzung der sofortigen Vollziehung (Aussetzungsinteresse) unter Einbeziehung auch sonstiger Aspekte (nach Möglichkeit keine Schaffung von nicht mehr rückgängig zu machenden Tatsachen oder Vermeidung des Zuspätkommens des Hauptsacheverfahrens) abzuwägen. Freilich ist im Rahmen des § 80 V S. 1 Var. 1 VwGO (Anordnung der aufschiebenden Wirkung) aufgrund der Formulierung des § 80 II S. 1 Nrn. 1-3 VwGO die Interessenabwägung zwischen dem

---

[727] *Hufen*, VerwProzR, § 6 Rn 29; *Kopp/Schenke*, VwGO, § 70 Rn 8.
[728] OVG Hamburg NVwZ **2002**, 356; OVG Münster NVwZ **2001**, 227; VGH München NVwZ **2000**, 222, 223; OVG Bautzen NJW **2000**, 1057; *Schoch*, Jura **2002**, 37, 46; *Kuhla*, NVwZ **2002**, 542, 544; *Loos*, JA **2001**, 698, 700; *J. Schmidt*, in: Eyermann, VwGO, § 80 Rn 80. Das gilt dem Grunde nach auch für den Erlass einer einstweiligen Anordnung nach § 32 BVerfGG (vgl. BVerfG-K NJW **2001**, 357). **A.A.** *Kopp/Schenke*, VwGO, § 80 Rn 152 i.V.m. 159, der primär auf die Interessenabwägung abstellt und nur ferner den offensichtlichen Ausgang des Hauptsacheverfahrens berücksichtigt.
[729] VG OVG Bautzen NJW **2000**, 1057; OVG Lüneburg NVwZ **2000**, 1194; VG Chemnitz NVwZ **1999**, 1374, 1375; *Schelp/Daniel*, JuS **2000**, 472; *Volkmann*, JuS **1999**, 544, 545; *Bodanowitz*, JuS **1999**, 576, 577.
[730] Aus diesem Grund bietet es sich in der Fallbearbeitung an, zwar auf die Interessenabwägung abzustellen, zunächst aber den offensichtlichen Ausgang des Hauptsacheverfahrens zu prüfen.

Vollzugsinteresse und dem Aussetzungsinteresse **zugunsten des Vollzugsinteresses** gesetzlich prädeterminiert.

495

Begründetheit des Eilantrags nach § 80 V S. 1 Var. 1 VwGO

Einstiegsformulierung:

> „Begründet ist der Antrag auf Anordnung der aufschiebenden Wirkung nach § 80 V S. 1 Var. 1 VwGO, wenn die Interessenabwägung ergibt, dass das private Aussetzungsinteresse das behördliche Vollzugsinteresse überwiegt, wobei die Erfolgsaussichten in der Hauptsache mit einzubeziehen sind."

Die Prüfung der Begründetheit erfolgt regelmäßig zweistufig:

- Zunächst erfolgt die Prüfung der **Erfolgsaussichten** des Rechtsbehelfs in der Hauptsache. Dabei ist die Begründetheit[731] eines Rechtsbehelfs der Hauptsache (*summarisch*) zu prüfen.[732] Denn ist der fragliche Verwaltungsakt formell und/oder materiell rechtswidrig und verletzt den Antragsteller in seinen Rechten, ergibt die Interessenabwägung regelmäßig, dass das behördliche Vollzugsinteresse das private Aussetzungsinteresse wohl kaum überwiegen wird. Das folgt aus dem Umstand, dass i.d.R. nicht davon auszugehen ist, dass die Behörde ein Interesse daran haben wird, einen rechtswidrigen Verwaltungsakt zu vollziehen.[733] Umgekehrt ist der Antrag abzulehnen, wenn der Verwaltungsakt offensichtlich rechtmäßig ist bzw. den Antragsteller nicht in seinen Rechten verletzt.

- Sind die Erfolgsaussichten des Hauptsacheverfahrens nicht offensichtlich, kann die vom Gericht vorzunehmende **Interessenabwägung** der gegensätzlichen Interessen nicht allein aufgrund der Beurteilung der Hauptsache erfolgen. In diesem Fall ist die dem Gericht auferlegte Interessenabwägung in einem zweiten Schritt auf eine umfassende Folgeprüfung zu stützen: Es ist eine umfassende Abwägung derjenigen Folgen vorzunehmen, die eintreten würden, wenn das Eilrechtsschutzbegehren abgelehnt, der Rechtsbehelf in der Hauptsache aber Erfolg haben würde, gegenüber den Nachteilen, die entstünden, wenn die aufschiebende Wirkung angeordnet würde, die angegriffene Maßnahme sich aber später als rechtmäßig herausstellen würde.[734] Insbesondere ist die Möglichkeit oder Unmöglichkeit einer etwaigen Rückgängigmachung der getroffenen Regelung und ihrer Folgen zu beachten. Freilich ist der gesetzlichen Prädeterminierung des § 80 II S. 1 Nr. 3 VwGO (überwiegendes öffentliches Interesse an der Vollziehung des Verwaltungsakts) besondere Bedeutung beizumessen.[735]

496

Ist der Antrag (bzw. der Widerspruch oder die Klage) begründet, entsteht ein **Folgenbeseitigungsanspruch** (FBA) des Nachbarn: Der Nachbar kann verlangen, dass der ihn in seinen nachbarschützenden Rechten verletzende Bau beseitigt wird. Allerdings ist zu beachten, dass der FBA nur eine Anspruchsgrundlage des Nachbarn gegen die Baubehörde auf Einschreiten darstellt. Er gibt der Baubehörde nicht das

---

[731] Die Sachentscheidungsvoraussetzungen sind nach der hier vertretenen Auffassung i.d.R. nicht zu prüfen, da – soweit diese nicht vorliegen – auch schon der Eilantrag nach § 80 V VwGO nicht zulässig gewesen wäre. Eine insoweit „doppelte" Prüfung ist überflüssig.

[732] BVerfG NVwZ **2004**, 93, 94; BVerfG NVwZ-RR **1999**, 217; OVG Hamburg NVwZ **2002**, 356; VGH Mannheim NJW **2000**, 3658; OVG Lüneburg NVwZ **2000**, 1194; OVG Greifswald LKV **1999**, 232, 233; *Kuhla*, NVwZ **2002**, 542, 544; *Zacharias*, JA **2002**, 345, 347; *Bamberger*, NVwZ **2000**, 983, 98985; *Ortloff*, NVwZ **2000**, 750, 754; *J. Schmidt*, in: Eyermann, VwGO, § 80 Rn 81; *Kopp/Schenke*, VwGO, § 80 Rn 158; *Bodanowitz*, JuS **1999**, 576, 577; *Schelp/Daniel*, JuS **2000**, 472, 475 u. 477.

[733] *Volkmann*, JuS **1999**, 544, 545.

[734] VG Neustadt NVwZ **1999**, 101, 102. Vgl. auch BVerwG NJW **2000**, 160, 161 f. (zu § 123 VwGO).

[735] BVerfG NVwZ **2004**, 93, 94.

Recht, gegenüber dem Bauherrn eine Baubeseitigungsverfügung zu erlassen. Diese Grundlage findet sich aber, wie gesagt, regelmäßig in den Landesbauordnungen.

c. Baugenehmigung, (vorläufiger) Rechtsschutz für Gemeinden

497 Gem. **§ 36 BauGB** entscheidet in Gemeinden, die nicht selbst Baugenehmigungsbehörde sind, über einen Bauantrag die staatliche Baubehörde im **Einvernehmen** mit der Gemeinde. Wer Baubehörde ist, richtet sich nach der Bauordnung des jeweiligen Landes (entweder der Kreis oder die Gemeinde). Weiterhin wird bei dem Begriff des „Einvernehmens" in § 36 I S. 1 BauGB nach entsprechender Gesetzeslektüre klar, dass zwischen Bauvorhaben im Geltungsbereich eines qualifizierten Bebauungsplans (§ 30 I BauGB) und sonstigen Bauvorhaben (§§ 30 III, 34, 35 BauGB) unterschieden werden muss. Während beim einfachen Bebauungsplan nach § 30 III BauGB angesichts der Geltung der §§ 34 bzw. § 35 BauGB ein Einvernehmen der Gemeinde erforderlich ist (siehe sogleich), reicht beim qualifizierten Bebauungsplan nach § 30 I BauGB eine Information der Gemeinde über das beabsichtigte Vorhaben. Die unterschiedliche Behandlung erklärt sich daraus, dass die Gemeinde ja selbst den (qualifizierten) Bebauungsplan beschließt. Ihre Planungshoheit bleibt also unberührt; daher genügt die schlichte Information. Entsprechendes gilt für die Ausnahmeerteilung nach § 31 I BauGB, weil dort die möglichen Ausnahmegründe im Bebauungsplan selbst enthalten sein müssen (vgl. näher Rn 134, 168). Möchte die Baugenehmigungsbehörde hingegen von den Festsetzungen des Bebauungsplans abweichen (vgl. § 31 II BauGB) oder eine Baugenehmigung im Bereich eines einfachen Bebauungsplans bzw. im unbeplanten Innenbereich oder auch gar im Außenbereich (vgl. §§ 30 III, 34, 35 BauGB) der jeweiligen Gemeinde erteilen, greift sie in die Planungshoheit dieser Gemeinde ein. Dieser Eingriff wird dadurch kompensiert, dass die Gemeinde zur Zustimmung berechtigt ist. Zu beachten ist aber, dass die Gemeinde ihre Zustimmung grundsätzlich nur aus den sich aus §§ 31, 33-35 BauGB ergebenden Gründen versagen kann, nicht etwa, weil das Vorhaben ihren planerischen Vorstellungen widerspricht (vgl. § 36 II S. 1 BauGB).[736]

498 Verletzt die Baugenehmigungsbehörde das Zustimmungsrecht der Gemeinde, stellt sich die Frage nach dem Rechtsschutz. Die Gemeinde kann gegen eine Baugenehmigung, die ein Vorhaben im eigenen Gebiet betrifft, **Widerspruch** und **Anfechtungsklage** (im Drittrechtsverhältnis) erheben, wenn sie geltend macht, in ihrer in § 36 BauGB oder in § 2 II BauGB Ausdruck findenden Planungshoheit aus Art. 28 II GG verletzt zu sein.[737] Allerdings ist zu beachten, dass diese Rechtsbehelfe – auch wenn sie von der Gemeinde (wegen Verletzung der o.g. Mitwirkungsrechte) eingelegt werden – aufgrund der Regelung des § 212 a I BauGB, § 80 II S. 1 Nr. 3 VwGO keine aufschiebende Wirkung haben.[738] Denn diese Normen bewirken allgemein die sofortige Vollziehbarkeit der Baugenehmigung gegenüber Dritten, d.h. gegenüber natürlichen und juristischen Personen, die nicht begünstigte Adressaten der Baugenehmigung sind. Effektiven Rechtsschutz bietet daher nur der **Eilantrag** gem. § 80 a I Nr. 2, III S. 2, § 80 V S. 1 Var. 1 VwGO **auf Anordnung der aufschiebenden Wirkung**.

---

[736] Vgl. dazu BVerwG NVwZ **2000**, 1169, 1170; *Ortloff*, NVwZ **2002**, 416, 419; *Konrad*, JA **2001**, 588 ff.

[737] Vgl. BVerwG NVwZ **2008**, 1347; **2003**, 207; BauR **1999**, 1281; *Konrad*, JA **2001**, 588; *Ortloff*, NVwZ **2000**, 750, 753; NVwZ **2002**, 416, 419; *Gaentzsch*, NVwZ **2000**, 993, 1000; NVwZ **2001**, 990, 1000. Vgl. im Übrigen zur gemeindlichen Klage bereits ausführlich Rn 137.

[738] Vgl. dazu VG Neustadt NVwZ **1999**, 101, 102; OVG Lüneburg NVwZ **1999**, 1005; *Dippel*, NVwZ **1999**, 925; *Ortloff*, NVwZ **1999**, 958; *Bamberger*, NVwZ **2000**, 983, 984; *Gaentzsch*, NVwZ **2001**, 990, 1000.

Für die Zulässigkeit des Antrags gelten die allgemeinen Kriterien, vgl. dazu *R. Schmidt*, VerwProzR, Rn 931 ff. Auch für die Begründetheit gilt der allgemeine Maßstab. Im Rahmen der summarischen Prüfung muss bei der Frage nach der Rechtsverletzung darauf abgestellt werden, ob die Gemeinde durch die Baugenehmigung in ihren gemeindlichen Rechten, d.h. in ihrer Planungshoheit, beeinträchtigt wurde.[739]

499

> **Beispiel:** So ist die Planungshoheit der Gemeinde verletzt, wenn auf der Grundlage von § 30 BauGB eine Baugenehmigung für ein Vorhaben erteilt wird, dessen Erschließung nicht gesichert ist. Geht es dagegen um den Anspruch auf Einschreiten gegen ein Vorhaben, ist in der Hauptsache eine Verpflichtungsklage statthaft und im einstweiligen Rechtsschutz der Antrag gem. § 123 VwGO.[740]

Die Rechtsschutzfrage kann sich auch im Baugenehmigungsverfahren (= Verwaltungsverfahren nach §§ 9 ff. VwVfG) stellen. Bereits bei Rn 376 ff. wurde dargestellt, dass der Bauantrag schriftlich bei der Gemeinde einzureichen ist. Ihm sind alle für die Beurteilung des Bauvorhabens erforderlichen Unterlagen beizufügen (sog. Bauvorlagen). Im Fall, dass die Gemeinde nicht Baugenehmigungsbehörde ist (was insbesondere bei kleineren Gemeinden der Fall ist), leitet sie den Bauantrag an die Baugenehmigungsbehörde (i.d.R. die Kreisverwaltung) weiter und reicht auch ihre Stellungnahme zu dem Bauvorhaben ein. Die Baugenehmigungsbehörde führt dann ggf. die Koordination mit anderen Behörden, die sachlich von dem Bauvorhaben betroffen sind, durch. Wird eine Baugenehmigung ohne diese Beteiligung der Gemeinde erteilt, ist sie rechtswidrig und verletzt die Gemeinde in ihren Rechten.[741]

500

---

[739] Vgl. dazu BVerwGE **100**, 388, 392; *Gaentzsch*, NVwZ **2000**, 993, 995 und NVwZ **2001**, 990, 1000.
[740] Vgl. OVG Weimar NVwZ-RR **1999**, 279.
[741] OVG Lüneburg NVwZ-RR **1995**, 498.

d. Ordnungsverfügung, Rechtsschutz des Bauherrn

aa. Arten von Ordnungsverfügungen

501 Die bauordnungsrechtlichen Ordnungsverfügungen wurden bereits bei Rn 393 ff. erläutert. Diese sind (neben dem Betretungsrecht) **Baueinstellungsverfügung**, **Baubeseitigungsverfügung** und **Nutzungsuntersagung**.

502 ▪ Die Baugenehmigungsbehörde verfügt die **Einstellung von Bauarbeiten**, soweit diese trotz Genehmigungserfordernisses nicht genehmigt sind (formelle Illegalität, sog. Schwarzbau) oder wenn es sich um ein genehmigungsfreies Bauvorhaben handelt, das den materiellen Vorschriften zuwider läuft.

503 ▪ Eine **Baubeseitigungsverfügung** ergeht, wenn ein Vorhaben ohne erforderliche Baugenehmigung unter Verstoß gegen materielles Baurecht (d.h. formell und materiell illegal) errichtet worden ist. Gleiches gilt, wenn es sich um ein genehmigungsfreies Bauvorhaben handelt, das mit materiellen Rechtsvorschriften unvereinbar ist.

504 ▪ Die **Nutzungsuntersagung** kommt in Betracht, wenn der Bau zwar an sich mit dem Baurecht vereinbar ist, dessen Nutzung aber gegen öffentlich-rechtliche Vorschriften verstößt.

505
> **Hinweis für die Fallbearbeitung:** Die genannten Maßnahmen kommen nicht nur bei formeller und/oder materieller Rechtswidrigkeit des genehmigten oder nicht genehmigten, aber genehmigungspflichtigen Baus in Betracht, sondern auch dann, wenn das Vorhaben **genehmigungsfrei** ist[742]. Denn durch den weitgehenden Wegfall der präventiven Kontrolle in Form der Baugenehmigung ist es möglich, dass verstärkt rechtswidrige Bauten entstehen, weil die Genehmigungsfreistellung nicht bedeutet, dass das Bauvorhaben ohne Beachtung der materiellen Bauvorschriften errichtet werden darf. Dadurch kommen den bauordnungsrechtlichen Eingriffsbefugnissen *Baueinstellungsverfügung*, *Bauabrissverfügung* und *Nutzungsuntersagung* eine bisher ungeahnte Bedeutung zu – auch für das juristische Studium.

bb. Rechtsschutz des Bauherrn

506 Gegen die o.g. Ordnungsverfügungen stehen dem Bauherrn **Widerspruch** und **Anfechtungsklage** zur Verfügung. Diese Rechtsbehelfe entfalten gem. § 80 I VwGO aufschiebende Wirkung, d.h. der Bauherr braucht sich einstweilen nicht an die betreffende Verfügung zu halten. Daher wird die Behörde die Ordnungsverfügung nach Möglichkeit gem. § 80 II S. 1 Nr. 4 VwGO für sofort vollziehbar erklären. Das ist bei der Baueinstellungsverfügung und der Nutzungsuntersagung mit entsprechender Begründung i.d.R. unproblematisch.[743] Etwas anderes gilt aber für die Baubeseitigungsverfügung, da deren Vollzug (Abriss des Baus) irreversibel ist. Hier kommt eine Anordnung der sofortigen Vollziehung regelmäßig nicht in Betracht.[744] Es bleibt dann bei der aufschiebenden Wirkung des Widerspruchs/der Anfechtungsklage.

Ist (im Fall der Baueinstellungsverfügung oder der Nutzungsuntersagung) die sofortige Vollziehung angeordnet worden, steht dem Bauherrn nur der **Eilantrag** gem. § 80

---

[742] Bzgl. der Genehmigungsfreiheit vgl. **MBO**: §§ 61, 62; **BaWü**: §§ 50, 51 LBO; **Bay**: Art. 57, 58 LBO; **Berl**: §§ 61-63 LBO; **Brand**: §§ 55, 58 LBO; **Brem**: §§ 65, 66 LBO; **Hamb**: § 60 LBO; **Hess**: §§ 55, 56 LBO; **MV**: §§ 61, 62 LBO; **Nds**: §§ 69-70 LBO; **NRW**: §§ 65-67 LBO; **RhlPfl**: §§ 62, 67 LBO; **Saar**: §§ 61, 63 LBO; **Sachs**: §§ 61, 62 LBO; **SachsAnh**: §§ 60, 61 LBO; **SchlHolst**: §§ 63, 68 LBO; **Thür**: §§ 63, 63a LBO.
[743] OVG Bremen NordÖR **1999**, 374 (zur Zulässigkeit standardisierter Begründungselemente).
[744] OVG Berlin LKV **1999**, 196 (Beseitigung der Sperrung eines Rettungswegs); OVG Berlin ZMR **1999**, 591 (Carportbeseitigung aus Gründen der negativen Vorbildwirkung und der geringeren Bausubstanz) mit Anm. von *Otto*, NJ **1999**, 611; *Ortloff*, NVwZ **2000**, 750, 758. Vgl. auch *Seiler*, JuS **2001**, 263, 264 f.

V S. 1 Var. 2 VwGO auf Wiederherstellung der aufschiebenden Wirkung zur Verfügung.[745] Bezüglich Zulässigkeit und Begründetheit eines solchen Antrags gelten die allgemeinen Regeln (vgl. *R. Schmidt*, VerwProzR, Rn 931 ff. und 951 ff.). Das Gericht (und somit der Klausurbearbeiter) prüft in einem ersten Schritt, ob die Anordnung der sofortigen Vollziehung durch ein besonderes öffentliches Interesse gedeckt ist. Bei der **Nutzungsuntersagung** ist das jedenfalls der Fall, wenn die ungenehmigte Nutzung konfliktauslösend (z.B. Lärm) in Erscheinung tritt. Die Anordnung der sofortigen Vollziehung kommt ferner in Betracht, wenn im Hinblick auf einen Beschluss zur Aufstellung eines Bebauungsplans, der Nutzungen der fraglichen Art verhindern soll, eine rechtmäßige Versagung wahrscheinlich ist.[746]

Die Anordnung der sofortigen Vollziehung bei der **Baubeseitigungsverfügung** ist wegen der mit der Baubeseitigung verbundenen Irreversibilität regelmäßig unverhältnismäßig. Nur ausnahmsweise kommt sie in Betracht, nämlich wenn   **507**

- die Baubeseitigung einer Nutzungsuntersagung gleichgestellt werden kann (das ist der Fall, wenn die bauliche Anlage ohne Substanzverlust und andere – absolute und im Verhältnis zum Wert der baulichen Anlage gesehen – hohe Kosten für Entfernung und Lagerung beseitigt werden kann)[747],
- es um zersiedlungstypische oder aus anderen Gründen offensichtlich unzulässige Außenbereichsbauten geht, die eine negative Vorbildwirkung haben[748]
- und es sich um Bauwerke von „notorischen Schwarzbauern" handelt.[749]

In einem zweiten Schritt ist zu prüfen, ob der Rechtsbehelf in der Hauptsache bei **summarischer Prüfung** voraussichtlich erfolgreich sein wird. Denn wird der Rechtsbehelf in der Hauptsache voraussichtlich erfolgreich sein, besteht kaum ein öffentliches Interesse an der Anordnung der sofortigen Vollziehung.   **508**

> **Hinweis für die Fallbearbeitung:** Nun folgt in der Fallbearbeitung die vollständige formelle und materielle Rechtmäßigkeitsprüfung der Ordnungsverfügung. Die Rechtmäßigkeitsvoraussetzungen können je nach Art der Ordnungsverfügung (Baueinstellung, Baubeseitigung, Nutzungsuntersagung) erheblich divergieren. Vgl. dazu im Einzelnen die Ausführungen bei Rn 502 (zur Baueinstellungsverfügung), Rn 503 (zur Baubeseitigungsverfügung) und Rn 504 (zur Nutzungsuntersagung).   **509**

Zu beachten ist schließlich, dass sich in Bezug auf den Rechtsschutz etwas anderes ergibt, wenn die Behörde bereits mit der Vollstreckung begonnen hat. Denn regelmäßig ist in diesem Fall die Grundverfügung bereits bestandskräftig, kann also grundsätzlich nicht mehr angefochten werden. Angegriffen werden kann aber die betreffende Vollstreckungsmaßnahme. Ob gegen eine Maßnahme der Verwaltungsvollstreckung Anfechtungswiderspruch (§§ 68 ff. VwGO), Anfechtungsklage bzw. Fortsetzungsfeststellungsklage (§ 42 I 1. Alt, §§ 74 ff., § 113 I S. 4 VwGO) oder vorläufiger Rechtsschutz (§ 80 bzw. § 123 VwGO) zulässig ist, hängt von der Rechtsnatur der anzugreifenden Maßnahme ab, denn nur wenn ihr die Qualität eines Verwaltungsakts i.S.d. § 35 VwVfG zukommt, sind diese Rechtsbehelfe überhaupt einschlägig. Anderenfalls ist die allgemeine Leistungsklage oder die Feststellungsklage statthaft.   **510**

Bei der Frage, ob Vollstreckungsmaßnahmen als Verwaltungsakte oder als Realakte zu qualifizieren sind, muss einerseits zwischen dem VwVG des Bundes und dem VwVG

---

[745] Vgl. dazu OVG Münster NVwZ-RR **2002**, 11.
[746] OVG Berlin NVwZ-RR **1998**, 21.
[747] OVG Bautzen LKV **1993**, 428 (Werbetafeln).
[748] OVG Münster DÖV **1996**, 382; OVG Greifswald NVwZ **1995**, 608.
[749] VGH Kassel BauR **1985**, 309.

des jeweiligen Landes, andererseits zwischen Maßnahmen im gestreckten Verfahren und Maßnahmen im Sofortvollzug unterschieden werden. Da diese Problematik aber in das Verwaltungsvollstreckungsrecht führt, sei auf die Ausführungen bei *R. Schmidt*, BesVerwR II, Rn 902 ff., verwiesen.

e. Ordnungsverfügung, Rechtsschutz des Nachbarn

511　Bei Rn 413 ff. wurde die Konstellation erörtert, in der ein privater Bauherr ein genehmigtes Vorhaben durchführt, das gegen nachbarschützende Normen verstößt. In diesem Fall kann der Nachbar die Baugenehmigung anfechten bzw. durch einen Eilantrag auf Anordnung der aufschiebenden Wirkung den Baustopp einleiten. Diese Vorgehensweise ist aber nicht möglich, wenn keine Baugenehmigung vorliegt, sei es, dass der Bauherr ohne die erforderliche Baugenehmigung baut, sei es, dass eine zuvor erteilte Baugenehmigung aufgehoben wurde oder sei es, dass eine Baugenehmigung überhaupt nicht erforderlich ist, es sich also um ein genehmigungsfreigestelltes Vorhaben handelt. In diesen Fällen muss der Nachbar einen **Anspruch auf behördliches Einschreiten** geltend machen. Dazu muss er zunächst einen Antrag an die Behörde richten, dass diese einschreitet und gegenüber dem Bauherrn eine Bauordnungsverfügung (je nach Fallgestaltung Baueinstellungsverfügung, Baubeseitigungsverfügung oder Nutzungsuntersagung) erlässt. Bleibt die Behörde untätig oder lehnt den Antrag ab, kann der Nachbar **Widerspruch** einlegen und bei dessen Ablehnung **Verpflichtungsklage** erheben.[750] In der Praxis hat sich aber das Verfahren nach **§ 123 VwGO** bewährt. Der Nachbar kann also im Wege der einstweiligen Anordnung mit dem Ziel der Sicherung eines gegen die Behörde gerichteten Anspruchs auf Einschreiten vorgehen.[751]

aa. Anspruch auf Einschreiten beim „Schwarzbau" und nach Aufhebung der Baugenehmigung

512　Der Anspruch des Nachbarn auf behördliches Einschreiten gegen den Bauherrn kommt in folgenden zwei klassischen Konstellationen vor:

- Der Bauherr realisiert ein genehmigungspflichtiges Vorhaben, ohne die erforderliche Baugenehmigung einzuholen (sog. Schwarzbau). Der Nachbar will die weitere Bauausführung verhindern.

- Die dem Bauherrn erteilte Baugenehmigung wird aufgehoben (z.B. aufgrund einer Anfechtung des Nachbarn). Gleichwohl baut der Bauherr weiter. Der Nachbar will daher die weitere Bauausführung stoppen bzw. die weitere Nutzung des Baus verhindern.

513　Der Erlass von Bauordnungsverfügungen steht im pflichtgemäßen Ermessen der Baubehörde. Daher kann der Nachbar prinzipiell nur ein subjektives Recht auf ermessensfehlerfreie Entscheidung der Behörde haben. Verletzt das Vorhaben nachbarschützende Vorschriften des öffentlichen Rechts, kann sich das Ermessen auf Null reduzieren, sodass der Nachbar einen faktischen Anspruch auf Einschreiten, namentlich auf Erlass der beantragten Bauordnungsverfügung hat.[752] Das ist nach strittiger Auffassung anzunehmen, wenn ohne bauaufsichtliches Einschreiten eine *schwere Gefahr für ein wichtiges Rechtsgut* des Nachbarn (Leben und Gesundheit) oder erheb-

---

[750] Vgl. dazu *Ortloff*, NVwZ **2000**, 750, 754; *Mehde/Hansen*, NVwZ **2010**, 14 ff.
[751] *Ortloff*, NVwZ **2000**, 750, 755: Diese Vorgehensweise kommt schon bei unvollständigen Bauvorlagen, die eine Verletzung von Nachbarrechten nicht ausschließen, in Betracht (so OVG Münster NVwZ **1999**, 427) und ist auch dann möglich, wenn die Behörde zu Unrecht das Vorhaben als freigestellt behandelt (so OVG Münster BauR **1999**, 628). Alternativ besteht die grundsätzliche Möglichkeit einer einstweiligen Anordnung im Normenkontrollverfahren gegen den Bebauungsplan, der Voraussetzung der Genehmigungsfreistellung ist (vgl. VGH München NVwZ-RR **2000**, 416; *Ortloff*, NVwZ **2000**, 750, 755).

liche Verstöße gegen nachbarschützende Normen vorliegen.[753] **Anspruchsgrundlage** ist der allgemeine **Folgenbeseitigungsanspruch**.[754] **Rechtsgrundlage** der Behörde für das Einschreiten gegenüber dem Bauherrn ist die in der Bauordnung normierte Vorschrift über die einschlägige Ordnungsverfügung (Nutzungsuntersagung, Abrissverfügung, Stilllegungsverfügung).

Sieht die Behörde trotz Nachbarantrag von einem Einschreiten ab, kommt als Rechtsbehelf der Hauptsache **Widerspruch** und bei dessen Erfolglosigkeit **Verpflichtungsklage** in Betracht. Da mit diesen Rechtsbehelfen aber keine aufschiebende Wirkung verbunden ist, bietet effektiven Rechtsschutz nur das Verfahren nach § 123 VwGO (**Antrag auf Erlass einer einstweiligen Anordnung**). Zur Zulässigkeit und Begründetheit gelten die allgemeinen Regeln, vgl. dazu *R. Schmidt*, VerwProzR, Rn 931 ff. und 951 ff. Der Anordnungsanspruch ist gegeben, wenn die Behörde zum Einschreiten verpflichtet ist, also im Fall der Ermessensreduzierung auf Null. Der Anordnungsgrund besteht, weil die Fortsetzung der Bauarbeiten den rechtswidrigen Zustand weiter vergrößert.

Weiterführender Hinweis: Zum Anspruch der Gemeinde gegen die Bauaufsichtsbehörde auf **Einschreiten gegen einen Schwarzbau** vgl. VGH München NVwZ-RR 2005, 56 f., dargestellt als Abschlussfall bei *R. Schmidt*, AllgVerwR, Rn 992.

bb. Anspruch auf Einschreiten gegen rechtswidrige, genehmigungsfreigestellte Vorhaben

Nicht alle Bauvorhaben sind von der präventiven Kontrolle erfasst. So sehen die reformierten Landesbauordnungen vor, dass insbesondere kleinere Bauvorhaben (auch Wohngebäude!) aus Gründen der Verfahrensbeschleunigung von der Genehmigungspflicht ausgenommen sind. Der Bauherr darf also ohne sonst erforderliche Baugenehmigung bauen. Er muss das Bauvorhaben lediglich anzeigen, damit die Baubehörde in Kenntnis gesetzt wird und ggf. einschreiten kann, wenn sie der Auffassung ist, das Bauvorhaben widerspreche den öffentlich-rechtlichen Vorschriften. Man spricht von **Baufreistellung** oder **Anzeigeverfahren** bzw. **Kenntnisgabeverfahren**. Bei einem solchen Verfahren besteht aber stets die Gefahr, dass – da gerade keine Baugenehmigung in Form eines Verwaltungsakts ergeht und deswegen die Hinzuziehung Dritter zum Verwaltungsverfahren (§ 13 II VwVfG) und die Anhörung Beteiligter (§ 28 VwVfG) prinzipiell nicht möglich sind – die Interessen Dritter (insbesondere die der Nachbarn) vernachlässigt werden. Selbst wenn man aus rechtsstaatlichen Gründen den Vorschriften der §§ 13 und 28 VwVfG einen allgemeinen Rechtsgrundsatz entnimmt, hilft das dem Dritten nicht weiter. Denn das beschränkte Programm des Anzeigeverfahrens dient der Prüfung, ob dessen Voraussetzungen vorliegen, nicht der Prüfung drittschützender Normen. Folglich wird die Behörde keine Veranlassung haben, einen Dritten hinzuzuziehen. Dieser hat auch keinen Anspruch auf Durchführung des Baugenehmigungsverfahrens – mit notwendiger Nachbarbeteiligung –, wenn die Behörde das Vorhaben zu Unrecht als genehmigungsfreigestellt behandelt.[755]

514

---

[752] *Ortloff*, NVwZ **2000**, 750, 757.
[753] Vgl. BVerwG NJW **1961**, 793; NVwZ-RR **1997**, 271; VG München NVwZ **1997**, 928; **a.A.** OVG Saarlouis NVwZ-RR **1995**, 493; VGH Mannheim, NVwZ-RR **1995**, 490, VGH München NVwZ **1997**, 923; OVG Bautzen NVwZ **1997**, 922, die in diesen Fällen eine Ermessensreduzierung auf Null bereits dann annehmen, wenn durch das Vorhaben die nachbarlichen Belange mehr als nur geringfügig berührt werden. Das OVG Münster NVwZ-RR **1999**, 427 nimmt eine Ermessensreduzierung auf Null an, wenn ein Verstoß gegen Nachbarrechte mit hinreichender Deutlichkeit vorliegt. Vgl. dazu auch VGH Mannheim BWVBl **1999**, 309 (gegen Friedhofserweiterung); *Mampel*, DVBl **1999**, 1403; *Bamberger*, NVwZ **2000**, 983, 986; *Oeter*, DVBl **1999**, 189, 192, und *Brügger*, JuS **1999**, 625 (zum Folgenbeseitigungsanspruch).
[754] Vgl. dazu ausführlich *R. Schmidt*, AllgVerwR, Rn 1274 ff.; VerwProzR, Rn 370/799.
[755] OVG Münster NWVBl **1999**, 266; *Schmitz*, NVwZ **2000**, 1238, 1239; *Ortloff*, NVwZ **2000**, 750, 754.

515 Darüber hinaus ist bereits der regelmäßige Wegfall der aufschiebenden Wirkung eines Nachbarwiderspruchs/einer Nachbarklage gem. §§ 80 II S. 1 Nr. 3, 212 a I BauGB dogmatisch und rechtspolitisch fragwürdig genug. Denn dadurch wird das Regel-Ausnahme-Verhältnis des § 80 VwGO umgekehrt, was wiederum zur Folge hat, dass die Baubehörde von der (lästigen) Pflicht befreit ist, die sofortige Vollziehung im Einzelfall unter den Direktiven des § 80 II S. 1 Nr. 4 VwGO (Interessenabwägung) anzuordnen und gem. § 80 III S. 1 VwGO zu begründen. Es findet also eine erhebliche Funktionsverschiebung von der Exekutive in Richtung Judikative statt; die sonst von der Baubehörde vorzunehmende Interessenabwägung muss nun das Verwaltungsgericht vornehmen. Das Genehmigungsfreistellungsverfahren greift noch tiefer in die Nachbarproblematik ein. Hier bleibt dem Nachbarn als einzig effektives Mittel (neben dem zivilrechtlichen Nachbarstreitverfahren) nur der Antrag auf **Erlass einer einstweiligen Anordnung gem. § 123 VwGO**, da diese immer dann greift, wenn für das Bauvorhaben – aus welchem Grund auch immer – keine Baugenehmigung erteilt wurde, also kein suspendierungsfähiger Verwaltungsakt in Rede steht.[756] Dieses Verfahren ist aber gegenüber der Grundregel des § 80 I VwGO und dem Eilantrag nach §§ 80 a, 80 V VwGO aus zwei Gründen unvorteilhaft: Zum einen wird dem Antragsteller nach § 123 III VwGO i.V.m. § 945 ZPO das Risiko einer ungerechtfertigten einstweiligen Verfügung auferlegt: Erweist sich der Erlass einer einstweiligen Anordnung später im Hauptsacheverfahren als von Anfang an ungerechtfertigt oder wird die Anordnung zur Erhebung der Klage in der Hauptsache nicht befolgt, hat der Antragsteller dem Antragsgegner (verschuldens*un*abhängig) den Schaden zu ersetzen, der diesem durch die einstweilige Anordnung entsteht. Dadurch besteht ein deutliches Risiko, das es bei den §§ 80, 80 a VwGO nicht gibt. Zum anderen setzt die einstweilige Anordnung nach § 123 I VwGO nicht nur einen Anordnungsanspruch (das ist der in der Hauptsache geltend zu machende materielle Anspruch), sondern auch einen Anordnungsgrund (das ist der Grund für die Eilbedürftigkeit) voraus. Der Antragsteller (d.h. der Nachbar) muss also einen ihn als Dritten berechtigenden subjektiv-öffentlichen Anspruch gegen die Behörde auf bauaufsichtliches Einschreiten i.V.m. einer Ermessensreduzierung auf Null glaubhaft machen.[757] Demgegenüber hätte die Anfechtung der Baugenehmigung lediglich einen nicht offensichtlich unzulässigen oder unbegründeten Rechtsbehelf vorausgesetzt. Der Nachbarrechtsschutz führt damit im Gegensatz zu den Anforderungen des § 80 I VwGO nicht nur zu einer engen Abhängigkeit vom vorhandenen materiellen Bauaufsichtsrecht, sondern ist auch nur eingeschränkt gewährleistet.[758]

516 Die bereits erwähnte Ermessensreduzierung auf Null (die faktisch zu einem Anspruch auf Erlass einer Baueinstellungsverfügung, Baubeseitigungsverfügung oder Nutzungsuntersagung führt) nimmt die Rechtsprechung schon dann an, wenn ein Vorhaben gegen nachbarschützende Normen verstößt und hierdurch geschützte Belange des Nachbarn *mehr als nur geringfügig* berührt werden.[759] Zwar führt diese Auffassung dazu, dass der Nachbar bei einem genehmigungsfreien bzw. genehmigungsfreigestellten, also formell rechtmäßigen, Bauvorhaben besser gestellt wird als bei nicht genehmigten, aber genehmigungspflichtigen, also formell rechtswidrigen, Bauvorhaben des Bauherrn (dort ist nach h.M. eine *schwere Gefahr für ein wichtiges Rechtsgut*

---

[756] OVG Münster NVwZ-RR **1999**, 427; *Bamberger*, NVwZ **2000**, 983, 984. **Anspruchsgrundlage** ist auch hier der allgemeine Folgenbeseitigungsanspruch. **Rechtsgrundlage** die in der Bauordnung geregelte Vorschrift über die konkrete Verfügung (Abriss, Stilllegung, Nutzungsuntersagung).

[757] *Dolde/Menke*, NVwZ **1999**, 2150, 2161; *Bamberger*, NVwZ **2000**, 983, 985. Vgl. auch *Mehde/Hansen*, NVwZ **2010**, 14, 18.

[758] *Bamberger*, NVwZ **2000**, 983, 985.

[759] VGH Mannheim DÖV **1997**, 1056; VGH München NVwZ **1997**, 923; OVG Bautzen NVwZ **1997**, 922. Vgl. dazu auch *Ortloff*, NVwZ **2000**, 750, 757 und *Bamberger*, NVwZ **2000**, 983, 986 ff.

erforderlich, um eine Ermessensreduzierung auf Null annehmen zu können). Die entsprechenden Vorschriften der Bauordnungen über die Baufreistellung dienen aber ausschließlich der Verfahrensbeschleunigung und Vereinfachung. Sie bezwecken weder eine allgemeine Reduzierung des materiell-rechtlichen Nachbarschutzes noch eine Beschränkung der prozessualen Durchsetzbarkeit dieser Position. Daher ist mit der h.M. eine Ermessensreduzierung auf Null anzunehmen, wenn nachbarschützende Belange *mehr als nur geringfügig* berührt sind.

Anhang: Synopse der wichtigsten Vorschriften der Landesbauordnungen

	BaWü	Bay	Berl	Brand	Brem	Hamb	Hess	MV
Anwendungsbereich	1	1	1	1	1	1	1	1
Begriffsbestimmungen	2	2	2	2	2	2	2	2
Allgemeine Anforderung (ggf. auch Generalklausel)	3	3	3	3	3	3	3	3
Bebauung des Grundstücks/Erschließung	4	4	4	4	4	4	4	4
Zugänge u. Zufahrten auf den Grundstücken	-	5	5	5	5	5	5	5
Abstandsflächen / Grenzabstände	5-7	6	6, 6a	6	6	6, 7	6, 7	6
Grundstücksteilung	-	-	7	4	11	8	-	7
Nicht überbaute Flächen der bebauten Grundstücke, Kinderspielplätze	9	7	8	7	7, 8	9, 10	8	8
Gemeinschaftsanlagen	40	-	-	-	10	-	-	-
Gestaltung	11	8	9	8	12	12	9	9
Werbeanlagen und Warenautomaten	2 IX, 11	2 I, 8, 56, 57	10	9	13	13	55 i.V.m. Anlage 2 der LBO	10
Verkehrssicherheit	16	14	16	-	19	19	15	16
Bauprodukte und Bauarten	17-25, 63	15-23, 74	17-25, 77	14-22, 77	20-28, 80	20-23, 74a	16-24, 70	17-25, 78
Aufenthaltsräume	34	45	48	40	46	44	42	47
Wohnungen	35	46	49	41	47	45	43	48
Bäder u. Toilettenräume	36	42	43	42	48	-	-	43
Stellplätze u. Garagen, z.T. Abstellmöglichkeiten für Fahrräder	37	47	50	43	49	48, 49	44	49
Bauliche Anlagen u. Räume bes. Art oder Nutzung	38	2 IV	-	44	52	51	45	51
Bauliche Maßnahmen für bes. Personengruppen	39	48	51	45	53	52	46	50
Die am Bau Beteiligten (Grundsatz)	41	49	53	46	54	53	47	52
Bauherr	42	50	54	47	55	54	48	53
Entwurfsverfasser (Architekt)	43	51	55	48	56	55	49	54
Unternehmer	44	52	56	50	57	56	50	55
Bauleiter	45	-	57	49	58	57	51	56
Bauaufsichtsbehörden	46	53	-	51	60	-	-	57
Aufgaben und Befugnisse der Bauaufsichtsbehörde	47	54	58	52, 53	61	58	53	58
Zuständigkeit	48	53	-	-	63	-	52	57
Genehmigungsbedürftige Vorhaben	49	55	60	54	64	59	54	59

Anhang: Synopse der wichtigsten Vorschriften der Landesbauordnungen

	Nds	NW	RhlPfl	Saarl	Sachs	SachsAnh	SchlHolst	Thür
Anwendungsbereich	3	1	1	1	1	1	1	1
Begriffsbestimmungen	2	2	2	2	2	2	2	2
Allgemeine Anforderung (Generalklausel)	1	3	3, 4	3	3	3	3	3
Bebauung des Grundstücks/Erschließung	4	4	6	5	4	4	4	4
Zugänge u. Zufahrten auf den Grundstücken	5	5	7	6	5	5	5	5
Abstandsflächen / Grenzabstände	7-13	6	8, 9	7, 8	6	6	6	6
Grundstücksteilung	-	8	-	9	7	7	7	8
Nicht überbaute Flächen der bebauten Grundstücke, Kinderspielplätze	14	9	10, 11	10	8	8	8	9
Gemeinschaftsanlagen	52	11	-	-	-	-	-	-
Gestaltung	53	12	5	4	9	9	10	12
Werbeanlagen und Warenautomaten	49	13	52	12	10	10	11	13
Verkehrssicherheit	23	19	17	17	16	16	17	19
Bauprodukte und Bauarten	24-28c, 89	20-28, 61	18-26, 80	18-26, 80	17-25, 78	17-25, 77	18-27, 59	20-25, 75a
Aufenthaltsräume	43	48	43, 45	45	47	46	48	45
Wohnungen	44	49	44, 45	46	48	47	49	46
Bäder u. Toilettenräume	45	50	46	-	43	42	44	41
Stellplätze u. Garagen, z.T. Abstellmöglichkeiten für Fahrräder	46-47b	51	47	47	49	48	50	49
Bauliche Anlagen u. Räume bes. Art oder Nutzung	51	54	50	51	51	50	51	52
Bauliche Maßnahmen für bes. Personengruppen	48	55	51	50	50	49	52	53
Die am Bau Beteiligten (Grundsatz)	61, 62	56	54	52	52	51	53	54
Bauherr	57	57	55	53	53	52	54	55
Entwurfsverfasser (Architekt)	58	58	56	54	54	53	55	56
Unternehmer	59	59	57	55	55	54	56	57
Bauleiter	-	59a	-	56	56	55	57	58
Bauaufsichtsbehörden	63-64	60	58	58	57	56	58	59
Aufgaben und Befugnisse der Bauaufsichtsbehörde	65	61	59	57	58	57	59	60
Zuständigkeit	65	62	60	59	57	56	61	61
Genehmigungsbedürftige Vorhaben	68	63	61	60	59	58	62	62

	BaWü	Bay	Berl	Brand	Brem	Hamb	Hess	MV
Genehmigungs-, verfahrens-freie Vorhaben; Genehmigungsfreistellungsverfahren; Kenntnisgabe-, Anzeigeverfahren	50, 51	57, 58	61-63	55, 58	65, 66	60	55, 56	61, 62
Bauantrag u. Bauvorlagen	52	64	69	62	68	70	60	68
Bauvorlageberechtigung	43	61	66	48	70	67	49	65
Vereinfachte Genehmigungsverfahren	-	59	64	57	67	61	57	63
Behandlung des Bauantrags	53, 54	65	70	63	71	70	61	69
Abweichungen, Ausnahmen, Befreiungen	56	63	68	61	72	69	63	67
Beteiligung der Angrenzer bzw. Nachbarn	55	66	-	64	73	71	62	70
Baugenehmigung und Baubeginn	58, 59	68	71	67, 68	74	72, 72a	64, 65	72
Geltungsdauer der Baugenehmigung	62	69	72	69	76	73	64	73
Ersetzung des gemeindlichen Einvernehmens	-	67	-	70	-	-	-	71
Vorbescheid	57	71	74	59	69	63	66	75
Teilbaugenehmigung	61	70	73	-	75	-	67	74
Typengenehmigung	68	-	-	-	77	65	59	-
Fliegende Bauten	69	72	75	71	78	66	68	76
Öffentliche Bauherren (Bauaufsichtliche Zustimmung)	70	73	76	72	79	64	69	77
Bauüberwachung, Bauzustandsbesichtigung	66, 67	77, 78	80, 81	49, 68	83, 84	78, 77	73, 74	81, 82
Baueinstellung	64	75	78	73	81	75	71	79
Beseitigungsverfügung und Nutzungsuntersagung	65	76	79	74, 73	82	76	72	80
Baulast und Baulastenverzeichnis	71, 72	-	82	-	85	79	75	83
Ordnungswidrigkeiten	75	79	83	79	88	80	76	84
Rechtsvorschriften und Verwaltungsvorschriften	73	80	84	80	86	81	80	85
Örtliche Bauvorschriften	74	81	-	81	87	-	81	86
Bestehende Anlagen und Einrichtungen	76	-	85	78	89	-	77	-

Anhang: Synopse der wichtigsten Vorschriften der Landesbauordnungen

	Nds	NW	RhlPfl	Saarl	Sachs	SachsAnh	SchlHolst	Thür
Genehmigungs-, verfahrens-freie Vorhaben; Genehmigungsfreistellungsverfahren; Kenntnisgabe-, Anzeigeverfahren	69-70	65-67	62, 67	61, 63	61, 62	60, 61	63, 68	63, 63a
Bauantrag u. Bauvorlagen	71	69	63	69	68	67	64	64
Bauvorlageberechtigung	58, 71	70	64	66	65	64	65	65
Vereinfachte Genehmigungsverfahren	75a	68	66	64	63	62	69	63b
Behandlung des Bauantrags	73	72	65	70	69	68	67	67
Abweichungen, Ausnahmen, Befreiungen	85, 86	73, 74a	69	68	67	66	71	63e
Beteiligung der Angrenzer bzw. Nachbarn	72	74	68	71	70	69	72	68
Baugenehmigung und Baubeginn	75, 78	75	70, 77	73	72	71	73	70
Geltungsdauer der Baugenehmigung	77	77	74	74	73	72	75	72
Ersetzung des gemeindlichen Einvernehmens	-	-	71	72	71	70	-	69
Vorbescheid	74	71	72	76	75	74	66	73
Teilbaugenehmigung	76	76	73	75	74	73	74	71
Typengenehmigung	83	78	75	-	-	-	-	-
Fliegende Bauten	84	79	76	77	76	75	76	74
Öffentliche Bauherren	82	80	83	62	77	76	77	75
Bauüberwachung, Bauzustandsbesichtigung	79, 80, 87, 88	81, 82	78, 53	78, 79	81, 82	80, 81	78, 79	78, 79
Baueinstellung	89	61	80	81	79	78	59	76
Beseitigungsverfügung und Nutzungsuntersagung	54, 89	61	81, 82	82, 82a	80	79	59	77
Baulast und Baulastenverzeichnis	92, 93	83	86	83	83	82	80	80
Ordnungswidrigkeiten	91	84	89	87	87	83	82	81
Rechtsvorschriften und Verwaltungsvorschriften	95	85	87	86	88	84	83	82
Örtliche Bauvorschriften	56, 97, 98	86	88	85	89	85	84	83
Bestehende Anlagen und Einrichtungen	99	87	85	-	-	86	60	84

2. Kapitel
Subventionsrecht

A. Begriff der Subvention

Wie das Gewerberecht eignet sich auch das Subventionsrecht trotz seiner Zugehörigkeit zum Wirtschaftsverwaltungsrecht und damit zum Schwerpunktbereich des juristischen Studiums hervorragend zur Überprüfung allgemeiner verwaltungsrechtlicher Strukturen. Denn in ihm spielen Vorrang und Vorbehalt des Gesetzes, Auslegung von unbestimmten Rechtsbegriffen, Überprüfung von Verwaltungsermessen sowie der Vertrauensschutz eine besondere Rolle. Das vorliegende Kapitel trägt diesem Umstand Rechnung, indem es das Subventionsrecht in seinen wesentlichen Grundzügen darstellt und sich auf die studien- und examensrelevanten Inhalte konzentriert. **517**

Subventionen stellen den wichtigsten Unterfall der Wirtschaftsförderung dar. Der Begriff der Subvention wird durch das Verwaltungsrecht nicht definiert. Auch werden teilweise anstelle des Begriffs „Subvention" andere Ausdrücke verwendet wie beispielsweise „Finanzhilfe"[760] oder „Zuwendungen"[761]. Art. 107 AEUV verwendet den Begriff „Beihilfe". Eine Legaldefinition des Subventionsbegriffs ist in § 264 VII StGB zu finden. Der Zweck dieser Vorschrift, Subventionsstraftaten zu verhindern und zu ahnden, schließt die Verwendung des dort definierten Begriffs im Wirtschaftsverwaltungsrecht nicht aus, auch wenn hier der Zweck - die Förderung eines bestimmten erwünschten wirtschaftlichen Verhaltens - scheinbar anders geartet ist. Da aber Wirtschaftsstrafrecht und Wirtschaftsverwaltungsrecht letztlich demselben Zweck dienen - keine Fehlleitung und Zweckverfehlung von öffentlichen Mitteln zu dulden -, kann auf diese Legaldefinition zurückgegriffen werden.[762] Im Übrigen lässt sich der Begriff der Subvention in einem engeren und in einem weiteren Sinne beschreiben. **518**

Subventionen i.e.S. (**Direktsubventionen**) sind (1) vermögenswerte Zuwendungen, die der Staat oder ein anderer Träger öffentlicher Verwaltung unmittelbar oder durch Dritte (2) an Privatpersonen zur (3) Förderung eines im öffentlichen Interesse liegenden **Zwecks** leistet. **519**

Die Zuwendung dient also nicht dem Interesse des Empfängers, sondern soll den Empfänger zu einem bestimmten, dem Allgemeinwohl dienenden Verhalten veranlassen.[763] Dieser enge Subventionsbegriff deckt sich weitgehend mit dem strafrechtlichen Subventionsbegriff. Hinsichtlich des **Europäischen Gemeinschaftsrechts** gelten Besonderheiten, die sogleich bei Rn 523 erörtert werden. **520**

Subventionen i.w.S. (**indirekte Subventionen**, sog. **Verschonungssubventionen**) sind verdeckt gewährte vermögenswerte Zuwendungen vor allem durch Minderung allgemeiner Abgabenbelastungen wie Steuervergünstigungen oder Zollverzicht.[764] **521**

---

[760] § 12 StabG.
[761] § 14 HaushaltsgrundsätzeG; §§ 23, 44 BHO (wobei dort der Begriff der Zuwendung über den der Subvention hinausgeht, weil Empfänger i.S.d. § 23 BHO auch ein Träger öffentlicher Gewalt sein kann, der Subventionsbegriff aber für die Vergabe an Private reserviert ist, vgl. auch LG Mühlhausen NJW **1998**, 2069).
[762] *Stober*, Besonderes Wirtschaftsverwaltungsrecht, § 59 III 2. Vgl. auch *Vierhaus*, NVwZ **2000**, 734.
[763] Das Vorliegen des Subventionszwecks wird beispielsweise in §§ 23, 44 BHO vorausgesetzt. Im Übrigen ist der Subventionszweck entweder in dem speziellen Subventionsgesetz oder in den Vergaberichtlinien (Verwaltungsrichtlinien) zur Haushaltsordnung beschrieben.
[764] EuGH EuZW **2001**, 242, 243; *Trautwein*, JA **2001**, 929, 930.

522 Obwohl es volkswirtschaftlich gleichgültig ist, ob der Private durch direkte oder indirekte Subventionen begünstigt wird, sind nach überwiegender rechtswissenschaftlicher Meinung die Verschonungssubventionen nicht von dem verwaltungsrechtlichen Subventionsbegriff umfasst, da sie verschiedenen Regelungsgebieten angehörten und eine differenzierte Betrachtungsweise geboten sei.[765] Die Unterscheidung ist vor allem im Hinblick auf die Rechtsfolgen, d.h. für die Handlungsform und den Rechtsweg, von Bedeutung.

523 Etwas anderes gilt auf der Ebene des **Europäischen Gemeinschaftsrechts**. Der Begriff der Subvention („Beihilfe") ist nach der ständigen Rechtsprechung des EuG und des EuGH **weit** zu verstehen und wird in den meisten Fällen anhand des sog. *„Prinzips vom marktwirtschaftlich handelnden Kapitalgeber"* bestimmt: Das wirtschaftliche Handeln der betreffenden staatlichen Stelle wird danach mit dem hypothetischen Verhalten eines nach Rentabilitätsgesichtspunkten agierenden privaten Investors verglichen. Wenn der hypothetische private Investor den einem bestimmten Unternehmen zugeführten wirtschaftlichen Vorteil überhaupt nicht oder zumindest zu anderen, ungünstigeren Konditionen erteilt hätte, ist eine Begünstigung zu bejahen.[766] Die Begünstigung kann ein **verbilligtes Darlehen** oder ein **verlorener Zuschuss** sein. Aber auch der **Verzicht von Forderungen** kann eine Begünstigung sein (sog. **Verschonungssubvention**). So kann es als Beihilfe i.S.v. Art. 107 I AEUV angesehen werden, wenn eine Behörde eines Mitgliedstaates oder eine von diesem beeinflusste Einrichtung einen **Tarif** (von Erdgas, Strom etc.) anwendet, der auf einem niedrigeren Niveau als üblich angesetzt wird.[767] Gleiches gilt, wenn eine staatliche Maßnahme mit sozialem Charakter (etwa Beitragsermäßigung für Unternehmen zur Sozialversicherung der Arbeitnehmer) begünstigende Wirkung zeigt, da der AEUV nicht auf die Gründe oder Ziele, sondern auf die Wirkungen einer staatlichen Maßnahme abstellt.[768] Somit umfasst der gemeinschaftsrechtliche Subventionsbegriff auch die Verschonungssubventionen. Dagegen ist es nach der Rechtsprechung des EuGH **nicht** als Subvention i.S.v. Art. 107 AEUV anzusehen, wenn ein Mitgliedstaat ein privates Elektrizitätsversorgungsunternehmen verpflichtet, von einem Stromerzeuger Strom aus erneuerbaren Energien zu Mindestpreisen abzunehmen, die über dem tatsächlichen Wert dieses Stromes liegen.[769] Auch sollen Ausgleichsleistungen des Staates an Unternehmen, die **Nahverkehrsdienstleistungen** im allgemeinen Interesse erbringen, keine Beihilfen darstellen.[770]

> **Hinweis für die Fallbearbeitung:** Bezüglich der Frage, welcher Subventionsbegriff zugrunde zu legen ist, muss differenziert werden: Geht es um die Rücknahme von gemeinschaftsrechtswidrig gewährten Subventionen (vgl. Rn 621 ff.), ist wegen des Anwendungsvorrangs und des effet-utile-Prinzips des EU-Rechts der weite Subventionsbegriff maßgebend. Wurden demgegenüber Subventionen gewährt, die den Wettbewerb zwischen den Mitgliedstaaten nicht verfälschen oder zu verfälschen drohen (vgl. Art. 107 AEUV), also rein national zu bewerten sind, muss der enge nationale Subventionsbegriff zugrunde gelegt werden.

---

[765] *Maurer*, AllgVerwR, § 17 Rn 4; *Stober*, Besonderes Wirtschaftsverwaltungsrecht, § 59 III 4.

[766] Zum Beihilfenbegriff vgl. EuGH DVBl **2002**, 1034, 1035; DVBl **2002**, 392; DVBl **2001**, 633, 635; NVwZ **2000**, 781, 782; Slg II **1999**, 17 Rn 15; *v. Welser*, JA **2002**, 240, 241; *Bartosch*, NJW **2001**, 921, 922; *Oldiges*, NVwZ **2001**, 280, 281.

[767] Vgl. EuGH NVwZ **1996**, 992.

[768] EuGH EuZW **1999**, 534 (Nachlass bei Sozialversicherungsbeiträgen) mit Bespr. von *Streinz*, JuS **2000**, 390; EuGH EuZW **1999**, 506 (Nachlässigkeit beim Einzug geschuldeter Sozialversicherungsbeiträge und Zahlungserleichterungen) mit Bespr. von *Streinz*, JuS **2000**, 487.

[769] EuGH EuZW **2001**, 242, 243; *Trautwein*, JA **2001**, 929, 930.

[770] EuGH NJW **2003**, 2515, 2116 ff. (Altmark). Vgl. dazu auch *Kämmerer*, NVwZ **2004**, 28 ff.

B. Zum Vorbehalt des Gesetzes

Nach dem überkommenen Verständnis vom Vorbehalt des Gesetzes (Art. 20 III GG) bedürfen jedenfalls **Eingriffe** in Freiheit und Eigentum einer inhaltlich **hinreichend bestimmten**[771] **formell-gesetzlichen Grundlage**. Der „Vorbehaltsbereich" erstreckt sich insbesondere auf die sog. Eingriffsverwaltung und hat daher im besonderen Gefahrenabwehrrecht (Gewerberecht, Gaststättenrecht, Bauordnungsrecht, Wasserhaushaltsrecht etc.) sowie im allgemeinen Gefahrenabwehrrecht (**Polizei- und Ordnungsrecht**) seinen Hauptanwendungsbereich. Solche gesetzlichen Ermächtigungen werden **Rechtsgrundlagen** genannt. Rechtsgrundlagen sind Gesetzesvorschriften, die den Behörden Eingriffsbefugnisse verleihen. In der **Leistungsverwaltung** (dazu ausführlich *R. Schmidt*, AllgVerwR, Rn 206 ff.), zu der auch das Subventionsrecht gehört, besteht jedoch die Besonderheit, dass die Verwaltung nicht freiheitsverkürzend in die Rechtssphäre des Bürgers eingreift, sondern ihm gegenüber gewährend auftritt, also dessen Rechtssphäre erweitert. Insbesondere die Rechtsprechung lässt es daher (bezüglich der Subventionsvergabe) genügen, wenn im **Haushaltsplan** (= nur-formelles Gesetz) des Bundes[772] oder des betreffenden Landes Mittel mit entsprechender Zweckbestimmung bereitgestellt sind und die Vergabe durch **Richtlinien** (i.S.v. Verwaltungsvorschriften) geordnet ist. Seien Fördermittel im Haushaltsplan (z.B. § 23 BHO) für einen bestimmten Förderungszweck bereitgestellt, sei trotz des auch in der Leistungsverwaltung zu beachtenden **Rechtsstaats**- und **Demokratieprinzips** dem Vorbehalt des Gesetzes *grundsätzlich* Genüge getan (sog. **Etatlegitimierung**).[773]

Unberührt bleiben aber Spezialgesetze mit Subventionscharakter, da diese spezielle Rechtsgrundlagen für die Subventionsgewährung darstellen (Beispiel: Privatschulgesetze der Länder, Pflegegesetze der Länder[774], FilmförderungsG, InvestitionszulagenG). Auch stellen die Gesetze der Gemeinschaftsaufgaben (Art. 91 a GG) eine ausreichende Rechtsgrundlage für die Gewährung von Finanzhilfen dar (Beispiel: Gesetz über die Gemeinschaftsaufgabe Verbesserung der regionalen Wirtschaftsstruktur). Zu beachten ist weiterhin, dass gem. § 39 BHO für Bürgschaftszusagen, die zu Ausgaben in künftigen Haushaltsjahren führen können, eine Ermächtigung durch förmliches Bundesgesetz erforderlich ist.

Liegen aber derartige Spezialfälle nicht vor, bleibt es bei der Etatlegitimierung. Danach wird die Verwaltung unter folgenden Voraussetzungen zur haushaltsrechtlichen Subventionsvergabe legitimiert:

1. Der Haushaltsplan muss entsprechende Mittelansätze enthalten.
2. Der Haushaltsplan umreißt die Zweckbestimmung dieser Mittel.
3. Die Subventionsvergabe gehört zu den verfassungsrechtlichen Aufgaben der betreffenden Verwaltungsbehörde (Aufgabennorm).
4. Die Vergabevoraussetzungen sind durch Richtlinien i.S.v. Verwaltungsvorschriften geordnet (Vergaberichtlinien).

Beispiel: Im **Haushaltsplan** des Landes X sind Mittel zur Bekämpfung der Vogelgrippe und zur Förderung der ökologischen Viehzucht bereitgestellt. Ein entsprechender ministerieller Runderlass (= Verwaltungsvorschrift) beschreibt die näheren Voraussetzungen, unter denen die Gelder vergeben werden.

524

525

526

---

[771] Der sog. **Bestimmtheitsgrundsatz** ist Teilbereich des Staats- und Verfassungsrechts und wird ausführlich bei *R. Schmidt*, Staatsorganisationsrecht, Rn 191 ff., erläutert.

[772] Vgl. Art. 110 I S. 1, II GG i.V.m. der Bundeshaushaltsordnung (BHO).

[773] BVerwGE **6**, 282, 287; **18**, 352, 353; **90**, 112, 126; **104**, 220, 222 f.; VGH München NVwZ **2000**, 830; OVG Weimar GewArch **2002**, 326 (st. Rspr.). Vgl. auch *Wolff/Bachof/Stober*, AllgVerwR I § 18 Rn 13 f.; *Hölscheidt*, JA **2001**, 409, 412.

[774] Vgl. dazu BVerwG NVwZ **2008**, 1355 ff.

Hier ist die Förderung der Viehzüchter mit keinerlei Rechtsbeeinträchtigung verbunden, sodass unter Zugrundelegung der st. Rspr. die Bereitstellung von Mitteln im Haushaltsplan i.V.m. dem Runderlass dem Rechtsstaats- und Demokratieprinzip genügt.

527 Von Teilen der Literatur wird gegen den o.g. Standpunkt hervorgebracht, dass die Subventionsvergabe generell für die Allgemeinheit so wesentlich sei, dass sie nur durch ein entsprechendes (formell-materielles) Subventionsgesetz erfolgen dürfe. In diesem Gesetz müssten die Art der Subventionierung und die wichtigsten Vergabevoraussetzungen bestimmt werden. Dabei gelte, dass je bedeutender die Subventionsvergabe für die Allgemeinheit sei, desto detaillierter die Regelung sein müsse.[775] Diese Auffassung läuft praktisch auf einen **Totalvorbehalt** auch in der Leistungsverwaltung hinaus, auch wenn die inhaltliche Bestimmtheit des Gesetzes vom Grad der Bedeutung der Subventionsvergabe für die Allgemeinheit abhängt.

528 Wieder andere favorisieren einen **abgeschwächten Gesetzesvorbehalt**. Sie lassen zwar grundsätzlich die Etatlegitimierung genügen, fordern jedoch eine formellgesetzliche Rechtsgrundlage für den Fall, dass die Subventionsvergabe nach der Terminologie der Wesentlichkeitstheorie (vgl. *R. Schmidt*, AllgVerwR, Rn 132/137) „**wesentlich**" ist. Sei nach der Wesentlichkeitstheorie eine gesetzliche Grundlage erforderlich, richte sich der Grad der inhaltlichen Bestimmtheit nach Art und Umfang der Bedeutung für die Allgemeinheit.[776] Insoweit besteht also eine Übereinstimmung zum Totalvorbehalt.

529 Auf den ersten Blick scheint die zuletzt genannte Auffassung vorzugswürdig zu sein. Denn sie fordert nur dann eine materiell-gesetzliche Rechtsgrundlage, wenn auch die Wesentlichkeitstheorie eine solche verlangt. Dies genügt dem Gesetzesvorbehalt. Jedoch übersieht sie, dass letztlich auch die Rechtsprechung dort ein formellmaterielles Gesetz fordert, wo Grundrechte betroffen sein können. Damit nivelliert sich der vermeintliche Unterschied.

530 Anknüpfungspunkt der Überlegung ist der Umstand, dass die Zweckbestimmung im Haushaltsplan nur generell bestimmt ist und die Frage, unter welchen Umständen und in welcher Höhe und unter welchen Bedingungen die generell bereitgestellten Mittel verteilt werden, noch der Regelung bedarf. Fehlt eine solche Regelung in Form eines Parlamentsgesetzes, besteht die Gefahr, dass die Überlassung dieser Regelung an die Exekutive in rechtsstaatlicher Hinsicht dem Parlamentsvorbehalt nicht gerecht wird. Daher ist ein formelles Gesetz erforderlich, sofern die staatliche Leistungsvergabe in besonders grundrechtssensiblen Bereichen erfolgt bzw. als zurechenbarer **Eingriff in Grundrechte Dritter** zu bewerten ist[777] (s.u.). So kann ein nicht begünstigter **Konkurrent** des Subventionsempfängers im wirtschaftlichen Wettbewerb benachteiligt werden. Eingriffsqualität haben solche Beeinträchtigungen jedenfalls in Fällen, in denen der Staat zielgerichtet (d.h. final) die Rahmenbedingungen zulasten bestimmter Unternehmen verändert.[778] In diesen Fällen benötigt die Verwaltung eine spezielle formell-gesetzliche Grundlage für die Subventionsvergabe. Greift der Staat indes nicht zielgerichtet, sondern nur mittelbar, d.h. **faktisch**, in die Rechtssphäre des (Dritt-)Betroffenen ein, ist dagegen fraglich, ob es einer Rechtsgrundlage bedarf. Bei schwerer und unzumutbarer Grundrechtsbeeinträchtigung (etwa durch **grobe Verzerrung**

---

[775] *Maurer*, AllgVerwR, § 6 Rn 14; *Sommermann*, in: v. Mangoldt/Klein/Starck, GG, Bd. II, Art. 20 Rn 272.
[776] *Huber*, Konkurrenzschutz im Verwaltungsrecht, **1991**, S. 498.
[777] BVerwGE **90**, 112, 126 (Eingriff bei einer mittelbaren Grundrechtsbeeinträchtigung durch Förderung eines privaten Vereins, der Sekten kritisch hinterfragt). Vgl. auch *Hölscheidt*, JA **2001**, 409, 412.
[778] BVerwGE **71**, 183, 194.

des Wettbewerbs) wird man aber auch für diesen Fall eine Rechtsgrundlage fordern müssen.[779]

> **Beispiel**[780]**:** Im Haushalt des Landes X ist ein Posten „Finanzhilfen für existenzgefährdete Wirtschaftsunternehmen" bereitgestellt. Der zuständige Regierungspräsident weist dem wirtschaftlich stark angeschlagenen Unternehmer A nach Maßgabe der vom Wirtschaftsminister erlassenen Vergaberichtlinien eine Subvention i.H.v. € 1.000.000,- zu. Ein Subventionsgesetz besteht nicht.[781] B, ein Konkurrent des A, hält die Subventionierung für mit dem Grundsatz der Gesetzmäßigkeit der Verwaltung nicht vereinbar. Zu Recht?
>
> Das Vorrangprinzip ist nicht betroffen, da ein Gesetz gerade nicht besteht. Möglicherweise ist aber der Vorbehalt des Gesetzes verletzt. Jedoch besteht eine gezielte Rechtsbeeinträchtigung des B nicht. Dem Regierungspräsidenten ging es nur um die Subventionierung des A. Folgt man der Rechtsprechung, ist eine gesetzliche Rechtsgrundlage grundsätzlich nicht erforderlich. Es genügt vielmehr die etatmäßige Bereitstellung von Mitteln i.V.m. Vergaberichtlinien. Etwas anderes würde aber nach der Rechtsprechung gelten, wenn mit der Subventionierung des A eine Verzerrung des Wettbewerbs verbunden und die unternehmerische Existenz des B gefährdet würde. Das ist eine Sachverhaltsfrage.

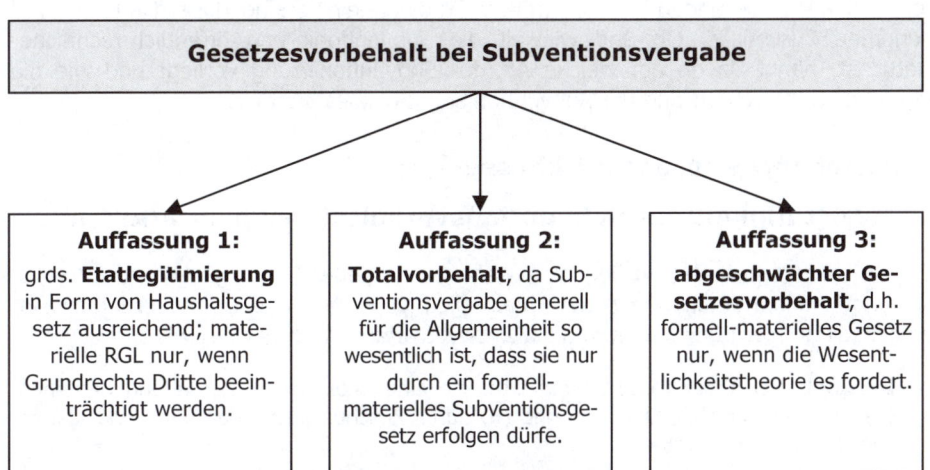

Ein weiterer problematischer Fall ist die Förderung eines privaten Vereins, der religiöse **Sekten** (die sich auf Art. 4 I, II i.V.m. Art. 19 III GG berufen können) kritisch hinterfragt. Hier muss die Förderung auf ausdrücklicher gesetzlicher Grundlage beruhen. Die Beeinträchtigung der Religions- und Weltanschauungsfreiheit ist dem Staat als Eingriff (in den Grundrechtsbereich) zuzurechnen. Daher stellt die Bereitstellung von Mitteln im Haushaltsplan hier keine ausreichende Rechtsgrundlage dar.[782]   **531**

Einer gesetzlichen Grundlage bedarf auch die selektive **Pressesubvention**. Ausgangspunkt der Überlegung ist, dass Einschränkungen der Pressefreiheit (Art. 5 I S. 2 GG schützt jedenfalls in seiner Abwehrfunktion vor staatlichen *Beschränkungen* der Pressetätigkeit) nur durch *allgemeine* Gesetze (Art. 5 II GG) zulässig sind. Es handelt sich somit um einen **verfassungsrechtlich angeordneten Gesetzesvorbehalt**.   **532**

---

[779] Vgl. auch BVerwG NVwZ **2001**, 322 ff.; BVerwGE **71**, 183, 191; **90**, 112, 126; *Kluth*, Jura **2001**, 371, 373 f.; *Hölscheidt*, JA **2001**, 409, 412.
[780] Vgl. *Maurer*, AllgVerwR, § 6 Rn 3.
[781] Zur Rechtslage bei Vorliegen eines Subventionsgesetzes vgl. BVerwG NVwZ **2008**, 1355 ff.
[782] BVerwGE **90**, 112, 126.

Aber auch im Vorfeld der eigentlichen Pressetätigkeit darf es keine staatlichen Lenkungen geben. Der Verfassungsgarantie des Art. 5 I S. 2 GG würde es zuwiderlaufen, wenn die Presse ganz oder teilweise steuerbar wäre. Die selektive Förderung von Presseunternehmen verschlechtert die Wettbewerbsstellung eines übergangenen Presseunternehmens. Daher liegt ein Eingriff in die grundrechtlich geschützte Pressefreiheit des nicht geförderten Unternehmens vor. Soweit der nicht subventionierte Konkurrent einen **grundrechtsrelevanten Eingriff** in die Pressefreiheit erleidet, muss schon deshalb eine gesetzliche Rechtsgrundlage (Art. 5 II GG) vorhanden sein. Darüber hinaus enthält das Grundrecht aus Art. 5 I S. 2 GG neben seiner Funktion als Abwehrrecht die Garantiefunktion der staatlichen Unabhängigkeit (Institutsgarantie). Wenn der Staat durch selektive Förderung lenkend und gestaltend in das Pressewesen eingreift, besteht die Gefahr, dass die geförderten Presseunternehmen ihre Neutralität gegenüber dem Staat ablegen, um ihre Aussichten auf künftige Förderungen nicht zu verschlechtern. Auch aus diesem Grund ist eine über die Etatlegitimierung hinausgehende formell-materielle Rechtsgrundlage zu fordern.

C. Das Subventionsverhältnis

533   Wichtigste Formen der Zuwendungen sind Darlehen, verlorene Zuschüsse, Bürgschaften und Realförderungen.[783] Von größter Studienrelevanz sind dabei Darlehen und verlorene Zuschüsse. Ob und wieweit die Subventionierung öffentlich-rechtlicher Natur ist, hängt davon ab, welche Art der Subventionierung vorliegt und wie die Vergabe und Durchführung der Subventionierung ausgestaltet ist.

I. Darlehen/verlorene Zuschüsse

1. Zweistufigkeit des Subventionsverhältnisses bei Darlehen

534   Ein **Subventionsdarlehen** liegt vor, wenn ein Darlehen unter günstigeren Voraussetzungen und Konditionen (etwa durch niedrigere Zinsen oder bessere Rückzahlungsbedingungen) gewährt wird als dies privatwirtschaftlich der Fall wäre.

> **Beispiel:** Der Staat fördert Landwirte, die eine ökologische Tierhaltung betreiben, **(a)** durch zinsgünstige Darlehen und **(b)** durch Zuschüsse, um der Maul- und Klauenseuche entgegenzutreten.

535   Entsprechend der o.g. Einführung müssen verschiedene Problemkreise unterschieden werden. Grundsätzlicher Natur ist die Frage, unter welchen Voraussetzungen Subventionen überhaupt vergeben werden dürfen, ob also z.B. eine formell-materielle Rechtsgrundlage erforderlich ist oder ob ein Haushaltsplan i.V.m. Subventionsrichtlinien genügt. Sodann geht es um die Frage, ob und unter welchen Voraussetzungen die Subventionsvergabe in der Form des Privatrechts erfolgen darf und welchen öffentlich-rechtlichen Bindungen die Behörde dabei unterliegt.

---

[783] Von geringerer Bedeutung sind beispielsweise Prämien und Preise, die den klassischen Fall der „ex post" Subvention darstellen, da sie nach abgeschlossenen wirtschaftlichen Vorgängen an die zu unterstützenden sektoral oder regional gefährdeten Wirtschaftsunternehmen gezahlt werden.

> **Merke:** Geht es um Subventionsvergabe und möchte sich der Hoheitsträger des Mittels des Privatrechts bedienen, müssen folgende Problemkreise unterschieden werden:
>
> **(1)** Bedarf es einer speziellen Rechtsgrundlage (etwa in Form eines Subventionsgesetzes) oder genügt ein Haushaltsgesetz i.V.m. Subventionsrichtlinien?
>
> **(2)** Darf die Behörde im Rahmen der Subventionsgewährung privatrechtlich tätig sein?
>
> **(3)** Wenn ja, welchen öffentlich-rechtlichen Bindungen unterliegt sie dabei?

536

Zu (1): Die Frage, unter welchen Voraussetzungen Subventionen überhaupt vergeben werden dürfen, wurde bereits bei Rn 524 ff. behandelt. Da bei Subventionen i.d.R. jedoch keine besondere gesetzliche Form vorgeschrieben ist, greift hier die Etatlegitimierung.

537

Zu (2): Grundsätzlich ist es der Verwaltung nicht verwehrt, im Bereich der Leistungsverwaltung privatrechtlich zu handeln. Hier hat sie grundsätzlich ein Wahlrecht, ob sie öffentlich-rechtlich oder privatrechtlich handelt.[784] Da aber eine Behörde wegen Art. 1 III, 20 III GG niemals das Recht zur Beliebigkeit haben kann, ändert die Wahlfreiheit nichts daran, dass die Entscheidung, ob eine Subvention vergeben wird, öffentlich-rechtlich ist. Denn die Behörde entscheidet nun einmal aufgrund ihrer *hoheitlichen* Befugnis über die Leistungsvergabe. Das schließt wiederum nicht aus, dass die **spätere Abwicklung privatrechtlich** erfolgen kann. An diesen Umstand knüpft die von der Rechtsprechung und einem Teil der Literatur vertretene **Zwei-Stufen-Theorie**[785] an: Vollzieht sich die Subventionierung nicht in einem Akt, sondern erstreckt sich wie in Variante **(a)** des obigen Beispiels auf einen längeren Zeitraum (Subvention in Form eines **Darlehens** oder einer **Bürgschaft**), tritt zu der Bewilligung häufig ein privatrechtliches Rechtsverhältnis in Form eines Darlehens- oder Bürgschaftsvertrags (vgl. §§ 488 ff., §§ 765 ff. BGB) hinzu. Bei dieser Handlungsform entscheidet zunächst die Behörde über die Gewährung (die Bewilligung) oder Versagung beispielsweise des beantragten Darlehens (**1. Stufe**). Diese Entscheidung über das „Ob" der Gewährung der Subvention (oder der Benutzung einer öffentlichen Sache) ist stets eine Frage der öffentlich-rechtlichen Zweckbestimmung und somit *unmittelbare Folge des öffentlichen Rechts.*[786] Zur Durchführung der Subventionierung, das „Wie", wird sodann ein privatrechtlicher (Darlehens-)Vertrag zwischen Subventionsgeber und Subventionsempfänger abgeschlossen (**2. Stufe**).

538

Übersicht: Subventionsdarlehen

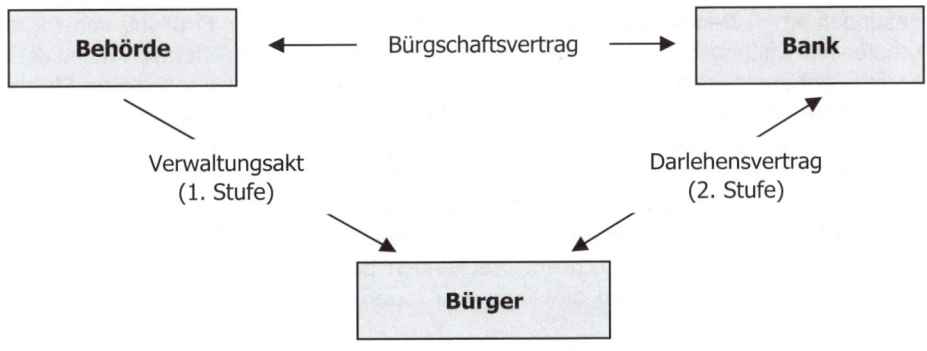

[784] BVerwGE **92**, 56, 64; **94**, 229, 231; **96**, 71, 73 f.

[785] BVerwGE **1**, 308, 310; **7**, 180, 187; **13**, 47, 54; **13**, 307, 309 ff.; **45**, 13, 14; BVerwG DVBl **2006**, 118 ff.; BGHZ **40**, 206, 210; **52**, 155, 160; **61**, 296, 299; *Kühling/el-Barudi*, Jura **2006**, 675 ff.

[786] Das gilt auch für die Rücknahmeentscheidung (vgl. OVG Magdeburg NVwZ **2002**, 108).

> **Hinweis für die Fallbearbeitung:** Die Unterscheidung zwischen der 1. Stufe und der 2. Stufe ist vor allem für die Bestimmung des **zulässigen Rechtswegs** von Bedeutung. In der Fallbearbeitung, bei der es um die Erfolgsaussichten einer gerichtlichen Klage geht, muss demnach festgestellt werden, dass die Entscheidung bezüglich des „Ob" der Subventionsvergabe stets eine *unmittelbare Folge des öffentlichen Rechts* ist und für diesbezügliche Streitigkeiten der **Verwaltungsrechtsweg** gem. § 40 I S. 1 VwGO offen steht. Im Rahmen der **statthaften Klageart** ist die Rechtsnatur der Entscheidung über die Gewährung zu untersuchen. Da die Behörde eine einseitige verbindliche Entscheidung mit Regelungsgehalt trifft, ist von einem Verwaltungsakt auszugehen. Statthaft sind dann je nach Konstellation die Anfechtungs- oder die Verpflichtungsklage. Ob der geltend gemachte Anspruch in tatsächlicher Hinsicht besteht, ist eine Frage der **Begründetheit** der Klage.

539   Der **Vorteil** der Zwei-Stufen-Theorie besteht zweifellos in dem mit ihr verbundenen Grundrechtsschutz (Gleichheitssatz, dazu sogleich) und in der verwaltungsgerichtlichen Kontrollmöglichkeit bei der Entscheidung über die Bewilligung. Darüber hinaus streitet die privatwirtschaftliche Effizienz (praktikable Rechtsformen) bei der Durchführung des Vorhabens für diese Theorie. Die Zwei-Stufen-Theorie ist allerdings einiger **Kritik** ausgesetzt: So wird ein einheitliches Lebensverhältnis nicht nur in zwei Rechtsverhältnisse getrennt, sondern diese Rechtsverhältnisse werden auch noch verschiedenen Rechtsbereichen und damit verschiedenen Rechtswegen zugeordnet (Rechtswegspaltung).[787] Darüber hinaus können Abgrenzungsschwierigkeiten zwischen der ersten und der zweiten Stufe auftreten: Das „Ob" kann nicht rein abstrakt erfolgen, sondern muss in einem Mindestmaß substantiiert werden und enthält daher inhaltliche Aussagen (Modalitäten), die auch im Darlehens- oder Bürgschaftsvertrag festgelegt werden können.[788] Fraglich ist weiter das Verhältnis der beiden Stufen zueinander. So ist völlig unklar, wie zu entscheiden ist, wenn beispielsweise der Bewilligungsbescheid nichtig ist, zurückgenommen oder widerrufen wird oder wenn der Darlehensvertrag gekündigt wird[789]. Eine Auswirkung auf den an sich rechtlich selbstständig zu beurteilenden Darlehens- oder Bürgschaftsvertrag ist in diesen Fällen unvermeidbar. Daher werden einige Alternativen zur Zwei-Stufen-Theorie diskutiert, die zusammenhängend bei Rn 558 ff. dargestellt sind.

540   **Zu (3):** Erfüllt die Verwaltung – auch wenn sie in Privatrechtsform auftritt – *hoheitliche* Aufgaben, ist es selbstverständlich, dass sie an die **Grundrechte**, insbesondere an den allgemeinen Gleichheitssatz und an die allgemeinen **Grundsätze rechtsstaatlichen Handelns** (Art. 1 III, 20 III GG, Grundsatz der Verhältnismäßigkeit) gebunden ist.[790] Den Verwaltungsbehörden ist es somit bei der Erfüllung von (Wirtschafts-)Verwaltungsaufgaben in Privatrechtsform anstelle von öffentlich-rechtlichen Formen untersagt, sich den grundrechtlichen Bindungen zu entziehen (**„keine Flucht ins Privatrecht"**). Freilich kann Grundrechtsbindung hier nicht bedeuten, dass das privatrechtlich organisierte Unternehmen Grundrechtsadressat wäre. Denn eine juristische Person des Privatrechts kann niemals unmittelbar Grundrechtsadressat sein; dies kann nur die hinter der Gesellschaft stehende öffentliche Hand. Grundrechtsbindung bedeutet in diesem Zusammenhang also, dass der Staat über seine Mehrheitsbeteiligung gesellschaftsrechtlich entsprechenden Einfluss auf die Geschäftsführung/den Vorstand ausüben[791] und gewährleisten muss, dass keine Grundrechtsverstöße

---

[787] *Maurer*, AllgVerwR, § 17 Rn 14 ff.; *Redeker/v. Oertzen*, VwGO, § 40 Rn 23; *Ehlers*, in: Schoch/Schmidt-Aßmann/Pietzner, VwGO, § 40 Rn 255 ff.
[788] *Maurer*, AllgVerwR, § 17 Rn 16.
[789] Vgl. BVerwG DVBl **2006**, 118 ff.
[790] BGHZ **52**, 325, 327 ff.; BGH DVBl **2003**, 942; BGH NJW **1992**, 171, 173; *Peine*, AllgVerwR, § 11 Rn 315.
[791] Z.B. über den Aufsichtsrat, §§ 95 ff. AktG, oder über die Hauptversammlung, §§ 118 ff. AktG.

begangen werden.[792] Wegen des Anwendungsvorrangs des Europäischen Gemeinschaftsrechts kann sie sich darüber hinaus auch nicht durch die Wahl der Privatrechtsform den gemeinschaftsrechtlichen Bindungen entziehen.[793]

2. Einstufigkeit des Subventionsverhältnisses bei verlorenen Zuschüssen

Ein **verlorener Zuschuss**[794] liegt vor, wenn eine Geldleistung gewährt wird, die nicht zurückgezahlt werden muss, die der Staatskasse also „verloren" geht.

541

Im Gegensatz zum Subventionsdarlehen und zur Subventionsbürgschaft fallen bei einem verlorenen Zuschuss Bewilligung und Gewährung in einem Akt zusammen; die Auszahlung stellt lediglich den (unselbstständigen) Vollzugsakt der Bewilligung dar, sodass es einer zweistufigen Betrachtungsweise nicht bedarf.[795] Das gilt selbst dann, wenn die Auszahlung nicht von einer behördeneigenen Zahlstelle, sondern von einem privaten Kreditinstitut vorgenommen wird. Denn in diesem Fall dient auch das private Kreditinstitut lediglich als „Zahlstelle" der Behörde, ohne einen eigenen Vertrag mit dem Bürger zu schließen. Ähnlich den Abschleppfällen, bei denen der von der Behörde beauftragte private Abschleppunternehmer lediglich als „Erfüllungsgehilfe" oder „verlängerter Arm" der Behörde angesehen wird und daher in keinerlei vertraglicher Beziehung zum Fahrzeughalter steht, folgt auch für das Subventionsverhältnis, dass eine Rechtsbeziehung ausschließlich zwischen der Behörde und dem Subventionsempfänger besteht und dass damit das gesamte Subventionsrechtsverhältnis öffentlich-rechtlich ausgestaltet ist. Die **Zwei-Stufen-Theorie** macht hier **keinen Sinn**.

542

Übersicht: Verlorener Zuschuss

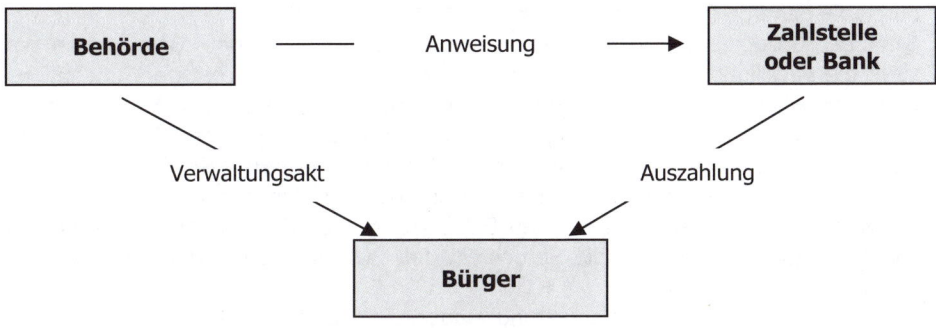

---

[792] Anders *Pieroth/Schlink*, Grundrechte, Rn 171, die eine unmittelbare Grundrechtsbindung der privatrechtlich organisierten Gesellschaft annehmen wollen, wenn der Staat alle Anteile hält. Das ist abzulehnen, weil – wie aufgezeigt – eine juristische Person des Privatrechts niemals unmittelbar Grundrechtsadressat sein kann, sondern nur die hinter der Gesellschaft stehende öffentliche Hand. Ob diese dabei sämtliche oder nur die überwiegenden Anteile hält, kann hinsichtlich der Grundrechtsadressateneigenschaft keinen Unterschied machen.
[793] EuGH NJW **1991**, 3086 ff.
[794] Auch als einmalige Beihilfe, Finanzhilfe oder Prämie bezeichnet.
[795] Etwaige zusätzliche Regelungen werden in Form von Auflagen oder Bedingungen festgelegt. Vgl. dazu *Vierhaus*, NVwZ **2000**, 734, 735.

3. Typische Klausurkonstellationen

543 (1) Ein **Bürger** bzw. ein **Wirtschaftsunternehmen** begehren ein Subventionsdarlehen oder einen Zuschuss. Dabei besteht

(a) eine konkrete gesetzliche Anspruchsgrundlage,

(b) keine konkrete gesetzliche Anspruchsgrundlage, sondern die Subventionsbedingungen ergeben sich nur aus einem Rahmenplan, d.h. für Vorhaben der konkreten Art stehen Mittel zur Verfügung oder

(c) lediglich ein Haushaltsplan (= nur-formelles Gesetz).

544 (2) Die **Behörde** nimmt die bereits erteilte Zusage eines zinsgünstigen Darlehens zurück, oder die Subvention ist durch Verwaltungsakt bewilligt und der Bewilligungsbescheid wird aufgehoben. Der Subventionsnehmer verlangt Auszahlung der Valuta bzw. weigert sich, die empfangene Leistung zurückzuzahlen.

545 (3) Ein **Konkurrent** fühlt sich durch die Subvention des anderen benachteiligt und will

(a) die Förderung des anderen beseitigen,

(b) aus Gründen der Gleichbehandlung ebenfalls subventioniert werden oder

(c) die Begünstigung auf Kosten des anderen erhalten.

546 **Zu 1a (Bestehen einer gesetzlichen Anspruchsgrundlage):** Besteht eine konkrete gesetzliche Anspruchsgrundlage[796], muss differenziert werden: Verleiht sie dem Subventionsbewerber einen Rechtsanspruch auf Gewährung, wenn dieser die Tatbestandsvoraussetzungen erfüllt, handelt es sich um eine gebundene Verwaltungsentscheidung mit der Rechtsfolge, dass die Vergabe zu erfolgen hat. Statthafte Klageart im Anschluss an das erfolglos durchgeführte Verpflichtungswiderspruchsverfahren ist die **Verpflichtungsklage** gerichtet auf die entsprechende **Vornahme** durch die Behörde (Vornahmeurteil gem. § 113 V S. 1 VwGO).

Sieht der Gesetzgeber indes die Leistungsgewährung als *Kann* - Bestimmung vor, steht die Bewilligung im Ermessen der Behörde. In diesem Fall hat der Subventionsbewerber keinen Rechtsanspruch auf Bewilligung, sondern nur einen Anspruch auf ermessensfehlerfreie Entscheidung, sofern er überhaupt möglicher Adressat der Regelung ist. Statthafte Klageart ist hier die **Verpflichtungsklage** gerichtet auf die entsprechende **Verbescheidung**, da aufgrund der Ermessenseinräumung die Behörde lediglich zur ermessensfehlerfreien Entscheidung verurteilt werden kann, und für ein Vornahmeurteil insoweit die Spruchreife fehlt (Bescheidungsurteil gem. § 113 V S. 2 VwGO).

Im Einzelfall kann das der Verwaltung eingeräumte Ermessen aber auch auf „Null" reduziert sein, sodass nur *eine* ermessensfehlerfreie Entscheidung gegeben ist. Das ist beispielsweise der Fall, wenn aufgrund der bisherigen Vergabepraxis (z.B. durch Vergaberichtlinien) bei unveränderten Voraussetzungen eine andere Verwaltungsentscheidung gegen den Gleichheitsgrundsatz aus Art. 3 I GG verstoßen würde (sog. Selbstbindung der Verwaltung). In diesem Fall ist die Verpflichtungsklage in der Form der **Vornahmeklage** statthafte Klageart, weil nur *eine* Entscheidung ermessensfehlerfrei ist und somit die Spruchreife vorliegt (§ 113 V S. 1 VwGO).

547 Fraglich ist, ob sich ein Anspruch auf Subventionierung aus dem **Sozialstaatsprinzip** ergeben kann. Das Sozialstaatsprinzip ist zwar – wenn es auch nur im Verfassungstext am Rande auftaucht – ein Grundprinzip des Grundgesetzes. Dennoch bedarf es wegen seiner Unbestimmtheit in besonderem Maße der Ausgestaltung durch den einfachen Gesetzge-

---

[796] So z.B. die Privatschulgesetze der Länder oder das InvestitionszulagenG des Bundes.

ber.[797] Außerdem kann es nur eine Verpflichtung gegenüber dem Gesetzgeber mit sich bringen, ein soziales Sicherungssystem zu errichten und zu unterhalten. Subjekte Rechte ergeben sich aus dem Sozialstaatsprinzip (allein) daher regelmäßig nicht. Gleiches gilt für die **sozialen Grundrechte**. Auch hier kann ein Anspruch auf Leistungsgewährung grundsätzlich nicht begründet sein, da der Verfassungsgeber bewusst auf die Aufnahme sozialer Grundrechte verzichtet hat und darüber hinaus Leistungen bereits aus der Natur der Sache nur im Rahmen des Möglichen erbracht werden können (sog. **Kapazitätsvorbehalt**).

Beispiel: K begehrt vom Bundesland L die Erstattung von Schulkosten, die sie aufbringen musste, um ihrer blinden Tochter den Besuch eines staatlich anerkannten privaten Aufbaugymnasiums für Blinde zu ermöglichen. Die zuständige Behörde hat zwar einen Anspruch auf Ersatz der Kosten der Heimunterbringung zugesprochen. Einen weitergehenden Anspruch gestützt auf das **Sozialstaatsprinzip** bzw. auf **soziale Grundrechte** hat sie aber abgelehnt. Nach erfolglosem Widerspruch erhebt K Klage vor dem VG mit dem Antrag, die Behörde in der gewünschten Weise zu verpflichten. Hat die Klage Aussicht auf Erfolg?

Zunächst müsste der Verwaltungsrechtsweg eröffnet sein. Dem vorliegenden Streit liegt das verfassungsrechtlich verankerte Sozialstaatsprinzip zugrunde. Da es sich hierbei um öffentlich-rechtliche Grundsätze handelt und vorliegend keine verfassungsspezifische Rechtsverletzung gerügt wird, ist gem. § 40 I S. 1 VwGO der Verwaltungsrechtsweg eröffnet. Statthafte Klageart ist gem. § 42 I Var. 2 VwGO die Verpflichtungsklage, da die begehrte Leistung nur durch einen Festsetzungsbescheid gewährt werden kann. Fraglich ist die Klagebefugnis (§ 42 II VwGO). Diese ist gegeben, wenn nicht ausgeschlossen werden kann, dass dem Kläger der behauptete Anspruch zusteht. Für das Leistungsbegehren der K müsste eine Anspruchsgrundlage gegeben sein. In Betracht kommt das in Art. 20 I, 28 I S. 1 GG u.a. normierte Sozialstaatsprinzip. Allerdings ist zu beachten, dass dieses in erster Linie eine verfassungsgestaltende Grundentscheidung im Sinne einer Staatszielbestimmung, eine Auslegungsregel für sonstige Rechtsnormen und in bestimmten Grenzen eine nur objektiv-rechtliche Verpflichtung des Staates und seiner Organe bzw. Untergliederungen darstellt. Zwar verpflichtet das Sozialstaatsprinzip den Staat, für eine gerechte Sozialordnung zu sorgen[798] und eine Fürsorgeeinrichtung für Hilfsbedürftige zu schaffen[799]. Das Sozialstaatsprinzip begründet aber für sich betrachtet grundsätzlich noch keine unmittelbaren subjektiven Ansprüche. Die nähere Ausgestaltung des Sozialstaatsprinzips obliegt im Wesentlichen dem Gesetzgeber. Nur dann, wenn der Gesetzgeber seine verfassungsrechtliche Pflicht zu sozialer Aktivität willkürlich verletzt, kann dem Einzelnen hierdurch ein verfolgbarer Anspruch erwachsen.

Vorliegend ist eine willkürliche Verletzung der verfassungsrechtlichen Pflicht zu sozialer Aktivität nicht zu erkennen. Eine Verpflichtung des Landes auf Bezuschussung weitergehender Schulkosten ist daher zu verneinen.

Zu 1b (Bestehen eines Rahmenplans): Ergeben sich die Subventionsbedingungen nicht direkt aus dem Gesetz, sondern nur aus einem Rahmenplan (vgl. beispielsweise aus dem auf Art. 91 a I Nr. 2 GG basierenden Rahmenplan zur Verbesserung der regionalen Wirtschaftsstruktur)[800], besteht ebenfalls kein grundsätzlicher Anspruch auf Gewährung der gewünschten Leistung, sondern nur ein **Anspruch auf ermessensfehlerfreie Entscheidung**, wobei das zur Ermessensreduzierung auf „Null" Gesagte entsprechend gilt. Statthafte Klageart ist wiederum in Abhängigkeit von der Spruchreife die **Bescheidungs-** bzw. **Vornahmeklage**.

548

549

---

[797] BVerfGE **71**, 66, 80.
[798] BVerwGE **22**, 180, 204.
[799] BVerfGE **40**, 121, 133.
[800] Vgl. dazu *Hildebrandt*, LKV **1999**, 441.

550   **Zu 1c (Bestehen eines Haushaltsplans):** Besteht keine gesetzlich normierte Anspruchsgrundlage und auch kein Rahmenplan, sondern lediglich ein **Haushaltsplan**[801], besteht grundsätzlich *kein* Anspruch auf Gewährung oder auf ermessensfehlerfreie Entscheidung, da der Haushaltsplan keine Außenwirkung entfalten und staatliche Leistungsvergabe stets nur unter Kapazitätsvorbehalt erfolgen kann. Zudem bestünde die Gefahr eines schwerwiegenden Eingriffs in das Haushaltsrecht der Legislative.[802] Daraus folgt, dass – auch wenn nach seinem Zweck objektiv eine Gewährung anzunehmen wäre – grundsätzlich kein subjektives Recht abgeleitet werden kann.[803] Allerdings ist auch in diesem Fall über Art. 3 I GG ein Anspruch auf Gleichbehandlung möglich, wenn ein bereits vergleichbarer Fall vorliegt, bei dem die Gewährung erteilt wurde. Ein solcher Anspruch auf Gleichbehandlung kann sich bei gegebener Sachlage im Einzelfall sogar *faktisch* zu einem Anspruch auf Gewährung konkretisieren. Dies kommt insbesondere dann in Betracht, wenn die bislang erfolgte Subventionsvergabe über Vergaberichtlinien (= Verwaltungsvorschriften) abgewickelt wurde. **Anspruchsgrundlage** des Antragstellers ist dann **Art. 3 I GG i.V.m. den Vergaberichtlinien**.[804]

551   Zu unterscheiden ist diese Konstellation von derjenigen, in der die Verwaltung ein durch eine Verwaltungsvorschrift festgelegtes Förderungsprogramm zu Lasten des Antragstellers ändert und dieser nun die Begünstigung in voller Höhe begehrt.

552   **Beispiel**[805]**:** K ist Inhaber einer Sozialstation in der Stadt B. Er beschäftigt 10 Angestellte. Seit 1992 ist im Landeshaushalt ein Titel „Ausgaben für Sozialdienste" enthalten. Der zuständige Minister für Sozialwesen veröffentlichte im selben Jahr im Amtsblatt einen von ihm unterzeichneten Erlass, wonach Unternehmern im Sozialdienst bis zu € 4.500,- pro Jahr pro Angestellten an Finanzhilfe bewilligt werden kann. In den Jahren 2000 bis 2009 wurde dem K auf Antrag von dem Amt für Soziale Dienste jeweils € 34.000.- bewilligt.

Im April 2010 wird ein entsprechender Antrag des K für das Jahr 2010 abweichend beschieden. Danach wird dem K nur noch ein Betrag von € 25.000,- (€ 2.500,- für jeden Beschäftigten) bewilligt. Aufgrund der angespannten Haushaltslage – die im Übrigen breit in der Öffentlichkeit diskutiert wurde – sei ein neuer, nicht veröffentlichter Erlass des Ministers ergangen, wonach ab sofort nur noch maximal € 2.500.- pro Jahr pro Angestellten bewilligt werden dürften.

Nach erfolglosem Widerspruch erhebt K nun Klage. Er macht geltend, dass er einen Anspruch auf € 45.000,- für das Jahr 2010 habe. Als Grundlage seines Anspruchs stützt er sich auf den ursprünglichen Erlass i.V.m. dem Haushaltsplan. Den Betrag von € 45.000,- habe er bereits in seiner Jahreskalkulation berücksichtigt. Wenn ihm dieser Betrag nun nicht mehr zur Verfügung stünde, käme er nicht umher, 3-4 Angestellte entlassen zu müssen. Die Behörde erwidert, K hätte die angespannte Haushaltslage durch die breite öffentliche Diskussion mitverfolgen können. Er genieße daher keinen Vertrauensschutz. Ist die Klage erfolgreich? Von der Zulässigkeit einer Verpflichtungsklage ist auszugehen.

Die Klage ist erfolgreich, wenn die (Teil-)Ablehnung rechtswidrig ist und den K dadurch in seinen Rechten verletzt, vgl. § 113 V S. 1 VwGO.

Anspruchsgrundlage

Als Anspruchsgrundlage kommt in Ermangelung einer spezialgesetzlichen Regelung oder eines Rahmenplanes zunächst der **Haushaltsplan** des Landes in Betracht. Zu beachten ist allerdings, dass ein Haushaltsplan keine Rechtswirkungen außerhalb des

---

[801] Vgl. *R. Schmidt*, AllgVerwR, Rn 206 und 511.
[802] Vgl. ausführlich *Schefold*, Festschrift für Heinrichs, S. 487 ff.
[803] So ausdrücklich VGH Mannheim NVwZ **2001**, 1428.
[804] Kritisch *Schefold* a.a.O.
[805] Angelehnt an BVerwG NVwZ **1998**, 273 ff.

Organbereichs von Parlament und Regierung entfaltet. Aus ihm kann deshalb kein Anspruch auf Subventionierung hergeleitet werden. Vielmehr stellt der Haushaltsplan mit Blick auf finanzielle Zuwendungen lediglich eine Legitimationsgrundlage für Ausgabenleistungen der Exekutive dar.[806] Allerdings ist in der Rechtsprechung des BVerwG[807] anerkannt, dass Verwaltungsvorschriften über die ihnen zunächst nur innewohnende interne Bindung hinaus i.V.m. Art. 3 I GG und dem im Rechtsstaatsprinzip verankerten Gebot des Vertrauensschutzes (Art. 20 III GG) eine anspruchsbegründende Außenwirkung im Verhältnis der Verwaltung zum Bürger entfalten können. Vorliegend bestand eine entsprechende Vergaberichtlinie in Form des ursprünglichen Ministererlasses. Sie dient dem K als Anspruchsgrundlage für eine entsprechende Förderung. Fraglich ist, ob K sich auf den ursprünglichen Ministererlass berufen kann. Auszugehen ist davon, dass der Gleichheitssatz dem Subventionsgeber gebietet, ein gleichheitsgerechtes Verteilungsprogramm zu erstellen. Dies ist vorliegend durch den ursprünglichen Ministererlass geschehen. Überdies begründet der Gleichheitsgrundsatz zugunsten jedes Zuwendungsbewerbers einen Anspruch darauf, nach einem aufgestellten Verteilungsprogramm behandelt zu werden. Allerdings kann ein durch Verwaltungsvorschriften festgelegtes Förderprogramm aus willkürfreien, d.h. sachlichen Gründen geändert werden.[808] Die Beantwortung der Frage, ob K für das Haushaltsjahr 2010 einen Anspruch auf Förderung in der gewünschten Höhe hat, hängt daher davon ab, ob der ursprüngliche Ministererlass formell und materiell wirksam geändert worden ist.

Formell-rechtliche Voraussetzungen

Wie bereits ausgeführt, kann ein Richtliniengeber aus sachgerechten Erwägungen eine (ermessenslenkende) Verwaltungsvorschrift durch eine andere Verwaltungsvorschrift insgesamt aufheben oder – wie hier in einem Einzelpunkt – ändern. Dabei ist jedoch zu beachten, dass die ändernde Vorschrift in der Form ergehen muss, in der die abzuändernde Verwaltungsvorschrift um ihrer Wirksamkeit willen ergehen musste.[809] Vorliegend wurde die ursprüngliche Verwaltungsvorschrift im Amtsblatt veröffentlicht. Demzufolge könnte für den Änderungserlass eine Veröffentlichungspflicht im Amtsblatt bestanden haben. Fraglich ist aber, ob eine Veröffentlichung des ursprünglichen Erlasses als Wirksamkeitserfordernis bestand. Subventionsvergaberichtlinien sind verwaltungsinterne Anweisungen mit Bindungswirkung gegenüber den zur Verteilung der im jeweiligen Haushaltsplan des Landes ausgewiesenen Fördermittel. Damit handelt es sich bei einer Vergaberichtlinie um eine ausschließlich innengerichtete Bestimmung. Eine Veröffentlichung als Wirksamkeitserfordernis bestand vorliegend somit nicht. Demnach konnte hier der ändernde, nicht veröffentlichte Ministererlass formell wirksam werden.

Materiell-rechtliche Voraussetzungen

Die Änderung der Vergabepraxis hätte aber auch aus sachlichen Gründen ergehen müssen. Vorliegend hat die angespannte Haushaltslage die allgemeinen Rahmenbedingungen für die Gewährung der Zuwendungen für Krankenpflegekräfte im Rahmen von Sozialstationen grundlegend geändert. Da eine Leistungsvergabe generell nur unter Kapazitätsvorbehalt (Vorbehalt des Möglichen) erfolgen kann, ist eine angespannte Haushaltslage ein sachlicher Grund für die Kürzung.

Möglicherweise spricht jedoch der Grundsatz des Vertrauensschutzes gegen eine Kürzung der Bewilligungshöhe. Allerdings ist auch hier zu beachten, dass ein Subventionsempfänger grundsätzlich damit rechnen muss, dass bei Eintritt von grundlegenden Änderungen der allgemeinen Rahmenbedingungen Subventionen gekürzt werden.[810] Vorliegend ist durch die angespannte Haushaltslage eine grundlegende Änderung einer

---

[806] Ganz h.M., vgl. nur *Stober*, Wirtschaftsverwaltungsrecht, § 7 I 1 m.w.N.

[807] BVerwG NVwZ **1998**, 273, 274.

[808] BVerwG NVwZ **1998**, 273, 274.

[809] *Ossenbühl*, Verwaltungsvorschriften und Grundgesetz, **1968**, S. 467.

[810] Vgl. BVerfGE **78**, 249, 284; VGH Mannheim NVwZ **2001**, 1428, 1429.

Rahmenbedingung eingetreten. K konnte dies auch durch die breite öffentliche Diskussion mitverfolgen. Er genießt daher insoweit keinen Vertrauensschutz.

Der Grundsatz des Vertrauensschutzes könnte es jedoch erforderlich gemacht haben, die ändernde Verwaltungsvorschrift – wie die ursprüngliche – zu veröffentlichen. Aber auch hier gilt, dass Verwaltungsvorschriften nur an nachfolgende Behörden und Amtswalter adressiert sind und dass eine Bindungswirkung im Außenverhältnis gerade nicht beabsichtigt ist. Auch vorliegend kann davon ausgegangen werden, dass sich der Minister für Änderungen nicht auf die Form der Veröffentlichung festlegen wollte. Die ursprüngliche Vergaberichtlinie ist daher nicht geeignet, ein Vertrauen dahin zu begründen, ihre Änderung werde stets allgemein bekannt gemacht werden.

Etwas anderes könnte sich nur noch mit Blick auf den Zeitpunkt der Änderung ergeben. Grundsätzlich ist eine richtliniengemäße Förderung selbst vor Konkretisierung durch Bewilligungsbescheid zu erwarten, wenn ein begonnenes Vorhaben, das in der Vergangenheit bereits subventioniert worden ist, im neuen Haushaltsjahr fortgeführt wird. Deshalb konnte sich K veranlasst sehen, für das laufende Jahr 2010 Dispositionen zur personellen Ausstattung und damit zur Weiterführung seiner Sozialstation mit 10 Krankenpflegekräften bereits vor Ergehen des Bewilligungsbescheids zu treffen. Die von K getroffenen Dispositionen müssten aber auch schutzwürdig sein. An einer solchen Schutzwürdigkeit mangelt es, wenn dem Anspruchsteller Umstände bekannt oder infolge grober Fahrlässigkeit unbekannt waren, die eine Änderung der Förderungspraxis rechtfertigen.[811] Vorliegend waren dem K die Umstände, die zur Änderung der Vergaberichtlinie führten, nicht bekannt. Fraglich ist aber, ob grob fahrlässige Unkenntnis vorlag. Geht man davon aus, dass die breite öffentliche Diskussion um die angespannte Haushaltslage auch dem K nicht unbekannt geblieben sein kann, ist von grob fahrlässiger Unkenntnis der anspruchsmindernden Umstände auszugehen. Eine Entscheidung kann aber letztlich dahinstehen, wenn das Verbot der Rückwirkung belastender Exekutivakte zu einer vollen Bewilligung führen muss. Zu unterscheiden ist die echte von der unechten Rückwirkung. Die **echte Rückwirkung** (Rückbewirkung von Rechtsfolgen) ist aus rechtsstaatlichen Gesichtspunkten grundsätzlich unzulässig[812], da sie nachträglich in einen abgeschlossenen Sachverhalt eingreift.[813] Die **unechte Rückwirkung** (tatbestandliche Rückanknüpfung) ist dagegen grundsätzlich zulässig, da sie lediglich in einen noch nicht abgeschlossenen Sachverhalt eingreift. Voraussetzung ist nur, dass der Betroffene noch keine Dispositionen getroffen hat, deren Beeinflussung zu nahezu untragbaren Verhältnissen führt. Die Regelung ist allerdings unzulässig, wenn eine Interessenabwägung ergibt, dass das Vertrauen auf den Fortbestand der bestehenden Lage den Vorrang verdient. Vorliegend knüpft die Änderung der Vergaberichtlinien lediglich an einen bestehenden Sachverhalt an, stellt somit eine unechte und damit grundsätzlich zulässige Rückwirkung dar. Allerdings führt die durch das Inkrafttreten des Änderungserlasses bewirkte Kürzung der Zuwendungen für das Jahr 2010 zu einer Entlassung von 3-4 Pflegekräften, mithin zu einem für K nahezu untragbaren Ergebnis.[814]

Ergebnis: K kann sich somit auf Vertrauensschutz berufen. Die Klage ist begründet.

553 **Zu 2 (Rücknahme der Zusage):** Grundüberlegung dieser Konstellation ist, dass ein Verwaltungsakt u.a. solange wirksam bleibt, bis er zurückgenommen oder widerrufen wird, § 43 II VwVfG. Durch die Rücknahme bzw. den Widerruf könnte der Ausgangsbescheid somit seine Wirksamkeit verlieren. Da aber eine solche Aufhebung des begünstigenden Ausgangsbescheids in die Rechte des Subventionsempfängers eingreift, bedarf sie aufgrund des dann uneingeschränkt geltenden Gesetzesvorbehalts

---

[811] Vgl. BVerwG NVwZ **1998**, 273, 275 unter Bezugnahme auf BVerwGE **92**, 8, 20.
[812] Vgl. dazu *Nolte*, NVwZ **2000**, 1135, 1136.
[813] Zu den anerkannten Ausnahmetatbeständen vgl. *R. Schmidt*, Staatsorganisationsrecht, Rn 289 ff.
[814] Vgl. zu diesem Ansatz BVerwG DVBl **1966**, 857.

einer Rechtsgrundlage. Als einschlägige Rechtsgrundlage für eine im Streit stehende Rücknahme oder einen Widerruf des Bewilligungsbescheids kommt § 49a i.V.m. § 48 bzw. § 49 VwVfG in Betracht. Die Anfechtung dieser Rücknahme ist dann unproblematisch dem öffentlichen Recht zuzuordnen, da die Rücknahme eines Bewilligungsbescheids sowohl wegen der nunmehr gesetzlich festgelegten Handlungsform (§ 49a I S. 2 VwVfG) als auch wegen der *actus-contrarius*-Theorie[815] einen Verwaltungsakt darstellt, der, wie der ursprüngliche Bewilligungsbescheid, ausschließlich dem öffentlichen Recht zuzuordnen ist. Eines Eingehens auf die Zwei-Stufen-Theorie bedarf es in diesem Fall nicht. Rechtsfolge dieser Anfechtung ist, dass wenn der Rücknahme- bzw. Widerrufsbescheid vernichtet wird, der ursprüngliche Bewilligungsbescheid aufgrund der Regelung des § 43 II VwVfG (s.o.) wieder auflebt. Im Ergebnis kommt als statthafte Klageart die **Anfechtungsklage** gerichtet auf Aufhebung des *actus contrarius* in Betracht. Für eine Verpflichtungsklage würde schon das Rechtsschutzbedürfnis fehlen. Ob die Klage Erfolg hat, hängt von der Rechtswidrigkeit des Aufhebungsbescheids ab. Dies bestimmt sich wiederum an formellen und materiellen Kriterien. Insoweit sei auf die sogleich in Beispiel (3a) gemachten Ausführungen verwiesen.

Zu 3a (Klage eines Konkurrenten auf Beseitigung der Subvention): Möchte der Rechtsschutzsuchende die dem Konkurrenten eingeräumte Vergünstigung (z.B. Subvention, Taxikonzession oder gaststättenrechtliche Sperrzeitenverlängerung[816]) schlicht abwehren, ist die defensive Konkurrentenklage (auch negative Konkurrentenklage, **Begünstigungs**- oder **Konkurrentenabwehrklage** genannt) einschlägig.[817] Verwaltungsprozessual ist – soweit die Vergünstigung durch Verwaltungsakt gewährt wurde – die **Anfechtungsklage** gemäß § 42 I Var. 1 VwGO statthaft.[818] Erfolgt die Begünstigung des anderen ausnahmsweise nicht durch einen Verwaltungsakt, ist folgerichtig die allgemeine Leistungsklage (in Form der Leistungsabwehrklage) statthaft. Für die einzelnen Prüfungsschritte ergeben sich folgende Besonderheiten:

Verwaltungsrechtsweg: Bestehen spezielle öffentlich-rechtliche Normen (wie z.B. § 13 IV PBefG) oder liegen dem Streit Grundrechte als streitentscheidende Normen zugrunde, ist der Verwaltungsrechtsweg eröffnet.

Statthafte Klageart: In einer Klausur kann im Prüfungspunkt „Statthafte Klageart" zunächst die Feststellungsklage in Erwägung gezogen werden, mit der Begründung, dass das Klägerbegehren (auch) auf die Feststellung der Rechtswidrigkeit der erfolgten Konkurrentensubvention gerichtet ist und für die Fälle der Drittanfechtung eines Verwaltungsakts mit Doppelwirkung i.S.e. Drittwirkung die Klagebefugnis nicht ohne weiteres hergeleitet werden kann.[819] Allerdings ist gemäß § 43 II VwGO die Feststellungsklage gegenüber Gestaltungs- und Leistungsklagen subsidiär. Das basiert auf zwei Gründen: Zum einen soll damit sichergestellt werden, dass die strengeren Sachentscheidungsvoraussetzungen der Anfechtungs- und Verpflichtungsklage, wie Vorverfahren und Frist, nicht umgangen werden.[820] Zum anderen besteht kein allgemeines Rechtsschutzbedürfnis für die Feststellungsklage, wenn dem Klagebegehren durch Leistungs- oder Gestaltungsklagen nachgekommen werden kann, da diese rechtsschutzintensiver sind, weil ein ergangenes Urteil vollstreckbar ist. Ein Feststellungsurteil kann demgegenüber - außer bezüglich der dadurch entstandenen Kosten - nicht vollstreckt werden.

554

---

[815] *actus-contrarius* meint, dass wenn die ursprüngliche Entscheidung einen Verwaltungsakt darstellt, auch die Aufhebung (der Gegenakt) dieser Entscheidung einen Verwaltungsakt darstellen muss.

[816] Vgl. OVG Bremen NVwZ **2002**, 873; *Schmitz*, NVwZ **2002**, 822.

[817] Vgl. dazu ausführlich *R. Schmidt*, JuS **1999**, 1107 ff.

[818] Selbstverständlich wäre in einer Prüfungsarbeit zunächst die Möglichkeit zu erörtern, ob der Rechtsschutzsuchende einen Aufhebungsantrag bei der Behörde stellt oder einen Widerspruch einlegt.

[819] So BVerwGE **60**, 154.

[820] So kann, wenn die Frist der Anfechtungsklage verstrichen ist, nicht mit einer allgemeinen Feststellungsklage die Feststellung der Rechtswidrigkeit des Verwaltungsakts begehrt werden.

Im Ergebnis empfiehlt es sich somit, die Feststellungsklage mit den oben genannten Erwägungen abzulehnen und – soweit die Begünstigung des anderen in Form eines Verwaltungsakts erfolgt ist – die **Anfechtungsklage** (Drittanfechtung) als die spezielle und damit einschlägige Klageart zu bejahen.

Klagebefugnis: Problematisch wird die Frage nach der Klagebefugnis bei der Anfechtungsklage immer dann, wenn - wie hier - ein Nicht-Adressat, also ein Dritter, gegen den Verwaltungsakt vorgehen möchte.

In diesem Fall muss anhand der **Möglichkeitstheorie** untersucht werden, ob der Dritte überhaupt in eigenen Rechten verletzt sein kann. Hier ist zu beachten, dass die Normen, die der Dritte als verletzt rügt, drittschützende Wirkung haben müssen. Nach der **Schutznormtheorie** kommt es entscheidend darauf an, ob der in Frage stehende Rechtssatz nicht nur die Interessen der Allgemeinheit schützen soll, sondern - zumindest auch - den Individualinteressen des Klägers zu dienen bestimmt ist. Nur dann ist auch ein Nicht-Adressat klagebefugt.[821] Handelt es sich indes um eine rein objektiv-rechtliche Norm und ergibt sich der Schutz des Bürgers nur als Rechtsreflex aus dieser, kann eine Klagebefugnis nicht vorliegen.

Für die wirtschaftliche Konkurrentenklage gilt, dass gegen die **Zulassung** eines Konkurrenten grundsätzlich nicht klageweise vorgegangen werden kann, da die Freiheit, dem eigenen Gewerbe nachzukommen, durch die Zulassung eines Konkurrenten nicht berührt wird. Art. 12 GG stellt eine verfassungsrechtliche Grundentscheidung zugunsten des Wettbewerbs dar und dient insoweit nur den Interessen der Allgemeinheit. Bringen Zulassungsvorschriften tatsächlichen Schutz bereits etablierter Unternehmen mit sich, stellt dies nur einen Rechtsreflex dar.

Etwas anderes gilt nur dann, wenn der Staat (durch einseitige Parteinahme) derart schwerwiegend in die bestehenden **Wettbewerbsverhältnisse** eingreift, dass der Dritte in seiner Wettbewerbsfähigkeit **empfindlich** beeinträchtigt, d.h. in seiner wirtschaftlichen Existenz bedroht ist.[822] Hier kann ein subjektives Recht i.S.d. § 42 II VwGO vorliegen. Das Gleiche gilt bezüglich der Förderung (Subventionierung) von **bereits zugelassenen** Unternehmen. Demnach wäre der klagende Konkurrent im Hinblick auf Art. 14 I GG klagebefugt, wenn die Begünstigung des anderen für ihn praktisch eine Entwertung seines aufgebauten Bestands bedeutete[823], im Hinblick auf Art. 12 I bzw. Art. 2 I GG nur dann, wenn dadurch ein faktischer Ausschluss vom Wettbewerb bewirkt würde[824]. Wo es um die Konkurrenz bezüglich eines knappen Gutes geht, sind jedoch stets Gleichheitsaspekte (Art. 3 I GG) mitentscheidend.

Zur Begründetheit: Die Klage ist begründet, wenn die Subventionierung des Konkurrenten rechtswidrig ist und den K dadurch in seinen Rechten verletzt, vgl. § 113 I S. 1 VwGO. Nachdem bei der Klagebefugnis die Möglichkeit der Rechtsverletzung geprüft wurde, gilt es nunmehr festzustellen, ob die Rechtsverletzung tatsächlich besteht.

---

[821] BVerwGE **107**, 215, 220; VGH Kassel NVwZ **2001**, 112; OVG Münster NVwZ **2000**, 336, 337; *Schmitz*, NVwZ **2002**, 822, 823 f.; *Wallerath*, NJW **2001**, 781, 785; *R. Schmidt*, JuS **1999**, 1107, 1110. Vgl. auch *Schlacke*, JA **2002**, 48 ff.; *Konrad*, JA **2002**, 967, 968; *Rinke*, NVwZ **2002**, 1180 ff. Nicht nachvollziehbar sind die Ausführungen von *Kämmerer/Martini*, JA **2002**, 955, 957 f.

[822] *Hufen*, VerwProzR, § 14 Rn 66; *Brohm*, Menger-FS, S. 235, 244; *Schenke*, VerwProzR, Rn 523; *Schliesky*, DVBl **1999**, 78, 82; *Schmidt*, JuS **1999**, 1107, 1111.

[823] Zum Anwendungsbereich des Art. 14 GG im Konkurrenzschutz vgl. BVerfGE **68**, 193, 222; **74**, 129, 148; *Busch*, Subventionsrecht in der Rechtsprechung, in: JuS **1992**, 563, 565; *Papier*, in: Maunz/Dürig, GG, Art. 14 Rn 228 f. Nach BVerfGE **8**, 71, 79 f., *Gubelt*, in: v. Münch/Kunig, GG, 5. Aufl. **2000**, Art. 12 Rn 98 und *Scholz*, in: Maunz/Dürig, GG, Art. 12 Rn 138 ist Art. 14 GG neben Art. 12 GG anwendbar.

[824] Zum Schutz der Wettbewerbsfreiheit durch Art. 12 GG vgl. BVerfGE **32**, 311, 317; **46**, 120, 137 f.; **82**, 209, 223 f.; **86**, 28, 37; BVerwGE **71**, 183, 191; *Scholz*, in: Maunz/Dürig, GG, Art. 12 Rn 136 f.; *Pieroth/Schlink*, Grundrechte, Rn 814 f.; *Papier*, ZHR 152 (**1988**), 493, 499; *Breuer*, HdbStR VI (**1989**), § 148 Rn 75-77. Voraussetzung ist aber, dass die Regelung eine berufsregelnde Tendenz besitzt. Fehlt es an dieser, ist Art. 2 I GG einschlägig (*Jarass*, in: Jarass/Pieroth, GG, Art. 12 Rn 14). Auf Art. 2 I GG wird generell abgestellt in BVerwGE **30**, 191, 198; **60**, 154, 159; **65**, 167, 174.

Beispiel: Die im Gemeindegebiet X ansässigen A-Automobilwerke befinden sich in wirtschaftlichen Schwierigkeiten. Um die Arbeitsplätze in der Region zu sichern, gewährt X ihnen eine öffentliche Beihilfe. Die ebenfalls in X ansässigen und sich in einer ähnlichen Situation befindenden B-Automobilwerke sind der Auffassung, dass die Begünstigung der A-Werke mit dem geltenden Recht nicht zu vereinbaren ist und wollen die Förderung des anderen beseitigen.

Hier besteht die typische Konstellation der **Begünstigungsabwehrklage**. Die A-Werke werden durch die Subvention in der Lage sein, günstiger produzieren zu können als die B-Werke. Dadurch könnte das von der Wettbewerbsfreiheit umfasste Recht auf eine von staatlicher Seite unbeeinflusste Preisgestaltung[825] berührt sein. Eine Verletzung der B-Werke in ihrem Wettbewerbsrecht ist daher möglich. Allerdings fehlt es im Subventionsrecht zumeist an einer einfachgesetzlichen Ausgestaltung, die dem Einzelnen subjektive öffentliche Rechte einräumen könnte. Auch vorliegend ist keine einfachgesetzliche Regelung ersichtlich. In Ermangelung einer gesetzlichen Ausgestaltung müssen die Lücken daher richterrechtlich unter Heranziehung der normexternen Wirkung der Grundrechte ausgefüllt werden.[826] Diese richterrechtlich entwickelten subjektiven öffentlichen Rechte sind mit einem Tatbestandsmerkmal qualifizierter Grundrechtsbetroffenheit vergleichbar. Danach greift die Subventionierung eines Konkurrenten nicht per se in die grundrechtlich geschützte Rechtssphäre des Klagenden ein. Vielmehr müssen dessen Interessen willkürlich vernachlässigt bzw. verletzt und von erheblichem Gewicht sein.[827] Die Klagebefugnis des Drittanfechtenden ist daher nur dann gegeben, wenn der Staat (durch einseitige Parteinahme) derart schwerwiegend in die bestehenden Wettbewerbsverhältnisse eingreift, dass der Dritte in seiner Wettbewerbsfähigkeit *empfindlich* beeinträchtigt (Art. 12 I, Art. 2 I GG), bzw. in seiner wirtschaftlichen Existenz bedroht ist (Art. 14 I GG). Der Substantiierungspflicht im Rahmen der Klagebefugnis ist daher nicht schon Genüge getan, wenn der Kläger behauptet, die Subventionierung sei rechtswidrig. Er muss vielmehr Tatsachen darlegen, die erstens sein Konkurrenzverhältnis zum Begünstigten bestätigen und zweitens die empfindliche Beeinträchtigung der Wettbewerbsfähigkeit bzw. die Gefährdung der unternehmerischen Existenz aufgrund der Subventionierung möglich erscheinen lassen.[828] Die Klagebefugnis und die Begründetheit können sich dann aus den Art. 14 I, 12 I, 2 I und ggf. aus Art. 3 I GG ergeben, dem in diesen Fällen die Funktion eines Abwehrrechts zukommen kann. In Bezug auf die B-Werke bedarf es dann einer genauen Sachprüfung, ob sie derart schwerwiegend betroffen sind.

Weiterführender Hinweis: Nach Ablauf der Anfechtungsfrist (vgl. § 70 bzw. 74 VwGO) kann der Betroffene keine Anfechtungsklage mehr erheben. Dann kann er aber eine Verpflichtungsklage erheben, die darauf gerichtet ist, die Behörde zu verpflichten, den Subventionsbescheid nach § 48 I, II VwVfG zurückzunehmen und nach § 49a VwVfG einen Rückforderungsbescheid zu erlassen. Allerdings ist zu beachten, dass hier der Kläger gegen die Behörde nur einen Anspruch auf ermessensfehlerfreie Rücknahme- und Rückforderungsentscheidung hat.

Zum Rechtsschutz im Drei-Personen-Verhältnis vgl. Rn 679 ff.; generell zur Begründetheit einer (Anfechtungs-)Klage vgl. *R. Schmidt*, VerwProzR, Rn 627 ff.

Zu 3b (Klage eines Konkurrenten auf Gleichbehandlung): In dieser Konstellation möchte der Bewerber die Chancengleichheit im (horizontalen) Konkurrenzverhältnis dadurch wiederherstellen, dass er dieselbe Vergünstigung erhält, *ohne* dass der Konkurrent seine Begünstigung verlieren soll. Man spricht in diesem Zusammen-

555

---

[825] *P.M. Huber*, Konkurrenzschutz, S. 381.
[826] Zur normexternen Wirkung der Grundrechte vgl. *R. Schmidt*, AllgVerwR, Rn 241 ff.
[827] BVerfGE **4**, 7, 15 ff.; BVerwGE **30**, 191, 196 f.
[828] *Wahl/Schütz*, in: Schoch/Schmidt-Aßmann/Pietzner, VwGO, § 42 II Rn 300; *P.M. Huber*, Konkurrenzschutz, S. 402; *Kopp/Schenke*, VwGO, § 42 Rn 145.

hang von einer *positiven* (oder *partizipativen*) Konkurrentenklage in Form der **Konkurrentengleichstellungsklage**.[829]

Verwaltungsrechtsweg: Im Gegensatz zur Konstellation (3a) ist hier eine Beurteilung der Streitigkeit sowohl nach privatem als auch öffentlichem Recht möglich: Nachdem in einer Klausur der Subventionscharakter der fraglichen Maßnahme festgestellt wurde, ist auf die zu diesem Problemkreis entwickelte und von der Rechtsprechung und einem Teil der Literatur vertretene **Zwei-Stufen-Theorie** einzugehen: Ausgangspunkt ist die Überlegung, dass eine Subventionierung einstufig erfolgt, wenn Bewilligung und Gewährung in einem Akt zusammenfallen und das Subventionsverhältnis damit abgeschlossen ist. Diese Konstellation tritt beispielsweise dann ein, wenn eine Subvention in Form eines **verlorenen Zuschusses** in Betracht kommt. Vollzieht sich die Subventionierung jedoch nicht in einem Akt, sondern erstreckt sich auf einen längeren Zeitraum (Subvention in Form eines **Darlehens** oder einer **Bürgschaft**), tritt zu der Bewilligung häufig ein privatrechtliches Rechtsverhältnis in Form eines Darlehens- oder Bürgschaftsvertrags (vgl. §§ 488 ff., §§ 765 ff. BGB) hinzu. Bei dieser Handlungsform entscheidet zunächst die Behörde über die Gewährung (die Bewilligung) oder Versagung beispielsweise des beantragten Darlehens (**1. Stufe**). Diese Entscheidung über das „Ob" der Gewährung der Subvention (oder der Benutzung einer öffentlichen Sache) ist stets eine Frage der öffentlich-rechtlichen Zweckbestimmung und somit unmittelbare Folge des öffentlichen Rechts. Zur Durchführung der Subventionierung, das „Wie", wird sodann ein privatrechtlicher (Darlehens-)Vertrag zwischen Subventionsgeber und Subventionsempfänger abgeschlossen (**2. Stufe**).

> **Hinweis für die Fallbearbeitung:** Bei der Prüfung der Sachurteilsvoraussetzungen muss also nur festgestellt werden, dass es im betreffenden Fall um das **„Ob"** und nicht um das **„Wie"** der Subventionierung geht. Es bleibt somit stets bei der Begründetheit zu prüfen, ob ein öffentlich-rechtlicher Anspruch auf Subventionsgewährung besteht. Zu beachten ist aber, dass die Zwei-Stufen-Theorie nur dann anwendbar ist, wenn das Subventionsverhältnis sich nicht in einem Akt (wie das z.B. bei einem verlorenen Zuschuss oder bei einer Subventionierung durch einen verwaltungsrechtlichen Vertrag der Fall ist) erschöpft.

Statthafte Klageart: Da dem Verwaltungsrechtsstreit ein Leistungsbegehren zugrunde liegt und dieses Begehren nur durch den Erlass eines an den Kläger gerichteten Verwaltungsakts nachgekommen werden kann, ist die **Verpflichtungsklage** statthaft.

Klagebefugnis: Da nach der herrschenden Möglichkeitstheorie der geltend gemachte Anspruch lediglich unter keinem denkbaren Gesichtspunkt ausgeschlossen sein darf, und der Anspruchsteller möglicherweise einen Anspruch auf Gleichbehandlung (Art. 3 I GG i.V.m. dem Grundsatz der Selbstbindung der Verwaltung[830]) hat, ist die Klagebefugnis zu bejahen.

Zur Begründetheit: Die Klage ist begründet, wenn die Ablehnung der eigenen Subventionierung rechtswidrig war und den K dadurch in seinen Rechten verletzt, vgl. § 113 V S. 1 VwGO. Nachdem bei der Klagebefugnis die Möglichkeit des Anspruchs geprüft wurde, gilt es nunmehr festzustellen, ob der Anspruch tatsächlich besteht.

Beispiel: Die A-Automobilwerke im Beispiel zu (3a) wollen nicht die Förderung der B-Werke beseitigen, sondern aus Gründen der Gleichbehandlung ebenfalls subventioniert werden. In diesem Beispiel findet sich die Konstellation der **Partizipationserzwingungsklage** in Form der **Konkurrentengleichstellungsklage**. Wenn man unterstellt, dass die an die A-Werke gewährte Subvention unter Kapazitätsvorbehalt (Vorbe-

---

[829] Vgl. dazu ausführlich *R. Schmidt*, JuS **1999**, 1107 ff. Vgl. auch *Schneider/Jürgens*, JA **2001**, 481, 483.
[830] Vgl. ausführlich zu dieser Thematik *Schefold*, Festschrift für Heinrichs, S. 487 ff.

halt des Möglichen)[831] stand und das Kontingent bereits erschöpft ist, wird eine auf Art. 12 I i.V.m. 3 I GG gestützte Klage mit dem Ziel, ebenfalls in den Genuss der Begünstigung zu kommen, mangels Klagebefugnis unzulässig sein, da es nichts mehr zu verteilen gibt.[832] Die Klagebefugnis entfällt aber auch bei einem noch nicht erschöpften Kontingent, wenn die B-Werke selbst die Förderungsvoraussetzungen nicht erfüllen. Erfüllen sie diese allerdings, wäre eine Verpflichtungsklage unter dem Aspekt der Ermessensreduzierung auf Null (aus Art. 3 I GG abgeleitete Selbstbindung der Verwaltung[833]) zulässig und möglicherweise auch begründet. Die Begründetheit hängt davon ab, ob eine Selbstbindung der Verwaltung tatsächlich besteht und der Kläger auf Fortbestand der Leistungsgewährung vertrauen durfte. Dies wird auch - mit Blick auf das Haushaltsrecht der Legislative - nur in Ausnahmefällen anzunehmen sein.[834]

Zu 3c (Klage eines Konkurrenten auf eigene Begünstigung unter Verdrängung des anderen): 556

Zu 3c (Klage eines Konkurrenten auf eigene Begünstigung unter Verdrängung des anderen): Ausgangspunkt einer dritten Konstellation ist, dass die Behörde eine kontingentierte Leistung, im Extremfall eine nur einmalig zu vergebende Vergünstigung, bereits erschöpfend vergeben hat. Beispielhaft seien Numerus-clausus-Studienplätze, Subventionen im Rahmen verfügbarer Haushaltsmittel, Standplätze auf Märkten, Einstellungen oder Beförderungen nach dem Beamtenrecht und kontingentierte Konzessionen etwa nach dem Personenbeförderungsgesetz (§ 13) oder dem Güterkraftverkehrsgesetz (§ 9) sowie Spielbankerlaubnisse genannt. Begehrt der bei der Verteilung des knappen Gutes Übergangene nach der Erschöpfung des zu verteilenden Kontingents eine Begünstigung, kann er diese nur auf Kosten des Begünstigten erreichen. Man spricht daher von einer *Mitbewerberklage* bzw. einer *ausschließenden* Konkurrentenklage oder einer **Konkurrentenverdrängungsklage**.

> **Beispiel:** Um die Konjunktur zu beleben, stellt der Hamburger Senat Wirtschaftshilfen in Höhe von 5 Mio. € pro Jahr bereit. Mit denjenigen Unternehmen, die er fördern möchte, schließt er „Darlehensverträge" ab mit einem Zinssatz von effektiv 0,9 % p.a. Für das Jahr 2010 ist der Etat bereits erschöpft. Als K eine Beihilfe für sein Unternehmen begehrt, wird ein entsprechender Antrag abschlägig beschieden. Ein gegen diese Ablehnung eingelegter Widerspruch wird als unbegründet zurückgewiesen. K möchte nun Klage gegen die Ablehnung erheben.
> Da der Etat erschöpft ist, kann K nur versuchen, auf Kosten eines bereits begünstigten Konkurrenten diesen aus seiner Position herauszudrängen und die dann frei gewordenen Mittel zu bekommen.

Zunächst müsste der **Verwaltungsrechtsweg** eröffnet sein. Bedenken ergeben sich aus dem Umstand, dass der Senat „Darlehensverträge" mit den Unternehmen abschließt. Der Streit könnte somit dem Zivilrecht unterfallen (vgl. § 488 BGB). Für die Rechtswegfrage entscheidend ist aber, dass es um die Frage eines Anspruchs auf Abschluss eines Darlehensvertrags geht. Nach der **Zwei-Stufen-Theorie**[835] ist zwischen dem „Ob" (1. Stufe) und dem „Wie" (2. Stufe) der Begünstigung zu unterscheiden. Die 1. Stufe ist wegen der öffentlich-rechtlichen Zweckbindung (Widmung) der Mittel für Wirtschaftsförderung stets eine Frage des öffentlichen Rechts. Fragen der 2. Stufe können dann der Ausgestaltung durch das Privatrecht unterfallen. Vorliegend geht es um den Anspruch auf Abschluss eines Darlehensvertrags, also um die Frage des „Ob". Der Verwaltungsrechtsweg ist daher eröffnet.

Fraglich ist, mit welcher Klageart K sein Begehren geltend machen kann. Es ist denkbar, dass er zunächst mit Hilfe einer **Anfechtungsklage** die Verdrängung des nach

---

[831] Vgl. dazu eingehend *Schmidt-Preuß*, Kollidierende Privatinteressen, S. 66.
[832] Vgl. BVerwGE **30**, 191, 197.
[833] Vgl. dazu sehr anschaulich BVerwG NVwZ **1998**, 273; VGH Mannheim NVwZ **1991**, 1199.
[834] BVerwG NVwZ **1998**, 273, 274 f.; VGH Mannheim NVwZ **1991**, 1119; *Schefold*, Festschrift für Heinrichs, S. 500 ff.
[835] Zur Bewertung der Zwei-Stufen-Theorie siehe sogleich Rn 558 ff.

seiner Auffassung zu Unrecht begünstigten Konkurrenten anstrebt, da anderenfalls die begehrte eigene Begünstigung von der Verwaltung überhaupt nicht erfüllt werden könnte. In einem zweiten Schritt wäre, dem primären Rechtsschutzziel nachkommend, die eigene Begünstigung anzustreben, wodurch **zusätzlich** eine **Verpflichtungsklage** in Betracht zu ziehen ist. Diese Vorgehensweise ist aber folgendem methodischen Einwand ausgesetzt: Eine (isolierte) Drittanfechtung würde im Erfolgsfalle zwar grundsätzlich die Begünstigung des Konkurrenten aufheben, nicht aber gleichzeitig zur eigenen Begünstigung führen. Darüber hinaus sind die nötige Rechtsbetroffenheit und damit die Klagebefugnis fraglich.[836] Einer separat erhobenen Verpflichtungsklage würde die Klagebefugnis, zumindest jedoch das Rechtsschutzbedürfnis fehlen, da die Behörde keine Leistung mehr vergeben kann. Selbst wenn man die Hürde der Zulässigkeit überwinden würde, scheint die Klage wegen der tatsächlichen Unmöglichkeit der Leistungsvergabe unbegründet.[837] Zumindest wo es um eine kontingentierte Leistungsvergabe im Bereich der Konzessionsvergabe nach dem Personenbeförderungsgesetz oder dem Güterkraftverkehrsgesetz geht, ergibt sich der Rechtsschutz nach ständiger Rechtsprechung[838] und der Auffassung des überwiegenden Schrifttums[839] daher aus einer **Kombination von Anfechtungs- und Verpflichtungsklage** (u.U. sei auch ein Antrag nach §§ 80 V, 80a III oder § 123 VwGO auf Gewährung **einstweiligen Rechtsschutzes** zu stellen[840]). Entsprechendes gelte für die Erteilung einer Spielbankerlaubnis.[841] Prozessual ist eine derartige Verbindung als **„uneigentliche" eventuale Klagenhäufung** unter Anwendung des § 44 VwGO zu betrachten: Die Hilfsklage (hier die Anfechtungsklage) wird mit der Hauptklage (hier die Verpflichtungsklage) rechtshängig, allerdings auflösend bedingt durch deren Misserfolg.[842] Die **Klagebefugnis** ist gegeben, wenn ein eigener Subventionsanspruch hinreichend wahrscheinlich ist.[843] Nur dann ist der Kläger nach der herrschenden Schutznormtheorie vom Schutzzweck der Zulassungsnorm umfasst und eine Anfechtung der Drittbegünstigung überhaupt möglich.

Auf Schwierigkeiten stößt die h.M. allerdings dort, wo (wie im vorliegenden Beispiel) eine große Zahl von Genehmigungen in einem einheitlichen Auswahlverfahren gleichzeitig vergeben wird. Dem abgelehnten Bewerber wird nämlich in der Praxis neben dem Versagungsbescheid regelmäßig nicht mitgeteilt, welche Personen an seiner Stelle die begehrte Vergünstigung erhalten haben. Damit ist ihm deren Identität nicht bekannt, was aber im Hinblick auf die Bestimmtheit einer Klage eine unverzichtbare Voraussetzung für die Anfechtungsklage gegen die Begünstigung der Konkurrenten darstellt. Die Klage wäre schon deshalb nicht zulässig. Darüber hinaus sind ihm regelmäßig die maßgeblich zur Verwaltungsentscheidung führenden Verhältnisse seiner Mitbewerber nicht bekannt, deren Kenntnis für die Beurteilung der Erfolgsaussichten einer Anfechtungsklage aber erforderlich ist. Nach der hier vertretenen Auffassung ist es daher

---

[836] Die Klagebefugnis für eine Anfechtungsklage wird dem Übergangenen zum Teil wegen einer angeblich nur „tatsächlichen" Wirkung der Gewährung an den Konkurrenten abgesprochen, vgl. BVerwGE **60**, 25, 30 zum Hochschulzulassungsstreit, BVerwG DVBl **1989**, 1150 zur Ernennungskonkurrenz im Beamtenrecht; anders dagegen BVerwGE **80**, 270, 273 zum Güterkraftverkehrsgesetz. Vgl. zu dieser Problematik grundlegend *Preu*, Subjektivrechtliche Grundlagen des öffentlich-rechtlichen Drittschutzes, **1992**, § 11 S. 103 f.
[837] Vgl. dazu BVerwGE **80**; 270, 272; *R. Schmidt*, JuS **1999**, 1107, 1109; *P.M. Huber*, Konkurrenzschutz, S. 472 f.; *Kopp*, VwGO (10. Aufl. **1994**), § 113 Rn 89; *Happ*, in Eyermann, VwGO, § 42 Rn 53 u. 55.
[838] Vgl. nur BVerwGE **64**, 71 f.; OVG Magdeburg, DVBl **1996**, 162; VGH Mannheim, NVwZ-RR **1993**, 291; VG Berlin, AfP **1997**, 750.
[839] *Pietzcker*, in: Schoch/Schmidt-Aßmann/Pietzner, VwGO, § 42 I Rn 145; *Happ*, in: Eyermann, VwGO, § 42 Rn 55; *Hüttenbrink*, in: Kuhla/Hüttenbrink, Der Verwaltungsprozess, D 69; *Brohm*, Die Konkurrentenklage, in: System des verwaltungsgerichtlichen Rechtsschutzes, Festschrift für Menger, **1985**, S. 235, 253 f.; *P.M. Huber*, Konkurrenzschutz, S. 473; *Scherer*, Jura **1985**, 11, 16; *Horn*, GewArch 73 (**1985**), 76 f.; 79 ff. Vgl. auch *Schneider/Jürgens*, JA **2001**, 481, 483 ff.
[840] Teilweise wird aber auch angenommen, dass die Zulassung eines von der Behörde abgelehnten Bewerbers zur Teilnahme an einem Markt im Wege der einstweiligen Anordnung nach § 123 I S. 2 VwGO bei einer tatsächlich erschöpften Platzkapazität nicht möglich ist (OVG Bautzen NVwZ-RR **1999**, 500).
[841] BVerwGE **96**, 302, 305.
[842] Vgl. *Rennert*, in: Eyermann, VwGO, § 44 Rn 5.
[843] *Wahl/Schütz*, in: Schoch/Schmidt-Aßmann/Pietzner, VwGO, § 42 II Rn 303 m.w.Nachw.

ausreichend, dass der übergangene Bewerber (vorliegend also K) eine auf erneute Bescheidung gerichtete **Verpflichtungsklage** erhebt.[844]

Schließlich ist noch zu beachten, dass wenn der den Konkurrenten begünstigende Bescheid bestandskräftig geworden ist (Fristverstreichung der §§ 70 oder 74 VwGO), der Kläger die Behörde nicht dazu verpflichten kann, das Rücknahmeverfahren nach § 48 VwVfG einzuleiten. Diese Vorschrift ermächtigt zwar die Behörde, unter bestimmten Voraussetzungen ermessensfehlerfrei den rechtswidrigen Verwaltungsakt zurückzunehmen. Die Rücknahme steht allerdings nur unter der Ägide des Rechtsstaatsprinzips und des Grundsatzes der Gesetzmäßigkeit der Verwaltung. Sie verleiht dem Kläger kein subjektives öffentliches Recht. Dem Kläger steht in diesem Fall nur der Antrag auf Wiederaufgreifen des Verfahrens gem. § 51 VwVfG zur Verfügung. Auch kommen Schadensersatzansprüche (Amtshaftung) in Betracht. 557

4. Bewertung der Zwei-Stufen-Theorie

Der **Vorteil** der Zwei-Stufen-Theorie besteht zweifellos in dem mit ihr verbundenen Grundrechtsschutz (Gleichheitssatz) und in der verwaltungsgerichtlichen Kontrollmöglichkeit bei der Entscheidung über die Bewilligung. Darüber hinaus streitet die privatwirtschaftliche Effizienz (praktikable Rechtsformen) bei der Durchführung des Vorhabens für diese Theorie. 558

Die Zwei-Stufen-Theorie ist allerdings einiger **Kritik** ausgesetzt: So wird ein einheitliches Lebensverhältnis nicht nur in zwei Rechtsverhältnisse getrennt, sondern diese Rechtsverhältnisse werden auch noch verschiedenen Rechtsbereichen und damit verschiedenen Rechtswegen zugeordnet (Rechtswegspaltung).[845] Darüber hinaus können Abgrenzungsschwierigkeiten zwischen der ersten und der zweiten Stufe auftreten: Das „Ob" kann nicht rein abstrakt erfolgen, sondern muss in einem Mindestmaß substantiiert werden und enthält daher inhaltliche Aussagen (Modalitäten), die auch im Darlehens- oder Bürgschaftsvertrag festgelegt werden können.[846] 559

Fraglich ist weiter das Verhältnis der beiden Stufen zueinander: Nach einer Auffassung[847] wird der Bewilligungsbescheid durch den Abschluss des Darlehensvertrags (ergänze: auch des Bürgschaftsvertrags) vollzogen und erlischt damit. Nach anderer Auffassung[848] besteht der Bewilligungsbescheid fort und wirkt weiter auf die zweite Stufe ein.

> **Hinweis für die Fallbearbeitung:** Die Frage nach dem Einfluss des Bewilligungsbescheids auf die anschließende privatrechtlich ausgestaltete Durchführung ist nicht nur akademischer Natur, sondern auch von praktischer Bedeutung: So sind Zinsänderungen nach BVerwGE 13, 47 öffentlich-rechtlich, nach BVerwG DVBl 1959, 665 und BGHZ 40, 206 privatrechtlich zu beurteilen, der Rückzahlungsanspruch ist nach BVerwGE 13, 307 und 35, 170 öffentlich-rechtlicher, nach BVerwGE 41, 127 und BGHZ 40, 206 privatrechtlicher Natur.[849]

---

[844] So auch VG Schleswig NVwZ-RR **1999**, 308; *R. Schmidt*, JuS **1999**, 1107, 1109; *Wieland*, DV **1999**, 217, 220; *Schenke*, VerwProzR, Rn 276; *Kopp/Schenke*, VwGO, § 42 Rn 48 in Anlehnung an *Schenke*, NVwZ **1993**, 718 ff. Auch das BVerwG (E **80**, 270, 272 f.) hat zumindest für den Bereich des Güterfernverkehrsrechts *eine* Verpflichtungsklage mit der Begründung ausreichen lassen, dass es dann Sache der Behörde sei, sich ggf. durch Rücknahme oder Widerruf einer bereits erteilten anderen Genehmigung o.ä. die erforderliche freie Genehmigung wieder zu verschaffen.

[845] *Maurer*, AllgVerwR, § 17 Rn 14 ff.; *Redeker/v. Oertzen*, VwGO, § 40 Rn 23; *Ehlers*, in: Schoch/Schmidt-Aßmann/Pietzner, VwGO, § 40 Rn 255 ff.

[846] *Maurer*, AllgVerwR, § 17 Rn 16.

[847] BGHZ **40**, 206.

[848] BVerwGE **35**, 170.

[849] Vgl. *Maurer*, AllgVerwR, § 17 Rn 17.

560 Schwierigkeiten bestehen weiterhin bei der Lösung von Konfliktfällen, in denen beispielsweise der Bewilligungsbescheid nichtig ist, zurückgenommen oder widerrufen wird. Eine Auswirkung auf den an sich rechtlich selbstständig zu beurteilenden Darlehens- oder Bürgschaftsvertrag ist in diesen Fällen unvermeidbar.

> **Beispiel:** A erhält einen Bewilligungsbescheid zu einem Subventionsdarlehen. Am nächsten Tag schließt er mit der Behörde einen zivilrechtlichen Darlehensvertrag und erhält sofort die Valuta. Einige Tage später stellt sich heraus, dass A bei der Beantragung der Subvention den Sachbearbeiter bei der Behörde arglistig getäuscht hat. Daraufhin erlässt die Behörde sofort einen Rücknahmebescheid (§ 48 I, II S. 3 Nr. 1 VwVfG). Fraglich ist, ob die Behörde das ausgezahlte Darlehen vorzeitig zurückfordern kann.

561 Es sind folgende Möglichkeiten in Betracht zu ziehen:

(1) Zunächst ist es möglich anzunehmen, dass der Bewilligungsbescheid Wirksamkeitsvoraussetzung des privatrechtlichen Vertrags der 2. Stufe (§ 488 oder § 765 BGB) ist. Der privatrechtliche Vertrag wird sozusagen gem. § 158 II BGB unter der auflösenden Bedingung der Wirksamkeit der 1. Stufe (des Bewilligungsbescheids) geschlossen. Wird dementsprechend der Bewilligungsbescheid zurückgenommen, tritt die auflösende Bedingung ein, und der Darlehensvertrag ist nicht wirksam zustande gekommen. Die Behörde kann das Darlehen dann kondizieren (§ 812 I S. 1 Var. 1 BGB).

(2) Weiterhin ist es denkbar, dass der Bewilligungsbescheid den Rechtsgrund für den privatrechtlichen Vertrag bildet, sodass das privatrechtlich Geleistete ebenfalls gem. § 812 I S. 1 Var. 1 BGB kondiziert werden kann.

(3) Vertretbar ist auch, in dem Bewilligungsbescheid die Geschäftsgrundlage für den privatrechtlichen Vertrag zu sehen. Bei Nichtigkeit oder Rücknahme des Bewilligungsbescheids entfällt somit die Geschäftsgrundlage des privatrechtlichen Vertrags mit der Folge, dass dieser gekündigt werden kann (vgl. jetzt § 313 BGB). Der Rückzahlungsanspruch ergibt sich dann aus §§ 488 i.V.m. § 313 BGB.

(4) Schließlich kann angenommen werden, dass der Bewilligungsbescheid mit dem Abschluss des privatrechtlichen Vertrags vollzogen und sich damit „erledigt" hat. Hier müsste die Behörde versuchen, den Darlehensvertrag rückgängig zu machen. Eine Kündigung nach §§ 489 f. BGB ist für die Behörde aufgrund der Kündigungsfrist ungünstig. Sie wird daher eine Anfechtung nach § 123 BGB erwägen.

Rechtsdogmatisch vorzugswürdig erscheinen die Möglichkeiten (1) und (3).

562 **c.** Infolge dieser Nachteile sind **Alternativen** zur Handlungsform „zweistufig ausgeformter Bewilligungsbescheid" heranzuziehen. In Betracht kommen einstufige öffentlich-rechtliche Gestaltungsverhältnisse, wobei folgende rechtliche Möglichkeiten in Erwägung zu ziehen wären[850]:

563 ▪ **Einstufiger Bewilligungsbescheid:** Der gesamte Vorgang wird durch einen Verwaltungsakt geregelt. Die Bewilligungsmodalitäten werden mit Hilfe von Nebenbestimmungen konkretisiert. Zu beachten ist allerdings, dass Subventionen, auf die ein Anspruch besteht (gebundene Entscheidung), nur dann mit Nebenbestimmungen versehen werden dürfen, wenn dies durch Rechtsvorschrift zugelassen ist[851], oder wenn sichergestellt werden soll, dass die gesetzlichen Voraussetzungen des Verwaltungsakts erfüllt werden (§ 36 I VwVfG). Bei Ermessensentscheidungen sind Nebenbestimmun-

---

[850] Vgl. eingehend *Ehlers*, in: Schoch/Schmidt-Aßmann/Pietzner, VwGO, § 40 Rn 261 ff.; 268 ff.; *Maurer*, AllgVerwR, § 17 Rn 20 ff.
[851] So z.B. in § 25 IV FilmförderungsG.

gen dann zulässig, wenn diese dem Zweck der Bewilligung nicht zuwiderlaufen (§ 36 III VwVfG).

- **Verwaltungsvertrag (§ 54 I S. 2 VwVfG[852]):** Dieser regelt die Voraussetzungen und Bedingungen eines von der Verwaltung zu zahlenden und vom Darlehensnehmer in bestimmten Raten zurückzuerstattenden Geldbetrages, regelt also ein öffentlich-rechtliches Darlehensverhältnis. Diese Alternative ist jedenfalls dann geeignet, wenn das Darlehensverhältnis individuell ausgestaltet werden soll. In der Regel ist dies aber wegen des wenn auch nur eingeschränkt geltenden Gesetzesvorbehalts im Bereich der Leistungsverwaltung nicht umfassend möglich. Aber auch im privaten Bereich besteht oft kein Spielraum. Daher ist die Annahme eines Verwaltungsvertrags nicht ausgeschlossen. Der Unterschied zum Verwaltungsakt mit Auflagen und Bedingungen reduziert sich aber dadurch praktisch auf Null. Es besteht sogar die Gefahr, dass der Subventionsempfänger bei vertraglicher Gestaltung rechtliche Sicherungen verliert, die ihm bei einem Verwaltungsakt verbleiben würden. So kann der Subventionsbegehrende die Behörde nicht zu einer Vertragsschließung verpflichten, wohl aber bei gegebener Rechtslage zum Erlass eines Subventionsbescheids. Auch ist bei einem öffentlich-rechtlichen Vertrag der Drittschutz weniger ausgeprägt als bei einem Verwaltungsakt. Wendet sich ein Dritter unter den Voraussetzungen des § 58 VwVfG gegen einen Verwaltungsvertrag, bleibt ihm i.d.R. nur die Feststellungsklage gerichtet auf die Feststellung, dass der Verwaltungsvertrag rechtswidrig (unwirksam) ist. Dazu muss er aber ein durch den Verwaltungsvertrag möglicherweise verletztes Recht behaupten können.
Besteht der Subventionsvertrag, hat sich die Behörde zwar auf die gleiche Stufe mit dem Subventionsempfänger gestellt, und muss daher bei Forderungen - da sie die Verwaltungsakt- und Selbstvollstreckungsbefugnis verloren hat - gerichtlich gegen ihn vorgehen. Allerdings wird sie i.d.R. die Unterwerfung unter die sofortige Vollstreckung (§ 61 VwVfG) vertraglich vereinbart haben, sodass es eines gerichtlichen Vollstreckungsurteils nicht bedarf. Der Subventionsempfänger erfährt aber dadurch einen Nachteil, da er den verwaltungsgerichtlichen einstweiligen Rechtsschutz, der ihm gegen Selbstvollstreckungsmaßnahmen der Behörde zur Verfügung stehen würde, bei einem öffentlich-rechtlichen Vertrag nicht in Anspruch nehmen kann.

564

- **Privatrechtlicher Vertrag:** Es wird ein Darlehensvertrag gemäß § 488 BGB geschlossen, der allerdings, da die Verwaltung mit der Subventionierung echte (unmittelbare) Verwaltungsaufgaben wahrnimmt, „verwaltungsprivatrechtlich" zu qualifizieren wäre und damit der öffentlich-rechtlichen Bindung (jedenfalls dem Gleichheitssatz) unterliegt. Diese verwaltungsprivatrechtliche Deutung geht aber an der Einsicht vorbei, dass zumindest die Vergabe von Subventionen nach Rechtsgrundlagen und Zielsetzungen dem öffentlichen Recht zuzuordnen ist.

565

Zwar sind der einstufige Bewilligungsbescheid (mit Nebenbestimmungen) und der Verwaltungsvertrag der Zwei-Stufen-Theorie sowohl in rechtsdogmatischer als auch in praktischer Sicht zumindest im Bereich der Subventionsvergabe überlegen. Gerade aber infolge der Anerkennung der Zwei-Stufen-Theorie durch die Rechtsprechung werden indessen zahlreiche Verwaltungsleistungen typischerweise zweistufig gewährt, was aus den genannten Gründen zwar kritisiert werden mag, woran im Streitfall aber nicht vorbeigegangen werden kann.

566

> **Hinweis für die Fallbearbeitung:** Eine gesetzliche Regelung der Zwei-Stufen-Theorie enthält beispielsweise § 102 Zweites Wohnungsbaugesetz. Fehlt es indes an einer gesetzlichen Regelung, muss geprüft werden, ob Anhaltspunkte für ein zweistufiges Verfahren, für einen Vertragsabschluss oder für eine einseitige einstufige Regelung gegeben sind. Bei breit gestreuten und in Vollzug von Gesetzen und

---

[852] Austauschvertrag nach § 56 VwVfG. Vgl. dazu ausführlich *R. Schmidt*, AllgVerwR, Rn 924 ff.

> Verwaltungsrichtlinien vergebenen Darlehen ist im Zweifel ein zweistufiges Verfahren anzunehmen.

567 Erfolgt die Auszahlung des Darlehens nicht durch die Staatskasse direkt, sondern ist eine Bank oder ein sonstiges privatrechtlich organisiertes Kreditinstitut zwischengeschaltet, sind zwei Konstellationen denkbar[853]:

- Leistet die Bank lediglich die Auszahlung, ist sie Erfüllungsgehilfe des Staates. Hier bestehen keine Unterschiede gegenüber der Zahlung durch die Staatskasse selbst. Hier kann man mit den Kritikern der Zwei-Stufen-Theorie diese ablehnen und eine der dargestellten Alternativen bevorzugen.

- Schließt die Bank jedoch aufgrund eines Bewilligungsbescheids selbst mit dem Subventionsnehmer einen Darlehensvertrag und besitzt sie bezüglich der Konditionen noch einen Entscheidungsspielraum, ist die Annahme von zwei aufeinander folgenden Rechtsverhältnissen unumgänglich. Hier kann man die Zwei-Stufen-Theorie mit guten Gründen bevorzugen, muss aber beachten, dass sie durch die Einbeziehung eines Dritten und das dadurch geschaffene „Dreiecksverhältnis" bedingt ist und dadurch das Subventionsverhältnis kompliziert.

II. Bürgschaften

568 Bei einer **Subventionsbürgschaft** übernimmt der Staat (= Subventionsgeber) eine Bürgschaft gegenüber einem privaten Kreditinstitut zugunsten eines privaten Kreditnehmers (= Subventionsempfänger).

569 Die **Zwei-Stufen-Theorie** findet hier selbst von denen Zustimmung, die ihr sonst ablehnend gegenüberstehen: Auf der **1. Stufe** erklärt sich der Staat durch den Erlass eines Verwaltungsakts gegenüber dem Subventionsempfänger bereit, für dessen Verpflichtungen zu bürgen. Auf der **2. Stufe** schließt der Staat mit dem Gläubiger (der Bank) einen privatrechtlichen Bürgschaftsvertrag (§ 765 BGB). Die Bank wiederum schließt mit dem Subventionsempfänger einen Darlehensvertrag (§ 488 BGB).

Übersicht: Darlehensbürgschaft

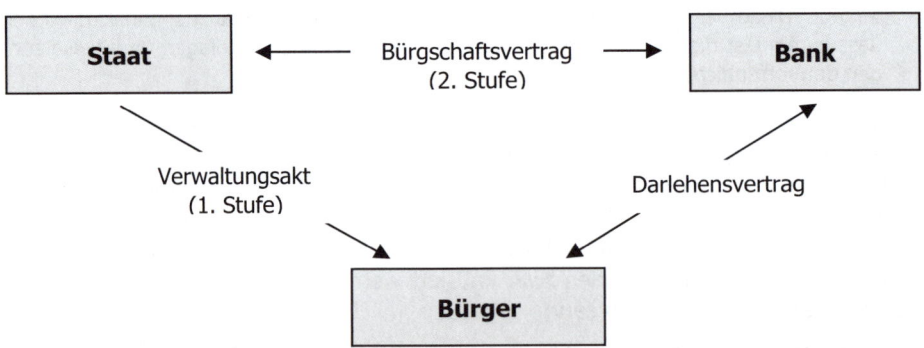

570 Zu beachten ist, dass der grundsätzlich im Bereich der Leistungsverwaltung eingeschränkte Gesetzesvorbehalt nicht gilt, wenn eine ausdrückliche Rechtsgrundlage gefordert wird. So ist gem. § 39 BHO für die Übernahme von Bürgschaften, die zu Ausgaben in künftigen Haushaltsjahren führen können (was bei mittel- und langfristi-

---

[853] Vgl. *Maurer*, AllgVerwR, § 17 Rn 28.

gen Bürgschaftsverträgen stets anzunehmen sein wird) eine Ermächtigung durch
förmliches Bundesgesetz erforderlich. Zu den Schwierigkeiten, die bei der Lösung von
Konfliktfällen entstehen, in denen beispielsweise der Bewilligungsbescheid nichtig ist,
zurückgenommen oder widerrufen wird, vgl. oben. Im Übrigen sei auf die Ausführungen zum Subventionsdarlehen verwiesen.

Gleiches gilt hinsichtlich der sog. **Hermes-Bürgschaften**. Darunter sind staatliche   571
Ausfuhrgewährleistungen zu verstehen, die durch die von der Bundesregierung
hierfür mandatierte Euler Hermes Kreditversicherung AG übernommen werden.
Hermes-Bürgschaften geben deutschen Unternehmen die Möglichkeit, sich bei der
Lieferung in schwierige und risikoreiche Märkte sowohl gegen wirtschaftliche (Kun-
denrisiken) als auch politische Risiken (Länderrisiken) abzusichern. Sie sind im Rahmen der Exportkreditversicherung ein bedeutender Bestandteil der deutschen Aus-
fuhrförderungspolitik. Die Absicherung ist allerdings nicht kostenfrei. Der Staat vergibt
Bürgschaften nur gegen Entgelte und zwar in Abhängigkeit von Art, Umfang und
Laufzeit eines Geschäfts sowie der Risikoeinstufung des Importlandes. Für den Scha-
densfall ist eine Selbstbeteiligung des Exporteurs vorgesehen, die je nach Absiche-
rungsform im Regelfall zwischen 5 % und 15 % liegt.[854]

Übersicht: Hermes-Bürgschaft

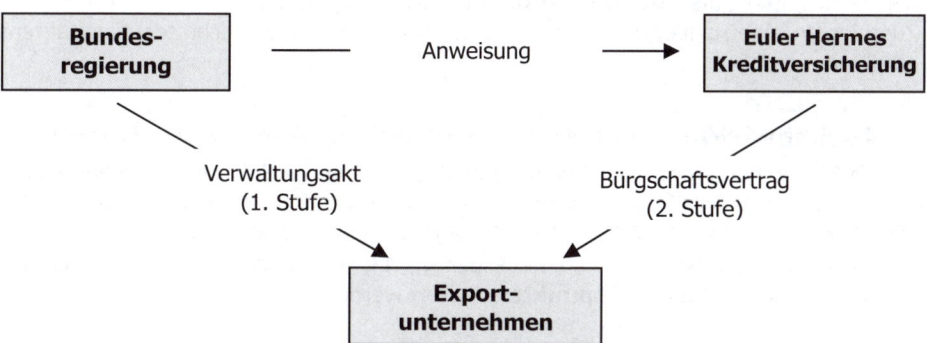

Unter Anwendung der Zwei-Stufen-Theorie ist die Entscheidung, *ob* die Hermes-Bürg-
schaft erteilt wird, öffentlich-rechtlich (1. Stufe). Demgegenüber ist der Vertrag zwischen
der Bundesrepublik Deutschland, vertreten durch die Kreditversicherungs-AG, und dem
deutschen (Export-)Unternehmer entweder ein Gewährleistungsvertrag gem. § 311 I BGB
oder ein Sicherungsvertrag und damit der 2. Stufe zuzuordnen.[855]

III. Realförderungen

Realförderung i.S.e. Subvention ist die bevorzugte Berücksichtigung bei der Verga-   572
be von öffentlichen Aufträgen oder der Veräußerung von staatlichem Eigentum.

1. Die Entscheidung über die Bevorzugung ist als Verwaltungsakt oder nur behör-   573
denintern möglich. Nur wenn durch einen Verwaltungsakt entschieden wird, ist die
Zwei-Stufen-Theorie unter den oben genannten Voraussetzungen anwendbar. Die
2. Stufe wird dann durch privatrechtliche Verträge (Kaufvertrag, Werkvertrag etc.)
ausgestaltet.

---

[854] Zu beachten ist weiterhin, dass gem. § 39 BHO für Bürgschaftszusagen, die zu Ausgaben in künftigen
Haushaltsjahren führen können, eine Ermächtigung durch förmliches Bundesgesetz erforderlich ist.
[855] Vgl. dazu BGH ZIP **1996**, 2125.

574　**2.** Die Zwei-Stufen-Theorie ist jedoch dann nicht anwendbar, wenn die Rechtsnatur der Realförderung durch eine ausdrückliche Bestimmung festgelegt ist. So ist die **öffentliche Auftragsvergabe** (sofern ein bestimmter Schwellenwert überschritten wird, vgl. § 100 GWB) in den **§§ 97 ff. GWG** geregelt und somit dem **Zivilrecht** zugeordnet. Nach der Legaldefinition in § 99 GWB sind öffentliche Aufträge entgeltliche Verträge zwischen öffentlichen Auftraggebern und Unternehmen, die Liefer-, Bau- oder Dienstleistungen zum Gegenstand haben, und Auslobungsverfahren, die zu Dienstleistungsaufträgen führen sollen.[856] Ausführliche materiell-rechtliche und verfahrensrechtliche Bestimmungen über die Vergabe von öffentlichen Aufträgen befinden sich in §§ 98 ff. GWB. Maßgebliche Auswahlkriterien sind Fachkunde, Leistungsfähigkeit und Zuverlässigkeit der Bewerber und die Wirtschaftlichkeit ihres Angebots.[857] Die Unternehmen haben gem. § 97 VII GWB einen Anspruch auf Beachtung der Vergaberegelungen. In den §§ 102 ff. GWB ist ein Rechtsschutzverfahren ausgestaltet: Zunächst sind gem. §§ 107 I, 104 GWB die Vergabekammern anzurufen. Die Vergabekammern sind sachlich unabhängige Verwaltungsbehörden, die durch Verwaltungsakt entscheiden (§ 114 GWB). Antragsbefugt ist jedes Unternehmen, das ein Interesse am Auftrag und eine Verletzung subjektiver vergaberechtlicher Rechtspositionen geltend macht (§ 107 II GWB). Gegen eine Entscheidung der angerufenen Vergabekammer ist die sofortige Beschwerde beim OLG zulässig, das endgültig entscheidet (§§ 116 ff. GWB). Für den Rechtsschutz bedeutsam ist der Umstand, dass die Rechtsmittel aufschiebende Wirkung entfalten (§§ 115 I, 118 I S. 1 GWB). Der Zuschlag an einen anderen darf also erst nach Abschluss des Rechtsschutzverfahrens erteilt werden.[858]

D. Rückabwicklung von zu Unrecht geleisteten Subventionen

575　Ist die Subventionierung rechtswidrig erfolgt oder sind die Subventionsvoraussetzungen nach der Bewilligung entfallen, muss die Subvention (gem. §§ 48 ff. VwVfG) rückabgewickelt werden. Im Folgenden soll daher die Korrektur fehlerhafter Subventionen anhand der Gesetzessystematik der §§ 48, 49 VwVfG und unter Beachtung **europarechtlicher Gesichtspunkte** erläutert werden.

I. Allgemeines

1. Grund für die Aufhebung von Verwaltungsakten

576　Im Grundsatz gilt, dass Verwaltungsakte nach Eintritt der Bestandskraft, die insbesondere wegen Verstreichenlassen der Anfechtungsfrist vorliegen kann, nicht mehr in Frage gestellt werden sollen. Unter bestimmten Voraussetzungen hat der Gesetzgeber der Verwaltung jedoch die Möglichkeit eingeräumt, Verwaltungsakte, die unter Verstoß gegen die Rechtsordnung erlassen worden sind, auf dann noch aufzuheben, wenn Bestandskraft eingetreten ist, die Verwaltungsakte also eigentlich nicht mehr (gerichtlich) aufgehoben werden könnten. Das betrifft sowohl belastende als auch begünstigende Verwaltungsakte und dient dem Prinzip der **Gesetzmäßigkeit der Verwaltung**. Da auf der anderen Seite jedoch auch **Rechtssicherheit** und **Vertrauensschutz** der betroffenen Bürger in Bestand von Staatsakten von Verfassungs-

---

[856] Zur Auslegung des Begriffs „öffentlicher Auftrag" i.S.v. § 99 GWB vgl. auch *Schröder*, NVwZ **2005**, 25 ff.
[857] Vgl. *Dageförde/Dross*, NVwZ **2005**, 19 ff.
[858] Zum Vergaberecht vgl. näher *Dageförde/Dross*, NVwZ **2005**, 19 ff; EuGH DVBl **2000**, 118 (Alcatel); BayObLG NVwZ **1999**, 1138; OLG Brandenburg NVwZ **1999**, 1142; *Schwarze*, Die Vergabe öffentlicher Aufträge im Lichte des europäischen Wirtschaftsrechts, **2000**; *Malmendir*, DVBl **2000**, 963 ff.; *Byok*, NJW **1998**, 2774 ff.; *Schneevogl/Horn*, NVwZ **1998**, 1242 ff.; *Noch*, NVwZ **1999**, 1083 ff; *Neßler*, NVwZ **1999**, 1081.

rang sind, hat der Gesetzgeber insgesamt differenzierte Regelungen geschaffen, die den genannten Aspekten Rechnung tragen.

Begrifflich bildet die **Aufhebung** den Oberbegriff. Sie ist jede Beseitigung der Wirksamkeit eines Verwaltungsakts durch einen bestimmten *actus contrarius* (= Gegenakt). Bezieht sich die Aufhebung auf einen **rechtswidrigen** Verwaltungsakt, spricht das Gesetz in § 48 VwVfG (zu den Spezialregelungen vgl. sogleich) von **Rücknahme**. Soll demgegenüber ein **rechtmäßiger** Verwaltungsakt aufgehoben werden, ist der in § 49 VwVfG (und den Spezialregelungen) genannte Begriff des **Widerrufs** zugrunde zu legen.

577

> **Beispiel:** A wird unter Missachtung der in Art. 107 f. AEUV normierten Notifikationspflicht eine Subvention gewährt. Die Subventionierung ist daher rechtswidrig. Hier kann die Behörde den Bewilligungsbescheid gem. § 48 II VwVfG *zurücknehmen*. Handelt es sich demgegenüber um eine nicht gegen geltendes Recht verstoßende Subvention, die mit einer bestimmten Auflage verbunden war, und erfüllt A diese Auflage nicht, kann die Behörde den Bewilligungsbescheid gem. § 49 II Nr. 2 VwVfG *widerrufen*.

> **Achtung:** Der hier verwendete Begriff der Aufhebung darf nicht mit demjenigen verwechselt bzw. gleichgestellt werden, der im Rahmen des § 113 I S. 1 VwGO verwendet wird. Dort geht es um die Aufhebung eines rechtswidrigen Verwaltungsakts
>
> 1. durch ein Gericht, das
> 2. über einen noch nicht bestandskräftigen Verwaltungsakt entscheidet.
>
> Es handelt sich also um völlig verschiedene Rechtsinstitute.

578

2. Vorrang von Spezialregelungen

Rücknahme und Widerruf werden in den §§ 48, 49 VwVfG sowie in etlichen Spezialgesetzen geregelt. Bevor daher als Rechtsgrundlage für die Aufhebung eines Verwaltungsakts die §§ 48 ff. VwVfG (bzw. die Vorschriften der Landesverwaltungsverfahrensgesetze) herangezogen werden, ist stets zu bedenken, dass wegen der grundsätzlichen Subsidiarität der VwVfGe **Spezialregelungen** in anderen Gesetzen auch in diesem Bereich **vorgehen**.[859] Im Bereich des Subventionsrechts sind regelmäßig jedoch keine speziellen Regelungen vorhanden, die die §§ 48, 49 VwVfG verdrängen könnten. Das gilt auch hinsichtlich **gemeinschaftsrechtswidrig** gewährter Beihilfen, sodass die Rücknahme von Subventionsbescheiden, die gegen Vorschriften des EU-Rechts verstoßen, wegen Fehlens entsprechender gemeinschaftsrechtlicher Vorschriften im Grundsatz (noch) nach nationalem Recht zu beurteilen ist.[860]

579

3. Teilaufhebung

Rücknahme und Widerruf können den Verwaltungsakt ganz erfassen oder sich nur auf einen Teil beziehen. Im zweiten Fall spricht man von **Teilaufhebung**.

580

> **Beispiel:** B wird eine Subvention in Höhe von 500.000,- € gewährt. Nach Auszahlung stellt die Behörde fest, dass die EU-Kommission nur Subventionen in Höhe von 400.000,- € genehmigt hatte. Hier kann (und muss) die Behörde den Bewilligungsbescheid bezüglich des Teilbetrags in Höhe von 100.000,- € zurücknehmen.

---

[859] Vgl. BVerwG NJW **2000**, 1512; VGH München NVwZ **2001**, 931; *Neumann*, NVwZ **2000**, 1244, 1250.
[860] Vgl. EuGH NVwZ **2004**, 459; BVerwGE **74**, 357, 360.

4. Widerruf eines rechtswidrigen Verwaltungsakts?

581 Oben wurde gesagt, dass die Aufhebung den Oberbegriff darstelle und dass es sich terminologisch bei der Aufhebung eines rechtswidrigen Verwaltungsakts um eine Rücknahme (§ 48 VwVfG) und bei der Aufhebung eines rechtmäßigen Verwaltungsakts um einen Widerruf (§ 49 VwVfG) handele. Jedoch setzt § 49 VwVfG nicht zwingend voraus, dass es sich bei dem aufzuhebenden Verwaltungsakt um einen rechtmäßigen Verwaltungsakt handelt. Auch ein rechtswidriger Verwaltungsakt kann gem. § 49 VwVfG aufgehoben werden. Das ist folgerichtig, wenn man bedenkt, dass die Aufhebung eines rechtswidrigen Verwaltungsakts unter weiteren, in § 48 VwVfG genannten Voraussetzungen zulässig ist. § 48 VwVfG stellt also lediglich eine weiter gefasste Möglichkeit der Aufhebung dar. Es besteht ein Erst-recht-Schluss: Wenn schon rechtmäßige Verwaltungsakte unter den Voraussetzungen des § 49 II VwVfG aufgehoben werden können, gilt dies erst recht für rechtswidrige Verwaltungsakte.

> **Beispiel:** Das Land L gewährt Existenzgründern eine Finanzhilfe zur Anschaffung von Betriebsmitteln. Mit der Gewährung verbindet es die Auflage, dass die Mittel nur für bestimmte, für förderungswürdig gehaltene, Projekte eingesetzt werden dürfen. Kommt der geförderte Existenzgründer E dieser Auflage nicht vollständig nach, kann L den Subventionsbescheid gem. § 49 II Nr. 2 VwVfG aufheben, auch wenn die Mittelverwendung rechtswidrig gewesen sein sollte.
>
> Mit dieser Möglichkeit kann die oft schwierige Prüfung, ob tatsächlich eine Rechtswidrigkeit gegeben ist und ob die strengen Rücknahmevoraussetzungen des § 48 VwVfG vorliegen, dahinstehen.

5. Subventionsbescheide mit Doppelwirkung

582 Problematisch ist die Aufhebbarkeit eines Subventionsbescheids, die für dieselbe Person zugleich belastend und begünstigend wirkt (= Verwaltungsakt mit Doppelwirkung i.S.e. **Mischwirkung**[861]).

> Das ist im obigen **Beispiel** der Fall: E ist zwar grundsätzlich begünstigt, durch die Auflage, die die Begünstigung einschränkt, jedoch gleichzeitig auch beschwert.

Nur wenn belastender und begünstigender Teil voneinander trennbar sind[862], kommt eine isolierte Aufhebung nach den jeweiligen Regeln für belastende (§ 48 I S. 1 VwVfG) und begünstigende (§ 48 I S. 2, II-IV VwVfG) Verwaltungsakte in Betracht. Ist der Verwaltungsakt dagegen unteilbar, ist er insgesamt nur nach den Regeln für begünstigende Verwaltungsakte aufhebbar.[863]

583 Auf den ersten Blick schwierig gestaltet sich auch die rechtliche Behandlung der Aufhebbarkeit eines Verwaltungsakts, der für eine Person belastend und für eine andere begünstigend wirkt (= Verwaltungsakt mit Doppelwirkung i.S.e. **Drittwirkung**[864]). Es sind zwei Konstellationen voneinander zu unterscheiden:

- Der aufzuhebende Verwaltungsakt **begünstigt den Adressaten** und **belastet** (faktisch) **einen Dritten** (= begünstigender Verwaltungsakt mit belastender Drittwirkung).

  Beispiel: Mittelständler A wird eine Beihilfe zum Bau einer Lagerhalle gewährt. Diese Gewährung begünstigt A und belastet den Konkurrenten B, der eine solche Beihilfe

---

[861] Vgl. dazu *R. Schmidt*, AllgVerwR, Rn 360.
[862] Bei der Frage der Teilbarkeit kann auf die Grundsätze zu den Nebenbestimmungen zurückgegriffen werden, vgl. *R. Schmidt*, AllgVerwR, Rn 400/784 ff.
[863] *Kopp/Ramsauer*, VwVfG, § 48 Rn 68.
[864] Vgl. dazu *R. Schmidt*, AllgVerwR, Rn 360.

nicht bekommen hat. Die Behörde möchte den Subventionsbescheid aufheben, weil sie meint, diese verstoße gegen wettbewerbsrechtliche Vorschriften.

- Der aufzuhebende Verwaltungsakt **belastet den Adressaten** und **begünstigt** (faktisch) **einen Dritten** (= belastender Verwaltungsakt mit begünstigender Drittwirkung).

  Beispiel: Mittelständler A wird eine Verfügung zugestellt mit dem Inhalt, er habe die erhaltene Beihilfe zurückzugewähren. Dieser Leistungsbescheid, der gleichzeitig den konkludenten Rücknahmebescheid beinhaltet, belastet A und begünstigt B, der die den A begünstigende Beihilfe nicht mehr dulden muss. Nimmt nun aber die Behörde den Rücknahmebescheid zurück („Aufhebung des Aufhebungsbescheids" mit dem Ergebnis, dass der ursprüngliche Subventionsbescheid wieder auflebt), weil sie meint, die Subvention sei rechtmäßig, liegt darin ein den A begünstigender und den B belastender Verwaltungsakt.

Betrachtet man den **Empfängerhorizont** als maßgeblich, entscheidet die Sicht des Adressaten des Aufhebungsbescheids. Wirkt der Aufhebungsbescheid für diesen belastend, richtet sich die Zulässigkeit der Aufhebung nach den Vorschriften über die Aufhebung belastender Verwaltungsakte. Wirkt der Aufhebungsbescheid für ihn indes begünstigend, richtet sich die Zulässigkeit der Aufhebung nach den Vorschriften über die Aufhebung begünstigender Verwaltungsakte.   **584**

In den beiden **Beispielen** ist jeweils A Adressat des Aufhebungsbescheids. Im ersten Fall wirkt die Aufhebung für ihn belastend, sodass die Aufhebung nur unter den Voraussetzungen des § 48 VwVfG zulässig ist. Im zweiten Fall gilt das Gegenteil, sodass sich die Zulässigkeit der Aufhebung nach § 49 VwVfG richtet.

6. Aufhebung, um eine noch größere Belastung herbeizuführen

Wird ein fehlerhafter belastender Verwaltungsakt deshalb aufgehoben, weil die Behörde einen neuen, **den Betroffenen noch stärker belastenden Verwaltungsakt erlassen möchte**, könnte sich die Aufhebung nach den Regeln über die Aufhebung begünstigender Verwaltungsakte richten, da der aufzuhebende Verwaltungsakt im Vergleich zum neuen Verwaltungsakt für den Betroffenen „begünstigend" wirkt. Dies wird von der Rechtsprechung des BVerwG zumindest dann angenommen, wenn der Betroffene darauf vertrauen durfte, es würde bei dieser (geringeren) Belastung bleiben.[865] Nur wenn dies nicht der Fall ist, richtet sich die Aufhebung nach den Regeln über die Aufhebung belastender Verwaltungsakte. Hebt die Behörde umgekehrt einen begünstigenden Verwaltungsakt auf, um einen neuen Verwaltungsakt zu erlassen, der für den Betroffenen noch günstiger ist, richtet sich die Zulässigkeit folgerichtig nach den Vorschriften über die Aufhebung belastender Verwaltungsakte.[866]   **585**

7. Aufhebung bei unwirksamer Rechtsgrundlage?

Fraglich ist schließlich, wie zu verfahren ist, wenn die **gesetzliche Rechtsgrundlage**, auf deren Grundlage der aufzuhebende Subventionsbescheid erging, von einem dafür zuständigen Gericht (BVerfG oder einem Landesverfassungsgericht bei formellem Gesetz; einem OVG bei einer landesrechtlichen Rechtsverordnung oder Satzung) für **nichtig** bzw. **ungültig** erklärt wurde. Die Frage geht dahin, ob der Subventionsbescheid überhaupt noch aufgehoben werden kann oder ob er wegen   **586**

---

[865] BVerwGE **109**, 283, 285 ff.; **67**, 129, 134; vgl. auch *Sachs*, in: Stelkens/Bonk/Sachs, VwVfG, § 48 Rn 131; *Kopp/Ramsauer*, VwVfG, § 48 Rn 67.
[866] BVerwGE **71**, 220, 226.

Fehlens einer Rechtsgrundlage nicht bereits nichtig ist. Berücksichtigt man den Umstand, dass rechtswidrige Normen von sich heraus nichtig sind, wird klar, dass gerichtliche Entscheidungen, die diese Rechtswidrigkeit feststellen, lediglich deklaratorisch wirken. Sie stellen lediglich das fest, was ohnehin gilt: die Rechtswidrigkeit und damit Nichtigkeit des Gesetzes von Anfang an. Das heißt jedoch noch nicht, dass auch der auf dem rechtswidrigen und damit nichtigen Gesetz beruhende Verwaltungsakt ebenfalls bereits im Zeitpunkt seines Erlasses nichtig wäre. Denn wie sich aus §§ 79 II BVerfGG, 183 VwGO, 47 V S. 3 i.V.m. 183 VwGO ergibt, ist ein Verwaltungsakt, der auf keiner bzw. keiner rechtswirksamen gesetzlichen Grundlage basiert, nicht nichtig, sondern (lediglich) rechtswidrig und damit aufhebbar. Er kann daher auch nach § 48 VwVfG zurückgenommen werden. Wird der Verwaltungsakt also nicht zurückgenommen, bleibt er wirksam. Gleichwohl entfällt – wie sich ebenfalls aus §§ 79 II BVerfGG, 47 V S. 3 VwGO ergibt – nicht mit Mitteln des Zwangs durchgesetzt werden.

8. Ermessensentscheidung der Behörde

587 Rücknahme und Widerruf stehen, wie sich aus der Formulierung „kann" in §§ 48 und 49 VwVfG ergibt, im **Ermessen** der Behörde. Der Bürger hat daher auch dann keinen Anspruch auf Rücknahme oder Widerruf eines (ihn belastenden) Verwaltungsakts, wenn die Tatbestandsvoraussetzungen der jeweiligen Vorschrift vorliegen. Er kann aber von der Behörde verlangen, dass diese ihr Ermessen rechtsfehlerfrei ausübt. Es besteht ein **Anspruch auf ermessensfehlerfreie Entscheidung**. Vgl. dazu Rn 546.

II. Die Rücknahme nach § 48 VwVfG

588 Wie bereits erläutert, differenziert § 48 VwVfG zwischen der Rücknahme von „begünstigenden" und „nicht begünstigenden", also belastenden Verwaltungsakten. Während die Entscheidung über die Rücknahme belastender Verwaltungsakte gem. § 48 I S. 1 VwVfG im Ermessen der Behörde steht, unterliegt die Behörde bei der Entscheidung über die Rücknahme von begünstigenden Verwaltungsakten gem. § 48 I S. 2 VwVfG den Einschränkungen des § 48 II-IV VwVfG.

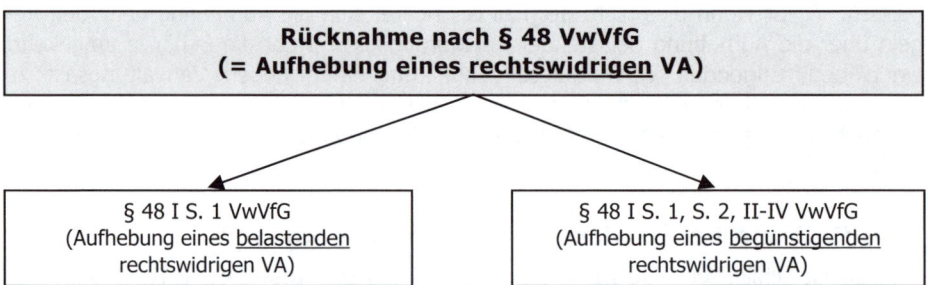

1. Belastende rechtswidrige Verwaltungsakte, § 48 I S. 1 VwVfG

589 Belastende rechtswidrige Verwaltungsakte[867] *können* auch nach Unanfechtbarkeit frei zurückgenommen werden, § 48 I S. 1 VwVfG. Das erklärt sich schon allein daraus,

---

[867] Eine isolierte Rücknahme eines **Widerspruchsbescheids** durch die Ausgangsbehörde scheidet aus. Diese kann jedoch den Ausgangsbescheid in Gestalt des Widerspruchsbescheids zurücknehmen, sofern sie die

dass gerade wegen der Beseitigung eines belastenden und zudem rechtswidrigen Verwaltungsakts rechtsstaatliche Gesichtspunkte wie etwa Vertrauensschutz oder Fristen keine Rolle spielen können. Im Gegenteil ist die Rücknahme geradezu **geboten**. Die Behörde muss im Rahmen ihrer Ermessensentscheidung schon gewichtige Gründe vorbringen, will sie von einer Rücknahme (und Rückforderung der erbrachten Leistung) absehen. Insbesondere genügt nicht der schlichte Verweis auf die Bestandskraft des Verwaltungsakts.[868] Vgl. dazu auch die Ausführung zu § 51 VwVfG bei Rn 758 ff.

Fraglich ist, ob § 48 I S. 1 VwVfG auch bei rechtsunwirksamen, also **nichtigen** Verwaltungsakten anwendbar ist, da auch diese letztlich rechtswidrige Verwaltungsakte darstellen. Man könnte sich auf den Standpunkt stellen, dass wenn bei der Prüfung des zurückzunehmenden Verwaltungsakts festgestellt wird, dass dieser nicht nur rechtswidrig, sondern sogar nichtig ist, der Rücknahmebescheid nicht etwa gegenstandslos oder gar selbst nichtig ist. Denn auch gegen einen nichtigen Verwaltungsakt ist die Anfechtungsklage zulässig, um den Rechtsschein der Wirksamkeit zu beseitigen. Nichts anderes könnte für die Aufhebung eines nichtigen Verwaltungsakts gelten.[869] Dem ist aber nicht zu folgen. Nach § 44 I und II VwVfG nichtige Verwaltungsakte sind gem. § 43 III VwVfG rechtsunwirksam. Rechtsunwirksame Verwaltungsakte sind rechtlich nicht existent und können daher schon rechtslogisch nicht nach § 48 VwVfG aufgehoben werden. Da sie der Nichtigkeitsfeststellungsklage nach § 43 I Var. 2 VwGO unterliegen, kommt auch eine analoge Anwendung mangels Regelungslücke nicht in Betracht.[870]

> **Zusammenfassung:** Bei Nichtvorliegen spezieller Rücknahmevorschriften stellt § 48 I S. 1 VwVfG also die Rechtsgrundlage für die Rücknahme von (rechtswidrigen) Verwaltungsakten dar. Dies gilt auch für die Rücknahme von gemeinschaftsrechtswidrigen Verwaltungsakten, die von den Behörden der Mitgliedstaaten erlassen worden sind, soweit nicht das Gemeinschaftsrecht[871] oder das nationale Recht[872] spezielle Regelungen treffen. Schließlich ist zu beachten, dass § 48 VwVfG sich nicht auf nichtige Verwaltungsakte bezieht. Der Aufhebung zugänglich sind nur wirksame Verwaltungsakte.

590

2. Begünstigende rechtswidrige Verwaltungsakte, § 48 I S. 1, S. 2, II-IV VwVfG

Die Rücknahme eines *begünstigenden* rechtswidrigen Verwaltungsakts bestimmt sich nach der strengeren Regelung des § 48 I S. 2, II-IV VwVfG. Innerhalb dieser Gruppe ist zwischen zurückzunehmenden leistungsgewährenden Bescheiden (**Leistungsbescheiden**), § 48 II VwVfG, und **sonstigen begünstigenden Bescheiden**, § 48 III VwVfG, zu unterscheiden.

591

> **Hinweis für die Fallbearbeitung:** Die Unterscheidung zwischen Leistungsbescheiden und sonstigen begünstigenden Bescheiden ist für die weitere Fallbearbeitung wesentlich. So kann ein Leistungsbescheid nach § 48 II VwVfG grundsätzlich **nicht** zurückgenommen werden. Eine Rücknahme kommt nur bei Nichtvorliegen

592

Entscheidung auf neue rechtliche oder tatsächliche Gesichtspunkte stützen kann, die bislang noch nicht berücksichtigt worden sind (vgl. BVerwG NVwZ **2002**, 1251 ff.).

[868] So nunmehr in erfreulicher Weise EuGH NVwZ **2004**, 459 (mit Bespr. v. *Doerfert*, JA **2004**, 715, der allerdings hinsichtlich der schwierigen Abgrenzung zwischen der Rücknahme des Verwaltungsakts gem. § 48 VwVfG und dem Wiederaufgreifen des Verfahrens gem. § 51 VwVfG jegliches Problembewusstsein vermissen lässt; ein solches ist im Rahmen einer Prüfungsarbeit aber gerade angebracht). Zur Abgrenzung vgl. Rn 758 ff.

[869] So BFHE **147**, 113 ff.; VGH München BayVBl **1994**, 52; *Kopp/Ramsauer*, VwVfG, § 48 Rn 18.

[870] Wie hier VGH Mannheim NVwZ **1985**, 349; *Maurer*, AllgVerwR, § 11 Rn 16; *Meyer*, in: Knack, VwVfG, § 48 Rn 30.

[871] Z.B. Art. 8, 9 VO Nr. 2913/92 des Rates vom 12.10.1992, ABl. **1992** Nr. L 302 (Zollkodex)

[872] Z.B. § 18 des Gesetzes zur Durchführung einer gemeinsamen Marktorganisation (MOG).

> eines schutzwürdigen Vertrauens in Betracht (Bestandsschutz, vgl. § 48 II VwVfG). Anders verhält es sich bei den sonstigen begünstigenden Verwaltungsakten. Diese können grundsätzlich zurückgenommen werden. Es ist aber eine Entschädigung zu leisten, soweit der Betroffene auf den Bestand des Verwaltungsakts vertraut hat und sein Vertrauen schutzwürdig ist (Vermögensschutz, vgl. § 48 III S. 1 VwVfG).
>
> Daher lässt sich sagen:
>
> ⇨ § 48 II VwVfG enthält ein grundsätzliches Rücknahmeverbot (⇨ **Bestandsschutz**)
>
> ⇨ § 48 III VwVfG enthält ein Entschädigungsgebot (⇨ **Vermögensschutz**)
>
> Zu den Einzelheiten siehe die nachfolgenden Ausführungen und die Übersicht bei Rn 620.

a. Leistungsbescheide, § 48 II VwVfG

aa. Vorliegen eines leistungsgewährenden Bescheids

593   Das Gesetz spricht in § 48 II VwVfG von Verwaltungsakten, die eine einmalige oder laufende **Geldleistung** oder eine **teilbare Sachleistung** gewähren oder hierfür Voraussetzung sind.

- Ein Verwaltungsakt **gewährt** eine Leistung, wenn er eine Anordnung trifft, die das Vermögen des Begünstigten unmittelbar vermehrt. Die Leistung kann auch in dem Verzicht einer bestehenden Forderung bestehen (sog. Erlass).

- Eine **Geldleistung** ist eine Leistung, die bezifferbar ist.[873]

- Der Geldleistung gleichgestellt ist die **teilbare Sachleistung**. Der Begriff der Sachleistung nimmt Bezug auf § 90 BGB. Gegenstand einer Sachleistung kann die Übereignung eines körperlichen Gegenstands oder dessen sonstige Überlassung zum Gebrauch sein.

  Beispiele: Lieferung von Gütern; Überlassung von Wohnräumen oder einer Dienstwohnung; Zulassung zur Benutzung einer öffentlichen Einrichtung, soweit im Rahmen der Benutzung bestimmte Gegenstände überlassen werden; Gewährung von Krankenhaus- oder Kuraufenthalten; Gewährung von Heizmaterial; Bekleidung oder ähnlichen Dingen/Sachen, die aufgrund einer Bewilligung gewährt werden

  Gegenbeispiele: Demnach sind weder die Gewährung immaterieller Vorteile noch die Erteilung von Erlaubnissen (Jagdschein o.ä.) oder die Bewilligung von Dienstleistungen (Unterricht, Beratung o.ä.) vom Begriff der Sachleistung umfasst. Sie können aber sonstige begünstigende Verwaltungsakte i.S.d. § 48 III VwVfG sein.

  Schließlich muss die Sachleistung teilbar sein. **Teilbar** ist die Sachleistung, wenn es sich um eine vertretbare Sache (§ 91 BGB) handelt.

bb. Vertrauensschutz

594   Bei der gemäß § 48 II VwVfG im Ermessen der Behörde stehenden Rücknahme von Leistungsbescheiden gilt der Grundsatz, dass eine Rücknahme **ausscheidet**, wenn der Begünstigte (a.) auf den Bestand des Verwaltungsakts **vertraut hat** und (b.) sein Vertrauen unter Abwägung mit dem öffentlichen Interesse an einer Rücknahme **schutzwürdig** ist, § 48 II S. 1 VwVfG (**Bestandsschutz**).[874]

---

[873] Vgl. dazu VGH München NVwZ **2001**, 931, 932.
[874] Vgl. OVG Magdeburg LKV **2000**, 545.

> **Hinweis für die Fallbearbeitung:** In der Fallbearbeitung gilt es daher, zunächst den Vertrauenstatbestand (= tatsächliche Komponente) zu prüfen und dann zu untersuchen, ob das Vertrauen auch schutzwürdig ist (= rechtliche Komponente).

a.) Vertrauenstatbestand

Der Leistungsempfänger muss zunächst auf den Bestand des leistungsgewährenden Verwaltungsakts vertraut haben. Dies ist eine Tatfrage und der Fall, wenn der Leistungsempfänger fest damit rechnet, dass der Verwaltungsakt nicht aufgehoben wird. Dabei genügt es, dass das Vertrauen tatsächlich vorhanden ist.

595

> **Hinweis für die Fallbearbeitung:** Sofern der Sachverhalt keine gegenteiligen Angaben enthält, ist davon auszugehen, dass der Betroffene auf den Bestand des Verwaltungsakts vertraut hat. Sollte dies ausnahmsweise nicht der Fall sein, darf (muss aber nicht!) die Behörde den Verwaltungsakt zurücknehmen. Eine Rücknahme wäre in diesem Fall nicht zu beanstanden; eine gutachterliche Prüfung an dieser Stelle zu Ende (ein Hilfsgutachten bzgl. der folgenden Prüfungspunkte machte dann keinen Sinn). Soweit **Vertrauen jedoch zu bejahen ist**, muss in jedem Fall weitergeprüft und untersucht werden, ob das Vertrauen auch **schutzwürdig** ist. Hierzu sind – entgegen der gesetzlichen Reihenfolge – zunächst der Negativtatbestand des § 48 II S. 3 VwVfG, dann die Regelfälle der Schutzwürdigkeit des § 48 II S. 2 VwVfG und schließlich (sofern der Sachverhalt noch nicht abschließend gewürdigt werden konnte) die allgemeine Abwägungsregel des § 48 II S. 1 VwVfG zu prüfen.

b.) Schutzwürdigkeit

Das tatsächlich vorhandene Vertrauen muss aber unter Abwägung mit dem öffentlichen Interesse schutzwürdig sein. Das ist eine Wertungsfrage und anhand der folgenden Kriterien zu bestimmen.

596

aa.) Ausschluss der Schutzwürdigkeit gem. § 48 II S. 3 VwVfG

§ 48 II S. 3 VwVfG nennt drei Tatbestände, bei deren alternativem Vorliegen die Schutzwürdigkeit des Vertrauens ausgeschlossen ist.

597

(1) Gem. § 48 II S. 3 **Nr. 1** VwVfG ist die Schutzwürdigkeit des Vertrauens **ausgeschlossen**, wenn der Leistungsempfänger den Verwaltungsakt durch **arglistige Täuschung**, **Drohung** oder **Bestechung** erwirkt hat. Den Tatbestandsmerkmalen kommt die gleiche Bedeutung wie im Straf- und Zivilrecht zu. Vgl. dazu die §§ 123 BGB, 240 und 334 StGB. **„Erwirkt"** hat der Leistungsempfänger den Verwaltungsakt, wenn sein vorheriges Verhalten (Vorgespräch, Antrag) **entscheidungserheblich** für den **Erlass** des begünstigenden Verwaltungsakt und **kausal** für dessen **Fehlerhaftigkeit** (nicht für dessen Erlass) war.[875]

(2) Gem. § 48 II S. 3 **Nr. 2** VwVfG ist die Schutzwürdigkeit des Vertrauens weiterhin ausgeschlossen, wenn der Leistungsempfänger den Verwaltungsakt durch Angaben erwirkt hat, die in **wesentlicher Beziehung unrichtig oder unvollständig** waren. „Angaben" müssen sich auf die objektiven Tatsachen beziehen. „Unrichtig" sind die Angaben, wenn die Tatsachen nicht der Wirklichkeit entsprechen, „unvollständig", wenn der Leistungsempfänger Tatsachen verschwiegen hat, von deren Nichtvorliegen die Behörde erkennbar ausging oder zu deren Übermittlung er rechtlich verpflichtet war oder behördlich aufgefordert wurde.[876] Zum Tatbestandsmerkmal „erwirken" vgl. oben, Nr. 1. In „wesentlicher" Beziehung unrichtig oder unvollständig sind die Anga-

---

[875] Vgl. VGH München NVwZ **2001**, 931, 932; *Kopp/Ramsauer*, VwVfG, § 48 Rn 101.
[876] OVG Münster NVwZ-RR **1997**, 585, 587; VGH München NVwZ **2001**, 931, 932.

ben, wenn sie für die Entscheidungsfindung der Behörde erforderlich sind. Unerheblich ist, ob die Unrichtigkeit oder Unvollständigkeit der Angaben dem Begünstigten bekannt waren (objektives Tatbestandsmerkmal!).[877] Zu beachten ist jedoch, dass wenn die Behörde die Falschangaben mitverursacht, etwa durch die Verwendung von irreführenden Antragsformularen oder Fragebögen, die objektive Zurechnung der Falschangaben entfallen kann.

(3) Schließlich kann sich der Leistungsempfänger gem. § 48 II S. 3 **Nr. 3** VwVfG nicht auf Vertrauensschutz berufen, wenn er die **Rechtswidrigkeit** des Verwaltungsakts **kannte** oder **infolge grober Fahrlässigkeit nicht kannte**.[878] Der Leistungsempfänger hat Kenntnis von der Rechtswidrigkeit, wenn ihm bewusst ist, dass ihm die gewährte Leistung materiell nicht zusteht. Grob fahrlässige Unkenntnis der Rechtswidrigkeit liegt vor, wenn sie sich dem Leistungsempfänger im Rahmen der Parallelwertung in der Laiensphäre hätte geradezu aufdrängen müssen.[879] Dabei sind die persönlichen Kenntnisse und Fähigkeiten des Leistungsempfängers zu berücksichtigen. Der Ausschlusstatbestand des § 48 II S. 3 Nr. 3 VwVfG gewinnt vor allem bei der Rückforderung von gemeinschaftsrechtswidrig gewährten Subventionen an Bedeutung, vgl. hierzu Rn 631 ff.

> **Hinweis für die Fallbearbeitung:** Bereits das Vorliegen *einer* dieser Fallgruppen genügt, damit die Behörde in ermessensfehlerfreier Weise den Verwaltungsakt zurücknehmen kann. In der Regel *muss* sie den Verwaltungsakt sogar zurücknehmen, weil § 48 II S. 4 VwVfG die Schutzwürdigkeit des Betroffenen in unmissverständlicher Weise ausschließt. Das nach § 48 I S. 1 VwVfG bestehende Rücknahmeermessen ist zumindest stark eingeschränkt und die Rücknahme erfolgt in der Regel sogar mit Wirkung für die Vergangenheit (ex tunc, vgl. § 48 II S. 4 VwVfG). Nur bei Vorliegen besonderer Umstände (geringes Verschulden des Betroffenen; Handeln in einer Notlage etc.) kommt eine Rücknahme nur mit Wirkung für die Zukunft (ex nunc) in Betracht oder die Behörde kann sogar ganz von einer Rücknahme absehen. Liegt keine der oben genannten drei Fallgruppen vor, muss weitergeprüft und untersucht werden, ob die Vermutensregel des § 48 II S. 2 VwVfG greift.

bb.) Regelfälle der Schutzwürdigkeit gem. § 48 II S. 2 VwVfG

598 Zwar ist im Rahmen des § 48 II S. 2 VwVfG der Fortbestand der Regelung (die Schutzwürdigkeit) gegen das öffentliche Interesse an der Rücknahme **abzuwägen**, jedoch ist die Schutzwürdigkeit des Vertrauens durch Vorliegen eines der Regelbeispiele des § 48 II S. 2 VwVfG indiziert („in der Regel"). Die Behörde muss also schon gewichtige Gründe anführen, warum sie das vom Betroffenen getätigte Vertrauen in den Bestand des Verwaltungsakts nicht für schutzwürdig erachtet. Vor allem trägt sie aber die Beweislast.

599 § 48 II S. 2 VwVfG enthält zwei Regelbeispiele der Schutzwürdigkeit: den **Verbrauch der Leistung** und die nicht oder nur unzumutbar rückgängig zu machende **Vermögensdisposition**.

600 **Verbrauch** bedeutet die Minderung des Erhaltenen und jede Abnutzung oder sonstige Form einer Entwertung. Hat also ein Unternehmer eine Subvention erhalten und diese in Form von Preissenkungen an seine Kunden (Verbraucher) weitergegeben, liegt ebenso ein Verbrauch der Leistung vor, als wenn er das Geld zur Erhöhung des Lebensstandards (z.B. Urlaubsreisen, Restaurantbesuche, teure Leasingwagen etc.) verwendet hätte. Letztlich besteht eine Parallele zum Begriff der Entreicherung gem. § 818 III BGB. Deshalb können

---

[877] BVerwGE **74**, 357, 364; **78**, 139, 142.
[878] Vgl. dazu BSG NVwZ **2002**, 1544 (zu § 45 SGB X); BVerwG NVwZ **2000**, 1512, 1514.
[879] Vgl. dazu BSG NVwZ **2002**, 1544 (zu § 45 SGB X).

die dort entwickelten Grundsätze (insbesondere die Saldotheorie) auch hier herangezogen werden. **Kein Verbrauch** liegt daher vor, wenn sich die gewährte Leistung bei wirtschaftlicher (nicht rechtlicher!) Betrachtungsweise noch im Vermögen des Empfängers befindet, was z.B. anzunehmen ist, wenn dieser den erhaltenen Geldbetrag zur Schuldentilgung[880] oder zum Kauf eines neuen Dienstwagens eingesetzt hat, wenn er den Kauf in der näheren Zukunft auch ohne die erhaltene Leistung getätigt hätte.

Vermögensdispositionen liegen in jedem Verhalten, das in ursächlichem Zusammenhang mit dem begünstigenden Verwaltungsakt steht und Auswirkungen auf die Vermögenssituation des Betroffenen hat. Aber auch hier gilt das Prinzip des § 818 III BGB. Hat der Leistungsempfänger also einen Vertrag über den Kauf neuer Produktionsmittel im Vertrauen auf eine bewilligte, aber noch nicht ausbezahlte Subvention geschlossen, handelt es sich um eine wirtschaftlich sinnvolle Investition (also nicht um eine Luxusanschaffung, die nach § 818 III BGB zu einer Entreicherung geführt hätte). Ist der Subventionsempfänger also nicht entreichert, greift die Regelvermutung des § 48 II S. 2 VwVfG selbst dann nicht ein, wenn der Kaufvertrag nicht oder nur unter unzumutbaren Nachteilen rückgängig gemacht werden könnte. Denn der Begünstigte darf in diesem Fall nicht besser gestellt werden als jemand, der die Subvention für die Anschaffung der Maschine bereits ausgegeben hat, aber die gewährte Leistung deshalb nicht im Sinne von § 48 II S. 2 VwVfG „verbraucht" hat, weil sie sich bei wirtschaftlicher Betrachtungsweise noch in seinem Vermögen befindet.[881] Der Betroffene kann sich also nicht auf den Regeltatbestand der Schutzwürdigkeit berufen. Eine Rücknahmeentscheidung der Behörde wäre wohl rechtmäßig.

601

cc.) Allgemeine Abwägungsregel des § 48 II S. 1 VwVfG

In der Regel greift entweder der Ausschlusstatbestand des § 48 II S. 3 VwVfG oder aber die Regelvermutung des § 48 II S. 2 VwVfG, sodass für die allgemeine Abwägung nach § 48 II S. 1 VwVfG kaum Raum verbleibt.

602

> **Zusammenfassung und Hinweis für die Fallbearbeitung:** Der Vertrauenstatbestand ist immer dann anzunehmen, wenn dem Sachverhalt keine Angaben dahingehend zu entnehmen sind, dass das Vertrauen gem. § 48 II S. 3 VwVfG ausgeschlossen ist. In der Fallbearbeitung sollte so vorgegangen werden, dass *gedanklich* zunächst der Negativkatalog des § 48 II S. 3 VwVfG geprüft wird, da bei Vorliegen eines dieser Ausschlusstatbestände die Abwägung bei der Bestimmung der Schutzwürdigkeit des Vertrauens (§ 48 II S. 2 VwVfG) entfällt. Liegt keiner dieser Fälle vor, ist die Schutzwürdigkeit des Vertrauens anhand einer umfassenden Abwägung des Bestandsinteresses seitens des Empfängers mit dem öffentlichen Interesse an einer Rücknahme zu bestimmen (§ 48 II S. 1 VwVfG).

cc. Ermessensentscheidung der Behörde

Sind die Tatbestandsvoraussetzungen *Nichtvorliegen des Vertrauens* oder *Nichtvorliegen der Schutzwürdigkeit des Vertrauens* erfüllt, entscheidet die Behörde über die Rücknahme nach ihrem Ermessen, § 48 I S. 1 VwVfG. Eine Ermessensreduzierung mit dem Argument, dass ein rechtswidriger Verwaltungsakt zurückgenommen gehöre, kommt nicht in Betracht, weil die Rechtswidrigkeit des Verwaltungsakts bereits die Tatbestandsseite bestimmt und nicht doppeltes Gewicht dadurch bekommen darf, dass sie auf der Rechtsfolgeseite erneut berücksichtigt wird und das Rücknahmeermessen reduziert. Eine Ermessensreduzierung kommt aber aus anderen Gründen in Betracht, nämlich je nachdem, ob ein Fall des § 48 II S. 2 VwVfG oder des § 48 II S.

603

---

[880] BVerwG DVBl **1993**, 947.
[881] Vgl. *Kopp/Ramsauer*, VwVfG, § 48 Rn 109.

3 VwVfG vorliegt, zu Gunsten oder zu Lasten des Betroffenen. Im Fall des § 48 II S. 2 VwVfG spricht die Vermutensregel für ein Absehen von der Rücknahme, weil anderenfalls das vom Gesetz als schutzwürdig angesehene Vertrauen des Betroffenen unterlaufen würde. Umgekehrt ist in den Fällen des § 48 II S. 3 VwVfG das Rücknahmeermessen zu Lasten des Betroffenen reduziert. Zwar ist es unzulässig, eine Ermessensreduzierung aus § 48 II S. 4 VwVfG herzuleiten, weil sich diese Vorschrift auf eine bereits ausgeübte Ermessensentscheidung bezieht und lediglich die ex tunc-Wirkung der Rücknahme anordnet. Jedoch sind bei Vorliegen des Ausschlusstatbestands des § 48 II S. 3 VwVfG i.d.R. keine Gründe ersichtlich, die gegen eine Rücknahmeentscheidung sprechen. Im Gegenteil scheint es angesichts des Verhaltens des Betroffenen gerade geboten, den Verwaltungsakt zurückzunehmen. Unabhängig davon, ob ein Fall des § 48 II S. 2 oder S. 3 VwVfG vorliegt, steht der Behörde kein Ermessen zu, wenn es − bei entsprechender Entscheidung der Kommission − um die Rücknahme von gemeinschaftsrechtswidrigen Beihilfebescheiden geht. Vgl. dazu Rn 631 ff.

b. Sonstige begünstigende Verwaltungsakte, § 48 III VwVfG

604 Auch die Rücknahme eines sonstigen begünstigenden Verwaltungsakts (§ 48 III VwVfG) erfolgt nach § 48 I S. 1 VwVfG. Eine **Abwägung** des Vertrauens mit dem öffentlichen Interesse findet aber **nicht** statt. Vielmehr erfolgt der Vertrauensschutz durch **Vermögensschutz**: Im Gegensatz zu dem einen Bestandsschutz gewährleistenden § 48 II VwVfG ist eine Rücknahme eines sonstigen begünstigenden Verwaltungsakts unter Vermögensausgleich des Vertrauensinteresses des Betroffenen grundsätzlich möglich. Ein solcher sonstiger begünstigender Verwaltungsakt ist beispielsweise eine **Baugenehmigung**: Diese gewährt keine Geld- oder teilbare Sachleistung und ist auch nicht Voraussetzung hierfür, sondern begründet das Recht zur Errichtung eines Bauvorhabens.[882] Darüber hinaus werden die einen Unterfall zu den Subventionen darstellenden staatlichen **Bürgschaften** (dazu Rn 568 ff.) hierunter zu subsumieren sein, da die gesetzliche Terminologie in § 48 II S. 1 VwVfG die mit einer Bürgschaft verbundene Sicherheitsleistung nicht erfasst. Auch die Rücknahme einer **Einbürgerung** fällt unter § 48 III VwVfG.[883]

Die Rücknahme richtet sich in diesen Fällen nach § 48 I S. 1 u. 2, **III** VwVfG, und steht, ohne dass weitere Voraussetzungen vorliegen müssten, im Ermessen der Behörde (freilich ist die Frist des § 48 IV VwVfG zu beachten, vgl. § 48 I S. 2 VwVfG). Anders als beim Geld- oder Sachleistungsverwaltungsakt (vgl. § 48 II S. 2 VwVfG) stellt bei einem Fall des § 48 III VwVfG nach dem Wortlaut der Norm der Verbrauch der gewährten Leistung oder die getroffene Vermögensdisposition keine tatbestandliche Rücknahmeschranke dar. Insbesondere kann aus dem Verweis des § 48 III S. 2 VwVfG auf § 48 II S. 3 VwVfG geschlossen werden, dass § 48 II S. 2 VwVfG gerade *nicht* zur Anwendung kommen soll (*argumentum e contrario*). Die Schutzwürdigkeit des Vertrauens bemisst sich im Fall des § 48 III VwVfG somit nur nach der **Abwägung mit dem öffentlichen Interesse** gem. § 48 III S. 1 VwVfG und § 48 II S. 3 Nr. 1-3 VwVfG. Die Gegenauffassung, die § 48 II VwVfG analog heranziehen und das dort geregelte schutzwürdige Vertrauen mit dem Rücknahmeinteresse abwägen will, verkennt die o.g. Gesetzessystematik, derzufolge der Gesetzgeber durch den Verweis nur auf § 48 II S. 3 VwVfG gerade keine Abwägung mit den schutzwürdigen Interes-

---

[882] Vgl. dazu VG Koblenz 6.2.**2003** − 7 K 3190/02.KO und 7 K 3216/02.KO.
[883] OVG Hamburg NVwZ **2002**, 885, 886; OVG Münster NWVBl. **1997**, 71, 72; *Kokott*, in: Sachs, GG, Art. 16 Rn 25; a.A. *Lübbe-Wolff*, Jura **1996**, 57, 62; offengelassen von BVerwG NVwZ-RR **1990**, 220 f.

sen gem. § 48 II S. 2 VwVfG zulassen möchte. Es fehlt daher schon die für eine Analogie erforderliche Regelungslücke.[884]

Problematisch ist es, wenn ein finanzieller Ausgleich nicht stattfinden kann, weil sich das **605** investierte Vertrauen in den Bestand des Verwaltungsakts nicht in Geld beziffern lässt. In derartigen Fällen findet im Ergebnis also kein Vertrauensschutz statt. Da der Vertrauensschutz aber Verfassungsrang genießt, begegnet sein Ausschluss verfassungsrechtlichen Bedenken. Eine Möglichkeit, gleichwohl Vertrauensschutz zu gewähren, besteht darin, in Fällen, in denen ein finanzieller Ausgleich nicht stattfinden kann, von der Rücknahme abzusehen.[885] Damit wird aber die Frage nach der Verfassungsmäßigkeit der Norm auf die Rechtsfolgeseite verlagert, also von der Ermessensentscheidung der Behörde abhängig gemacht. Ob einer derartigen Vorgehensweise mit Blick auf die eindeutige Aussage und Systematik des § 48 VwVfG gefolgt werden kann, mag bezweifelt werden.[886]

Liegen die oben genannten Voraussetzungen vor, ist dem Betroffenen auf Antrag der **606** erlittene Vermögensnachteil auszugleichen, § 48 III S. 1 VwVfG. Erstattungspflichtig sind **Vertrauensschäden**. Das sind all diejenigen Schäden, die der Betroffene dadurch erlitten hat, dass er auf die Wirksamkeit der ursprünglichen Bewilligung vertraut hat (negatives Interesse). Dazu zählen sämtliche aus dem Zivilrecht bekannten Schadenspositionen, also auch der **entgangene Gewinn**. Die Obergrenze bildet auch hier das positive Interesse.

Schließlich ist zu beachten, dass ein darüber hinausgehender **Anspruchsaus-** **607** **schluss- oder Anspruchsminderungsgrund** vorliegen können. Zunächst ist der Antrag innerhalb eines Jahres zu stellen, § 48 III S. 5 VwVfG. Zu denken ist weiterhin an die Regelung des § 839 III BGB, wonach ein Anspruch ausgeschlossen ist, wenn der Anspruchsberechtigte den Schaden in vorwerfbarer Weise nicht durch den Gebrauch eines Rechtsmittels abgewendet hat (**Rechtsmittelversäumnis**). Da es sich im Gegensatz zu § 839 BGB bei dem Ausgleich i.S.d. § 48 III VwVfG aber nicht um eine Kompensation staatlichen Unrechts handelt, sondern um eine Gewährleistung des Vertrauens- und Vermögensschutzes, findet die Regelung des § 839 BGB keine (analoge) Anwendung. Ein Anspruchsausschluss oder eine -minderung kommen insoweit nicht in Betracht.

Etwas anderes könnte sich jedoch aus der Heranziehung des Rechtsgedankens aus **608** § 254 BGB unter dem Aspekt der **Schadensabwendungspflicht** ergeben. Handelt es sich bei einem staatlichen Akt um eine vermeintlich rechtswidrige Maßnahme, steht dem betroffenen Bürger der Rechtsweg offen, Art. 19 IV S. 1 GG. Er muss das Unrecht durch den Richterspruch abwehren und kann den rechtswidrigen Eingriff in seine Rechte nicht einfach dulden und den Schaden liquidieren. Nur ausnahmsweise, d.h. wenn bereits irreparable Schäden eingetreten sind oder die Abwehr des rechtswidrigen Handelns unzumutbar ist, kann er im Nachhinein Entschädigung verlangen (**Vorrang des Primärrechtsschutzes**). Entscheidend ist also, ob es sich bei dem Rücknahmebescheid i.S.d. § 48 VwVfG (nicht bei dem aufzuhebenden Verwaltungsakt!) um eine rechtswidrige oder eine rechtmäßige Maßnahme handelt. Die Rechtswidrigkeit des Rücknahmebescheids ist immer dann anzunehmen, wenn die Behörde bereits gegen formelle Rechtmäßigkeitsvoraussetzungen verstoßen hat wie etwa

---

[884] Davon gehen auch *Stelkens*, in; Stelkens/Bonk/Sachs, VwVfG, § 48 Rn 186 und *Knack*, VwVfG, § 48 Rn 48 aus. Anders BVerwGE **78**, 139, 146; BVerwG NVwZ **1994**, 897; OVG Hamburg NVwZ-RR **1993**, 522; *Zacharias*, NVwZ **2002**, 1306, 1307.

[885] So VGH Mannheim NWVBl. **1985**, 425, 426; *Achterberg*, AllgVerwR, 2. Aufl. **1986**, § 23 Rn 71; *Wendt*, JA **1980**, 85, 90.

[886] Vgl. dazu *Erichsen*, Verwaltungsrecht und Verwaltungsgerichtsbarkeit, 2. Aufl. **1984**, S. 131 ff.

gegen geltende Zuständigkeitsbestimmungen (vgl. § 48 V i.V.m. § 3 VwVfG) oder ihre Rücknahmeentscheidung ermessensfehlerhaft gewesen ist.

> **Hinweis für die Fallbearbeitung:** Geht die Fallgestaltung dahin, dass der Antragsteller Schadensausgleich fordert, erfolgt der Einstieg in die Prüfung nicht (wie üblich) über die Anfechtung des Rücknahmebescheids, sondern über die Anspruchsgrundlage des § 48 III VwVfG (bzw. bei zu *widerrufenden* Verwaltungsakten über § 49 VI VwVfG). Sodann ist inzident zu prüfen, ob es sich bei dem aufzuhebenden Verwaltungsakt um einen *rechtmäßigen* oder *rechtswidrigen* Verwaltungsakt handelt. Nur bei dessen *Rechtswidrigkeit* ist § 48 III VwVfG anwendbar (anderenfalls § 49 VI VwVfG). Schließlich sind die übrigen Rücknahmevoraussetzungen sowie die Ermessensausübung (siehe sogleich) und ein eventuelles Rechtsmittelversäumnis zu prüfen.

c. Anwendung des § 49 II VwVfG auf § 48 II, III VwVfG

609 Schon im Rahmen der Prüfung des § 48 VwVfG kann eine Rücknahme jedenfalls dann in Betracht kommen, wenn die Voraussetzungen des § 49 II VwVfG vorliegen. Denn kann ein (begünstigender *rechtmäßiger*) Verwaltungsakt unter den dort genannten Voraussetzungen zurückgenommen werden, muss dies erst recht (*argumentum a maiore ad minus*) für einen begünstigenden *rechtswidrigen* Verwaltungsakt gelten.[887] Liegt also mindestens einer der Widerrufsgründe des § 49 II S. 1 Nr. 1-5 VwVfG vor, können die komplizierte Prüfung der Voraussetzungen des § 48 II, III VwVfG unterbleiben und mit dem Erst-recht-Schluss aus § 49 II VwVfG die Rücknehmbarkeit bejaht werden.

d. Rücknahmefrist des § 48 IV VwVfG

610 § 48 IV S. 1 VwVfG lässt die Rücknahme eines (rechtswidrigen) Verwaltungsakts nur **innerhalb eines Jahres** zu, nachdem die Behörde Kenntnis von den Tatsachen erhalten hat, welche die Rücknahme eines Verwaltungsakts rechtfertigen. Jedoch ergibt sich aus dem Verweis in § 48 I S. 2 VwVfG, dass die Fristbestimmung des § 48 IV VwVfG nur für begünstigende Verwaltungsakte gilt. Für die Rücknahme belastender Verwaltungsakte gelten also keine Fristen.[888] Diese Unterscheidung liegt auch im Interesse des Bürgers und ist deshalb nicht zu beanstanden. Aber auch für belastende Verwaltungsakte gilt die genannte zeitliche Grenze nicht, wenn der Verwaltungsakt durch Täuschung, Drohung oder Bestechung erwirkt worden ist (§ 48 IV S. 2 i.V.m. § 48 II S. 3 Nr. 1 VwVfG).

Aus dieser Gesetzesformulierung geht zunächst hervor, dass die für die Rücknahme zuständige Behörde die maßgeblichen tatsächlichen Umstände **positiv kennen** muss. Grob fahrlässige Unkenntnis genügt also nicht.[889] Problematisch sind der Anwendungsbereich dieser Vorschrift, der Fristbeginn und der Behördenbegriff.

aa. Anwendungsbereich des § 48 IV VwVfG und Fristbeginn

611 Nach dem bereits genannten Wortlaut des § 48 IV S. 1 VwVfG beginnt die Jahresfrist in dem Zeitpunkt, in dem die Behörde von Tatsachen Kenntnis erlangt, welche die Rechtswidrigkeit anzeigen (enge Auslegung: Beschränkung auf nachträgliche Kenntnis von **Tatsachen**, also von Umständen, deren Vorliegen die Rechtswidrigkeit des Ver-

---

[887] Vgl. *Bodanowitz*, JuS **1999**, 674, 577.

[888] Anders wohl nur § 116 IV SchlHolstVwG.

[889] BVerwG DVBl **2001**, 1221, 1223; VGH Mannheim NWZ **1998**, 87, 89; *Kopp/Ramsauer*, VwVfG, § 48 Rn 137; a.A. *Stadie*, DÖV **1992**, 247, 251, wonach Kennenmüssen genügt. Diese Auffassung ist jedoch mit dem klaren Wortlaut des § 48 IV VwVfG nicht vereinbar.

waltungsakts begründen). Nach der Entscheidung des *Großen Senats*[890] greift die Regelung des § 48 IV VwVfG jedoch auch dann ein, wenn die Behörde zwar bei Erlass des Verwaltungsakts vom zutreffenden Sachverhalt ausgegangen ist, später aber erkennt, dass sie das Recht falsch ausgelegt oder angewendet hat und der Verwaltungsakt deshalb rechtswidrig ist (weite Auslegung: Ausweitung auch auf **Rechtsanwendungsfehler** wie Subsumtionsfehler und Ermessensfehler). Folgt man dieser weiten Auslegung, beginnt die Jahresfrist des § 48 IV S. 1 VwVfG nicht schon in dem Zeitpunkt, in dem die Behörde **alle für die Rücknahmeentscheidung relevanten Tatsachen** kennt, sondern erst dann, wenn sie die **Rechtswidrigkeit** des Verwaltungsakts **erkennt** und **vor der Entscheidung über die Rücknahme** steht (sog. Entscheidungsreife). Demzufolge ist die Jahresfrist keine *Bearbeitungs-* bzw. *Ermittlungsfrist*, sondern eine *Entscheidungsfrist*.

Stellungnahme: Für die weite Auslegung spricht zwar, dass der Bürger auch bei Rechtsanwendungsfehlern der Behörde nicht weniger schutzwürdig ist als nur bei Tatsachenerlangung, gegen sie spricht jedoch – wenn nicht schon der Wortlaut des § 48 IV S. 1 VwVfG – zumindest der Sinn der Fristbestimmung: Sie soll dem Schutz des Bürgers dienen und die Rücknahmemöglichkeit zeitlich begrenzen. Der Schutz des Bürgers und die zeitliche Begrenzung sind nahezu ausgehöhlt, wenn die Behörde jederzeit durch neue Ermittlungen die Entscheidungsreife und damit die Fristberechnung hinausschieben kann. Mit der Gegenauffassung[891] ist daher als Fristbeginn *der* Zeitpunkt festzusetzen, in dem die Behörde **erkennen musste**, dass der Verwaltungsakt aus **tatsächlichen oder rechtlichen Gründen rechtswidrig ist**.[892] Somit ist die Jahresfrist des § 48 IV VwVfG keine *Entscheidungs-*, sondern eine *Bearbeitungs-* bzw. *Ermittlungsfrist*. | 612

Unbeschadet der Jahresfrist des § 48 IV VwVfG kann die Rücknahmebefugnis behördlicherseits **verwirkt** werden. Dies gilt allerdings nur in besonderen Ausnahmefällen, wenn die Behörde z.B. bereits zuvor mehrfach signalisiert hat, dass sie den Bescheid nicht zurücknehmen werde.[893] | 613

bb. Behördenbegriff

Fraglich ist auch, was unter dem Begriff der „Behörde" in § 48 IV VwVfG zu verstehen ist. Nach h.M. muss die für die Rücknahme **zuständige Stelle innerhalb der zuständigen Behörde** Kenntnis haben. Die Kenntnis irgendeines Beamten der zuständigen (und erst recht einer unzuständigen) Behörde reiche ebensowenig aus wie die Tatsache, dass die Umstände aktenkundig seien.[894] Die Gegenauffassung stellt abstrakt auf die Kenntnis irgendeiner Stelle der zuständigen Behörde ab. Sie argumentiert, dass auch im Rahmen des § 48 IV VwVfG die Legaldefinition des § 1 IV VwVfG gelte, die nicht auf den einzelnen Amtswalter abstelle. Überdies stehe dem Bürger die | 614

---

[890] BVerwGE **70**, 356, 362 ff.; fortgeführt von BVerwGE **100**, 199, 232 (zu § 45 IV S. 2 SGB X, aber auf § 48 IV S. 1 VwGO übertragbar); BVerwGE **110**, 226, 233, und BVerwG NJW **2001**, 1440 (für den Fall eines Widerrufs wegen Auflagenverstoßes – mit Bespr. v. *Brodersen*, JuS **2001**, 825). Vgl. auch BVerwG NVwZ-RR **2001**, 198; VGH Mannheim NVwZ **1998**, 87, 89; OVG Magdeburg NVwZ **1999**, 1120; VGH München NVwZ **2001**, 931, 932 (mit krit. Bespr. v. *Erbguth*, JuS **2002**, 333); VGH München NVwZ **2001**, 931, 932 sowie *Oldiges*, NVwZ **2001**, 626, 629 und BVerwG NVwZ **2002**, 485.
[891] *Erbguth*, JuS **2002**, 333, 334; *Maurer*, AllgVerwR, § 11 Rn 35; vgl. auch schon *Kopp*, DVBl **1985**, 525, 526; *ders*, GewArch **1986**, 177, 185; *Dickersbach*, NVwZ **1993**, 846, 863; *Weides*, DÖV **1985**, 431, 435; *Schoch*, NVwZ **1985**, 880, 884.
[892] Davon unabhängig gilt, dass wenn die Rücknahme eines Verwaltungsakts wegen eines Ermessensfehlers gem. § 113 I S. 1 VwGO aufgehoben wurde, die Jahresfrist für die erneute Rücknahme erst mit Rechtskraft des Urteils zu laufen beginnt (vgl. VGH Mannheim NVwZ-RR **2001**, 6).
[893] BVerwG NJW **2000**, 1512, 1514; *Brodersen*, JuS **2000**, 823, 824.
[894] BVerwGE **110**, 226, 230 ff.; VGH München NVwZ **2001**, 931, 932; VGH Mannheim NVwZ **1998**, 87, 89.

Behörde als Einheit gegenüber und müsse sich auch so behandeln lassen.[895] Dagegen spricht jedoch, dass eine „Behörde" als solche keiner Kenntnis fähig ist, sondern diese nur durch menschliche Kenntnis vermittelt werden kann. In Anlehnung an den Rechtsgedanken des § 166 BGB (Wissenszurechnung im Rahmen der Stellvertretung) kann die Zurechnung aber nur im Rahmen des dem „Wissensvertreter" zugewiesenen **Aufgabenkreises** erfolgen. Kenntnis setzt nach dem Zweck der Norm voraus, dass aufgrund des bei der Behörde vorhandenen Wissens ein rechtmäßiger Rücknahmebescheid erlassen werden kann. Diese Möglichkeit besteht nur, wenn der **zuständige Sachbearbeiter** hinreichend sichere Informationen hat.

Beispiele:

(1) Landwirt L hat am 15.3.2009 vom Land einen Zuschuss für die Anschaffung einer leistungsfähigeren Melkanlage erhalten. Bei einer verwaltungsinternen Revisionsprüfung am 21.3.2010 stellen Regierungsbeamte fest, dass die Mittel zweckwidrig verwendet wurden. Kann sich L auf die Jahresfrist gem. § 48 IV VwVfG berufen? Folgt man der h.M., kommt es für den Lauf der Frist nicht auf die Kenntnis der Prüfbeamten an, sondern auf die des Sachbearbeiters der Behörde, die über den Zuschuss entschieden hat. Die bloße Aktenkundigkeit der Tatsachen reicht nicht aus, da dies sonst auf ein Kennenmüssen hinauslaufen würde. Demnach ist vorliegend die Jahresfrist des § 48 IV VwVfG verstrichen. L kann den Zuschuss behalten.

(2) Zur Regelung offener Vermögensfragen nach dem VermG ist die jeweilige untere Landesbehörde (Amt zur Regelung offener Vermögensfragen) sachlich zuständig. Trifft aber eine sachlich unzuständige Behörde (etwa das Landratsamt) eine bestimmte, später wegen Rechtswidrigkeit aufzuhebende Regelung, ist nicht etwa das Landratsamt, sondern das Amt zur Regelung offener Vermögensfragen für den Erlass des Rücknahmebescheids zuständig. Anderenfalls würde eine Perpetuierung der Unzuständigkeit stattfinden. Überträgt man diese Überlegungen auf den Fristbeginn, kommt es auf die Kenntnis der für die Rücknahme zuständigen Behörde und nicht der (sachlich unzuständigen) Behörde an, die den rechtswidrigen Verwaltungsakt erlassen hat.[896]

615 Bei **Wechsel der Behördenzuständigkeit** muss sich die nunmehr zuständige Behörde die Kenntnis der bisher zuständigen Behörde zurechnen lassen.[897]

e. Rücknahme gegenüber dem richtigen Adressaten

616 Ungeschriebene (wie selbstverständliche) Tatbestandsvoraussetzung des § 48 VwVfG ist, dass die Rücknahme gegenüber dem **richtigen Adressaten** erfolgt. Im Regelfall ist dies der **Adressat des ursprünglichen Verwaltungsakts**.[898] Anerkannt ist auch, dass neben dem Adressaten auch dessen **Gesamtrechtsnachfolger** Adressat des Aufhebungsbescheids sein kann.[899] Schließlich kann auch ein **Dritter** Adressat eines Rücknahmebescheids sein, sofern dieser als „**Begünstigter**" anzusehen ist. Dies ist nach Auffassung des BVerwG jedenfalls dann der Fall, wenn der unmittelbare

---

[895] OVG Berlin DVBl **1983**, 354, 355; *Pieroth*, NVwZ **1984**, 681, 684; *Schoch*, NVwZ **1985**, 880, 884 f.; *Maurer*, AllgVerwR, § 11 Rn 35.

[896] Vgl. BVerwGE **110**, 226, 234 f.

[897] Wie hier *Kopp/Ramsauer*, VwVfG, § 48 Rn 159; offen gelassen von BVerwG NJW **1990**, 727.

[898] BVerwG DVBl **2000**, 907, 909; OVG Magdeburg NVwZ **2001**, 214; VGH Mannheim NVwZ **1998**, 87, 88; *Erichsen/Brügge*, Jura **1999**, 155, 157; *Oldiges*, NVwZ **2001**, 626, 627.

[899] BVerwG ZBR **1983**, 206, 207; *Geron*, JA **2002**, 229, 230. Vgl. aber auch VG Magdeburg NJW **2001**, 2418, 2419, wonach die Erben eines Gesellschafters einer GbR ohne eine entsprechende Nachfolgeklausel im Gesellschaftsvertrag nicht gem. § 1922 BGB in das zwischen der Behörde und der GbR bestehende Subventionsverhältnis eintreten. Sie sind daher nicht richtiger Adressat eines Rücknahme- bzw. Widerrufsbescheids.

Zuwendungsempfänger durch den Bescheid verpflichtet wird, die Zuwendung an einen Dritten weiterzugeben.[900]

f. Richtige Ausübung des Aufhebungsermessens, § 48 I S. 1 u. S. 2 VwVfG

Liegen die Voraussetzungen für eine Rücknahme vor, steht es grds. im **Ermessen** der Behörde (vgl. „kann" in § 48 I S. 1 VwVfG und „darf" in § 48 I S. 2 VwVfG), ob, in welchem Umfang und mit welcher zeitlichen Wirkung der Verwaltungsakt zurückgenommen wird. Dieses Rücknahmeermessen ist für das Gericht im Rahmen des § 114 VwGO auf eventuelle Ermessensfehler hin nachprüfbar. Besondere Bedeutung hat das Rücknahmeermessen bei Leistungsbescheiden mit **Dauerwirkung**. Hier kann der Vertrauensschutz es erforderlich machen, dass bereits erbrachte Leistungen nicht zurückgefordert werden dürfen und dass auch für eine Übergangszeit weiterhin Leistungen zu gewähren sind. Bei begünstigenden Verwaltungsakten mit **belastender Drittwirkung** ergibt sich die Besonderheit, dass zwar auch in diesem Fall keine grundsätzliche Rücknahme*pflicht* der Behörde besteht, dieser Dritte aber einen materiell-rechtlichen Anspruch auf ermessensfehlerfreie Entscheidung hat, der sich bei einer formell-rechtlich zu bewertenden Ermessensreduzierung auf Null zu einem Rücknahmeanspruch konkretisiert.

617

> **Beispiel:** Konkurrent K hat gegen die dem Unternehmer U gewährte Beihilfe (= begünstigender Verwaltungsakt mit belastender Drittwirkung) erfolgreich Widerspruch eingelegt. Die Widerspruchsbehörde weist die Genehmigungsbehörde an, den Beihilfebescheid aufzuheben, da dieser gegen EU-Recht verstoße.

Hier hat der Konkurrent einen Anspruch auf Aufhebung des Verwaltungsakts, weil er durch ihn in seinen Rechten verletzt ist. Das an sich bestehende behördliche Ermessen bei der Rücknahmeentscheidung ist daher auf Null reduziert, weil jede andere Entscheidung ermessenfehlerhaft wäre.[901]

618

g. Rechtsfolge: Rücknahme des Verwaltungsakts durch die Behörde und Rückgewähr der erhaltenen Leistung durch den Betroffenen

Liegen die tatbestandlichen Voraussetzungen vor, kann die Behörde den ursprünglichen Verwaltungsakt zurücknehmen. Die Rückgewähr der erhaltenen Leistungen erfolgt dann durch den in § 49a VwVfG spezialgesetzlich geregelten öffentlich-rechtlichen Erstattungsanspruch (vgl. dazu *R. Schmidt*, AllgVerwR, Rn 732 f.).

619

---

[900] BVerwG DVBl **2000**, 907, 909; VGH Mannheim NVwZ **1998**, 87, 88; *Oldiges*, NVwZ **2001**, 626, 627. Das gilt auch hinsichtlich der Voraussetzungen, unter denen EU-rechtswidrige Subventionen von Drittunternehmen zurückgefordert werden können. Zu den Konsequenzen einer Abtretung des Subventionsanspruchs für den Widerruf und die Rechtsschutzmöglichkeiten hiergegen vgl. OVG Magdeburg NVwZ **2001**, 214; *Rozek*, Jura **2001**, 39 ff.
[901] BVerwG NVwZ **2002**, 730, 733.

hh. Zusammenfassendes Prüfungsschema zu § 48 I S. 1, S. 2, II-IV VwVfG

620

Rücknahme eines Verwaltungsakts gem. § 48 I S. 1, S. 2, II-IV VwVfG

- Zuständigkeits-, Verfahrens- und Formvorschriften des Rücknahmebescheids: Die örtliche Zuständigkeit der Rücknahmebehörde bestimmt sich nach § 48 V i.V.m. § 3 VwVfG. Im Übrigen gelten die allgemeinen Regeln.

- Rechtsgrundlage: § 48 I S. 1 VwVfG.

- Rechtswidrigkeit des zurückzunehmenden begünstigenden Verwaltungsakts.

- Bei Geld- und Sachleistungen (§ 48 II VwVfG):
  - Tatsächliches Vertrauen auf den Bestand der Begünstigung.
  - Schutzwürdigkeit des Vertrauens:
    - Kein Ausschluss des Vertrauensschutzes (§ 48 II S. 3 Nr. 1-3 VwVfG).
    - Indizien für den Vertrauensschutz, § 48 II S. 2 VwVfG.
    - Abwägung zwischen Vertrauensinteresse und Rücknahmeinteresse, § 48 II S. 1 VwVfG[902].
    - Ggf. Anwendung des § 49 II VwVfG auf § 48 II, III VwVfG.

- Bei sonstigen begünstigenden Verwaltungsakten (§ 48 III VwVfG): ohne besondere Einschränkungen.

- Frist, § 48 IV VwVfG (nur für Aufhebung begünstigender rechtswidriger Verwaltungsakte).

- Rücknahme gegenüber dem richtigen Adressaten (i.d.R. der Adressat des ursprünglichen Verwaltungsakts. Anerkannt ist auch, dass neben dem Adressaten auch dessen Gesamtrechtsnachfolger Adressat des Aufhebungsbescheids sein kann. Schließlich kann auch ein Dritter Adressat eines Rücknahmebescheids sein, sofern dieser als „Begünstigter" anzusehen ist.

- Rechtsfolge: Rücknahme bei fehlerfreier Ermessensausübung und Rückgewähr der erbrachten Leistungen. Bei § 48 III VwVfG Ausgleich des Vermögensnachteils, wobei ggf. Minderung oder Ausschluss zu beachten ist.

---

3. Rückabwicklung gemeinschaftsrechtswidriger Subventionen

a. Das EU - Beihilfeverfahren

621 Besonders prüfungsrelevant ist die Rücknahme deutscher Subventionsbescheide, die gegen das EU-Recht verstoßen. Daher wird dieser Bereich vorliegend separat behandelt. Doch bevor Fragen zur Rücknahme gemeinschaftsrechtswidriger Subventionsbescheide beantwortet werden können, muss zunächst das EU-Beihilfeverfahren erläutert werden.

622 Gemäß Art. 108 I AEUV überprüft die Kommission[903] fortlaufend in Zusammenarbeit mit den Mitgliedstaaten deren bestehende Beihilferegelungen auf ihre Vereinbarkeit mit den Zielen der EU (**repressives Verfahren**). Bei neuen Beihilfen dagegen übt sie ihre Kontrollbefugnisse gem. Art. 108 III AEUV und Art. 2 der VO (EG) Nr. 659/1999

---

[902] Zur Wiederholung sei daraufhingewiesen, dass diese Prüfungsreihenfolge zwar nicht der des Regel-Ausnahme-Verhältnisses des § 48 II VwVfG entspricht, sie bietet sich aber deswegen an, weil nach Feststellung des Ausschlusstatbestandes des § 48 II S. 3 VwVfG die Abwägung zwischen Vertrauensinteresse und Rücknahmeinteresse (§ 48 II S. 1 VwVfG) entfallen kann.
[903] Gemäß Art. 244 ff. AEUV ist die Kommission Hauptverwaltungsorgan der EU. Sie ist insbesondere zuständig für die Wettbewerbs- und Beihilfeaufsicht, die gemeinschaftseigene Subventionsvergabe, die Fondverwaltung und für die Sanktionierung von Verstößen nach Art. 101 f., 107 f. AEUV.

des Rates[904] in Form eines **präventiven Verfahrens** aus. Im Interesse einer effektiven Kontrolle dürfen Subventionen also nur dann von den Mitgliedstaaten ausgezahlt werden, wenn die Kommission eine abschließende Regelung darüber getroffen hat (sog. **Durchführungsverbot**, vgl. Art. 108 III S. 3 AEUV und Art. 3 der VO (EG) Nr. 659/1999 des Rates). Damit soll eine Wettbewerbsverzerrung vermieden werden. Eine autonome Gewährung durch die Mitgliedstaaten verbietet sich somit, auch wenn die Beihilfe als solche mit dem Gemeinschaftsrecht materiell vereinbar ist. Ein Verstoß hiergegen beeinträchtigt die Gültigkeit der Rechtsakte (hier: Subventionsbescheide) zur Durchführung der Beihilfe[905] und führt zur Rückgewährung der Beihilfe.[906] Das Beihilfeverfahren selbst ist dreistufig ausgestaltet.

- Auf der ersten Stufe unterrichtet der Mitgliedstaat die Kommission über das beabsichtigte Beihilfeverfahren, Art. 108 III S. 1 AEUV und Art. 2 der VO (EG) Nr. 659/1999 des Rates (**Notifikationspflicht** des Mitgliedstaates).   **623**

  Bei Subventionierungen (1) an kleine und mittlere Unternehmen[907], (2) bei Ausbildungsbeihilfen und (3) bei Subventionierungen unterhalb der Geringfügigkeitsschwelle (*de minimis*)[908] verzichtet die Kommission auf die Notifizierung, da nach ihrer Auffassung (und nach Auffassung des EuGH) in diesen Fällen keine Wettbewerbsverzerrung des gemeinsamen Marktes stattfindet.[909]

- Die zweite Stufe besteht im **Prüfungs- bzw. Genehmigungsverfahren** der Kommission, Art. 108 III S. 3 AEUV und Art. 6 ff. der VO (EG) Nr. 659/1999 des Rates (Umsetzungsverbot, bzw. Sperrwirkung).   **624**

  Diesem Normalgenehmigungsverfahren ist eine auf zwei Monate begrenzte Vorprüfphase vorgeschaltet (vgl. Art. 4 V der VO (EG) Nr. 659/1999 des Rates). Hat die Kommission innerhalb dieser Phase keine Bedenken bezüglich des konkreten Beihilfevorhabens, gilt die Beihilfe als von der Kommission genehmigt. Der betreffende Mitgliedstaat kann daraufhin die betreffenden Maßnahmen durchführen, nachdem er die Kommission hiervon in Kenntnis gesetzt hat (Art. 4 VI der VO (EG) Nr. 659/1999 des Rates). Das Beihilfeverfahren wird somit ohne Durchführung eines förmlichen Genehmigungsverfahrens wirksam. Stellt die Kommission in dieser Vorprüfphase allerdings fest, dass die angemeldete Maßnahme zu Bedenken hinsichtlich ihrer Vereinbarkeit mit dem Gemeinsamen Markt führt, entscheidet sie, das förmliche Verfahren nach Art. 108 II AEUV zu

---

[904] ABl. EG L 83 vom 27.3.1999. Vgl. dazu EuGH NVwZ **2002**, 193; *Kilb*, JuS **2003**, 1072 ff.; *Koenig/Pickartz*, NVwZ **2002**, 151 ff.; *v. Welser*, JA **2002**, 240 ff.; *Bartosch*, NVwZ **2002**, 174 f. u. 3588 ff.; *Nowak*, DVBl **2000**, 20 ff.

[905] Vgl. Art. 11 I, II VO (EG) Nr. 659/**1999**; EuGH NJW **1993**, 49; *Bartosch*, NJW **2001**, 921, 922; *Koenig/Kühling*, NJW **2000**, 1065, 1067. Vgl. auch *Koenig/Pickartz*, NVwZ **2002**, 151 ff.

[906] Vgl. auch *Bartosch*, NJW **2001**, 921, 922.

[907] Ein Unternehmen ist gem. Anhang I Amtsblatt der EU L214/38 ein kleines oder mittleres Unternehmen (KMU), wenn es (1) weniger als 250 Personen beschäftigt und (2) einen Jahresumsatz von höchstens 50 Mio. € oder eine Jahresbilanzsumme von höchstens 43 Mio. € erzielt.

[908] Geringfügige Beihilfen, die von den Mitgliedstaaten an Unternehmen gewährt werden können, stellen keinen Verstoß gegen das Wettbewerbsrecht dar. Der Gesamtbetrag der öffentlichen Unterstützung für ein Unternehmen darf dabei im Allgemeinen die Schwelle von 200.000 € innerhalb des laufenden und der zurückliegenden zwei Steuerjahre nicht überschreiten. Für den Straßentransportsektor gilt ein Höchstbetrag von 100.000 €. Als Maßnahme zur Bekämpfung der Finanzkrise wurde eine bis Ende 2010 befristete Lockerung der „de-minimis" Regel beschlossen. Unternehmen können bis dahin vorübergehend direkte Zuwendungen in Höhe von bis zu 500.000 € gewährt werden, ohne das diese bei der EU angemeldet werden müssen. Mit der „Regelung zur vorübergehenden Gewährung geringfügiger Beihilfen während der Finanz- und Wirtschaftskrise" (*Bundesregelung Kleinbeihilfen*) wird diese Maßnahme in Deutschland umgesetzt.

[909] Vgl. dazu EuGH EuZW **2000**, 723; *Bartosch*, NJW **2001**, 921, 922; *Koenig/Kühling*, NJW **2000**, 1065, 1072 f.

eröffnen (Art. 4 IV der VO (EG) Nr. 659/1999 des Rates).[910] Das förmliche Verfahren ist näher in den Art. 6 ff. der VO (EG) Nr. 659/1999 des Rates geregelt.[911]

625 ▪ In der dritten Stufe erfolgt die **Durchführung des Beihilfeverfahrens** durch den jeweiligen Mitgliedstaat. Zahlt dieser eine Beihilfe entgegen Art. 108 III S. 3 AEUV aus, hat der benachteiligte Konkurrent einen Anspruch gegen die nationale Behörde auf vorläufige Rückforderung der Subvention bis zur endgültigen Entscheidung der Kommission nach Art. 108 III S. 1 und 2 AEUV.[912] Das hat für den (zu Unrecht) Begünstigten mitunter existenzgefährdende Konsequenzen, etwa wenn er die Mittel bereits investiert hat. Zur Rückforderung gemeinschaftsrechtswidrig gewährter Beihilfen vgl. im Übrigen Rn 631 ff.

b. Aufhebungspflicht der Mitgliedstaaten

626 Da sich der Vollzug des Europäischen Gemeinschaftsrechts nach nationalem Recht bestimmt, soweit nichts anderes geregelt ist, richtet sich die Rücknahme gemeinschaftsrechtswidriger Verwaltungsakte deutscher Behörden nach **§ 48 VwVfG** (vgl. auch Art. 14 III der VO (EG) Nr. 659/1999 des Rates), freilich in **gemeinschaftsrechtskonformer Auslegung**.[913] Stellt die Kommission fest, dass die Beihilfe mit Art. 107 AEUV nicht vereinbar und daher gemeinschaftsrechtswidrig ist, hat die zuständige deutsche Behörde den gleichwohl erlassenen Beihilfebescheid aufzuheben oder in vertragskonformer Weise abzuändern sowie bereits erfolgte Beihilfezahlungen nebst Zinsen, die nach einem von der Kommission festgelegten angemessenen Satz berechnet werden, zurückzufordern (Art. 14 I u. II der VO (EG) Nr. 659/1999 des Rates – Folgenbeseitigungspflicht). Die Rechtsgrundlage dafür bietet Art. 14 I u. II der VO (EG) Nr. 659/1999 des Rates i.V.m. § 48 VwVfG.[914]

627 Umstritten ist, ob bereits eine *formelle* Gemeinschaftsrechtswidrigkeit (Verstoß gegen die Notifikationspflicht nach Art. 108 AEUV) der gewährten Beihilfe zur Rückforderung verpflichtet, oder ob eine *materielle* EU-Rechtswidrigkeit (Verstoß gegen das Beihilfeverbot des Art. 107 AEUV) erforderlich ist.

▪ Für die Rückforderungspflicht auch bei nur *formellen* Verstößen gegen das Gemeinschaftsrecht spricht, dass die praktische Wirksamkeit der Art. 107 f. AEUV (*effet utile*), insbesondere die des Art. 108 III AEUV, gewahrt bleiben muss.[915]

---

[910] Zur Pflicht der Kommission, in diesem Fall das Verfahren nach Art. 108 III AEUV zu eröffnen, vgl. EuGH NVwZ **2001**, 1021 ff.

[911] Die Kommission hat auch die Möglichkeit, Subventionsakte mit Auflagen zu versehen, vgl. *Bleckmann*, NVwZ **2004**, 11 ff.

[912] Dieser Anspruch wäre dann gem. § 113 I S. 1, S. 2 VwGO (hier: Folgenbeseitigung) geltend zu machen. Die Verwaltungsgerichte müssen derartigen Klagen prinzipiell stattgeben (vgl. EuGH EWS **2008**, 180 Rn 39). Nach Ablauf der Anfechtungsfrist (vgl. § 70 bzw. 74 VwGO) steht dem Betroffenen die Verpflichtungsklage zur Verfügung, die darauf gerichtet ist, die Behörde zu verpflichten, den Subventionsbescheid nach § 48 I, II VwVfG zurückzunehmen und einen Rückforderungsbescheid nach § 49a VwVfG zu erlassen. Jedoch ist zu beachten, dass dem Betroffenen lediglich ein Anspruch gegen die Behörde auf ermessensfehlerfreie Rücknahme- und Rückforderungsentscheidung zusteht.

[913] Vgl. EuGH NVwZ **1998**, 45, 46, Tz. 24; BVerwG NJW **1998**, 3728, 3729; *Fischer*, JuS **1999**, 749, 750; *Epiney*, NVwZ **2000**, 36; *Koenig/Kühling*, NJW **2000**, 1065, 1073; *Schwarze*, NVwZ **2000**, 241, 244 sowie *Oldiges*, NVwZ **2001**, 626, 631. Bemerkenswert ist die Entscheidung des OVG Berlin-Brandenburg (NVwZ **2006**, 104 ff.), wonach die nationale Behörde auch dann durch *Verwaltungsakt* gemeinschaftsrechtswidrig vergebene Subventionen zurückfordern kann, wenn die Subventionsvergabe zuvor mit der Handlungsform öffentlich-rechtlicher Vertrag erfolgt. Diese Entscheidung stellt das bis dato vorherrschende Dogma, dass eine Behörde, die einen öffentlich-rechtlichen Vertrag schließt, ihre Verwaltungsaktbefugnis verliert, auf den Kopf. Vgl. dazu auch *R. Schmidt*, AllgVerwR, Rn 984a.

[914] Das gilt nach st. Rspr. des EuGH ausnahmslos. So kann die Befürchtung interner Schwierigkeiten, auch wenn sie unüberwindlich sein sollten, es nicht rechtfertigen, dass ein Mitgliedstaat die ihm nach Gemeinschaftsrecht obliegenden Verpflichtungen nicht einhält (EuGH EuZW **2001**, 22).

[915] *Oldiges*, NVwZ **2001**, 626, 633; *Erichsen/Buchwald*, Jura **1995**, 84, 89.

- Hingegen sprechen die Wertung des Art. 107 AEUV sowie der auch im Gemeinschafts-recht geltende Grundsatz der Verhältnismäßigkeit dafür, dass nur Beihilfen, die *materi-ell-rechtlich* gegen das Gemeinschaftsrecht verstoßen, zurückgefordert werden müs-sen.[916]

- Der EuGH lässt in einem neueren Judikat, in dem er konstatiert, dass Beihilfen, die gegen die Sperrwirkung des Art. 108 III S. 3 AEUV verstoßen (= formelle Rechtswid-rigkeit) *per se* rechtswidrig seien, erkennen, dass nicht auszuschließen ist, dass auch nur formelle Verstöße gegen das Gemeinschaftsrecht zu einer Rückforderungspflicht führen können.[917] Auch das BVerfG geht davon aus.[918]

- Stellungnahme: Aus Gründen der effektiven Durchsetzung des Gemeinschaftsrechts und seiner Verfahrensregeln sollte grundsätzlich auch eine bereits formelle EU-Rechtswidrigkeit der betreffenden Beihilfe zu einer Rückforderungspflicht durch den Mitgliedstaat führen. Wo allerdings die Wertung des Art. 107 AEUV, der nur die mit den Zielen des Gemeinsamen Marktes nicht zu vereinbarenden Beihilfen unterbinden will, sowie der Grundsatz der Verhältnismäßigkeit unterlaufen zu werden drohen, sollte nur eine materiell gemeinschaftsrechtswidrig gewährte Beihilfe zur Rückforderungspflicht durch den jeweiligen Mitgliedstaat führen. Von dieser Einschränkung scheint auch Nr. 13 der Begründung der VO (EG) Nr. 659/1999 des Rates (= Verfahrensordnung zu Art. 107 AEUV) auszugehen.

c. Anordnungsbefugnis der Kommission

Gemäß Art. 108 II i.V.m. Art. 288 AEUV ist Grundlage für die Rückforderung gemein-schaftswidriger Subventionen eine **Entscheidung der Kommission** (vgl. Art. 13 der VO (EG) Nr. 659/1999 des Rates).[919] Entscheidet die Kommission, dass eine mit dem Gemeinsamen Markt unvereinbare staatliche Beihilfe i.S.v. Art. 107 AEUV vorliege (materielle Rechtswidrigkeit der Beihilfe) oder dass die in Art. 108 III AEUV niederge-legten Vorschriften über das Notifikationsverfahren nicht beachtet worden seien (for-melle Rechtswidrigkeit der Beihilfe), dann wirkt diese Entscheidung i.V.m. Art 107 AEUV unmittelbar im innerstaatlichen Recht und geht diesem als höherrangiges Recht vor.[920] Insoweit ist die Feststellung der EU-Rechtswidrigkeit durch die Kommission gem. Art. 288 AEUV für die Beteiligten bindend.[921]

628

Nach Art. 11 VO (EG) Nr. 659/1999 des Rates kann die Kommission dem Mitgliedstaat sogar aufgeben, die formell rechtswidrige Beihilfe **vorläufig** zurückzufordern, bis sie (die Kommission) über die materielle Rechtmäßigkeit (d.h. Vereinbarkeit mit dem Gemeinsamen Markt) entschieden hat. Die vorläufige Rücknahme setzt allerdings eine materielle Relevanz des Verstoßes voraus. Das ist bspw. der Fall, wenn irreparable und spürbare Schäden für Konkurrenten drohen. Sie erfolgt auf der Grundlage der §§ 48, 49a VwVfG.[922]

629

---

[916] *Pache*, NVwZ **1994**, 318, 320; *Richter*, DÖV **1995**, 846, 858; *Dickersbach*, NVwZ **1996**, 962, 967. Diese Ansicht wird auch von der Kommission in ihrer Rückforderungspraxis zugrunde gelegt.

[917] EuGH Slg **1991**, 5528 f.; bestätigt in EuGH NVwZ **1998**, 45, 46 Tz. 22. Ferner wurde in dem zuerst genannten Judikat festgestellt, dass ein betroffener Bürger sich vor den *nationalen* Gerichten auf die Verlet-zung von Art. 108 III S. 3 AEUV berufen könne.

[918] BVerfG-K NJW **2000**, 2015.

[919] Die Kompetenz zur Rückforderung besitzt die Kommission, wenn (1) hinsichtlich des Beihilfecharakters der betreffenden Maßnahme keinerlei Zweifel besteht, (2) ein Tätigwerden dringend geboten ist und (3) ein erheblicher und nicht wiedergutzumachender Schaden für einen Konkurrenten ernsthaft zu befürchten ist, vgl. Art. 11 II der Verfahrensordnung. Zur Beihilfenkontrolle vgl. auch *Bartosch*, NVwZ **2002**, 3588 ff.

[920] Zum Anwendungsvorrang des Gemeinschaftsrechts vgl. *R. Schmidt*, AllgVerwR, Rn 186 ff.

[921] EuGH DVBl **1994**, 1122, 1123; BVerwG NJW **1998**, 3728, 3729; *Pache*, NVwZ **1994**, 318, 321; *Erichsen/Brügge*, Jura **1999**, 155, 157.

[922] Vgl. *Oldiges*, NVwZ **2001**, 626, 633; *Koenig/Kühling*, NJW **2000**, 1065, 1074; *Kruse*, NVwZ **1999**, 1049, 1054.

Wurde eine Subvention unter Verstoß gegen das **Prüfungs- bzw. Genehmigungs-verfahren** gem. Art. 108 III S. 3 AEUV gewährt, stellt sich die Frage, ob dieser Verstoß geheilt ist, wenn die Kommission später feststellt, dass die Subvention mit Art. 107 AEUV vereinbar und insoweit materiell EU-rechtmäßig ist. Aus dem bei Rn 627 genannten effet-utile-Prinzip folgt aber, dass eine Heilung ausgeschlossen ist. Die wegen Verstoßes gegen Art. 108 III S. 3 AEUV gewähre Subvention ist also auch dann zurückzufordern, wenn sie materiell dem EU-Recht entspricht.

630   **Zum Rechtsschutz:** Gegen eine Entscheidung der Kommission können der Mitglied-staat oder der Subventionsempfänger mit der **Nichtigkeitsklage** vor dem EuGH bzw. dem EuG vorgehen (Art. 263 AEUV). Zu beachten ist in diesem Zusammenhang, dass gem. Art. 278 S. 1 AEUV Klagen vor dem EuGH bzw. dem EuG keine aufschie-bende Wirkung haben. Um die fragliche Beihilfe gewähren bzw. empfangen zu kön-nen, muss daher die Beantragung einer Vollzugsaussetzung nach Art. 278 S. 2 AEUV in Betracht gezogen werden. An eine solche werden aber hohe Anforderungen ge-stellt. Grundsätzlich sind Kommissionsentscheidungen somit sofort vollziehbar. Beson-dere Bedeutung hat dies für den Schuldner einer zurückzugewährenden Beihilfe, der die Rückzahlung vorzunehmen hat, obwohl ein Verfahren gegen die Kommission anhängig ist: Er muss die empfangene Beihilfe zunächst einmal zurückgewähren. Sollte der EuGH bzw. der EuG dann zu dem Schluss kommen, dass die Beihilfe recht-mäßig gewährt wurde, muss die Beihilfe erneut gewährt werden.[923] Gehen weder der Mitgliedstaat noch der Subventionsempfänger gegen eine Kommissionsentscheidung vor (Art. 263 AEUV) und wird diese dadurch bestandskräftig (vgl. Art. 263 VI AEUV: Klagefrist 2 Monate), steht die materielle Rechtswidrigkeit der Beihilfe für den betref-fenden Mitgliedstaat bzw. Subventionsempfänger verbindlich fest. Die Richtigkeit der Kommissionsentscheidung kann dann nicht mehr in Frage gestellt werden.[924] Lediglich der Mitgliedstaat kann sich dann noch in einem anschließenden Vertragsverletzungs-verfahren (Art. 258 f. AEUV) möglicherweise damit rechtfertigen, dass es ihm absolut unmöglich gewesen sei, die Entscheidung richtig durchzuführen.[925]

d. Rückforderung von gemeinschaftsrechtswidrig gewährten Beihilfen

aa. Unzulässigkeit staatlicher Beihilfen

631   Nach Art. 107 I AEUV „sind staatliche oder aus staatlichen Mitteln gewährte Beihilfen gleich welcher Art, die durch die Begünstigung bestimmter Unternehmen oder Pro-duktionszweige den Wettbewerb verfälschen oder zu verfälschen drohen, mit dem Gemeinsamen Markt unvereinbar, soweit sie den Handel zwischen Mitgliedstaaten beeinträchtigen".[926] Für die **Fallbearbeitung** ergibt sich somit folgende **Prüfung**:

Für die **Fallbearbeitung** ergibt sich somit folgende **Prüfung**:

a.) Begünstigung bestimmter Unternehmen oder Produktionszweige

b.) Staatliche oder aus staatlichen Mitteln gewährte Beihilfen gleich welcher Art

c.) (Drohende) Verfälschung des Wettbewerbs

d.) Beeinträchtigung des Handels zwischen Mitgliedstaaten

---

[923] Vgl. dazu *Nowak*, DVBl **2000**, 20, 22 f.
[924] Vgl. EuGH NJW **2001**, 1265, 1266; EuGH NJW **2000**, 1933, 1935; BVerwG NJW **1998**, 3728; 3730; BVerwGE **92**, 81, 83; *v. Welser*, JA **2002**, 240, 245; *Schütz/Dibelius*, Jura **1998**, 427, 431; *Kamann/Selmayr*, NVwZ **1999**, 1041 ff. Zur Anfechtungsbefugnis eines Konkurrenzunternehmens vgl. EuGH DVBl **2000**, 1266, 1267.
[925] EuGH Slg **1989**, 175, 191.
[926] Zu den zivilrechtlichen Auswirkungen von Verstößen gegen das EU-Beihilfenrecht vgl. *Schmidt-Räntsch*, NJW **2005**, 106 ff.

a.) Begünstigung bestimmter Unternehmen oder Produktionszweige

Zentraler Begriff des Art. 107 I AEUV ist der Begriff der **Begünstigung**. Dieser ist nach der ständigen Rechtsprechung des EuG und des EuGH **weit** zu verstehen und wird in den meisten Fällen anhand des sog. *„Prinzips vom marktwirtschaftlich handelnden Kapitalgeber"* bestimmt: Das wirtschaftliche Handeln der betreffenden staatlichen Stelle wird danach mit dem hypothetischen Verhalten eines nach Rentabilitätsgesichtspunkten agierenden privaten Investors verglichen. Wenn der hypothetische private Investor den einem bestimmten Unternehmen zugeführten wirtschaftlichen Vorteil überhaupt nicht oder zumindest zu anderen, ungünstigeren Konditionen erteilt hätte, ist eine Begünstigung zu bejahen.[927]

632

Die Begünstigung können ein **verbilligtes Darlehen** oder ein **verlorener Zuschuss** sein. Aber auch der **Verzicht von Forderungen** kann eine Begünstigung sein (sog. **Verschonungssubvention**). So kann es als Beihilfe i.S.v. Art. 107 I AEUV angesehen werden, wenn eine Behörde eines Mitgliedstaates oder eine von diesem beeinflusste Einrichtung einen Tarif (von Erdgas, Strom etc.) anwendet, der auf einem niedrigeren Niveau als üblich angesetzt wird.[928] Gleiches gilt, wenn eine staatliche Maßnahme mit sozialem Charakter (etwa Beitragsermäßigung für Unternehmen zur Sozialversicherung der Arbeitnehmer) begünstigende Wirkung zeigt, da der AEUV nicht auf die Gründe oder Ziele, sondern auf die Wirkungen einer staatlichen Maßnahme abstellt.[929]

Unter **Unternehmen** i.S.d. Art. 107 I AEUV ist wie bei Art. 101 I AEUV eine einheitliche, einem selbstständigen Rechtssubjekt zugeordnete Zusammenfassung personeller, materieller und immaterieller Faktoren zu verstehen, die auf Dauer wirtschaftlich tätig wird.[930] Nach einer Entscheidung der Kommission ist eine Gewinnerzielungsabsicht nicht erforderlich, soweit eine Tätigkeit ausgeübt wird, für die es einen Markt gibt, in dem mehrere Teilnehmer zueinander in Konkurrenz stehen.[931] Das hat den Hintergrund, dass das Beihilfekontrollsystem einen unverfälschten Wettbewerb garantieren soll, und eine Wettbewerbsverfälschung auch von Unternehmen ausgehen kann, die keine Gewinnerzielungsabsicht verfolgen. Unerheblich ist auch die Rechtsform des Unternehmens und ob es als privates oder öffentliches Unternehmen geführt wird.[932] Verkürzt lässt sich somit sagen, dass der Begriff des Unternehmens **alle Fälle erfasst, in denen entsprechende Anbieter marktgängiger Leistungen zueinander in Wettbewerb treten**.[933]

633

cc.) Auch der Begriff des **Produktionszweigs** ist weit zu verstehen. Er umfasst alle Gewerbezweige und freien Berufe, wenn nur ihre Wirtschaftstätigkeit auf Dauer angelegt ist.

634

---

[927] Zum Beihilfenbegriff vgl. EuGH DVBl **2002**, 1034, 1035; DVBl **2002**, 392; DVBl **2001**, 633, 635; NVwZ **2000**, 781, 782; Slg II **1999**, 17 Rn 15; *v. Welser*, JA **2002**, 240, 241; *Bartosch*, NJW **2001**, 921, 922; *Oldiges*, NVwZ **2001**, 280, 281.

[928] Vgl. EuGH NVwZ **1996**, 992.

[929] EuGH EuZW **1999**, 534 (Nachlass bei Sozialversicherungsbeiträgen) mit Bespr. von *Streinz*, JuS **2000**, 390; EuGH EuZW **1999**, 506 (Nachlässigkeit beim Einzug geschuldeter Sozialversicherungsbeiträge und Zahlungserleichterungen) mit Bespr. von *Streinz*, JuS **2000**, 487.

[930] EuGH, Slg **1994**, I-43, 63 (SAT-Fluggesellschaft); *Koenig/Kühling*, NJW **2000**, 1065, 1068.

[931] Entscheidung der Kommission 98/353/EG vom 16.9.1997 (Gemeinnützige Abfallverwertung Aachen), ABl 1998 L 159, 58, 62.

[932] *Koenig/Kühling*, NJW **2000**, 1065, 1068.

[933] *Koenig/Kühling*, NJW **2000**, 1065, 1068.

b.) Staatliche oder aus staatlichen Mitteln gewährte Beihilfen gleich welcher Art

635 Der Begriff der **Beihilfe** wurde bereits im Rahmen der Begünstigung dargelegt. **„Staatliche oder aus staatlichen Mitteln"** gewährte Beihilfen liegen vor, wenn diese nicht nur von unmittelbaren Bundes- oder Landesbehörden, sondern auch Behörden der mittelbaren Staatsverwaltung gewährt werden und den jeweiligen **öffentlichen Haushalt belasten**.[934] Insbesondere seien hier Beihilfen von Städten und Gemeinden genannt. Bundes-, Landes- und Kommunalbehörden sind somit gleichermaßen verpflichtet, das geltende EU-Beihilferecht zu beachten. Die Mitgliedstaaten haben dafür zu sorgen (im Rahmen der Rechts- bzw. Fachaufsicht), dass sämtliche Behörden nicht gegen formelle und materielle Bestimmungen des EU-Beihilferechts verstoßen.

Eine „aus staatlichen Mitteln" gewährte Beihilfe liegt auch vor, wenn sie von einer **privaten Einrichtung** gewährt wird, die vom Staat (zu diesem Zweck) errichtet wurde.[935]

c.) (Drohende) Verfälschung des Wettbewerbs

636 Weiterhin ist erforderlich, dass die Beihilfe den Wettbewerb verfälscht oder diesen zu verfälschen droht (Art. 107 I AEUV).

637 Eine **Wettbewerbsverfälschung** liegt vor, wenn die Beihilfe – tatsächlich oder potentiell – in ein bestehendes oder möglicherweise zur Entstehung kommendes Wettbewerbsverhältnis zwischen Unternehmen oder Produktionszweigen eingreift und damit den Ablauf des Wettbewerbs verändert.[936] Erforderlich ist, dass Unternehmen oder Produktionszweige einen wirtschaftlichen Vorteil erlangen, den sie unter marktkonformen Voraussetzungen nicht erhielten, und dadurch die Marktbedingungen der Wettbewerber verändert werden.[937]

638 Voraussetzung für die Annahme einer Wettbewerbsverfälschung ist allerdings, dass ein **relevanter Markt** vorhanden ist oder entstehen könnte, auf dem einzelne Bewerber durch die Beihilfe gegenüber anderen einen Vorteil erhalten. Der für die Annahme einer Wettbewerbsverfälschung erforderliche relevante Markt lässt sich in *räumlicher* und *sachlicher* Hinsicht bestimmen. In *räumlicher* Hinsicht ist dasjenige Gebiet umfasst, „in dem die beteiligten Unternehmen die relevanten Produkte oder Dienstleistungen anbieten, in dem die Wettbewerbsbedingungen hinreichend homogen sind und das sich von den benachbarten Gebieten durch spürbar unterschiedliche Wettbewerbsbedingungen unterscheidet".[938] In *sachlicher* Hinsicht umfasst das Gebiet des relevanten Marktes „sämtliche Erzeugnisse und/oder Dienstleistungen, die von den Verbrauchern hinsichtlich ihrer Eigenschaften, Preise und ihres vorgesehenen Verwendungszwecks als austauschbar und substituierbar angesehen werden".[939]

639 Zur Erfüllung des Tatbestandsmerkmals *(drohende) Verfälschung des Wettbewerbs* genügt es allerdings, dass die **Möglichkeit der Wettbewerbsverfälschung** besteht. Daher wird auch eine Beihilfe, die lediglich potentiell in ein möglicherweise zur

---

[934] Vgl. dazu EuGH DVBl **2002**, 1034, 1035; DVBl **2002**, 392; DVBl **2001**, 633, 635 (dazu *Plünder*, Jura **2001**, 591 ff.; *Soria*, DVBl **2001**, 882 ff.; *Gündisch*, NJW **2001**, 3686 ff.; *Kühne*, JZ **2001**, 759 ff.); NVwZ **2000**, 781, 782; *v. Welser*, JA **2002**, 240, 241.
[935] Vgl. dazu EuGH Slg **1998**, I-2629, 2641; EuGH NVwZ **2001**, 665; *Bartosch*, NJW **2002**, 3588, 3591; *Oldiges*, NVwZ **2001**, 280, 281, 282.
[936] EuGH, Slg **1980**, 2671, 2688 f. (Philip Morris).
[937] *Koenig/Kühling*, NJW **2000**, 1065, 1069; *Oldiges*, NVwZ **2001**, 280, 282 f.
[938] Vgl. die Bekanntmachung der Kommission über die Definition des relevanten Markts i.S.d. Wettbewerbsrechts der EU veröffentlicht in ABl 1997 C 372, S. 5.
[939] Bekanntmachung der Kommission a.a.O.

Entstehung kommendes Wettbewerbsverhältnis eingreift, von Art. 107 I AEUV erfasst.[940]

d.) Beeinträchtigung des Handels zwischen Mitgliedstaaten

Schließlich ist Voraussetzung für die Annahme einer gemeinschaftsrechtswidrigen **640**
Beihilfe, dass durch die Beihilfe der Handel zwischen Mitgliedstaaten beeinträchtigt
wird. Dieses Tatbestandsmerkmal ist nach der jüngsten Rechtsprechung des EuGH
enger auszulegen als der Begriff der drohenden Verfälschung des Wettbewerbs.[941]
Jedenfalls können Beihilfen, die den lokalen Markt betreffen (etwa Beihilfen an Klein-
handwerker, Kleindienstleister und Freiberufler ohne grenzüberschreitende geschäftliche Kontakte), sowie Beihilfen geringfügigen Ausmaßes (sog. de minimis-Beihilfen,
d.h. Beihilfen unter derzeit 100.000,- € in einem Drei-Jahres-Zeitraum) den Handel
zwischen Mitgliedstaaten nicht beeinträchtigen.[942]

> **Hinweis für die Fallbearbeitung:** In der Fallbearbeitung geht es regelmäßig um
> die Rückforderung einer (gemeinschaftsrechtswidrigen) Beihilfe. Da die Rückforde-
> rung einer solchen Beihilfe an deren Unvereinbarkeit mit EU-Recht gekoppelt ist, ist
> es erforderlich, zunächst die Vereinbarkeit der Beihilfe mit dem EU-Beihilferecht
> festzustellen bzw. zu prüfen. Eine solche Prüfung sollte sich an den vorangestellten
> Ausführungen orientieren. Steht die Unvereinbarkeit der fraglichen Beihilfe mit dem
> EU-Beihilferecht fest, ist in einem weiteren Schritt auf das Rückforderungsverfahren
> einzugehen.

bb. Das Rückforderungsverfahren

Besteht eine entsprechende Entscheidung der Kommission, richtet sich das Rückfor- **641**
derungsverfahren in Ermangelung einer europarechtlichen Rechtsgrundlage für die
Bundesrepublik Deutschland nach § 48 VwVfG (s.o.)[943], und zwar unabhängig davon,
ob die Subvention aus Mitteln der Gemeinschaft oder aus nationalen Mitteln erfolgte.[944]

Problematisch ist insbesondere, dass nach den deutschen Bestimmungen die Rück- **642**
nahme im *Ermessen* der Behörde liegt (vgl. § 48 I S. 1 VwVfG), gemäß Art. 108 II
AEUV und Art. 14 I der VO (EG) Nr. 659/1999 des Rates die Kommission aber entscheidet, dass der betreffende Staat sie aufzuheben oder umzugestalten *hat*[945]. Ausgangspunkt der Überlegung ist, dass ein rechtswidriger begünstigender Verwaltungsakt, der eine einmalige oder laufende Geldleistung oder teilbare Sachleistung gewährt
oder hierfür Voraussetzung ist, nur unter den Voraussetzungen des § 48 II - IV
VwVfG zurückgenommen werden *darf* (vgl. § 48 I S. 2 VwVfG). Da es bei den Subventionen um Geld- bzw. Sachleistungen geht, ist § 48 II VwVfG zugrunde zu legen.

---

[940] *Koenig/Kühling*, NJW **2000**, 1065, 1069.
[941] Vgl. EuGH NVwZ **2002**, 193 mit Bespr. von *Bartosch*, NVwZ **2002**, 174.
[942] Zur Pflicht der Kommission, im Falle der Unvereinbarkeit mit dem Gemeinsamen Markt das Verfahren nach Art. 108 III AEUV zu eröffnen, vgl. EuGH NVwZ **2001**, 1021 ff.
[943] Zur Zuständigkeit der Nationalstaaten für die administrative Durchführung des Gemeinschaftsrechts vgl. BVerwG NVwZ **2000**, 1039 und *Schwarze*, NVwZ **2000**, 241, 244. Vgl. auch VGH Mannheim DVBl **2009**, 1255, 1256 ff.
[944] Davon unabhängig zu betrachten ist die Verpflichtung des Mitgliedstaates gem. Art. 14 VO (EG) Nr. 659/1999 des Rates, die europarechtswidrig gewährte Beihilfe zurückzufordern.
[945] Zur Befugnis der Kommission, die nationalen Behörden anzuweisen, entgegen Art. 108 II AEUV gewährte Beihilfen zurückzufordern, vgl. EuGH NVwZ **1998**, 45, 46 Tz. 22. Bei dieser Entscheidung handelte es sich um ein Vorabentscheidungsverfahren nach Art. 267 AEUV. Bei dieser Verfahrensart entscheidet der EuGH über Auslegung und Gültigkeit von Gemeinschaftsrecht, wenn ein nationales Gericht die Beantwortung der Vorlage-frage in einem bei ihm anhängigen Rechtsstreit für erforderlich hält. Die Frage, ob die Anwendung bestimmter nationaler Normen gemeinschaftsrechtlich ausgeschlossen ist, betrifft Inhalt und Auslegung des Gemein-schaftsrechts, kann also Gegenstand einer Vorlage nach Art. 267 AEUV sein.

Nach § 48 II S. 1 VwVfG *darf* ein rechtswidriger begünstigender Verwaltungsakt nicht zurückgenommen werden, soweit der Begünstigte auf den Bestand vertraut hat und sein Vertrauen unter Abwägung mit den öffentlichen Interessen schutzwürdig ist. Problematisch ist die **Schutzwürdigkeit des Vertrauens**.

643 Zwar ist auch der Grundsatz des Vertrauensschutzes Bestandteil des Gemeinschaftsrechts[946], sodass die Berufung auf Vertrauensschutz bei gemeinschaftsrechtswidrig gewährten Beihilfen dem Gemeinschaftsrecht generell nicht fremd ist. Vertrauen darf der Subventionsempfänger jedoch nur unter den Voraussetzungen des Art. 108 AEUV in Anspruch nehmen (*„ist ... aufzuheben")*.[947] So ist fraglich, ob dem Subventionsempfänger das negative Regelbeispiel des § 48 II S. 3 Nr. 3 VwVfG entgegengehalten werden kann, wenn der Subventionsgeber, die Verwaltung seines Staates, der Notifikationspflicht (Art. 108 III S. 1 AEUV) nicht nachgekommen ist. Da von einer *Kenntnis* des Betroffenen von der Nachlässigkeit seines Staates nicht unbedingt ausgegangen werden kann, kommt regelmäßig allenfalls grob fahrlässige Nichtkenntnis in Betracht. Dies wird vom EuGH[948] angenommen, wenn sich der Beihilfeempfänger („sorgfältiger Gewerbetreibender") nicht erkundigt hat, ob sein Staat der Notifikationspflicht nachgekommen ist. Darüber hinaus unterrichte die Kommission den potentiellen Empfänger staatlicher Beihilfe im EU-Amtsblatt darüber, dass er bei gemeinschaftsrechtswidriger Beihilfegewährung mit einer Rückforderung zu rechnen habe (vgl. ABl. EG 1993 C 318, S. 3). Aus diesem Grund genieße er keinen Vertrauensschutz i.S.d. § 48 II VwVfG.[949]

644 Stellungnahme: Der Rechtsprechung des EuGH lässt sich entgegenhalten, dass es lebensfremd erscheint, eine solche Überwachungspflicht des Subventionsempfängers anzunehmen, sofern die Versäumnisse des Mitgliedstaates nicht offensichtlich sind. Das trifft insbesondere für kleinere und mittlere Unternehmen ohne Rechtsabteilung und ohne internationale Geschäftsverbindungen zu. In Bezug auf diese Unternehmen vermag es nicht zu überzeugen, anzunehmen, sie würden grob fahrlässig handeln, wenn sie das EU-Amtsblatt nicht studierten.[950] Ein solcher Subventionsempfänger darf in Ermangelung entgegenstehender offensichtlicher Anhaltspunkte davon ausgehen, dass sein Staat der Notifikationspflicht nachgekommen ist. Er darf sich auf Vertrauen berufen. Davon getrennt muss jedoch die Frage betrachtet werden, ob sein Vertrauen unter *Abwägung mit den öffentlichen Interessen* auch schutzwürdig ist (vgl. § 48 II S. 1 letzter HS VwVfG): Besteht im konkreten Fall ein Konfliktverhältnis zwischen der Entscheidung der Kommission, dass der betreffende Staat die Beihilfe aufzuheben oder umzugestalten *hat* und dem Rücknahmeermessen der deutschen Behörde, **sind die Gemeinschaftsbelange des AEUV in die Rücknahmeentscheidung mit Vorrang einzubeziehen**, da die Sanktionen der Art. 107 ff. AEUV weitgehend leer liefen, wenn der Begünstigte die Beihilfe (wie im Regelfall) irreversibel verbraucht hätte und so die Regel des schutzwürdigen Vertrauens (vgl. § 48 II S. 2 VwVfG) griffe. Aus diesem Grund sind die Gemeinschaftsbelange als öffentliches Interesse i.S.d. § 48 II S. 1 letzter HS VwVfG zu qualifizieren. § 48 VwVfG ist somit **gemeinschaftsrechtskonform** anzuwenden, was bedeutet, dass nicht nur der unbestimmte Rechtsbegriff des „öffentlichen Interesses" europarechtskonform ausgelegt werden

---

[946] Vgl. *Koenig/Kühling*, NJW **2000**, 1065, 1074; *Haibach*, NVwZ **1998**, 456, 459 f.; *Derpa*, JA **2002**, 571, 574 f.
[947] EuGH NVwZ **1998**, 45, 46 Tz. 25. – Vorlagebeschluss, eingeleitet vom BVerwG (NVwZ **1995**, 703).
[948] EuGH NVwZ **1998**, 45, 46 Tz. 25.
[949] EuGH Slg **1990**, 3437; EuGH EuZW **1997**, 217 Tz. 51. Auch das BVerfG (NJW **2000**, 2015) stellt auf das öffentliche Interesse der Europäischen Gemeinschaft ab. Hätte das betroffene Unternehmen die Rechtswidrigkeit der Beihilfe wegen fehlender Notifizierung erkennen können, stehe ihr kein Vertrauensschutz zu.

muss[951], sondern auch, dass das der Behörde eingeräumte Rücknahmeermessen durch eine negative Kommissionsentscheidung dahingehend **auf Null reduziert** ist. Anderenfalls wäre eine gleichmäßige und effektive Durchsetzung des Gemeinschaftsrechts nicht gewährleistet.[952] Dabei zwingt sie das EU-Recht, die Rücknahmeentscheidung und den damit verbundenen Rückforderungsbescheid für sofort vollziehbar zu erklären und damit die im Grundsatz bestehende aufschiebende Wirkung, die ein gegen die Bescheide eingelegter Widerspruch entfaltet (§ 80 I VwGO) zu beseitigen (§ 80 II S. 1 Nr. 4 VwGO). Umgekehrt darf weder die Behörde (§ 80 IV S. 1 VwGO) noch das Gericht (§ 80 V S. 1 Var. 2 VwGO) die aufschiebende Wirkung eines gegen den Rückforderungsbescheid eingelegten Widerspruchs wiederherstellen.[953]

Zusammenfassung: Damit der Regelungsgehalt der Art. 107 f. AEUV nicht leer läuft, ist das öffentliche Interesse an der Rücknahme europarechtswidriger Subventionsbescheide so groß, dass zur Durchsetzung des EU-Rechts eine Möglichkeit der nationalen Behörde, von der Rücknahme abzusehen, praktisch nicht mehr besteht. Rechtstechnisch ist der Regelungsgehalt der Art. 107 f. AEUV zunächst im Tatbestand des § 48 II VwVfG zu berücksichtigen:

- So greift die Regelvermutung des § 48 II S. 2 VwVfG, die bei rein nationaler Betrachtung zu Gunsten des Subventionsempfängers wirkt, nicht.
- Bei der dann maßgeblichen Abwägung nach § 48 II S. 1 VwVfG wirkt der Regelungsgehalt der Art. 107 f. AEUV als Bestandteil des öffentlichen Interesses so stark, dass das Vertrauen des Subventionsempfängers in den Bestand der Leistungsgewährung nur eine untergeordnete Rolle spielt.

Schließlich ist auf der Rechtsfolgeseite das Rücknahmeermessen derart reduziert, dass die Behörde keine andere Wahl hat, als den Subventionsbescheid zurückzunehmen.

645

---

cc. Ausschlussfrist des § 48 IV VwVfG

Diskutiert wurde auch die Frage, ob die **Rücknahmefrist des § 48 IV VwVfG** (ein Jahr) auch für gemeinschaftsrechtswidrige Beihilfebescheide maßgeblich ist, und - wenn dies bejaht würde - ab wann die Frist zu laufen beginnt. Diese Frage ist nun durch die bereits mehrfach behandelte Entscheidung des EuGH[954] aufgrund eines Vorlagebeschlusses des BVerwG[955] geklärt. Der EuGH betrachtet § 48 VwVfG offenbar als einen reinen Durchsetzungsmechanismus für die gemeinschaftsrechtliche Rückforderungsanordnung und sieht in der Rechtsfolge eine gebundene Entscheidung. Die nationale Behörde müsse aufgrund einer bestandskräftigen Entscheidung der Kommission, in der die Beihilfe für mit dem Gemeinsamen Markt unvereinbar erklärt und ihre Rückforderung verlangt wird, selbst dann noch zurücknehmen, wenn sie nach nationalem Recht im Interesse der Rechtssicherheit dafür bestehende Ausschlussfristen hat verstreichen lassen.[956] Für die Rückforderungsanordnung der Kommission gilt

646

---

[950] BVerwGE **92**, 81, 84; vgl. auch *Schneider* NJW **1992**, 1197, 1201; *Pache*, NVwZ **1994**, 318, 320; *Kahl*, JA **1996**, 857, 858; *Oldiges*, NVwZ **2001**, 626, 631; *Derpa*, JA **2002**, 571, 574 f.
[951] Zur gemeinschaftsrechtskonformen Auslegung vgl. *Huber*, Recht der europäischen Integration, **1996**, § 8 Rn 14; *Zuleeg*, VVDStRL 53 (**1994**), 154, 165 ff. Vgl. dazu auch *Epiney*, NVwZ **2000**, 36, 37.
[952] Klargestellt nun durch EuGH NVwZ **2002**, 195; NVwZ **1998**, 45, 47; vgl. auch *Erichsen/Brügge*, Jura **1999**, 155, 162; *Brenner/Huber*, DVBl **1999**, 764, 773; *Schütz/Dibelius*, Jura **1998**, 427, 435.
[953] Vgl. dazu EuGH EuZW **2007**, 56 ff.
[954] EuGH NVwZ **1998**, 45 ff. mit Anm. *Happe*, NVwZ **1998**, 26 ff.
[955] BVerwG NVwZ **1995**, 703.
[956] EuGH NVwZ **1998**, 45, 47 Tz. 38; zust. BVerfG-K NJW **2000**, 2015; **a.A.** trotz entgegenstehender Rspr. des EuGH VGH Mannheim NVwZ **1998**, 87, 90 mit Besprechung von *Fischer*, JuS **1999**, 749, 753. Vgl. dazu auch *Epiney*, NVwZ **2000**, 36, 37; *Gündisch*, NVwZ **2000**, 1125; *Derpa*, JA **2002**, 571, 574 f. Hiervon ist der Fall zu unterscheiden, dass ein Mitgliedstaat, der eine EU-Richtlinie nicht fristgemäß umgesetzt hat, sich bei

eine Frist von 10 Jahren nachdem dem Empfänger die Beihilfe gewährt worden ist, Art. 15 der VO (EG) Nr. 659/1999 des Rates.

dd. Treu und Glauben

647 Im Wege des genannten Vorlagebeschlusses hatte der EuGH darüber hinaus die Frage zu beantworten, ob die die Beihilfe gewährende Behörde verpflichtet ist, den Bewilligungsbescheid für eine rechtswidrig gewährte Beihilfe gemäß einer bestandskräftigen Entscheidung der Kommission (s.o.) selbst dann zurückzunehmen, wenn sie für dessen Rechtswidrigkeit in einem solchen Maße verantwortlich ist, dass die Rücknahme dem Begünstigten gegenüber als Verstoß gegen **Treu und Glauben** erscheint. Auch in diesem Fall sei die Behörde zur Rücknahme verpflichtet, sofern der Begünstigte wegen Nichteinhaltung des in Art. 108 AEUV vorgesehenen Verfahrens kein berechtigtes, d.h. schutzwürdiges Vertrauen in die Ordnungsmäßigkeit der Beihilfe habe haben können.[957] Die Verpflichtung des Begünstigten, sich zu vergewissern, dass das Verfahren des Art. 108 III AEUV eingehalten worden sei, könne nämlich nicht vom Verhalten der Behörde abhängen, auch wenn diese für die Rechtswidrigkeit des Bewilligungsbescheids in einem solchen Maße verantwortlich gewesen sei, dass die Rücknahme als Verstoß gegen Treu und Glauben erscheine.

648 Diese Rechtsprechung darf jedoch nicht verallgemeinert werden. Denn der Grundsatz des Vertrauensschutzes ist sowohl im Gemeinschaftsrecht als auch beim mitgliedstaatlichen Vollzug desselben anerkannt. Dies hat der EuGH in einem neueren Judikat bestätigt.[958] Das Gemeinschaftsrecht stehe grundsätzlich einer nationalen Regelung nicht entgegen, die für den Ausschluss der Rückforderung zu Unrecht gezahlter Gemeinschaftsbeihilfen, sofern der gute Glaube des Beihilfeempfängers nachgewiesen sei, auf Kriterien wie das sorgfaltswidrige Verhalten der nationalen Behörden und den Ablauf eines erheblichen Zeitraums seit der Zahlung der betreffenden Beihilfen abstelle.

ee. Wegfall der Bereicherung

649 Im dritten und letzten Teil des Vorlagebeschlusses war zu der Frage Stellung zu nehmen, ob nach einer bestandskräftigen Kommissionsentscheidung der Bewilligungsbescheid auch dann noch zurückzunehmen ist, wenn dies nach nationalem Recht wegen **Wegfalls der Bereicherung** und mangels Bösgläubigkeit des Beihilfeempfängers (vgl. § 49a II VwVfG i.V.m. §§ 818 III, IV, 819 I BGB) ausgeschlossen wäre. Konsequenterweise kommt der EuGH auch hier zu keinem anderen Ergebnis und beruft sich auf den nur im Rahmen des Art. Art. 108 III AEUV zu gewährenden Vertrauensschutz. Darüber hinaus könnten einem Unternehmen, das nach der Gewährung einer Beihilfe Verluste erleide, gleichwohl aus seinem einstweiligen Fortbestand weiterhin Vorteile erwachsen, insbesondere aufgrund der Wahrung seiner Machtposition, seines Rufes und seines Kundenkreises. Daher könne auch nicht behauptet werden, dass die Bereicherung schon deshalb weggefallen sei, weil der aus der Gewährung der staatlichen Beihilfe resultierende Vorteil nicht mehr in der Bilanz (ergänze: oder den Büchern) des begünstigten Unternehmens erscheine.[959]

Klagen, gerichtet auf Schadensersatz oder Erstattung im Zusammenhang mit der Nichtumsetzung, sehr wohl auf nationale Verjährungsvorschriften berufen kann. Voraussetzung ist aber, dass die Frist für die Geltendmachung auf Gemeinschaftsrecht gestützter Ansprüche nicht ungünstiger ist als für die Geltendmachung auf innerstaatliches Recht gestützte Ansprüche und die Durchsetzung der durch die Gemeinschaft verliehenen Rechte nicht praktisch unmöglich macht. Vgl. dazu ausführlich EuGH NVwZ **1998**, 833.

[957] EuGH NVwZ **1998**, 45, 47 Tz. 43; BVerwG NJW **1998**, 3728, 3731. Vgl. dazu auch *Oldiges*, NVwZ **2001**, 626, 631; *Derpa*, JA **2002**, 571, 574 f.

[958] Vgl. EuGH EuZW **1998**, 499.

[959] EuGH NVwZ **1998**, 45, 47 Tz. 50-54. Vgl. auch BVerwG NJW **1998**, 3728, 3731; *Erichsen/Brügge*, Jura **1999**, 496, 502.

Etwas anderes gilt hinsichtlich der Rückforderung von Beihilfen, die aus **EU-Mitteln** 650
gewährt worden sind. Hier ist nach Auffassung des EuGH eine Berufung auf Entreicherung durchaus möglich. Denn anders als bei gemeinschaftsrechtswidrigen Beihilfen, die aus staatlichen Mitteln gewährt worden seien, sei bei gemeinschaftsrechtswidrigen Beihilfen, die aus EU-Mitteln stammten, die Gefahr des kollusiven Zusam-
menwirkens zwischen dem Mitgliedstaat und dem Subventionsempfänger weniger
groß.[960]

ff. Zusammenfassung

Mit seiner Rechtsprechung schneidet der EuGH somit alle „§ 48 VwVfG spezifischen" 651
(Vertrauensschutz, Jahresfrist, Treu und Glauben, Wegfall der Bereicherung, soweit
die Subvention aus mitgliedstaatlichen öffentlichen Haushalten stammt) Einwände
gegen die Rückforderung gemeinschaftsrechtswidrig ausgezahlter Beihilfen ab, sodass
sich in praktischer Sicht jede nationale Vertrauensschutzargumentation zugunsten des
Gemeinschaftsinteresses erübrigt haben dürfte.[961] Dem nationalen Recht kann lediglich noch die Ermächtigung zur Rücknahme bzw. Rückforderung entnommen werden.

III. Der Widerruf nach § 49 VwVfG

Widerruf ist die **Aufhebung eines *rechtmäßigen* Verwaltungsakts**. Die Behörde 652
wird einen Widerruf in Erwägung ziehen, wenn die Sach- und Rechtslage sich so
verändert hat, dass der Verwaltungsakt jetzt nicht mehr erlassen werden dürfte, der
Verwaltungsakt aber dennoch rechtmäßig ist, weil es bei der Beurteilung der Sach-
und Rechtslage auf den Zeitpunkt des Erlasses des Verwaltungsakts ankommt.

> **Beispiel:** Weil der durch eine Subvention begünstigte B die Auflagen in Bezug auf den
> Verwendungszweck der Mittel nicht eingehalten hat, widerruft die Behörde den Sub-
> ventionsbescheid gem. § 49 I VwVfG.

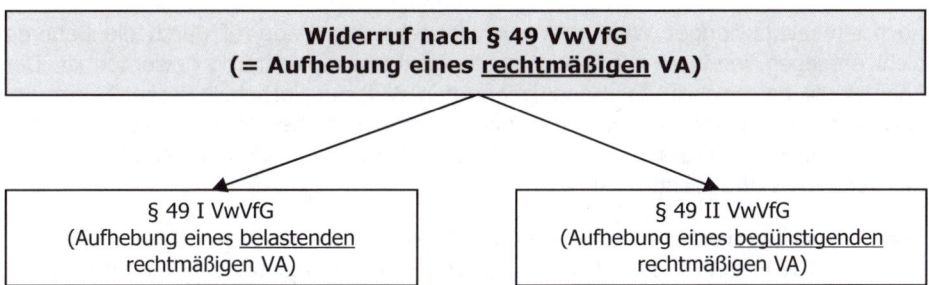

1. Rechtmäßige belastende Verwaltungsakte, § 49 I VwVfG

Bei rechtmäßigen belastenden Verwaltungsakten ist die Aufhebung auch nach Be- 653
standskraft problemlos möglich, § 49 I S. 1 HS 1 VwVfG. Hierbei kann das Ermessen
sogar so weit schrumpfen, dass die Behörde, um ermessensfehlerfrei zu handeln, den
Verwaltungsakt widerrufen *muss*. Zu beachten ist aber der Ausschlussgrund des § 49
I S. 1 HS 2 VwVfG, wonach der Widerruf ausgeschlossen ist, wenn

---

[960] EuGH JA **1999**, 757, 759; vgl. auch *Oldiges*, NVwZ **2001**, 626, 635 f.; *Michaelis*, JA **2001**, 19, 21; *Montag*, NJW **2000**, 32, 39 ff.
[961] *Montag*, NJW **1998**, 2088, 2095; *Happe*, NVwZ **1998**, 26; *Hoenike*, EuZW **1997**, 279; *Koenig/Kühling*, NJW **2000**, 1065, 1074.

- ein Verwaltungsakt gleichen Inhalts erneut erlassen werden müsste (Gedanke der Ökonomie; außerdem hätte der Bürger von dem Widerruf auch keinen Nutzen)
- oder ein Widerruf aus anderen Gründen unzulässig ist (wenn z.B. spezielle Rechtsvorschriften den Widerruf nur unter besonderen Voraussetzungen zulassen, die bei § 49 VwVfG nicht erfüllt sind).

2. Rechtmäßige begünstigende Verwaltungsakte, § 49 II VwVfG

654 Für den ebenfalls im Ermessen der Behörde stehenden Widerruf eines rechtmäßigen begünstigenden Verwaltungsakts (zur Definition des begünstigenden Verwaltungsakts kann auf die Ausführungen zu § 48 VwVfG verwiesen werden) ist ein in § 49 II S. 1 Nr. 1-5 VwVfG genannter Widerrufsgrund erforderlich.[962]

a. Durch Rechtsvorschrift zugelassen oder im Verwaltungsakt vorbehalten, § 49 II S. 1 Nr. 1 VwVfG

655 Die Behörde wird sich den Widerruf **vorbehalten**, wenn für sie absehbar ist, dass sich die Sach- und Rechtslage ändern wird.[963] Problematisch ist es aber, wenn der Widerrufsvorbehalt rechtswidrig ist.

> **Beispiel:** Unternehmer U, der die Förderungsvoraussetzungen für die Vergabe von zinsgünstigen Betriebsmittelkrediten erfüllt, beantragt bei der zuständigen Landesanstalt einen solchen Kredit. Der in der Behörde zuständige Amtswalter A, der den U kennt und der mit diesem noch eine persönliche Sache offen hat, sieht zwar ein, dass eine Versagung der Subvention nicht möglich wäre, er versieht die Subventionsvergabe aber mit einem Widerrufsvorbehalt, um später – sofern sich doch noch ein Versagungsgrund finden lässt – die Erlaubnis widerrufen zu können.
>
> In diesem Fall ist der Widerrufsvorbehalt selbstverständlich rechtswidrig, weil für A nicht absehbar war, ob sich die Sach- und Rechtslage ändern würde. A hat allein persönliche Interessen verfolgt.

Auch ein rechtswidriger Widerrufsvorbehalt steht dem Widerruf durch die Behörde nicht entgegen, wenn er mit dem Verwaltungsakt bestandskräftig geworden ist. Der Begünstigte hat es ja in der Hand, gegen den Widerrufsvorbehalt (isoliert) vorzugehen. Allerdings handelt die Behörde, die von einem solchen Widerrufsvorbehalt Gebrauch macht, jedenfalls i.d.R. dann ermessensfehlerhaft, wenn die Rechtswidrigkeit des Vorbehalts offensichtlich ist.

656 Durch **Rechtsvorschrift zugelassen** ist der Widerrufsvorbehalt beispielsweise gemäß § 8 II FernStrG. Eine solche spezialgesetzliche Regelung wird jedoch die allgemeine Regelung des § 49 VwVfG in ihrer Anwendbarkeit sperren.

b. Nichterfüllung einer Auflage, § 49 II Nr. 2 VwVfG

657 Auch bei Nichterfüllung einer Auflage, wobei auch schwere Verstöße gegen diese umfasst sind, kann die Behörde widerrufen. Nr. 2 ist analog auch auf die Nichterfüllung sonstiger mit einem Verwaltungsakt verbundener wesentlicher Pflichten anzuwenden.

Der Widerruf nach Nr. 2 ist wegen des Grundsatzes der Verhältnismäßigkeit nur als *ultima ratio* zulässig, d.h. die Behörde muss zunächst versuchen, die Erfüllung der

---

[962] Zu Ermessenserwägungen bei Widerruf einer Subventionsbewilligung und zur ermessenslenkenden Bedeutung von haushaltsrechtlichen Grundsätzen vgl. BVerwG NJW **1998**, 2233, 2234.
[963] Vgl. dazu OVG Bautzen NJW **2000**, 1057, 1058.

Auflage durchzusetzen (durch Mahnung, Fristsetzung o.ä.). Ob dazu auch der Verwaltungszwang gehört, ist zwar strittig[964], soll aber hier nicht weiter erläutert werden. Für rechtswidrige Auflagen gilt das zum Widerrufsvorbehalt Gesagte entsprechend.

c. Neue Tatsachen und Änderung der Rechtslage, § 49 II Nr. 3 u. 4 VwVfG

Diese Voraussetzungen ergeben sich ohne Schwierigkeiten aus dem Gesetzestext. Es ist jedoch zu beachten, dass Nr. 3 u. 4 jeweils zwei *kumulativ* zu erfüllende Voraussetzungen enthalten.[965]

658

d. Schwere Nachteile für das Gemeinwohl, § 49 II Nr. 5 VwVfG

Ein Widerruf auf Grundlage der Generalklausel der Nr. 5 ist nicht nur bei einer Gefährdung wichtiger allgemeiner Gemeinschaftsgüter möglich, sondern auch bei ernsthafter Gefährdung oder Beeinträchtigung des Lebens und der Gesundheit Einzelner. Auch bei dem Widerruf nach Nr. 5 ist der Grundsatz der Verhältnismäßigkeit zu beachten, d.h. die Beeinträchtigung für das Gemeinwohl darf nicht auf andere, mildere Weise als durch Widerruf wirksam beseitigt werden können. Der Widerruf nach Nr. 5 ist also wie Nr. 2 nur als *ultima ratio* zulässig und daher eng auszulegen.[966]

659

e. Befristung

Für die Befristung gilt § 48 IV VwVfG (s.o.) entsprechend, § 49 II S. 2 VwVfG.

660

3. Einmalige oder laufende Geldleistungen oder teilbare Sachleistungen, § 49 III VwVfG, sowie Erstattung und Verzinsung, § 49a VwVfG

a. Einführung

§ 49 III VwVfG ermöglicht den Widerruf eines rechtmäßigen Verwaltungsakts, der einmalige oder fortlaufende Geldleistungen oder teilbare Leistungen gewährt oder hierfür Voraussetzung ist, bei Vorliegen bestimmter Voraussetzungen (Nr. 1 u. 2), und – im Gegensatz zu § 49 II VwVfG a.F. – auch für die Vergangenheit. § 49a VwVfG knüpft an diese Regelung an und enthält zusammenfassend alle Regelungen über die Erstattungs- und Verzinsungspflicht des Begünstigten bei rückwirkender Unwirksamkeit eines Verwaltungsakts, der Leistungen gewährt hat oder Voraussetzung hierfür war.

661 -662

b. Widerrufsgründe

§ 49 III Nr. 1 VwVfG enthält verschiedene Widerrufsgründe. Der Verstoß gegen Auflagen ist von § 49 III Nr. 2 VwVfG erfasst.

663

Von § 49 III S. 1 **Nr. 1** VwVfG werden solche Leistungsverwaltungsakte erfasst, mit denen die Behörde nicht nur einen bestimmten Zweck verfolgt, sondern **der Leistungsempfänger darüber hinaus mit der Leistung einen bestimmten Zweck erfüllen *muss***. Schon der Wortlaut deutet eine solche Interpretation an, da das Merkmal „zur Erfüllung" sonst nicht verständlich wäre. Anderenfalls hätte es heißen müssen (ohne *Erfüllung*): „Zu einem bestimmten Zweck". Die hier vorgenommene Auslegung wird vor allem auch durch § 49 III S. 1 Nr. 1 VwVfG gestützt, der die

664

---

[964] Vgl. dazu *Kopp/Ramsauer*, VwVfG, § 49 Rn 39.
[965] Vgl. näher *Kühling*, NWVBl. **2002**, 322, 324.
[966] Vgl. auch hierzu *Kühling*, NWVBl. **2002**, 322, 325.

Zweckbestimmung der Leistung nochmals aufgreift und einen Widerruf zulässt, „wenn die Leistung nicht (...) für den in dem Verwaltungsakt bestimmten Zweck verwendet wird".[967] Darüber hinaus ist die Formulierung über die Zweckbestimmung nicht ohne Grund aus der des § 23 BHO übernommen worden. Bei diesem Zweck muss es sich folglich um einen **„Leistungsverwendungszweck"** handeln. Dieser Verwendungszweck muss sich in allen Fällen des § 49 III VwVfG aus dem Verwaltungsakt selbst ergeben. Zwar sind keine ausdrücklich formulierten Angaben zum Verwendungszweck zu fordern, der Verwaltungsakt muss diesen aber eindeutig erkennen lassen. Dazu kann im Einzelfall auch ein eindeutiger Hinweis im Verwaltungsakt auf eine Rechtsgrundlage ausreichen, wenn die Vorschrift den zu erfüllenden Zweck eindeutig angibt.[968]

> **Hinweis für die Fallbearbeitung:** In einer Prüfungsarbeit ist zunächst festzustellen, dass von § 49 III VwVfG solche Leistungsverwaltungsakte erfasst sind, mit denen die Behörde nicht nur einen bestimmten Zweck verfolgt, sondern der Leistungsempfänger darüber hinaus mit der Leistung einen bestimmten Zweck erfüllen *muss*. Anschließend ist zu prüfen, ob der Zuwendungsbescheid *expressis verbis* den Zuwendungsempfänger verpflichtet, einen bestimmten Zweck zu erfüllen. Ist dies nicht der Fall, muss sich dies aus den genannten Umständen ergeben. Aus den Überlegungen zum Anwendungsbereich des § 49 III VwVfG folgt auch, dass das Verhältnis zu § 49 II VwVfG nicht dem des zwischen § 48 II und III VwVfG bestehenden entspricht. Während sich § 48 II und III VwVfG ausschließen (vgl. den Wortlaut des § 48 III S. 1 VwVfG am Anfang), schließt § 49 III VwVfG von seinem Tatbestand her die Anwendbarkeit des § 49 II VwVfG nicht aus. **Das bedeutet, dass bei einem Verwaltungsakt, der eine verwendungsgebundene Leistung gewährt und damit grundsätzlich von § 49 III VwVfG erfasst wird, auch geprüft werden muss, ob eine der Widerrufsmöglichkeiten des § 49 II VwVfG gegeben ist!**
>
> **Beispiel:** Bei Nichterfüllung einer Auflage[969] kann daher der Widerruf mit Wirkung für die Vergangenheit nur auf § 49 III S. 1 **Nr. 2** VwVfG, der Widerruf mit Wirkung nur für die Zukunft wahlweise auf § 49 II S. 1 Nr. 2 oder § 49 III S. 1 Nr. 2 VwVfG (vgl. „auch") gestützt werden.[970]

665 Die Einführung der Widerrufsmöglichkeit mit Wirkung für die Vergangenheit bewirkt nicht nur, dass erbrachte Leistungen zurückverlangt werden können, sondern auch, dass die Herausgabe von Nutzungen (§ 100 BGB) gefordert werden kann.

666 Auf der **Rechtsfolgeseite** des § 49 III VwVfG („Widerruf der Begünstigung") steht der Verwaltung ein **Ermessen** zu. Sie *kann* die Begünstigung widerrufen, *muss* es aber nicht. Bezüglich dieser Ermessensentscheidung hat das BVerwG inzwischen entschieden, den haushaltsrechtlichen Grundsätzen der Wirtschaftlichkeit und Sparsamkeit komme bei Widerruf einer Subventionsbewilligung wegen Zweckverfehlung eine ermessenslenkende Bedeutung zu.[971] Wird also der mit der Gewährung von öffentlichen Zuschüssen verfolgte Zweck verfehlt, kann im Regelfall das Ermessen nur durch eine Entscheidung zugunsten des Widerrufs fehlerfrei ausgeübt werden („in-

---

[967] Vgl. auch OVG Münster NVwZ-RR **2003**, 803, das – unter Aufgabe seiner bisherigen Rspr. – § 49 III VwVfG auch auf rechtswidrige Verwaltungsakte anwendet. Zwar stehe dem der eindeutige Wortlaut der Norm entgegen, für eine Erstreckung der Widerrufsmöglichkeit auf rechtswidrige Verwaltungsakte spreche aber das praktische Bedürfnis.

[968] Vgl. *Baumeister*, NVwZ **1997**, 19, 20; *Erichsen/Brügge*, Jura **1999**, 496, 500; *Suerbaum*, VerwArch **1999**, 361, 375. Zur Auslegung des Tatbestandsmerkmals „alsbald" vgl. BVerwG NVwZ **2003**, 221, 222.

[969] Vgl. dazu OVG Münster NZBau **2006**, 64 f.; *Martin-Ehlers*, NVwZ **2007**, 289 ff.

[970] Vgl. *Oldiges*, NVwZ **2001**, 626, 628.

[971] BVerwGE **105**, 55, 57.

tendiertes Ermessen"). Die haushaltsrechtlichen Grundsätze der Wirtschaftlichkeit und Sparsamkeit überwiegen demnach im Allgemeinen das Interesse des Begünstigten, den Zuschuss behalten zu dürfen.[972]

c. Widerrufsfrist

§ 49 III 2 VwVfG unterwirft den Widerruf nach III der Jahresfrist des § 48 IV VwVfG. **667**

d. Der Regelungsgehalt des § 49a VwVfG

aa. Erstattung zu Unrecht erbrachter Leistungen

§ 49a VwVfG regelt als spezielle Ausprägung des allgemeinen öffentlich-rechtlichen **668** Erstattungsanspruchs in Abs. 1 die Erstattung bereits erbrachter Leistungen, die mit Wirkung für die Vergangenheit zurückgenommen (§ 48 VwVfG) oder widerrufen (§ 49 VwVfG) oder infolge einer auflösenden Bedingung unwirksam geworden sind. Nach § 49a I S. 1 VwVfG *sind* die bereits erbrachten Leistungen zu erstatten, nach § 49a I S. 2 VwVfG *ist* die zu erstattende Leistung durch schriftlichen (oder elektronischen, vgl. § 3a II VwVfG[973]) Verwaltungsakt festzusetzen. Aus dieser Formulierung folgt zunächst, dass die Behörde durch die Rechtsform *Verwaltungsakt* vorgehen muss, die Rückforderung also selbst vollstrecken kann und nicht auf eine gerichtliche Durchsetzung angewiesen ist. Für eine Leistungsklage vor dem Verwaltungsgericht würde ihr wegen dieses einfacheren und effektiveren Wegs schon das Rechtsschutzbedürfnis fehlen. Des Weiteren bedeutet die gesetzliche Formulierung aber auch, dass die Handlungsform „Verwaltungsakt" als formelle Rechtmäßigkeitsvoraussetzung für Rückforderungen *zwingend angeordnet* (sog. **Verwaltungsaktvorbehalt**) und die Behörde *verpflichtet* ist, den Rückerstattungsanspruch überhaupt geltend zu machen.

Nicht direkt dem Wortlaut des § 49a VwVfG, aber aus dessen Sinn und Zweck zu entnehmen ist das Erfordernis, dass die zu erstattenden Leistungen auf der Grundlage eines *wirksamen* Verwaltungsakts erbracht worden sind. Ist also der ursprüngliche Verwaltungsakt, auf dessen Grundlage die Leistungsgewährung erfolgte, nichtig, kann die Behörde die erbrachten Leistungen nicht über § 49a VwVfG zurückverlangen.[974] Das gilt auch dann, wenn die ursprüngliche Leistung gemäß der Zwei-Stufen-Theorie im Rahmen eines privatrechtlich ausgestalteten Abwicklungsverhältnisses (etwa durch Darlehensvertrag) ausgezahlt wurde. Denn während sich aus dem Bewilligungsbescheid nur ein Anspruch auf Abschluss des Darlehensvertrags ergibt, folgt der Anspruch auf die Auszahlung der Darlehenssumme allein aus dem Darlehensvertrag. Da die Rückforderung das Gegenstück (*actus contrarius*) zur Auszahlung ist, teilt sie deren Rechtscharakter. Sie ist daher ebenfalls dem bürgerlichen Recht zuzuordnen.[975]

Daraus folgt insgesamt: Leistungen, die auf einem anderen Rechtsgrund als Verwaltungsakt beruhen, namentlich auf einem öffentlich-rechtlichen Vertrag oder erst recht auf einem privatrechtlichen Vertrag, können nicht nach § 49a I VwVfG zurückgefordert werden, sondern müssen vor den ordentlichen Gerichten eingeklagt werden.

Dieser Befund hat auch Auswirkungen auf das Prozessrecht: Die Behörde kann im **669** Anwendungsbereich des § 49a VwVfG keine allgemeine Leistungsklage gegen den verpflichteten Bürger erheben.[976] Wegen des Verwaltungsaktvorbehalts und des Grundsatzes der Selbstvollstreckung würde ihr für eine Klage das Rechtsschutzbe-

---

[972] *Neumann*, NVwZ **2000**, 1244, 1251 f.

[973] Zum elektronischen Verwaltungsakt vgl. ausführlich *R. Schmidt*, AllgVerwR, Rn 479, 481.

[974] BVerwG NJW **2006**, 536 f.

[975] Vgl. nunmehr auch BVerwG NJW **2006**, 536 f.; OVG Berlin-Brandenburg NVwZ **2006**, 104 f.; *Vögler*, NVwZ **2007**, 294, 298. Zur Zwei-Stufen-Theorie im Subventionsverhältnis vgl. Rn 534 ff.

[976] Vgl. *Schenke*, VerwProzR, Rn 353, 592.

dürfnis fehlen. Für eine allgemeine Leistungsklage, mit deren Hilfe der allgemeine öffentlich-rechtliche Erstattungsanspruch durchgesetzt werden kann, ist aber Raum, wenn es um Rückforderungen von Leistungen geht, die ursprünglich durch Verwaltungsvertrag gewährt worden sind.

Ist aber § 49 a VwVfG anwendbar, kann davon ausgegangen werden, dass die **Geltendmachung eines Erstattungsanspruchs** (§ 49 a VwVfG) **gleichzeitig eine konkludente Aufhebung des begünstigenden Verwaltungsakts** darstellt. Fehlt es also bei einer Festsetzung des Erstattungsanspruchs durch schriftlichen Verwaltungsakt an einer vorausgehenden ausdrücklichen Aufhebung des begünstigenden Verwaltungsakts, kann der Festsetzung nach § 49 a I S. 2 VwVfG eine konkludente Aufhebung des ursprünglichen Verwaltungsakts entnommen werden.

bb. Umfang der Erstattung

670 Für den Umfang der Erstattung mit Ausnahme der Verzinsung gelten die §§ 812 ff. BGB im Sinne einer Rechtsfolgenverweisung entsprechend, § 49a II S. 1 VwVfG. Allerdings wird die bereicherungsrechtliche Einrede der Entreicherung (§ 818 III BGB) durch § 49a II S. 2 VwVfG für den Fall der positiven Kenntnis und der grob fahrlässigen Unkenntnis des Begünstigten von den Umständen, die zur Unwirksamkeit des Verwaltungsakts geführt haben, ausgeschlossen.[977] Eine solche Bösgläubigkeit dürfte insbesondere regelmäßig im Falle einer zweckwidrigen Verwendung der Leistung vorliegen.[978]

cc. Verzinsung bei Erstattung

671 Nach § 49 a III S. 1 VwVfG ist der zu erstattende Betrag vom Eintritt der Unwirksamkeit des Verwaltungsakts an i.H.v. 5 % über dem Basiszinssatz zu verzinsen. Von dieser Verzinsungspflicht kann die Behörde unter pflichtgemäßer Ermessensausübung absehen, was insbesondere dann der Fall ist, wenn der Begünstigte die Umstände, die zur Unwirksamkeit des Verwaltungsakts geführt haben, nicht zu vertreten hat und den zu erstattenden Betrag innerhalb der von der Behörde festgelegten Frist begleicht.

dd. Verzinsung bei Zweckverzögerung

672 Verwendet der Begünstigte die Leistung nicht „alsbald" nach der Auszahlung für den bestimmten Zweck, kann die Behörde gemäß § 49a IV S. 1 VwVfG **Zwischenzinsen** erheben. Entsprechendes gilt bei verfrühter Inanspruchnahme der Begünstigung (§ 49a IV S. 2 VwVfG). Durch diese Regelung wird zum einen der Handlungsspielraum der Behörde erweitert, denn sie kann statt den Verwaltungsakt zu widerrufen (§ 49 III Nr. 1 VwVfG), was nicht immer zweckmäßig erscheint, auch verhindern, dass der Begünstigte aus der Zweckverzögerung bzw. verfrühten Inanspruchnahme auch noch Vorteile zieht (Abschöpfung). Darüber hinaus wird es dem Grundsatz der Verhältnismäßigkeit eher entsprechen, wenn statt des Erlasses eines Widerrufs nur Zwischenzinsen erhoben werden.

673 Als sachgerechte Konkretisierung des Begriffs „alsbald" hat das OVG Weimar einen Zeitraum von zwei Monaten angesehen.[979] Des Weiteren erlaubt das Gericht (zu Recht) der Behörde, durch Auflage zu dem Bewilligungsbescheid den Zeitraum festzulegen, innerhalb dessen ausgezahlte Beträge zweckentsprechend zu verwenden sind.[980] Jedenfalls wird der

---

[977] Vgl. dazu BVerwGE **105**, 354, 362.
[978] *Sachs/Wermeckes*, NVwZ **1996**, 1185, 1187.
[979] OVG Weimar NVwZ-RR **1999**, 435.
[980] Vgl. auch *Neumann*, NVwZ **2000**, 1244, 1252.

Verzinsungsanspruch mit Erlass des Feststellungsbescheids (oder dem darin genannten Zeitpunkt) fällig.[981]

Die Klarstellung des § 49a IV S. 3 VwVfG, dass trotz der Erhebung von Zwischenzinsen der Bewilligungsbescheid nach Maßgabe des § 49 III S. 1 Nr. 1 VwVfG widerrufen werden kann, hat die Funktion als zusätzliches Druckmittel gegenüber säumigen Leistungsempfängern und gewinnt für den Grundsatz der Verhältnismäßigkeit ebenfalls an Bedeutung. **674**

E. Rechtsschutz in Bezug auf Aufhebungsbescheide

I. Rechtsschutz im Zweipersonenverhältnis

Ausgangspunkt der Überlegung ist, dass sich der Bürger gegen den ursprünglichen Verwaltungsakt mit Widerspruch und Anfechtungsklage wehren muss. Hierbei muss er die jeweilige Monatsfrist (vgl. §§ 70, 74 I VwGO) beachten. Lässt er die Rechtsbehelfsfristen verstreichen, tritt Bestandskraft ein. Bestandskraft bedeutet, dass der Verwaltungsakt mit ordentlichen Rechtsbehelfen grundsätzlich nicht mehr in Frage gestellt werden soll (sog. Unanfechtbarkeit). Lediglich in Ausnahmefällen, wenn die Berufung auf die Bestandskraft unbillig wäre, hat der Gesetzgeber Möglichkeiten der Aufhebung trotz Bestandskraft vorgesehen. Allerdings hat er dem betroffenen Bürger keinen strikten Rechtsanspruch auf Aufhebung des ihn unbillig belastenden, bestandskräftig gewordenen, Verwaltungsakts eingeräumt. Anderenfalls würde er die mit der Bestandskraft eingetretene grundsätzliche Unanfechtbarkeit nivellieren. Daher hat er die Entscheidung hinsichtlich der Aufhebung gem. §§ 48, 49 VwVfG in das Ermessen der Behörde gestellt. Immerhin hat der Bürger einen Anspruch darauf, dass die Behörde rechtsfehlerfrei ihr Ermessen betätigt und prüft, ob der Verwaltungsakt anhand der Tatbestandsvoraussetzungen der §§ 48, 49 VwVfG aufgehoben werden kann bzw. muss. **675**

Gerade aber wegen des mit der Bestandskraft verfolgten Ziel des Rechtsfriedens und der Rechtssicherheit ist trotz des Anspruchs auf ermessensfehlerfreie Entscheidung die Entscheidung der Behörde, von einer Aufhebung abzusehen, i.d.R. nicht ermessensfehlerhaft. Würde man anderes annehmen, stellte man auch in diesem Zusammenhang die Rechtsbehelfsfristen in Frage, die der Gesetzgeber mit gutem Grund festgelegt hat. Etwas anderes gilt nur, wenn die Aufrechterhaltung des Verwaltungsakts zu untragbaren Ergebnissen führen würde. Das ist z.B. der Fall, wenn der Verwaltungsakt zwar nicht nichtig, aber schwerwiegend rechtswidrig ist, oder wenn ein belastender Verwaltungsakt im Zeitpunkt seines Erlasses rechtmäßig war, sich dann aber die rechtlichen oder tatsächlichen Verhältnisse derart geändert haben, dass die Berufung auf die Bestandskraft schlicht untragbar wäre. In einem solchen Fall ist das behördliche Ermessen auf Null reduziert. **676**

Fraglich sind die prozessualen Mittel, mit deren Hilfe der Betroffene die Aufhebung bestandskräftiger Verwaltungsakte erwirken kann. Ausgangspunkt der Überlegung ist, dass auch die behördliche Aufhebung eines Verwaltungsakts selbst ein Verwaltungsakt ist. Deshalb muss der Bürger, dessen Antrag auf Aufhebung des bestandskräftig gewordenen Verwaltungsakts gem. § 48 oder § 49 VwVfG abgelehnt worden ist, Verpflichtungswiderspruch und (bei dessen Ablehnung) Verpflichtungsklage gem. § 42 I Var. 2 VwGO erheben. Das Gericht prüft dann, ob die Ablehnung des Antrags auf Aufhebung des ursprünglichen Verwaltungsakts ermessensfehlerhaft und damit **677**

---

[981] BVerwG NVwZ **2005**, 964.

rechtswidrig war. Ist dies der Fall, hebt das Gericht nicht – wie im Fall der Anfechtungsklage – den Ablehnungsbescheid auf, sondern es verurteilt die Behörde zum Erlass eines Aufhebungsbescheids, da insoweit auch die Spruchreife gegeben ist (= Vornahmeurteil gem. § 113 V S. 1 VwGO). Doch gerade aufgrund des Umstands, dass das behördliche Ermessens kaum auf Null reduziert und damit die Ermessensentscheidung der Behörde kaum fehlerhaft ist, dürfte dies aber nur sehr selten der Fall sein. Daher ist der Bürger im Regelfall gut beraten, eine Verpflichtungsklage mit Bescheidungsantrag (= Bescheidungsklage) zu erheben. In diesem Fall verurteilt das Gericht die Behörde zur (nochmaligen) Bescheidung des Bürgers unter Beachtung der Rechtsauffassung des Gerichts (= Bescheidungsurteil, § 113 V S. 2 VwGO).

678   Bei erfolgreicher Anfechtung des Aufhebungsbescheids lebt der ursprüngliche Verwaltungsakt wieder auf.

II. Rechtsschutz im Dreipersonenverhältnis

679   Schwieriger gestaltet sich die rechtliche Behandlung der Aufhebung eines Verwaltungsakts im Dreipersonenverhältnis. Konkret geht es um die Frage, ob ein Dritter gegen einen Subventionsbescheid vorgehen kann, der einen anderen begünstigenden.

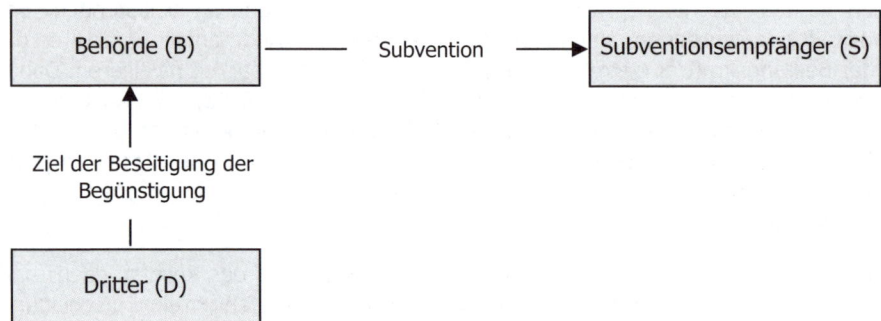

680   Bei Rn 554 (Konstellation 3a) wurde gesagt, dass in dem Fall, dass der Rechtsschutzsuchende die dem Konkurrenten eingeräumte Vergünstigung (z.B. Subvention, Taxikonzession oder gaststättenrechtliche Sperrzeitenverlängerung[982]) schlicht abwehren möchte, (nach erfolglos durchgeführtem Widerspruch) die defensive Konkurrentenklage (auch negative Konkurrentenklage, **Begünstigungs**- oder **Konkurrentenabwehrklage** genannt) einschlägig sei. Auch wurde gesagt, dass verwaltungsprozessual – soweit die Vergünstigung durch Verwaltungsakt gewährt wurde – die **Anfechtungsklage** gemäß § 42 I Var. 1 VwGO statthaft sei. Nunmehr geht es um zwei darauf aufbauende Problemkreise:

- Zum einen ist der Frage nachzugehen, ob die Behörde **während des laufenden Rechtsbehelfsverfahrens** (also während des laufenden Widerspruchs bzw. der anhängigen Anfechtungsklage) den Verwaltungsakt gem. §§ 48, 49 VwVfG aufheben kann.

- Zum anderen ist die Frage zu beantworten, welche Rechtsschutzmöglichkeiten für den Dritten bestehen, wenn der Subventionsbescheid bereits **bestandskräftig** ist, Widerspruch und Anfechtungsklage („Drittanfechtung") also nicht mehr in Betracht kommen.

---

[982] Vgl. OVG Bremen NVwZ **2002**, 873; *Schmitz*, NVwZ **2002**, 822.

1. Aufhebung im Rechtsbehelfsverfahren

In der Regel legt der Rechtsschutzsuchende (vorliegend D) zunächst **Widerspruch** 681
gem. § 68 I VwGO gegen den Subventionsbescheid ein. Gelangt die Ausgangsbehörde zu dem Ergebnis, dass tatsächlich eine Rechtsverletzung vorliegt, hilft sie dem Widerspruch ab und erlässt einen Abhilfebescheid (§ 72 VwGO). Ob der Subventionsempfänger (vorliegend S) schutzwürdiges Vertrauen in Anspruch genommen hat, spielt dabei keine Rolle, weil es darauf nicht ankommt. Denn im Widerspruchsverfahren richtet sich die Aufhebung nicht nach § 48 VwVfG, sondern nach §§ 68 ff. VwGO. Entsprechendes gilt, wenn nicht die Ausgangsbehörde, sondern die Widerspruchsbehörde gem. § 73 VwGO entscheidet und einen Widerspruchsbescheid erlässt.

Wird der angegriffene Subventionsbescheid nicht im Widerspruchsverfahren aufgehoben, kann der Rechtsschutzsuchende **Anfechtungsklage** gem. § 42 I Var. 1 VwGO 682
erheben. Auch in diesem Verfahren ist es irrelevant, ob S Vertrauen in den Bestand der Subvention gesetzt hat und sein Vertrauen schutzwürdig ist, weil sich die Aufhebung eines Verwaltungsakts im Rahmen einer Anfechtungsklage ebenfalls nicht nach § 48 VwVfG, sondern nach § 113 I S. 1 VwGO richtet. Es genügt ebenfalls allein die subjektive Rechtsverletzung auf Seiten des Klägers. Verletzt also die Subventionsvergabe zugunsten des S die Rechte des D, muss das Gericht den Subventionsbescheid gem. § 113 I S. 1 VwGO aufheben.

An die vorstehenden Erläuterungen knüpft nunmehr die Frage nach der **Rücknahme** 683
und dem Widerruf eines Verwaltungsakts **im Rechtsbehelfsverfahren gem. § 50
VwVfG** an. § 50 VwVfG gilt nur für **begünstigende Verwaltungsakte mit belastender Drittwirkung** und kommt auch nur **vor Eintritt der Bestandskraft** des fraglichen Verwaltungsakts zu Anwendung. Beides geht unproblematisch aus dem Wortlaut der Norm hervor. Insbesondere das Erfordernis des Nichtvorliegens der Bestandskraft ergibt sich daraus, dass § 50 VwVfG ein anhängiges Widerspruchs- oder Klageverfahren voraussetzt; nach Abschluss eines Widerspruchs- und Klageverfahrens ist § 50 VwVfG nicht mehr anwendbar.

Der Sinn des § 50 VwVfG besteht darin, dass die Behörde während eines anhängigen 684
Widerspruchs- oder Klageverfahrens, das mindestens zulässig sein muss[983], den von einem Dritten angefochtenen begünstigenden Verwaltungsakt nach § 48 VwVfG zurücknehmen oder nach § 49 VwVfG widerrufen kann, um dadurch einem Widerspruch abzuhelfen. Die Behörde wird immer dann von der Möglichkeit des § 50 VwVfG Gebrauch machen, wenn sie den Verwaltungsakt zunächst nicht nach § 72 VwGO aufgehoben hat, sich dann aber eines Besseren besinnt und der Aufhebung des Verwaltungsakts durch die Widerspruchsbehörde oder durch das Gericht zuvorkommen möchte. Konsequenterweise erklärt § 50 VwVfG solche Bestandteile der §§ 48, 49 VwVfG für **unanwendbar**, die den **Vertrauensschutz** betreffen. Denn im laufenden Widerspruchs- oder Anfechtungsverfahren spielen Vertrauensschutzgesichtspunkte keine Rolle. Dann ist es aber nur konsequent, wenn dies im parallel laufenden behördlichen Aufhebungsverfahren nach §§ 48, 49 VwVfG ebenso ist. Die Behörde kann den Verwaltungsakt deshalb nach § 48 I S. 1 VwVfG aufheben. Freilich muss hinzukommen, dass der Verwaltungsakt subjektive Rechts des Rechtsschutzsuchenden verletzt, weil der von einem Dritten angefochtene Verwaltungsakt im Widerspruchs- oder Anfechtungsverfahren ebenfalls nur dann aufgehoben werden darf, wenn er rechtswidrig ist und Rechte des Widerspruchführers/Klägers verletzt.

---

[983] Vgl. BVerwGE **105**, 354, 360.

685

> **Fazit:** Eine Aufhebung des Verwaltungsakts nach § 50 VwVfG i.V.m. § 48 I S. 1 VwVfG oder § 49 II S. 1 VwVfG setzt voraus, dass der laufende Widerspruch oder die laufende Anfechtungsklage des Dritten gegen den Verwaltungsakt mindestens zulässig ist. Ist dies nicht der Fall, darf die Behörde den Verwaltungsakt gleichwohl gem. § 48, 49 VwVfG aufheben, ist dann aber uneingeschränkt an die Vertrauensschutzbestimmungen dieser Vorschriften gebunden.

2. Aufhebung nach Eintritt der Bestandskraft

686 Möchte der Rechtsschutzsuchende einen bestandskräftigen Verwaltungsakt nicht hinnehmen, kommt ein **Aufhebungsantrag bei der Behörde** in Betracht. D kann – weil er die Subventionsvergabe an S für rechtswidrig hält – daher bei der Behörde den Antrag stellen, sie möge den an S gerichteten Subventionsbescheid aufheben. Freilich muss D (i.S.d. § 42 II VwGO analog) antragsbefugt sein und die Verletzung subjektiver Rechte genauso geltend machen wie er es bei Einlegung eines ordentlichen Rechtsbehelfs (Widerspruch, Anfechtungsklage) müsste. Anderenfalls würde er besser stehen wie er stünde, wenn er die Rechtsbehelfsfristen nicht versäumt und einen ordentlichen Rechtsbehelf eingelegt hätte.

D muss also die Verletzung drittschützender Rechte geltend machen. Dies ist der Fall, wenn B (durch einseitige Parteinahme) derart schwerwiegend in die bestehenden **Wettbewerbsverhältnisse** eingegriffen hat, dass D in seiner Wettbewerbsfähigkeit **empfindlich** beeinträchtigt, d.h. in seiner wirtschaftlichen Existenz bedroht ist. Hier kann ein subjektives Recht i.S.d. § 42 II VwGO analog vorliegen. Demnach ist D im Hinblick auf Art. 14 I GG klagebefugt, wenn die Begünstigung des S für ihn praktisch eine Entwertung seines aufgebauten Bestands bedeutete, im Hinblick auf Art. 12 I bzw. Art. 2 I GG, wenn dadurch ein faktischer Ausschluss vom Wettbewerb bewirkt würde.

Unabhängig von der Frage, ob dies der Fall ist, hat D keinen Rechtsanspruch auf Aufhebung, weil er ja gerade die Rechtsbehelfsfristen hat verstreichen lassen. Er hat aber einen Anspruch auf rechtsfehlerfreie Betätigung des behördlichen Aufhebungsermessens. Kommt die Behörde nach entsprechender Prüfung zu dem Ergebnis, dass die Subventionierung des S zu Unrecht erfolgte, kann sie den ursprünglichen Subventionsbescheid unter den Voraussetzungen des § 48 I S. 2, II-IV VwVfG aufheben (§ 48 I S. 1 VwVfG ist nicht einschlägig, da es bei der Beurteilung begünstigend/belastend auf die Sicht des Empfängers – vorliegend also S – ankommt). Jedoch sind die Hürden einer Aufhebung hoch, soweit S auf den Bestand der Subvention vertraut hat und sein Vertrauen bei einer Abwägung mit den öffentlichen Interessen schutzwürdig ist.

3. Kapitel
Beamtenrecht

Auch wenn das allgemeine Beamtenrecht nicht mehr zum engeren Pflichtfachbereich der **687** meisten Ausbildungs- und Prüfungsordnungen gehört, wird es doch sehr oft zum „Aufhänger" zahlreicher Übungs- und Examensklausuren gemacht.[984] Denn in ihm lassen sich hervorragend allgemeine verwaltungsrechtliche Strukturen (subjektive Rechte, Ermessen, unbestimmte Rechtsbegriffe, Beurteilungsspielräume, Amtshaftung etc.) und auch verwaltungsprozessuale Probleme (Verwaltungsrechtsweg, Durchführung eines Vorverfahrens, Konkurrentenklage etc.) unterbringen, was die Prüfungs- und Examensrelevanz dieses Rechtsgebiets unterstreicht. Das vorliegende Kapitel trägt diesem Umstand Rechnung, indem es das Beamtenrecht in seinen wesentlichen Grundzügen darstellt und sich auf die o.g. studien- und examensrelevanten Inhalte konzentriert.

- Zunächst werden unter A. in aller Kürze die **historische Entwicklung** des Beamtenrechts sowie die **Rechtsquellen** aufgezeigt.

- Unter B. werden eine Einführung in das **beamtenrechtliche Rechtsverhältnis** gegeben und die **Begrifflichkeiten** wie Ernennung, Beförderung, Versetzung, Abordnung, Umsetzung und Ruhestand, sowie die damit zusammenhängenden Fragen der Qualifikation dieser Maßnahmen als Verwaltungsakte oder als schlichte Organisationsverfügungen des Dienstherrn erläutert.

- Schließlich werden unter C. Fragen des **Rechtsschutzes**, insbesondere zu den möglichen **Klage- und Verfahrensarten**, beantwortet.

A. Historische Entwicklung des Beamtenrechts; Rechtsquellen

I. Vom preußischen Obrigkeitsstaat zur gegenwärtigen Verfassung

Inhaber von öffentlichen Ämtern (und somit Beamte im weiteren Sinne) hat es bei **688** vielen staatlich organisierten Völkern und zu allen Zeiten gegeben, so z.B. im antiken Rom der späteren Kaiserzeit. In Deutschland wurde das Beamtentum im 18. Jahrhundert „perfektioniert". Als Begründer nicht nur des preußischen, sondern auch des modernen Berufsbeamtentums gilt König Friedrich Wilhelm I. (1688-1740), der als „Soldatenkönig" in die Geschichte einging. Er verlieh den Streitkräften eine Sonderstellung in der Monarchie, indem er sie u.a. über 80.000 Mann anwachsen ließ. Gleichzeitig baute er das Beamtentum aus. Er ließ die jungen Beamtenanwärter zu treuen und leistungsbereiten Fürstendiener erziehen. Armee und Beamtentum repräsentierten dadurch den Geist des neuen absolut monarchisch regierten Groß- und Militärstaats. An der Auffassung vom Beamtendienst änderte auch der Sohn und Nachfolger, Friedrich II. (1712-1786) nichts. Der unter ihm dienende Großkanzler Samuel Freiherr von Cocceji sorgte für eine strenge Ausbildung junger Beamtenanwärter und führte strenge Examina ein. Minister von Hagen schaffte den staatlichen Vorbereitungsdienst für Beamte des höheren Dienstes ein. An diesem Prinzip hat sich bis heute nichts geändert.

Das Grundgesetz gewährleistet in Art. 33 IV und V GG das Berufsbeamtentum als **689** **institutionelle Garantie**. Es räumt den Beamten einen nicht unwesentlichen Bestand öffentlicher Aufgaben ein und verpflichtet den Gesetzgeber, das Recht des öffentlichen Dienstes unter Berücksichtigung der **hergebrachten Grundsätze des**

---

[984] Wie hier nun auch *Hufen*, JuS **2008**, 454, 344.

Berufsbeamtentums zu regeln und weiterzuentwickeln. Auch wenn diese Verfassungsbestimmungen nicht von der Ewigkeitsgarantie des Art. 79 III GG umfasst sind, sollen sie nach einem Teil des Schrifttums **„staatskonstitutiv"** sein.[985] Das Berufsbeamtentum sei eine **unverzichtbare Vorbedingung** für die Wahrung der verfassungsrechtlichen Grundstrukturen wie z.B. der parlamentarischen, pluralistischen Demokratie, der Gewaltenteilung und der Rechtstaatlichkeit. In der Demokratie sei das Berufsbeamtentum die **Konstante** - im Gegensatz zu den auf ständigen Wechsel angelegten, das Staatsleben gestaltenden politischen Organen. Bei einem Machtwechsel bleibe der Staat nur noch in seiner Beamtenschaft fassbar. Daher legitimiere sich das Berufsbeamtentum nicht aus der Tradition, sondern als unerlässliches Fundament und Instrument der staatlichen Ordnung. Ob diese undifferenzierte Auffassung mit Blick auf die praktische Unkündbarkeit der Beamten mit dem modernen Demokratieverständnis vereinbar ist, darf bezweifelt werden. Denn nicht alle hoheitlichen Tätigkeiten müssen von Beamten ausgeübt werden. So wäre es durchaus möglich, die Lehrtätigkeit an öffentlichen Schulen und Hochschulen von Angestellten ausüben zu lassen. Unabdingbar ist dagegen das Berufsbeamtentum in Bereichen, in denen es um die Ausübung von Polizeigewalt geht. Das staatliche Gewaltmonopol rechtfertigt sich nur dann, wenn es von Beamten ausgeführt wird.

II. Die hergebrachten Grundsätze des Berufsbeamtentums

690 Nach Art. 33 V GG ist das Recht des öffentlichen Dienstes (d.h. das Beamtenrecht) unter Berücksichtigung der hergebrachten Grundsätze des Berufsbeamtentums zu regeln und weiterzuentwickeln. Was unter „hergebrachte Grundsätze des Berufsbeamtentums" zu verstehen ist, beantwortet das Grundgesetz nicht. Es verwundert daher nicht, dass diese Frage in Rechtsprechung wie Literatur unterschiedlich beantwortet wird. Nach dem BVerfG werden hergebrachte Grundsätze des Berufsbeamtentums definiert als „ein Kernbestand von Strukturprinzipien, die allgemein oder doch ganz überwiegend und während eines längeren, Tradition bildenden Zeitraums, mindestens unter der Reichsverfassung von Weimar, als **verbindlich anerkannt** und **gewahrt** worden sind."[986]

691 Ausgerichtet sind die Grundsätze auf den Typus des **Lebenszeitbeamten**; die Einrichtungen des Zeitbeamten, des Teilzeitbeamten, des Wahlbeamten, des Beamten im Vorbereitungsdienst sind als solche durch § 33 V GG nicht garantiert.[987] Soweit sie allerdings einfachgesetzlich eingerichtet sind (Beispiel: Laufbahnen), kann es auch für sie spezifische hergebrachte Grundsätze des Berufsbeamtentums geben.[988]

692 Art. 33 V GG fordert die **Berücksichtigung** der hergebrachten Grundsätze des Berufsbeamtentums. Unter Anwendung der juristischen Auslegungsmethoden bedeutet das, dass sie nicht unbedingt beachtet werden müssen.[989] Dennoch hält das BVerfG einzelne hergebrachte Grundsätze für so bedeutsam, dass sie nicht nur zu berücksichtigen, sondern zu **beachten** seien.[990] In anderen Entscheidungen hält das BVerfG unter Hinweis auf die „Berücksichtigung" hingegen eine Anpassung an veränderte Umstände für zulässig.[991] Durch die Grundgesetzänderung vom 28.8.2006, durch die

---

[985] So vertreten von *W. Juncker*, Beamtenrecht, **2003**, Rn 21.
[986] Vgl. BVerfGE **70**, 69, 70; **83**, 89, 98; **106**, 225, 232.
[987] BVerfGE **44**, 249, 262 f.; **71**, 39, 60.
[988] Vgl. BVerfGE **7**, 155, 163 f.; BVerfG-K NVwZ **1994**, 473; BVerwGE **56**, 163, 164; **81**, 318, 320 ff.; vgl. auch BVerfGE **90**, 104, 110 für kommunale Wahlbeamte; BVerfG-K DVBl **1992**, 1598 für Beamte auf Widerruf im Vorbereitungsdienst.
[989] BVerfGE **3**, 58, 137; **8**, 1, 16.
[990] BVerfGE **61**, 43, 58; **62**, 374, 383; **99**, 300, 314; BVerfG-K NVwZ **1994**, 473; BVerfGE **121**, 205, 219 ff.
[991] BVerfGE **79**, 39, 63; **97**, 350, 376 f.

in Art. 33 V GG der Satzbestandteil „und fortzuentwickeln" angefügt wurde, ist diese Auffassung Verfassungsrecht geworden.

Obwohl das Grundgesetz die hergebrachten Grundsätze nicht bzw. nicht abschließend definiert, hat sich ein **Kanon** herausgebildet, der auf allgemeinen Konsens stößt. Das BVerfG hat u.a. folgende Grundsätze als hergebrachte bejaht (obwohl sich einige bereits aus dem Grundgesetz selbst ergeben): **693**

- Anstellung auf Lebenszeit; Hauptberuflichkeit
- Entlassung durch Verwaltungsakt und/oder Richterspruch
- Leistungsprinzip
- Laufbahnprinzip
- Treuepflicht
- Fürsorgepflicht
- Alimentationsprinzip
- Amtsbezeichnung

1. Anstellung auf Lebenszeit; Hauptberuflichkeit

Nach Auffassung des BVerfG ist der Beamte grundsätzlich auf **Lebenszeit** anzustellen.[992] Das gilt auch für die erstmalige Berufung in ein Führungsamt (d.h. in den höheren Dienst).[993] Sofern ein Beamtenverhältnis auf Zeit begründet wird, ist es also als Ausnahme zu sehen und bedarf einer besonderen Rechtfertigung.[994] **694**

Freilich entsprechen viele gegenwärtige gesetzliche Regelungen der Landesbeamten- bzw. Hochschulgesetze, die ein Beamtenverhältnis auf Zeit für viele Bereiche vorsehen, nicht diesem Grundsatz. Zu begrüßen ist es daher, dass das BVerfG die Regelung des § 25b LBG NRW (Vergabe von **Führungsämtern im Beamtenverhältnis auf Zeit**) für mit Art. 33 V GG unvereinbar und **nichtig** erklärt hat.

Nach § 25b LBG NRW a.F. wurden bestimmte Führungsämter (Ämter mit leitender Funktion) zunächst im Beamtenverhältnis auf Zeit vergeben. Dabei wurde das fortbestehende, jedoch ruhende Beamtenverhältnis auf Lebenszeit durch das zusätzlich begründete Beamtenverhältnis auf Zeit überlagert. Eine Verleihung des Führungsamts auf Lebenszeit war erst möglich, nachdem zwei Amtszeiten von insgesamt zehn Jahren im Beamtenverhältnis auf Zeit absolviert worden waren. Eine Verleihung auf Lebenszeit bereits nach der ersten Amtszeit war ausgeschlossen. Nach der ersten Amtszeit konnte („kann") das Amt für eine zweite Amtszeit verliehen werden. Nach Ablauf der zweiten Amtszeit sollte („soll") das Amt auf Lebenszeit verliehen werden.

Die Kläger des Ausgangsverfahrens sind im Schuldienst und in der Forstverwaltung des Landes Nordrhein-Westfalen tätige Beamte, denen ein Führungsamt im Beamtenverhältnis auf Zeit übertragen ist. Sie hatten vergeblich beantragt, ihnen das jeweilige Amt auf Lebenszeit zu übertragen. Auf ihre Revision hin legte das BVerwG[995] die Frage der Verfassungsmäßigkeit der Vergabe von Führungsämtern im Beamtenverhältnis auf Zeit dem BVerfG zur Prüfung vor (vgl. Art. 100 I GG).

Das BVerfG entschied, dass die in § 25b LBG NRW geregelte Vergabe von Ämtern mit leitender Funktion im Beamtenverhältnis auf Zeit den Kernbereich des nach Art. 33 V GG zu beachtenden Lebenszeitprinzips verletze und die Regelung daher nichtig sei. Das Lebenszeitprinzip gehöre zu den hergebrachten Strukturprinzipien des Berufsbeamtentums, die angesichts ihrer wesensprägenden Bedeutung vom Gesetzgeber nicht nur zu berück-

---

[992] BVerfGE **9**, 268, 298; **52**, 303, 354.
[993] BVerfGE **121**, 205, 219 ff.
[994] BVerfGE **121**, 205, 219 ff.
[995] BVerwG NVwZ **2008**, 318 ff.

sichtigen, sondern zu beachten seien. Das Prinzip habe die Funktion, die Unabhängigkeit der Beamten im Interesse einer rechtsstaatlichen Verwaltung zu gewährleisten. Das Bewusstsein seiner gesicherten Rechtsstellung solle die Bereitschaft des Beamten zu einer an Gesetz und Recht orientierten Amtsführung fördern und ihn zu unparteiischem Dienst für die Gesamtheit befähigen.

Die im LBG NRW vorgesehene Vergabe von Ämtern mit leitender Funktion im Beamtenverhältnis auf Zeit verletze gerade diesen Kernbereich des Lebenszeitprinzips. Der Beamte auf Zeit habe in seinem Führungsamt keine gesicherte Rechtsstellung. Über einen Zeitraum von zehn Jahren, der beim höheren Dienst in der Regel etwa ein Viertel bis ein Drittel der Lebensdienstzeit ausmache, fehle ihm die rechtliche Sicherheit, die ihm die für seine Amtsausübung erforderliche Unabhängigkeit geben soll. In der ersten Amtsperiode sei völlig ungewiss, ob er seine Position in Zukunft werde behalten können, auch wenn er den Anforderungen des Amts in vollem Umfang gerecht geworden sei. Der Beamte müsse ständig befürchten, in sein vorheriges Amt, das ihm seine Lebenszeitstellung vermittelt, zurückgesetzt zu werden, mit allen damit verbundenen Nachteilen wie einer Gehaltseinbuße, versorgungsrechtlichen Nachteilen und einem Ansehensverlust bei Kollegen, Untergebenen und in der Öffentlichkeit. Eine solche Maßnahme erlaube ansonsten nur das Disziplinarrecht, in dessen Rahmen die Zurückstufung in ein Amt mit geringerem Endgrundgehalt die zweitschärfste Sanktion nach der Entfernung aus dem Dienst darstellt.

Ausnahmen vom Lebenszeitprinzip seien nur in Bereichen zulässig, in denen die besondere Sachgesetzlichkeit und die Natur der wahrgenommenen Aufgaben eine Begründung von Beamtenverhältnissen auf Zeit erforderten, wie z.B. bei kommunalen Wahlbeamten auf Zeit oder bei politischen Beamten. Auch das Leistungsprinzip könne keine ausreichend gewichtige Rechtfertigung für die Durchbrechung des Lebenszeitprinzips begründen. Die Regelung des § 25b LBG NRW sei gerade nicht auf eine Stärkung der Leistungsfähigkeit zugeschnitten, sondern entbehre leistungsbezogener Gestaltungselemente. Eine zweite Amtszeit sei nicht an die von dem Beamten erbrachte Leistung gekoppelt. Die Entscheidung hierüber könne vielmehr auch durch leistungsfremde politische Gesichtspunkt bestimmt werden. Auch eine Sanktionierung nach abfallender Leistung werde von der Vorschrift nicht ermöglicht, da die Nichtverlängerung der Amtszeit nicht von einem durch Tatsachen belegten Leistungsabfall abhängig sei. Auch der Wettbewerb werde dadurch nicht gestärkt, da § 25b LBG NRW in ständiger Praxis so gehandhabt werde, dass bei der Vergabe des Führungsamts für eine zweite Amtszeit und bei der endgültigen Übertragung des Amts nach Ablauf beider Amtszeiten kein neues Besetzungsverfahren durchgeführt werde. Es komme daher nicht zu einer Bestenauslese.

Eine Rechtfertigung der Durchbrechung des Lebenszeitprinzips könne auch nicht in der Förderung der Mobilität und Flexibilität des Personaleinsatzes gesehen werden. Soweit der Landesgesetzgeber mit der Übertragung von Führungsämtern auf Zeit die Mobilität oder Flexibilität der Beamten zu steigern beabsichtige, bleibe unklar, inwieweit die Vergabe der Führungspositionen auf Zeit geeignet wechselnden Einsätzen der Beamten zu bewirken.

Schließlich sei auch keine Rechtfertigung der Durchbrechung des Lebenszeitprinzips in Besonderheiten der betroffenen Führungsfunktionen zu sehen. Die besonderen Gründe, die bei den hergebrachten Typen des Beamtenverhältnisses auf Zeit anerkanntermaßen Abweichungen vom Lebenszeitprinzip zulassen, seien bei den Führungsämtern, die durch eine bestimmte Besoldungsstufe oder die Stellung als Leiter einer Behörde oder Abteilung gekennzeichnet sind, gerade nicht gegeben. Allein die Hierarchieebene sei kein ausreichender Grund von der lebenszeitigen Statussicherung abzusehen. Eine andere Beurteilung sei auch nicht durch einen Vergleich mit den kommunalen Wahlbeamten auf Zeit und den politischen Beamten veranlasst. Die Führungsämter, die der nordrhein-westfälische Landesgesetzgeber für eine Vergabe auf Zeit in den Blick genommen habe, seien weder mit den Besonderheiten der Aufgaben, die von den kommunalen Wahlbeamten und den politischen Beamten wahrgenommen werden, noch mit deren Stellung im politischen Prozess vergleichbar. Der Status des politischen Beamten könne daher auch nicht auf alle in § 25b VII LBG NRW genannten Ämter übertragen werden.[996]

Nach der hier vertretenen Auffassung ist die Entscheidung des BVerfG auf die befristeten Anstellungen von **Hochschulprofessoren**, die im Fall einer Erstberufung i.d.R. nur für einen Zeitraum von 5-6 Jahren erfolgen (vgl. etwa § 16 II Nr. 4 HambHG), übertragbar. Denn ihnen fehlt in gleicher Weise die rechtliche Sicherheit, die ihnen die für ihre Amts-ausübung erforderliche Unabhängigkeit geben soll. Die betroffenen Professoren müssen ständig befürchten, nach Ablauf der Befristung nicht übernommen zu werden. Daher ist es ihnen nicht zu vedenken, wenn sie sich etwa bei Beschlüssen in den Hochschulgremien konform verhalten und nicht gegen den Willen der Hochschulleitung stimmen. Auch sonst werden sie im Zweifel auf die Freiheit von Forschung und Lehre verzichten, wenn damit eine Konfrontation mit der Hochschulleitung verbunden wäre.

Die damit verbundenen Nachteile wiegen damit sogar noch schwerer als die im vom BVerfG entschiedenen Fall. Denn nach Beendigung der befristeten Dienstzeit kommt nicht etwa eine „Rückstufung" in das vorige Amt in Betracht, sondern eine vollständige Heraus-nahme aus der Anstellung. Die versorgungsrechtlichen Nachteile sowie der Ansehens-verlust bei Kollegen und in der Öffentlichkeit sind damit ungleich höher.

Auch wird durch die Befristung der Wettbewerb nicht gestärkt, da die entsprechenden Vorschriften der Landesbeamtengesetze (vgl. etwa § 18 V BremHG i.V.m. § 165b I BremBG, § 201 II NRWBG) in ständiger Praxis so gehandhabt werden, dass bei der endgültigen Übertragung des Amts, über die nach Ablauf der Befristung entschieden wird, kein neues Besetzungsverfahren durchgeführt wird. Es kommt daher auch hier nicht zu einer Bestenauslese.

Fraglich ist auch, welche Auswirkungen das Urteil des BVerfG auf die Regelung des vom Bundestag mit Zustimmung des Bundesrates beschlossenen **Beamtenstatusgesetz** vom 17.6.2008 (dazu Rn 702 ff.) hat. Denn § 4 II b) BeamtStG sieht die befristete Übertragung eines Amtes mit leitender Funktion ebenso vor wie § 25b LBG a.F. NRW. Nach der hier vertretenen Auffassung ist mit o.g. Argumentation auch diese Regelung verfassungswidrig. Nachdem das BVerfG bereits am 28.5.2008 entschieden hatte, hätte der Bundespräsident die Ausfertigung des Gesetzes im Hinblick auf die Evidenz der Verfassungswidrigkeit verweigern müssen.

Das Beamtenverhältnis **auf Widerruf**, in dem der Beamte seine Ausbildung erfährt (dazu Rn 713 ff.), und das Beamtenverhältnis **auf Probe** (ebenfalls Rn 713 ff.) bilden dagegen nur **Vorstufen** zum Beamtenverhältnis auf Lebenszeit. Sie finden darin ihre Rechtfertigung. Das Verhältnis des **Soldaten auf Zeit** findet seine Rechtfertigung darin, dass die Streitkräfte einen hohen Bedarf an jungen Leuten haben, für die sich später keine Verwendung mehr finden lässt.

Weiterhin kennzeichnet sich das Beamtentum durch die **Hauptberuflichkeit** der Beamten aus.[997] Eine **Teilzeitbeschäftigung** soll der Hauptberuflichkeit (mit Blick auf die Möglichkeit der Anpassung der hergebrachten Grundsätze an veränderte Umstände) nicht entgegenstehen.[998] Der Grundsatz der Hauptberuflichkeit lässt auch **Einschränkungen der Nebentätigkeit** zu[999] und fordert die volle Dienst-leistungspflicht unter Einsatz der ganzen Persönlichkeit für den Dienstherrn.[1000]

---

[996] BVerfGE **121**, 205 ff.
[997] BVerfGE **9**, 268, 286. Dagegen soll nach dem BVerwG (E **82**, 196, 202 f.; **110**, 363, 366 ff.) nur die freiwillige Teilbeschäftigung zulässig sein.
[998] BVerfGE **71**, 39, 63.
[999] BVerfGE **52**, 303, 343 f.; **55**, 207, 238; BVerwGE **67**, 287, 295; **84**, 299, 301.
[1000] BVerfGE **16**, 94, 116; **76**, 256, 316; BVerwG DVBl **1992**, 101.

2. Entlassung durch Verwaltungsakt und/oder Richterspruch

695 Das Beamtenverhältnis auf Lebenszeit kann nur unter den gesetzlich geregelten Voraussetzungen und Formen beendet werden (vgl. §§ 30 ff. BBG bzw. §§ 21 ff. BeamtStG[1001] i.V.m. dem Landesrecht[1002]). Die Entlassung bedarf – obwohl sie kraft Gesetzes erfolgt – der Feststellung durch einen **Verwaltungsakt**[1003] (vgl. § 23 BeamtStG). Hat der Beamte ein schweres Dienstvergehen begangen, ist er disziplinarrechtlich durch Urteil des Verwaltungsgerichts aus dem Dienst zu entfernen (§ 30 Nr. 3 BBG, § 5 I Nr. 5 BDG i.V.m. §§ 10, 34 BDG – vgl. Rn 834). Schließlich kann er die Beamtenrechte durch Strafurteil verlieren (§ 41 BBG – vgl. Rn 833). Eine Ausnahme zu dem Richtervorbehalt bildet die Versetzung des politischen Beamten in den **einstweiligen Ruhestand** (vgl. § 54 I BBG bzw. § 30 I BeamtStG). Sie rechtfertigt sich aus der parlamentarischen Verantwortung des Mitglieds der Landesregierung, der der politische Beamte zugeordnet ist (Rn 719, 733 und 835).

3. Leistungsprinzip

696 Das Leistungsprinzip geht unmittelbar aus der Verfassung hervor. Art. 33 II GG gewährleistet – als grundrechtsgleiches Recht – jedem Deutschen nach Eignung, Befähigung und fachlicher Leistung **gleichen Zugang** zu jedem öffentlichen Amt[1004] (Rn 756 ff.), somit auch zu jedem Beförderungsamt[1005] (Rn 779 ff.). Damit strebt das Leistungsprinzip nicht nur die Verwirklichung des allgemeinen **Gleichheitssatzes im öffentlichen Dienst** an, sondern bringt auch das Interesse der Allgemeinheit zum Ausdruck, möglichst qualifizierte Bewerber in die öffentlichen Ämter zu berufen (Prinzip der **Bestenauslese**, vgl. Rn 756 ff.).[1006] Daher wäre z.B. die automatische **Bevorzugung einer Frau** bei der Auswahlentscheidung **verfassungswidrig**. Etwas anderes gilt nach der Rspr. bei (gesicherter) gleicher Eignung. Sehen die Landesgleichstellungsgesetze vor, dass Frauen bei gleicher Eignung begünstigt werden können, soll dies verfassungsgemäß sein. Das ist zwar nicht mit Art. 33 II GG vereinbar, weil das Geschlecht nichts mit den dort genannten Kriterien *Eignung*, *Befähigung* und *Leistung* zu tun haben kann, allerdings behilft sich die Rspr. mit einem Rückgriff auf Art. 3 II S. 2 GG, wonach der Staat auf die Beseitigung bestehender Nachteile hinwirkt.[1007] Vgl. dazu Rn 761 und 795.

4. Laufbahnprinzip

697 Das Laufbahnprinzip fasst in formalisierter Form alle diejenigen Ämter im status- oder besoldungsrechtlichen Sinne zu Laufbahnen zusammen, die eine gleiche Vor- und Ausbildung erfordern. Einfachgesetzlich ist das Laufbahnprinzip auf Bundesebene in §§ 16 ff. BBG konkretisiert.

> **Beispiel:** Wer über einen Realschulabschluss verfügt, dem steht regelmäßig die Laufbahn des mittleren Dienstes offen (§ 17 III BBG). Wer über ein abgeschlossenes Hoch-

---

[1001] Zu beachten ist, dass durch die Föderalismusreform 2006 die Gesetzgebungskompetenz des Bundes für die Rahmengesetzgebung (Art. 75 GG a.F.) gestrichen worden; vgl. dazu Rn 702 f.

[1002] **BW**: §§ 40 ff. BG; **Bay**: Art. 55 ff. BG; **Berl**: §§ 33 f. BG; **Brand**: §§ 32 ff. BG; **Brem**: §§ 35 ff. BG; **Hamb**: §§ 30 ff. BG; **Hess**: §§ 39 ff. BG; **MV**: §§ 30 ff. BG; **Nds**: §§ 30 ff. BG; **NRW**: §§ 27 f. BG; **RhlPfl**: §§ 38 ff. BG; **Saar**: §§ 44 ff. BG; **SachsAnh**: §§ 28 ff. BG; **Sachs**: §§ 39 ff. BG; **SchlHolst**: §§ 30 ff. BG; **Thür**: §§ 36 ff. BG.

[1003] Verwaltungsakte, die sich inhaltlich auf die Aussage des Gesetzestextes beschränken, werden als deklaratorische (feststellende) Verwaltungsakte bezeichnet, vgl. dazu *R. Schmidt*, AllgVerwR, Rn 354 f.

[1004] BVerwGE **56**, 146, 163; **61**, 325, 330; **64**, 367, 379 f.; **71**, 255, 268; BAGE **87**, 171, 173 f. Das gilt auch für Lehrbeauftragte (BVerwGE **81**, 212, 215).

[1005] BVerwGE **76**, 243, 251; BAGE **87**, 165, 169.

[1006] BVerfGE **56**, 146, 163; BVerwGE **86**, 244, 249.

[1007] Vgl. BVerwGE **86**, 244, 249 f.; BVerwG NVwZ-RR **1990**, 489 f.; DVBl **1994**, 118, 119.

schulstudium und einen Vorbereitungsdienst (Referendariat) verfügt, kann sich für den höheren Dienst bewerben (§ 17 V BBG). Zu beachten ist, dass auf Landesebene die klassische Laufbahneinteilung *einfacher, mittlerer, gehobener* und *höherer Dienst* teilweise durch ein Zwei-Stufen-Modell ersetzt worden ist, wonach zwischen Laufbahngruppe 1 (einfacher und mittlerer Dienst) und Laufbahngruppe 2 (gehobener und höherer Dienst) unterschieden wird (vgl. etwa § 14 HambBG). Vgl. dazu näher Rn 779, 784 und 801.

5. Treuepflicht

Die (politische) Treuepflicht des Beamten gegenüber seinem Dienstherrn ist nicht nur ein hergebrachter Grundsatz des Beamtentums, sondern auch im Grundgesetz fest verschrieben (Art. 33 IV GG). Speziell die **politische Treuepflicht** verpflichtet den Beamten, sich durch sein gesamtes Verhalten zu der freiheitlichen demokratischen Grundordnung zu bekennen und für deren Erhaltung einzutreten; sie bedeutet die **Identifizierung mit der Verfassung**, nicht mit der Regierung, und gilt für jedes Beamtenverhältnis.[1008] Dabei fällt auf, dass selbst der Universitätslehrer, dem Art. 5 III S. 2 GG Freiheit in Forschung und Lehre verbürgt, in der Lehre ausdrücklich an die Treue zur Verfassung gebunden bleibt. Konkretisiert wird die politische Treuepflicht durch die beamtenrechtlichen **politischen Mäßigungsgebote** (vgl. dazu Rn 730, 734 und 753). Die Verpflichtung soll gleichermaßen das dienstliche und außerdienstliche Verhalten betreffen.[1009] Verletzt wird die politische Treuepflicht durch Aktivitäten für **verfassungsfeindliche** Parteien und **extremistische** Gruppierungen.[1010] Zwar soll die Mitgliedschaft als solche noch nicht zwingend auf die Verletzung der politischen Treuepflicht schließen lassen, doch meint das BVerwG, dass sie ein wesentliches Beurteilungselement sei[1011], das mit weiteren Einzelumständen berücksichtigt werden müsse[1012], wie z.B. die Innehabung von Vorstandsämtern und Kandidaturen bei allgemeinen Wahlen.[1013] Bei der Begründung eines Beamtenverhältnisses muss die künftige Erfüllung der politischen Treuepflicht gewährleistet sein; berechtigte Zweifel sollen für eine Ablehnung ausreichend sein.[1014] Bei Beamten führen Verletzungen der politischen Treuepflicht je nach Status zum Widerruf[1015], zur Entlassung[1016] oder zur Entfernung aus dem Dienst[1017]. Zur politischen Treuepflicht vgl. ebenfalls Rn 730, 734 und 753.

698

6. Fürsorgepflicht

Das Korrelat zu dem hergebrachten Grundsatz der Treuepflicht bildet die **Fürsorgepflicht des Dienstherrn**. Sie verpflichtet den Dienstherrn, den Beamten entsprechend seiner Eignung und Leistung zu fördern, bei seinen Entscheidungen die wohlverstandenen Interessen des Beamten in gebührender Weise zu berücksichtigen und einen Mindeststandard an ordentlicher und fairer Gestaltung des verwaltungsmäßigen Vorgehens zu gewährleisten[1018] Sie gebietet, den Beamten gegenüber unberechtigten Anwürfen in Schutz zu nehmen, und verbietet, ihn durch Kritik an seiner Amtsführung

699

[1008] BVerfGE **39**, 334, 347 f.
[1009] BVerwGE **73**, 263, 284; **76**, 157, 161; **83**, 158, 161; BVerwG NJW **1987**, 2691.
[1010] BVerwGE **61**, 176, 192; **62**, 267, 270.
[1011] BVerwGE **73**, 263, 281.
[1012] BVerwGE **61**, 200, 202 f.
[1013] BVerwGE **76**, 157, 161; **83**, 158, 174; BVerwG NJW **1987**, 2691.
[1014] BVerwGE **61**, 176, 179 ff.; BGHZ **73**, 46, 51.
[1015] BVerwGE **62**, 267, 270.
[1016] BVerwGE **61**, 200, 201.
[1017] BVerwGE **73**, 263, 286; **76**, 157, 171; **86**, 99, 124.
[1018] BVerfGE **43**, 154, 165 f.

gegenüber Dritten ohne rechtfertigenden Grund bloßzustellen.[1019] Die Fürsorgepflicht wirkt über die Beendigung des Beamtenverhältnisses hinaus[1020], hindert den Dienstherrn aber nicht, überzahlte Dienst- und Versorgungsbezüge in Höhe des Bruttobetrags zurückzuverlangen[1021] oder die Ansprüche eines bei einem Dienstunfall verletzten Beamten auf die gegen den eigenen Dienstherrn gegebenen Ansprüche auf Unfallfürsorge zu begrenzen[1022].

Die Fürsorgepflicht verlangt vom Dienstherrn **ergänzende Hilfeleistung**, wenn konkrete Krankheits-, Geburts- oder Todesfälle die amtsangemessene Alimentation verhindern.[1023] Für den Umfang und die Art und Weise der **Beihilfe** im Einzelnen hat der Gesetzgeber einen Gestaltungsspielraum.[1024]

7. Alimentationsprinzip

700   Das Alimentationsprinzip verpflichtet als hergebrachter Grundsatz den Dienstherrn, dem Beamten (auch dem Ruhestandsbeamten) und dessen Familie **amtsangemessenen Unterhalt** zu leisten.[1025] Der vom Dienstherrn zu leistende Lebensunterhalt richtet sich daher nach der **Höhe des Amtes** im statusrechtlichen Sinne, nach dem **Familienstand** und den **allgemeinen wirtschaftlichen Verhältnissen**, aber auch nach der **Bedeutung des Berufsbeamtentums für die Allgemeinheit**. Dabei bildet die Alimentation **nicht die Gegenleistung für tatsächlich geleistete Dienste**, sondern ist Ausgleich dafür, dass sich der Beamte mit seiner vollen Arbeitskraft, ja mit seiner gesamten Persönlichkeit dem Dienstherrn zu widmen hat, wenn auch grundsätzlich unter Begrenzung auf die Arbeitszeit.

An diesem Kriterium zeigt sich noch einmal das antiquierte Verständnis von der Legitimation des Berufsbeamtentums. Das Prinzip der (von der W-Besoldung einmal abgesehen) leistungsunabhängigen Besoldung hat in einer modernen Demokratie nichts zu suchen und kommt einer Veruntreuung von Steuergeldern gleich. Auch mit der genannten Legitimation, dass sich die Alimentation dadurch rechtfertige, dass sich der Beamte mit voller Arbeitskraft, ja mit seiner gesamten Persönlichkeit dem Dienstherrn zu widmen habe, ist es nicht weit her. Das zeigen die zahlreichen Nebentätigkeiten vieler Beamte, die wohl kaum ausgeübt werden könnten, wenn sich der betreffende Beamte mit „voller Arbeitskraft" dem Dienstherrn widmete.

Adressat der Alimentationsverpflichtung ist der **Besoldungs- und Versorgungsgesetzgeber**, dem bei der Festlegung der Besoldung und Versorgung aber ein weiter Ermessensspielraum zukommt. Bei der Höhe der Bezüge darf er auch berücksichtigen, dass dem Beamten auch eine **Beihilfe** zugute kommt (s.o.).[1026]

8. Amtsbezeichnung

701   Schließlich ist ein hergebrachter Grundsatz, dass dem Beamten eine angemessene Amtsbezeichnung zukommt.[1027] Sie muss Befähigung und Bedeutung des Amtes widerspiegeln. Hierzu gehört, dass sie das Amt in der **Hierarchie des Ämtergefü-**

[1019] BVerwGE **99**, 56, 59.
[1020] BVerfGE **19**, 76, 85.
[1021] BVerfGE **46**, 97, 117.
[1022] BVerfGE **85**, 176, 184 f.
[1023] BVerfGE **83**, 89, 100 ff.; **106**, 225, 232; BVerwGE **71**, 342, 346.
[1024] BVerwGE **89**, 207, 209 f.; **112**, 308, 310 f.; BVerwG NJW **2002**, 2045, 2046.
[1025] BVerfGE **8**, 1, 16 f.
[1026] BVerfGE **58**, 68, 78.
[1027] BVerfGE **64**, 323, 351.

ges erkennen lässt.[1028] Dies wiegt umso schwerer, als sich in der Rangordnung eines Amtes das Leistungsprinzip widerspiegelt.

III. Gesetzgebungskompetenzen und Rechtsquellen

Die Regelung der Rechtsverhältnisse der Beamten folgt den allgemeinen Bestimmungen des Grundgesetzes über die Gesetzgebungskompetenzen. Danach sind die Länder zuständig, wenn das Grundgesetz nichts anderes bestimmt oder zulässt (vgl. Art. 30, 70 I GG). Um daher eine Bundeszuständigkeit annehmen zu können, bedarf es einer Kompetenznorm im Grundgesetz, die diese Zuständigkeit begründet. Das sind in erster Linie die Art. 71 bis 74 GG. Gem. **Art. 73 I Nr. 8 GG** besitzt der Bund die **ausschließliche Gesetzgebung** über die Rechtsverhältnisse seiner Beamten und der Beamten der bundesunmittelbaren Körperschaften des öffentlichen Rechts. Das verwundert nicht, da nicht ersichtlich ist, wer sonst außer dem Bund die Rechtsverhältnisse der Bundesbeamten regeln sollte. Die genannte Zuständigkeit ist eine allumfassende. Sie gilt für das allgemeine Beamtenrecht in gleicher Weise wie für das Besoldungs-, Disziplinar- und Personalvertretungsrecht. Der Bund hat von dieser Kompetenz insbesondere mit dem Erlass des Bundesbeamtengesetzes (**BBG**) und des Bundesdisziplinargesetzes (**BDG**) Gebrauch gemacht.

Daneben hatte der Bund im Jahre 1971 auch von seiner **konkurrierenden Gesetzgebungszuständigkeit** hinsichtlich der **Besoldung und Versorgung** der Beamten der Länder, der Gemeinden und der sonstigen der Aufsicht des Landes unterstehenden Körperschaften, Anstalten und Stiftungen des öffentlichen Rechts (**Art. 74a GG**) Gebrauch gemacht. Auf diese Kompetenz hat er das Bundesbesoldungsgesetz (**BBesG**) und das Beamtenversogungsgesetz (**BeamtenVG**) gestützt. Jedoch ist diese Kompetenz im Zuge der Föderalismusreform 2006 aufgehoben worden. Nunmehr gilt Art. 74 Nr. 27 GG (dazu sogleich).

So kann der Bund für seine Beamten entsprechende Neuregelungen auf Art. 73 I Nr. 8 GG stützen, da sich der Begriff „Rechtsverhältnisse" auch auf Besoldung und Versorgung erstrecken lässt. Etwas anderes gilt seit der Föderalismusreform für die Gesetzgebung in Bezug auf die Landes- und Kommunalbeamten. Zum einen können die Länder gem. Art. 125a I S. 2 GG abweichende Regelungen zu den bisherigen Bundesgesetzen, die sich auf Art. 74a GG a.F. stützten, erlassen, und zum anderen ist das Recht der Laufbahnen, Besoldung und Versorgung der Landes- und Kommunalbeamten nunmehr ausschließlich Ländersache, wie sich aus Art. 74 I Nr. 27 GG n.F. ergibt.

Auch das Recht des Bundes, **Rahmenvorschriften** für die Gesetzgebung der Länder über die Rechtsverhältnisse der Landes-, Gemeinde- und sonstigen Körperschaftsbeamten zu erlassen (**Art. 75 I Nr. 1 GG**), ist im Zuge der Föderalismusreform 2006 aufgehoben worden. Von dieser Kompetenz hatte der Bund mit dem Erlass des Beamtenrechtsrahmengesetzes (**BRRG**) Gebrauch gemacht. Auch hier gilt Art. 125a I S. 1 und S. 2 GG, wonach das BRRG so lange fortgilt, bis die Länder eigene Gesetze erlassen bzw. bis es durch die Statusgesetzgebung des Bundes ersetzt wird. Am 17.6.2008 ist ein Beamtenstatusgesetz (**BeamtStG**) beschlossen worden (BGBl I, S. 1010 ff.), welches sich auf **Art. 74 I Nr. 27 GG** n.F. stützt und im Wesentlichen am 1.4.2009 in Kraft trat. Die für das juristische Studium wohl wichtigste Vorschrift ist **§ 54 BeamtStG**, die im Wesentlichen **§ 126 BRRG** entspricht.

Gemäß § 62 III S. 2 BeamtStG bleibt das Kapitel II des BRRG (und damit § 126 BRRG) in Kraft und es stellt sich die Frage nach dem Konkurrenzverhältnis zwischen § 126 BRRG einerseits und § 54 BeamtStG/§ 126 BBG andererseits. Die vermeintliche Unklarheit wird

702

703

[1028] BVerfGE **62**, 374, 384 f.

jedoch beseitigt, wenn man den Regelungsbereich des Art. 125a I S. 2 GG berücksichtigt: Da mittlerweile alle Länder neue Beamtengesetze erlassen haben, wurden die Restbereiche des BRRG damit durch Landesrecht ersetzt. Kapitel II des BRRG (und damit § 126 BRRG) ist damit obsolet, auch wenn es formal (d.h. in der offiziellen Gesetzesfassung, BGBl I 2009, S. 160, 263) noch nicht aufgehoben wurde.

B. Das beamtenrechtliche Rechtsverhältnis

704 Nach § 4 BBG bzw. § 3 I BeamtStG steht der Beamte zu seinem Dienstherrn, einer juristischen Person des öffentlichen Rechts, in einem öffentlich-rechtlichen Dienst- und Treueverhältnis. Der Beamte ist i.d.R. **Deutscher** i.S.d. Art 116 GG oder ein Staatsbürger eines **EU-Mitgliedstaates** (§ 7 I Nr. 1 BBG bzw. § 7 I Nr. 1 BeamtStG, Art. 45 AEUV). Bewerber aus Mitgliedstaaten der EU dürfen aber nicht zu Beamten ernannt werden, „wenn die Aufgaben es erfordern" (vgl. § 7 II BBG bzw. § 7 II BeamtStG, Art. 45 IV AEUV). Dies ist jedoch nur in Ausnahmefällen anzunehmen. Dienstherr kann nur eine juristische Person des öffentlichen Rechts, also eine Körperschaft, Anstalt oder Stiftung des öffentlichen Rechts sein[1029], niemals eine natürliche Person.

I. Kategorien des Beamtenbegriffs

1. Beamter im staats-, haftungs- und strafrechtlichen Sinn

705 Zunächst können Beamte danach unterschieden werden, welchen Rechtsgebieten welche Beamtenbegriffe zugrunde liegen: Unterschieden werden ein staatsrechtlicher, ein haftungsrechtlicher und ein strafrechtlicher Beamtenbegriff. Der **staatsrechtliche Beamtenbegriff** erfasst den Beamten, wie er verfassungsrechtlich in Art. 33 IV, V GG und einfachgesetzlich in § 2 BBG bzw. § 2 BeamtStG i.V.m. den Beamtengesetzen der Länder angesprochen wird. Beamter im staatsrechtlichen Sinn ist, wer in einem öffentlich-rechtlichen Dienst- und Treueverhältnis zu seinem Dienstherrn (Bund, Länder, Gemeinden oder sonstige Körperschaften, Anstalten und Stiftungen des öffentlichen Rechts) steht, d.h. gem. § 10 I, II BBG bzw. § 8 I, II BeamtStG zum Beamten ernannt worden ist. **Beamter im haftungsrechtlichen Sinn** ist derjenige, für den Art. 34 S. 1 GG die Überleitung der bürgerlich-rechtlichen Beamtenhaftung (§ 839 BGB) vorschreibt. Das sind nicht nur die Beamten im staatsrechtlichen Sinn, sondern auch Richter, Angestellte und Arbeiter, die ein öffentliches Amt ausüben. Der Grund hierfür besteht darin, dass Art. 34 S. 1 GG von „Jemand" spricht, der in Ausübung eines öffentlichen Amtes eine Amtspflicht verletzt. Maßgeblich ist also die Betrauung mit einer Funktion, nicht die formale Dienststellung im staatsrechtlichen Sinn. Zuletzt sei der **Beamte im strafrechtlichen Sinn** genannt. Dieser ist in § 11 I Nrn. 2-4 StGB legaldefiniert („Amtsträger").

[1029] Zu den juristischen Personen des öffentlichen Rechts vgl. ausführlich *R. Schmidt*, AllgVerwR, Rn 82 ff.; *ders.*, Staatsorganisationsrecht, Rn 48 ff.

2. Bundesbeamte, Landesbeamte, Gemeindebeamte

Innerhalb des Personenkreises, der dem staatsrechtlichen Beamtenbegriff unterfällt, **706** sind kategorische Differenzierungen nach dem jeweiligen Dienstherrn geboten. So lassen sich **Bundesbeamte, Landesbeamte** und **Gemeindebeamte** voneinander unterscheiden. Nach dieser Unterscheidung bemisst sich die Anwendbarkeit der Beamtengesetze: Das BBG, das BBesG, das BDG und das BeamtVG sind nur auf Bundesbeamte anwendbar. Je nachdem, ob der Verband Bund selbst Dienstherr ist oder ob die Dienstherrenfunktion von bundesunmittelbaren Körperschaften, Anstalten und Stiftungen des öffentlichen Rechts ausgeübt wird, spricht man von *unmittelbaren* bzw. *mittelbaren* Bundesbeamten. Entsprechendes gilt für die Landesbeamten. Auch hier ist zwischen unmittelbaren und mittelbaren Beamten zu unterscheiden. Auf Landes- und Kommunalbeamte anwendbar sind das BeamtStG und die Beamtengesetze der Länder. Auf kommunaler Ebene sind zusätzlich die Gemeindeverfassungen zu beachten. Zum Behördenaufbau und zur Verwaltungshierarchie vgl. ausführlich *R. Schmidt*, AllgVerwR, Rn 66 ff.

> **Beispiele für Bundesbeamte:**
> **(1)** Ein Ministerialdirigent im Außenministerium (= oberste Bundesbehörde) ist ein unmittelbarer Bundesbeamter, vgl. § 2 BBG.
> **(2)** Ein Amtmann der Bundesrechtsanwaltskammer (= Personalkörperschaft des öffentlichen Rechts) ist ein mittelbarer Bundesbeamter, vgl. § 2 BBG.
>
> **Beispiele für Landesbeamte:**
> **(1)** Ein Oberregierungsrat eines Gymnasiums ist ein unmittelbarer Landesbeamter, weil das Gymnasium eine rechtlich unselbstständige Anstalt des öffentlichen Rechts und Dienstherr die übergeordnete Verwaltungseinheit, das Land, ist.
> **(2)** Ein Hochschullehrer (hier: Professor einer staatlichen Universität) könnte ein mittelbarer Landesbeamter sein, weil (wie i.d.R.) die Universität eine rechtsfähige Körperschaft des öffentlichen Rechts ist (vgl. Art 5 III GG, § 58 HRG). Gleichwohl ist Dienstherr das Land, weil auch der Universität die Dienstherrenfähigkeit fehlt (vgl. § 2 BeamtStG). Der Professor ist damit unmittelbarer Landesbeamter.
>
> **Beispiel für kommunale Wahlbeamte:** Landrat eines Landkreises.

3. Beamte auf Lebenszeit und Beamte auf Zeit

Des Weiteren sind Beamte auf **Lebenszeit** und Beamte **auf Zeit** voneinander zu **707** unterscheiden. Das Beamtenverhältnis **auf Lebenszeit** bildet den **Regeltyp** (§ 11 I BBG bzw. § 10 BeamtStG) und entspricht dem bei Rn 690 dargestellten hergebrachten und zu beachtenden Grundsatz des Berufsbeamtentums. Daher stellen die anderen Arten des Beamtenverhältnisses eine Ausnahme dar und bedürfen einer **sachlichen Rechtfertigung**. Diese Rechtfertigung ergibt sich für das Beamtenverhältnis auf Probe, grundsätzlich aber auch für das Beamtenverhältnis auf Widerruf als ein Ausbildungsdienstverhältnis daraus, dass beide darauf angelegt sind, zum Beamtenverhältnis auf Lebenszeit zu erstarken. Die Legitimation für das Beamtenverhältnis auf Zeit soll sich vor allem durch die weit reichende Selbstverwaltung im Kommunal- und Hochschulbereich ergeben. Dass diese Regelung nicht dem Postulat des BVerfG einer grds. lebenslangen Anstellung[1030] entspricht, wurde bereits bei Rn 694 erläutert.

[1030] BVerfGE **9**, 268, 298; **52**, 303, 354; **121**, 205, 219 ff.

708 Das Beamtenverhältnis auf Lebenszeit ist durch folgende Merkmale gekennzeichnet:

- Der umfassenden Dienstleistungspflicht steht die auf Lebenszeit angelegte **Alimentationspflicht** des Dienstherrn gegenüber.

- Demgegenüber entstehen **Ruhegehaltsansprüche** erst nach Erfüllung einer **fünfjährigen** Dienstzeit als Beamter (§ 4 I S. 1 Nr. 1 BeamtVG).

- Jeder Beamte auf Lebenszeit bekleidet begriffsnotwendig ein **Amt im statusrechtlichen Sinne,** ausgewiesen durch Laufbahnzugehörigkeit, Endgrundgehalt und Amtsbezeichnung.

- Dem Beamten auf Lebenszeit kann sein Status gegen seinen Willen **nur durch Richterspruch** entzogen werden. Dies entspricht seinerseits einem hergebrachten und zu beachtenden Grundsatz des Berufsbeamtentums (Rn 695 und 833 f.).

- Die Berufung in ein Beamtenverhältnis auf Lebenszeit setzt das Vorliegen der Voraussetzungen des § 7 BBG bzw. § 7 BeamtStG sowie die Bewährung in einer **Probezeit** voraus (§ 11 I BBG bzw. § 10 BeamtStG; vgl. dazu Rn 713).

709 Die Anstellung auf Lebenszeit bedeutet freilich nicht, dass der Beamte bis zu seinem Tod im Dienst wäre. Vielmehr endet auch das Beamtenverhältnis auf Lebenszeit mit dem **Eintritt in den Ruhestand**, im Allgemeinen wegen **Erreichens der Altersgrenze**. Zur Versetzung des politischen Beamten in den einstweiligen Ruhestand vgl. Rn 695, 719, 733 und 810.

710 Ist das Beamtenverhältnis nur für eine bestimmte Dauer vorgesehen, spricht man von einem **Beamten auf Zeit** (§ 6 II BBG bzw. § 6 BeamtStG). Der Beamte auf Zeit gehört jedoch **keiner Laufbahn** an und er hat **keine Probezeit** zu leisten. Für die Rechtsverhältnisse der Beamten auf Zeit gelten die Vorschriften für Beamte auf Lebenszeit entsprechend, soweit nicht durch Bundes- oder Landesrecht etwas anderes bestimmt wird (§ 6 II S. 2 BBG bzw. § 6 BeamtStG); vgl. auch Rn 694.

711 Ferner sehen die Beamtengesetze vor, dass ein **Amt mit leitender Funktion** zunächst im Beamtenverhältnis auf Probe (Bund: § 24 I S. 1 BBG) bzw. Zeit (Länder: § 4 IIa) BeamtStG) übertragen wird. Die Landesgesetzgeber haben durchweg von dieser Möglichkeit Gebrauch gemacht. Danach finden sich Beamte auf Zeit vornehmlich im Kommunalbereich, etwa als kommunale Wahlbeamte wie Bürgermeister, hauptamtlicher Beigeordneter oder Landrat, aber auch im Universitätsbereich, etwa als Universitätspräsident, Kanzler, Hochschuldozenten, wissenschaftlicher Assistent oder Oberassistent. Selbst für Professoren ermöglichen die Hochschulgesetze nicht selten ein Beamtenverhältnis auf Zeit, jedenfalls, sofern es sich um eine Erstberufung handelt. Zur Frage nach der Verfassungsmäßigkeit dieser Regelungen vgl. Rn 694.

712 Die rechtlichen Einzelheiten (Entlassung, Übernahme in ein Beamtenverhältnis auf Lebenszeit etc.) sind den Beamtengesetzen zu entnehmen.

4. Beamte auf Probe und auf Widerruf

713 Auch ist die Unterscheidung zwischen Beamten auf **Probe** und Beamten auf **Widerruf** relevant. Beide Kategorien befinden sich im Vorfeld der eigentlichen Ernennung. Der Beamte auf **Probe** wird zunächst „probeweise" in das Beamtenverhältnis berufen, um sich auf die Ernennung zum Berufsbeamten vorzubereiten und um sich zu bewähren (§ 6 III BBG bzw. § 4 III BeamtStG). Solche Probezeiten sind laufbahnrechtlich vorgegeben und befristet. Die Probezeit darf höchstens fünf Jahre betragen (§ 11 II S. 1 BBG, § 10 S. 1 BeamtStG); danach ist das Beamtenverhältnis in eines auf Lebenszeit umzuwandeln, sofern der Beamte die hierfür erforderlichen beamtenrechtlichen Voraussetzungen erfüllt (§ 11 II S. 1 BBG bzw. § 10 S. 1 BeamtStG). Für Ämter mit leitender Funktion ist das Probebeamtenverhältnis seit der Dienstrechtsreform 1997 jedenfalls auf Bundesebene obligatorisch (vgl. § 24 I S. 1 BBG). Regelmäßig werden diese Ämter auf zwei Jahre vergeben. Bewährt sich der Beamte auf Probe, soll das Führungsamt auf Dauer weiter übertragen werden. Bei erfolgreichem Abschluss der Probezeit besteht sogar ein Anspruch auf Übertragung des Führungsamtes auf Lebenszeit; anderenfalls fällt der Beamte in seinen früheren Status zurück.[1031] Die Regelung soll falsche Prognosen bei der Vergabe von Führungspositionen vermeiden und so letztlich den Vorgaben des Leistungsprinzips (Art. 33 II GG) gerecht werden.[1032]

Während des Beamtenverhältnisses auf Probe führen die Beamten gem. § 9 I BLV als Dienstbezeichnung die Amtsbezeichnung des Eingangsamtes ihrer Laufbahn mit dem Zusatz „zur Anstellung" („z.A."). Beispiel: „Regierungsrat z.A."

Der Beamte wird auf **Widerruf** ernannt, wenn er aufgrund besonderer Vorschriften einen **Vorbereitungsdienst** zu absolvieren hat oder nur **nebenbei oder vorübergehend** für eine hoheitliche Tätigkeit verwendet werden soll (§ 6 IV BBG bzw. § 4 IV BeamtStG, § 11 S. 1 BLV). **714**

> **Beispiele:** Teilweise sind Referendare im Justiz- oder Schuldienst Beamte auf Widerruf. Zwar sind die Berufe des Juristen und des Lehrers nicht staatlich gebunden, allerdings sind die Endphasen beider Ausbildungen staatlich monopolisiert.

In der Praxis dient das Beamtenverhältnis auf Widerruf nahezu ausschließlich der Ableistung des Vorbereitungsdienstes (**Ausbildungsdienstverhältnis**), vgl. § 6 IV Nr. 1 BBG bzw. § 4 IVa BeamtStG, § 11 S. 1 BLV. Einen Vorbereitungsdienst im Beamtenverhältnis auf Widerruf hat der sog. **Regellaufbahnbewerber** zu durchlaufen. Beamte besonderer Fachrichtungen sind zwar auch Laufbahnbewerber, sie erwerben ihre Befähigung aber nicht durch Vorbereitungsdienst und Laufbahnprüfung, sondern durch andere Befähigungsvoraussetzungen, vor allem aufgrund eines Hochschulstudiums und mehrjähriger hauptberuflicher Tätigkeit. Entsprechendes gilt für Aufstiegsbeamte, wobei die Einführungszeit dem Vorbereitungsdienst entspricht oder ihm zumindest ähneln sollte. **715**

> **Beispiel:** Polizeiobermeister P ist seit 8 Jahren Beamter des mittleren Dienstes. Nunmehr strebt er die Kommissarslaufbahn und damit den gehobenen Dienst an. Da Voraussetzung für den gehobenen Dienst das erfolgreiche Studium an einer Fachhochschule ist (vgl. § 17 IV BBG), wird P an die Fachhochschule für öffentliche Verwaltung (FHöV) entsandt, um dort ein Studium zum Bachelor of Arts zu absolvieren.
>
> Durch die Absolvierung des Fachhochschulstudiums, das einem Vorbereitungsdienst gleich kommt, wird das bestehende Beamtenverhältnis auf Lebenszeit nicht etwa in ein Beamtenverhältnis auf Widerruf umgewandelt. Kann P also das Studium nicht erfolgreich abschließen, wird er – anders als ein Einsteiger, der zunächst als Beamter auf Widerruf eingestellt wird (vgl. dazu das nächste Beispiel) – nicht etwa entlassen, sondern er kehrt in den mittleren Dienst zurück.

Die Rechtsstellung des Beamten auf Widerruf ist, vom Ehrenbeamten (§§ 6 V, 133 BBG bzw. § 5 BeamtStG) abgesehen, die schwächste: Er kann aus jedem **sachlichen Grund** entlassen werden, allerdings soll dem Beamten auf Widerruf im Vorbereitungsdienst nach Möglichkeit Gelegenheit zur Ablegung der Laufbahnprüfung gege- **716**

[1031] *Kunig*, in: Schmidt-Aßmann, BesVerwR, 6. Abschnitt, Rn 64.
[1032] Vgl. dazu VG Lüneburg NJW **2001**, 767 ff.

ben werden (§ 37 I, II BBG bzw. § 22 IV BeamtStG). Dies gilt vor allem dann, wenn der Vorbereitungsdienst in einer **allgemeinen Ausbildungsstätte** i.S.d. Art. 12 I GG absolviert wird, nämlich in einer Ausbildungsstätte für einen Beruf außerhalb des öffentlichen Dienstes (z.B. als Lehrer oder Förster). Es besteht aber in keinem Fall (auch nicht bei erfolgreichem Abschluss des Vorbereitungsdienstes) ein Anspruch auf Übernahme in ein Beamtenverhältnis auf Lebenszeit. Es mag zwar betriebswirtschaftlich fraglich erscheinen, warum der Staat junge Beamtenanwärter ausbildet und sie später nicht übernimmt, aber betriebswirtschaftliches Denken ist nicht oberstes Ziel der öffentlichen Hand. Ein Anspruch auf Übernahme kann sich lediglich aus einer **Zusicherung** i.S.v. § 38 I VwVfG ergeben.[1033]

> **Beispiel:** A hat vor kurzem das Abitur gemacht und möchte in den gehobenen Polizeivollzugsdienst des Landes L. Nach erfolgreicher Bewerbung ist er neben 149 weiteren Anwärtern zum Beamten auf Widerruf ernannt und zwecks Ableistung des Vorbereitungsdienstes an die FHöV entsandt worden. Bereits bei der Anstellung zu Beamten auf Widerruf wurde allen Anwärtern vom Innenminister mündlich versichert, dass diejenigen, die das Studium an der FHöV erfolgreich abschlössen, in ein Beamtenverhältnis auf Lebenszeit berufen würden. Anders als in anderen Bundesländern bilde man in L bedarfsorientiert aus und könne so eine Garantie für die spätere Übernahme geben. Nachdem sich aber 4 Monate vor Abschluss des Studiums die Finanzlage des Bundeslandes drastisch verschlechtert hat, verfügt die Landesregierung, dass (1) in den nächsten beiden Jahren keine neuen Beamtenanwärter mehr eingestellt, und (2) auch von den gegenwärtig im Studium befindlichen Beamtenanwärtern nur 2/3 derjenigen, die erfolgreich das Studium absolvieren, vom Land übernommen werden. Ausschlaggebend sei die Abschlussnote.
>
> A kann zwar sein Studium beenden, gehört aber leider zu denjenigen, die nicht übernommen werden. Er erhebt Verpflichtungsklage mit dem Ziel der Übernahme in ein Beamtenverhältnis, weil er seinerzeit auf die Zusage des Innenministers vertraut und einen anderen Ausbildungsplatz abgesagt habe.
>
> Die Klage ist erfolgreich, wenn der geltend gemachte Anspruch besteht. Dies wiederum setzt eine **Anspruchsgrundlage** voraus. Grundsätzlich besteht kein Anspruch auf Übernahme in ein Beamtenverhältnis. Etwas anderes wäre auch schon mit dem Leistungsprinzip aus Art. 33 II GG nicht vereinbar. Allerdings ist allgemein anerkannt, dass ein Anspruch aus einer **Zusicherung** nach § 38 I VwVfG begründet werden kann. Unabhängig von der Frage, ob § 38 I VwVfG auch auf beamtenrechtliche Zusagen anwendbar ist, liegt vorliegend schon keine Schriftform vor, die aber Wirksamkeitserfordernis für eine Zusicherung nach § 38 I VwVfG ist. Eine analoge Anwendung des § 38 I VwVfG kommt bei fehlender Schriftform keinesfalls in Betracht, weil anderenfalls der Schutzzweck des Schriftformerfordernisses (Übereilungsschutz, Rechtssicherheit etc.) unterlaufen würde. A kann seinen Anspruch also nicht aus § 38 I VwVfG herleiten.
>
> Zu denken wäre damit nur noch an einen Anspruch aus dem **Grundsatz des Vertrauensschutzes**. Ausgangspunkt dieses Grundsatzes ist, dass die Verfassung vom Staat, der rückwirkend belastende Regelungen schafft, die Einhaltung rechtsstaatlicher Anforderungen in Form von **Rechtssicherheit** und **Vertrauensschutz** für den einzelnen Bürger verlangt. Derjenige, der aufgrund einer staatlichen Regelung bestimmte Dispositionen getroffen hat, soll darauf vertrauen dürfen, dass diese Dispositionen nicht aufgrund einer neuen Regelung rückwirkend wieder in Frage gestellt werden. Allerdings kann es das Rückwirkungsverbot und den Vertrauensschutz nicht um jeden Preis geben. Es ist stets eine **Abwägung** mit anderen wichtigen Verfassungsgütern

---

[1033] Eine Zusicherung ist zwar für die Besoldung und die Versorgung ausgeschlossen, nicht aber für die Einstellung (vgl. BVerwGE **106**, 129, 133).

vorzunehmen.[1034] Rechtsprechung und Literatur sind allerdings sehr zurückhaltend bei der Gewährung von Vertrauensschutz. Auf der einen Seite sei es zwar verständlich, dass sich der Bürger auf staatliche Regelungen verlassen möchte, um für seine Person bestimmte Dispositionen treffen zu können. Auf der anderen Seite müsse es dem Staat aber ermöglicht sein, die Rechtslage an geänderte Gegebenheiten anzupassen.[1035] Voraussetzung für die Annahme eines Vertrauensschutzes außerhalb der Rückwirkung von Gesetzen[1036] sei jedenfalls, dass der Betroffene

⇨ auf den Fortbestand einer gesetzlichen Regelung *tatsächlich vertraue*,

⇨ aufgrund seines tatsächlichen Vertrauens bereits *bestimmte Dispositionen getroffen* habe und

⇨ sein Vertrauen im konkreten Fall bei einer Abwägung mit den öffentlichen Belangen auch *schutzwürdig* sei[1037]: Die Schwere des Vertrauensschadens sei in Abwägung zu bringen mit dem Gewicht der öffentlichen Belange, die dem Gesetz zugrunde lägen. Dabei gelte, dass der Bürger **grundsätzlich nicht auf den Fortbestand einer für ihn günstigen Rechtslage vertrauen könne**. Allerdings könnten **Übergangsregelungen** und **Ausnahmetatbestände** erforderlich sein, um den Eingriff abzumildern.

Vorliegend hat A auf die Zusage des Innenministers, dass alle Beamtenanwärter bei erfolgreichem Studium übernommen würden, vertraut. Er hat auch bestimmte Dispositionen getroffen, nämlich einen anderen Ausbildungsplatz abgesagt. Fraglich ist lediglich, ob sein Vertrauen auch schutzwürdig ist. Nach dem zu oben Gesagten konnte er grundsätzlich nicht darauf vertrauen, nach erfolgreichem Studium übernommen zu werden. Auf der anderen Seite ist nicht erkennbar, dass das erklärte Ziel der Landesregierung, die Zahlungsunfähigkeit des Landes abzuwenden, durch die Übernahme des dritten Drittels gefährdet würde. Vielmehr wäre eine Übergangsregelung bzw. eine Ausnahmeregelung dergestalt erforderlich gewesen, dass die Neuregelung erst für künftig einzustellende Beamtenanwärter gelten solle (a.A. vertretbar und würde vermutlich auch vom Verwaltungsgericht vertreten).

Ergebnis: Nach der hier vertretenen Auffassung hat die Landesregierung den Grundsatz des Vertrauensschutzes missachtet. Sie ist daher verpflichtet, A in den gehobenen Polizeivollzugsdienst zu übernehmen. Die Klage des A ist begründet.

717 Das Beamtenverhältnis auf Widerruf endet mit bestandener oder endgültig nicht bestandener Laufbahnprüfung, nämlich mit Bekanntgabe des Prüfungsergebnisses. Dies gilt selbst dann, wenn der durchgefallene Anwärter die Prüfungsentscheidung gerichtlich erfolgreich angreift. Der Verordnungsgeber knüpft nämlich an den **tatsächlichen Vorgang der Ablegung der Prüfung** an, ohne dass es auf den rechtlichen Bestand der Prüfungsentscheidung ankäme. Die Aufhebung der Prüfungsentscheidung führt daher nicht zu einem rückwirkenden Wiederaufleben des Beamtenverhältnisses auf Widerruf.

718 Schließlich erhalten Beamte auf Widerruf im Vorbereitungsdienst keine Dienstbezüge, sondern **Anwärterbezüge**. Eine Versetzung in den Ruhestand ist ausgeschlossen. Das Alimentationsprinzip gilt nicht.

[1034] Vgl. BVerfGE **45**, 142, 167; **72**, 175, 196; **88**, 384, 403; BVerfG NVwZ **2002**, 1101; BVerfG NZA **2001**, 687, 688; *Pleyer*, NJW **2001**, 1985; *Fischer*, JuS **2001**, 861.
[1035] Vgl. dazu *Ossenbühl*, Staatshaftungsrecht, §§ 48 ff.
[1036] Vgl. dazu ausführlich *R. Schmidt*, Staatsorganisationsrecht, Rn 281 ff.
[1037] Vgl. auch *Degenhart*, Staatsorganisationsrecht, Rn 380.

5. Politischer Beamter

719 Schließlich ist auf den Begriff des **politischen Beamten** hinzuweisen. Politische Beamte sind Beamte auf Lebenszeit, die bei der Ausübung ihres Amtes in fortdauernder Übereinstimmung mit den grundsätzlichen politischen Ansichten und Zielen ihres Dienstherrn, der Exekutivspitze (Regierung) stehen müssen. Zum Begriff des politischen Beamten und dazu, welche Beamte unter den Begriff fallen, vgl. § 54 I BBG bzw. § 30 I BeamtStG. Politische Beamte können jederzeit unter Wahrung der politischen Ausrichtung und Ziele des Dienstherrn nach dessen Ermessen und ohne Angabe von Gründen in den **einstweiligen Ruhestand** versetzt werden. Das hat den Hintergrund, dass z.B. ein Minister seinem Staatssekretär, oder die Regierung den Beamten des höheren Dienstes des Verfassungsschutzes oder des Bundesnachrichtendienstes usw. in besonderem Maße vertrauen können muss (sog. Erhaltung politischer Entscheidungsautonomie im Personalbereich).[1038] Die damit verbundenen Rechtsfragen werden bei Rn 835 erläutert.

II. Bedeutungen des Begriffs „Amt"

720 Wird dem Beamten im staatsrechtlichen Sinne (vgl. dazu Rn 705) von seinem Dienstherrn ein Amt übertragen, bezeichnet der Begriff „Amt" den Aufgabenbereich des Beamten. Dabei werden dreierlei Bedeutungen dieses Begriffs unterschieden:

- Das **Amt im statusrechtlichen Sinne** (auch: statusrechtliches Amt) bezeichnet die Rechtsstellung des Beamten, die sich durch Amtsbezeichnung, Laufbahngruppe und Endgrundgehalt auszeichnet.

  Beispiel: Ein Ministerialrat bei einer obersten Bundesbehörde hat die Amtsbezeichnung Ministerialrat, befindet sich in der Laufbahngruppe des höheren Dienstes und bezieht ein Endgrundgehalt nach der Besoldungsgruppe A 16 (vgl. § 20 II BBesG i.V.m. Anlagen I, IV).

- Das **Amt im abstrakt-funktionalen Sinne** (auch: abstrakt-funktionales Amt) bezeichnet den allgemeinen Aufgabenkreis des Beamten bei einer bestimmten Behörde.

  Beispiel: Ist der oben genannte Ministerialrat bspw. im Bundesministerium der Justiz tätig, stellt seine dortige Tätigkeit das Amt im abstrakt-funktionalen Sinne dar.

- Das **Amt im konkret-funktionalen Sinne** (auch: konkret-funktionales Amt) bezeichnet den konkreten Aufgabenbereich des Beamten, welcher ihm aufgrund der behördeninternen Aufgaben- / Geschäftsverteilung übertragen ist.

  Beispiel: Ist der Ministerialrat bspw. im Referat Mietrecht (oder Strafrecht AT oder BT usw.) tätig, stellt dieser ihm zugewiesene Aufgabenbereich das Amt im konkret-funktionalen Sinne dar.

III. Ablehnung des Sonderrechtsverhältnisses

1. Frühere Annahme eines Sonderrechtsverhältnisses

721 Im Anschluss an die konstitutionelle Staats- und Verwaltungsrechtslehre des ausgehenden 19. Jahrhunderts wurde insbesondere von *Otto Mayer*[1039] die Lehre vom

---

[1038] Zum Begriff des höheren Dienstes vgl. § 23 I Nr. 4 BBesG und §§ 14, 21 BLV. Danach beginnt der höhere Dienst mit der Besoldungsgruppe A 13. Wer zu dieser Besoldungsgruppe zählt, ist in der Anlage I zum BBesG aufgelistet.
[1039] Vgl. *Otto Mayer*, Deutsches Verwaltungsrecht, I. Bd., 3. Aufl. 1924, S. 101 f.

Sonderrechtsverhältnis[1040] entwickelt. Nach dieser Lehre bestand eine enge Beziehung zwischen dem Staat und solchen Bürgern, die aufgrund von Soldaten-, Beamten-, Strafgefangenen-, Schul- oder sonstigen Anstaltsverhältnissen in einem Unterordnungsverhältnis zum Staat standen. Entsprechend den Vorstellungen der Begründer dieser Lehre wurde der in einem Sonderrechtsverhältnis stehende Bürger gleichsam in den Verwaltungsbereich einbezogen mit der Folge, dass die Grundrechte und der Gesetzesvorbehalt – die nur das allgemeine Bürger-Staat-Verhältnis bestimmen – nicht zur Geltung kamen. Es blieb der Verwaltung überlassen, die Beziehungen innerhalb dieser Verhältnisse durch Verwaltungsvorschriften (bzw. Anstaltsordnungen) zu regeln. Eine gesetzliche Rechtsgrundlage war dementsprechend auch bei Eingriffen in die Rechte der im Sonderrechtsverhältnis stehenden Bürger nicht erforderlich. Diese Lehre galt lange Zeit unangefochten, und wurde sogar noch nach Inkrafttreten des Grundgesetzes vertreten. Eine Absage wurde ihr erst mit der Strafgefangenenentscheidung des BVerfG[1041] erteilt. Das besondere Gewaltverhältnis als rechtfertigende Grundlage für Eingriffe in die Rechtssphäre der Betroffenen wird seitdem abgelehnt.[1042] Greift also ein Träger öffentlicher Gewalt in die (Grund-)Rechtssphäre eines Beamten, Richters, Soldaten, Schülers oder Strafgefangenen ein, bedarf er dazu einer gesetzlichen Rechtsgrundlage. Zu klären gilt demnach nur noch, unter welchen Voraussetzungen ein Grundrechtseingriff anzunehmen und wie der Rechtsschutz ausgestaltet ist. Speziell im Beamtenrecht wurde nach der Lehre von *Ule*[1043] formal zwischen *Betriebsverhältnis* und *Grundverhältnis* unterschieden:

a. Betriebsverhältnis

Nach der Lehre von *Ule* beschreibt das Betriebsverhältnis rein innerbetriebliche und innerorganisatorische Abläufe. Hier könne eine Maßnahme den Beamten nur als Funktionsmitglied der Organisation betreffen, nicht als Bürger außerhalb der Verwaltung. Daher sei eine Verletzung von persönlichen Rechten ausgeschlossen. Es komme zur **Injustiziabilität** solcher Maßnahmen.

722

b. Grundverhältnis

Die genannte Lehre anerkennt aber auch, dass der Beamte auch Bürger ist. Anordnungen, die über den innerdienstlichen Bereich hinausgingen, sich sozusagen auf das allgemeine Staat-Bürger-Verhältnis bezögen, wirkten nach außen und beeinträchtigten dadurch den Beamten in seinen persönlichen Rechten. Dies sei anzunehmen, wenn das Sonderrechtsverhältnis **begründet**, **beendet** oder **wesentlich berührt** werde (etwa bei Ernennung, Entlassung oder Versetzung eines Beamten). Mit der Bejahung der Außenwirkung gehe auch die Möglichkeit des Rechtsschutzes einher (die allgemeine Leistungsklage war zurzeit der Begründung dieser Lehre noch nicht anerkannt). Umfassender gerichtlicher Rechtsschutz sei dann über eine **Anfechtungs- oder Verpflichtungsklage** gewährleistet.

723

2. Heutige Lösung

Die Unterscheidung zwischen Betriebsverhältnis und Grundverhältnis war wesentlich durch Rechtsschutzgesichtspunkte bestimmt. Denn der Weg zu den Verwaltungsge-

724

[1040] Das Sonderrechtsverhältnis wird auch als **Sonderstatusverhältnis**, verwaltungsrechtliches Sonderverhältnis, personales Kontaktverhältnis und neuerdings auch als „besonderes Verwaltungsrechtsverhältnis" oder als „Einordnungsverhältnis" bezeichnet.
[1041] BVerfGE **33**, 1 ff.; vgl. auch BVerfGE **41**, 251 ff. und zuletzt BVerfG NJW **2006**, 2093 ff.
[1042] So VG Lüneburg NJW **2001**, 767 ff. mit Bespr. von *Böckenförde*, NJW **2001**, 723 ff. Vgl. auch BVerwG NJW **2002**, 3344 ff.
[1043] *Ule*, Das besondere Gewaltverhältnis, in: VVDStRL 15, 133 ff.; 151 ff.

richten war nur durch die Annahme einer Außenrechtsbeziehung und somit eines Verwaltungsakts[1044] eröffnet (die allgemeine Leistungsklage als Rechtsschutzmittel gegenüber schlicht hoheitlichem Handeln, wozu auch Maßnahmen des Betriebsverhältnisses zählen, war – wie bereits ausgeführt – damals noch nicht anerkannt). Sollte also eine Maßnahme justiziabel sein, kam man nicht umhin, sie als Verwaltungsakt zu qualifizieren. Als sich dann später die Erkenntnis durchsetzte, dass auch schlicht hoheitliches Handeln justiziabel sein müsse, und dies zur Anerkennung der allgemeinen Leistungsklage führte, wurde die Unterscheidung zwischen Betriebsverhältnis und Grundverhältnis fraglich. Die Lehre von *Ule* wird daher überwiegend als überholt angesehen.[1045] Vielmehr wird heute ausschließlich danach gefragt, ob eine bestimmte Maßnahme (unabhängig von ihrer Rechtsnatur) den Beamten in seinen **persönlichen Rechten beeinträchtigt**.[1046] Nur wenn das der Fall sei, stehe dem Betroffenen der Rechtsweg offen.

3. Bewertung

725 Die Unterscheidung zwischen Betriebsverhältnis und Grundverhältnis könnte im Hinblick auf die heutige Anerkennung der allgemeinen Leistungsklage in der Tat nicht mehr erforderlich sein. Gleichwohl bestehen zwischen in die persönliche Rechtssphäre des Beamten eingreifende innerdienstliche Maßnahmen und Maßnahmen mit Außenwirkung nicht nur Unterschiede in Bezug auf die statthafte Klageart (Anfechtungsklage/Verpflichtungsklage oder allgemeine Leistungsklage/Feststellungsklage[1047]), sondern es bestehen oftmals auch unterschiedliche Anforderungen an die Rechtsgrundlage. So können in persönliche Rechte des Beamten eingreifenden innerdienstlichen Maßnahmen durchweg auf bestimmte beamtenrechtliche Pflichten (etwa die Gesunderhaltungspflicht, Pflicht zur politischen Mäßigung und Zurückhaltung) oder Blankettvorschriften (etwa § 62 I S. 2 BBG oder § 35 S. 2 BeamtStG – beamtenrechtliche Gehorsamspflicht) gestützt werden. Diese Pflichten bzw. Blankettvorschriften können aber nicht ohne weiteres als Rechtsgrundlagen für belastende Maßnahmen im Außenrechtsverhältnis herangezogen werden. Daher kommt der Unterscheidung zwischen Betriebsverhältnis und Grundverhältnis doch (noch) eine gewisse Bedeutung zu. Vgl. dazu im Einzelnen auch die nachfolgenden Beispiele.

4. Fallgruppen

Es lassen sich folgende Fallgruppen bilden:

726 ▪ **Innerdienstliche Maßnahmen** *ohne* **Beeinträchtigung persönlicher Rechte:** Nach der heute herrschenden Auffassung haben dienstliche Anweisungen, die die Erledigung einer Amtshandlung zum Gegenstand haben und den Beamten *ausschließlich in seiner Eigenschaft als Amtsträger und Glied der Verwaltung* treffen, keine rechtsbeein-

---

[1044] Zur Qualifikation einer behördlichen Maßnahme als innerdienstliche Weisung oder als Verwaltungsakt vgl. *R. Schmidt*, AllgVerwR, Rn 430 ff.

[1045] Vgl. nur BVerwGE **125**, 85 ff.; OVG Bautzen NVwZ **2006**, 715 ff.; BVerwGE **60**, 144, 146 f.; *Maurer*, AllgVerwR, § 9 Rn 27-29; *Peine*, AllgVerwR, § 7 Rn 126; *Bull*, AllgVerwR, Rn 276 ff.; *Kopp/Schenke*, VwGO, Anh § 42 Rn 67 ff.; *Böckenförde*, NJW **2001**, 723 ff

[1046] So z.B. BVerfG NVwZ **2003**, 200; BVerwGE **125**, 85 ff.; VGH München NVwZ **2000**, 222 f.; OVG Koblenz NVwZ-RR **2000**, 371; VG Lüneburg NJW **2001**, 767 ff.; *Battis*, NJW **2001**, 1101, 1106.

[1047] Eine Unterscheidung wäre aber auch hier letztlich bedeutungslos, sofern auch vor Erhebung einer allgemeinen Leistungsklage oder Feststellungsklage gem. § 126 III Nr. 1 BRRG bzw. § 126 II BBG bzw. § 54 II BeamtStG ein Widerspruchsverfahren durchzuführen und somit auf jeden Fall die Monatsfrist des § 74 I VwGO einzuhalten ist (für die Anwendung des § 74 I VwGO auch auf allgemeine Leistungsklagen und Feststellungsklagen aus dem Beamtenverhältnis vgl. *Kopp/Schenke*, VwGO, § 74 Rn 1 und *Rennert*, in: Eyermann, VwGO, § 68 Rn 6). Lediglich wenn man die Auffassung vertritt, dass für Leistungs- und Feststellungswidersprüche die Monatsfrist des § 70 VwGO nicht gelte, können sich Unterschiede mit Blick auf die Zulässigkeit des Rechtsbehelfs ergeben.

trächtigende Wirkung und keine Außenwirkung.[1048] Hier ist zwar die allgemeine Leistungsklage (bzw. subsidiär die Feststellungsklage) statthaft, diese scheitert i.d.R. aber bereits an der Klagebefugnis bzw. am Feststellungsinteresse, zumindest aber an der Begründetheit.

Beispiele:

(1) Beamter A wird von Behördenleiter L angewiesen, den Bauantrag des X abzulehnen. Diese Anweisung stützt sich auf die § 35 S. 2 BeamtStG entsprechende Regelung des Landesbeamtengesetzes, die das Recht des Vorgesetzten impliziert, den ihm unterstellten Beamten Anweisungen für die Erledigung der Arbeit zu erteilen. Bei einer derartigen Anweisung handelt es sich trotz der mit ihr verbundenen Regelung um eine rein innerdienstliche Weisung. A wird ausschließlich in seiner Eigenschaft als Amtswalter betroffen. Eine Beeinträchtigung persönlicher Rechte ist daher nicht denkbar. Nach der heute herrschenden Auffassung könnte A zwar eine allgemeine Leistungsklage erheben, diese Klage würde aber an der Klagebefugnis scheitern. Zu keinem anderen materiell-rechtlichen Ergebnis käme man, wenn man der Lehre von *Ule* folgte. Denn danach würde die vorliegende Anordnung des L nicht das Grundverhältnis berühren, was die Injustiziabilität der vorliegenden Anordnung zur Folge hätte.

Davon zu unterscheiden ist zum einen das Recht des X, Verpflichtungsklage gegen die Ablehnung des Bauantrags zu erheben, und zum anderen das Recht des A zur **Remonstration**: Sollte der „angewiesene" Beamte A die Anweisung für rechtswidrig halten und ihr nicht folgen mögen, stehen ihm beamtenrechtliche Mittel zum Schutz zur Verfügung, vgl. dazu Rn 737 und 814.

(2) Beamtin B wird von ihrem Dienstvorgesetzten angewiesen, die neuen Rechtschreibregeln anzuwenden. Hier ist die Rechtsbetroffenheit fraglich. Es könnte angenommen werden, dass B nicht nur in ihrer Verwaltungstätigkeit, sondern auch in ihrem allgemeinen Persönlichkeitsrecht aus Art. 2 I GG betroffen ist, da sie sich von den hergebrachten Rechtschreibregeln lösen muss.[1049] Dann stünde B außerhalb des Verwaltungsbereichs und die Anordnung wäre als Eingriff in die persönliche Rechtssphäre zu qualifizieren. Dem ist allerdings entgegenzuhalten, dass die dienstliche Anweisung sich nicht auf den privaten Bereich der B erstrecken kann. Dort ist B in ihrem Handeln völlig frei. Daher kann B nicht in ihrem Persönlichkeitsrecht aus Art. 2 I GG betroffen sein. Es liegt nur eine innerdienstliche Weisung vor, und dies auch ohne persönliche Rechtsbeeinträchtigung.[1050] Eine von B erhobene **allgemeine Leistungsklage** in Form der Abwehr- bzw. Unterlassungsklage bzw. eine **Feststellungsklage** würde daher bereits an der Klagebefugnis scheitern. B muss eine Änderung der Schreibweise im Rahmen ihres Amtes im statusrechtlichen und abstrakt-funktionalen Sinn hinnehmen. Nach der Lehre von *Ule* käme es zur generellen Injustiziabilität dieser Anweisung, da auch hier das Grundverhältnis nicht berührt wird. Zum Remonstrationsrecht vgl. Rn 737 und 814.

- **Innerdienstliche Maßnahmen *mit möglicher* Beeinträchtigung persönlicher Rechte (Einzelfallbetrachtung):** Des Weiteren sind Maßnahmen denkbar, die zwar keine Außenwirkung entfalten, dennoch eine rechtsbeeinträchtigende Wirkung zeigen können. Das betrifft zunächst die gesetzlich nicht geregelte **Umsetzung**. Eine Umsetzung liegt vor, wenn dem Beamten ein anderer Aufgabenbereich innerhalb derselben Behörde zugewiesen wird. Sie betrifft also allein das konkret-funktionale Amt (den

727

[1048] Vgl. nur VG Wiesbaden NVwZ-RR **2007**, 528 (mit Bespr. v. *Waldhoff*, JuS **2008**, 168): Entzug der Dienstwaffe eines Polizisten ist kein Verwaltungsakt und beeinträchtigt auch keine persönlichen Rechte.
[1049] Zur Verfassungsmäßigkeit der Rechtschreibreform vgl. BVerfGE **98**, 218. Nach BVerwG NJW **1999**, 3503 stellen die Schulgesetze eine ausreichende Grundlage für die Einführung der Rechtschreibreform dar. Einer besonderen gesetzlichen Grundlage bedürfe es, wie das BVerfG a.a.O. entschieden habe, nicht.
[1050] Vgl. dazu BVerwG NVwZ **2002**, 610

Dienstposten) und lässt das abstrakt-funktionale Amt unberührt (vgl. Rn 720). Gleichwohl muss der Arbeitsplatz nicht notwendig am selben Ort sein.

Beispiel 1: Dem Dezernatsleiter L, der eine Planstelle der Besoldungsgruppe A 16 innehat, wird die Leitung eines anderen Dezernats in derselben Behörde, der ebenfalls eine Planstelle der Besoldungsgruppe A 16 zugewiesen ist, übertragen.

Früher wurde die Umsetzung zumindest im Grundsatz als verwaltungsinterner Akt qualifiziert. Um dem betroffenen Beamten aber eine Rechtsschutzmöglichkeit zu eröffnen, wurde die Umsetzung dann als Verwaltungsakt qualifiziert, wenn sie den Beamten *auch* als „eine dem Dienstherrn mit selbstständigen Rechten gegenüberstehende Rechtsperson betraf"[1051]. Die Qualifizierung der Umsetzung als Verwaltungsakt ist heute aufgrund der bereits beschriebenen Anerkennung der allgemeinen Leistungsklage zur Eröffnung einer Rechtsschutzmöglichkeit nicht mehr erforderlich. Darüber hinaus ist gem. § 126 II BBG, § 54 II S. 1 BeamtStG) stets ein Widerspruchsverfahren durchzuführen, also gleichgültig, ob man in der Umsetzung einen Verwaltungsakt oder eine innerdienstliche Maßnahme ohne Außenwirkung sieht.[1052] Schließlich ist bei einer anschließenden Klage (infolge des stets durchzuführenden Widerspruchsverfahrens) stets die Klagefrist des § 74 I VwGO einzuhalten. Daher ist der Weg frei für eine unbefangene Einordnung. Wenn man berücksichtigt, dass die Umsetzung bestimmungsgemäß den Beamten in seiner Eigenschaft als Amtswalter, also als Teil der Verwaltungsorganisation und nicht als Privatperson berührt, sollte man sie als **innerdienstliche Weisung** qualifizieren.[1053] Sollte die Umsetzung den Beamten in seinen persönlichen Rechten beeinträchtigen, kann er (nach erfolglos durchgeführtem Widerspruchsverfahren und Einhaltung der Klagefrist) eine allgemeine Leistungsklage mit dem Ziel der Rückgängigmachung der Umsetzung erheben.[1054] Das ist z.B. der Fall, wenn dem Beamten ein anderer Aufgabenbereich zugewiesen wird, der sich **nicht** mehr als **amtsangemessen** darstellt oder sich **diskriminierend** für den Beamten auswirkt.[1055] Das Gleiche gilt, wenn besondere Schutzbedürfnisse des Beamten aus dem von Art. 6 I GG geschützten Bereich von Ehe und Familie oder auch die mit einem Wechsel des Dienstortes verbundenen Belastungen einer besonderen Berücksichtigung bedürfen.[1056] Vgl. dazu Rn 808 ff.

Beispiel 2[1057]: P ist Bundespolizeibeamter. Bisher trug er sein schulterlanges Haar in Form eines Pferdeschwanzes („Lagerfeld-Zopf"). Nachdem jedoch der Bundesinnenminister als oberste Dienstbehörde Bestimmungen über das Erscheinungsbild der Bundespolizei und das Tragen der Uniform erlassen hat, erteilt der unmittelbare Dienstvorgesetzte des P, D, diesem die Einzelanweisung, der Haar- und Barttracht nachzukommen und die Haare zu kürzen. P sieht darin einen Verstoß gegen Art. 2 I GG (allgemeine Handlungsfreiheit) sowie gegen Art. 2 II S. 1 GG (körperliche Unversehrtheit) und erhebt nach erfolglos durchgeführtem Widerspruchsverfahren Klage.

Welche Klageart statthaft ist, richtet sich nach dem Klagebegehren, welches sich wiederum an der Rechtsnatur der angegriffenen Maßnahme orientiert. Handelt es sich bei der Weisung des D um einen den P belastenden Verwaltungsakt, ist die Anfechtungsklage statthaft. Fehlt es an einem der den Verwaltungsakt kennzeichnenden Merkmale, sind die allgemeine Leistungsklage bzw. die allgemeine Feststellungsklage statthaft.

[1051] Vgl. BVerwGE **14**, 84; so auch noch OVG Lüneburg DÖV **1981**, 107.

[1052] Auf Landesebene ist die Gegenausnahme zu beachten, dass ein Landesgesetz das Vorverfahren ausschließen kann, § 54 II S. 3 BeamtStG.

[1053] Für die Qualifikation einer Umsetzung als Maßnahme ohne Außenwirkung auch VGH München NVwZ **2000**, 222, 223.

[1054] Zur Rückgängigmachung einer fehlerhaften Umsetzung vgl. BVerwGE **75**, 138 (dem Beamten muss zunächst der frühere Dienstposten wieder eingeräumt werden, was jedoch nicht ausschließt, dass er anschließend erneut – diesmal rechtsfehlerfrei – umgesetzt wird).

[1055] Vgl. dazu BVerfG NVwZ **2008**, 547, 548 (mit Bespr. v. *Muckel*, JA **2008**, 829); BVerwGE **60**, 144 ff.; **89**, 199 ff.; OVG Hamburg NVwZ-RR **2005**, 125 f.

[1056] BVerfG NVwZ **2008**, 547, 548.

[1057] Vgl. BVerwGE **125**, 85 ff.; OVG Bautzen NVwZ **2006**, 715 ff.

Zweifel an dem Vorliegen eines Verwaltungsakts knüpfen vorliegend allein an das in § 35 S. 1 VwVfG genannte Merkmal „nach außen gerichtet" an. Denn D ging es unter Berufung auf die (innerdienstliche) Weisung des Innenministers offenbar um die Funktionsfähigkeit des Amtes, und nicht um das Grundverhältnis des betroffenen Beamten zu seinem Dienstherrn. Andererseits ist die tatsächliche Belastung des P im Außenrechtsverhältnis offenkundig, denn der Haarschnitt beeinflusst zwangsläufig die private Lebensführung.

Das BVerwG hat entschieden, dass es bei der Frage nach der Außenwirkung allein auf den Willen der Behörde ankomme. Daher handele es sich bei Maßnahmen, die Beamten ein bestimmtes Erscheinungsbild im Dienst vorschreiben, auch dann nicht um Verwaltungsakte, wenn sie – wie Vorgaben über die Gestaltung der Haar- und Barttracht – in der privaten, und damit subjektiven Lebenssphäre fortwirkten. Denn ihr Regelungszweck bestehe darin, die Modalitäten der Dienstausübung festzulegen.[1058]

Demnach ist die Anordnung des D gegenüber P, dieser habe die Bestimmungen des Innenministers hinsichtlich der Haar- und Barttracht einzuhalten, kein Verwaltungsakt, sondern ein schlicht-hoheitliches Handeln (also ein Realakt). Insbesondere hat die grundrechtsbeeinträchtigende Wirkung einer Maßnahme keinen Einfluss auf die Frage, ob ein Verwaltungsakt vorliegt.[1059]

Als problematisch erweisen sich auch **Alkoholverbote** und Anordnungen, sich **stationär behandeln zu lassen**.

728

Beispiel[1060]: Dienstherr D verbietet dem alkoholkranken Beamten C das Führen von Dienstfahrzeugen und ordnet ein absolutes Alkoholverbot an sowie die Aufnahme einer stationären Entzugsbehandlung. Hier ist bezüglich des Verbots des Führens von Dienstfahrzeugen eindeutig von einer innerdienstlichen Weisung ohne persönliche Rechtsbeeinträchtigung auszugehen. Fraglich ist, ob etwas anderes im Hinblick auf das absolute Alkoholverbot und die Aufnahme einer stationären Entzugsbehandlung gilt. Das wäre jedenfalls dann der Fall, wenn es sich bei diesen Maßnahmen um belastende Verwaltungsakte handeln würde. *Für* die Annahme, bei den o.g. Maßnahmen handele es sich um belastende Verwaltungsakte, spricht der Umstand, dass D mit ihnen ein bestimmtes Verhalten nicht nur während der Dienstzeit reglementieren wollte, sondern auch in Konkretisierung der allgemeinen Beamtenpflichten (hier: Gesunderhaltungspflicht) im dienstlichen Interesse eine Anordnung getroffen hat, die dem C eine erheblich in seine private Lebensführung einschneidende Maßnahme rechtsverbindlich aufgibt. Gleichwohl kann mit diesem Effekt noch nicht notwendigerweise auf das Vorliegen von Verwaltungsakten geschlossen werden. Insbesondere ist (wie die bisherigen Ausführungen gezeigt haben) die Beeinträchtigung persönlicher Rechte nicht von dem Vorliegen eines Verwaltungsakts abhängig. Bei der Frage, ob im zu untersuchenden Fall eine Außenwirkung (und somit jeweils ein Verwaltungsakt) vorliegt, ist auf den objektivierten Willen des Dienstherrn abzustellen, da die Maßnahme gem. § 35 S. 1 VwVfG ihrem „objektiven Sinngehalt" nach auf Außenwirkung *gerichtet* sein muss. In einem durchaus vergleichbaren Fall, bei dem es um die Zumutbarkeit einer Operation zur Wiederherstellung der Dienstfähigkeit ging, hat das BVerwG die entsprechende Aufforderung des Dienstherrn hierzu als (inner-)dienstliche Weisung unter ausdrücklichem Hinweis auf die allgemeine Dienstleistungs- und Gehorsamspflicht nach § 58 S. 2 NWBG (entspricht

---

[1058] BVerwGE **125**, 85 ff.

[1059] Im Originalfall war der Rechtsbehelf sogar begründet, weil sich nach Auffassung des BVerwG ein gesellschaftlicher Wandel vollzogen hat und die Gestaltung der Haare keine Rückschlüsse auf die gesellschaftliche Haltung des betroffenen Beamten zulasse. Es sei rechtsfehlerhaft, wenn der Dienstherr lange Haare als inkorrekt und unseriös bewerte (BVerwGE **125**, 85 ff.). Die Entscheidung des BVerwG überrascht insofern, als das Gericht ansonsten eher konservativ entscheidet. Inwieweit das Urteil Auswirkungen auf die Haar- und Barttracht bei der Bundeswehr ausübt, bei der das BVerwG genau entgegengesetzt argumentiert hat, bleibt vorerst abzuwarten.

[1060] Nach VGH München NVwZ **2000**, 222 f.

§ 35 S. 2 BeamtStG) angesehen. Bei Maßnahmen zur Durchsetzung der allgemeinen Gehorsamspflicht ginge es dem Dienstherrn nicht um einen Eingriff in die persönliche Rechtsstellung des betroffenen Beamten, sondern ausschließlich um die Wahrung dienstlicher Interessen.[1061] Überträgt man diese Rechtsprechung auf den vorliegenden Fall, muss man die fraglichen Maßnahmen ebenfalls als dienstliche Maßnahmen qualifizieren.

C könnte daher (nach erfolgloser Durchführung des Widerspruchsverfahrens, vgl. § 126 II BBG bzw. § 54 II S. 1 BeamtStG) eine allgemeine Leistungsklage (in Form der Unterlassungsklage/Abwehrklage) erheben, und wäre auch klagebefugt, da zumindest eine Beeinträchtigung seines allgemeinen Persönlichkeitsrechts (Art. 2 I GG) und seines Rechts auf körperliche Unversehrtheit (Art. 2 II S. 1 GG) nicht ausgeschlossen werden könnte. Bei der Begründetheit der Klage müsste gerade wegen des Eingriffs in persönliche Rechte zunächst nach einer Rechtsgrundlage für die fragliche Maßnahme gefragt werden. Eine solche ist vorliegend in § 62 I S. 2 BBG bzw. § 35 S. 2 BeamtStG (bzw. in den entsprechenden Vorschriften der Landesbeamtengesetze) zu sehen. Die Begründetheit der Klage würde weiterhin davon abhängen, ob man der Dienstleistungs- bzw. Gehorsamspflicht ein stärkeres Gewicht beimisst als dem Rechtseingriff, der mit dem absoluten Alkoholverbot und der Aufnahme einer stationären Entzugsbehandlung verbunden wäre. Das BVerwG a.a.O. hat entschieden, dass aus der Dienstleistungs- und Gehorsamspflicht des Beamten durchaus eine Pflicht folgen kann, sich zur Wiederherstellung der vollen Dienstfähigkeit einer zumutbaren Heilbehandlung einschließlich eines operativen Eingriffs zu unterziehen.

729

> **Hinweis für die Fallbearbeitung:** Hätte man das absolute Alkoholverbot und die Aufforderung der Aufnahme einer stationären Entzugsbehandlung als Verwaltungsakte qualifiziert, wäre eine spezielle Befugnisnorm erforderlich gewesen (die allgemeine Dienstleistungs- und Gehorsamspflicht genügt für Maßnahmen im Außenrechtsverhältnis nicht[1062]). Da eine solche spezielle Befugnisnorm für den vorliegenden Fall nicht ersichtlich ist, wären die beiden Maßnahmen schon deshalb rechtswidrig gewesen.
>
> An diesem Beispiel wird also deutlich, wie entscheidend die Qualifikation einer (wenn auch mit einer Beeinträchtigung der persönlichen Rechtssphäre verbundenen) Maßnahme als innerdienstliche Maßnahme oder als Verwaltungsakt sein kann. Nur wenn man die Maßnahmen als dienstliche Maßnahmen einstuft, überspringt man die Hürde des Erfordernisses einer speziellen, der Maßnahme im Außenrechtsverhältnis genügenden Rechtsgrundlage und kann zu Fragen nach der Verhältnismäßigkeit Stellung nehmen. Überaus deutlich wird dies auch im folgenden Beispiel. Am Ergebnis der Klage wird sich aber nichts ändern, da die Maßnahme unabhängig von ihrer Rechtsnatur in jedem Fall an der Verhältnismäßigkeit scheitert.

730

Auch Anweisungen, welche die Pflicht des Beamten zur **politischen Mäßigung** und **Zurückhaltung**[1063] betreffen, sind schon des Öfteren Klausurgegenstand gewesen.

Beispiel: E ist beamteter Lehrer der gymnasialen Oberstufe des Abendroth-Gymnasiums in B. Als anerkannter Kriegsdienstverweigerer und bekannter Pazifist ist er außerdem Mitglied einer Gruppe von verschiedenen Lehrern, die sich öffentlich zum Thema „Bundeswehr im Ausland" äußern. Eines Tages, als die Bundeswehr im Rahmen einer Friedensmission in dem nordafrikanischen Land L eingesetzt wird, verteilt E in seiner Schule (d.h. während einer Pause auf dem Schulhof) Flugblätter mit Stellungnahmen bezüglich des o.g. Einsatzes und dem Zitat „Soldaten sind Mörder" von Kurt

---

[1061] BVerwG NJW **1991**, 766. Auch die Vorinstanz (OVG Münster NJW **1990**, 2950) hat die Aufforderung, sich einer Operation zu unterziehen, als unerzwingbar und damit indirekt *nicht* als Verwaltungsakt angesehen, denn dieser wäre der Bestandskraft fähig und grundsätzlich vollstreckbar.
[1062] So ausdrücklich VGH München NVwZ **2000**, 222, 223.
[1063] Zu diesem hergebrachten Grundsatz des Berufsbeamtentums vgl. bereits Rn 698.

Tucholsky. Das zuständige Schulamt weist daraufhin den E an, das Verteilen dieser Flugblätter in der Schule in Zukunft zu unterlassen. Ein Beamter habe bei politischer Betätigung diejenige Mäßigung und Zurückhaltung zu wahren, die sich aus seiner Stellung gegenüber der Gesamtheit und aus der Rücksicht auf die Pflichten seines Amtes ergeben. Durch die Äußerungen entstehe der Eindruck, dass E hinsichtlich kontrovers diskutierter gesellschaftspolitischer Fragen in seiner Diensttätigkeit nicht neutral sei. Gegen diese Weisung legt E gem. § 54 II S. 1 BeamtStG Widerspruch ein. Dieser wird mit der Begründung abgewiesen, dass die Meinungsfreiheit der Lehrer hinter den o.g. verfassungsrechtlichen Regelungen des Beamtentums (Neutralität und Zurückhaltung bezüglich politisch kontrovers diskutierter Fragen) zurückstehen müsse. Nun möchte E Klage vor dem Verwaltungsgericht erheben.

Der Verwaltungsrechtsweg wäre gem. § 54 I BeamtStG eröffnet. Statthaft wäre die Anfechtungsklage, wenn es sich bei der Weisung um einen Verwaltungsakt handelt. Um dies annehmen zu können, müsste nicht nur in die persönliche Rechtsstellung des E eingegriffen worden sein, sondern es müsste sich auch um eine Maßnahme mit Außenwirkung handeln. Vorliegend ist dem E untersagt worden, seine Meinung zu verbreiten und dazu Presseerzeugnisse zu verteilen. Das Recht, die eigene Meinung zu verbreiten, ist von Art. 5 I S. 1 GG geschützt, die Pressefreiheit von Art. 5 I S. 2 GG.[1064] Zwar wird es E nur untersagt, in der Schule, d.h. während seiner Diensttätigkeit, seine Meinung kund zu tun. Wegen des starken Schutzes, den Art. 5 I GG entfaltet, ist vorliegend aber eine erhebliche Grundrechtsrelevanz gegeben. Somit liegt ein Eingriff in Art. 5 I GG vor. Wie aber bereits die vorhergehenden Ausführungen gezeigt haben, kann trotz Vorliegens eines Eingriffs in persönliche Rechte nicht notwendigerweise auf eine Außenwirkung geschlossen werden. Eine solche wäre nur dann anzunehmen, wenn das Schulamt mit dem Verbot ein bestimmtes Verhalten nicht nur in Konkretisierung der allgemeinen Beamtenpflichten (hier: Pflicht zur politischen Mäßigung und Zurückhaltung) im dienstlichen Interesse erlassen, sondern auch eine Anordnung getroffen hätte, die dem E eine erheblich in seine private Lebensführung einschneidende Maßnahme rechtsverbindlich aufgeben wollte. Das kann für den vorliegenden Fall jedoch nicht angenommen werden. Dem Schulamt ging es lediglich darum, das Verteilen von politisch einschlägigen Flugblättern auf dem Schulgelände und während der Schulzeit zu unterbinden. Außerhalb des Schulbetriebs ist E in seinem Handeln völlig frei. Es handelt sich daher nicht um eine Maßnahme mit Außenwirkung, sondern nur um eine Regelung des verwaltungsinternen (hier: schulinternen) Behördenablaufs. Eine Anfechtungsklage wäre somit nicht statthaft (andere Auffassung mit entsprechenden Argumenten vertretbar, siehe den folgenden Klausurhinweis). E könnte aber eine allgemeine Leistungsklage erheben, und wäre auch klagebefugt, da zumindest eine Beeinträchtigung seines Rechts auf Meinungs- und Pressefreiheit (Art. 5 I GG) vorliegt.

Die Begründetheit der Klage hinge zunächst von der Frage ab, ob sich die fragliche Maßnahme auf eine Rechtsgrundlage stützen lässt. Eine solche Rechtsgrundlage könnte die Vorschrift des jeweiligen Beamtengesetzes über die Pflicht zu politischer Mäßigung und Zurückhaltung darstellen (vgl. etwa § 33 II BeamtStG bzw. die einzelnen Landesbeamtengesetze, z.B. § 54 BremBG, oder auf Bundesebene § 60 II BBG). Wenn man die Ausführungen des vorigen Beispiels heranzieht (dort haben das BVerwG und der VGH München die Dienstleistungs- und Gehorsamspflicht als ausreichend für ein absolutes Alkoholverbot und für die Anordnung einer stationären Heilbehandlung betrachtet, selbst wenn letztere mit operativen Eingriffen verbunden ist), müsste man auch im vorliegenden Fall die Pflicht zur politischen Mäßigung und Zurückhaltung als ausreichend ansehen. Im Rahmen der verfassungsrechtlichen Rechtfertigung wäre dann eine praktische Konkordanz zwischen den hergebrachten Grundsätzen des Beamtentums (vgl. Art. 33 V GG) – insbesondere die Pflicht zur politischen Mäßigung – und der Meinungs- bzw. Pressefreiheit vorzunehmen. Vgl. hierzu bereits Rn 698 sowie den

---

[1064] Zum Verhältnis Pressefreiheit – Meinungsfreiheit vgl. *R. Schmidt*, Grundrechte, Rn 461.

bei Rn 769 dargestellten Fall des Tragens eines **Kopftuches im Unterricht** (Art. 4 I GG) durch eine Lehrerin.

731

> **Hinweis für die Fallbearbeitung:** Hätte man das Verbot, Flugblätter zu verteilen (wie das absolute Alkoholverbot und die Aufforderung zur Aufnahme einer stationären Entzugsbehandlung im vorigen Beispiel), als Verwaltungsakt qualifiziert, wäre die allgemeine beamtenrechtliche Pflicht zur politischen Mäßigung und Zurückhaltung als Rechtsgrundlage für den Eingriff noch weniger in Betracht gekommen, denn bei Maßnahmen im Außenrechtsverhältnis sind an die Rechtsgrundlage strengere Anforderungen zu stellen. Nach der hier vertretenen Auffassung hätte dann wohl die allgemeine beamtenrechtliche Pflicht zur politischen Mäßigung und Zurückhaltung ebensowenig genügt wie die Gehorsamspflicht im vorigen Beispiel (dort hat dies der VGH München ausdrücklich entschieden). Vielmehr wäre nach der hier vertretenen Auffassung eine spezielle Befugnisnorm erforderlich gewesen. Da eine solche spezielle Rechtsgrundlage für den vorliegenden Fall aber nicht ersichtlich ist, wäre das Verbot (bei Qualifikation als Verwaltungsakt) schon deshalb rechtswidrig gewesen. Zu einer Abwägung zwischen der Meinungs- bzw. Pressefreiheit einerseits und den hergebrachten Grundsätzen des Beamtentums andererseits wäre man in der Fallbearbeitung also nicht mehr gekommen. Wie im vorigen Beispiel lässt sich also auch hier sehen, wie ergebnisrelevant die Einstufung einer Maßnahme als innerdienstliche Maßnahme oder als Verwaltungsakt sein kann.

732   Als **verwaltungsinterne Maßnahmen** (mit oder ohne rechtsbeeinträchtigende Wirkung) gelten nach der neueren Rechtsprechung ebenfalls

⇨ die Entziehung des Sicherheitsbescheids für einen beim BND tätigen Soldaten,
⇨ die Änderung des bisherigen Aufgabenbereichs und
⇨ die aufgrund des Organisationsrechts des Dienstherrn getroffene Entscheidung, ein Auswahlverfahren zur Besetzung einer Beförderungsstelle zu beenden.[1065]

733   ▪ **Maßnahmen mit Außenwirkung:** Unabhängig davon, ob man an der Lehre von Ule festhält, liegt eine Maßnahme mit Außenwirkung vor, wenn das Beamtenverhältnis **begründet**, **beendet** oder **wesentlich berührt** wird. Damit liegt gleichzeitig ein **Verwaltungsakt** vor, der – sofern er belastend wirkt – einer gesetzlichen Rechtsgrundlage bedarf, die in den Beamtengesetzen zu finden ist. In der Hauptsache statthaft ist die Anfechtungsklage (bzw. bei Erledigung der Maßnahme die Fortsetzungsfeststellungsklage) und im einstweiligen Rechtsschutz der Eilantrag nach § 80 V VwGO. Diese Klagen bzw. Anträge scheitern auch nicht an der Klage- bzw. Antragsbefugnis, weil eine Verletzung persönlicher Rechte gerade aufgrund der Außenwirkung nicht ausgeschlossen werden kann.

Beispiele:
Ernennung: Die Ernennung ist die Begründung eines Beamtenverhältnisses und die Festlegung seiner Art. Des Weiteren bewirkt sie die Aufgabenzuweisung. Mit der Ernennung wird dem Beamten ein „Amt" im statusrechtlichen Sinne übertragen, d.h. eine Aufgabe, für die eine Laufbahngruppe und besoldungsrechtlich eine Amtsbezeichnung festgelegt ist (Beispiel: Nach bestandenem Zweiten Juristischen Staatsexamen wird A bei einer Behörde der Stadt S als Regierungsrat eingestellt). Zur Frage, ob ein Ernennungsanspruch besteht, wenn die angeblich fehlende Eignung ausschließlich mit dem Tragen eines **Kopftuches im Schulunterricht** begründet wird, vgl. Rn 769.

Entlassung: Die Entlassung ist die Entfernung eines Beamten aus dem Beamtenverhältnis. Zu unterscheiden ist die *obligatorische* Entlassung von der *fakultativen*. Der Beamte *ist* zu entlassen, wenn mindestens ein in §§ 31-33, 35 BBG bzw. §§ 22, 23 BeamtStG (bzw. in der entsprechenden landesrechtlichen Regelung) genannter Entlas-

---

[1065] Vgl. dazu BVerwG NVwZ **1989**, 1055; BVerwGE **98**, 334, 335 f.; BVerwG NVwZ **1997**, 283.

sungsgrund vorliegt. Beispiel: Regierungsdirektor R erhält ein lukratives Angebot aus der Wirtschaft und möchte dorthin wechseln. Er kann daher schriftlich verlangen, dass der Dienstherr ihn entlässt, § 33 I BBG. Dagegen *kann* der Beamte unter den Voraussetzungen der §§ 34, 36, 37 BBG bzw. § 23 II-IV BeamtStG (bzw. der entsprechenden landesrechtlichen Regelung) entlassen werden (Beispiel: Ein Beamter auf Probe, dessen Aufgabengebiet bei einer Behörde wegen deren Auflösung wegfällt, kann (muss aber nicht) entlassen werden, vgl. § 34 I Nr. 4 BBG bzw. § 23 III Nr. 3 BeamtStG bzw. die entsprechende landesrechtliche Regelung).

Beförderung: Eine Beförderung ist gemäß § 2 VIII BLV die Verleihung eines anderen Amtes mit einem höheren Endgrundgehalt und einer anderen Amtsbezeichnung. Beispiel: Der Richter am Amtsgericht R mit der Besoldungsgruppe R 1 wird zum Richter am Oberlandesgericht mit der Besoldungsgruppe R 2 ernannt.

Versetzung: Eine Versetzung ist die einen Beamten im staatsrechtlichen Sinn betreffende, auf Dauer angelegte Übertragung eines (anderen) abstrakt-funktionellen Amtes bei einer anderen Dienststelle bei demselben oder einem anderen Dienstherrn (§§ 28 I BBG bzw. § 15 I BeamtStG). Beispiel: Der an der gymnasialen Oberstufe der Stadt S tätige Oberstudienrat O wird angewiesen, von nun an aus dienstlichen Gründen dauerhaft an der gymnasialen Oberstufe der Stadt T zu arbeiten.

Abordnung: Eine Abordnung liegt vor, wenn ein Beamter aus dienstlichen Gründen vorübergehend ganz oder teilweise zu einer dem übertragenen Amt entsprechenden Tätigkeit und unter Beibehaltung der bisherigen Planstelle in den Bereich eines Dienstherrn eines anderen Landes oder des Bundes abgeordnet wird (§ 27 I BBG bzw. § 14 I BeamtStG). Beispiel: Der Oberstudienrat O des letzten Beispiels wird angewiesen, lediglich vorübergehend seinen Dienst bei der gymnasialen Oberstufe der Stadt T zu verrichten.

Versetzung in den einstweiligen Ruhestand: Die Versetzung in den einstweiligen Ruhestand kann sowohl auf Antrag des Beamten als auch gegen seinen Willen erfolgen. Sie ist auf Bundesebene in den §§ 54-58 BBG (vgl. auch § 50 I SoldatenG) und auf Landesebene in den §§ 30-31 BeamtStG i.V.m. dem Landesrecht geregelt und betrifft insbesondere die sog. *politischen Beamten*. Das sind die Inhaber der in § 54 I BBG bzw. gemäß § 30 I BeamtStG in den Beamtengesetzen der Länder aufgeführten hohen Ämter[1066] (Beispiel: Legationsrat). Eine Versetzung in den einstweiligen Ruhestand ist darüber hinaus bei Behördenumorganisation möglich, § 55 BBG bzw. § 31 BeamtStG.

Weitere **Maßnahmen mit Außenwirkung** sind[1067]:

⇨ die Erteilung oder Verweigerung einer Genehmigung zur Aussage in einem Strafverfahren[1068]
⇨ die Erteilung oder Verweigerung einer Nebentätigkeitsgenehmigung
⇨ die Ablehnung eines Urlaubsgesuchs
⇨ die Beurlaubung unter Wegfall der Dienstbezüge und ihr Widerruf

- Sonderproblem **vorbereitende Maßnahmen**: Fraglich ist, ob Entscheidungen des Dienstherrn, die die soeben genannten Maßnahmen vorbereiten, ebenfalls Verwaltungsakte oder lediglich Maßnahmen ohne Außenwirkung darstellen.   **733a**

Beispiel: Beamter B soll aus gesundheitlichen Gründen in den vorzeitigen Ruhestand versetzt werden. Dazu ordnet der Dienstherr an, B habe die behandelnden Privatärzte gegenüber den Amtsärzten von der ärztlichen Schweigepflicht zu entbinden, damit eine umfassende Beurteilung des Gesundheitszustands ermöglicht werde.

[1066] Vgl. dazu BVerwG NVwZ **2002**, 604 f., mit Bespr. v. *Aulehner*, JA **2002**, 554.
[1067] Vgl. *Kopp/Schenke*, VwGO, Anh § 42 Rn 69.
[1068] Zur Aussagegenehmigung vgl. auch BVerwG DVBl **2000**, 487.

Die Versetzung in den vorzeitigen Ruhestand ist unstreitig ein Verwaltungsakt, da die Entscheidung hierüber eine Statusänderung zur Folge hat (s.o.). Sowohl die Regelungswirkung als auch die Außenwirkungen liegen vor.

Problematisch ist aber die rechtliche Beurteilung der Anordnung des Dienstherrn gegenüber dem Beamten, die behandelnden Ärzte von ihrer ärztlichen Schweigepflicht zu entbinden.

Es ist zu differenzieren: Während die Regelungswirkung wohl bejaht werden kann, ist dies bei der Außenwirkung fraglich. Stellt man sich auf den Standpunkt, dass die Anordnung den Beamten im Schwerpunkt als Grundrechtsträger betreffe und gegebenenfalls selbstständig disziplinarrechtlich verfolgbar sei, kann die Außenwirkung ohne weiteres bejaht werden.[1069] Letztlich wird man aber darauf abstellen müssen, ob die Anordnung – unabhängig von ihrer tatsächlichen Wirkung – ihrem objektiven Sinngehalt nach dazu bestimmt ist, Außenwirkung zu entfalten. Hinsichtlich der Anordnung gem. § 48 I BBG hat das BVerwG entschieden, dass die Weisung, sich ärztlich untersuchen zu lassen, eine interne Maßnahme sei, die ihrem objektiven Sinngehalt nach in der Regel nicht dazu bestimmt sei, den Beamten als Person zu verpflichten. Sie sei regelmäßig an ihn allein in seiner Eigenschaft als Beamter gerichtet und ergehe daher im Rahmen des Beamtenverhältnisses, sodass sie keine Außenwirkung erzeuge.[1070] Überträgt man diese Rspr. auf den vorliegenden Fall, lässt sich die im Zusammenhang mit der Untersuchungsanordnung ergehende Weisung, behandelnde Privatärzte gegenüber dem Amtsarzt von der Schweigepflicht zu entbinden, wenn dies aus dessen Sicht zusätzlich zur persönlichen Untersuchung zum Zweck der Erstellung des Gutachtens erforderlich ist, ebenfalls als verwaltungsinterne Maßnahme ohne Außenwirkung qualifizieren. Der Umstand, dass die unberechtigte Weigerung des aktiven Beamten, der Weisung Folge zu leisten (vgl. § 77 I S. 1 BBG bzw. § 47 I S. 1 BeamtStG und die entsprechenden Bestimmungen der Landesbeamtengesetze) und mit Disziplinarmaßnahmen geahndet werden kann, rechtfertigt keine andere Beurteilung. Denn die Erzwingbarkeit mit Mitteln des Disziplinarrechts betrifft allenfalls den Regelungscharakter der Weisung, nicht aber deren Außenwirkung.[1071]

In Ermangelung eines Verwaltungsakts ist daher lediglich die allgemeine Leistungsklage bzw. Feststellungsklage statthaft. Im Rahmen des einstweiligen Rechtsschutzes ist der Antrag gem. § 123 VwGO einschlägig. Jedoch werden diese Rechtsbehelfe in Ermangelung einer Klage- bzw. Antragsbefugnis unzulässig sein, weil eine Verletzung persönlicher Rechte gerade aufgrund der fehlenden Außenwirkung ausgeschlossen werden kann. Denn aufgrund der gesetzlichen Verpflichtung zur Mitwirkung an einer verwaltungsinternen Entscheidung ist die subjektive Rechtsbetroffenheit zu verneinen.

5. Pflichten des Beamten

734 Auf die Pflicht zur politischen Zurückhaltung wurde bereits eingegangen. Im Übrigen ergeben sich die Pflichten des Beamten zum einen aus der Verfassung, zum anderen aus den Bestimmungen der Beamtengesetze (vgl. §§ 60 ff. BBG bzw. §§ 33 ff. BeamtStG). So muss sich der Beamte gemäß § 60 I S. 3 BBG bzw. § 33 I S. 3 BBG insbesondere durch sein gesamtes Verhalten zu der **freiheitlichen demokratischen Grundordnung** i.S.d. Grundgesetzes bekennen und für deren Erhaltung eintreten. Diese Pflicht impliziert eine **politische Treuepflicht** und betrifft in gleicher Weise sein dienstliches wie sein außerdienstliches Verhalten.[1072]

[1069] So OVG Lüneburg NVwZ **1990**, 1194; OVG Berlin NVwZ-RR **2002**, 762.
[1070] BVerwGE **111**, 246 ff. Vgl. auch BVerwGE **125**, 85 ff.; OVG Bautzen NVwZ **2006**, 715 ff.
[1071] So auch OVG Bautzen NVwZ **2006**, 715, 716.
[1072] Vgl. BVerwG NJW **2000**, 231, 232 f.; OVG Koblenz NVwZ-RR **2000**, 309; *Hufen*, JuS **2000**, 178; *Battis*, NJW **2001**, 1101, 1103; VGH Kassel NVwZ **1999**, 904.

Da die Erstreckung der beamtenrechtlichen Vorschriften über die Pflichten des Beamten **735** auf dessen persönlichen Verhalten i.d.R. einen Eingriff in die Grundrechtssphäre mit sich bringen (etwa in Art. 5 I oder III GG), müssen sie ihrerseits mit den Grundrechten vereinbar sein, d.h. stets im Lichte der betroffenen Grundrechte ausgelegt werden. So verstößt ein Beamter nicht gegen die beamtenrechtliche Treuepflicht, wenn er Kritik – auch in deutlicher Form – an der Regierungspolitik übt.[1073] Hinzukommen muss z.B. eine Kritik an der Regierungspolitik in kämpferischer, aggressiver Form. Ein Beamter verletzt jedenfalls dann die politische Treuepflicht, wenn er bei einer privaten politischen Betätigung eine von einem Dritten verfasste Abhandlung mit deutlich erkennbarem verfassungswidrigen Inhalt unter seinem Namen und seiner Anschrift verteilt und dadurch den Eindruck erweckt, er identifiziere sich mit dem Inhalt der Abhandlung.[1074] Gleiches gilt, wenn sich der Beamte aktiv in einer Partei betätigt, die diesen Staat, seine Organe oder die geltende Verfassungsordnung bekämpft oder deformiert. Das gilt insbesondere dann, wenn der Beamte Parteiämter in einer Partei übernimmt, die mit der freiheitlichen demokratischen Grundordnung unvereinbare Ziele verfolgt.[1075] Das bloße Verbleiben in der Partei genügt i.d.R. jedoch nicht, um eine Verletzung der politischen Treuepflicht anzunehmen. Etwas anderes gilt aber, wenn die Partei höchstrichterlich als allgemein oder jedenfalls überwiegend verfassungsfeindlich bezeichnet worden ist.[1076]

Ein Verstoß gegen die Treuepflicht kann zur Ordnungsverfügung führen und sogar **736** disziplinarrechtlich gewürdigt werden (vgl. §§ 1 ff. BDG). Bezüglich des Rechtsschutzes ist zu differenzieren: Bei der Ordnungsverfügung fehlt die Regelungswirkung. Daher kommt (nach erfolglos durchgeführtem Widerspruchsverfahren, vgl. § 126 II BBG bzw. § 54 II BeamtStG) nur die allgemeine Leistungsklage bzw. subsidiär die Feststellungsklage in Betracht. Bei einer Disziplinarmaßnahme (vgl. § 5 BDG) muss dagegen nicht nur eine Regelungswirkung angenommen werden, sondern auch eine Außenwirkung, was zur Annahme eines Verwaltungsakts führt. Statthaft ist dann die Anfechtungsklage (vgl. §§ 45, 52 I, II BDG i.V.m. §§ 74, 75 und 81 VwGO) wobei in Übereinstimmung mit der allgemeinen beamtenrechtlichen Klage (vgl. § 126 II BBG bzw. § 54 II BeamtStG) auch hier stets vor Klageerhebung ein Widerspruchsverfahren durchzuführen ist (§ 41 BDG).

6. Das Remonstrationsrecht des Beamten

Gem. § 62 I S. 2 BBG bzw. § 35 S. 2 BeamtStG ist der Beamte verpflichtet, die von **737** seinen Vorgesetzten erlassenen dienstlichen Anordnungen auszuführen und ihre allgemeinen Richtlinien zu befolgen. Hält der Beamte eine dienstliche Anordnung für rechtswidrig, kann er nicht vor dem Verwaltungsgericht klagen, da gerade keine persönliche Rechtsbeeinträchtigung in Frage steht. Andererseits trägt der Beamte gem. § 63 I BBG bzw. § 36 I BeamtStG für die Rechtmäßigkeit seiner dienstlichen Handlungen die volle persönliche Verantwortung (disziplinarrechtlich, strafrechtlich und haftungsrechtlich). Einen Ausweg aus diesem vermeintlichen Dilemma schafft die Regelung des § 63 II BBG bzw. § 36 II BeamtStG. Hat der Amtswalter Bedenken gegen die Rechtmäßigkeit einer dienstlichen Anordnung, muss er diese seinem Vorgesetzten gegenüber erheben (Remonstration). Bestätigt dieser die Anordnung, muss der Amtswalter diese rechtswidrige Anordnung zwar ausführen, ist aber von seiner Verantwortung befreit. Das gilt nur dann nicht, wenn das dem Beamten aufgetragene Verhalten strafbar oder ordnungswidrig wäre und die Strafbarkeit oder Ordnungswid-

---

[1073] BVerwG NJW **2000**, 231, 232.
[1074] BVerwG NJW **2000**, 231, 232 f.
[1075] VGH Kassel NVwZ **1999**, 904. Vgl. aber VG Münster NVwZ **2000**, 709, wonach die Teilnahme eines Beamten an einer Wahl als Kandidat für die Partei „Die Republikaner" eine legale Betätigung darstellt, die (disziplinarrechtlich) nicht vorwerfbar ist.
[1076] VGH Kassel a.a.O.

rigkeit für ihn erkennbar wäre oder das ihm aufgetragene Verhalten die Würde des Menschen verletzen würde.

C. Rechtsschutz im Beamtenrecht

738 Gerichtlicher Rechtsschutz ist grundsätzlich nur gegenüber Maßnahmen zu erlangen, die den Beamten in seiner persönlichen Rechtssphäre betreffen. Nur solche Akte sind aufgrund des Individualschutzcharakters der VwGO justiziabel. Ob eine solche Maßnahme vorliegt, ist eines der Hauptprobleme im Bereich der Beamtenklagen. Die Einordnung der Justiziabilität in die systematische Prüfung der Sachentscheidungsvoraussetzungen einer Klage wird unterschiedlich vorgenommen. Zum einen ist es vertretbar, sie unter der Benennung „Justiziabilität der Maßnahme" eigenständig den Sachentscheidungsvoraussetzungen voranzustellen. Die Problematik kann aber auch bei der Rechtswegfrage (§ 126 I BBG bzw. § 54 I BeamtStG, § 45 BDG, § 40 I VwGO) erörtert werden, also bei Beantwortung der Frage, ob eine Klage aus dem Beamtenverhältnis vorliegt. Für beide Vorgehensweisen könnte sprechen, dass der Rechtsweg von vornherein nur offen steht, wenn überhaupt „Rechte" in Rede stehen, denn § 126 I BBG bzw. § 54 I BeamtStG setzt diese in der Tat voraus. Gleichwohl ist eine derartige „Vorabprüfung" bzw. Rechtswegprüfung untypisch und führt im Übrigen zu einer extremen Kopflastigkeit des Gutachtens. Daher ist zu empfehlen, die Problematik unter dem Aspekt der Klagebefugnis (§ 42 II VwGO) zu erörtern, schließlich geht es dort um die Frage nach der möglichen „Rechts"-Verletzung. Wird die Klagebefugnis bejaht, bedarf es eines Eingehens auf die Problematik des allgemeinen Rechtsschutzbedürfnisses regelmäßig nicht mehr. In der Fallbearbeitung muss also in Zusammenhängen gedacht werden. Die im Gutachtenaufbau zu erfolgende Verankerung der mit dem Sonderrechtsverhältnis verbundenen Probleme könnte wie folgt vorgenommen werden:

739 • **Verwaltungsrechtsweg:** Eine öffentlich-rechtliche Streitigkeit ist nach der aufdrängenden Sonderzuweisung des **§ 126 I BBG bzw. § 54 I BeamtStG** (vgl. auch 45 BDG) unproblematisch zu bejahen. Denn **§ 126 I BBG** und **§ 54 I BeamtStG** verweisen alle Klagen aus einem Beamtenverhältnis auf den Verwaltungsrechtsweg. Möchte also ein Landesbeamter gegen seine Versetzung vor dem Verwaltungsgericht klagen, ist eine öffentlich-rechtliche Streitigkeit nach der aufdrängenden Sonderzuweisung des **§ 54 I BeamtStG** zu bejahen. Nichts anderes gilt für einen Bundesbeamten gemäß § 126 I BBG. Demgegenüber handelt es sich bei Richter-, Soldaten-, Wehrpflicht- oder Zivildienstverhältnissen lediglich um dem Beamtenverhältnis gleichgestellte Rechtsverhältnisse. Daher gelten Sondervorschriften wie z.B. § 71 DRiG i.V.m. § 54 BeamtStG für Richter und Staatsanwälte, § 82 I SoldatenG für Soldaten, § 32 WPflG für Wehrpflichtige und § 75 ZDG für Zivildienstleistende.

Der Verwaltungsrechtsweg ist auch eröffnet bei Schadensersatzansprüchen wegen Verletzung der Fürsorgepflicht sowie wegen Verletzung der rechtlich festgelegten Auslesekriterien der Eignung, Befähigung und fachlichen Leistung im Falle der Beförderungskonkurrenz. Im letzteren Fall handelt es sich um eine Verletzung einer im öffentlich-rechtlichen Dienstverhältnis wurzelnden und insofern „quasivertraglichen" Verbindlichkeit[1077]. Ein Rückgriff auf den Amtshaftungsanspruch (§ 839 BGB, Art. 34 GG) ist nicht erforderlich.[1078] Zwar ist dieser Anspruch sowohl innerhalb als auch außerhalb eines

---

[1077] BVerwG NJW **1998**, 3288, 3289 mit Anm. von *Hufen*, JuS **1999**, 716 f.

[1078] Zu unterscheiden ist diese Konstellation von derjenigen, bei er es um eine Verletzung des Leistungsprinzips bei der *Ernennung* geht. Dort kommt stets nur ein von dem Landgericht geltend zu machender Amtshaftungsanspruch (§ 839 BGB, Art. 34 GG, § 71 GVG) in Betracht. Des Weiteren ist dort eine Haftung der Einstellungsbehörde wegen *culpa in contrahendo* - jetzt in §§ 311 II, III, 241 I i.V.m. § 280 I BGB normiert - bei Anbahnung eines Beamtenverhältnisses möglich (vgl. OVG Hamburg NordÖR **1998**, 155).

Beamtenverhältnisses anwendbar, setzt also kein bestehendes Rechtsverhältnis voraus. Aufgrund der bestehenden Sonderverbindung liegt es aber näher, den Anspruch unmittelbar aus dem Beamtenverhältnis zu begründen und ihn vor dem Verwaltungsgericht geltend zu machen.[1079]

Beispiel: Oberregierungsrätin A (Besoldungsgruppe A 14) bewirbt sich um eine ausgeschriebene Beförderungsstelle als Regierungsdirektorin (Besoldungsgruppe A 15) beim Bundesamt für Verfassungsschutz. Unter Missachtung des Leistungsprinzips wird statt ihr der Wunschkandidat B ausgewählt. Die Behörde unterlässt es auch, A rechtzeitig von der Auswahlentscheidung zu unterrichten, sodass sie nicht gegen die Auswahlentscheidung vorgehen und die Beförderung des B durch Inanspruchnahme einstweiligen Rechtsschutzes verhindern kann. Als B befördert wird, macht A einen Anspruch auf Schadensersatz (Differenzgehalt) geltend. In diesem Zusammenhang braucht als verletzte beamtenrechtliche Pflicht nicht die allgemeine Fürsorgepflicht herangezogen zu werden. Vielmehr ist der Schadensersatzanspruch unmittelbar auf eine Verletzung der rechtlich festgelegten Auswahlkriterien der Eignung, Befähigung und fachlichen Leistung zu stützen. Es handelt sich um einen Schadensersatzanspruch *wegen Verletzung einer im öffentlich-rechtlichen Dienstverhältnis wurzelnden und insofern „quasivertraglichen" Verbindlichkeit*, für den (wie bereits gesagt) der Verwaltungsrechtsweg offen steht. Sofern der Beamte allerdings Schadensersatzansprüche für eine ihm gegenüber begangene Amtspflichtverletzung begehrt, ist der **ordentliche Rechtsweg** gegeben, Art. 34 S. 3 GG, §§ 13, 71 GVG.[1080]

- Ist der Verwaltungsrechtsweg eröffnet, richtet sich die **örtliche Zuständigkeit des Gerichts** nach **§ 52 Nr. 4 VwGO**. Zuständig ist das Verwaltungsgericht, in dessen Bezirk der Beamte seinen dienstlichen Wohnsitz hat. Das ist der Ort, an dem der Beamte seinen Dienst verrichtet.   **740**

- **Klageart**: Ein Verwaltungsakt und damit eine Anfechtungsklage oder Verpflichtungsklage liegt nur bei einer Außenwirkung vor, sonst kommt entweder eine allgemeine Leistungsklage oder subsidiär eine Feststellungsklage in Betracht.   **741**

- **Klagebefugnis**: Für die Klagebefugnis gilt, dass der Kläger die Verletzung eines subjektiven Rechts geltend machen muss. Bei **Konkurrentenklagen** gilt darüber hinaus, dass die Norm, die der Kläger als verletzt rügt, drittschützend sein muss. Sofern der Beamte durch eine Maßnahme mit Außenwirkung in seiner persönlichen Rechtsstellung betroffen ist, ist eine Rechtsverletzung zumindest aus Art. 2 I GG nicht ausgeschlossen (sog. Adressatentheorie, vgl. *R. Schmidt*, VerwProzR, Rn 136). In derartigen Fällen ist die Klagebefugnis regelmäßig zu bejahen. Problematisch wird es dagegen bei reinen Organisationsverfügungen (Umsetzung, innerdienstliche Weisungen). Hier ist die Verletzung der persönlichen Rechtsstellung nicht ohne weiteres möglich. Denn der Dienstherr hat bei innerdienstlichen Entscheidungen einen weiten Ermessensspielraum. Der Beamte muss eine Änderung seines dienstlichen Aufgabenbereichs, also eine Änderung seines Amtes im konkret-funktionalen Sinn, grds. hinnehmen. Das gilt für den Bereich der Umsetzung auch dann, wenn mit der Umsetzung Beförderungschancen verloren gehen oder ein geringeres gesellschaftliches Ansehen verbunden ist. Es kommt regelmäßig zur fehlenden Klagebefugnis, zumindest aber zur Unbegründetheit eines Rechtsbehelfs. Zu prüfen ist allerdings, ob die nach der Umsetzung wahrzunehmende Aufgabe noch amtsangemessen ist oder sich **diskriminierend** für den Beamten auswirkt.[1081] In derartigen Fällen ist die Klagebefugnis zu bejahen. Das Gleiche gilt, wenn besondere Schutzbedürfnisse des Beamten aus dem von Art. 6 I GG geschützten Be-   **742**

[1079] Damit ist also die Möglichkeit unbenommen, Schadensersatz wegen unterbliebener Beförderung (OLG Hamm NVwZ-RR **1998**, 535) oder allgemein wegen voreiliger Stellungsbesetzung (BGH NJW **1995**, 2344) dennoch mit der Amtshaftungsklage zu erlangen.
[1080] Vgl. BGHZ **129**, 226 ff.
[1081] Vgl. dazu BVerwGE **60**, 144 ff.; **89**, 199 ff.; OVG Hamburg NVwZ-RR **2005**, 125 f.

reich von Ehe und Familie oder auch die mit einem Wechsel des Dienstortes verbundenen Belastungen einer besonderen Berücksichtigung bedürfen.[1082] Die Klagebefugnis ist auch dann gegeben, wenn absolute **Alkoholverbote** ausgesprochen werden, Anordnungen ergehen, sich **stationär behandeln zu lassen** und bei Anweisungen, welche die Pflicht des Beamten zur **politischen Mäßigung** und **Zurückhaltung** betreffen.

743 ▪ **Vorverfahren:** Weiterhin ist zu beachten, dass es für **alle** einschlägigen Klagen des Beamten der **vorherigen Durchführung eines Vorverfahrens** bedarf, also nicht nur vor Erhebung einer Anfechtungs- oder Verpflichtungsklage und bei einer Anfechtungsklage, wenn der Verwaltungsakt von einer obersten Dienstbehörde erlassen worden ist (§ 68 I S. 2 Nr. 1 VwGO), sondern auch vor Erhebung einer allgemeinen Leistungsklage und einer allgemeinen Feststellungsklage, vgl. **§ 126 II BBG bzw. § 54 II BBG** (vgl. auch § 41 BDG).[1083] Mit dieser Regelung soll der Behörde unabhängig von der statthaften Klageart die Möglichkeit eröffnet werden, der Beschwer des Betroffenen abzuhelfen. Es kann also auch zu Leistungs- und Feststellungswidersprüchen kommen. Fraglich ist aber diesbezüglich, ob die Widerspruchsfrist des § 70 VwGO gilt. Das BVerwG hält die Einhaltung der **Monatsfrist** des § 70 VwGO nur dann für erforderlich, wenn die zu überprüfende Maßnahme der Bestandskraft zugänglich ist. Das soll bei einer dienstlichen Beurteilung nicht der Fall sein.[1084] Freilich steht diese Rechtsprechung im Widerspruch zu dem klaren Wortlaut der **§§ 126 II BBG und § 54 II BBG**, die undifferenziert auf den 8. Abschnitt der VwGO (und somit auch auf § 70 VwGO) verweisen.

744 ▪ **Klagefrist:** Die Notwendigkeit eines Vorverfahrens hat auch Einfluss auf die Klagefrist. So ist nicht nur die Anfechtungsklage, sondern auch die allgemeine Leistungsklage (und die subsidiäre allgemeine Feststellungsklage) innerhalb eines Monats nach Zustellung des Widerspruchsbescheids zu erheben (§ 74 I VwGO).[1085] In Disziplinarsachen vgl. § 52 I, II BDG i.V.m. §§ 70, 74 und 81 VwGO.

745 ▪ Zuletzt gilt für Abordnung und Versetzung, dass Rechtsbehelfe gegen diese Entscheidungen gem. § 126 IV BBG (bzw. § 54 IV BeamtStG), § 80 II S. 1 Nr. 3 VwGO **keine aufschiebende Wirkung** entfalten. Abordnung und Versetzung können also trotz Einlegung eines Widerspruchs vollzogen werden. Einstweiligen Rechtsschutz erlangt der Beamte dann nur durch Stellung eines Antrags auf Anordnung der aufschiebenden Wirkung (vgl. § 80 IV und V S. 1 Var. 1 VwGO).

746 ▪ **Rechtsgrundlage:** Nach der seit der Strafgefangenenentscheidung des BVerfG einhelligen Auffassung ist für wesentliche Entscheidungen, die über die Organisationsbefugnis hinausgehen, eine *gesetzliche Rechtsgrundlage* erforderlich. Das gilt sowohl für in die persönliche Rechtssphäre des Beamten eingreifende innerdienstliche Maßnahmen als auch für Maßnahmen im Außenrechtsverhältnis. Nach der hier vertretenen Auffassung sind aber unterschiedliche Anforderungen an die Rechtsgrundlage zu stellen.

747 Im Folgenden sollen die **studien- und examensrelevanten** Fragen des **Rechtsschutzes,** insbesondere des vorläufigen Rechtsschutzes, erörtert werden. Solche ergeben sich vor allem, wenn

▪ es um die **Ernennung** bzw. **Beförderung** (siehe sogleich), insbesondere der **Konkurrenz** (Rn 748 ff.), geht,

---

[1082] BVerfG NVwZ **2008**, 547, 548.
[1083] Vgl. aber auch die „Gegennorm" des § 54 II S. 3 BeamtStG, wonach es auch bei beamtenrechtlichen Streitigkeiten der Durchführung eines Vorverfahrens nicht bedarf, wenn ein Landesgesetz dies bestimmt.
[1084] BVerwGE **49**, 351, 354; vgl. auch BVerwGE **52**, 247, 252.
[1085] *Kopp/Schenke*, VwGO, § 74 Rn 1.

- der Beamte sich gegen eine **Versetzung, Abordnung, Umsetzung** oder eine **Organisationsverfügung** zur Wehr setzen möchte (Rn 808 ff.; zum **Konkurrenzschutz** vgl. Rn 818 ff.),

- der Beamte neben der Beamtentätigkeit einer beruflichen **Nebentätigkeit** nachgehen möchte oder soll (Rn 822 f.),

- der Beamte (während der Probezeit) **entlassen** wird (Rn 827 ff.),

- der Beamte in den (einstweiligen) **Ruhestand** versetzt wird (Rn 835).

Zahlreiche Beispiele aus der Judikatur, vornehmlich aus der oberverwaltungsgerichtlichen Rechtsprechung, stellen den nötigen Praxisbezug her.

I. Begründung des Beamtenverhältnisses und Beförderung

1. Ernennung

Die Ernennung ist ein rechtsgestaltender Verwaltungsakt. Sie erfordert insbesondere die Aushändigung einer Ernennungsurkunde (vgl. § 10 II S. 1 BBG bzw. § 8 II S. 1 BeamtStG). Erst dann treten die mit der Ernennung jeweils verbundenen Rechtswirkungen ein. Einer Ernennung bedarf es gemäß § 10 I Nr. 1-4 BBG bzw. § 8 I Nr. 1-4 BeamtStG in folgenden Fällen:

748

- **zur Begründung des Beamtenverhältnisses (sog. Einstellung)**

  Beispiel: B wird zum Beamten auf Probe ernannt, indem ihm die Ernennungsurkunde ausgehändigt wird, welche die Worte „unter Berufung in das Beamtenverhältnis auf Probe" enthalten muss. Dieser Vorgang wird als sog. *Einstellung* bezeichnet (vgl. § 2 I BLV). Selbiges gilt für die Ernennung zum Beamten auf Lebenszeit, auf Widerruf, auf Zeit (mit Zeitangabe) oder zum Ehrenbeamten.

- **zur Umwandlung des Beamtenverhältnisses in ein solches anderer Art**

  Beispiel: B hat gem. § 11 II S. 1 BBG bzw. § 10 S. 1 BeamtStG einen Anspruch darauf, dass das bestehende Beamtenverhältnis auf Probe spätestens fünf Jahre nach seiner Begründung in ein solches auf Lebenszeit umgewandelt wird, sofern er die entsprechenden Anforderungen erfüllt. Diese Umwandlung erfolgt ebenfalls durch Aushändigung einer entsprechenden Ernennungsurkunde mit dem sich aus § 10 II S. 2 Nr. 2 BBG bzw. § 8 II S. 2 Nr. 2 BeamtStG ergebenden Inhalt.

- **zur ersten Verleihung eines Amtes (sog. Anstellung)**

  Die Ernennung unter erster Verleihung eines Amtes wird als sog. *Anstellung* bezeichnet (vgl. § 10 I BLV). Sie ist zu unterscheiden von der *Einstellung,* durch welche das Beamtenverhältnis begründet wird. Einstellung und Anstellung fallen regelmäßig nur bei der Ernennung zum Beamten auf Lebenszeit zusammen.

  Beispiel: B wird zunächst als Beamter auf Probe *eingestellt* und erhält z.B. die Dienstbezeichnung „Ministerialrat z.A." (zur Anstellung, vgl. § 9 I BLV). Wird das Beamtenverhältnis auf Probe später in ein solches auf Lebenszeit umgewandelt und dem Beamten ein Amt verliehen, ist er *angestellt* (vgl. § 10 I BLV). In dem Fall ist die Einstellung durch Ernennung zum Beamten auf Lebenszeit und die Anstellung (erste Verleihung eines Amtes) zeitgleich geschehen.

- **zur Verleihung eines anderen Amtes mit anderem Endgrundgehalt und anderer Amtsbezeichnung**

  Hierzu zählt insbes. die Beförderung. Eine Beförderung ist gem. § 2 VIII BLV die Ernennung, durch die der Beamte ein anderes Amt mit höherem Endgrundgehalt und anderer Amtsbezeichnung verliehen wird.

Beispiel: Regierungsrat R (Besoldungsgruppe A 13) wird zum Oberregierungsrat (Besoldungsgruppe A 14) ernannt (befördert).

- **zur Verleihung eines anderen Amtes mit anderer Amtsbezeichnung beim Wechsel der Laufbahngruppe**

  Auch ein Aufstieg in die nächsthöhere Laufbahn ist möglich (vgl. § 22 V BBG, §§ 6, 32 ff. BLV). Hierzu bedarf es ebenfalls der Ernennung durch Aushändigung der entsprechenden Urkunde.

  Beispiel: Amtsrat A (Besoldungsgruppe A 12, Laufbahngruppe: gehobener Dienst) erfüllt die entsprechenden Anforderungen und steigt daher zum Oberamtsrat auf (Besoldungsgruppe A 13, Laufbahngruppe: höherer Dienst).

749 Einstellung und Anstellung fallen regelmäßig nur bei der Ernennung zum Beamten auf Lebenszeit zusammen. Die Ernennung ist nach dem bereits oben Gesagten ein **Verwaltungsakt** zur Begründung eines Beamtenverhältnisses und zur Festlegung seiner Art, und sie bewirkt eine Aufgabenzuweisung. Mit der Ernennung wird dem Beamten ein „Amt" im statusrechtlichen Sinne übertragen, d.h. eine Aufgabe, für die eine Laufbahngruppe und besoldungsrechtlich eine Amtsbezeichnung festgelegt ist.[1086]

> **Beispiel:** Ein Regierungsdirektor (= Amtsbezeichnung) gehört der Laufbahngruppe des höheren Dienstes an und ist der Besoldungsstufe A 15 zugeordnet.

750 Der Ernennungsakt ist **streng formalisiert**. Die strikte Formbindung der Ernennung dient der Rechtssicherheit im Interesse des Adressaten wie der Allgemeinheit. Die **Zuständigkeit** der ernennenden Behörde ist in § 12 I BBG und in den entsprechenden Vorschriften der Beamtengesetze der Länder geregelt. Auf Bundesebene ist der Bundespräsident zuständig[1087], auf Landesebene der Ministerpräsident oder die Regierung als Kollegialorgan.[1088] Praktikabel werden diese Vorschriften erst durch die Möglichkeit der Übertragung der Ernennungsbefugnis auf andere Stellen. Wirksam wird die Ernennung mit der **Aushändigung** der Ernennungsurkunde, § 10 II S. 1 BBG bzw. § 8 II S. 1 BeamtStG. Darüber hinaus muss die Ernennungsurkunde einen bestimmten Inhalt vorweisen, § 10 II S. 2 BBG bzw. § 8 II S. 2 BeamtStG. Entspricht die Ernennung nicht dieser Form (insbesondere ist eine Ernennung in elektronischer Form ausgeschlossen, s.o.), ist sie nichtig, § 13 I Nr. 1 BBG bzw. § 11 I Nr. 1 BeamtStG. Die Aushändigung der Ernennungsurkunde an den Ernennenden (Stellvertretung ist möglich) ist ein mitwirkungsbedürftiger **Verwaltungsakt**, für den Betroffenen also ein abwendbares Ereignis. Bei fehlender Annahme kommt eine Ernennung nicht zustande.

751 Die Ernennung ist an **objektive** und **subjektive** Voraussetzungen geknüpft. In Konkretisierung des Art. 33 IV GG sehen die Beamtengesetze *objektiv* vor, dass von dem Berufenen entweder hoheitliche Aufgaben wahrgenommen werden oder aber solche, „die aus Gründen der Sicherung des Staates oder des öffentlichen Lebens nicht ausschließlich Personen übertragen werden dürfen, die in einem privatrechtlichen Arbeitsverhältnis stehen", vgl. § 5 Nr. 2 BBG bzw. § 3 II Nr. 2 BeamtStG. Haushaltsrechtlich setzt die Ernennung das Vorhandensein einer entsprechenden Planstelle (vgl. § 49 I BHO und die Haushaltsordnungen der Länder) voraus. Die *subjektiven* Ernennungsvoraussetzungen sind in § 7 BBG bzw. § 7 BeamtStG genannt. Danach ist Voraussetzung für die Ernennung insbesondere, dass

---

[1086] Vgl. dazu BVerwGE **40**, 104, 107; **65**, 270, 272; BVerwG DVBl **1991**, 642 f.

[1087] Vgl. § 12 I BBG, Art. 60 I GG und Art. 58 S. 1 GG; siehe auch § 86 I BBG.

[1088] Vgl. die entsprechende Landesverfassung.

- der Bewerber **Deutscher** i.S.d. Art 116 GG oder ein Staatsbürger eines EU-Mitgliedstaates ist (§ 7 I Nr. 1 BBG bzw. § 7 I Nr. 1 BeamtStG). Bewerber aus Mitgliedstaaten der EU dürfen aber nicht zu Beamten ernannt werden, „wenn die Aufgaben es erfordern" (vgl. § 7 II BBG bzw. § 7 II BeamtStG, Art. 45 IV AEUV). Zu den Ausnahmen auf Bundes- und Landesebene siehe § 7 III BBG bzw. § 7 III BeamtStG. **752**

- er die Gewähr dafür bietet, jederzeit für die **freiheitliche demokratische Grundordnung** i.S.d. Grundgesetzes einzutreten (vgl. §§ 7 I Nr. 2 BBG, 60 I S. 3 BBG bzw. §§ 7 I Nr. 2, 33 I S. 3 BeamtStG).[1089] **753**

Das „jederzeitige Eintreten" bezieht sich auf die Grundlagen der grundgesetzlichen Ordnung, nämlich auf die Grundrechtsordnung und die Strukturprinzipien des Rechtsstaates, der Demokratie, des Bundesstaates, des Sozialstaates und der Republik.[1090] Besonders problematisch ist es, wenn der Bewerber in einer politischen Partei tätig ist, die zwar nicht verboten ist, wohl aber die materiellen Voraussetzungen für ein Verbot erfüllt (vgl. Art. 21 II S. 1 GG). Ausgangspunkt ist die Regelung des Art. 21 II S. 2 GG, wonach politische Parteien solange als verfassungskonform gelten, bis das BVerfG durch einen Antrag gem. § 43 BVerfGG Gegenteiliges entschieden hat (sog. Parteienprivileg).[1091] In der Vergangenheit sind zwar Mitglieder der DKP, der NPD und der „Republikaner" als „Verfassungsfeinde" eingestuft worden. Auch wurde jüngst ein Verfahren nach Art. 21 II S. 2 GG, § 43 BVerfGG gegen die NPD eingeleitet, jedoch vom BVerfG eingestellt.[1092] Gleichwohl sind die Mitglieder dieser Parteien unter Billigung der Rechtsprechung Konsequenzen wegen Verstoßes gegen die beamtenrechtliche Treuepflicht ausgesetzt bzw. wegen Fehlens der Ernennungsvoraussetzungen nicht zu Beamten ernannt worden.[1093] Dabei wurden je nach der Intensität des Engagements folgende Abstufungen vorgenommen: Die bloße Parteimitgliedschaft war in aller Regel noch nicht geeignet, eine Einschätzung der Verfassungstreue zu ermöglichen.[1094] Etwas anderes galt im Hinblick auf eine Funktionsträgerschaft oder eine Kandidatur bei Wahlen. Dort war und ist eine genauere Einzelfallprüfung geboten.[1095] Umstritten ist auch, nach welchem Verfahren die Überprüfung von Bewerbern stattfinden soll. In einigen Bundesländern erfolgte und erfolgt die Überprüfung in Form einer Regelanfrage bei den Ämtern für Verfassungsschutz, in anderen Bundesländern nur aus besonderem Anlass. In den neuen Bundesländern steht die Anfrage bei der sog. Gauck-Behörde wegen früherer MfS-Tätigkeit im Vordergrund.[1096] Zu beachten ist schließlich, dass es sich bei der Gewährbieteklausel um einen **unbestimmten Rechtsbegriff** handelt. Unbestimmte Rechtsbegriffe sind grundsätzlich gerichtlich voll überprüfbar. Eine Ausnahme ist nur dort zu machen, wo der Entscheidungsbehörde eine besondere Prüfungskompetenz zukommt, etwa bei Entscheidungen mit prognostischem Charakter oder wenn die Behörde eine besondere Sachnähe zur Materie besitzt. Hier spricht man von einem **Beurteilungsspielraum**. In einem solchen Fall beschränkt sich die gerichtliche Überprüfbarkeit auf die Einhaltung anerkannter Bewertungsmaßstäbe, ob also die Bandbreite möglicher Entscheidungen nicht verlassen wurde. Nach der Rechtsprechung kommt der Entscheidung über die Ernennung eines Beamten ein solcher Beurteilungsspielraum zu,

---

[1089] Zu diesem hergebrachten Grundsatz des (Berufs-)Beamtentums vgl. bereits Rn 698.
[1090] Vgl. nur VGH Mannheim NVwZ **2001**, 1434, 1435 unter Bezugnahme auf BVerfGE **2**, 1, 12 f.
[1091] Vgl. dazu BVerwG NVwZ **2000**, 176.
[1092] Vgl. BVerfGE **107**, 339 ff.
[1093] Vgl. dazu VGH Kassel NVwZ **1999**, 904, 905 f.; siehe auch BVerwG NJW **2000**, 236 L.
[1094] Anders aber VGH Kassel a.a.O., der von einer fehlenden Verfassungstreue ausgeht, wenn der Beamte bewusst in einer Partei verbleibt, die höchstrichterlich als allgemein oder jedenfalls überwiegend verfassungsfeindlich bezeichnet worden ist.
[1095] Vgl. auch dazu VGH Kassel a.a.O.
[1096] Vgl. dazu BVerwG LKV **2001**, 75 L; OVG Weimar ZBR 2000, 98; VG Potsdam ZBR **2000**, 282; VG Schwerin DöD **2000**, 166; *Battis*, NJW **2001**, 1101, 1103; **2000**, 1079, 1081 f.; *Patermann*, NVwZ-Beilage II/**2001**, 25, 27.

denn es müsse das künftige Verhalten des Bewerbers eingeschätzt werden.[1097] Die Literatur steht dem teilweise kritisch gegenüber. Das in einem unbestimmten Rechtsbegriff auszumachende Prognoseelement allein reiche nicht aus, um dessen gerichtliche Überprüfbarkeit einzuschränken. Anders als im Hinblick auf die Eignung für die spezifischen Anforderungen eines Amtes sei die Gewähr der Verfassungstreue daher nach allgemeinen Grundsätzen zu beurteilen. Ein sachlicher Kompetenzvorsprung der Behörde gegenüber dem Gericht bestehe nicht. Vielmehr sei der Begriff der Verfassungstreue mit dem Begriff der „Unzuverlässigkeit" i.S.d. § 35 GewO zu vergleichen.[1098] Dort besteht unstreitig die volle Überprüfbarkeit durch das Gericht. Jedenfalls ist ein Beurteilungsspielraum bei der Prüfung der „Eignung" anzunehmen. Vgl. dazu Rn 756.

754   ▪   der Bewerber die für seine Laufbahn vorgeschriebene **Vorbildung** besitzt (bei Laufbahnbewerbern, vgl. § 7 I Nr. 3a BBG, § 4 I Nr. 3 BRRG. Als Vorbildung kommt etwa der Vorbereitungsdienst (Referendarsdienst) in Betracht. Für Rechtsprofessoren ist das Rechtsreferendariat i.d.R. nicht Voraussetzung (vgl. das jeweilige Beamten- bzw. Hochschulgesetz).

Zumindest auf Bundesebene kann die erforderliche Befähigung auch durch **Lebens- und Berufserfahrung** innerhalb oder außerhalb des öffentlichen Dienstes erworben worden sein und daher „mitgebracht" werden (vgl. § 7 I Nr. 3b BBG). Ob dies auch auf Landesebene in Betracht kommt, ist eine Frage des jeweiligen Landesbeamtengesetzes.

755   Entspricht die Ernennungsurkunde nicht den vorgenannten Voraussetzungen, ist sie nichtig (§ 13 I Nr. 1 BBG bzw. § 11 I Nr. 1 BeamtStG). Der Betroffene ist dann nicht ernannt.

756   Schließlich erfolgt die Entscheidung über die Ernennung regelmäßig als **Auswahlentscheidung** zwischen mehreren Bewerbern. Bei dieser Auswahlentscheidung sind die Vorgaben des Art. 33 II, III GG (**Leistungsprinzip**) zu beachten. Dieses Leistungsprinzip hat über den Zugang zum und das Fortkommen im öffentlichen Dienst zu entscheiden, ist also auswahlbestimmend.[1099] Die Auswahlentscheidung ist strikt nach dem Wortlaut des Art. 33 II GG (wiederholt in § 9 BBG bzw. § 9 BeamtStG) an der **Eignung**, **Befähigung** und der **fachlichen Leistung** auszurichten.[1100]

▪   Unter **Eignung** versteht man die persönliche, intellektuelle und charakterliche Eigenschaft.

▪   Mit dem Begriff **Befähigung** werden die allgemeinen für die dienstliche Verwendung bedeutsamen Eigenschaften wie Begabung, Allgemeinwissen, Lebenserfahrung und allgemeine Ausbildung umschrieben.[1101]

▪   Die **fachliche Leistung** kennzeichnet die bisherige Arbeitsleistung in Form von praktischer Tätigkeit.[1102] Der Begriff zielt auf die Arbeitsergebnisse des Beamten bei Wahrnehmung seiner dienstlichen Aufgaben, auf Fachwissen und Fachkönnen.[1103]

[1097] BVerfGE **39**, 334, 354; BVerwG DVBl **1994**, 111, 112; vgl. auch VGH Kassel NVwZ **1999**, 904, 905, der zwar nicht den Fall der Ernennung, sondern über ein Disziplinarverfahren zu entscheiden hatte, gleichwohl aber das prognostische Element bei der Entscheidung hervorhebt. Vgl. auch VGH Mannheim NVwZ **2001**, 1424, der diese Grundsätze hervorhebt und sogar auf die Einschätzung der Verfassungstreue eines Einbürgerungsbewerbers (vgl. § 8 StAG) überträgt.

[1098] *Kunig*, Das Recht des öffentlichen Dienstes, in: Schmidt-Aßmann, BesVerwR, 6. Abschnitt Rn 84.

[1099] Vgl. VG Lüneburg NJW **2001**, 767 ff. mit Bespr. von *Böckenförde*, NJW **2001**, 723 ff. und *Debus*, NVwZ **2001**, 1355 ff. Vgl. auch BVerfG NVwZ **2002**, 1367; BVerwG NJW **2002**, 3344 ff.; *Lietzmann*, JuS **2001**, 571, 572 ff.; *Künzler*, SächsVBl **2006**, 153.

[1100] Vgl. dazu auch BVerfG NVwZ **2003**, 200; BVerwGE **122**, 147, 151; BVerwG NVwZ **2001**, 200, 201; NVwZ-RR **2002**, 47; VG Lüneburg NJW **2001**, 767, 768; *Künzler*, SächsVBl **2006**, 153.

[1101] BVerwGE **122**, 147, 151.

[1102] Vgl. *Jarass*, in: Jarass/Pieroth, GG, Art. 33 Rn 10.

[1103] BVerwGE **122**, 147, 151.

Das **Auswahlverfahren** ist wegen der Pflicht der Einstellungsbehörde, das Leistungsprinzip zu beachten sowie wegen des Individualanspruchs jedes Bewerbers auf Einhaltung des Auswahlverfahrens (sog. Bewerbungsverfahrensanspruch) **streng formalisiert**. Schließlich erfordern die sog. „Beamtenprivilegien" (weitestgehende leistungsunabhängige Alimentation; kaum Möglichkeiten der Entlassung; Pensionsansprüche), die mit der Ernennung des ausgewählten Bewerbers zum Beamten verbunden sind, ein korrektes Auswahlverfahren.

757

Ob eine Lehrerin muslimischen Glaubens, die sich auf eine als Beamtenverhältnis ausgestaltete Lehrerstelle bewirbt, „geeignet" im dargelegten Sinne ist, wenn sie im Unterricht ein **Kopftuch** tragen möchte, kann allein unter Heranziehung des Kriteriums der „Eignung" beantwortet werden. Dennoch meint das BVerfG – entgegen allem juristischen Verständnis bezüglich des Gesetzesvorbehalts – dass diese Frage nur der Gesetzgeber regeln könne.[1104] Damit statuiert das Gericht das Erfordernis einer parlamentarischen Rechtsgrundlage für ein Gebiet, für das der Gesetzgeber der Verwaltung gerade einen Beurteilungsspielraum eingeräumt hat. Das ist mit der Systematik des Beamtenrechts nur schwer vereinbar. In der Praxis haben die meisten Bundesländer jedoch auf dieses Urteil reagiert und Eignungsregelungen in die Beamtengesetze bzw. Schulgesetze aufgenommen. Zur Kritik vgl. Rn 760.

758

Zu beachten ist, dass die Auswahl **ohne** Rücksicht auf **Geschlecht**, **Abstammung**, **Rasse**, **Glauben**, **religiöse** oder **politische Anschauungen**[1105], Herkunft oder Beziehungen vorzunehmen ist (Art. 3 III, 33 III GG, § 9 BBG bzw. § 9 BeamtStG).

759

Beispiel: Es existiert eine Regelung, wonach **weiblichen Bewerbern** mit der gleichen Qualifikation wie die männlichen Mitbewerber bei der Bewerbung um einen Posten, bei dem im jeweiligen Anstellungs- oder Beförderungsamt weniger Frauen als Männer beschäftigt sind, bei einer Einstellung oder Beförderung **automatisch der Vorzug** eingeräumt wird.

760

Eine derartige geschlechtsbezogene Diskriminierung ist (europarechtlich) unzulässig.[1106] Daran ändert auch die neue Staatszielbestimmung des Art. 3 II S. 2 GG nichts, wonach der Staat die tatsächliche Durchsetzung der Gleichberechtigung von Frauen und Männern fördert und auf die Beseitigung bestehender Nachteile hinwirkt.[1107] Allerdings ist nach einem neueren Judikat des EuGH die sog. **Öffnungsklausel** (vgl. z.B. § 25 VI S. 2 LBG NRW), nach der **Frauen nicht vorrangig befördert** (ergänze: ernannt) werden müssen, sofern in der Person des männlichen Bewerbers liegende Gründe überwiegen, mit der erwähnten Richtlinie vereinbar.[1108] Der EuGH hob hervor, dass solche Öffnungsklauseln zum Abbau der tatsächlichen Ungleichstellung beitragen könnten. Zulässig seien sie dann, wenn im Einzelfall garantiert sei, dass eine „objektive" Beurteilung folge, alle in Betracht kommenden Kriterien gewürdigt würden und eben der Frauen-Vorrang entfalle, sobald solche Kriterien zugunsten des Mannes „überwögen". Diesen Kriterien dürfe aber nicht ihrerseits diskriminierende Wirkung zukommen.

761

[1104] BVerfGE **108**, 282, 294 ff.

[1105] Zur (rechtswidrigen) Versagung der Einstellung einer Lehrerin wegen Tragens eines Kopftuches im Unterricht vgl. BVerfGE **108**, 282 ff.; BVerwGE **116**, 359 ff., und Rn 769.

[1106] EuGH NJW **1995**, 3109 ff. (Fall Kalanke); vgl. dazu auch *Holznagel/Schlünder*, Jura **1996**, 519 ff. und EuGH NJW **2001**, 1045 mit Bespr. v. *Trautwein*, JA **2001**, 540.

[1107] OVG Lüneburg NVwZ **1996**, 497, 499; VG Arnsberg NVwZ **1995**, 725; VG Schleswig NVwZ **1995**, 724.

[1108] EuGH DVBl **1998**, 181 ff. (Fall Marschall); vgl. dazu *Erichsen*, JK **1998**, GG Art. 3 II/8.

762 Etwas anderes gilt nach h.M. im Hinblick auf eine **Schwerbehinderung**. Das Sozialstaatsprinzip des Art. 20 I GG legitimiere grundsätzlich die vorrangige Auswahl eines Schwerbehinderten bei gleicher Leistung.[1109]

763 Verboten ist aber weiterhin die Bevorzugung einzelner Personen aus **sachwidrigen Gründen**. So ist die vorrangige Auswahl eines Bewerbers oder dessen Ablehnung aufgrund politischer, landmannschaftlicher oder religiöser Verbundenheit unzulässig. Auch ein Proporz ist unzulässig. Freilich sind Verstöße gegen diese Prinzipien in der (gerichtlichen) Praxis kaum nachzuweisen. Denn wo in der Einstellungsbehörde Seilschaften und inoffizielle Interessenverbände bestehen, wird man die Ernennung des „Wunschkandidaten" und die Ablehnung des unerwünschten, aber fachlich überlegenen Mitbewerbers juristisch „wasserdicht" machen. Eine Überschreitung des sehr weiten Beurteilungsspielraums wird dann kaum nachzuweisen sein, auch wenn die Instanzgerichte – angeleitet von der Judikatur des BVerfG und des BVerwG – in den letzten Jahren die Prüfungstiefe der Konkurrentenstreitigkeiten ausgeweitet haben (dazu Rn 779 ff.).

764 Auch Differenzierungen hinsichtlich des Dienstes von **Frauen in den Streitkräften** sind seit dem Urteil des EuGH[1110] nicht mehr zulässig. Die Richtlinie 76/207/EWG stehe der Anwendung nationaler Bestimmungen entgegen, die, wie die des zum Zeitpunkt der Entscheidung geltenden deutschen Rechts, Frauen allgemein vom Dienst an der Waffe ausschließen und ihnen nur den Zugang zum Sanitäts- und Militärmusikdienst erlauben (vgl. Art. 12a I und IV S. 2 GG a.F.).

765 **Sachverhalt zum Urteil des EuGH:** K ist im Sanitätsdienst der Bundeswehr tätig. Als sie sich für die Übernahme in den allgemeinen militärischen Truppendienst bewirbt, versagt ihr die zuständige Stelle die Übernahme mit dem Verweis auf die bestehende Rechtslage (vgl. Art. 12a IV S. 2 GG, § 1 II SoldatenG und § 3a SoldatenlaufbahnVO, jeweils a.F.), wonach Frauen in der Bundeswehr lediglich zum Sanitäts- und Musikdienst herangezogen werden dürfen.[1111] Nach erfolglosem Widerspruch klagt K vor dem Verwaltungsgericht (VG). Das VG hat Bedenken an der Vereinbarkeit der o.g. Regelung mit der Richtlinie 76/207/EWG und legt gem. Art. 267 AEUV dem EuGH eine Frage hinsichtlich der Auslegung der Richtlinie vor. Das VG möchte die Frage geklärt wissen, ob die Richtlinie der Anwendung nationaler Bestimmungen entgegensteht, die, wie die des deutschen Rechts, Frauen vom Dienst an der Waffe ausschließen und ihnen nur den Zugang zum Sanitäts- und Musikdienst erlauben.

Lösungsgesichtspunkte:
1. Kompetenz der Gemeinschaft zur Regelung der Frage
Zunächst müsste die Gemeinschaft zur Regelung der Frage nach dem Zugang zum allgemeinen Militärdienst zuständig sein. Es gilt das Prinzip der enumerativen Ermächtigung. Die Organe der Gemeinschaft dürfen nur insoweit tätig werden, als ihnen das durch die übertragenen Kompetenzen eingeräumt wurde (vgl. Art. 5 AEUV). Dies ist für den Bereich der Verteidigung nicht der Fall. Kompetenzen bezüglich der Organisation und Zusammensetzung der Streitkräfte verbleiben bei den Mitgliedstaaten.[1112] Vorliegend sind allerdings auch Aspekte der Sozialpolitik betroffen, wofür den Organen der Gemeinschaft die Handlungsermächtigung gem. Art. 157 III AEUV zusteht. Zudem ge-

---

[1109] Vgl. § 4 III S. 2 und § 13 BLV; § 11a ArbeitsplatzschutzG, BVerfG NVwZ **2009**, 389 f. und *Kunig*, Das Recht des öffentlichen Dienstes, in: Schmidt-Aßmann, BesVerwR, 6. Abschnitt Rn 86. Zur Förderung Behinderter im öffentlichen Dienst nach der Einfügung des Art. 3 III S. 2 GG vgl. *Schwidden*, RiA **1997**, 70 ff.
[1110] EuGH NJW **2000**, 497 ff. (Fall Tanja Kreil).
[1111] Bis zu der Entscheidung des EuGH war herrschende Meinung, dass Frauen keinen (auch keinen freiwilligen) Dienst an der Waffe verrichten dürfen, vgl. nur BVerwGE **103**, 301, 303 f.; *Scholz*, in: Maunz/Dürig, GG, Art. 12a Rn 199; *Gubelt*, in: v. Münch/Kunig, GG, Art. 12a, Rn 20; tendenziell auch BVerfG-K NJW **1998**, 57; **einschränkend** *Müller/Schulzky*, NVwZ **2000**, 1381 ff.; *Kokott*, in: Sachs, GG, Art. 12a Rn 5 ff.; *Sachs*, in: HdbStR, § 13 Rn 131; *Jarass*, in: Jarass/Pieroth, GG, Art. 12a Rn 3; *Zuleeg*, DÖV **1997**, 1017, 1020 f.: freiwilliger Dienst zulässig.
[1112] Vgl. dazu *Heselhaus/ Schmidt De Caluwe*, NJW **2001**, 263, 265.

bietet das effet utile Prinzip die einheitliche und umfassende Anwendung auch der Richtlinie 76/207/EWG, selbst wenn es um Bereiche der inneren und äußeren Sicherheit geht. Schließlich ist seit langem anerkannt, dass die Richtlinie 76/207/EWG auch auf öffentlich-rechtliche Dienstverhältnisse anwendbar ist.[1113] Eine Anwendung der Richtlinie auf den Dienst in den Streitkräften würde demnach nur dann nicht in Betracht kommen, wenn anderenfalls die Handlungsfähigkeit und die Einsatzbereitschaft der Armee beeinträchtigt würden. Das ist jedoch nicht der Fall.[1114]

2. Ausnahmebestimmung des Art. 2 II der Richtlinie 76/207/EWG

Die Gleichbehandlungsrichtlinie steht gem. ihrem Art. 2 II nicht der Befugnis der Mitgliedstaaten entgegen, solche beruflichen Tätigkeiten und ggf. die dazu jeweils erforderliche Ausbildung, für die das Geschlecht aufgrund ihrer Art oder der Bedingungen ihrer Ausübung eine *unabdingbare* Voraussetzung darstellt, von ihrem Anwendungsbereich auszuschließen. Ob es eine *unabdingbare* Voraussetzung für die Handlungsfähigkeit und die Einsatzbereitschaft der Armee ist, dass nur Männer im Truppendienst tätig sein können, ist zu bezweifeln. Mag dies für spezielle Kampfeinheiten gelten[1115], ist es keine *unabdingbare* Voraussetzung, dass allgemein nur Männer den Dienst an der Waffe verrichten können.

3. Unverhältnismäßigkeit der bisherigen Ungleichbehandlung

Die Anwendbarkeit der Richtlinie auf den vorliegenden Fall bedeutet noch nicht, dass die bisherige Regelung generell mit Gemeinschaftsrecht unvereinbar ist. Vielmehr gilt auch für das Gemeinschaftsrecht der Grundsatz der Verhältnismäßigkeit. Die Ungleichbehandlung von Männern und Frauen ist also dann gerechtfertigt, wenn sie weder willkürlich erfolgt noch unverhältnismäßig ist. Allerdings besitzen die Mitgliedstaaten bei der Beurteilung einen weiten Spielraum, der nur dann überschritten ist, wenn das Ergebnis der Abwägung auf einer unvertretbaren Würdigung beruht oder aber überhaupt keine Abwägung stattfindet. In der Bundesrepublik Deutschland waren Frauen vollständig vom Dienst an der Waffe ausgenommen. Es fand somit überhaupt keine Abwägung zwischen den Belangen der sich für den allgemeinen militärischen Dienst interessierenden Frauen und der Handlungsfähigkeit und der Einsatzbereitschaft der Bundeswehr statt.

4. Ergebnis

Die Richtlinie 76/207/EWG steht dem generellen Ausschluss der Frauen vom Dienst an der Waffe entgegen. Das VG wird das Urteil des EuGH in seiner Entscheidungsfindung berücksichtigen und der Klage der K stattgeben.[1116]

Der Gesetzgeber hat inzwischen auf die Entscheidung des EuGH reagiert und mit der neuen Formulierung in Art. 12a GG („Sie dürfen auf keinen Fall zum Dienst mit der Waffe verpflichtet werden") klargestellt, dass Frauen in der Bundeswehr freiwillig Dienst an der Waffe leisten dürfen.[1117]   **766**

Die der Auswahlentscheidung zugrunde liegenden Kriterien *Eignung, Befähigung* und *fachliche Leistung* sind **unbestimmte Rechtsbegriffe** (zur Definition vgl. Rn 756), denen eine **Beurteilungsermächtigung** für die entscheidende Behörde innewohnt.[1118] Diese Beurteilungsermächtigung schließt einen Prognosespielraum ein. So ist es nicht zu beanstanden, wenn die Einstellungsbehörde bei der Besetzung einer   **767**

[1113] St. Rspr. seit EuGH Slg **1985**, 1459; vgl. auch *Müller/Schultzky*, NVwZ **2000**, 1381 ff.

[1114] Anders *Rupert Scholz*, FAZ v. 28.10.**2000**, und *Köster/Schröder*, NJW **2001**, 273 f., die bei dem Urteil des EuGH von einem Verstoß gegen die Kompetenzordnung der EU ausgehen.

[1115] So der EuGH EuZW **2000**, 27 Rn 29-31 (Sirdar).

[1116] Vgl. dazu auch *Stahn*, EuGRZ **2000**, 121; *Streinz*, DVBl **2000**, 585 und *Heselhaus/Schmidt-De Caluwe*, NJW **2001**, 263 ff.

[1117] Vgl. dazu *Müller/Schulzky*, NVwZ **2000**, 1381 ff.

[1118] Vgl. BVerfG NVwZ **2003**, 200; BVerwG NVwZ **2001**, 200, 201; BVerwGE **68**, 109 f.; **15**, 39 ff.; **8**, 192, 195; OVG Koblenz NVwZ **2007**, 109, 110; *Lietzmann*, JuS **2001**, 571, 572 ff.

Stelle einem Bewerber den Vorzug gibt, der im Vergleich zu anderen Bewerbern die bessere Gewähr für die Umsetzung der von der Einstellungsbehörde getroffenen Grundsatzentscheidungen bietet.[1119]

767a Ist der Einstellungsbehörde also ein **Beurteilungsspielraum** eingeräumt, beschränkt sich die gerichtliche Überprüfung auf die Frage, ob die Behörde von einem zutreffenden Sachverhalt ausgegangen ist, ob sie allgemein gültige Wert- und Beurteilungsmaßstäbe beachtet hat oder ob sie sachwidrige Erwägungen hat einfließen lassen, was insbesondere dann nahe liegt, wenn sie bei der Beschreibung des Anforderungsprofils von den gesetzlichen Anforderungen abweicht (vgl. dazu Rn 801).[1120] Wegen der Relativität der drei Kriterien ist dem Entscheidungsträger aber auch zuzubilligen, im Rahmen sachgerechter Beurteilung eine Gewichtung zwischen den einzelnen Kriterien vorzunehmen. In diesem Fall beschränkt sich eine Nachprüfung auf eine Plausibilitätskontrolle.

Trotz Vorliegens der Ernennungsvoraussetzungen besteht grundsätzlich **kein Anspruch auf Ernennung**. Der Dienstherr hat also grundsätzlich *nicht* die Pflicht, den bei der Auswahl obsiegenden Bewerber zu ernennen, wenn ein sachlicher Grund für den Verfahrensabbruch besteht. Unter diesen Voraussetzungen kann er einen anderen Bewerbungstermin abwarten und auf insgesamt qualifiziertere Bewerber hoffen.

768 Grundsätzlich besteht also kein Anspruch auf eine bestimmte Entscheidung. Es besteht jedoch ein **subjektives öffentliches Recht** auf eine rechtsfehlerfreie **Ermessensausübung und eine beurteilungsfehlerfreie Entscheidung** hinsichtlich der Einstellung. Der Dienstherr muss also erkennen, dass er den qualifiziertesten Bewerber ernennen kann, dass er sich an den gesetzlichen Grenzen orientieren (Einhaltung des Grundsatzes vom Vorrang und Vorbehalt des Gesetzes, des Grundsatzes der Verhältnismäßigkeit und Beachtung der Grundrechte) und dass er das Ermessen entsprechend dem Zweck der Ermächtigung ausüben muss (vgl. § 40 VwVfG, § 114 VwGO). Die Ermessensausübung kann sich aber im Einzelfall derart verdichten, dass nur die Entscheidung, den Betroffenen zu ernennen, rechtsfehlerfrei ist (sog. **Ermessensreduzierung auf Null**). Das ist zunächst dann der Fall, wenn die Ernennung zuvor von der zuständigen Stelle **zugesichert** wurde (vgl. § 38 VwVfG). Die Zusicherung, eine Ernennung durchzuführen, ist nach allgemeiner Auffassung rechtlich zulässig. Im Übrigen sind die Voraussetzungen des § 38 VwVfG zu beachten (insbesondere die Schriftform). Anspruchsgrundlage ist in einem solchen Fall also die Zusicherung. Auch wenn ein Einstellungsgebot abgegeben wurde und kein vernünftiger Grund ersichtlich ist, die anschließende Einstellung nicht vorzunehmen, besteht ein Anspruch auf Einstellung, der mit Hilfe der **Verpflichtungsklage** durchgesetzt werden kann.[1121]

769 **Kopftuchstreit[1122]:** B begehrt die Einstellung als Beamtin auf Probe in den staatlichen Schuldienst. Sie ist in Afghanistan geboren, besitzt aber seit vielen Jahren die deutsche Staatsbürgerschaft. Zum 1.4.2010 bewarb sie sich für die Einstellung in den niedersächsischen Schuldienst für das Lehramt an Grund- und Hauptschulen. Am 12.2.2010 kam es zu einem Vorstellungsgespräch, bei dem auch das Tragen eines Kopftuches zur Sprache kam, das B während der Dienstzeit innerhalb und außerhalb des Unterrichts in jedem Fall tragen

---

[1119] Vgl. dazu OVG Koblenz NVwZ **2007**, 109, 110 (bzgl. einer Schulleiterstelle).

[1120] Vgl. dazu VG Lüneburg NJW **2001**, 767 f.; BVerwG NJW **2002**, 3344 ff.; *Beaucamp*, JA **2002**, 314 ff. Generell zum Beurteilungsspielraum bei dienstlichen Beurteilungen vgl. BVerfG NVwZ **2002**, 1368 f.

[1121] VG Lüneburg NJW **2001**, 767, 768.

[1122] In Anlehnung an BVerfGE **108**, 282 ff.; BVerwGE **116**, 359 ff. (mit Bespr. v. *Lyra*, JA **2003**, 119 ff.; *Ipsen*, NVwZ **2003**, 1210 ff.; *Hufen*, JuS **2003**, 1220 ff.; *Neureither*, JuS **2003**, 541 f.); VG Lüneburg NJW **2001**, 767 ff. (mit Bespr. von *Böckenförde*, NJW **2001**, 723 ff. und *Debus*, NVwZ **2001**, 1355 ff.). Sachverhalt und Datumsangaben sind gegenüber der Entscheidung des BVerfG leicht modifiziert.

will. Gleichzeitig versicherte B aber, auf die religiösen und weltanschaulichen Belange der Schüler Rücksicht zu nehmen. Eine Woche später, am 19.2.2010 erhielt B eine Einstellungsabsichtserklärung. Nachdem der Einstellungsbehörde nun aber Bedenken kamen, beabsichtigte sie, das Einstellungsangebot zurückzunehmen. Daher wurde B mit Schreiben vom 19.3.2010 zur beabsichtigten Rücknahme des Einstellungsangebots angehört. Zur Begründung dafür gab die Einstellungsbehörde an, die verfassungsrechtlich geforderte Neutralität der Schule, das Erziehungsrecht der Eltern nach Art. 6 II GG und die negative Glaubensfreiheit der Schüler aus Art. 4 I, II GG verlangten, dass die Lehrkräfte sich in einer Weise kleideten, dass die Schüler in der Schule, besonders aber im Unterricht, nicht einem ihrer Überzeugung widersprechenden religiösen oder weltanschaulichen Einfluss ausgesetzt seien. Mit Schreiben vom 22.3.2010 teilte die Einstellungsbehörde der B mit, ihre Einstellungsabsichtserklärung sei als gegenstandslos zu betrachten. Hinderungsgrund sei die bereits vormalig vertretene Auffassung. Am 24.3.2010 erhielt B darüber hinaus noch ein Schreiben des Inhalts, dass es nach eingehender Auswertung aller vorliegenden Bewerbungen nicht möglich gewesen sei, ihre Bewerbung um Einstellung als Lehrkraft auf eine Stelle bzw. einen Arbeitsplatz zum 1.4.2010 zu berücksichtigen. Nach erfolglos durchgeführtem Widerspruchsverfahren erhebt B fristgerecht Klage vor dem Verwaltungsgericht. Mit Erfolg?

I. Sachentscheidungsvoraussetzungen

Der Verwaltungsrechtsweg ist gem. § 54 I BeamtStG eröffnet. Statthaft ist die Verpflichtungsklage gem. § 42 I Var. 2 VwGO, da die B die Einstellung zur Beamtin auf Probe begehrt, und eine Einstellung zum Beamten einen Verwaltungsakt darstellt. Die Klagebefugnis (§ 42 II VwGO) ist zu bejahen, weil nicht ausgeschlossen werden kann, dass die B in ihren Rechten aus Art. 33 II, III, GG verletzt ist. Von der fristgerechten Klageerhebung und dem Vorliegen der übrigen Sachentscheidungsvoraussetzungen (insbesondere dem Vorverfahren gem. § 54 II S. 1 BeamtStG) ist auszugehen.

II. Begründetheit

B könnte durch die Ablehnung in ihren Rechten aus Art. 33 II i.V.m. Art. 4 I, II GG i.V.m. Art. 33 III GG verletzt worden sein. Sollte eine Rechtsverletzung zu bejahen sein, folgt daraus ein Anspruch auf Einstellung gem. Art. 33 II GG (vgl. § 113 V S. 1 VwGO).

1. Voraussetzungen für die Einstellung

Nach der gegenwärtigen Rechtslage ist die Einstellungsentscheidung strikt nach dem Wortlaut des Art. 33 II, III GG (wiederholt in § 9 BBG bzw. § 9 BeamtStG und in den Landesbeamtengesetzen) an der **Eignung**, **Befähigung** und der **fachlichen Leistung** auszurichten (sog. Leistungsprinzip). Daraus folgt, dass zwar kein materiell-rechtlich ausgeformter Anspruch auf Einstellung besteht, der Bewerber um eine Beamtenstelle aber das Recht auf pflichtgemäße und vor allem sachgerechte Beurteilung und Entscheidung des gestellten Antrags hat (sog. Bewerbungsverfahrensanspruch). Sollte sich dabei herausstellen, dass keine sachlichen Gründe gegen eine Einstellung sprechen, verdichtet sich dieses Recht zum Recht auf den Erhalt des (in Rede stehenden) Amtes. Folglich ist vorliegend zu prüfen, ob sich die Ablehnung der B auf sachliche Gründe stützt.

An der Befähigung und der fachlichen Leistung hinsichtlich der B bestehen keine Zweifel. Solche wurden von der Einstellungsbehörde auch nicht angeführt. Fraglich ist dagegen die **Eignung**.

An der Erfüllung der Einstellungsvoraussetzungen nach § 7 I BeamtStG i.V.m. der entsprechenden Norm des LBG bestehen keine Bedenken. B ist Deutsche, sie verfügt über die erforderliche Vorbildung und es bestehen keine Bedenken an ihrer Verfassungstreue.

Hinsichtlich der Kriterien der Eignung, Befähigung und der fachlichen Leistung steht auch im Schulrecht der Einstellungsbehörde nach der bisherigen höchstrichterlichen Rechtsprechung ein **Beurteilungsspielraum**[1123] zu, der gerichtlich nur beschränkt überprüfbar ist,

---

[1123] Generell zum Beurteilungsspielraum bei dienstlichen Beurteilungen vgl. BVerfG NVwZ **2002**, 1368 f.

und zwar im Hinblick darauf, ob die Einstellungsbehörde die anzuwendenden Begriffe verkannt, ihrer Beurteilung einen unrichtigen Sachverhalt zugrunde gelegt, allgemeine Wertmaßstäbe nicht beachtet, sachwidrige Erwägungen angestellt oder Verfahrensfehler begangen hat. Im vorliegenden Fall kommt lediglich eine Missachtung allgemeiner Wertmaßstäbe in Betracht, da die Einstellungsbehörde einen Eignungsmangel allein deshalb angenommen hat, weil B im Unterricht ein Kopftuch tragen möchte.

Beachtung von allgemeinen Wertmaßstäben bedeutet im zu prüfenden Fall, dass die Einstellungsbehörde gegenläufige Prinzipien in ein Verhältnis **praktischer Konkordanz** bringen muss.

Das Tragen eines Kopftuchs durch B in Schule und Unterricht fällt unter den Schutz des Grundrechts der Glaubens- bzw. Bekenntnisfreiheit (Art. 4 I, II GG)[1124]. In Widerstreit mit diesem Grundrecht treten der staatliche Bildungs- und Erziehungsauftrag i.V.m. dem Prinzip **religiös-weltanschaulicher Neutralität** (Art. 4 I, II u. 7 I GG), die **negative Bekenntnisfreiheit** der Schüler bzw. der Eltern (Art. 4 I GG) sowie das **elterliche Erziehungsrecht** (Art. 6 II GG), die allesamt mit der Glaubens- bzw. Bekenntnisfreiheit der B in einen Ausgleich zu bringen sind.[1125]

Bringen Lehrkräfte religiöse oder weltanschauliche Bezüge in Schule und Unterricht ein, kann dies den in Neutralität zu erfüllenden staatlichen Erziehungsauftrag, das elterliche Erziehungsrecht und die negative Glaubensfreiheit der Schülerinnen und Schüler beeinträchtigen.

Hinsichtlich der dem Staat gebotenen religiös-weltanschaulichen Neutralität ist zu beachten, dass diese nicht im Sinne einer strikten Trennung von Staat und Kirche, sondern als eine offene und übergreifende, die Glaubensfreiheit für alle Bekenntnisse gleichermaßen fördernde Haltung zu verstehen ist. Dies gilt insbesondere auch für den Bereich der Pflichtschule. Christliche Bezüge sind bei der Gestaltung der öffentlichen Schule nicht schlechthin verboten; die Schule muss aber auch für andere weltanschauliche und religiöse Inhalte und Werte offen sein. In dieser Offenheit bewahrt der freiheitliche Staat des Grundgesetzes seine religiöse und weltanschauliche Neutralität. Insoweit drängt sich eine nicht zu rechtfertigende Kollision mit der staatlichen Neutralitätspflicht nicht auf.

Hinsichtlich der Kollision mit der negativen Bekenntnisfreiheit der Schüler und dem elterlichen Erziehungsrecht ist es zumindest möglich, dass dadurch Schüler beeinflusst und Konflikte mit Eltern ausgelöst werden, die den Schulfrieden stören und die Erfüllung des Erziehungsauftrags der Schule gefährden können. Auch die Bekleidung von Lehrern, die als religiös motiviert verstanden werden kann, kann so wirken. Soll daher das Tragen eines Kopftuches unterbunden werden, stellt sich dies nach Auffassung der die Entscheidung des BVerfG tragenden Senatsmehrheit[1126] als **Eingriff in die Religionsfreiheit** dar, wofür eine hinreichend bestimmte **gesetzliche Grundlage** erforderlich sei. Denn diese Bewertung gehe mit einer Einschränkung des vorbehaltlos gewährten Grundrechts aus Art. 4 I und II GG einher. Der mit zunehmender religiöser Pluralität verbundene gesellschaftliche Wandel müsse Anlass sein, das zulässige Ausmaß religiöser Bezüge in der Schule gesetzlich zu bestimmen. Die Schule sei der Ort, an dem unterschiedliche religiöse Auffassungen unausweichlich aufeinander träfen und wo sich dieses Nebeneinander in besonders empfindlicher Weise auswirke. Wie auf die gewandelten Verhältnisse zu antworten sei, habe nicht die Exekutive zu entscheiden. Vielmehr bedürfe es hierfür einer Regelung durch den demokratisch legitimierten Gesetzgeber. Nur er verfüge über eine Einschätzungsprärogative, die Behörden und Gerichte nicht für sich in Anspruch nehmen könnten. Ein Kopftuchverbot in öffentlichen Schulen als Element einer gesetzgeberischen Entscheidung über das Verhältnis von Staat und Religion im Schulwesen könne die Religionsfreiheit zulässigerwei-

---

[1124] Dass die Grundrechte grundsätzlich auch im Beamtenverhältnis und bei der Tätigkeit des Beamten gelten und nicht etwa beim Eintritt in das Beamtenverhältnis, wie man das noch nach 1949 meinte, an der Türe „abgegeben" werden, wurde bereits umfassend erörtert. In der Fallbearbeitung sollte ein kurzer Hinweis auf die grundsätzliche Geltung der Grundrechte im Beamtenverhältnis genügen. Längere Ausführungen sind dagegen entbehrlich (vgl. auch BVerfGE **108**, 282, 294 ff.; BVerwGE **116**, 359 ff.; *Lyra*, JA **2003**, 119 ff.).
[1125] Vgl. dazu BVerfGE **108**, 282, 294 ff.; BVerwGE **116**, 359 ff. und VGH München NVwZ **2002**, 1000 ff.
[1126] Die Entscheidung erging – wie bereits erwähnt – mit 5:3 Stimmen.

se einschränken. Diese Annahme stehe auch im Einklang mit Art. 9 der Europäischen Menschenrechtskonvention. Rechtsstaatsprinzip und Demokratiegebot verpflichteten den Gesetzgeber, die für die Grundrechtsverwirklichung maßgeblichen Regelungen selbst zu treffen. Dies gelte vor allem dann, wenn die betroffenen Grundrechte - wie hier - von der Verfassung ohne Gesetzesvorbehalt gewährleistet seien und eine Regelung damit in notwendiger Weise ihre verfassungsimmanenten Schranken bestimmen und konkretisieren müsse. Solche Regelungen seien dem Parlament vorbehalten, um sicher zu stellen, dass Entscheidungen von solcher Tragweite nicht der Exekutive überlassen bleiben. Daher sei die Sache an das BVerwG zurück zu verweisen.[1127]

Damit statuiert das BVerfG mit seiner Mehrheitsentscheidung also einen **Gesetzesvorbehalt** für das Tragen eines Kopftuches im Schulunterricht durch eine beamtete Lehrerin.

Diese Auffassung ist abzulehnen. Ob eine Lehrerin muslimischen Glaubens, die sich auf eine als Beamtenverhältnis ausgestaltete Lehrererstelle bewirbt, „geeignet" im dargelegten Sinne ist, wenn sie im Unterricht ein Kopftuch tragen möchte, kann ohne weiteres unter Heranziehung des Kriteriums der „Eignung" beantwortet werden. Wenn das BVerfG – entgegen jedem juristischen Verständnis bezüglich des Gesetzesvorbehalts – meint, dass diese Frage nur der Gesetzgeber regeln könne, statuiert es das Erfordernis einer parlamentarischen Rechtsgrundlage für ein Gebiet, für das der Gesetzgeber der Verwaltung gerade einen Beurteilungsspielraum eingeräumt hat. Das ist mit der Systematik des Beamtenrechts nur schwer vereinbar.

Der Richterspruch des BVerfG verkennt darüber hinaus, dass Beamte nicht nur Grundrechtsträger, sondern aufgrund ihrer Einbindung in den Staat auch Grundrechtsverpflichtete sind. Beamte sollen sich nicht nur auf ihre Grundrechte berufen können, sondern auch den grundsätzlichen Vorrang der Dienstpflichten und den darin verkörperten Willen der demokratischen Organe achten. Das Beamtenverhältnis als besondere Nähebeziehung zwischen Bürger und Staat ist gerade keine vom Grundrechtsanspruch des Beamten geprägte Rechtsbeziehung. Wer Beamter werden will, strebt (nicht zuletzt aus Gründen der praktischen Unkündbarkeit und der Alimentation) gerade die Nähe zur öffentlichen Gewalt an und begehrt - wie vorliegend die B - die Begründung eines besonderen Dienst- und Treueverhältnisses zum Staat. Diese Pflichtenstellung überlagert den grundsätzlich auch für Beamte geltenden Schutz der Grundrechte, soweit Aufgabe und Zweck des öffentlichen Amts dies erfordern und verhältnismäßig erscheinen lassen. Die dem Beamten obliegenden Verpflichtungen sind entscheidend für das Vertrauen der Bürger in die Erfüllung der Aufgaben des demokratischen Rechtsstaats. Hieraus folgt das Neutralitäts- und Mäßigungsgebot der Beamten, das der grundsätzlichen Neutralitätspflicht des Staates auch für den religiösen und weltanschaulichen Bereich entspricht. Es kennzeichnet das Berufsbeamtentum, dass der Dienstherr Dienstpflichten nach den jeweiligen Bedürfnissen einer rechtsstaatlichen und sachlich wirksamen Verwaltung festlegt. Diese Prinzipien gelten unmittelbar von Verfassungs wegen. Die Anforderungen an Zurückhaltung und Neutralität des Beamten bedürfen deshalb weder allgemein noch im Schulverhältnis weiterer gesetzlicher Konkretisierung.[1128]

Die vorliegend zu beurteilende Eignungsbeurteilung darf auch nicht mit einem Eingriff in die Glaubensfreiheit verwechselt werden. Die Neutralitätspflicht des beamteten Lehrers, die mit der negativen Bekenntnisfreiheit der Schüler bzw. der Eltern und dem elterlichen Erziehungsrecht in einen Ausgleich zu bringen sind, ergibt sich aus der Verfassung selbst, insbesondere aus Art. 33 II GG. Das Verlangen nach einer gesetzlichen Grundlage verkennt den Beurteilungsmaßstab für die Eignungsbeurteilung. Der Dienstherr muss gerade *vor* der Einstellungsentscheidung im Rahmen einer Prognose beurteilen, ob der Bewerber die erforderliche Eignung, Befähigung und Leistung erbringt bzw. erbringen wird. Denn die Entfernung eines Beamten auf Lebenszeit aus dem Dienst wegen Verletzung seiner Dienst-

---

[1127] BVerfGE **108**, 282, 294 ff. – Mehrheitsauffassung.
[1128] So das zutreffende Minderheitsvotum BVerfGE **108**, 282, 314 ff.

pflichten ist nach den Bestimmungen der Beamtengesetze nur sehr eingeschränkt möglich. Der Dienstherr hat also dafür zu sorgen, dass niemand Beamter wird, der nicht die Gewähr dafür bietet, die aus Art. 33 IV GG folgenden Dienstpflichten einzuhalten.

Die dem Landesgesetzgeber von der Senatsmehrheit anheim gestellte Aufgabe, sich unmittelbar aus Verfassungsrecht ergebende Beschränkungen deklaratorisch (d.h. in Form eines einfachen Parlamentsgesetzes) nachzuzeichnen, geht somit fehl. Denn es ist nicht Sache des BVerfG, zumal ein solches Gesetz möglicherweise in späteren Verfahren vor dem BVerfG erneut auf den Prüfstand gestellt wird (dazu sogleich Rn 770). Zudem wird die Volksvertretung im Unklaren gelassen, wie eine verfassungsgemäße Regelung aussehen könnte. Dass eine gesetzliche Rechtsgrundlage „hinreichend bestimmt" genug sein muss, ist vor dem Hintergrund des Demokratie- und Rechtsstaatsprinzips eine Selbstverständlichkeit und keine Besonderheit des vorliegenden Falles. Auch erfahren Rechtsprechung und Verwaltung nicht, wie sie bis zum Erlass eines Landesgesetzes verfahren sollen. Mit der unerwarteten Forderung der Senatsmehrheit nach einem Gesetz für die Begründung von Dienstpflichten wird das auch dem Staat als Verfahrensbeteiligtem zustehende Prozessrecht auf rechtliches Gehör nicht hinreichend berücksichtigt. Ein solcher Gesetzesvorbehalt war auch in der mündlichen Verhandlung nicht ernsthafter Gegenstand des Rechtsgesprächs. Das Land hätte dazu Gelegenheit zur Stellungnahme erhalten müssen. Angesichts dieses prozessualen Versäumnisses hätte dem Landesgesetzgeber auch nach der bisherigen verfassungsgerichtlichen Rechtsprechung zum Gesetzesvorbehalt eine angemessene Übergangsfrist gewährt werden müssen. Dies hätte die Auswirkungen einer Überraschungsentscheidung gemindert. Der Landesgesetzgeber hätte dann auch für den vorliegenden Fall eine wirksame gesetzliche Grundlage schaffen können. Schließlich bleibt auch unklar, wie das BVerwG mit dem zurückverwiesenen Rechtsstreit weiter verfahren soll. Einerseits müsste es auf der Grundlage der Annahme der Senatsmehrheit der Klage zur Zeit stattgeben, was aus Gründen der Ämterstabilität zu beamtenrechtlich vollendeten Tatsachen führen würde, andererseits käme auch eine Aussetzung des verwaltungsgerichtlichen Verfahrens in Betracht, bis der Landtag eine lehrerdienstrechtliche gesetzliche Grundlage geschaffen hat.[1129]

Geht man mit dem Minderheitsvotum davon aus, dass eine gesetzliche Grundlage nicht erforderlich ist, bleibt es bei dem der Einstellungsbehörde eingeräumten Beurteilungsspielraum. *Diese* hat also im Rahmen einer Prognoseentscheidung den Ausgleich zwischen den genannten widerstreitenden Interessen vorzunehmen.

Als Ausgangspunkt für diesen Ausgleich gilt, dass für eine muslimische Lehrerin weder ein Recht auf ungehinderte Verwirklichung ihrer Bekenntnisfreiheit im Sinne des Islam ohne Rücksicht auf die Schüler besteht noch von ihr auf Grundlage von Art. 4 I GG und mit Blick auf den dargelegten Bildungsauftrag der Schule ein pauschales Verheimlichen der Existenz und des Inhalts ihrer Religion verlangt werden kann.[1130] Daher lässt sich eine Kleidung, die Bekenntnischarakter hat und, von einer Lehrkraft getragen, pädagogisch nicht irrelevant ist, erst dann beanstanden, wenn sie eine gewisse Toleranzgrenze eindeutig überschreitet oder durch sie der Schulfriede nachhaltig gestört wird.[1131] Ob das der Fall ist, hängt in erster Linie von der Intensität der Bekenntnishandlung ab. Abzustellen ist dabei, wie das Kopftuch auf einen Betrachter wirken kann.

Ein Kopftuch, das von einer muslimischen Lehrerin im Zusammenhang mit modischer Kleidung verschiedenfarbig getragen wird, kann durchaus als im Rahmen des Üblichen angesehen werden, vergleichbar dem Kreuz an einer Halskette und der jüdischen Klippa oder der Priesterkleidung katholischer Geistlicher bzw. dem Habit einer Ordensschwester.[1132] Etwas anderes gilt nur dann, wenn von dem (auffälligen) Kopftuch eine Suggestiv-

---

[1129] So das zutreffende Minderheitsvotum BVerfGE **108**, 282, 314 ff.

[1130] So VG Lüneburg NJW **2001**, 767, 769 und jüngst BVerwGE **116**, 359, 360 ff.

[1131] Vgl. VG Lüneburg NJW **2001**, 767, 769. Vgl. auch nun BVerwGE **116**, 359 ff. sowie *Niehues*, NVwZ **2001**, 872, 875 f., *Debus*, NVwZ **2001**, 1355, 1356 ff. und *Lyra*, JA **2003**, 119 ff.

[1132] Vgl. *Böckenförde*, NJW **2001**, 723, 727 und *Janz/Rademacher*, JuS **2001**, 440 ff.

wirkung in Form einer fundamentalen Grundeinstellung auf die Schüler ausgeht. Hierbei ist allerdings zu beachten, dass ein (wenn auch auffälliges) Kopftuch nicht losgelöst von seiner Trägerin gesehen werden kann, denn diese wirkt im Unterricht mit ihrer gesamten Persönlichkeit.[1133] Bietet die Persönlichkeit der Lehrerin die Gewähr, dass sie den Schülern religiös-weltanschaulich offen gegenübertritt, sie in keiner Weise zu missionieren oder indoktrinieren sucht, ist eine mögliche Suggestivwirkung des Kopftuches äußerst gering. Eine Überschreitung der Toleranzgrenze könnte aber angenommen werden, wenn man die Argumente zur amtlichen Ausstattung des Klassenzimmers mit einem **Kruzifix** heranzieht. Diesbezüglich haben das BVerfG[1134] und das BVerwG[1135] entschieden, dass jene Ausstattung unmittelbar von Staats wegen erfolgt und allein dem (zur religiösen Neutralität verpflichteten) **Staat** zuzurechnen ist. Der Staat sei **von Verfassungs wegen verpflichtet, die Neutralität der Schule sicherzustellen**.

Tragen Lehrer jedoch aufgrund **individueller Entscheidung** religiös deutbare Bekleidung, kann dies mit einer staatlichen Anordnung, religiöse Symbole in der Schule anzubringen, nicht gleichgesetzt werden. Der Staat macht mit der Hinnahme einer bestimmten Bekleidung einer einzelnen Lehrerin diese Aussage nicht schon dadurch zu seiner eigenen und muss sie sich auch nicht als von ihm beabsichtigt zurechnen lassen. Ein von der Lehrerin aus religiösen Gründen getragenes Kopftuch kann allerdings deshalb besonders intensiv wirken, weil die Schüler für die **gesamte Dauer des Schulbesuchs** mit der im Mittelpunkt des Unterrichtsgeschehens stehenden Lehrerin **ohne Ausweichmöglichkeit konfrontiert sind**. Darin besteht gerade der Unterschied zur genannten jüdischen Klippa oder der Priesterkleidung katholischer Geistlicher bzw. dem Habit einer Ordensschwester; dort ist der Sichtkontakt auf die jeweilige Unterrichtsstunde beschränkt, zudem besteht die Möglichkeit, einen Alternativunterricht zu bekleiden – etwa LER. Gleichwohl fehlt gegenwärtig eine gesicherte empirische Grundlage für die Annahme, dass vom Tragen des Kopftuches bestimmende Einflüsse auf die religiöse Orientierung der Schulkinder ausgehen. Für ein mit der Abwehr bloß möglicher, abstrakter Gefährdungen begründetes *vorbeugendes* Verbot für Lehrkräfte, religiös motivierte Kleidung zu tragen, fehlt somit die Grundlage.[1136]

2. Ergebnis

Die von der Einstellungsbehörde im Rahmen einer praktischen Konkordanz vorgenommene Entscheidung beruht auf einer Fehlinterpretation der staatlichen Neutralitätspflicht, der negativen Bekenntnisfreiheit der Schüler und dem Elternrecht. Ein Fehlen der Eignung der B allein aus dem Tragen des Kopftuches herzuleiten stellt – in Ermangelung einer empirischen Grundlage für die Annahme, dass vom Tragen des Kopftuches bestimmende Einflüsse auf die religiöse Orientierung der Schulkinder ausgehen[1137] – somit eine nach Art. 33 II/III GG, § 9 BeamtStG unzulässige Benachteiligung der B wegen ihres Glaubens und ihres nach außen gewendeten Bekenntnisses dar. Die Ablehnungsentscheidung der Einstellungsbehörde ist daher rechtswidrig und verletzt die B in ihrem Recht auf fehlerfreie Entscheidung der Einstellungsbehörde hinsichtlich des Zugangs zum Lehramt. Die Klage der B ist begründet. Sie muss eingestellt werden, sofern sich nicht andere Gründe finden lassen, die eine Ablehnung rechtfertigen würden.[1138] Doch solche wurden nicht geltend gemacht.

[1133] VG Lüneburg NJW **2001**, 767, 770; *Debus*, NVwZ **2001**, 1355, 1356 f.
[1134] Vgl. BVerfGE **93**, 1 ff.
[1135] BVerwGE **116**, 359 ff.
[1136] So die Mehrheitsentscheidung BVerfGE **108**, 282, 294 ff.
[1137] Hierin besteht also gerade die Besonderheit des vorliegenden Falles. Aus diesem Grund wäre das Ergebnis anders, wenn eine empirische Grundlage für die Annahme, dass vom Tragen des Kopftuches bestimmende Einflüsse auf die religiöse Orientierung der Schulkinder ausgehen, vorhanden wäre.
[1138] So die Mehrheitsentscheidung BVerfGE **108**, 282, 294 ff. Anders BVerwGE **116**, 359, 360 f. Zum Anspruch eines Lehrers auf Entfernung von Kreuzen aus dem Klassenzimmer vgl. VGH München NVwZ **2002**, 1000 ff. (mit Bespr. v. *Renck*, NVwZ **2002**, 955 ff.); zum Neutralitätsgebot des Staates in Fragen der Religion und Weltanschauung vgl. *Holzke*, NVwZ **2002**, 903 ff. und zum Rechtsschutz in Kirchensachen *Magen*, NVwZ **2002**, 897 ff.

III. Bewertung

Somit ist zwar im Ergebnis, nicht aber mit ihrer Begründung der Mehrheitsentscheidung des BVerfG zu folgen. Fehl geht insbesondere das Erfordernis einer gesetzlichen Rechtsgrundlage für das Tragen eines Kopftuches im Unterricht. Da eine solche im vorliegenden Fall (noch) nicht vorhanden war, war B einzustellen. In Zukunft wird also in Fällen, in denen eine gesetzliche Regelung fehlt, entscheidend sein, ob sich die befürchtete Suggestivwirkung von Kopftüchern bestätigt und ob der Schulfriede nachhaltig gestört wird. Dann nämlich liegt das vom BVerfG für erforderlich gehaltene empirische Material vor, das ein Kopftuchverbot rechtfertigen würde. Sollten demnach die staatliche Neutralitätspflicht, die negative Bekenntnisfreiheit der Schüler und das Elternrecht beeinträchtigt sein, kann jedoch bereits auf der Grundlage von Art. 33 II GG eine sachgerechte Lösung herbeigeführt werden. Einer gesetzlichen Grundlage bedarf es auch dann nicht.

Keine Aussagen enthält das Urteil des BVerfG hinsichtlich der EU-Verträglichkeit des geforderten Gesetzes. Ein Gesetz muss nämlich nicht nur mit dem Grundgesetz und der Europäischen Menschenrechtskonvention vereinbar sein, sondern auch mit Europäischem Gemeinschaftsrecht, dort sogar mit Sekundärrecht. Zieht man die Antidiskriminierungsrichtlinie 2000/43/EG heran (die in Form des Allgemeinen Gleichstellungsgesetzes am 14.8.2006 in deutsches Recht umgesetzt wurde), wonach unter anderem die Diskriminierung wegen der Religion bekämpft werden soll[1139], dürften die einer gebrachten Grundsätze des Berufsbeamtentums (insbesondere die Neutralitätspflicht) der Bekenntnisfreiheit im Zweifel weichen. Das gilt jedenfalls dann, wenn es um das (bloße) Tragen eines Kopftuches geht.

Völlig unbeantwortet geblieben sind auch die Fragen, wie in Fällen zu entscheiden ist, in denen bereits beamtete Lehrerinnen nach Ernennung damit begonnen haben, ein Kopftuch zu tragen. Wie will man hier ein plötzliches Verbot rechtfertigen? Was ist mit nicht beamteten Lehrerinnen?

Jedenfalls zeigt der Vergleich mit der Rechtsprechung des *Ersten Senats* des BVerfG zu den staatlichen Informationseingriffen (BVerfGE 105, 252 ff. – Glykolwein und 279 ff. - Osho), bei der trotz Bejahung einer Grundrechtsbeeinträchtigung eine gesetzliche Rechtsgrundlage nicht für erforderlich gehalten wurde, wie überraschend der Ausgang eines Verfahrens vor dem BVerfG sein kann.

770 **Kopftuchverbot aufgrund gesetzlicher Grundlage**[1140]: Im obigen Kopftuchstreit ist zu unterstellen, dass im **Schulgesetz** des Landes eine gesetzliche Regelung mit folgendem Wortlaut besteht:

§ 46

(1) [1]Lehrkräfte an öffentlichen Schulen dürfen in der Schule keine politischen, religiösen, weltanschaulichen oder ähnliche äußeren Bekundungen abgeben, die geeignet sind, die Neutralität des Landes gegenüber Schülern und Eltern oder den politischen, religiösen oder weltanschaulichen Schulfrieden zu gefährden oder zu stören. [2]Insbesondere ist ein äußeres Verhalten unzulässig, welches bei Schülern oder Eltern den Eindruck hervorrufen kann, dass eine Lehrkraft gegen die Menschenwürde, die Gleichberechtigung der Menschen nach Art. 3 GG, die Freiheitsgrundrechte oder die freiheitlich-demokratische Grundordnung auftritt. [3]Die Wahrnehmung des Erziehungsauftrags und die entsprechende Darstellung christlicher und abendländischer Bildungs- und Kulturwerte oder Traditionen widerspricht nicht dem Verhaltensgebot nach Satz 1. [4]Das religiöse Neutralitätsgebot des Satzes 1 gilt nicht im Religionsunterricht.

(2) [1]Die Ernennung eines Bewerbers für eine Tätigkeit an öffentlichen Schulen setzt als persönliches Eignungsmerkmal voraus, dass er die Gewähr für die Einhaltung

---

[1139] Dazu *Dill*, ZRP **2003**, 318.
[1140] Vgl. BVerwGE **121**, 140 ff.; ferner *Baer/Wrase*, DÖV **2005**, 243 ff.

des Absatzes 1 in seiner gesamten, voraussichtlichen Dienstzeit bietet. [2]Für die Versetzung einer Lehrkraft eines anderen Dienstherrn in den Schuldienst des Landes gilt Satz 1 entsprechend.

(3) Für die Ableistung des Vorbereitungsdienstes für ein Lehramt können auf Antrag Ausnahmen von den Absätzen 1 und 2 im Einzelfall vorgesehen werden, soweit die Ausübung der Grundrechte es zwingend erfordert und zwingende öffentliche Interessen an der Wahrung der amtlichen Neutralität und des Schulfriedens nicht entgegenstehen.

(4) Absätze 1 bis 3 gelten entsprechend für Lehrkräfte im Angestelltenverhältnis.[1141]

I. Sachentscheidungsvoraussetzungen

Wie im vorigen Fall ist der Verwaltungsrechtsweg gem. § 54 I BeamtStG eröffnet. Statthaft ist ebenfalls die Verpflichtungsklage gem. § 42 I Var. 2 VwGO, da B die Einstellung zur Beamtin auf Probe begehrt und eine Einstellung zum Beamten einen Verwaltungsakt („Ernennungsakt") darstellt. Die Klagebefugnis (§ 42 II VwGO) ist zu bejahen, weil nicht ausgeschlossen werden kann, dass die B in ihren Rechten aus Art. 33 II, III, GG verletzt ist. Von der fristgerechten Klageerhebung und dem Vorliegen der übrigen Sachentscheidungsvoraussetzungen (insbesondere dem Vorverfahren, § 54 II S. 1 BeamtStG) ist auszugehen.

II. Begründetheit

B könnte durch die Ablehnung in ihren Rechten aus Art. 33 II i.V.m. Art. 4 I, II GG i.V.m. Art. 33 III GG verletzt worden sein. Sollte eine Rechtsverletzung zu bejahen sein, folgt daraus ein Anspruch auf Einstellung gem. Art. 33 II GG (vgl. § 113 V S. 1 VwGO).

Wie im Ausgangsfall ist die Einstellungsentscheidung strikt nach dem Wortlaut des Art. 33 II, III GG (wiederholt in § 9 BBG bzw. § 9 BeamtStG und in den Landesbeamtengesetzen) an der **Eignung, Befähigung** und der **fachlichen Leistung** auszurichten (sog. Leistungsprinzip). Daraus folgt, dass zwar kein materiell-rechtlich ausgeformter Anspruch auf Einstellung besteht, der Bewerber um eine Beamtenstelle aber das Recht auf pflichtgemäße und vor allem sachgerechte Beurteilung und Entscheidung des gestellten Antrags hat (sog. Bewerbungsverfahrensanspruch). Sollte sich dabei herausstellen, dass keine sachlichen Gründe gegen eine Einstellung sprechen, verdichtet sich dieses Recht zum Recht auf den Erhalt des (in Rede stehenden) Amtes. Folglich ist vorliegend zu prüfen, ob sich die Ablehnung der B auf sachliche Gründe stützt.

An der Erfüllung der Einstellungsvoraussetzungen nach § 7 I BeamtStG i.V.m. der entsprechenden Norm des LBG bestehen keine Bedenken. B ist Deutsche, sie verfügt über die erforderliche Vorbildung und es bestehen keine Bedenken an ihrer Verfassungstreue.

Hinsichtlich der Kriterien der Eignung, Befähigung und der fachlichen Leistung steht auch im Schulrecht der Einstellungsbehörde nach der bisherigen höchstrichterlichen Rechtsprechung ein Beurteilungsspielraum zu, der gerichtlich nur beschränkt überprüfbar ist, und zwar im Hinblick darauf, ob die Einstellungsbehörde die anzuwendenden Begriffe verkannt, ihrer Beurteilung einen unrichtigen Sachverhalt zugrunde gelegt, allgemeine Wertmaßstäbe nicht beachtet, sachwidrige Erwägungen angestellt oder Verfahrensfehler begangen hat. Im vorliegenden Fall kommt lediglich eine Missachtung allgemeiner Wertmaßstäbe in Betracht, da die Einstellungsbehörde einen Eignungsmangel allein deshalb angenommen hat, weil B im Unterricht ein Kopftuch tragen möchte. Allerdings hat der Landesgesetzgeber für den Bereich des Schuldienstes als Präzisierung des Eignungsbegriffs zusätzliche Eignungsvoraussetzungen in **§ 46 SchulG** aufgestellt. Diese sind daher in vollem Umfang nachprüfbar.

[1141] Die fiktive Gesetzesformulierung entspricht der des § 38 II BadWürttSchulG.

Gegenstand der gesetzlichen Regelung ist die Festlegung der weltanschaulichen und religiösen Neutralität und damit des Anforderungsprofils für die Eignung des Beamten im Schuldienst.

Das Tragen eines Kopftuchs aus religiösen Gründen könnte gegen das in § 46 I S. 1 SchulG geregelte Verbot, in der Schule politische, religiöse, weltanschauliche oder ähnliche äußere Bekundungen abzugeben, verstoßen. Eine Lehrerin, die ein islamisches Kopftuch trägt, gibt nach Auffassung des BVerwG damit zu verstehen, dass sie sich zur Religion des Islam bekenne und sich gehalten sehe, dessen Bekleidungsvorschriften zu beachten. Hierin liege eine Bekundung, nämlich die bewusste, an die Außenwelt gerichtete Kundgabe einer religiösen Überzeugung. Ob diese Bekundung vom Schutz der Religions- oder Meinungsäußerung umfasst werde, sei in diesem Zusammenhang unbeachtlich. Entscheidend seien die von Dritten wahrgenommenen Erklärungswerte dieser Bekundung. (...). In jüngerer Zeit werde in ihr verstärkt auch ein politisches Symbol des islamischen Fundamentalismus gesehen, das die Abgrenzung zu Werten der westlichen Gesellschaft, die individuelle Selbstbestimmung und Emanzipation der Frau, ausdrücke. (...). Das Verbot knüpfe an einen abstrakten Gefährdungstatbestand an. Nicht erst Bekundungen, welche die Neutralität des Landes oder den Schulfrieden konkret gefährden, fielen unter das Verbot. Es wolle vielmehr schon abstrakten Gefahren vorbeugen, um konkrete Gefahren gar nicht erst eintreten zu lassen.[1142]

Demzufolge stellt die generelle und kompromisslose Weigerung, dem Kopftuchverbot Folge zu leisten, nach dem Wortlaut des § 46 II SchulG einen Eignungsmangel dar, der die Berufung in das Beamtenverhältnis ausschließt.

Das jedoch setzt voraus, dass die Regelung in § 46 SchulG verfassungsgemäß ist. Denn wäre die Vorschrift verfassungswidrig, entfaltete sie keine Rechtswirkung, sodass der weite Beurteilungsspielraum der Einstellungsbehörde wieder aufleben würde.

In der Ausgangskonstellation (Rn 769) hatte die Senatsmehrheit des BVerfG bestimmte, jedoch nicht näher konkretisierte Anforderungen an die erforderliche gesetzliche Grundlage gestellt.[1143] Daher sind die allgemeinen Grundsätze, die an die Rechtmäßigkeit eines Gesetzes gestellt werden, heranzuziehen.

In **formeller** Hinsicht müsste zunächst die Gesetzgebungskompetenz beachtet worden sein. Gem. Art. 70 GG sind die Länder zuständig, die Eignung von Beamten für den Schuldienst zu regeln, solange sie sich im Rahmen der vom Bund im BRRG gesetzten Rahmen halten (Art. 72 I, 75 I Nr. 1 GG). Eine Überschreitung dieses Rahmens ist vorliegend ebenso wenig ersichtlich wie ein Verstoß gegen Verfahrens- und Formvorschriften.

Materiell müsste die Regelung hinreichend bestimmt und verhältnismäßig sein. Nach Auffassung des BVerwG verstößt die Lösung des verfassungsrechtlichen Spannungsverhältnisses nicht gegen das Prinzip praktischer Konkordanz bzw. das Gebot des verhältnismäßigen Ausgleichs der einander widerstreitenden Grundrechtspositionen. Auch unter Berücksichtigung dieses Prinzips liege es noch im Rahmen der Gestaltungsfreiheit des Gesetzgebers, die Grundrechtspositionen der auf Seiten des Staates tätigen Lehrer zugunsten der Freiheitsrechte der Eltern und Schüler sowie zur Sicherung der Neutralität und des Schulfrieden zurücktreten zu lassen. Der Landesgesetzgeber habe den Weg gewählt, möglichen Konflikten präventiv zu begegnen. Wolle der Gesetzgeber daran festhalten, dass ein Lehrer prinzipiell dauerhaft an allen Schulen des Landes einsetzbar bleiben müsse, sei es nur folgerichtig, auf die generellen Verhältnisse an den Schulen des Landes abzustellen. Ausnahmen für bestimmte Formen religiös motivierter Kleidung in bestimmten Regionen kämen daher nicht in Betracht. Für sie böten weder der Wortlaut des Gesetzes noch der Schutzzweck der Regelung eine Handhabe. Auch materielles Verfassungsrecht

---

[1142] BVerwGE **121**, 140, 142 ff.
[1143] So die Mehrheitsentscheidung BVerfGE **108**, 282, 294 ff. (die Entscheidung erging – wie bereits erwähnt – mit 5:3 Stimmen).

stehe dem entgegen (Art. 3 I GG in der Ausprägung des Maßstabs der Systemgerechtigkeit und das Gebot der strikten Gleichbehandlung der Religionsgesellschaften und Glaubensgemeinschaften). Eine unzulässige Bevorzugung der christlichen Konfession sei mit der Klarstellung in der fraglichen Bestimmung des SchulG nicht verbunden. Der hier verwendete Begriff des „Christlichen" bezeichne ungeachtet seiner Herkunft eine von Glaubensinhalten losgelöste, aus der Tradition der christlich-abendländischen Kultur hervorgegangene Wertewelt, die erkennbar auch dem GG zu Grunde liege und unabhängig von ihrer religiösen Fundierung Geltung beanspruche.[1144]

Demnach ist § 46 SchulG verfassungsgemäß. Die Ablehnung der Einstellungsbehörde ist rechtmäßig.

III. Ergebnis

Auf Grundlage der Rspr. des BVerwG ist die Klage der B zwar zulässig, jedoch unbegründet.

IV. Bewertung

Ob – wie das BVerwG meint – schon die abstrakte Gefährdung des Schulfriedens ausreicht, um ein schrankenloses Grundrecht wie Art. 4 I GG zu begrenzen, ist zweifelhaft. Darüber wird das BVerfG im Rahmen einer Urteilsverfassungsbeschwerde zu befinden haben.

Exkurs: Kopftuch als Kündigungsgrund?

771

Sachverhalt[1145]: M ist Muslimin. Sie begann 1994 im Kaufhaus des H eine Ausbildung als Einzelhandelskauffrau und ist seit deren Abschluss als Verkäuferin beschäftigt. H betreibt in einer hessischen Kleinstadt das einzige Kaufhaus mit insgesamt ca. 100 Arbeitnehmern. M befand sich zuletzt im Erziehungsurlaub. Kurz vor dessen Abschluss teilte sie H mit, sie werde bei ihrer Tätigkeit künftig ein Kopftuch tragen; ihre religiösen Vorstellungen hätten sich gewandelt, der Islam verbiete es ihr, sich in der Öffentlichkeit ohne Kopftuch zu zeigen. H schloss einen solchen Einsatz aus. Nachdem M bei ihrer Auffassung blieb, kündigte H das Arbeitsverhältnis ordentlich zum 31.12.2004.

M erhebt Kündigungsschutzklage. Sie hält die Kündigung für einen unzulässigen, weil unverhältnismäßigen Eingriff in ihre Glaubensfreiheit. H vertritt die Auffassung, ein Einsatz der M mit einem „islamischen Kopftuch" sei ihm wegen des Zuschnitts seines Kaufhauses nicht zuzumuten. Eine „Erprobung" könne von ihm wegen des Risikos wirtschaftlicher Nachteile nicht erwartet werden. Hat die Klage Erfolg?

Lösung des BAG: Die Weigerung der M, entsprechend der Anordnung des H auf das Tragen eines Kopftuchs während der Arbeitszeit zu verzichten, rechtfertigt nach Auffassung des BAG die Kündigung nicht. H habe bei der auf sein Direktionsrecht gestützten Festlegung von Bekleidungsregeln die grundrechtlich geschützte Glaubensfreiheit der M zu berücksichtigen. Das Tragen eines Kopftuchs aus religiöser Überzeugung falle in deren Schutzbereich. Andererseits genieße auch die unternehmerische Betätigungsfreiheit des H grundrechtlichen Schutz. Zwischen beiden Positionen sei daher ein möglichst weitgehender Ausgleich zu versuchen (**praktische Konkordanz** zwischen den widerstreitenden Grundrechten, die über die Figur der **Drittwirkung der Grundrechte** auch im Zivilrecht Beachtung beanspruchen). Allein die Befürchtung des H, es werde im Falle des Einsatzes der M zu nicht hinnehmbaren Störungen kommen, reiche bei dieser Abwägung nicht aus, die geschützte Position der M ohne weiteres zurücktreten zu lassen. Auch unter Berücksichtigung der örtlichen Verhältnisse gebe es keinen Erfahrungssatz, dass es bei der Beschäftigung einer Verkäuferin mit einem „islamischen Kopftuch" in einem Kaufhaus notwendigerweise zu erheblichen wirtschaftlichen Beeinträchtigungen des Unternehmens etwa durch negative Reaktionen von Kunden komme. H sei es zumindest zuzumuten gewesen, M zunächst einmal einzusetzen und abzuwarten, ob sich seine Befürchtungen in einem ent-

---

[1144] BVerwGE **121**, 140, 142 ff.
[1145] In Anlehnung an BAG NJW **2003**, 1685 – bestätigt von BVerfG NJW **2003**, 2815 ff.

sprechenden Maße realisierten und ob dann etwaigen Störungen nicht auf andere Weise als durch Kündigung zu begegnen gewesen wäre.

Ergebnis:
Die Kündigungsschutzklage der M ist daher begründet. Sie hat einen Weiterbeschäftigungsanspruch.

772 Rechtstechnisch anders stellt sich der Sachverhalt dar, wenn ein staatlich nicht gebundener Beruf einen Vorbereitungsdienst voraussetzt. So wird nur Volljurist (Assessor), wer die Zweite Juristische Staatsprüfung bestanden hat. Die Zweite Juristische Staatsprüfung erfordert die erfolgreiche Teilnahme an einem Referendariat (vgl. §§ 5, 5b DRiG). Das Referendariat ist entweder ein Beamtenverhältnis auf Widerruf (vgl. § 6 IVa BBG bzw. § 4 IVa BeamtStG) oder ein öffentlich-rechtliches Ausbildungsverhältnis. Jedenfalls verleiht Art. 12 I GG ein Zugangsrecht, wenn der Bewerber die gesetzlichen Voraussetzungen erfüllt.[1146] Wenn in Bundesländern, in denen die Rechtsreferendare noch als Beamte auf Widerruf eingestellt werden, eine Übernahme in das Beamtenverhältnis rechtlich nicht zulässig ist, muss der Staat einen gleichwertigen Vorbereitungsdienst anbieten.

Auch bei einem Beamtenverhältnis auf Probe besteht ein Ernennungsanspruch (§ 11 II S. 1 BBG bzw. § 10 S. 1 BeamtStG). In beiden Fällen ist die **Verpflichtungsklage** statthaft, die auf die Vornahme der gewünschten Ernennung gerichtet ist.

773 **e.** Das Beamtenverhältnis kommt **nicht (dauerhaft) zustande**, wenn die Ernennung (= Verwaltungsakt) **nichtig** ist oder **zurückgenommen** wurde. Die Ernennung ist nichtig, wenn sie an einem besonders schwerwiegenden Fehler leidet (vgl. § 44 VwVfG, § 13 I BBG bzw. § 11 I BeamtStG). Eine rechtswidrige Ernennung, die nicht nichtig (also wirksam[1147]) ist, *kann* oder *muss* zurückgenommen werden, soweit dies gesetzlich vorgesehen ist. Die Rücknahme von (rechtswidrigen) Verwaltungsakten ist grundsätzlich in § 48 VwVfG geregelt.[1148] Zu beachten ist aber der Spezialitätsgrundsatz, wonach spezielle Vorschriften den allgemeinen vorgehen. Spezielle Rücknahmevorschriften im Beamtenrecht stellen die §§ 14 BBG, 12 BeamtStG dar. Diese Vorschriften regeln die Rücknahme abschließend, d.h. ein Rückgriff auf § 48 VwVfG bezüglich einzelner Rücknahmevoraussetzungen (Frist o.ä.) verbietet sich. Die Rücknahme der Ernennung hebt das Beamtenverhältnis rückwirkend auf, d.h. der Beamte wird so behandelt, als hätte das Beamtenverhältnis niemals bestanden.

Das Gesetz unterscheidet zwischen der *obligatorischen* (§ 14 I BBG bzw. § 12 I BeamtStG) und der *fakultativen* (§ 14 II BBG bzw. § 12 II BeamtStG) Rücknahme. Diese Unterscheidung soll sicherstellen, dass einerseits ungeeignete Personen aus dem Dienst zu entfernen sind und andererseits, dass der Behörde eine Entschließungsfreiheit in weniger eklatanten Fällen zukommt. Die obligatorische Rücknahme besteht,

---

[1146] Zum verfassungsrechtlichen Anspruch auf **Zulassung zum juristischen Vorbereitungsdienst** vgl. VG Darmstadt DöD **1998**, 170. Zur mittelbaren, aber gerechtfertigten Diskriminierung gegenüber Frauen, wenn Männer, die einen Wehr- oder Ersatzdienst absolviert haben, bei der Wartezeit für den Referendarsdienst aufgrund der mit dem Wehr- oder Ersatzdienst verbundenen Zeitverzögerung bevorzugt werden, vgl. EuGH NJW **2001**, 1045 mit Bespr. v. *Trautwein*, JA **2001**, 540 f.

[1147] Aus § 43 VwVfG folgt, dass auch rechtswidrige Verwaltungsakte grundsätzlich wirksam sind, d.h. dass sie Rechtswirkungen entfalten und von jedermann zu beachten sind. Sie sind aber anfechtbar und aufhebbar. Nur nichtige Verwaltungsakte sind unwirksam (§ 43 III VwVfG). Die Nichtigkeit ist in § 44 VwVfG und in Spezialgesetzen geregelt. Vgl. dazu ausführlich *R. Schmidt*, AllgVerwR, Rn 633 ff.

[1148] Zur Rücknahme und zum Widerruf von Verwaltungsakten nach §§ 48 f. VwVfG vgl. *R. Schmidt*, AllgVerwR, Rn 644 ff.

- wenn die Ernennung durch Zwang (§ 240 StGB), Täuschung (§ 123 BGB)[1149] oder Bestechung (§ 334 StGB) herbeigeführt wurde („herbeigeführt" bedeutet Kausalität, dass also die Behörde anderenfalls die Ernennung nicht vorgenommen hätte).

- wenn nicht bekannt war, dass der Ernannte eine rechtswidrige Tat (§ 11 I Nr. 5 StGB) begangen hatte, die ihn der Berufung in das Beamtenverhältnis unwürdig erscheinen lässt (= unbestimmter Rechtsbegriff).

- wenn der Ernannte nach § 7 II BBG bzw. § 7 II BeamtStG nicht ernannt werden durfte und eine Ausnahme nach § 7 III BBG bzw. § 7 III BeamtStG nicht zugelassen war.

Die fakultative Rücknahme der Ernennung besteht, wenn die Voraussetzungen des § 14 II BBG bzw. § 12 II BeamtStG vorliegen. **774**

f. Die **Nichtigkeit** und die **Rücknahme** der Ernennung sind mit bestimmten **Rechtsfolgen** verbunden. Es ist zwischen dem Innenverhältnis und dem Außenverhältnis der Ernennung zu unterscheiden. Im *Innenverhältnis* steht das Schicksal der bereits geleisteten Dienstbezüge im Vordergrund: Bei einer nichtigen oder (rückwirkend) zurückgenommenen Ernennung sind die bereits geleisteten Dienstbezüge ohne Rechtsgrund erlangt worden und können daher zurückgefordert werden. Fraglich ist, wie die Behörde diesen Anspruch durchsetzen kann. Werden Bezüge ohne Rechtsgrund geleistet, kommt nicht die allgemeine Vorschrift des § 49a VwVfG zur Anwendung, sondern die beamtenrechtlichen Sondernormen – in erster Linie die §§ 12 BBesG (bezüglich der Versorgung), 52 II BeamtVG (hinsichtlich der Versorgung). Diese Normen stellen die Rechtsgrundlage für einen auf Rückerstattung gerichteten Verwaltungsakt (Leistungsbescheid) dar. Auf der Tatbestandsseite dieser Vorschriften steht die Rückforderung nach den Vorschriften des BGB über die ungerechtfertigte Bereicherung. Die ohne Rechtsgrund gezahlten Bezüge können (auf Bundesebene) dem Ernannten aber belassen werden, § 15 S. 4 BBG. Für das Landesrecht vgl. die Beamtengesetze der Länder. **775**

Im *Außenverhältnis* dagegen sind Fragen (1) nach der Gültigkeit von Amtshandlungen und (2) nach der Haftung von Interesse. Für die erste Frage ist § 15 S. 3 BBG entscheidend. Danach sind die bis zu einem Verbot oder bis zur Zustellung der Erklärung der Rücknahme vorgenommenen Amtshandlungen in gleicher Weise gültig, wie wenn sie ein Beamter ausgeführt hätte. Schutzzweck dieser Norm ist also das Vertrauen der Allgemeinheit auf die Gültigkeit hoheitlicher Rechtsakte. Für die zweite Frage gilt, dass die Haftungsüberleitung auf den Staat (Art. 34 GG) auch im Fall der nichtigen oder zurückgenommenen Ernennung erhalten bleibt. Es findet also die normale Staatshaftung statt. Im Bereich der Fiskalverwaltung, also in dem Bereich, in dem die Verwaltung nicht hoheitlich, sondern privatrechtlich tätig ist (Bedarfsdeckung, erwerbswirtschaftliche Betätigung) gilt entsprechendes. Auch hier bleibt die Haftungsüberleitung (§ 831 oder §§ 31, 89 BGB bzw. im schuldrechtlichen Bereich § 278 BGB) unberührt.

2. Beförderung

Die **Beförderung** ist in § 2 VIII BLV legaldefiniert. Danach ist die Beförderung die Ernennung, durch die dem Beamten ein anderes Amt mit höherem Endgrundgehalt und anderer Amtsbezeichnung verliehen wird. **776**

Beispiel: Regierungsrat R (Endgrundgehalt der Besoldungsgruppe A 13) wird zum Oberregierungsrat (Endgrundgehalt der Besoldungsgruppe A 14) befördert. Zu den Amtsbezeichnungen und zu den Besoldungsgruppen vgl. Anlage I zum BBesG.

[1149] Zur Rücknahme der Ernennung wegen arglistiger Täuschung vgl. BVerwG LKV **1999**, 229.

777 Ändert sich die Amtsbezeichnung nicht, obwohl das neue Amt mit einem höheren Endgrundgehalt verbunden ist, steht dieser Vorgang der Beförderung gleich.

> **Beispiel:** Dem Oberstleutnant O der Bundeswehr (Besoldungsgruppe A 14) wird ein Amt mit der Dotierung A 15 übertragen. Gem. Teil V der Anlage I zum BBesG ist eine Besoldung eines Oberstleutnants nach der Besoldungsgruppe A 15 möglich, wenn es sich um einen herausgehobenen Dienstposten handelt.

778 Die Beförderung ist – da das Beamtenverhältnis wesentlich geändert wird – ein **Verwaltungsakt**. Statthaft ist daher (nach erfolglos durchgeführtem Widerspruchsverfahren) die **Anfechtungs**- bzw. **Verpflichtungsklage**. Wie die Ernennung, ist auch die Beförderung von dem **Leistungsprinzip** (s.o.) geprägt und der Ermessensentscheidung der Dienstherrn überantwortet.[1150] Allerdings ist zu beachten, dass das einfache Recht (die Beamtengesetze) Grenzen der Beförderung, insbesondere Fristen, enthält. So dürfen Beamte auf Probe nicht befördert werden (vgl. § 36 II S. 1 BLV). Die Frage, ob ein **Anspruch auf Beförderung** besteht, ist in Parallele zu der Ernennung zu beantworten. Es besteht auch hier lediglich ein Anspruch auf ermessensfehlerfreie Entscheidung. Von besonderer Bedeutung ist dabei die Konkurrenzsituation, wenn also der Dienstherr den Konkurrenten befördert. Hier ist der Anwendungsbereich der **Konkurrentenklage** eröffnet:

II. Ernennung bzw. Beförderung mit Drittbezug (Konkurrentenklage)

1. Statthaftigkeit eines Antrags auf Erlass einer einstweiligen Anordnung

779 Bei der beamtenrechtlichen Konkurrentenklage stellt sich die Frage nach dem Rechtsschutz regelmäßig in zwei Konstellationen: Zum einen geht es um die Konkurrenz mehrerer Bewerber um eine nur einmal zu vergebende Berufung in das Beamtenverhältnis (**Anstellungskonkurrenz**). Zum anderen geht es um die Konkurrenz um ein statusrechtliches Amt im abstrakt-funktionalen Sinn oder um eine höher dotierte Stelle (**Beförderungskonkurrenz**). Der Kläger kann in beiden Konstellationen nur auf Kosten des Mitbewerbers Erfolg haben. Es handelt sich somit jeweils um eine **Konkurrentenverdrängungsklage**.

> **Beispiele:**
> **(1) Anstellungskonkurrenz:** A und B bewerben sich um eine von der Bundesbehörde E ausgeschriebene Stelle des Leiters der Rechtsabteilung. Der Dienstherr entscheidet sich für A, eine junge Assessorin. B, bisheriger stellvertretender Leiter des Rechtsamtes einer anderen Behörde, ist der Auffassung, besser für die Stelle qualifiziert zu sein. Er hält die Einstellungsentscheidung der Behörde für rechtswidrig und möchte die Ernennung der A verhindern. Die Ernennung verstoße gegen Art. 33 II, V GG i.V.m. § 9 BBG. Das Eignungsprinzip und sein Recht auf gleiche Chancen im Zugang zu öffentlichen Ämtern seien verletzt.[1151]
>
> **(2) Beförderungskonkurrenz:** C und D sind als Bundesbeamte tätig. Beide bewerben sich auf eine ausgeschriebene höher dotierte Stelle. Die Auswahlentscheidung wird zugunsten des C getroffen. Zur Lösung beider Beispiele siehe Rn 788.

[1150] BVerwGE **122**, 147, 151; OVG Münster NJW **1999**, 1203, 1204.
[1151] Vgl. BVerwG NJW **1995**, 2344. Vgl. auch BVerfG NVwZ **2002**, 1367; OVG Koblenz NVwZ **2007**, 109.

a. Der Rechtsschutz gegen eine Beamten*ernennung* entfällt nach der überkommenen **Rechtsprechung**[1152] und dem **überwiegenden Schrifttum**[1153] dann, wenn die begehrte Stelle **bereits vergeben ist**. Mit der *Ernennung* zum Beamten werde dem Bewerber ein Amt im sog. statusrechtlichen Sinne verliehen. Dieses Amt sei durch die Zugehörigkeit zu einer Laufbahn und Laufbahngruppe, durch das Endgrundgehalt der Besoldungsgruppe und die verliehene Amtsbezeichnung gekennzeichnet. Ein solches Amt dürfe gemäß § 49 I BHO[1154] nur zusammen mit der Einweisung in eine besetzbare Planstelle verliehen werden. Sei eine Stelle aber besetzt, lasse sich diese Besetzung infolge der gem. § 14 BBG bzw. § 12 BeamtStG nur sehr begrenzt möglichen Rücknahme einer Ernennung grundsätzlich nicht mehr rückgängig machen. Diese „**Ämterstabilität**" führe dazu, dass eine **Bewerbungssituation nicht mehr bestehe**. Ein subjektives öffentliches Recht auf eine rechtsfehlerfreie Auswahlentscheidung könne dem Kläger daher nicht mehr zustehen. Folgt man dieser Auffassung, ist der Konkurrentenverdrängungsklage im Beamtenrecht nach der Ernennung des Konkurrenten zum Beamten wegen mangelnder Klagebefugnis[1155], fehlenden Rechtsschutzbedürfnisses[1156] oder wegen der „Erledigung"[1157] der Boden entzogen. Allen diesen genannten Auffassungen zufolge unterliegt die erfolgte Ernennung im Interesse der Ämterstabilität somit **nicht der Drittanfechtung. Ein Widerspruch (vgl. § 126 II BBG bzw. § 54 II BeamtStG) des unterlegenen Bewerbers gegen die erfolgte Ernennung des Konkurrenten ist demzufolge nicht erfolgreich.**

780

b. In der jüngeren Zeit hat das BVerwG jedoch seine an der Ämterstabilität orientierte Rechtsprechung zur Anfechtung von Besetzungsentscheidungen in Frage gestellt. Es bezweifelt die Vereinbarkeit der Unzulässigkeit gerichtlicher Klagen gegen die Besetzungsentscheidung mit Art. 19 IV S. 1 GG, indem es konstatiert:

781

> „Es erscheint mit Art. 19 IV GG schwer vereinbar, einem Beamten den Rechtsschutz mit der Begründung zu versagen, sein Anspruch auf eine den Grundsätzen des Art. 33 II GG entsprechende Auswahlentscheidung sei durch den Vollzug der getroffenen, diese Grundsätze möglicherweise verletzenden Auswahlentscheidung untergegangen. (...). Die gegenteilige Auffassung des OVG verletzt Art. 19 IV GG. Die Bekl. (die Einstellungsbehörde) kann durch rechtswidriges Handeln keine vollendeten Tatsachen schaffen und dadurch den effektiven Rechtsschutz des Betroffenen vereiteln. Die Rechtsschutzgarantie des Art. 19 IV GG gebietet, irreparable behördliche Entscheidungen so weit als möglich auszuschließen. Ein Ausschluss der Klagemöglichkeit durch die Nachbesetzung des Amtes wäre damit schlechthin unvereinbar."[1158]

Kernaussage dieser Entscheidung ist somit, dass allein die bestandskräftige Ernennung des Konkurrenten der Klage des unterlegenen Bewerbers nicht (mehr) entge-

782

[1152] BVerfG NVwZ **2008**, 70 f.; BVerfG NVwZ **2007**, 1178, 1179; BVerwG NVwZ **2006**, 1401; BVerwG NVwZ-RR **2002**, 47, 48; BVerwGE **107**, 29, 32; **80**, 127, 130 f.; OVG Magdeburg ZfBR **2000**, 63; OVG Schleswig, DVBl **2002**, 134; VG Darmstadt NVwZ **2007**, 1452 f. Vgl. aber auch BVerwGE **115**, 89, 91 f. (dazu sogleich).
[1153] *Kunig*, in Schmidt-Aßmann, BesVerwR, Rn 91 f.; *Hufen*, VerwProzR, § 14 Rn 112; *Schoch*, Vorläufiger Rechtsschutz und Risikoverteilung im Verwaltungsrecht, **1988**, S. 685 ff.; *Czybulka/Biermann*, JuS **1998**, 601, 604; *Schnellenbach*, NVwZ **1990**, 637, 638. Vgl. auch *Lietzmann*, JuS **2001**, 571, 572. Kritisch zum Ausschluss des Aufhebungsanspruchs *Baumeister*, Der Beseitigungsanspruch als Fehlerfolge des rechtswidrigen Verwaltungsakts, **2006**, S. 240.
[1154] Vgl. auch die entsprechenden Haushaltsordnungen der Bundesländer.
[1155] *Wahl/Schütz*, in: Schoch/Schmidt-Aßmann/Pietzner, VwGO, § 42 Abs. 2 Rn 323; *Schmidt-Preuß*, Kollidierende Privatinteressen, S. 475 ff.
[1156] *Hufen*, VerwProzR, § 14 Rn 147; *Sodan*, in: Sodan/Ziekow, NKVwGO, § 42 Rn 166.
[1157] Vgl. BVerfG NVwZ **2007**, 1178, 1179; BVerwGE **80**, 127, 129. Das Gericht hat die Frage nach der Zulässigkeit im zu entscheidenden Fall aber letztlich offen gelassen (S. 130: „bedarf ... keiner Entscheidung"). Vgl. auch BVerwG NVwZ **2002**, 99; BGHZ **129**, 226, 229 f.
[1158] BVerwGE **115**, 89, 91 f.; mit Bespr. v. *Aulehner*, JA **2002**, 554.

gensteht. Da das Gericht andererseits aber an der Ämterstabilität festhält, kann der Kläger nach wie vor **nicht die Beseitigung des ernannten Konkurrenten erreichen**. Das BVerwG eröffnet dem unterlegenen Bewerber somit lediglich (aber immerhin) Chancen, seine Ernennung **neben der des Konkurrenten** zu erreichen, sollte das befindende Gericht die Ablehnung für rechtswidrig halten.[1159] Jedenfalls ist eine beamtenfreundliche Linie beim nachgelagerten **Schadensersatzanspruch** deutlich zu erkennen.[1160] Dass mit den Entscheidungen BVerwGE 115, 89 ff. und 124, 99 ff. ein Verstoß gegen das Haushaltsrecht des Parlaments angenommen werden könnte, verneint das BVerwG ohne jedes Problembewusstsein.

783   Das BVerfG hat diese Bedenken indes nicht aufgegriffen. Die bisherige Rechtsprechung sei mit Art. 19 IV GG und Art. 33 II GG vereinbar, wenn ein bei der Beförderungsauswahl unterlegener Bewerber seinen Anspruch aus Art. 33 II GG durch vorläufigen Rechtschutz vor der Ernennung wirksam sichern könne. Art. 19 IV GG garantiere nicht nur das formelle Recht und die theoretische Möglichkeit, die Gerichte anzurufen, sondern auch eine tatsächlich wirksame gerichtliche Kontrolle. Im Verfahren über seinen Antrag auf Erlass einer **einstweiligen Anordnung** sei derselbe Maßstab wie im Hauptsacheverfahren anzulegen. Dabei dürfen auch die Anforderungen an die Glaubhaftmachung nicht über das hinausgehen, was für ein Obsiegen im Hauptsacheverfahren genügt.[1161]

784   Im Hinblick auf diese bundesverfassungsgerichtliche Rechtsprechung hat das BVerwG seine verfassungsrechtlichen Bedenken zwar wieder aufgegeben, vertritt nunmehr jedoch für den Fall, dass der Mitbewerber **entgegen einer einstweiligen Anordnung befördert wird** eine modifizierte Auffassung. In diesem Fall könne der unterlegene Konkurrent seinen Bewerbungsverfahrensanspruch im Hauptsacheverfahren weiterverfolgen. Der Betroffene könne verlangen, **verfahrensrechtlich und materiell-rechtlich so gestellt zu werden, als sei die einstweilige Anordnung beachtet worden**. Die erfolgte Ernennung stehe dem nicht entgegen. Ebenso wenig wie der Dienstherr einem Schadensersatzanspruch wegen rechtswidrig und schuldhaft unterbliebener Beförderung einen Mangel an Haushaltsmitteln entgegenhalten könne, könne er sich auf das Fehlen einer besetzbaren Planstelle berufen, wenn er diese unter Verstoß gegen eine einstweilige Anordnung mit einem Konkurrenten besetzt habe.[1162]

> **Beispiel:** A und B sind als Rechtsprofessoren der Besoldungsgruppe W 2 in der Hochschule H tätig. Beide bewerben sich auf die ausgeschriebene höher dotierte Stelle W 3. Die Auswahlentscheidung wird zugunsten des B getroffen. A sieht sich in seinen Rechten verletzt und erwirkt eine einstweilige Verfügung vor dem Verwaltungsgericht, dass die Stelle vorerst nicht besetzt werden darf. Dennoch befördert die Behörde den B und weist ihm die W 3 Stelle zu.
>
> Hier kann A nach Auffassung des BVerwG seinen Bewerbungsverfahrensanspruch im Hauptsacheverfahren weiterverfolgen. A kann verlangen, verfahrensrechtlich und materiell-rechtlich so gestellt zu werden, als sei die einstweilige Anordnung beachtet worden. Sollte A im Hauptsacheverfahren obsiegen, **muss ihm die Behörde eine (ggf. zusätzlich zu schaffende) W 3 Stelle zuweisen**.

[1159] Vgl. auch *Waldhoff*, JuS **2007**, 675.
[1160] Vgl. dazu BVerwGE **124**, 99 ff.
[1161] BVerfG NVwZ **2002**, 1367; vgl. auch BVerfG NVwZ **2007**, 1178.
[1162] BVerwG NJW **2004**, 870, 871 f.

c. Lässt man (mit dem BVerfG[1163]) die genannten Entscheidungen des BVerwG **785** unbeachtet, kommt jedenfalls ein der Ernennung **vorgelagerter Rechtsschutz** in Betracht, der an die **Auswahlentscheidung** anknüpft. Dabei ist zu differenzieren: Bei einer reinen Offenlegung der beabsichtigten Ernennung des anderen Bewerbers handelt es sich nicht um einen Verwaltungsakt, weil damit noch keine unmittelbare außenverbindliche Rechtsfolge gesetzt, sondern lediglich die Absicht einer Ernennung mitgeteilt wird. Diese „**Negativmitteilung**" braucht daher auch nicht gem. § 39 I VwVfG begründet zu werden. Beinhaltet die „Negativmitteilung" aber auch die gleichzeitige Ablehnung der Bewerbung des unterlegenen Bewerbers (was der Regelfall sein dürfte), entfaltet sie diesbezüglich eine Regelungswirkung und stellt insoweit einen **Verwaltungsakt** dar[1164], der zu seiner formellen Rechtmäßigkeit einer Begründung bedarf. Insofern ist jedoch der Hinweis auf weitere Auskünfte und die Möglichkeit der Einsichtnahme in den Besetzungsbericht ausreichend, um dem Begründungserfordernis Genüge zu leisten.

Soweit die „Negativmitteilung" also einen Verwaltungsakt darstellt, hat der unterlegene Bewerber die Möglichkeit, **Widerspruch** (vgl. § 126 II BBG, § 54 II BeamtStG[1165]) einzulegen, und zwar einerseits in Form eines Verpflichtungswiderspruchs, weil er ebenfalls die ausgewiesene Stelle begehrt. Damit andererseits die Auswahlentscheidung zu Lasten des unterlegenen Bewerbers nicht bestandskräftig wird, ist diese – soweit die Person des Begünstigten bekannt ist – zugleich mit dem Anfechtungswiderspruch anzugreifen.[1166] Es genügt aber *ein* Widerspruch, der beide Begehren vereinigt (sog. kombinierter Widerspruch).[1167] Ein zur Bejahung der Widerspruchsbefugnis erforderliches subjektives öffentliches Recht ergibt sich dann regelmäßig aus den Art. 33 II GG konkretisierenden Bestimmungen der Beamtengesetze[1168] oder unmittelbar aus Art. 33 II GG. Zwar gewährleisten diese Vorschriften keinen generellen Anspruch auf Ernennung, Beförderung oder Ausschreibung einer Stelle. Da diese Normen aber auch dem Interesse des Bewerbers an der Berücksichtigung des Leistungs- bzw. Eignungsprinzips dienen[1169], steht dem unterlegenen Bewerber ein **Anspruch auf beurteilungs- bzw. ermessensfehlerfreie Auswahlentscheidung** zu. Zur Bejahung der Widerspruchsbefugnis muss er dann vortragen, die (bevorstehende) Ernennung der Konkurrenten verletze wegen einer Durchbrechung des Leistungsprinzips („Eignung, Befähigung und Leistung") sein Recht aus Art. 33 II GG.[1170] Zu beachten ist jedoch, dass dem kombinierten Anfechtungs-/Verpflichtungswiderspruch keine „Verschaffungswirkung" zukommt.[1171] Denn die Gerichte gehen (mit Ausnahme der o.g. Entscheidung des BVerwG) davon aus, dass Ernennungen/Beförderungen im Interesse der Ämterstabilität nicht der Drittanfechtung unterliegen, sodass dagegen eingelegte Rechtsbehelfe auch nicht gem. § 80 I VwGO aufschiebende Wirkung, und somit keinen einstweiligen Rechtsschutz entfalten.[1172] Die Ernennung/Beförderung des Konkurrenten darf also gleichwohl erfolgen. Ein eingelegter

---

[1163] BVerfG NVwZ **2002**, 1367; BVerfG NVwZ **2003**, 200 f.

[1164] BVerwG NVwZ-RR **2002**, 47, 48; BVerwGE **80**, 127, 129; *Kopp/Schenke*, VwGO, Anh § 42 Rn 69; OVG Koblenz NVwZ **2007**, 109 ff.

[1165] Es sei denn, auf Landesebene schließt ein Gesetz das Vorverfahren aus (vgl. § 54 II S. 3 BeamtStG).

[1166] Vgl. bereits die Ausführungen zur wirtschaftsverwaltungsrechtlichen Konkurrentenklage bei Rn 554 ff.

[1167] Die Einlegung eines Widerspruchs ist auch insofern wichtig, damit die angefochtenen Entscheidungen nicht bestandskräftig werden.

[1168] Vgl. § 9 BBG bzw. § 9 BeamtStG und die entsprechenden Vorschriften der Landesbeamtengesetze.

[1169] BVerwG NVwZ-RR **2002**, 47, 48; BVerwGE **80**, 123, 124 f.; *Kopp/Schenke*, VwGO, § 42 Rn 49; *Schenke*, VerwProzR, Rn 524.

[1170] Für Mitbewerber aus EU-Staaten vgl. Art. 45 AEUV mit der Ausschlussklausel des Art. 45 IV AEUV.

[1171] BGH NJW **1995**, 2344 sub 3 d, unter Bezugnahme auf *Günther*, NVwZ **1986**, 697, 700 f.; *Wittkowski*, NJW **1993**, 817, 819; *Schnellenbach*, DöD, **1990**, 153, 156.

[1172] BVerwGE **80**, 123, 127; BVerfG NJW **1990**, 501; VGH Mannheim NVwZ **1983**, 41; VGH Kassel NJW **1985**, 1103 und DVBl **1988**, 1071.

Widerspruch gegen die negative Auswahlentscheidung wird daher dem Rechtsschutzbegehren nicht gerecht.

786   **d.** Um die genannten Nachteile zu vermeiden, hat der Betroffene die Möglichkeit der vorbeugenden Unterlassungsklage, v.a. aber kann er **einstweiligen Rechtsschutz nach § 123 VwGO** beantragen.[1173] Der Antrag gem. § 123 VwGO muss darauf gerichtet sein, dem Dienstherrn vorläufig zu untersagen, den ausgewählten Bewerber bis zum Abschluss eines erneut durchzuführenden Auswahlverfahrens endgültig in die neu zu besetzende Planstelle einzuweisen (sog. **Besetzungsverbot**).[1174] Daneben sollte der Rechtsschutzsuchende gegen die ihm gegenüber ergangene **negative Auswahlentscheidung** (die teilweise nicht begründet und mit keiner Rechtsbehelfsbelehrung versehen ist) **Widerspruch** einlegen, um diese Entscheidung nicht bestandskräftig werden zu lassen (s.o.).

787   Dieses Ergebnis ist im Hinblick auf Art. 33 II GG i.V.m. Art. 19 IV S. 1 GG unbedenklich, sofern der Kläger *vor* dem Zeitpunkt der Ernennung des Konkurrenten seine Rechte geltend machen kann. Deshalb ist dem unterlegenen Bewerber die der Ernennung vorgelagerte *Auswahlentscheidung* (s.o.) **so rechtzeitig mitzuteilen**, dass dieser bereits auf die Mitteilung hin Klage erheben bzw. im Wege des einstweiligen Rechtsschutzes gem. § 123 VwGO die Bewerbungssituation offen halten kann.[1175] Wie lange die Frist sein muss, wird uneinheitlich gesehen.[1176]

Möchte der unterlegene Bewerber einen Antrag auf Erlass einer einstweiligen Anordnung (in Form der Sicherungsanordnung) stellen, ist zu beachten, dass er gem. § 123 III VwGO i.V.m. § 920 II ZPO Anordnungsanspruch und Anordnungsgrund glaubhaft machen muss. Ihm obliegt also die Darlegungslast für die von ihm behauptete Fehlerhaftigkeit der Auswahlentscheidung. Grundlage hierfür können allein die in den Akten niedergelegten Auswahlerwägungen sein. Andere Erkenntnisse stehen dem unterlegenen Bewerber nicht zur Seite und können von ihm auch nicht beschafft werden. Aus Art. 33 II GG i.V.m. Art. 19 IV S. 1 GG folgt deshalb auch die Verpflichtung der Behörde, die wesentlichen Auswahlerwägungen schriftlich niederzulegen.[1177] Nur durch eine schriftliche Fixierung der wesentlichen Auswahlerwägungen – deren Kenntnis sich der unterlegene Bewerber gegebenenfalls durch **Akteneinsicht** verschaffen kann – wird der Mitbewerber in die Lage versetzt, sachgerecht darüber befinden zu können, ob er die Entscheidung des Dienstherrn bzw. der Einstellungsbehörde hinnehmen soll oder ob Anhaltspunkte für einen Verstoß gegen den Anspruch auf faire und chancengleiche Behandlung seiner Bewerbung bestehen und er daher gerichtlichen Eilrechtsschutz in Anspruch nehmen will. Darüber hinaus eröffnet erst

---

[1173] BVerfG NVwZ **2008**, 70 f.; BVerfG NVwZ **2007**, 1178, 1179 (mit Bespr. v. *Hufen*, JuS **2008**, 454 f.). Zu § 123 VwGO vgl. ausführlich *R. Schmidt*, VerwProzR, Rn 999 ff.

[1174] BVerfG NVwZ **2008**, 70 f.; BVerfG NVwZ **2007**, 1178, 1179; VG Darmstadt NVwZ **2007**, 1452 f. Zu beachten ist jedoch, dass es sich wegen der Gefahr der Vereitelung eines aus Art. 33 II GG resultierenden Rechts des Bewerbers bei dem Antrag nach § 123 VwGO nur um den Antrag auf Erlass einer Sicherungsanordnung (Abs. 1 S. 1) handeln kann. Der Erlass einer Regelungsanordnung (Abs. 1 S. 2) mit dem Ziel, den vakanten Posten vorläufig mit der Person des Antragstellers zu besetzen, kommt dagegen nicht in Betracht, da hier aufgrund der postulierten „Ämterstabilität" die Gefahr der Vorwegnahme der Hauptsache besteht. Darüber hinaus wird der Anordnungsanspruch (die Eilbedürftigkeit der Rechtssache) wohl kaum glaubhaft gemacht werden können (von daher ist das Hauptsacheverfahren, auf das sich die einstweilige Anordnung stützt, die **Unterlassungsklage**, und **nicht** die **Verpflichtungsklage**, auch wenn der Antragsteller letztlich die eigene Ernennung begehrt).

[1175] BVerfG NVwZ **2008**, 70 f.; BVerfG NVwZ **2007**, 1178, 1179.

[1176] Als angemessen ist die Frist anzusehen, die sonst für die Entscheidung über die Einlegung eines Widerspruchs bzw. die Erhebung einer Anfechtungsklage erforderlich ist, also gem. §§ 70 I, 74 I VwGO einen Monat (wie hier *Kopp/Schenke*, VwGO § 42 Rn 50). Teilweise wird aber auch eine Frist von 14 Tagen als ausreichend erachtet (so VGH Kassel NVwZ **1994**, 198, 199 f.; OVG Bautzen ZBR **2001**, 368, 372). Das OVG Schleswig (DÖV **1993**, 962) hält eine Frist von 3 Wochen für angemessen. Eine Frist von 2 Tagen genügt jedenfalls nicht (BVerfG NVwZ **2007**, 1178, 1179 mit Bespr. v. *Hufen*, JuS **2008**, 454 f.).

[1177] BVerfG NVwZ **2007**, 1178, 1179; VGH München NVwZ-RR **2006**, 346; VGH Kassel ZTR **1997**, 526, 527.

die Dokumentation der maßgeblichen Erwägungen auch dem Gericht die Möglichkeit, die angegriffene Entscheidung eigenständig nachzuvollziehen.[1178]

Kommt es zur mündlichen Gerichtsverhandlung, ist der ausgewählte Bewerber gem. § 65 VwGO **beizuladen**. Dieser hat dann (neben der Behörde) die Möglichkeit, seine Rechtsauffassung darzulegen.

Der Antrag auf Erlass einer einstweiligen Anordnung ist begründet, wenn der prozessuale Anspruch auf Sicherung des Hauptsacheanspruchs besteht. Das ist nach der gesetzlichen Terminologie der Fall, wenn der Antragsteller Anordnungsanspruch und Anordnungsgrund glaubhaft machen kann, § 123 III VwGO i.V.m. §§ 920 II, 294 ZPO.

> **Hinweis für die Fallbearbeitung:** Im Gegensatz zum Referendariat ist bei Fallbearbeitungen im juristischen Studium die Frage der Glaubhaftmachung regelmäßig ohne Bedeutung, weil der Sachverhalt durchweg feststeht (s.u.). Der Antrag wird also Erfolg haben, wenn eine Prüfung ergibt, dass der zu sichernde Anspruch des Antragstellers nach den Vorschriften des materiellen Rechts besteht (Anordnungsanspruch) und die in § 123 I VwGO normierten Voraussetzungen für den Erlass einer einstweiligen Anordnung (Anordnungsgrund) tatsächlich vorliegen.

Es geht also um den materiellen Anspruch. Indiz dafür, ob der Anordnungsanspruch besteht bzw. nicht besteht, ist der offensichtliche Ausgang im Hauptsacheverfahren, der in einer summarischen Prüfung festgestellt werden muss. Ergibt diese, dass die beabsichtigte Ernennung des ausgewählten Beswerbers rechtswidrig ist und der Anstragsteller dadurch in seinem Bewerbungsverfahrensanspruch verletzt ist, wird das Gericht dem Antrag stattgeben und verfügen, dass die Stelle vorerst nicht besetzt wird.

e. Wird dem unterlegenen Mitbewerber nicht oder nicht rechtzeitig die Möglichkeit der Anfechtung gegeben, ist dies zwar rechtswidrig, allerdings ändert dies nach h.M. nichts an der Irreversibilität der Ernennung des Konkurrenten. Der unterlegene Mitbewerber kann dann allenfalls einen Schadensersatzanspruch (Gehälterdifferenz) geltend machen. Es handelt sich um einen vor dem Landgericht geltend zu machenden (verschuldensabhängigen[1179]) Amtshaftungsanspruch (vgl. § 839 BGB, Art. 34 GG, §§ 71, 13 GVG), bei dem durch eine Pflichtverletzung des Dienstherrn in Beweisnot geratenen Geschädigten bis zur Umkehr der Beweislast gehende Beweiserleichterungen zugebilligt werden können. Denn ist ein Bewerber vor vollendete Tatsachen gestellt worden, hat er im Allgemeinen praktisch nicht die Möglichkeit, konkret darzulegen, dass bei pflichtgemäßer Durchführung des Auswahlverfahrens seine Bewerbung hätte Erfolg haben müssen. Deshalb ist es in einem solchen Fall geboten, dass der auf Schadensersatz verklagte Dienstherr seinerseits substantiiert darlegt, wie sich die Dinge bei pflichtgemäßem Verhalten entwickelt hätten.[1180]

Zu beachten ist jedoch die bereits genannte Rspr. des BVerwG für den Fall, dass die Einstellungsbehörde den Mitbewerber **entgegen einer einstweiligen Anordnung befördert**. In diesem Fall ist das Gericht der Auffassung, dass der unterlegene Kon-

787a

[1178] BVerfG NVwZ **2007**, 1178, 1179; BVerfGE **65**, 1, 70; **103**, 142, 160.

[1179] Vgl. dazu BVerwG NVwZ **1999**, 424.

[1180] BGH NJW **1995**, 2344, 2345 f.; *Kuhla*, in: Kuhla/Hüttenbrink, Der Verwaltungsprozess K 211. Zu unterscheiden ist diese Konstellation (Amtshaftung bei Pflichtverletzung vor oder im Zuge der Ernennung) aber von denjenigen, bei der bereits ein Pflichtverhältnis zwischen dem Dienstherrn und dem betreffenden Beamten besteht (Beförderung). Dort ist *nicht* nur der Amtshaftungsanspruch einschlägig. Vielmehr kann der Schadensersatzanspruch auch unmittelbar auf eine Verletzung der rechtlich festgelegten Auslesekriterien der Eignung, Befähigung und fachliche Leistung gestützt werden. Es handelt sich um einen vor dem Verwaltungsgericht geltend zu machenden Schadensersatzanspruch wegen Verletzung einer im öffentlich-rechtlichen Dienstverhältnis wurzelnden und insofern „quasivertraglichen" Verbindlichkeit (BVerwG NJW **1998**, 3288, 3289).

kurrent seinen Bewerbungsverfahrensanspruch trotz vollzogener Benennung des Mitbewerbers im Hauptsacheverfahren weiterverfolgen und verlangen könne, **verfahrensrechtlich und materiell-rechtlich so gestellt zu werden, als sei die einstweilige Anordnung beachtet worden**.[1181]

788   **f.** Nach einer im Vordringen befindlichen **Gegenauffassung**[1182] vermögen die bisher vorgebrachten Argumente nicht zu überzeugen. Unbestritten handele es sich bei Art. 33 II GG um eine drittschützende Norm, also um eine Norm, die auch dem Schutz anderer (qualifizierterer) Bewerber um eine Beamtenstelle dient. Ebenso bestünden bezüglich des Rechtsschutzbedürfnisses keine Zweifel, dass der übergangene Bewerber ein berechtigtes Interesse an der Aufhebung der (vermeintlich) fehlerhaften Ernennung des Konkurrenten hat. Denn ohne die Kassation (Aufhebung der Ernennung) sei ein ihm zustehender Ernennungsanspruch nicht mit Erfolg geltend zu machen. Auch könne von einer Erledigung nicht die Rede sein, denn das hierfür erforderliche Kriterium, die Sinnlosigkeit der Aufhebung, liege gerade nicht vor. Außerdem könne das verwaltungsprozessuale Vorgehen die Rechtsstellung des Klägers schon dadurch verbessern, dass das Gericht mit seinen Feststellungen die Durchsetzung des Amtshaftungsanspruchs zumindest erleichtert. Zuletzt komme es nicht selten vor, dass der unterlegene Bewerber überhaupt erst nach der Ernennung des Konkurrenten von seiner Nichtberücksichtigung erfährt. Der Verweis auf die Möglichkeit des Amtshaftungsprozesses werde der Rechtsschutzgarantie nicht gerecht. Statthaft seien daher die **Drittanfechtung der Ernennung i.V.m. einem Verpflichtungsbegehren**.

In **Beispiel 1** von Rn 779 ist nach der h.M. und der hier vertretenen Auffassung eine vorbeugende Unterlassungsklage bzw. ein **Antrag auf Erlass einer einstweiligen Anordnung** mit dem Ziel, dass A bis zur endgültigen Entscheidung nicht ernannt wird, statthaft. Nach den aufgezeigten Grundsätzen ist B klage- bzw. antragsbefugt, wenn der substantiiert und glaubhaft vorträgt, die Ernennung der A verletze wegen einer Durchbrechung des Leistungsprinzips sein Recht auf Chancengleichheit. Dagegen braucht B nicht glaubhaft zu machen, dass *er* ausgewählt worden wäre.

Begründet wird die vorbeugende Unterlassungsklage allerdings nur dann sein, wenn B der Beweis gelingt, dass die Einstellungsbehörde beurteilungs- bzw. ermessensfehlerhaft gehandelt hat. Dass infolge der „Ämterstabilität" ein nicht mehr rückgängig zu machender Ernennungsakt droht, wurde bereits dargelegt.

Bei dem Antrag auf Erlass einer einstweiligen Anordnung gilt entsprechendes, insbesondere ist wegen des drohenden irreparablen Schadens der Anordnungsgrund gegeben.[1183]

Nach der Gegenauffassung ist die Drittanfechtung (Widerspruch/Anfechtungsklage) der Ernennung i.V.m. einem Verpflichtungswiderspruch/einer Verpflichtungsklage statthaft.

Auch in der Konstellation der Beförderungskonkurrenz (**Beispiel 2** von Rn 779) ist der Rechtsschutz problematisch, weil die Beförderung nach einer gewichtigen Auffassung[1184] statusrechtlich als verwaltungsinterner Organisationsakt („Umsetzung") zu qualifizieren und mangels Verwaltungsaktqualität nicht rechtsbeständig ist. Demzufolge muss D seine dargelegte Rechtsverletzung mit der allgemeinen Leistungsklage unter

---

[1181] BVerwG NJW **2004**, 870, 871 f.

[1182] *Kopp/Schenke*, VwGO, § 42 Rn 49 i.V.m. Rn 148 und *Schenke*, VerwProzR, Rn 277 i.V.m. Rn 524 i.V.m. Rn 262a, der von der Statthaftigkeit einer Verpflichtungsklage ausgeht und die Klagebefugnis aus der Verletzung des insoweit drittschützenden Art. 33 II GG herleitet. Vgl. auch *Czybulka/Biermann*, JuS **1998**, 601, 605 sowie *Baumeister*, Der Beseitigungsanspruch als Fehlerfolge des rechtswidrigen Verwaltungsakts, **2006**, S. 240.

[1183] Vgl. dazu jüngst BVerfG NVwZ **2002**, 1367.

[1184] OVG Saarlouis NVwZ **1990**, 687; *Wahl/Schütz*, in: Schoch/Schmidt-Aßmann/Pietzner, VwGO, § 42 Abs. 2 Rn 328; *Günther*, NVwZ **1986**, 697, 700 f.; DöD **1984**, 616, 163; *Schnellenbach*, DöD **1990**, 153, 155.

zuvor durchgeführtem Widerspruchsverfahren (vgl. § 126 II BBG bzw. § 54 II Beamt-StG[1185]) verfolgen (für einen Antrag gemäß § 123 VwGO würde hingegen wegen der fehlenden Rechtsbeständigkeit der Anordnungsgrund fehlen). Auch ist die Klage- bzw. Widerspruchsbefugnis hier gegeben. Begründet ist die Klage bzw. der Widerspruch, wenn Art. 33 II GG verletzt ist.

Nimmt man indes mit der hier vertretenen Auffassung auch bei der Beförderung einen Verwaltungsakt an[1186], kommt wegen der damit verbundenen Rechtsbeständigkeit („Ämterstabilität") eine Drittanfechtung der erfolgten Beförderung des Konkurrenten nicht ernsthaft in Betracht (siehe oben, Anstellungskonkurrenz)[1187]. Sinnvollerweise ist das Begehren des Rechtsschutzsuchenden daher auf die gerichtliche Anordnung (**einstweilige Anordnung nach § 123 VwGO**) gerichtet, mit der dem Dienstherrn vorläufig untersagt wird, die Beförderungsplanstelle mit der Person des Konkurrenten zu besetzen (**Besetzungsverbot**).[1188] Die bei der Zulässigkeit des Antrags nach § 123 VwGO erforderliche Glaubhaftmachung muss sich auf Fehlerhaftigkeit der Auswahlentscheidung und damit die offenen Erfolgsaussichten, bei einer erneuten Auswahlentscheidung des Dienstherrn gewählt zu werden, beziehen. Dagegen braucht der unterlegene Bewerber nicht glaubhaft zu machen, dass *er* ausgewählt worden wäre.

Zu beachten ist jedoch, dass zusätzlich zu dem Antrag nach § 123 VwGO gegen die ergangene negative Auswahlentscheidung Widerspruch eingelegt wird, um diese Entscheidung nicht bestandskräftig werden zu lassen.

g. Etwas anderes gilt hinsichtlich der Dienstpostenbesetzung im **Soldatenrecht**. Für den Erlass einer einstweiligen Anordnung mit dem Ziel, dem Bundesminister der Verteidigung bis zur Entscheidung in der Hauptsache zu untersagen, einen Dienstposten mit einem anderen Soldaten zu besetzen, fehle es regelmäßig an einem Anordnungsgrund, weil militärische Verwendungsentscheidungen nach der Rechtsprechung des BVerwG rückgängig gemacht werden können.[1189]

789

2. Begründetheit eines Antrags auf Erlass einer einstweiligen Anordnung

Zu Fragen der Begründetheit eines Antrags auf Erlass einer einstweiligen Anordnung wurde wegen des inhaltlichen Zusammenhangs mit der Statthaftigkeit bereits Stellung genommen. Im Folgenden sollen aber grundsätzliche Fragen aufgeworfen und beantwortet werden.

790

Der Antrag auf Erlass einer einstweiligen Anordnung mit dem Ziel, die angestrebte Stelle vorläufig nicht anderweitig zu besetzen, ist begründet, wenn der übergangene Bewerber (Antragsteller) sowohl den **Anordnungsanspruch** als auch den **Anordnungsgrund** glaubhaft machen kann, § 123 III VwGO i.V.m. §§ 920 II, 294 ZPO.

a. Anordnungsanspruch

Der Anordnungsanspruch (also der materiell-rechtliche Anspruch) ist gegeben, wenn der Antragsteller **glaubhaft** macht[1190], dass die Auswahlentscheidung fehlerhaft ist oder das Auswahlverfahren nicht ordnungsgemäß durchgeführt wurde und er bei

791

[1185] Vgl. aber auf Landesebene auch die „Gegennorm" des § 54 II S. 3 BeamtStG, wonach es auch in beamtenrechtlichen Streitigkeiten eines Vorverfahrens nicht bedarf, wenn ein Landesgesetz dies bestimmt.

[1186] So auch BVerwGE **80**, 127, 130; *Peine*, AllgVerwR, § 7 Rn 126 und *Kopp/Schenke*, VwGO, § 42 Rn 50 i.V.m. Anh § 42 Rn 69, die mit Blick auf den Veränderungsgrad des Beamtenverhältnisses zu Recht einen Verwaltungsakt annehmen.

[1187] Vgl. aber *Schenke*, VerwProzR, Rn 524, der auch bei der Beförderung dieselben Maßstäbe anwendet wie bei der Ernennung. Danach wären also nach erfolglos durchgeführtem Widerspruchsverfahren Anfechtungsklage/Verpflichtungsklage statthaft.

[1188] Erstreckt sich das Auswahlverfahren auf mehrere Stellen, so dürfen diese sämtlichst nicht besetzt werden.

[1189] BVerwG NVwZ **2001**, 329. Vgl. auch BVerwG NVwZ **2002**, 99.

einem rechtmäßigen Verfahren oder einer solchen Entscheidung *möglicherweise* ausgewählt worden wäre.[1191] Er braucht also nicht glaubhaft zu machen, dass gerade *er* ausgewählt worden wäre.

792   Der Anspruch auf ein fehlerfreies Auswahlverfahren ergibt sich aus **Art. 33 II GG**. Danach wird jedem Deutschen nach Eignung, fachlicher Leistung und Befähigung der gleiche Zugang zu jedem öffentlichen Amt gewährt. Diese Vorschrift bindet den Dienstherrn unmittelbar und bedarf keiner einfachgesetzlichen Ausgestaltung. Es besteht ein sog. **Bewerbungsverfahrensanspruch**: Der Bewerber hat ein subjektives Recht auf Berücksichtigung der o.g. Kriterien.[1192]

aa. Materiell-rechtliche Anforderungen an die Auswahlentscheidung

793   **a.)** Die Einstellungsbehörde muss bei der Stellenbesetzung nach dem Grundsatz der **Bestenauslese** entscheiden. Berücksichtigt sie dieses Kriterium nicht, ist die Auswahlentscheidung rechtswidrig.[1193]

Beispiele:

(1) Der Bewerbungsverfahrensanspruch ist verletzt, wenn Bewerber zugelassen werden, die schon die Laufbahnvoraussetzungen (z.B. Abitur für den gehobenen Dienst) nicht erfüllen.

(2) Des Weiteren ist der Bewerbungsverfahrensanspruch verletzt, wenn in einem mehrstufigen Auswahlverfahren im Vorfeld der eigentlichen Entscheidung ein Bewerber ausgeschieden wird, der offensichtlich besser geeignet ist als Mitbewerber, die im Verfahren bleiben (etwa um einen Wunschkandidaten „konkurrenzlos" zu machen).

(3) Auch ist das Geschlecht kein zulässiges Auswahlkriterium; allerdings ist es zulässig, schwer behinderten Bewerbern bei im Wesentlichen gleicher fachlicher und persönlicher Eignung den Vorrang einzuräumen.

(4) Im Fall der Beförderungskonkurrenz rechtfertigt das höhere Dienst- bzw. Lebensalter nicht die Beförderung eines Beamten, der eine volle Notenstufe schlechter als der Konkurrent beurteilt worden ist.[1194]

794   Bei der Einstellung in den öffentlichen Dienst haben die Examensnoten für den Leistungsvergleich herausragende Bedeutung. Zu beachten ist jedoch, dass in verschiedenen Bundesländern unterschiedliche Leistungsanforderungen an das Examen bestehen können. Gleichlautende Examensnoten lassen daher nicht zwingend auf ein identisches Leistungsbild schließen. Der Einstellungsbehörde steht daher ein **Beurteilungsspielraum** zu, gleichlautende Examensnoten verschiedener Bundesländer unterschiedlich zu bewerten, soweit dies durch entsprechende Statistiken zu belegen ist.[1195]

[1190] Zu den (nicht allzu strengen) Anforderungen an das Glaubhaftmachen des Anordnungsanspruchs vgl. BVerfG NVwZ **2003**, 200 f.; BVerfG NVwZ **2002**, 1367.

[1191] *Wittkowski*, NJW **1993**, 817, 819; *Lietzmann*, JuS **2001**, 571, 573.

[1192] Vgl. BVerwG NVwZ-RR **2002**, 47, 48; BVerwGE **101**, 112; OVG Schleswig DVBl **2002**, 134; VG Darmstadt NVwZ **2007**, 1452 f.; *Happ*, in: Eyermann, VwGO, § 42 Rn 104. Zu den Definitionen der Begriff vgl. Rn 756.

[1193] Vgl. dazu BVerfG NVwZ **2002**, 1367; BVerwG NVwZ-RR **2002**, 47 f.; OVG Schleswig DVBl **2002**, 134.

[1194] VGH Kassel ZTR **1998**, 381, 382. vgl. auch *Lietzmann*, JuS **2001**, 571, 574.

[1195] BVerwG NJW **1984**, 1248, 1249; OVG Lüneburg NVwZ **1995**, 803, 804.

b.) Bei der Auswahl einer Person unter im Wesentlichen gleich geeigneten Bewerbern („**Leistungsgleichstand**") sind bestimmte **Hilfskriterien** zulässig.   **795**

Beispiele:

(1) Sind mehrere Bewerber im Wesentlichen gleich zu beurteilen (sog. „Pattsituation"), kann das **Dienstalter** (= Anzahl der bereits geleisteten Dienstjahre) aufgrund des Laufbahnprinzips ein zulässiges Hilfskriterium sein. Denn gerade bei der Vergabe von höherwertigen Dienstposten mit erhöhtem Schwierigkeitsgrad, erhöhter Bedeutung und Verantwortung kann die längere Berufserfahrung in einer Laufbahn zu einer besseren Qualifikation führen.[1196] Zu beachten ist aber, dass aufgrund des Art. 19 IV S. 1 GG und der nicht eindeutigen Situation der unterlegene Bewerber erfolgreich einstweiligen Rechtsschutz beantragen kann, der zur Folge hat, dass der Dienstherr den Posten bis zur Entscheidung in der Hauptsache nicht oder nur vorläufig besetzen darf.[1197]

(2) Auch das **Lebensalter** kann ein zulässiges Hilfskriterium sein.[1198]

(3) Gleiches gilt für schwer behinderte Bewerber. Die **Schwerbehinderung** ist ein zulässiges Hilfskriterium, d.h. bei der Auswahl zwischen zwei im Wesentlichen gleich geeigneten Bewerber darf (muss aber nicht) der Schwerbehinderte bevorzugt werden.

(4) Das **Geschlecht** ist dagegen im Hinblick auf Art. 3 I GG und Art. 2 der Richtlinie 76/207/EWG[1199] weder ein zulässiges Hauptkriterium noch ein Hilfskriterium. Jede unmittelbare und mittelbare geschlechtsbezogene Diskriminierung ist (europarechtlich) unzulässig.[1200] Daran ändert auch die neue Staatszielbestimmung des Art. 3 II S. 2 GG nichts, wonach der Staat die tatsächliche Durchsetzung der Gleichberechtigung von Frauen und Männern fördert und auf die Beseitigung bestehender Nachteile hinwirkt.[1201] Allerdings ist nach einem neueren Judikat des EuGH die sog. Öffnungsklausel (vgl. z.B. § 25 V S. 2 LBG NRW), nach der Frauen nicht vorrangig befördert (ergänze: ernannt) werden müssen, sofern in der Person des männlichen Bewerbers liegende Gründe überwiegen, mit der erwähnten Richtlinie vereinbar.[1202] Der EuGH hob hervor, dass solche Öffnungsklauseln zum Abbau der tatsächlichen Ungleichstellung beitragen könnten. Zulässig seien sie dann, wenn im Einzelfall garantiert sei, dass eine „objektive" Beurteilung folge, alle in Betracht kommenden Kriterien gewürdigt würden und eben der Frauen-Vorrang entfalle, sobald solche Kriterien zugunsten des Mannes „überwögen". Diesen Kriterien dürfe aber nicht ihrerseits diskriminierende Wirkung zukommen.

c.) Nicht selten werden Auswahlkriterien in **Verwaltungsvorschriften** festgeschrieben. In diesem Fall sind die Verwaltungsvorschriften auf ihre Vereinbarkeit mit dem Grundsatz der Bestenauslese zu überprüfen.[1203]   **796**

Beispiele:

(1) Ein Erlass des Kultusministeriums, der ausnahmslos bestimmt, dass bei der Besetzung des Schulleiterpostens Lehrer aus dem Kollegium der betreffenden Schule nicht zu berücksichtigen sind, ist aufgrund seiner Ausnahmslosigkeit mit dem Grundsatz der Bestenauslese und letztlich mit Art. 33 II GG nicht vereinbar.

[1196] Vgl. BVerwGE **122**, 147, 151; OVG Lüneburg DVBl **1995**, 1254, 1255; *Lietzmann*, JuS **2001**, 571, 574.

[1197] Vgl. BVerfG NVwZ **2002**, 1367.

[1198] BVerwGE **122**, 147, 151.

[1199] Vgl. dazu EuGH NJW **1995**, 3109 zum Gleichstellungsgesetz des Landes Bremen (Fall Kalanke). Zum gleichen Zugang zum militärischen Truppendienst vgl. EuGH NJW **2000**, 497 ff. (Fall Tanja Kreil).

[1200] EuGH NJW **1995**, 3109 ff. (Fall Kalanke); vgl. dazu auch *Heselhaus/Schmidt-De Caluwe*, NJW **2001**, 263, 264 und *Lietzmann*, JuS **2001**, 571, 574.

[1201] OVG Lüneburg NVwZ **1996**, 497, 499; VG Arnsberg NVwZ **1995**, 725; VG Schleswig NVwZ **1995**, 724.

[1202] EuGH DVBl **1998**, 181 ff. (Fall Marschall); vgl. dazu *Erichsen*, JK **1998**, GG Art. 3 II/8.

[1203] Zur Überprüfung von Verwaltungsvorschriften am Maßstab von höherrangigem Recht vgl. *R. Schmidt*, AllgVerwR, Rn 142 ff. und 281 ff.

(2) Eine Beförderungsrichtlinie, die bestimmt, dass bei der Besetzung eines Beförderungsamts Frauen, die die gleiche Gesamtnote wie konkurrierende Männer erhalten haben, zu bevorzugen sind und dass leistungsbezogene Hilfskriterien außer Betracht zu bleiben haben, ist mit Art. 3 III GG nicht vereinbar.

(3) Eine Verwaltungsvorschrift, die regelt, dass bei dem Beförderungs- oder Einstellungsgremium Personen eingebunden sind, die etwa dem Personalrat oder der Gleichstellungsstelle angehören und daher deren Interesse, und nicht das Interesse des Dienstherrn an einer bestmöglichen Stellenbesetzung zu verfolgen haben, ist ebenfalls mit Art. 33 II GG nicht vereinbar.

797 Des Weiteren ist zu beachten, dass wegen des Parlamentsvorbehalts (Rechtsstaats- und Demokratieprinzip, Art. 20 III GG) alle wesentlichen Entscheidungen vom parlamentarischen Gesetzgeber selbst zu treffen sind. Zu diesen wesentlichen Entscheidungen gehört beispielsweise die **Laufbahnprüfung** von Beamtenanwärtern, da diese die Voraussetzungen für den Zugang zu einem öffentlichen Amt schafft.[1204] Ein solcher Bereich darf also nicht der Exekutive überlassen werden. Die Verletzung dieses Postulats führt zur Bejahung des materiell-rechtlichen Anspruchs und somit zur Bejahung des Anordnungsanspruchs.

798 **d.)** Da der Grundsatz der Bestenauslese Verfassungsrang hat (vgl. Art. 33 II GG sowie oben Rn 756) und die primären Auswahlkriterien Eignung, Leistung und Befähigung durch **Bundesgesetz** (§ 9 BBG) konkretisiert sind, sind die Landesgesetzgeber gehindert, entgegenstehende Regelungen zu treffen (vgl. Art. 31 GG). **Landesgleichstellungsgesetze**, die bestimmen, dass Frauen bei gleicher Eignung automatisch zu bevorzugen sind, verstoßen daher gegen höherrangiges Recht.[1205]

799 **e.)** Bei der Überprüfung des materiell-rechtlichen Anspruchs (Bewerbungsverfahrensanspruch) ist schließlich zu beachten, dass der Dienstherr bei der Auswahl einen weiten **Beurteilungsspielraum** bei der Frage hat, welches Gewicht er den einzelnen Auswahlkriterien beimisst, zumal er eine **Prognoseentscheidung** zu treffen hat.[1206] Der (gerichtsfreie) Beurteilungsspielraum wird in Fällen in Erwägung gezogen, in denen die Subsumtion unter einen unbestimmten Rechtsbegriff von komplexen Wertungen und/oder von komplexen Diagnosen oder Prognosen (wie das bei der Einstellung oder Beförderung von Beamten der Fall ist) abhängt. Daraus wird gleichzeitig deutlich, dass eine gerichtliche Überprüfung regelmäßig Schwierigkeiten bereiten würde. Die Begründung für den gerichtsfreien Beurteilungsspielraum in diesen Fällen besteht darin, dass „naturgemäß" die Entscheidungsfindung nicht nachvollzogen werden kann. Die eingeschränkte Kontrolldichte findet ihre Legitimation also letztlich in der **fehlenden Reproduzierbarkeit von Prüfungs-, Einstellungs- und Beförderungsentscheidungen**. Diese Fälle sind aber durch das Gericht **dahingehend überprüfbar, ob Beurteilungsfehler gemacht wurden** (Einhaltung der rechtlichen Grenzen der Beurteilungsermächtigung), ob also insbesondere keine sachfremden Erwägungen in die Entscheidung Eingang gefunden haben oder ob die Chancengleichheit verletzt wurde.[1207]

[1204] Vgl. VGH Kassel DöD **1998**, 290.
[1205] OVG Lüneburg NVwZ-RR **1997**, 611; *Schmidt*, NJW **1996**, 1724, 1726.
[1206] Vgl. dazu aus jüngerer Zeit OVG Koblenz NVwZ **2007**, 109 f.
[1207] Vgl. dazu BVerfG NVwZ **2002**, 1368 f.; BVerwG NVwZ-RR **2002**, 47, 48; sowie ausführlich *R. Schmidt*, AllgVerwR, Rn 599 ff.

bb. Verfahrensrechtliche Anforderungen an die Auswahlentscheidung

Bei der Überprüfung von Auswahlentscheidungen spielen nicht nur materiell-rechtliche Auswahlkriterien, sondern auch verfahrensrechtliche Gesichtspunkte eine Rolle.

800

a.) Erstellt der Dienstherr vor der Besetzung eines Dienstpostens im Auswahlverfahren ein **Anforderungsprofil**, legt er also bestimmte Voraussetzungen fest, die ein Bewerber erfüllen muss, um überhaupt zum Bewerbungsverfahren zugelassen zu werden, wird dadurch der Kreis der möglichen Bewerber von vornherein eingeschränkt. Die Auswahlentscheidung wird dadurch teilweise vorweggenommen. Daher versteht es sich von selbst, dass die Festlegung des Anforderungsprofils genauso überprüfbar ist wie die Auswahlentscheidung selbst.[1208]

801

Beispiel: In der Fachhochschule für öffentliche Verwaltung ist eine Professorenstelle im Fach Allgemeines Verwaltungsrecht und öffentliches Dienstrecht neu zu besetzen. Dr. A, ein ausgezeichneter Jurist, der zwar nicht über das Zweite Juristische Staatsexamen verfügt, dafür aber seine Doktorarbeit mit summa cum laude bestanden, seine fachliche und didaktische Qualifikation durch zahlreiche wissenschaftliche Schriften und Lehrbücher unter Beweis gestellt hat und seit Jahren mit überaus großem Erfolg als Lehrbeauftragter in dieser Hochschule tätig ist, bewirbt sich auf die Stelle. Da der Fachbereichsrat befürchtet, Dr. A könne die Fachkompetenz der Kollegen untergraben, nimmt man in die Stellenausschreibung das Erfordernis der Befähigung zum Richteramt auf, obwohl das Landesbeamtengesetz diese Voraussetzung nicht formuliert.

Grundsätzlich steht es dem Dienstherrn frei, das Anforderungsprofil zu bestimmen. Formuliert er aber strengere Voraussetzungen als das Beamtenrecht fordert, bedarf er eines sachlichen Grundes. Ein solcher ist im vorliegenden Fall nicht erkennbar. Insbesondere hat der Gesetzgeber zu erkennen gegeben, dass das Zweite Juristische Staatsexamen gerade keine notwendige Voraussetzung für die Ausübung einer Professur sein soll. Die gesetzgeberische Wertung darf auch nicht dadurch umgangen werden, dass man einen Praxisbezug fordert, der nur mit Hilfe des Zweiten Staatsexamens möglich ist.

Bewirbt sich Dr. A also auf die Stelle, wäre eine Ablehnung, die sich auch nur mittelbar auf das fehlende Zweite Staatsexamen stützt, mit den in Art. 33 II GG genannten Kriterien (vgl. zur Definition Rn 756) nicht vereinbar und damit rechtswidrig. Er hätte die Möglichkeit, über einen Antrag gem. § 123 VwGO zu bewirken, dass die Stelle vorerst unbesetzt bleibt. Der Anordnungsanspruch (also der materiell-rechtliche Anspruch) wäre gegeben, weil er glaubhaft machen könnte, dass die Auswahlentscheidung fehlerhaft ist und er bei einem rechtmäßigen Verfahren *möglicherweise* ausgewählt worden wäre. Nicht glaubhaft zu machen braucht er, dass gerade *er* ausgewählt worden wäre.

Weiterführender Hinweis: Sollte die Einstellungsbehörde erkennen, dass ihre gegenüber Dr. A auszusprechende Ablehnung, die sich auf das fehlende Zweite Staatsexamen stützt, rechtsfehlerhaft wäre, wird sie versuchen, eine „gerichtsfeste" Begründung zu finden. Sie könnte Gründe anführen, dass der Konkurrent im Rahmen der allgemeinen Auswahlkriterien Eignung, Befähigung und Leistung vorzuziehen sei. Da es bei einer Professur der vorliegenden Art[1209] aber weniger auf die Befähigung zum Richteramt ankommt, sondern vielmehr auf Fachkompetenz, didaktisches und pädagogisches Geschick sowie auf überdurchschnittliche wissenschaftliche Befähigung, wird die Einstellungsbehörde schon gewichtige Gründe anbringen müssen, wenn sie verhindern will, dass ihre Entscheidung vom Verwaltungsgericht (einstweilen) aufgehoben wird.

[1208] Vgl. OVG Lüneburg NVwZ-RR **1996**, 677.
[1209] Insbesondere ist das gesamte Prozessrecht ausdrücklich von dem Lehrauftrag ausgenommen.

Ist die Auswahlentscheidung fehlerhaft und ernennt der Dienstherr – ggf. unter Verstoß gegen die Mitteilungspflicht – den Konkurrenten, kann der unterlegene Bewerber u.U. **Schadensersatz** geltend machen. Erfolgt die Ernennung des Konkurrenten unter Missachtung einer entgegenstehenden einstweiligen Anordnung, hat dies zur Folge, dass sich der Rechtsstreit nicht erledigt. Der unterlegene Konkurrent kann seinen Bewerbungsverfahrensanspruch trotz vollzogener Benennung des Mitbewerbers im Hauptsacheverfahren weiterverfolgen und verlangen, verfahrensrechtlich und materiellrechtlich so gestellt zu werden, als sei die einstweilige Anordnung beachtet worden.[1210] Er kann verlangen, verfahrensrechtlich und materiell-rechtlich so gestellt zu werden, als sei die einstweilige Anordnung beachtet worden. Sollte er im Hauptsacheverfahren obsiegen, muss ihm die Behörde eine (ggf. zusätzlich zu schaffende) gleichwertige Stelle zuweisen.

Zu beachten ist jedoch stets, dass zusätzlich zu dem Antrag nach § 123 VwGO gegen die ergangene negative Auswahlentscheidung Widerspruch eingelegt wird, um diese Entscheidung nicht bestandskräftig werden zu lassen.

802   **b.)** Auch die Nichteinhaltung von rechtssatzmäßigen **Verfahrensbestimmungen** zum Auswahlprozess, die die Bestenauslese gewährleisten sollen, macht die Auswahlentscheidung rechtswidrig.

Beispiel: Wenn ein Schulgesetz bestimmt, dass zur Vorbereitung der Auswahl eines Schulleiters ein Findungsausschuss aus Eltern- und Lehrervertretern gebildet wird, und folgt die Schulaufsichtsbehörde dem Vorschlag des Ausschusses nicht, muss sie dem Ausschuss Gelegenheit geben, einen neuen Vorschlag vorzulegen.[1211]

803   **c.)** Des Weiteren sind bei der Beförderungsentscheidung zwischen verschiedenen Bewerbern die bisherigen **dienstlichen Beurteilungen** zur Grundlage der Entscheidung zu machen. Dabei ist zu beachten, dass im Hinblick auf die gebotene Aktualität des Leistungsvergleichs den letzten dienstlichen Beurteilungen vorrangige Bedeutung zukommt[1212], es sei denn, diese sind fehlerhaft[1213].

Beispiel: In einem Auswahlverfahren bezüglich der Beförderung zum Dienststellenleiter werden jeweils die letzten drei Beurteilungen aller Bewerber herangezogen. Dabei wird die letzte mit 1/1, die vorletzte mit 2/3 und die älteste Beurteilung mit 1/3 gewichtet. Ein solches Bewertungsverfahren entspricht der Praxis und ist grundsätzlich nicht zu beanstanden.

804   **d.)** Teilweise bestimmen die Beamtengesetze der Länder, dass für die Ernennung von Beamten höherer Besoldungsgruppen die Landesregierung als Kollegialorgan zuständig ist (sog. **Gremienvorbehalt für Auswahlentscheidung**).

Beispiele: Art. 18 I S. 1 BayBG, § 12 I S. 1 LBG Berlin, § 11 I S. 1 BremBG, § 12 I S. 1 HessBG, § 8 I S. 1 NdsBG, Art. 92 Saarländische Verfassung bzw. § 6 II S. 1 SaarlBG.

805   Überlässt die Landesregierung bzw. das für die Auswahlentscheidung zuständige Gremium die Entscheidung dem betroffenen Ressort, handelt sie/es rechtswidrig und verletzt den Bewerbungsverfahrensanspruch.[1214]

[1210] BVerwG NJW **2004**, 870, 871 f.
[1211] VGH Kassel NVwZ-RR **1996**, 152.
[1212] VG Trier NVwZ-RR **1998**, 449; OVG Koblenz NVwZ-RR **1997**, 369.
[1213] OVG Schleswig NordÖR **1998**, 162. Zur Fehlerhaftigkeit dienstlicher Beurteilungen vgl. VG Darmstadt NVwZ **2007**, 1452 f.
[1214] VGH Kassel NVwZ-RR **1996**, 339.

e.) Der Dienstherr darf ein laufendes **Auswahlverfahren** jederzeit grundsätzlich abbrechen.[1215] Der Bewerbungsverfahrensanspruch geht dann unter. Ein Abbruch des Auswahlverfahrens kommt etwa in Betracht, wenn der Dienstherr der Auffassung ist, im Verfahren seien Rechte von Bewerbern verletzt worden. Des Weiteren kann der Dienstherr das Verfahren abbrechen, wenn er ein weiteres Stellenbesetzungsverfahren einleiten möchte, etwa weil er hofft, dadurch insgesamt qualifiziertere Bewerber anzusprechen.[1216] Jedoch kann der Abbruch eines Auswahlverfahrens ausnahmsweise rechtswidrig sein. Dies kommt insbesondere in Betracht, wenn der Dienstherr darauf abzielt, einen bestimmten Bewerber willkürlich auszuschließen.[1217]

806

b. Anordnungsgrund

Für den Erlass einer einstweiligen Anordnung, dem Dienstherrn vorläufig zu versagen, den betreffenden Posten zu besetzen, ist neben dem Anordnungsanspruch auch ein Anordnungsgrund erforderlich. Der Anordnungsgrund ist der eigentliche Grund für den Erlass einer einstweiligen Anordnung und betrifft die Eilbedürftigkeit für die vorläufige gerichtliche Entscheidung. Der Anordnungsgrund ist bei der beamtenrechtlichen Konkurrentenklage gegeben, wenn die Ernennung/Beförderung des Konkurrenten unmittelbar bevorsteht, wenn also ein (da die Ernennung/Beförderung des Konkurrenten grundsätzlich nicht mehr rückgängig gemacht werden kann, s.o.) **irreparabler Zustand droht**. Ist der Bewerbungsverfahrensanspruch dagegen noch nicht unmittelbar gefährdet, fehlt es am Anordnungsgrund.

807

> **Beispiel:** Wenn der Dienstherr dem unterlegenen Bewerber zusichert, im Falle einer für diesen erfolgreichen gerichtlichen Entscheidung in der Hauptsache die Einstellung/Beförderung vorzunehmen und dafür eine Stelle freizuhalten, fehlt es an der Eilbedürftigkeit der Sache, mithin am Anordnungsgrund.[1218]

III. Versetzung, Abordnung, Umsetzung und Organisationsverfügung

1. Maßnahmen ohne Drittbezug

Versetzung, Umsetzung und Abordnung sind behördliche Anordnungen, die die rechtliche Stellung des Beamten in jeweils unterschiedlicher Weise betreffen und die an unterschiedliche Zulässigkeitsvoraussetzungen gebunden sind, insbesondere im Hinblick auf die Willensbestimmung des Betroffenen und dem Mitwirkungsrecht der Personalvertretung.[1219]

808

a. Die **Versetzung** ist in § 28 I BBG bzw. § 15 I BeamtStG[1220] legaldefiniert. Sie ist eine dauerhafte Zuweisung eines anderen Amtes im abstrakt-funktionalen Sinne[1221] und stellt – da das Beamtenverhältnis wesentlich geändert wird – einen **Verwaltungsakt** dar[1222]. Dementsprechend ist auch hier (nach erfolglos durchgeführtem Widerspruchsverfahren) die **Anfechtungs**- bzw. **Verpflichtungsklage** statthaft. Die Versetzung innerhalb des Bereichs desselben Dienstherrn stellt den Normalfall dar

809

[1215] OVG Weimar, in: Schütz, Beamtenrecht, ES/A II 1.4 Nr. 63; vgl. auch *Battis*, NJW **1999**, 987, 990.

[1216] BVerwG NVwZ **1997**, 283, 284.

[1217] VGH Mannheim DVBl **1995**, 1253.

[1218] OVG Schleswig NVwZ-RR **1996**, 240 L.

[1219] *Kunig*, Das Recht des öffentlichen Dienstes, in: Schmidt-Aßmann, BesVerwR, 6. Abschnitt Rn 107.

[1220] Vgl. auch **BW**: § 36 BG; **Bay**: Art. 48 BG; **Berl**: § 28 BG; **Brand**: § 30 BG; **Brem**: § 27 BG; **Hamb**: § 29 BG; **Hess**: § 29 BG; **MV**: § 29 BG; **Nds**: § 28 BG; **NRW**: § 25 BG; **RhlPfl**: § 33 BG; **Saar**: § 33 BG; **Sachs-Anh**: § 26 BG; **Sachs**: § 35 BG; **SchlHolst**: § 29 BG; **Thür**: § 30 BG.

[1221] BVerwGE **60**, 144, 147.

[1222] BVerwGE **65**, 270, 276; *Kopp/Schenke*, VwGO, Anh § 42 Rn 69.

und ist immer zulässig, wenn der betroffene Beamte einverstanden ist. Sie kann auf Antrag oder bei einem dienstlichen Bedürfnis erfolgen. Im letzteren Fall bedarf es des Einverständnisses des betroffenen Beamten nicht, wenn das neue Amt derselben Laufbahn angehört wie das bisherige Amt und mit mindestens demselben Endgrundgehalt verbunden ist (bei Landesbeamten, § 15 II S. 2 BeamtStG; bei Bundesbeamten ist zusätzlich dazu erforderlich, dass die neue Tätigkeit aufgrund der Vorbildung oder Berufsausbildung zumutbar ist, § 28 II BBG).

> **Beispiel:** Amtsinspektor A (Besoldungsgruppe A 9) wird aus dienstlichen Gründen von der Wehrbereichsverwaltung I in Kiel zur Wehrbereichsverwaltung II in Hannover versetzt. Seine Amtsbezeichnung und seine Zuordnung zu der Besoldungsgruppe ändern sich nicht. Beide Wehrbereichsverwaltungen gehören demselben Dienstherrn, dem Bundesminister für Verteidigung, an. Die Versetzung kann daher auch gegen den Willen des A erfolgen.

810 Aus dienstlichen Gründen kann die Versetzung auch zu einer Behörde eines anderen Dienstherrn erfolgen. Auch in diesem Fall bedarf es keines Einverständnisses des Beamten (vgl. § 28 V BBG bzw. § 15 III BeamtStG).

811 **b.** Die **Umsetzung** und die **Organisationsverfügung** sind (jedenfalls auf Bundesebene) gesetzlich nicht definiert. Die Rechtsprechung versteht unter einer **Umsetzung** die Zuweisung eines anderen Dienstpostens innerhalb derselben Behörde, bei der das statusrechtliche Amt und das funktionale Amt im abstrakten Sinne des Beamten unberührt gelassen werden.[1223] Die Umsetzung betrifft also lediglich das Amt im konkret-funktionalen Sinne (den Dienstposten, vgl. Rn 720). Der Arbeitsplatz muss nicht notwendig am selben Ort sein. Die Umsetzung umfasst mithin zwei Maßnahmen: die Entbindung vom bisherigen Dienstposten (**Wegsetzung**) und die Übertragung eines neuen Dienstpostens (**Hinsetzung**).

> **Beispiel**[1224]**:** A ist als Amtsrätin beim Landratsamt beschäftigt. Bislang war sie als Arbeitsgruppenleiterin in der Ordnungsabteilung Sachgebiet Zivil- und Katastrophenschutz in D tätig. Nunmehr wird sie durch eine Verfügung des Landrats der Abteilung Lastenausgleich in E zugewiesen. Ihre Stellung als Amtsrätin (einschließlich der Bezüge) wird dadurch nicht berührt. A ist mit dieser Veränderung nicht einverstanden. Sie trägt vor, sie lebe mit ihrem Ehemann und ihrer volljährigen Tochter, die in D studiere, in einem Eigenheim in D. Die Familie sei in D kulturell und sportlich eingebunden, sodass ihr eine Umsetzung nach E nicht zugemutet werden könne. Dies ergebe sich auch aus gesundheitlichen Beeinträchtigungen sowie aus der Tatsache, das es in Folge der für sechs Monate erfolgten Abordnung zu Eheproblemen gekommen sei, die gerade erst wieder durch gemeinsame Unternehmungen bewältigt worden seien. Schließlich führt sie an, dass die „Versetzung" den indirekten Vorwurf enthalte, sie habe ihre bisherigen Aufgaben nicht ordnungsgemäß erledigt, zumindest könne dies in ihrem Bekanntenkreis so aufgefasst werden. Wie ist die Verfügung des Landrates zu beurteilen? Welche Rechtsbehelfe stehen A zur Verfügung? Zur Lösung vgl. sogleich Rn 812.

812 Besonders umstritten ist die rechtliche Qualifikation der Umsetzung: Früher (d.h. vor Anerkennung der allgemeinen Leistungsklage) wurde die Umsetzung zumindest im Grundsatz als verwaltungsinterner Akt qualifiziert. Um dem betroffenen Beamten aber eine Rechtsschutzmöglichkeit zu eröffnen, wurde die Umsetzung dann als Verwaltungsakt qualifiziert, wenn sie den Beamten *auch* als „eine dem Dienstherrn mit

---

[1223] BVerfG NVwZ **2008**, 547, 548 (mit Bespr. v. *Muckel*, JA **2008**, 829); BVerwGE **69**, 303, 307; OVG Hamburg NVwZ-RR **2005**, 125 f.
[1224] Nach BVerfG NVwZ **2008**, 547.

selbstständigen Rechten gegenüberstehende Rechtsperson betraf"[1225]. Die Qualifizierung der Umsetzung als Verwaltungsakt ist heute aufgrund der bereits beschriebenen Anerkennung der allgemeinen Leistungsklage nicht mehr erforderlich. Darüber hinaus ist gem. § 126 II BBG bzw. § 54 II BeamtStG stets ein Widerspruchsverfahren durchzuführen, also ist es gleichgültig, ob man in der Umsetzung einen Verwaltungsakt oder eine innerdienstliche Maßnahme ohne Außenwirkung sieht.[1226] Schließlich ist bei einer anschließenden Klage stets die Klagefrist des § 74 I VwGO einzuhalten. Daher ist der Weg frei für eine unbefangene Einordnung. Wenn man berücksichtigt, dass die Umsetzung bestimmungsgemäß den Beamten in seiner Eigenschaft als Amtswalter, also als Teil der Verwaltungsorganisation und nicht als Privatperson berührt, sollte man sie als innerdienstliche Weisung qualifizieren. Sollte sie den Beamten in seinen persönlichen Rechten beeinträchtigen, kann er (nach erfolglos durchgeführtem Widerspruchsverfahren und Einhaltung der Klagefrist) eine **allgemeine Leistungsklage** mit dem Ziel der Rückgängigmachung der Umsetzung erheben.[1227]

> Für das obige **Beispiel** (Rn 811) gilt dementsprechend Folgendes: Da A innerhalb ihrer bisherigen Behörde verbleibt und ihre Einstufung als Amtsrätin nicht berührt wird, liegt eine Umsetzung vor. Nach dem bisher Gesagten liegt kein Verwaltungsakt, sondern eine innerdienstliche Weisung vor. Möchte A dagegen vorgehen, muss sie gem. § 54 II BeamtStG zunächst Widerspruch einlegen (vgl. hierzu Rn 703). Sollte ein belastender Widerspruchsbescheid ergehen, kann sie eine allgemeine Leistungsklage erheben.[1228] Die Klagebefugnis ist vorliegend gegeben, da A geltend machen kann, durch die Umsetzung in ihren persönlichen Rechten (Art. 12 I GG bzw. Art. 33 V GG, zumindest aber in Art. 2 I GG) verletzt zu sein, und diese geltend gemachte Rechtsverletzung nicht ausgeschlossen werden kann. Fraglich ist dagegen die Begründetheit. Einer speziellen Rechtsgrundlage bedurfte der Dienstherr nicht. Es genügt die verpflichtende Wirkung einer entsprechenden Anordnung des Dienstherrn, die sich auf die gesetzlich normierte Gehorsamspflicht zurückführen lässt.[1229] Auch ist zu beachten, dass der Dienstherr bei der Umsetzungsentscheidung einen weiten Ermessensspielraum hat und dass das überprüfende Gericht lediglich Ermessensfehler prüft. Der Beamte muss eine Änderung seines dienstlichen Aufgabenbereichs im Rahmen seines Amtes im statusrechtlichen und abstrakt-funktionalen Sinn grundsätzlich hinnehmen. Das gilt auch, wenn mit der Umsetzung Beförderungschancen verloren gehen oder ein geringeres gesellschaftliches Ansehen verbunden ist. Es kommt regelmäßig zur Unbegründetheit eines Rechtsbehelfs. Etwas anderes gilt, wenn sich die nach der Umsetzung wahrzunehmende Aufgabe als nicht mehr amtsangemessen darstellt oder sich diskriminierend für den Beamten auswirkt.[1230] Auch wenn besondere Schutzbedürfnisse des Beamten aus dem von Art. 6 GG geschützten Bereich von Ehe und Familie oder auch die mit einem Wechsel des Dienstortes verbundenen Belastungen einer besonderen Berücksichtigung bedürfen, ist die Begründetheit wegen Verletzung des Art. 12 I GG bzw. Art. 33 V GG mit guten Gründen zu bejahen.[1231] Ob dies für den vorliegenden Fall angenommen werden kann, ist eine Wertungsfrage, wurde vom BVerfG aber verneint. Im Übrigen ist anzumerken, dass das Verwaltungsgericht die Umsetzung (da sie kein Verwaltungsakt darstellt) le-

---

[1225] Vgl. BVerwGE **14**, 84; so auch noch OVG Lüneburg DÖV **1981**, 107.
[1226] Vgl. aber auch die „Gegennorm" des § 54 II S. 3 BeamtStG, wonach es auch in beamtenrechtlichen Streitigkeiten eins Vorverfahrens nicht bedarf, wenn ein Landesgesetz dies bestimmt.
[1227] Zur Rückgängigmachung einer fehlerhaften Umsetzung vgl. BVerwGE **75**, 138 (dem Beamten muss zunächst der frühere Dienstposten wieder eingeräumt werden, was jedoch nicht ausschließt, dass er anschließend erneut – diesmal rechtsfehlerfrei – umgesetzt wird).
[1228] Zwar kann man davon ausgehen, dass der Widerspruchsbescheid einen Verwaltungsakt darstellt, womit eine anschließende Anfechtungsklage gegen diesen Verwaltungsakt in Erwägung gezogen werden müsste. Klagegegenstand ist aber grundsätzlich der Ausgangsakt; dieser ist vorliegend *kein* Verwaltungsakt.
[1229] Vgl. BVerfG NVwZ **2008**, 547, 548.
[1230] Vgl. dazu BVerwGE **60**, 144 ff.; **89**, 199 ff.; OVG Hamburg NVwZ-RR **2005**, 125 f.
[1231] BVerfG NVwZ **2008**, 547, 548.

diglich daraufhin zu überprüfen hat, ob der Dienstherr sein Ermessen missbraucht hat.[1232]

813 Zusammenfassend lässt sich festhalten, dass die Umsetzung des Beamten diesen nur in seiner Stellung als **Funktionsmitglied seiner Organisation** (in seiner Amtsstellung) betrifft. Daher liegt keine Außenwirkung und somit **kein Verwaltungsakt** vor. Sollte die Umsetzung den Beamten in seinen persönlichen Rechten beeinträchtigen, kann er eine **allgemeine Leistungsklage** mit dem Ziel der Rückgängigmachung der Umsetzung erheben.

814 **c.** Auch die Änderung des Aufgabenbereichs durch eine **Organisationsverfügung** stellt lediglich eine verwaltungsinterne Maßnahme ohne Außenwirkung dar. Denn nach der heute herrschenden Auffassung haben dienstliche Anweisungen, die die Erledigung einer Amtshandlung zum Gegenstand haben und den Beamten ausschließlich in seiner Eigenschaft als Amtsträger und Glied der Verwaltung treffen, trotz Regelungscharakters keine Außenwirkung. Hier ist zwar die allgemeine Leistungsklage (bzw. subsidiär die Feststellungsklage) statthaft. Eine erhobene Klage scheitert aber regelmäßig an der Klagebefugnis bzw. am Feststellungsinteresse.

> **Beispiel:** Beamtin B wird vom Dezernenten D angewiesen, bei der Berechnung der Sozialhilfe ein bestimmtes Vermögen zu schonen (es bei der Berechnung der Höhe der Sozialhilfe unberücksichtigt zu lassen). Diese Anweisung stützt sich auf § 62 I S. 2 BBG bzw. § 35 S. 2 BeamtStG, der das Recht des Vorgesetzten impliziert, den ihm unterstellten Beamten Anweisungen für die Erledigung der Arbeit zu erteilen. Bei einer derartigen Anweisung handelt es sich trotz der mit ihr verbundenen Regelung um eine rein innerdienstliche Weisung. B wird ausschließlich in ihrer Eigenschaft als Amtswalter betroffen. Eine Beeinträchtigung persönlicher Rechte ist daher nicht denkbar. Nach der heute herrschenden Auffassung könnte B daher eine allgemeine Leistungsklage erheben. Diese Klage würde aber an der Klagebefugnis scheitern.[1233] Davon zu unterscheiden ist freilich das Recht der B zur **Remonstration**: Sollte sie die Anweisung für rechtswidrig halten und ihr nicht folgen mögen, stehen ihr beamtenrechtliche Mittel zum Schutz zur Verfügung, vgl. dazu Rn 726 und 737.

815 Zur äußerst klausurrelevanten Anordnung, sich einer **Operation** bzw. **Heilbehandlung** zu unterziehen oder der (gerichtlich noch nicht entschiedenen, aber denkbaren) Konstellation, während des Schulbetriebs kein **Kopftuch** zu tragen, vgl. bereits ausführlich Rn 769 f.

816 **Zusammenfassung und Hinweis für die Fallbearbeitung:** Die Abgrenzung von Versetzung und Abordnung einerseits und Umsetzung und Organisationsverfügung andererseits hat mit Blick auf den Rechtsschutz nur bezüglich der statthaften Klageart entscheidende Bedeutung. Denn nur die Versetzung und die Abordnung besitzen aufgrund ihrer Außenwirkung Verwaltungsaktqualität und sind demnach mit einer Anfechtungsklage bzw. im einstweiligen Rechtsschutz mit einem Antrag nach § 80 V VwGO anzugreifen. Dagegen sind Umsetzung und Organisationsverfügung aufgrund ihres rein innerdienstlichen Charakters in der Hauptsache mit der allgemeinen Leistungsklage und subsidiär mit der Feststellungsklage, im einstweiligen Rechtsschutz mit einem Antrag nach § 123 VwGO anzugreifen. Die Frage, ob eine Maßnahme mit oder ohne Außenwirkung vorliegt (ob der neue Dienstposten also bei derselben oder bei einer anderen Dienststelle angesiedelt ist), muss anhand organisationsrechtlicher und haushaltsrecht-

---

[1232] BVerfG NVwZ **2008**, 547, 548 (mit Bespr. v. *Muckel*, JA **2008**, 829).
[1233] Zu keinem anderen materiell-rechtlichen Ergebnis würde man übrigens kommen, wenn man der Lehre von *Ule* folgen würde. Denn danach würde die vorliegende Anordnung des D nicht das Grundverhältnis der B zu ihrem Dienstherrn berühren, was die Injustiziabilität der vorliegenden Anordnung zur Folge hätte.

licher Kriterien beantwortet werden und setzt stets eine Einzelfallprüfung voraus. Unabhängig von der Frage, welche Klageart statthaft ist, bedarf es jedenfalls immer der vorherigen Durchführung eines Widerspruchsverfahrens (§ 126 II BBG bzw. § 54 II BeamtStG[1234]). Es kann also auch zu Leistungs- und Feststellungswidersprüchen kommen. Das wiederum hat zur Folge, dass stets die Klagefrist des § 74 I VwGO einzuhalten ist, auch bei Erhebung der allgemeinen Leistungs- und Feststellungsklage.

d. Die **Abordnung** ist in § 27 BBG, § 14 BeamtStG[1235] geregelt. Sie ist dadurch gekennzeichnet, dass sie dem Beamten für die Dauer seiner vorübergehenden Tätigkeit an einer anderen Dienststelle die bisherige Planstelle erhält. Voraussetzung ist aber ein dienstliches Bedürfnis. Auch muss die vorübergehend wahrzunehmende Tätigkeit dem abstrakt-funktionalen Amt entsprechen. Die Abordnung bedarf der Zustimmung des Beamten, es sei denn, 1. die neue Tätigkeit ist ihm zuzumuten (nur Länder: § 14 III S. 2 BeamtStG) und entspricht einem Amt mit demselben Grundgehalt und die Abordnung übersteigt nicht eine Dauer von fünf Jahren (Bund und Länder: § 27 III S. 2 BBG bzw. § 14 III S. 2 BeamtStG) oder 2. Der Beamte wird in den Bereich eines anderen Dienstherrn abgeordnet (nur Bund: § 27 III S. 1 Nr. 2 BBG) oder 3. die Abordnung übersteigt nicht eine Dauer von zwei Jahren (nur Bund: § 27 III S. 1 Nr. 1 BBG). Da die Abordnung den Beamtenstatus wesentlich berührt (Umzug, Heimfahrten etc.), stellt sie einen **Verwaltungsakt** dar (zur Begründung vgl. Rn 733)[1236]. Dementsprechend ist (nach erfolglos durchgeführtem Widerspruchsverfahren) wie bei der Versetzung die **Anfechtungs**- bzw. **Verpflichtungsklage** statthaft. 817

Beispiel: Der Ministerialdirigent beim Bundesminister für Verteidigung M wird angewiesen, zur Ausübung eines Dienstgeschäfts einige Wochen beim Bundesnachrichtendienst zu arbeiten. Zur Klagebefugnis und zur Begründetheit gilt das zur Umsetzung Gesagte entsprechend.

2. Maßnahmen mit Drittbezug (Konkurrentenklage)

Die Situation, in der ein in Konkurrenz zu anderen Bewerbern stehender Beamter auf einen höher bewerteten Dienstposten umgesetzt und gleichzeitig in eine höhere Planstelle befördert wird (sog. **Statuskonkurrenz**), wurde bereits bei Rn 779 ff. dargestellt. 818

Besondere Probleme des Rechtsschutzes können sich ergeben, wenn einem Beamten ein höher bewerteter Dienstposten übertragen wird, um eine Beförderung vorzubereiten, die Beförderung aber noch etwas auf sich warten lässt (sog. **Dienstpostenkonkurrenz**). 819

Beispiel: Oberregierungsrat B (Besoldungsgruppe A 14) soll zum Regierungsdirektor (Besoldungsgruppe A 15) befördert werden. Um die Beförderung vorzubereiten (d.h. zu erleichtern), wird dem B schon einmal der Dienstposten eines Regierungsdirektors übertragen (Umsetzung). Die statusrechtliche Maßnahme (Beförderung zum Regierungsdirektor und Einweisung in die Planstelle A 15) erfolgt aber nicht sogleich. Der Konkurrent des B will die Übertragung des Dienstpostens verhindern, um der Beförderung vorzubeugen.

[1234] Es sei denn, ein Landesgesetz schließt das Vorverfahren aus, § 54 II S. 3 BeamtStG.
[1235] Vgl. auch **BW**: § 37 BG; **Bay**: Art. 47 BG; **Berl**: § 27 BG; **Brand**: § 29 BG; **Brem**: § 28 BG; **Hamb**: § 28 BG; **Hess**: § 28 BG; **MV**: § 28 BG; **Nds**: § 27 BG; **NRW**: § 24 BG; **RhlPfl**: § 32 BG; **Saar**: § 34 BG; **Sachs-Anh**: § 27 BG; **Sachs**: § 36 BG; **SchlHolst**: § 28 BG; **Thür**: § 29 BG.
[1236] Anders *Kopp/Schenke*, Anh § 42 Rn 69.

820 Die Lösung dieser Fälle ist strittig. Teilweise wird vertreten, dass die Umsetzung des konkurrierenden Beamten im Wege der einstweiligen Anordnung nicht verhindert werden könne, da der Unterlassungsanspruch (nur) darauf gerichtet sei, dessen Beförderung (vorerst) zu verhindern; hinsichtlich der Umsetzung fehle dagegen der Anordnungsanspruch bzw. der Anordnungsgrund.[1237] Die Gegenauffassung vertritt den Standpunkt, Rechtsschutz sei allgemein auch schon gegen Entscheidungen zu gewähren, die die Beförderung lediglich vorbereiten, also auch gegen die Umsetzung auf einen höherwertigen Dienstposten. Nur so könne verhindert werden, dass sich die Beförderungschancen des Antragstellers durch den Bewährungsvorsprung des Konkurrenten schmälern.[1238]

821 Ebenso kontrovers wird die Frage beantwortet, ob gerichtlicher Rechtsschutz (i.d.R. einstweiliger Rechtsschutz) noch zulässig ist, wenn die Umsetzung des Konkurrenten bereits erfolgt ist und nur noch verhindert werden soll, dass dessen Beförderung erfolgt. Ein Teil der Rechtsprechung bejaht dies mit dem Argument, dass durch die Umsetzung als eine Maßnahme ohne Verwaltungsaktcharakter die Beförderungsentscheidung noch nicht präjudiziert sei, also noch gar nicht feststehe.[1239] Andere Obergerichte verneinen die Frage. Vorläufiger Rechtsschutz sei dann nicht mehr zulässig, weil die Übertragung des höherwertigen Dienstpostens (die Umsetzung) aufgrund der Ämterstabilität statusrechtlich nicht mehr rückgängig zu machen und der zu besetzende Dienstposten nicht mehr frei sei.[1240] Nach dieser zuletzt genannten Meinung ist vorläufiger Rechtsschutz demnach nur im Vorfeld, d.h. noch vor der Umsetzung, der die anschließende Beförderung folgen soll, zulässig.

Die Dienstpostenkonkurrenz hat seit dem Dienstrechtsreformgesetz von 1997[1241] erheblich an Bedeutung gewonnen, weil seitdem gem. § 12 II Nr. 4 BRRG a.F. (vgl. nunmehr § 22 II BBG sowie entsprechende Regelungen in den Landesbeamtengesetzen, wobei die Dauer der Mindesterprobungszeit variiert) gilt, dass der Beamte erst dann befördert werden darf, wenn seine Eignung für den höher bewerteten Dienstposten in einer Erprobungszeit festgestellt worden ist (dies entspricht dem o.g. Beispiel). Es wird also eine erhöhte Zahl von gerichtlichen Verfahren zu erwarten sein, die entweder zum Ziel haben, dem Dienstherrn vorläufig die Zuweisung des höherwertigen Dienstposten an den Konkurrenten zu verbieten oder – sofern die Einweisung in den höherwertigen Dienstposten bereits stattgefunden hat – dem Dienstherrn zu untersagen, die Beförderung auszusprechen.

IV. Nebentätigkeiten des Beamten

1. Anordnung der Nebentätigkeit

822 Das Recht der Nebentätigkeiten ist auf Bundesebene in den §§ 97 ff. BBG geregelt und auf Landesebene in den §§ 40 f. BeamtStG i.V.m. den Landesbeamtengesetzen. Gem. § 98 BBG ist der Beamte auf Verlangen seiner Dienstbehörde verpflichtet, eine Nebentätigkeit im öffentlichen Dienst zu übernehmen, sofern diese Tätigkeit seiner Vorbildung oder Berufsausbildung entspricht und ihn nicht über Gebühr in Anspruch nimmt.

[1237] VGH Kassel DVBl **1997**, 1013; OVG Koblenz NVwZ-RR **1996**, 51.
[1238] OVG Lüneburg NVwZ-RR **1996**, 677.
[1239] OVG Schleswig NVwZ-RR **1995**, 45.
[1240] VGH München ZBR **1983**, 123.
[1241] BGBl I, S. 322.

Beispiel: A ist stellvertretender Leiter der Ordnungsbehörde der Stadt B. B verlangt von ihm, dass er die kaufmännische Leitung der Volkshochschule, einem Eigenbetrieb der Stadt, übernimmt.

Die Entscheidung der Behörde, eine Nebentätigkeit im öffentlichen Recht auszuüben, ist ein **Verwaltungsakt**.[1242] Hiergegen sind **Widerspruch** und (in Abhängigkeit vom Klagebegehren) **Anfechtungs- oder Verpflichtungsklage** statthaft.

823

2. Nebentätigkeitsgenehmigung

Möchte der Beamte einer **genehmigungspflichtigen Nebentätigkeit** nachgehen, bedarf er der Genehmigung durch den Dienstherrn, § 99 I BBG. Auf diese Genehmigung hat er einen Rechtsanspruch, sofern kein gesetzlicher, d.h. in § 99 II BBG genannter Versagungsgrund vorliegt. Auch die Genehmigung der Nebentätigkeit ist ein **Verwaltungsakt**. Gegen die Versagung der Genehmigung besteht daher die Möglichkeit, **Widerspruch** (§ 68 I S. 1, II VwGO, § 126 II BBG bzw. § 54 II BeamtStG[1243]) und **Verpflichtungsklage** (§ 42 I Var. 2 VwGO) zu erheben mit dem Ziel, den Dienstherrn zu verpflichten, die gewünschte Genehmigung zu erteilen.[1244] **Vorläufiger Rechtsschutz** (in Form einer einstweiligen Anordnung gem. § 123 VwGO) kommt dagegen grundsätzlich **nicht** in Betracht, da dieser zwingend die Vorwegnahme der Hauptsache bewirken würde.[1245]

824

Bei einer **genehmigungsfreien Nebentätigkeit** kann es folgerichtig keine Genehmigung geben. Welche Nebentätigkeiten genehmigungsfrei sind, bestimmt auf Bundesebene § 100 BBG. Schwierig gestaltet sich der Rechtsschutz: Im konkreten Fall kann zwischen dem Dienstherrn und dem betreffenden Beamten strittig sein, ob die beabsichtigte Tätigkeit genehmigungsfrei ist oder nicht. Übt der Beamte eine Nebentätigkeit aus, von der der Dienstherr überzeugt ist, dass sie genehmigungspflichtig sei, kann der Dienstherr ein Disziplinarverfahren einleiten. Im Rahmen des Disziplinarverfahrens wird dann letztlich das Disziplinargericht (vgl. §§ 45 ff. BDG) entscheiden, ob die Nebentätigkeit genehmigungsfrei ist oder nicht. Möchte der Beamte ein solches Disziplinarverfahren vermeiden, kann er nach erfolglos durchgeführtem Widerspruchsverfahren (§ 126 II BBG bzw. § 54 II BeamtStG[1246]) eine **Feststellungsklage** (§ 43 I VwGO) mit dem Ziel erheben, dass das Verwaltungsgericht die Genehmigungsfreiheit der Nebentätigkeit feststellt. Allerdings ist eine Feststellung im Rahmen des einstweiligen Rechtsschutzes (§ 123 VwGO) nicht möglich, da die einstweilige Anordnung darauf gerichtet ist, dem Antragsgegner zu einem bestimmten Tun oder Unterlassen zu verpflichten. Wird ein solches Verfahren dennoch angestrebt, sollte der Antrag darauf gerichtet sein, den Dienstherrn zu verpflichten, seine Disziplinarbefugnisse wegen dieser Nebentätigkeit einstweilen nicht auszuüben, bis über den Feststellungsantrag entschieden ist.

825

Schließlich sind **anzeigepflichtige Nebentätigkeiten** zu nennen. Das sind Nebentätigkeiten, die dem Dienstherrn schlicht anzuzeigen sind, damit dieser prüfen kann, ob sie dienstlichen Interessen zuwiderlaufen und ggf. eine Untersagungsverfügung (etwa nach § 73 HambBG) in Betracht kommt. Nach den in den Jahren 2009 und 2010 modifizierten Beamtengesetzen unterliegen unentgeltliche Nebentätigkeiten grds. **keiner Anzeigepflicht**; sie sind damit ohne weiteres zulässig (vgl. etwa § 72 I

825a

[1242] Vgl. VGH Mannheim NVwZ **2002**, 229, 230; *Kopp/Schenke*, Anh § 42 Rn 69.
[1243] Es sei denn, ein Landesgesetz schließt das Vorverfahren aus, § 54 II S. 3 BeamtStG.
[1244] Vgl. VGH Mannheim NVwZ **2002**, 229, 230.
[1245] Zur grundsätzlich nicht zulässigen Vorwegnahme der Hauptsache vgl. *R. Schmidt*, VerwProzR, Rn 1013 ff.
[1246] Es sei denn, ein Landesgesetz schließt das Vorverfahren aus, § 54 II S. 3 BeamtStG.

Nr. 4, Halbs. 1 HambBG). Aber auch unentgeltliche Nebentätigkeiten sind anzeige-pflichtig, wenn sie in den Beamtengesetzen als anzeigepflichtig genannt werden (vgl. etwa § 72 I Nr. 4, Halbs. 2 HambBG).

Der Dienstvorgesetzte kann aus begründetem Anlass verlangen, dass der Beamte ihm über eine von ihm ausgeübte **anzeigefreie Nebentätigkeit**, insbesondere über deren Art und Umfang, Auskunft erteilt (vgl. etwa § 72 II HambBG). Auch diese Regelung soll letztlich sicherstellen, dass der Dienstherr prüfen kann, ob die Nebentätigkeit dienstlichen Interessen entgegensteht und ggf. mittels Untersagungsverfügung unterbunden werden kann.

Schriftstellerische, wissenschaftliche, künstlerische oder Vortragstätigkeiten sowie die mit Lehr- oder Forschungsaufgaben zusammenhängende selbstständige Gutachtertätigkeit von beamtetem wissenschaftlichem und künstlerischem Personal an Hochschulen sind nur einzuschränken oder ganz oder teilweise zu untersagen, wenn die konkrete Gefahr besteht, dass bei ihrer Ausübung dienstliche Pflichten verletzt werden (vgl. etwa § 73 HambBG).

Verfügungen des Dienstherrn, die eine Nebentätigkeit einschränken oder untersagen, stellen belastende **Verwaltungsakte** dar und können mit **Widerspruch** und **Anfechtungsklage** angegriffen werden. Diese Rechtsbehelfe entfalten gem. § 80 I VwGO aufschiebende Wirkung. Das bedeutet, dass der Beamte seine Nebentätigkeit einstweilen fortführen darf, ohne disziplinarrechtliche Konsequenzen befürchten zu müssen. Daher wird die Behörde stets in Erwägung ziehen, die Untersagungsverfügung gem. § 80 II S. 1 Nr. 4 VwGO für sofort vollziehbar zu erklären. In einem solchen Fall verbleibt dem Beamten nur der **Eilantrag** gem. § 80 V S. 1 Var. 2 VwGO mit dem Ziel, die aufschiebende Wirkung wiederherzustellen

3. Rücknahme und Widerruf der Nebentätigkeitsgenehmigung

826 Rücknahme und Widerruf der Nebentätigkeitsgenehmigung sind – wie die Genehmigung selbst – **Verwaltungsakte**. Sie sind daher mit **Widerspruch** und **Anfechtungsklage** anzugreifen. Zur aufschiebenden Wirkung und den damit verbundenen Folgen vgl. die Ausführungen zu den anzeigepflichtigen Nebentätigkeiten.

V. Beendigung des Beamtenverhältnisses

827 Die Beendigung des Beamtenverhältnisses auf Lebenszeit endet durch den **Tod**, durch Eintritt oder Versetzung in den **Ruhestand**, durch **Entlassung**, durch strafgerichtliche **Verurteilung** oder durch **disziplinarrechtliche Entfernung** aus dem Dienst (vgl. dazu § 30 BBG bzw. § 21 BeamtStG sowie die Bestimmungen der Landesbeamtengesetze).

1. Entlassung

828 Die Entlassung eines Beamten ist in den §§ 31 ff. BBG bzw. §§ 22 f. BeamtStG i.V.m. dem Landesrecht[1247] geregelt und bedarf – obwohl sie kraft Gesetzes erfolgt – der Feststellung durch einen **Verwaltungsakt**[1248] (vgl. § 23 BeamtStG). Zu unterscheiden ist die *obligatorische* Entlassung von der *fakultativen*. Der Beamte *ist* zu entlassen, wenn mindestens ein in § 32 I BBG bzw. § 23 I BeamtStG genannter Entlassungsgrund vorliegt. Die wichtigsten Gründe für die **obligatorische** Entlassung sind:

[1247] **BW**: §§ 40 ff. BG; **Bay**: Art. 55 ff. BG; **Berl**: §§ 33 f. BG; **Brand**: §§ 32 ff. BG; **Brem**: §§ 35 ff. BG; **Hamb**: §§ 30 ff. BG; **Hess**: §§ 39 ff. BG; **MV**: §§ 30 ff. BG; **Nds**: §§ 30 ff. BG; **NRW**: §§ 27 f. BG; **RhlPfl**: §§ 38 ff. BG; **Saar**: §§ 44 ff. BG; **SachsAnh**: §§ 28 ff. BG; **Sachs**: §§ 39 ff. BG; **SchlHolst**: §§ 30 ff. BG; **Thür**: §§ 36 ff. BG.

[1248] Verwaltungsakte, die sich inhaltlich auf die Aussage des Gesetzestextes beschränken, werden als deklaratorische (feststellende) Verwaltungsakte bezeichnet, vgl. dazu *R. Schmidt*, AllgVerwR, Rn 354 f.

- Verweigerung, den Diensteid oder das Gelöbnis zu leisten.
- Nichterfüllung der subjektiven Ernennungsvoraussetzung, nicht Träger eines mit dem Beamtenstatus inkompatiblen Mandats zu sein.
- Verlust der Eigenschaft als Deutscher i.S.d. § 116 GG (§ 31 I Nr. 1 BBG bzw. § 22 I Nr. 1 BeamtStG, beachte aber § 7 III BBG bzw. § 7 III BeamtStG).
- Das schriftliche Verlangen des Beamten (§ 33 BBG bzw. § 23 I S. 1 Nr. 4 BeamtStG).

Dagegen *kann* der Beamte gem. § 32 II BBG bzw. 23 II BeamtStG (fakultative Entlassung) insbesondere entlassen werden bei: **829**

- Verlust der Eigenschaft als Deutscher i.S.d. § 116 GG (in den Fällen des § 7 II BBG bzw. § 7 II BeamtStG).

Ferner (also zusätzlich zu den o.g. Entlassungsgründen) *kann* ein **Beamter auf Probe** gem. § 34 I BBG bzw. § 23 III BeamtStG entlassen werden, wenn mindestens ein dort genannter Grund vorliegt.[1249] Die Entlassung ist ein **Verwaltungsakt**, da sie das Beamtenverhältnis beendet und somit Außenwirkung entfaltet. Sie kann daher mit **Widerspruch** und **Anfechtungsklage** angegriffen werden. Diese Rechtsbehelfe entfalten gem. § 80 I VwGO grundsätzlich aufschiebende Wirkung. Dies hat zur Folge, dass der Beamte einstweilen weiter zu besolden ist. Daher wird der Dienstherr auch hier erwägen, die Entlassungsverfügung gem. § 80 II S. 1 Nr. 4 VwGO für sofort vollziehbar zu erklären. In diesem Fall kann der Beamte seinen Anspruch auf Gewährung seiner Besoldung nur im Verfahren gem. § 80 V S. 1 Var. 2 VwGO verteidigen. Rechtsschutzziel ist hier die Wiederherstellung der aufschiebenden Wirkung des von ihm eingelegten Widerspruchs gegen die Entlassungsverfügung. Es sind die allgemeinen Grundsätze anzuwenden. Für die Begründetheitsprüfung ist jedoch zu beachten, dass der Dienstherr bei der Entlassung eines Beamten auf Probe wegen mangelnder Bewährung nur einer eingeschränkten gerichtlichen Überprüfung unterliegt (**Beurteilungsspielraum**).[1250]   **830**

Bei den Vorschriften der §§ 34 I BBG, 23 III BeamtStG handelt es sich um sog. **Koppelungsvorschriften** oder **Mischtatbestände**. Das sind Vorschriften, die auf der Tatbestandsseite unbestimmte Rechtsbegriffe enthalten und auf der Rechtsfolgeseite der Verwaltung ein Ermessen einräumen. In diesem Fall ist jede Seite grundsätzlich nach ihren Regeln zu beurteilen. Allerdings kann es vorkommen, dass bei der Ermessensbetätigung *dieselben* Erwägungen herangezogen werden müssen, die schon der Auslegung der unbestimmten Rechtsbegriffe zugrunde gelegen haben (Identität des Argumentationshaushalts). In einem solchen Fall soll nur noch eine einzige rechtsfehlerfreie Ermessensentscheidung möglich sein. Die Ermessensreduzierung auf Null macht im Einzelfall aus der Kann-Vorschrift *faktisch* eine Muss-Vorschrift. Das ist bei den §§ 34 I BBG, 23 III BeamtStG der Fall. Führt die Auslegung eines der unbestimmten Rechtsbegriffe zu dem Ergebnis, dass das Festhalten an dem Beamtenverhältnis unzumutbar ist, bleibt für weitere Ermessenserwägungen kein Raum. Der Beamte auf Probe ist zu entlassen.[1251]   **831**

Die Entlassung eines **Beamten auf Widerruf** ist darüber hinaus (also zusätzlich zu den o.g. Entlassungsgründen) in § 37 BBG bzw. § 23 IV BeamtStG geregelt. Im Vorbereitungsdienst (Referendariat) *soll* dem Beamten auf Widerruf Gelegenheit gegeben werden, die Abschlussprüfung abzulegen. Das Modalverb „soll" bringt zum Ausdruck, dass es sich im Grundsatz um eine Ist-Vorschrift handelt, und nur im atypischen Fall   **832**

[1249] Vgl. BVerwG NVwZ-RR **2002**, 49. Zur Entlassung eines Beamten auf Probe wegen Tätigkeit für das MfS vgl. BVerwG NJW **1999**, 2536 ff.
[1250] BVerwG NVwZ-RR **2002**, 49 (Entlassung eines Beamten auf Probe wegen mangelnder gesundheitlicher Eignung); BVerwGE **106**, 263, 266 ff. (Entlassung eines Beamten auf Probe wegen mangelnder Bewährung). Generell zum Beurteilungsspielraum bei dienstlichen Beurteilungen vgl. BVerfG NVwZ **2002**, 1368 f.
[1251] BVerwG NJW **1999**, 2536, 2538.

davon abgewichen werden darf (sog. rechtlich gebundenes Ermessen). Dem Beamten auf Widerruf muss also die Ablegung der Prüfung mit Wiederholungschance ermöglicht werden, soweit dem nicht gesetzlich geregelte Gründe entgegenstehen. Im Übrigen vgl. dazu Rn 713.

2. Strafgerichtliche Verurteilung

833 Die Beendigung des Beamtenverhältnisses wegen strafgerichtlicher Verurteilung ist in § 41 BBG bzw. § 24 BeamtStG geregelt. Nach diesen Vorschriften endet das Beamtenverhältnis unter den dort genannten Voraussetzungen, ohne dass es eines feststellenden Verwaltungsakts bedarf. Zu beachten ist das Gnadenrecht des Bundespräsidenten (§ 43 BBG).

3. Disziplinarrechtliche Entfernung aus dem Dienst

834 Zuletzt kann sich die Beendigung eines Beamtenverhältnisses als Ergebnis eines Disziplinarverfahrens ergeben (vgl. § 30 Nr. 3 BBG bzw. § 21 Nr. 3 BeamtStG). Sie ist die schärfste Form im System der Disziplinarmaßnahmen, bewirkt den Verlust von Versorgungsansprüchen (Ruhegehälter) und bedarf der gerichtlichen Entscheidung (siehe auf Bundesebene § 5 I Nr. 5 BDG i.V.m. §§ 10, 34 BDG).

4. Endgültiger und einstweiliger Ruhestand

835 Der Eintritt in den Ruhestand ist auf Bundesebene in den §§ 50 ff. BBG geregelt. Auf Landesebene vgl. die §§ 25 ff. BeamtStG und die Beamtengesetze der Länder.[1252] Regelfall ist der Eintritt in den Ruhestand wegen Erreichens der **Altersgrenze**, § 51 BBG bzw. § 25 BeamtStG. Von Klausurrelevanz ist eher der **einstweilige Ruhestand**, weil damit hervorragend Fragen des (vorläufigen) Rechtsschutzes und damit des Verwaltungsprozessrechts verbunden werden können. Der Eintritt in den einstweiligen Ruhestand kann sowohl auf Antrag des Beamten als auch gegen seinen Willen erfolgen. Er ist auf Bundesebene in den §§ 54-58 BBG und auf Landesebene in den §§ 30-31 BeamtStG i.V.m. dem Landesrecht geregelt und betrifft insbesondere die sog. **politischen Beamten**, nämlich die Inhaber der in § 54 I BBG bzw. gem. § 30 I BeamtStG die in den Beamtengesetzen der Länder aufgeführten hohen Ämter. Nach diesen Vorschriften kann der Beamte jederzeit in den einstweiligen Ruhestand versetzt werden. Diese Formulierung weist auf, dass die Versetzung in den einstweiligen Ruhestand weder einer *zeitlichen* noch *inhaltlichen* Bindung unterliegt. Die verfassungsrechtliche Rechtfertigung einer solchen für den Betroffenen doch sehr einschneidenden (Ruhestandsversorgung) Eingriffsmöglichkeit liegt darin, dass die Exekutivspitze des jeweiligen Verbandes (Bund, Land) möglichst frei über die personale Besetzung von Spitzenpositionen befinden soll. Es soll die **Erhaltung politischer Entscheidungsautonomie im Personalbereich** gewährleistet werden. Diese Befugnis ist eine minderstufige Ergänzung des Ministerberufungs- und Abberufungsrechts des Bundeskanzlers (vgl. Art. 64 I GG). Auch der verfassungsrechtliche Grundsatz des Vertrauensschutzes steht dem nicht entgegen. Etwas anderes gilt im Hinblick auf den Bestimmtheitsgrundsatz und der Rechtsschutzgarantie des Art. 19 IV S. 1 GG. So ist die Versetzung in den einstweiligen Ruhestand zwar der politischen Richtung des Dienstherrn unterworfen, wodurch eine gewisse Willkür durchblickt. Die politische Motivation des Dienstherrn soll aber gerade den Ausschlag dafür geben, den politi-

---

[1252] **BW**: §§ 49 ff. BG; **Bay**: Art. 62 ff. BG; **Berl**: §§ 38 ff. BG; **Brand**: §§ 44 ff. BG; **Brem**: §§ 41a ff. BG; **Hamb**: §§ 35 ff. BG; **Hess**: §§ 50 ff. BG; **MV**: §§ 35 ff. BG; **Nds**: §§ 35 ff. BG; **NRW**: §§ 37a ff. BG; **RhlPfl**: §§ 49a ff. BG; **Saar**: §§ 43 ff. BG; **SachsAnh**: §§ 35 ff. BG; **Sachs**: §§ 49 ff. BG; **SchlHolst**: §§ 35 ff. BG; **Thür**: §§ 43 ff. BG.

schen Beamten von seinem Amt zu entfernen. Grenzen bestehen also nur im Willkürverbot des Art. 3 I GG. Ob im konkreten Fall ein solcher Verstoß vorliegt, ob also sachliche, d.h. politische Gründe nur vorgeschoben wurden, obliegt der verwaltungsgerichtlichen Kontrolle. Hier ist – da die Entscheidung über den Eintritt in den einstweiligen Ruhestand einen Verwaltungsakt darstellt – die **Anfechtungsklage** des in einstweiligen Ruhestand versetzten Beamten statthaft. Klagegegenstand ist die Verfügung der Versetzung in den einstweiligen Ruhestand. Der Verwaltungsrechtsweg ist gem. § 126 I BBG bzw. § 54 I BeamtStG eröffnet. Das Vorverfahren ist stets durchzuführen, § 126 II BBG bzw. § 54 II BeamtStG[1253]. Zur Versetzung in den einstweiligen Ruhestand bei **Behördenumorganisation** vgl. § 55 BBG bzw. § 31 I BeamtStG und die entsprechenden Bestimmungen der Landesbeamtengesetze.

Zuletzt wirft der Begriff der „jederzeitigen" Versetzungsmöglichkeit die Frage auf, ob der Betroffene zuvor *angehört* werden muss. Diese Frage könnte im Hinblick auf § 28 VwVfG zu bejahen sein. Dem ist allerdings Folgendes entgegenzuhalten: Zum einen kann mit guten Gründen die Entbehrlichkeit gem. § 28 II Nr. 1 Var. 2 VwVfG (öffentliches Interesse) oder doch zumindest die Heilung nach § 45 I Nr. 3 VwVfG oder die Unbeachtlichkeit nach § 46 VwVfG vertreten werden. Zum anderen gilt der Spezialitätsgrundsatz, wonach das allgemeine Verwaltungsverfahrensrecht auch gegenüber dem Beamtenrecht subsidiär zurücktritt. Vertritt man den diesbezüglichen abschließenden Charakter des Beamtenrechts, sind die Anhörungs-, Heilungs- und Unbeachtlichkeitsregeln des VwVfG nicht anwendbar.[1254] Dann allerdings kommt die beamtenrechtliche Fürsorgepflicht des Dienstherrn zur Anwendung. Einzelfallabhängig ist dann eine vorherige Anhörung bzw. die Begründung (die Erhaltung politischer Entscheidungsautonomie im Personalbereich) für das Versetzen in den einstweiligen Ruhestand geboten.

[1253] Es sei denn, ein Landesgesetz schließt das Vorverfahren aus, § 54 II S. 3 BeamtStG.
[1254] Entsprechendes gilt hinsichtlich des Begründungserfordernisses (vgl. §§ 39, 45 I Nr. 2, 46 VwVfG).

4. Kapitel

Öffentliche Sachen und öffentliche Einrichtungen

Grundsätzlich ist es der Verwaltung nicht verwehrt, in bestimmten Bereichen ihrer Aufgabenwahrnehmung sich des Mittels des Privatrechts zu bedienen. Das betrifft namentlich die Leistungsverwaltung und hier insbesondere die im 2. Kapitel behandelte Subventionsvergabe, aber auch das nunmehr zu erörternde Bereitstellen von öffentlichen Sachen bzw. Einrichtungen. In diesen Bereichen hat die Verwaltung grundsätzlich ein Wahlrecht, ob sie öffentlich-rechtlich oder privatrechtlich handelt.[1255] Da aber eine Behörde wegen Art. 1 III, 20 III GG niemals das Recht zur Beliebigkeit haben kann, muss der Frage nachgegangen werden, wo die Grenzen der privatrechtlichen Tätigkeit liegen und welchen öffentlich-rechtlichen Bindungen die öffentliche Verwaltung bei ihrer privatrechtlichen Tätigkeit unterliegt. Zunächst sollen die Benutzungsverhältnisse der öffentlichen Sachen allgemein behandelt werden. Die öffentlichen Einrichtungen als Teilbereich der öffentlichen Sachen werden bei Rn 872 ff. besprochen.

836

I. Öffentliche Sachen

1. Einleitung

Öffentliche Sachen sind alle Sachen, die der öffentlichen Verwaltung zur Erfüllung ihrer Aufgaben dienen (Straßen, Wasser, Verwaltungsgebäude etc.).

837

Sie entstehen durch **Widmung**, d.h. sie erhalten eine öffentliche Zweckbestimmung, wobei der jeweilige Widmungsakt durch Gesetz (z.B. § 5 WaStrG), Verordnung, Satzung, förmlichen Verwaltungsakt (insbesondere im Straßenrecht, vgl. § 2 I FernStrG, § 5 BremLStrG), aber auch durch schlicht-hoheitliches Handeln (tatsächliches Zur-Verfügung-Stellen) oder Gewohnheitsrecht bzw. langjährige Übung, und (tatsächlich) durch die Indienststellung erfolgen kann.

> **Beispiele:**
> **(1)** Die Stadt A errichtet eine Stadthalle und gründet eine Stadthallen-GmbH, die die Stadthalle betreiben soll. Die Stadthalle soll allen kulturellen und politischen Zwecken zu dienen bestimmt sein. Hier steht die Stadthalle zwar im Eigentum der Stadthallen-GmbH (die von der Stadt kontrolliert wird). Durch die Zweckbestimmung besteht aber eine Widmung, innerhalb derer sich die Zulassung zur Nutzung bestimmt.
> **(2)** Die Stadt B sperrt in einer Geschäftsstraße den Durchgangsverkehr und erklärt die Straße zur Fußgängerzone. In einer Satzung legt die Stadt fest, welche Tätigkeiten zulassungsfrei erlaubt sind und welche einer besonderen Zulassung bedürfen.

Die Widmung schließt allerdings die Vorschriften des Privatrechts nicht aus. Denn auch die öffentlichen Sachen sind grundsätzlich Gegenstände des privaten Eigentums. Daher unterstehen sie der einheitlichen Eigentumsordnung des BGB. Aufgrund ihrer Widmung für einen öffentlichen Zweck lastet jedoch auf diesem Privateigentum ein beschränkt-dingliches Recht. Es verleiht dem widmenden öffentlichen Sachherrn bestimmte öffentlich-rechtliche Nutzungsbefugnisse. Dadurch ist die Ausübung privater Rechte durch die öffentlich-rechtliche Zweckbestimmung begrenzt (**Theorie des modifizierten Privateigentums**).

838

[1255] BVerwGE **92**, 56, 64; **94**, 229, 231; **96**, 71, 73 f.

839 Zwar können öffentliche Sachen **gutgläubig gem. §§ 932 ff. BGB** erworben werden, da grundsätzlich die Eigentumsordnung des BGB gilt. Umstritten ist allerdings, ob das beschränkt-dingliche Recht (die öffentliche Zweckbindung aufgrund der Widmung) gutgläubig „wegerworben" werden kann, also ob ein **gutgläubig lastenfreier Erwerb gem. §§ 936, 892 BGB analog** möglich ist.

- Die früher h.M.[1256] verneinte dies mit dem Argument, dass die öffentliche Zweckbindung und das Interesse der Allgemeinheit an der öffentlichen Sache stets Vorrang vor dem Verkehrsinteresse an Vertrauensschutz und gutgläubigem Erwerb habe. Dies hatte zur Folge, dass zwar ein gutgläubiger Erwerb der Sache gem. §§ 932 ff. BGB möglich war, jedoch das beschränkt-dingliche Recht daran nie durch gutgläubig lastenfreien Erwerb zum Erlöschen gebracht werden konnte. Man konnte also die öffentliche Sache nur *mit* ihrer öffentlichen Zweckbindung erwerben.

- Dies gilt jedoch nach heutiger Rechtsprechung[1257] nicht mehr in dieser Absolutheit. Da die Verwaltung nämlich gem. Art. 20 III GG an Gesetz und Recht gebunden ist, kann sie nur dann von den die Eigentumsordnung regelnden Vorschriften des BGB abweichen oder diese ausschließen, wenn die (abweichenden) Rechtsfolgen der öffentlich-rechtlichen Widmung durch ein Gesetz geregelt sind. Daher ist gutgläubig lastenfreier Erwerb – jedenfalls bei öffentlichen Sachen im Verwaltungsgebrauch (vgl. dazu Rn 816 ff.) – nicht möglich, da diesbezüglich kein Gesetz existiert, das eine vom BGB abweichende Regelung bezüglich der Rechtsfolgen der Widmung trifft.

  Beispiel: Werden z.B. Dienstfahrzeuge, Kopierer oder andere Sachen im Verwaltungsgebrauch veräußert und ist der Erwerber gutgläubig in Bezug auf die öffentliche Zweckbestimmung (Widmung) der Sache, erwirbt er unbelastetes Eigentum an der Sache.

840 Im Straßenrecht wurden hingegen solche Regelungen getroffen, die die Rechtsfolgen der Widmung regeln und die Vorschriften des BGB insoweit verdrängen. So regelt etwa § 2 III FStrG (sowie z.B. § 5 V BremLStrG), dass privatrechtliche Verfügungen und Verfügungen im Wege der Zwangsvollstreckung über die der Straße dienenden Grundstücke keine Auswirkungen auf die Widmung haben. Somit ist dort ein gutgläubig lastenfreier Erwerb nicht möglich, denn die öffentlich-rechtliche Zweckbindung und die daraus resultierende öffentlich-rechtliche Sachherrschaft überlagern bzw. das private Eigentum modifizieren (Theorie des modifizierten Privateigentums).

  Beispiel: Veräußert der Eigentümer eines Grundstücks, auf dem mit seiner Zustimmung eine Straße gebaut wurde (vgl. § 2 II FernStrG oder z.B. § 5 II BremLStrG), dieses Grundstück an einen Dritten, so erwirbt dieser Eigentum am Grundstück, jedoch – selbst wenn er bzgl. der öffentlichen Zweckbindung gutgläubig gewesen sein sollte – nur mit der Belastung durch die öffentliche Zweckbindung, sodass er den Verbleib der Straße dulden muss.

841 Die **Rückgängigmachung** der Widmung (Entwidmung oder Teilentwidmung beispielsweise nach den entsprechenden Vorschriften der Landesstraßengesetze, siehe sogleich) muss mindestens durch einen entsprechenden *actus contrarius* erfolgen, wobei dann bei der Frage nach dessen Voraussetzungen - beispielsweise bei der Rechtswegeröffnung - auf den ursprünglichen Akt abzustellen ist.

842 Bei den öffentlichen Straßen spricht man insoweit von **„Einziehung".** Denkbar ist auch, dass der *Umfang* der bisherigen Widmung eingeschränkt werden soll. Bei den öffentlichen Straßen spricht man in diesen Fällen von **„Teileinziehung".** Im Bereich des Straßenrechts

---

[1256] Vgl. etwa *Pappermann/Löhr*, JuS **1980**, 191, 197.
[1257] BVerwG NJW **1994**, 144, 145; OVG Münster NJW **1993**, 2635.

sei noch auf das Institut der *Umstufung* hingewiesen: Die öffentlichen Straßen sind nach ihrer Verkehrsbedeutung in verschiedene Straßengruppen eingeteilt (vgl. z.B. § 1 II FernStrG: Bundesautobahnen, Bundesstraßen oder auf Landesebene § 7 i.V.m. § 3 BremLStrG: Landesstraßen, Kreisstraßen, Gemeindestraßen). Bei Veränderung der jeweiligen Verkehrsbedeutung ist die jeweilige Zuordnung zu ändern (*Abstufung, Aufstufung*, vgl. § 2 III a, IV FernStrG und auf Landesebene z.B. § 6 BremLStrG).

2. Überblick über die Benutzungsarten

843

Zur besseren Einordnung der unter 3. aufgeführten Benutzungsarten sei folgender Überblick vorangestellt:

Öffentliche Sachen	
Verwaltungsgebrauch	**Zivilgebrauch**
• Grundsatz ○ Benutzung nur durch Behördenpersonal ○ ggf. durch Bürger („Behördengänge") • Ausnahme öffentliche Einrichtung („Rathausbalkon")	zu unterscheiden sind 3 Erscheinungsformen

Gemeingebrauch	**Sondergebrauch**	**Anstaltsgebrauch**
• Grundsatz Gemein- und Anlieger-gebrauch: **zulassungsfrei** • Ausnahme Sondernutzung: **zulassungsbedürftig**	• Grundsatz Sondergebrauch: **zulassungsbedürftig** • Ausnahme Gemein- und Anlieger-gebrauch: **zulassungsfrei**	• Grundsatz Ordentliche Benutzung: **zulassungsbedürftig** • Ausnahme Außerordentliche Benutzung (Sonderbenutzung): **zulassungsbedürftig**

3. Die Benutzungsarten im Einzelnen

844

Die öffentlichen Sachen werden durch vier Benutzungsarten unterschieden:[1258]

a. Gemeingebrauch

845

Öffentliche Sachen stehen im **Gemeingebrauch**, wenn jedermann sie ohne besondere Zulassung im Rahmen ihrer öffentlichen Zweckbestimmung (Widmung) benutzen darf.

Die wichtigsten Fälle von grds. im Gemeingebrauch stehenden öffentlichen Sachen sind:

846

- Landstraßen[1259] (vgl. nur § 7 I FernStrG, § 15 I BremLStrG)

[1258] Vgl. statt vieler *Hendler*, AllgVerwR, Rn 579, 602; OVG Hamburg NordÖR **2009**, 412, 413 f.; VG Hamburg 4.11.**2009** – 10 E 2851/09.

[1259] Landstraße ist lediglich der Gegenbegriff zu Wasserstraße. So hat der Bund aufgrund der Kompetenzzuweisung aus Art. 74 I Nr. 21 GG („Wasserstraßen") das WaStrG und aufgrund Art. 74 I Nr. 22 GG („Landstraßen") das FernStrG erlassen. Der Begriff **Landstraße** darf also nicht verwechselt werden mit der landesrecht-

- Wasserstraßen[1260] (vgl. §§ 5, 6 WaStrG)
- der Meeresstrand[1261]
- und der Luftraum (§ 1 LuftVerkG, str.)

847 Bei öffentlichen Sachen im Gemeingebrauch besteht in der Regel kein Anspruch auf Aufrechterhaltung der öffentlichen Sache, sondern lediglich ein **Anspruch auf Nutzung innerhalb des Widmungszwecks**. Die Erhebung von Gebühren für den Gemeingebrauch bedarf (wegen des Grundsatzes vom Vorbehalt des Gesetzes, Art. 20 III GG) grundsätzlich einer gesetzlichen Regelung.

848 Wie sich aus dem obigen Überblick ergibt, kann man zwischen Grundsatz- und Ausnahmenutzung unterscheiden:

- Der Grundsatz besteht darin, dass die öffentliche Sache ohne besondere Zulassung benutzt werden darf (**Gemeingebrauch**). Welche konkrete Nutzung davon erfasst ist, ist abhängig von dem konkreten Inhalt der Zweckbestimmung (Widmung). So sind z.B. öffentliche Straßen in erster Linie dem Verkehr gewidmet, sodass Gemeingebrauch vorliegt, wenn die Straße vorwiegend zu Verkehrszwecken benutzt wird. Die nach der StVO zulässige Nutzung der Straße zum Verkehr ist bundeseinheitlich Gemeingebrauch, da das bundesrechtliche Straßenverkehrsrecht (vgl. Art. 74 I Nr. 22 GG) das Landesstraßenrecht verdrängt (Art. 31 GG). Zum Gemeingebrauch gehört insbesondere der fließende Verkehr. Vom Straßenverkehr umfasst ist notwendigerweise aber auch, dass ein Fahrzeug zwischen den „fließenden" Verkehrsvorgängen abgestellt wird („ruhender Verkehr").[1262] Deshalb stellt das Parken von Fahrzeugen (§ 12 StVO) Gemeingebrauch dar, solange nur ein Straßenverkehrsbezug erkennbar ist.

  In bestimmten Fällen können aber die Grundrechte (insbesondere Art. 4, 5 I, III, 8 I GG) zu einem darüber hinausgehenden Verständnis des Gemeingebrauchs zwingen. Das betrifft v.a. Straßenkunst, Kommunikation und den überwiegend ideologisch geprägten Verkauf von Zeitungen oder Informationsschriften (vgl. näher Rn 849 ff.).

- Die Ausnahme ist die **Sondernutzung**. Sie liegt vor, wenn die öffentliche Sache über den Gemeingebrauch hinaus benutzt wird. Der Nutzer bedarf einer besonderen Zulassung durch die zuständige Behörde (Beispiele: § 8 FernStrG, § 18 BremLStrG). Bei Straßen liegt z.B. Sondernutzung vor, wenn sie nicht vorwiegend zu Verkehrszwecken, sondern zu anderen Zwecken benutzt werden (Beispiele: Aufstellen eines Altkleidersammelcontainers oder eines Warenautomaten; kommerziell geprägter Verkauf von Zeitungen[1263]). Die Erlaubniserteilung steht im Ermessen der Behörde, wobei jedoch vor allem wiederum die Grundrechte der Art. 4, 5 I, III GG dazu führen können, dass eine Erlaubnis erteilt werden muss (Ermessensreduzierung auf Null).

  Eine Sondernutzung liegt jedoch (noch) nicht vor, wenn es sich lediglich um sog. **Anliegergebrauch** handelt; dieser stellt nämlich nur **gesteigerten Gemeingebrauch** dar und bedarf daher keiner besonderen Zulassung. So kann z.B. bei Straßen der Eigentümer oder Besitzer eines Grundstücks aufgrund des Anliegergebrauchs die an das Grundstück angrenzende öffentliche Straße über den Gemeingebrauch hinaus nutzen,

---

lichen Straßeneinteilung in **Landesstraßen**, Kreisstraßen und Gemeindestraßen (vgl. z.B. § 3 I BbgStrG, § 3 I HessStrG). Insofern ist der Begriff Landstraße weiter und erfasst alle Straßen, auch Bundesautobahnen und Bundesstraßen (vgl. § 1 II FernStrG).

[1260] Von der Nutzung des Wassers als Wasserstraße zu unterscheiden ist die Nutzung unter wasserwirtschaftlichen Gesichtspunkten (z.B. Ableiten von Wasser, vgl. § 9 I Nr. 1 WHG). Hierfür hatte der Bund aufgrund des Art. 75 I Nr. 4 GG a.F. das Wasserhaushaltsgesetz (WHG) als Rahmengesetz erlassen, das durch die Landeswassergesetze konkretisiert wurde. Nach der Föderlismusreform 2009 ergibt sich die Gesetzgebungskompetenz aus Art. 74 I Nr. 32 GG.

[1261] Dagegen stehen die Küstengewässer nicht im Gemeingebrauch, sondern im Sondergebrauch i.S.d. Wasserhaushaltsgesetzes (§ 2 I S. 1 Nr. 2 WHG).

[1262] Insoweit klarstellend OVG Hamburg NordÖR **2009**, 412, 413 f.

[1263] BVerfG NVwZ **2007**, 1306 ff.

soweit dies für die Nutzung des Grundstücks erforderlich ist, den Gemeingebrauch nicht dauernd ausschließt oder erheblich beeinträchtigt und nicht den Straßenkörper angreift (vgl. § 14 IV BbgStrG). Der Anlieger hat also das Recht, die Straße in höherem Maße zu nutzen, ohne dass dies gleich eine zulassungsbedürftige Sondernutzung darstellt (Beispiel: Aufstellen einer Mülltonne auf dem Gehweg, damit sie von der Müllabfuhr geleert wird). Der Grund hierfür liegt vor allem in der Eigentumsgarantie des Art. 14 I GG, die eine effektive (und grds. zulassungsfreie) Nutzung des Eigentums gewährleistet.

Die **Abgrenzung** zwischen (zulassungsfreiem) **Gemeingebrauch** und (zulassungsbedürftiger) **Sondernutzung** kann in Einzelfällen schwierig sein.   849

- Der **ruhende Verkehr** ist vom Begriff des Gemeingebrauchs umfasst, solange ein Straßenverkehrsbezug erkennbar ist (s.o.). Selbst Dauerparker können sich auf den zulassungsfreien Gebrauch der Straße berufen, sofern das Kfz zugelassen und betriebsbereit ist.[1264] Das gilt auch für zugelassene und betriebsbereite Kfz, die mit einer Verkaufsofferte versehen sind[1265], und grundsätzlich auch für Wohnwagen[1266]. Jeweils Voraussetzung ist, dass nach wie vor ein Verkehrsinteresse vorhanden ist.   850

- Demgegenüber kann es nicht mehr als vom Gemeingebrauch umfasst angesehen werden, wenn ein zugelassenes und betriebsbereites Fahrzeug lediglich zu **gewerblichen Zwecken** (Reklameaufschrift etc., nicht aber lediglich Verkaufsofferte, s.o.) abgestellt wird.[1267] Hier benutzt der Betroffene den öffentlichen Straßenraum überwiegend oder ausschließlich als Ausstellungsfläche, sodass mangels Verkehrsinteresses eine Sondernutzung anzunehmen ist.   851

Einen Grenzfall stellt insoweit das **Abstellen von Mietfahrzeugen** auf öffentlichen Straßen dar.

Beispiel[1268]: K betreibt in mehreren Städten eine gewerbliche Fahrradvermietung ohne feste Mietstationen. Die Fahrräder werden über das jeweilige Stadtgebiet verteilt auf den Gehwegen ohne Behinderung des Fußgängerverkehrs abgestellt. Am Rahmen der Fahrräder ist eine Werbetafel befestigt, die von Werbekunden gemietet werden kann. Auf der Werbetafel ist auch der Name des K und dessen Telefonnummer angegeben mit dem Hinweis, dass das Fahrrad angemietet werden kann. Das Ordnungsamt der Stadt S sieht darin eine unerlaubte Sondernutzung.

Ist der ruhende Verkehr vom Gemeingebrauch umfasst, gilt nach Auffassung des OVG Hamburg für das Abstellen von Fahrrädern nichts anderes. Die StVO regele auch den Fahrradverkehr (vgl. z.B. § 2 IV, V, § 17 IV S. 4, § 21 III, § 23 III, § 37 II Nr. 5 StVO). Dementsprechend sei auch das Abstellen von Zweirädern Parken im Rechtssinne. Denn das Straßenverkehrsrecht lasse das Abstellen von Fahrrädern im Bereich der Gehwege – vorbehaltlich der Grundregel des § 1 II StVO – ohne Einschränkungen zu. Auch ohne ausdrückliche Gestattung folge dies daraus, dass das sich aus § 2 I StVO grundsätzlich ergebende Verbot des Parkens auf Gehwegen für Fahrräder nicht gelte und deshalb der die gesamten Vorschriften über die Teilnahme am Straßenverkehr beherrschende Grundsatz der freien – nur durch ausdrückliche Verbote beschränkten – Entfaltung des Verkehrsteilnehmers zum Tragen komme.

Der Verkehrsbezug werde erst dort aufgehoben, wo ein aus tatsächlichen oder rechtlichen Gründen nicht umgehend betriebsbereites oder ein vorrangig zu anderen Zwecken als zur Inbetriebnahme (etwa zu Werbezwecken) abgestelltes Fahrzeug den öffentlichen Straßengrund in Anspruch nehme und somit zu einer auf die Straße auf-

---

[1264] Vgl. BVerwGE **34**, 241, 244; **34**, 320, 321; OVG Münster NVwZ **2002**, 218, 219.
[1265] OVG Münster NVwZ **2002**, 218, 219.
[1266] BVerwG NJW **1986**, 337.
[1267] OVG Hamburg NJW **2004**, 1970 f.; OVG Münster NVwZ **2002**, 218, 219.
[1268] OVG Hamburg NordÖR **2009**, 412, 413 f.

gebrachten verkehrsfremden Sache – nicht anders als jeder beliebige sonstige körperliche Gegenstand – werde.

Zwar sind die Fahrräder des K umgehend betriebsbereit, jedoch benutzt K die Gehwege primär als Stellfläche für seine kommerziell eingesetzten Fahrräder. Daher könnte angenommen werden, dass sich K im Rahmen des (zulassungspflichtigen) Sondergebrauchs bewegt.

Allerdings hat das BVerwG in einem früheren Fall entschieden, dass das Abstellen von Kfz auf der Straße durch eine Vermietungsfirma noch Gemeingebrauch sei, sofern die Fahrzeuge zugelassen und betriebsbereit seien und die Wiederinbetriebnahme und damit die Teilnahme am Verkehr durch die Kunden im Vordergrund stehe.[1269]

Folgt man dieser Rechtsauffassung, kann nichts anderes für die von K auf dem Gehweg abgestellten Fahrräder gelten. Denn auch diese sind betriebsbereit und stehen zur jederzeitigen Inbetriebnahme durch Mieter bereit. Dass K primär gewerbliche Interessen verfolgt, muss außer Betracht bleiben, weil es für die straßenverkehrsrechtliche Zulässigkeit und damit für den Gemeingebrauch keine Rolle spielt, ob die Straße aus privaten oder geschäftlichen Gründen benutzt wird. Allein entscheidend ist, dass eine Nutzung zum Zwecke des Verkehrs gegeben ist.

Die Art und Weise, wie K die Verkehrsfläche benutzt, bewegt sich daher noch innerhalb des (zulassungsfreien) Gemeingebrauchs.

- Fraglich ist auch, ob das **Abstellen von Wohnmobilen** am Straßenrand zwecks **Ausübung der Prostitution** als Gemeingebrauch anzusehen ist. Das VG Hamburg hat entschieden, dass – auch wenn die Wohnmobile nur vorübergehend abgestellt und damit formal „geparkt" würden – aufgrund der primär verfolgten gewerblichen Tätigkeit ein straßenverkehrsrechtlicher Zusammenhang nicht gegeben sei. Beim Abstellen von Wohnmobilen oder anderen Fahrzeugen, um in diesen Fahrzeugen die Prostitution auszuüben, handele es sich nicht mehr um eine Teilnahme am Straßenverkehr, sondern um eine straßenverkehrsfremde Nutzung des öffentlichen Straßenraums. In der Rechtsprechung sei anerkannt, dass die gewerbliche Nutzung des öffentlichen Straßenraums eine Sondernutzung darstelle.[1270]

Diese Auffassung vermag nicht zu überzeugen. Denn begründet man die Verneinung des Gemeingebrauchs des öffentlichen Verkehrsraums mit der gewerblichen Nutzung, müsste man auch jeden Güterkraftverkehr und jede geschäftlich veranlasste Benutzung des Straßenraums als (zulassungspflichtige) Sondernutzung ansehen. Daher kann man die Verneinung des Gemeingebrauchs nicht mit der „gewerblichen Nutzung" begründen, sondern ausschließlich mit dem fehlenden straßenverkehrsrechtlichen Bezug.

852 - Das Gleiche gilt für das **Aufstellen von Tischen und/oder Stühlen** bspw. durch einen Restaurationsbetrieb („Straßencafé"), da es hier an jeglichem Straßenverkehrsbezug fehlt und es zu einer nicht ganz unerheblichen Behinderung des übrigen Verkehrs kommt. Allerdings dürfen bei der Entscheidung über die Erteilung einer Sondernutzungserlaubnis nur Gesichtspunkte berücksichtigt werden, die in einem sachlichen Zusammenhang mit dem Widmungszweck stehen. Daher darf einem Gastwirt nicht die Sondererlaubnis versagt werden mit dem Argument, er verwende lediglich Einweggeschirr.[1271]

853 - Auch das Verteilen von **Handzetteln** zu Zwecken **gewerblicher Werbung** ist grds. nicht vom (zulassungsfreien) Gemeingebrauch umfasst.[1272] Steht jedoch die **politische, religiöse und künstlerische Kommunikation** (vornehmlich in Fußgängerzonen) im Vordergrund, ist der Begriff des Gemeingebrauchs vor dem Hintergrund der

---

[1269] BVerwG NJW **1982**, 2332.
[1270] VG Hamburg 4.11.**2009** – 10 E 2851/09.
[1271] Vgl. dazu VGH Mannheim VBlBW **1997**, 107; VGH Kassel NVwZ **1994**, 189, 189; OVG Schleswig NVwZ **1992**, 70, 71; _Sauthoff_, NVwZ **1998**, 239, 247.
[1272] BVerwGE **35**, 326 ff.

Art. 4 und 5 I, III GG (bei politischen Parteien tritt Art. 21 GG hinzu) **weit auszule-gen**. So hat das BVerfG in Bezug auf Art 5 I GG entschieden, dass die sog. kommuni-kative Begegnung grundsätzlich zum Gemeingebrauch zähle, da die Straße den Cha-rakter eines erweiterten Lebensraums für die Allgemeinheit besitze.[1273] Auch das OLG Köln hat entschieden, dass eine Fußgängerzone nicht nur zum Aufsuchen der Geschäf-te und der Fortbewegung im Allgemeinen diene, sondern auch die Möglichkeit zum kommunikativen Gebrauch umfasse. Als Teil des so erlaubten kommunikativen Ver-kehrs bestehe damit grundsätzlich für jedermann das Recht, auf dem der Öffentlichkeit zur Verfügung gestellten Raum seine Meinung zu äußern.[1274] Gleichwohl ist zu beden-ken, dass Art. 5 I GG nicht schrankenlos gewährt wird. So verleiht es dem Einzelnen z.B. kein Recht, eine Kontaktaufnahme mit anderen zu erzwingen oder andere an de-ren Fortbewegung zu hindern. Deshalb ist es nicht mehr durch Art. 5 I GG gedeckt, wenn Passanten bedrängt und in ihrer Fortbewegung gehindert werden, um ihnen eine Meinung aufzudrängen. Im öffentlichen Verkehr wird das Grundrecht der Meinungsfrei-heit also durch den entgegenstehenden Gebrauch Dritter beschränkt.

Beispiel: A verteilt in der Fußgängerzone der Stadt S **Flugblätter** zum Probleme-reich „Klagemauer/Obdachlose" und ruft lautstark Parolen zu diesem Themenkreis. Darüber hinaus bedrängt er einige Passanten und hindert diese an deren Fortkommen. Andere werden durch die Aktion an dem Betreten einer nahe gelegenen Kirche gehin-dert. Die herbeigerufene Polizei erteilt dem A nach mehrmaliger erfolgloser Aufforde-rung zur Einstellung der Bedrängung schließlich einen Platzverweis nach dem Landes-polizeigesetz.

Durch den Platzverweis liegt ein Eingriff in den Schutzbereich des Art. 5 I GG vor. Art. 5 I GG ist gem. Art. 5 II GG u.a. durch die „allgemeinen Gesetze" einschränkbar. Ein „allgemeines Gesetz" in diesem Sinne ist die den Platzverweis regelnde Vorschrift des Landespolizeigesetzes.[1275] Der Platzverweis müsste im konkreten Fall aber auch ver-hältnismäßig sein. Die Geeignetheit steht außer Frage. Auch ist der Platzverweis erfor-derlich, da ein milderes Mittel – die Aufforderung zur Unterlassung – erfolglos geblie-ben ist. Im Rahmen der Angemessenheit ist eine Abwägung zwischen dem Grundrecht der Meinungsfreiheit auf Seiten des A und den Grundrechten der bedrängten Passanten vorzunehmen. Hier kommen die Rechte Dritter auf freie Fortbewegung, ungestörte Re-ligionsausübung und darauf, sich eine Meinung nicht aufzwingen zu lassen (negative Meinungsfreiheit), in Betracht. Legt man die Auffassung des OLG Köln zugrunde, tritt das Recht auf Meinungsfreiheit auf Seiten des A zurück. Sein Verhalten ist demnach nicht mehr vom Begriff des Gemeingebrauchs umfasst. Der Platzverweis war somit rechtmäßig.

Zur Werbung in Fußgängerzonen vgl. auch Rn 870; zum Straßenverkauf von Zeitungen vgl. Rn 858.

b. Sondergebrauch

Sondergebrauch liegt vor, wenn die Inanspruchnahme der öffentlichen Sache grundsätzlich nur demjenigen zusteht, dem durch einen begünstigenden Verwaltungs-akt ein Benutzungsrecht eingeräumt wurde.

854

Hier kehrt sich also das Verhältnis von Grundsatz und Ausnahme (im Vergleich zum Gemeingebrauch) um.

855

[1273] BVerfG NVwZ **1992**, 52, 53. Vgl. auch *Limpens*, JA **2001**, 592 ff.
[1274] OLG Köln NVwZ **2000**, 350, 351.
[1275] Vgl. § 12 MEPolG; **Bund:** § 38 BGSG; **BaWü:** § 27a PolG; **Bay:** Art. 16 PAG; **Berl:** § 29 ASOG; **Brand:** § 16 PolG; **Brem:** § 14 PolG; **Hamb:** § 12a SOG; **Hess:** § 31 SOG; **MeckVor:** § 52 SOG; **Nds:** § 17 SOG; **NRW:** § 34 PolG; **RhlPfl:** § 13 POG; **SchlHolst:** § 201 LVwG; **Saarl:** § 12 PolG; **Sachs:** § 21 PolG; **Sachs-Anh:** § 36 SOG; **Thür:** § 18 PAG.

856 Zu den Sachen im Sondergebrauch gehören insbesondere die wasserwirtschaftlich relevanten Gewässer, also solche, die vorrangig keinen Verkehrszwecken dienen.

> **Beispiel:** Gemäß § 2 I WHG bedarf die Benutzung der Gewässer grds. einer behördlichen Erlaubnis oder Bewilligung. Nur ausnahmsweise sind bestimmte Nutzungen ohne weiteres zulässig, so etwa bei oberirdischen Gewässern gem. §§ 23, 24 WHG i.V.m. dem Landesrecht (z.B. §§ 71 ff. BremWassG) oder bei Grundwasser gem. § 33 I WHG i.V.m. Landesrecht (z.B. § 126 BremWassG).

857

> **Fazit:** Beim Gemeingebrauch ist die Benutzung der öffentlichen Sache zulassungsfrei. Beispiel: Gemäß § 7 FernStrG ist der Gebrauch jedermann grundsätzlich gestattet. Nur, wenn die Nutzung den Gemeingebrauch überschreitet, liegt eine Sondernutzung vor. Dann ist gem. § 8 I S. 2 FernStrG eine Erlaubnis erforderlich.

857a Die Erlaubniserteilung steht im Ermessen der Behörde. Der Bürger hat in jedem Fall aber einen Anspruch auf ermessensfehlerfreie Bescheidung.

858 Besondere Bedeutung erlangt der **Straßenverkauf von Zeitungen**, weil sich auch hier die Frage stellt, ob im Einzelfall (zulassungsfreier) Gemeingebrauch oder (zulassungspflichtige) Sondernutzung vorliegt. Nach der aktuellen Rspr. des BVerfG lässt sich sagen, dass der Verkauf von Zeitungen eine (zulassungspflichtige) Sondernutzung darstellt, weil er abstrakt gesehen geeignet ist, die Sicherheit und Leichtigkeit des Straßenverkehrs zu beeinträchtigen. An der Einstufung als Sondernutzung ändert sich auch nichts, wenn der Verkauf von Zeitungen dem Grundrecht der Pressefreiheit (Art. 5 I S. 2 GG) unterfällt. Denn zu den allgemeinen Gesetzen, die gem. Art. 5 II GG die Pressefreiheit einzuschränken vermögen, gehören die Straßengesetze, deren Aufgabe darin besteht, Sicherheit und Leichtigkeit des Straßenverkehrs zu gewährleisten. Freilich eine andere Frage ist es, die Pressefreiheit bei der behördlichen Ermessensentscheidung über die Erteilung einer Sondernutzungserlaubnis zu berücksichtigen. Diese darf mit Blick auf die Bedeutung der Pressfreiheit nur versagt werden, wenn die Erlaubnis unter keinen Gesichtspunkten mit dem vom Straßenrecht verfolgten Zweck vereinbar wäre. Das wäre der Fall, wenn eine konkrete und nennenswerte Beeinträchtigung des Straßenverkehrs zu befürchten ist.

> **Beispiel[1276]:** K ist Inhaber einer Vertriebsstelle eines großen Zeitungsverlags. Während er wochentags die Zeitungen insbesondere über diverse Zeitungskioske vertreibt, setzt er für den Verkauf von Zeitungen am Sonntag Straßenhändler ein, die die Zeitungen in Umhängetaschen mit sich führen und auf der Straße verkaufen. Eines Sonntags wird ein von K eingesetzter Straßenhändler durch Beamte des Polizeivollzugsdienstes aufgefordert, den Zeitungsverkauf zu unterlassen. Der Straßenverkauf sei als Sondernutzung erlaubnispflichtig und eine entsprechende Erlaubnis liege nicht vor. K ist indes der Meinung, dass der Zeitungsverkauf keiner Genehmigung bedürfe, und dass daher die Untersagungsverfügung rechtswidrig gewesen sei.
>
> Die polizeiliche Untersagungsverfügung war rechtswidrig, wenn der Straßenverkauf der von K eingesetzten Straßenhändler erlaubnisfrei ist. Zu prüfen ist daher, ob es sich bei dem Straßenverkauf um eine erlaubnispflichtige Sondernutzung oder um einen erlaubnisfreien Gemeingebrauch handelt. Sondernutzung ist nach §§ 7 I S. 3, 8 I S. 1 FStrG (und den vergleichbaren Vorschriften der Landesstraßengesetze) die Benutzung der Straße über den Gemeingebrauch hinaus. Gemeingebrauch ist nach § 7 I S. 1 FStrG (und den vergleichbaren Vorschriften der Landesstraßengesetze) die Benutzung der Straße im Rahmen der Widmung und der straßenverkehrsbehördlichen Vorschriften über den Straßenverkehr. Unter Straßenverkehr ist die Benutzung der Straße zum

---

[1276] In Anlehnung an BVerfG NVwZ **2007**, 1306 ff.

Zwecke der Ortsveränderung bzw. der Fortbewegung von Menschen und Sachen - unter Einschluss des ruhenden Verkehrs - zu verstehen. Danach wäre der Straßenverkauf von Zeitungen kein Gemeingebrauch, da er nicht der Fortbewegung von Menschen und Sachen dient.

Jedoch kann es der Grundrechtsgehalt der Pressefreiheit (Art. 5 I S. 2 GG) erfordern, die Widmung der Straße zur Fortbewegung von Menschen und Sachen auch auf den Zeitungsverkauf zu erstrecken. Denn die Pressefreiheit schützt die Tätigkeit der Presse von der Beschaffung von Informationen bis zur Verbreitung der Nachricht.[1277] Auch inhaltsferne pressetechnische Hilfstätigkeiten, einschließlich der Tätigkeiten zur Erhaltung der wirtschaftlichen Grundlagen der Unabhängigkeit des Presseunternehmens als notwendige Voraussetzung einer freien Presse[1278], sowie solche von Dritten selbstständig ausgeübte Tätigkeiten, die typischerweise pressebezogen sind, in enger organisatorischer Bindung an die Presse erfolgen und für das Funktionieren einer freien Presse notwendig sind, werden vom Schutzbereich des Art. 5 I S. 2 GG erfasst.[1279]

Der Vertrieb von Presseerzeugnissen und damit der Straßenverkauf von Zeitungen gehören zu den für das Funktionieren einer freien Presse notwendigen Tätigkeiten. Dies könnte zwingen, den straßenrechtlichen Begriff des Gemeingebrauchs weit auszulegen und den Straßenverkauf als vom Widmungszweck umfasst anzusehen und dem Gemeingebrauch zuzurechnen. Jedoch besteht trotz des hohen Schutzguts des Art. 5 I S. 2 GG der primäre Zweck öffentlicher Straßen in der Gewährleistung einer Ortsveränderung bzw. der Fortbewegung von Menschen und Sachen. Der erlaubnisfreie Verkauf von Zeitungen auf öffentlichen Straßen ist – jedenfalls außerhalb von Fußgängerzonen – abstrakt gesehen geeignet, die Sicherheit und Leichtigkeit des Straßenverkehrs zu beeinträchtigen. Denn anders als beim bloßen Verteilen von Flugblättern in Fußgängerzonen wird beim Verkauf von Zeitungen auf Bürgersteigen befahrener Straßen Straßenraum in stärkerer Weise in Anspruch genommen. Daher scheint es sachgerecht, den Zeitungsverkauf unter einen Erlaubnisvorbehalt zu stellen. Ein solcher ermöglicht es der zuständigen Behörde, drohende Gefahren für die Sicherheit und Leichtigkeit des Straßenverkehrs vor deren Eintritt zu prüfen und ihnen ggf. durch Versagung der Erlaubnis oder durch Auflagen entgegenzutreten oder verschiedene, einander widerstreitende Nutzungsinteressen zu einem sachgerechten Ausgleich zu bringen.

Zwar könnte der Sachverhalt auch dahin geregelt werden, dass der Straßenverkauf erlaubnisfrei zugelassen wird und lediglich bei Feststellung konkreter Gefahren untersagt werden kann. Dieses Mittel wäre aber zur Zielerreichung nicht in gleicher Weise geeignet wie der Erlaubnisvorbehalt, da die Untersagung erst bei Eintritt der Gefahr möglich wäre, die bei Geltung des Erlaubnisvorbehalts von vornherein unterbunden würde. Insbesondere die Möglichkeit, etwaigen Gefahren durch zielgerichtete Auflagen vorzubeugen, entfiele, wenn die Behörde keine Möglichkeit zur Vorabkontrolle hätte.

Auch stellt der Erlaubnisvorbehalt für die Beschwerdeführerin keine unangemessene Belastung dar. Der Straßenverkauf der Zeitungen wird durch den Erlaubnisvorbehalt nicht grundsätzlich verboten, sondern nur von einer Vorabkontrolle abhängig. Deren Beantragung erfordert zwar eine gewisse Vorausplanung von Seiten des K. Da der Straßenverkauf aber ohnehin nicht spontan, sondern längerfristig an jedem Sonntag stattfinden soll und auch gewissen organisatorischen Aufwand verursacht, ist die zusätzliche Belastung, die durch den Erlaubnisvorbehalt eintritt, verhältnismäßig gering und tritt in der Abwägung hinter das Interesse an der Vermeidung von Gefahren für die

---

[1277] BVerfGE **10**, 118, 121; **57**, 295, 319; **66**, 116, 133; **97**, 391, 399; **100**, 313, 365; BVerfG NVwZ **2007**, 1306.
[1278] BVerfGE **64**, 108, 114.
[1279] BVerfGE **77**, 346, 354; BVerfG NVwZ **2007**, 1306.

Sicherheit und Leichtigkeit des Straßenverkehrs und an der Koordination konkurrierender Nutzungswünsche zurück.[1280]

Nach alledem lässt sich sagen, dass mit dem Straßenverkauf von Zeitungen – jedenfalls außerhalb von Fußgängerzonen – abstrakt die Sicherheit und Leichtigkeit des Straßenverkehrs beeinträchtigt werden kann, sodass eine Sondernutzung anzunehmen ist. Da K nicht Inhaber einer entsprechenden Erlaubnis ist, war die Untersagungsverfügung der Polizei rechtmäßig.

Weiterführender Hinweis: Das herbeigeführte Ergebnis führt zu der Frage, ob sich aus Art. 5 I S. 2 GG wenigstens ein Anspruch auf Genehmigungserteilung herleiten lässt. Im Grundsatz lässt sich sagen: Begründet eine Vorschrift keinen Rechtsanspruch auf eine bestimmte Leistung, sondern enthält nur eine Kann-Bestimmung, ist anzunehmen, dass die Erlaubniserteilung im Ermessen der Behörde steht. Jedoch ist die Behörde nicht frei in ihrer Ermessensausübung, sondern hat stets die Bedeutung der Grundrechte zu beachten. Daher reduziert sich das Ermessen in dem Sinne, dass ein Anspruch auf Erlaubniserteilung besteht, wenn sich die Versagung nicht mit Aspekten begründen lässt, die bei einer Abwägung mit dem betroffenen Grundrecht den Vorrang genießen. Da im vorliegenden Fall die Grundrechtsausübung nicht wesentlich störend ist und auch keine konkreten Gefahren verursacht, tritt das nicht konkret beeinträchtigte öffentliche Interesse an der Sicherheit und Leichtigkeit des Straßenverkehrs hinter das Grundrecht der Pressefreiheit zurück. Dies führt zu einer Ermessensreduzierung auf Null mit der Konsequenz, dass K einen Anspruch auf Erteilung einer Sondernutzungserlaubnis gem. § 8 I S. 2 FStrG (bzw. entsprechender landesrechtlicher Bestimmungen) hat.

> **Merke:**
> - Kann die (beabsichtigte) Nutzung einer öffentlichen Straße zumindest abstrakt eine Gefahr für die Sicherheit und Leichtigkeit des Straßenverkehrs darstellen, geht sie i.d.R. über den Widmungszweck hinaus. In diesem Fall ist sie sondernutzungserlaubnispflichtig.[1281]
> - Unterfällt die (geplante) Nutzung der Straße der Sondernutzungserlaubnispflicht, kann das betroffene Grundrecht der Pressefreiheit (Art. 5 I S. 2 GG) im Einzelfall aber ermessensreduzierend wirken mit der Folge, dass die Sondernutzungerlaubnis erteilt werden muss.

858a Ob das zum Straßenverkauf von Zeitungen gefundene Ergebnis auch auf die Ausübung des Versammlungsgrundrechts aus Art. 8 I GG übertragbar ist, muss bezweifelt werden. Denn gem. Art. 8 I GG unterliegen Versammlungen keiner Genehmigungspflicht. Würde man bspw. eine Prozession von einer straßenrechtlichen Sondernutzungserlaubnis abhängig machen, würde man sie letztlich doch unter Genehmigungsvorbehalt stellen, was von Art. 8 I GG gerade verhindert werden soll. Daher ist festzustellen, dass die o.g. Rspr. des BVerfG zum Straßenverkauf von Zeitungen keine Auswirkungen hat auf die Ausübung des Versammlungsrechts auf öffentlichen Straßen. Zum Versammlungsrecht vgl. im Übrigen *R. Schmidt*, BesVerwR II, Rn 1035 ff.

[1280] BVerfG NVwZ **2007**, 1306, 1307.
[1281] Etwas anderes gilt nur dann, wenn eine Vorschrift bestimmt, dass der Zeitungsverkauf vom Begriff des Gemeingebrauchs umfasst ist (so z.B. § 18 BremLStrG).

c. Anstaltsgebrauch

Öffentliche Anstalten sind eine Zusammenfassung personeller und sächlicher Mittel in der Hand eines Trägers der öffentlichen Verwaltung, die einem besonderen öffentlichen Zweck dauernd zu dienen bestimmt sind.[1282]

859

Die Verwaltung kann öffentliche Anstalten als (unselbstständige) Eigen- oder Regiebetriebe oder (selbstständige) Anstalt des öffentlichen Rechts betreiben.

860

> **Beispiele:** Badeanstalten, Friedhöfe, Museen, Theater, Schulen, Krankenhäuser, Parks, Kindergärten etc.

Hinweis: Vom Anstaltsbegriff zu unterscheiden ist der Begriff der öffentlichen Einrichtung. Letzterer ist nämlich weiter, denn er erfasst alle Leistungseinrichtungen der Gemeinde auf dem Gebiet der Daseinsvorsorge, die dem Bürger aufgrund öffentlicher Zweckbindung (Widmung) zur Verfügung stehen und nach besonderer Zulassung benutzt werden können. Hierzu zählen also sowohl öffentliche Sachen im Anstaltsgebrauch (z.B. Badeanstalten, Friedhöfe etc.), als auch u.U. Sachen im Verwaltungsgebrauch (z.B. Rathausbalkon, dazu später) und sonstige Leistungseinrichtungen, durch die der Bürger im Rahmen der Daseinsvorsorge mit wichtigen Gütern versorgt wird (z.B. Wasser, Strom, Abfallentsorgung, öffentliche Verkehrsmittel etc.). Insofern wird deutlich, dass der Anstaltsbegriff enger ist als der Begriff der öffentlichen Einrichtung, denn öffentliche Anstalten sind lediglich eine unter mehreren Möglichkeiten, öffentliche Einrichtungen zu organisieren (vgl. dazu auch Rn 872).

861

Öffentliche Sachen im Anstaltsgebrauch sind dadurch gekennzeichnet, dass sie im Rahmen ihrer hoheitlichen Zweckbestimmung (Widmung) vom Bürger nur aufgrund **besonderer Zulassung** benutzt werden dürfen.

862

Auch hier kann in Bezug auf die Benutzung zwischen Grundsatz- und Ausnahmenutzung unterschieden werden:

863

- Grundsätzlich ist die öffentliche Anstalt in dem Rahmen zu benutzen, der sich insbesondere aus ihrer öffentlichen Zweckbindung aufgrund der Widmung ergibt (ordentliche Benutzung). So dient etwa das Krankenhaus zur Behandlung und Heilung von Kranken, der Friedhof zur Beerdigung der Toten, das Schwimmbad zum Schwimmen usw.
  Die Benutzung bedarf stets einer besonderen Zulassung, welche regelmäßig konkludent z.B. durch die Veräußerung einer Eintrittskarte und den Einlass erteilt wird. Auch hier besteht ein Ermessen der Behörde, auf dessen rechtsfehlerfreie Ausübung der Bürger einen Anspruch hat.

- Begehrt jemand, die öffentliche Anstalt über diesen Zweck hinaus zu benutzen, so handelt es sich um eine außerordentliche Nutzung (Sonderbenutzung). Ebenso wie die ordentliche Nutzung bedarf auch die außerordentliche Nutzung einer besonderen Zulassung, deren Erteilung im Ermessen der Behörde steht. Zu beachten ist allerdings, dass der Bürger hier nicht einmal einen Anspruch auf fehlerfreie Ermessensausübung hat[1283], da die von ihm begehrte Benutzung gänzlich außerhalb des Widmungszwecks liegt. Ein solcher Anspruch besteht nur, wenn die Satzung oder Benutzungsordnung die Ermessensausübung für solche Fälle festschreibt. Sonderbenutzung kann vorliegen:

  ⇨ in **personeller Hinsicht**, wenn der Interessent nicht dem Personenkreis angehört, dem die Sache zu dienen bestimmt ist.

[1282] Zum Anstaltsbegriff vgl. auch die Ausführungen bei *R. Schmidt*, AllgVerwR, Rn 99 ff.
[1283] BVerwGE **39**, 235.

Beispiel: Die Stadt A hat die Widmung ihrer Stadthalle auf die Benutzung durch die Stadtangehörigen beschränkt. Ein Karnevalsverein der Nachbarstadt B möchte in der Stadthalle eine Karnevalssitzung durchführen. Daher handelt es sich um Sonderbenutzung, die einer besonderen Zulassung bedarf.

⇨ in **quantitativer Hinsicht**, wenn die Benutzung die Zweckbestimmung in erheblichem Maße übersteigt, insbesondere die ordentliche Nutzung durch andere Interessenten wesentlich eingeschränkt wird.

Beispiele:

(1) Der Verein zur Förderung deutscher Kulturgeschichte möchte in der Stadthalle, die kulturellen Zwecken gewidmet ist, 6 Monate lang eine Ausstellung durchführen. Da hierin eine (quantitativ) gesteigerte Nutzung zu sehen ist, die wegen ihrer Dauer die Benutzung durch andere Interessenten erheblich einschränkt, handelt es sich auch hier um eine zulassungsbedürftige Sondernutzung.

(2) Schwimmverein S möchte in einem öffentlichen Schwimmbad sein wöchentliches Schwimmtraining durchführen. Aufgrund der erhöhten Benutzung und der Beeinträchtigung anderer Badegäste ist auch dies eine zulassungsbedürftige Sonderbenutzung.

⇨ in **qualitativer Hinsicht**, wenn die begehrte Art der Benutzung außerhalb der Zweckbestimmung der Sache liegt.

Beispiele:

(1) Die Stadt A hat die Widmung ihrer Stadthalle auf die Benutzung zu kulturellen Zwecken beschränkt. Will nun eine politische Partei in der Stadthalle ihren Parteitag abhalten, handelt es sich um zulassungsbedürftige Sonderbenutzung, da der Parteitag kein kultureller Zweck ist.

(2) Will ein Regisseur eine Krankenhausserie im städtischen Krankenhaus oder einen Horrorfilm auf dem Friedhof drehen, ist dies nur aufgrund besonderer Zulassung möglich, da der verfolgte Zweck gänzlich außerhalb des Widmungszwecks liegt.

d. Verwaltungsgebrauch

864 Öffentliche Sachen stehen im **Verwaltungsgebrauch**, wenn sie unmittelbar der Erfüllung bestimmter Verwaltungsaufgaben dienen.

865 Es handelt sich dabei bspw. um Verwaltungsvermögen wie etwa das Rathaus, Dienstgebäude, Dienstfahrzeuge, Dienstsiegel etc. Öffentliche Sachen im Verwaltungsgebrauch sind grds. nur für die interne Nutzung durch die Mitarbeiter der Behörde bestimmt. Der Bürger hat keinen Anspruch auf Nutzung. Lediglich zur Erledigung seiner Angelegenheiten gegenüber der Behörde ist es ihm gestattet, bspw. die Dienstgebäude zu betreten. Doch auch dieser Zugang kann im Einzelfall durch Erteilung eines Hausverbotes ausgeschlossen werden.[1284]

866 Ein Anspruch des Bürgers auf Zugang oder Nutzung kommt nur dann in Betracht, wenn es sich bei der im Verwaltungsgebrauch stehenden öffentlichen Sache *gleichzeitig* um eine öffentliche Einrichtung handelt (vgl. dazu Rn 831 ff.). Dann nämlich hat der (Gemeinde-)Bürger einen Anspruch jedenfalls aus der jeweiligen Anspruchsgrundlage der Gemeindeordnungen der Länder (z.B. Art. 21 I GO Bayern, § 8 II GO NRW).

[1284] Vgl. dazu *R. Schmidt*, VerwProzR, Rn 59 ff.

Beispiel: Stadt S hat in ihrem Rathaus einen Balkon, auf dem sich die frisch vermählten Paare direkt nach ihrer Trauung für Photos zeigen. Hier besteht zwar grds. kein Anspruch auf Nutzung, da das Rathaus als Sache im Verwaltungsgebrauch grds. nur für die interne Nutzung der Behördenmitarbeiter bestimmt ist. Wenn es allerdings gängige Praxis ist, dass sich die Paare dort photographieren lassen dürfen, ist ggf. von einer konkludenten Widmung des Balkons für die Öffentlichkeit auszugehen, sodass darin eine öffentliche Einrichtung zu erblicken ist. Folge ist, dass ein Paar, dem dies verwehrt wurde, einen Anspruch auf Zugang zur öffentlichen Einrichtung aus den kommunalrechtlichen Vorschriften hat.

4. Weitere Abgrenzungsprobleme bei den Benutzungsarten

Der grundsätzlich vom (zulassungsfreien) Gemeingebrauch umfasste kommunikative **867** Verkehr findet auch seine Grenzen, wenn rein **privatnützige Werbung** für die eigene Sache betrieben wird. Jedwede Werbung in diesem Sinne – auch die **politische** – überschreitet dann die Grenzen des Gemeingebrauchs (was zur zulassungspflichtigen Sondernutzung führt), wenn sie unter Zuhilfenahme von Vorrichtungen und/oder Hilfsmitteln wie z.B. Plakaten erfolgt. Der Grund hierfür liegt darin, dass bewegliche oder unbewegliche Werbeträger jedenfalls abstrakt gesehen geeignet sind, die Sicherheit und Leichtigkeit des Straßenverkehrs zu beeinträchtigen.

Anwendungsfall: Im Oktober 2010 soll in der kreisfreien Stadt S die Wahl zum Oberbür **868** germeister stattfinden. Bereits im April 2010 beginnt die P-Partei, deren Vorsitzender der Bürgermeisterkandidat K ist, an den Straßenlaternen Werbeplakate für K anzubringen und Plakatständer aufzustellen. Eine Genehmigung hierfür ist nicht erteilt worden. Die zuständige Behörde ordnet daher die Beseitigung der Plakate an. Der zuvor ordnungsgemäß angehörte Vorstand der P-Partei ist der Meinung, das Anbringen von Plakaten und das Aufstellen von Plakatständern sei aufgrund der Sondernutzungssatzung des Rates der Stadt S erlaubt. Danach ist das Anbringen von Plakaten durch politische Parteien anlässlich ihrer Veranstaltungen nicht erlaubnispflichtig.

Lösungsgesichtspunkte:
1. Rechtsgrundlage
Rechtsgrundlage ist die landesstraßenrechtliche Norm für eine Beseitigungsanordnung.

2. Formelle Rechtmäßigkeit
Die Zuständigkeit der Behörde ergibt sich aus dem anwendbaren Landesstraßenrecht. Die erforderliche Anhörung hat stattgefunden. Sofern Schriftform erforderlich ist, müsste diese beachtet worden sein.

3. Materielle Rechtmäßigkeit
a. Gemeingebrauch - Sondernutzung
Die Verfügung kann nur dann rechtmäßig sein, wenn die Benutzung der Straße über den (zulassungsfreien) Gemeingebrauch hinausgeht. Eine derartige Nutzung wird als **Sondernutzung** bezeichnet, die, da sie außerhalb der öffentlichen Zweckbestimmung liegt, einer besonderen Zulassung bedarf und eine solche gerade nicht vorliegt. Wann eine Sondernutzung anzunehmen ist, bestimmt sich nach dem konkreten Inhalt der Zweckbestimmung. Bei den *öffentlichen Straßen* liegt eine Sondernutzung regelmäßig dann vor, wenn sie nicht zu (kommunikativen) Verkehrszwecken benutzt werden. Hinsichtlich der **politischen Kommunikation** (vornehmlich in Fußgängerzonen) ist der Begriff des Gemeingebrauchs vor dem Hintergrund der Art. 5 I, III und 21 GG zwar weit auszulegen. Der grundsätzlich vom (zulassungsfreien) Gemeingebrauch umfasste kommunikative Verkehr findet aber seine Grenzen, wenn rein **privatnützige Werbung** für die eigene Sache betrieben wird. Jedwede Werbung in diesem Sinne – auch die **politische** – überschreitet dann die Grenzen des Gemeingebrauchs (was zur zulassungspflichtigen Sondernutzung führt), wenn sie unter Zuhilfenahme von Vorrichtungen und/oder Hilfsmitteln wie z.B. Plakaten erfolgt. Der

Grund hierfür liegt darin, dass bewegliche oder unbewegliche Werbeträger jedenfalls abstrakt zumindest *geeignet* sind, die Sicherheit und Leichtigkeit des Straßenverkehrs zu beeinträchtigen.

Damit steht fest, dass das Anbringen von Plakaten und das Aufstellen von Plakatständern nicht von dem Begriff des Gemeingebrauchs umfasst sind. Dieses ist grundsätzlich erlaubnispflichtig.

b. Sondernutzung aufgrund der Sondernutzungssatzung

Möglicherweise ergibt sich aber die Genehmigungsfreiheit aufgrund der Sondernutzungssatzung, wonach das Anbringen von Plakaten durch politische Parteien anlässlich ihrer Veranstaltungen nicht erlaubnispflichtig ist.

Vorliegend enthalten die Plakate aber keine Hinweise auf Veranstaltungen der P-Partei. Vielmehr wird für die Person des K geworben. Es bleibt daher bei der Erlaubnispflicht.

c. Genehmigungsfähigkeit des Anbringens von Plakaten

Möglicherweise ist die Beseitigungsanordnung aber unverhältnismäßig. Das kann insbesondere dann der Fall sein, wenn eine Sondernutzungserlaubnis ohne weiteres ergehen könnte oder – bei entsprechendem Antrag – sogar ergehen müsste. Eine Sondernutzungserlaubnis müsste ergehen, wenn es sich bei den Plakaten um Wahlwerbung handelt und sich die Wahlwerbung innerhalb der üblichen Wahlkampfzeiten bewegt. Dann kommt den Parteien nämlich aufgrund der Art. 21, 38 I GG, §§ 1 ff. PartG eine Sonderstellung zu. Diese bewirkt, dass sich das Ermessen im Regelfall auf Null reduziert und die Parteien innerhalb der üblichen Wahlkampfzeiten einen Rechtsanspruch auf Erlaubniserteilung haben.[1285]

Fraglich ist allerdings, ob sich vorliegend das Anbringen von Plakaten innerhalb der üblichen Wahlkampfzeiten bewegt hat. Allgemein anerkannt ist eine Zeitspanne von 6 Wochen bis drei Monaten. Jedenfalls dürfte eine Wahlwerbung ein halbes Jahr vor der Wahl jenseits einer angemessenen Zeitspanne liegen.

Die Pflicht zur Erteilung einer Sondernutzungserlaubnis könnte sich aber aus Art. 5 I, 21 GG ergeben. Dagegen spricht allerdings das öffentliche Interesse an der Sicherheit und Leichtigkeit des Straßenverkehrs. Denn zum einen werden die Verkehrsteilnehmer von den Plakaten vom Straßenverkehr abgelenkt und zum anderen stellen Plakatständer selbst potentielle Hindernisse dar. Zwar trifft dies auch für die Wahlkampfphase zu. Dort ist die Beschränkung der Sicherheit und der Leichtigkeit des Straßenverkehrs aufgrund der Bedeutung der Wahl aber eher zu rechtfertigen als im Vorfeld des Wahlkampfs (a.A. vertretbar).

Besteht demnach ein Rechtsanspruch auf Erteilung einer Sondernutzungserlaubnis, ist schließlich die Frage zu beantworten, ob es unverhältnismäßig war, trotz bestehender Genehmigungsfähigkeit die Beseitigung der Plakate anzuordnen. Gesetzlich ist die Frage nicht geklärt. Im Bauordnungsrecht ist es anerkannt, wegen der Irreversibilität des vollzogenen Abbruchs grundsätzlich zu fordern, dass der Bau, der ohne Genehmigung errichtet wurde, nicht nur dem formellen, sondern auch dem materiellen Baurecht widerspricht (sog. **materielle Illegalität**).[1286] Dies kommt auch positivrechtlich in den Vorschriften über die Baubeseitigung zum Ausdruck („ ... wenn nicht auf andere Weise rechtmäßige Zustände hergestellt werden können"). Rechtmäßige Zustände werden insbesondere durch das nachträgliche Stellen eines Bauantrags hergestellt, sofern der Bau mit dem materiellen Recht vereinbar, also genehmigungsfähig ist.

[1285] *Rüfner/Muckel*, BesVerwR, S. 158.

[1286] Allein die formelle Illegalität rechtfertigt eine Beseitigungsanordnung nur im Ausnahmefall, etwa wenn Anlagen ohne nennenswerten Eingriff in die Bausubstanz beseitigt werden können (z.B. Abschrauben von Werbeanlagen, Wegfahren von Wohnwagen) oder wenn auf Aufforderung der Behörde ein Bauantrag nicht gestellt wird (vgl. *Ortloff*, NVwZ **2005**, 1381, 1387; **2004**, 934, 942; **2002**, 416, 422; **2001**, 990, 1003; **2000**, 750, 757; OVG Greifswald NordÖR **2000**, 126; OVG Münster BauR **2001**, 758). Unbegründet daher die Kritik von *Fischer*, NVwZ **2004**, 1057.

Überträgt man diesen Gedanken auf die vorliegende Konstellation, könnte man annehmen, die Beseitigungsaufforderung sei ebenfalls rechtswidrig. Dagegen spricht freilich, dass im Unterschied zur genannten Baurechtslage die Plakate jederzeit wieder aufgestellt werden können. Nach der hier vertretenen Auffassung bietet sich folgende Lösung an: Stellt eine politische Partei Wahlkampfplakate auf, für die sie eine Sondernutzungserlaubnis bräuchte, kann die Beseitigung angeordnet werden. Bevor die Behörde dann aber die zwangsweise Durchsetzung der Beseitigungsanordnung mit Mitteln des Zwangs einleitet, muss sie der betreffenden Partei Gelegenheit geben, die erforderliche Sondernutzungserlaubnis einzuholen. Erst wenn die Partei dieser Aufforderung nicht nachkommt, wäre eine zwangsweise Durchsetzung verhältnismäßig.

Nicht vom (zulassungsfreien) Gemeingebrauch umfasst ist auch die **wirtschaftliche und gewerbliche Betätigung** (insbesondere die Ausübung eines Gewerbes i.S.d. § 14 GewO), bei der ein Verkehrsinteresse nicht vorhanden oder allenfalls nebensächlich ist und die nicht auf individuelle Begegnung angelegt ist, sondern sich an die Allgemeinheit richtet (z.B. kommerzielle Straßenwerbung).[1287]   **869**

Anwendungsfall[1288]: Mitglieder und Mitarbeiter einer unselbstständigen Unterorganisation der **Scientology-Gemeinschaft** verkaufen in der Fußgängerzone der Stadt B Bücher über die Tätigkeiten der Organisation und verteilen Werbematerialien für die Scientology-Gemeinschaft. Die zuständige Behörde untersagt ihnen durch Verfügung vom 6.4.2010, auf öffentlichen Verkehrsflächen in B Passanten anzusprechen oder zu einem Informations- oder Verkaufsgespräch in ihren Räumen einzuladen sowie Handzettel, Broschüren, Prospekte oder sonstige Druckerzeugnisse, insbesondere Bücher, zu verteilen bzw. zu verkaufen. Derartige Aktivitäten seien nicht von dem Begriff des Gemeingebrauchs umfasst und für eine Sondernutzung habe man keinen Antrag gestellt. Hiergegen wendet sich die Vertreterin V der Scientology-Gemeinde mit einer Anfechtungsklage vor dem Verwaltungsgericht mit der Rüge, Scientology sei in ihren Grundrechten aus Art. 5 I und 4 I, II GG verletzt. Ist die Klage begründet?   **870**

Lösungsgesichtspunkte:
Die Anfechtungsklage ist begründet, wenn die Verfügung rechtswidrig ist und die Scientology-Gemeinschaft in ihren Rechten verletzt, § 113 I S. 1 VwGO.

1. Rechtsgrundlage
Rechtsgrundlage für die Verfügung ist die landesstraßenrechtliche Vorschrift über den Sondergebrauch öffentlicher Straßen, subsidiär die polizeiliche Befugnisgeneralklausel.

2. Rechtmäßigkeit der Verfügung
An der formellen Rechtmäßigkeit der Verfügung bestehen keine Zweifel. Materiell rechtmäßig ist die Verfügung, wenn das Verhalten der Scientology-Gemeinde nicht vom Begriff des Gemeingebrauchs umfasst ist. Wie bereits ausgeführt, ist der Begriff des Gemeingebrauchs vor dem Hintergrund der Art. 4 und 5 GG weit auszulegen.

a. Schutzbereich des Art. 4 I, II GG[1289]
Durch Art. 4 I, II GG sind die Tätigkeiten der religiösen oder weltanschaulichen Vereinigungen geschützt, soweit sie für die Beteiligten unter die Glaubensfreiheit fallen. So fällt z.B. die Verbreitung der eigenen Überzeugung in den Schutzbereich. Die Scientology-Gemeinschaft ist nach Auffassung des BVerwG verfassungsrechtlich eine Kirche gem. Art. 140 GG, 137 WRV. Dem stehe nicht entgegen, dass sie von ihren Mitgliedern und Dritten

---

[1287] Vgl. VGH Mannheim NVwZ **1998**, 91 für den Straßenverkauf durch Scientology-Anhänger; BayObLG NVwZ **1998**, 104 f. und OVG Lüneburg NVwZ-RR **1996**, 247; BVerwG NJW **1997**, 406, 407; 408 für das Ansprechen von Passanten (durch Scientology-Anhänger) auf öffentlichem Verkehrsgrund. Vgl. auch *Limpens*, JA **2001**, 592 ff.
[1288] Nach VGH Mannheim NVwZ **1998**, 91.
[1289] In der Fallbearbeitung wäre neben Art. 4 GG auch Art. 5 GG zu prüfen. Exemplarisch wird vorliegend lediglich Art. 4 GG behandelt.

nicht unerhebliche Einnahmen erziele. Denn daraus folge noch nicht, dass sie überwiegend auf Gewinnerzielung gerichtet sei.[1290] Ob diese Rspr. angesichts der Ziele von Scientology vertretbar ist, muss bezweifelt werden.[1291] Richtig an der Rspr. des BVerwG ist allenfalls, dass die Vermarktung der Lehre zur Finanzierung der Glaubensgemeinschaft der Einordnung als Religions- oder Weltanschauungsgemeinschaft nicht zwingend entgegensteht.[1292] Bei Scientology steht dieser Aspekt aber deutlich im Vordergrund. Der Schutzbereich des Art. 4 I, II GG ist somit nicht eröffnet.

Geht man dennoch von der Eröffnung des Schutzbereichs des Art. 4 I, II GG aus, gestaltet sich die weitere Prüfung wie folgt:

b. Eingriff in den Schutzbereich des Art. 4 I, II GG
Die kollektive Glaubensfreiheit wird beeinträchtigt, wenn der Staat die geschützten Tätigkeiten regelt oder faktisch in erheblicher Weise behindert, etwa durch Behinderung der Eigenwerbung. Durch das Verbot, in der Fußgängerzone Eigenwerbung zu betreiben und Bücher zu verkaufen, regelt bzw. behindert die Behörde die geschützten Tätigkeiten.

c. Verfassungsrechtliche Rechtfertigung
Außerhalb des Bereichs der rein innerkirchlichen Angelegenheit (also bei sonstigen Angelegenheiten wie beispielsweise die Eigenwerbung oder der Verkauf von Büchern) gelten für Beeinträchtigungen des Schutzbereichs die Schranken des „für alle geltenden Gesetzes" (vgl. Art. 137 III S. 1 WRV i.V.m. Art. 140 GG). Vorliegend gelten die landesrechtlichen Vorschriften über die Sondernutzung von öffentlichen Straßen.[1293] Sie müssten aber ihrerseits mit Art. 4 I, II GG vereinbar sein.

aa. Fußgängerzone als öffentliche Sache
Die Benutzung öffentlicher Sachen ist erlaubnisfrei, soweit sie sich im Rahmen des Gemeingebrauchs bewegt: Öffentliche Sachen stehen im Gemeingebrauch, wenn sie „jedermann" ohne besondere Zulassung zur Benutzung im Rahmen ihrer öffentlichen Zweckbestimmung offen stehen. Auch die Fußgängerzone ist eine öffentliche Sache.

bb. Religiöse Kommunikation als zulassungsfreier Gemeingebrauch
Bewegt sich die konkrete Nutzung außerhalb des Begriffs des Gemeingebrauchs, ist jeweils eine **Sondernutzung** möglich, die aber, da sie außerhalb der öffentlichen Zweckbestimmung liegt, einer besonderen Zulassung bedarf. Wann eine Sondernutzung anzunehmen ist, bestimmt sich nach dem konkreten Inhalt der Zweckbestimmung. Bei den *öffentlichen Straßen* liegt eine Sondernutzung dann vor, wenn sie nicht zu (kommunikativen) Verkehrszwecken benutzt werden. Schwierig kann in Einzelfällen die Abgrenzung zwischen (nicht zulassungspflichtigem) Gemeingebrauch und (zulassungspflichtigem) Sondergebrauch sein. Jedenfalls ist das Abstellen eines Fahrzeugs zu **gewerblichen Zwecken** (Reklameaufschrift, etc.) als Sondernutzung zu qualifizieren. Das Gleiche gilt für das Verteilen von Handzetteln zu Zwecken gewerblicher Werbung oder den Bücherverkauf (siehe sogleich) mit der Absicht der kommerziellen Gewinnerzielung. Hinsichtlich der **politischen, religiösen und künstlerischen Kommunikation** (vornehmlich in Fußgängerzonen) ist der Begriff des Gemeingebrauchs vor dem Hintergrund des Art. 4 GG (Gleiches würde hinsichtlich des Art. 5 I, III GG gelten) weit auszulegen.[1294] Dennoch ist zu beachten, dass der schlichte Gemeingebrauch einer Straße durch Nichtanlieger (zum Anliegergebrauch siehe sogleich) vorwiegend auf *Verkehrszwecke* (Sicherheit und Leichtigkeit des Verkehrs) beschränkt ist. Dazu gehört zwar nicht nur die Nutzung der Straße zum Aufenthalt oder zur

---

[1290] BVerwGE **90**, 112, 116 f.; LG Hamburg NJW **1988**, 2617; dagegen BAGE **79**, 319, 338 ff.

[1291] Vgl. dazu näher *R. Schmidt*, Grundrechte, Rn 396.

[1292] BVerwGE **90**, 112, 116; BVerwG NJW **1997**, 406, 407. Vgl. dazu *Kempen*, NVwZ **2000**, 1115; *Jeand´Heur/Cremer*, JuS **2000**, 991, 993; *Limpens*, JA **2001**, 592 ff.

[1293] **BaWü**: § 16 I S. 1 StrG; **Bay**: Art. 18 I StrWG; **Berl**: § 10 I StrG; **Brand**: § 18 I S. 1 StrG; **Brem**: § 18 I StrG; **Hamb**: § 19 I S. 1 WG; **Hess**: § 16 I S. 1 StrG; **MV**: § 21 I S. 1 StrWG; **Nds**: § 18 I S. 1 StrG; **NRW**: § 18 I S. 1 StrWG; **RhlPfl**: § 41 I S. 1 LStrG; **Saar**: § 18 I S. 1 StrG; **Sachs**: § 18 I S. 1 StrG; **SachsAnh**: § 18 I S. 1 StrG; **SchlHolst**: § 21 I StrWG; **Thür**: § 23 I StrG.

[1294] Vgl. etwa VG Karlsruhe NVwZ **2002**, 160; *Dahmen*, ZAP **1999**, 637, 641; *Kube*, JuS **1999**, 176, 180.

Fortbewegung, sondern auch – insbesondere mit Rücksicht auf Art und Funktion einer Fußgängerzone – zur Begegnung und Kommunikation mit anderen Verkehrsteilnehmern (sog. kommunikativer Verkehr).[1295] Allerdings umfasst der straßenrechtliche Verkehrsbegriff kommunikative oder religiöse Aktivitäten nur als Nebenzweck. Das gilt auch für Straßen, die dem Fußgängerverkehr gewidmet sind. Denn auch Fußgängerzonen werden – soweit nicht eine andere Zweckbestimmung erfolgt ist – nicht als eine Art „Kommunikationsmedium" für politische, religiöse oder künstlerische Zwecke, sondern primär als Verkehrseinrichtung für den ungehinderten Fußgängerverkehr geschaffen. Mit Blick auf die Bedeutung des Art. 4 GG wird man aber davon ausgehen müssen, dass das Verteilen von Flugblättern und die nichtkommerzielle, also ideologische, Eigenwerbung noch von dem Begriff des Gemeingebrauchs umfasst ist. Gleiches gilt für den Verkauf von Büchern, welche die Tätigkeiten der Gemeinschaft beschreiben.

cc. Wirtschaftliche und gewerbliche Betätigung als zulassungspflichtige Sondernutzung

Wirtschaftliche und gewerbliche Betätigungen (insbesondere die Ausübung eines Gewerbes i.S.d. § 14 GewO), bei denen ein Verkehrsinteresse nicht vorhanden oder allenfalls nebensächlich ist und die nicht auf individuelle Begegnung angelegt sind, sondern sich an die Allgemeinheit richten (z.B. Straßenwerbung), fallen nach der neuesten Rechtsprechung jedenfalls nicht mehr unter den Begriff des Gemeingebrauchs (s.o.). Insbesondere fällt eine Organisation, die sich zum Zwecke der Gewinnerzielung als Religions- oder Weltanschauungsgemeinschaft tarnt, selbstverständlich nicht unter den Schutz des Art. 4 I, II GG.[1296] Dann stünde der Verkauf von Büchern auch außerhalb des zulassungsfreien Gemeingebrauchs. Etwas anderes würde nur gelten, wenn die Bücher lediglich der Vermarktung der Lehre zur Finanzierung der Gemeinschaft dienten.[1297] Ob dies vorliegend der Fall ist, kann unterschiedlich gesehen werden. Im Ergebnis sind beide Auffassungen vertretbar.

3. Ergebnis

Geht man davon aus, dass der kommerzielle Bücherverkauf nicht oder nur in geringem Maße dem Schutz des Art. 4 I, II GG unterfällt und gleichzeitig auch nicht von dem Begriff des Gemeingebrauchs umfasst ist, ist die von V erhobene Anfechtungsklage teilweise unbegründet. Während das Verteilen von Flugblättern und die ideologische Eigenwerbung noch vom Schutzbereich des Art. 4 I, II GG erfasst sind und der Begriff des (zulassungsfreien) Gemeingebrauchs vor diesem Hintergrund weit auszulegen ist, stellt die kommerzielle Betätigung in Form des Bücherverkaufs dann eine (zulassungspflichtige) Sondernutzung dar. Da eine entsprechende Erlaubnis nicht vorliegt, und eine solche auch nicht beantragt wurde, war die Untersagungsverfügung rechtmäßig. Geht man demgegenüber davon aus, dass der kommerzielle Bücherverkauf sehr wohl dem Schutz des Art. 4 I, II GG unterfällt, ist die von V erhobene Anfechtungsklage begründet.

Hinweis für die Fallbearbeitung: In der Regel liegt die Konstellation vor, in der die politische, religiöse oder künstlerische Kommunikation mit einer gewerblichen Betätigung einher geht oder von ihr sogar überlagert wird. Bei der Frage nach der Rechtmäßigkeit einer entsprechenden Untersagungsverfügung (in Betracht zu ziehende Rechtsgrundlage ist die landesstraßenrechtliche Vorschrift über die Sondernutzung) muss zunächst festgestellt werden, dass die politische, religiöse oder künstlerische Kommunikation wegen Art. 4 und/oder 5 GG grundsätzlich vom Begriff des Gemeingebrauchs umfasst ist („kommunikativer Verkehr"). In einem zweiten Schritt wäre dann die Frage aufzuwerfen, ob etwas anderes zu gelten hat, wenn (auch) wirtschaftliche oder andere Zwecke verfolgt werden. Wenn solche Zwecke dominieren, sich die Tätigkeiten also am Rande bzw. außerhalb des

871

[1295] Vgl. OLG Köln NVwZ **2000**, 350 f.
[1296] BVerwGE **90**, 112, 118; BAGE **79**, 319, 338; *Jeand´Heur/Cremer*, JuS **2000**, 991, 993; *Mager*, in: von Münch/Kunig, GG, Art. 4 Rn 15.
[1297] BVerwGE **90**, 112, 116; BVerwG NJW **1997**, 406, 407.

Schutzbereichs von Art. 4 oder 5 GG (bei Parteien: zusätzlich Art. 21 GG) befinden, ist der *Gemeingebrauch* jedenfalls abzulehnen und es hätte einer Sondernutzungserlaubnis bedurft. Gleichwohl wäre eine Beseitigungs- bzw. Unterlassungsanordnung noch nicht vorbehaltlos zulässig. Denn könnte ohne weiteres eine Sondernutzungserlaubnis erteilt werden, verstieße es wohl gegen den Grundsatz der Verhältnismäßigkeit, wenn eine Beseitigungs- bzw. Unterlassungsanordnung erginge. Bei der Frage, ob eine *Sondernutzungserlaubnis* zu erteilen ist, handelt es sich um eine Ermessensentscheidung. Demnach ist zu prüfen, ob die Behörde bei ihrer Entscheidung von dem ihr eingeräumten Ermessen in einer dem Zweck der gesetzlichen Ermächtigung entsprechenden Weise Gebrauch gemacht hat (§ 114 S. 1 VwGO, § 40 VwVfG). In der Regel besteht eine Verwaltungspraxis, wonach zwischen Sondernutzungserlaubnisanträgen, mit denen eine gewerbliche Betätigung verbunden ist, und sonstigen Sondernutzungserlaubnisanträgen zur Informationsverbreitung ohne gewerbliche Betätigung (Bürgerinitiativen, politische Parteien) unterschieden wird. Werden für beide Bereiche bestimmte Standorte unter Gesichtspunkten der Verkehrssicherheit ausgewählt und im Übrigen grundsätzlich nach der Reihenfolge der gestellten Anträge entschieden, ergeben sich i.d.R. keine durchgreifenden Bedenken, wenn außerhalb dieser Voraussetzungen ein Antrag abgelehnt wird.[1298] Die Behörde muss nur den Grundsatz der Gleichbehandlung und der Verhältnismäßigkeit beachten.

II. Öffentliche Einrichtungen

872   Zwar unterfallen auch öffentliche Einrichtungen dem (weitergehenden) Begriff der öffentlichen Sachen. Aufgrund der bestehenden Besonderheiten sollen sie jedoch in einem eigenen Abschnitt dargestellt werden.

873   **Öffentliche Einrichtungen** wie beispielsweise Schwimmbäder, Museen, Bibliotheken, Theater, Stadthallen, Wasserschleusen etc. sind *bestimmten öffentlichen Zwecken gewidmete* Leistungseinrichtungen im Bereich staatlicher Daseinsvorsorge (Vorsorgeverwaltung), die der Bürger auch im Rahmen der öffentlichen Zweckbestimmung nur nach besonderer Zulassung nutzen kann.[1299]

> **Beispiel:** Die Stadt S hat ihre Stadthalle bereits mehrfach politischen Parteien für die Durchführung von Veranstaltungen zur Verfügung gestellt. Betrieben wird die Stadthalle (a) durch einen Regie- oder Eigenbetrieb der Stadt oder (b) durch eine Betreiber-GmbH („Stadthallen-GmbH"), deren Geschäftsanteile sich im Eigentum der Stadt befinden. In beiden Fällen werden mit den Nutzern privatrechtliche Mietverträge gemäß §§ 535 ff. BGB geschlossen. Möchte nun beispielsweise eine umstrittene politische Partei einen Parteitag abhalten und sollte sich die Betreiber-Gesellschaft weigern, die Stadthalle diesbezüglich zur Verfügung zu stellen, stellt sich die Frage nach dem Zulassungsanspruch.

874   Auch hinsichtlich der Benutzung kommunaler oder städtischer öffentlicher Einrichtungen gilt, dass die Entscheidung über die Zulassung zur Benutzung stets öffentlich-rechtlich durch Verwaltungsakt erfolgt (**1. Stufe**). Das Benutzungsverhältnis, bei dem es um die Modalitäten der Nutzung geht (Dauer der Nutzung, Höhe des Entgelts, Verhaltenspflichten etc.) ist der **2. Stufe** zuzuordnen. Anders als bei den Subventionen ist diese 2. Stufe jedoch nicht stets dem Privatrecht zuzuordnen. Es ist zu unterscheiden:

[1298] Vgl. BVerwG NJW **1997**, 408.
[1299] Vgl. *Bull*, AllgVerwR, § 16 Rn 822; OVG Bautzen NVwZ **2002**, 615 (Parteitag in Stadthalle).

1. Betreiber-Gesellschaft ist ein Eigen- oder Regiebetrieb

Betreibt die Gemeinde die Einrichtung in Eigenregie bzw. durch einen Eigenbetrieb **875** (Konstellation a), hat sie die Formenwahlfreiheit: Sie ist frei in ihrer Entscheidung, ob sie das Benutzungsverhältnis öffentlich-rechtlich *oder* privatrechtlich ausgestaltet. Gestaltet sie das Benutzungsverhältnis **öffentlich-rechtlich** aus (Indizien dafür sind: Benutzungssatzung, Benutzungsgebühr oder Hinweis auf öffentlich-rechtliche Rechtsbehelfe), sind Streitigkeiten auch hinsichtlich der Benutzungsmodalitäten **öffentlich-rechtlich** und daher vor den Verwaltungsgerichten auszutragen. Die Zwei-Stufen-Theorie ist hier überflüssig. Handelt es sich indes um eine privatrechtliche Ausformung des Benutzungsverhältnisses (was i.d.R. anzunehmen ist, wenn die Benutzungsregeln durch AGB statt durch Satzung festgelegt werden oder wenn von einem Benutzungsentgelt statt von einer Benutzungsgebühr die Rede ist), entscheiden hinsichtlich der Zulassung (**1. Stufe**) die Verwaltungsgerichte und hinsichtlich der Benutzungsmodalitäten (**2. Stufe**) die Zivilgerichte. Kann nicht zweifelsfrei festgestellt werden, ob das Benutzungsverhältnis öffentlich-rechtlich oder privatrechtlich ausgestaltet ist, spricht die Vermutung für ein öffentlich-rechtliches Handeln. In diesem Fall ist eine Unterscheidung zwischen den beiden Stufen überflüssig, da sowohl hinsichtlich des Zulassungsanspruchs als auch hinsichtlich des Benutzungsverhältnisses die Verwaltungsgerichte entscheiden.

2. Betreiber-Gesellschaft ist eine juristische Person des Privatrechts

Zwar ist es den Gemeinden nicht verwehrt, auch auf dem Gebiet der öffentlichen **876** Daseinsvorsorge juristische Personen des Privatrechts (insbesondere GmbH, AG) zu gründen oder sich an ihnen zu beteiligen, um diese mit dem Betrieb einer öffentlichen Einrichtung zu betrauen. Da aber eine staatliche Stelle aufgrund der bereits bei Rn 836 genannten Gesetzmäßigkeit der Verwaltung (Art. 1 III, 20 III GG) niemals das Recht zur Beliebigkeit haben kann, darf das Betreiben einer öffentlichen Einrichtung durch eine juristische Person des Privatrechts nicht zur Folge haben, dass sich der Träger der öffentlichen Gewalt seiner öffentlich-rechtlichen Bindung entledigt (**„keine Flucht ins Privatrecht"**). Daher muss eine hinreichende Einflussmöglichkeit sichergestellt sein. Die Gemeinde muss also entweder sämtliche Anteile an der juristischen Person des Privatrechts halten (Ein-Mann-GmbH, Gemeinde als Alleinaktionär) oder einen bestimmenden Einfluss ausüben (z.B. als Mehrheitsaktionär oder aufgrund vertraglicher Regelung; zu den Einzelheiten siehe sogleich).[1300] Diese Mehrheitsverhältnisse ändern jedoch nichts an der Tatsache, dass es sich bei der Betreiber-Gesellschaft um eine juristische Person des Privatrechts handelt. Daher kann auch das Benutzungsverhältnis ausschließlich privatrechtlich ausgestaltet sein. Das führt zu einer Zweigleisigkeit des Rechtswegs. Im Einzelnen gilt:

- Derjenige, der den Zugang zu der öffentlichen Einrichtung begehrt, kann zunächst die **877** Betreiber-Gesellschaft **zivilgerichtlich** auf Abschluss eines Mietvertrags (§ 535 BGB) verklagen. Denn aufgrund der Eigenschaft der Betreiber-Gesellschaft als juristische Person des Privatrechts ist diese rechtsfähig (vgl. § 13 I GmbHG, § 1 I S. 1 AktG) und auch vor Gericht passivlegitimiert. Jedoch wird eine solche Klage kaum Aussicht auf Erfolg haben, da grundsätzlich kein Kontrahierungszwang besteht. Etwas anderes gilt ausnahmsweise nur dann, wenn eine gesetzliche Bestimmung existiert, die einen Vertragsschluss vorschreibt (das ist etwa im Personenbeförderungs- und im Wettbewerbsrechtrecht der Fall) oder wenn die Ablehnung eine vorsätzliche sittenwidrige Schädigung i.S.v. § 826 BGB bedeuten würde. Jedenfalls ist die Wahl des Zivilrechts-

---

[1300] Vgl. auch OVG Bautzen SächsVBl **2005**, 15 f.; **2003**, 147.

wegs unschädlich, da auch die Zivilgerichte die verbleibende öffentlich-rechtliche Bindung gem. § 17 II S. 1 GVG beachten müssen.[1301] Die **Zwei-Stufen-Theorie** macht hier **keinen Sinn**.

878 ▪ Fraglich ist, ob eine Klage vor dem **Verwaltungsgericht** mehr Erfolg verspricht. Als Klagegegner kommt der hinter der GmbH oder AG stehende Träger der öffentlichen Gewalt in Betracht. Denn wie gesagt, darf das Betreiben einer öffentlichen Einrichtung durch eine Privatperson nicht zur Folge haben, dass sich der Träger der öffentlichen Gewalt seiner öffentlich-rechtlichen Bindung entledigt. Würde also die Stadt (bzw. die Gemeinde) die öffentliche Einrichtung selbst betreiben und bestünden etwa aufgrund der bisherigen Vergabepraxis über Art. 3 I GG eine Selbstbindung der Verwaltung und daher ein Zulassungsanspruch, kann nichts anderes gelten, wenn sich die Stadt (oder die Gemeinde) zur Erfüllung ihrer ihr obliegenden Aufgaben einer Privatperson bedient. Daher hat der Bürger auch unmittelbar gegen die Stadt (oder die Gemeinde) einen öffentlich-rechtlichen Zulassungsanspruch. Fraglich ist lediglich, wie sich dieser Anspruch rechtstechnisch darstellt. Ein Anspruch gegen die Stadt (oder die Gemeinde) auf Erlass eines „Zulassungsverwaltungsakts" kommt nicht in Betracht. Denn dadurch, dass die Stadt (oder die Gemeinde) eine juristische Person des Privatrechts eingesetzt hat, ist allein *diese* befugt, über die Zulassung zur Nutzung zu entscheiden. Etwas anderes wäre gesellschaftsrechtlich unzulässig, weil gem. § 76 I AktG allein der Vorstand und gem. § 35 I GmbHG allein der Geschäftsführer entscheidet. Das heißt jedoch nicht, dass der Anteilseigner keinerlei Einflussmöglichkeiten hätte. Soweit eine GmbH unmittelbare Trägerin der Einrichtung ist, muss § 53 GmbHG beachtet werden. Die Einflussmöglichkeit auf die Geschäftsführung wird maßgeblich durch die dort genannten Mehrheitsverhältnisse bestimmt. Bei einer AG müssen §§ 76, 77, 78 und 111 AktG beachtet werden, wonach der Vorstand zwar weisungsunabhängig ist, jedoch die Einflussmöglichkeit der Stadt oder der Gemeinde in Form eines Beherrschungsvertrags gemäß §§ 291 I S. 1, 308 AktG besteht. Sofern sich die Geschäftsanteile ausschließlich oder weit überwiegend in der Hand der Stadt (oder der Gemeinde) befinden, ist also eine Einwirkungsmöglichkeit gegeben. Klagt der Abgewiesene somit verwaltungsgerichtlich gegen die Stadt (oder die Gemeinde) auf Zulassung, stellt dieser geltend gemachte Zulassungsanspruch nach der Terminologie der Zwei-Stufen-Theorie die **1. Stufe** dar. Ist der Anspruch begründet, muss die Stadt (bzw. die Gemeinde) dann ihren Einfluss auf die privatrechtlich organisierte Betreiber-Gesellschaft dahingehend ausüben, dass diese die öffentliche Einrichtung zur Verfügung stellt. Seitens des Klägers besteht ein öffentlich-rechtlicher Verschaffungsanspruch (Einwirkungsanspruch) gegenüber der Stadt (bzw. der Gemeinde). Dieser Verschaffungsanspruch ist ein umgewandelter Zulassungsanspruch und ist letztlich Folge des in den Gemeindeordnungen oder Kommunalgesetzen geregelten Zulassungsanspruchs, der immer dann besteht, wenn die beantragte Nutzung im Rahmen der öffentlichen Zweckbestimmung liegt und kein Versagungsgrund vorliegt.[1302] Wird der Verschaffungsanspruch klageweise geltend gemacht, handelt es sich um eine öffentlich-rechtliche Streitigkeit, für die der Verwaltungsrechtsweg gem. § 40 I S. 1 VwGO eröffnet ist. Streitigkeiten hinsichtlich der Benutzungsmodalitäten betreffen das privatrechtlich ausgestaltete Nutzungsverhältnis, stellen daher die **2. Stufe** dar. Diesbezügliche Ansprüche des Bürgers sind gegen den privaten Betreiber zu richten. Hier handelt es sich um privatrechtliche Streitigkeiten, die gem. § 13 GVG in die Zuständigkeit der Zivilgerichte fallen.

[1301] Vgl. dazu im Einzelnen BVerwG NVwZ **1991**, 59; **1990**, 754; VG Hannover NdsVBl **2003**, 305; BGH NVwZ **2003**, 506; DVBl **2000**, 557; *Rennert*, in: Eyermann, VwGO, § 40 Rn 56 u. 58; *Kopp/Schenke*, VwGO, § 40 Rn 16; *Ehlers*, in: Schoch/Schmidt-Aßmann/Pietzner, VwGO, § 40 Rn 296 f.
[1302] Vgl. z.B. § 10 II **BW** GO; Art. 21 II **Bay** GO; § 15 **BremhVerf**; § 20 I **Hess** GO; § 8 II **NRW** GO.

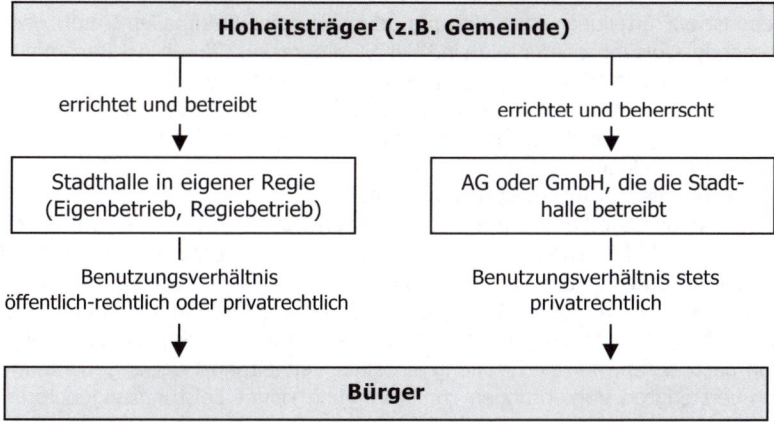

Anwendungsfall: Der verfassungsfeindliche Ziele verfolgende Landesverband Bremen der Republikaner beabsichtigte, den Bundesparteitag 2010 der Republikaner auszurichten. Er beantragte deshalb bei der Stadtgemeinde Bremen, ihm für den fraglichen Termin die Stadthalle zu überlassen. Die Stadtgemeinde Bremen hatte die Stadthalle in der Vergangenheit bereits mehrfach politischen Parteien für die Durchführung von Veranstaltungen zur Verfügung gestellt. Die Stadthalle wird von der Stadthallen-GmbH betrieben, deren einzige Gesellschafterin die Stadtgemeinde Bremen ist. Die Stadtgemeinde Bremen lehnte den Antrag des Landesverbandes Bremen der Republikaner ab. Dieser erhob daraufhin Klage vor dem VG mit dem Antrag, die Stadtgemeinde Bremen zu verpflichten, die Stadthallen-GmbH durch Erteilung von Weisungen zu veranlassen, ihm die Stadthalle zu überlassen.

879

Lösungsgesichtspunkte: Der Rechtsweg zu den Verwaltungsgerichten ist in Ermangelung einer Sonderzuweisung gem. § 40 I S. 1 VwGO dann eröffnet, wenn es sich um eine öffentlich-rechtliche Streitigkeit nichtverfassungsrechtlicher Art handelt. Der öffentlich-rechtliche Charakter einer Streitigkeit richtet sich nach der Rechtsnatur des behaupteten Anspruchs.

Die Gemeinden sind nicht gehindert, sich bei der Schaffung und Unterhaltung von Einrichtungen, die dem wirtschaftlichen, sozialen oder kulturellen Wohl ihrer Einwohner dienen, privatrechtlicher Gestaltungsformen zu bedienen, und zwar auch in der Weise, dass sie eine selbstständige juristische Person des Privatrechts (AG, GmbH) gründen, der sie den Betrieb der Einrichtung übertragen. Eine solche Entscheidung der Gemeinde bedeutet indes nicht notwendig, dass die Benutzung der Einrichtung insgesamt dem Privatrecht und damit der Zuständigkeit der ordentlichen Gerichte unterfällt. Vielmehr sind auch bei privatrechtlicher Ausgestaltung der Benutzungsverhältnisse Meinungsverschiedenheiten zwischen dem Bürger und der Gemeinde über den Zugang zu der Einrichtung (dem „Ob" der Gewährung) regelmäßig als öffentlich-rechtliche Streitigkeiten vor den Verwaltungsgerichten auszutragen, während sich die Zuständigkeit der ordentlichen Gerichte im wesentlichen auf die Modalitäten der Benutzung beschränkt (dem „Wie" der Benutzung).

Das Begehren des Landesverbandes richtet sich auf Verschaffung der Nutzung der Stadthalle durch Ausübung von Weisungsrechten. Es geht mithin um die Frage des „Ob" der Benutzung. Diese ist nach Maßgabe des öffentlichen Rechts zu beurteilen. Die Streitigkeit ist auch nichtverfassungsrechtlicher Natur, da keine Normen des Verfassungsrechts in Frage stehen.

Statthafte Klageart könnte die allgemeine Leistungsklage sein. Das Begehren des Landesverbandes ist auf Erteilung einer Weisung gegenüber der Stadthallen-GmbH gerichtet.[1303] Entsprechende Weisungsbefugnisse sind der Stadtgemeinde durch die Bestimmungen des betreffenden Gesellschaftsvertrags eingeräumt. Der Landesverband begehrt demnach die Abgabe einer zivilrechtlichen Erklärung. Da die VwGO für dieses Begehren keine besondere Klageart zur Verfügung stellt, ist die allgemeine Leistungsklage statthaft.

Begründet ist die allgemeine Leistungsklage, wenn dem Landesverband der von ihm geltend gemachte Verschaffungsanspruch zusteht.

Als Anspruchsgrundlage kommt § 5 I S. 1 ParteienG i.V.m. Art. 3 I GG auf Gleichbehandlung in Betracht.[1304] Der Landesverband ist Partei i.S. § 2 ParteienG und kommt daher als Anspruchsberechtigter in Betracht. Voraussetzung für das Bestehen des Anspruchs nach § 5 I ParteienG i.V.m. Art. 3 I GG ist, dass die Stadthalle eine Einrichtung der Stadt ist.[1305] Unter „Einrichtung" eines Trägers öffentlicher Verwaltung ist alles das zu verstehen, was dieser an besonderen, auf die Erfüllung einzelner Verwaltungszwecke gerichteten, organisatorisch verstetigten Vorkehrungen zur Erbringung seines Leistungsangebots im Bereich der Daseinsvorsorge trifft. Im Hinblick auf kommunale Veranstaltungsräume ist das Vorliegen dieser Voraussetzungen grundsätzlich zu bejahen.

Fraglich ist, ob im vorliegenden Fall deshalb etwas anderes gilt, weil nicht die Stadt selbst, sondern die Stadthallen-GmbH Trägerin der Stadthalle ist. Es könnte somit das Vorliegen einer „Einrichtung" eines Trägers öffentlicher Verwaltung verneint werden. Vorliegend besteht jedoch die Besonderheit, dass die Stadtgemeinde Bremen alleinige Gesellschafterin der Stadthallen-GmbH ist. Insbesondere ist von dem Vorliegen eines Gesellschaftervertrags auszugehen, der den Einfluss der Stadtgemeinde Bremen auf die Entscheidungen der Stadthallen-GmbH sichert. Daher kommt es auch letztlich nicht darauf an, ob die Gemeinde ihre Einrichtung selbst betreibt oder durch eine privatrechtliche Betriebsgesellschaft betreiben lässt. Die Gemeinde muss vielmehr unabhängig von der gewählten Organisationsform stets für die Gleichbehandlung der Parteien einstehen und kann deshalb, sofern sie nicht ohnehin selbst über den Zugang zu der Einrichtung entscheidet, auch dazu verpflichtet sein, der antragstellenden Partei durch Einwirkung auf die Betriebsgesellschaft den Zugang zu der Einrichtung zu verschaffen.

Der Anspruch des Landesverbandes besteht demnach dann, wenn er im Hinblick auf die Vergabe der Stadthalle gegenüber anderen Parteien ohne sachlichen Grund ungleich behandelt wird. Die Halle wurde in der Vergangenheit politischen Parteien für die Durchführung politischer Veranstaltungen zur Verfügung gestellt. Insoweit stellt die Ablehnung des Antrags des Landesverbandes der Republikaner eine unterschiedliche Behandlung dar.

Fraglich ist jedoch, ob sich aus der verfassungsfeindlichen Zielsetzung der Republikaner etwas anderes ergibt. Allerdings ist zu beachten, dass über die Verfassungswidrigkeit einer Partei allein das BVerfG entscheidet (Art. 21 II S. 2 GG). Eine entsprechende Entscheidung liegt jedoch nicht vor. Eine Ungleichbehandlung des Landesverbandes aus diesem Gesichtspunkt scheidet demnach aus. Damit besteht der grundsätzliche Anspruch des Landesverbandes auf Gleichbehandlung. Da keine (übrigen) atypischen Sachverhaltsgesichtspunkte gegen den Anspruch bestehen, ist der Einwirkungs- bzw. Verschaffungsanspruch gegeben. Die allg. Leistungsklage ist begründet.

[1303] Soweit eine GmbH unmittelbare Trägerin der Einrichtung ist, muss § 53 GmbHG beachtet werden. Die Einflussmöglichkeit auf die Geschäftsführung wird maßgeblich durch die dort genannten Mehrheitsverhältnisse bestimmt. Bei einer AG müssen die §§ 76, 77, 78 und 111 AktG beachtet werden.

[1304] Zu beachten ist, dass auch – wo vorhanden - eine gemeinderechtliche Anspruchsgrundlage heranzuziehen ist. Ob dies der Fall ist, ist der entsprechenden Gemeindeordnung (GO) zu entnehmen. Besteht eine derartige Regelung, ist zu beachten, dass in der Regel nur gemeindeangehörige Personen Anspruch auf Zulassung zur Benutzung haben. Gebietsfremde Personen bzw. Parteiverbände müssen dann auch bei Vorhandensein einer gemeinderechtlichen Anspruchsgrundlage beispielsweise auf § 5 I PartG i.V.m. Art. 3 I GG oder gleich auf Art. 3 I GG zurückgreifen. Hat der Träger der Einrichtung jedoch alle Parteien von der Nutzung ausgeschlossen, kann sich ein Zulassungsanspruch aus dem Gesichtspunkt der Gleichbehandlung bzw. der ständigen Übung nicht ergeben (vgl. OVG Bautzen NVwZ **2002**, 615).

[1305] Darauf, dass es sich um eine *öffentliche* Einrichtung handelt, kommt es im Rahmen des § 5 I ParteienG, anders als nach den einschlägigen Vorschriften der Gemeindeordnungen, nicht an.

Anmerkung: Eine andere Konstellation liegt vor, wenn von dem Parteitag Gefahren für die öffentliche Sicherheit auszugehen drohen. In einem solchen Fall kann die Polizei, soweit ihr die Gefahrenabwehr nicht auf andere Weise (Verstärkung des Polizeikontingents, Inanspruchnahme von Gegendemonstranten usw.) möglich ist, Parteiangehörige als Nichtstörer in Anspruch nehmen und die Versammlung (präventiv) verbieten, also die Zulassung zur Benutzung der Einrichtung verweigern. Zu beachten ist jedoch, dass sich die teilnehmenden Parteiangehörigen auf Art. 8 I GG berufen können. Eine Versagung der Zulassung wäre demnach nur gerechtfertigt, wenn Gefahren für andere wichtige Güter von Verfassungsrang (Leben, Gesundheit von Menschen) bestehen.

880

Zusammenfassung und Hinweis für die Fallbearbeitung: Soweit über den <u>Zulassungsanspruch</u> (also das „Ob" der Benutzung) in Bezug auf die Nutzung einer privatrechtlich betriebenen öffentlichen Einrichtung gestritten wird, ist bei einer prozessual eingekleideten Prüfungsarbeit zwischen prozessualen und materiellen Aspekten zu unterscheiden:

881

Hinsichtlich der Prüfung des **Verwaltungsrechtswegs** bieten sich zwei Vorgehensweisen an: Zum einen ist es zulässig, die Eröffnung des Verwaltungsrechtswegs schlicht mit der **Zwei-Stufen-Theorie** zu begründen. Danach ist der Verwaltungsrechtsweg allein deshalb eröffnet, weil sich die Entscheidung über die Zulassung als unmittelbare Folge der öffentlichen Zweckbestimmung darstellt. Zum anderen kann bereits abschließend geklärt werden, ob eine öffentliche Einrichtung vorliegt. Denn dadurch wird die Prüfung der wahren Natur des behaupteten Anspruchs ermöglicht und die Rechtswegfrage nicht durch den Klägervortrag bestimmt. Folge dieser Vorgehensweise wäre aber, dass dann die in Betracht kommende Anspruchsgrundlage (beispielsweise eine Vorschrift der Gemeindeordnung oder § 5 PartG i.V.m. Art. 3 I GG auf Gleichbehandlung) untersucht werden müsste. Insbesondere wäre zu prüfen, ob eine (öffentliche) Einrichtung vorliegt, wodurch die Prüfung eines erforderlichen Widmungsakts angezeigt wäre. Insgesamt müsste man nahezu die vollständige Begründetheitsprüfung im Rahmen der Eröffnung des Verwaltungsrechtswegs vorziehen. Diese Vorgehensweise kann zu einer extremen „Kopflastigkeit" des Gutachtens führen. Daher scheint es angebracht, die Rechtswegfrage schlicht über die Zwei-Stufen-Theorie zu klären.

Unter dieser Prämisse gilt für die **statthafte Klageart** Folgendes:

⇨ Handelt es sich bei der öffentlichen Einrichtung um einen Eigen- oder Regiebetrieb, ist eine gegen den Rechtsträger des Eigenbetriebs erhobene Verpflichtungsklage statthaft, die darauf gerichtet ist, den Eigen- oder Regiebetrieb gemäß einer hierarchischen Weisung zu verpflichten, die gewünschte Zulassung vorzunehmen (direkte Verurteilung des Verwaltungsträgers zur Zulassung).

⇨ Ist die öffentliche Einrichtung als GmbH oder AG organisiert, kommt wegen der Rechtsfähigkeit einer solchen Gesellschaft eine direkte Verurteilung des Verwaltungsträgers zur Zulassung der Benutzung nicht in Betracht. Erwirkt werden kann aber auch hier die Verurteilung, die Stadt (bzw. die Gemeinde) habe auf das von ihr beherrschte Privatrechtssubjekt derart einzuwirken, dass dem Antragsteller Zugang gewährt wird (sog. **Einwirkungs- oder Verschaffungsanspruch**). Hier wäre die allgemeine Leistungsklage statthaft. Im einstweiligen Rechtsschutz ist dagegen stets der Antrag auf Erlass einer einstweiligen Anordnung gem. § 123 VwGO statthaft.

Im Rahmen der **Begründetheit** findet schließlich die gesamte materielle Prüfung statt: Zunächst ist die <u>Anspruchsgrundlage</u> zu benennen, aus der sich der geltend gemachte Zulassungsanspruch herleiten lassen könnte. Sodann sind deren Tatbestandsvoraussetzungen zu prüfen. Liegen diese vor, besteht grundsätzlich ein Zulassungsanspruch. Etwas anderes gilt nur dann, wenn übergeordnete Belange dagegen sprechen, etwa wenn – im Fall der Vermietung einer Stadthalle an eine rechtsradikale politische Partei und angekündigten Demonstrationen von links – die Polizei die Parteimitglieder als sog.

Nichtstörer in Anspruch nehmen müsste. Besteht aber ein Zulassungsanspruch, ergeht die gerichtliche Verurteilung der Stadt (bzw. der Gemeinde), diese habe ihren Einfluss auf die privatrechtlich organisierte Betreiber-Gesellschaft dahingehend auszuüben, dass diese die öffentliche Einrichtung zur Verfügung stellt (sog. Einwirkungs- oder Verschaffungsanspruch).

882 Für den obigen **Fall** gilt: Im Rahmen der Prüfung des **Verwaltungsrechtswegs** ist zu untersuchen, ob es um den **Zugang zur Stadthalle** geht (das „Ob" der Benutzung) oder ob die **Art und Weise der Benutzung** (das „Wie" der Benutzung) Gegenstand der Auseinandersetzung ist. Ist bei dieser zweistufigen Betrachtungsweise die **Zulassung** zur öffentlichen Einrichtung zu untersuchen, ist *Anspruchsgegner* unabhängig von der Organisationsform die öffentliche Hand, vorliegend die Stadt. Der Verwaltungsrechtsweg ist eröffnet. Statthaft ist die allgemeine Leistungsklage gerichtet auf Verschaffung der Zulassung zur Nutzung.

Ziffer = Randnummer

Ziffer = Randnummer